YVAN
AUDOUARD

Ma Provence

Romans et contes

La Pastorale des santons de Provence
Les Contes de ma Provence
Les Nouveaux Contes de ma Provence
Les Cigales d'avant la nuit • Lettres de mon pigeonnier
L'Heure d'été • Les Lions d'Arles • Cocagne
Le Dernier des Camarguais • Sarah des sables
La Clémence d'Auguste

PLON

ISBN : 2-259-00263-3

SOMMAIRE

PRÉFACE

MA PROVENCE

Je ne vis pas toujours en Provence mais je vis toujours avec elle, que je sois au Mexique, au Japon ou tout simplement à Paris. Sur ce point, je me sens proche de ce cardinal romain que les devoirs de sa charge avaient contraint de s'exiler dans les Flandres :

« Loin de mes oliviers, écrivait-il aux ouailles qu'il avait dû abandonner, je me sens *foro del mondo...* »

...hors du monde.

Jamais la Provence ne m'est si présente que dans les périodes où je dois m'en éloigner. Si j'y séjournais en permanence, elle cesserait de m'émerveiller. En revanche, si je m'en sépare trop longtemps, elle devient une région à peu près imaginaire où j'ai mis à l'abri, une fois pour toutes, mes rêves d'enfant.

Cette Provence-là où je retourne sans arrêt pour qu'elle ne devienne pas une simple nostalgie, je la dis mienne d'abord parce que j'y ai un rendez-vous permanent avec les « miens » : ceux qui s'y trouvaient avant moi et qui s'y trouveront encore quand je ne serai plus là. Mais surtout parce que je mène avec elle une vie de couple faite de brouilles et de réconciliations.

Nos rapports ne sont pas de tout repos. Il m'arrive souvent de douter d'elle. Je lui suis parfois infidèle mais je n'ai jamais manifesté l'intention de rompre. Nous sommes unis pour le meilleur et pour le pire. A force de vivre en sa compagnie, je connais tous ses défauts mais, quand il m'arrive de les dénoncer, je me hâte de lui demander pardon. Je ne permets en tout cas à personne de les souligner à ma place, puisque ses défauts ce sont les miens.

Si l'on tient cependant à tracer des frontières à cette Provence personnelle, je dois convenir qu'elle occupe sur le terrain un espace bien modeste : elle se limite à ce que je vois du haut de la terrasse de ma maison d'Arles. Des toits couleur d'abricot mûrissent au bord du

Rhône. Le clocher de Saint-Trophime veille sur la Crau. Entre les arceaux des arènes, un début de Camargue s'insinue, un fragment d'Alpilles se laisse prendre au piège. Tel est mon royaume. Au-delà, en cercles concentriques, toutes les Provences dansent leur farandole immobile.

On ne le souligne pas assez dans les livres de géographie : la Provence est une famille nombreuse. Elle a fait des milliers de petits et il m'arrive parfois de penser, tant nous sommes individualistes, qu'il y en a autant que de Provençaux. Si semblables et si différentes les unes des autres qu'il est difficile d'en dessiner les frontières. Toute frontière est un sujet de discorde et en fixer une à la Provence, surtout en période d'européanisation (et même de mondialisation) pose des problèmes encore plus difficiles à résoudre que pour les autres provinces. Étrangement c'est la frontière naturelle, le Rhône, qui est devenue la plus perméable. Entre le Languedoc « qui combat » et la Provence « qui chante » (et qui déchante) les occasions de mener un combat commun donnent envie aux deux provinces de chanter (et de crier) à l'unisson. D'autant que les lieux de travail et de résidence sont souvent situés de part et d'autre du fleuve et que, parfois, les communications sont plus faciles entre les deux régions qu'à l'intérieur de la même région.

La ligne de démarcation invisible tracée au cours des siècles par l'Histoire ne s'est pas pour autant effacée. Le passé n'est jamais englouti. Il lui arrive souvent de surgir sans s'être fait annoncer dans la vie de tous les jours. Prenons le cas de la courte (mais somptueuse) vallée qui, en quelques kilomètres, conduit d'Arles aux Baux-de-Provence en passant par Montmajour, ce Mont-Saint-Michel en plaine, Fontvieille, Paradou, Maussane et Mouriès. Ces villages se ressemblent et forment une chaîne à peu près continue. Le panneau d'accès à Maussane, par exemple, n'est distant que d'une dizaine de mètres du panneau de sortie du Paradou. Pourtant, même de nos jours, chacune de ces communes conserve jalousement sa singularité. Il y a une cinquantaine d'années seulement, quand on se rendait d'un village à l'autre à l'occasion d'une fête votive, il valait mieux y aller en compagnie. Elle donnait l'occasion de vigoureuses mais fraternelles « castagnes » destinées à régler un contentieux historique, culturel, économique et musculaire vieux de plusieurs siècles et dont le souvenir semblait apparemment n'avoir pas laissé de trace dans la mémoire collective... De nos jours, la confrontation se poursuit et, dans la plupart des cas, elle n'a pas toujours lieu entre voisins mais entre bandes venues d'ailleurs s'expliquer en terrain neutre.

Même s'ils en ont oublié les raisons (et ce n'est pas certain), les Fontvieillois se souviennent quelque part qu'on les a longtemps appelé les « arrogants ». Village entièrement agricole jusqu'en 1860, Fontvieille avait dû sa soudaine prospérité à l'exploitation de ses carrières de pierre, ce qui l'avait amené à faire sa propre révolution industrielle en pleine zone rurale. Il en est resté chez les habitants un tempérament cabochard et un anticléricalisme de bon aloi qui s'était exaspéré sous la férule des moines et les tracasseries des hobereaux mais dont persistent aujourd'hui quelques traces.

Avec Maussane fertile en couvents, on se trouve aux abords de cette Vendée provençale où Maurras est venu longtemps prêcher. Les habitants de Mouriès continuent eux d'être surnommés les « galavards » (les goinfres) encore qu'il ne soit pas établi que la gourmandise y soit plus ardente qu'ailleurs.

Certes, toutes les provinces comportent de notables différences, mais la Provence présente un tel enchevêtrement historique et géographique, de telles différences économiques et climatiques qu'on est tenté de ne pas constater son unité dans la constance et la multiplicité de ses affrontements intérieurs. Ce qui exige de la part de ses hommes politiques une extrême virtuosité dialectique et ne simplifie pas le tracé du TGV. Il paraît donc plus sage de confier le tracé de ses frontières aux écrivains et aux poètes plutôt qu'aux politiciens et aux technocrates.

Au nord, vers les Alpes, en pleine Provence « gavote », c'est Paul Arène qui a fixé la limite la plus précise. Pour la vérifier, je vous conseille de vous hisser jusqu'à la citadelle qui domine Sisteron. Nous sommes ici au pays des « buis amers et des œillets sauvages ». Sur le versant sud, les oliviers au feuillage d'argent ouvrent un chemin de lumière. Sur le versant nord, les châtaigniers au pelage sombre vous conduisent jusqu'au pied des sommets où se fabriquent les orages. Le ciel lui-même est coupé en deux : *sol y sombra*, ombre et lumière. Ici la Provence lance un dernier appel au secours. La citadelle monte la garde. Se fier à sa végétation pour reconnaître la Provence est un critère acceptable mais insuffisant d'autant que, contrairement à ce qu'on imagine, le platane et le cyprès qui semblent être des citoyens provençaux à part entière sont en réalité des produits d'importation relativement récente. Leur naturalisation remonte à trois cents ans à peine, et plusieurs villages de Provence se disputent l'honneur de posséder le plus ancien platane de Provence. Ces « étrangers venus d'ailleurs » se sont acclimatés, disons intégrés, le plus naturellement du monde et se sont tout de suite sentis chez eux. La vigne et l'olivier avaient depuis bien plus longtemps fait escale chez nous au cours de leur périple méditerranéen et, avant même de nous avoir offert leur première récolte, avaient conquis la citoyenneté à part entière.

Avec Jacques Audiberti, le seigneur d'Antibes, ce sont les mots qui montent la garde à l'entrée du sanctuaire et assurent la protection de ses habitants. La démarche des poètes est toujours insolite, ce qui doit rendre particulièrement attentif à ce qu'elle fait découvrir. Selon Audiberti, on cesse d'être en Provence à partir du moment où la chauve-souris cesse de s'appeler la *rate penado* : la souris empennée, la souris ailée, la souris qui vole.

Cela peut paraître un critère bien menu mais, d'un pays où les souris cessent d'être simplement chauves pour devenir volantes, on est bien obligé de constater qu'il est plus doué que les autres pour la métaphore. Et, par la même occasion, d'admettre que la langue, si elle constitue la barrière la plus difficile à tracer, est à la fois la plus perméable et la plus infranchissable. Oc et oïl sont des réalités historiques. Elles n'ont cessé de se combattre et de faire l'une chez l'autre des incursions si fréquentes et de s'interpénétrer de façon si entremêlée qu'on a parfois du mal à s'y reconnaître et qu'on a souvent envie de donner sa langue au chat.

Pour Mistral, la capitale de la Provence et, accessoirement, de la France ne pouvait être que Maillane. Il régnait sur la Crau, la Camargue, les Alpilles, le Luberon, le Ventoux, les Basses-Alpes (devenues par la suite Alpes de Haute-Provence, ce qui n'a rien changé ni aux paysages ni aux habitants). Le long de la mer, il ne poussait pas plus loin que Cassis et ne revendiquait ni le Var ni la Côte d'Azur. Ce qui ne l'empêchait pas, du Limousin à la Catalogne (et au-delà), de brandir la *Coupo Santo*, symbole de la Renaissance provençale qu'il incarnait.

La tâche de ces messieurs de la PACA ne paraît pas de tout repos. Faire entrer les souvenirs et les espérances dans le même cadre, réconcilier la tradition et le progrès est une rude besogne. Construire l'avenir sans oublier le passé peut entraîner bien des dérives mais n'a de chances de réussir, en Provence comme ailleurs, que si on se souvient que le passé n'existe que si on lui prépare un grand avenir...

« Ma » Provence donc est celle de mes premiers émerveillements d'enfant et de leurs inconsolables détresses. Celle des premiers corsages de mon adolescence et des chagrins d'amour sitôt oubliés. J'ai fait de Fontvieille, ma résidence poétique principale, la capitale de mes rêves et, de mon pigeonnier, ma tour de contrôle et non pas ma tour d'ivoire. Je n'ai pas pris mes distances avec la réalité quotidienne mais je me suis installé à un poste d'observation dont je ne cesse de descendre pour me mêler à la vie de tous les jours. Moi qui suis assez bavard de nature j'écoute plus que je ne parle et j'interviens le moins possible dans l'action. Le reste du temps, j'écoute l'herbe pousser, ce qui demande une extrême concentration, surtout à l'heure de la sieste. C'est cette expérience vécue au jour le jour que j'essaie de faire revivre dans les contes que la première partie de cet ouvrage a rassemblés.

Cette « prose d'almanach », comme dit Mistral, je ne l'écris qu'une fois revenu à Paris et j'essaie de la faire revivre avec tout ce que j'ai recueilli sans avoir jamais pris de notes. En Provence je fais mon marché. A Paris je fais ma cuisine. Si je n'ai pas toujours retenu les mots exacts, j'ai enregistré la musique. Il y aura sans doute dans mes reconstitutions quelques détails inexacts mais je pense qu'il n'y aura pas de fausse note. Même quand j'invente complètement l'histoire que je raconte (cela m'arrive) il se trouve toujours un lecteur pour me dire :

— Vous avez envoyé le bouchon un peu loin : les choses ne se sont pas passées comme vous le dites !

— Comment pouvez-vous le savoir ?

— Comment ? Mais pour une raison bien simple... J'Y ÉTAIS, monsieur !

Après tout, il n'est pas défendu d'imaginer des événements qui se sont réellement produits. Surtout quand on est provençal : le « mentir vrai » est une spécialité locale. Il est à l'opposé du mensonge, qui a pour mission de dissimuler la vérité, tandis que le mentir vrai consiste à faire apparaître une vérité qui n'existait pas avant que vous n'ayez trouvé les mots pour la faire vivre. Au conteur de créer son univers avec les éléments que la réalité lui distribue sans se préoccuper de l'usage qu'il en fera.

« Ma » Provence est donc celle que j'invente pour continuer à la découvrir. Je ne suis ni historien, ni sociologue, ni philologue. Je me contente d'écouter ce qu'elle me raconte. Ce n'est pas ce qu'elle me dit que j'entends mais ce qu'elle me cache. C'est son silence que je veux faire partager. Sous un déluge de paroles la plupart du temps et, s'il y a des régions où l'on se sert des mots pour dire ce qu'on pense, pour se confier et, parfois même pour se confesser, chez nous on se met à l'abri derrière eux pour dissimuler ce qu'on ressent. La Provence ne passe jamais aux aveux. Contrairement à sa légende, elle a le sens tragique de la vie. On y sait de naissance qu'elle est faite « de quelques joies très vite effacées par d'inoubliables chagrins ».

On sait de naissance qu'il faudra mourir un jour et cela, disons les choses simplement, nous empoisonne l'existence. Alors nous nous étourdissons de notre propre vacarme pour ne pas entendre les battement d'ailes du temps qui s'envole inexorablement. Nous pratiquons « l'estrambord » et la « galéjade » pour essayer d'oublier cette angoisse essentielle.

Il faudra bien qu'on s'aperçoive un jour que la pudeur, la réserve, la discrétion, le goût du secret sont les qualités dominantes du Provençal. La Provence est avant tout un art de vivre en société. Une hypocrisie partagée. Une convention acceptée. Elle s'avance masquée et sa conduite doit sans cesse être décodée. Elle se raconte sans arrêt des histoires pour supporter les épreuves qui n'ont cessé de l'accabler. Elle soigne ses apparences pour ne pas avoir à montrer ses blessures. On la croit superficielle alors qu'elle est hantée par la mort. Il serait d'une rare impolitesse d'en parler en public. Mourir, à la rigueur, on pourrait s'y faire, mais quitter la vie est absolument insupportable.

Ici, la tragédie vécue porte le masque de la jovialité, l'indifférence se fait chaleureuse et le désespoir de bonne compagnie. Ce qui, paradoxalement, doit vous amener à découvrir que le théâtre de Marcel Pagnol où la parole est reine est en réalité le théâtre du silence. Du non-dit. Comme chez les classiques, l'essentiel se passe en coulisse. Comment pourrait-on vous le montrer puisqu'il est caché au plus profond des cœurs ? Le cas échéant, mais en cas d'urgence seulement, les Provençaux ont recours à la litote et, si un de vos amis vous dit incidemment :

— Tu devrais aller dire un petit bonjour à Félix ; ça lui ferait plaisir. Il n'a pas très bon moral...

Dépêchez-vous d'aller lui rendre visite. On a voulu vous faire comprendre qu'il était à l'article de la mort et que, si vous voulez le voir une dernière fois, il n'y a pas une seconde à perdre...

Il était donc fatal que chez Pagnol, comme chez Musset d'ailleurs, les bouffons tiennent le devant de la scène, tandis que Fanny meurt d'amour et que César étouffe de désespoir. Mais n'en laissent rien paraître.

C'est cette Provence-là qui veille lucidement à se jouer la comédie pour conserver sa propre image que je vous propose et dont je vous fournis les clefs. Elle se met tout entière en vitrine pour qu'on n'ait pas envie d'aller voir à l'intérieur ce qui se passe.

J'ai situé la plupart de ces contes aux alentours de mon clocher.

Les romans de la deuxième partie se déroulent en Camargue dont le visage est de plus en plus fardé par le tourisme mais qui, pour envahie qu'elle soit, demeure pour moi le sanctuaire de tout ce que j'aime et qui me donne de la force. Elle paraît ouverte à tous les vents et à toutes les modes. Je ne la sens pourtant pas menacée. Comme l'a écrit Giono : « Elle dissimule son mystère derrière son évidence même. » Elle fournit des mirages au monde entier et ne « passent le miroir » que ceux qui savent voir au-delà des apparences. Et non pas ceux qui ont apporté dans leurs valises leurs petits rêves préfabriqués.

Un de mes amis restaurateur dans les Alpilles avait coutume de me dire :

— Je ne vois pas ce que tu lui trouves à « ta » Camargue... Tu montes sur une chaise et tu as tout vu.

Alors que, précisément et bien plus qu'ailleurs en Provence, elle ne peut montrer que ce qu'elle cache. Ces lieux où la terre, le ciel et la mer se confondent, où la création du monde n'est pas achevée, font entendre aux oreilles attentives le murmure des civilisations englouties et la sourde explosion des origines. Un jour, vous entendrez peut-être sous la galopade des taureaux le piétinement sourd des légions romaines en marche.

Et le sol tremblera sous la masse des éléphants d'Hannibal.

Cela dépend de vous. Mon rôle à moi s'arrête là. J'aurai, du moins, tenté de vous montrer le chemin...

Yvan AUDOUARD

LA PASTORALE DES SANTONS DE PROVENCE

Quand vous lirez ce texte, ne vous étonnez pas que Bethléem soit un petit village des Alpilles, ni que la Sainte Vierge parle avec l'accent de Provence, ni que Vincent et Mireille, les héros de Mistral, assistent à la naissance du Divin Niston (le petit Jésus). Ne vous étonnez de rien. Soyez pareil à des enfants. C'est Noël aujourd'hui, le jour des merveilles.

Les santons de la crèche ont rompu un silence qui durait depuis des siècles et commençait à leur peser. Comme ils sont provençaux, ils ont la parole facile et beaucoup d'imagination. Ils racontent la nativité comme s'ils en avaient été les témoins. Ils ne distinguent pas très bien la vie du rêve, la légende de l'histoire et le ciel de la terre mais ils mettent une telle sincérité, une telle tendresse dans leurs propos qu'on les croit sur parole.

Marcel Pagnol, qui a été le premier lecteur de ce texte, a bien voulu le présenter en ces termes :

« *Avant la Pastorale, il y a les santons. Les santons, ce sont de naïves statuettes d'argile, de très rustiques Tanagras polychromes. Leur petite troupe, chaque année, à la Noël, nous donne une représentation immobile et muette de la Nativité, dans l'humble décor de la Crèche.*

C'est au début du XVIIIe siècle qu'ils décidèrent de monter sur la scène, pour y jouer la Pastorale marseillaise, et chanter des Noëls provençaux.

La Pastorale, ce n'est pas un texte vénérable, et figé pour l'éternité : c'est un canevas, qu'il est permis de remodeler chaque année, selon l'humeur et la couleur du temps. La nouvelle version d'Yvan Audouard, enjolivée d'anachronismes, et qui fait parfois allusion à des personnages encore vivants, n'est donc pas sacrilège ; il est resté au contraire dans la vraie tradition.

Il me semble que ce petit ouvrage populaire caractérise admirablement notre Provence.

Les gens du Nord, que nous aimons bien, célèbrent eux aussi sur la scène un mystère chrétien : c'est la Passion, la tragédie sacrée du supplice et de la mort de Notre-Seigneur Jésus-Christ, avec des larmes, des épines, du sang. Nous, nous avons choisi de glorifier sa naissance, avec des chants de joie, des rires et des danses, dans l'allégresse de la Noël.

Audouard n'a pas trahi l'esprit de la foi provençale. A travers la comédie, qui va parfois jusqu'à la farce, on sent une sorte de tendresse mystique, que les chœurs viennent ennoblir. A cause de ce petit ouvrage, il lui sera beaucoup pardonné, et je me demande si cet Arlésien si peu ascétique ne vient pas de gagner sa part de Paradis. »

C'est du moins la grâce que je me souhaite.

Ces pages, avant d'être imprimées, se sont présentées sous la forme d'un disque distribué à des centaines de milliers d'exemplaires et sans cesse réédité. Par la suite, j'en ai tiré un spectacle dont le nombre de représentations ne cesse de s'accroître en France et dans le monde entier.

Si j'ai tenu à mettre ce texte au début de cet ouvrage ce n'est pas seulement parce qu'il est le premier que j'ai écrit sur la Provence et qu'il est devenu introuvable mais pour qu'il accorde à tous les autres le bonheur dont il m'a déjà comblé sur la terre...

PERSONNAGES

— SAINT JOSEPH ;
— LA SAINTE VIERGE ;
— L'ANE ;
— LE BŒUF ;
— L'ANGE BOUFAREOU ;
— LE MEUNIER ;
— LE BOUMIAN ;
— LE GENDARME ;
— PISTACHIÉ ;
— LA POISSONNIÈRE ;
— MIREILLE ;
— VINCENT ;
— LE BERGER ;
— LE RAVI ;
— L'AVEUGLE ;
— ROUSTIDO.

Ce texte d'Yvan Audouard, pour être porté à la scène (et il est fait pour ça), est inséparable de l'harmonisation de musiques traditionnelles réalisée par Paul Durand, telle qu'on la trouve dans le disque (ou la cassette) distribué par Polydor. L'autorisation doit être demandée à la Société des Auteurs et Compositeurs Dramatiques, 9 rue Ballu, 75009 Paris.

1

LA NAISSANCE DU DIVIN PETIT

Tout a commencé par un prodigieux silence. Soudain déchiré par un solo de trompette inattendu. Puis du ciel une voix s'est glissée dans le calme de la nuit.

— Moi, a dit la voix, je suis l'Ange Boufareou. Ils m'ont appelé comme ça à cause des grosses joues que j'ai fini par attraper à force de jouer de la trompette chaque fois que le Bon Dieu est content. Et cette nuit-là, jamais il n'avait été aussi content de sa vie, le Bon Dieu : il allait être papa d'un instant à l'autre, et moi, j'avais jamais soufflé aussi fort dans mon instrument. Mais il vaut mieux que je m'arrête. Je vais finir par me faire éclater les poumons. Et ce serait dommage. J'ai tellement de belles choses à vous raconter.

Je vais vous dire comment ça s'est passé. Parce que de l'endroit où j'étais, c'est tout de même moi qui ai le mieux vu les choses. C'était le 24 décembre. Tout d'un coup le mistral s'est déchaîné. Un mistral à décorner tous les taureaux de Camargue, à déraciner les oliviers de Crau ou les pins des Alpilles. Et tous les habitants de Bethléem ils s'étaient mis au lit de bonne heure et ils avaient ramené leurs couvertures au-dessus de la tête pour ne pas entendre souffler le vent.

Le mistral, qui est un ami du Bon Dieu, avait chassé tous les nuages à des milliers de kilomètres pour que le ciel soit tout propre et tout brillant d'étoiles pour la naissance du Petit. Il avait fait la toilette du ciel. Ça partait d'un bon sentiment, mais ça avait baissé la température. J'avais juste mes ailes pour me tenir chaud. Je risquais la bronchite, les engelures et que mes lèvres restent collées à l'embouchure de ma trompette. J'espinchais de tous les côtés... Ils étaient en retard sur l'horaire. Enfin, je les ai aperçus. Les pauvres, ils faisaient peine à voir... Saint Joseph marchait devant, la barbe secouée par le mistral comme une bannière. Il essayait de couper le vent à la Sainte Vierge avec ses larges épaules de charpentier. De temps en temps il se retournait et il disait :

SAINT JOSEPH

Alors, ma belle ?

LA SAINTE VIERGE

Je n'en peux plus...

SAINT JOSEPH

Encore un petit effort... Je vois un cabanon, là, tout près...

LA SAINTE VIERGE

Personne ne veut de nous.

SAINT JOSEPH

Les riches peut-être, mais ici ce sont des pauvres, ils nous feront bien une petite place.

LA SAINTE VIERGE

Donne-moi ton bras... Mon Dieu, que j'ai mal...

SAINT JOSEPH

Aïe, aïe, aïe, quelle misère ! Nous sommes propres... Pas d'argent, pas de maison, et une femme qui va accoucher en pleine nuit et par un temps pareil... N'aie pas peur... Attends, je vais te porter...

LA SAINTE VIERGE

Je te demande pardon de te causer tant de souci...

SAINT JOSEPH

Je suis sûr que ça s'arrangera... Mais quand même, le Bon Dieu, il est pas raisonnable. Quand je t'ai épousée, j'aurais dû poser mes conditions.

LA SAINTE VIERGE

Tu regrettes ?

SAINT JOSEPH

Écoute-moi bien, ma belle. Qu'est-ce que je suis, moi ? Un pauvre rien du tout et le Bon Dieu m'a donné le droit de te prendre par la main, de te porter dans mes bras, toi, la mère de son petit, et tu voudrais que je regrette quelque chose ? Mais un bonheur comme ça, je l'avais pas mérité... Seulement, qu'il nous aide un peu, le Bon Dieu, autrement nous allons à la catastrophe... Et il y aura des gens pour dire que c'est de ma faute... Attends, bouge pas, nous sommes arrivés...

Il y a quelqu'un ?

Ils dorment, les pauvres... Ça m'ennuie de les réveiller, mais je ne peux pas faire autrement...

L'ANGE BOUFAREOU

Vous l'avez entendu, Saint Joseph ? Il n'y a pas plus brave que cet homme.

Et même quand il s'est aperçu que le cabanon était une étable, il a eu un peu honte de déranger le bœuf et l'âne. Bien sûr, ce n'étaient que des bêtes, mais elles avaient travaillé toute la journée, et elles avaient le droit de dormir comme tout le monde. Il leur a dit :

SAINT JOSEPH

Excusez-moi de vous déranger.

L'ANGE BOUFAREOU

Le bœuf et l'âne, qu'on avait tirés du premier sommeil, ont failli se mettre en colère. Mais quand ils ont vu la jolie Sainte Vierge toute pâle, toute mourante, et Saint Joseph avec ses grosses mains rouges et calleuses de travailleur, ils ont eu honte et ils sont devenus tout gentils, tout pleins d'amitié.

LE BŒUF

Ne restez pas dehors.

L'ANE

Venez vite au chaud.

LE BŒUF

Vous avez de la chance, juste on a changé la paille ce matin.

L'ANE

Si on avait su que vous veniez, on aurait mis un peu d'ordre...

L'ANGE BOUFAREOU

Saint Joseph avait l'âme si simple qu'il ne s'était pas étonné que les animaux parlent avec l'accent... Et puis il avait trop de soucis en tête pour attacher de l'importance à ces détails. Parce que la Sainte Vierge, elle, elle venait d'entrer dans les douleurs...

SAINT JOSEPH

C'est terrible... Qu'est-ce qu'il faut faire ? Moi, je sais pas...

L'ANE

Moi non plus, je suis qu'un âne...

LE BŒUF

On voudrait bien pouvoir vous aider, mais on est bons à rien...

SAINT JOSEPH

Mon Dieu, donnez-moi vite un coup de main. Avec ces deux santons, comment voulez-vous que je m'en tire ?

L'ANGE BOUFAREOU

Il était presque minuit. Je me suis approché du fenestron. Ce que j'ai vu et ce que j'ai entendu, ça paraît pas croyable. C'est pourtant la franche vérité. Le bœuf a dit :

LE BŒUF

Puisqu'on peut pas se rendre utile, on pourrait toujours dire une prière...

L'ANE

Tu en sais, toi, des prières ?

LE BŒUF

Moi, non, mais Saint Joseph, forcément, il doit en savoir...

SAINT JOSEPH

Écoutez-les, ces fadas. Les prières, elles sont pas encore inventées... C'est justement pour ça que le petit il doit venir sur la terre...

LE BŒUF

En attendant, on pourrait toujours se mettre à genoux.

L'ANGE BOUFAREOU

Parfaitement. C'est comme ça que les choses se sont passées. Saint Joseph, le bœuf et l'âne se sont agenouillés tous les trois. Il était minuit juste. Et le petit est né... Il a pas poussé un cri. Il est né avec le sourire. La Sainte Vierge, elle, souriait aussi. Le bœuf, Saint Joseph et l'âne, eux, ils poussaient des larmes grosses comme des olives. Alors Saint Joseph a dit des mots qui lui venaient du fond du cœur et que jamais personne lui avait appris. Et l'âne et le bœuf, qui étaient encore moins savants que lui, ils répondaient à tour de rôle.

SAINT JOSEPH

Je vous salue, Marie, pleine de grâce...

LE BŒUF

Le Seigneur est avec vous...

L'ANE

Vous êtes bénie entre toutes les femmes.

SAINT JOSEPH

Et le Petit Jésus, le fruit de vos entrailles, est béni.

LE BŒUF

Sainte Marie, bonne mère de Dieu,

L'ANE

Priez pour nous, pauvres pécheurs,

SAINT JOSEPH

Maintenant et à l'heure de notre mort...

TOUS LES TROIS

Ainsi soit-il.

2

L'ANGE BOUFAREOU

Alors, moi, je suis monté dans le ciel, aussi haut, aussi vite que j'ai pu, pour annoncer la bonne nouvelle au monde. Et j'ai soufflé dans ma trompette à m'en faire péter les veines du cou. C'est sans doute pour ça que le mistral s'est arrêté. J'avais réussi à le faire taire. Mais c'est pas ma trompette qui a réveillé les gens : je crois que c'est le silence qui a suivi. Ils se sont assis sur le lit en se frottant les yeux et en disant : « Mais quesaco ? Mais qu'est-ce qui nous arrive ? » Alors mes collègues les anges, les jeunes, les minots, ceux qui ont la voix douce, leur ont chanté une petite chanson pour qu'ils ne s'effrayent pas. Pour qu'ils ne s'imaginent pas. Pour qu'ils ne s'imaginent pas que c'était la fin du monde juste le jour où le monde venait de naître... C'était la première fois, forcément, qu'ils interprétaient « Il est né le divin enfant ».

Mais tout de suite la chanson a eu un succès énorme et je n'ai plus su où donner de la tête parce que, à partir de ce moment-là, les miracles se sont succédé à une allure extraordinaire. C'étaient pas des grands miracles, juste des bonnes manières que le Bon Dieu faisait aux gens pour montrer qu'il était content que les choses se soient bien passées... Le premier miracle, il est tombé sur le meunier au moment où il s'y attendait le moins... Le meunier, c'était le plus feignant de tout Bethléem. Sous prétexte que sa femme était partie avec un Espagnol, il refusait de moudre la farine. On était en décembre, et le blé de la saison s'entassait toujours dans son grenier. Les rats commençaient à s'y mettre. « Cocagne ! » disait le meunier. Il passait ses journées à boire du pastis, et la nuit, pour que les ailes de son moulin ne le dérangent pas, il les attachait avec des cordes grosses comme des troncs d'arbres... Vous me croirez si vous voulez, au moment où le mistral s'est arrêté et où mes petits collègues se sont mis à chanter, le meunier a eu comme l'envie de se sortir du lit. Il disait :

LE MEUNIER

Je ne sais pas ce qui me prend, mais il me semble que j'ai envie de travailler... Si je le disais à quelqu'un d'autre, il voudrait pas me croire. Je sais bien que ma femme est partie avec un Espagnol, mais ce blé, si je le laisse moisir, il sera perdu pour tout le monde... J'ai vraiment pas de chance. Juste au moment où je suis dans de bonnes dispositions, le Bon Dieu il me coupe le vent...

L'ANGE BOUFAREOU

Il se serait rendormi, le meunier, et peut-être même il se serait réveillé fatigué par l'effort d'imagination qu'il avait fait pendant la nuit, mais soudain il tendit l'oreille : les ailes de son moulin, ligotées par des câbles gros comme des troncs d'arbres, s'étaient mises à tourner dans un ciel où ne soufflait pas la moindre brise... Le mistral ne soufflait plus, et pourtant les ailes du moulin continuaient de tourner et de moudre... Et le meunier s'était mis à fredonner la petite chanson que venaient de lui apprendre mes petits collègues. Et il avait sauté hors de son lit et il avait enfilé ses brailles. Et il gesticulait, et il se démenait, et il disait :

LE MEUNIER

Où il est, ce divin petit, qui a fait un miracle pour un grand feignant comme moi, où il est, que je lui demande pardon ? Et regarde cette farine qu'il me donne, si fine, si blanche... Je vais lui en porter un sac tout de suite... Je vais lui en porter deux... non trois... Un sous chaque bras et l'autre sur la tête. Et je marcherai jusqu'à ce que je l'aie trouvé, ce divin petit, même si le cou doit me rentrer dans les épaules...

L'ANGE BOUFAREOU

Entre nous soit dit, pour le Bon Dieu, faire marcher un moulin, même sans mistral, c'est un jeu d'enfant... Mais faire sortir du lit au mitan d'une nuit glaciale ce grand feignant de meunier et lui faire parcourir la campagne avec un sac de cent kilos sur la tête et un de cinquante sous chaque bras, c'est peut-être le plus grand miracle qu'il ait jamais fait... Quoique le miracle du boumian et du gendarme c'était pas commode à réussir non plus. Le boumian, les gens du Nord, ils disent le bohémien, le boumian, son métier c'était de voler des poules ; le gendarme, son métier c'était d'arrêter les boumians. Ça faisait des siècles qu'ils se couraient après, et, jusqu'à présent, le boumian avait toujours échappé au gendarme. Or, précisément, cette nuit-là, à minuit juste, on entendit dans le poulailler de Roustido, le plus riche propriétaire de Bethléem, un gros rire triomphant : c'était le gendarme qui venait de prendre enfin le boumian en flagrant délit.

LE GENDARME

Cette fois, mon brave ami, je crois que je te tiens...

LE BOUMIAN

J'ai rien fait de mal...

LE GENDARME

Et cette dinde que tu viens d'étrangler sous mes yeux, elle est à toi, peut-être ?

LE BOUMIAN

Pas tout à fait, mais c'est Noël...

LE GENDARME

Et alors ?

LE BOUMIAN

Alors, à Noël, tout le monde il en mange de la dinde.

LE GENDARME

Noël ? J'en ai jamais entendu parler... Allez, marche devant et n'essaie pas de te sauver, je te préviens que j'ai mon calibre...

L'ANGE BOUFAREOU

Mais un revolver contre une chanson a perdu d'avance. Et au-dedans d'eux-mêmes ils l'entendaient cette petite musique de Noël.

LE BOUMIAN

Vous avez entendu, brigadier ?

LE GENDARME

D'abord, je ne suis pas brigadier, et ensuite n'essaie pas de distraire mon attention.

LE BOUMIAN

Brigadier ou pas, vous avez entendu quand même ?

LE GENDARME

Évidemment, j'ai entendu.

LE BOUMIAN

Et quel effet ça vous fait ?

LE GENDARME

Ça ne te regarde pas.

LE BOUMIAN

Moi, je vais vous le dire, l'effet que ça vous fait : je suis sûr que vous avez envie de me remettre en liberté.

LE GENDARME

Comment tu le sais ?

LE BOUMIAN

Parce que moi c'est un peu la même chose : la dinde, j'ai envie de la rendre à son propriétaire.

LE GENDARME

Mais qu'est-ce qui se passe ? Nous sommes tous devenus fadas ?

LE BOUMIAN

Eh bé tant mieux !

Nouveau cantique de Noël par le chœur des anges. On entend tantôt en fond sonore, tantôt en premier plan, suivant le rythme de l'action.

L'ANGE BOUFAREOU

Vous ne vous en êtes pas aperçus. Mes petits collègues les anges ont changé de répertoire. Mais, quoi qu'ils chantent, dans le cœur des habitants de Bethléem ça fait toujours le même effet : ça leur réveille au-dedans d'eux des choses qu'ils ne soupçonnaient pas, qu'ils avaient oubliées. Même ce poltron de Pistachié, même sa femme, la poissonnière, ils se sentent soudain bizarres, comme s'ils étaient en train de changer de peau.

LA POISSONNIÈRE

Pourquoi tu ne dors pas, Pistachié ?

PISTACHIÉ

J'ai entendu du bruit... C'est peut-être les voleurs...

LA POISSONNIÈRE

Ah vaï, les voleurs ! Tu n'as pas honte d'être si peureux ?

PISTACHIÉ

Et toi, pourquoi tu ne dors pas ? Tu sais bien que tu dois te lever à cinq heures ?

LA POISSONNIÈRE

J'ai des cauchemars. Je sais bien que c'est l'hiver, mais le poisson que je vais leur vendre, ça fait plus de huit jours que je l'ai...

PISTACHIÉ

Qu'est-ce que ça peut te faire puisque c'est pas toi qui le manges ?... Tu l'arroseras un peu à l'eau de mer et personne y verra rien...

LA POISSONNIÈRE

C'est guère honnête.

PISTACHIÉ

Il y a vingt ans que tu fais comme ça. Je vois pas pourquoi tu changerais aujourd'hui.

LA POISSONNIÈRE

Tais-toi, tu me fais honte. Il faut que j'aille le voir, ce poisson. Et s'il est pas comme il doit être, tant pis pour moi, je le jette...

PISTACHIÉ

Mais qu'est-ce qui lui prend, à ma pauvre femme, elle veut nous mettre sur la paille ?

LA POISSONNIÈRE

Pistachié ! Pistachié ! Viens voir, viens vite !

PISTACHIÉ

On a fracturé le tiroir-caisse ?

LA POISSONNIÈRE

Viens voir, je te dis... Regarde ces rascasses, quand on s'est couché, elles étaient molles et grises, elles avaient plus figure humaine... Regarde-les maintenant : on les dirait vivantes... Regarde comme elles ont l'œil clair : on dirait qu'elles vont te parler... Et les couleurs qu'elles ont, elles brillent tellement qu'elles te font parpeléjer...

PISTACHIÉ

C'est un vrai miracle...

LA POISSONNIÈRE

Alors ce serait vrai que ce niston c'est le Bon Dieu qui nous l'envoie ?

PISTACHIÉ

Il faut aller le voir tout de suite...

LA POISSONNIÈRE

Tu veux sortir, toi, au milieu de la nuit, poltron comme tu es ?

PISTACHIÉ

Dans les grandes circonstances, j'y pense pas que je suis poltron... Allez, faisons de route...

LA POISSONNIÈRE

Prends au moins ton fusil de chasse, des fois que tu rencontres le boumian...

PISTACHIÉ

Si je le rencontre, le boumian, je lui souffle dessus... Mais le fusil je vais le prendre quand même pour si je tombe sur une lièvre.

LA POISSONNIÈRE

Si tu tombes sur une lièvre, tu feras comme d'habitude : tu la vises et tu la manques.

PISTACHIÉ

Va savoir ! Si le Bon Dieu il a fait un miracle ce soir, pourquoi il en ferait pas deux ?

L'ANGE BOUFAREOU

Les miracles de cette nuit, je peux pas vous les raconter tous. D'abord parce qu'il y en a trop, ensuite parce que le Bon Dieu il aime faire plaisir, mais ça l'agace qu'on le crie sur les toits. Et d'abord, la bonne nouvelle et la jolie musique, il y avait au moins quelqu'un à Bethléem sur qui elles faisaient pas d'effet. C'était ce sans-cœur de Roustido. A Bethléem, il y avait que lui de riche. Il avait des champs d'oliviers, des champs d'amandiers et des hectares et des hectares de pommes d'amour. Et plus il gagnait de sous, plus son cœur devenait sec. On ne vous l'a pas dit dans l'Histoire Sainte pour ne pas lui faire de peine, mais c'est lui qui a mis à la porte Saint Joseph et la Sainte Vierge en les traitant de mendiants et de va-nu-pieds. Voilà, comment il était, Roustido. Et pourtant, sa fille, Mireille, y avait pas plus joli, y avait pas plus gentil, plus plaisant à regarder, plus aimable. C'était une fille sage et patiente, mais elle était amoureuse de Vincent...

... un brave petit bien propre et bien clair, mais lui il avait pas de sous. Il gagnait sa vie à garder des taureaux dans la palustre, ce qui n'a jamais enrichi personne. Et le dimanche, il jouait du galoubet avec les tambourinaires de Bethléem. Tout ce qu'il possédait au monde, c'était son cheval, son trident, son tambourin et son fifre.

Quand Mireille avait parlé de Vincent à Roustido, il avait failli mourir de suffocation. C'était il y a un an et depuis sa réponse avait été toujours la même : « Je ne donnerai jamais ma fille à un pauvre. » Mireille était sage et patiente. Elle avait essayé, jour par jour, de fléchir la volonté paternelle, mais le vieux était têtu comme un âne corse. Alors, ce soir-là, après le dîner, dans la grande salle à manger provençale, le dîner silencieux comme le dîner de tous les soirs, Mireille avait mis son beau costume d'Arlésienne et elle était partie de chez elle pour ne jamais plus y revenir. Et Roustido, aux trois quarts fou, battait la campagne en hurlant : « Mireille ! Mireille ! Mireille ! » Mais Mireille ne l'entendait pas. Elle était dans les bras de Vincent et elle disait qu'elle y resterait toute sa vie. Vincent, lui, était un garçon raisonnable et il commençait à s'inquiéter.

VINCENT

Tu vas te faire crier de rentrer si tard.

MIREILLE

Ça m'est égal. Je ne veux plus rentrer à la maison.

VINCENT

Elle est pourtant belle, ta maison.

MIREILLE

Oui, elle est belle et bien chauffée, et il y a de la place pour cent personnes et à manger pour vingt-cinq ans... N'empêche que mon père a mis ce soir à la porte deux pauvres gens qui étaient venus lui demander asile pour la nuit. C'est ce qui m'a décidée à partir.

VINCENT

Tu as bien réfléchi ?

MIREILLE

Je ne veux plus le voir. Je reste avec toi.

VINCENT

Tu veux qu'on s'enlève ?

MIREILLE

Oh ! oui, enlevons-nous.

VINCENT

C'est un gros péché, tu sais.

MIREILLE

Le Bon Dieu nous pardonnera.

VINCENT

Mais ton père, il va en faire une maladie, et, en plus, on dira que sa fille est une moins-que-rien et ça risque de le faire battre aux élections.

MIREILLE

Tant pis pour lui.

VINCENT

Tu es décidée ?

MIREILLE

Oui. Je t'aime. On s'enlève, ou je me tue !

VINCENT

Parle pas de malheur. Puisque c'est comme ça que tu le veux, moi je le veux aussi. Je vais chercher le cheval, et en route pour le Vaccarès.

L'ANGE BOUFAREOU

Eh bien, vous allez voir comment il est, le Bon Dieu. Il est encore plus brave que vous le pensez. Il a pas de rancune. Roustido a failli faire mourir de froid le petit Jésus dans le ventre de sa mère. C'est des choses qu'un père n'oublie pas. Le Bon Dieu, lui, il a déjà pardonné, et il a demandé à mes collègues les anges de jouer un air qui était pas au programme. Et regardez l'effet qu'il fait sur ces braves petits.

MIREILLE

Tu as entendu ?

VINCENT

Oui. On dirait les « cigalons arlatens ».

MIREILLE

Je me sens comme si j'étais toute petite.

VINCENT

Quand tu étais toute petite, et que tu te promenais aux Alyscamps, je t'aimais déjà.

MIREILLE

Moi aussi je t'aimais. Il ne faut pas qu'on s'enlève.

VINCENT

C'est toi qui me l'as demandé.

MIREILLE

J'étais folle. Ceux qui s'aiment n'ont pas besoin de se cacher.

VINCENT

Je demanderais pas mieux que de te mener devant le maire.

MIREILLE

Mène-moi d'abord voir ce petit bébé qui vient de naître.

VINCENT

Je te mènerai où tu voudras, mais entre nous soit dit, les femmes c'est un peu difficile à comprendre...

L'ANGE BOUFAREOU

Et tout à coup, j'ai écarquillé les yeux. Celui-là qui s'avance il n'a pas l'air de participer à l'allégresse générale.

LE BERGER

Moi, vous me connaissez pas encore. Je suis le berger. L'hiver, ici, l'été dans les Alpes, toujours seul avec mes bédigues et mon chien. Quand le mistral s'est arrêté, j'ai été le premier à entendre le silence. J'ai l'ouïe tellement fine, et le silence ça fait tellement plus de bruit qu'un chant de grillon, et toutes les musiques j'en ai pas perdu une goutte. Je sais qu'il se passe quelque chose de pas ordinaire, quelque chose de bien, que c'est de la joie qui nous arrive. Et ça me fait plaisir, parce que moi qui ne vois personne, les gens, je les aime bien. Et ce petit qui vient de naître, je sais qu'il veut du bien à tout le monde, et je lui dis merci. Seulement je n'irai pas le voir. Je serai peut-être le seul, mais j'irai pas. Parce que j'avais un chien, et il est mort ce matin. Alors toute la joie du monde, elle me passe à côté. Depuis dix ans on vivait ensemble, mon chien et moi, et maintenant il est là, dans mes bras, tout raide, tout froid, tout mort. Je suis pas de ceux qui blasphèment ou qui se plaignent, j'ai pas l'esprit revendicateur. Je demande pardon au petit qui vient de naître. Ce n'est pas de ma faute. Mais puisque mon chien est mort, il se passera de moi. Ils auront tous du bonheur sur les lèvres et dans les yeux, et moi je ferai une figure d'enterrement. Je reste avec toi, mon brave chien. Tu te souviens comme tu aimais que je te gratte la tête ? Tu savais pourtant donner de la gueule... Tu poussais un petit gémissement de plaisir, comme un homme qui s'étire...

Gémissement du chien.

Quoi ?... Mais c'est pas possible... Mon chien remue... Mon chien revit... Petit Jésus... Mon troupeau, je te le donne... Et mon chien, si tu me le demandes je te le donnerai aussi... Mais tu me le demanderas pas, dis, tu me le demanderas pas...

3

PAIX SUR LA TERRE AUX HOMMES DE BONNE VOLONTÉ

L'ANGE BOUFAREOU

Et maintenant, tous les habitants de Bethléem s'étaient rassemblés sur la place. Il ne manquait que Roustido, qui continuait à parcourir la colline en criant : « Mireille ! Mireille ! » Ils avaient mis leurs habits de dimanche, ils avaient des cadeaux plein des charretons et ils brandissaient des chandelles. Il y en avait qu'un qui dormait, c'était le Ravi. C'était pas qu'il avait le sommeil profond, mais que ce soit le jour ou la nuit, il était jamais complètement réveillé. Le jour, il restait à sa fenêtre, les bras en l'air, en regardant les gens, le ciel, les bêtes, les fleurs, et en disant :

LE RAVI

Que le monde est joli ! C'est pas possible qu'il soit aussi joli !

L'ANGE BOUFAREOU

Les bras toujours levés et le bonnet de nuit sur la tête, il est venu se mêler à la foule. Soudain, il s'arrêta...

L'ANGE BOUFAREOU

...Il venait d'apercevoir un vieillard triste sous un proche.

LE RAVI

Qu'est-ce que tu as, toi, à ne pas être heureux ?

L'AVEUGLE

Moi, je suis l'aveugle.

LE RAVI

Il faut que tu sois heureux quand même, un jour comme aujourd'hui. Viens avec moi, je te raconterai tout. Je te dirai comment ça se passe, et fais-moi confiance, j'ai de l'imagination. Comme je te le dirai, moi, ce sera encore plus vrai que nature.

L'ANGE BOUFAREOU

Et il a pris l'aveugle par le bras. Mais il ne savait pas exactement où aller. Les gens tournaient en rond et se demandaient l'un à l'autre : Mais où il est, ce petit ? J'ai donné un tout petit coup de trompette. Ils ont fait le silence et je le leur ai dit : Vous avez qu'à me suivre. Alors ils se sont pris par la main et ils m'ont suivi en dansant la farandole.

Si vous permettez, nous allons passer devant pour voir ce qui se passe dans la crèche, mais n'oubliez pas de prendre votre pardessus, parce qu'on y gèle dans cette étable. Saint Joseph se fait un mauvais sang terrible.

SAINT JOSEPH

C'est pas un temps à chrétien. Il va s'enrhumer, le pauvre petit.

L'ANE

Et à son âge, un rhume, ça a vite fait de tomber sur la poitrine.

LE BŒUF

Au lieu de dire des bêtises, tu ferais mieux d'avoir une idée.

L'ANE

Pour les idées, tu sais, les ânes, ils sont guère forts.

LA SAINTE VIERGE

Ses petites mains sont toutes froides. Il a le bout du nez gelé.

LE BŒUF

Attendez, bonne mère, je vais vous le réchauffer. Ça vous ferait rien de le poser sur la paille ?

SAINT JOSEPH

Fais bien attention. Il est si petit, si petitounet...

LE BŒUF

Ne craignez rien. Vous voyez, je m'allonge à côté de lui et mon collègue aussi. Allez, dépêche-toi. Comme ça, il est déjà un peu protégé contre les courants d'air.

SAINT JOSEPH

Ça ne suffira pas pour le réchauffer.

LE BŒUF

Va savoir ! Nous, les bêtes, pendant l'hiver, il nous pousse du poil et on conserve du chaud en dedans de nous. Évidemment, il vaudrait mieux une bonne cheminée avec grand feu de bois...Mais tout ce qu'on peut lui donner, c'est notre chaleur...

LA SAINTE VIERGE

Vous êtes les plus braves. Mon fils ne vous oubliera pas.

LE BŒUF

Si entre malheureux on s'aidait pas, ce serait pas la peine.

L'ANE

Allez, fais pas l'hypocrite. Dis-le, à la Bonne Mère, qu'on y pense aussi, à la gloire. C'est vrai, jusqu'à présent il y en avait que pour le cheval et le taureau, mais j'ai l'impression que le bœuf et l'âne, il s'en parlera un peu à partir de maintenant, et qu'on en dira du bien. Vous croyez pas ?

SAINT JOSEPH

Catastrophe ! Il a éternué. Il va prendre le mal de la mort, ce petit.

LA SAINTE VIERGE

Rendez-le-moi.

LE BŒUF

Attendez une seconde, Bonne Mère.
O collègue, quand je te souffle sur le museau, qu'est-ce que ça te fait ?

L'ANE, *riant.*

Ça me fait rire.

LE BŒUF

Ça te fait rire, mais ça te réchauffe. Souffle-moi aussi dessus pour voir.

SAINT JOSEPH

Vous croyez que c'est le moment de vous amuser comme des imbéciles ?

LE BŒUF

Comprenez-moi. On va lui souffler dessus, mon copain et moi, tous les deux ensemble. Vous allez voir si on vous le réchauffe pas, votre petit. Allez, on y va…

L'ANGE BOUFAREOU

Et ils se sont mis à souffler presque jusqu'à l'asphyxie complète.

LE BŒUF

Regardez, il a souri. Il est déjà presque tout rose.

L'ANGE BOUFAREOU

Vous me direz que le Bon Dieu, il y avait rien de plus facile pour lui que d'envoyer le beau temps. Un 24 décembre, sous nos climats, ça n'aurait étonné personne. Mais il fallait d'abord accomplir des Écritures. Dites-vous bien une fois pour toutes qu'il sait ce qu'il fait, le Bon Dieu. Son petit, c'était pas un fils de famille, il fallait qu'il soit élevé à la dure, qu'il apprenne les difficultés de la vie…

Mais voilà nos gens qui arrivent en farandoléjant, et le Ravi marchait le premier en tenant l'aveugle par la main.

LE RAVI

J'en ai vu des petits jolis nistons, mais des jolis petits nistons comme ce joli petit niston-là, je croyais pas que ça pouvait exister.

L'ANGE BOUFAREOU

Et il avait raison, ce demi-fada, parce que moi non plus je ne l'avais pas encore bien vu le Petit Jésus, et ça m'en a coupé les ailes. J'avais plus rien à faire sur la terre. J'avais fait ce que le Bon Dieu m'avait dit de faire, j'avais joué de la trompette aux quatre coins cardinaux, mais j'avais plus envie de remonter au ciel. Et tous les gens qui étaient là, ils étaient comme moi, paralysés par la surprise et par la joie. Alors ils sont tombés tous ensemble sur leurs genoux et ils se sont mis à chanter à pleine voix…

Après, il y a eu un silence embarrassé. Tout le monde voulait parler, mais personne savait plus que dire. Et le plus embarrassé de tous, c'était le gendarme. Tous les habitants de Bethléem avaient apporté des cadeaux, excepté lui. Alors il est devenu tout rouge et il a dit :

LE GENDARME

Sainte Vierge, et vous, Saint Joseph, excusez-moi. Je n'ai pas eu le temps de passer à la maison. J'étais de service. Autrement, je vous aurais apporté des figatellis, de la farine de châtaignes et du fromage corse, mais je n'ai rien sur moi que mon revolver. Alors je vous le donne, pour amuser le petit.

SAINT JOSEPH

Tu es bien brave, mais…

LE GENDARME

N'ayez pas peur. C'est un revolver d'honnête homme, il n'a jamais servi.

SAINT JOSEPH

Mais il risque de se blesser !

LE GENDARME

Pensez-vous ! Il n'y a pas de cartouches. Juste je le portais à la ceinture pour rassurer le monde, mais vous pensez tout de même pas que je m'en serais servi contre mon prochain !

LA SAINTE VIERGE

Merci, Colombani.

LE GENDARME

Vous savez mon nom ?

LA SAINTE VIERGE

Je sais beaucoup de choses sur toi, Colombani. Je sais par exemple que tu attends une lettre depuis longtemps. Et bien, tu la recevras demain au courrier cette lettre.

LE GENDARME

Une lettre ?

LA SAINTE VIERGE

Ta nomination de brigadier. Le ministre est en train de la signer en ce moment. Alors ce revolver, garde-le… Parce qu'un brigadier sans revolver, ça ferait mauvais effet…

LE GENDARME

Vous êtes sûre de ce que vous dites ?

SAINT JOSEPH

Hé, mais dis donc, tu vas pas traiter ma femme de menteuse ?

LA SAINTE VIERGE

Promets-moi, Colombani, de continuer à ne pas t'en servir de ton « calibre ».

LE GENDARME

Ne vous faites pas de souci. Non seulement j'y mets pas de cartouches, mais encore je laisse toujours le cran d'arrêt...

L'ANGE BOUFAREOU

Après, tout le monde voulait parler en même temps. Mais naturellement, c'est Honorine, la poissonnière, qui a eu le dessus.

LA POISSONNIÈRE

Bonne mère, je vous ai apporté des rascasses pour le petit, des rascasses presque vivantes.

SAINT JOSEPH

De la rascasse pour un petit qui vient de naître, mais tu n'y penses pas !

LA POISSONNIÈRE

Oh ! mais dites, mes rascasses elles ont jamais fait de mal à personne, qu'est-ce que vous insinuez ?

SAINT JOSEPH

Je n'insinue rien. Je dis que le petit il est trop jeune pour manger de la rascasse et qu'au bas mot ça risque de lui donner de l'urticaire.

LA POISSONNIÈRE

Et toi, Pistachié, tu le laisses dire, naturellement.

PISTACHIÉ

Excusez-la, bonne mère. Elle a le parler un peu vif, mais c'est une brave femme. En tout cas, si vous voulez pas de ses poissons, j'espère que vous accepterez ma lièvre. C'est une belle lièvre d'au moins douze livres que j'ai tuée en venant vous voir... Qu'est-ce qui vous fait rire, vous ?

Parfaitement ! Je l'ai tuée moi-même, cette lièvre, d'un seul coup de fusil, d'un seul.

LA POISSONNIÈRE

Parlons-en de ta lièvre. C'est la première fois qu'il rentre pas bredouille de la chasse...

L'ANGE BOUFAREOU

La Sainte Vierge les écoutait avec amusement. Un moment même, elle a éclaté de rire. Et Honorine et Pistachié étaient si fiers d'avoir fait rire la Sainte Vierge qu'ils en remettaient, qu'ils se forçaient, qu'ils cessaient d'être drôles. Alors la Sainte Vierge elle a remonté le sourcil et elle a dit :

LA SAINTE VIERGE

Attention, vous allez tomber dans l'opérette marseillaise !

SAINT JOSEPH

Et le petit, il aime pas ça. Mistral et Daudet, ils sont au ciel depuis longtemps. Pagnol et Giono sont allés les rejoindre. Mais les autres, il faudra qu'ils se surveillent.

L'ANGE BOUFAREOU

Et à partir de ce moment, chacun a fait son numéro dans la discrétion. Le berger a enlevé l'agneau qu'il avait autour du cou et l'a posé aux pieds du Petit Jésus sans prononcer une parole. Puis il a fait une dernière caresse à son chien et il a dit :

LE BERGER

Moi, je suis le berger. J'ai un joli filet de voix, mais on s'en est jamais servi dans les opérettes. Je fais rire personne. Je parle seul, je sens mauvais, j'ai pas d'amis. Enfin j'en ai qu'un : c'est mon chien. Il est mort ce matin. Il est ressuscité ce soir. Dans les opérettes, les chiens qui ressuscitent, personne voudrait y croire. Alors ce chien ressuscité, Bonne mère, je le donne à ton petit, pour qu'il le garde, qu'il te fasse les commissions...

LA SAINTE VIERGE

Berger, mon fils, plus tard, sera berger comme toi. Il sera le berger des hommes. Et les hommes n'ont pas besoin de chiens pour les garder. Ils ont besoin d'amour.

L'ANGE BOUFAREOU

Les paroles de la Bonne Mère passaient nettement au-dessus de l'assemblée, mais le berger, lui, les avait comprises.

LE BERGER

Mais s'il veut pas de mon chien, peut-être il voudra bien de moi ?

LA SAINTE VIERGE

L'heure n'est pas encore venue. Mais il te fera signe.

L'ANGE BOUFAREOU

Ainsi fut recruté le premier apôtre. Sans que personne s'en aperçoive. Mais dans l'assemblée il y en avait un qui commençait à trouver le temps long. C'était le meunier, avec son sac sur la tête et ses deux autres sacs sous les bras. Il avait des crampes de partout. Il fit tomber le sac qu'il avait sur la tête et il dit :

LE MEUNIER

Bonne Mère, jusqu'à ce soir j'étais un gros feignant.

PISTACHIÉ

Ça c'est vrai.

LE MEUNIER

Toi, Pistachié, je ne te parle pas. Je parle à la Bonne Mère. J'étais un si gros feignant que même dans le pays ça avait fini par se remarquer. Et puis ce soir, il s'est produit un grand miracle. J'ai senti en moi une envie de travailler, une envie si grande que sur le moment elle m'a fait peur. Mais je me suis ressaisi, et la première farine que j'ai faite depuis des mois je vous en ai apporté trois balles pour la bouillie du fiston. Si vous le permettez, je vais rentrer tout de suite au moulin pour profiter de mes bonnes dispositions. J'ai tellement peur que ça me passe !

LA SAINTE VIERGE

Tu ne vas pas travailler un jour de fête ?

LE MEUNIER

Si vous me le demandez, je serai bien obligé de rester sans rien faire. Mais je vous jure que ça va me coûter.

LE MEUNIER

Il y a pas de quoi rire. Je ne tiens plus en place.

LA SAINTE VIERGE

Eh bien, rentre chez toi.

LE MEUNIER

Non, il vaut mieux pas, parce que je crois qu'une fois dans mon moulin j'aurai pas le courage de rester sans rien faire.

LA SAINTE VIERGE

Retourne à ton moulin. Je crois que tu as de la visite.

LE MEUNIER

De la visite ?

LA SAINTE VIERGE

Elle s'appelait Marie-Madeleine, n'est-ce pas ?

LE MEUNIER

Elle est de retour ? Pour de bon ? Pour toujours ? Ô Bonne Mère ! ô mes amis !

LA SAINTE VIERGE

Tu lui as pardonné, au moins ?

LE MEUNIER

A elle, il y a longtemps. Et ce soir, je suis tellement heureux que je crois que j'ai pardonné à l'Espagnol.

LA SAINTE VIERGE

Alors, tu peux partir.

L'ANGE BOUFAREOU

Et le meunier est sorti comme un fou, sans dire merci à la Sainte Vierge et sans dire au revoir à personne, et le Ravi levait les bras en l'air en disant :

LE RAVI

Mon Dieu, comme c'est beau un homme qui était malheureux et qui devient heureux ; mon Dieu, comme c'est beau un homme qui était paresseux et que l'envie de travailler le prend !

PISTACHIÉ

Écoute, le Ravi, tu commences à nous agacer.

LE RAVI

Si je t'agace, je te demande pardon.

PISTACHIÉ

Tu parles de travail et tu as jamais rien fait de ta vie.

LE RAVI

J'ai regardé les autres et je les ai encouragés. Je leur ai dit qu'ils étaient beaux et qu'ils faisaient de belles choses.

PISTACHIÉ

Tu t'es guère fatigué.

LA POISSONNIÈRE

Et tu as même pas apporté de cadeau.

LA SAINTE VIERGE

Ne les écoute pas, Ravi. Tu as été mis sur la terre pour t'émerveiller, tu as rempli ta mission, et tu auras ta récompense. Le monde sera merveilleux tant qu'il y aura des gens comme toi capables de s'émerveiller.

LE RAVI

Arche d'Alliance… Tour de David… Porte du Ciel… Étoile du matin… Salut des pécheurs… Rose mystique… Bonne Mère admirable, merci à vous.

LA POISSONNIÈRE

Bonne Mère très pure, merci à vous.

PISTACHIÉ

Bonne mère très chaste, merci à vous.

LE BERGER

Bonne Mère des Anges, merci à vous.

LE GENDARME

Bonne Mère du Sauveur, merci à vous.

L'AVEUGLE

Salut des Infirmes, consolatrice des affligés, merci à vous.

L'ANGE BOUFAREOU

Ils se retournèrent tous : l'aveugle venait de tomber à genoux et il avait l'air en extase.

LA SAINTE VIERGE

Tu me remercies, toi qui n'as jamais vu le ciel et les étoiles ?

L'AVEUGLE

Je te rends grâces, je chante tes louanges.

LA SAINTE VIERGE

Tu me rends grâces, toi qui vis dans la nuit. Tu chantes mes louanges, toi qui es enfermé dans la plus sombre des prisons ?

L'AVEUGLE

Le Ciel, tu me l'as donné, la lumière elle est en moi, et je me sens libre comme l'oiseau.

SAINT JOSEPH

Marie, ma belle, il faut faire quelque chose pour cet homme. Tu n'as qu'un mot à dire.

LA SAINTE VIERGE

Mon Dieu, qui, ce soir, avez exaucé tous mes désirs...

L'AVEUGLE, *l'interrompant.*

Non, Bonne Mère, c'est pas la peine. Ne le dérangez pas. Je sais que le monde est beau, puisque c'est lui l'a fait, mais je suis sûr que le ciel est encore plus beau, puisque c'est là qu'il habite. Demandez-lui seulement que je n'aie pas trop longtemps à attendre. Faites que j'ouvre les yeux le jour de ma mort, faites que je voie quand ça vaudra vraiment la peine de voir.

L'ANGE BOUFAREOU

A force de rôder dans la campagne en criant : « Mireille » ! « Mireille », Roustido avait fini par apercevoir toutes les petites lumières qui avaient transformé l'étable en reposoir. Personne ne s'était aperçu de sa présence. D'abord il avait vu sa fille qui tenait son tambourinaire par la main, et il avait failli mourir de colère rentrée. Puis il avait vu le boumian avec la dinde étranglée, et il avait failli faire un malheur. Mais il était resté bien sage dans son coin et il sentait petit à petit couler en lui une espèce de douceur, de gentillesse, de bonté, et il répétait sans arrêt :

ROUSTIDO

Mais qu'est-ce qui t'arrive, Roustido ? Tu es pas en colère ? Mais tu es complètement gaga ! Allez, zou, mets-toi en colère !

L'ANGE BOUFAREOU

Mais il restait toujours immobile et il se sentait devenir meilleur à chaque seconde. Et quand il a vu le boumian s'avancer vers le Petit Jésus en balançant sa dinde d'un air timide, il n'a pas bronché. Et le boumian disait :

LE BOUMIAN

Petit Jésus, toi qui as la peau si blanche et les cheveux si blonds, n'aie pas peur de moi qui suis noir de poils et presque nègre de peau. Je t'ai porté cette dinde.

LE GENDARME

Mais tu es un sans-vergogne ! Cette dinde, tu l'as volée.

LA SAINTE VIERGE

Laisse-le parler, veux-tu, gendarme ?

LE BOUMIAN

D'abord, les dindes, j'en volerai plus, et celle-là, je l'ai volée à Roustido, et les dindes il en a à n'en savoir que faire. Tandis que vous, peuchère, vous êtes dans le besoin. Alors j'ai pensé qu'au lieu de la garder je ferais mieux de vous la porter. Si vous n'en voulez pas, vous pourrez toujours la vendre.

LA SAINTE VIERGE

Tu as très bien parlé, boumian.

SAINT JOSEPH

Je ne veux pas te contredire, mais cette dinde, elle n'est pas à lui.

LE GENDARME

Ce qu'il vous propose tombe sous le coup de la loi : article 19, recel et complicité.

LA SAINTE VIERGE

Cette dinde, nous ne pouvons l'accepter.

LE BOUMIAN

Pourquoi ?

LA SAINTE VIERGE

Ce que nous acceptons, c'est la gentillesse avec laquelle tu nous l'as offerte. Tu nous promets, boumian, de ne plus jamais voler de dinde ?

LE BOUMIAN

Ni dinde, ni poule, ni pintade, ni pintadon. Et pourtant c'est bon, le pintadon bien tendre.

LA SAINTE VIERGE

Boumian... !

LE BOUMIAN

Promis, je n'en volerai plus.

LA SAINTE VIERGE

Reprends ta dinde et va la rendre à qui tu l'as prise.

L'ANGE BOUFAREOU

Alors il s'est produit un coup de théâtre que jamais de votre vie vous n'en avez vu de pareil, Roustido a écarté gentiment le monde et il a dit :

ROUSTIDO

Tu peux la garder. Je te la donne.

L'ANGE BOUFAREOU

C'était la première fois que Roustido faisait un cadeau à quelqu'un. Les gens n'en revenaient pas. Le Ravi était plus ravi que d'habitude.

LE RAVI

Ô Roustido, que c'est beau ce que tu viens de faire ! J'en ai vu des belles choses dans ma vie, mais jamais d'aussi belles que cette belle chose-là...

L'ANGE BOUFAREOU

Roustido, il s'était mis à genoux et il se frappait la poitrine.

ROUSTIDO

Petit Jésus, je suis un assassin. Quand ton père et ta mère sont venus frapper à la porte, je les ai jetés à la rue. Je ne me le pardonnerai jamais. Je suis un criminel.

SAINT JOSEPH

Ne vous mettez pas dans des états pareils. Ne pleurez pas. Vous voyez que ça a fini par s'arranger.

ROUSTIDO

Je vais faire préparer une voiture bien bâchée, bien souple, avec un cheval bien doux, et je vais vous faire conduire à la maison, dans la chambre la plus belle et la mieux chauffée, dans la mienne, quoi. Et vous y resterez tant que vous voudrez, jusqu'à la fin de vos jours si ça vous fait plaisir, et vous aurez à vous faire de souci de rien.

SAINT JOSEPH

Vous êtes bien brave. Qu'est-ce que tu en dis, Marie ?

LA SAINTE VIERGE

Mon fils et moi nous vous remercions. Mais nous ne pouvons accepter. Nous devons rester ici pour accomplir la volonté de Dieu.

ROUSTIDO

Mais alors, qu'est-ce que je vais faire de toute la bonté que je me sens dans le cœur, tout seul dans ma grande maison vide ?

LA SAINTE VIERGE

Avancez, vous, les petits. Toi, Mireille, l'Arlésienne, et toi, Vincent, le tambourinaire. Oui, toi. N'aie pas peur.

ROUSTIDO

Lui, je ne veux pas le voir. Jamais il n'épousera ma fille.

SAINT JOSEPH

Pourquoi ? Il est beau comme un sou neuf.

ROUSTIDO

Vous, ne vous mêlez pas de mes affaires de famille.

LA SAINTE VIERGE

Et vous dites que vous vous sentiez plein de bonté ?

ROUSTIDO

Comprenez-moi, Bonne Mère. Faire un cadeau d'une dinde à un caraque, recevoir des amis à la maison, d'accord, ça je me sens capable de le faire. Mais donner ma fille à un joueur de fifre qui n'a même pas une chemise de rechange, vous pouvez me juger sévèrement si vous voulez, c'est au-dessus de mes forces. Mettez-vous à ma place !

SAINT JOSEPH

Il y a du vrai dans ce qu'il dit.

L'ANGE BOUFAREOU

Il était têtu, le vieux, et je crois que pour le faire changer d'avis, le Bon Dieu aurait été obligé de faire encore un miracle. Mais il n'en a pas eu besoin, parce que dehors venait d'éclater un tintamarre terrible.

C'étaient les Rois Mages. A force de regarder l'étoile qui devait les conduire à Bethléem, ils avaient tous un peu le torticolis. Ils étaient partis depuis des mois et ils avaient juste un quart d'heure de retard à cause d'un de leurs chameaux qui traînait la jambe. Ils venaient du bout du monde, avec des turbans, des colliers de perles et une armée de négrillons qui leur tenaient le pan de la robe... Le Ravi se frottait les yeux.

LE RAVI

Sainte Vierge, que c'est beau ! Mais regardez comme ils sont beaux, ces hommes !

L'ANGE BOUFAREOU

Au lieu de s'agenouiller comme tout le monde, ils s'étaient mis à plat ventre et se cognaient le front par terre en disant : « Salamalec, Salamalec. » L'aveugle se demandait ce qui se passait. Le Ravi lui a dit :

LE RAVI

Viens ici, mon beau, toi qui n'as pas voulu retrouver tes yeux de peur des vilaines choses de la vie. Celui-là, qui est grand et maigre comme un cyprès et qui a la peau toute jaunâtre, il s'appelle Melchior. Il tient dans les mains une cassolette d'or et de pierres précieuses. De la cassolette monte une fumée qui sent bon, qui sent bon !

L'AVEUGLE

Je connais. C'est l'encens.

LE RAVI

Le deuxième s'appelle Balthazar. Il a les dents blanches comme le sommet du Ventoux ; il a les lèvres rouges comme des pastèques et les joues violettes comme des figues. Il a de grands anneaux aux oreilles. Dans les mains il tient une urne d'argent. Ce qu'il y a dedans, je le sais pas.

L'AVEUGLE

Il y a de la myrrhe, c'est le parfum le plus subtil de l'Arabie...

LE RAVI

Que tu es heureux, toi, l'aveugle, tu sens les odeurs qui arrivent pas jusqu'à nous... Et le troisième, il a une barbe qui descend jusqu'aux pieds et il est obligé de rester courbé pour pouvoir tenir dans le cabanon. Il s'appelle Gaspard. Il ressemble à mon grand-père. Il tient dans les mains une grosse malle de cuir. Ce qu'il y a dedans, tu le sais peut-être ?

L'AVEUGLE

Des pièces d'or, je les entends glisser l'une sur l'autre comme les gouttes d'eau d'une rivière.

LE RAVI

Tu avais raison. C'est bien de l'or. Que tu es heureux, toi l'aveugle, tu entends des bruits qui viennent pas jusqu'à nous.

L'ANGE BOUFAREOU

Et voilà, c'est bientôt fini. Chacun a pris la pose, comme chez le photographe, mais c'est pour l'éternité. La Sainte Vierge et Saint Joseph, qui regardent dormir le Petit Jésus et qui l'adorent. Ils ont la tête penchée sur les épaules et les mains jointes, et ça durera jusqu'à la fin du monde. Le Ravi, les bras en l'air, l'aveugle, les mains posées sur sa canne, Pistachié, appuyé sur son fusil, la poissonnière, un panier de poissons de chaque côté de ses hanches énormes, et le berger avec son agneau qui dort autour de son cou et son chien qui dort entre ses jambes. Et le boumian qui a mis amicalement la main sur l'épaule du gendarme, et le gendarme qui se lisse la moustache. Et le bœuf et l'âne qui se sont endormis, brisés par l'émotion. Et personne ne dit plus rien. Et ils ne bougeront plus jusqu'à la fin des siècles. C'est le destin des santons. Roustido ne sait pas encore quelle attitude prendre. Alors la Sainte Vierge a désigné la malle de cuir pleine de pièces d'or et elle a dit au tambourinaire :

LA SAINTE VIERGE

Vincent, prends ce qu'il te faut pour te monter un ménage. Maintenant tu vas pouvoir épouser Mireille.

L'ANGE BOUFAREOU

Alors Roustido a compris qu'il devait faire un geste avant d'être transformé en santon pour toujours. Il a pris la main de Mireille, il l'a mise dans la main de Vincent et il a dit :

ROUSTIDO

Tiens, prends ma fille, tu es pauvre, mais ça m'est égal. Je te la donne quand même.

L'ANGE BOUFAREOU

Et il s'est immobilisé pour toujours, tenant la main de ses enfants serrée dans la sienne. Il venait de gagner le paradis sans le faire exprès.

Et voilà. J'ai dit tout ce que j'avais à vous dire. Excusez-moi si j'ai été un peu bavard ! C'est dans mon tempérament, mais je vous jure que j'ai dit la franche vérité. Allez, adieu... Je remonte au ciel. Portez-vous bien... Soyez braves... Soyez heureux...

ET PAIX SUR LA TERRE
AUX HOMMES DE BONNE VOLONTÉ.

LE CYCLE FONTVIEILLOIS

« Estrambord » et « galéjade », deux mots intraduisibles. Ils expriment la forme particulière de l'humour provençal. Il est plus démonstratif que l'anglo-saxon mais tout aussi cruel. Davantage peut-être car il met la jovialité au service de la « politesse du désespoir ».

Un exemple concret me fera mieux comprendre. Dans son *Armana* de 1886, Frédéric Mistral a écrit un conte très bref intitulé « Lou Penjadis ». C'est l'histoire d'un brave homme qui en assez de la vie. Il se jette dans la rivière et, au moment où il va disparaître dans les flots, un courageux quidam le sauve de la noyade. A peine est-il de retour sur la rive qu'il tente à nouveau de se suicider. Son héroïque sauveteur l'arrache une fois de plus à une mort certaine. Estimant avoir fait son devoir, il s'apprête à s'éloigner quand il voit le suicidaire obstiné dérouler une corde et se pendre à un arbre. Cette fois, après un bref moment d'hésitation, il poursuit son chemin, abandonnant le malheureux à son triste sort.

A quelques jours de là, il est convoqué au tribunal où on le traite de « sans cœur » et où il se voit en outre inculpé de « non-assistance à personne en danger ».

Le brave garçon n'en croit pas ses oreilles et, ruisselant de bonne foi, il s'écrie :

— Mais enfin, quand je l'ai vu se pendre tout mouillé à son arbre, j'ai cru qu'il se mettait à sécher !

Des histoires de ce genre, mon enfance les a enregistrées à mon insu. La télévision n'était pas encore inventée : nous la faisions nous-mêmes, l'hiver au coin du feu, l'été sur le pas de nos portes. Par la suite, j'ai cru en inventer de nouvelles et je me suis aperçu qu'elles avaient fait le tour du monde avant de parvenir jusqu'à moi.

Le jour où mon ami Plume d'Aigle Flottante m'a dit :

— Cette histoire que tu viens de raconter, je l'ai déjà entendu sous une autre forme en Mauritanie...

C'est ce que Rabelais appelle les « paroles gelées ». Elles circulent dans le temps et l'espace, atterrissent où bon leur semble. Partout où il y a des oreilles pour les entendre et des voix pour les adapter au lieu et au moment. De sorte qu'en croyant raconter plaisamment notre vie quotidienne nous étions, sans le savoir, à l'écoute des origines de la parole.

Nos oreilles aujourd'hui, assourdies par le vacarme de la vie contemporaine, se hâtent de transformer en histoire drôle ce qui est un condensé de sagesse, la trace d'une légende, le rescapé d'une mythologie.

C'est à mon insu que ces chroniques villageoises, qui n'avaient d'autre intention que de conserver le plaisir que j'avais eu à les vivre, contenaient en filigrane le souvenir d'un âge d'or qui n'a peut-être jamais existé mais qui a la vie dure. J'en ai eu la certitude le jour où mon ami Pierre Jakez Hélias m'a confié :

— Je viens de traduire un de tes contes en breton... Il tient le coup...

L'incrédulité mâtinée parfois de superstition fait pourtant partie des gènes provençaux. Nous racontons non pas pour être crus (et souvent nous ne croyons pas à ce que nous racontons) mais pour qu'on nous dise :

— Tu as été bon sur ce coup... A un moment même j'ai failli te croire...

Notre scepticisme et notre goguenardise ne sont pas des fins de non-recevoir mais des exigences. Nous ne croyons pas à la Chèvre d'Or, nous continuons à la chercher. Il y a un grand respect pour la vérité dans le refus d'être dupes. Nous pratiquons le doute avec une telle bonne humeur qu'il en devient suspect.

Finalement, la « galéjade » qui feint de ne rien prendre au sérieux est l'aveu d'une angoisse dissimulée derrière « l'estrambord » de nos gesticulations verbales. Le mystère de notre présence sur la terre s'en trouve renforcé. La plus haute leçon de métaphysique provençale que j'ai entendue m'a été donnée par un ami que sa femme venait de quitter. Il s'en prenait à Dieu lui-même, ce qui n'était pas dans ses habitudes. Il mettait dans ses propos une extrême véhémence. Il clamait :

— Descends un peu de là-haut si tu es un homme... qu'on s'explique tous les deux une fois pour toutes.

Malheureusement pour ce pauvre diable, Dieu n'est pas un homme. Il est resté chez lui. Et l'explication a été remise à plus tard.

Dans mes contes aussi...

LES CONTES
DE
MA PROVENCE

J'ai dû écrire quelques centaines de contes éparpillés dans plusieurs ouvrages aujourd'hui épuisés. J'en ai rassemblé aujourd'hui quelques dizaines. Après les avoir soigneusement « revus et corrigés » et leur avoir adjoint quelques compagnons inédits, j'ai tenté de les harmoniser entre eux de façon qu'ils fassent un ensemble cohérent qui parte du concret le plus quotidien pour déboucher sur la légende, le mystère et la féerie. La Provence est la plus célèbre et la plus visitée de nos provinces, donc la plus mal connue, engluée qu'elle est dans la réputation qu'on lui prête. Peut-être qu'après ce livre, connaissant mieux les Provençaux, vous les aimerez davantage.

Celui qui parle, parle à voix basse...

De temps en temps, il se tait pour laisser la parole aux grillons. Puis il reprend sa narration, en dégustant les mots, comme des figues. Il sait d'expérience qu'un terme impropre suffit à détruire la perfection de la nuit. Un récit bancal dérangerait, peut-être pour toujours, l'équilibre miraculeux des lueurs, des parfums, des murmures, des bruissements et des ombres.

Parfois il y a un rire et d'ordinaire c'est celui de Pierrette, et c'est le plus riant de toutes les Alpilles. Elle a dix-huit ans, Pierrette. Son fiancé fait le service militaire dans l'Infanterie de Marine. Elle rit chaque fois qu'elle pense à lui, pour se donner une contenance.

Les autres gardent leur rire au-dedans. Ils se contentent de hocher la tête aux bons endroits et d'échanger, dans la nuit claire, des regards de plaisir rapides et lumineux comme des éclairs de phare.

En principe, le conclave demeure silencieux. Mais dans les grands moments, et surtout quand mon oncle Aristide est pris par le délire verbal, il participe et ponctue le discours du récitant de ses exclamations.

— Ah ! celui-là !

— Ah ! cet Aristide !

— C'est bien toi le plus beau !

— C'est bien lui le plus fort !

— Ah ! quel homme...

Ces interventions du chœur donnent à nos soirées d'été une coloration gitane. Nous pratiquons à Fontvieille une manière de flamenco parlé.

— Eso é hablar, hombre ! (« Ça c'est parler, mon bonhomme ») disons-nous à notre façon et qui est aussi envoûtante qu'une autre.

La séance ne se termine jamais avant deux heures du matin. Il arrive qu'on ne se sépare qu'aux premiers tressaillements de l'aube et que Virgile, le boulanger, se rende directement à son fournil et, ce jour-là, on doit se passer de brioche.

Le rituel est celui d'une grand-messe chuchotée, avec un officiant, des servants et des fidèles qui se mêlent à l'action quand le besoin s'en fait sentir ; ou simplement quand ils en ont envie. Souvent, il s'en trouve un qui a été mêlé à l'histoire et qui rectifie des détails ou apporte des précisions. Commencé par un soliste, le récit se poursuit alors à deux ou à plusieurs voix.

Ce genre de « happening », chez nous, on l'appelle modestement « prendre le frais ». Nous célébrons quotidiennement cette cérémonie, de la Saint-Jean jusqu'au deuxième dimanche après l'Assomption, et les moustiques, dont c'est pourtant la pleine saison, n'assistent pas à nos représentations. Ou s'ils y assistent ils ont la délicatesse de ne pas y participer. Ou bien alors nous sommes tellement sous le charme que nous ne remarquons pas leurs interventions.

On « prend le frais » dans les différents quartiers de Fontvieille, mais, si la mise en scène est identique, la mise en place est différente. Sur le chemin de la Marine où j'habite, on s'adosse au mur de maître Granier (ancien magistrat près le tribunal de Tarascon), le long du canal d'arrosage, d'un seul côté de la route. Dans la grand-rue les participants se font vis-à-vis et s'interpellent d'un trottoir à l'autre. Mais le narrateur doit s'interrompre souvent au passage des automobiles. Sur la place de la Mairie, aussi bien que sur la place de l'Église, on est plus au calme et les gens s'asseyent en rond. Certains apportent leur chaise longue. On en a vu qui s'endormaient discrètement, mais ils se réveillent de temps à autre pour reprendre le fil de l'histoire.

Il ne faudrait pas croire cependant que tout Fontvieille se trouve en plein air pendant les nuits d'été. La population se divise en deux clans, à peu près égaux en nombre, sinon en qualité.

Il y a ceux qui restent chez eux pour regarder la télévision de Paris sur leur petit écran et ceux qui fabriquent leur télévision locale sur le grand écran des étoiles.

Le programme de ceux qui font de la télé à l'air libre comprend deux parties : un film d'actualités locales et un grand film. Il n'y a pas d'entracte. On passe insensiblement du quotidien à l'épique.

La nouvelle du jour, pour ouvrir la soirée : le mulet d'Abel est mort ce matin de vieillesse. Cela faisait cinq ans qu'il n'était plus bon à rien, mais Abel le gardait en souvenir des bons moments passés ensemble. Et des grosses colères qu'il avait prises contre cet animal indomptable. Il lui arriva plusieurs fois de le mordre aux naseaux pour le faire obéir.

Minute d'attendrissement sur le mulet d'Abel.

Pour continuer le programme, une séquence de bonne humeur et de fou rire : Arthur, malgré l'avis de sa femme, a essayé un nouveau désherbant venu de chez les Allemands, qui sont les rois de la chimie. Mais le produit n'est pas au point. Il anéantit le nuisible aussi bien que le comestible, et les tomates d'Arthur se sont ratatinées sur place. Il est au lit, le pauvre, avec un commencement d'infarctus.

Pousson des Taillades, du Vélo-Club du 2 rue Michelet, est tombé dans un ravin, au cours de l'étape Pau-Luchon qu'il était peut-être en train de gagner.

Le petit Clamour, qui travaillait si bien aux écoles, a reçu sa récompense : il a été nommé gendarme en Haute-Savoie et, à ce qu'il paraît, il ne met jamais de contravention aux voitures immatriculées 13.

Le fils Bellon a reçu les presses italiennes pour son moulin à huile. Elles arrivent, dit-on, à exprimer de l'huile même des noyaux. Mais, forcément, ce ne sera plus la qualité d'avant-guerre.

Quant au fils Darius, monté à Paris depuis trois ans (et qu'on croyait que c'était pour faire l'artiste), il vient d'être reçu premier à l'École nationale d'Administration publique. De l'avis général, c'est quelque chose de sérieux, mais on ne sait pas au juste où ça va le mener. En prison, peut-être...

Laure d'Estoublon, qui est pourtant maigre comme une libellule, a réussi à avoir des jumeaux... Rosa, en cueillant des escargots de bon matin, a attrapé un gros rhume qui lui est tombé sur la poitrine, mais le Dr Justin affirme que ses jours ne sont pas en danger.

On dirait un orchestre qui s'accorde mais le soliste se fait attendre. Même mon oncle Aristide n'a pas l'air au mieux de sa condition. Ce mistral nous a tous un peu dévariés. Cela fait onze jours de rang qu'il nous bassèle les tympans et nous graffigne le portrait. On n'a jamais vu ça chez nous. Surtout un mistral de ce genre. Il attend que nous soyons couchés pour se taire... On croit qu'il est allé se promener ailleurs et qu'il nous oubliera pour quelque temps. Mais le lendemain, au lever du soleil, il est de retour, plus gaillard que la veille.

Vous me direz que adossés contre le mur tiède de maître Granier (ancien magistrat près le tribunal de Tarascon), nous sommes à l'abri de sa turbulence. Il passe au-dessus de nos paroles sans les effaroucher. Mais il oblige le narrateur à parler plus fort que d'habitude. Et on ne raconte bien que ce qu'on murmure.

En plus, s'il ne disperse pas seulement les mots, le mistral, il met du tourbillon dans la tête et le troubadour d'un soir, même le troubadour le plus expérimenté, il risque de perdre le fil de son idée, juste au moment où le chevalier va embrasser la princesse. Et mon oncle Aristide, qui pourtant nous a raconté cent fois l'histoire du plus beau doublé de sa carrière (un lièvre, une alouette), est capable, comme un débutant, de rester le fusil à la main, sans savoir qu'en faire.

Ce soir-là donc, la soirée risquait d'être annulée pour cause de mistral persistant, lorsque nous avons entendu des pas sur la route. Nous avons reconnu le pas d'Omère, le boucher. Il venait d'égorger ses moutons du lendemain et il riait tout seul en marchant.

— Figurez-vous, dit-il...

Le mistral ne lui avait pas altéré le sens de la parole. Les mots, au contraire, se précipitaient dans sa bouche et se mêlaient à son rire...

LES VINGT FRANCS DE FERRAGUT

L'histoire d'Omère, j'ai failli ne pas la lui laisser raconter. Il me semble que j'aurais eu tort. Je vous ai dit que nous irions du quotidien le plus banal à l'épique, au féerique, au mythique et quasiment jusqu'au surnaturel. Dans ce cas nous sommes au niveau le plus humble de la narration. Pourquoi le mépriser ? De toute façon il faut bien un lever de rideau...

D'autant que vous avez déjà entendu Omère dire :

— Figurez-vous que...

Shakespeare ne procède pas autrement. Ils font tous les deux appel à la complicité active de ceux qui les écoutent. Un roman s'écrit et se lit dans la solitude.

Mes contes, eux, sont faits pour affronter le public. Un public bon enfant mais difficile. Il connaît les personnages dont on lui parle. Souvent même il sait à l'avance, ou il devine, ce qui va leur arriver. Il ne demande au conteur que de mettre en musique, avec des mots, le plaisir qu'il pressent.

— Figurez-vous, a donc annoncé Omère, que ce matin j'étais de garde au magasin...

Il vient à peine de commencer son histoire. Il doit s'arrêter déjà. Le rire l'étouffe à l'avance. Il reprend souffle, lève la main, cligne de l'œil à son auditoire :

— Rassurez-vous, dit-il, vous allez rire aussi. Pas tout de suite. Mais je vous promets que c'est encore plus drôle que ce que vous pouvez imaginer...

J'ai le sentiment que le brave Omère envoie le bouchon un peu loin. Il prend des risques inutiles. Il promet trop. Il risque de décevoir. Mais il sait où il va, cet homme.

— Je vais vous le dire qui j'ai vu arriver dans ma boutique ce matin. Quelle heure il était au juste ? A cinq minutes près je peux pas le dire. Mais dix heures n'avaient pas sonné. J'étais en train de ficeler l'épaule de mouton de Madame Espelly... J'ai pas entendu la porte s'ouvrir. Et qui je vois devant moi ?

Il réprime un nouvel accès de fou rire et ajoute :

— Je vois notre ami Ferragut...

Aussitôt l'assistance a poursuivi en chœur :

— Avec son panier à provisions sous le bras...

Le conclave s'est longuement esclaffé. Moi comme les autres. Il y a ainsi des mots magiques et à Fontvieille, quand la tomate se vend mal et que l'atmosphère est au vague à l'âme, il suffit de dire : « J'ai rencontré Ferragut avec son panier à provisions sous le bras » pour qu'aussitôt la bonne humeur revienne.

Ne croyez pas pourtant que Ferragut soit le fada du village. Il est aussi malin que n'importe lequel d'entre nous et mène au mieux de ses intérêts sa petite affaire de menuiserie. Mais il est de notoriété indiscutable que, dans son ménage, c'est Fernande sa femme qui porte la culotte. Croyez bien, il n'est pas le seul à Fontvieille dans ce cas. Mais les autres épouses ont la délicatesse de sauver les apparences et de ne manifester leur autorité absolue qu'à la maison. Tandis que Fernande (ce n'est pourtant pas une mauvaise femme) ne rate jamais une occasion d'humilier publiquement son mari. Et d'abord elle l'envoie faire les commissions à sa place, ce qui est considéré comme un manque de délicatesse (et même de cœur) chez nous les Sudistes.

Omère tient maintenant son public. Il ne faut pas qu'il le déçoive. Il joue la scène à deux voix et change de place pour lancer les répliques de Ferragut.

— Alors, mon collègue, qu'est-ce qui t'amène ?

— C'est à cause de mon petit. Il est patraque en ce moment.

— Ton petit ! Qu'est-ce qu'il a, le pauvre ?

— A mon avis, c'est juste la croissance.

— A son âge, forcément... Et qu'est-ce que je peux faire pour lui ?

— Fernande a dit que j'achète un poulet.

— Tu as raison. La suralimentation, c'est ce qu'il y a de plus indiqué dans son cas.

— Fernande n'est pas d'accord. Elle m'a dit que ce n'était pas la peine de faire des frais pour un petit qui laissait presque tout dans son assiette.

— Dans un sens, elle a raison.

— Tu sais comment elle est... Alors, tu me donneras un tout petit poulet.

— Tu n'as plus guère le choix. J'ai été dévalisé pour les fêtes. Il n'en reste plus qu'une paire. Celui-là est à cinq cent quarante anciens francs. Et l'autre à cinq cent soixante. Je te mets le moins cher ?

— Écoute, Omère, mon petit, il a perdu l'appétit, c'est une affaire entendue, mais moi j'ai gardé le mien. Alors, tu me mets celui à cinq cent soixante...

Omère a parfaitement interprété la scène. Mais il sait combien l'attention se lasse vite. Il ne faut plus qu'il lâche son auditoire. Il accélère encore le mouvement.

— Dix minutes plus tard, Ferragut était de retour...

— Avec son panier à provisions sous le bras ! reprend le conclave.

Virgile, le boulanger, s'agite sur sa chaise. C'est, après Omère, et loin derrière mon oncle Aristide, le meilleur conteur de Fontvieille. Le succès de son collègue lui a aigri le caractère. Il l'interrompt pour lui couper l'effet qu'il mitonne :

— Vous allez voir, dit-il, prenant l'assistance à témoin, qu'il lui ramenait le poulet.

Le visage d'Omère se plisse de satisfaction. Virgile est tombé dans le piège :

— Tu as deviné juste... Quelle finesse tu as, toi ! dit-il d'un ton goguenard.

On s'apprête donc à se moquer de Virgile. Omère fait un geste d'apaisement. Il a l'air de dire : « Ne perdons pas de temps avec ce "toti". Nous avons mieux à faire ! » Il poursuit :

— Alors, j'ai dit à Ferragut : Il te plaît pas, ce poulet ?

— A moi, si. Mais à Fernande, non. Tu sais comment elle est ! Quand elle a su qu'il y avait un poulet qui coûtait vingt francs de moins que l'autre...

— Et pourquoi tu le lui as dit ?

— Je ne lui ai pas dit. Elle l'a deviné. Tu sais comment elle est, Fernande.

— Hé oui, je sais.

— Tu n'es pas fâché, au moins ?

— Il n'y a pas de raison... Tiens, le voilà ton poulet...

Omère, tout d'un coup, cesse de jouer la scène. Il s'avance vers nous, comme un ténor qui va chanter le grand air du troisième acte.

— Pauvre Ferragut ! Il avait l'air d'un minot qui s'est fait gronder. Il est sorti du magasin la tête basse. Il était tellement dévarié qu'il n'a pas pensé à réclamer ses vingt francs. Je lui ai couru derrière en criant : « Ho ! Ferragut, tu oublies ta monnaie ! » Il était déjà au milieu de la rue. Il s'est retourné et il m'a dit ici, les cinq secondes de suspens indispensables :

— Et il m'a dit, ce brave Ferragut, avec son panier à provisions sous le bras, il m'a dit :

— « Tu plaisantes, non !... Pour vingt francs, tu ne vas pas en faire une histoire !... »

Il n'y a pas d'applaudissements. Il n'y a même pas, à proprement parler, de rires. Il y a une manière de jubilation silencieuse. Nous sommes là, une trentaine, heureux d'être ensemble et qui respirons à l'unisson. Autour de ce récit anodin le quartier s'est rassemblé.

Seulement, plus personne n'ose prendre la parole. Il est dur de passer à l'affiche après Omère. Car vous racontez votre histoire à des gens qui sont en train de se raconter une deuxième fois à eux-mêmes, et avec plus de plaisir, l'histoire qu'ils viennent juste d'entendre.

Tant pis, je me dévoue. Après tout, après cinquante-six ans de Fontvieille, je ne suis toujours qu'un invité.

C'est l'histoire de Naïs que je raconte.

LA GUERRE DE NAÏS

Naïs de Fontvieille n'avait jamais ouvert un journal de sa vie et ce n'est qu'au bout d'une semaine qu'elle apprit, en septembre 1939, qu'une guerre avait éclaté quelque part. Cela ne la troubla pas outre mesure. Elle n'était pas d'un naturel curieux. Et c'est plutôt par politesse, histoire de dire quelque chose, qu'elle me demanda, un matin de lavande et de rosée :

— Dis-moi, petit, Varsovie, c'est loin de Fontvieille ?

J'avais vingt-cinq ans déjà, mais comme elle en avait quatre-vingt-dix elle avait continué de m'appeler « petit », tout naturellement.

— Varsovie, j'ai dit, c'est en Pologne.

— Et la Pologne, c'est loin ?

— Encore assez.

— C'est plus loin que Lyon ?

— Oh oui ! beaucoup plus.

— C'est plus loin que Paris ?

— C'est au moins à deux mille kilomètres.

Alors la vieille Naïs eut un rire grêle de vieille cigale et dit avec satisfaction :

— Alors cocagne : c'est pas demain qu'ils seront ici !

Quelques jours plus tard, je partais vers les pays de brume, faire de ma poitrine un rempart à l'envahisseur teuton. Les choses cependant traînaient en longueur. On s'installait dans la « drôle de guerre ». Et comme j'assurais l'héroïque défense du territoire aux environs de Montpellier, j'eus à plusieurs occasions la joie de venir respirer quelques heures l'air des collines. Et chaque fois, comme par un fait exprès, je tombais sur Naïs qui me demandait, toujours par politesse :

— Et cette fois, où ils sont les Allemands ?

Je lui disais la vérité : qu'ils étaient à la frontière mais que, pour l'instant, ils n'avaient pas encore bougé de leurs bases de départ.

— Et c'est loin, la frontière ? me demandait Naïs.

— Il y a bien un millier de kilomètres.

— Alors cocagne, concluait la Naïs, nous avons le temps de respirer.

Ma dernière permission me fut miraculeusement accordée juste au moment où la charnière de Sedan venait de craquer. C'était une permission de huit jours. Je les passai à Fontvieille, mais dans un état de moindre enchantement que d'habitude. Certes, je continuais à me promener dans les collines, mais j'allais plusieurs fois par jour au Bar du Moulin pour écouter la radio et prendre des nouvelles de l'ensemble du Front. Sans vouloir faire du défaitisme, il fallait bien se rendre à l'évidence : nos lignes craquaient de toutes parts et les Allemands marchaient sur Paris.

Naïs n'avait rien changé à sa façon de voir les choses et son inquiétude demeurait mesurée :

— C'est vrai, ce qu'on dit, me demanda-t-elle, que les Allemands seront bientôt à Paris ?

— J'espère que non, dis-je, mais ce n'est pas impossible.

L'idée de voir la capitale de la France occupée par les Allemands ne semblait pas troubler Naïs outre mesure. Et même, dans un sens, la rassurait.

— Alors, la guerre sera bientôt finie. Les Allemands, d'ordinaire, dès qu'ils sont à Paris, ils s'arrêtent.

— Qu'est-ce que tu en sais ?

— Je suis plus au courant que toi ! En 70, tu n'étais pas né, alors que moi j'avais déjà eu deux enfants !

J'aurais bien voulu partager l'optimisme de Naïs, mais je ne pouvais pas me défendre d'une grande angoisse. Les événements, hélas ! devaient me donner raison. Trois mois plus tard, après m'être un moment replié du côté d'Uzès, conformément aux ordres de défense élastique que nous avions reçus, j'étais démobilisé dans la Cité des Papes. Je me retrouvais passablement désemparé. Et comme toujours quand je suis désemparé, je retournai à Fontvieille pour voir clair en moi-même et dans la situation.

Naïs était demeurée égale à elle-même.

— Qu'est-ce que je t'avais dit, tu vois bien qu'ils ne sont pas venus ici...

— Mais ils occupent quand même les deux tiers de la France.

— L'important, c'est qu'ils n'occupent pas Fontvieille.

Ne croyez pas, d'après ce que je vous rapporte, que Naïs ait été entièrement dénuée de patriotisme, mais elle n'avait jamais quitté son village, et la France, pour elle, s'arrêtait à Montmajour. La France, elle l'aimait forcément beaucoup, mais elle n'avait pas assez d'imagination pour en sentir la présence autour d'elle.

Et le temps passa. Et pendant deux ans il n'y eut pas d'Allemands à Fontvieille. Et puis ils passèrent la ligne de démarcation et je dis à Naïs :

— Tu vas voir qu'ils finiront bien par arriver jusqu'ici.

— Et qu'est-ce qu'ils viendraient faire à Fontvieille ? dit Naïs qui semblait plus que jamais insensible à l'accélération de l'histoire.

Un moment je crus que c'était elle qui avait raison et que l'auréole de bonheur qui plane sur le ciel des Alpilles suffirait à nous épargner. Mais les Allemands, cette auréole, ils ne l'avaient pas vue et un beau jour ils arrivèrent.

Et Naïs n'en fut pas ébranlée.

— Ils sont là ! Et alors, ils ne me dérangent pas !

Pourtant, ils la dérangèrent. Et, presque sous ses yeux, un fridolin malappris kidnappa dans son clapier une paire de lapins nourris de pèbre d'ail et de pignes de pin. Des lapins un peu maigres, mais savoureux comme des lapins de paradis terrestre.

Alors Naïs n'hésita pas. Elle se rendit à la Kommandantur à bicyclette. Parce que, à quatre-vingt-dix ans passés, elle continuait de faire du vélo. La sentinelle tenta de lui barrer la route :

— Lève-toi de devant moi, gros minable, dit-elle, je veux voir le « pelot ».

Allez faire comprendre à une sentinelle allemande ce que c'est qu'un « pelot ». Le pelot, c'est le propriétaire du mas. En somme, Naïs voulait voir le général en chef.

Le général en chef de Fontvieille n'était que commandant mais il avait fière allure, portait monocle et s'exprimait dans le français de Montesquieu.

— Que puis-je faire pour vous, chère madame ?

Naïs n'avait pas la langue dans sa poche et elle sut se faire comprendre. En gros, elle dit que des Allemands, elle n'en avait jamais vu de sa vie et qu'elle n'avait pas de préjugés contre. Mais que, maintenant, elle était bien obligée de se rendre à l'évidence : les Allemands c'étaient tous des gros filous. Oui, Monsieur, des gros filous qui osaient enlever le pain de la bouche d'une femme à cheveux blancs qui n'avait jamais fait de tort à personne...

Soudain, elle s'interrompit. Dans la cour du mas où s'était installée la Kommandantur, elle venait d'apercevoir un fridolin en manches de chemise qui cirait ses bottes :

— C'est lui, se mit-elle à glapir, c'est lui...

— Vous êtes sûre ? dit le commandant.

— Oh ! dites, fit Naïs, je suis peut-être plus une jeunesse, mais j'ai pas la vue basse, et j'ai tout mon bon sens.

Le commandant, qui écoutait Naïs avec un certain amusement tout en jouant avec sa cravache, interpella le soldat et se mit à lui parler en allemand.

Peut-être le frisé, s'il avait eu sa vareuse sur lui, aurait affirmé son innocence. Mais, en manches de chemise, il se sentait en situation inférieure. Il rougit, il avoua, il rentra la tête dans les épaules.

Pas assez cependant pour éviter le coup de cravache dont son supérieur lui zébra par deux fois le visage. Puis l'officier s'inclina devant Naïs :

— Ce soldat sera puni, dit-il, et vous, vous serez remboursée.

Des témoins dignes de foi m'ont rapporté qu'ils ont craint que Naïs fût à son tour arrêtée. Et, va savoir, passée par les armes. Car ce qu'elle dit à cet officier, sûrement de sa vie, il n'avait jamais entendu la pareille.

Elle lui dit qu'un homme qui frappait un homme pour une histoire de lapin, ce n'était pas un homme, c'était un barbare, c'était une infamie, c'était une bordille, c'était un Nordique à l'état pur.

Le commandant néanmoins l'a laissée repartir.

Mais Naïs était têtue et, quand l'Allemand qui l'avait volée fut sorti de prison, elle le reçut chez elle. Elle lui lavait le linge. Elle lui reprisait les chaussettes. Elle lui faisait de bons petits plats.

Et, n'était son grand âge, je crois qu'elle aurait fini par avoir des ennuis à la Libération.

Ce qui prouve que même à Fontvieille l'histoire finit toujours par passer.

Effectivement, mon histoire a eu moins de succès que celle d'Omère, mais plus que je n'en espérais. Elle m'a valu des regards d'approbation, des sourires d'amitié. J'ai eu droit, récompense suprême, au compliment de mon oncle Aristide :

— Tu as bien parlé, mon brave neveu, a-t-il déclaré...

Estimant alors que j'avais suffisamment chauffé l'auditoire, il entreprit à son tour de raconter sa guerre. Il commença de parler à dix heures du soir. Il ne se tut qu'à deux heures du matin.

Ce qu'il dit suffirait à remplir ce livre.

J'ai donc, à votre intention, résumé l'essentiel de ses admirables propos.

LA GLOIRE DE MON ONCLE

Mon oncle Aristide n'avait pas fait la guerre 14-18. Ce qui ne lui avait pas déplu à l'époque, mais commença de lui causer des remords vers la cinquantième année.

Aussi, quand, vers la fin de 1942, des Allemands en uniforme paradèrent dans les rues de Marseille, il ne put supporter le spectacle et se retira dignement avec sa femme et ses chiens dans le haut Var, à Ginasservis plus précisément.

Ne croyez pas les mauvaises langues qui essaieront de vous faire croire que, s'il avait quitté Marseille, c'est qu'il n'y avait plus rien à manger. Il avait quitté Marseille pour ne pas être le témoin de notre humiliation nationale et mû par les sentiments les plus hautement patriotiques.

Non seulement il se mit à écouter assidûment la Radio de Londres, mais à faire part à tous de sa confiance dans la victoire finale. Les habitants de Ginasservis ne demandaient d'ailleurs qu'à le croire. Mon oncle Aristide avait une éloquence naturelle qui les faisait vivre dans un tel état d'exaltation qu'ils refusèrent de rendre leurs armes de chasse, quand leur maire, obéissant aux ordres infâmes du gouvernement de Vichy, leur en intima l'ordre (mollement, il faut bien le reconnaître).

— Figurez-vous, dit-il au conclave subjugué, qu'un matin, à quatre heures, j'étais parti avec mes « appelants » à l'espère aux chachas. Les petits oiseaux, j'ai toujours eu un faible pour. Mais, en cette époque de disette, ce n'était plus de la gourmandise, c'était juste de l'instinct de conservation. Il fallait survivre pour conserver à la France ses fils les plus ardents. Mais, croyez-moi, ce n'était pas commode. Il y a des jours où il faisait si froid que j'ai eu la peau des mains qui est restée collée au canon de mon fusil. Enfin, bref, ce matin-là, il y avait de la gelée blanche sur les collines et du givre sur les chênes-kermès. Mais les appelants dans leur cage savaient déjà que la journée serait belle. Il faisait encore nuit, et, malgré les capuches noires dont j'avais recouvert leurs cages, les grives faisaient de la musique comme si le soleil avait déjà été de la fête.

Et soudain elles se sont arrêtées de piailler toutes en même temps et j'ai levé les yeux au ciel pour voir d'où venait la menace. Je n'ai pas eu le temps de comprendre ce qui nous arrivait. C'était comme si un volcan venait d'entrer en éruption. Une grande flamme a jailli à peut-être cinquante mètres de moi. Des cailloux et même des rochers volaient de tout côté. J'étais tellement surpris que je n'ai pas songé à me coucher par terre. Et, la première frayeur passée, je me suis mis à courir vers les flammes pour essayer de rendre service. Un avion venait de s'écraser sur le territoire de la commune. Un avion allemand. Un avion à croix gammée. Il n'en restait que des miettes.

A un quart de siècle de distance, mon oncle Aristide éprouvait une telle émotion qu'il resta un long moment silencieux. Il hocha longuement la tête avant de poursuivre sa narration.

— Ah ! mes amis, poursuivit-il, quelle époque nous avons vécue... Enfin, bref, je me suis précipité au village pour annoncer la bonne nouvelle. J'avais sept ou huit kilomètres à faire. Je marchais d'un pas de chasseur alpin depuis une bonne demi-heure, lorsque, au détour d'un sentier, qu'est-ce que je vois ? Un fantôme ! Oui, un fantôme. Pas debout. Pendu à une branche d'arbre.

Les explosions, je les crains, mais les fantômes je n'en ai pas peur. D'ailleurs, ce n'était pas un vrai fantôme. C'était juste le drap blanc qu'ils se mettent sur l'échine pour effrayer les gens. En plus, ce n'était pas un drap. C'était un parachute. L'aviateur, lui, il avait eu le temps de prendre le maquis et je n'avais plus l'âge de partir à sa poursuite. Sinon, croyez-moi, je l'aurais fait.

Après avoir poussé un long soupir, mon oncle prit ma main et, dévisageant ses auditeurs, l'un après l'autre, me dit à moi tout seul :

— Touche ma chemise.

— Mais pourquoi ?

— Touche ma chemise... Qu'est-ce que tu en penses ?

— Elle a l'air solide.

— En quoi elle est ?

— Je n'en sais rien... On dirait de la soie...

Alors, mon oncle Aristide se mit à bougonner :

— On dirait... On dirait... Mais c'est de la soie... De la vraie soie naturelle... Et avec cette soie du parachute, ta tante Juliette, qui a des doigts de fée, elle m'en a tiré une douzaine de chemises. Il y a vingt-cinq ans de ça. Je les porte toujours, et elles ne sont effilochées ni au col, ni aux poignets...

Mon oncle posa alors ses deux mains sur mes épaules et me regarda avec une gravité dont je ne l'aurais pas cru capable :

— Cette soie, j'ai tout de suite vu qu'elle était utilisable. Pourtant, tous les soirs, à la Radio de Londres, ils nous disaient que les Allemands manquaient de tout. Qu'ils n'avaient plus rien à se mettre sous la dent et sur le dos. Eh bien, tu me croiras si tu voudras, jamais je n'ai fait part à personne de mes doutes. D'abord parce qu'ils n'avaient pas besoin de savoir que j'avais récupéré le parachute pour mon usage personnel. Mais surtout je ne me sentais pas le courage de leur saper le moral à tous ces braves gens qui me faisaient confiance.

En tout cas, ma dernière année de guerre a été la plus pénible. Heureusement, les Alliés se sont décidés à débarquer, sinon je crois que j'aurais fini par tomber malade. Mais, dès qu'ils ont eu mis le pied sur la côte provençale, j'aurais voulu que tu me voies, mon brave neveu !...

Effectivement le spectacle avait dû en valoir la peine. Mon oncle Aristide s'était découvert une vocation militaire et avait pris en main l'organisation défensive de Ginasservis. Cet homme qui n'avait jamais servi sous les drapeaux se révéla chef de guerre et constructeur spontané de barricades.

— Je crois, nous dit-il, que j'avais fait de Ginasservis un village imprenable. J'avais disposé des guetteurs à des postes avancés et nous étions en liaison optique de jour comme de nuit. Le village lui-même était devenu une véritable nasse. Les Boches (car mon oncle appelait toujours les Allemands : les Boches) étaient sûrs de se faire piéger dans le labyrinthe de nos rues... J'avais tout organisé : un hôpital de campagne, un camp de prisonniers, un centre de ravitaillement. J'avais même distribué, de ma propre autorité, des décorations et je faisais faire du maniement de fusil de chasse toute la journée, même à l'heure de la sieste. Nous avions creusé un fossé antichar, invisible à l'œil nu. J'avais disposé des herses et des chevaux de frise à tous les points stratégiques. Les femmes et les enfants étaient mobilisés aussi bien que les hommes. J'avais installé mon quartier général à la mairie et des estafettes cyclistes me tenaient au courant de la situation minute par minute. Toutes les heures je passais une inspection. Tu peux me croire, nous les attendions...

Tout à coup, le visage de mon oncle s'assombrit et une mélancolie inhabituelle teinta sa voix, d'ordinaire si bien timbrée. Il fit planer sur le conclave un regard alourdi par la détresse :

— Oui, nous les attendions de pied ferme... soupira-t-il. Eh bien, regardez comme la vie est mal faite, ils ne sont pas passés par là...

Et pour la première fois de la soirée le rire éclata comme une charge de dynamite et roula en cataracte tout le long du chemin de la Marine.

Il est bon d'aller se coucher sur un éclat de rire. On se réveille de bonne humeur et de bonne bouche.

Où sont clairement définis les principes sur lesquels repose la « vérité du dimanche »

Le lendemain il faisait un temps de paradis terrestre. Le silence était si délectable que personne n'osait le troubler, chacun rêvant à son compte et souriant à titre personnel. Il y a des moments si parfaits que les Provençaux les plus bavards n'ont pas besoin des mots pour capter au passage le bonheur d'être vivant.

Je profiterai de cette accalmie pour vous faire part de mes réflexions. Cela fait cinquante ans que j'écoute mon village se raconter à la nuit tombée et que j'essaie, le plus fidèlement possible, de transcrire la mélodie de ces soirées enchantées. Parfois j'y ajoute quelques inventions personnelles. Il m'est même arrivé, quand mes fournisseurs habituels étaient à court d'inspiration, d'écrire des histoires parfaitement imaginaires.

A chaque fois je tombais sur un ami qui me disait :

— J'ai lu ta petite « couillonnade »... Elle m'a bien fait rire...

Comme je n'ai pas d'autre ambition, cette remarque ne me causait aucune blessure d'amour-propre. Mais mon interpellateur poursuivait sur un ton de reproche amical :

— Tu y es allé quand même un peu fort, les choses ne se sont pas du tout passées comme tu racontes !

— Comment peux-tu le savoir ?

— Comment je peux le savoir !... Mais parce que J'Y ÉTAIS.

Voici donc quelqu'un qui a été le témoin de faits que je croyais avoir inventés. Après tout, pourquoi pas ?

La vérité, ma vérité à moi du moins, n'est pas une momie figée une fois pour toutes dans la même attitude. Ma vérité à moi évolue au cours des siècles et même d'une année à l'autre. Passant de bouche en bouche, elle n'arrête pas de s'adapter à la conjoncture. C'est d'ailleurs ce qui lui permet de se maintenir vivante ! Une vérité qui ne fait pas d'efforts pour vivre avec son temps est une vérité qui vieillit chaque jour davantage et qui finira fatalement par mourir.

Pour me faire mieux comprendre, je vais vous raconter une histoire. Une histoire vraie. Une histoire que j'ai vécue, du début à la fin. Et même avant qu'elle ne commence.

Cela s'est passé aux Saintes-Maries-de-la-Mer, il y a bien longtemps. Et là, naturellement, je vois que vous prenez l'air malin. Du moment que ça s'est passé il y a longtemps et, en plus, aux Saintes-Maries-de-la-Mer, vous vous dites que mon récit est entièrement inventé.

Eh bien, vous avez tort. Et non seulement vous avez tort, mais je vous trouve passablement désobligeant. Vous êtes de celles et de ceux qui nous considèrent, nous autres Provençaux, comme de vilains menteurs. Vous vous trompez. D'abord, comme l'a dit Alphonse Daudet bien avant moi, s'il y a un menteur en Provence, il n'y en a qu'un : c'est le soleil. Ensuite, dans cette histoire, le soleil ne joue aucun rôle. Enfin, bref, je vous donne ma parole que ce que je vais vous raconter c'est la franche vérité.

Et là, il se trouve toujours un Parisien qui vous dira :

— Parce que, en Provence, il y a deux sortes de vérités : la franche et l'autre. La vérité vraie et la vérité fausse...

— Exactement, Monsieur. Ou plutôt il y a la vérité de tous les jours et la vérité du dimanche.

— Et qu'est-ce au juste que la vérité du dimanche ?

— Je ne sais pas si vous pourrez le comprendre.

— Vous me prenez pour un débile !

— Je ne me permettrais pas. Mais je me méfie des gens qui ont un accent comme le vôtre. Ils ont plus de géométrie dans la tête que de finesse... Ne vous fâchez pas. Ce n'est pas votre faute. C'est une question de latitude. Mais je ne demande qu'à vous aider... Tenez, je vais vous donner un exemple. Une fois, je suis allé à la pêche...

— Avec Marius...

Là, je prends une profonde inspiration pour ne pas me mettre en colère, et je dis très calmement :

— Non. Avec mon ami Louis Féraud. A la pêche sous-marine, si vous voulez tout savoir. Et comme un fait exprès nous avons fait une pêche miraculeuse.

— J'en étais sûr !

— Écoutez, si vous continuez à m'interrompre, je m'arrête.

— C'est bon, je ne dis plus un mot.

— C'est ce que vous avez de mieux à faire... Où en étions-nous ? Vous m'avez fait perdre le fil.

— Vous veniez de faire une pêche miraculeuse...

— Parfaitement, et le soir même, à l'apéritif, je n'ai pas pu m'empêcher de le raconter. Croyez bien que ce n'était pas pour me vanter, mais uniquement pour faire plaisir aux amis. On est comme ça, en Provence ; quand il arrive quelque chose d'heureux à un ami on se réjouit autant que lui. Et peut-être plus. Et pourtant, ce soir-là, il s'est trouvé un de mes auditeurs pour m'interrompre et me dire : « Ho ! collègue, tu trouves pas que tu envoies le bouchon un peu loin ? »

— Il voulait dire quoi au juste ?

— Il voulait dire qu'il avait le sentiment que j'exagérais un brin.

— Il y a donc des Provençaux qui ont du bon sens !

— Il y a des pénibles partout, Monsieur. Même en Provence. Seulement il y en a moins qu'ailleurs. Et je vous jure que son intervention a été mal accueillie. Il gâchait le plaisir de tout le monde... Moi, les bras m'en sont tombés. J'ai pris mon ami Féraud à témoin et je lui ai dit : « Ho ! Louis, entre nous, tu trouves que j'exagère ? » Et vous savez ce qu'il m'a répondu ?... Non, vous ne le savez pas. Il m'a répondu : « Pas encore assez, mon beau ! » Voilà ce que c'est, Monsieur, que la vérité du dimanche.

Donc, j'en reviens à mon récit. Mes parents venaient juste de se marier. Ils habitaient le quartier Saint-Mauront à Marseille. C'était en 1913. Je n'étais pas encore né. J'ai donc pris l'histoire en cours de route. Cela faisait des années qu'elle circulait dans la famille mais elle n'était pas encore arrivée à complète maturité. Prenons-la à ses débuts.

Un jour donc, ma mère était allée en pèlerinage aux Saintes-Maries-de-la-Mer. Elle est revenue en disant :

— Tu ne devineras jamais qui il y avait sur le quai !

— Si je ne peux pas le deviner, autant me le dire tout de suite.

— Mistral.

— Louis Mistral, le plombier-zingueur ?

— Non, Mistral... Frédéric !

— Le poète... l'auteur de *Mireille*.

— Il me semble bien.

— Tu es sûre de ne pas avoir rêvé ?

— Il était assez loin de moi. Mais j'ai bien cru le reconnaître avec son grand chapeau sa lavallière, et sa petite barbiche blanche.

Sur le moment, la nouvelle n'a pas paru impressionner beaucoup mon père. Il a même fait :

— Et pourquoi tu me dis ça ?

— Juste pour dire.

— Et si tu servais la soupe, tu crois pas que tu ferais mieux ?

Pendant quelque temps on ne parla plus de Frédéric Mistral à la maison. Pourtant, un soir où il y avait du monde à dîner, mon père laissa négligemment tomber :

— Ma femme, qui connaît très bien Frédéric Mistral...

— Je ne le connais pas. Juste je l'ai vu.

— Si tu l'as vu, tu le connais. Et du moment que tu le connais, je ne vois pas pourquoi tu éprouves le besoin de me contredire.

L'incident n'eut pas de suite. Mais à quelque temps de là, au cours d'un repas de famille, mon père lança avec une évidente satisfaction :

— Frédéric Mistral disait tout dernièrement à ma femme...

— Mais il ne m'a jamais rien dit, Frédéric Mistral...

— C'est pourtant bien toi qui m'as affirmé que tu le connaissais !

— Je le connais ! je le connais ! C'est beaucoup dire...

— Si tu le connais, tu lui as parlé. Quelqu'un à qui on n'a jamais parlé, c'est quelqu'un qu'on ne connaît pas... Donc Frédéric Mistral disait tout dernièrement à ma femme...

Ma mère se le tint pour dit. Et elle accepta sans broncher de devenir peu à peu, dans l'esprit de mon père, une des familières du grand poète.

— Ma femme qui est une grande amie de Frédéric Mistral...

— Ma femme qui est apparentée à Frédéric Mistral...

— Ma femme qui est la propre cousine germaine de Mistral...

— Ma femme qui a appris le solfège avec Frédéric...

Et ainsi de suite. Non seulement elle ne protestait plus, mais elle était vaguement flattée. N'ayons pas peur des mots. Elle était flattée tout court. Et elle eût traité à juste titre de menteur et même de Parisien quiconque eût essayé de lui rappeler qu'elle avait en tout et pour tout cru apercevoir une seule fois Frédéric Mistral, de loin, sur un quai de gare.

Elle eut cependant comme un sursaut, le jour où mon père dit :

— Mon ami Frédéric Mistral me disait récemment...

— Il me semble que...

Mon père la foudroya du regard et enchaîna avec le plus parfait naturel :

— Mon grand ami, mon très grand ami Frédéric Mistral, qui est en même temps mon cousin germain, me disait pas plus tard que la semaine dernière...

Et désormais, Frédéric Mistral fit partie de la famille. Je résistai longtemps. Mais peu à peu je commençai à croire à cette illustre parenté. Évidemment, au-dedans de moi, je me souvenais vaguement qu'au départ il y avait une simple rencontre : une vision fugitive et d'ailleurs incertaine. Car Mistral n'était pas le seul Provençal qui, en son temps, portait le grand chapeau, la lavallière et la barbiche blanche. Mais on ne peut rien contre la vérité du clan. Je fus évidemment convaincu le jour où ma mère, prenant le café avec quelques amies, déclara avec une modestie touchante :

— Mon mari qui, dans son jeune temps, jouait à la manille avec Mistral presque tous les dimanches pourrait vous en parler mieux que moi...

Alors, moi aussi j'ai cessé de lutter. Moi aussi je suis entré dans la famille de Frédéric Mistral. J'ai encore plus de mérite que ma mère. Parce que Mistral, ou son sosie, moi je ne l'ai même pas aperçu de loin sur un quai de gare. En plus il était déjà mort au moment où je venais au monde.

Voilà, Monsieur le Parisien, ce que c'est que la vérité du dimanche. Vous avez compris ?... Non... Tant pis pour vous. Parce que, croyez-moi, la vérité du dimanche, elle vous procure bien plus de satisfactions que l'autre. Si je n'étais pas son parent, vous croyez que je me serais mis à écrire...

UN ACCIDENT INCOMPRÉHENSIBLE

Le lendemain non plus, il n'y eut pas de séance de nuit : il pleuvait sur Fontvieille. Cela nous arrive aussi. Il n'y a que dans les livres de Pagnol où il ne pleut jamais. Les paysans disaient :

— Ce sont les louis d'or qui tombent...

Je suis parti cueillir des escargots dans la colline. C'est une occupation qui vous laisse l'esprit libre et vous incite aux vastes pensées.

Depuis toujours un mystère me hante sur lequel il me sembla tout à coup percevoir quelques lueurs. La Provence, pays aux maigres brumes, dénuée de sous-bois impénétrables, désertée par les fantômes, dont les habitants ne croient (et pas toujours) que ce qu'ils voient de leurs yeux, est pourtant terre d'accueil et même d'élection pour les fées, les héros et les dieux. Les mythes y poussent aussi dru que les cyprès.

Je crois deviner maintenant pourquoi le soleil n'effarouche pas les dieux qui nous rendent visite et qui ne tardent pas à s'installer à demeure. Ils trouvent chez nous à qui parler et se plaisent en la compagnie des incrédules que nous sommes.

Incrédules mais connaisseurs.

Ce qui nous séduit dans ces hôtes de marque, c'est précisément qu'ils sont incroyables. Cela les contraint à choisir leurs termes pour briller en notre société. Ils ne sont pas là pour nous convaincre de leur existence mais pour nous enchanter par leurs discours.

Il n'y a rien de plus difficile à convaincre qu'un fada, surtout provençal. Il croit à la réalité des mirages puisqu'il en est entouré, mais il est impossible de lui faire prendre une vessie pour une lanterne.

Tout ce qui vient du sud demeure toutefois suspect d'affabulation, et devient aussitôt « histoire marseillaise ». Pourtant il est bien moins aisé de mentir en Provence que partout ailleurs. En fait, nous ne pratiquons que la galéjade. C'est un mot intraduisible en langue d'oïl et qui nous a fait du tort, faute d'être compris. Il s'agit en fait d'une convention de bonne compagnie, un jeu subtil qui consiste à rapporter un événement à la limite de la crédibilité. (Rien d'ailleurs ne l'empêche d'être vrai, et c'est ce qui fait précisément l'intérêt du jeu.) Celui qui vous écoute fera de toute façon semblant de vous croire. Ce qui lui permettra de renchérir avec une autre histoire encore plus incroyable dont, par simple courtoisie, vous feindrez à votre tour d'admettre la véracité.

Dans cette joute, personne n'est dupe.

On ne s'affronte que pour le plaisir.

Quand nous galéjons entre nous, bien entendu, car avec les « étrangers » la galéjade est une manière d'examen de passage qui nous permet de mesurer le degré de crédulité d'un partenaire de hasard avec lequel nous ne nous sommes jamais affrontés.

Georges Brun, dans son délicieux ouvrage *Soixante ans à Carpentras*, en donne un savoureux exemple. Cela se passe évidemment dans sa bonne ville. La veille précisément du jour de la venue du président de la République. Il y a grande animation dans la cité. Surtout, d'ailleurs, parmi les gardes mobiles, les CRS et les policiers en civil qui l'ont envahie. L'un des « missi dominici » parachutés de Paris pour organiser la fête, entre dans un bazar.

— Il me faudrait une centaine de drapeaux...

— Des drapeaux ! Pour quoi faire ?

— Mais enfin ! Pour pavoiser ! Vous savez bien que le Président sera là demain.

— Pas possible !... Je croyais qu'il était venu la semaine dernière...

Nous voici donc au carrefour de la « galéjade » et de la mythologie. Une petite mythologie interne à usage domestique dont je vous ai donné un exemple hier avec l'histoire de mon « cousin » Frédéric Mistral.

J'étais si perdu dans mes pensées que je ne m'étais pas aperçu que j'étais trempé comme une « patte-mouille ». Je résolus donc d'aller me mettre à l'abri chez Laurent au Bar du Moulin.

Il y avait foule. Laurent comme d'habitude était rasé de l'avant-veille. Ce qui n'enlève d'ordinaire rien à son charme de forban à la retraite. Mais il avait sa gueule des mauvais jours : comme s'il avait dû payer son tiers provisionnel avec un trimestre d'avance. En plus, lui qui ne s'arrête de parler que dans les rares moments où sa bronchite chronique l'exige, gardait les lèvres obstinément closes.

Cela finit par se remarquer :

— Qu'est-ce que tu as, mon beau ? lui demandai-je. Tu n'as pas l'air dans ton assiette...

Il me dévisagea d'un air douloureux :

— Moi, je vais très bien... Tandis que ce pauvre maître Bartoux...

— Qu'est-ce qui lui arrive ?

— Il est entre la vie et la mort...

Pourquoi le cacher ? Maître Bartoux n'est pas très populaire à Fontvieille. Tout le monde reconnaît que c'est un des meilleurs avocats de la région mais on le trouve un peu « fier ». En plus il parle avec l'accent pointu. Il a des excuses : il a le complexe de sa petite taille. C'est agaçant pour ce grand maître du barreau de ne mesurer qu'un mètre cinquante-cinq. Il faut reconnaître qu'il est bien fait de sa personne. Et il lui arrive souvent de se promener en short, le torse nu pour bien montrer qu'il a le ventre plat, le mollet délié, la cuisse ferme et le biceps harmonieux.

Chez nous, ce genre d'exhibition est mal perçu et malgré ses conquêtes féminines certains s'obstinaient à penser qu'il avait de mauvaises mœurs et que s'il changeait si souvent de femme c'était pour tromper son monde. Personnellement, je n'en crois rien. C'est juste pour vous faire comprendre qu'il n'était guère apprécié.

Mais un homme qui va peut-être mourir a droit à des égards. D'ailleurs tous ici souhaitaient qu'il en réchappe. Il nous aurait vraiment manqué. Il ne se doutait pas que depuis dix ans la seule évocation de son nom nous mettait tous de bonne humeur.

Cela datait du jour où Maurice Meyrenties, qui est commissaire central à Arles, mais qui vient dormir à Fontvieille, avait trahi le secret professionnel. C'était pourtant un homme d'une discrétion exemplaire. Il n'avait pas l'intention de faire du tort à maître Bartoux. Juste il voulait amuser la galerie.

— Figurez-vous, dit-il, qu'il a perdu sa carte d'identité.

— Vous lui en avez fait une autre...

— Évidemment... Seulement, quand je lui ai demandé sa taille, il est devenu tout rouge et tout bigne, et il a dit, sans oser me regarder dans les yeux : « Un mètre soixante-cinq ». Ça avait l'air de lui faire tellement plaisir que je lui ai accordé ses dix centimètres supplémentaires...

Les choses auraient pu en rester là. Mais à Fontvieille, quand on a une situation comique, on l'exploite jusqu'au bout. A partir de cet instant le petit Bartoux ne cessa de grandir. Il ne cessait, affirmions-nous, de perdre sa carte d'identité et à chaque renouvellement il gagnait cinq centimètres. Il égara son passeport et à l'occasion nous lui accordâmes généreusement quinze centimètres d'un coup. En quelques années il était passé d'un mètre cinquante-cinq à un mètre quatre-vingt-dix.

Il n'avait pas l'air de se douter que nous en avions fait un géant et ne s'étonnait même pas qu'on levât les yeux, même si on le dépassait d'une tête, pour lui adresser la parole.

Il devenait pourtant difficile de maintenir le petit Bartoux à une telle altitude. Petit à petit l'histoire s'étiolait et pour lui redonner des couleurs certains parlaient de le ramener à une hauteur plus décente. Et voilà qu'il nous prenait de court et qu'il menaçait de nous quitter avant que nous ayons résolu le problème qu'il nous posait.

On s'empressa autour de Laurent.

— Comment ça lui est arrivé ?

— Il est tombé de cheval ?

— Il a eu un accident de voiture ?

— Il a attrapé la mauvaise maladie ?

— C'est plus que ça, soupira Laurent.

Déjà cependant son nez pointu commençait à frémir, et l'esquisse d'un sourire se dessinait sur ses lèvres minces. Nous aurions dû nous méfier. Surtout quand il prononça le rituel « Figurez-vous... »

— Figurez-vous qu'il est rentré chez lui hier soir un peu tard.

— Il avait bu ?

— Pas du tout. Mais il a eu une seconde d'inattention. Une seconde fatale. Vous voyez le grand arc romain qui surmonte le portail d'entrée de son mas... Vous le voyez ? Bon... Eh bien, il n'a pas fait attention et il s'est assommé contre la clef de voûte.

C'est depuis que chaque fois que l'un d'entre nous croise maître Bartoux il regarde son front pour voir LA BOSSE. Elle n'est pas encore apparue. Mais, patience, elle finira bien par pousser...

HOLD-UP A PERTUIS

Le beau temps était revenu. En cette saison, il ne s'absente jamais longtemps. Cela ferait trop de peine au président du Syndicat d'Initiative qui est un brave homme bien dévoué. Tout le monde n'était pas encore assis qu'Honoré le Chauve avait pris la parole. De sa propre autorité, bien entendu. Parce que Honoré, depuis le jour où il est passé à la télévision, il se prend pour une vedette, et personne n'ose lui dire qu'il dit toujours la même chose et qu'à la longue ça finit par lasser.

Clamour le Vieux (dont le petit fait le gendarme en Haute-Savoie) nous sauva la mise. Clamour le Vieux, lui, au moins, il a toute sa tête mais, par bonheur, il est sourd des deux oreilles. Il ne s'était donc pas aperçu qu'on l'avait précédé. Sinon il ne se serait jamais permis d'interrompre un camarade de régiment.

Béni soit Clamour qui, comme s'il se parlait à lui-même et poursuivait en public un monologue intérieur commencé depuis toujours, lança de cette voix à la fois claironnante et confidentielle des sourds qui n'entendent pas ce qu'ils disent :

— Ça me rappelle le jour où il y a eu un hold-up à Pertuis... Oui, à Pertuis dans le Vaucluse... Il y a pas mal de temps déjà...

Un soupir de soulagement exalta le conclave. Honoré tenta de poursuivre mais se tut. Pierrette, l'éternelle fiancée du fantassin de Marine, sans raison apparente, se mit à rire en serrant les genoux.

A votre intention, je condense son récit.

A Pertuis, dans le Comtat, il n'y avait, voici une vingtaine d'années, ni commissariat, ni gendarmerie. Mais il y avait déjà un Crédit Agricole dont le système d'alarme avait posé les plus graves problèmes.

On avait beau faire valoir à ces Messieurs qu'à Pertuis il n'y avait que des braves gens et que ce serait une dépense inutile, ils s'obstinaient à en vouloir un.

Un envoyé spécial, venu de la capitale, proposa de brancher la sonnerie d'alarme chez le garde champêtre, mais on voyait bien que ce n'était pas quelqu'un du pays. Tous les anciens de Pertuis vous le diront : Fernand, le garde, il n'était jamais chez lui, excepté pour dormir. Et encore, pas toutes les nuits : car il était non seulement porté sur le liquide, mais sur la quadragénaire dodue et de bonne compagnie.

Dans la journée, si on voulait le voir, il suffisait de se rendre au Bar de la Fontaine où il avait ses habitudes et son siège social. Même s'il n'était pas là, on pouvait toujours vous dire où le joindre.

C'est ainsi que naquit l'idée de brancher directement la sonnerie dans le Bar de la Fontaine. Ces Messieurs de Paris firent, pour le principe, quelques objections, mais c'était la seule solution possible. On fit venir de Cologne (Allemagne de l'Ouest) un spécialiste de la sonnerie d'alarme. Une sonnerie qui fonctionnait à merveille, mais qui faisait un tel vacarme qu'elle aurait pu réveiller tout le village, si d'aventure elle s'était déclenchée au milieu de la nuit.

De sa propre autorité donc, le patron du Bar de la Fontaine, le brave Louis, qui avait servi les Corps Francs, mais qui était revenu de la guerre le cœur un peu mou, décida de l'atténuer. Il disposa sous le marteau une plaque de carton destinée à assourdir les vibrations.

On fit quelques essais en public. Ils furent concluants. La sonnerie d'alarme faisait un petit bruit de cigale en colère.

Elle marchait donc, mais elle ne servait à rien. Je ne sais plus au juste qui eut l'idée de donner une fonction sociale à cette inutile sonnerie.

A mon avis, ce dut être François, le caissier, qui avait la goutte, mais aussi le gosier exigeant. Il suggéra d'un air modeste :

— Supposons que nous ayons soif, ou que nous ayons un client de marque, ou simplement un ami venu nous voir : nous appuyons sur le bouton de la sonnette et ce brave Louis se fera, j'en suis sûr, un plaisir de nous servir à boire à domicile.

Le directeur, qui était un homme de grande sensibilité et très ouvert aux idées généreuses, accepta d'emblée la suggestion.

Ainsi fut dit. Ainsi fut fait. Une ou deux fois par jour (et jusqu'à six fois pendant la canicule), la sonnerie d'alarme retentissait dans le Bar de la Fontaine et les clients disaient :

— Les gratte-papier ont soif... Ils ont sonné cinq coups... Ce sera cinq anis... Quatre coups seulement... Je parie que c'est François qui a sa crise de goutte...

Louis abandonnait aussitôt sa pratique, et traversait la rue. Car j'ai oublié de vous dire que le Bar de la Fontaine était juste en face du Crédit Agricole.

Trente secondes après l'appel, il se présentait, plateau à la main, en disant :

— Ces Messieurs sont servis.

Et le temps passa.

Cela faisait trois ans que le système fonctionnait à la satisfaction générale, quand, en plein mois d'août, on vit descendre du car d'Avignon un monsieur avec une serviette, qui avait l'air d'un contrôleur des contributions en déplacement.

La réalité était encore pire que l'apparence. Ce monsieur à serviette, et qui portait la cravate à midi, au gros de la chaleur, c'était un inspecteur général du Crédit Agricole.

Il se présenta au directeur, mais pendant deux jours il n'adressa la parole à personne. Il restait plongé dans les livres de comptes. Il refusait de dormir.

Il refusait de manger. Il vérifiait.

Au matin du troisième jour, il s'épongea. Et l'on vit apparaître sur son visage austère quelque chose qui ressemblait à un sourire.

Il invita le directeur à s'asseoir.

— Cher ami, dit-il, je tiens à vous féliciter, je n'ai jamais vu une succursale aussi bien gérée.

Le directeur rougit comme une pomme d'amour et ses quatre employés poussèrent un soupir de soulagement.

L'inspecteur avait consulté sa montre pour voir s'il n'allait pas rater son car. Non, il avait une bonne demi-heure devant lui. Comment l'utiliser ? Il avait épluché tous les livres. Alors, il dit :

— A propos, la sonnerie d'alarme ?

— Elle marche à la perfection, dit monsieur le directeur.

— Vous êtes sûr ?

— Nous vérifions son fonctionnement, dit le directeur, plusieurs fois par jour.

— J'aimerais le vérifier moi-même, dit sévèrement l'inspecteur général.

Les employés feignaient de regarder le plafond. Bravement, le directeur fit face.

— Il suffit d'appuyer sur ce bouton.

L'inspecteur général, venu de Paris, appuya donc sur le bouton fatal. Une fois. Une seule.

Trente secondes plus tard, on vit apparaître Louis. Il y avait de l'inquiétude sur son visage, mais un anis, un seul, sur son plateau :

— Qu'est-ce qui se passe ? demanda-t-il. Il y a des malades ?...

Il serait temps de nous évader de la « galéjade » sinon nous risquons d'être accusés de tomber dans l'opérette marseillaise. Alors qu'elle n'est qu'un produit d'exportation (pas encore, entièrement démodé) à l'usage des « Parisiens » en général. Mais la Provence est un « produit » qui voyage mal. C'est un petit vin local qui doit être bu sur place. Sinon il s'évente.

LA FORTUNE DE FÉFÉ

Henri n'avait pas attendu que les applaudissements s'apaisent pour tenter d'insinuer dans l'enthousiasme général son insupportable babil. Une fois de plus il parlait d'argent.

C'est un sujet qui ne laisse pas les Fontvieillois indifférents. Mais, si âpres soient-ils, ils ont une façon à eux d'aborder les problèmes économiques.

Nous avons nos avares et nos prodigues, nos riches et nos pauvres comme ailleurs. Mais il semble pourtant qu'à Fontvieille l'argent ne joue pas tout à fait le même rôle que dans le reste de la France.

Pour vous faire comprendre notre « approche du problème », je vais vous confier à vous seuls une histoire que je n'ai pas osé raconter en public parce que ses héros faisaient partie de l'auditoire et qu'à Fontvieille si on aime rire gentiment des autres, on déteste faire rire de soi.

Mais reprenons les choses d'un peu plus haut.

Souvent il m'arrive d'aller avec mon ami Julien sur les marchés de Provence. Je lui sers de commis. Nous chargeons la camionnette de cageots de tomates ou d'aubergines, de couffins de poivrons ou, suivant la saison, de haricots coco avec lesquels on fait la meilleure soupe au pistou du monde.

A ce propos, je ne sais pas si vous êtes comme moi, mais je commence à en avoir assez de voir que le mot « pistou » est considéré par une partie importante de la nation comme une traduction provençale du mot basilic. Mais voyons, mes bons amis, le « pistou » n'est pas une plante !

Quand vous prenez deux ou trois gousses d'ail pour préparer « l'aïgo-boulido », avant de les mettre dans l'eau bouillante, vous les écrasez avec le pilon de l'aïoli. A vrai dire vous ne les écrasez pas tout à fait. Vous les faites éclater pour qu'elles donnent le meilleur de leur saveur. Et c'est cette opération qui constitue le pistou. De même, le basilic, avant de le mettre dans la soupe, vous le « pistez » dans le mortier pour qu'il libère tout le plaisir qu'il est capable de donner à vos papilles.

Puisque nous sommes sur le sujet, je profite de l'occasion pour vous dire que, si un jour vous vous trouvez à Nice, allez « Da Boutau » qui fait la meilleure soupe au pistou du commerce. Mais surtout ne dites pas, comme tous les étrangers venus d'ailleurs :

— Allons dîner chez « Da Boutau ».

Parce que « Da », en niçard, cela veut déjà dire « chez ». Vous irez donc chez Boutau ou Da Boutau, mais pas chez Da Boutau, excepté si vous êtes un bègue bilingue.

Enfin, bref, où en étions-nous ? Je vous parlais de l'argent et des marchés de Provence, mais je ne vous ai pas encore parlé des aubergines rondes de Julien. Les aubergines rondes, pour des raisons qui m'échappent, ne sont plus à la mode. Mais Julien, la mode il s'en fiche et, depuis dix ans qu'il m'arrive de l'accompagner à Châteaurenard, à

Saint-Étienne-du-Grès ou à Cavaillon, je l'ai toujours vu rapporter ses cageots pleins.

Parfois pourtant un grossiste s'approchait de lui et lui disait :

— Je te les prends.

— A combien du kilo ?

— Trois francs [anciens] de moins que les longues.

Julien avait un certain sourire et disait sans aucune hargne :

— Tu tombes mal, parce que moi, je ne les lâcherai pas à moins de trois francs au-dessus du cours.

Les grossistes provençaux, ils savent ce que c'est que le prix des choses encore mieux que les autres. Les propos de Julien leur paraissaient incompréhensibles.

— Tu rêves, ou quoi ? Tu sais bien que les aubergines rondes presque plus personne il en veut et que c'est juste par bonne amitié que je t'en débarrasse.

— Et je t'en remercie, disait très sincèrement Julien. Tu es un brave homme. Mais ces aubergines rondes, moi j'en veux trois francs de plus que des autres.

— Mais il n'y a pas de raison.

— Si, il y en a une, c'est que mes aubergines rondes, ce sont les meilleures de toutes.

— Je ne dis pas non, mais puisqu'il n'y a plus d'amateurs.

— S'il n'y a plus d'amateurs, ce n'est pas de ma faute !

Parfois le grossiste me prenait à témoin :

— Mais enfin, qu'est-ce qu'il veut en faire de ses aubergines ? S'il ne les vend pas à moi, il les vendra à personne !

— Eh bien, disait Julien, si personne en veut, je les remporterai.

Ce qu'il faisait, d'ailleurs.

Trois jours de suite, pas un de plus, parce que dès qu'elles commençaient à avoir moins bonne apparence et à se friper, si peu que ce soit, il les jetait.

Du moins, il jetait celles que ses voisins lui laissaient. Parce que, à la saison des aubergines, tout le monde savait à Fontvieille qu'il suffisait d'aller chez Julien pour qu'il vous en fasse cadeau. Il était si flatté qu'on lui rende visite que, dans la plupart des cas, il ajoutait quelques belles tomates et une paire de melons.

J'en avais conclu un peu rapidement que, s'il continuait de cultiver des aubergines rondes, c'était surtout pour le plaisir d'obliger son prochain. Ma façon de voir les choses n'était pas entièrement fausse : Julien tenait à sa réputation de brave homme, et puisqu'il lui suffisait d'une tonne ou deux d'aubergines par an pour la conserver intacte, ce n'était pas trop cher et cela valait la peine supplémentaire qu'il se donnait.

Ce n'était pas la seule raison. Ce n'était pas la seule raison vraie. Il m'a fallu plusieurs années pour la découvrir.

Julien était un être infiniment sociable mais gravement timide. Il avait en outre quelques difficultés d'élocution. N'ayons pas peur des mots, il était un peu bredouillant. Comme, en outre, il manquait de sujets de conversation, il faisait figure de parent pauvre à l'heure volubile de l'apéritif.

Grâce à l'aubergine ronde, trois mois par an, il était, à l'heure de nos palabres nocturnes, l'un des plus éloquents de Fontvieille. Parce que ne pas vendre ses aubergines rondes le mettait en colère. La colère lui déliait la langue. Et réveillait en lui un sens de l'invective dont on ne l'aurait pas cru capable. Des gens venaient de Mouriès rien que pour l'entendre exposer le problème de l'aubergine :

— Ils y comprennent rien... C'est tous des incapables... On leur mettra des bombes au cul...

C'était un peu sommaire comme argumentation, mais cela portait sur les foules. On faillit en faire un leader paysan. Mais sa rhétorique se limitait à l'aubergine et à l'aubergine ronde, ce qui est insuffisant comme programme.

En tout cas, assuré de ses trois mois de furieuse éloquence et de générosité amicale, Julien était à Fontvieille où il n'y a que des gens heureux, le plus heureux de tous.

Mais ce n'est pas de Julien que je voulais vous parler. Il m'est venu sous la plume en chemin. C'est là le charme d'avoir beaucoup d'amis. Je raconte mes histoires comme si j'allais vous rendre une petite visite, mais en chemin il est bien rare que je ne tombe pas sur une connaissance, ce qui explique que j'arrive un peu en retard chez vous.

D'ailleurs, Julien, il ne nous a pas éloignés du sujet, il nous en a rapprochés. Il nous a bien montré ce que je disais au début, qu'en Provence l'argent ne joue pas tout à fait le même rôle qu'ailleurs.

Quoi qu'il en soit, ce n'est pas de Julien que je voulais vous parler en premier lieu, mais de Féfé, dit Fortune. Seulement, avant de vous parler de Féfé, dit Fortune, il faut que vous fassiez la connaissance de mon ami Victorin qui avait décidé d'agrandir sa maison.

Cela posait des problèmes et, avant de se décider à passer aux actes, Victorin étudia la question pendant plusieurs années. La conclusion à laquelle il était arrivé aurait fait reculer de moins courageux que lui : il n'y avait qu'une façon d'augmenter son espace vital, c'était de démolir d'abord sa demeure.

Et c'est ici que Féfé, dit Fortune, intervient (vous voyez que nous avons fini par y arriver). Vous vous doutez bien que si l'on appelait Féfé « Fortune », c'est que précisément il était l'un des plus pauvres du canton. Pourtant, à la mort d'une grand-tante, il avait hérité d'un terrain. Un terrain qui devait faire dans les cinquante centiares. Si encore ce terrain avait été de forme régulière, il aurait pu à la rigueur être d'une utilité quelconque, mais à l'œil nu on aurait dit le pourtour de la Nouvelle-Zélande sur les cartes de géographie.

Seulement voilà, cette Nouvelle-Zélande de cinquante centiares, elle se trouvait précisément en bordure de la maison de Victorin. Ainsi, quand Victorin, après mûres réflexions, décida d'abattre sa maison pour en construire de ses mains une plus vaste, il alla trouver Féfé et lui tint ce langage :

— Féfé, il faudrait que tu me rendes service.

— Tout ce que tu voudras, dit Féfé, pourvu que ce ne soit pas des sous.

— Voilà, dit Victorin, je vais démolir ma maison...

— Pas possible !

— ... Pour en reconstruire une plus grande...

— Oh fan, que tu es courageux !

— Et justement, à propos, je voulais te demander...

Le visage de Féfé exprima une manière d'effroi.

— De te donner un coup de main ?

— Non, dit Victorin en riant, ce que je voudrais, c'est que tu me vendes le petit bout de terrain qui est à côté de chez moi. Avec un autre, j'aurais raconté des histoires, mais avec toi j'y suis allé franchement. Ce terrain, tu sais que j'en ai besoin, alors n'en profite pas pour m'assassiner...

Victorin était persuadé qu'après une controverse de principe et un nombre décent d'apéritifs Féfé lui accorderait ce qu'il lui demandait. Or, Féfé ne semblait pas d'accord le moins du monde. Il hésita un instant, puis se décida soudain :

— Écoute Victorin, tu sais que je suis ton ami...

— Moi aussi, je suis le tien !

— A un ami comme toi, je ne peux rien refuser. Mais ce terrain, vraiment, je peux pas te le vendre.

— Et pourquoi ? demanda Victorin.

— J'ai mes raisons.

Vraiment, Victorin ne s'attendait pas à une pareille fin de non-recevoir.

— Si tu as déjà reçu des propositions, dit-il, donne-moi la préférence, et j'ajouterai un supplément.

— Comprends-moi bien, dit Féfé, je ne demanderais pas mieux que de te le vendre ce terrain, mais je ne peux pas me le permettre.

— Qu'est-ce qui t'en empêche ?

Féfé poussa un soupir :

— Tu connais comment sont les gens. Si je te le vends, ils se diront que j'ai besoin d'argent.

Victorin n'en croyait pas ses oreilles :

— Et tu n'en as pas besoin ?

— Oh si !

— Alors ?

Féfé fit un geste d'impuissance :

— Alors, mon pauvre Victorin, dit-il, si je le reconnaissais publiquement que j'en ai besoin d'argent, plus personne voudra m'en prêter. Et l'argent de mon terrain, tu le sais comme moi, il me durera pas huit jours. Et une fois ces huit jours terminés, j'aurai vergogne d'emprunter des sous, puisque j'aurai la réputation d'être riche.

La discussion dura plusieurs heures. Féfé ne se laissa pas ébranler. De guerre lasse, Victorin finit par dire :

— Ce terrain, tu veux pas me le vendre de peur de passer pour riche.

— Oui.

— Alors, dans ces conditions, tu n'as qu'à m'en faire cadeau.

Cette fois Féfé parut touché, et il réfléchit longuement avant de répondre, et voici ce qu'il déclara :

— Si je te vends ce terrain, on croira que j'avais besoin d'argent et je ne pourrai plus emprunter. Mais si je t'en fais cadeau, on me prendra pour un couillon !

Vous voyez bien qu'en Provence il y a des choses qui comptent plus que l'argent. Je tiens néanmoins à rassurer les personnes de cœur. Victorin a réussi à agrandir sa maison quand même.

Mais ne me demandez pas comment il y est arrivé, parce que là je suis obligé de reconnaître que nous entrons dans le domaine du miraculeux.

LE COQ DU MARÉCHAL

On a remarqué forcément que la plupart de mes contes avaient Fontvieille pour cadre. Pourtant je sais très bien que Fontvieille n'existe pas. Je le sais d'autant mieux que j'y habite au moins quatre mois par an depuis 1930. Ce n'est pas une résidence secondaire. C'est ma résidence poétique essentielle. De même qu'Arles est ma ville natale préférée. Ce qui est naturel pour quelqu'un qui gagne sa vie à Paris et qui est né à Saïgon par inadvertance.

Mon Fontvieille à moi n'existe que dans la mesure où il s'invente lui-même. Sinon, c'est un village comme les autres où l'on ne se déteste ni plus ni moins qu'ailleurs. Il a ses rancœurs, ses haines recuites, ses secrets, ses querelles de mur mitoyen, ses guerres de succession, ses clans, ses bagarres, ses suicides et même ses meurtres. Il ne retrouve son unanimité que devant ceux qui le remettent en question.

C'est dans ce village presque imaginaire que je me suis installé. Je n'ai même plus besoin de sortir de mon jardin. Les habitants viennent m'apporter à domicile les contes frais cueillis dont ils savent que je suis friand.

Il ne me reste plus qu'à les écrire. Que voulez-vous, il n'y a pas de bonheur parfait.

Je n'ai pas l'intention de faire sortir ma mère de l'ombre lumineuse où elle a toujours vécu. Surtout depuis qu'elle m'a quitté. Mais je ne peux empêcher qu'elle fasse dans ces récits quelques discrètes apparitions. Ma mère, donc, dormait devant son poste de télévision allumé. Elle a sursauté et, déjà complètement réveillée, m'a dit :

— Il y a le maréchal-ferrant qui te cherche...

— Le maréchal-ferrant !... Je ne le connais pas.

— Lui non plus. Mais il tient absolument à te voir...

— Qu'est-ce qu'il me veut ?

— Je ne sais pas. Il tient à te le dire à toi, personnellement.

Il y avait là un petit mystère que j'aurais peut-être oublié d'éclaircir. Mais voilà que le lendemain matin mon Pousson des Taillades, du Vélo-Club de la rue Michelet, qui parcourait ses cent cinquante bornes d'entraînement matinal, descend exprès de vélo pour me dire :

— J'ai rencontré le « marescau ». Il veut absolument te voir.

— Qu'est-ce qu'il a ?... C'est grave ?...

— Non, mais il a une histoire à te raconter.

— Une histoire de quoi ?

— Une histoire tout court. Il m'a dit : « Elle lui plaira sûrement. C'est une histoire comme il en raconte, lui... »

Vous ne pouvez pas savoir le plaisir que ça m'a fait. Les contes, maintenant, viennent me chercher à domicile et il m'arrive souvent de rencontrer un ami qui me dit d'un air gourmand :

— Je suis content de te voir... Je t'en ai mis un de côté... Figure-toi que...

Et je n'ai plus qu'à l'écouter dans le ravissement...

Donc, je ne connaissais pas le maréchal-ferrant de Fontvieille, et j'avais tort. Parce que cet homme-là, c'est Virgile et Homère réunis. Le bucolique et l'épique à l'état naturel. Tronc, il s'appelle. Tronc Baptiste.

C'est un homme qui ne s'est aperçu de l'accélération de l'histoire que le jour où il a été complètement ruiné. La civilisation du cheval s'est éteinte sous ses yeux sans qu'il s'en aperçoive.

— J'aurais dû me douter de quelque chose, me dit-il, j'avais de moins en moins de clients. Mais je n'ai jamais eu de gros besoins. Tant que j'ai eu les quatre fers d'un âne à me mettre sous la dent, je ne me suis aperçu de rien. Et puis, tout d'un coup à Fontvieille, il n'y a eu ni chevaux, ni ânes, ni mulets, ni rien... Vous me direz que j'aurais pu me reconvertir, me « recycler » comme ils disent. On m'a même proposé de me transformer gratuitement ma forge pour que j'y vende des postes de télévision. J'aurais gagné des mille et des cents. Mais moi, je ne peux pas me passer de l'odeur de la corne brûlée. Pour le reste, je m'arrange...

Tronc possédait dans les Alpilles, du côté du Destet, un terrain sur lequel il faisait venir quelques tomates pâlichonnes. Il intensifia sa production, installa un poulailler et cessa de se préoccuper de son avenir. De temps en temps, il cédait une douzaine d'œufs du jour pour assurer son ravitaillement en gauloises bleues.

Les mois passèrent. Mais l'histoire continuait de s'accélérer. Et voici qu'une société anonyme à capitaux nordiques entreprit de bâtir un « Relay Provençal » (avec un « y » et avec une enseigne en caractères approximativement gothiques) en plein cœur des Alpilles.

Tout près du poulailler et des tomates de ce brave Tronc.

— Moi, me dit-il, j'aime la compagnie, même si elle vient des hautes latitudes. D'ailleurs, c'étaient des braves gens. Mais un peu pressés. Ils voulaient m'acheter mes œufs frais avant qu'ils soient pondus, et mes tomates avant qu'elles soient mûres. On aurait quand même fini par s'entendre. Seulement, ils ont voulu faire des misères à mon coq. Ce n'étaient pas des gens cruels mais, s'ils venaient passer la nuit dans les Alpilles, c'était bien sûr pour la beauté du paysage mais surtout pour dormir au calme. De ce point de vue-là, ils étaient gâtés. Seulement, mon coq, dès avant le lever du soleil, faisait son métier de coq et se mettait à chanter la gloire du jour naissant et la splendeur de la création. Alors, on lui jetait des pierres et il a failli, à plusieurs reprises, mourir par lapidation.

Le brave Tronc en tremblait encore d'indignation rétrospective :

— Les choses ne pouvaient pas durer comme ça. Les patrons du Relay se sont décidés à venir me voir. Ils m'ont mis le marché en main : « Ou bien ton coq se tait, ou bien on n'achète plus les œufs de tes poules ! » Mais j'ai dit : « Si mon coq se tait, mes poules ne pondront plus... »

Cet argument, pourtant indiscutable, ne parut pas impressionner les responsables du Relay. Peu à peu, les relations de bon voisinage se détériorèrent. Et cela se termina comme cela devait se terminer : devant le tribunal de Tarascon. A ce souvenir le visage de Tronc rajeunit à vue d'œil.

— Ils avaient un avocat. Moi pas. C'est quand même moi qui ai gagné. Je leur ai dit à ces Messieurs : « Si je vous comprends bien, vous voudriez que j'empêche mon coq de chanter. Mais un coq qui ne chante pas est un coq mort. Alors, en ma qualité de membre de la Société Protectrice des Animaux, je m'y oppose. Chez nous, on tue peut-être les taureaux, mais on ne tue pas les coqs ! »

Tronc gagna et son coq eut la vie sauve.

— Alors, de quoi te plains-tu ?

Il baissa la tête en rougissant :

— J'ai dû m'en séparer quand même. Je l'ai vendu.

— A qui ?

— Aux propriétaires du Relay...

Un sourire quasiment angélique éclaira son visage :

— J'aurais jamais cru qu'un si petit coq de rien du tout puisse valoir aussi cher !

A ce moment précis, bien qu'il fût onze heures du matin, un coq se mit à chanter à tue-tête, comme s'il voulait se mêler à la conversation.

— Vous en avez un autre ? dis-je avec surprise.

— Naturellement !

— Et vos voisins du Relay ?

Tronc baissa les yeux avec une modestie touchante :

— Nous sommes en discussion pour le prix... Forcément, il chante tout le temps, et beaucoup plus fort que l'autre.

Et là-dessus, comme le mistral ne se décidait pas à se taire, je suis parti passer une paire de jours en Camargue.

Parce que le mistral en Camargue fait partie du paysage.

Et naturellement, comme d'habitude, j'ai commencé par faire escale chez mon ami Bouis, baile gardian à Basse-Méjanes.

LA RÉVOLTE DE MADELEINE

Le brave homme me parlait en souriant. Sa voix était cordiale. Mais il me semblait y déceler quelque trace d'agacement.

C'était un peu comme si j'avais appelé un ami à un ancien numéro. Au bout du fil, un correspondant aimable, mais qui commence à être excédé d'avoir toujours à répondre :

— Votre correspondant n'habite plus à cette adresse... Non, je ne connais pas son nouveau numéro... Je suis désolé...

C'est exactement ce que me disait l'aimable quinquagénaire qui m'avait accueilli sur le seuil du Mas de Basse-Méjanes :

— Hé non, répétait-il, votre ami Bouis n'habite plus ici. Vous êtes au moins la millième personne qui venez lui rendre visite. Je n'aurais jamais cru qu'il ait autant d'amis...

— Et vous ne pouvez pas me dire où il habite maintenant ?

— Au juste, non... Tout ce que je sais, c'est qu'il mène un mas du côté de Saint-Gilles... Mais je ne peux pas vous dire exactement lequel... Maintenant, rien ne vous empêche de prendre un verre...

Il eut un rire un peu forcé, mais plein de gentillesse :

— Il faut bien que je maintienne la tradition, dit-il.

Hé oui, la halte chez Bouis faisait partie des traditions camarguaises les plus solides. Il était baile gardian chez le vieux père Sol et son petit mas était situé juste au bord de la route : un des rares morceaux de route goudronnée de Camargue.

Aussi, quand on allait manger « une bouio » d'anguilles chez Bob au Mazet du Vaccarès, ou qu'on avait décidé de se rendre aux Saintes-Maries par la digue de terre battue, on faisait toujours une halte apéritive chez le brave Bouis. Même si on était accompagné d'amis qu'il ne connaissait pas.

— Vous verrez, ça lui fera tellement plaisir de vous recevoir... Chez lui, c'est la maison du Bon Dieu...

Et c'était vraiment la maison du Bon Dieu. Bouis vous donnait l'accolade ; serrait la main des inconnus comme s'il s'était agi d'amis d'enfance et lançait d'une voix qui tenait à l'étroit dans sa petite cuisine :

— Madeleine ! Viens voir qui nous arrive !...

Madeleine et Bouis, ce sont les Philémon et Baucis de la Camargue, et le spectacle de leur bonheur paisible et rayonnant était aussi tonique que le pastis artisanal dont Madeleine nous abreuvait avec son merveilleux sourire.

La nouvelle du départ de Bouis m'attrista. Je décidai de me renseigner pour avoir avec précision sa nouvelle adresse. Puis je pensais à autre chose. Mais le lendemain était samedi, jour de marché, et, alors que je me promenais sur les Lices d'Arles (qui valent bien les « ramblas »), je tombai sur lui. Aussi jovial, aussi affectueux, aussi tonitruant que d'habitude. Et nous étions aussi heureux de nous voir l'un que l'autre.

— Cela s'arrose ! dit-il.

— J'allais te le dire...

Nous avions tellement de choses à nous dire que nous faillîmes nous séparer sans que j'aie pensé à lui demander sa nouvelle adresse.

— A propos, lui dis-je, tu n'es plus à Basse-Méjanes ?

Je vis son regard s'embrumer furtivement et je craignis un instant de lui avoir fait de la peine. Mais déjà son heureux naturel avait repris le dessus :

— Il faut bien changer de temps en temps, dit-il.

— Cela faisait pourtant une trentaine d'années que tu étais dans le coin ?...

— Trente-six ans, exactement.

Soudain un doute me vint.

— Ne me dis pas que tu t'es fâché avec le vieux père Sol ?

— Dieu garde... Pourquoi je me serais fâché ? Il n'y a pas de raison. Nous sommes toujours les meilleurs amis du monde...

— Alors, tu as trouvé mieux ?

— Mieux qu'à Basse-Méjanes ? Tu sais bien que c'est impossible.

— Alors, pourquoi ?

— C'est comme ça, dit-il en haussant les épaules.

J'en avais déjà trop dit. Mon ami Bouis avait ses raisons et s'il ne voulait pas me les faire connaître ce n'était pas à moi d'insister. Mais avec un homme comme lui, il est inutile d'essayer de dissimuler ce qu'on éprouve :

— Je vois bien, dit-il, que tu voudrais savoir pourquoi, après trente-six ans de bonheur, j'ai quitté l'endroit que j'aimais le plus au monde...

Je protestai avec toute la véhémence dont je suis capable :

— D'abord, dis-je, ça ne me regarde pas, ensuite...

Bouis posa ses deux énormes mains calleuses sur mes épaules.
— Écoute, petit, me dit-il, si je suis parti, c'est à cause de Madeleine.
Jamais je ne me suis senti aussi gêné de ma vie !
— Je t'en prie, ne me dis rien de plus.
— Et pourquoi ? Ce n'est pas un secret. Seulement, il a fallu que je découvre la vérité tout seul. Parce que Madeleine, je la connais... Jamais elle n'aurait osé se plaindre.
— Elle ne se plaisait plus à Basse-Méjanes ?
— Oh si !... Mais *elle en avait assez de rincer les verres* !...
Là-dessus, il m'a pris par le bras.
— Viens déjeuner à la maison. Il y a si longtemps qu'on s'est vus.
— Mais Madeleine ?
— Elle t'aime beaucoup. Et puis il ne faudrait tout de même pas qu'elle perde la main...

LE COCHON MAIGRE

... Une histoire de cochon maigre. Elle se passe sous l'Occupation. Et surtout ne me fais pas dire ce que je n'ai pas dit...
Je me crus autorisé à faire remarquer qu'il n'avait encore rien dit.
— D'accord, dit-il, mais je te connais. Et avec toi je me méfie. Et en plus, c'est pas à toi que j'arriverai à faire croire que pendant l'Occupation en Camargue, pour ce qui est de la biasse, on soit pas finalement arrivés à s'organiser. Et même, vers la fin, on peut dire qu'on était parfaitement au point. Seulement, la première année, on a été pris un peu de court. Vous me connaissez, j'ai jamais fait de politique et j'en ferai jamais. Seulement, si on nous avait dit en Camargue que nous allions perdre la guerre, nous l'aurions pas cru. On nous a mis devant le fait accompli et nous n'avions rien prévu dans ce sens. Non ! ça n'a jamais été complètement la famine...
Là-dessus il cogna du poing sur la table !
— Mais si quelqu'un se permet de te dire que nous n'avons pas connu les restrictions, tu pourras lui dire de ma part que c'est un menteur !
— Mais voyons, André, fis-je, personne ne te reproche rien... Pourquoi tu te mets en colère ?
— Je me mets en colère, moi ? Mais tu l'écoutes ce marque-mal ! Et d'abord, pourquoi tu m'interromps tout le temps ? Tu me fais perdre le fil de mes idées. Où j'en étais ?
— Tu as connu les restrictions, dis-je.
— Hé oui, mon beau, nous les avons connues ! Et il y a pas seulement les gens qui les ont supportées. Il y a eu les bêtes. Et je vous le

dis comme je le pense, c'était peut-être plus pénible pour les bêtes que pour les gens. Parce que nous, nous sommes doués de la parole. Quand on se levait de table avec la faim, on avait toujours la possibilité de se raconter les menus qu'on se ferait plus tard quand nous aurions chassé l'envahisseur... Tandis que les bêtes, vous pouvez pas savoir. Je parle pas des taureaux. Les taureaux, ça se débrouille toujours. Et plus c'est maigre, plus c'est méchant. Et plus c'est méchant, mieux ça vaut pour les courses.

Les chevaux, c'était déjà plus pénible à voir. Ils avaient le poil terne, les côtes en cerceau et le regard triste, triste, triste... Mais celui qui me faisait vraiment peine, c'était le cochon. Moi, les cochons, j'en engraisse un toutes les années. Et ce qu'il pense pendant sa vie, je me l'étais jamais demandé. J'irai plus loin, un cochon, jamais je l'avais regardé dans les yeux. Eh bien, ce cochon-là, un jour, nos regards se sont croisés. Et ce que j'ai lu dans le sien, ça m'a fait presque honte ; il n'y avait pas de reproche. Il n'y avait même pas de question. Il y avait juste de la confiance. C'était comme s'il m'avait dit : « Je te connais, tu es un brave homme, je sais bien que tu es aussi embêté que moi. Je perds pas espoir. Dès que ça ira mieux, tu penseras à moi. »

Eh bien, vous me croirez si vous voulez, ce jour-là, je lui ai donné la moitié de mon assiette de soupe, et avant de se décider à manger, il a levé vers moi son museau pour me demander la permission. C'est pas vrai, Madeleine ?

Madeleine, vous le savez, c'est la femme d'André. Ma mère l'aime beaucoup. Elles sont aussi discrètes l'une que l'autre. Quand les hommes parlent, elles se taisent. Ils disent tellement de bêtises qu'elles n'aiment pas perdre leur temps à discuter. Elles ont mieux à faire. Elle n'a donc rien répondu. Ce qui n'a pas empêché André de poursuivre comme s'il avait eu l'approbation pleine et entière de sa femme...

— Si j'avais eu plus de cœur, c'est pas une fois que j'aurais dû partager ma soupe avec lui, c'est toutes les fois. Seulement, voilà ! Du cœur j'en ai. Mais de l'appétit, j'en ai encore plus. Et le pauvre cochon, il devenait tous les jours plus maigre...

Là-dessus, les premiers froids étaient arrivés. Le mistral soufflait sans arrêt et le pauvre cochon maigre tournait autour du mas comme une âme en peine et il était devenu si léger que j'avais peur qu'il s'envole... Pas vrai, Madeleine ?

Cette fois, Madeleine fit entendre sa voix :

— Si tu le dis, murmura-t-elle, ça doit être vrai.

Cela suffit à relancer André.

— Il fallait faire quelque chose pour ce cochon maigre, poursuivit-il. Je pouvais pas lui donner à manger. Mais comme je le voyais grelotter sous le mistral, vous savez ce que j'ai fait ? Je lui ai caressé la tête comme à un chien et je lui ai dit : « Viens avec moi. » Et il est entré dans ma maison. Parfaitement ! Dans ma maison. Et il est venu s'asseoir là, au coin du feu. Et de tout l'hiver il est resté avec nous. Le pauvre, il maigrissait quand même, mais au moins il avait pas froid et dans ses yeux je voyais qu'il me disait merci.

Il s'est interrompu pour nous servir la rinçolette de « Carthagène ». C'est le plus redoutable des fortifiants.

L'heure devait être grave. Elle l'était :

— Ce que je te raconte, soupira-t-il, s'est passé il y a presque vingt-cinq ans. Et j'en ai encore le rouge de la honte quand j'y pense. Mais enfin, puisque j'ai commencé, j'irai jusqu'au bout : mais ça me coûte, tu sais. Revenons quand même à notre cochon. Plus maigre que lui, c'était pas possible. Il n'avait plus que la peau et les os, et même les os commençaient à maigrir. Seulement, vous allez voir comme l'homme est une sale bête. Surtout quand il a faim. Je sais pas qui a eu cette pensée le premier. Seulement cette idée, on a tous fini par l'avoir.

— Vous aviez envie de manger le cochon !

Il y avait presque du mépris dans le regard que m'assena le gigantesque Bouis.

— Et c'est tout l'effet que ça te fait... Mais tu es un sans-cœur. Nous, cette idée criminelle, on l'a chassée tout de suite. Nous n'allions pas manger un animal qui vivait avec nous, qui venait frotter sa tête contre nos jambes... Manger ce cochon, c'était presque comme manger son chien. C'était de l'anthropophagie !

Cette idée monstrueuse, nous l'avons chassée une fois, deux fois, dix fois. Mais elle revenait sans arrêt. Et elle se faisait chaque jour plus précise. Ce cochon maigre, c'était presque plus rien du tout, mais avec ce presque plus rien du tout, il y avait quand même de quoi faire un joli bouillon... Et ce bouillon nous en sentions l'odeur et nous nous passions la langue sur les babines. Et nous salivions de toutes nos papilles. Mais nous n'étions pas fiers de nous. Pendant un mois, nous n'osions plus nous regarder en face, parce que nous savions tous que nous pensions la même chose.

Et le pire, c'est que le pauvre cochon maigre se rendait compte de tout. Pour ne pas me gêner, il avait cessé de me regarder lui aussi et de venir, comme il avait l'habitude de le faire, poser sa petite tête d'écureuil sur mes genoux. Croyez-moi. J'ai pas des nerfs de faible femme, mais la situation devenait intolérable. Il fallait que quelqu'un se dévoue.

Madeleine prit la parole sans que son seigneur l'y ait invitée.

— Et naturellement, c'est toi qui t'es dévoué, dit-elle, avec une ironie imperceptible.

— Hé oui, fit André qui n'avait rien perçu du tout... Logiquement, c'est toi qui aurais dû le faire, mais tu aurais eu trop de chagrin... D'ailleurs, c'était mon devoir de chef de famille. J'étais donc seul dans la cuisine avec lui et je lui ai dit : « Excuse-moi, mon vieux, je ne suis pas fier de ce que je vais être obligé de faire... Seulement, mets-toi un peu à ma place... » Je croyais que ce pauvre cochon maigre était résigné à son sort. Il avait l'air si doux, si fatigué. Mais dès que j'ai avancé la main sur lui, vous savez ce qu'il a fait ? Il a rassemblé tout ce qui lui restait de force et il est allé se cacher... Vous savez où il est allé se cacher ? Là-bas, sous le buffet, où il y a toujours de la poussière, parce qu'il n'y a pas assez de place pour passer l'escoube... Mais le manche de l'escoube, on pouvait le passer. Alors, je me suis mis à quatre pattes, et je lui parlais au cochon maigre. Et je lui disais : « Sois brave ! Ne me complique pas la vie... Tu verras, ce sera vite fait. » Et avec le manche de l'escoube, je suis arrivé à le faire sortir de sa cachette. Il en pouvait plus, le pauvre. Mais l'instinct de conservation, c'est quelque chose : au moment où j'allais le prendre dans le creux de la main, mon ami ! Il a fait un bond... un bond de deux mètres de haut. Et où c'est qu'il est allé atterrir ? Là ! sur le rebord de la cheminée, entre la boîte à sucre et le réveille-matin... Et regardez ! Il y est encore...

Telle est la véridique histoire du cochon maigre que m'a racontée, sur les bords du Vaccarès, ce blagueur d'André Bouis, qui fut trente-six ans baile gardian à Basse-Méjanes en Camargue, Bouches-du-Rhône.

LE CARESSEUR DE BORNES

Cela faisait plusieurs mois que je l'observais. Il avait l'air parfaitement sain d'esprit, mais sa conduite pouvait paraître étrange. Quand il se trouvait dans une des petites rues de l'Hauture à Arles, il jetait des regards autour de lui. Vérifiait que personne ne le regardait aux fenêtres. Et soudain se penchait pour caresser les bornes qu'on trouve en Arles au coin des ruelles. Ce sont les bornes sur lesquelles s'appuyaient dans les temps anciens les essieux des chars et des charrettes avant de changer de direction.

Dans ces moments-là, l'inconnu avait un visage radieux. Il caressait la borne avec une joie vraiment physique. Il la regardait avec amour, puis s'éloignait en sifflotant.

Cela posait un problème presque policier. Mais j'avais autre chose en tête et, si cet homme trouvait sa joie de vivre en caressant les bornes avec sensualité, je ne voyais pas de raison pour l'en dissuader.

Cela semblait pourtant un fait exprès. Où que j'aille dans la ville, à la Roquette, à la Porte-de-Laure ou à La Genouillade, je tombais presque toujours sur lui au moment où il était en train de flatter de la paume l'arrondi d'une borne.

Je vous jure que ma présence était un effet du hasard. Elle finit pourtant par lui paraître suspecte et, le jour où il m'adressa la parole pour la première fois, il ne se montra pas particulièrement aimable :

— Dites-moi, monsieur, fit-il d'un ton hargneux, ça vous dérange que je caresse les pierres ?

— Pas le moins du monde, lui dis-je. Je suis moi-même un grand caresseur de pierres.

— Mais comment se fait-il que je vous trouve toujours là quand je distribue mes caresses ?

— Je vous jure que je ne le fais pas exprès.

Je dois avoir l'air honnête. D'ailleurs, je le suis. L'inconnu voulut bien admettre que je n'exerçais pas de filature à son endroit.

— Alors, dit-il, il vous arrive à vous aussi de caresser des pierres ?

— Cela m'arrive, en effet, dis-je.

— Et lesquelles caressez-vous de préférence ?

Je lui expliquai qu'en matière de pierre je n'avais pas de préférence. Je caressais tout ce qui se présentait à portée de main. Que ce soit un chapiteau gothique en pierre de Beaucaire, une meule de moulin en pierre de Fontvieille, une colonne de marbre ou l'amorce rêche et tiède d'une voûte romane.

Le ciment seul n'attire pas mes mains. En revanche, il m'arrive de ramasser sur mon chemin un caillou de Grau avec beaucoup de gourmandise.

Mes propos semblaient avoir séduit l'inconnu.

— Ah ! me dit-il, les choses du passé ! Il n'y a que ça de vrai !

— Pourtant, dis-je, le monde est en plein changement...

Il ne me laissa pas aller plus loin.

— Alors, ces bornes, me dit-il, vous êtes de ceux qui pensent qu'on devrait les enlever pour améliorer la circulation ?

— Pas du tout, dis-je, je pense qu'on ne peut pas arrêter l'évolution de l'univers, mais qu'en revanche on doit conserver les traces de notre passé. Ne serait-ce que pour mesurer le chemin parcouru.

— Vous parlez sérieusement ?

— Je vous assure. Plus la vie se transforme, plus je crois que les témoins de notre histoire doivent être mis à l'abri de l'épreuve du temps.

J'ajoutai une formule :

— Je crois que la jeunesse a toujours raison, mais je ne pense pas que ce soit une raison suffisante pour tuer les vieillards !

Entre l'inconnu et moi se noua sur-le-champ une amitié profonde. Il ne me connaissait pas. Il me posa ses mains sur les épaules et me dit :

— Monsieur, vous êtes un homme selon mon cœur. Il y a tellement de gens de nos jours qui croient que le progrès doit s'accompagner de destruction !

— Ce serait monstrueux.

— Il y a des monstres partout, m'affirma-t-il avec véhémence. Même au conseil municipal. Les bornes dont je vous parle, il a été à plusieurs reprises question de les enlever.

— On ne l'a pas fait !

— Non, pas encore, mais la question peut être remise sur le tapis à n'importe quel moment.

Il sortit de sa poche une feuille de papier pliée en quatre. Il la déplia.

— J'ai fait dans ce sens une pétition à Monsieur le Maire, déclarant intangibles toutes les bornes de la commune. Seriez-vous d'accord pour la signer ?

— Certes, dis-je, mais je dois vous signaler que je ne suis pas électeur ici.

L'inconnu faillit replier son document, mais il se ravisa :

— Vous n'aurez qu'à signer illisible, dit-il.

Je signai donc en plein vent la protestation destinée à sauvegarder notre patrimoine de bornes.

— Vous permettrez bien, me dit l'inconnu, que nous scellions notre rencontre par le verre de l'amitié. Je me présente : je m'appelle Marcel Auguste.

Je me nommai à mon tour. Il se trouvait qu'il avait entendu parler de moi, en bien. Il se déclara heureux de me connaître.

Sa tournée entraîna la mienne. Et nous passâmes, ensemble, une demi-heure fort amicale et chaleureuse.

— J'espère vous revoir, me dit-il au moment de nous séparer.

— Mais moi aussi, dis-je poliment... Seulement, je n'ai pas votre adresse.

Marcel Auguste mit la main dans sa poche intérieure et sortit son portefeuille.

— Je vais vous donner ma carte, dit-il...

Il me la tendit, et je pus lire :

Marcel Auguste
Carrossier.

LE DROIT DE PROPRIÉTÉ

Le Dr Justin assiste, aussi souvent qu'il en a le loisir, à nos colloques nocturnes du chemin de la Marine. En spectateur seulement.

Or, ce soir-là, il prit la parole :

— Voilà, nous dit-il, ce qui est arrivé à mon excellent confrère, le Dr Bartavel, de Marseille. Il possédait un mas en Camargue dont le régisseur se nommait Albert.

C'était incontestablement le meilleur régisseur du monde, mais il était plus cabochard qu'un âne corse. Il entendait faire son travail, à son heure, et à sa main. La seule façon de ne pas obtenir quelque chose de lui, c'était de la lui commander.

Le Dr Bartavel, de Marseille, l'avait très bien compris. Il laissait Albert prendre toutes les initiatives qu'il souhaitait. D'ailleurs, il venait rarement à son domaine de Gageron et Albert menait les gens et les cultures à sa façon, qui n'était pas la plus mauvaise.

Le contrat qui liait les deux hommes était purement verbal. Il pouvait se résumer en ces termes :

— Tu fais ici comme tu l'entends. Mais à condition que ça ne me coûte pas trop cher.

En fait, son domaine de Gageron ne coûtait rien au Dr Bartavel. Mais il ne lui rapportait rien non plus. Albert prenait les dépenses à sa charge et les recettes à son compte.

Et le Dr Bartavel se félicitait de cet arrangement car il savait bien que, pour un bourgeois de la ville, des trois façons de se ruiner — les femmes, le jeu, et l'agriculture — l'agriculture est, de loin, la plus sûre. Et la plus fatigante.

Albert payait même les impôts. (A vrai dire, il ne les payait pas, mais ceci est une autre histoire.) Et le Dr Bartavel conservait la possibilité de venir de temps en temps chez lui, et même d'y amener des amis. A la condition que ce ne soit pas trop souvent, et que ses amis aient l'agrément d'Albert. Car le régisseur avait ses têtes et se serait débarrassé de quiconque ne lui aurait pas plu.

Jamais donc avait-on vu couple patron-régisseur aussi harmonieux et les ouvertures de la chasse à Gageron, dans le domaine du Dr Bartavel, avaient en Provence, où l'on est particulièrement difficile sur l'accueil et l'abondance du gibier, la meilleure réputation qui soit. Cela maintenait le brave médecin en bonne humeur et en santé.

De tout l'hiver, il n'avait pas eu l'occasion d'aller sur ses terres. Les obligations de sa charge l'avaient retenu à Marseille. Vers le début du printemps, il décida de s'offrir un week-end de solitude et de chevauchées.

Il se rendit donc au domaine et constata, avec satisfaction, que jamais il n'avait été aussi bien tenu.

C'est l'avantage de laisser aux gens, quand ils en sont dignes, la bride sur le cou. Ils font pour eux comme pour vous et comme leurs intérêts sont les vôtres (ou plutôt comme vos intérêts sont les leurs), ils ont à cœur de faire prospérer le patrimoine commun.

Comme d'habitude, le Dr Bartavel avait envoyé un télégramme pour annoncer son arrivée. Son cheval, bichonné, sellé, harnaché, fringant de muscle et lustré de poil, l'attendait devant la porte, mais Albert n'était pas sur le seuil pour le saluer.

Non, il n'était pas là. En revanche, il y avait devant la porte un paysan solide et jovial qui l'accueillit à bras ouverts :

— Alors, c'est vous le Dr Bartavel ?

— Oui, c'est moi...

— Eh bien, je suis content de vous connaître... Moi, je suis Léon, le successeur d'Albert...

— Enchanté, dit le Dr Bartavel.

Il était quand même un peu surpris. Certes, Albert était un esprit indépendant, mais il aurait quand même pu lui en parler. Le Dr Bartavel avait toujours laissé toute liberté à son régisseur et il lui reconnaissait même le droit de choisir personnellement son successeur. Mais ne rien lui dire, cela frisait la désinvolture...

Il sut ne montrer ni sa surprise, ni sa contrariété. Et il fit bien, car si Albert était un régisseur de première catégorie, Léon, lui, était véritablement hors concours.

Ils passèrent à table. Madame Léon était encore meilleure cuisinière qu'Albert, et la grande salle du mas n'avait jamais été aussi accueillante.

— Eh bien, dit le Dr Bartavel, je suis très content... D'ailleurs, du moment que c'est Albert qui vous a choisi, il ne pouvait pas se tromper.

Léon lui serra chaleureusement la main.

— Albert m'avait dit que vous étiez sympathique. Mais vous l'êtes encore plus que ce qu'il m'avait annoncé. Et pourtant, croyez-moi, j'ai longuement hésité avant d'accepter sa proposition.

— Le domaine ne vous plaisait pas ?

— Oh si ! seulement, pour le prix, il m'a pas fait de cadeau.

— Pour le prix ?

— Je sais bien que le prix de la terre en Camargue n'arrête pas de monter. Mais cent quatre-vingts millions, même anciens, ce n'est pas donné... A votre avis, est-ce que j'ai bien fait ?

Le Dr Bartavel faillit en avoir la digestion troublée.

— Qu'est-ce qu'il vous a vendu au juste ?

— Le mas pardi, avec le matériel, les installations, les meubles et surtout les deux cents hectares de terre... C'est lourd pour un homme, vous savez...

— Et vous êtes passés par-devant notaire ?

— Oh non ! dit Léon, c'est des frais inutiles et entre amis, ça ne se fait pas. Nous avons tout fait sur parole et de la main à la main. Tenez, c'est comme pour vous...

— Pour moi !

— Oui, Albert m'a dit : « Le Dr Bartavel est un ami. Il est ici chez lui. Tout ce qu'il te demande, tu le lui accordes... » Avouez que j'aurais pu refuser.

— Et vous avez accepté ?

— Il avait l'air d'y tenir beaucoup. Alors j'ai donné ma parole. Je vous ai acheté avec le reste. Mais maintenant que je vous connais, je le regrette pas. Et je tiens à vous dire que vous pourrez venir chez moi aussi souvent que vous en aurez envie. Vous ne nous dérangerez jamais.

Le Dr Bartavel n'a pas répondu tout de suite. Effectivement, cela demandait réflexion.

Pour sonder les sentiments de Léon, il est revenu dès la semaine suivante, avec toute sa famille. Et l'accueil a été encore plus chaleureux que la première fois. Et Léon lui a dit :

— Si vous avez des amis, n'hésitez pas à les amener avec vous. Je les invite... Je ne sais pas comment était Albert mais moi, j'aime la compagnie.

Alors le Dr Bartavel n'a rien dit. Et tout a continué exactement comme avant. Chacun est satisfait de son sort. Et Léon, l'autre jour, a dit au Dr Bartavel :

— Écoutez, docteur, mon mas je ne le vendrai jamais... Mais si mon fils ne voulait pas continuer à faire le paysan comme son père, c'est à vous que je donnerais la préférence...

— Merci, dit ce bon Dr Bartavel...

Et croyez-moi, c'était du fond du cœur.

LA TERRIBLE VENGEANCE D'EULOGE DE MOURIÈS

Euloge de Mouriès était une heureuse nature. Il ne savait pas ce qu'était la rancune et se sentait en paix avec le reste de l'univers.

Pourtant, il était en état de guerre ouverte avec l'administration des Postes et Télécommunications dont il avait décidé de tirer une éclatante vengeance.

Mais il nous faut revenir cinq années en arrière pour voir à quelle occasion s'était détériorée sa mentalité...

Il était six heures du soir, au mois d'août, sous les platanes. Euloge jouait aux boules et venait de réussir cinq carreaux de suite, aux applaudissements de la galerie. Soudain, on vit paraître Monsieur Boulu (de Grenoble), receveur des P. et T. à Mouriès. Il était si pâle et avait l'air si triste et si désemparé que le silence se faisait sur son passage. Euloge fut le dernier à le voir et son sourire s'éteignit :

— Oh ! Monsieur Boulu, qu'est-ce qui vous arrive ?...

— Mon pauvre Euloge, gémit Monsieur Boulu.

Il venait de Grenoble, mais il était en poste à Mouriès depuis quatorze ans et rien ne le distinguait, ni à l'oreille, ni à l'œil, d'un Provençal ordinaire.

— Mon pauvre Euloge, répétait-il, mon pauvre Euloge...

Ceux qui ont vécu sous nos latitudes savent que quand on dit « mon pauvre Untel », cela signifie dans la plupart des cas que c'est sur soi-même qu'on s'attendrit. Ainsi l'interpréta Euloge :

— Qu'est-ce qui vous arrive ?... C'est grave ?

— Ne m'en parle pas !

— Un malheur ?

— Un grand malheur... Le pire de tous les malheurs...

Monsieur Boulu sortit de sa poche un télégramme. Il le tendit à Euloge, en baissant les yeux :

— On vient juste de me le téléphoner... J'ai tenu à te le remettre moi-même.

Les télégrammes, en Provence, on ne les aime pas. Ils annoncent que de mauvaises nouvelles. Les bonnes, on préfère les raconter de vive voix...

Le télégramme était bref, mais il ne laissait place à aucune erreur d'interprétation.

« Viens vite stop Papa est décédé. »

Les spectateurs avaient compris au visage d'Euloge qu'une catastrophe venait d'arriver. Mais Euloge, sans un mot, avait quitté la compagnie. Ce fut Monsieur Boulu qui annonça la terrible nouvelle.

— Son pauvre père vient de mourir... Au mois d'août, je vous demande un peu...

Et ce soir-là, à Mouriès, en signe de deuil, toutes les parties de boules s'interrompirent en même temps...

Rien ne prédisposait l'Émile, le père d'Euloge, à la mort. Septuagénaire gaillard, gourmand et encore pistachié, il serait devenu centenaire que cela n'aurait étonné personne. Il était allé passer une quinzaine à Lamastre, dans les Cévennes, où son fils tenait un magasin d'armes et d'articles de pêche, histoire de changer d'air et de jouer avec ses petits-enfants.

Euloge avait mis le costume noir et partit sans plus attendre. Les yeux embués de larmes, il rata un tournant à la sortie de Lodève. Il s'en tira indemne, mais le pont arrière de la voiture faussé. Les garages étaient fermés. Il passa la nuit dans son auto et se réveilla perclus, furieux et enrhumé.

Comme c'était pour un deuil, le garagiste fit diligence. A midi, Euloge reprenait la route. Si grand était son désarroi qu'il se trompa plusieurs fois de chemin.

Il entrait à Lamastre à six heures du soir. Il n'avait rien bu ni mangé depuis la veille.

Olivia, sa belle-sœur, était devant la porte du magasin. Euloge la serra sur son cœur en pleurant :

— Je veux voir mon père !

— Il n'est pas à la maison.

— Où vous l'avez mis ?

Olivia regarda son beau-frère avec effarement :

— Mais qu'est-ce qui vous arrive ?

— Où est mon père ?

— Où voulez-vous qu'il soit à six heures du soir... au bistro, pardi !...

Et il y était. Jovial et volubile, avec André, son autre fils :

— Je suis bien content que tu aies reçu le télégramme, dit-il...

Euloge n'y comprenait plus rien. Par bonheur, il avait conservé le télégramme sur lui. Il le tendit à Émile et André, qui presque aussitôt se mirent à rire :

— Oh ! les couillons ! dit Émile.

— Si c'est une plaisanterie, dit Euloge, je l'apprécie pas... Oh ! mais alors, pas du tout !...

— Mais non, dit André, ce n'est pas une plaisanterie. On avait écrit « Viens vite » et on avait signé « Papa et Dédé ». Ils ont dû mal entendre au téléphone.

— Enfin, c'est mieux comme ça, conclut paisiblement Émile. Qu'est-ce que tu prends ?

Évidemment, le brave Euloge était heureux de voir son père en parfaite santé. Mais il était très fâché contre l'administration des Postes. Vraiment très fâché !...

Et, avec le temps, son ressentiment, au lieu de s'atténuer, allait croissant.

— Ils me le paieront, se disait Euloge... On n'a pas le droit de causer de pareilles émotions à un homme, même dans la force de l'âge... Ils me le paieront...

Sa première sanction fut de ne plus acquitter sa redevance radiophonique. Mais ce n'est pas très original dans nos régions, encore qu'Euloge fit les choses ostensiblement et fit même passer un entrefilet dans le *Forum Républicain*, le journal d'Arles et de la vallée des Baux, déclarant « qu'il ne paierait plus la taxe tant que la liberté d'information ne serait pas assurée sur les ondes et sur le petit écran ».

Il attendit les ennuis de pied ferme. Ils ne se présentèrent pas. Ce qui le fit rager davantage.

Bien sûr, il n'en voulait pas à ce brave Monsieur Boulu (de Grenoble). C'était avec l'Administration tout entière qu'il était fâché. Les années passaient et il continuait de ruminer sa vengeance. Euloge était un homme à l'imagination vive, mais il n'arrivait pas à trouver comment faire expier ceux qui lui avaient donné la plus grosse estoumagade de sa vie.

Je ne vous dirai pas que ce tourment l'empêchait de vivre, qu'il dépérissait, qu'il était devenu pénible et grognon. Au fond, il n'avait pas changé, et il lui arrivait de passer des semaines sans penser à la déplorable gestion de notre patrimoine postal.

Mais de temps en temps le souvenir lui revenait et on le voyait qui grommelait :

— Sacré bonsoir de bonsoir...

C'est alors que Ferdinand, le cantonnier, prit sa retraite. Ferdinand était un original. On l'aimait bien quand même, mais c'était un sauvage qui fuyait la compagnie de ses semblables et cela n'étonna personne qu'il prît sa retraite dans une cabane au sommet de Mont-Paon.

Mont-Paon, c'est juste une petite colline, qui doit culminer au maximum à trois cents mètres au-dessus du niveau de la mer. Petite colline, mais escarpée et tout hérissée de buissons qui vous ravagent les brailles comme des dents de dorade. Bien sûr, il n'y a aucun chemin, et pour aller d'Estoublon au sommet de Mont-Paon il faut compter une bonne paire d'heures et deux kilos en moins.

Sans raison apparente, Euloge se frappa le front avec allégresse et se dit :

— Cette fois, j'ai trouvé.

Un rire silencieux le secoua :

— Quand je pense qu'en plus, il ne sait pas lire...

Euloge prit donc la deux-chevaux et se rendit aux bureaux du *Forum Républicain.*

— Ce serait pour un abonnement...

— Mais certainement... A quel nom ?

— Au nom de Ferdinand.

— Et à quelle adresse ?

— Cabane de Mont-Paon.

— Vous pouvez compter sur nous... Ça fait onze mille six cents francs.

Euloge donna l'argent sans hésitation.

— Et vous êtes sûr que le journal arrivera tous les jours ?

— S'il n'arrive pas, ce ne sera pas de notre faute mais de celle des P. et T. qui sont chargés de l'acheminer.

— C'est tout ce que je voulais savoir, dit Euloge en fermant les yeux pour ne pas montrer sa jubilation.

— Nous l'expédierons tous les jours. Et les Postes doivent le distribuer tous les matins.

Vous voyez la suite...

Bien sûr, vous la voyez. Mais il y a des détails qui vous échappent.

Et notamment le fait que la recette de Fontvieille, dont dépendait administrativement Mont-Paon, dut engager un contractuel uniquement pour monter chaque jour *Le Forum Républicain* à Ferdinand qui ne savait pas lire...

Mais l'histoire n'est pas finie.

Car si Ferdinand ne savait pas lire, il avait l'esprit aussi vif que la moyenne. Et même un peu plus.

De ce journal, il ne voyait pas au juste ce qu'il pouvait faire, mais de la situation elle-même, il ne tarda pas à comprendre qu'il était possible d'en tirer parti...

Pendant une quinzaine de jours il médita en silence et un samedi, vers dix heures (nous étions au printemps), il retint le contractuel (un Lyonnais qui venait de reprendre du service dans l'Administration), et lui offrit quelques olives de ses oliviers du Pont-de-Crau et du rosé de sa vigne de Mouriès.

— Parlons peu, parlons bien, dit-il. Entre nous, c'est pénible à ton âge de faire tout ce chemin.

— C'est rien de le dire, soupira le Lyonnais. Mais qu'est-ce que vous voulez, je ne peux pas faire autrement ; avec ma retraite j'avais pas de quoi vivre... Seulement, je me demande si je n'ai pas fait un marché de couillon... Depuis que je viens te porter le journal, je me détruis le cœur... Il me faut une paire de chaussures neuves toutes les semaines... Et je donne mon pantalon à rapiécer tous les jours...

Ferdinand réfléchit quelques secondes :

— Écoute, je vais te proposer une affaire... Le journal, tu le gardes pour toi.

— Mais je n'ai pas le droit.

— Si, tu as le droit, puisque je te le donne. Tu le gardes. Tu restes à ta maison. Ça te fatigue de venir jusqu'ici et moi ça me dérange que tu viennes...

— Vous croyez que...

— Ne t'occupe, j'en prends la responsabilité. Voilà comment nous allons faire. Tu ne viens plus me voir. Tu n'uses plus tes souliers. Tu ne te déchires plus les pantalons... Seulement, de temps à autre, à tes moments perdus, ma vigne de Mouriès et mes oliviers du Pont-de-Crau, tu me les soignes un peu... Et ne te fais pas de souci : pour y aller, à ma vigne et à mes oliviers, tu peux te servir de ta bicyclette...

Ainsi fut fait.

Et tout le monde est content.

Ferdinand qui s'est trouvé un jardinier payé par l'Administration.

Le Lyonnais qui ne se détruit plus le cœur et s'économise les chaussures.

Et Euloge surtout qui, pour onze mille six cents francs anciens par an, s'est vengé de la mort prématurée de son père.

Lequel d'ailleurs se porte comme un platane et ne se lasse pas, d'année en année, d'aller de mieux en mieux.

AINSI PARLA ODILON DIT LE « MUET »

Quand Odilon revint de guerre après quatre ans de captivité, il avait perdu l'usage de la parole. Cela causa plus de surprise à ses amis et leur fit plus de peine que s'il avait perdu un membre. Et tout le monde disait :

— Mon Dieu, le pauvre, comme il doit être malheureux !

Pour un homme de notre région, ne pas pouvoir communiquer avec son semblable est toujours une rude épreuve. Mais pour Odilon c'était une vraie catastrophe. Sans la parole, le pauvre garçon, je ne vois pas quel intérêt il aurait pu prendre à l'existence.

Il exerçait une profession utile, mais passablement monotone : il relevait les compteurs électriques. Ce n'est pas très enrichissant pour l'esprit, mais on voit du monde. Et on parle. Du matin au soir on parle. On écoute aussi. Mais uniquement pour recharger les accus de la parole. A longueur d'année Odilon fonctionnait comme récepteur et comme émetteur. Il enregistrait les dernières informations et les diffusait. Chacun lui racontait ce qu'il savait. En retour il racontait tout ce qu'il avait appris. Alors dans ces conditions il parlait plus que n'importe lequel et autant que tous réunis. Il était une manière de journal parlé ambulant, avec la rubrique locale la plus succulente, la plus étoffée du monde.

Et voici que les Allemands nous le rendaient privé de la parole. Et les gens se demandaient comment ce grand malheur imprévu avait pu le frapper.

— Le pauvre, disait-on, il a trop souffert.

— Pour moi, disait l'un, ce sont les bombardements qui lui ont dévarié le système nerveux.

— Pour moi, disait l'autre, ça lui sera venu à la suite d'une grosse peur.

— Avouez qu'il n'a pas de chance.

— Ça vaut tout de même mieux que s'il était mort.

Cela valait-il vraiment mieux ? Odilon avait repris son poste à l'Électricité de France et maintenant il installait le compteur bleu dans les familles laborieuses.

Et les gens se disaient :

— Mon dieu, comme il a l'air triste !

Lui, pourtant, il essayait d'avoir toujours le sourire et dans son regard il y avait une lueur qui voulait dire sans erreur possible :

— Je vous en supplie, ne faites pas attention à mon infirmité. Ne vous gênez pas pour moi...

Nous comprenions tous le message qu'Odilon arrivait à nous faire parvenir rien qu'avec son regard. Et nous ne demandions pas mieux que de lui faire plaisir. Mais comment parler sans espoir de réponse ?

Ici, nous sommes peut-être des ivrognes de la parole, mais pas des alcooliques. Quand nous lançons une réplique, c'est comme quand nous offrons un verre : pour qu'on nous rende la pareille, même à nos frais.

Nous sommes des hommes de dialogue.

Au spectacle d'une disgrâce physique on finit par s'accoutumer. Mais le silence obstiné d'Odilon nous devenait chaque jour plus pénible, plus insupportable.

— Écoute, ça ne peut pas durer comme ça... Fais quelque chose pour nous...

Bien sûr on continuait de lui faire bon visage et même de l'accueillir avec encore plus de cordialité qu'avant son accident. Mais Odilon voyait bien que les gens se forçaient pour lui faire oublier sa triste condition et chaque jour il devenait plus mélancolique...

Si encore il avait été sourd, il aurait pu s'enfermer en lui-même et trouver en soi des ressources nouvelles : Hélas ! les bruits de la campagne et les paroles des hommes continuaient à lui parvenir comme par le passé. Mais son silence était si intimidant que les gens se taisaient à son approche, par pudeur, de peur de le contrarier.

J'avais compris confusément que ce ne devait pas être la marche à suivre et, quand je le rencontrais, je n'hésitais pas à lui faire un brin de causette et à lui donner des nouvelles de moi et des miens. Il m'écoutait, le brave garçon, avec une reconnaissance émerveillée. Il remuait les lèvres. Il allait parler. Et puis, au dernier moment, il se ravisait. Il haussait les épaules en signe d'impuissance et s'éloignait, plus triste et plus seul.

Alors vous allez me considérer comme un vieux fou. Une idée absolument insensée m'était venue. Je m'étais dit qu'à force d'amitié j'arriverais peut-être à rendre la parole à mon ami Odilon et presque tous les soirs j'allais lui faire une petite visite. Il vivait seul dans un cabanon encore plus petit que le mien. Il y régnait un ordre et une propreté quasiment hollandaise. Odilon s'affairait pour me recevoir et son regard disait le plaisir que lui causaient mes visites.

Et moi je lui faisais le récit des événements de la journée. Je parlais lentement en détachant bien les syllabes, pour essayer de lui réveiller les muscles de la parole...

Pendant trois mois je suis venu tous les jours. Sans résultats, mais son bonheur aurait suffi à entretenir ma résolution. En plus, j'étais certain d'être sur la bonne voie. Il n'y avait aucun symptôme d'amélioration, mais rien ne pouvait troubler ma certitude. Un jour, Odilon se remettrait à parler.

Cela ne faisait aucun doute.

Oui, mais quand ?

Je ne savais ni le jour, ni l'heure, ni l'année...

Et naturellement cela s'est produit au moment où je m'y attendais le moins. C'était pour l'enterrement de notre vieil ami Léopold Mourgue. Nous avions tous le cœur si serré et nous étions si occupés à évoquer son image que les plus bavards n'auraient pas pu trouver les mots pour dire leur chagrin. Il n'y eut ni sermon à l'église, ni discours au cimetière. Il n'y eut que des larmes et des poignées de main silencieuses.

Et même sur le chemin du retour, personne n'adressait la parole à personne. La mort de Léopold nous avait tous rendus aussi muets qu'Odilon.

Mais le Bon Dieu se décide quand il veut. Et croyez-moi, un muet qui retrouve la parole c'est encore plus impressionnant qu'un aveugle qui recouvre la vue. Mais procédons par ordre.

Odilon m'avait entraîné dans son cabanon. Il nous servit un verre et nous nous sommes regardés longuement sans rien dire.

Et Odilon, tout d'un coup, s'est mis à parler, le plus naturellement du monde et c'est justement ce naturel qui était impressionnant. Voilà un homme qui se taisait depuis des années et qui se servait des mots comme s'il n'en avait pas perdu l'habitude.

— Terrible époque, dit-il. Sur la place de la Mairie, les six platanes sont morts. L'un après l'autre. Sans raison. Les géraniums ont attrapé la maladie cet hiver et n'ont pas réussi à donner de fleurs. Et voilà maintenant que Léopold nous quitte...

Ce fut un long monologue où le mot « catastrophe » revenait à intervalles réguliers. Je me gardai d'interrompre ce fleuve de lamentations. Odilon, cela paraissait difficile à nier, avait une vue pessimiste des choses. Je dirais même une vue apocalyptique du monde moderne. Mais je sentais que son apocalypse avait des raisons plus intimes que les catastrophes contemporaines qu'il se plaisait à décrire. Son discours s'achevait :

— Voilà, dit-il, je crois que je vous ai tout dit. Et maintenant je vais recommencer à me taire. Surtout ne le dites à personne que je sais encore parler. Ils croiraient que mon silence, c'est du mépris alors que c'est juste du désespoir.

Je parvins à ne rien laisser paraître de mon étonnement, mais je voulais en savoir plus. Je me mis à le tutoyer :

— Écoute Odilon, dis-je, nous sommes tous aussi malheureux que toi. Pourtant nous continuons à nous servir de la parole. Et la parole nous aide à vivre. Mais pourquoi tu te tais ?

— Parce que je suis plus malheureux que tout le monde !

C'était le moment de redoubler de patience et de tact.

— Je ne te demande rien, dis-je, mais si tu as un secret qui te pèse, des fois si tu me le confiais, peut-être ça te soulagerait.

Je n'étais pas sûr qu'il me réponde. En tout cas je ne m'attendais pas à ce qu'il me réponde aussi vite.

— Mais enfin, voyons, dit-il, mon secret vous êtes le seul à le connaître...

— Moi !

Ma sincérité était si évidente qu'il me dévisagea d'un air perplexe :

— Vous n'avez rien remarqué ?

— A quel sujet ?

— Quand je parle.

— Quoi... qu'est-ce que tu veux dire ?

J'étais absolument désemparé. Ses propos, qui m'avaient pourtant paru fort clairs, devais-je leur attribuer un sens caché ? Parlait-il par énigmes ou paraboles ? Cela m'aurait étonné de sa part.

— Quand je parle, vous n'avez pas mal aux oreilles ?

— Pourquoi j'aurais mal aux oreilles ?

Odilon rougit soudain et dit d'une voix à peine perceptible :

— Mon accent ne vous gêne pas ?

— Ton accent... Qu'est-ce qu'il a, ton accent ?

Odilon me prit les mains dans les siennes. Un instant son visage fut transfiguré par l'allégresse. Ce ne fut qu'une brève illumination. Il me lâcha les mains.

— Un Parisien, dit-il, j'ai pas confiance.

— Tu n'as pas confiance en moi ?

— Si, bien sûr... Mais en matière d'accent provençal je me demande si vous avez la compétence nécessaire...

J'étais de plus en plus désorienté. A tout hasard je dis :

— Tu trouves que je n'ai pas l'accent de Provence ?

— Vous... si...

— Et toi, non, peut-être !...

— Moi, soupira-t-il... pauvre de moi...

Je comprenais de moins en moins.

— Tout ce que je peux te dire, c'est que nous avons le même accent tous les deux...

Il me reprit les mains et, me regardant droit dans les yeux :

— Vous ne dites pas ça pour me faire plaisir ?

Mon effarement dut le convaincre plus que ne l'aurait fait mon discours. Il secouait la tête en répétant :

— Ça par exemple... Ça par exemple...

Il s'était laissé tomber sur une chaise et resta un long moment silencieux. Puis, sans oser me regarder en face :

— Figurez-vous, dit-il, que j'ai été quatre ans prisonnier.

— Je sais, oui.

— Et pendant quatre ans, qu'est-ce que j'ai fait, moi ?

— Je ne sais pas.

— J'ai joué à la belote...

Je ne voyais toujours pas où il voulait en venir. Il ajouta :

— J'ai joué à la belote rien qu'avec des gens du Nord... Et à la longue j'avais fini par prendre leur accent.

— Tu plaisantes...

— Oh non ! Quand j'ai été rapatrié, dans le train à partir de Montélimar, j'ai cru que j'étais dans un pays étranger. A la gare d'Arles, j'ai pris un taxi pour arriver plus vite à Fontvieille. Et vous savez ce qu'il m'a dit, le chauffeur ? Il m'a dit : « C'est la première fois que vous venez en Provence ? » J'avais attrapé l'accent du Nord. Sans m'en rendre compte. Et ça m'a fait tellement honte que depuis, j'ai plus ouvert la bouche. J'avais peur qu'on se moque de moi.

— Mais je te jure que ton accent d'ici tu l'as retrouvé !

Odilon leva les yeux au ciel en poussant un soupir de gratitude...

— Alors, dit-il, je me serai rééduqué tout seul...

Telle est la touchante aventure d'Odilon qui fut muet par vergogne et qui retrouva la joie de vivre en même temps que l'usage de la parole.

Tout le monde au village m'attribue sa guérison et je passe aux yeux de certains pour un peu sorcier. Ce matin encore on m'a apporté un petit enfant qui s'était fait une entorse à la cheville. J'ai dû faire semblant de lui imposer les mains pour ne pas contrarier sa mère.

Et vous me croirez si vous voulez, dès que je l'ai touché, le petit s'est remis à courir et à grimper aux arbres. J'ai beau me répéter qu'il n'avait pas d'entorse du tout et qu'il voulait simplement ne pas aller à l'école le jour de la composition de calcul, il y a des moments où je me demande si, après tout, je n'aurais pas quelque magie dans le regard et dans les mains.

OÙ L'ON TROUVE UN TRÉSOR

Les carriers de Fontvieille, comme les gardians de Camargue, ne sont plus qu'une poignée. Mais ce sont des hommes comme je les aime : c'est-à-dire des hommes qui aiment leur prochain, mais qui n'aiment pas qu'on leur marche sur les pieds.

Ils sont à la fois gens de progrès et de tradition. Et leur tradition la plus ancienne, c'est l'amour de la liberté ; ils y tenaient beaucoup à leur liberté ! Ils l'avaient conquise bien avant la Révolution.

Et c'est sans doute pourquoi il y en a de moins en moins. L'amour de la liberté demande une vertu qui s'étiole entre les cloisons des HLM. C'est un sentiment trop solide et trop fort pour cette époque de briques creuses.

Heureusement, la race des carriers ne s'est pas perdue. Et s'il en reste qu'un ce sera Lanibert de Darbousille, le meilleur tailleur de pierre du Trébon à Aureilles. Il aurait pu construire, en y mettant le temps, une cathédrale à lui tout seul.

Après sept années d'apprentissage, où il avait reçu plus de coups de pied au cul que d'argent de poche, il avait fait son tour de France, ce qui ne se fait plus guère de nos jours, pour posséder à fond les secrets de son art.

Alors, il avait pris femme et avait mis ses mains au service des hommes.

En dehors de ses heures de travail, il taillait pour son plaisir, dans la pierre tendre, des guirlandes de fleurs ou de petits taureaux blancs aux cornes fragiles. Sa femme disait que c'étaient des nids à poussière et, bien qu'elle ne fût pas une mauvaise femme, avait tendance à les briser, par mégarde, en faisant hargneusement son ménage.

A quoi sert, dans une maison, un homme qui est capable de transformer un bloc de pierre en gerbe de blé, mais qui n'a pas les moyens de s'offrir un poste de télévision même par mensualités ?

Lanibert de Darbousille avait résisté pendant onze ans. Sa femme se faisait de jour en jour plus acariâtre. Il avait renoncé à sculpter ses petits taureaux et ses guirlandes, mais il s'obstinait à essayer de vivre de la pierre dans ce siècle de ciment.

Il avait cédé le jour de la première communion de son fils aîné. Il n'avait même pas de quoi payer le costume, le cierge et la pièce montée.

Alors, il était allé trouver Escourbias, le grand entrepreneur de Fontvieille, l'homme qui avait plus de trente ouvriers et qui inondait les Alpilles de cabanes à lapins, vendues sous le nom de « mas façon provençale ». Il lui avait dit :

— Avance-moi une semaine et, à partir de demain, je travaille chez toi...

Escourbias n'était pas spécialement généreux, mais il avait payé un mois d'avance à Lanibert de Darbousille. Un ouvrier comme lui, c'était pas tous les jours qu'il s'en présente. Et il était si heureux, Escourbias, qu'il avait offert lui-même le beau costume, le cierge et la pièce montée. Et la femme de Lanibert de Darbousille avait cessé, comme par enchantement, de faire les briques. Et elle avait versé aussitôt le premier acompte pour le poste de télévision.

Lanibert pourtant n'était pas heureux. Il faisait ce qu'on lui demandait avec une conscience professionnelle comme on n'en voit pas beaucoup depuis au moins trois guerres. Il était payé au-dessus du tarif syndical, il ne recevait que des éloges de son employeur et de ses clients. Sa femme allait chez le coiffeur toutes les semaines. Ils avaient mis un cinquième héritier en route.

Pourtant Lanibert de Darbousille n'était pas heureux. Il était même mélancolique. N'ayons pas peur des mots : il était désespéré ! C'était devenu un corps sans âme. Il ne vivait plus que par habitude et ne trouvait de plaisir à rien. Même pas dans la satisfaction d'élever sa famille et de maintenir ses petits aux écoles jusqu'au brevet. Des petits qui avaient les mains douces et qui ne savaient même pas enfoncer un clou sans se taper sur les doigts.

Or un jour se produisit un événement apparemment de peu d'importance. Lanibert était en train de poser des tommettes dans la cuisine de Monsieur le Curé. C'est un travail délicat. Il procédait à petits coups de maillet circonspects. Et, soudain, sous son maillet, cela sonna creux. Il fallait de l'oreille pour s'en apercevoir. Lanibert en avait. Cela sonnait creux. Il en était sûr, mais, par acquit de conscience, il frappa de nouveau à plusieurs reprises. Et soudain il dit :

— Monsieur le Curé !

Le brave capélan était dans sa chambre, en train de compter les sous de la dernière quête. C'était un homme de Dieu entièrement désintéressé, ce capélan, mais il n'aimait pas faire du tort à son prochain et se demandait comment il ferait pour régler Escourbias.

— Monsieur le Curé, venez vite !

— Qu'y a-t-il ?

— Qu'est-ce qu'il y a ?... Il y a un trésor...

— Un trésor ?... Où ça ?...

— Là, sous les tommettes.

— Tu plaisantes...

— Écoutez...

Lanibert, avec son maillet, on aurait dit qu'il jouait sur un tambour de pierre.

— Vous voyez, où je frappe en ce moment, ça sonne creux.

— Mais rien ne prouve qu'il y ait un trésor dedans...

Il essayait d'être raisonnable, le brave curé, mais son cœur s'était mis à battre la chamade. Après tout, pourquoi n'y aurait-il pas eu de trésor ? Fontvieille est un village paisible, mais sous la Révolution il s'en était passé de sérieuses. Le patriote avait fait une grande consommation de moines, de curés et d'aristocrates. Les plus agiles n'avaient dû leur salut qu'à la fuite... Et, va savoir, avant de partir peut-être ils avaient eu le temps de planquer leur magot.

Et ce trésor, le brave curé se disait qu'entre ses mains il serait en bonnes mains et qu'il en ferait un meilleur usage que ses prédécesseurs.

C'était un curé humble de cœur et qui n'avait jamais eu d'ennuis avec son évêque. Mais quand on lui parlait de moines bâtisseurs, assécheurs de marais, défricheurs de terres incultes, il préférait se taire. Il avait sa petite idée là-dessus. Forcément il était du coin depuis des siècles et l'histoire de son village il la connaissait aussi bien qu'Honoré Coudière. Il l'avait apprise de la même façon et il savait de source sûre que ces fameux moines philanthropes n'étaient souvent que des brigands en soutane qui rançonnaient le peuple et le payaient en indulgences.

Cela n'altérait pas sa foi, mais ce trésor amassé par ses prédécesseurs, il aurait bien aimé pouvoir le restituer aux pauvres.

« Et, va savoir, pensait-il, c'est peut-être le trésor d'un podestat... »

Un podestat, c'est une invention à nous autres Arlésiens.

Dès le XIIIe siècle, nous avons proclamé la République. Nous avons toujours été des démocrates lucides et, au lieu de nous épuiser en confrontations ou en querelles, nous avions l'habitude de confier la gestion de nos affaires à un « étranger venu d'ailleurs ». Il n'était nommé que pour un an. Au bout d'un an, si les consuls et le peuple étaient satisfaits de ses services, il était reconduit pour un an. Si en revanche il avait préféré son intérêt personnel à celui du bien public, on lui donnait deux heures pour décamper et pour alléger sa fuite, il lui arrivait, au podestat, de déposer ses fardeaux les plus précieux en des endroits sûrs. Or, quoi de plus sûr qu'une église.

« De toute façon, pensait le curé, l'argent du peuple reviendra au peuple. »

Ces réflexions n'avaient pris que quelques secondes, mais Lanibert de Darbousille donnait déjà des signes d'impatience :

— Vous ne voulez pas qu'on vérifie ? suggéra-t-il d'un air suppliant.

— Je ne demande pas mieux... Mais si tu me démolis ma cuisine, ça va me faire des frais supplémentaires...

— N'ayez pas de souci, je prends tout sur moi et je remettrai tout comme c'était avant.

— Alors, vas-y...

Lanibert de Darbousille avait remplacé son maillet par une masse qui pesait au moins dix kilos et maintenant il frappait le sol de la cuisine, à grands coups redoublés. Soudain, il s'interrompit.

— Monsieur le Curé, je pense à une chose. Je viens de me repérer. Nous devons être juste derrière le maître-autel.

— Tout juste.

— Alors il ne faudrait pas que je fasse tomber des gravats sur le tabernacle.

— Tu es bon petit, d'y avoir pensé.

— C'est la moindre des choses... Alors, voilà ce que vous allez faire. Vous allez passer dans l'église et si le mur commence à s'effondrer, vous me crierez que je frappe moins fort. On y va comme ça ?

— On y va.

Ne croyez pas que Lanibert voulait garder le trésor pour lui tout seul. Non. Simplement, c'était un ouvrier qui n'aimait pas salir les endroits où il travaillait. A plus forte raison quand il travaillait dans une église. Même si les capélans n'étaient pas dans ses idées et s'il n'avait accepté que son petit fasse la première communion que pour faire plaisir à sa femme.

Alors, à travers la cloison, se poursuivit à haute et intelligible voix le dialogue des deux hommes.

— Ho ! Monsieur le Curé, vous m'entendez ?

— Oui, mon beau. Tout va bien.

— A la moindre fissure, criez fort...

— Vas-y... Nous perdons du temps.

Et, soudain, on entendit une série de rugissements :

— Bon dieu de bon dieu de bon dieu ! disait une voix.

Ce n'était pas Monsieur le Curé qui avait proféré ce presque juron. C'était Lanibert de Darbousille... Mais sa voix était méconnaissable de colère. La cachette venait d'apparaître. Et, malheureusement, elle était vide. Le curé s'en consola et Escourbias aussi. Pourtant, il dut attendre au moins deux ans le paiement de sa facture.

Le seul à ne pas s'en consoler, ce fut Lanibert de Darbousille. La fortune, pour lui, c'était la possibilité de retrouver son ancien métier de tailleur de pierre et sa raison de vivre et sa joie de tous les jours.

C'était un homme de longue réflexion plutôt que de prompt réflexe. Il se disait :

« Cette cachette est vide, mais ce n'est pas la seule cachette du pays. Il y en a sûrement au moins une qui est pleine. Et celle-là, je la trouverai. »

Et, désormais, il se fit chercheur de trésor. Il avait conservé son emploi de maçon, mais il refusait les travaux de finesse qu'on lui confiait d'ordinaire, à cause de l'habileté de ses mains, il n'acceptait que les travaux de destruction où l'on cogne de la masse et du burin.

Et des cachettes, il en trouvait sans arrêt et elles étaient toujours vides. Mais le doute ne le prenait pas. Et il cognait de plus belle. Et, un jour qu'il cognait dans une vieille maison des Baux, que son propriétaire faisait démolir pour la faire rebâtir, il entendit que ça sonnait encore plus creux que d'habitude, et son cœur se bloqua. Cette fois, il était sûr.

Il n'avait pas tort.

Il plongea la main dans l'orifice qu'il venait d'ouvrir à grands coups de masse. Il sentit quelque chose de froid et de métallique sous ses doigts. Il referma la main. Il ne se décidait pas à l'ouvrir. Il prit une profonde inspiration, ouvrit les doigts. Au creux de sa paume calleuse il y avait une minuscule cuillère en argent...

Alors, ce fut de la frénésie. Il ramenait les cuillères par poignées, en poussant des grognements d'allégresse. Il enfonçait les bras jusqu'à l'épaule.

Et soudain, il faillit suffoquer. Ses doigts venaient de rencontrer d'autres doigts. Sa main venait d'être prise par une autre main.

En creusant avec fougue, Lanibert de Darbousille était arrivé dans le placard à vaisselle du voisin...

Telle est la véridique et naïve histoire de Lanibert qui cherchait un trésor et qui ne trouva qu'une poignée de main.

Croyez-vous qu'il ait vraiment perdu au change ?

Que non pas.

Le propriétaire des petites cuillères possédait également un château en ruine dans le Lubéron. Il en confia la réfection à Lanibert de Darbousille.

Ce qui lui permit de prendre ses distances avec sa femme tout en continuant de contribuer à la promotion sociale de ses enfants.

Il ne risque d'ailleurs pas de connaître un jour le chômage. Car, avec le soin minutieux qu'il met à rebâtir son château, il paraît peu vraisemblable qu'il ait achevé son œuvre avant deux mille ans au bas mot.

LA SOIF, VOUS CONNAISSEZ ?

Vous croyez peut-être savoir ce que c'est que la soif. Vous avez tort. Si vous n'êtes jamais passé un 10 août à trois heures de l'après-midi à Saint-Martin-de-Crau, la soif, vous n'avez pas la moindre idée de ce que ça peut être. La vraie soif, celle qui vous donne l'impression d'avoir mangé de la laine et du suif à votre déjeuner. Même un Provençal depuis trente générations, cette soif du 10 août, à Saint-Martin-de-Crau à trois heures de l'après-midi, il fait tout ce qui est humainement possible pour ne pas l'affronter...

C'est pourquoi, un 10 août à trois heures de l'après-midi, vous ne trouverez jamais personne dans les rues de Saint-Martin-de-Cau. Chacun fait la sieste, ce qui est la façon la plus efficace de lutter contre ce genre de soif. Certains dorment dans leur baignoire.

Mais ces détails, forcément, Maurice Miton ne pouvait pas les connaître. Il avait quitté Argenteuil en deux chevaux, dans la nuit, et prétendait rallier Sausset-les-Pins, où il devait passer quinze jours de vacances, avant le coucher du soleil. Il ne s'était arrêté ni pour le petit déjeuner ni pour le déjeuner. Mais à Saint-Martin-de-Crau, à trois heures de l'après-midi, la soif le prit. Il était pourtant presque au terme de son voyage.

Mais un 10 août, même un chameau qui aurait fait ses premiers pas dans le désert de Gobi serait obligé de s'arrêter à Saint-Martin pour boire. Le premier café fut le bon, et ce fut le café de la Dynamite qui accueillit ce pauvre Miton, déshydraté comme un abricot sec.

C'était fatal, le café de la Dynamite était désert. Il y faisait sombre et tiède et les mouches y menaient un grand vacarme. La chaleur, au lieu de les engourdir, les réveille, les mouches...

Le Miton, assoiffé, avait le sentiment que ses lèvres avaient rétréci, mais qu'en revanche sa langue avait triplé de volume. Un moment, il crut qu'il ne pourrait émettre aucun son. Mais l'homme en danger de mourir de soif trouve en lui des ressources insoupçonnées. Et c'est d'une voix certes pâteuse, mais intelligible, qu'il parvint à dire :

— Il y a quelqu'un ?

Aucun écho ne répondit à cet appel angoissé. Miton crut qu'il n'avait pas crié assez fort. Alors, il se mit à hurler, comme quelqu'un qui appelle au secours :

— A boire ! A boire !...

De longues, d'interminables minutes s'écoulèrent et Miton, prostré, sentait son sang bouillir et s'évaporer. Peut-être il serait mort pour de bon. Mais Émile parut.

Dire qu'il était de bonne humeur ne serait pas entièrement conforme à la vérité. Disons même qu'il était d'une humeur exécrable. La sieste, pour lui, représentait le meilleur moment de la journée et on venait de le tirer du premier sommeil, celui où l'on est en train de perdre conscience et où on a l'impression de voler comme un archange dans les libres espaces du cosmos infini.

Miton rassembla tout ce qui lui restait de salive et parvint à dire :

— A boire... N'importe quoi... Mais glacé...

Émile, le patron de la Dynamite, hirsute et dépoitraillé, se pétrissait le visage et faisait crisser sous la paume sa barbe de la semaine (il ne se rasait que le dimanche et les jours fériés). Encore embrumé de sommeil, il lui fallut quelques secondes pour que le message de Miton parvienne jusqu'à son cerveau.

Alors, il dit :

— C'est impossible.

Miton poussa un gémissement de bête blessée. C'était si déchirant qu'Émile, qui était un brave homme, crut nécessaire de se justifier :

— Ce n'est pas de ma faute... Le frigidaire est en panne et l'électricien est en vacances au Grau-du-Roi.

Alors Miton ferma les yeux et faillit s'abandonner. L'instinct de conservation fut le plus fort et lui inspira le seul remède qui convenait à son cas douloureux :

— Du thé, dit-il, du thé...

Je vous l'ai dit, Émile était un homme sensible et cordial. En outre son cerveau recommençait à fonctionner normalement et on le savait prêt à aider son prochain dans toute la mesure du possible.

Visiblement la supplique de Miton le plongeait dans un embarras extrême.

— Du thé, dit-il pensivement, du thé, je n'en tiens pas...

Dans les cas désespérés, la créature humaine trouve souvent en elle-même une énergie nouvelle. L'énergie du désespoir. Miton, avant d'entrer pour de bon en agonie, retrouva l'usage normal de la parole. Et c'est d'une seule émission de voix qu'il dit avec véhémence :

— Mais enfin, il y a bien du thé dans ce fichu patelin !...

Émile négligea de relever ce qu'il y avait de désobligeant dans son propos et se contenta de dire :

— Il y en a peut-être chez Madame Menpenti, la gérante du Casino. Mais ça m'étonnerait beaucoup... Le thé, vous savez, ici il en pousse guère.

Alors Miton ferma les yeux et cessa de lutter. Ce fut sans doute ce qui le sauva. On ne peut pas, même un 10 août à Saint-Martin-de-Crau, sur le coup de trois heures, laisser sans assistance une personne en danger.

Émile entrouvrit le rideau de perles et ne put réprimer un mouvement de recul : on aurait dit que le ciel était de mercure et sur la route le goudron fondait en flaques visqueuses. Émile songea à sa femme, à ses enfants et à la partie de belote du soir. Il faillit battre en retraite. Sa bonne nature l'emporta. Bravement, il affronta l'insolation.

Il dut bien être absent un quart d'heure. Quand il revint, il était presque en aussi mauvais état que son client, mais il y avait de l'allégresse dans son regard.

— Vous avez de la chance, dit-il. Du thé, il n'y en avait pas chez Madame Menpenti ni chez Madame Clamour, mais j'en ai trouvé chez Madame Venturi...

Les paroles d'Émile, Miton les entendit. Elles semblaient venir de très loin, mais il les entendit et l'esquisse d'un sourire parut sur ses lèvres craquelées par la sécheresse. Il attendit.

Il attendit longtemps.

Et soudain la voix d'Émile lui parvint comme si elle venait d'une autre planète :

— Je suis désolé, disait la voix... J'ai fait ce que j'ai pu... J'ai trouvé le thé. J'ai trouvé le sucre... J'ai préparé les rondelles de citron... Mais je manque d'eau chaude !...

LA DERNIÈRE CHANCE

Il est étonnant que je ne vous aie pas fait assister jusqu'ici à une partie de boules. Je n'y joue pas très bien moi-même mais, sur les terrains de boules, les contes fleurissent spontanément sur les lèvres des joueurs. Il suffit de tendre l'oreille.

Cette partie de boules, elle s'est déroulée il y a juste quarante-huit heures, mais on peut d'ores et déjà considérer que son souvenir ne s'éteindra pas d'ici la fin des siècles.

Pourtant elle avait bien failli ne pas avoir lieu. C'était un 15 août et les grands pins de l'allée des Pins, au lieu de protéger de la chaleur, l'avaient emmagasinée. Il n'y avait plus d'eau à la source et cette allée ombreuse s'était transformée en serre pour fleurs tropicales.

Certains parlèrent de renvoyer la partie. Mais l'honneur était engagé. Le petit Maturette, qui ne savait pas tenir sa langue, avait lancé le défi à ce brave Irénée, un des plus fins joueurs du département. Autant Maturette était bavard, autant Irénée était taciturne. Et quand un Provençal se met à être taciturne, il ne fait pas les choses à moitié : il lui arrive de rester des semaines sans ouvrir la bouche.

Maturette avait lancé le défi à la façon des paladins antiques. En l'assortissant d'imprécations :

— Ho ! toi, Irénée, il avait dit, qui te crois le plus fort, je te parie l'apéritif pour un an, que je te battrai par au moins deux points d'écart, demain à dix-huit heures sur le terrain de ton choix.

Irénée n'avait pas répondu tout de suite.

— Si tu n'acceptes pas de me rencontrer, avait soupiré Maturette, je serai obligé de me déclarer vainqueur par forfait. Alors, c'est oui, ou c'est non ?

Irénée ne s'était pas donné la peine de répondre. Il avait simplement hoché la tête en signe d'acceptation.

Bien avant dix-huit heures, ce fameux 15 août, le village avait envahi l'allée des Pins. Maturette arriva le premier. L'homme visiblement était en forme, il paraissait sûr de soi. Et comme à six heures moins deux Irénée n'avait pas encore fait son apparition, il dit :

— Vous allez voir qu'il va se dégonfler !...

Irénée parut exactement au moment où l'horloge de la mairie venait de sonner le troisième coup de six heures.

La galerie se réjouissait à l'avance du spectacle qui allait lui être offert. De toute façon, ce serait un choc de titans et, en plus, deux styles, deux écoles, deux tempéraments allaient s'affronter. Irénée, c'était le méthodique, l'imperturbable, le scientifique. Maturette, c'était le fougueux, le romantique, l'imprévisible. Jamais Irénée ne laissait paraître de satisfaction ou de dépit, tandis que Maturette était aussi arrogant quand les choses allaient bien que désespéré quand elles tournaient mal.

Or ce 15 août-là, les choses allèrent très vite à son désavantage. Ce n'est pas que Maturette jouât mal. Tout au contraire. Jamais il n'avait été aussi inspiré. Mais le Bon Dieu n'était pas avec lui. Il tirait droit, il tirait au fer. Mais ou bien il ratait la boule d'un soupir de grillon ou, à la suite de carambolages imprévisibles, le carreau qu'il venait de faire, au lieu de lui donner le point, retournait la marque en sa défaveur.

Dès la première mène il était en nage, et maudissait le ciel à haute et intelligible voix. Puis il retourna sa hargne contre son adversaire impassible, lent et silencieux. Irénée, en effet, jouait avec calme et, avant de lâcher une boule, il mettait toutes les chances de son côté. On le voyait étudier la donnée pendant des minutes entières et frapper longuement avec la boule les cailloux à l'endroit qu'il avait choisi.

— Ho ! Irénée, dit Maturette, qu'est-ce que tu fais ? Tu cherches du pétrole ?

Cela fit rire la galerie, mais rien ne pouvait troubler la sérénité d'Irénée et, l'un vociférant, l'autre impassible comme un Indien, la partie se poursuivit.

A la demie de sept heures, Irénée menait par douze à zéro. Non, vraiment, cela ne reflétait pas la physionomie de la partie. A plusieurs reprises Maturette avait failli renverser la situation. Mais il avait failli seulement. Et, tout d'un coup, son moral craqua. Irénée venait de tirer sur sa propre boule, mais au lieu de perdre le point il en avait mis deux d'un coup.

Deux points sur une boule fadade, il y a de quoi faire perdre le sang-froid des plus équilibrés.

Maturette se lança dans de véhémentes imprécations.

— Que tu gagnes contre le cours du jeu, disait-il à Irénée, cela m'est complètement égal, cela me rassure presque car la fortune ne sourit qu'aux imbéciles. Mais ce qui me met hors de moi, c'est que tu es un grossier personnage...

Irénée le regarda sans comprendre.

— Parfaitement, poursuivit Maturette, un grossier personnage... Quand on t'insulte, tu n'as pas la délicatesse de te fâcher... Mais enfin, bon sang, dis-moi quelque chose !

Irénée ne disait rien. Il mesurait la distance entre le rond et le cochonnet, à longues enjambées méthodiques. Il essayait le pas à droite, le pas à gauche, le pas au milieu. Puis partait à la recherche de la donnée idéale. Toujours dans un silence monumental.

On craignit un instant que Maturette n'entrât en frénésie. Il trépignait sur place. Il montrait les poings aux pins et aux platanes. Il hurla :

— Monsieur Irénée, je vous parle, et quand je parle à quelqu'un il me semble que la moindre des politesses, c'est qu'il me réponde...

Tous les regards s'étaient tournés vers Irénée. Il n'avait pas bronché. Il se passa la langue sur ses lèvres sèches et l'on comprit qu'il allait enfin parler.

Les femmes paraissaient nues sous leurs robes légères qui collaient à leur peau.

Les hommes ruisselaient de sueur. Et rêvaient de boissons fraîches. Ils n'avaient que dix mètres à faire pour étancher leur soif. Mais personne n'aurait abandonné la partie, même à prix d'or, avant qu'elle ne soit terminée.

Alors Irénée ouvrit la bouche et, dans cette serre tropicale où s'emmagasinait toute la touffeur de ce 15 août, on l'entendit qui disait :

— A mon avis, je ne vois que la neige pour le sauver.

Eh bien, vous me croirez si vous voulez, mais c'est Maturette qui a gagné la partie.

OÙ SAINTE SARA APPARAÎT EN CHAIR ET EN OS AU CHEF DE GARE INSPIRÉ DES SAINTES-MARIES-DE-LA-MER

Je m'aperçois sans surprise et sans déplaisir qu'il n'y a dans mes historiettes ni seigneurs, ni monarques, ni connétables, ni magistrats, ni archevêques. Un jour sûrement, il y aura un curé, un brave capélan de village. Mais, dès aujourd'hui, j'ai l'honneur de vous présenter mon chef de gare.

Louis Julian, il s'appelait, mon chef de gare à moi, et croyez bien que j'ai du chagrin d'en parler à l'imparfait. Juste il est mort l'année dernière après avoir parcouru près d'un siècle la barbiche au vent et faisant des moulinets avec sa canne à pommeau d'argent.

C'est un homme à qui je dois beaucoup. Je peux même le considérer comme un de ceux qui ont eu la plus forte influence sur ma façon de voir les choses et de juger les êtres. Car Louis Julian, dit « Zou de Biou », ne se contentait pas d'avoir des aperçus fragmentaires sur la nature et l'histoire. Il avait sur l'homme une théorie d'ensemble.

— Suis bien mon raisonnement, me disait-il, qu'est-ce qui distingue l'homme du reste de la création ? C'est l'usage de la parole. Et qu'est-ce qui distingue le Provençal des autres hommes ? C'est qu'il fait de la parole un meilleur usage que le reste des mortels. Seulement, même les Provençaux ne se rendent pas compte du pouvoir prestigieux de la parole. Avec des mots, tu fais ce que tu veux. Prends les petites, par exemple. Quand tu leur proposes la sieste améliorée, c'est rare qu'elles acceptent tout de suite. Alors, qu'est-ce que tu fais, toi ? Tu parles, et si tu parles bien, la petite, tu ne tardes pas à en faire ce que tu veux. Note bien que ce n'est pas un conseil que je te donne, c'est juste un exemple pour mieux te faire comprendre ma façon de voir. Et, en plus, avec les mots, il y a beaucoup mieux à faire que des siestes coquines. Il y a tout à faire... Suppose par exemple que tu veuilles un mas dans les Alpilles...

— Mais je n'ai pas les sous pour l'acheter...

— Justement, puisque tu ne peux pas te l'offrir, tu le racontes. Mais tu le racontes en détail, sans rien oublier. Tu décris la couleur des tommettes et la forme du pigeonnier. Tu le racontes sans te lasser pendant des années et, au fur et à mesure que tu le racontes, tu l'améliores. Surtout, ne sois pas impatient. Les mots, c'est infaillible, mais ça met du temps à agir. En tout cas, ce qui est certain, c'est qu'un beau jour ton mas dans les Alpilles, il sera là devant toi... Il n'y manquera ni une tuile, ni un chevron et tu n'auras plus qu'à entrer dedans. Pendant que tu parlais, pendant que tu le construisais avec des mots, quelqu'un d'autre se sera occupé de le bâtir avec des pierres. Il ne se rendait pas compte, cet homme, qu'il travaillait pour toi, et en quelque sorte, sous ta direction. Une fois qu'il a eu terminé son ouvrage, il s'est aperçu que son mas ne l'intéressait en aucune manière, qu'il ne s'y plairait pas, qu'il ne pourrait jamais y vivre. Alors, qu'est-ce qu'il va faire, cet homme ? Il va presque t'en faire cadeau. Il va, par exemple, te le vendre en viager et il se dépêchera de mourir avant que tu aies effectué le premier versement. Mais attention, ça ne marche que si tu as parlé suffisamment longtemps, suffisamment bien et en croyant ce que tu dis...

Si vous demeurez sceptique, c'est votre droit. En tout cas, cette méthode a parfaitement réussi à mon ami Louis Julian. Il a payé son passage sur la terre en paroles uniquement, la seule monnaie qui n'alourdisse pas les poches et ne déssèche pas les cœurs.

— Oui, me dit-il, j'ai vécu de phrases. Et, en plus, j'avais une belle écriture. Quand tu sais t'exprimer et que tu as une belle écriture, toutes les portes s'ouvrent devant toi...

C'est vers 1890 que les mots commencèrent à jouer un rôle déterminant dans son existence. Il venait d'être nommé chef de gare aux Saintes-Maries-de-la-Mer. En ce temps-là, les Saintes n'étaient pas ce Saint-Tropez du papier gras qu'il est devenu de nos jours. C'était vraiment le bout du monde et les hivers dans le vent, le sable et la solitude, « gatihouso », y étaient plus longs que partout ailleurs.

Et pourtant, me disait Julian, nous n'avions ni le temps de nous ennuyer, ni de nous laisser gagner par la mélancolie. Pour résister à trois semaines de mistral ininterrompu, il n'y a qu'un moyen : il faut faire semblant de ne pas l'écouter et crier plus fort que lui. Ce que nous faisions le soir, groupés autour du poêle, et le bruit de nos voix nous rassurait. En Camargue, je ne sais pas si tu l'as remarqué, tout le monde est un peu fou, mais les silencieux le deviennent complètement. Et souvent, nous avons vu entrer dans le Café de la Plage un gardian qui n'avait vu que ses bêtes depuis une quinzaine de jours. Il avait l'air un peu hagard. La compagnie des hommes, il s'en passait très bien. Il n'avait rien à nous dire, ni rien à nous demander. Ce qu'il voulait, c'était entendre une autre voix que la sienne pour ne pas devenir un de ces « parle-soulet » qu'on voit errer à l'ombre maigre des tamaris. Alors, en son honneur, les conversations se faisaient plus sonores, plus pleines. Au bout de quelques minutes le gardian cessait d'avoir l'air d'une bête traquée par les démons du silence. Il se reprenait à sourire. Enfin, la parole lui revenait. Il demandait à boire. Il était guéri...

Ainsi parlait Louis Julian et je l'écoutais pendant des jours et des jours, comme un prophète. Pourtant, à l'œil nu, il ressemblait à un petit-bourgeois portant cérémonieusement sur ses petites jambes son petit ventre de rentier. Mais la parole l'habitait.

— Tu vois, disait-il, si les hommes s'arrêtaient de parler tous ensemble, pendant même pas une minute, l'humanité mourrait d'un seul coup. Ce qui la fait vivre, ce sont les paroles. Et pas les paroles utiles que tu dis pour te faire comprendre, ou pour gagner des sous... Les paroles que tu dis pour le plaisir, les bonnes paroles qui sont les seules à avoir une chance de devenir inoubliables. Si les hommes continuent de vivre, c'est qu'en ce moment même, un peu partout dans le monde et surtout dans nos régions, il y a des gens comme moi qui disent des mots qui ne servent à rien, les seuls qui ont des chances de s'envoler. Si la terre continue de tourner, c'est à cause des poètes, à cause des chansons. Au commencement, il n'y a rien. Puis des mots sont dits et les choses commencent à tressaillir. Avant que tu aies parlé, rien n'existe. Par conséquent, rien n'est vrai, rien n'est faux. La vérité ne vient que plus tard.

Nous étions dans la Vallée des Lys, sous le clin d'œil du cyclope Faraman. La voix de Louis Julian faisait de petites vagues sur la mer lisse. C'est alors que, là-bas, la barque des Saintes-Maries apparut à l'horizon. A bord avaient pris place un nommé Lazare, ressuscité, il y a vingt siècles, d'entre les morts, une nommée Marie Jacobé, la propre sœur de la Bonne Mère et Marie Salomé, qui engendra Jacques et Jean, les disciples bien-aimés de Jésus. Il y avait aussi Marie-Madeleine qui avait de si beaux cheveux et tout un équipage, Marthe, Maximin et quelques autres qui n'entendaient rien aux choses de la mer mais qui devaient néanmoins conquérir, par leur sainteté, leur place dans le calendrier des Postes. A côté de nous, il y avait une petite maigriotte, à peau noirâtre, vêtue de haillons multicolores, et qui espinchait l'horizon. Nous ne l'avions pas remarquée.

— Tu es là depuis longtemps ? demanda Louis Julian.

— Ça va faire trois mois que je les attends, dit la maigriotte.

— Comment ? Tu savais qu'ils allaient venir ?

— Quelqu'un me l'avait dit. Personne ne voulait le croire. Mais je l'ai cru. Ils me disaient tous que la barque n'arriverait jamais. Qu'elle n'avait ni voile, ni rame et que personne à bord ne connaissait la navigation. Qu'ils n'avaient rien à boire, ni à manger. Mais celui qui m'avait annoncé leur venue avait une voix qui sonnait juste et ce qu'il disait était tellement incroyable qu'il ne pouvait pas l'avoir inventé...

Oui, c'est ainsi que nous avons rencontré sainte Sara, Louis Julian et moi. Et comme j'ai décidé d'être entièrement véridique, je dois reconnaître que c'est la seule fois que nous l'ayons vue. Tous ceux à qui nous en avons parlé nous ont dit les uns qu'elle était morte il y a deux mille ans, les autres qu'elle n'avait jamais existé. Pourtant, il y a une chose certaine, c'est qu'elle est toujours vivante et que le 24 et le 25 mai, du pont de Trinquetaille à Arles, jusqu'à la statue de Mireille aux Saintes, les voitures se suivent, pare-chocs contre pare-chocs, sur plus de quarante kilomètres. Et il y en a qui ont traversé l'Europe juste pour venir lui dire un petit bonjour.

Je suppose que la plupart s'en retournent sans avoir pu la saluer. C'est normal. Sainte Sara, ce n'est pas sûr qu'elle soit Sainte, ce n'est même pas sûr qu'elle ait vraiment vécu. Alors, dans ces conditions, comment voulez-vous qu'elle se montre à beaucoup de monde ? Honnêtement, elle ne peut pas se le permettre.

A nous, elle s'est montrée et je pense que c'est justement qu'à force de parler d'elle et d'en entendre parler, nous étions si persuadés de son existence que nous n'éprouvions pas le désir mesquin de le vérifier. C'est sans doute la raison pour laquelle Sara nous a fait l'amitié de nous adresser la parole, à nous plutôt qu'à d'autres. Et elle avait demandé en supplément aux Saintes-Maries et à leurs familles d'assurer la figuration.

Naturellement, vous n'êtes pas non plus obligés de me croire. Vous pouvez considérer cette apparition comme un mirage imputable au vent. Ou, tout bonnement, à l'abus du pastis. Je n'essaierai pas de vous convaincre. Car, comme dit l'autre : « Tu ne me chercherais pas si tu ne m'avais pas déjà trouvé. » Alors, permettez-moi de croire que Louis Julian est le représentant de Dieu sur la Terre, et de continuer à considérer sainte Sara comme une amie de la famille.

Je veux bien admettre que mon accent joue contre moi. Mon accent de Provence, je crois qu'on l'entend même quand j'écris et c'est un accent qui a du mal à s'imposer sur le plan national et avec lequel on s'attend à ce que deux et deux fassent tout, excepté quatre. Je l'ai expérimenté jadis, quand je passais une vague licence de philosophie. A l'écrit, ça marchait : mes correcteurs n'avaient pas suffisamment l'oreille musicienne pour déceler mon accent de Fontvieille dans ma critique des antithèses de l'antinomie kantienne. Mais à l'oral, ils dressaient le sourcil et une certaine facilité que le Bon Dieu m'a donnée pour l'action oratoire, au lieu de me servir, m'était un sérieux handicap. Quelqu'un qui, comme moi, parlait d'abondance et trouvait sans se torturer le mot juste était suspect à leurs oreilles. Un candidat de ce genre, forcément, se servait des mots, non pour exposer son savoir, mais pour dissimuler son ignorance.

Alors, ils m'accablaient de questions précises, et bientôt de questions sournoises. Comme par bonheur, le Bon Dieu qui m'a fait bavard m'a donné de la mémoire et le goût du travail, je leur tenais tête. Il m'arrivait même, sur quelque point de détail, d'apporter au passage quelque information qui leur avait échappé et dont ils mettaient aussitôt en question l'exactitude. C'étaient d'honnêtes gens. Ils finissaient par me recevoir et même par me donner une bonne note. Mais il leur paraissait plus naturel qu'on fasse des humanités dans la Thiérache, le Blésois, ou le XVIe arrondissement que dans les Alpilles.

A ce sujet, je voudrais raconter ce qui advint à mon ami maître Gontier, du barreau de Tarascon, dont il est bâtonnier. Soit dit en passant, c'est un des meilleurs avocats de Menton à Perpignan et il lui arrive souvent de plaider à Paris et d'être appelé en consultation à Bruxelles ou à Londres.

Ce jour-là, il plaidait au Mans où il était partie civile dans un procès qui opposait la famille d'une des victimes d'un tragique accident survenu, deux ans plus tôt, sur le circuit des Vingt-Quatre Heures, à l'Automobile-Club de l'Ouest. A sa « stupéfaction générale », comme dit l'ancien député Matalon (mais ceci est une autre histoire que je vous raconterai peut-être un de ces jours), il s'aperçut que cette affaire relativement modeste, et qui avait, en tout cas, cessé de passionner l'opinion, avait rempli le prétoire. Non le public ordinaire, mais des confrères en robes d'avocat.

Un instant décontenancé, il se ressaisit aussitôt et plaida, comme à l'accoutumée, avec précision et brio. Il regagnait les vestiaires, lorsqu'il fut abordé par un de ses confrères qui lui dit en baissant les yeux :

— Mon cher bâtonnier, accepteriez-vous de prendre un verre avec vos confrères du Mans ?

Un peu interloqué, maître Gontier qui ne connaissait personne dans la capitale mancelle, consulta sa montre et dit :

— Avec plaisir... Mon train ne part que dans deux heures...

Tout le barreau de la Sarthe était rassemblé : l'entrée de maître Gontier fut longuement applaudie. On sabla le champagne.

— Mais enfin, dit maître Gontier à son collègue normand, de bâtonnier à bâtonnier, que se passe-t-il ?

Le bâtonnier normand regarda le bâtonnier provençal avec embarras. Puis, se décidant :

— Mon cher confrère, dit-il, ne nous en veuillez pas. Mais quand nous avons su qu'un avocat de Tarascon venait plaider dans notre ville, nous n'avons pas exactement voulu lui faire une farce, mais nous avons voulu quand même voir la tête qu'il avait. Nous nous demandions même s'il ne plaiderait pas en provençal...

— Cela m'arrive, répondit maître Gontier.

— En tout cas, nous étions curieux de voir si vous pratiquez le même code que nous. Et je dois dire que non seulement vous avez étudié le même code, mais que vous le connaissez mieux que nous et que vous l'utilisez avec plus de talent.

— Vous êtes trop bon... Je suis confus...

— C'est moi qui le suis. D'un avocat de Tarascon, nous attendions, comment dites-vous ? de la « galéjade ». Mais une telle connaissance de la jurisprudence et une étude aussi approfondie du dossier nous paraissaient impensables. En notre nom à tous, je vous prie d'accepter nos excuses...

Au nom de maître Gontier, je les accepte et j'en reviens à mon Louis Julian, pour lui demander pardon à mon tour. Car moi qui lui dois tout, j'ai failli douter de lui sur le tard de ses jours. Car, plus il avançait en âge, plus il devenait sentencieux et catégorique. Entendez-moi bien : je n'ai jamais été de ceux qui disaient que « Zou de Biou » avait tourné gaga, qu'il disait n'importe quoi et qu'il parlait juste pour vérifier qu'il n'était pas mort. Non, je n'ai jamais été de ceux-là. Mais je dois reconnaître que, si je continuais d'écouter mon vieux maître avec une infinie déférence, il m'arrivait souvent de ne plus bien faire attention à ce qu'il me disait, le jugeant sans importance...

Pauvre couillon que j'étais, moi ! Je n'ai pas entendu les derniers messages de mon ami Julian et ce devaient être les plus riches et les plus inspirés. Et maintenant, il est mort, et les paroles essentielles qu'il m'a dites, peut-être, il faudra attendre des siècles avant de les retrouver dans la bouche d'un autre. Et peut-être n'y aura-t-il plus alors sur la terre quelqu'un d'assez patient pour les déchiffrer !

Au moment même où j'écris ces paroles presque désespérées, voilà que je sens tressaillir en moi un souvenir enfoui au plus profond de ma mémoire. En somme le cerveau des hommes, il est construit comme les villes : en surface, il y a le ciment et le néon de tous les jours, mais dès qu'on creuse un peu apparaissent les forums, les agoras, les hypogées, les cavernes. Le quotidien recouvre l'histoire. Mais l'histoire est patiente et elle attend son heure pour venir vous faire coucou-bonjour, au moment où vous vous y attendez le moins. Demandez à Gaston, le maire de Marseille, ce qu'il en pense, lui qui a découvert une ville grecque à l'endroit même où il allait construire un garage, un prisunic et une maison de la culture, ces trois mamelles de la civilisation contemporaine ?

Donc, je croyais avoir définitivement oublié les propos qu'il m'avait tenus, un peu confus, un peu bredouillés, hachés de hochements de tête et de silences, avant qu'il ne se soit tu pour toujours. Or voici que je me retrouvai, il y a trois ans, sur la digue du Rhône.

Louis Julian avait pris sa retraite en même temps que son chemin de fer. Sa gare désaffectée, il s'était retiré à Arles, dans le quartier de la Roquette. Pourtant, il était né dans l'Hauture, entre les Arènes et le Théâtre Antique. Et je n'avais pas su comprendre qu'il y avait là un signe et que j'aurais dû redoubler de vigilance.

La Roquette, les touristes n'y vont jamais, il n'y a rien à voir. Il faut se méfier de ces endroits où officiellement, il n'y a rien à voir. Ce sont les plus mystérieux. Louis Julian, pourtant, me mettait sur la voie.

— Tout près d'ici, disait-il, c'est romain, c'est féodal, c'est grec, c'est caraque, c'est arabe, c'est tout ce que tu voudras... En tout cas, ce sont des gens du pourtour de la Méditerranée. Mais ici même nous sommes chez les Nordiques... nous sommes chez les Vikings... chez les Norvégiens... chez les Normands... chez les Bretons.

Il eut un petit rire de cigale enrhumée :

— Et même dans une certaine mesure, chez les Anglais, si tu vois ce que je veux dire...

Mais je ne voyais pas ce qu'il voulait dire et je n'attachai, sur le moment, aucune importance à ces paroles apparemment incohérentes. Seulement, après trois ans, je revois la scène dans la lumière du couchant, avec ses ombres, ses lumières, ses couleurs. Au pied de la digue, des hommes jouaient aux boules...

Il n'y a rien là d'extraordinaire, me direz-vous. Vous croyez ? Vous avez tort, car tous ces hommes qui jouent aux boules sont grands. Ils sont blonds, pâles, avec des taches de rousseur sur leur visage osseux et ils n'ont pas de poils sur leurs mains rouges... et alors, qu'est-ce que ça prouve ? Ils ont tous les yeux gris-bleu... Où voulez-vous en venir ? Attention, je n'ai pas fini... Ces grands blonds aux mains rouges, sans poils sur les mains, avec des taches de rousseur sur leur visage de cheval maigre et des yeux couleur de mer du Nord, ils jouent aux boules, EN SILENCE !

Vous ne dites plus rien...

C'est ce que vous avez de mieux à faire.

UN CHEVAL NOMMÉ JULES

Je m'appelle Jules. Je suis cheval. J'ai fait la guerre d'Algérie. J'ai été blessé deux fois. J'ai défilé pour le 14 Juillet. Je suis anglo-arabe d'origine.

J'ai pris ma retraite comme cheval de Camargue. Je viens d'avoir quatorze ans. Je ne ferai plus de vieux os. Je le sais, ça m'est égal. Je n'ai plus goût à rien.

Car pour un anglo-arabe qui a fait la guerre, devenir cheval de Camargue, sur le tard, c'est dur. Notez bien que je n'ai rien contre mes collègues camarguais et je dois dire qu'ils m'ont réservé le meilleur accueil.

Au début, il n'y avait pas plus cérémonieux que le pur Camargue. Il se considérait un peu comme un aristocrate dont les origines remontent à très très longtemps. Bien avant les Croisades. Il paraît que dans des grottes préhistoriques on trouve des chevaux de Camargue dessinés sur les parois. En quelque sorte, c'est leur blason. Et il y a quelques années, ils en étaient très fiers. Je peux même dire qu'ils étaient un peu bêcheurs. Ils se considéraient comme la fine fleur de la race chevaline.

Mais aujourd'hui ils se sont résignés. Mais alors, complètement ! De vrais Camargue, en Camargue, il y en a bien encore quelques-uns. Mais maintenant, comme on dit en Provence, ils ne se « coirent » plus. On leur a fait trop de misères.

Ils ne se posent plus de questions sur la noblesse de leur race.

Ils se sont abandonnés à leur condition comme les petits ânes tristes qui tournent autour du bassin des jardins du Luxembourg.

Tout a commencé il y a une quinzaine d'années.

Je n'étais pas encore né à l'époque, mais on m'a raconté comment les plus anciens chevaux du monde sont devenus des animaux de promenade. Et comment le Far West a été transformé en une manière de Luna-Park pour Nordiques fatigués.

Comprenez-moi bien. Je ne suis pas prétentieux et je n'ai pas l'esprit ancien combattant. Ne croyez pas que je vais vous ennuyer avec mes histoires de régiment. J'ai fait mon devoir, comme tout le monde. Je ne réclame pas des égards spéciaux. Non. Mais j'aurais voulu quand même avoir une fin un peu plus digne.

Je vous le dis tout de suite, les gens qui font promenade sur notre dos ne sont pas des gens méchants. Ils seraient plutôt braves dans l'ensemble. Seulement, quand ils nous grimpent sur l'échine, c'est la première fois qu'ils posent leurs fesses sur un cheval.

Ils ont le droit. C'est prévu dans la notice publicitaire qu'on leur a distribuée : « N'ayez aucune inquiétude. Pas la peine de savoir monter. Nous avons des bêtes qui avancent toutes seules... » En somme, on a fait de nous des animaux sans danger. Mais sans personnalité. Des quadrupèdes lents et doux qui permettent à des épiciers de Limoges, des pharmaciens de Douarnenez, des horlogers suisses, des limonadiers belges ou des filateurs de Roubaix-Tourcoing, de se prendre un moment pour Steve Mac Queen.

Steve Mac Queen, je ne l'ai pas connu. J'ai connu mieux. Je vous le dis sans forfanterie aucune, mais je sors de Saumur.

Parfaitement ! A l'époque je ne m'appelais pas Jules et j'avais l'honneur d'être monté par un des meilleurs instructeurs du Cadre Noir.

Alors, forcément, se retrouver, marchant au pas, au milieu de rosses épuisées qui se lèvent de mauvaise humeur et marmonnent toute la journée : « Vivement ce soir qu'on se couche ! », c'est très déprimant à la longue.

Au début, je me suis un peu révolté. Des forces, je n'en ai plus guère, mais je suis capable, le cas échéant, de piquer un petit temps de galop ou de faire, pendant quelques secondes, un petit rodéo personnel. Alors quand, par exemple, j'entendais au-dessus de moi un quinquagénaire de plus de cent kilos dire pour amuser ses petits camarades : « Pourriez-vous m'indiquer où est le frein ? », je l'envoyais mordre un peu la poussière, histoire de lui montrer que j'avais de beaux restes. Et qu'on ne badine pas avec la dignité d'un ancien élève de Saumur.

J'ai vite compris que si je m'obstinais je finirais à l'équarrissage dans les plus brefs délais. Alors, j'ai fait comme tout le monde : j'ai marché au pas et je me suis laissé cisailler la bouche à longueur de journée.

De toute façon, nous n'avons pas trop à nous plaindre. Nous ne travaillons que six mois par an : d'avril à octobre.

Heureusement, il y a la mauvaise saison. De beaux hivers de paresse et de picotin. Ça vous console de bien des choses. Nous n'avons pas le temps de nous ennuyer. C'est un peu triste quand même. On se croirait dans un asile de vieillards : pour chevaux. Chacun raconte ses souvenirs. On est au chaud. On est bien. On a honte, au fond. Mais le confort vous fait oublier la modestie et l'humiliation de votre condition.

Cela fait deux hivers que je survis. Et cette année, la saison avait été particulièrement harassante. J'ai bien cru un moment que je me laisserais glisser. Moi, qu'est-ce que vous voulez, j'ai été élevé dans les sentiments nobles. A Saumur, on m'a toujours appris qu'il fallait vivre libre ou mourir. Par bonheur, à l'écurie, il y avait un brave vieux, nommé Pablo, qui nous soignait et qui nous aimait bien. Il nous comprenait. Il y a comme ça des gens qui comprennent les chevaux.

Le vieux Pablo, lui, nous comprenait très bien. Il ne savait ni lire ni écrire, et il parlait un langage où il entrait de l'espagnol, du français et du provençal. Les gens de l'auberge dont nous étions pensionnaires avaient du mal à suivre ce qu'il disait. Mais nous, on le comprenait, et il nous comprenait aussi. Tous les deux, nous avions même des dialogues silencieux. Je lui disais :

— Écoute, Pablo, j'en ai assez. Ça sert à quoi de vivre ?

— Je n'en sais rien, disait Pablo. Mais tu vois, moi qui suis beaucoup plus vieux que toi, je continue quand même.

— Et pourquoi tu continues ?

— Je n'en sais rien.

— Qu'est-ce que tu attends de la vie ?

— Je ne sais pas ce que j'attends, mais je sais qu'il se produira quelque chose.

En somme, si je ne me suis pas laissé mourir, c'est surtout pour ne pas faire de peine à Pablo. Pour qu'il ne meure pas avant moi.

— Eh bien, croyez-moi si vous voulez, j'ai eu raison d'attendre.

Voilà ce qui s'est passé. Toutes les années, à l'auberge cavalière, ils fêtaient le carnaval et ils invitaient des gens de tous les coins de France. Des clients à eux, qui ne pouvaient plus se passer de la Camargue, même l'hiver.

Nous, ça nous était égal qu'ils mangent bien en buvant plus que de raison. Ils nous empêchaient de dormir, mais ça nous faisait un peu de distraction de les entendre chanter et rire. Or, ce soir-là, vers les minuit, il y a eu, tout d'un coup, un grand silence, et on a pensé qu'ils étaient allés se coucher plus tôt que d'habitude.

Mais pas du tout ! Ils n'étaient pas allés se coucher. Au contraire et, sans doute, ils avaient trop bu de clairette de Bellegarde. Jamais ils n'avaient eu moins envie de se coucher et, au moment où nous allions nous endormir, la porte de l'écurie s'est ouverte et les invités sont entrés. Ils n'étaient pas exactement ivres. Ils étaient gais. Ils parlaient fort. Ils venaient d'avoir une idée complètement imbécile. Comme la température était douce, comme il n'y avait pas de mistral, comme il y avait clair de lune, ils avaient décidé de faire une petite promenade au bord du Vaccarès.

C'est dans des moments pareils qu'on comprend qu'il vaut mieux être un homme qu'un cheval. Parce que, dans notre cas, un homme aurait réclamé des heures supplémentaires, se serait plaint à son syndicat ou même aurait refusé le travail. Tandis que nous, nous n'avons rien pu dire. Nous nous sommes laissés seller et nous sommes sortis dans la nuit claire.

Je n'avais pas fait attention à mon cavalier. Lui ou un autre. C'est du pareil au même. Il devait être pire que les autres, parce qu'il avait tellement bu qu'on a dû l'aider à se hisser sur mon dos.

Mais, soudain, j'ai dressé les oreilles. Mon cavalier avait trop bu de clairette de Bellegarde, c'était un fait indiscutable, mais une fois sur mon dos il avait retrouvé sa lucidité. Non, ce n'était pas un cavalier extraordinaire, mais pour la première fois de ma carrière camarguaise, on me respectait la bouche. Et au fur et à mesure qu'on avançait dans l'air vif et la nuit claire, mon cavalier redevenait lui-même. Je sentais ses genoux sur mes flancs. Pour la première fois depuis deux ans, j'avais un cavalier digne de moi. Il me conduisait durement et gentiment. Il me faisait sentir que c'était lui qui commandait, mais moi qui devais exécuter. Entre nous, un pacte s'était conclu immédiatement ; « Je fais ce que tu veux, mais pour faire ce que tu veux, laisse-moi faire ce que je décide. »

Je retrouvais ce que je n'avais pas connu depuis Saumur, la liberté dans l'esclavage. Je me sentais libre parce que enfin on me donnait des ordres. J'étais heureux, parce que enfin j'étais compris. Jamais je ne m'étais entendu aussi bien avec un cavalier... Jamais depuis Saumur !... Jamais depuis Saumur... Et là, j'ai cru mourir de surprise et de bonheur : c'était lui ! C'était mon patron de Saumur. C'était mon ami. C'était mon tourmenteur, c'était avec lui que j'avais défilé, que j'avais été blessé, que j'avais gagné mes courses, que je m'étais surpassé moi-même. Et déjà, je redressais la tête. Et déjà, tous les deux nous ne faisions plus qu'un. Il était jeune. Il était beau. J'étais jeune. J'étais beau. Il n'était pas ivre. Nous allions gagner la médaille. Et c'est là que j'ai trébuché sur une racine. Et c'est là que j'ai basculé. C'est là que je suis tombé. C'est là que j'ai entendu mon maître dire : « Jamais je n'ai monté une carne pareille !... »

Et c'est depuis que je n'ai plus goût à rien.
Je l'avais reconnu, moi.
Lui pas.
C'est de ma faute.
On ne devrait jamais vieillir.

LE PIED-NOIR DE FONTVIEILLE

Depuis le temps que nous nous fréquentons, vous commencez à connaître mes petites habitudes et, notamment, celle qui me conduit directement chez le coiffeur chaque fois que j'arrive dans un village où je ne suis pas venu depuis quelque temps.

Le salon de coiffure et le bistro sont les deux seuls forums qui nous restent. En tout cas, pendant qu'on me rase, j'apprends tout sur le lieu que j'ai perdu de vue, pendant quelque temps.

J'apprends qui est né et aussi qui est mort. J'apprends qui va bien, qui va moins bien et qui ne va pas bien du tout. On m'informe des promesses de mariage et des menaces de divorce. On me tient au courant des derniers potins, des dernières histoires et des perspectives d'avenir.

En un quart d'heure je sais tout. Et que ce soit à Fontvieille, aux Saintes-Maries-de-la-Mer, à Arles ou à Plan d'Orgon, en une barbe, j'ai fait le point et je me sens à nouveau chez moi.

Mais quand c'est à Fontvieille que je me trouve, non seulement je sais tout, mais je sais le reste. Je sais ce dont on ne parle que par deux mots et un sourire de connivence.

Car à Fontvieille, c'est mon bon maître Honoré Coudière qui me rase. Quand je suis à Paris il met de côté pour moi tout ce qui s'est passé en mon absence.

De sorte que, grâce à lui, j'ai l'impression de n'avoir jamais quitté l'ombre du moulin.

Ce jour-là, il manifesta à me voir autant de plaisir qu'à l'habitude, mais je le trouvai étrangement silencieux. D'un clin d'œil il me fit comprendre la raison de son mutisme. Dans le fauteuil voisin du mien, un quinquagénaire à la barbe drue était en train de se faire raser par son apprenti.

Dans ce clin d'œil, il y avait tout. C'était un clin d'œil qui voulait dire :

— Ce monsieur qui est assis à côté de toi, il a l'air sympathique et c'est sûrement un brave homme, mais je ne le connais pas. Alors, dans ces conditions, il vaudrait mieux qu'on ne connaisse pas nos secrets de famille. Maintenant, si ça te pèse de te taire, nous pourrons parler autant que tu voudras, mais de la pluie et du beau temps seulement.

J'avais passé la nuit dans le train et je me sentais plus disposé à écouter une conversation qu'à y participer. Je rendis son clin d'œil à Honoré. Un clin d'œil qui voulait dire :

— Te fais pas de souci pour moi, de toute façon, nous nous reverrons à l'apéritif.

Je crus néanmoins bon d'ajouter, pour prouver que la vie parisienne ne m'avait pas coupé la parole :

— Si je m'endors, tu me réveilles quand tu as fini.

Et j'aurais sans doute fait comme j'avais dit, si n'était entré dans le minuscule salon de coiffure un personnage brun de peau et de poil et plutôt corpulent. Non seulement corpulent, mais volubile.

Ce fut quand même Honoré qui eut le premier mot :

— Je te présente Maurice, dit-il... C'est un pied-noir. Il a eu de gros malheurs, nous l'aimons tous beaucoup... Le pauvre, il fait le commis voyageur pour nourrir sa famille...

Dans l'entrebâillement du peignoir, je tendis la main à ce Maurice méditerranéen qui avait eu des malheurs. Cela prit un certain temps avant que nos doigts se rencontrent, car il avait les bras chargés de paquets.

Je ne perdis rien pour attendre, car j'ai rarement connu poignée de main aussi vigoureuse, chaleureuse, affectueuse. Elle risquait de durer plusieurs minutes. Mais, soudain, elle se relâcha et j'entendis Maurice hurler :

— La mort de mes os, mais ce n'est pas vrai !...

Mon voisin, qui avait les joues encore à moitié savonnées, s'était dressé. Il ouvrit les bras et, malgré le savon, donna l'accolade au nouveau venu.

— Maurice, dit-il, popopo !...

Et Maurice aussi avait ouvert les bras et psalmodiait :

— Rafael, popopopo...

L'accolade et les tapes dans le dos s'éternisèrent. Honoré, perplexe, était resté le rasoir en l'air. Maurice, à peine sorti de son embrassade, nous prit à témoin :

— Je vous présente Rafael, dit-il... Il est de Bône comme moi. C'est le meilleur commis voyageur de toute l'Afrique du Nord... Qu'est-ce que je dis, moi, de l'Afrique du Nord... de tout le Bassin méditerranéen ! Et pourquoi je suis modeste moi, puisque c'est pas de moi que je parle !... Rafael, c'est le meilleur commis voyageur du monde entier... Même moi, je lui arrive pas à la cheville !

Mais soudain, l'exubérance de Maurice s'éteignit et son visage exprima une profonde désolation.

— Rafael, tu peux pas savoir le plaisir que tu me fais d'être là. Mais nous, tu le sais, on se dit tout, tout on se dit ! Eh bien, ça me contrarie quand même un peu que tu sois là.

Rafael leva vers son collègue un regard incrédule.

— Comprends-moi, dit Maurice. Heureux, je suis moi. Heureux, mais contrarié, parce que regarde ce que je suis devenu... Je vends du chocolat, des boîtes de chocolat à des gens qui n'en ont pas envie. C'est un métier que jamais j'avais fait. Mais j'ai les dons naturels et il suffit qu'un client me dise que le chocolat lui fait mal au foie, pour que je le quitte pas sans lui en avoir vendu au moins une part de boîte, même si je dois y perdre de l'argent.

— C'est vrai, dit Honoré, tu es arrivé à m'en vendre une, de boîte.

Maurice haussa les épaules :

— Popopopo, dit-il, avec toi, c'était facile, tu t'es fait avoir comme un novice. J'ai même pas dû parler dix minutes pour faire affaire. Tu m'as payé, d'accord, mais tu m'as enlevé la moitié du plaisir en me cédant si vite. Tandis qu'avec lui, que pour le baratin il est cent fois plus meilleur que moi, qu'est-ce que tu veux que je fasse ? Tous les vices, il les a. Tu veux pas que je lui dise, comme je l'ai dit à toi, que les ambassadeurs, mon chocolat, ils me le retenaient un an à l'avance. Tu veux pas que je lui explique que je suis le fournisseur officiel de la Présidence de la République et des principaux ministères parisiens. D'abord, il s'en fout. A lui, à mon ami Rafael, je peux rien vendre du tout. Je peux juste lui dire que je l'aime et que ma maison, c'est sa maison s'il a besoin d'une maison. Mais je suis sûr qu'une maison, il en a déjà une et plus belle que la mienne. Dégourdi comme il est. A lui, je peux rien dire du tout. De l'argent, je peux lui en emprunter. Et lui aussi, il pourra m'en emprunter s'il en a besoin. J'en ai pas d'argent, c'est une affaire entendue, mais je trouverai toujours un couillon qui m'en prêtera pour le prêter à ce brave Rafael. Non vraiment, avec lui, je peux rien dire. Il m'a coupé les bras. Il m'a coupé les jambes. Il m'a coupé la parole. Et si je parle pas, qu'est-ce que c'est mon chocolat ? Attention, ne me faites pas dire ce que je n'ai pas dit ! Ce n'est pas du mauvais chocolat, mais du chocolat de ce genre, vous n'avez que d'aller dans n'importe quelle épicerie, vous trouverez le même à trois fois moins cher. Pas dans le même emballage, notez bien. Mais dans le chocolat, l'emballage, c'est juste une façon de tromper le monde. De ce que je suis obligé de faire moi, pour survivre, j'ai honte. Oui, monsieur, j'ai honte... Mais, à des moments, je suis fier... De toute façon, j'y peux rien. C'est la fatalité. La fatalité fatale.

Il aurait parlé plus longtemps encore, mais Rafael, qui jusqu'ici n'avait pipé mot, profita d'un instant où son ami Maurice reprenait sa respiration pour dire :

— Tu m'en mettras six boîtes.

Et c'est depuis que je pense que les pieds-noirs en Provence, à la longue, ils finiront par se sentir chez eux.

L'éloquence et la générosité, c'est une patrie habitable pour les hommes de bonne volonté !

UN CAS DÉSESPÉRÉ

Ce matin-là, il n'y avait pas en Provence quelqu'un d'aussi ému que la petite Lilette de Trinquetaille.

Elle venait d'avoir dix-neuf ans le matin même. Elle sortait tout juste de l'École normale d'institutrices d'Aix et c'était la première fois qu'elle allait faire la classe. Qu'elle allait se trouver en présence de ces petits êtres turbulents et mystérieux, qui pouvaient l'épanouir ou la faire mourir à petit feu.

De ce premier contact dépendait tout son avenir. Elle passerait son existence entière en compagnie de ces « petits ». Pas toujours avec les mêmes, mais avec leurs semblables.

Oui, elle était émue, la petite Lilette de Trinquetaille.

Son inspecteur l'avait nommée au Mas de Blatière qui est un si grand mas qu'on avait dû construire une école rien que pour lui. Une petite école avec une seule classe et des élèves de quatre à quatorze ans.

— Un bon poste de début, lui avait dit l'inspecteur. Mais assez dur. Parmi vos prédécesseurs, nous avons eu plusieurs cas de dépression nerveuse.

Quand elle fut devant ceux avec qui elle allait vivre pendant au moins un an, Lilette se sentit toute désemparée, la pauvrette, et les larmes lui montèrent aux yeux.

Il y en avait des grands qui avaient presque de la moustache, qui avaient déjà échoué plusieurs fois au certificat d'études, et qui la dépassaient d'une tête. Car elle était toute menue, la petite Lilette de Trinquetaille. Mais il y avait aussi des nistons minuscules qui pleuraient rien qu'à l'idée d'être obligés d'apprendre à lire.

Et ce furent leurs larmes qui séchèrent celles de Lilette.

Courageusement, elle marcha vers le tableau noir. La craie tremblait dans sa main. Mais le contact du tableau lui rendit sa fermeté et c'est d'une admirable écriture, avec pleins et déliés, qu'elle écrivit : « LEÇON DE MORALE. »

Elle pensait que c'était la meilleure façon de prendre en main une classe où l'on devait enseigner en même temps les problèmes de robinets et l'art de tracer des bâtons.

— Mes enfants, dit-elle...

Elle n'en dit pas plus. Car la porte venait de s'ouvrir et un gros garçon joufflu entra. Il avait son béret enfoncé jusqu'aux oreilles. Une douzaine d'années, il devait avoir, mais déjà rugueux et viril. Il était visible que, s'il acceptait de venir perdre son temps sur les bancs de l'école, c'était qu'il ne pouvait pas faire autrement. Il avait cédé à la contrainte, mais non sans avoir opposé à ses tortionnaires une force d'inertie considérable et non sans avoir livré, jusqu'au dernier moment, un farouche combat retardateur.

Lilette s'arma de courage :

— C'est maintenant que tu arrives ?

— Voueï, dit le garnement.

— Mais la classe est déjà commencée.

— Si au moins elle était finie ! grommela le gamin.

La petite Lilette de Trinquetaille manquait encore d'expérience pédagogique, mais elle comprit qu'elle ferait mieux pour le moment de ne pas insister.

— Assieds-toi, dit-elle.

Délibérément, il choisit le dernier banc. Il n'avait pas enlevé son béret. Lilette, là encore, comprit qu'il valait mieux ne pas lui en faire la remarque. Et l'intrépide enseignante poursuivit sa leçon de morale, un instant interrompue. Elle parlait bien, la petite Lilette. Je crois me souvenir qu'elle avait choisi comme sujet : l'obéissance.

Elle expliquait que, sans l'obéissance, aucune vertu ne pouvait pleinement s'épanouir. Elle le disait avec des mots tout simples et avec des exemples concrets.

Figurez-vous qu'elle était sortie première de l'École normale d'institutrices d'Aix, la petite Lilette de Trinquetaille. Oui, bien sûr, elle manquait encore de bagage pédagogique, mais elle avait le don, cette petite. Et, au bout de cinq minutes, son trac avait complètement disparu. Elle voyait devant elle des petits garçons et des petites filles aux yeux brillants qui l'écoutaient la bouche ouverte, qui la « badaient » comme nous disons en Provence.

Et elle était heureuse, la petite Lilette. Elle ne s'était pas trompée sur sa vocation : éveiller l'esprit et le cœur des petits, c'est tout de même le plus beau métier du monde.

C'est alors qu'elle entendit, au fond de la classe, un énorme bâillement.

Le gros garçon joufflu, au béret enfoncé sur les yeux, venait de se lever.

— Et où tu vas ? lui demanda Lilette.

Et il lui répondit, en provençal.

— Ieu m'en vau !

— Et pourquoi tu t'en vas ?

Le gros garçon joufflu n'était ni insolent ni foncièrement mal élevé. Pourtant j'hésite à transcrire ce qu'il répondit à la pauvre Lilette. Il répondit :

— Je m'en vais parce que je m'ennuie.

Ce n'est pas le mot « ennuyer » qu'il a dit. C'est un mot plus fort et c'est en provençal qu'il l'a dit. Mais, comme en provençal ça se dit à peu près la même chose qu'en français, je ne peux me permettre de commencer à enseigner des gros mots à mon âge.

Enfin, avouez quand même qu'il y avait de quoi décourager une vocation naissante.

Eh bien, ce fut le contraire qui se produisit : Pas une seconde Lilette ne fut décontenancée par l'attitude de ce pur produit camarguais.

— Si tu « t'ennuies », dit-elle, c'est de ma faute !

— Non, répondit-il avec honnêteté, c'est de la mienne. Avec moi tu perds ton temps. Je ne suis pas complètement idiot, mais quand on essaie de m'expliquer quelque chose qui me servira à rien dans la vie, j'y comprends rien de rien !

— On va quand même essayer et tu verras comme c'est facile.

Désormais, c'est pour un gros garçon joufflu au béret enfoncé jusqu'aux oreilles qu'elle a fait d'abord la classe.

Et tous ses petits camarades plus doués venaient à la rescousse, le houspillaient, le tiraient par la manche pour qu'il ne ralentisse pas leur marche en avant.

Non, à eux tous, ils n'ont pas réussi à en faire un petit génie, mais il a quand même passé le certificat avec mention et la petite Lilette de Trinquetaille n'a pas tardé à devenir la meilleure institutrice des Bouches-du-Rhône.

LA MORT DE BRAMAÏRE

C'est Germain, manadier à la retraite, qui parle. Il a la voix qui tremble. A cause de l'âge et de l'émotion.

— ... A la fin vous devez pleurer, affirme-t-il. Si vous pleurez pas, ce sera de ma faute. Alors je vais mettre tout mon cœur pour bien la raconter.

Les Provençaux sont des gens pudiques. Leurs émotions, ils préfèrent se les garder pour eux plutôt que de les étaler devant la galerie. Et en plus, quand ils sont émus, ils ont toujours peur qu'on se moque d'eux.

Mais je sais à l'avance que vous ne vous moquerez pas de moi. Et je sais aussi que vous me croirez. Pourtant, à première vue, c'est une histoire à peine croyable. Naturellement, elle se passe en Camargue. Et le personnage principal, c'est un taureau.

Ce taureau s'appelait « Bramaïre », c'est ce que les Parisiens appellent un « râleur ». Mais quand un Parisien « râle », c'est pas très grave, et c'est rare que ça vous conduise à l'hôpital. Tandis que, avec un taureau, on ne sait jamais où ça peut vous mener.

Donc, Bramaïre était un taureau difficile et dont l'humeur ne s'était pas améliorée avec l'âge. Un taureau teigneux, sournois, vachard, tellement pervers et mauvais qu'on avait dû renoncer à le produire dans les courses provençales. Du danger dans les arènes, il en faut. Mais un taureau si parfaitement décidé à être criminel, c'est de l'assassinat pur et simple.

J'habitais alors le Mas des Bernacles, et je laissai donc pour quelque temps Bramaïre dans la manade. On put croire un instant que le fauve ne ferait pas de vieux os. D'ordinaire, c'est avec les taureaux sans courage qu'on fait la daube et le saucisson d'Arles. Bramaïre risquait d'aller à l'abattoir pour des raisons contraires. Et ça me faisait peine de faire du saucisson avec une bête à qui on ne pouvait reprocher, en somme, que l'excès de ses vertus. Je m'y serais néanmoins résolu si Bramaïre n'avait spontanément fait preuve de qualités indiscutables de « simbeu ».

« Simbeu », il faut expliquer, ça veut dire symbole. Ce qui ne vous avance pas à grand-chose si vous ne savez pas déjà de quoi il s'agit. On dit aussi « dondaïre », ce qui signifie le « porteur de cloche », ce qui ne vous met guère plus sur la voie. On dit même « domptaïre », ce qui signifie dompteur. Mais dompteur de quoi ? Je vais vous le faire comprendre, c'est très simple, mais il faut savoir. Les taureaux vivent en régime patriarcal et ils obéissent à l'autorité débonnaire d'un des leurs. Quand il se lève, tous se lèvent. Quand il donne le signal du départ, tous le suivent. Cet emploi de « simbeu » est d'ordinaire tenu par une vieille vachasse qui ne songe pas à abuser de ses prérogatives, ni à faire preuve d'une excessive autorité.

Bramaïre, lui, prit le pouvoir sans rien demander à personne. Il s'installa de son propre chef à la tête de la manade et y fit régner son ordre avec une vigueur sans faiblesse. Ça me posait un grave problème.

Il est bon pour un manadier d'avoir un « simbeu » entièrement dévoué à ses ordres. Le « simbeu » est en quelque sorte son contremaître.

Or, laisser le pouvoir à une personnalité aussi forte que Bramaïre était une entreprise risquée. On pouvait craindre, avec une bête aussi têtue et aussi orageuse, que la manade échappe entièrement au seul et unique patron.

Effectivement, Bramaïre n'était pas de ces employés humbles et souples, prêts à toutes les bassesses et guettant à tout instant l'approbation de leur employeur. Il entendait demeurer maître chez lui, sur le pré, ou dans la « sansouiro ». Mais, à la surprise générale, il ne remit jamais en question l'autorité de son maître et seigneur.

Pratiquement je n'avais plus à m'occuper de la manade. Bramaïre se chargeait de tout. Il me laissait, à moi, les rapports avec le monde extérieur. Mais, quand je venais charger les bêtes pour une course, il venait se mettre à mes ordres et l'embarquement, triage compris, était fait en un quart d'heure. C'était un taureau de rêve.

Et les jours les plus heureux et les plus lisses coulaient pour le Mas des Bernacles. C'est alors qu'éclata le terrible hiver de 1929. La Camargue, sachez-le une fois pour toutes, ce n'est pas un pays comme les autres. Quand il fait chaud, c'est le Sahara, quand il fait froid, c'est le Grand Nord.

Le Vaccarès était gelé jusqu'au fond, avec sur ses rives des congères de glace de trois mètres de haut. Et par-dessus tout ça un mistral qui s'arrêta pas de souffler pendant vingt et un jours de suite. Les oiseaux mouraient en vol et tombaient sur le sol comme des pierres.

Les taureaux, vous me direz, c'est robuste. Ils ont dû tenir le choc. On voit bien que vous n'y connaissez rien aux taureaux. C'est robuste, mais c'est innocent. Les chevaux, à la rigueur, eux, ils cherchaient des endroits un peu plus abrités que les autres et, quand ils avaient soif, ils cassaient la glace des roubines avec leurs sabots.

Tandis que les taureaux, les pauvres, ils se laissaient mourir. Et, pour la première fois de sa carrière, Bramaïre devait reconnaître qu'il était entièrement dépassé par l'événement. Il se sentait toujours responsable de la manade. Mais, d'abord, il savait lui-même pas que faire. En plus, la manade échappait complètement à son autorité. Indifférente, morne, elle se laissait mourir de soif et de froid.

Je ne restai pas inactif. En toute hâte, avec mes gardians, j'avais transporté plusieurs camions de balles de paille dans le « bouvaou » à claire-voie. J'en avais fait une manière de grand nid douillet où le vent soufflait moins fort et où il faisait à peine moins dix degrés. C'est une température que les taureaux supportent allégrement ou presque. Les gardians avaient apporté des bacs de tôle sous lesquels ils avaient allumé de grands feux pour que l'eau dont ils les emplissaient ne gèle pas.

La manade était sauvée.

Elle était sauvée théoriquement. Mais elle n'avait même plus envie de vivre. Elle était frigorifiée, absente, déjà morte. Elle n'était plus qu'un tas amorphe et glacé qui refusait de comprendre les efforts qu'on faisait pour elle et qui, malgré les coups de trident, préférait mourir sur place, plutôt que de parcourir les quinze cents mètres qui la séparaient du « bouvaou » sauveteur.

C'est alors que Bramaïre entra en scène. Jusque-là, il avait laissé faire les hommes. Il avait compris qu'il y a des moments où les hommes savent mieux lutter contre la mort que les bêtes. Il se tenait à l'écart, suivant avec attention l'opération de sauvetage. Mais bientôt, il fut évident que toute l'énergie dépensée par les hommes ne servirait à rien. Les bêtes se laissaient mourir.

J'avais le sentiment qu'aucun n'en réchapperait. Mais Bramaïre vint à ma rescousse. Et ce que j'ai vu, mes gardians l'ont vu comme moi. Bramaïre est venu jusqu'à nous, les cavaliers. Et il nous a longuement toisés. Je savais pas où il voulait en venir. Soudain, il a foncé sur le taureau le plus proche de lui et, à grands coups de cornes, il l'a mis debout. Et, à grands coups de cornes, il l'a mené jusqu'à l'abri du « bouvaou ».

Comme je vous l'ai dit, entre le « bouvaou » et l'endroit où la manade agonisait, il y avait plus d'un kilomètre ; Bramaïre est revenu et il a recommencé avec un deuxième taureau. Et il y avait deux cent quarante bêtes dans la manade. Et Bramaïre a fait le trajet deux cent quarante fois, aller et retour. Et moi, je suis resté sur place. Et mes gardians aussi. Et ça a duré un jour et une nuit. Et il faisait moins trente. Et nous n'avions plus froid. Et Bramaïre a fait ses deux cent quarante kilomètres aller et retour et il a ramené sa deux cent quarantième bête dans le « bouvaou ». Et après, vous savez ce qu'il a fait ? Il est revenu une dernière fois dans la « sansouiro » pour voir si tout y était en ordre. Alors, il m'a regardé. Il y avait de l'insolence dans son regard. Mais de la tendresse aussi. Puis il a fermé les yeux et il est tombé comme une masse sur la draille glacée.

— Il était mort ? j'ai demandé.

— Non, c'était une défaillance. Croyez-moi, je l'ai soigné et il a vécu très vieux. Il ne rendait plus guère de services, je l'ai gardé quand même. Mais je sentais qu'il avait honte d'être plus bon à grand-chose. Il fallait le mener à l'abattoir. Mais moi, mes bêtes, je les aime trop pour laisser à d'autres le soin de les tuer. Elles n'ont pas mérité le caveçon. Alors, je prends ma carabine et je les abats moi-même. Une seule balle dans le front et elles passent directement de la liberté au néant. En quarante ans, j'en ai jamais raté une...

J'ai fait la même chose pour Bramaïre, mais j'ai dû tirer une deuxième cartouche. Pour la première fois ma main avait tremblé...

LA MARGUERITE DES MARTIGUES

La nouvelle dépassa le cadre des Bouches-du-Rhône. On en parla dans le Var, le Vaucluse, les Basses-Alpes et même le Gard et l'Hérault. Il s'en parla même à Paris : Marguerite avait perdu d'un seul coup l'usage du bras gauche et de ses membres inférieurs. Le Bon Dieu lui avait quand même laissé l'usage de la parole, mais voilà qu'à soixante-dix ans à peine la Marguerite des Martigues qui, depuis un demi-siècle, servait dans son restaurant la meilleure bouillabaisse de tout le littoral, dut interrompre toute activité.

— Mais qu'est-ce qu'elle a eu, cette pauvre Marguerite ?

— On ne sait pas au juste.

— Pourtant elle était gaillarde...

— Oh oui ! pour être gaillarde, elle était gaillarde.

— Le cœur était bon...

— Le cœur et les reins...

— Les reins et la tête...

— La tête et les jambes... Tout était bon et en parfait état de marche.

Hé oui, tout fonctionnait à la satisfaction générale, chez la Marguerite des Martigues, la reine de la « bourrido » et des pieds paquets. Cela fit de sa paralysie soudaine et inattendue une manière de catastrophe régionale. A partir du moment où une mécanique humaine aussi bien réglée que celle de la Marguerite se détraquait, il apparaissait à l'évidence que nous étions bien peu de chose et qu'on ne pouvait plus faire confiance à quoi que ce soit.

Il fallait absolument que Marguerite guérisse, non seulement pour elle et pour la bonne marche de son entreprise, mais pour que chacun puisse à nouveau croire qu'en ce monde les lois naturelles continuent d'être respectées.

Ernest, le fils de la Marguerite, et Marie-Jeanne, sa bru, surent se montrer à la hauteur des circonstances. Non seulement ils prirent en main les destinées d'une maison séculaire, mais ils mirent au service de leur mère et belle-mère les plus hauts praticiens et les dernières ressources de la science médicale en matière d'activité locomotrice. On vit arriver aux Martigues des professeurs de Milan, de Stockholm, de Paris, de New York et même Tokyo.

Toutes ces sommités furent obligées de s'avouer désarmées par le comportement de Marguerite, leur malade.

Jamais, dans toute leur carrière, ils n'avaient rencontré de septuagénaire aussi bien portante. J'allais écrire aussi « alerte ». Mais ce n'est pas exactement l'adjectif qui convient à une septuagénaire paralysée. Et eux, les grands pontifes de la santé mondiale, reprirent à leur compte les jugements spontanément portés par les gens des Martigues et d'ailleurs qui n'avaient aucune compétence médicale, mais croyaient ce que leurs yeux voyaient.

— Elle est pourtant robuste...

— Oui, pour être robuste, elle est robuste...

— Le cœur est bon...

— Le cœur et les reins...

— Les reins et la tête...

Tout était bon hors les jambes, et la Marguerite des Martigues ne se privait pas, puisque le Bon Dieu lui avait laissé l'usage de la langue, de dire à toutes ces coûteuses sommités qu'elle les considérait comme des prétentieux et même des marque-mal !

— Vous aurez beau chercher, disait-elle, vous n'arriverez jamais à rien y comprendre... Mon cas, c'est un cas comme vous n'en avez jamais rencontré... Je suis un cas exceptionnel. Je suis un cas unique...

Les sommités internationales de la médecine, après tout, ce sont des êtres humains. Elles ont leur vanité et même leur point d'honneur, ces créatures. Et, du moment que la Marguerite des Martigues leur tenait tête et même se moquait ouvertement d'eux, ils décidèrent d'avoir raison d'elle : c'est-à-dire, de la guérir.

Eh bien ! quinze jours plus tard, celui de Paris comme celui de Milan, de Stockholm, de New York et même celui de Tokyo avaient repris l'avion à Marignane. Non seulement ils n'avaient pas rendu l'usage des membres à la Marguerite, mais plus le temps passait, plus elle se moquait d'eux en gestes et en paroles. En plus elle les tutoyait :

— Tu as sûrement les bons diplômes, disait-elle au Japonais (aussi bien qu'à l'Italien et aux autres), mais moi j'ai une maladie qu'on n'apprend pas dans les écoles...

Ils repartirent et la Marguerite se trouva seule avec Antoine, son masseur des Martigues. Du moment qu'elle n'avait plus l'usage de ses membres, mais qu'elle avait les moyens, on avait engagé un kinésithérapeute pour sa rééducation.

Mais comment rééduquer quelqu'un qui ne semble plus le souhaiter ?...

Car c'était là le vrai problème depuis qu'elle était privée de mouvement. Non seulement elle ne semblait pas souffrir de son immobilité, mais au contraire, y trouver agrément.

Antoine, son « kiné », était un modeste ; on lui avait demandé de masser. Il massait. Et même avec plus d'énergie que n'en réclamaient des massages remboursés par la Sécurité sociale. Il massait consciencieusement, sans se poser de problèmes.

Et la Marguerite des Martigues l'aimait bien, ce petit Antoine, qui ne se posait pas de questions et qui n'en posait pas. Il devint, c'était fatal, son confident.

Et voilà ce qu'elle lui dit, qu'elle n'aurait jamais dû lui dire et que je n'aurais surtout jamais dû vous répéter :

— Qu'est-ce que tu en penses, de ma maladie ?...

— J'en pense rien...

— Mais tu sais ce que j'ai ?...

— Oui.

— Et qu'est-ce que j'ai ?

— Vous avez la flemme...

Alors on vit ce spectacle extraordinaire : la Marguerite paralysée des Martigues se levant de son fauteuil de paralytique, au pied duquel Antoine était agenouillé. Marguerite s'agenouilla elle-même et fit la bise à Antoine.

— Petit, dit-elle, il y a que toi qui m'as comprise. Depuis soixante-dix ans presque, je travaille. Et depuis le jour où j'ai fait semblant d'être paralysée, tout le monde travaille à ma place.

— C'est bien ce que j'ai dit, fit Antoine, vous êtes une paresseuse.

— Non, dit la Marguerite, je suis une affectueuse. Et depuis que je ne bouge plus, tout le monde m'aime... Alors tu ne t'imagines pas, petit, que tu vas me guérir !...

— Oh non ! dit Antoine.

Et ne vous étonnez pas si, d'aventure, il est couché sur le testament de la Marguerite. Mais nous avons le temps. Pour le moment, cela ne fait que vingt-cinq ans qu'il la masse sans espoir...

OÙ L'ON SE TROUVE REPLONGÉ DANS LES HORREURS DE LA GRANDE PESTE

Des grandes pestes, dans nos bienheureuses régions, nous en avons eu quelques-unes. Nous en avons eu même plus que la moyenne. Mais à partir de Valence plus personne ne veut le croire. Du moment que nous sommes un pays béni des dieux, rien de fâcheux n'a pu nous arriver. Nos guerres civiles ou étrangères, nos invasions, nos famines, nos épidémies sont universellement considérées comme des galéjades.

Et je me souviens de la surprise de cet ami parisien venu me voir à Arles, tout de suite après la Libération. Il découvrait avec stupeur qu'un bon quart de la ville avait été démoli par les bombes.

— Pas possible, me disait-il. Vous aussi !

Pourquoi discuter ? D'ailleurs, ce qui fait notre force, c'est la tendance que nous avons à oublier les mauvais moments pour ne nous souvenir que des bons. C'est pourquoi sans doute, je n'ai jamais connu le témoin oculaire de nos grandes catastrophes. Des hussards sur le toit, il en existe sûrement, mais je n'ai jamais eu l'occasion d'en rencontrer. De nos massacres et du sang versé nous n'avons retenu que les fleurs et les fruits qu'ils ont fait pousser. Au fond c'est sans doute ce qu'il y a de mieux à faire. En revanche, j'ai connu un certain nombre de survivants d'une curieuse épidémie qui décima et faillit totalement détruire la population d'Albarron (Camargue) sous l'occupation allemande.

Mais prenons les choses au début.

Des arbres en Camargue, avant, il y en avait beaucoup. Maintenant, il n'y en a plus guère. En tout cas, il y en a au moins un à Albarron, à côté du mas de Célestin : un pin, un très grand pin. Célestin je n'ai jamais su son nom de famille. On lui dit « Tin », et même, à cause de son arbre « Tin du Grand Pin ». Et un jour, une nouvelle charriée par Mistral tourbillonna autour du Vaccarès et vint s'abattre sur Albarron.

— Tin du Grand Pin est mort !

— Tin du Grand Pin s'est pendu !

— Pauvre Tin ! Pauvre de lui !

— Pauvre de nous !

Le pauvre Tin vivait seul dans sa maison trop grande, mais il passait plutôt pour un joyeux garçon. Seulement, allez savoir ce qui se passe dans la tête et dans le cœur d'un homme seul. Toujours est-il qu'il s'était pendu à une grosse branche de son grand pin.

On l'enterra. On parla de lui pendant quelques jours dans les mas, dans les cabanes de gardians, dans les ferrades et dans les courses libres, et puis on n'en parla plus. Et sans doute on n'en aurait plus jamais parlé du tout si, un matin, la largado ne s'était levée poussant devant elle une nouvelle terrible, qui s'abattit sur Albarron après avoir tourbillonné sur les étangs et le Vaccarès.

— Bartoumieu est mort !

— Bartoumieu s'est pendu !

— Bartoumieu s'est pendu et sa femme avec lui !

— Mélanie s'est pendue avec Bartoumieu son mari !

— Pauvre Bartoumieu, pauvre Mélanie !

— Pauvres de nous !

Je ne sais pas si je vais vous surprendre, parce que peut-être vous l'avez deviné : Mélanie et Bartoumieu, où est-ce qu'ils s'étaient pendus ? A la grosse branche du grand pin de Tin du Grand Pin. Bien sûr, il ne s'agissait que d'une coïncidence. Mais cela causa plus de surprise que le suicide de ce pauvre Tin. Parce que, Mélanie et Bartoumieu, croyez-moi, ils n'avaient pas la vocation de mourir. Il leur arrivait de se crier un peu, comme tous les ménages, mais sur la terre ils se sentaient bien et, s'ils avaient vécu cent ans, cela n'aurait étonné personne. Or voilà qu'ils s'étaient passé une corde au cou et, sans qu'on sache pourquoi, ils avaient fait le grand saut !

Cette fois, il s'en parla un peu plus longtemps.

— Ce que c'est que de nous, quand même !

— Qui aurait cru ça ?

— Hier encore, ils avaient dîné à la maison...

— Hier encore, je faisais la lessive au lavoir avec Mélanie...

— Pauvre Bartoumieu !

— Pauvre Mélanie...

— Pauvre de nous !

Mélanie et Bartoumieu, on aurait fini quand même par les oublier, parce que, sur cette terre, les vivants oublient les morts qui meurent sans laisser de message. Mais cette fois les vivants furent pris de court. Parce que, une petite semaine seulement après la mort de Mélanie et Bartoumieu, la tramontane, descendue des Cévennes, charria une nouvelle qui après avoir amené la consternation à Albarron continua interminablement de tourbillonner sur la plaine salée et sur les étangs et sur la palustre.

— Juliette est morte !

— Juliette s'est pendue !

— Au grand pin de Tin du Grand Pin !

Alors la consternation s'abattit sur Albarron. Une consternation mêlée de peur, et même d'angoisse. Les gens se croisaient dans la rue en hochant la tête et en poussant des soupirs. Juliette avait seize ans, elle était sage, elle n'avait pas de souci. Elle était heureuse. Elle n'avait aucune raison de mourir... Et la voilà qui s'était pendue. Et les gens se disaient : « Si elle s'est pendue, elle, pourquoi je me pendrais pas moi ? » Pourtant, ils n'avaient aucune envie de se pendre. Mais l'idée peu à peu s'insinuait en eux, se faufilait par des chemins obscurs. La pendaison c'était pas une question d'envie, c'était comme une maladie qu'on attrape au cours d'une épidémie. Et c'était bien d'une épidémie qu'il s'agissait. Et comme toutes les épidémies, elle avait eu des débuts modestes. Elle avait démarré lentement. Mais maintenant, il ne se passait presque pas de jour sans qu'on trouve, accroché au grand pin de Tin du Grand Pin, un pendu ou deux. Un jour, il y en eut jusqu'à sept dans la même nuit. Cette fois, la terreur s'installa dans le village. Et même aux alentours. Toute la Camargue jusqu'aux Saintes-Maries-de-la-Mer avait peur et craignait que la contagion ne déferlât sur le plat pays. La peste, on sait où ça commence, mais on ne sait jamais où ça s'arrête.

Alors, le conseil municipal d'Albarron décida de siéger sans désemparer.

Il siégea trente-six heures de suite. Et, chose curieuse, pendant les trente-six heures que dura la délibération, personne ne se pendit à Albarron. La population, qui d'ordinaire était politiquement divisée, avait fait l'union sacrée et attendait de ses élus qu'ils trouvent une solution à ce navrant état de choses. Les pauvres gens, s'ils avaient pu assister à la réunion, ils auraient perdu confiance...

Heureusement, elle se passait à huis clos, et tout ce que le maire trouvait à dire, c'était :

— Il faudrait faire quelque chose.

— On pourrait peut-être faire une piscine.

— Une piscine !

— Dans les villages où il y a des piscines, on ne se pend pas.

— Il faut ouvrir une bibliothèque. Dans les villages où il y a des bibliothèques, il y a beaucoup moins de pendus qu'ailleurs.

— Il faut offrir une cloche électrique à saint Barnabé, notre grand patron...

— Voyons, Monsieur le Curé, pour quoi faire ?

— Dans les villages où il y a une cloche électrique, il y a beaucoup moins de pendus qu'ailleurs ! Il n'y en a même pratiquement pas.

— On pourrait peut-être organiser une soirée dansante.

— Une course à bicyclette...

— Une tombola.

— Un concours de boules.

Et chacun proposait sa solution, sa chétive solution, son petit emplâtre sur une jambe de bois. Comme si on luttait contre la mort avec des tombolas ! Ou même avec des concours de boules ! Et le maire n'arrêtait pas de répéter :

— Il faut faire quelque chose !

— Il faut...

— Il faudrait...

— Il aurait fallu...

— Il faut absolument...

— Et sans délai...

— Il faut faire quelque chose !

C'est alors que le doyen du conseil municipal, le brave Timon Tourre, qui avait plus de quatre-vingts ans, mais plus guère de tête, dit de sa voix cassée :

— Moi, j'aurais peut-être une idée...

D'ordinaire, on le faisait taire, en lui donnant l'affectueuse tape dans le dos. Mais, cette fois, il y avait urgence. Et, va savoir, c'est souvent dans la bouche des demi-fadas qu'on trouve les idées les plus intéressantes.

— Dis toujours... On ne sait jamais.

— Eh bien, voilà. Je ne sais pas si vous avez remarqué, mais tous nos amis qui se sont pendus, ils se sont pendus au grand pin de Tin du Grand Pin. Alors peut-être que tous nos ennuis viennent du pin lui-même. Alors, à mon avis, la première chose à faire, ce serait de scier et même d'arracher le grand pin de Tin du Grand Pin.

C'est ce qu'ils firent. Et, croyez-moi si vous voulez, depuis, plus personne ne s'est pendu à Albarron, ni dans le reste de la Camargue.

Et ils ont oublié l'incident au point que, si vous allez à Albarron, il se trouvera des gens pour vous dire que cette histoire, c'est moi qui l'ai inventée.

LA BATTUE DU BOIS DES RIÈGES

Effectivement, Ritou n'avait pas très bonne mine. D'ordinaire il a la peau cuivrée de celui qui passe le plus clair de son temps à « l'espère », au canard, ou à la bécassine. Ce jour-là, il avait le teint gris du Parisien qui a raté sa correspondance dans le métro, un soir d'hiver.

Mais c'est l'œil surtout qu'il avait en mauvais état. Le blanc était jaune et la prunelle, qu'il avait d'ordinaire du beau velours de soie marron, avait l'air d'un œuf couvé sans résultat.

Le pire, le vrai pire, c'était quand même l'allure générale. Ritou, on peut pas dire que ce soit le beau petit. Mais quand il a l'œil qui brille, qu'il se tient droit et qu'il a l'air de prendre à témoin l'univers entier qu'il n'y a pas plus heureux que lui sur la terre, je crois qu'il est absolument irrésistible. Il peut aussi bien obtenir la main d'une riche héritière de Camargue qu'une subvention au conseil général des Bouches-du-Rhône.

Mais là, vraiment, il faisait peur à voir. Et, en plus, il ne disait rien, ce qui n'est pas dans ses habitudes. A Paris, de quelqu'un qui parle beaucoup, on dit qu'il faut attendre qu'il tousse, pour en placer une. Mais Ritou avait les bronches solides et ne toussait jamais.

Vous ne pouvez pas savoir l'effet que ça fait, un bavard qui devient muet, un joyeux qui devient triste. Et en pareil cas quelle doit être l'attitude de l'ami vis-à-vis de l'ami ? Respecter son silence ou violer ses secrets ?

Jusqu'au troisième pastis, je me suis tu. Mais au quatrième je me suis armé de courage.

— Ho ! Ritou, j'ai dit, qu'est-ce que tu as au juste ?

— J'ai rien, il a fait.

— Si, tu as quelque chose.

— Non, j'ai rien.

— Ta femme va bien ?

— Oui, elle va bien.

— Et ton petit ?

— Il a passé le bac, et pourtant il était pas au courant des sujets à l'avance.

— Alors, pourquoi tu vas mal ?

— Mais, je vais pas mal...

— Si, tu vas mal...

— Non... Je vais pas mal... Juste, je suis un peu contrarié...

— Quelqu'un qui t'a fait un affront ?

Ritou eut un sursaut de dignité blessée.

— Personne ne se permettrait, dit-il. Tout ça, c'est de ma faute. Je me suis mal conduit.

Ce fut à mon tour d'avoir le sursaut de la surprise incrédule : Ritou, c'est ce que nous appelons, nous autres, un charmant garçon. Il ne fait pas de politique et n'a jamais fait de misères à personne.

— C'est pas vrai, j'ai dit.

Ritou m'a mis la main sur l'épaule. Il m'a regardé longuement. Il allait déjà mieux, puisqu'il allait se raconter. Mais il n'allait pas bien tout de même.

Le sixième pastis lui donna le courage d'avouer sa faute.

— Yvan, me dit-il, je crois bien que j'ai commis « un impair ».

Les « impairs », on en commet aussi dans le Nord. Mais pour le gentilhomme du Sud l'« impair », c'est ce qu'il y a de plus grave.

La faute de goût, le manque de tact, la chose qui blesse et qu'on n'a pas faite exprès... Je vous le dis tout de suite, c'est pas le genre de Ritou. A quarante ans passés, il n'avait pas commis la plus petite impolitesse. Pour ce qui est des mauvaises manières il était toujours vierge.

Alors, sans hésiter, j'ai proclamé d'un ton définitif :

— Un « impair » ! toi ! c'est impossible...

Mais il a baissé la tête.

— C'est encore pire que ce que tu penses.

Son récit, nous avons dû le lui arracher lambeau par lambeau. Non, pas exactement le lui arracher, mais attendre patiemment qu'il se libère de son obsession. Cela nous a conduits jusque vers les quatre heures de l'après-midi. Les pastis, nous ne les avons plus comptés.

La triste histoire de « l'impair » de Ritou, la voici, autant que j'ai pu la reconstituer le lendemain matin, malgré une migraine sournoise mais tenace.

— Figure-toi, m'a-t-il dit, que cette année, comme les autres, j'ai été chargé d'organiser la « battue administrative » dans le bois des Rièges.

Le bois des Rièges, vous n'êtes pas obligés de le connaître, et même, en principe, vous n'avez pas le droit d'y mettre les pieds. C'est un des endroits les plus mystérieux et les plus secrets du monde. Il y pousse des arbres comme on n'en voit nulle part ailleurs : des genévriers de Phénicie, des lentisques, des salsepareilles, des olivastres, et je vous dis pas tout. A part les gardes-chasse, personne n'a le droit d'y aller. Et comme c'est un endroit tranquille, naturellement, le gibier y pullule.

Nous sommes en Camargue, ne l'oublions pas, et quand je dis que personne n'a le droit de mettre les pieds dans le bois des Rièges, je fais exprès de ne pas tenir compte des braconniers. Ces braves gens font de leur mieux pour empêcher une prolifération excessive de la « sauvagine ». Et, dans un sens, ils préservent le patrimoine national. Parce que le gibier, si on le laissait faire, il lui faudrait pas longtemps pour manger tout ce qui pousse, même les genévriers de Phénicie, arbres plusieurs fois millénaires, mais de petite taille.

Malgré leurs louables efforts, ce Bois Sacré est envahi par les animaux. Les oiseaux, ce n'est pas grave, au contraire ; mais les sangliers, c'est la fin du monde. Le bois des Rièges, c'est le paradis des sangliers. Ils sont chez eux et ils dévorent tout, les poireaux sauvages aussi bien que les œufs des nids d'avocette.

Alors, tous les quatre ou cinq ans, on organise la battue administrative. C'est quelque chose de très officiel. Le sous-préfet fait le déplacement en personne, en compagnie du directeur de la réserve zoologique et d'un nombre incalculable de conseillers généraux ou municipaux.

C'est mon ami Ritou qui, en sa qualité de lieutenant de louveterie, organise la battue à la satisfaction générale.

Alors, j'ai dit :

— Elle s'est mal passée, cette battue ?

— Non, tout a très bien marché.

— Il y a eu des blessés ?

— Non, c'est pire.

— Il y a eu des morts ?

— Si ce n'était que ça.

Je crus avoir trouvé la solution.

— Je parie que vous n'avez pas trouvé de sangliers !

— Pense un peu, des sangliers, on en a tué une cinquantaine et on aurait pu en tuer davantage, mais il fallait en garder pour les autres années.

— Alors ?

— Alors, rien. Tout s'est déroulé comme d'habitude. On a chargé les sangliers sur le camion. On est allé au Mas d'Agon où mon ami Baumarié a dépecé les bêtes jusqu'à trois heures du matin. On a fait un peu la fête. C'était très réussi.

— Mais alors, fis-je, tu n'as pas commis d'« impair » ?

Ritou poussa le soupir de l'homme qui a honte de vivre.

— On y est presque, dit-il. Le matin à six heures, sans me coucher, ni même me laver, j'ai repris le camion et commencé à distribuer les sangliers un peu partout dans l'arrondissement : dans les hospices, dans les hôpitaux, chez les bonnes sœurs. Partout j'ai été reçu comme un bienfaiteur de l'humanité. A midi, j'avais fini ma tournée. J'avais juste gardé une paire de bêtes pour en faire cadeau à la mairie des Saintes-Maries-de-la-Mer, là où j'habite.

— C'était bien pensé, dis-je.

Ritou me regarda longuement avec une indicible tristesse.

— Je dois reconnaître, dit-il d'un ton lamentable, que j'étais assez content de moi. Arriver aux Saintes à l'heure de l'apéritif avec deux sangliers à offrir, il n'y a pas de quoi vous mettre de mauvaise humeur. Mais quand je me suis trouvé devant le maire, je me suis tout d'un coup senti devenir pâle et j'ai été inondé par les sueurs de l'angoisse et du désespoir. Je me serais donné des gifles...

— Il n'y avait pas de raison.

— Si, il y en avait une. Pauvre couillon que j'étais, moi, j'avais tellement été absorbé par les préparatifs de la battue que j'avais oublié d'inviter le maire des Saintes ! C'est un vieil ami, tu me diras, il aurait pu me comprendre et me pardonner. Mais en vieillissant il est devenu susceptible et j'ai tout de suite compris que non seulement il n'était pas content, mais qu'il me retirait définitivement le bonjour. J'ai essayé de l'amadouer. Je lui ai dit : « Écoute, Ernest, ne sois pas fâché, je t'ai oublié, d'accord. Mais j'ai pas oublié la commune. Je t'ai apporté une paire de beaux marcassins pour les indigents et pour les vieillards. » Alors, il m'a répondu sur un ton de proconsul : « Apprenez, monsieur Ritou, qu'aux Saintes-Maries-de-la-Mer, il n'y a ni indigents, ni vieillards. »

LE PLUS BEAU DES CÉZANNE

Le bruit courait à Barbentane que Félix, le jardinier, possédait un vrai Cézanne qui valait des millions. Personne ne l'avait jamais vu et des marchands de tableaux, mystérieusement alertés, étaient repartis bredouilles.

Mais la rumeur résistait au temps.

Félix ne confirmait ni ne démentait. En revanche, il parlait volontiers de Cézanne. Il prétendait l'avoir fréquenté jadis, à l'époque où il soignait les roses d'un médecin marseillais qui possédait une propriété au flanc du Tholonet. Cézanne y venait peindre assez souvent et Félix disait de lui que c'était un homme qui aimait beaucoup les fleurs. Il ajoutait d'un air finaud :

— Je n'ai jamais connu quelqu'un d'aussi généreux. Il ne savait pas ce qui était à lui et vous aurait donné volontiers sa chemise...

Qui donne sa propre chemise peut donner une toile de lui. N'est-il pas vrai ?

J'avais entendu parler de l'affaire, mais je ne connaissais pas personnellement Félix. Or, ce jour-là, au plus épais du mistral, il vint me rendre visite à mon cabanon. Il était à bicyclette et avait attaché un tableau sur le porte-bagages (un quinze paysage) enveloppé dans du papier journal.

— Il y a longtemps, dit-il, que je voulais vous voir, mais je n'arrivais pas à me décider.

— Mais pourquoi donc ?

— Je ne voudrais pas vous déranger. Mais on m'a dit que vous étiez gentil avec les fous.

— Mais vous n'êtes pas fou le moins du monde !

— Oh si ! Monsieur. Et encore plus que vous ne pensez. Cela faisait des années que je résistais. Mais ce mistral qui n'arrête pas a fini par me dévarier complètement. Et j'ai cédé à la tentation.

Il avait baissé les yeux et, du ton de quelqu'un qui avoue sa très grande faute, Félix libéra sa conscience :

— Vous me croirez si vous voulez... Je me suis mis à peindre.

J'allais dire qu'il n'y avait pas là trace de folie. Je n'en eus pas le temps. Félix avait entrepris de vider son cœur :

— Vous me direz que le métier de jardinier, c'est un métier d'art et que, partout où je suis passé, je n'ai reçu que des compliments pour l'harmonie de mes massifs et de mes bordures. La couleur, j'en ai l'habitude, mais ce n'était pas une raison pour prendre les pinceaux. C'est pas que je sois plus maladroit qu'un autre, et, l'été dernier, j'ai eu besoin de personne pour repeindre ma cuisine. Mais faire l'artiste à mon âge, même quand on est habile de ses mains, c'est de la folie pure. Si j'avais suivi mon instinct, l'accordéon, pour un homme seul, c'est une bonne compagnie et c'est quelqu'un d'autre qui a écrit la musique. Tandis que se lancer dans la peinture quand on n'a pas le « bagage », ça ne tient pas la route. J'ai résisté tant que j'ai pu. Le mistral a tout balayé. Jusqu'ici, moi je me posais jamais de questions. Je me contentais de vivre. Mais, un matin, les questions que je m'étais jamais posées, elles étaient toutes rassemblées au pied de mon lit. Et elles me regardaient sévèrement comme des juges : « Félix, elles me disaient, qu'as-tu fait de ta vie ?... Pas grand-chose... Tu as travaillé dans l'éphémère... Tu ne laisseras rien de toi... Ni enfant... Ni souvenir... Ni trace d'aucune sorte... Tu as reçu des dons et tu n'en as pas exploité la centième partie... »

Et les questions étaient encore là le lendemain au réveil. Et elles avaient l'air encore plus sévères que la veille. Et, à partir du troisième jour de mistral elles se sont mises à me réveiller la nuit. Alors, je me suis mis à peindre.

— Et les questions se sont envolées ?

— A l'instant même. Seulement, il en est venu d'autres. Et à celles-ci je ne peux pas répondre. Je me demande si ce que je fais, ça vaut vraiment la peine que je me donne... Alors, je suis venu vous montrer à vous ma première œuvre. Et selon ce que vous me direz, ou je continue, ou je m'arrête.

Ma responsabilité soudain m'effraya. Félix avait déballé sa toile :

— Alors ? dit-il.

C'était une étrange forêt d'arbres d'essence inconnue. Raides comme des piquets. Un ciel figé, comme une lave durcie. C'était étrange, mais plein de personnalité. Je le dis à Félix. Avec sérénité. Avec enthousiasme. Mais ce n'était pas ce qu'il attendait de moi.

— Ce que je veux savoir de vous, dit-il, c'est si on voit d'où vient le vent ?

Je me sentis déconcerté :

— Quelle importance !

Félix devint blême.

— Quelle importance ! Le vent, c'est ce que j'ai voulu peindre. Alors si on le voit pas souffler ! C'est que je suis bon à rien...

Il n'y avait pas un souffle d'air sur cette planète d'un autre monde. Félix déjà se désespérait :

— Naturellement, dit-il, vous ne voyez pas d'où vient le vent !

— Mais bien sûr, je le vois. Il vient de la gauche, dis-je à tout hasard.

Le visage de Félix n'exprima rien.

— De votre gauche à vous, ou de ma gauche à moi ?...

« Bagna per bagna »... au point où j'en étais, je ne pouvais plus reculer :

— De votre gauche à vous.

Le visage de Félix demeurait impénétrable.

— D'en haut du tableau ou d'en bas ?

— D'en haut évidemment.

Félix récapitula :

— Le vent souffle d'en haut du tableau, en venant de ma gauche à moi.

— C'est bien ce que j'ai dit.

Le visage de Félix s'empourpra soudain d'allégresse.

— Eh bien, dit-il, vous avez vu juste...

Croyez-moi, j'étais encore plus soulagé que lui, mais je me gardais bien de le montrer. Tandis que ce brave Félix, presque, il aurait dansé de joie sur place.

— Vous avez fait de moi le plus heureux des hommes, disait-il en repliant sa toile dans son papier journal. Vous pouvez me demander ce que vous voudrez...

— Mais vous n'y pensez pas... Un enfant de cinq ans vous aurait vu la même chose... Quand le vent souffle d'en haut et à gauche, il souffle d'en haut et à gauche...

Mais, puisque je lui avais fait plaisir, Félix voulait me faire plus plaisir encore. Il cherchait ce qui pourrait m'être le plus agréable. Son visage s'éclaira. Il avait trouvé.

— Tenez, dit-il, je vais faire pour vous ce que je n'ai jamais fait pour personne... Je vais vous montrer mon Cézanne...

— Il existe donc !

— Oh oui ! Et je ne m'en sépare jamais.

Félix tira de sa poche une boîte d'allumettes et l'ouvrit. Dedans, il y avait un petit caillou ordinaire. Il me le tendit. Je l'examinai. On pouvait y distinguer deux traits de peinture. L'un bleu, l'autre vert.

— Avec Cézanne, dit Félix, il y a beaucoup de faux. Mais ça, c'est un vrai. Je peux le garantir. Souvent il lui arrivait d'essuyer ses pinceaux sur les cailloux de la colline. Il y en a plein d'autres. Mais je ne suis pas un pillard. J'en ai juste pris un, en souvenir, le plus petit.

Il me tendit une loupe.

— Regardez... On voit les traces de pinceau. Il y est même resté un poil... Un poil de pinceau de Cézanne...

Félix avait remis le caillou dans la boîte d'allumettes. Il referma les doigts sur elle.

— Quand je la serre dans ma main, dit-il, elle me réchauffe tout entier et j'ai envie de faire de grandes choses...

Et, là-dessus, il est remonté sur sa bicyclette et le mistral faisait claquer comme un drapeau le journal qui enveloppait sa toile...

DEPUIS LE TEMPS QUE VOUS L'AVEZ DEMANDÉ...

Ceux qui vous diront que Marie-Joseph était paresseux de nature, ceux-là ou bien sont des menteurs, ou bien manquent de psychologie.

Je reconnais volontiers que les apparences étaient contre lui. Et qu'on le voyait plus souvent à l'épicerie-buvette de Gageron (Camargue) qu'à travailler dans son mas. Mais à cela il faut vous répondre que Marie-Joseph avait su s'organiser. Il s'était dit une fois pour toutes que le travail de la terre était un marché de dupes. Puisque, quoi qu'on fasse, on est destiné, dans l'agriculture, à mourir ruiné, autant en faire le moins possible.

D'ailleurs, Marie-Joseph n'était pas propriétaire de son mas et comme il avait un bon patron, qui n'exigeait jamais de comptes, il ne demandait à l'agriculture que ce qu'elle peut fournir à un honnête homme sans ambition : le pain quotidien et l'argent de poche.

Son patron, je ne l'ai pas connu. Je crois savoir qu'il était armateur en Belgique, à moins qu'il n'ait été brasseur d'affaires ou de houblon. En tout cas, c'était un homme qui n'avait aucun souci à se faire pour ce qui est de l'argent de poche et de l'argent tout court.

Il avait acheté son mas à titre quasiment symbolique. Par affection pour la Camargue. Pour une Camargue imaginaire, celle que tous les gens du Nord portent dans leur cœur. Son mas, il y venait quelques heures par an, entre deux avions. Mais je suppose que dans les brumes septentrionales il devait en rêver à longueur de brouillard.

Et je l'imagine, ce brave homme, parmi des bourgmestres assemblés autour de lui, autour d'une oie farcie, jouant au naturel la leçon d'anatomie de Rembrandt sous des lustres de Venise en disant :

— Si vous connaissiez mon mas en Camargue, vous sauriez vraiment ce que c'est que la joie de vivre.

Je l'imagine, ce brave homme, d'ordinaire lyrique et déclamatoire. J'imagine même qu'il avait dû prendre des leçons particulières de provençal.

En tout cas, quand il venait en Camargue, il était si heureux d'y être qu'il négligeait de poser des questions et de s'enquérir de la marche du mas. Il se contentait de regarder les cristaux du soleil s'éparpiller sur les roseaux agités par la largado et de soupirer :

— C'est ici que je voudrais vivre ! C'est ici que je voudrais mourir !

Et, en somme, l'état de sauvagerie naturelle dans lequel le brave Marie-Joseph maintenait systématiquement son mas, ne pouvait que l'enchanter.

Deux heures de « sansouiro » suffisaient à lui redonner l'âme d'un demi-dieu.

Or, un jour, ce géant hyperboréen (car je ne l'imagine pas autrement que géant) dit au brave Marie-Joseph, qui lui-même se situait aux alentours du mètre soixante :

— J'aimerais que vous fauchiez toute cette roselière de façon à ce que j'aie en permanence vue sur le Vaccarès...

Ce n'étaient pas des ordres qu'il avait donnés, c'était une supplication qu'il avait faite. Et Marie-Joseph, quand on savait lui parler gentiment, était homme à travailler jour et nuit pendant des mois pour donner satisfaction.

En tout cas, sa réponse fut à la hauteur de la demande qui lui avait été adressée :

— Monsieur, dit-il, ce sera fait selon vos désirs, et dans les délais les plus brefs.

Jamais homme du Nord ne regagna ses brumes avec autant de joie au cœur.

Et le temps passa. Il passa même bougrement. Il n'arrêta pas de passer. Et Marie-Joseph se demandait même s'il avait encore un patron. Mais il ne se conduisit pas de la façon déplorable de ce régisseur dont je vous ai déjà narré l'histoire, qui profita de l'absence de son patron pour vendre la propriété.

Non, il continua à braconner et à vivre.

Enfin, le bon géant reparut. Il avait eu des ennuis domestiques.

Sa femme l'avait quitté pour plus riche que lui. Et plus jeune.

Marie-Joseph qui, pourtant, était célibataire, sut trouver les mots qui apaisent et qui réconfortent. Les deux hommes se donnèrent l'accolade. Ce qui arrive rarement aux Septentrionaux et pose des problèmes quand ils sont des géants et qu'ils étreignent un Camarguais de petite stature.

— J'espère, conclut Marie-Joseph, que cette fois vous n'allez pas repartir tout de suite.

— Oh non ! dit l'homme venu des hautes latitudes, je passerai ici le week-end.

— Et pourquoi vous resteriez pas un mois ou deux ? dit Marie-Joseph.

— Je voudrais bien.

— Qui vous empêche ?

Le silence s'installa entre le géant milliardaire, venu d'un certain parallèle et le petit homme des marais qui n'avait que son bonheur pour capital.

Le géant débonnaire en tout cas, pour la première fois, se détendait dans sa propre maison.

Soudain, il plissa le front.

— Mais, cher ami, voici deux ans, je vous avais demandé de faucher cette roselière...

Oui, Marie-Joseph devint rouge. Mais pas de confusion. Il était simplement honteux de priver d'une joie un ami dans la détresse. Et c'est avec le plus parfait naturel qu'il dit :

— Depuis le temps que vous me l'avez demandé, je croyais que vous l'aviez fait faire par quelqu'un d'autre...

Certes, il n'y a plus de ligne de démarcation. Mais le Nord et le Sud, ce ne sont pas, même à notre époque, de simples points cardinaux.

OÙ L'ON VOIT AUGUSTIN AUGUSTE DIT « L'ANARCHISTE » REMETTRE EN QUESTION LES FONDEMENTS DE L'ORDRE

Aujourd'hui, je voudrais vous présenter un personnage qui a commencé à exister en même temps que la Provence elle-même. Un personnage éternel et qu'on trouve chez nous à des milliers d'exemplaires, à toutes les époques et sous tous les régimes. Mais le mien, c'est tout de même un des plus beaux spécimens que j'aie jamais rencontré.

Nous l'appellerons l'Anarchiste, si vous voulez bien. Le mieux c'est que je lui cède tout de suite la parole. Je vous préviens que lui, qui a toujours le sourire, aujourd'hui il n'est vraiment pas de bonne humeur. Et je ne vous cache pas sa façon de penser :

— Je ne suis pas content du tout, du tout, du tout, du tout. Non, pas content du tout. On m'a fait du tort, oui, du tort. Pourtant je suis un brave homme et si je n'ai pas fait la guerre 14-18, c'est que j'étais trop jeune. Et si je n'ai pas fait celle de 40, c'est que j'étais trop vieux. Vous me direz que ça n'a aucun rapport avec l'histoire. J'en suis moins sûr que vous, parce que les gens qui passent au travers des conflits armés, même s'ils l'ont pas fait exprès, ils sont mal vus par les pouvoirs publics. On m'en veut en haut lieu, parfaitement en haut lieu. Et ces gens de l'Administration, quand ils en veulent à quelqu'un, ils s'accrochent à n'importe quoi, oui, à n'importe quoi.

Il faudrait quand même que je me présente. Augustin Auguste que je m'appelle. Augustin, c'est mon nom. Auguste, mon prénom. Et puis autant vous dire la franche vérité... Augustin et Auguste, c'est juste mes prénoms. De nom à moi, je n'en ai pas, non je n'en ai pas. J'en ai jamais eu et j'en aurai jamais. Je suis un enfant trouvé. J'ai pas de père, j'ai pas de mère, j'ai pas de sous, j'ai rien.

Heureusement que c'est en Provence qu'on m'a trouvé parce que en Provence et surtout à Fontvieille, tout le monde est brave, au moins un jour par an. Et comme il y a presque trois mille habitants dans le village, c'est forcé que je rencontre plusieurs braves gens dans la même journée.

Ma mère avait jeté son bonnet par-dessus les moulins. Et c'est au pied du moulin qu'elle m'a abandonné un matin du mois de mai, le mois de la Sainte Vierge.

En somme, j'ai eu de la chance dans mon malheur.

J'ai évité l'Assistance publique. Personne ne m'a précisément adopté. C'est le village tout entier qui m'a adopté. Et croyez-moi, j'ai jamais manqué de rien. Seulement, c'est peut-être cette éducation particulière que j'ai reçue qui a fait de moi un gros fainéant.

Autant que vous le sachiez tout de suite, des fainéants, je suis le roi. J'ai pris dès ma naissance l'habitude de vivre de la charité publique. Au fond, c'est très agréable. Mais, à la longue, c'est démoralisant. On finit par se dire : « Pourquoi je me donnerais du mal, puisqu'il y a des couillons qui acceptent de travailler à ma place. »

C'est pas joli. Non, pas joli. Mais reconnaissez que j'ai des circonstances atténuantes. L'homme naît naturellement bon, c'est la société qui le déprave. Ne vous étonnez pas que je cite Jean-Jacques Rousseau. Comme je ne fais rien de mes dix doigts, j'ai tout mon temps pour la lecture. En somme, je serais comme un berger qui n'aurait pas de troupeau à garder. Je passe mes journées à me promener dans les collines. Et de temps en temps je m'adosse à un pin et je me plonge dans la lecture des classiques. A se donner le mal de lire, autant lire quelque chose qui tienne le coup.

Enfin, bref, ma vie est un vrai scandale. Est-ce que vous vous rendez bien compte ? Aux approches de l'an 2000 un homme qui depuis soixante ans vit de lectures et de promenades dans le plus beau pays du monde. Un scandale, oui, le plus grand des scandales. Un homme qui, à notre époque, se permet d'être heureux sans rien faire.

Évidemment, je n'ai pas d'argent. Il manquerait plus que ça. L'argent, c'est les autres qui le gagnent. Moi au passage je prends le petit, le tout petit pourcentage du poète. Attention, je ne demande rien. Il m'arrive parfois de rester un jour ou deux sans manger. Et même sans boire l'apéritif. Mais rarement plus. Parce que tout le monde m'aime bien. Je ne demande jamais de secours. Mais tout le monde sait que je suis un économiquement faible. Et les sous-développés, les économiquement faibles, en ce moment nous serions plutôt choyés. Oui, plutôt.

Suivez bien mon raisonnement. Il paraît que nous sommes en pleine expansion économique et que le niveau de vie n'arrête pas de monter dans notre pays. Il est donc normal que j'en sois, à ma modeste échelle, le bénéficiaire. Je ne participe pas à l'essor financier de la nation. Mais puisqu'on est en plein essor autant que je m'accroche à la roue arrière. Un scandale vivant, je suis moi. Je ne sers absolument à rien. Je vis uniquement pour le plaisir de vivre.

Eh bien, croyez-moi, à Fontvieille, les gens ne sont pas fâchés. Ils disent même que j'ai raison. Y en a même qui disent qu'après tout, c'est moi le moins couillon et que si tout le monde faisait comme moi il y aurait plus de bonheur sur la terre. A Fontvieille, ils m'ont à la bonne, oui, ils m'ont à la bonne. C'est ailleurs qu'on m'en veut. C'est en haut lieu.

L'Administration, un cas comme le mien, elle refuse de le comprendre. Pourtant, je suis allé trouver mon percepteur et j'ai essayé de lui expliquer la situation. Je lui ai dit :

— J'ai reçu une lettre de vous me réclamant des sous. Croyez bien que si j'en avais je me ferais un plaisir de vous en donner, mais vous pouvez vous renseigner, des sous, j'en ai pas, mais alors pas du tout. Tout ce que je possède, c'est mon pantalon, ma chemise et mon chapeau. Si vous les voulez, je vous en fais cadeau. Mais je ne peux tout de même pas me promener tout nu.

Le percepteur, plus je lui parlais, plus il avait l'air fâché.

— Vous avez bien un domicile, il a dit.

— Comme tout le monde, j'ai fait.

Alors il a fait :

— Nous allons saisir.

— Et qu'est-ce que vous allez saisir ? je lui ai demandé.

— Tout, il a dit. Il y a plus de quarante ans que vous ne payez pas d'impôts, c'est absolument inadmissible.

Moi, cet homme, il me faisait presque de la peine. Il se donnait du mal... Et pourquoi, je me le demande. Pour faire venir des sous qu'il ne mettrait même pas dans sa poche. C'est drôle, des hommes comme ça qui, pendant toute leur vie, s'occupent de choses qui ne les intéressent pas. J'aurais voulu pouvoir lui dire :

— Venez un peu avec moi dans les collines et je vous montrerai ce que c'est, la vraie vie. Je vous ferai visiter mes châteaux et nous passerons nos journées à nous raconter des histoires en mangeant des figues et en cueillant des fleurs.

Mais j'ai bien vu que ce n'était pas la peine de se donner du mal. Il aurait pas compris, cet homme. Il était définitivement perdu pour la vie normale. Il n'était plus qu'une machine à calculer, une caisse enregistreuse. Il avait une bonne tête quand même. Alors je n'ai pas voulu qu'il se dérange inutilement.

— Écoutez, je lui ai dit, ne vous donnez pas la peine de me saisir... Oui, j'ai un domicile. J'en ai même plusieurs. J'en ai des centaines de domiciles...

Le percepteur, il en avait les yeux brillants de concupiscence. Il se passait la langue sur les lèvres. Il était prêt à me dévorer. Il se frottait les mains. Il était heureux.

— Je sais que je vais vous contrarier, je poursuivis, mais ces domiciles, ils sont pas à moi. A moi, j'ai rien.

Je savais que j'allais lui faire de la peine mais j'aurais pas cru qu'il soit aussi couillon. Tout de suite, il s'est imaginé des choses.

— Alors, il a fait, vous vous êtes mis en société ?

J'ai pas compris tout de suite.

— Société... j'ai dit, qué société ?

— Alors comme ça, il a fait, vous essayez de frauder le fisc ?

Moi, cet homme-là, il me désespérait. Je cherche le mot, et moi quand je cherche un mot, je mets pas longtemps à le trouver. Inéducable, il était cet homme, oui, parfaitement. J'ai failli le laisser cuire dans son jus. Puisqu'il voulait saisir, qu'il saisisse. Mais moi, je suis bon et je veux économiser la fatigue des hommes. Je lui ai dit à ce pauvre fonctionnaire :

— Des domiciles, j'en ai des centaines, mais c'est les domiciles des autres. Ma seule richesse, c'est l'amitié que les gens me portent. Y a pas de taxe sur l'amitié. Quand il fait mauvais temps, je couche tantôt chez l'un, tantôt chez l'autre, dans une grange, dans une étable, des fois même dans un lit. Mais, dès qu'il fait beau, je dors sous le ciel.

Il m'a regardé, le percepteur. Il comprenait pas ce que je voulais dire. Et plus je parlais, moins il me comprenait.

— Je dors dans le ciel, je dors dans les étoiles, je dors dans les arbres. Je suis un oiseau, je suis un lapin, je suis un écureuil. Je vois le jour se lever au travers de la pinède. Je suis la marche du soleil et des astres de la nuit. Je ne suis rien, je ne suis personne. Je suis une feuille, je suis un arbre. J'ai vécu comme un arbre. J'ai poussé, j'ai grandi, nourri d'air, de lumière et de regardelle...

Le percepteur, y avait longtemps qu'il n'écoutait plus, il avait une feuille d'impôts et, au crayon rouge, il écrivait quelque chose que je ne pouvais pas voir. Il écrivait avec fureur. Je me suis levé pour voir ce qu'il avait écrit.

— Je vous en prie, il a fait, ne vous gênez pas...

— J'ai quand même le droit de savoir, j'ai fait. Je suis un citoyen libre, dans un pays libre.

Le percepteur m'a tendu la feuille.

— J'ai écrit « insolvable ». Voilà ce que vous êtes, un « insolvable ».

Dans sa bouche, ce mot d'insolvable sonnait comme une insulte. Pourtant pauvreté n'est pas vice. Et d'ailleurs, le mot ne me plaisait qu'à moitié. Je lui ai dit :

— J'aurais préféré que vous mettiez « insaisissable ».

Il est devenu subitement violet comme un viedaze.

— Et en plus, vous faites le malin, il a dit. Fichez-moi le camp.

Non, vraiment, cet homme ne m'avait pas compris. Je ne voulais pas lui faire d'affront. Juste, je voulais lui dire que moi, j'étais un homme libre. Que même en prison je serais libre. Que j'étais lisse, que je n'avais pas d'anse, qu'on ne pouvait pas m'accrocher, que j'échappais à tout, que je glissais entre les doigts comme une anguille.

Enfin, malgré cet « insolvable », j'aurais pardonné au percepteur. Je ne suis pas rancunier et j'aurais facilement oublié cette histoire qui s'est passée il y a cinq ou six ans. Seulement, depuis cinq ou six ans, vous savez ce qu'il a fait, le percepteur ? Il a cessé de m'envoyer la feuille d'impôts. Il a pas le droit. Je suis insolvable, c'est une affaire entendue, mais j'ai le droit comme tout le monde à ma feuille d'impôts avec les sommations, avec ou sans frais, les rappels et les mises en demeure, les papiers bleus, les papiers verts, les papiers roses. Personne ne m'écrit jamais. De toute ma vie, il n'y a que le percepteur qui se soit intéressé à moi avec assiduité.

Et maintenant, je ne l'intéresse plus. Je n'ai pas reçu un mot depuis six ans. Il me néglige. Il fait comme si je n'existais pas. J'ai écrit au maire, j'ai écrit au sous-préfet, j'ai écrit au ministre des Finances. Je leur ai dit que c'était une honte et qu'un citoyen, même quand il était insolvable, avait droit à recevoir sa feuille d'impôts. Supposez par exemple que je gagne à la Loterie nationale ou au Loto, j'en aurais des sous et, comme j'en aurais rien à faire, va savoir, peut-être je les leur enverrais à ces Messieurs de l'Administration. Mais ils n'ont pas répondu. Ils ont fait la sourde oreille. Ils ont fait le mort. Alors, voilà pourquoi je bisque. Voilà pourquoi je ne suis pas content du tout, du tout, du tout, du tout...

Vous trouverez peut-être que j'ai de l'anarchie et des anarchistes une idée un peu poétique !

Pourquoi ?

Vous vous en faites une autre, vous ? Eh bien, je ne vous fais pas mon compliment...

UNE DÉCISION MÛREMENT RÉFLÉCHIE

Ce jour-là, j'avais une course à faire au Paradou et, malgré le mistral, je décidai de m'y rendre à bicyclette.

De Fontvieille au Paradou, il y a tout juste cinq kilomètres. Mais je manquais d'entraînement. Et dès l'entrée du village je mis pied à terre, en proie à une soif de galérien.

Je ne savais pas que j'avais rendez-vous avec ma jeunesse.

C'est agréable de retrouver, par hasard, un ami qu'on n'a pas vu depuis vingt ans. Mais on a beau se répéter avec ravissement : « Tu n'as pas changé... Tu es toujours le même ! », on est obligé de constater que « l'autre » a pris un assez joli coup de vieux.

Oui, ce pauvre Fernand ne ressemblait plus tout à fait à l'image que je me faisais de lui.

Au Paradou, j'y passe au moins une fois par semaine et un quart de siècle s'était écoulé sans que je le rencontre. Pourtant, il n'avait jamais quitté son village, et tenait toujours le café-restaurant à côté du lavoir, sous les platanes. On aurait dit qu'il n'avait jamais quitté son comptoir.

Oui, nous étions heureux de nous revoir. Mais Fernand ne me paraissait pas en grande forme et ne faisait à mes questions amicales que des réponses évasives :

— La santé est bonne ?

— Ça peut aller !

— Les affaires marchent ?

— Tout doucement !

— Les petits ?

— Ils poussent !

Soudain un doute me prit :

— Tu sais, Fernand, dis-je, si je t'ai pas vu pendant tout ce temps, c'est une fatalité : j'ai souvent pensé à toi...

Le visage de mon vieil ami s'épanouit :

— Tu t'imagines pas que je suis fâché... Pour moi, c'est comme si je t'avais quitté hier. Tu ouvres la porte et je te dis : « Salut mon beau... Qu'est-ce que tu prends ? »

Nous nous sommes donné l'accolade (au fond, c'est par là que nous aurions dû commencer). Et ce fut un moment très fraternel, très chaleureux. Mais je sentais toujours dans le regard de mon ami une certaine tristesse.

— Écoute, dis-je, je vais prévenir ma femme, et ce soir nous viendrons dîner à ton restaurant... Et nous pourrons parler plus longuement.

Le visage de Fernand s'assombrit tout à coup.

— Le restaurant, dit-il, je le fais plus...

— C'est pas vrai !... Tu avais le meilleur restaurant de toute la vallée des Baux.

Sans le faire exprès, j'avais touché au point sensible. D'un ton buté, Fernand avait précisé :

— Si je l'ai fermé, c'est que j'avais mes raisons...

— Tu avais moins de clients ?

— Les clients, il fallait qu'ils retiennent huit jours à l'avance...

— Alors, qu'est-ce qui s'est passé ?...

Avant de me répondre, Fernand hocha longuement la tête. Puis il avala pensivement son verre. Puis il posa les deux mains sur le comptoir et, me regardant droit dans les yeux :

— Je vais te dire pourquoi j'ai renoncé à donner à manger à mes semblables... Eh bien, parce qu'ils ne le méritaient plus. C'est comme je te le dis... Les gens, maintenant, ils acceptent de manger n'importe quoi, à condition de le payer plus cher qu'ailleurs.

Il dut lire un certain étonnement dans mon regard :

— C'est comme je te le dis... Et je sais de quoi je parle... Les gens, ce qu'ils veulent aujourd'hui, c'est des rideaux aux fenêtres et des bougies sur la table. Mais ce qu'il y a dans leur assiette, ça ne les intéresse pas. Ici, il n'y a jamais eu de bougies sur la table. Il n'y avait même pas de nappe. Ni de menu. Tout se passait dans l'assiette. Et, crois-moi, ce qu'il y avait dans l'assiette, était toujours un chef-d'œuvre.

— Mais je me souviens très bien, dis-je.

Il poussa un profond soupir :

— Maintenant, tu accroches une panetière au mur, tu mets des santons sur une étagère et des taraillettes d'Aubagne avec des serviettes tissées à la main. Et le plus gros du travail est fait. Après, tu n'as plus qu'à aller acheter des pizzas au boulanger et à les faire réchauffer. Et, attention. Surtout, n'oubliez jamais de coller les étiquettes dorées sur les bouteilles de Mostaganem, sinon tu pourras jamais les faire payer au prix du bourgogne vieux. Mais moi, Monsieur, non seulement je suis un honnête homme, mais je suis un restaurateur et pas un entrepreneur de spectacles. Tu te souviens de mes chachas ?

— Et de leurs tartines !... J'en ai l'eau qui me vient à la bouche.

Fernand prit un air solennel.

— Dans le chacha, ce qu'il y a de meilleur, c'est la tartine... Sur le pain de campagne cuit à la braise de bois d'olivier... Alors, j'ai refusé de continuer à nourrir des mangeurs de biscottes.

— Mais il y a encore de vrais gourmands.

— Eh bien, s'il en reste, ils souffrent pour les autres... Tu ne crois pas que je vais continuer à me lever à cinq heures pour faire réchauffer de la daube que j'ai fait cuire la veille. Tu as plus qu'une personne sur cent qui est capable de faire la différence...

— Et ta décision est irrévocable...

— Absolument !

— C'est dommage... Et tu as pris ta décision quand ?

— L'année dernière. Quand ma pauvre belle-mère est morte. C'était elle qui faisait la cuisine.

LE NOËL D'ALFRED

Alfred avait toujours eu peur. Sa vie n'avait été jusqu'ici qu'une longue trouille entremêlée de fuites éperdues dans la « sansouiro ».

Autant que vous le sachiez tout de suite, Alfred était lièvre de son état.

Et c'est sans doute cette angoisse de tous les instants qui lui avait sauvé la vie. Le moins qu'on puisse dire, c'est qu'il ne dormait jamais que d'une oreille. Perpétuellement aux aguets, il détalait à la moindre alerte, changeait de gîte tous les soirs, n'empruntait jamais deux fois le même itinéraire.

Il menait en somme une vie d'homme traqué. Ce qui est fatigant à la longue. D'autres lièvres que lui s'en accommodaient tant bien que mal. Mais Alfred ne pouvait pas se faire à sa condition. D'autant plus qu'il savait de source sûre que les meilleures gâchettes de Camargue, haute et basse, avaient décidé sa perte.

A l'approche de la Noël, sa nervosité allait croissant. Il avait surpris de nombreuses conversations entre chasseurs où il n'était question que de lui et du sort qui lui était réservé.

— Alfred, je l'aurai sur la table pour le réveillon !

Des paris avaient été engagés et le seul point qui n'avait pas été précisé était, somme toute, secondaire. Il s'agissait de savoir s'il serait mangé en civet ou simplement grillé aux herbes.

Avouez qu'il y a de quoi dévarier le moral. Alfred n'avait plus une seconde de tranquillité tant diurne que nocturne.

Il faillit même renoncer à une lutte inégale le jour où un de ses petits camarades, hors d'haleine, comme le sont tous les lièvres aux approches de Noël, lui jeta au passage :

— Méfie-toi Alfred, il paraît que Gipsy a juré d'avoir ta peau !

Malgré son prénom exotique, Gipsy était épagneul breton et passait pour le meilleur chien courant de tout le delta du Rhône. Associé à son maître Ritou Mistral, il avait accompli de mémorables exploits cynégétiques. Et Gipsy était là le jour où Ritou tua trois canards avec une seule cartouche et il les ramena tous les trois en même temps dans sa gueule.

En tout cas, pour un lièvre comme pour un homme, il n'est pas agréable de se dire : « De quelque façon que tu t'y prennes, tu ne passeras pas les fêtes... »

Non, ce n'est pas agréable du tout.

Et pourtant, Alfred, le premier moment de découragement passé, avait décidé de se battre jusqu'à la limite de ses forces. Et se battre pour un lièvre, qu'est-ce ?

C'est fuir, sans arrêt fuir, le cœur battant à se rompre, et le pelage poissé par les sueurs de l'angoisse.

Il atteignit ainsi le 24 décembre au matin et un terrible espoir commençait à naître en lui. Il se disait que peut-être ce ne serait pas pour cette année et qu'il y aurait dans sa vie d'autres printemps et ces mois bienheureux où la chasse est fermée. Il reprenait peu à peu confiance. Encore quelques heures et il aurait un peu de répit jusqu'au réveillon du jour de l'An. Alfred se laissait aller à l'optimisme...

Et soudain les aboiements de Gipsy firent voler en éclats le silence glacé du petit matin. Cela se passait à la pointe des Frignants, du côté du Vaccarès.

Ah ! quelle galopade, mes seigneurs. Et Alfred, tout en détalant, se répétait : « Si au moins j'étais courageux, je pourrais tenter quelque chose. Fuir, toujours fuir, ce n'est pas une solution. Je pourrais essayer de faire face. » Oui mais voilà, le Bon Dieu, c'est bien connu, est toujours de bonne humeur la veille de Noël. Et il entendit l'appel essoufflé d'Alfred.

Alors, il se passa quelque chose d'extraordinaire. Des choses de ce genre, même en Camargue, il ne s'en produit pas tous les jours.

Sans bien se rendre compte de ce qu'il faisait, Alfred tout d'un coup s'arrêta de courir. Il s'arrêta si brusquement que Gipsy, emporté par son élan, le dépassa. Il se retourna et trouva devant lui un Alfred, la moustache en bataille et les babines retroussées. Non, il n'avait pas l'air féroce. En montrant les dents, il donnait l'impression de sourire...

Gipsy en demeura néanmoins interloqué. Il était figé par la stupeur. Alfred marchait droit sur lui et, soudain habité par un courage surnaturel, il mordit Gipsy au museau.

Je ne pense pas qu'il dut lui faire très mal, mais Gipsy détala... comme un lièvre...

Oui, voilà ce qui est arrivé à Alfred, il y a cinq ans, la veille de Noël. Sur les bords du Vaccarès.

Vous n'êtes pas obligés de me croire.

Mais si vous allez au Mas des Bernacles, vous verrez Gipsy. Sa blessure est maintenant cicatrisée. Mais pas sa blessure d'amour-propre. Il a perdu toutes ses qualités de chasseur, et quand il entend un coup de fusil, il va se cacher dans sa niche.

Si vous avez de la chance, vous pourrez peut-être voir Alfred. Il est toujours vivant, bien entendu. Et il est tellement sûr de son invulnérabilité qu'il lui arrive parfois, à la tombée de la nuit, de venir se promener dans la cour de la ferme.

A petits pas...

VÉRIDIQUE HISTOIRE D'UN CHEVAL DE FIACRE QUI AVAIT LE SANG TAUREAU

Qu'il n'y ait ni hommes de guerre, ni hommes de loi dans ma narration me réjouirait plutôt. Les témoins que je cite ont tendance à les oublier au fur et à mesure. Ils ne laissent de trace que dans les cimetières et les actes notariés.

Mais, tout d'un coup, je découvre que les animaux n'ont joué jusqu'ici aucun rôle dans mon Histoire de Provence. Avouez que, pour quelqu'un qui a passé en Camargue les plus riches heures de sa vie, c'est absolument scandaleux.

Non seulement c'est scandaleux, mais du point de vue historique, c'est grave. Une Histoire de Provence qui ne tient pas compte du rôle joué par le cheval et le taureau (pour ne citer que ces deux-là), ce n'est pas une véritable Histoire de Provence.

Il y a des pays où le taureau et le cheval ne jouent qu'un rôle secondaire dans la vie des hommes. Mais chez nous, il y a des taureaux qui ont leur statue et des chevaux qui ont été enterrés en terre chrétienne. Alors ne pas parler d'eux serait une faute professionnelle grave.

Voici donc, en exclusivité mondiale, les *Mémoires* de « l'aficionado » le plus sincère que j'aie jamais connu. Et qu'il s'agisse d'un cheval rend son « aficion » plus méritoire encore.

« Avant d'être cheval de corrida, j'étais cheval de fiacre. C'est là mon drame. Si j'avais été cheval de corrida avant d'être cheval de fiacre, je crois que je pourrais considérer que j'ai réussi ma vie. Mais voilà, quand on est cheval, on n'a pas la pleine disposition de son libre arbitre.

Notez bien qu'être cheval de fiacre, pour un cheval, il y a pire, surtout cheval de fiacre à Arles.

Pratiquement j'étais payé par le Syndicat d'Initiative pour faire joli dans le décor. J'avais un petit parasol à franges au-dessus de la tête et je passais mes journées à l'ombre des platanes des Lices, devant l'hôtel Jules César.

Mon patron était un vieil homme paisible qui me soignait et me bichonnait comme une pouliche de luxe et qui faisait la sieste le reste du temps. Il se tenait bien droit sur son siège et très digne. Personne n'aurait pu se douter qu'il dormait, tellement il avait le dos raide. Quand par hasard des clients se présentaient ils devaient le secouer à n'en plus finir pour qu'il retrouve ses esprits et se décide à emmener la pratique faire le tour de la ville.

Vous me croirez si vous voulez mais, à force de me promener dans les petites rues d'Arles, il m'est venu comme un amour de l'architecture ancienne. Les Arènes, le Théâtre Antique, Saint-Trophime, évidemment les clients me laissaient à la porte pour visiter. Mais de dehors c'est déjà très beau et je ne me lassais pas de contempler les jeux du soleil sur les vieilles pierres patinées. Il n'y a que le cloître que je n'ai jamais pu voir. Mais j'entendais les clients raconter les merveilles qu'ils avaient découvertes et je me les imaginais. Et comme je me les imaginais moi, c'était peut-être encore plus beau que dans la réalité.

En somme je n'étais pas à plaindre. Et j'aurais été le plus heureux des chevaux de fiacre, si trois fois par an il n'y avait pas eu, à Arles, les corridas...

Ces jours-là, mon patron se levait encore plus tôt que d'habitude. Mais moi, j'étais déjà réveillé depuis longtemps. Je dirai même que je n'avais pratiquement pas dormi. Si vous n'aimez pas les corridas, je n'essaie pas de vous convertir. Mais je tiens à vous signaler qu'un cheval de fiacre qui aime les courses de taureaux, c'est assez rare pour qu'on prenne ce qu'il pense en considération.

Les corridas, j'en avais jamais vu. Là encore on me laissait à l'entrée. Mais l'atmosphère qui régnait dans la ville me soûlait, me rendait fou, me faisait frissonner de l'encolure aux sabots. D'abord, au lieu de m'attacher à mon fiacre habituel, on me confiait une calèche presque neuve et on me mettait des fleurs tressées dans la crinière. J'étais jeune, j'étais coquet. C'était normal que ça me fasse plaisir. En plus, les gens, de me voir si beau, m'offraient des morceaux de sucre.

Mais ce n'était ni le sucre, ni les fleurs tressées de ma crinière, ni ma calèche presque neuve qui me mettaient dans cet état d'exaltation et de délire, c'était le sentiment que j'avais de participer à quelque chose de noble, de grand, de dangereux, de définitif.

J'avais en effet la glorieuse mission de transporter les matadors de l'hôtel Jules César aux Arènes parmi les clameurs et les cliques.

Ah ! vous pouvez pas savoir ! L'air sentait bon le beignet chaud. Les Arlésiennes, qui sont les plus belles femmes du monde, étaient encore plus belles que d'habitude. J'avançais dans la foule parmi les ovations. Et je dominais la cohue de la tête.

Je suis orgueilleux, mais je ne suis pas idiot. Je savais bien que ce n'était pas à moi qu'elles s'adressaient, ces ovations. Elles s'adressaient aux matadors. Qu'ils étaient beaux, ces hommes, dans leur costume de lumière ! Ils étaient basanés. Ils étaient verts. Ils fumaient le cigare. Ils avaient les dents blanches, les lèvres violettes, le cheveu noir. Et ils souriaient. Et ils envoyaient des baisers et on leur envoyait des baisers. Mais ils ne disaient pas un mot, et moi je savais qu'ils étaient morts de peur, et qu'ils faisaient leur prière, et qu'ils regrettaient d'être venus au monde et de faire le métier qu'ils faisaient...

Je les laissais devant l'arrastre, c'est-à-dire en quelque sorte devant l'entrée des artistes. Avant de me quitter ils me caressaient longuement l'échine ou le cou. Cela avait l'air d'une caresse d'adieu. J'étais quelque chose de vivant et de chaud. La dernière chose chaude et vivante qu'ils caressaient peut-être.

Pendant une heure et demie je les attendais. Je ne voyais pas la course. Je l'entendais. C'est encore plus impressionnant, parce qu'on est livré à son imagination.

Tantôt c'était l'enthousiasme, et mon cœur se remplissait de fierté. Tantôt c'étaient les sifflets et les hurlements de haine, et j'avais honte pour eux, et j'avais peur pour eux. Parfois c'était un cri, suivi d'un long silence. Et ces soirs-là je rentrais à l'écurie les coussins de ma calèche maculés de sang. D'autres jours, je les ramenais à l'hôtel au triple galop pour éviter qu'ils ne soient frappés par la foule. Mais souvent, je traversais la ville au pas, et je prenais le chemin des écoliers pour faire durer le plaisir. C'étaient les soirs de triomphe. Mes matadors, la foule les entourait, les pressait, leur tendait les mains, les touchait et disait que leurs mères étaient heureuses d'avoir porté dans leur ventre des fils aussi vaillants.

Et eux, les beaux petits hommes bruns, riaient très fort pour la satisfaction de s'entendre rire et de se sentir vivants. Et maintenant ils n'arrêtaient pas de parler. Avec des voix rauques, érodées par le cigare et la manzanille. Au début je ne comprenais pas ce qu'ils disaient. Mais à la longue l'espagnol m'est devenu naturel. Je suis bilingue, si senõr.

Arrivés à leur hôtel, ils étaient portés en triomphe et ils parlaient sans penser à me dire au revoir. Je ne leur en voulais pas. Les hommes qui risquent leur vie pour étonner les hommes, ils ont tous les droits.

Seulement ces hommes-là, ils faisaient de moi une manière de surcheval et dès, le lendemain, je reprenais ma faction monotone sous les platanes devant le Jules César, que les Arlésiens appellent plus familièrement le Jules.

Je tombais de haut.

Si j'avais été vieux, ou même si j'avais été seulement d'âge mûr, je me serais très bien accommodé de ma condition. On peut se faire à une vie médiocre quand on n'a pas de souci à avoir pour le lendemain et qu'on prend ses repas à heures fixes.

Seulement voilà. J'étais plein de sang et de fougue et la perspective de faire tous les jours la même chose me plongeait dans la mélancolie. « Mon dieu, comme il est triste, ce cheval », disaient les gens sur mon passage.

Je menais une vie de rond-de-cuir, alors que j'étais fait pour une vie d'aventure, de risque, de danger. Je savais à l'avance qu'il ne m'arriverait jamais rien d'imprévu et pendant des années et des années ce fut la même routine ennuyeuse et fade.

Et un jour mon patron mourut. Et, tout d'un coup, je fus très vieux. Et j'acceptais l'idée de ma mort prochaine avec soulagement. J'avais raté ma vie. Tout ce que je demandais c'est qu'on ne me fasse pas trop souffrir à l'équarrissage. Car je ne doutais pas qu'on allait m'abattre bientôt. Que voulez-vous qu'on fasse d'une vieille carne comme moi ?

Eh bien, non. Une fois de plus, le destin se moqua de moi. J'avais été acheté par un maquignon et je m'attendais à finir mangé par les vieillards de l'hospice. Mais j'étais trop maigre pour être négocié comme bifteck. Et c'est ainsi que je devins cheval de picador.

Regardez, comme le sort est injuste. Il y a seulement une dizaine d'années, cette nouvelle m'aurait fait hennir, j'allais dire rugir, de satisfaction. Mais cette promotion arrivait trop tard. Je n'avais plus la vaillance ni la force. J'avais mené une vie trop douillette. Je n'avais plus l'esprit combatif. Je ne souhaitais plus me surpasser, devenir un héros, avoir mon nom dans les journaux. Je n'aspirais qu'à disparaître de cette terre sans douleur.

Et voilà qu'on me harnachait du lourd caparaçon de toile, d'étoupe et d'aluminium. Qu'on me bandait l'œil droit, qu'on me ficelait les deux oreilles. Je ne pouvais ni voir ni entendre. J'étais, je dois le reconnaître, pratiquement à l'abri des coups de corne mortels. Je ne risquais que la cornade dans le cou, celle qui vous tranche la carotide et vous vide de votre sang en quelques secondes. Mais je m'étais renseigné. Le fait est assez rare. Même si je dois vous décevoir, je suis bien obligé d'avouer que je ne risquais pas grand-chose.

Physiquement du moins. Parce que, moralement, dans l'état de décrépitude qui était le mien, c'était terrible.

Ils avaient pensé à tout pour m'isoler de la peur, excepté à me boucher les naseaux. Et c'est par là que la peur entrait. Le taureau, je ne le voyais pas. Je ne l'entendais pas venir non plus. Mais je le sentais dès sa sortie du toril.

Alors c'était plus fort que moi : je me mettais à suer et à trembler. Mon picador me traitait de noms très vilains et me labourait les flancs et me massacrait la bouche pour me faire tenir debout. Je n'avais jamais le même picador, mais il pesait toujours plus de cent kilos et il était toujours aussi grossier.

Je ne lui en voulais pas, il risquait sa vie plus que moi. Il aurait mérité une monture plus robuste et plus vaillante. De mon passé impétueux remontaient parfois quelques relents de vaillance. J'aurais voulu aider ce pauvre homme qui avait cinq enfants à nourrir. Mais j'avais l'échine trop molle et les jambes trop raides. Je sentais soudain mon poil se hérisser. L'odeur du taureau devenait tout à coup intolérable. Je recevais sa charge en plein flanc et je m'envolais par-dessus la barrière.

Avec moi, pour ce qui est de la chute monumentale, on était servi ! J'ai dû passer plus de cent fois de l'arène dans le « callejon ». Jamais je ne me suis cassé un membre. On me relevait à coups de poing sur la tête, à coups de bâton sur les côtes, à coups de pied dans le ventre. On me tirait par la bride, on me poussait à l'arrière-train. On m'insultait en espagnol, en provençal et même en français.

Je me retrouvais dans l'arène hébété, vacillant, groggy, mais vivant. Inexplicablement vivant. Et pourquoi vivant, mon Dieu ?

Dans mon genre, j'étais devenu une sorte de vedette. Les aficionados me reconnaissaient dès la sortie de l'arrastre et, me désignant du doigt, disaient : « Avec lui, tu vas voir, on va rire ». Ah ! j'aurais voulu mourir !

Un jour, pourtant, il m'arriva quelque chose d'incompréhensible : le taureau venait de sortir du toril, j'avais déjà son odeur plein les naseaux et plein la bouche. Mais elle ne me causait pas la même angoisse que d'habitude. Ce n'était pas une odeur de bête fauve. C'était une odeur forte, pourtant. Forte, mais bon enfant. Une odeur d'étable. Une fiant. Et mentalement je comptais la distance qui me séparait d'elle : dix mètres, cinq mètres, quatre mètres, trois mètres, deux mètres. D'ordinaire, c'est à ce moment que la bête fonçait et m'enlevait sur ses cornes. Or cette fois l'odeur restait sur place. Mon picador s'agitait sur sa selle et m'éperonnait avec son pied gauche, à tout va.

Moi, d'habitude, on aurait pu me traverser le ventre sans que je fasse un pas. Je restais sur place à attendre le choc. Mais là, je ne sais pas ce qui s'est passé, je me suis hasardé à mettre un sabot devant l'autre. Tout doucement, tout précautionneusement.

Et aussitôt, l'odeur s'est volatilisée. Elle est revenue lentement, lentement. Mais cette fois, elle s'est immobilisée à cinq ou six mètres. Et moi, j'ai fait deux pas en avant. Deux pas, coup sur coup, sans m'arrêter entre.

Et l'odeur une fois de plus a disparu.

Je n'y comprenais rien du tout. J'aurais voulu voir ce qui se passait. D'ordinaire, je m'avance vers le taureau du côté droit. Du côté où je n'y vois rien, mais où mon ventre est à l'abri.

Cette fois, j'ai tourné la tête et j'ai offert mon flanc gauche à découvert. Je risquais la blessure mortelle. Mais du seul œil dont je disposais je voulais voir.

Et j'ai vu...

J'ai vu une bête qui avait encore plus peur que moi.

J'étais trop faible et trop chargé pour me mettre au trot. Mais je vous prie de croire que j'avançais d'un pas décidé. Et à chaque pas que je faisais en avant, le taureau faisait un pas en arrière. Exactement au même rythme que moi. Et ainsi, moi avançant, lui reculant, je lui ai fait traverser toute l'arène dans le sens de la largeur. J'avais dressé les oreilles. Une des ficelles qui me rendaient sourd s'était détachée. Et j'entendis les cris et les rires du conclave. Et des gens m'applaudissaient, et des filles m'envoyaient des fleurs. Je crois bien que j'y suis allé de ma larme. Et, soudain, j'ai poussé un cri. Un cri que j'ai répété trois fois. Un cri comme j'en ai entendu dans les poèmes de Federico Garcia Lorca. Hay ! Hay ! Hay !...

Le bœuf que j'avais devant moi avait eu un sursaut de dignité et venait de m'ouvrir le ventre d'un coup de corne. Et maintenant il avait repris courage et il s'acharnait sur moi.

Et je n'avais plus mal. Et j'étais heureux. Et la musique jouait le paso doble de Manolete. Le ciel devint rouge et noir. Il était cinq heures de l'après-midi... »

UNE VRAIE CATASTROPHE

Ce fut, sur toute la Provence, un été miraculeux. Pour les agriculteurs. Car il y plut pas mal de jours, mais à bon escient et avec juste mesure : ni trop ni trop peu, un parfait dosage de chaleur et d'humidité. Il n'y avait pas eu de grêle au printemps. Il n'y eut ni déluge ni tempête en été et si le mistral souffla, ce fut avec tact, sans offenser la végétation et sans cueillir prématurément les pêches au passage.

Et pour la première fois de mon existence je vis de mes yeux des cultivateurs satisfaits. Non, ils ne le montrèrent pas ouvertement, mais ils ne pouvaient dissimuler entièrement leur jubilation intérieure. Leurs paroles demeuraient également pleines de mesure.

Non, ils ne disaient pas :

— Je crois qu'on va pouvoir changer de voiture !

Mais ils disaient :

— Maintenant, il n'y a pas trop à se plaindre. Cette phrase-là, en un demi-siècle de Fontvieille, je ne l'avais jamais entendue ; dans les meilleures conditions, on était allé jusqu'à admettre :

— Ça pourrait être pire !

Ou encore :

— Il y en a de plus malheureux !

Ou même :

— On se rattrapera l'année prochaine !

Valère, lui, que les récoltes soient bonnes, mauvaise ou médiocres, disait toujours :

— C'est la ruine.

— Tu plaisantes !

— La ruine complète.

Cela faisait quarante ans qu'à force de se ruiner il avait doublé la surface de son domaine, et marié sa fille à un grand chirurgien de Nice.

Je le rencontrai en octobre, à la fin de ce miraculeux été. J'étais anxieux de voir ses réactions et s'il oserait dire devant témoins que les travaux des champs venaient de le ruiner une fois de plus.

Eh bien, pour la première fois, il ne dit pas :

— C'est la ruine...

Mais il dit néanmoins :

— C'est une catastrophe...

Cela se passait au Café du Cours, siège du Club Taurin, à l'heure de l'apéritif, en présence de gens qui vivaient, comme Valère, de la terre. Tantôt bien, tantôt mal, mais dont la terre était à la fois le gagne-pain et la raison de vivre.

Il ne se trouva personne pour dire :

— Honnêtement, ça pourrait aller plus mal.

En revanche, personne n'approuva, ni ne surenchérit. Et, pour qui connaît le langage paysan, cela signifiait que Valère avait dépassé la mesure. Quand on est paysan, on est pessimiste par définition et un brin dissimulé. Mais dans ce cas particulier ce n'était plus du pessimisme, ni de la dissimulation, c'était de la provocation pure et simple.

N'étant pas agriculteur moi-même, je me suis cru autorisé à lui tenir tête. Mais pas devant ses amis. Ils auraient été obligés de le soutenir, même si, au fond d'eux-mêmes, ils ne l'approuvaient pas entièrement.

Je l'ai donc accompagné jusqu'à son mas, à trois kilomètres du village, dans la colline. Dès que nous avons été seuls, je lui ai dit :

— Enfin, Valère, maintenant qu'ils ne sont plus là, tu ne vas pas me dire que tu parlais sérieusement ?

— Une vraie catastrophe, se contenta-t-il de répéter.

En trois kilomètres, on a le temps de s'en dire, des choses. J'attaquai sous tous les angles.

— Les récoltes, elles ont été bonnes ?

— Encore assez (traduisez « excellentes »).

— Tu as tout vendu ?

— Presque tout (traduisez : « J'aurais dû en vendre encore davantage »).

— Les prix ne se sont pas effondrés ?

— Ils ont un peu mieux tenu que d'habitude (traduisez « On n'avait jamais vu ça depuis qu'il y a des gens qui cultivent la tomate et qui la vendent »).

Je crus avoir enfin amené Valère à reconnaître qu'il n'avait pas perdu son année. Jamais il n'avait fait autant de concessions à la vérité. Sans témoins, je dois dire, et je suis sûr qu'il me désavouerait si un jour je faisais publiquement état de ses déclarations.

Je me crus toutefois autorisé à lui dire :

— Alors, dans l'ensemble, tu es content ?

Il hocha la tête en me regardant avec un mélange de tristesse et de pitié.

— Une vraie catastrophe ! dit-il.

En somme, je n'avais rien compris. J'allais me résigner. Nous étions arrivés à son mas. Un grossiste était en train de charger un camion de pommes de terre : des pommes de terre denses, dures, gigantesques.

— Elles sont belles, dis-je.

— Pour être belles, dit-il, elles sont belles.

Cette fois, il n'y avait aucune réticence.

— Elles sont grosses, dis-je.
— Pour être grosses, dit-il, elles sont grosses.
J'allais me retirer sur cette modeste victoire, lorsque Valère ajouta :
— Elles sont peut-être grosses, mais les petites pas tant...
C'est depuis que j'ai renoncé à comprendre quoi que ce soit aux paysans. Je me contente de les aimer.

QUATRE CAILLOUX BLANCS DANS LE CREUX DE MA MAIN

Cela s'est passé dans le Luberon. Le Luberon c'est ce taureau qui fait la sieste au pied de son berger, le Ventoux. Un taureau noir, au cuir hérissé de cèdres. Et c'est sur son échine que j'ai trouvé la maison qui m'attendait depuis toujours.

C'est ma façon à moi de voir les choses. Je suis sûr que vos désirs finissent toujours par se réaliser ; à condition que vous les exprimiez clairement. Vous racontez d'abord avec précision votre rêve. Et un jour votre rêve est là devant vous : il ne vous reste plus qu'à le cueillir.

Et mon rêve était là devant moi. Comprenez-moi bien, je ne suis pas en train de trahir Fontvieille, qui demeure toujours ma capitale et ma résidence de plaine. Mais, depuis quelques années, j'étais hanté par le démon de la résidence secondaire. Et cette résidence secondaire avec vue sur Bonnieux, c'est le Tolède du Vaucluse. Il y avait un brave garçon qui était en train de clouer sur sa porte le panneau miraculeux : « A vendre. »

Alors je n'ai pas hésité une seconde, et j'ai dit :
— J'achète.
Le brave homme m'a regardé longuement. Il a eu un sourire à la fois amical et triste.
— Je ne sais pas si vous avez vraiment raison, il a dit.
— Pourquoi vous me dites ça ?
— Parce que vous avez une bonne tête.
— La maison est maudite ?
— Non, mais elle a « un vice ».
J'examinai ma future résidence secondaire d'un œil plus critique.
Il n'y avait pas de carreaux aux fenêtres, il manquait quelques tuiles mais les murs paraissaient bons.
— Il y a des lézardes ? je demandai.
Le brave homme parut choqué.
— Oh non ! dit-il, cette maison a peut-être mille ans, mais elle est capable de durer mille ans encore...
— Alors, où est le vice ?
Le brave homme hocha la tête :
— Il n'y a pas l'eau !

— Mais l'eau, ça se trouve...

Le brave homme poussa un profond soupir :

— Celui qui m'a vendu cette maison a cherché une source pendant vingt-cinq ans. Moi, j'ai été moins patient que lui. J'ai cherché pendant dix ans seulement. Mais ce matin, je me suis levé avec le mauvais moral, j'ai mis en vente et je rentre à Bonnieux pour y finir mes jours...

Il m'a tendu la main, je l'ai gardée dans la mienne :

— J'achète, j'ai répété.

— Je vous ai prévenu...

— J'achète quand même...

Je ne vous dirai pas le prix que je l'ai payée, cette maison sans eau, pour ne pas faire de jaloux. Pour vous donner tout de même une idée de la somme, je vous dirai (c'était un signe) que j'avais la somme sur moi. Et croyez-moi, je n'ai pas l'habitude de transporter une fortune dans mes poches.

Nous avons négligé de passer par-devant notaire. Juste nous nous sommes longuement serré la main. C'est ainsi que les choses se passent entre braves gens.

Aussitôt je me suis mis à déclouer le panneau « A vendre ». Je venais à peine de terminer que « le Berger » est apparu. Cela s'est passé il y a douze ans tout juste. Le Berger est devenu de mes amis. Mais je ne connais pas encore son nom et je l'appelle toujours « le Berger ».

Il ne ressemblait pas au pasteur de la crèche. Il n'avait ni barbe, ni grand manteau. Il n'avait même pas de bâton. Il était vêtu d'un petit costume élimé d'employé de bureau, qui ne devait sa noblesse qu'à son ancienneté. Il portait un chapeau mou d'un noir verdi par l'âge. Il avait même une cravate à rayures, piquée d'une épingle en or dont la tête était en forme de fer à cheval.

— Alors, c'est vous le nouveau propriétaire ? demanda-t-il.

— Oui, c'est moi.

— Vous avez acheté la maison sans eau.

— Oui.

Il eut un petit rire de grillon :

— Et qu'est-ce que vous voulez en faire de cette maison sans eau ?

Je lui expliquai que j'exerçais le curieux métier d'écrivain et que ce que je recherchais avant tout, c'est un lieu de promenade et de tranquillité. Je n'avais plus l'âge de dormir aux étoiles. Ce que je voulais, c'était un toit. Et des fenêtres pour me reposer le regard sur un paysage noble et calme.

« Le Berger » avait sorti sa blague à tabac et roulait une cigarette tout en m'écoutant avec attention.

— Vous n'êtes pas chasseur ?

— Oh non ! dis-je, promeneur, simplement promeneur.

— Et agriculteur, vous l'êtes ?

— Non plus... Évidemment, s'il y avait de l'eau, je sèmerais quelques fleurs... Mais puisqu'il n'y en a pas, je me contenterai des fleurs du Bon Dieu...

« Le Berger » resta un long moment silencieux

— Est-ce que vous connaissez le grec ?

— Je l'ai appris à l'école.

— Est-ce que vous pourriez lire Homère dans le texte ?

— Si je m'y remettais, je crois que j'y arriverais...

« Le Berger » remit sa blague dans sa poche gauche, alluma sa cigarette avec un briquet à amadou. Il en tira quelques bouffées pensives. Il sortit alors de sa poche un vieux livre écorné qu'il me tendit :

— Lisez un peu pour voir.

C'était une édition d'Homère avec la traduction française en regard du texte original, j'ouvris au hasard :

— *Peripde pteleas Numphaï Orestiadès...*

« Le Berger » me reprit le livre :

— Je crois que nous pourrons nous entendre...

Il me quitta comme il était venu. Il rejoignit ses bédigues et je le vis qui fourrageait dans un des paniers accrochés au bât d'un des deux ânes de son troupeau. Il en tira d'abord un moulin à café, puis une râpe à fromage, puis une longue ficelle. C'était ce qu'il cherchait. Il remit la râpe et le moulin à leur place et revint vers moi, tenant la ficelle dans son poing fermé.

— Il faut vous dire que je suis un peu sourcier...

J'étais ravi de l'apprendre, mais je me suis permis de lui faire remarquer que, quel que soit son talent, il ne pouvait pas faire apparaître l'eau là où il n'y en avait pas.

Mon berger eut, à nouveau, son rire de grillon :

— De l'eau, il y en a tant qu'on en veut.

— Et vous ne l'avez jamais dit ?

— Il aurait plus manqué que ça. Celui qui était là juste avant vous, il voulait faire la culture des asperges. Il aurait commencé petit et puis, au bout de cinq ans, il y aurait eu un défilé de camions dans la montagne. Celui d'avant, il était encore pire. Il me tirait mes lièvres. Croyez-moi, je lui ai mené la vie dure. Il m'a fallu vingt-cinq ans pour le faire mourir de colère, mais j'y suis arrivé. Vous n'imaginez pas que je lui aurais installé l'eau courante, par-dessus le marché !

J'étais assez éberlué, il faut bien le reconnaître :

— Mais avec moi, pourquoi vous êtes si brave ?

— Parce que vous êtes un inoffensif. Et, en plus, vous savez lire le grec...

Il s'était mis à quatre pattes et flairait le sol avec des reniflements de bête ; puis il se releva et balaya le secteur du regard dans différentes directions. Soudain, il s'immobilisa et posa le talon sur un point précis. Alors, il se mit à marcher à reculons, traçant dans les cailloux et les herbes un maigre sillon :

— Voilà, dit-il, la source coule dans cette direction...

Il parlait avec une telle certitude que j'étais subjugué.

— Maintenant, ajouta-t-il, il me faut calculer à quelle profondeur elle se trouve...

Alors, il ouvrit son poing droit et déroula ce que j'avais pris pour une ficelle et qui n'était autre chose qu'un pendule. Puis il me dit :

— Allez me chercher cinq ou six petits cailloux blancs d'à peu près la même grosseur... Comme des œufs de pigeon...

Je me hâtai d'exécuter son ordre. Presque aussitôt le pendule se mit à tourner en faisant un bruit de moustique. Le Berger ouvrit la main droite, en coquille, la paume en l'air :

— Mettez un caillou dans la main !

Je mis le caillou. Le pendule continua de tourner et de bruire.

— Mettez un deuxième !

Je mis un deuxième caillou. Le pendule ne ralentit, ni ne se tut.

— Mettez un troisième !

Le pendule, d'un coup, s'immobilisa. Alors « le Berger » dit :

— L'eau est à quatre mètres.

Oui, c'est ainsi que les choses se sont passées. Et « le Berger » a ajouté :

— Vous avez quelqu'un pour creuser ?

— Non, je ne pensais pas...

— Eh bien, je m'en occuperai à mes moments perdus. Mais il vous faudra bien compter trois ou quatre jours.

Soudain, je me sentis rougir :

— Excusez-moi... Combien vous dois-je ?

Sans un mot « le Berger » me tourna le dos. Je pensai un instant que je l'avais fâché. Mais il n'avait pas le dos d'un homme blessé dans son amour-propre. J'avais même la curieuse impression qu'en se détournant de moi il accomplissait un rite. Tout se passait comme si « le Berger » avait pour usage de faire demi-tour quand on lui parlait d'argent.

D'ailleurs, il ne s'éloignait pas. Il restait là, immobile, obstiné, m'offrant à déchiffrer l'énigme de sa nuque striée par les hiéroglyphes de ses rides...

C'est alors que, baissant les yeux, j'aperçus sa poche droite, béant comme un tronc d'église. L'illumination m'envahit. J'avais compris par intuition qu'avec « le Berger » les affaires d'argent devaient se traiter en silence.

Malheureusement, après l'achat de ma maison, je me trouvais presque entièrement démuni. Je rassemblai les épaves de ma fortune. Il me restait, en tout, huit billets de mille francs (anciens). Je les glissai en vrac dans la poche du Berger. Il secoua la tête.

— C'est tout ce que j'ai sur moi, dis-je, je vous donnerai le reliquat demain.

Il haussa les épaules. Mon intuition vint derechef à mon secours.

Je ne lui avais pas donné insuffisamment d'argent ? Je lui en avais donné trop.

J'enlevai un billet de mille.

Le Berger secoua la tête, négativement.

J'en enlevai un deuxième.

Le Berger continua de secouer la tête.

Au sixième billet de mille, je commençais à douter, il se retourna vers moi, me serra la main et s'en fut, après m'avoir dit :

— Ne vous occuper de rien... Tout sera fait.

Deux mille anciens francs, pour une source, c'était un vrai cadeau du Bon Dieu...

Le Berger, je ne l'ai jamais revu et la source promise n'a pas encore jailli... Mais je suis loin d'avoir perdu espoir.

Car, pour me faire patienter, le Berger dépose de temps en temps devant ma porte un plein mouchoir de truffes, une clayette de fromages de brebis frais, ou un lièvre encore chaud.

Au fond, ces deux mille francs, c'est le meilleur placement d'argent que j'aie jamais fait.

Et cette nuit-là je vis en rêve les numéros gagnants du tiercé dominical. Mais j'oubliai de les jouer.

Et je fis bien. Car ce n'étaient pas les bons !

CURIEUX CAS DE MORT QUI RESSUSCITE AU PARADOU DANS LES ALPILLES

Tout ce que je vous rapporte ici est absolument véridique, donc surprenant. C'est même cette surprise qui, selon moi, distingue le mieux la vérité du mensonge.

Le mensonge est fait pour être cru. Il doit donc se surveiller, dans la forme et dans le fond, pour passer inaperçu. La vérité, au contraire, peut se permettre le naturel. Surtout quand elle est invraisemblable. Les témoins des miracles sont toujours les plus ingénus. Ils rapportent simplement ce qu'ils ont vu et les gens, de nos jours, sont si habitués à ce qu'on leur farde la vérité que le simple témoignage leur paraît suspect.

Suspect de quoi, mon dieu ! Pourquoi vous dirais-je qu'Augusta est ressuscitée d'entre les morts, même si cela ne se fait plus guère depuis Lazare.

N'oublions d'ailleurs pas que Lazare est venu achever en Provence et dans la sainteté sa deuxième existence.

Enfin, bref, voici les faits.

Au Paradou, et peut-être dans toute la vallée des Baux, le plus heureux de vivre c'était assurément le vieux Guillaume. A quatre-vingts ans passés, il se portait comme une alouette.

Il lui arrivait de danser d'un pied sur l'autre quand il se croyait au creux d'un chemin ou dans la colline. Il chantonnait à longueur de soleil et quand il ouvrait la fenêtre de son cabanon, au lever du jour, il disait en regardant les Alpilles :

— Je n'aurai peut-être pas fait grand-chose dans ma vie. Mais au moins il y aura fait beau.

Même les estivants l'aimaient. Il y avait eu une fois un très grand médecin suisse, plein de savoir et de sous, qui avait voulu l'ausculter gratuitement, rien que pour le plaisir de voir comment c'était fait un homme qui n'a jamais vu de médecin de sa vie, et qui pourtant se porte comme une alouette.

— Dieu garde !... avait protesté le vieux Guillaume. Si jamais vous jetez un coup d'œil sur ce qui se passe à l'intérieur de moi, vous risquez de prendre peur !

— Et pourquoi donc ?

— Parce que les maladies, je les ai toutes...

— Vous plaisantez !

— Si, je vous assure. Je les laisse se disputer entre elles, mes maladies. Et pendant qu'elles se disputent, elles me laissent tranquille. Pourtant, il y en a une, de maladie, que je n'ai pas. Une seule. C'est la maladie des millions...

Et il avait ri de bon cœur. Et il était parti en sautant à cloche-pied, comme un gamin.

Pourtant Guillaume avait un petit travers. Il vaut mieux que vous soyez au courant tout de suite, de façon à ce que, si un jour il vous aborde en vous disant : « Vous ne voulez pas que je vous donne du bon terreau pour votre jardin ? », vous lui répondiez tout de suite : « Vous êtes bien brave, mais du terreau j'en ai en ce moment à ne savoir qu'en faire. Ce sera pour une autre fois ! » Surtout ne le désobligez pas. Parce que son terreau, il ne veut pas vous le vendre. Le terreau, c'est tout ce qu'il possède, mais il vous l'offre de bon cœur. Seulement, il faut que vous sachiez que Guillaume, quand il ne se promène pas dans les collines, exerce la profession de fossoyeur. Son terreau, c'est la qualité extra. Mais, forcément, il vient du cimetière. Maintenant, si vous voulez l'accepter quand même, vous lui ferez plaisir et vous aurez les plus belles courgettes de la région. Ça vous regarde !

Donc, Guillaume le fossoyeur était heureux comme un becfigue. Comme un becfigue célibataire et sans enfants, qui n'a de comptes à rendre à personne sur son emploi du temps. Et pourtant, Guillaume était marié à une jeunesse de soixante-cinq ans. Augusta, elle s'appelait. C'était une brave personne. Mais autant son mari était gaillard, autant elle était fragile. Fragile de tout : des bronches, du cœur, de la gargamelle et du reste...

Guillaume n'était pas un insensible. Mais, à force d'entendre sa femme se plaindre, sans jamais se mettre au lit, il avait fini par croire qu'elle s'inventait des malaises juste pour le faire bisquer. Alors, plutôt que de se laisser abîmer le caractère, il préférait passer ses journées dehors et ne rentrer chez lui qu'à la nuit tombée.

Augusta s'obstinait à lui demander :

— Tu reviendras à quelle heure ?

Pourtant, elle savait à l'avance qu'il répondrait :

— Tu verras bien. De toute façon, je rentrerai avant dîner...

Dès qu'il avait avalé ses six assiettes de soupe, bu son litre de vin et mangé ses deux fromages de brebis ou de chèvre, Guillaume s'endormait aussitôt d'un sommeil de juge de paix. Augusta pouvait gémir... Cocagne !...

Un soir, il rentra plus tôt que de coutume. Et le cœur, qu'il avait solide comme une batteuse, faillit le lâcher. Sa femme, les bras en croix, était allongée sur les tommettes de la cuisine. Cela faisait une tache noire sur le fond rouge des tommettes et les flammes du foyer donnaient au tableau un aspect irréel, fantastique.

Guillaume s'était ressaisi. Il jouissait dans la conduite ordinaire de la vie d'un sang-froid naturel, entretenu par l'exercice de sa profession.

— Augusta, j'aime pas ce genre de comédie, dit-il sévèrement, lève-toi vite, et sers-moi la soupe.

Mais Augusta restait immobile. Immobile au point que Guillaume fut saisi d'un doute.

— Augusta, dis-moi, tu n'es pas morte au moins ?... Tu ne me ferais pas ça...

Mais Augusta demeurait silencieuse. Parfaitement silencieuse. Étrangement silencieuse. Alors, Guillaume eut réellement peur. En un instant, il fut à genoux à côté d'elle. Malgré ses quatre-vingts ans, il avait conservé une souplesse de lièvre. Et il secouait sa femme sans ménagements en grognant.

— Alors, tu te réveilles, oui... Mais qu'est-ce que tu attends pour te réveiller.

Mais Augusta ne se réveillait pas. Elle était endormie. Parfaitement endormie. Étrangement endormie. Alors Guillaume s'affola. Il eut quand même l'idée de mettre son oreille contre la poitrine de sa femme. Il lui sembla entendre, venant des profondeurs, des battements de cœur aussi imperceptibles qu'un soupir de grillon. Alors, il ne perdit pas une seconde. Il prit Augusta dans ses bras et la chargea sur sa brouette. Oui, sur sa brouette. Guillaume ne possédait ni auto, ni charrette, ni charreton. Il n'avait que sa brouette dans laquelle il mettait d'habitude ses outils de jardinier et le bon terreau du cimetière. Il y déposa sa femme avec des gestes d'une douceur qu'on n'eût pas soupçonnée. Et il se mit en route.

Le Paradou est à quinze kilomètres d'Arles. Il faisait pleine lune et les cyprès se chuchotaient dans le petit vent de la nuit des histoires vieilles comme le monde. Malgré la gravité de la situation et son angoisse et sa peine, Guillaume se laissait envahir par l'allégresse de cette nuit plus belle que les beaux jours de Maubeuge ou d'Hazebrouck. Il marchait d'un bon pas. A un moment, il fredonna même la *Mazurka souto li pin* de son ami Charloum, le poète du Paradou qu'il avait connu jadis. Mais il eut soudain vergogne et il s'interrompit.

D'ailleurs, il était arrivé à l'hôpital d'Arles. Il était deux heures du matin. L'interne de service ferma aussitôt le roman policier qu'il était en train de lire.

— Guillaume, dit-il, mais qu'est-ce qui nous arrive ?

Spontanément, il avait dit « nous ». Car Guillaume était connu dans tout le pays d'Arles. Et tout le monde l'aimait bien. Guillaume se sentit soudain tout « gonfle » et ses larmes se mirent à couler. Des larmes d'un vieil homme qui n'avait jamais pleuré de sa vie.

— Docteur, dit-il, Augusta, ma femme, elle est presque morte, mais pas tout à fait. Alors, il faut que vous me la fassiez revivre complètement, sinon je vais me jeter dans le Rhône.

— Nous ferons tout ce que nous pourrons, dit l'interne.

Là encore, il avait dit « nous ». Et dans le quart d'heure il réveilla tous les médecins d'Arles et, au bout de vingt minutes, la pauvre Augusta avait tout le corps médical du canton à son chevet. Même une reine n'aurait pas été mieux soignée. Mais les meilleurs médecins du monde ne peuvent rien pour une reine morte. Ils ne peuvent que constater le décès. Ce qu'ils firent. Guillaume, lui, ne pleurait plus. Il était beau comme un arbre frappé par la foudre.

— Qu'est-ce que je dois faire, moi, maintenant ? demanda-t-il.

— Ne t'occupe de rien, dit l'interne. Nous nous chargerons de tout. Des formalités et du reste...

Le reste, c'étaient les sous.

— Les sous, j'avais pas prévu, dit Guillaume... Je les ai pas sur moi. Mais vous me direz combien ça fait.

— Ne te fais pas de souci, va te coucher.

— J'aimerais bien rester près d'elle...

Les médecins se consultèrent du regard. Ce n'était pas tout à fait régulier. Mais, devant le chagrin d'un homme, le règlement ne tient pas. A Arles, tout au moins.

— D'accord, reste... Mais tâche de dormir un peu.

Et dans la chambre, Guillaume resta seul avec sa défunte. Et il parlait à sa femme, et il lui disait :

— Augusta, j'ai peut-être pas été le bon mari. Je t'ai traitée durement. Je t'ai parlé sur un ton que j'aurais pas dû. Et pourtant, tu sais, Augusta, je t'aimais bien. Mais j'ai jamais osé te le dire. J'aurais eu peur que tu te moques de moi. Et maintenant que je te le dis, que je t'aime, tu es toute morte et tu l'auras jamais su.

Là, Guillaume se mit à pleurer. Mais, soudain, il s'essuya les joues avec ses mains calleuses. Il s'était levé. Ce qu'il allait faire, il ne le savait pas au juste. Mais c'était sûr qu'il allait faire quelque chose.

Ses mains et ses bras le savaient avant lui. Il prit délicatement le corps de sa femme dans ses bras et, quand il l'eut serrée contre lui, il comprit ce qu'il avait décidé. Et il le proclama dans le silence.

— Je vais pas te laisser ici... Je vais t'emmener dans mon cimetière à moi. Et c'est moi qui te mettrai en terre. Tu verras comme tu seras bien. Et des fleurs, tu en auras toute l'année et des oiseaux et des cigales...

Guillaume reprit la route au petit jour. Pour éviter de rencontrer trop de monde, il passa par Coste-Basse et par La Fourbine. La couronne impériale d'Arles scintillait dans le soleil levant. Montmajour émergeait de la brume matinale.

— Augusta, ma pauvre Augusta, gémissait Guillaume, si tu pouvais voir comme le monde est beau. Mais tu as vécu toute ta vie enfermée dans ta cuisine et moi j'ai jamais pensé à te raconter la beauté des choses... Criminel que je suis, moi.

Cependant le soleil était déjà haut dans le ciel et, malgré sa détresse, Guillaume commençait à ressentir la fatigue et la chaleur. Il s'arrêta un moment pour s'éponger et prendre souffle. Il était juste à hauteur du Mazet de la Mérindole et au moment où il allait refaire de route le père Couty, qui avait déjà fini d'arroser ses pommes d'amour, parut sur le seuil.

— Ho, Guillaume, ça va ? dit-il.

— Ça va !

— Tu trouves pas qu'il commence à faire chaud ?

— Ça pour faire chaud, il fait chaud.

— Si tu venais prendre un verre ?

— Sans façons.

— Tu refuses de prendre un verre avec un ami ?

— C'est que je ne suis pas seul, dit Guillaume, un peu gêné.

— Eh bien, dis à la personne qui t'accompagne de venir se rafraîchir aussi.

Guillaume se trouvait, avouons-le, dans une situation délicate. Il avait soif, mais il avait du chagrin.

— Pour te dire la franche vérité, bafouilla-t-il, je crois que la personne qui m'accompagne n'a pas soif...

Alors, on vit cette chose surprenante. Je dis « surprenante » et je pèse mes termes. On vit le corps d'Augusta s'agiter. Exactement s'étirer comme celui d'une grosse chatte qui se réveille après une bonne sieste. Mais elle n'avait dormi que d'un œil, cette Augusta qu'on croyait morte et elle dit, en essayant d'avoir l'air en colère :

— Alors moi, naturellement, tu m'invites pas... Tu seras toujours ce même gros égoïste...

Si vous ne croyez pas cette histoire, vous n'avez qu'à aller au Paradou (Bouches-du-Rhône), Guillaume et Augusta sont toujours vivants. Ne vous pressez pas. Vous avez tout le temps car le bruit commence à courir dans la région que, va savoir, ils seraient peut-être immortels.

Et maintenant je me tais.

Pourtant j'aurais encore tellement d'amis à vous présenter et tellement d'histoires à vous raconter.

Celle de mon ami Nello, le cycliste franco-bavard, qui était un mauvais acrobate à bicyclette et un mauvais chanteur d'opérette, mais qui trouva la gloire en associant ses deux défauts.

Celle de Justin qui arrivait à pincer les vitres avec ses ongles tellement il était avare et qui baissait ses pantalons pour ne pas les user, avant de s'asseoir.

Celle d'Albert, dit « le Torpilleur », qui travaillait à l'Arsenal et qui fabriquait, pour conserver sa propre estime, des « boules farcies » avec les aciers spéciaux de la Défense nationale.

Celle de Fernand de Trinquetaille qui traversa le Rhône en marchant sur les eaux...

Celle de la centenaire qui mourut plusieurs fois d'amour.

Celle de Purification, l'antiquaire, qui était si intelligente qu'elle arrivait à vendre des secrétaires en bois de fraisier.

Celle de Méjan le perruquier qui rasa la Bastille.

Celle de mon oncle Aristide qui connaissait l'Amérique sans y être jamais allé.

Celle du mouton qui avait les yeux verts...

Mais peut-être vous ne savez pas que les moutons ont les yeux bleus et qu'ils brillent comme des vers luisants dans la pénombre des étables... Et figurez-vous que...

Non. Je dois m'arrêter.

Mais si mes histoires vous ont plu...

Fontvieille, le 27-2-1986

LES NOUVEAUX CONTES DE MA PROVENCE

Je dédie ce nouveau recueil de contes (inédits pour moitié) à la mémoire du perruquier arlésien MEJAN, qui fit rire ses contemporains et fortune par la même occasion, avec un mot.

Un seul.

Lors de son Tour de France de Compagnon, il se trouvait à Paris le 14 juillet 1789.

De retour dans sa ville natale, il ouvrit une boutique :

« Auguste MEJAN, le perruquier qui a rasé la Bastille. »

Les mots, sous nos latitudes, ont plus de rayonnement qu'ailleurs.

Y. A.

EN GUISE DE PRÉFACE

Le lendemain de la sortie des *Contes de ma Provence*, j'ai reçu de mes deux premiers lecteurs la lettre suivante. Ce n'est pas uniquement par vanité que je me suis permis de leur demander l'autorisation de la publier.

Bien sûr, il y en avait un peu dans ma démarche, mais il y avait surtout de la reconnaissance. Grâce à leurs encourageantes injonctions, je me suis remis au travail le jour même.

Soir après soir, je leur ai raconté, avant vous, mes histoires avec le désir de ne pas les décevoir et de conserver leur estime.

Antoine Blondin a écrit jadis : « Un livre est une lettre qu'on écrit à un ami. » Ce livre est une affectueuse réponse à tous ces si nombreux amis qui me font le plaisir de me lire.

Cher monsieur Audouard,

Je n'ai pas l'honneur de vous connaître, physiquement s'entend, car pour ce qui est de la plume et de l'image cela fait quelques lunes que je vous fréquente, mais si je prends la liberté de vous importuner c'est parce que je considère que vous ne pouvez pas — vous n'avez pas le droit — de laisser inachevé le récit des contes de votre Provence qui est aussi, vous le savez bien, celle de tous ceux qui la connaissent pour y avoir fait de brefs séjours ou pour seulement l'avoir traversée, de temps à autre, en période de vacances.

Odilon, Sainte Sara, le paysan, Bramaïre, Madeleine et tous les autres ont égayé nos soirées et nous ont permis de nous endormir la joie au cœur et du soleil plein la tête. C'était moi qui faisais la lecture. Je m'évertuais à prendre votre accent pour que cela fasse plus vrai. Et chaque soir mon épouse quémandait : « Tu me racontes une histoire ? » Ce que je faisais avec un indicible plaisir. Jusqu'au jour où, avec regret, je dus lui avouer que c'était fini. Mais comme vous nous avez mis l'eau à la bouche en nous faisant part de l'existence de Justin, d'Albert, des boules « farcies » ! Là, je dois vous avouer qu'ayant eu une pratique sportive de ce sport (pétanque et lyonnaise) auquel je m'adonne encore de temps à autre en dilettante il me plairait de savoir ce que vous avez à dire à ce sujet. Vous pensez bien que nous ne saurions admettre que vous nous privassiez du plaisir que nous sommes en droit de vous sommer de nous donner.

Alors, nous vous en prions, reprenez la plume. Chaque soir, grâce à vous, pendant quelques instants, nous oublierons les saloperies que nous distillent, que diable, dont nous abreuvent les innombrables média qui meublent et encombrent notre brève existence.

En toute sympathie, et en toute humilité, nous vous assurons, cher monsieur Audouard, de notre plus sincère admiration.

Bien à vous.

Marie-Jeanne et Roger Valade
Bieujac
33210 LANGON

MODE D'EMPLOI

Fontvieille. Midi. La route poudroie. Le ciel flamboie.

Je reviens de faire mon marché de célibataire provisoire. Je pose mes deux couffins pour pouvoir m'éponger le crâne.

Le grand Charles cueille des figues dans son jardin. Marie la Gracieuse, sa femme, est à ses fourneaux. Il m'interpelle affectueusement.

— Que dirais-tu d'un petit rosé des Terres Blanches ?

Entre amis, pas de cérémonies. Je réponds :

— Je t'en dirai le goût.

Nous trinquons sous sa tonnelle, sans rien dire, simplement pour le plaisir d'être ensemble. Avec une agilité de chat de gouttière, Charles grimpe sur une chaise pour palper un grain de sa treille de raisin muscat. Il annonce :

— Dans deux jours, ils seront à point.

Le silence s'installe à nouveau. Mais je sais que nous pensons en même temps à cette explosion de plaisir qui nous éclatera dans la bouche cet hiver après leur retraite, grain à grain, dans le vieux marc du père Nicoli.

— La soupe est prête, annonce Marie la Gracieuse (à ne pas confondre avec Marie la Rebroussière qui a rendu bègue son mari à force de colères rentrées).

— Tu es seul en ce moment ? s'enquiert le grand Charles.

— Françoise n'arrive de Paris que dans huit jours.

— Alors, tu restes déjeuner avec nous, décrète-t-il d'un ton sans réplique.

Pour le principe, je proteste :

— Je ne voudrais pas vous déranger.

Il me fait l'œil noir :

— Quand tu parles comme ça, tu me fâches.

Il n'en dit pas davantage et le sourire lui revient.

— J'ai déjà mis une troisième assiette, annonce sa prévenante épouse.

— Et quand il y en a pour deux, il y en a pour trois, conclut le grand Charles.

D'ailleurs, il y en avait pour douze et la sieste qui suivit aurait pu me conduire jusqu'aux premières étoiles, si un coup de téléphone inattendu ne m'avait fracassé le sommeil juste au moment où il commençait à prendre tournure.

Il fallait que je rentre à Paris d'extrême urgence.

Il n'y a pas de bonheur parfait.

Je n'ai donc pas été le témoin oculaire des événements que je vais ici rapporter. C'est le grand Charles qui s'est décidé, quelques mois plus tard, après bien des hésitations, à m'en faire le récit. Il baissait la tête comme un minot qui vient de faire une grosse bêtise. Il se dandinait en pétrissant sa casquette :

— Yvan, dit-il, j'espère que tu ne m'en voudras pas. Je t'ai peut-être fait du tort...

— Toi ? Ce n'est pas possible.

— J'aurais dû garder mon sang-froid. Mais je n'ai pas pu me retenir.

Au souvenir de son ancien emportement, sa réserve avait fondu :

— Figure-toi, dit-il, que, le lendemain de ton départ, un de tes amis, un nommé Dominique, est descendu de l'Ardèche juste pour boire un verre avec toi. Il avait l'air si malheureux de t'avoir manqué que j'ai pris sur moi de le retenir à déjeuner.

— Tu seras toujours le plus brave.

— Un garçon charmant et je te remercie de me l'avoir fait connaître. Il a fait porter des fleurs à ma femme. Des gens comme lui, ils seront toujours les bienvenus sous mon toit. Le lendemain...

— Ne me dis pas qu'un autre ami est venu te déranger ?

— Non. Celui-là ne te connaissait pas mais il avait tellement envie de te connaître que je l'ai invité à manger la soupe avec nous... (Il se leva pour farfouiller dans le tiroir du buffet de sa salle à manger.) Et regarde : dès son retour à Bruxelles... hé oui ! il était Belge, mais il savait vivre.

Il plongea de nouveau la main dans le tiroir du buffet et en ramena un paquet de cartes postales. Il avait l'air heureux comme un premier communiant qui montre sa collection de timbres à son vieux parrain.

— Tu vois, il y en a qui viennent de Paris, de Bordeaux, de Genève, de Quimper et même de Copenhague.

— Et tu as reçu à ta table tous ces étrangers ?...

— J'ai fait de mon mieux pour te remplacer. Et de toute façon il faut aider, chacun selon ses moyens, à la construction de l'Europe.

Je ne pus m'empêcher de lui poser une question qui me mettait mal à l'aise :

— Et Marie, qu'est-ce qu'elle pense de tout ça ?

Avant de me répondre, le grand Charles vérifia que sa femme ne pouvait pas l'entendre et, deux précautions valant mieux qu'une, il me glissa à l'oreille d'une voix murmurée :

— Je la connais, Marie. Elle est brave. Et du moment qu'on se régale et qu'on lui fait des compliments sur sa cuisine, c'est la plus heureuse. Et des compliments, jamais elle n'en a tant reçu. Elle a été payée largement de sa peine. Je dirai même que son succès lui a un peu enflé la tête.

Les sept sueurs de la confusion me ruisselaient le long de la colonne vertébrale. Sans le faire exprès, j'avais « mis le pati » dans le couple le plus uni du village.

— Excuse-moi, dis-je, de t'avoir causé tout ce dérangement.

— Mais pas du tout. Ça ne nous a laissé que de bons souvenirs. C'est ce « caramantran » d'agent immobilier qui a tout gâché...

— Quel agent immobilier ? Je n'en connais aucun. Il n'est pas venu de ma part, au moins ?

— Non. Il avait une affaire à te proposer.

— Tu l'as mis à la porte, j'espère.

Le grand Charles rougit, rentra la tête sous les épaules, se ratatina sous mes yeux.

— Hé, non ! je l'ai invité à déjeuner. Lui, comme les autres. Et tu sais ce qu'il s'est permis de me faire remarquer ce marque mal. Ne cherche pas, c'est pire que tout ce que tu pourrais imaginer. Il a fait la moue et il a dit à ma femme d'un air dégoûté : « Elle ne serait pas un peu claire, votre soupe ? »

L'indignation soudain me secoua :

— Oh ! le galfatre ! Oh ! le mal équarri ! m'écriai-je. J'espère que tu lui as dit ta façon de penser.

Charles le Grand reprit d'un coup toute sa stature :

— Je n'ai jamais insulté quelqu'un que j'ai reçu sous mon toit. Mais, dans ce cas, j'ai craqué et je me suis permis de lui dire en face : « Pardonnez-moi, monsieur, de vous servir une soupe aussi claire, mais c'est ce qui reste de la soupe de la soupe de la soupe de la soupe de la soupe de la soupe de la soupe de mon ami Yvan. »

Me prenant par les épaules et me regardant avec angoisse, voilà ce qu'il m'a dit cet homme admirable. Il m'a dit :

— J'espère que je ne t'ai pas fait de tort...

Telle est la véridique histoire de la soupe du grand Charles de Fontvieille.

Véridique à ce détail près qu'elle n'est pas arrivée au grand Charles et que ce n'est pas à Fontvieille qu'elle s'est passée.

Je la tiens de « Plume d'Aigle Flottante », un authentique Indien du Honduras qui la tenait d'un griot mauritanien. Qui la tenait peut-être d'un gourou pakistanais.

Elle avait déjà fait, avant d'atterrir à Fontvieille, plusieurs fois le tour du monde. Dans les deux sens. Depuis, quand je mets une histoire sur orbite, je m'attends à ce qu'elle me revienne, revue et corrigée, après un détour par l'Équateur ou le pôle Nord.

Je ne suis pas moi-même un récolteur de contes. Je suis un producteur qui « exploite » infatigablement sa parcelle. Mes contes, je les cultive comme des plantes, je les soigne et je les cueille quand ils sont mûrs. Tout ce qui m'arrive dans la vie prend sous ma plume la forme du conte, de la fable, de la parabole ou du poème. Avec des mots, je tente de créer, ou de « recréer » le monde. Comme dit l'autre, avec le verbe j'essaie de faire de la chair. De la VIE.

Avec des mots écrits, c'est plus difficile qu'avec des mots parlés. Il faut donner au conte un style pour faire entendre la voix de celui qui raconte, pour qu'on puisse le voir lui et ceux qui l'écoutent, qu'on respire le même air qu'eux et savoure la même lumière. « *Sans le style*, écrit Henri Pourrat, notre maître à tous, *les contes ne seraient que plantes d'herbier. Leur manqueraient un déploiement dans l'espace, un éclat de verdeur, l'air qui circule autour, la sève qui coule en dedans.* »

Travail d'écrivain. Difficile pour moi qui ne cherche pas d'où ils viennent, qui les prend en cours de route, qui ne les « recueille » pas mais qui les « accueille » dans l'état où je les trouve, enrichis ou appauvris, métamorphosés en tout cas par la palabre des siècles, nés de pères inconnus, ayant perdu leurs papiers en route, sans domicile fixe mais n'ayant d'autre ambition que de « charmer » le quotidien et de mettre de la magie dans notre « ordinaire ». Quand je crois en avoir engendré un avec ma seule imagination, je m'aperçois plus tard que je n'ai fait que le « réinventer » (le redécouvrir), qu'il a déjà une famille nombreuse et que je n'en suis que le père adoptif.

Ce conte-là, pas plus que les autres, je n'en connais ni l'auteur, ni le lieu de naissance. Spontanément, je l'ai situé en Camargue : c'est une bonne terre d'asile pour les enfants abandonnés. J'en connais en revanche la date approximative : vers la fin du XIXe siècle.

En ce temps-là, il y avait au Sambuc un curé. Un brave curé pauvre et malheureux. C'était un homme de foi et de charité. Un véritable apôtre mais qui avait le plus grand mal à évangéliser une population rude et goguenarde. A la messe du dimanche n'assistaient que quelques vieilles diseuses de chapelet, cancanières et bigotes. Le saint homme s'en désolait et mettait sur le compte de ses propres insuffisances le peu de succès de son apostolat.

On l'aimait bien quand même et on veillait à ne pas le laisser mourir de faim, ce brave homme. De temps en temps, il trouvait devant sa porte une paire de lapins ou un cageot d'anguilles, car des sous, il n'en avait guère, tout le monde le savait et personne n'aurait songé à lui voler ses toutes petites économies. Seulement, il était très vieux ce brave pauvre curé et, avec l'âge, il était devenu méfiant. Il avait pris l'habitude, quand il devait s'absenter, de cacher son vieux porte-monnaie tout pelucheux à force d'usure au creux du nid de la pie qui avait élu domicile dans le micocoulier qui ombrageait son jardin en friche.

Ce doute émis sur l'honnêteté du village vexa profondément ses habitants qui se sentirent atteints dans leur honneur. Quelques jeunes garnements grimpèrent de nuit dans le micocoulier (le capelan avait le sommeil lourd), s'emparèrent de la vieille « cachemaille » et la remplacèrent par une vaste bouse de taureau.

Évidemment, aucun des chenapans auteurs de cette déplorable plaisanterie rustique n'avait l'intention de garder pour lui les maigres picaillons de ce peu glorieux larcin. Ils voulaient simplement donner une leçon à celui qui avait douté de leur probité. Ils se réjouissaient à l'avance de la tête qu'il ferait quand il découvrirait le larcin.

Ils furent déçus. Le brave capelan ne manifesta ni émotion, ni colère. Pas la moindre contrariété sur son visage mal rasé. Il continua d'exercer son sacerdoce dans son église quasi déserte avec la même sérénité.

Or, le dimanche suivant, tout le village se trouva rassemblé dans la petite chapelle et le brave vieux curé se réjouit en son âme d'avoir une telle audience. Il ne montra cependant pas plus sa joie que l'amertume d'avoir été volé.

Les habitants du village s'entre-regardaient. Ils s'attendaient à être fustigés (ce qui les aurait fait rire car chez les habitants du Sambuc celui qui leur donnera mauvaise conscience n'est pas encore né). L'impassibilité du capelan les consternait. Ils eurent néanmoins la patience d'attendre le moment du sermon. C'était pour leur vicaire l'occasion de vider son cœur.

Sa sérénité demeurait inébranlable et c'est d'un pas d'empereur qu'il monta en chaire. Son calme les impressionna tous. Les incroyants les plus forcenés s'étaient signés en même temps que lui.

— Mi fraïre..., dit-il.

Je ne vous l'ai pas précisé jusqu'ici, mais le vieux curé dont je vous parle, s'il disait sa messe dans un latin patoisant, prononçait ses homélies dans le provençal le plus pur :

— Mi fraïre, répéta-t-il, vau vous parla de la fé... Je vais vous parler de la foi...

— Aïe, aïe, gémit le conclave, il nous fait le coup du mépris...

L'homme de Dieu cependant poursuivait son discours :

— Mi fraïre, fau creire ça que fau creire... Mes frères il faut croire ce qu'il faut croire... Maï fau pas creire que li biou van caga dins li nis des agaço... Mais il ne faut pas croire que les taureaux vont caguer dans les nids des pies...

Il y eut quelques secondes de silence et soudain un rire heureux secoua le conclave...

Comme on dirait aujourd'hui, le message avait été reçu cinq sur cinq.

Quand il revint à son presbytère délabré, la cachemaille avait retrouvé sa place dans le nid de la pie et sur la table boiteuse de sa pièce à vivre s'amoncelaient des victuailles comme pour un soir de Noël.

Si je vous ai raconté cette histoire, qui a traversé un siècle pour venir jusqu'à moi, c'est pour vous faire partager mon plaisir. Mais c'est aussi parce qu'elle permet au conteur que je suis, que j'essaie d'être, de me demander si un jour j'arriverai à vous faire croire que les taureaux (ceux de Camargue) arrivent à grimper quand ils sont en état de grâce dans les branches des micocouliers.

Et pourquoi n'y arriverais-je pas ?

Occasion pour moi de citer une fois encore Henri Pourrat : « *Des conteurs et des conteuses me l'ont rapporté : leurs anciens leur avaient dit avec insistance, dans un siècle où ce semblait incroyable, qu'on verrait des voitures rouler sans chevaux, des chars voler dans le ciel et tout ce que nous voyons aujourd'hui. Les prodiges qu'inventaient les contes prophétisaient les réalisations de notre âge technique, depuis longtemps rêvé par les âges terriens... Oui ces imaginations de bottes de sept lieues, de forêts abattues en un tournemain et de voitures roulant toutes seules semblent d'étonnantes prémonitions. Alors, alors ? Certaines magies de ces contes, plus intérieures — pleins pouvoirs donnés à l'esprit victorieux de la matière, de l'espace et du temps —, certaines magies n'ont pas encore été atteintes. Pourquoi, elles aussi, ne le seraient-elles pas ? Puisque les contes ont annoncé l'âge actuel, pourquoi n'annonceraient-ils pas, par-delà, un autre âge ?* »

Voilà donc la folle entreprise dans laquelle je vais tenter de vous entraîner. Mais n'ayez aucune inquiétude. Avec les mots, je ne veux pas vous « engarcer », je veux essayer de voir si les mots, quand ils sont dits dans le ton juste, au moment où ils doivent être dits et quand ils ont été enrichis par la permanence des légendes, des rêves et des utopies, ne sont pas tous des « Sésame » et s'ils ne nous entraînent pas toujours là où « nous nous ignorons ».

N'oubliez pas quand même que je suis Provençal de père et de mère, de grand-mère et de grand-père, d'arrière-grand-père et d'arrière-grand-mère tant paternels que maternels (après, je ne sais pas). Cela doit vous rassurer et non pas vous inquiéter. Il nous est arrivé tellement de choses que nous sommes devenus d'un naturel plutôt sceptique. Nous ne pouvons plus nous mentir à nous-mêmes. Et encore moins aux autres. Pour dire les choses plus simplement, il est difficile de nous faire prendre des vessies pour des lanternes. Et encore moins pour des phares.

Alors si, parfois, partant du réel le plus humble et le plus quotidien, il m'arrive de vous entraîner sur les chemins de l'incroyable, c'est que, toutes réflexions faites, ils me sont apparus comme seuls crédibles.

Je n'essaie ni de vous tromper ni de me tromper moi-même. Je ne vous prends pas en traître. Je vous demande au contraire d'être particulièrement vigilants. C'est pourquoi je vais vous raconter une histoire qui se passe en Bretagne. Vous y découvrirez à l'évidence ce qui distingue nos rêves éveillés de ceux des Celtes qui occupaient la Provence avant les Grecs et les Gallo-Romains...

Jean-François d'Audierne venait de prendre sa retraite après avoir bourlingué pendant plus de quarante ans sur toutes les mers du monde. Il buvait sec et parlait peu. Il n'utilisait la parole qu'en cas d'extrême nécessité et ne s'exprimait dans les circonstances ordinaires de la vie que par froncements de sourcils ou mouvements du menton.

Du jour où il mit sac à terre, il devint immédiatement l'un des hommes les plus volubiles de tout le Finistère Nord et ses anciens camarades de navigation ne tardèrent pas à s'agglomérer autour de lui aux heures muscadettes. Avant lui, elles étaient taciturnes, ponctuées seulement de grognements, de jurons, de coups de poing sur la table qui rehaussaient le silence plus qu'ils ne le troublaient. Chacun poursuivait son rêve à titre privé. Il suffisait d'un mot, d'un prénom d'homme, de femme ou de bateau pour alimenter leur conversation muette.

Or, il se trouva que le discours de Jean-François non seulement ne dérangeait pas les songeries générales mais leur donnait plus de consistance. Ils se mirent à rêver à l'unisson et ce fut un hiver plein de fièvre partagée. L'hiver le plus volubile de toute la Bretagne septentrionale.

Rassemblés dans l'arrière-salle du bar des Cormorans Bleus, tous ces laboureurs de la mer déliraient en commun. A voix basse, mais à fond la caisse. On aurait dit le conseil d'administration secret d'un consortium de flibustiers.

Ce n'était pas tout à fait de flibuste qu'il s'agissait, mais presque.

Il s'agissait d'un trésor.

Jean-François d'Audierne en avait trouvé un au cours de ses chevauchées maritimes. Comme c'était un homme généreux, il avait décidé de le partager avec ses amis. Trésor lointain, muré au creux d'une grotte dans un îlot de la mer des Caraïbes. Trésor d'autant plus alléchant que quasiment inatteignable. Donc, particulièrement enrichissant.

Par l'imagination, du moins.

Sur la lourde table patinée autour de laquelle ils siégeaient en tirant sur leur bouffarde, Jean-François avait étalé une carte marine au centre de laquelle il avait entouré au crayon rouge un minuscule point noir.

— C'est ici, dit-il.

L'îlot n'avait pas encore de nom. Ils le baptisèrent au muscadet jusqu'à une heure avancée de la nuit.

Les choses sérieuses ne commencèrent que le lendemain.

Quand on veut entreprendre (même par la pensée) une aussi longue navigation, la première chose à faire est de tracer sa route. Cela donna lieu à d'interminables palabres vociférées. Toutefois, miraculeusement, aucun coup ne fut échangé. On décida de passer comme jadis par le cap de Bonne-Espérance. C'était la route la plus longue mais il fallait à tout prix détourner l'attention des curieux.

La perspective du trésor fabuleux qui les attendait avait enflammé l'imagination des vieux loups de mer et avait exaspéré leur méfiance. Ils ne se réunissaient plus maintenant qu'après la fermeture du bar des Cormorans Bleus. Le moment en effet était venu de choisir le bateau qui les emmènerait vers la fortune.

Ils durent se rendre à l'évidence : aucun, même en lui apportant les modifications qu'ils jugeaient nécessaires, ne convenait à leur projet. Ils décidèrent donc de le construire eux-mêmes. Cela leur prit plusieurs hivers car ils étaient d'une exigence extrême sur le choix des voiles, des bois et des accessoires. Plusieurs d'entre eux, moururent sans avoir vu l'île promise. Ils quittèrent du moins ce monde avec l'âme illuminée par la splendeur de leur rêve. Alors, la frénésie s'empara d'eux. Il n'était pas question, bien entendu, de faire escale où que ce soit pour ne pas attirer l'attention. Mais dans l'univers poétique où ils naviguaient le temps ne compte pas et l'argent encore moins.

Contrairement à ce qu'on aurait pu craindre, l'établissement de la hiérarchie à bord ne causa aucun problème. Il était normal que Jean-François d'Audierne prît le commandement. Personne ne lui disputa son titre et, comme ils étaient tous des marins de grande expérience, ils se répartirent les tâches selon leur spécialité, sinon sans échanger de coups de poing, du moins sans violence excessive.

Tout était donc prêt pour le départ. Ils entendaient déjà les grincements des haubans et des vergues et le fracas des quarantièmes rugissants. C'est alors qu'Yvon le Bègue, qui n'avait plus ouvert la bouche depuis l'école des curés tellement il avait peur d'assommer ceux qui se seraient permis de se moquer de son infirmité, demanda sans le moindre bredouillis :

— Et tout cet argent, où on va bien pouvoir le cacher ?

La bonne question que voilà !

Il fallut encore tout un hiver pour trouver une réponse satisfaisante : aménager au creux d'un aber et dans une grotte inaccessible par terre un abri portuaire invisible à marée haute.

— Plus rien ne nous retient au rivage, annonça donc Jean-François d'Audierne.

Tout était donc en ordre dans leur tête et c'était l'essentiel. Comment oser dire que le bateau, le trésor n'avaient jamais existé ? Quoi de plus concret, de plus solide qu'un rêve qui vous permet de vivre une vieillesse enthousiaste, et d'aborder aux rivages de la mort le sourire aux lèvres ?

Ils humaient déjà à pleins poumons le vent du large et dans leurs yeux s'allumaient les étoiles nouvelles lorsque Yvon le Bègue, rendu volubile par le succès de sa première intervention parlée, posa enfin la question qu'il avait sur les lèvres depuis le premier jour :

— Et pour la question du partage ? demanda-t-il, l'air mauvais.

L'exaltation leur avait fait oublier l'enjeu de l'aventure. Jean-François d'Audierne, sûr d'être approuvé par son équipage, fit connaître aussitôt sa décision :

— En ma qualité d'inventeur du trésor, j'en garde la moitié. Quant à l'autre moitié, vous vous la partagez en parts égales.

Les conjurés des mers du Sud s'entre-regardèrent un instant d'un air abasourdi. Jean-François s'étonna :

— Vous n'êtes pas d'accord ?

Ils ne répondent pas. Dans leurs yeux s'est allumée une lueur farouche.

Et alors, qu'ont-ils fait ?

D'un seul geste, ils ont tous sorti leur couteau et, s'il n'y eut pas de morts, ce fut un miracle. Mais il y eut des blessés graves : pour un trésor imaginaire mais d'autant plus précieux qu'il avait été longuement rêvé.

Évidemment, de tels événements ne peuvent pas se produire à Fontvieille. D'abord, nous sommes à l'intérieur des terres et nous ne bourlinguons que sur les vaguelettes des collines.

Mais nous avons aussi nos trésors cachés et nous pouvons aussi bien que dans le Finistère imaginer notre rencontre avec la Chèvre d'Or.

Mais, à la différence de nos ancêtres les Bretons, nous ne risquons pas de brandir nos couteaux pour nous partager ses dépouilles. Il ne faut pas tuer la Chèvre d'Or et pour lui permettre de continuer à vivre il ne faut pas y croire tout à fait. Mais suffisamment pour la caresser quand le mistral souffle.

Mais surtout il faut savoir ne pas se presser, y aller « planplanen » pour laisser les faits prendre leur place et je ne remercie jamais assez mon ami Jacques de m'avoir appris qu'avant de raconter une histoire, il faut laisser au temps le temps de lui donner son sens.

PRÉCIEUSE LEÇON

Daniel avait mis un taureau à la broche. Le rendez-vous avait été fixé aux environs de minuit (heure camarguaise) quelque part du côté de la Pointe des Frignants.

Sans autre précision. Le bouche à oreille affirmait qu'il y aurait de la guitare à écouter, de la clairette à boire et de la Suédoise à consommer sur place.

Disons que c'est l'envie d'entendre sonner les guitares de Manolo et de ses fils qui nous a incités, mon vieux complice Jacques et moi, à quitter Sète (qui est, après Arles, ma ville natale préférée) dès le coucher du soleil.

La Camargue, à force de la parcourir dans tous les sens, je croyais commencer à la connaître. Navrante impudence que la mienne. A deux heures du matin, nous errions toujours dans la « Sansouiro », narines au vent. Mais aucun effluve de viande grillée ne parvenait jusqu'à nous.

Nous nous étions « plantés » et, abandonnant notre voiture « enfanguée » jusqu'aux essieux, nous pataugions jusqu'aux genoux dans la bouillasse.

A l'horizon, une lumière scintillait en tremblotant. Mais plus nous avancions, plus elle semblait s'éloigner.

Ce n'était pourtant pas un mirage et à trois heures du matin nous pénétrions dans un bistrot installé sur la rive d'une route miraculeusement goudronnée. Il régnait en ce lieu une atmosphère des plus conviviales et nous y fûmes accueillis avec beaucoup de tendresse par des gardians (de nuit) visiblement en état orphique avancé. Ils avaient commencé à prendre l'apéritif dès le coucher du soleil et ne semblaient pas encore, au mitan de la nuit, décidés à regagner le domicile conjugal. Ils s'étaient attardés non pas par ivrognerie pure mais pour le plaisir d'être ensemble qui leur faisait reculer, de tournée en tournée, le moment inévitable de la séparation.

C'était l'heure philanthrope. Ces joyeux garçons se sentaient à cette heure amis du genre humain tout entier et poussèrent, quand nous eûmes demandé de nous donner un coup de main, des cris de collégiens en récréation. Le dépannage fut si promptement exécuté qu'il nous sembla qu'ils avaient porté notre voiture sur leurs robustes épaules.

Le temps d'étouffer une paire de flacons et ce fut l'aurore. Il était temps de se réconforter d'un léger casse-croûte à base de saucisson d'Arles, de cibettes, de picalon et d'anguilles du Vaccarès. Le tout arrosé d'un châteauneuf-du-pape de l'année.

Nous étions donc en très hauts esprits quand nous regagnâmes notre domicile. Fort satisfaits l'un de l'autre et de la vie en général.

Je restai quelques mois sans revoir mon ami Jacques. Pas vraiment d'un commun accord, mais à nos âges il ne faut pas abuser de ce genre de galipettes. Je tombai sur lui par hasard un jour de marché sur les Lices et mon cœur s'emplit d'allégresse. Jacques est l'un de mes fournisseurs attitrés mais bénévoles de contes et d'histoires qu'il recueille au hasard des rues et des chemins. J'attendais beaucoup du récit qu'il me ferait de notre épopée nocturne. Je n'étais pas sûr de retrouver dans la narration qu'il m'en ferait les faits exacts. C'est précisément ce que j'aime en lui : le talent qu'il a d'accommoder la réalité aux exigences impérieuses de son imagination.

A ma surprise, il demeurait étrangement silencieux. Je décidai de le brusquer un peu :

— Fais-moi plaisir, lui dis-je, raconte-nous ta version de notre aventure.

Il hocha longuement la tête :

— Pas encore, dit-il, je n'ai pas eu le temps de la METTRE au point.

Il avait raison, ce brave ami. Un conte, c'est un être vivant et il ne faut le cueillir, comme le raisin ou les figues, qu'une fois arrivé à maturité.

LE MENTIR VRAI

Un conteur ne recourt au mensonge que par déception ou en cas d'extrême nécessité. Il faut vraiment manquer d'imagination pour se croire obligé de mentir alors qu'il y a tellement de fantastique dans le quotidien et que la réalité dépasse *toujours* la fiction.

C'est pour cette raison que je donne aux « mensonges » de Saturnin mon absolution pleine et entière. Il avait été quatre ans prisonnier en Prusse orientale et en avait ramené des récits « incroyables » bien que parfaitement véridiques.

— Figurez-vous, disait-il par exemple, qu'en Prusse orientale il y avait des jours où le soleil ne se levait pas...

En principe, ce qui se passe en Prusse orientale n'intéresse pas vraiment les Fontvieillois. Mais, comme ce sont des gens bien élevés, il s'en trouvait toujours un pour dire :

— Pas possible !

Saturnin prenait cette politesse pour un encouragement :

— Il est même arrivé une fois qu'on n'a pas vu le ciel pendant trois jours...

Il ne se doutait pas, le brave garçon, qu'il commençait à pomper l'air de son auditoire. Il y en eut quand même un, plus gentil que les autres, pour dire :

— Les pauvres ! Ils ont un climat pas possible.

— C'est pas une question de climat, protesta Saturnin. C'était juste un vol d'étourneaux.

Le conclave un instant interrompt ses parties de belote et tend l'oreille. Les étourneaux, ils connaissent. Mais Saturnin a le tort d'ajouter :

— Ici, des étourneaux, on en voit un petit nuage de temps en temps. Tandis qu'en Prusse orientale, vous pouvez pas savoir...

Le contact aussitôt est rompu. Précisément parce qu'on ne « peut pas savoir »... Ce qui abîme le plaisir à l'avance.

Ce que nous aimons, nous autres, c'est pouvoir apprécier les distances que le narrateur prend avec la réalité. Vous faire croire, le temps d'un récit, que vous avez rencontré six ours en Camargue en train de danser la farandole, cela suppose un talent singulier. Tandis que dire qu'en Prusse orientale il y a des vols d'étourneaux qui durent trois jours et trois nuits, c'est recourir à la facilité. D'autant plus que c'est exact. On ne perturbe pas une réunion amicale pour énoncer de telles banalités, même si on tente de les poétiser en les situant dans une contrée lointaine où il faut une guerre pour avoir l'occasion de mettre les pieds.

Le vieux Saturnin, cruellement mortifié d'avoir perdu son écoute, s'enferma dans le silence et se fit muet pendant plusieurs semaines. Son humeur s'était assombrie. Un soir, pourtant, il fit une entrée radieuse au café du Moulin (à moins que ce ne fût au café du Cours, ou au bar du Tamaris...) :

— Figurez-vous, dit-il, qu'en me promenant dans la colline je suis tombé sur un champ d'asperges sauvages...

Aussitôt les parties de cartes s'interrompirent et tous les regards brillèrent de plaisir. Saturnin avait trouvé le ton juste. Un champ d'asperges sauvages, cela n'existe pas dans la région. Il faut une bonne matinée et le regard perçant pour en rassembler une maigre botte. Saturnin prétendait en avoir découvert un champ entier. Il lui fallait maintenant, sinon montrer son existence, du moins la rendre crédible. Lourde responsabilité que celle du conteur. Son début fut d'ailleurs hésitant. Il avait le trac.

— Je ne vous dirai pas que le champ faisait un hectare...

Il avait déçu son auditoire. Il se ressaisit aussitôt :

— Non, il ne faisait pas un hectare, mais pas loin ! Par bonheur, j'avais ma serpette avec moi et je me suis mis à les couper, les asperges, par bottes entières. Combien de kilos j'en ai ramassés ? Je ne peux pas vous le dire... Cent kilos...

— Cent cinquante, peut-être, dit une voix.

— Deux cents, suggéra une autre.

Saturnin eut un sourire modeste et interrompit les enchères d'un geste apaisant.

— Peu importe. En tout cas, il y en avait tellement que je les ai laissées sur place...

C'était une sortie adroite encore qu'un peu désinvolte, mais l'histoire tournait court.

Les spectateurs poussèrent à l'unisson le soupir de la déception. Saturnin le perçut :

— Vous n'êtes pas obligés de me croire, dit-il.

— Pourquoi on te croirait pas ?

— Parce que vous ne savez pas le plus beau...

L'intérêt se ranima dans l'instant. Le conteur, maintenant qu'il tenait son public, prenait son temps et ménageait ses effets. Il plongea la main dans la poche gauche de sa veste et la ressortit vide. Alors il fouilla sa poche droite. Sa main ne ramena rien de cette nouvelle exploration. Son visage exprimait une inquiétude qui avait l'air sincère tellement elle était bien imitée. Soudain, il se frappa le front et il glissa la main dans la poche intérieure de son veston.

Il feignit d'avoir du mal à la retirer. Elle jaillit enfin, brandissant comme un flambeau deux oreilles de lapin.

Tous retenaient leur souffle.

— Je vous ai rapporté la preuve indiscutable de ce que je viens de vous dire. Je tenais dans la main gauche ma touffe d'asperges. Je ne m'étais pas aperçu que, par la même occasion, j'avais attrapé un lapin par les oreilles. Elles sont venues avec le reste. Il a réussi à détaler. Si un jour vous le rencontrez, vous êtes obligés de le reconnaître. C'est moi qui l'ai vu le premier. Alors, faites bien gaffe. Il n'est pas à vous. Mais je suis prêt à partager avec celui qui me le rapportera.

Vous appelez ça du mensonge, vous ?

Alors, pourquoi les chasseurs de Fontvieille montrent-ils toujours à Saturnin, et brandissent-ils en le tenant par les oreilles, le lapin qu'ils viennent de tuer ?

Quittons les lapins et les étourneaux. Quittons-les sans les quitter tout à fait puisqu'il va s'agir du glorieux destin d'un homme politique dont la réputation à ce jour n'a pas dépassé les Bouches-du-Rhône.

Et c'est bien dommage...

UN HOMME D'ÉTAT

Il n'a été que maire d'un petit village mais j'affirme qu'il avait toutes les qualités de l'homme d'État. Je l'affirme et je le prouve.

Son père était cantonnier. Ce n'est pas un tremplin idéal pour l'envol des ambitieux. A force d'application, il parvint cependant à s'extraire de sa condition et se fit admettre comme comptable dans une banque régionale. Pour ses parents, il avait obtenu « son bâton de maréchal ».

Cette modeste promotion sociale ne suffit pas à le combler. Avec un culot proche de l'inconscience, il n'hésita pas, la trentaine venue, à se présenter aux élections municipales. Contre qui, je vous le demande ?

Contre son propre patron, le propriétaire de la banque où il n'était qu'un modeste employé. Le notable qu'il affrontait ne prit pas cette insolente candidature au sérieux. Il l'accueillit même avec une condescendance goguenarde.

Il eut tort.

Car le jeune impertinent fut élu. Au premier tour. Avec plus de soixante pour cent des voix.

C'est ici que commence vraiment mon histoire.

Les résultats venaient donc d'être proclamés. Très sportivement, son adversaire et patron était venu féliciter l'heureux élu.

La radio est là. On tend au nouvel élu le premier micro de sa jeune carrière.

— Monsieur le Maire, quelles sont « à chaud » vos premières réactions ? A quoi pensez-vous en ce moment ?

Le nouveau représentant du peuple n'hésita pas un instant :

— Je pense à ma réélection, dit-il.

Il ne faut donc pas s'étonner qu'il ait été reconduit dans ses fonctions trois fois de suite et avec une majorité confortable.

Il ne s'est pas représenté aux dernières élections, mais c'est depuis que je le considère comme un véritable homme d'État.

Savoir se retirer à temps indique déjà une grande clairvoyance mais conserver l'estime de ses amis et de ses rivaux quand on n'est plus au pouvoir, c'est à ce signe qu'on reconnaît les gens dignes de gérer notre destin.

Disons, si vous voulez, qu'il était devenu à l'échelle de son arrondissement une manière de Pinay.

On venait le consulter de tous les villages alentour dès qu'un problème délicat se posait à un maire de la région, quelle que fût son appartenance politique.

Ce jour-là, un jeune élu vint le trouver et lui tint, après les courtoisies d'usage, les propos que voici :

— J'ai rendez-vous avec le préfet de la région.

— C'est très bien, mon petit.

— Il faut absolument que j'obtienne l'ouverture d'un lycée dans ma commune.

— Et je parie que le préfet ne veut rien entendre.

— Exactement. C'est un vrai couillon.

— Il ne faut jamais traiter un préfet régional de couillon.

— Même si c'en est un ?

— Surtout.

— Mais alors, qu'est-ce que je dois faire ?

— Continuer à lui casser les pieds, mais poliment...

Le petit maire regardait la pointe de ses chaussures.

— Si j'osais, dit-il, j'aurais une requête à vous présenter.

— Dis toujours.

— Je vous demanderais de m'accompagner chez le préfet.

— Je n'ai rien à lui demander à cet homme...

— Il se souvient de vous...

Le maire retraité eut un sourire :

— Moi aussi, je me souviens de l'époque où il était sous-préfet d'Arles. Heureusement que j'ai de la mémoire, parce que les sous-préfets, à Arles, ils ont juste le temps de défaire leurs valises et tout de suite après on les exile en Bretagne ou à la Réunion.

— Il vous aime beaucoup.

— Pourtant, les choses avaient mal commencé entre nous. Il avait invité à Beaumanière les maires d'arrondissement pour faire leur connaissance. On déjeunait par petites tables et il avait un mot aimable pour chacun. Moi, il m'a oublié. Mais à Arles, les sous-préfets, si tu n'as pas le temps de les voir passer, Thérèse, la secrétaire générale de la sous-préfecture, est inamovible. Elle lui a parlé à l'oreille. Il est devenu tout rouge de confusion : « Je suis désolé, cher ami. Votre réputation est venue jusqu'à moi. On m'a dit que vous racontiez merveilleusement les histoires, mais je ne vous ai guère entendu aujourd'hui. » Alors, je l'ai regardé dans les yeux et je lui ai dit : « Que voulez-vous, je suis une vieille cigale provençale. Pour que je chante, il faut d'abord que l'on me gratte le ventre. »

— Il en rit encore.

— Tu veux que je t'accompagne pour le faire rire. Ce serait une erreur. L'ouverture d'un lycée, c'est sérieux.

— J'aimerais tellement que vous soyez à mes côtés. Cela me donnerait confiance.

Même sous la torture, l'ancien n'aurait jamais avoué qu'il souffrait d'être éloigné du pouvoir, et tous les amis faisaient semblant de croire qu'il savourait pleinement les délices de la retraite, alors qu'il enrageait de ne plus avoir l'occasion de se mêler des affaires publiques.

Il poussa donc un long soupir excédé et, feignant de se faire violence, il mit un terme à ses hésitations :

— Écoute, dit-il, tu me compliques la vie. Toutefois, puisque tu as l'air d'y tenir, j'irai avec toi, mais c'est bien pour te faire plaisir.

Les voici donc tous les deux dans le grand bureau de Monsieur le Préfet de Région. Le jeune petit maire a plaidé sa cause avec beaucoup d'éloquence. Monsieur le Préfet de Région, visiblement, a été sensible à ses arguments. Pourtant il lève les bras au ciel en signe d'impuissance :

— De vous à moi, dit-il, je vous donne entièrement raison. Si cela était en mon pouvoir, je vous les ferais obtenir, les crédits pour votre lycée. Mais je ne suis pas le Bon Dieu et, dans l'état actuel de nos finances, je suis désolé, c'est impossible. Absolument IMPOSSIBLE. Je ne demanderais pas mieux que de vous être agréable mais je n'envisage AUCUNE solution...

Se tournant vers l'ancien maire, sagement assis dans son fauteuil :

— Alors, cher ami, dit-il, je n'ai vraiment pas de chance avec vous. Chaque fois que j'ai le plaisir de vous rencontrer, vous gardez le silence. Ce n'est pourtant pas, à ce qu'on m'a dit, dans vos habitudes.

— Que voulez-vous ! Quand je n'ai rien à dire je ne dis rien.

— Vous n'avez rien à me demander ?

— J'ai simplement tenu à accompagner mon jeune collègue pour le rassurer. Mais vous voyez qu'il n'avait pas besoin de moi.

Le « jeune collègue » se sentait abandonné, trahi. Il ne pouvait dissimuler sa déception. Son ami semblait ignorer sa détresse.

— Je tenais en outre, poursuivit-il imperturbablement, à prendre amicalement de vos nouvelles.

— Elles ne sont pas mauvaises.

— Je trouve même que vous avez rajeuni depuis notre dernière entrevue.

— Vous me flattez.

— Non, je suis sincère. Je crois d'ailleurs savoir que vous prenez votre retraite dans six mois.

— Vous êtes bien renseigné.

— J'ai toujours suivi, même de loin, votre brillante carrière. On m'a dit que vous alliez vous retirer dans les Hautes-Pyrénées, chez vous, dans votre village natal.

— C'est exact.

— On ne m'a pas menti. Il paraît même que la maison que vous avez fait construire pour y finir vos jours serait terminée à temps.

— Mais vous savez tout !

— Je sais surtout que vos amis d'enfance, ceux avec qui vous étiez à l'école primaire, vos conscrits, se font une joie de vous voir de retour.

— Et moi aussi, vous pouvez me croire.

Ici, le vieux grognard municipal marqua une pause.

— Ce que je vais vous dire maintenant, c'est moi qui l'invente. Mais je suis sûr que les choses vont se passer exactement de cette façon.

— Vous prévoyez l'avenir ?

— Forcément. Sinon, je n'aurais pas été élu trois fois de suite. Donc, vos amis vous feront fête et pendant huit jours ils ne vous diront pas ce qui les préoccupe.

— Et vous, le savez-vous ?

— Bien sûr. Les prochaines élections municipales. Elles ont lieu dans un an, vous êtes au courant.

— Oui, mais elles se feront enfin sans moi.

— Vous êtes sûr ?

— Oh ! oui.

— Je n'en suis pas si sûr que vous. Vos amis seront obligés de dire que vous êtes l'homme de la situation.

— J'ai peur de comprendre.

— Vous avez très bien compris. Ils vont vous proposer de vous présenter à la mairie.

— Qu'ils n'y comptent pas !

— Vous refusez ?

— Évidemment.

— Ils vont insister...

— En pure perte...

— Je n'en doute pas. Et vous refuserez pendant combien de temps ?

— Définitivement.

— Je pense personnellement que vous ne tiendrez pas plus de deux ou trois mois... Inutile de protester. C'est inévitable. Mais oui, vous êtes l'homme de la situation. Vous finirez bien par céder.

— Si cela m'arrive, cela ne sera pas de gaieté de cœur.

— Mais vous céderez, c'est fatal.

— Après tout, c'est possible.

— C'est certain. Et alors, qu'est-ce qui se passera, une fois que vous serez maire ? Vous demanderez audience à votre préfet régional : « Alors, ce lycée, tu me le donnes, oui ou non ? »

Arrivé là, le préfet régional a éclaté de rire et, se tournant vers le jeune maire débutant, il a dit :

— Je ne sais pas comment je vais m'y prendre, mais, votre lycée, vous l'aurez.

ET IL L'A EU.

Et voilà pourquoi je considère mon ami Pierrot (ancien maire de Barbentane) comme un véritable homme d'État.

Le genre d'homme d'État dont la France a bougrement besoin. Et qui s'épanouit volontiers sous nos cieux. Ainsi qu'on va s'en rendre compte en lisant l'histoire exemplaire de Marcel Meyrentier.

LA TOUTE-PUISSANCE DE MARCEL MEYRENTIER

On aurait dit une chanson dont le couplet était chanté à plusieurs voix. On aurait dit que les amis de Marcel célébraient un office.

— Tu devrais te faire « appuyer », disait l'un.

— Oui, fais-toi « appuyer », disait l'autre.

— Tu as bien quelqu'un qui pourrait « t'appuyer » ?

Puis le refrain était repris en chœur :

— Si personne ne veut « t'appuyer »...

— Tu ne seras jamais « titularisé ».

Il y avait longtemps que Marcel n'écoutait plus le chant alterné de ses amis. Il n'était même pas sûr qu'il l'entendît encore. Car sa résolution était prise depuis longtemps. Il ne se ferait « appuyer » par personne.

Comme c'était un garçon de bonne compagnie, il finit par dire aimablement à son entourage :

— Par qui tu veux que je me fasse « appuyer » ? Je suis un pauvre mesquin qui ne connaît personne...

Il y eut un concert de protestations amicales et véhémentes, soulignées par quelques grommellements impatients venus de la table des joueurs de belote que ce vacarme importunait.

Ceci, bien entendu, se passait au café du Moulin à Fontvieille.

Je ne saurais pas vous préciser à quel poste Marcel souhaitait se voir titularisé.

Léon, le garde champêtre, titularisé lui aussi, avait posé affectueusement les deux mains sur les épaules de son collègue.

— Mais enfin, dit-il, tu n'as que des amis.

— J'espère bien... Mais ce sont des « mesquins » comme toi ! Ils n'ont pas le bras « long ». En tout cas, des gens que je connais, il n'y en a aucun qui ait le bras assez long pour « toucher » qui de droit. Alors, cocagne. Buvons un verre et n'en parlons plus.

C'était définitif. C'était sans appel. La tristesse s'abattit sur le conclave et Laurent, le patron, se hâta de renouveler les consommations pour que l'atmosphère de son bistrot ne devienne pas lugubre. Puis il dit de sa voix douce :

— Cela ne me regarde pas, puisque je suis dans le commerce et que dans le commerce on n'a pas le droit d'avoir une opinion, mais il me semble bien, Marcel, que tu es dans les meilleurs termes avec le maire.

— C'est un bon ami, dit Marcel, c'est même un ami d'enfance !

— Alors, fais-toi « appuyer » par lui. Il n'a pas le bras très long. Mais, au point où tu en es, son intervention pourrait t'être utile.

— Jamais de la vie, décréta Marcel.

— Et pourquoi ?

— Précisément, parce que c'est un ami. Et que je n'ai pas l'habitude de déranger mes amis...

— Même quand tu as besoin d'eux ?

— Surtout quand j'ai besoin d'eux.

Une fois de plus la situation était bloquée. Marcel était un homme affable, mais têtu. Ses amis toutefois ne renonçaient pas facilement. Ce fut au tour d'Olivier, le menuisier, de venir à la rescousse :

— Le conseiller général, tu le connais peut-être ?

— Non, je ne sais même pas comment il s'appelle.

— Alors, pourquoi tu lui envoies pas un petit mot ? D'abord, tu as une belle écriture.

— J'ai une belle écriture, c'est une affaire entendue, mais je n'ai pas l'habitude d'écrire des lettres à des gens que je ne connais pas.

Inutile d'insister. Il n'en démordrait pas. Julien, l'éboueur, entra dans la ronde à son tour, mais sans beaucoup de conviction :

— Le député, tu ne le connaîtrais pas, par hasard ?

— Si, très bien, répondit Marcel à la surprise générale. Je le tutoie même. Et s'il a passé le certificat d'études, c'est en copiant sur moi.

— Alors ?

— Alors, je le tutoie, mais j'ai toujours voté contre lui !

— Il ne le sait peut-être pas.

— Si, je l'ai mis personnellement au courant.

Julien tenta une manœuvre désespérée :

— Raison de plus. Il pensera peut-être que tu es revenu à de meilleurs sentiments.

Marcel blêmit sous l'outrage.

— Pour qui tu me prends ? dit-il ; je ne veux pas me faire « appuyer » par quelqu'un dont je ne partage pas l'« idéologie ».

— Eh bien, tu ne seras jamais titularisé.

— Eh bien, tant pis ! Mais j'aurai ma fierté pour moi.

Car Marcel était non seulement têtu, mais fier.

Il rentra donc chez lui la tête haute, mais le moral assez bas. Il ne serait jamais titularisé. Mais il avait sa conscience pour lui. C'est alors qu'une illumination jaillit en son cœur.

Il y avait toujours sur la table de sa cuisine du papier à lettres, un porte-plume et un encrier. Sa belle écriture était connue de tout le village et on lui confiait souvent la rédaction des lettres difficiles et officielles. Il se mit à écrire et cela lui prit une partie de la nuit. Il dut recommencer plusieurs fois sa missive. Pourtant, le texte était assez bref.

Le voici :

Monsieur le Directeur,

J'ai l'honneur d'attirer votre bienveillante attention sur le cas du sieur Marcel Meyrentier. C'est un brave homme. Un citoyen au-dessus de tout soupçon et d'une capacité professionnelle digne de tous les éloges.

Je peux vous garantir à la fois sa compétence et son honnêteté. Ce qui, avouez-le, est assez rare de nos jours. Il jouit de l'estime de tous et sa titularisation serait considérée par le corps électoral tout entier comme un acte de simple justice.

Voilà ce que je pense, Monsieur le Directeur, de cet homme admirable et je vous le confirme sous la foi du serment.

Après quoi, il signa sa requête de son propre nom.

Quinze jours plus tard, il recevait une titularisation très longtemps attendue.

Je suppose qu'en « haut lieu » on n'avait même pas fait attention à la signature, mais qu'on avait été convaincu par la fermeté de la requête et sa calligraphie.

Les amis de Marcel ne se sont pas ralliés à cette thèse. Ils n'arrêtent pas de lui demander :

— Mais enfin, qui t'a « appuyé » ?

Pour se débarrasser d'eux, Marcel a répondu d'un air plein de mystère :

— Je me suis adressé au plus « haut niveau »...

C'est depuis qu'on croit à Fontvieille que Marcel Meyrentier est l'ami personnel du président de la République. Ce qui le fâche avec beaucoup de monde. D'autant plus qu'il refuse d'« appuyer » de sa prétendue autorité les requêtes qu'on lui demande de transmettre discrètement à l'Élysée.

Cessons de fréquenter les hautes sphères et parlons enfin de choses importantes.

Du jeu de boules, par exemple. C'est à vous, Marie-Jeanne et Roger Valade, que je dédie ces histoires que vous m'avez incité à écrire.

LA PLANÈTE PÉTANQUE

Une brume rousse s'insinuait dans l'ombre bleue de la pinède. Lentement mais irrésistiblement. Le capitaine au teint cuivré mit sa main en visière et inspecta l'horizon.

— Il faut arrêter, dit-il.

Les pointus partant pour la pêche n'étaient plus que de minuscules insectes émettant une manière de bourdonnement ouaté. Bientôt, le soleil les avala. Il y eut un instant de parfaite immobilité, de silence absolu. Un instant d'éternité. Puis une légère brise venue de la mer agita imperceptiblement la cime des pins. Les cigales continuaient à chanter, mais avec moins de conviction. Une brume grise éteignait peu à peu l'incendie du ciel...

Alors, on vit des silhouettes se détachant à contre-jour s'accroupir et creuser le sol avec leurs mains nues, sans prononcer une parole. On aurait dit des oiseaux gigantesques préparant un nid dans les aiguilles de pins. Et, dans chaque nid, on les vit déposer un énorme œuf argenté.

Et ces œufs étaient des boules...

Tel est le rite secret qui se célèbre tous les ans, le 31 août, dans ce village provençal, entre dix-neuf heures et vingt heures.

Les officiants sont des « Parisiens ». C'est-à-dire qu'ils ne sont pas varois. Mais, depuis des années, ils viennent passer leurs vacances du mois d'août dans ce village perché de l'immédiat arrière-pays provençal. Les boules sont leur distraction essentielle. Mais, le dernier soir, ils laissent la partie en plan.

Pourtant, il leur est arrivé souvent de continuer à jouer à la nuit tombée, quitte à éclairer le « cochonnet » à la flamme du briquet. Mais là, ils l'interrompent de plein gré, en pleine lumière...

Leur note d'hôtel est réglée, les valises sont bouclées. Ils ont fait le plein d'essence. Alors, ils vont disputer la « dernière », en treize points. Mais jamais l'équipe qui mène ne dépasse neuf points.

Le capitaine m'a donné la raison de cette interruption volontaire :

— Nous laissons les boules où elles sont. Pour que personne ne les change de place, nous les enterrons. Et aux vacances suivantes, nous reprenons la partie où nous l'avons laissée. Cela nous permet, pendant le reste de l'année, de la continuer en rêve...

Voilà pourquoi je dis que le jeu de boules est noble. Précisément parce qu'il inspire des idées de ce genre. Des idées infiniment poétiques. Les idées dont le monde moderne a le plus besoin pour être supportable.

Certains, j'en suis sûr, doivent trouver que je m'attarde dans un domaine outrageusement futile. Ceux-là ont tort. Il n'y a rien de plus sérieux que le plaisir.

Et le jeu de boules, il faut le prendre encore plus au sérieux pour y trouver du plaisir. C'est une activité dans laquelle on s'engage tout entier. Le temps n'y existe plus et plus rien n'a d'importance que le mouvement fascinant de ces sphères inspirées.

Je peux même vous citer la date exacte où j'ai découvert que la pétanque et le jeu provençal étaient des phénomènes de civilisation de première importance.

C'était en octobre 1934. Je m'en souviens comme si c'était hier.

Il faisait une journée douce et dorée. Sous l'allée des Pins, à

Fontvieille, se déroulait une partie de pétanque d'une rare intensité. Les visages des spectateurs, aussi bien que ceux des joueurs, étaient tendus. Personne, pourtant, ne mettait ni ses jours, ni son honneur en danger. L'ambiance toutefois était tragique. Car chez nous les blessures d'amour-propre font encore plus mal qu'ailleurs.

Léon, qui avait « presque » gagné le concours du *Petit Provençal*, puisqu'il était arrivé en huitième de finale, s'apprêtait à jouer une boule décisive. C'était vraiment un tournant du match. Un silence de cathédrale s'était établi sous la voûte mouvante des platanes feuillus.

Soudain, on vit surgir le vieil Escourbias qui gesticulait comme un épouvantail à moteur. Il n'avait pas l'air du tout dans son assiette. Il était hors d'haleine. Il n'arrivait pas à trouver ses mots, même quand il eut récupéré son souffle.

— Vous ne savez pas ce qui nous arrive ? C'est épouvantable ! A Marseille, on vient d'assassiner le président Barthou et le roi Alexandre de Yougoslavie. Vous vous rendez compte !

Personne ne faisait attention à ses propos.

— On dirait que ça vous est égal. C'est une catastrophe qui risque de nous amener la guerre.

Léon baissa les bras et regarda Escourbias droit dans les yeux. Il restait calme, mais le ton de sa voix était empreint de la plus extrême sévérité :

— Malheureux, dit-il. On ne t'a jamais dit qu'il ne fallait pas « parler sur un coup »...

Un roi mort, ça se remplace. Une boule ratée, ça ne s'oublie pas.

Poursuivons notre cueillette.

Cette histoire, je l'ai récoltée l'hiver dernier, sous les remparts d'Aigues-Mortes.

Des centaines de personnes pourront vous confirmer que je vous dis la franche, la pure, la complète vérité. La vérité vraie, si vous préférez.

La vérité, je vous la dis toujours, notez bien. Mais il m'arrive parfois de l'arranger un peu. Juste ce qu'il faut pour qu'elle ait l'air vraisemblable.

Mais ce que je vais vous raconter aujourd'hui s'est passé exactement comme je vais vous le dire. Je ne change rien. Absolument rien.

Donc, c'était l'hiver. J'irai même jusqu'à dire par souci d'exactitude qu'il faisait plutôt frisquet. Pourtant, il y avait un soleil sublime, mais le pauvre, il avait fait un long voyage frileux parmi les zones dépressionnaires et n'avait pas eu le temps de se réchauffer.

En revanche, pour ce qui est de l'intensité lumineuse, il valait, dès dix heures du matin, tous les sunlights d'Hollywood réunis.

Et le metteur en scène se frottait les mains... Car c'est de télévision qu'il va s'agir. De télévision parisienne.

Il y a de grands cerveaux à Paris et ils s'étaient mis à plusieurs pour réfléchir, ces grands cerveaux. Et qu'est-ce qui se passe, quand plusieurs grands cerveaux parisiens se mettent à réfléchir ensemble ?

Forcément, ils finissent toujours par avoir une idée géniale.

Je vous en supplie, arrêtez de rire... Je ne m'entends plus écrire ! C'est sérieux ce que je vous raconte.

Donc, ils avaient eu une idée de génie. Une idée parisienne de génie. Parce que, des fois, à nous les fadas, ces idées elles nous paraissent moins géniales qu'à eux.

Enfin bref, ils avaient dit :

— Les gens en ont assez des tournages en studio !

Jusque-là, il n'y a rien à dire.

— Ce que le public réclame, c'est du plein air.

Là aussi, je pense que tout le monde sera d'accord.

— A Paris, la télévision étouffe. Nous allons partir à la découverte de la province.

Pour des Parisiens, avouez que c'était bien pensé !

C'est ainsi qu'une équipe (il y en avait même deux, car c'était une production à grand spectacle) se trouva par un beau matin d'hiver sous les remparts d'Aigues-Mortes.

Seulement, attention !

Jusqu'à présent, ce n'était qu'une bonne idée qu'on aurait pu avoir même ailleurs qu'à Paris.

Maintenant, cela va vraiment devenir une idée parisienne de génie.

Ils avaient engagé un chanteur belge. Je ne vous dirai pas son nom pour ne pas lui faire de tort. D'ailleurs il a beaucoup de talent. Et il n'était pour rien, ce brave garçon, dans cette idée géniale, purement parisienne. On lui avait demandé de faire son tour de chant en décor naturel. Il faisait son tour de chant en décor naturel.

Ce qu'il y avait de moins naturel dans cette histoire, c'est que, dans son tour, ce talentueux Belge ne chantait que ce qu'il connaissait : Bruges-la-morte, le port d'Anvers, la Sambre, l'Escaut, la Scarpe, la Lys, les péniches ventrues, les moulins à vent, les béguines, les kermesses, enfin tout ce qui fait le charme de la libre et vaillante Belgique.

Seulement, on lui demandait de chanter tout ça sous les remparts d'Aigues-Mortes. On avait même convoqué des gardians et des taureaux, pour faire plus couleur locale.

Soyons honnêtes. Ils ne sont pas tous complètement jobards à Paris. Il s'en trouva même un (précisons qu'il était provençal d'origine) pour faire remarquer :

— Vous ne croyez pas que ça fera un peu drôle ?

On le fit taire. Il n'y comprenait rien. Il n'avait pas perçu à quel point l'idée était originale.

Originale, donc géniale.

Alors, ce fut le grand cirque : des camions, des cars de reportage, des caméras sans nombre, des dizaines de techniciens, des kilomètres de câbles, des maquilleuses, des scriptes, des concepteurs, des chargés de relations publiques, des photographes de plateau et, bien entendu, un metteur en scène, sa petite amie, et ses trois assistants...

Et ça gueulait, et ça courait dans tous les sens. C'était la vraie panique quand j'arrivai sur les lieux.

Ma première impression fut d'une grande tristesse. La plupart des habitants d'Aigues-Mortes étaient venus assister au spectacle et je me disais qu'ils étaient peut-être devenus aussi couillons qu'à Paris...

Mais soudain, je me rassurai. Oui, ils étaient tous là, les habitants d'Aigues-Mortes, et certains avaient même apporté leur pliant.

Seulement, ils tournaient le dos à la télévision. Ils regardaient jouer aux boules et leur télévision, ils se la faisaient eux-mêmes.

Je ne sais plus au juste quand j'ai rencontré cet être fabuleux pour la première fois. En revanche, je me souviens parfaitement du jour où il m'est devenu parfaitement indispensable... Cela se passait place Jules-Joffrin, au pied de la butte Montmartre. Il y avait un grand rassemblement de foule d'où jaillissaient de véhémentes clameurs. Je parvins à me faufiler jusqu'au premier rang. Ce n'était pas commode mais je suis très doué pour la badauderie.

Ce que je vais vous rapporter vous paraîtra sans doute à peine croyable. C'est pourtant historique. D'ailleurs, cela ne s'est pas passé en Provence, mais à Paris, ce qui équivaut, aux yeux de certains, à une garantie. Mon ami Francis Huger, le verbe haut, les manches de chemise retroussées, la moustache insolente, affrontait en tête-à-tête son ami René Dunan.

Francis, disons-le, a toujours été un peu cabotin. Il jouait beaucoup pour la galerie, prenait le « conclave » à témoin, et n'hésitait pas à lui demander son avis.

— « Je la tire cette boule, ou je ne la tire pas ?... »

Les passions aussitôt se déchaînent. Dès qu'il s'agit de boules, les Parisiens manifestent autant d'estrambord que les Sudistes. La foule se divise aussitôt en deux camps.

— Tirez donc ! hurlent les uns.

— Il faut pointer ! vocifèrent les autres.

Il n'y a rien là, me direz-vous, d'extraordinaire. Il s'agit d'une partie de boules comme les autres. Mais attendez la suite. Déjà, les autobus ont renoncé à traverser la place. Personne ne songe à protester. Les conducteurs, les receveurs et les passagers se mêlent aux spectateurs et suivent la rencontre avec passion.

Francis a réclamé le silence.

— Écartez-vous, je tire !

Mais, en grand comédien, il prend son temps avant de faire les « trois pas » fatidiques. Car, je vous le précise, ce n'est pas une vulgaire partie de pétanque à laquelle je vous fais assister, c'est une rencontre à la « longue provençale ». Le silence s'épaissit de seconde en seconde, tous retiennent leur souffle. Francis, bien calé sur sa jambe droite, la jambe gauche en avant, le pied dressé, lève son regard vers le ciel pour invoquer une puissance divine et la prier de conduire sa boule droit au but.

Il porte sa boule à hauteur de ses yeux. On voit ses doigts s'agiter et, tout d'un coup, il s'envole en poussant un cri de samouraï.

On dira ce qu'on voudra, Francis n'a jamais été un bon joueur, mais, en matière de style, il ne craint personne. Il aurait fallu payer pour le voir jouer. Malheureusement, il rate souvent. Il fait de gros « naris », il fait des trous plus souvent qu'à son tour. Et, dans ces moments, il faut bien se garder de lui dire ce dont il ne se prive pas avec les autres :

— Ho ! Francis, tu cherches du pétrole ?

Mais ce jour-là il est particulièrement inspiré. Ce que ses yeux ont vu, sa main l'a réussi. Dans le silence oppressé, le bruit du carreau éclate comme une bombe. Aussitôt, l'enthousiasme se déchaîne. Des gens trépignent, des inconnus se donnent l'accolade.

René Dunan fait peine à voir. Il tente de se dominer, puis, d'un geste rageur, jette sa casquette sur le sol et se met à la piétiner...

Vous ne voyez toujours pas ce qu'il y a d'extraordinaire là-dedans ? Eh bien, je vais vous le dire : cette mémorable partie de boules se jouait *sans boules*, les mains vides. Et les Parisiens, les pauvres, qui sont privés de distraction bien que accablés de spectacles, étaient entrés spontanément dans la fièvre de ce jeu de fadas inspirés. Et si je vous dis que nous avons tous entendu le bruit joyeux et fracassant du fer contre le fer, c'est que nous l'avons réellement entendu. Certains même prétendent avoir vu jaillir des étincelles. Voilà qui était Francis.

On fit appel à Justin, l'arbitre fédéral...

Il était temps.

La controverse avait atteint une intensité verbale fourmillante de décibels. On pouvait craindre le pire. Il est rare qu'on en vienne aux mains quand on joue aux boules. Cela s'est vu. Mais, sur ce coup, les adversaires risquaient de se retirer définitivement le bonjour pour au moins quarante-huit heures.

Il s'était allongé à l'ombre d'un platane et dormait d'un sommeil de juge. On le réveilla avec ménagements car c'était un homme d'âge et il avait le cœur fragile. D'ailleurs, depuis plus de trente ans qu'il exerçait ses fonctions d'arbitre fédéral à titre honoraire, il n'avait jamais eu à intervenir dans une partie. Ce n'est pas qu'à Fontvieille on soit moins disputailleur que dans un autre village, mais on a le respect de l'homme d'âge. Surtout quand il se repose à l'ombre d'un platane et qu'il sourit en dormant.

Justin, toutefois, était un homme de devoir. Il mit un certain temps à émerger de ses songes, mais, dès qu'il eut repris contact avec les réalités extérieures, il sut se montrer à la hauteur de ses délicates fonctions.

— Excuse-nous, Justin, lui dit-on, de t'avoir tiré du sommeil.

Il eut un geste d'apaisement plein de noblesse.

— Cocagne le sommeil, dit-il. C'est le rêve que je faisais qui va me manquer...

Il était de petite taille, tout menu et tout friable, mais il se tenait si droit qu'émanait de sa chétive personne une indiscutable autorité. Très soigné de sa personne, vêtu de blanc et rose, il était surtout remarquable par le pli de son pantalon de flanelle immaculée. Il fit un geste qui exigeait une exécution immédiate :

— Léon, mon coussin, dit-il.

Il ne se séparait jamais en effet de son coussin. Soit qu'il le mît au creux des reins, pendant ses méditations sous les platanes, soit qu'il le fît porter sur le terrain par Léon son assistant bénévole, pour le cas peu probable où on lui aurait demandé de mesurer un point litigieux. Cela ne s'était jamais produit jusqu'ici.

Tous les regards étaient tournés vers lui avec une curiosité inquiète. Saurait-il se montrer à la hauteur ?

Il n'avait pas l'air de se douter qu'il mettait en jeu, en une seule fois, toute sa réputation et son crédit. Une seule chose semblait le préoccuper : l'intégrité du pli de son pantalon...

Avant de s'agenouiller sur le coussin que Léon avait posé, avec des précautions infinies, au cœur même de la partie — Justin entendait arbitrer sans que la gymnastique d'accroupissement qu'entraînaient les opérations de mesure fasse surgir de disgracieuses poches aux genoux de ses brailles —, il prit donc délicatement la jambe droite de son pantalon entre le pouce et le majeur, la souleva imperceptiblement, ce qui fit apparaître au-dessus des fines chaussures de chevreau blanc une arachnéenne chaussette de soie rose, assortie à son polo. Alors seulement, il posa son genou sur son coussin de caoutchouc mousse gainé de cuir blanc.

L'élégance du geste était telle et la nuance des chaussettes si surprenante que personne n'entendit ses jointures craquer. Puis, désinvolte comme un prestidigitateur, il fit surgir de sa poche gauche l'instrument de justice.

Il n'avait jamais eu l'occasion de s'en servir en public, mais il avait dû certainement s'entraîner tout seul à la maison car la rigueur de ses manipulations témoignait d'une longue habitude.

L'instrument qui sert à mesurer la distance qui sépare une boule du cochonnet est d'une simplicité enfantine. Il consiste essentiellement en une ficelle le long de laquelle coulissent deux aiguilles de métal qu'on doit amener jusqu'à effleurer la boule et le but. Le jeu de boules étant entré depuis longtemps dans le domaine de la compétition de haut niveau, cet appareil rustique a subi depuis peu quelques améliorations techniques qui permettent une mesure au millimètre près, en attendant l'arrivée sur le marché du pied à coulisse électronique qui enregistrera les dixièmes et peut-être les centièmes de millimètre.

Cet appareil de haute précision n'avait pas encore fait son apparition sur les terrains de boules de Fontvieille. Dans ce cas particulier, il aurait été indispensable. Car s'il est mathématiquement impossible que deux boules se trouvent exactement à la même distance du but, il s'en fallait, pour ce coup-là, de la largeur d'un cheveu.

A la condition, bien entendu, de le couper au moins en quatre.

Pour un homme de son âge, Justin avait fait preuve d'une extrême sûreté. Ses mains ne tremblaient pas. Son visage demeurait parfaitement impassible, mais, s'il n'avait pas eu ses lunettes de soleil, on aurait pu déceler dans son regard une très réelle lueur d'inquiétude. On peut dire d'angoisse. Car Justin, bien qu'il ne fût pas lui-même un joueur de boules de première catégorie, connaissait trop bien la mentalité bouliste pour savoir que, s'il déclarait le coup nul, il déclencherait une controverse qui ne s'apaiserait qu'à la fin de la belle saison, et qui risquait de compromettre l'harmonie du village...

Il se releva donc sans avoir rendu son verdict, refit longuement le pli de son pantalon. Puis il enleva ses lunettes, et les essuya longuement. Comme il gardait les yeux fermés, personne ne pouvait deviner quel drame se jouait en lui.

Un moment, il avait envisagé une solution héroïque. Elle aurait consisté à feindre la maladresse et à déplacer par inadvertance la boule d'un des deux adversaires. Cela aurait automatiquement annulé la partie. Mais la colère des joueurs et du public se serait retournée contre lui. Il aurait servi de bouc émissaire, et la susceptibilité légitime des compétiteurs n'aurait pas eu à en souffrir. Il faillit se résoudre à perdre la face et ce ne fut pas l'orgueil qui l'en empêcha, mais le sentiment élevé qu'il avait de ses fonctions d'arbitre. Sa maladresse, pour volontaire qu'elle eût été, aurait rejailli sur le corps tout entier des arbitres fédéraux.

Alors, il ouvrit les yeux. Son regard n'exprimait plus la moindre anxiété. Il avait trouvé la solution. Bien que personne ne fût tenté de prononcer la moindre parole, il se permit de réclamer le silence pour donner plus de solennité à son jugement :

— Je donne, dit-il, un point à chacun...

Un « Parisien » dirait peut-être que, s'il avait déclaré le coup nul, le résultat aurait été le même.

Et moi, je dirai à ce « Parisien » que, même s'il est devenu, à force d'application, un champion bouliste, il n'a rien compris à l'essence même du jeu. Et qu'il n'y comprendra jamais rien. Car enfin, refuser le point à chacun des partenaires et l'accorder à tous les deux, ce n'est tout de même pas la même chose. Sur le plan humain, du moins...

Et si vous enlevez des boules ce contenu humain qui fait d'elles un art de vivre en société, et de prendre plaisir à la compagnie de vos semblables, vous les condamnez à n'être qu'un jeu de billes pour grandes personnes...

Alors qu'elles sont un instrument de connaissance de soi et des autres.

Je suis un très médiocre joueur de boules, mais c'est un jeu auquel je dois beaucoup car je n'aurais sans doute jamais écrit si je n'avais pas si souvent écouté jouer à la pétanque.

Cette affirmation peut paraître hasardeuse. Mais je vais vous en administrer la preuve. Nous allons donc faire un détour par Arles, ma ville natale préférée.

Si vous ne connaissez pas Arles, vous avez tort. C'est la plus belle ville du monde et je ne vois pas comment vous avez pu vivre sans elle. Mais il est encore temps.

Donc vous connaissez Arles, et il vous est arrivé de vous perdre dans les petites rues de la Roquette. Ce n'est pas moi qui vais vous apprendre que c'est le quartier de la batellerie. Car, vous le savez aussi bien que moi, Arles a longtemps été un grand port maritime et fluvial, dont Marseille n'était que la banlieue.

Quoi qu'il en soit, une évidence ne peut que vous frapper en ces lieux. Dans cette ville de petits hommes bruns, agiles et maigres, il vous arrivera très souvent de rencontrer sur le territoire de la Roquette des hommes de haute stature, aux gestes lents, à la chevelure blonde et au teint rose. Toutes les variétés du blond : le cendré, le roux, le vénitien. Il s'agirait, affirment certains historiens, de descendants directs des Vikings qui débarquèrent en Camargue, voici bien des siècles.

Jusqu'à ces derniers temps (les historiens changent si souvent d'avis), je considérais cette affirmation comme une hypothèse commode mais révisable, uniquement destinée à justifier la présence insolite de ces Nordiques échoués sous nos basses latitudes.

Maintenant que je les ai vus jouer aux boules le long du Rhône, je suis sûr que cette hypothèse n'est pas le moins du monde aventureuse, qu'elle est au contraire la seule envisageable et qu'elle résistera à toutes les vérifications ultérieures. Ces géants égarés avaient en effet pris notre accent et avaient adopté notre genre de vie. Ils ne buvaient pas leur pastis sec, mais étendu de cinq fois son volume d'eau, comme les indigènes, et il leur arrivait de gagner des concours de boules de haut niveau.

Rien dans leurs attitudes, leur façon de jouer, leur technique et leurs combinaisons tactiques ne les distinguait des autochtones. Pourtant, dans leur conduite irréprochable, quelque chose me choquait que je n'arrivais pas à définir. Non, ce n'était pas les éteules de poils roux sur leurs mains osseuses, ni une certaine raideur de gestes qui les empêchait de frapper au fer aussi souvent que d'autres.

J'allais renoncer à cerner cette « petite différence » lorsque l'an dernier, après des années d'interrogation, elle m'a soudain sauté aux yeux.

Ou plutôt aux oreilles.

Comment avais-je pu ne pas m'apercevoir que, si ces grands Aryens roux jouaient « apparemment » comme les indigènes, ils jouaient EN SILENCE ?

Et cela, pour moi, constitue la preuve irréfutable de leurs origines hyperboréennes. Mais ce qu'il y a de plus important pour moi, c'est qu'ayant enfin entendu le silence je me suis senti le droit d'essayer d'écrire pour le conserver en moi plus longtemps.

C'est depuis que j'ai renoncé à prouver quoi que ce soit. Je ne prouve ni n'approuve. Je me contente d'éprouver.

J'aimerais que mes récits vous fassent partager les mêmes émotions que moi. Et que ressuscitent sous ma plume tous ces fantômes qui me tiennent compagnie quand je suis seul à ma table de travail. Celui-ci, par exemple.

L'IMMORTEL FÉLIX

Je n'ai connu l'Arlésien Félix Serret que sur le tard de son âge, alors qu'il achevait ses jours comme bibliothécaire municipal.

Rien ne laissait deviner en lui l'aventurier qu'il avait été tout au long de sa longue vie. C'était un grand vieil homme, svelte, chauve, myope, à la fois courtois et bougon, à peu près aphone, mais infatigablement volubile.

Il m'avait pris en rugueuse affection et me reprochait avec une indignation quasi paternelle d'utiliser pour mes versions latines les traductions juxtalinéaires qui garnissaient le plus haut rayon de la bibliothèque sur laquelle il régnait.

Il ne parlait jamais de ses aventures autour du monde. Il les avait pourtant copieusement narrées dans une vingtaine d'ouvrages mais, quand un abonné souhaitait en consulter un, il prétendait toujours, orgueil ou modestie, que le livre était déjà en main.

J'ai dû attendre sa mort pour dévorer ses œuvres complètes. Leur lecture était encore plus passionnante que celle de *l'Intrépide* et des *Pieds Nickelés*. Si passionnante qu'il ne m'est jamais venu à l'idée de mettre en doute leur véracité. Elle n'a fait au contraire que me confirmer dans la certitude que les fadas, surtout provençaux, sont spécialement doués pour le providentiel.

Ce seul récit suffira, je l'espère, à le prouver définitivement... Suivons le hardi Félix sur la crête de la cordillère des Andes où il globe-trotte à trois mille mètres d'altitude au pas du légionnaire, bien qu'il ait fait son service dans les chasseurs alpins.

Sa démarche cependant peu à peu s'alourdit et le souffle lui manque. Le thermomètre descend vertigineusement. La nuit tombe. Félix rassemble ses dernières forces. Il sait que s'il s'arrête de marcher il est perdu. Il fait encore quelques mètres. Ses jambes ne lui obéissent plus. Alors, il s'adosse contre un rocher pour y attendre la mort, avec la sérénité d'un stoïcien antique.

Il s'imaginait, ayant lu des récits de voyages, que la mort par le froid était rapide et douce. Il doit constater que, pour un Arlésien, elle est plus terrible que pour un être humain ordinaire. Sa tête s'emplit d'hallucinations ensoleillées. La dernière image qu'il emportera avec lui est celle d'une corrida dorée dans les arènes blondes. Alors, il meurt. Bloc de glace habité par le soleil.

Il ne précise pas dans sa narration combien de temps il est resté mort. Ce fut la brûlure de l'alcool dans sa bouche qui le réveilla plus que la volée de gifles qui s'abattait sur ses joues de marbre. Il parvient enfin à décoller ses cils cachetés par le gel. La langue provençale est la première à resurgir de son séjour silencieux dans l'au-delà.

— Maï que fas aqui ? murmura-t-il.

Une voix lui répond :

— Daïse, moun fraire... beves un cop et boulègue té un paou... (« Du calme, mon frère... Bois un coup et remue-toi un peu... »)

A trois mille mètres d'altitude, sur une crête déserte de la cordillère des Andes, un Provençal venait de ressusciter un autre Provençal.

La vérité m'oblige à dire que le sauveteur n'était pas d'Arles, mais de Tarascon. Il y a quand même seize kilomètres entre les deux villes. Mais, à seize mille kilomètres de la base de départ, cela peut honnêtement passer pour négligeable.

IL Y A TOUJOURS UN ARLÉSIEN QUELQUE PART

Il était six heures du matin. Le petit homme maigre était seul dans le bar. Il parlait à son verre de whisky.

— Place-toi bien, petit, lui disait-il, pour regarder passer la procession...

Le petit homme maigre ne m'avait pas aperçu. Il s'était servi un deuxième whisky et se dédoubla sous mes yeux pour trinquer avec les verres épais de ses lunettes prismatiques.

Avec le droit, d'abord :

— A la tienne, Robert.

Avec le gauche, ensuite :

— A la tienne, Viala.

Je n'osais troubler un cérémonial aussi minutieusement réglé.

Robert et Viala m'aperçurent en même temps.

— Qu'est-ce que nous vous offrons ? dirent-ils d'une seule voix.

Je ne suis pas homme à laisser pareille proposition sans réponse, ni surtout à m'étonner qu'un homme se dédouble sous mes yeux et parle de lui au pluriel.

J'avais toutefois plus besoin d'un lit que d'une boisson tonique.

J'avais roulé toute la nuit en 2 CV dans la brousse camerounaise, en plein pays Bamoun, à la recherche d'une chambre. Nous étions en période pascale. C'était l'époque de la grande migration intérieure : les Blancs de la montagne allant prendre leur congé au bord de l'océan, et ceux des rives atlantiques allant se rafraîchir en altitude.

Robert et Viala poussèrent un soupir désolé. Ils me désignèrent un fauteuil dans le hall d'entrée.

— C'est tout ce qui me reste, dirent-ils. Nous vous le réservons. Mais décidez-vous tout de suite. Toutes nos chambres sont retenues et payées depuis six mois.

Il renouvela les consommations, ce qui lui fit retrouver son unité première. Nous venions de nous rencontrer et il me racontait déjà sa vie. Il avait été quinze ans dans la gendarmerie, il avait décidé de finir ses jours en Afrique. Il aurait bien aimé revoir une dernière fois son père avant de mourir de cirrhose, mais, chaque fois qu'il prenait son billet d'avion, il donnait une fête qui se terminait trop tard pour qu'il arrivât à temps à l'aérodrome.

Il me tutoyait maintenant :

— Tu rentres bientôt en France ?

— Dans huit jours.

— Alors, tu diras bonjour à mon père de ma part.

Ainsi César disait-il jadis à M. Brun :

— Vous êtes allé à Paris et vous n'avez pas vu Gandolfi ? C'est pourtant là qu'il habite.

— Et où je le trouverai, ton père ?

— S'il n'est pas chez lui, il sera au bistrot. Tu ne peux pas le rater, c'est un homme d'habitudes.

— D'accord, mais où il les a, ses habitudes ?

— Où veux-tu qu'il les ait ? Au Caylar, pardi.

— Au Caylar, en Camargue ?

— Évidemment.

Je prononçai cette simple phrase :

— Je suis arlésien, dis-je, du ton où jadis on disait : « civis sum romanus. »

Robert Viala reposa son verre sur le comptoir et avec naturel enchaîna :

— Alors, tu t'installes dans ma villa.

Je ne « fis pas de manières » pour accepter. Entre Provençaux, cela aurait constitué un manque de tact.

Ce n'est que le lendemain que je découvris qu'il avait passé la nuit dans le fauteuil qui m'était primitivement destiné.

Je n'avais même pas le droit de le remercier. J'aurais passé pour un « malpoli ».

Il n'est pas nécessaire d'aller au Cameroun pour rencontrer un « pays ». Parfois, c'est lui qui fait le déplacement et qui vient vous surprendre à domicile.

LE PRÉPOSÉ TACITURNE

On appelait naguère ceux de sa profession des facteurs. On a eu raison de changer le vocable. Car mon préposé n'aurait jamais eu l'air d'un facteur, puisqu'il n'avait même pas l'allure d'un préposé. Il mérite donc une brève description.

Il ressemble à ce qu'il est : un jeune homme égaré dans une profession qui ne lui convient pas et dans laquelle il évolue comme s'il portait des chaussures trop étroites pour ses pieds.

Ce doit être la raison pour laquelle il ne sourit jamais. Je suis sûr que s'il souriait il aurait beaucoup de charme. Je trouve qu'il ressemble à mon fils. Ils ont les cheveux aussi longs. Et cette détresse dans le regard qu'ils dissimulent tous les deux sous une indifférence goguenarde.

Cela faisait trois semaines qu'il était entré dans ma vie. En guise de lettre de créance, il m'avait tendu avec une impassibilité de distributeur automatique une contravention que ma femme avait obtenue (et sans doute méritée) pour le stationnement illicite d'un véhicule à moteur. Puis il avait disparu sans dire un mot. Il en avait d'autres à distribuer.

Comme tous les fadas, je suis un homme de contact et j'ai tendance à nouer conversation avec les gens de rencontre. Je n'en eus pas le temps. Mais dès le lendemain le préposé aux chaussures étroites sonnait à nouveau à ma porte. Cette fois, il me fit présent d'une lettre recommandée avec accusé de réception qui ne me disait rien qui vaille et dont le contenu se révéla plus navrant encore que son inquiétante apparence.

— Te fais pas de souci, lui dis-je, ce n'est pas de ta faute...

Il était déjà dans l'ascenseur et n'avait pas pipé mot.

Les catastrophes grandes ou petites obéissent à la loi des séries. Dans mon cas personnel, cette hypothèse, sans être rigoureusement scientifique, semblait se confirmer quotidiennement.

Dix-neuf jours de suite, mon infernal préposé ne cessa de m'accabler de plis, recommandés ou non, mais qui tous auraient mis mon patrimoine en péril, s'il ne l'était depuis longtemps.

Je dois donc avouer qu'après la nuit harmonieuse que je venais de vivre la présence de ce préposé calamiteux me parut de mauvais augure. Un soupçon me vint. J'imaginai un instant que ce chevelu, probablement gauchiste, avait été mandé par son groupuscule pour me saper le moral. Pour dynamiter cette bienveillance naturelle qui me fait pardonner aux gens leurs qualités autant que leurs défauts. L'obstination de ce garnement commençait à porter ses fruits. J'étais sur le point de craquer.

Mon tourmenteur toutefois, contrairement à son habitude, souriait avec la discrète insolence de quelqu'un qui vient d'être admis à un concours qu'il n'a pas préparé et auquel il n'avait aucune chance d'être reçu.

Les choses pourtant se déroulaient selon le rituel ordinaire.

On me désignait l'endroit où je devais apposer ma griffe. Je signai d'une croix pour indiquer à qui de droit mon irritation. Le sourire inhabituel de cet impertinent messager m'avait donné de l'humeur. C'est alors que cet imprévisible garnement ouvrit sa sacoche et se mit à distribuer un certain nombre de billets de cent francs.

Je crus un instant que j'avais été choisi par Europe 1 pour ma fidélité.

Il s'agissait tout bonnement d'un remboursement groupé de la Sécurité sociale. Les angines de mon épouse, les grosses grippes et menues difficultés d'être de mes enfants me parurent sur le moment d'un assez bon rapport.

Il était évident que j'avais dépensé beaucoup plus qu'on ne me remboursait. Mais l'argent frais est toujours le bienvenu dans une famille dont le chef a un compte en banque qui ne cesse d'être à découvert, sans que son titulaire ait l'impression d'avoir rien fait pour ça.

J'avais mal jugé le préposé miraculeux. Ce n'était pas un terroriste sournois. Il semblait au contraire disposer d'une conscience professionnelle bien au-dessus de son âge.

Il faillit refuser le verre que je lui proposais pour ne pas faire attendre ses autres clients.

— Comment t'appelles-tu ? lui dis-je.

Jamais jusqu'ici le moindre son n'était sorti de ses lèvres.

— Mon nom ne vous dira rien.

Son nom peut-être, mais son accent, lui, ne pouvait pas me tromper.

— D'où tu es, toi ?

Il baissa la tête en rougissant :

— Je suis arlésien.

— Tu pouvais pas le dire plus tôt ?

Il redoubla de confusion.

— Quand j'ai vu que vous étiez sur ma tournée, ça m'a fait plaisir. Je me suis senti moins seul. Mais depuis trois semaines je ne vous ai apporté que des factures. Ce matin, comme j'avais des sous à vous donner, j'ai pensé que ce serait peut-être l'occasion de vous adresser la parole.

Brave cœur. Bon petit !

— De quel quartier es-tu ?

— De l'Hauture.

— Pas possible ! Quelle rue ?

— La rue Vinsargues.

— Quel numéro ?

— Le 16.

— Et moi, j'habite le 14.

— Je sais.

Dois-je vous dire que ce jour-là on ne m'a pas vu au journal et que la distribution du courrier a été gravement retardée dans la rue de la Ferme à Neuilly.

Simple coïncidence, bien entendu. Mais sans des coïncidences de ce genre la vie deviendrait facilement routinière.

LE GENDARME DE CHAMBÉRY

Je viens de rencontrer Mme Amourdedieu. C'est une bien brave personne que j'aime beaucoup. Elle n'avait pas l'air heureux. Et comme je l'aime beaucoup, cela m'a rendu triste.

— Et alors, madame Amourdedieu, j'ai fait, qu'est-ce qu'il y a qui ne va pas ?

— Tout va bien, elle a dit avec un petit sourire.

— La santé est bonne ?

— Cela peut aller.

— Et le petit, qu'est-ce qu'il devient, le petit ?

C'est précisément à cause de ce petit que Mme Amourdedieu n'avait pas l'air heureux.

C'était un brave petit, le petit Léonce, le fils de Mme Amourdedieu. Je l'avais eu comme élève quand j'étais professeur au lycée Frédéric-Mistral à Arles. On ne peut pas dire qu'il était particulièrement doué pour les disciplines intellectuelles. On peut même dire qu'il manquait un peu de vivacité. Mais c'était un gros travailleur, plein d'application et de bonne volonté. Je ne crois pas pourtant qu'il ait passé le baccalauréat.

Mme Amourdedieu avait baissé les yeux.

— Il va bien, le petit !

— Il est marié ?

— Dieu garde ! dit Mme Amourdedieu.

— Et qu'est-ce qu'il fait comme métier ?

Mme Amourdedieu rougit :

— Il fait le gendarme, dit-elle.

C'est un métier honorable, surtout dans nos régions, et j'exprimais à Mme Amourdedieu le plaisir que j'éprouvais à voir son fils dans une situation respectable où il bénéficierait plus que d'autres de la garantie de l'emploi.

Elle ne semblait pas entièrement partager ma manière de voir.

— Je ne vous dirai pas, dit-elle, que le métier de gendarme n'est pas un bon métier. Mais, mon petit, ils me l'ont nommé à Chambéry, dans la Savoie. Il paraît que c'est dans la Savoie qu'ils font débuter les gendarmes !

Je compris pourquoi Mme Amourdedieu n'avait pas l'air heureux. Elle était veuve. Léonce était sa seule consolation. Et Léonce, on l'avait nommé dans un pays de haute montagne, où l'air est peut-être bon pour les bronches, mais qui a le tort de se trouver à six heures de chemin de fer de l'Empire romain.

Je fis de mon mieux pour consoler Mme Amourdedieu. Je lui dis que Léonce finirait par avoir sa mutation.

— J'espère seulement, dit la veuve, que je ne serai pas morte avant.

Or, à quelque temps de là, je conduisis ma petite famille respirer le bon air des cimes.

Nous venions de traverser Chambéry lorsqu'un sifflet à roulettes retentit sauvagement.

— Arrête-toi vite, ordonna ma femme.

— Qu'est-ce que j'ai encore fait de mal ? dis-je.

— A mon avis, rien. Mais quand un gendarme siffle, on s'arrête.

Le gendarme était un jeunot à la mine avenante. Il me semblait l'avoir déjà rencontré quelque part. Mais nous n'étions pas là pour échanger des politesses et pour nous raconter notre vie.

Quand j'ai commis une erreur, ou que j'ai enfreint ouvertement le Code de la route, je suis capable de la pire mauvaise foi. Mais là, je me sentais innocent. Totalement innocent.

— Je vous jure, Monsieur le Gendarme, dis-je, que je ne roulais pas à plus de quatre-vingts à l'heure.

— C'est bien possible, dit le jeune gendarme avec un sourire.

Il avait l'accent de Provence, ce qui était rassurant. Mais son sourire m'inquiétait.

— J'ai peut-être frôlé la ligne jaune, poursuivis-je, mais je vous jure que je ne l'ai pas franchie.

— Je vous crois volontiers, dit le jeune gendarme en souriant.

Mon épouse et moi échangeâmes un regard perplexe.

— Vous m'avez pourtant bien sifflé ?

— Oui, je vous ai sifflé.

— Quelle infraction ai-je commise ?

— Qui vous a dit que vous avez commis une infraction ?

La situation devenait de plus en plus étrange. Par bonheur, moi qui suis plutôt pétardier de nature, je parvins à conserver mon sang-froid.

— Puis-je vous poser une question ? dis-je.

— Autant de questions que vous voudrez, dit cet étrange gendarme. Je suis prêt à répondre à toutes.

— Je ne vous en poserai qu'une seule, et c'est la suivante : je n'ai commis aucune infraction et, pourtant, vous m'avez sifflé. Pourrais-je savoir pourquoi ?

— Parce que, dit simplement l'homme de la maréchaussée, vous êtes immatriculé « 13 ».

Pour le coup, je faillis perdre mon sang-froid.

— Alors, vous croyez que dans les Bouches-du-Rhône on conduit plus mal qu'ailleurs ? dis-je avec une véhémence qui m'empourpra le visage.

— Je trouve au contraire, dit le jeune gabelou, que les gens des Bouches-du-Rhône sont les meilleurs conducteurs de ce pays.

C'était à n'y rien comprendre.

— Je peux continuer ma route ? m'enquis-je d'un ton sec.

— Déjà ? soupira le jeune gendarme, qui ne souriait plus.

Et soudain, nous nous écriâmes en même temps :

— Léonce !

— Mickey !

C'est ainsi qu'on m'appelait quand je tentais d'enseigner l'anglais à une jeunesse réticente. J'étais tombé sur Léonce Amourdedieu, dans l'exercice de ses fonctions.

Nous sommes allés prendre un verre en famille. Il m'a chargé de bien des compliments et de bien des baisers pour sa mère.

Puis il m'a dit, en soupirant :

— A Chambéry, je ne peux pas dire que je ne me plaise pas. Mais j'ai quand même le mal du pays et, chaque fois que je vois passer une voiture immatriculée « 13 », je la siffle pour avoir des nouvelles de chez nous.

Le mal du pays ça peut vous détruire un homme. Parfois, pourtant, ça le rend meilleur.

LE MÉCÈNE AUVERGNAT

Dans le café de Flore, il y eut soudain un silence incrédule et les consommateurs, d'un geste unanime, avaient reposé leur verre sans y avoir trempé les lèvres. Paul Boubal, le patron, s'était approché de notre table, celle des vieux habitués, et avait lancé d'une voix tonnante :

— C'est ma tournée !

Certains affirment qu'il lui était arrivé jadis d'offrir, parcimonieusement, un petit verre de vin blanc à un ami ou deux. Mais, en trente ans de limonade, c'était la première fois qu'il proposait une tournée générale.

— Champagne, dit Jean-Claude Merle, uniquement pour le faire enrager.

— C'est une bonne idée, dit Paul, champagne pour tout le monde.

Nous le regardions avec effarement. A l'œil nu, il avait l'air dans son état normal. Mais, sur ses traits d'ordinaire méfiants, se lisait un enjouement qui ne leur était pas habituel. Il avait rajeuni considérablement et ruisselait d'une jubilation intérieure dont les motifs nous étaient inconnus.

Il était venu s'asseoir parmi nous à califourchon sur sa chaise et les bras croisés sur le dossier comme font à Fontvieille les amateurs de belote qui préfèrent suivre une partie de l'extérieur, plutôt que d'y risquer leur réputation. Au café de Flore, cela, sans paraître tout à fait choquant, faisait un peu désordre.

Paul, cependant, dévisageait le pâle et maigre Gabriel Pommerand, avec une bienveillance de sœur de charité. Gabriel est mort depuis, mais ce n'est pas porter atteinte à sa mémoire que dire qu'il vivait surtout d'emprunts et encore pas tous les jours. Paul Boubal était son banquier le plus constant. Car, malgré sa réputation de ladrerie, il était beaucoup plus généreux qu'il n'en avait l'air. Mais il tenait à ce que ses générosités demeurassent discrètes. Et, surtout, il était dur à la détente. Il aimait se faire prier, exigeait, avant d'accorder ce qu'on lui demandait, un large délai de réflexion.

Ce n'était pas pour mesurer sa puissance et la faire ressentir à ses obligés. Non, pas du tout. Mais Paul n'aimait pas être pris pour un couillon et qu'on lui dise à la légère :

— Je te rendrai ça demain...

Il place à fonds perdus et on peut le considérer, sans flagornerie, comme un mécène, ami des Lettres et des Arts. Mais il ne fait jamais le premier pas. Il ne demande pas qu'on s'humilie, mais il attend qu'on formule sa requête pour savoir quelle suite il y donnera.

Or, ce matin, deux témoins vous le confirmeront, nous l'entendîmes dire à Gabriel à haute et intelligible voix :

— Tu as besoin de sous ?

— Comme d'habitude.

— Il te faut combien ?

D'ordinaire, c'est Paul lui-même qui fixe le montant de l'emprunt qu'il entend consentir. Cela, selon des balances personnelles dont il est le seul à connaître les mécanismes. On peut, en tout cas, affirmer que jamais la somme qu'il distribue n'est supérieure à celle qu'on lui suggère.

— Si tu pouvais aller jusqu'à dix mille anciens francs, avait hasardé audacieusement Gabriel, je ne te dérangerais plus d'au moins huit jours.

Paul glissa la main dans la poche intérieure de son veston :

— En voici vingt, dit-il sans hésitation.

Le doute n'était plus permis. Le brave homme n'avait plus sa tête à lui. Cela chassa pour un moment nos idées noires.

Car nous n'avions pas ce matin-là le cœur en fête. Un de nos amis avait eu, la nuit précédente, un très grave accident de voiture. Nous nous passions de main en main la première édition de *France-Soir* où l'on voyait à la une ce qui restait de sa voiture. Nous avions téléphoné à l'hôpital. Il était en vie, mais les médecins refusaient de se prononcer avant quarante-huit heures.

Paul n'avait pas encore lu le journal. Son visage soudain se figea. Il s'était levé sans dire un mot et se précipita sur le téléphone.

— Allô ! Françoise. Je viens d'apprendre l'accident...

Françoise, c'était la femme de notre ami entre la vie et la mort. Il sut trouver pour la réconforter des mots d'une délicatesse dont nous ne l'aurions pas cru capable. Avant de raccrocher, il ajouta :

— Si vous avez besoin d'argent, n'hésitez pas. Je suis là.

Et nous qui savions que notre ami venait de faire à Paul un emprunt à long terme pour acheter son appartement, nous eûmes le sentiment d'assister à un miracle. Et cela en plein Saint-Germain-des-Prés, paroisse où ils sont moins fréquents qu'ailleurs.

Albert Vidalie n'avait rien dit jusqu'ici. Il grignotait, à petites bouchées, un croque-monsieur qu'il faisait glisser à grandes lampées de bière irlandaise. Paul était revenu s'asseoir parmi nous. D'un geste machinal, il avait pris la fiche où était enregistrée l'addition d'Albert. Il y jeta un coup d'œil :

— Laurent, venez ici, dit-il.

Laurent, le garçon, s'arrêta un instant de remplir nos coupes.

— Vous êtes sûr de ne pas vous être trompé ?

— Mais non, dit Laurent. Vérifiez vous-même.

Paul chaussa ses lunettes et refit l'addition. On voyait ses lèvres bouger comme pour une prière. Finalement, il déchira la fiche avec agacement :

— Je n'aurais jamais cru, dit-il, qu'on paie si cher chez moi.

Pour le coup, ce fut notre raison à tous qui vacilla. Antoine Blondin fut le premier à réagir :

— Tu as gagné le tiercé ? demanda-t-il.

— Tu sais bien que je ne joue pas.

— La Bourse monte ?

— Elle dégringole, au contraire, dit Paul avec enjouement.

Il avait levé sa coupe. Nous le sentions à la fois fraternel et très loin de nous. Alors, il dit :

— Aujourd'hui, à Sainte-Eulalie, mon village natal, c'est jour de foire...

Et ce jour-là Paul n'est plus le même que d'habitude. Enfin, cela lui est arrivé une fois. Et ce jour-là il avait le cœur aussi pur que mon ami Jérôme.

Il y a vingt ans vivait à Kaga Bandoro (Empire centrafricain alors en république) un ingénieur agronome qui transmettait aux populations noires les rudiments d'une agriculture plus productive. Pour se faire bien comprendre, il procédait par dessins au tableau noir. Malheureusement, il était peu doué pour les arts graphiques.

Il eut la chance de découvrir un jeune garçon aux yeux vifs, qui venait de passer brillamment son certificat d'études. Il le surprit un jour en train de dessiner à sa place. Il était spontanément beaucoup plus doué que lui. Désormais, ils furent inséparables. Et quand l'ingénieur changea de poste et vint s'installer à Sibut, à quatre cents kilomètres de là, son disciple le suivit.

Il s'appelait Jérôme. C'est tout ce que je sais de lui. Je ne saurais même pas vous dire son âge. Lui non plus, sans aucun doute.

Son jeune talent s'affirmait d'année en année. Son ami ingénieur se gardait bien de lui donner le moindre conseil. Il en aurait d'ailleurs été bien incapable, mais il eut en outre la sagesse de ne pas le faire inscrire à une école professionnelle où il aurait sans doute affirmé sa technique mais où il aurait perdu sa personnalité. Il se contentait, ce qui était essentiel, de lui fournir de la gouache, des pinceaux et du papier Canson.

Pour encourager son ami et non pour faire un placement il lui achetait le plus clair de sa production. C'était préférable, sinon les termites l'auraient mangée au fur et à mesure.

— Tu seras un jour un grand peintre, lui affirmait-il.

Leur « collaboration » a duré une dizaine d'années. Mais en 1968 l'ingénieur dut rentrer définitivement en France.

— N'aie aucune inquiétude, dit-il, je m'occupe de toi. Laisse-moi faire. Des gens viendront te voir un jour. Et le monde te rendra justice.

Le temps a passé. L'ingénieur n'a pas arrêté de changer de poste mais, où qu'il se trouvât, il faisait de son mieux pour attirer l'attention sur les mérites de son protégé. En pure perte, bien qu'il multipliât les démarches. Cela semblait n'intéresser personne. Il s'obstinait cependant et expédiait régulièrement des cartes postales à son ami africain pour le rassurer.

« *Je ne t'oublie pas. De nombreuses personnes s'intéressent à ta peinture. Aie confiance.* »

Personnellement, il commençait toutefois à douter de l'avenir lorsqu'une de ses « bouteilles à la mer » parvint au rédacteur en chef de la revue d'Air Afrique. Il se trouva que c'était un ami. Il m'appela :

— Est-ce que ça t'amuserait d'aller faire un tour en République centrafricaine ?

— Pour aller à la chasse avec Bokassa !

— Non, pour voir un peintre naïf.

— C'est bon, ce qu'il fait ?

— Je n'en sais rien mais je suis à court de sujets...

— Tu sais où il habite ?

— Du côté de Sibut, en principe. Tu n'auras qu'à demander le père Jean-Claude à la mission catholique. Il paraît qu'il le connaît bien.

C'est ainsi que par un glacial après-midi de janvier nous avons décollé de Roissy, mon photographe et moi, dans un avion aux deux tiers vide. La révolution avait éclaté au Tchad. L'escale de N'Djamena, au dernier moment, avait été supprimée. Nous nous sommes retrouvés à Bangui à deux heures du matin. Nos chambres étaient retenues à l'hôtel Minerva.

Effectivement, nous y étions attendus. Un mot fort courtois et artistement calligraphié nous précisait que « malheureusement » il n'y avait pas un seul lit de libre pour ce soir, mais que nous en aurions « sûrement » un le lendemain. Cela fait partie des charmes de l'Afrique noire. De toute façon, tout s'arrange toujours. Tantôt mal, tantôt bien, mais cela s'arrange.

Les vrais problèmes n'ont commencé que le lendemain. Nous n'avons eu pourtant aucun mal à louer une voiture mais quand nous avons précisé que c'était pour nous rendre en brousse nous nous sommes vu opposer une fin de non-recevoir catégorique.

— C'est trop risqué.

— Nous prenons le risque.

— Vous, peut-être, mais pas ma voiture.

— Pourtant, la route est goudronnée jusqu'à Sibut.

— En principe, oui.

— Vous êtes assuré ?

— Évidemment. Mais pas contre les jets de pierre. Ils sont trop nerveux en ce moment. Mes voitures ne sortent pas du périmètre de la commune. N'insistez pas, vous perdriez votre temps.

Je sais bien que la devise du reporter est « si vous ne pouvez pas traiter le sujet qu'on vous a demandé, traitez-en un autre ». Nous avons quand même connu un moment de désarroi.

Que faire en pareille conjoncture ?

D'abord, se rafraîchir.

Ce n'est pourtant qu'au troisième whisky que Gérard a fait son apparition.

C'était un colosse né en Afrique voici trente-six ans d'une mère anglaise et d'un père belge. Il avait appris la veille par la radio que son restaurant venait d'être nationalisé. Il ne semblait pas en être affecté outre mesure mais se sentait un peu désœuvré. Notre mésaventure l'amusa.

— Je veux bien vous conduire, dit-il. Mes pneus sont un peu lisses mais j'ai une glacière à bord.

Et ceci compensait largement cela.

Je ne sais pas au juste combien il y a de kilomètres entre Bangui et Sibut. De cent quarante à deux cent dix, selon les estimations. Je peux en revanche affirmer que la route est agrémentée de sept barrages de police, et que les mitraillettes ne sont pas chargées à blanc. Mais avec Gérard ce fut une promenade de santé, ponctuée de poignées de main, de sourires et de bières fraîches.

Nous étions partis à quatre heures du matin. Il n'était que huit heures quand nous pénétrâmes dans la mission. Un barbu souriant nous attendait sur le seuil :

— Père Jean-Claude ?

— Non, Jean-Claude vient juste de partir.

— Il rentrera quand ?

— Dans une quinzaine de jours. Il est en tournée de catéchisme.

— Vous pourrez sans doute nous renseigner. Nous cherchons un certain Jérôme.

— Je suis désolé. Cela ne fait que deux jours que je suis ici.

Nous n'eûmes pas le temps de nous poser de questions. Une voix discrète nous fit tourner la tête :

— Jérôme, je connais, moi.

Le jardinier de la mission faisait son entrée. A l'instant même où il était indispensable à la poursuite de l'action.

— Tu sais où il habite, Jérôme ?

— Oui, c'est par là.

Ce n'était qu'à une quinzaine de kilomètres mais comme la piste n'était qu'une fondrière il nous a fallu presque autant de temps pour aller de Sibut à Yanga-Kola, le village présumé de Jérôme, que de Bangui à Sibut. Pourtant, il n'y avait aucun barrage sur la route.

Le jardinier nous a désigné une minuscule case en boue séchée. Elle avait l'air abandonnée.

— C'est ici, Jérôme, il a dit.

— On dirait qu'il n'est pas chez lui.

La porte s'est ouverte lentement. Un petit Noir timide et souriant nous a tendu la main :

— Je suis Jérôme...

Il a ajouté :

— *Je vous attendais.*

Après tout, cela ne faisait que onze ans... Onze ans d'une certitude que le doute n'avait jamais effleurée.

Retournons, après ce séjour exotique, à l'ombre des ailes du moulin de Fontvieille.

HUMBLES EXCUSES A MADEMOISELLE SEGUIN

L'exercice de la galéjade demande une maîtrise de virtuose, un tact d'ambassadeur, un doigté de libellule. Une erreur de bémol, un accord trop vigoureusement plaqué, un accent qui s'écoute et voilà que nous sombrons dans l'opérette marseillaise.

Nous acceptons de ressembler à notre propre caricature. Nous risquons surtout de blesser celui qui nous donne la réplique alors que notre affrontement n'est destiné qu'à nous mettre mutuellement en valeur.

Que mademoiselle Seguin reçoive ici mes excuses publiques. Pendant plus de quarante ans, elle a été gardienne du Moulin de Daudet à Fontvieille. La chèvre était de sa famille, m'a-t-elle toujours affirmé.

Il m'est arrivé à plusieurs reprises de la taquiner sur son illustre ascendance.

— Je veux bien admettre, lui disais-je, que la chèvre ait réellement existé. Mais elle ne s'est jamais battue contre le loup.

— Vous traitez Daudet de menteur...

— Dieu garde ! Mais avouez que cela fait des siècles qu'on n'a pas vu les oreilles d'un loup dans nos collines.

— Celui-là s'était sûrement perdu.

C'était une solution honorable pour les deux parties en présence. J'ai eu le tort d'insister.

— Cela fait soixante-dix ans que vous vivez à Fontvieille. Vous en avez vu combien, de loups, dans votre existence ?

Une roseur légère a fardé un instant les joues dorées de mademoiselle Seguin. Elle s'est ressaisie aussitôt.

— Je dois reconnaître qu'en ce moment, des loups, *on en voit un peu moins...*

Longue vie donc aux loups et aux chèvres de légende et à ceux qui assurent leur maintenance. Ce sont des animaux de bonne compagnie dont il ne faut, à aucun prix, que la race se perde.

J'y veillerai de toutes mes forces.

LE DUEL

C'était un étrange duel qui durait, à Fontvieille, depuis plus de vingt ans entre Sixte et Baptistin, tous deux tailleurs de pierre. Et l'on ne pouvait honnêtement dire lequel des deux devait être considéré comme vainqueur.

Ils marquaient des points à tour de rôle. Et à peine avait-on dit : « Sixte, c'est bien toi le plus fort »... qu'un nouvel exploit de Baptistin vous obligeait à réviser votre jugement. La balance penchait alternativement d'un côté ou de l'autre et Fontvieille, à part quelques sages dont j'étais, et qui se contentaient de marquer les points, s'était divisé en deux clans.

Il y avait, en nombre à peu près égal, ceux qui considéraient que Sixte avait l'ouïe plus fine que Baptistin et ceux qui étaient persuadés du contraire.

Car vous pensez bien que de vrais duels à l'arme blanche, à Fontvieille, nous n'en avons jamais eu. En fait, nous connaissons surtout des duels oratoires où l'on veille d'ailleurs à ne jamais se blesser mortellement et où l'on se contente de multiplier les égratignures.

Le duel Baptistin-Sixte était plus singulier. Le Bon Dieu les avait dotés, tous les deux, d'une ouïe particulièrement aiguisée et il n'était pas rare, au milieu d'une partie de belote chez Laurent, au café du Moulin, de voir Sixte (à moins que ce ne fût Baptistin) rester la carte en l'air, tendre l'oreille et dire :

— Tiens, la camionnette de M. Binioux est en difficulté du côté de Montmajour.

Et Baptistin (à moins que ce ne fût Sixte) d'enchaîner immédiatement :

— Il a du mal à passer sa seconde.

Je me permets de vous signaler que l'abbaye de Montmajour est au moins à cinq kilomètres de Fontvieille. Mais mes deux amis avaient un système auditif comme devaient en avoir les premiers habitants de cette planète et le vacarme de la vie moderne n'avait pas réussi à le leur abîmer.

Naturellement, la partie s'arrêtait et le duel commençait :

— Il y a un piston qui cogne, disait Sixte.

— C'est le deuxième, précisait Baptistin.

Au fur et à mesure que la camionnette de M. Binioux approchait, les prévisions se multipliaient. Elle était à peine au tournant du Castellet que tous les bruits de son vieux moteur avaient été isolés comme par un spécialiste dans un garage.

Mais c'est à partir du Castellet, qui est quand même à trois kilomètres du café du Moulin, que les choses devenaient tout simplement prodigieuses.

— Je l'entends respirer, disait Baptistin.

— Il a un petit rhume, précisait Sixte.

— C'est la narine droite qui est bouchée.

— Il a défait son col pour mieux respirer.

Laurent, qui est d'un naturel sceptique, faisait parfois des objections.

— Comment pouvez-vous le savoir ?

Alors, les deux vieux adversaires, réconciliés pour un instant, disaient en même temps :

— Nous l'avons entendu.

Et le combat recommençait aussitôt.

— Il a fait sauter le bouton de son col, disait Sixte.

— Et il l'a rattrapé dans la main gauche, précisait Baptistin.

— Et il vient de le mettre dans la poche de son gilet !

— Dans la poche droite.

Et, quand la camionnette s'arrêtait devant le café du Moulin, personne ne s'étonnait d'entendre M. Binioux dire, avant même de commander son pastis :

— Ce piston de droite, il va falloir que je me décide à le faire réparer !

En revanche, c'était lui qui ne comprenait pas pourquoi Joséphine, la femme de Laurent, lui proposait avec beaucoup de gentillesse :

— Si vous voulez, avant de rentrer chez vous, je vous recoudrai le bouton de votre col !

— Le bouton de mon col !

— Donnez-le-moi, il est dans la poche de votre gilet, pas la gauche, la droite.

Oui, ils étaient vraiment très forts mes deux gaillards et, à mon avis, aussi forts l'un que l'autre. Mais, ce jour-là, nous crûmes que Baptistin avait définitivement marqué sa supériorité, il venait d'annoncer négligemment :

— Tiens, il y a un vol de quatorze corneilles au-dessus des Taillades.

— Non, avait précisé Sixte, elles sont quinze.

— Non, il y en a quatorze, je le maintiens. La quinzième suit derrière, à au moins cinquante mètres.

On se précipita sur la place. Deux minutes plus tard, le vol de corneilles se présentait à nous dans le ciel limpide. Quatorze volaient en groupe. Une quinzième volait derrière, à cinquante mètres. A cinquante-trois exactement, précisa Baptistin dont la vue était aussi perçante que son oreille était fine.

Mais dès le lendemain, qui était un dimanche, Sixte remontait le terrain perdu en annonçant que l'Olympique de Marseille venait de marquer un but contre Nîmes à 15 h 28.

— Mais le match n'est pas retransmis à la radio !

Sixte n'avait pas l'air étonné.

— Vous n'avez pas entendu crier la foule ? C'est curieux, pourtant ils ont fait du bruit.

Entre Nîmes et Fontvieille, il y a malgré tout une quarantaine de kilomètres...

Il risque donc de n'y avoir jamais de vainqueur, ni de vaincu, dans cette implacable compétition.

Pourtant, depuis hier, j'en suis moins sûr et le dernier exploit auditif de Baptistin me paraît difficile à battre.

Voici les faits :

Au printemps dernier, dans son domaine d'Estoublon, M. Ramage avait fait l'essai d'un nouvel hybride de blé sans beaucoup de conviction.

— J'ai fait analyser le terrain et je ne crois pas que ces graines s'acclimatent. Mais il faut bien tenter quelque chose.

Effectivement, au bout de deux mois, aucun grain de blé n'avait encore germé et M. Ramage mit son expérience au compte des profits et pertes.

— Tu as tort, dit Baptistin, ton blé, il va sortir d'ici une paire de jours.

— Qu'est-ce que tu en sais ? Tu n'es même pas agriculteur !

— C'est vrai, reconnut Baptistin, l'agriculture, j'y connais rien. Mais ton blé, je l'entends pousser d'ici...

Deux jours plus tard, le champ expérimental de M. Ramage était tout vert.

Deux mille quatre cent quatre-vingt-seize Fontvieillois pourront vous le confirmer, si vous avez des doutes.

Mais, à mon avis, vous devriez vous méfier. Plus le nombre de témoignages que je cite est élevé, plus vous avez de raisons de mettre ma parole en doute.

En revanche, je vous interdis catégoriquement de suspecter la véracité de ce qui va suivre.

ROMÉO ET JULIETTE

J'aimerais bien qu'ils s'appellent Montaigu et Capulet, comme dans Shakespeare. Non, ils s'appellent Jousseaume et Feuillas comme beaucoup de gens à Fontvieille. En plus, ce sont les meilleurs amis du monde. Bien sûr, il leur arrive d'échanger des mots. Et même des gros mots. Mais seulement quand ils jouent à la belote. Car ils ont tendance, l'un aussi bien que l'autre, à annoncer des *tierces balourdes* plus souvent qu'il n'est normal. Même entre amis d'enfance.

Ce soir-là, pourtant, quand j'ai pénétré dans le café du Moulin, à l'heure de l'anis, j'ai bien vu qu'il y avait du drame dans l'air. D'ailleurs, Laurent, le patron, m'a fait un clin d'œil discret. Le clin d'œil qui voulait dire : « Te mêle pas de ça, petit. C'est une affaire de famille... »

Il y avait dans le regard de Laurent l'allégresse qui s'allume chez les Provençaux quand ils ont la chance d'être témoins d'un grand débat public où l'on dévoile à la face du monde des secrets contenus au plus profond de soi depuis des générations. J'y lus, aussi, une inquiétude certaine. Il craignait que les choses ne tournent mal. A un moment même, nous crûmes qu'ils allaient en venir aux mains. Ce qui aurait nui à la réputation de l'établissement.

Je me fis donc aussi invisible que possible et feignis de m'absorber dans la lecture du *Provençal*. Mais j'avais l'oreille aux aguets (l'oreille c'est mon instrument de travail) et je n'en perdis pas une. Rien qu'au son de leurs voix je compris qu'ils avaient insisté sur la « mauresque ». Des mauresques dans lesquelles il y avait beaucoup plus de pastis que de sirop d'orgeat. Ce qui, je l'affirme, et tous les Fontvieillois pourront le confirmer, n'est pas dans leurs habitudes.

Feuillas, toutefois, paraissait moins avancé que son collègue sur le chemin des propos irréparables. La bienveillance n'avait pas disparu de son langage et il veillait à maintenir leur confrontation dans les limites de la raison et de la courtoisie. Mais au lieu d'appeler son copain « Alfred », comme à l'accoutumée, il le désignait par son nom de famille. Ce qui indiquait bien que l'affaire était grave. Pour Jousseaume, elle semblait plus grave encore puisqu'il donnait à son collègue du « Monsieur Feuillas » et lui disait « vous » comme s'il venait à peine de faire sa connaissance.

— Écoute, Jousseaume, disait Feuillas, parlons peu, parlons bien. Qu'est-ce que tu me reproches, au juste ?

— A vous, Monsieur Feuillas, rien.

— Alors, pourquoi tu me fais les brigues ?

— Parce que j'ai mes raisons...

— On peut les connaître ?

— Elles ne vous regardent pas, Monsieur...

Il venait pourtant de mettre son adversaire capot, ce qui aurait dû le disposer à la mansuétude. Je lui jetai un coup d'œil par-dessus mon journal et je le reconnus à peine. Il avait le visage dur et le regard charbonneux. On pouvait s'attendre à ce qu'il éclatât d'un instant à l'autre. Feuillas, lui, redoublait de modération.

— Je te comprends plus, disait-il, nous avons été en affaires plusieurs fois...

— C'est exact.

— Est-ce que je t'ai jamais fait tort d'un sou ?

— Jamais.

— Alors ?

— J'ai mes raisons.

La situation était, comme on dit, bloquée. Avant de s'abandonner à la colère qui bouillait en lui, Feuillas fit une dernière tentative d'apaisement.

— Ne me dis pas qu'il y a une histoire de gonzesse entre nous.

— Je te le dis pas.

On pensa que Jousseaume allait s'enfermer définitivement dans le silence. Mais ses dents ne purent retenir une phrase qu'il aurait voulu ne pas prononcer :

— Il y a pire, grommela-t-il.

Les choses ne pouvaient plus en rester là. Feuillas sauta sur l'occasion. Il parlait maintenant d'un ton ferme et menaçant.

— Et pourquoi ?

— Parce que j'ai mes raisons.

La situation risquait de se bloquer à nouveau. En quelques mots Jousseaume la débloqua :

— Je ne donnerai jamais ma fille à ton fils parce qu'il a un zizi pas plus gros qu'une allumette...

Alors il y eut au café du Moulin un gigantesque éclat de rire. Et qui ne s'éteindra qu'à la fin des siècles. L'Alice de Jousseaume avait cinq ans et le Pierre de Feuillas pas tout à fait six.

Je tiens à ce que ce livre puisse être mis entre toutes les mains et vous avez pu remarquer que toutes les histoires que je raconte sont parfaitement « convenables ». Celle qui va suivre est la plus « convenable » et, malgré les apparences, la plus morale de toutes.

BONJOUR, « BICOU » !

J'étais étudiant à l'époque. J'habitais le XIVe. Tous les soirs, je rentrais de la Sorbonne à pied. Par économie, mais surtout pour la joie de traverser à la nuit tombée le Jardin du Luxembourg. Les grands parcs solitaires et glacés conviennent aux adolescents de province.

Ce soir-là, il neigeait. J'étais transi et plaignais le destin des statues dénudées. J'avançais d'un pas de somnambule...

Je me réveillai dans la cohue chaleureuse de la rue de la Gaîté, cette Canebière de poche, ce Broadway de quartier. Une main tout à coup surgit d'une porte cochère et se posa sur la mienne avec une impétuosité câline.

— Tu viens, « gari »...

— Non, « bicou », répondis-je en écho.

« Gari » et « bicou » sont à Marseille des petits mots d'amitié. Loin de me lâcher la main, la demoiselle m'avait attiré à hauteur de son visage :

— Tu es marseillais...

— Je l'ai été pendant les sept premières années de ma vie.

— Dans quel quartier ?

— Saint-Mauront.

— Et moi, je suis de la Belle de Mai.

Nous ne pouvions pas éviter de nous faire la bise. Mais elle fut chaste, et précisons tout de suite que les choses ne sont jamais allées plus loin. S'il en avait été autrement, je serais trop heureux de vous le dire, mais une manière d'affectueux respect s'était subitement installée entre nous.

Elle avait gardé ma main dans la sienne mais nous avions repris nos distances :

— Viens, dit-elle cependant, je te paie un verre.

— Je ne voudrais pas vous déranger.

— Tu me fais plaisir, au contraire.

Elle était un peu plus âgée que moi mais nous avions sûrement des souvenirs d'enfance à nous raconter.

A trois heures du matin, nous parlions toujours et elle avait fait plusieurs fois renouveler les consommations. Un gratte-ciel de soucoupes s'élevait entre nous. Je fus saisi d'un scrupule tardif :

— Je te fais perdre de l'argent, dis-je.

— Cocagne, dit-elle, ce soir c'est fête.

Ce fut notre seule nuit. Et si elle fut volubile et arrosée elle demeura fraternellement chaste.

Elle se faisait appeler Mado. Son vrai prénom était Mathilde. Mais ça n'aurait pas fait sérieux dans sa profession.

Pendant six mois, quelle que fût l'heure de mes rentrées nocturnes, je m'entendais interpeller par un joyeux :

— Salut, « gari » !

Auquel je répondais par un affectueux :

— Salut, « bicou » !

C'était sa façon à elle de me souhaiter une nuit de sommeil ou d'étude. Ma façon à moi de lui souhaiter une nuit fructueuse et sans dégoût. Ce devait être pour nous deux le meilleur souvenir de la journée.

Et quand elle était prise par ses occupations j'avais du mal à trouver le sommeil.

Puis elle a disparu et je n'ai plus jamais entendu parler d'elle.

Cela vaut mieux. Je n'aurais pas aimé la voir vieillir...

L'INCORRUPTIBLE

Il avait pourtant une bonne tête et l'accent corse. Mais il avait les consignes les plus strictes. Je crus néanmoins que les choses allaient pouvoir s'arranger. Il faudrait, je le pressentais, que je déploie toutes les ressources d'une action oratoire sans faiblesse. Mais la perspective d'une longue palabre n'est pas faite pour me déplaire.

D'ailleurs, sa première phrase semblait laisser prévoir une réponse favorable à la requête que j'allais devoir formuler. Tout en me dévisageant avec autant de sympathie que de curiosité, il venait de me dire :

— C'est bien vous que j'ai vu l'autre soir à la télévision ?

— Je pense, oui.

— Qu'est-ce que vous lui avez mis, à ce pauvre garçon !

Je ne suis pas moins vaniteux qu'un autre. Mais je vous affirme que je n'aime pas qu'on me reconnaisse dans les rues ou, comme aujourd'hui, dans les bois. J'ai soudain, quand cela m'arrive, le sentiment que mes chaussures sont devenues trop petites. Je rougis, j'ai du mal à trouver mes mots, ce qui n'est pas, tout le monde vous le dira, conforme à mon tempérament.

Pour le coup, je me réjouis qu'on ait cru me reconnaître. Mon image de marque allait pouvoir me tenir lieu de laissez-passer. Je me sentais d'autant plus à l'aise qu'il y avait sincèrement erreur sur la personne. Je n'avais pas souvenir d'avoir insulté qui que ce soit sur le petit écran depuis au moins six mois.

Je saisis donc sans hésitation la perche qu'on me tendait. Il n'y avait rien de vrai dans les propos que je me mis à tenir, mais je mentais avec beaucoup de naturel et de volubilité.

— C'est précisément la Télévision qui m'envoie, dis-je.

Je compris aussitôt que le gardien n'en croyait pas un mot, mais que mon audace, loin de l'irriter, le disposait à l'indulgence. Je sentis que nous venions de sceller discrètement un pacte silencieux. Personne n'était dupe. Tout ce que ce jovial représentant de la loi attendait de moi, c'est que je lui développe mes arguments de façon convaincante, courtoise et enjouée. Son emploi le condamnait à la solitude et une conversation de rencontre n'était pas faite pour lui déplaire.

— Pas possible, fit-il, qu'est-ce que vous me dites là ?

— La vérité. La deuxième chaîne m'a demandé une émission en couleurs de trois heures et je suis venu effectuer un premier repérage.

— Et elle passe quand, cette émission ?

Le ton de sa voix indiquait clairement qu'il n'attachait aucune valeur à mes paroles. Mais qu'il souhaitait, pour son plaisir, que je lui en dise davantage.

— Elle n'est pas encore programmée, répondis-je, mais je suis certain que ce sera à une heure de grande écoute.

— Je m'en doutais, dit-il. Mais qu'est-ce qui se passe pour notre petite calanque ? Vous êtes le vingtième de la journée qui vient... comment vous dites ?... repérage... On nous aime beaucoup à la télévision.

Visiblement, il se payait ma tête. Je l'avais bien mérité et je commençais à douter de son bon vouloir. J'avais tort.

— Eh bien, allez-y, dit-il, puisque vous avez l'air d'y tenir.

— Merci beaucoup, dis-je, vous êtes bien brave.

Je me hâtai d'enclencher la première. Il m'arrêta d'un geste dont la fermeté me surprit. Il continuait de sourire, mais il avait adopté un ton officiel et la rocaille de sa Balagne originelle enlevait toute douceur à ses paroles.

— Vous avez le droit de circuler dans cette zone militaire, mais à pied seulement.

— J'en ai pour une heure au moins.

— Une heure et quart.

— Et autant pour revenir.

— Tout juste, mais quelle belle balade !

Hé oui ! Cela aurait pu être une balade somptueuse. Je ne sais pas si vous connaissez la calanque de Morgiou, c'est un des lieux les plus miraculeux du monde. Et je n'en veux pas à la Marine nationale, qui en est la propriétaire, de l'avoir interdit à la circulation automobile. Sinon, ce serait devenu rapidement un enfer. Morgiou, ça se mérite... D'accord !

Seulement voilà. J'étais déjà en retard, et mon ami Lucien m'avait préparé la soupe de poisson et de favouilles. Il s'était levé à l'aube pour lever ses « gireliers ». Il me semblait que la mer m'apportait, mêlé aux parfums de la pinède, le fumet incomparable de cette soupe divine.

J'essayai, mais sans beaucoup de conviction, d'attendrir le gardien du paradis. Il compatit à ma détresse.

— Je me mets à votre place. Quand vous arriverez, les pâtes seront toutes molles.

— Et le parmesan se sera transformé en cataplasme.

— Hé oui ! gémit cet incorruptible fonctionnaire d'autorité, ce sera une véritable catastrophe !

Le brave homme paraissait ému.

— Comprenez-moi bien, dit-il, je voudrais bien vous rendre service. Mais je suis assermenté. J'ai reçu des ordres formels. Mon chef m'a dit : « Même si le préfet se présente, et qu'il n'a pas le laissez-passer, tu le renvoies... »

Il ne me restait plus qu'à rebrousser chemin. J'allais passer en marche arrière. Je sentis la main de l'incorruptible qui se posait sur la mienne. La main était affectueuse, mais le regard sévère :

— Vous n'êtes pas préfet, au moins ?

— Non, je vous le jure.

— Alors, allez-y... Mais ne le dites à personne.

Avant d'aborder la suite de cet ouvrage, je tiens à me mettre sous la protection d'Alexandre Dumas. Je partage en effet sa façon d'envisager l'Histoire. Mais il va vous la préciser lui-même.

HONNEUR AU PÈRE DUMAS

L'auteur des *Trois Mousquetaires* nous rapporte que vers le milieu du siècle dernier le cicerone attaché au Château d'If arrondissait son maigre traitement en vendant aux visiteurs des plumes en cartilage de poisson, fabriquées par l'abbé Faria lui-même...

C'est avec ce genre de plume que j'ai toujours écrit mais il m'a fallu du temps pour me rendre à cette évidence : les personnages imaginés par les poètes possèdent un tel caractère de vérité qu'ils finissent toujours par pousser à l'endroit où on les a plantés. Il y a même des gens qui les ont connus, avant même qu'ils n'aient été créés.

« *Je vais vous dire une chose en confidence*, précise le sublime Alexandre dans le « Mot au Lecteur » sur lequel s'ouvrent *Les Compagnons de Jéhu ; seulement, ne le répétez point.*

« *Je ne veux pas faire de tort à d'honnêtes pères de famille qui vivent de cette petite industrie. Mais si vous allez à Marseille on vous montrera la maison de Morel sur le Cours, la maison de Mercedès aux Catalans et le cachot d'Edmond Dantès.*

« *Lorsque je mis en scène Monte Cristo au théâtre Historique, j'écrivis à Marseille pour que l'on me fît un dessin du Château d'If et qu'on me l'envoyât. Ce dessin était destiné au décorateur.*

« *Le peintre auquel je m'étais adressé me fit parvenir le dessin demandé.*

« *Seulement, il fit mieux que je n'eusse exigé de lui ; il écrivit sous le dessin "Vue du Château d'If, à l'endroit où Dantès fut précipité"...* »

Avant de lâcher la bride à son imagination, le père Dumas avait cependant à faire un reportage sur les lieux mêmes où se déroulera l'action de son roman « historique ».

Le voici donc à Bourg-en-Bresse, où il a décidé de guillotiner ses comploteurs. Sa première démarche consiste à interroger l'archiviste local. Je lui laisse la parole :

« — *J'ai besoin, dit-il, d'un joli site un peu sombre, sous de grands arbres, près d'une rivière. Tenez-vous cela dans le pays ?*

« — *Pour quoi faire ?*

« — *Pour y bâtir un château... j'ai une famille à loger : une mère modeste, une jeune fille mélancolique, un frère espiègle, un jardinier braconnier...*

« — *Nous avons bien un endroit appelé les Noires Fontaines.*

« — *Voilà un nom charmant. Je le retiens.*

« — *Mais il n'y a pas de château.*

« — *Tant mieux car j'aurais été obligé de l'abattre pour y installer le mien. Maintenant, si vous pouvez me trouver une grotte, vous m'aurez comblé.*

« — Nous en avons une, mais assez loin d'ici.

« — Peu m'importe. Si la grotte ne vient pas à moi, je ferai comme Mahomet, j'irai à la grotte.

« — Avez-vous besoin d'une église ?

« — Cela peut servir.

« — L'église de Brou se trouve sur notre chemin.

« — J'achète. Vous vous imaginez bien que je ne vais pas faire se passer mon action dans un pays qui possède le chef-d'œuvre de l'architecture du XVIe *siècle sans l'utiliser.*

« — Je peux également vous procurer une forêt.

« — Elle m'est indispensable...

« — Elle est un peu clairsemée.

« — Nous l'épaissirons.

« — Vous y trouverez une chartreuse en ruine qui communique par le souterrain avec une espèce de fabrique abandonnée.

« — Je ne sais pas encore ce que j'en ferai. Mais cela pourra m'être utile... J'oubliais l'essentiel... Il me faut le procès-verbal de l'exécution des sieurs Guyon, Hyvert, Amiot et Leprêtre...

« — J'ai passé ma vie à classer les archives de la ville. Leur supplice n'y a laissé aucune trace...

« — Avez-vous songé à consulter les archives du greffe ?

« — C'est un chaos, un véritable chaos... Il faudrait des années pour... Mais d'abord, êtes-vous vraiment sûr que ces gens-là ont été exécutés ici ?

« — Absolument certain.

« — De qui tenez-vous le renseignement ?

« — D'un de mes amis aujourd'hui décédé, dont l'oncle, commandant de gendarmerie, assistait à l'exécution.

« — Qui est cet homme ?

« — Charles Nodier.

« — Le romancier !... le poète ! Son témoignage n'a aucune valeur...

« — Si c'était un historien je n'insisterais pas. Mais, justement, parce que c'est un poète et un romancier, j'insiste... »

Le soir même, Dumas se voyait remettre sans étonnement le procès-verbal authentique de « Mort et exécution de Laurent Guyon, Étienne Hyvert, François Amiot et Antoine Leprêtre condamnés le 20 thermidor, an VIII et guillotinés le 23 vendémiaire, an IX ».

Et si ce procès-verbal authentique est lui-même imaginaire, du moins ne pourra-t-on pas dire qu'il a été forgé à Marseille ou à Fontvieille.

En tout état de cause, je n'y suis pour rien. Mais fort de cet illustre exemple je n'hésite pas à donner la parole, pour raconter la guerre de 14-18, à l'un de ses plus humbles participants.

OÙ LE SOLDAT LA SAQUE RACONTE UNE LONGUE GUERRE DONT IL A BRILLAMMENT RÉCHAPPÉ

Un village, si modeste soit-il, est toujours une capitale pour ceux qui l'habitent. Je ne suis pas tout à fait citoyen fontvieillois, mais des Rameaux aux Olivades, des figues de printemps aux figues d'automne, j'ai la joie de vivre au soleil de Fontvieille. Qu'il me soit donc permis d'en faire non seulement le berceau des vertus provençales (ce qu'il est) mais le siège de tous les pouvoirs civils, militaires et religieux (ce qu'il a toujours évité d'être). Pour un village qui n'a même pas de gendarmerie (au point qu'on dit d'un gendarme d'Arles qui prend ses vacances « qu'il est de service à Fontvieille »), vraiment je ne peux faire mieux. Et en plus, c'est ce que je dois faire. Car mon Histoire de Provence, c'est la mienne et pas celle des autres. Cela ne veut pas dire qu'elle soit imaginaire. Cela signifie même précisément le contraire. Si j'étais citoyen d'Aix ou de Marseille, j'aurais mes temples à Aix ou à Marseille. Les miens sont à Fontvieille et dans ses banlieues d'Arles, des Alpilles, de Camargue, du Ventoux et de Crau. Ce qui compte, pour un historien de mon espèce, c'est de connaître un lieu où le passé est plus présent qu'ailleurs...

Tel est pour moi, Fontvieille, dont le monument le plus curieux s'appelle « l'escalier de Rosa ». Le plus curieux et le plus significatif. Car l'escalier de Rosa, vous avez beau le chercher, vous ne le trouverez pas, pour la bonne raison qu'il n'existe plus.

Pourtant, Rosa n'est pas un personnage inventé. Je l'ai même connue, Rosa, sur ses vieux jours. Mais son escalier avait déjà été démoli. Elle habitait un coquet trois-pièces cuisine, installé dans une grotte naturelle. Rosa, c'était, si vous voulez, une femme des cavernes. Et sa caverne, je vous la montrerai quand vous voudrez. Elle date de 1673 (c'est marqué dans le rocher), du temps où les moines de Montmajour ne se doutaient pas que la Révolution était sur le point d'éclater. Mon père l'a achetée il y a quarante ans. Ou plutôt, quand il a acheté le cabanon où j'habite, on lui a donné la caverne en supplément.

C'est là que je travaille au mois d'août et que nous faisons le réveillon de Noël en famille. Car tout n'est pas dit sur les habitations troglodytiques non plus. Il y fait frais l'été, tiède l'hiver et, si l'on y trouve parfois des champignons aux fenêtres, on n'y attrape jamais de rhumatismes.

Enfin, bref, il y avait un escalier de pierre accroché à la façade de la caverne, ce qui permettait à Rosa de se rendre directement à son jardin et à son poulailler. Elle avait, en quelque sorte, son jardin et sa basse-cour sur son toit, ce qui est un luxe que tous les milliardaires ne peuvent pas s'offrir. L'escalier datait, lui aussi, d'avant la Révolution. Il lui manquait une marche ou deux. Un enfant faillit s'y casser les jambes. Il fut abattu. L'escalier.

Mais avant qu'Honoré Coudière ne m'attribuât, de sa propre autorité, le numéro 26 de la rue Michelet, le plus simple pour me trouver était encore de demander :

— L'escalier de Rosa ? S'il vous plaît.

Et on vous l'aurait indiqué tout de suite. Excepté entre deux heures et quatre heures de l'après-midi. Parce qu'il est de notoriété publique qu'entre deux heures et quatre heures de l'après-midi je fais la sieste. D'ailleurs, entre deux heures et quatre heures de l'après-midi, vous n'auriez trouvé personne à Fontvieille pour vous indiquer votre chemin. Parce qu'à Fontvieille, au mois d'août, entre deux heures et quatre heures de l'après-midi, tout le monde fait la sieste. Comme moi.

Mais, aujourd'hui, c'est à Arles que nous avons rendez-vous. Avec le porteur numéro sept. Surtout, ne cherchez pas les six autres, ni les suivants. Ils n'existent pas. Et le porteur numéro sept existe à peine. En tant que porteur, du moins.

Pourtant, il a vraiment un charreton. Un charreton qui n'est d'ailleurs pas à lui, mais qui peut encore rendre quelques services, bien qu'il ait les roues un peu carrées.

Le porteur numéro sept, on lui disait jadis « La Saque » du temps où il était menuisier à Paradou. Un de ses employeurs m'a dit de lui :

— C'était un bon menuisier, « La Saque », et même un très bon menuisier, mais après neuf heures du matin il n'était plus « rentable ». Si encore il avait accepté d'aller se coucher, ou simplement de terminer la journée au bistrot, je l'aurais gardé, mais le vin rosé, au lieu de l'inciter au repos, le poussait à l'action. « De longue », il ajustait des tenons et des mortaises et assemblait des fenêtres que personne ne lui avait commandées. Naturellement, ces fenêtres dataient d'avant l'invention de l'équerre. Elles étaient, comme on dit chez nous, de « biscamboille » !

J'ignore l'origine et même l'orthographe de ce mot, mais il se passe de traduction. Pour dire la franche vérité, « La Saque » était une des plus fines carafes de toutes les Bouches-du-Rhône. Il avait des excuses. Pendant plusieurs années, il avait été caviste à Baumanière. Un jour, son patron vint le voir dans sa cave et lui dit :

— D'après ce que j'entends, le vin rosé de l'année est encore meilleur que d'habitude...

Le visage de « La Saque » s'était illuminé.

— Patron, il avait dit, je ne connais pas grand-chose dans la vie, mais en matière de vin rosé je crois que je suis un des plus forts...

— Tu fais autorité, reconnut le patron.

— Eh bien, si je vous dis que le vin rosé de cette année, il s'en est pas bu de meilleur dans la région depuis la création de la vigne, vous pouvez me croire.

Le patron faisait en général confiance à « La Saque ». Mais « La Saque » avait eu de tels accents pour parler de ce vin rosé-là que le patron, qui ne buvait que de l'eau minérale, sur ordre de la Faculté, décida de faire un écart de régime.

— J'aimerais bien y goûter, dit-il.

Alors « La Saque » se mit à bégayer et sentit ses genoux qui se ramollissaient.

— Je voudrais bien vous faire plaisir, mais de ce vin rosé, il n'y en a plus guère...

— Juste une goutte, dit le patron.

Alors « La Saque » baissa la tête et dit en se frappant la poitrine :

— Il n'y en a même plus du tout. Je m'en suis pas bien rendu compte, mais, bouteille après bouteille, j'ai fini par tout boire.

Il eut presque un sanglot.

— Vraiment, vous n'avez pas de chance. Je l'ai fini juste ce matin.

Son patron était un brave homme et, bien que buveur d'eau minérale, sur ordre de la Faculté, il avait du cœur. Il ne mit donc pas « La Saque » à la porte. Mais si son patron avait du cœur « La Saque », lui, avait de la vergogne. Il lui arrivait de faire des erreurs, mais sans malice et quand il découvrait l'étendue de ses fautes, il était envahi par le remords.

Il partit donc de son propre chef, ou du moins se démit de ses fonctions. Car s'il continua de dormir dans la cave de son patron, il buvait ailleurs. Et quand il était hors d'état de se déplacer, le plus valide de ses amis le ramenait chez lui en brouette. L'air de la nuit dissipait son ivresse et ses premiers mots, en descendant de son carrosse, étaient toujours :

— Tu dois avoir soif, mon collègue. Malheureusement, je n'ai rien à t'offrir à boire...

Et il s'endormait héroïquement parmi les tonneaux pleins, rêvant qu'il les avait mis en perce.

La collectivité continuait, par civisme, de l'abreuver et il eût pu boire sans problème, jusqu'à la fin de ses jours. Mais la vergogne, une fois de plus, fut la plus forte. Il voulait bien vivre en marge, mais non en parasite. Il partit pour Arles chercher du travail et c'est ainsi qu'il devint porteur numéro sept, place du Forum.

Il n'avait pas de domicile fixe, mais il avait installé son siège social au bar-tabac de la place et sur les ridelles de son charreton, il avait peint, presque sans fautes d'orthographe, le panonceau suivant :

PORTEUR N° 7
TRAVAIL A L'HEURE OU A LA JOURNÉE
PETITS DÉMÉNAGEMENTS
TÉLÉPHONE : LE 26 A ARLES

Naturellement, ce n'était pas son numéro de téléphone personnel, c'était celui du bar-tabac où il avait installé ses bureaux, tout en haut du comptoir, juste sous la pendule.

A la surprise générale, il prit ses fonctions très au sérieux et on pouvait le joindre au bout du fil ou prendre directement contact avec lui à toute heure du jour et jusqu'à une heure avancée de la nuit. Son accueil était toujours charmant, cordial, chaleureux. Il vous écoutait avec le sérieux de celui à qui l'on confie une mission d'intérêt national. Il se faisait préciser tous les détails et les notait gravement sur son paquet de cigarettes dans un graphisme qu'il était le seul à pouvoir déchiffrer et qui n'était pas sans rappeler les inscriptions étrusques. Puis il vous regardait droit dans les yeux et, du ton de quelqu'un qui prête serment devant Dieu et devant les hommes, déclarait :

— Parole d'honneur, ce sera fait avant midi !

Vous scelliez votre pacte d'un verre ou de plusieurs. La première fois même, vous le payiez d'avance. Mais la première fois seulement. Car le porteur numéro sept avait une surprenante caractéristique : il ne portait jamais rien. Il était là pour enregistrer vos désirs et non pour les satisfaire.

Quand vous n'étiez pas au courant de la conception particulière qu'il avait du transport des biens meubles, vous alliez au-devant des plus graves déconvenues et retourniez le voir le soir même pour lui faire, sur un ton mesuré, mais ferme, vos amicales représentations.

Il vous regardait avec candeur. Avec détresse.

— Je suis désolé, disait-il. Voilà que j'aurais encore oublié...

Il reprenait note avec plus de soin que la première fois des objets à transporter, de l'endroit où ils se trouvaient et du lieu où ils devaient se rendre.

— Vous y tenez vraiment ? disait-il.

— Si je vous le demande, c'est que...

— Justement. Il m'est arrivé si souvent de charrier des colis de l'Hauture à la Roquette pour m'entendre demander huit jours plus tard de les ramener là où je les avais pris que je suis devenu méfiant. Mais puisque vous avez l'air d'y tenir...

Alors, il vous décrivait avec précision la façon dont il manipulerait les objets confiés à sa diligence, et vous traçait sur le comptoir l'itinéraire qu'il avait l'intention d'emprunter avec les haltes prévues pour s'éponger, reprendre souffle et se rafraîchir, le cas échéant. Il vivait devant vous son futur trajet, le mimait avec tant de conviction que des perles de sueur grosses comme des grêlons lui venaient aux tempes. Il ahanait, devenait violet comme un viédaze, le cœur lui cognait sous la chemise. Il se laissait tomber sur une chaise, épuisé à l'avance par les efforts qu'il allait devoir faire.

— Écoutez-moi, disait-il, après avoir avalé un cordial, vous êtes un garçon très sympathique et je ne demande qu'à vous rendre service. D'ailleurs, je suis là pour ça. Mais vous comprendrez que dans l'état où je suis ce ne serait pas prudent que je m'y mette tout de suite. Mais je vous promets que tout sera fait demain à la première heure.

Dix minutes après, il pensait à autre chose, et, en gros, on pouvait dire qu'il était amnésique. Mais contrairement à ce que certains se permettaient d'avancer ce n'était pas à cause de l'usage intensif du vin rosé. C'était pour des raisons plus graves et que je crois être le seul à connaître.

Car, après d'innombrables petits déménagements immobiles, vécus au comptoir du bar-tabac de la place du Forum, nous étions devenus, « La Saque » et moi, presque des amis d'enfance. Et, un soir où il se sentait seul au monde, il me confia son douloureux secret.

— Si je suis devenu l'ombre de moi-même, soupira-t-il, c'est de la faute à la guerre de 14-18...

— Tu as été blessé ?

— Pire, me dit-il, pire...

Et voici ce que m'a révélé « La Saque » parlant à ma personne et au passé simple qui est le temps préféré des narrateurs d'élite :

— En 14, je fus mobilisé et, dès le mois de septembre, je me rendis dans une localité à l'est de la France, où la patrie était plus en danger qu'ailleurs. Eh bien, Monsieur Yvan, vous me croirez si vous voulez, j'ai tout de suite compris que ce n'était pas un endroit pour moi. Oh ! Mais alors, pas du tout ! Ici c'était l'époque des vendanges et de la chasse au perdreau, de la cueillette des champignons... Vous aimez les pinens... Vous êtes forcé de les aimer... J'irai vous en cueillir du côté du Destet demain matin à quatre heures...

Il n'oublia pas. Car l'amnésie de « La Saque » ne touchait que les devoirs de sa charge et ne l'empêchait pas de faire plaisir à un ami. Mais ceci est une autre histoire.

— Donc, poursuivit-il, je fus contrarié dès le début et je compris que ce n'était pas la peine d'insister. Je ne pourrais jamais m'acclimater et je décidai que ma place n'était pas là. J'eus néanmoins la force de caractère d'attendre ma première permission pour passer aux actes. Des collègues à moi n'eurent pas la patience d'attendre et ce qu'ils sont devenus, je préfère ne pas en parler... Enfin bref, ma première permission finit par arriver. Plus de six mois, ils me la firent attendre, et de mon régiment nous n'étions plus qu'une douzaine...

— Vous avez eu de la chance !

— Non. Moralement, je n'étais plus là et un homme qui, moralement, n'est plus là, même les tireurs d'élite ne s'aperçoivent pas de sa présence. En tout cas, quand j'eus mon titre de permission, je me considérai comme démobilisé pour de bon. C'était irrévocable. Mais, comment je me débrouillerais, je n'en savais rien. C'est au centre de permissionnaires de Dijon que je mis mon plan au point. Vous n'avez pas connu le centre de permissionnaires de Dijon ?

— Non.

— Dommage pour vous. C'était le paradis. Théoriquement, je n'aurais dû y passer qu'une nuit. Mais je m'y plaisais trop. La Bourgogne, ce n'est pas la Provence, mais pour la question du liquide, du solide et de l'infirmière diplômée, c'était de première catégorie. En plus, j'ai une bonne tête. Quand on m'a vu une fois, on croit me connaître depuis toujours. Les gradés pensaient que je faisais partie du personnel et vous pensez bien que ce n'était pas moi qui allais les contredire. Enfin, bref, j'y restai trois mois et si un capitaine de mon régiment ne m'avait pas reconnu, sûrement j'y serais encore et peut-être je m'y serais marié ?

— On vous a pris ?

— Non, j'eus le temps de sauter dans le train et je m'enfermai dans les toilettes pour rajeunir mon titre de permission. Le train s'arrêta à Toulouse. Très bien, Toulouse. C'est du centre de permissionnaires que je parle, bien entendu. Bordeaux, pas mal non plus. Mais alors, Brest, une vraie catastrophe, et Limoges... Vous connaissez Limoges ?

— Non.

— Vous ne perdez rien. Mais pour moi c'était pratique. Comme centre de permissionnaires, c'était guère couru. En plus, j'avais remarqué que les gendarmes empruntent moins volontiers les lignes secondaires que les grandes lignes. Eh bien, si vous utilisez assez régulièrement les lignes secondaires, et moi, j'y ai passé trois ans de ma vie, vous finissez toujours par arriver à Limoges.

— Vous n'avez pas pu retourner à Dijon ?

— Si, deux fois. La première, je m'étais mis le bras en écharpe. La deuxième, j'avais enroulé un bandage autour de ma tête. Avec du sang de poulet autour. Parce que, forcément, j'étais devenu un peu gitan pour survivre et que je ne respectais plus tout à fait le bien d'autrui. D'un peu plus, ils me décoraient. Dans l'ensemble, ça se passait bien. Mais la quatrième année a été terrible. Je n'osais plus montrer mon titre de permission. Ce n'était plus que de la charpie et du papier collant. Si la guerre avait duré six mois de plus, je n'aurais plus eu rien à montrer...

Je regardai « La Saque » avec admiration :

— Vous êtes passé au travers...

« La Saque » eut un rire plein de malice et de satisfaction.

— Ils ont fini par me prendre. Mais après le 11 novembre. Ils ont même voulu me fusiller. Mais comme nous avions gagné la guerre, ils se sont contentés de m'envoyer aux Bataillons d'Afrique. Ne me faites pas dire ce que je ne dis pas. Ce n'était pas gai et ce que j'ai vécu, je ne le souhaiterais pas à mon pire ennemi. D'ailleurs, d'ennemi, je n'en ai pas. J'ai payé ma dette. J'ai même été libéré avec cinq ans d'avance. Libéré pour bonne humeur... C'est vrai, je rigolais tout le temps. Parce que Tataouine, mon brave Monsieur Yvan, on a beau dire, beau faire, question climat, c'est tout de même mieux que la Tranchée des Baïonnettes...

J'ai proposé à « La Saque » un dernier verre. Il n'a pas vu mon geste. Il était plongé dans ses souvenirs.

— Vous voyez, m'a-t-il dit, ce que j'ai fait, je ne le regrette pas.

Vu de loin, ça a l'air facile. Mais j'ai mis à ne pas mourir tout ce que j'avais dans la tête et tout ce que j'avais dans le ventre. Il ne faut pas m'en vouloir s'il ne me reste plus rien.

J'ai tutoyé « La Saque » pour la première fois :

— Il te reste la vie, j'ai fait.

— Ce n'est pas grand-chose...

— Peut-être, j'ai dit, mais c'est important...

Non, le vin rosé du bar-tabac de la place du Forum n'est pas d'une qualité exceptionnelle. Mais celui que nous avons bu ce soir-là, je n'en boirai jamais plus d'aussi bon.

Et puisque je me sens en train, je vais me payer d'audace et me hasarder jusqu'à l'époque romaine.

OÙ L'ON DÉCOUVRE AVEC RAVISSEMENT CERTAINES SURVIVANCES DE LA CIVILISATION GRÉCO-LATINE

Le pharmacien de Fontvieille s'appelle Brutus et j'ai connu à Saint-Trinit, en haute Provence, un berger qui se nommait Caligula. Nos César, nos Marius et nos Antoine sont innombrables. Et mon ami Ripert a prénommé son aîné Jules Claude Marc Aurèle.

Le record de romanité doit néanmoins appartenir à ma connaissance à feu mon ami Santini, receveur des Contributions. Il avait onze enfants et leur avait donné à tous un prénom patricien. Pour les filles, ce n'était pas grave. C'était même charmant : Lélia, Clélia, Antonia, Gallia, sonorités propices au madrigal. Comme elles étaient en outre ravissantes, elles se marièrent fort jeunes et eurent de nombreux enfants qu'elles appelèrent Pierre ou Paul, comme tout le monde.

Le sort des garçons était plus dur à assumer. Quand j'étais professeur d'anglais au lycée Frédéric-Mistral à Arles, j'avais un petit Santini dans chaque classe, de la sixième à la philo. J'avais un Orsilius, un Pompilius, un Tibère, un Juvénal, un Lucullus, un Agrippa et un Fabius. Handicap qui aurait été lourd à porter par ces jeunes gens s'il n'avait été allégé par le jeu spontané des diminutifs. Pour leurs camarades et pour tout le monde, ils étaient devenus Lili, Pompon, Titi, Juju, Lulu, Fafa et Bibi.

Cela était évidemment moins noble, mais aussi moins voyant. Enfin bref, en Provence, si nous sommes fils de beaucoup de monde, les enfants de la Louve, avec un peu de sang hellène pour les rendre plus subtils et de celtitude pour cimenter le tout, constituent une partie fort notable de la population. Si vous passez par Vedène (Vaucluse), tâchez de vous faire admettre au Club Romain. On n'y porte pas la toge, mais c'est tout juste. On continue à s'y saluer la main levée, à respecter le calendrier julien, à manger allongé pour les banquets corporatifs des nourritures abondantes et à faire entrer des joueuses de flûte au dessert.

Dans l'ensemble, quand même, si nous continuons d'être romains, c'est sans le faire exprès. Un de mes amis, député, me montrait récemment une lettre qu'un électeur venait de lui envoyer. On l'y remerciait chaleureusement et on lui promettait le soutien le plus ardent parce que le « petit » venait d'être reçu au baccalauréat avec mention.

Mon ami député ajoutait :

— Vous pouvez être sûr que je n'y suis pour rien. Mais ce n'est pas la peine que je le dise à mon cher électeur. Il ne voudrait pas me croire. Et si j'insistais il me prendrait pour un sournois.

Oui, en cela comme en bien d'autres domaines, nous sommes demeurés pétris de romanité. Chacun de nous a ses « clients ». Chacun de nous fait partie d'une clientèle. Et comme nous avons une certaine vivacité d'esprit, que même les gens du Nord nous reconnaissent, nous nous arrangeons même pour être les clients de plusieurs patriciens, simultanément ou selon la direction du vent.

Certes, les réunions publiques et contradictoires ont perdu une partie de leur attrait chez nous, comme ailleurs. Mais la parole continue de jouer un rôle important et je connais un paysan de Sault (Vaucluse) dont on voulait faire un maire et qui refusa en disant :

— Je voudrais bien vous être agréable. Mais j'ai trop de travail à la ferme et je n'aurai jamais le temps de venir au « portissol »...

Le portissol (la porte du soleil), c'est l'esplanade ensoleillée d'où l'on contemple le Ventoux tout en gérant en plein air les affaires de la cité.

Si je me suis permis ce préambule, c'est que j'ai l'intention de vous présenter à Barthélemy Balestre de Marseille, le plus beau Gréco-Latin que j'aie jamais connu. Gréco-Latin de vocation plus que d'origine, mais Gréco-Latin parfaitement exemplaire.

J'en vois qui ricanent et qui disent déjà :

— Barthélemy, je le connais. C'est un agent électoral...

Évidemment, ce n'est pas entièrement inexact. Mais d'abord il est l'agent électoral de tout le monde, ce qui prouve qu'il n'a pas de préjugé ! Ensuite il n'y a pas des élections toutes les semaines et il faut bien vivre tous les jours. Enfin, Barthélemy a coutume de dire à tous ceux qu'il recrute pour soutenir les intérêts politiques du candidat qui lui confie son budget de publicité :

— Tu prends les sous. Et après tu votes et tu fais voter pour celui que tu veux...

La fonction d'agent électoral n'était en somme que sa façade, sa couverture, son alibi, sa raison sociale. Sa vocation vraie, c'était d'obliger son prochain. Il était « celui-qui-rend-service ». On pouvait le trouver tous les jours de onze heures à une heure de l'après-midi au « Bar du Jeune Anacharsis » dans la rue de la Darse, sortant du hammam et vêtu de teintes claires. Il ne demandait rien. Il n'offrait rien. Il était là. Il attendait. Non pas qu'on lui présente une requête. Il n'aurait pas aimé. Ce qu'il souhaitait, c'était pouvoir intervenir, sans que personne ne l'en prie.

Il suffisait donc de parler devant lui, au barman par exemple, et de lui dire :

— Figure-toi que je suis bien ennuyé. Je dois aller demain en Bulgarie et je m'aperçois que mon passeport est périmé.

— Vous irez un autre jour, suggérait le barman.

— Oui, bien sûr, mais c'est demain qu'on enterre ma pauvre tante.

C'est alors que Barthélemy entrait en scène.

— Croyez bien, disait-il, que je n'ai pas écouté votre conversation, mais je n'ai pas pu faire autrement que de l'entendre. Alors, donnez-moi votre passeport, et attendez-moi ici. J'en ai pour une grosse demi-heure.

Le plus difficile, c'était pour le paiement. Car, dès qu'on parlait d'argent devant lui, il se fâchait avec une grande véhémence et une parfaite bonne foi. Vous le désobligiez. Il s'était dérangé uniquement par amour de l'humanité et pour le plaisir de vous être agréable. Il finissait néanmoins par accepter un défraiement symbolique. Mais il avait la délicatesse de prétendre que les sommes que vous lui remettiez n'étaient chez lui qu'en transit et qu'il les destinait, suivant l'importance du service rendu, à l'achat d'un bouquet de fleurs pour une secrétaire, ou d'un manteau de vison pour la maîtresse du préfet.

Cette méthode ne me paraît présenter que des avantages. D'abord, elle maintient et le bon langage et les bons usages, choses particulièrement menacées à notre époque et qui sont parmi les valeurs les plus sûres de notre patrimoine. En plus, tout le monde y trouve son compte : l'usager à qui sont épargnées de fastidieuses démarches et le fonctionnaire qui bénéficie au passage de quelques adoucissements à la mesquinerie de sa condition.

Enfin, cet ingénieux système permet à mon ami Barthélemy de couler, dans la bonne conscience et la satisfaction du devoir accompli, des jours tissés d'or et de jovialité.

J'en vois qui ricanent encore et qui considèrent sommairement les activités du brave Barthélemy comme un harmonieux mélange de trafic d'influence et de corruption de fonctionnaire. Alors qu'il s'agit d'un effort bénévole pour humaniser l'administration, pour la rendre plus souple, plus rapide et plus efficace. Le contact humain, c'est ce qui fait le plus cruellement défaut à cette époque polytechnicienne, technocrate et structuraliste. La poignée de main, le sourire, les « qu'est-ce que je vous offre, cher ami ? » ne sont pas monnaie courante dans les bureaux des administrations publiques.

Vous me direz que les hommes politiques ont été spécialement créés pour ça. C'est certain. Mais d'une part ils sont débordés, d'autre part, ce n'est pas à l'homme qu'ils rendent service, c'est à l'électeur, ce qui les rend forcément partiaux et discriminateurs. Barthélemy, lui, n'ayant aucune ambition politique, ne se préoccupait pas de savoir quelle était votre appartenance ou si même vous en aviez une.

Barthélemy, c'était beaucoup mieux qu'un intermédiaire. C'était l'intercesseur à l'état naturel. Il intervenait pour n'importe qui et lui faisait obtenir n'importe quoi.

Voilà que nous entrons maintenant dans le vif du sujet. Vous me direz que j'y ai mis le temps. C'est certain. Mais je ne pense pas que j'ai perdu ni le vôtre, ni le mien. Au contraire, je crois que la civilisation gréco-latine, dont nous sommes issus, a toujours préconisé la sage lenteur (et ses hommes politiques sont parfois morts par le poignard, mais rarement de surmenage).

Enfin bref, j'ai eu moi-même recours aux services de Barthélemy Balestre. Je vous assure que c'était surtout pour ne pas le désobliger ! Le permis de construire que j'avais demandé pour remettre en service la cheminée de ma cave troglodytique de Fontvieille, j'aurais forcément fini par l'obtenir. Ma demande était fondée, légitime, chaudement appuyée par Monsieur le Maire et ne posait aucun problème d'aucune sorte.

Malheureusement, ma demande avait été transmise à la préfecture au mois d'août et je ne pouvais même pas passer un coup de fil à mon ami qui s'occupe de l'urbanisme. Il était en vacances. Et quand un ami est en vacances, ce n'est pas le moment de l'encombrer avec vos soucis personnels. J'enrageais quand même parce que le brave Lannibert de Darbousille m'avait proposé de me l'installer lui-même pendant ses trois semaines de congé.

Je me rendis donc à Marseille pour essayer malgré tout d'accélérer le mouvement. Je m'ouvris de mon problème à mon ami Laplayne. Il connaît tout le monde, ce garçon. Mais tous les gens qu'il connaissait, ils avaient déserté leur poste pour raison de beau temps.

Que faire en pareil cas ?

— Viens boire un verre, me dit-il, peut-être ça nous donnera une idée.

Nous le bûmes. Nous en bûmes un deuxième, mais sans pour autant trouver la solution.

C'est alors que Barthélemy entra en souriant dans mon existence. Il avait écouté notre conversation en silence et il se découvrit pour m'adresser la parole.

— Ne vous faites pas de souci. Je fais un saut en taxi et votre permis de construire, je vous le rapporte.

— Mais, dis-je, ce n'est pas à Marseille que je veux construire.

— Cocagne, dit-il, j'ai des amis dans toutes les Bouches-du-Rhône.

Vingt minutes plus tard, il était là avec les autorisations nécessaires. Il n'y avait là rien d'illégal. Peut-être même devons-nous considérer Barthélemy comme un facteur de progrès. Car en un temps où l'Histoire s'accélère l'administration continue à ne pas s'emballer. Barthélemy lui injectait donc son propre dynamisme et ne cessait d'améliorer son indice de performance.

Naturellement, j'ai manifesté le désir de le dédommager de son dérangement. C'était la moindre des choses. Il n'a rien voulu entendre. Il n'a même pas accepté que je lui rembourse sa course en taxi et, pour couper court à toute discussion, il m'a offert une bouteille de champagne en disant que c'était un honneur pour lui que d'obliger quelqu'un comme moi.

— Mais vous ne me connaissez pas.

— Je ne vous connais pas, mais je connais votre œuvre et je pense que des hommes qui font pour leur pays ce que vous faites, non seulement ils ne devraient pas avoir besoin de permis de construire, mais ils ne devraient même pas payer d'impôts.

Un garçon vraiment très sympathique, ce Barthélemy Balestre, et si vous passez un jour par Fontvieille venez voir la cheminée de pierre qu'a pu me tailler Lannibert de Darbousille grâce à lui. Lannibert, il est si bon tailleur de pierre que ses clients lui retiennent son congé des années à l'avance et que si j'avais dû laisser passer mon tour, ma cheminée, je ne l'aurais peut-être jamais eue, car Lannibert n'est plus tout jeune.

Et moi non plus, d'ailleurs.

Enfin bref, un mois plus tard, c'était un de ces jours dorés de septembre dont le souvenir vous permet de passer l'hiver et je m'apprêtais à faire mes vendanges. Des mini-vendanges, comme on dirait aujourd'hui. Je n'ai que quatre pieds de vigne et qui doivent avoir au moins cinquante ans d'âge. Mais comme c'est Léopold Mourgue qui s'occupa naguère de les tailler et de les choyer, elles continuent de fournir le meilleur raisin du quartier. J'avais déjà pris le sécateur et le grand panier d'osier (car ma récolte ne suffirait pas pour remplir une comporte) lorsque parut devant moi un homme d'une cinquantaine d'années, au visage avenant et qui s'exprimait sans obséquiosité, mais avec une grande politesse. Je n'avais pas le plaisir de le connaître. Il se nomma : Benjamin Bouteille. Je le fis asseoir. Il n'était pas encore tout à fait l'heure du pastis. Mais la visite d'un étranger valait bien que nous anticipions sur l'horaire. Il accepta de bonne grâce et, voyant mes préparatifs de vendange, me proposa fort aimablement de m'aider.

Puisque l'offre était faite de bon cœur, je l'acceptai avec simplicité. Vous noterez que je ne m'étais pas permis de lui faire préciser le motif de sa visite. Cela ne se fait pas en Provence. On attend que le visiteur prenne l'initiative. Il ne se décida qu'une fois notre vendange terminée :

— Voilà, dit-il, c'est Barthélemy qui m'envoie.

L'homme m'avait plu spontanément, mais qu'il me fût mandé par Barthélemy me le rendit encore plus agréable à l'œil.

— Comment va ce cher ami ? dis-je.

— Il se conserve.

— Tenez, dis-je, venez voir la cheminée que j'ai pu me faire construire grâce à sa précieuse intervention.

Ce Benjamin que m'envoyait Barthélemy caressa longuement la pierre :

— C'est du travail comme on n'en fait plus aujourd'hui.

— La preuve que si...

Aussitôt la conversation s'engagea sur les mérites de la pierre taillée et sur la grandeur de Rome. Je n'ai pas l'habitude de poser des questions à qui m'est envoyé par un ami. Je me crus pourtant autorisé à dire, tant la compétence de Benjamin en matière de clefs de voûte et d'arcs-boutants était grande :

— Vous êtes dans le bâtiment ?

Je le vis rougir.

— Non, dit-il, je ne suis qu'un patron de bar.

J'allais proclamer l'estime dans laquelle je tiens les patrons de bar et exalter leur rôle social, quand soudain Benjamin se mit à parler. Il semblait soulagé par l'aveu qu'il venait de faire, alors que personnellement je ne voyais pas le déshonneur qu'il peut y avoir à servir à boire à son prochain (et si je n'avais pas fait l'artiste, je crois que j'aurais volontiers fait le barman). Mais je n'eus pas besoin de lui ouvrir le fond de mon cœur. Il était déjà parti dans la narration de ses mésaventures.

— Figurez-vous, me disait-il, que ma tante est morte l'année dernière à pareille époque.

— Croyez bien que j'en suis désolé !

— Moi aussi, dans un sens. Mais comme elle n'avait pas d'enfants, elle m'a laissé en héritage le bar du Passage à Niveau.

— Et c'est ainsi, dis-je, que vous êtes devenu patron de bar.

— Hé non ! des bars, j'en ai déjà six. Ça m'en fait un septième. Alors, forcément, j'ai dû le mettre en gérance. Comme les six autres, d'ailleurs. Parce que je ne sais pas si je vous l'ai dit, j'ai la station debout pénible...

Ce collectionneur de bars, nommé Benjamin Bouteille, n'avait rien perdu de son charme naturel, mais il commençait à me pomper l'air avec ses histoires de gérances. Je dus montrer, sans le faire exprès, quelque agacement. Il s'en aperçut, ce qui le fit bredouiller :

— Excusez-moi, dit-il, je vais avoir fini.

Jusqu'à présent, il avait parlé avec une lenteur d'évêque. Maintenant qu'il en arrivait à l'essentiel de son histoire, sa diction se précipitait et il se débarrassait des mots à la va-vite. Comme on vide un panier de pommes de terre.

— Le gérant, c'était un ami. Enfin, c'était l'ami d'un ami qui m'était envoyé par un ami que j'avais vu une fois ou deux. J'aurais dû faire une enquête. Mais ma tante était morte subitement et, dans la limonade, il faut aller vite si on ne veut pas voir la clientèle se détourner du droit chemin. D'ailleurs, ce gérant, il avait l'air brave et me payait ses mensualités avec huit jours d'avance. J'aurais dû me méfier. Il y avait sûrement un vice quelque part. Seulement, le vice, je l'ai découvert trop tard. Mon gérant, il avait fait du bar de ma pauvre tante une manière de bobinard, si vous voyez ce que je veux dire.

Je voyais et je crus poli de dire :

— Ce n'était pas délicat de sa part.

— Si encore il m'avait prévenu, soupira Benjamin, j'aurais pu prendre des dispositions en conséquence. En tout cas, j'aurais augmenté le prix du loyer.

— Il n'est pas trop tard.

— Hé si ! Parce que le bar de ma pauvre tante, il vient d'être fermé pour deux ans par mesure administrative.

— Vous m'en voyez désolé, dis-je le plus sincèrement du monde.

Je compris à son visage douloureusement surpris qu'on attendait de ma part autre chose que de la compassion.

— Vous avez vu Barthélemy.

— Oui, je l'ai vu.

— Et il ne peut rien pour vous ?

Benjamin hocha mélancoliquement la tête.

— Pour une affaire de ce genre, il n'a pas l'autorité morale nécessaire...

Il leva vers moi des yeux pleins de candeur et de confiance.

— Tandis que vous !

Qu'auriez-vous fait à ma place ? Évidemment, je pouvais simplement lui dire que ces choses-là n'étaient absolument pas de ma compétence. Il ne m'aurait pas cru. J'aurais pu également lui prodiguer de bonnes paroles et lui promettre de faire tout ce qui était en mon pouvoir. Mais je ne m'en sentais pas le droit. Quand Barthélemy m'avait promis un permis de construire, il me l'avait obtenu et ma cheminée de pierre était là pour prouver qu'il n'avait pas parlé en l'air.

— Eh bien, dis-je, je vais écrire au préfet.

Benjamin me serrait déjà affectueusement la main et, complètement rassuré sur son avenir, prenait congé de moi avec effusion.

— Attendez, lui dis-je, cette lettre je vais l'écrire tout de suite. Il n'y a pas une seconde à perdre... Si... Si... Je serais capable d'oublier...

Ai-je besoin de vous préciser que je ne connaissais pas le préfet des Bouches-du-Rhône ? D'abord, ils changent tout le temps. Mais, comme on dit chez nous : « Bagna per bagna... »

Je crois pouvoir vous dire que j'écrivis une très belle lettre qui établissait de façon définitive que mon vieil ami Benjamin Bouteille, citoyen d'une haute moralité, dont la conduite pendant la Résistance avait été digne de tous les éloges, était, dans cette pénible affaire, victime à la fois de la malignité des hommes et de l'injustice du destin et que je comptais sur le sens de l'humain dont le préfet avait toujours su faire preuve pour alléger une peine qu'un passé tout de devoir et de dévouement à la cause publique... et ainsi de suite jusqu'aux salutations distinguées.

Je fis lire ma lettre à Benjamin. C'était un gros sensible, et il en avait les larmes aux yeux. Ma conscience s'en trouva apaisée. Je n'attendais aucun résultat positif de mon intervention, mais il me suffisait d'avoir apporté un adoucissement moral momentané à la peine d'un brave homme.

Or il se trouva que, dans les huit jours qui suivirent, les deux ans de fermeture administrative du bar de la « pauvre tante » furent ramenés à trois mois. Je n'affirme pas que ma prose y ait été pour quoi que ce soit. Mais, aux yeux de Benjamin Bouteille, je devins immédiatement une manière de divinité toute-puissante et, fidèle aux traditions antiques, il me fit tenir le jour même une pièce de châteauneuf-du-pape que je fus dans l'obligation de ne pas refuser, sous peine de le faire douter de l'ordre harmonieux des choses.

Je considérais cet épisode comme heureusement terminé lorsque je reçus (c'était en octobre) la visite humble et confiante d'un jeune truand, en liberté provisoire, qui me demandait d'établir que, s'il n'avait pas effectivement droit au port d'armes, il était en état de légitime défense quand les fâcheux événements auxquels il était mêlé s'étaient produits. Il se réclamait d'une double recommandation : celle de Barthélemy et celle de Benjamin.

Puis, en novembre, se présenta, accompagné d'une caisse de pastis, un gitan injustement accusé de fabriquer, par ses propres moyens, une liqueur anisée très agréable au goût (je peux en témoigner), mais deux fois moins chère que les liqueurs anisées autorisées par la loi. Il m'était également mandé par Barthélemy et Benjamin.

En décembre, ce fut le tour d'un assassin en fuite, mais qui avait toutes les bonnes raisons du monde de s'être fait justice lui-même, qui venait me demander le droit d'asile, au nom de Benjamin et Barthélemy. Je le gardai à dîner, mais je décidai de mettre le holà. Cependant, Noël approchait et je remis à plus tard la pénible intervention que j'étais moralement obligé de faire auprès de Benjamin. Nous verrions après les Fêtes. Et j'avais, cette année-là, décidé d'assister à la messe de minuit à Albarron en Camargue. Il y règne autant de ferveur qu'ailleurs et, en plus, il y a des gardians à cheval devant le porche, ce qui plaît aux enfants, même si les gardians de service ne sont pas tout à fait de vrais gardians.

On avait réservé pour ma famille et moi une place au premier rang. A côté de moi, une chaise était libre. Elle ne fut occupée que vers minuit et quart par un homme dans un grand état de confusion et d'essoufflement. Cet homme-là, c'était Benjamin.

— Je suis désolé d'être en retard, me dit-il, mais la limonade, vous savez ce que c'est. On ne s'appartient pas. Surtout un jour de Noël... Mais quand j'ai su que vous étiez là, j'ai tout laissé en plan pour vous dire un petit bonjour.

Je profitai des cantiques pour lui faire part de l'embarras dans lequel il me mettait. Je le fis en termes mesurés, mais sans équivoque. Mes propos semblaient lui causer un très vif désarroi.

— Je croyais vous faire plaisir, me dit-il. Je vous demande pardon. Cela ne se reproduira plus...

Il était sincère, à n'en pas douter. Et je regrettais déjà de lui avoir exprimé mon mécontentement au sujet de visites qui m'avaient apporté en somme plus de divertissement que de tracas.

C'est alors que Monsieur le Curé monta en chaire. C'était un très brave homme qui pouvait vous faire réfléchir sur vos fins dernières aussi bien en français qu'en provençal. Il avait choisi cette soirée de Noël pour parler de l'angoisse du monde moderne qui ne pouvait, moins que jamais, mettre son espoir ailleurs que dans les promesses divines.

Benjamin, vous le savez, est un émotif, et sous son embonpoint il a su conserver une âme d'enfant. Les propos du capelan le bouleversaient et je regardais plus son visage que je n'écoutais les paroles du sermon.

J'avais tort, car je vis son beau visage d'empereur romain soudain se durcir et ses yeux flamboyer. Il se tourna vers moi :

— Vous avez entendu ce qu'il a dit ?

— Non... Pas très bien...

— Il vient de stigmatiser ce qu'il a appelé la « presse pourrie ».

— Et alors ?

Parmi les responsables de notre décadence morale, le brave curé d'Albarron avait cru devoir mettre les journaux dans leur ensemble en accusation. Il n'y avait pas là de quoi s'offusquer outre mesure.

Mais ce n'était pas l'avis de Benjamin Bouteille.

— Vous le laissez dire ?

— Ce n'est pas grave.

Benjamin m'avait mis la main sur l'épaule :

— Vous êtes trop indulgent, dit-il. Mais ça ne se passera pas comme ça.

Et avant que j'aie pu esquisser le moindre geste il s'était déjà avancé dans l'allée centrale, au milieu de la nef :

— Monsieur, dit-il, je demande la parole.

Ce sont des choses qui ne sont pas en usage dans les églises. Surtout un soir de Noël. Et même en semaine, d'ailleurs. (Je précise au passage qu'il ne faut pas en vouloir à Benjamin, c'était, je l'appris par la suite, la première fois qu'il mettait les pieds dans une église et il n'y était venu que pour me manifester, par sa présence charnelle, l'estime dans laquelle il me tenait.)

Enfin, bref, il y eut dans la demeure du Seigneur un instant de panique. Mais le brave curé d'Albarron en avait connu d'autres :

— Mon collègue, dit-il, je vous écoute.

Du moment que le curé était d'accord pour que la messe s'épanouît en réunion publique et contradictoire, les fidèles, après avoir poussé un soupir de soulagement, firent un silence religieux.

Un autre que Benjamin eût été décontenancé. Lui pas.

— Monsieur, dit-il, est-ce que vous avez bien pesé vos paroles et votre expression n'aurait-elle pas dépassé votre pensée ?

— J'ai dit ce que je croyais devoir dire. Et si je vous ai choqué, je vous en demande bien humblement pardon.

Benjamin me désigna du doigt :

— Ce n'est pas à moi qu'il faut demander pardon, dit-il. C'est à lui. En insultant la presse, vous avez porté atteinte à l'honneur d'un homme admirable à tous les égards, d'un homme exemplaire, d'un homme qui réunit en lui toutes les vertus. Je ne resterai pas une seconde de plus dans cet établissement...

Mettez-vous à ma place. Je vous le demande parce que je suppose que nous commençons à être des amis. Mais je ne suis pas sûr que j'aie le droit de vous le demander. Parce qu'à des amis on peut demander n'importe quoi, mais pas de se trouver dans la situation où l'amitié venait de me mettre.

Benjamin avait raison de dénoncer l'intervention cléricale dans la politique nationale. Mais il avait tort de croire que le brave capelan d'Albarron avait voulu mettre en doute la liberté de la presse en général et mon honorabilité en particulier.

Qu'est-ce que je pouvais dire ? Qu'est-ce que je pouvais faire ?

Je crois que j'ai fait pour le mieux : je n'ai rien dit du tout et j'ai suivi mon ami Benjamin dans son exode. Et ma famille nous a emboîté le pas.

On m'a rapporté que la messe de minuit s'était terminée dans la confusion.

Quant à notre réveillon, il faillit être triste mais je n'en voulais pas à Benjamin. Il avait cru bien faire. Mais maintenant il avait des doutes :

— Je me demande, dit-il, si je n'ai pas commis un impair.

Il comprit à nos visages qu'il en avait commis un de première grandeur. Il en éprouva une telle mortification que nous retrouvâmes une partie de notre bonne humeur à le réconforter.

Vu de Paris, que j'avais regagné, cet incident cessait d'ailleurs de paraître fâcheux. Il devenait simplement amusant et pittoresque. A force de divertir mes confrères avec cette histoire de « presse pourrie », Barthélemy et ses amis finirent par me manquer. Je me promis de lui faire signe dès les vacances de Pâques.

Mais je trouvai Fontvieille en pleine révolution : le village n'était plus qu'un vaste chantier. Après vingt ans d'hésitations et d'études préliminaires, la municipalité avait décidé de doter le village du tout-à-l'égout.

Nous habitions sur du rocher, ce qui posait de graves problèmes techniques, promettait de lourds centimes additionnels et entraînait un grand fracas de marteaux-piqueurs.

Je pris la chose avec patience et philosophie. Il y avait à mon inaltérable sérénité une double raison.

Je suis un homme de tradition mais de progrès. En outre, comme le quartier Michelet où j'habite se situe tout au bout du village, les mitraillades du fer contre le rocher ne me parvenaient qu'assourdies et je me disais que, du train où se déroulaient les travaux, j'avais quelques années devant moi pour voir venir.

Je me trompais gravement. Dans l'art de creuser, l'homme a fait des progrès considérables et j'avais les marteaux-piqueurs sous ma fenêtre avant la Fête Nationale. Mon cabanon devint une manière de fortin défendu par un entrelacs de tranchées que nous traversions, au risque de nous rompre les os, sur des passerelles improvisées.

Les ouvriers paraissaient confus de troubler ma méditation laborieuse.

— Ne vous énervez pas, me dirent-ils, le plus dur est fait. D'ici quinze jours, ce sera fini.

Le lendemain, c'était le silence sur les chantiers déserts. Le surlendemain également.

Je m'enquis auprès du maire qui me manifeste de la bienveillance, bien que je sois électeur à Paris.

— Que se passe-t-il donc, cher ami ?

— Ne m'en parlez pas ! C'est une vraie catastrophe. Nous manquons de tuyaux.

— L'usine est en grève ?

— Non, mais je n'ai plus de sous et le conseil général ne veut pas m'en donner avant l'année prochaine.

— Alors, qu'est-ce qu'on fait ?

— On attend.

Il avait raison, cet homme.

Quand l'exercice de la démocratie se bloque par manque d'argent, il n'y a plus qu'à prendre son mal en patience. Ce que j'aurais fait sans doute si je n'avais eu accès, grâce à Barthélemy, à une démocratie plus hardie et plus efficace. Je n'aurais sans doute pas fait appel à ses services, car je n'aime pas déranger mon prochain, mais le hasard fit qu'il vint me rendre, ayant affaire dans la région, une visite de courtoisie. Je me sentis rougir, mais, du moment que l'intérêt général était en jeu, je n'hésitai pas.

— A propos, lui dis-je, vous ne pourriez pas faire quelque chose pour notre tout-à-l'égout.

Il eut un sourire sans orgueil, mais plein de certitude.

— Ne vous occupez de rien, dit-il, c'est comme si c'était fait.

J'avais en Barthélemy une confiance aveugle. Pourtant, dans les quinze jours qui suivirent, rien ne se passa. Et mon ami Lannibert se fit une entorse dans ma tranchée, alors qu'il était simplement venu m'inviter à l'apéritif.

Ces fâcheux délais n'avaient pas diminué ma foi en Barthélemy. J'avais raison de ne pas douter. Il ne m'avait pas oublié. Au contraire, il se battait pour nous. Il se battait pour nous, mais contre des moulins à vent. Je le vis paraître un dimanche matin, à la fois furieux et meurtri.

— Il n'y a rien à faire, dit-il, ils ne veulent rien comprendre, ils ne veulent rien faire. Ils n'ont aucun esprit d'initiative. Tenez, je suis intervenu personnellement auprès d'un ami haut placé avec qui j'ai failli être déporté pendant la guerre pour qu'il me donne l'exclusivité des roulettes de plein air dans les Bouches-du-Rhône. Moi qui le prenais pour un honnête homme !

Timidement je risquai :

— Et pour le tout-à-l'égout ?

— C'est du pareil au même. Ils sont butés. J'ai beau leur expliquer qu'ils me font un affront à moi et à mes amis. Cela n'a pas l'air de les émouvoir.

Il ajouta d'un ton triste :

— Il y a des moments, voyez-vous, où l'avenir m'inquiète.

Je dus le consoler de mon mieux tellement cette nouvelle le déprimait.

Il avait utilisé tout son crédit, toutes ses relâtions, toute sa puissance oratoire. Il avait échoué.

— Mais ne vous faites pas de souci, dit-il. Évidemment, je ne peux pas installer le tout-à-l'égout dans le quartier Michelet avec mes sous. Si j'en avais assez, croyez bien que je le ferais, mais j'en manque. En tout cas, il y a quelque chose que je vais faire... Vous verrez, ce sera une surprise et ça vous permettra d'attendre des jours meilleurs.

Barthélemy était un homme qui parlait beaucoup, mais qui ne parlait pas à la légère. Je savais qu'il tiendrait sa promesse. Mais je n'avais pas essayé de deviner quelle serait sa surprise. Eh bien, sa surprise, je ne pense pas que, même si vous êtes un peu sorcier et même si vous êtes provençal, vous êtes capable de voir de quoi il s'agit. Je ne vais pas vous faire languir davantage. Un matin, il est arrivé à Fontvieille trois camions chargés de jardiniers. Ils sont arrivés juste au lever du soleil.

Et à midi, au revers de toutes les tranchées ouvertes de Fontvieille, il y avait des fleurs. Des fleurs offertes par Barthélemy pour consoler le peuple des limites d'une démocratie qui n'était plus tempérée par l'amitié et les bonnes manières.

Vous comprendrez pourquoi, si vous venez me voir dans mon cabanon, il pourra vous arriver de rencontrer chez moi de braves amis qui me demandent de les aider à tourner hardiment la loi.

Je fais de mon mieux pour leur venir en aide.

D'abord, parce que je crois que c'est le rôle des notables dans une tradition gréco-romaine du moins. Ensuite, parce qu'un homme qui plante des fleurs pour faire patienter le contribuable quand les crédits officiels font défaut, cet homme-là, je le considère comme un bienfaiteur de l'humanité.

Et je me demande s'il ne faudrait pas ouvrir une souscription pour qu'on lui élève une statue.

Je ne l'ai jamais revu. Il a honte de n'avoir pas pu tenir sa promesse. Il me manque.

Alors, de temps en temps, je viens chercher du réconfort auprès de mon ami Guy de Cadenet.

COURS DE POLITESSE EN PLEIN AIR

Il est agréable, en une époque aussi « programmée », de sentir à ses côtés la présence d'un être qui continue de vivre à son propre compte. Guy est un homme libre qui exerce la profession sur le point de disparaître, du moins de changer de nature, de gardian de taureaux nobles, à Cadenet (Bouches-du-Rhône).

Le Cadenet dont je parle n'est pas le Cadenet près de Cucuron où naquit le tambour d'Arcole. Il ne s'agit d'ailleurs pas d'un village, mais d'une vaste ferme au pied de Montmajour, dont les hectares de prairies et de roseaux s'étirent le long de Costebasse, en bordure de Crau. Les taureaux n'ont plus assez de place en Camargue. Ils ont trouvé en ces lieux une position de repli.

Guy, il faut d'abord que je vous dise pourquoi je le considère comme un fada exemplaire. D'abord parce qu'il est d'une profonde courtoisie. Il n'y a pas de fadas, je l'ai dit, qui soient de grossiers personnages.

Guy est un garçon d'une courtoisie exemplaire. Pourtant, il est totalement habité par une passion unique mais qui le dévore. Ce n'est plus un jeune homme. Il approche gaillardement de la cinquantaine. On peut d'ailleurs le considérer comme un gardian de vocation tardive. Jusqu'à quarante ans il se contentait de cultiver ses aubergines et ses pommes d'amour du côté de Cabannes. Certes, il était passionné de courses provençales et donnait volontiers la main quand il s'agissait de trier les bêtes ou de les marquer au fer. Mais en amateur seulement, et au désespoir résigné de Madeleine, sa femme, qui estimait que la condition de père de famille aurait dû amener son mari à un peu plus de prudence.

Ce fut pourtant elle dont le destin se servit pour accomplir ses desseins.

La fête votive de Cabannes est assortie d'une grande tombola. Madeleine ne put pas faire moins, bien que le ménage ne fût pas riche, que de prendre un billet. C'était son jour de chance : elle gagna le gros lot. Mais sa joie fut de courte durée : le gros lot était un petit veau d'un an, un « anouble », nous disons. C'était, si j'ose m'exprimer ainsi, introduire le loup dans la bergerie.

Six mois plus tard, Guy abandonnait ses travaux agricoles, rudes, certes, mais qui ne mettent pas quotidiennement en danger la vie de ceux qui s'y adonnent. Il entra comme « baïle gardian » à la manade Chauvet...

Guy, je vous le dis tout de suite, il n'y a pas plus brave que cet homme, plus serviable, et plus accommodant. Ne vous laissez donc pas désorienter par son aspect, qui est plutôt bourru. En réalité, il est surtout timide, rougit facilement et, s'il est volontiers taciturne, c'est par vergogne et non par manque de sociabilité. En revanche, dès qu'il est en confiance, non seulement il met tout de suite le pastis sur la table mais il vous ouvre son cœur.

Il fallait que je vous dise ces choses, parce que, ce jour-là, il était avec moi d'une humeur inhabituellement rebroussière. Madeleine m'avait prévenu.

— Jamais je ne l'ai vu aussi mal « équarri »...

Il me réserva effectivement un accueil moins cordial qu'à l'accoutumée. Je peux même dire qu'il fut franchement désagréable :

— Tu as pensé à fermer la barrière ? me dit-il avant même de me tendre la main.

Dans le même temps, il me jetait un regard soupçonneux qui me fit plus de peine que la rudesse de son accueil. Je le dévisageai à mon tour avec tristesse :

— Mais enfin, Guy, pour qui tu me prends ?

— Excuse-moi, dit-il.

Il a, sur le domaine, la responsabilité de plusieurs centaines de bêtes à cornes. Ce ne sont pas toutes de féroces « cocardiers », mais il vaut mieux refermer la barrière derrière soi, sinon elles risquent de s'éparpiller dans la nature, car elles ont une tendance à aller voir si l'herbe n'est pas plus savoureuse ailleurs.

— Excuse-moi encore, dit-il, tous ces « Parisiens » finiront par me faire devenir chèvre...

A l'entrée de son royaume, de grands panneaux (ornés de plusieurs têtes de mort) précisent qu'il s'agit d'une propriété privée, habitée par des taureaux sauvages. Mais les « Parisiens » sont persuadés qu'une fois de plus nous exagérons. La proximité de ces fauves, loin de les éloigner, les attire. Ils pénètrent donc dans le royaume interdit et, naturellement, malgré l'avertissement qui leur est donné, négligent de remettre la barrière à sa place. Cela les obligerait à lever deux fois les fesses de leur auto.

— Attends-moi une minute, dit Guy tout à coup.

Une voiture immatriculée « 75 » (ou « 92 ») se dirigeait en cahotant vers la manade. Naturellement, ses passagers avaient laissé la barrière ouverte. Ils n'avaient même pas eu un regard vers le maître de maison.

Guy avait pâli sous un hâle entretenu par cinquante années de soleil et de vent.

Il avait reçu la veille un coup de corne dans la cuisse, et marchait la jambe raide. Une fois de plus il refermait la barrière. Mais, pour le coup, il mit le cadenas.

Quand il revint vers moi, il avait retrouvé toute sa bonne humeur.

— Si nous faisions cuire quelques petites saucissettes à la « grasiho » ? suggéra-t-il.

C'était l'heure où, dans le XVIe arrondissement, on prend le thé. Les « Parisiens » cessèrent de nous préoccuper. Nous avions oublié leur présence quand ils reparurent devant nous. Ils n'avaient pas l'air penaud le moins du monde :

— C'est intolérable ! Nous ne pouvons plus sortir de ce foutu endroit. Qui s'est permis de nous enfermer ?

— C'est moi, dit Guy avec un sourire amical.

— Vous avez peur qu'on vous vole vos taureaux !...

Guy redoubla d'amabilité :

— Non, dit-il, c'était juste pour le plaisir de faire votre connaissance. Vous prendrez bien un brin de saucissette avec nous ?...

Ce merveilleux trait de savoir-vivre m'avait ravi. Mais je n'étais pas sûr que nos hôtes en avaient perçu la discrète intention pédagogique.

J'avais raison de douter.

Une nouvelle voiture se présentait déjà.

Ses occupants paraissaient être encore plus pressés que les précédents, car ils se contentèrent de pousser la barrière du capot, en ralentissant à peine. Ceux-là ne s'intéressaient pas aux taureaux, mais aux « rosses » de la manade...

Les chevaux devaient commencer à être habitués à ces visites intempestives et pétaradantes. Ils continuèrent de mastiquer paisiblement. Les occupants de la voiture avaient mis pied à terre. Ils étaient quatre. Ils semblaient avoir une certaine compétence équestre, car leur choix s'était porté immédiatement sur « Renaître », le propre cheval de Guy, camarguais de race pure.

L'un lui examinait la bouche, l'autre lui flattait l'encolure. Un troisième lui palpait les jambes. Le dernier lui souleva la queue.

Je regardai Guy. Il avait une immobilité de dolmen. Je redoutais un éclat. Il se produisit. Mais il ne prit pas la forme violente que j'attendais...

Lorsque les quatre « gentlemen » retournèrent à leur voiture, ils trouvèrent Guy plongé dans le moteur, comme un chirurgien dans le ventre de son patient.

— Mais enfin, monsieur, que faites-vous là ?

Guy balaya l'assistance d'un regard vide et garda les lèvres obstinément closes. Puis il poursuivit son inspection. Quelques coups de poing dans la carrosserie pour en vérifier la robustesse. Quelques coups de pied dans les pneus pour en mesurer l'élasticité :

— Voyons, monsieur, vous outrepassez !...

Impavide, Guy s'était mis au volant. Il fit rugir le moteur. Essaya les clignotants. Alluma les phares, les éteignit. Boucla la ceinture de sécurité. La déboucla aussitôt.

Puis il fit claquer la portière à trois reprises et s'en fut. Toujours sans mot dire.

— Quel sans gêne, dit l'un de ces malotrus.

— Quel manque d'éducation...

— Ne fais pas attention. Il n'y a rien à tirer de ces ploucs...

Guy avait retrouvé le sourire. Il pique de son couteau une nouvelle saucissette rose et dorée comme une grenade entrouverte...

— Il ne faut pas leur en vouloir, dit-il. Dieu ne nous les a pas tous faits.

Je mis plus longtemps à retrouver mon calme. Je me demandais si les concentrationnaires urbains n'étaient pas devenus définitivement inéducables. Quand on rend les gens méthodiquement fous furieux, il est fatal qu'ils se conduisent pendant leurs vacances comme des permissionnaires sur parole.

J'avais l'été dernier vu toute une famille de ces « libérés provisoires » qui cassaient la graine, sur le plateau de Valensole, au revers d'un fossé.

Les champs de lavande s'étendaient à perte de vue. La lavande et le champignon sont les ressources les plus stables de ce merveilleux pays de fadas.

Les « libérés provisoires » : le père, la mère, le garçonnet, la fillette avant de reprendre la route de leurs « vacances » se sont égaillés dans les champs. Je me réjouissais de les voir si heureux.

Puis je les ai vus revenir en brandissant chacun, comme un flambeau de liberté, une énorme touffe de lavande qu'ils avaient arrachée avec de grands rires innocents.

L'affaire ne me concernait pas.

Ou, du moins, pas à titre personnel.

Je n'ai quand même pas pu me retenir :

— Mais enfin, ai-je dit, ce que vous venez de faire, cela s'appelle du vol !

Le chef de famille m'a toisé :

— Vous en faites bien des histoires, pour trois brins de lavande !

J'ai failli me fâcher. Puis j'ai haussé les épaules. Il faut être indulgent avec ceux qui retournent en prison.

Mais puisque j'ai la chance d'être en liberté, continuons notre balade.

LE MATADOR CHAGRIN

La temporada commence à battre son plein. Et voici qu'on annonce la deuxième résurrection de Paco Ojeda. Le moment est donc venu de s'abandonner à ce vice impuni : la tauromachie.

L'histoire que je vais avoir l'honneur de vous raconter, bien qu'elle se passe un dimanche, est entièrement vraie. J'ai dû néanmoins changer les noms de lieu et de personne.

Et je crois que vous serez obligé de me donner raison. Ce n'est pas seulement de la pudeur. C'est de la prudence.

Donc, il y a deux ans, un dimanche d'août, j'assistais à une novillada, dans un petit village des bords du Rhône (côté Royaume). C'est dans ces petits villages-là que je vais réchauffer mon « aficion » qui, je ne le cache pas, a tendance, de temps à autre, à se refroidir.

Dans ces « corridas de Pueblo », on assiste rarement à un spectacle de qualité, mais il s'y passe toujours quelque chose.

Ce dimanche-là, pourtant, il ne se passait rien. Absolument rien.

Néanmoins, le bétail était digne de tous les éloges : bêtes de pouvoir et de caste, elles alliaient la noblesse à la puissance.

Malheureusement, les jeunes toreros n'étaient pas à la hauteur de leurs adversaires. Ils étaient décidés, mais ils ne savaient pas au juste à quoi. Leurs connaissances n'étaient pas du tout dignes de leurs ambitions.

Il y avait pourtant, parmi les trois officiants, un nommé Rodriguez (et je précise qu'il n'a aucun rapport avec quelque Rodriguez que ce soit pratiquant le même métier que lui) qui retenait l'attention.

Pour avoir un physique torero, il avait un physique torero. Et sa seule façon de marcher annonçait le matador de classe.

Malheureusement, ses talents, pas plus que sa vaillance, n'étaient dignes de sa démarche. En « torero de salon », il aurait sûrement obtenu un prix d'excellence et plusieurs oreilles d'or. Mais devant un « cornupète » désireux de bien faire, il se liquéfiait à vue d'œil. Et tout le conclave était triste. Car ce jeune garçon avait un physique tragique. Sa morgue, sa pâleur, son regard creux et plein de fièvre évoquaient irrésistiblement Manolete. En plus, il portait un brassard noir à la manche droite de sa chaquetilla rapiécée.

Et, de bouche à oreille, un bruit courut dans les gradins : le pauvre Rodriguez venait d'apprendre que sa vieille grand-mère était morte pendant qu'il roulait, de nuit, dans le taxi qu'il avait loué à Barcelone et à crédit.

La prestation, n'ayons pas peur des mots, fut lamentable de bout en bout. Mais personne ne songea à s'étonner quand le président de la course annonça :

— La présidence accorde les deux oreilles au matador Rodriguez... en raison de son chagrin.

Les aficionados ne sont pas des brutes et ils étaient ravis de prouver qu'ils avaient du cœur.

Sans sortir exactement sur les épaules, Rodriguez regagna néanmoins son taxi sous les ovations. Après une course qui, sans son brassard noir, aurait risqué de lui valoir plus d'insultes que d'oreilles.

Je pensais néanmoins ne jamais le retrouver dans une arène. Or, trois mois plus tard, séjournant dans un village des bords de l'Adour, je vis son nom à l'affiche.

Et je me dis qu'il avait peut-être fait des progrès.

Il n'en avait fait aucun.

En revanche, il avait toujours, au bras droit, son brassard noir. Et, de bouche à oreille, un bruit navrant courait dans le conclave : ce pauvre Rodriguez venait de recevoir à l'instant même un coup de téléphone lui annonçant que sa sœur cadette était morte dans des souffrances atroces.

Et à la fleur de l'âge, qui plus est.

Ce pauvre Rodriguez était vraiment maudit.

Mais ce jour-là, la perte de sa sœur adorée ne lui valut qu'une oreille.

Par la suite, j'ai revu Rodriguez une dizaine de fois.

Le bras toujours cerclé de noir. Et, chaque fois, il avait perdu un membre de sa famille, au moins un cousin. Son chagrin ne lui valait pas toujours une oreille, mais il échappait, dans la plupart des cas, à une bronca que son incompétence et sa couardise auraient largement méritée.

Il toréait, dimanche dernier, dans un bourg au nord de la Loire, qui a pu établir je ne sais comment qu'il était de tradition taurine.

Et, cette fois, le bruit courut que Rodriguez venait de perdre, une fois de plus, sa grand-mère. Et, ce jour-là, il obtint les deux oreilles et la queue... à cause de son immense chagrin.

Mais, du même coup, il perdit mon estime.

Ou, plus exactement, il conquit de ma part une estime différente.

Car un ami nous a présentés le soir même et j'ai pu apprendre de la bouche même de Rodriguez que, enfant trouvé et ne disposant d'aucun parent, soit en ligne directe, soit dans les branches collatérales, il n'avait aucun scrupule à faire mourir ses parents chaque fois qu'il avait à remplir un contrat...

MON DIEU, ROSE !

C'est à Châteaurenard, pays des primeurs, que naquirent, il y a cinquante-quatre ans, le même jour, à deux heures d'intervalle, les deux jumelles dont je vais vous narrer l'histoire.

L'une s'appelait Rose. L'autre Violette. Et jamais on n'avait vu jumelles aussi dissemblables et pour le physique et pour le moral.

Violette, c'était la créature de rêve, la douce, la gentille, l'enjouée, la toujours prête à rire. Et jolie, de surcroît, comme une fleur d'amandier.

Rose, au contraire, c'était la sèche, la dure, la rébarbative, la sournoise, l'avaricieuse, la teigneuse, la pétardière, la moustachue, la disgraciée.

Et, naturellement, ce fut elle qui se maria la première. Et Violette en conçut un grand chagrin. Car (regardez comme la vie est mal faite) elle était tombée amoureuse du même garçon que sa sœur.

Un brave garçon que ce garçon-là. Et bien fait de sa personne. Ernest, il s'appelait. Sa mère Joséphine l'avait élevé dans du coton et il n'avait pas eu à se battre beaucoup pour faire sa place au soleil. Il s'était contenté, à la mort prématurée de son père, de s'installer dans son fauteuil. A la direction de la Compagnie Générale des Engrais Azotés du Vaucluse.

Ernest n'avait jamais eu, jusqu'à sa majorité, l'occasion d'avoir une idée particulière ou générale. Mais, de l'avis de ceux qui l'ont connu à cette époque, c'est bien de Violette qu'il était amoureux.

Et non de Rose.

Mais Ernest était un faible et sa mère une forte. Non, Joséphine n'était pas exactement une mère abusive. Mais l'idée que son fils puisse choisir lui-même la femme qu'il aimait ne faisait pas partie de sa façon d'envisager la marche du monde.

Elle vivait dans un univers où la mère commande, organise, dispatche les plaisirs et les devoirs. Elle accordait à son fils tout ce qu'il désirait. Elle cédait à ses moindres fantaisies. Elle disait même :

— Ce petit, il fait de moi ce qu'il veut !

Oui, mais à la condition que ce qu'il fasse soit conforme aux désirs de sa mère.

Déçue mais discrète, Violette n'avait jamais montré son chagrin. Peu de gens se doutèrent qu'elle en avait eu. Elle épousa par résignation un gendarme de Barcelonnette, dans les Basses-Alpes, dont je ne citerai même pas le prénom, car il ne figure ici que pour permettre à Violette de changer de département.

Et le temps passa. C'est ce qu'il avait de mieux à faire. Et je suis obligé de dire que le bel Ernest et Rose la laide, non seulement ne furent pas malheureux ensemble, mais que la vie se déroula paisible, pour tous les deux. Ils eurent même de bons moments. Rose se révéla stérile à l'usage, mais si le ciel ne bénit pas son union, il la rendit néanmoins supportable.

Enfin bref, Ernest et Rose, sans connaître tout à fait le bonheur, furent loin d'être malheureux. Joséphine put s'éteindre dans la paix du cœur. Elle avait fait son devoir de mère. Elle avait laissé son « petit » dans de bonnes mains.

Mais la vie ne suit pas toujours les chemins tracés par les mères admirables. Ernest mourut prématurément. Après trente ans d'une conjugalité sans passion mais sans nuages. La mort n'a qu'un avantage. Elle a tendance à ressouder provisoirement les familles.

Violette et Rose ne s'étaient jamais revues. Elles s'ignoraient et ne s'envoyaient même pas leurs vœux pour le Nouvel An.

Violette, exilée à Barcelonnette avec son gendarme, revint néanmoins à Châteaurenard pour les obsèques de son beau-frère. Pour l'enterrement de l'homme de sa vie.

Car plus le temps avait passé, plus l'amour qu'elle portait à Ernest était allé croissant. Au point qu'elle n'avait plus de haine pour sa sœur.

Elle ne détestait pas son mari non plus. Le temps n'avait fait que renforcer ses amours adolescentes. Ernest, au fur et à mesure qu'il s'éloignait, devenait le héros du seul roman qu'elle avait failli vivre : Ernest était beau. Ernest était sublime. Ernest était admirable.

Et voilà qu'Ernest était mort.

Violette faillit bien ne pas se rendre à son enterrement. Et si elle y alla, ce fut uniquement pour ne pas manquer aux usages.

Rose l'embrassa. La douleur l'avait rendue plus belle. Le veuvage réussissait physiquement et moralement à Rose. Elle paraissait moins maigre que d'habitude.

Le chagrin de Violette fondit au contact de la douleur sincère de sa jumelle.

Et quand Rose lui dit :

— Veux-tu le voir ?

Elle répondit :

— Oh ! Oui, une dernière fois.

Il était temps. On allait visser le cercueil.

Et Violette regarda son bien-aimé.

Elle le vit dans son beau costume de drap anglais, dans son cercueil de chêne massif. Ses mains s'étaient agrippées aux poignées du cercueil.

— Elles sont en argent, dit Rose.

Violette avait les yeux brouillés de larmes. Mais elle voyait le capiton de satin rose. Et les fleurs. Les gerbes, les bouquets, les couronnes. La chambre mortuaire était belle comme un jardin. Monsieur le Maire était là. Et le sous-préfet d'Arles avait envoyé un représentant. Et le commissaire de police était venu en personne. Et le commandant de gendarmerie. Et les représentants de la presse locale. Et le président du syndicat d'initiative. Et le président de la Chambre de Commerce. Et tous les présidents de tous les clubs boulistes. Et le président du Vélo-club châteaurenardais. Et le président du Jeu à 13, du Rugby à 15 et du Football à 11.

Alors, Violette cessa de haïr sa sœur. Et elle se jeta dans ses bras. Et elle dit :

— Mon Dieu ! Rose, comme tu l'as gâté... J'aurais pas fait mieux.

LA VIE N'EST PAS JUSTE

Baptistin de Fontvieille était une force de la nature. Mais, comme tous les colosses, il était d'un naturel affable et paisible. Et quand il serrait la main d'un ami, il y mettait, de peur de la broyer, une infinie délicatesse.

Il avait fait son service militaire dans la marine sans jamais se mêler à aucune bagarre et sa femme disait que c'était un ange de douceur. Ceux qui le connaissaient bien étaient d'accord avec elle. Malheureusement, les apparences étaient contre lui. Ce n'était pas de sa faute si la nature l'avait gratifié d'une de ces physionomies dont on dit qu'on n'aimerait pas les rencontrer au coin d'un bois.

Baptistin souffrait de cet état de choses. Il en souffrait profondément. Mais il en souffrait en silence. Car il était plein de discrétion et de pudeur.

Un jour il vint me trouver. Et c'était un spectacle bouleversant que de voir ce géant intimidé au point d'en devenir presque bègue.

— Il doit y avoir quelque chose à faire, me dit-il.

— Quelque chose à faire pour quoi ?

— Pour que les gens n'aient plus peur de moi. On dirait toujours qu'ils croient que je vais les étrangler.

Je fis de mon mieux pour essayer de consoler ce brave garçon. Mais le mal était profond. Incurable, peut-être. Un mot de moi, pourtant, lui fit du bien.

— Écoute, Baptistin, lui dis-je, je ne sais pas si ça donnera de bons résultats, mais tu devrais essayer. Où que tu sois, avec qui que tu te trouves, quoi que tu fasses ou que tu dises, tâche de sourire même si tu n'en as pas envie.

L'idée en soi n'était pas mauvaise et procura sur le moment un grand espoir à mon robuste ami.

— Je vous promets de sourire tout le temps, dit-il.

Mais, si l'idée était bonne, les résultats le furent moins. Car si au naturel le visage de Baptistin était celui d'un forban, quand il le balafrait d'un sourire, ce même visage perdait toute trace d'humanité. Et je dus lui conseiller de ne plus atténuer la terreur qu'il inspirait en la tempérant par une moue gracieuse. Car les résultats étaient exactement à l'inverse de ceux que j'en avais attendus : quand Baptistin souriait, même les petits enfants prenaient la fuite.

Le temps passa. Le temps est souvent beaucoup plus intelligent que les donneurs de conseils. Car enfin la gentillesse de Baptistin était telle que, du moins dans son quartier, on était forcé de s'en rendre compte à l'usage.

Certes, son physique de brute continuait à lui donner des complexes, mais des complexes supportables et qui allaient s'endormant au fil des années.

Or, un jour, il se produisit au café du Cours à Fontvieille un événement comme on n'en voit presque jamais dans notre village. Il faut dire d'ailleurs que le héros de ce fait divers était un étranger de la région. Il s'était arrêté au café du Cours et avait commandé un apéritif.

Jusque-là, il n'y a rien d'extraordinaire. Mais à peine avait-il fini son apéritif qu'il en avait demandé un second. Et, dès la dernière gorgée, en commandait un troisième et ainsi de suite jusqu'à quinze ou seize.

Le commerce de la limonade est une chose, mais l'ivrognerie en est une autre. Au seizième apéritif le patron du café du Cours, ce brave Firmin, décida de mettre le holà.

— Non, dit-il, je ne vous en servirai pas un autre, vous avez déjà trop bu comme ça.

L'étranger commençait à avoir les joues cramoisies. L'affront public qu'on venait de lui faire les fit tourner au violet. Il sortit de sa poche un billet de 100 francs tout froissé qu'il posa sur le comptoir.

— Qu'est-ce que vous croyez ? dit-il, j'ai de quoi payer.

— Votre argent, dit Firmin, vous pouvez le garder, et à mon avis ce que vous auriez de mieux à faire, c'est de rentrer à votre maison vous reposer un peu.

Firmin avait parlé avec beaucoup de douceur. Mais, dans l'état où était l'étranger, ces sages propos ne pouvaient être interprétés que comme une insulte. Il bomba le torse, serra les poings et fit mine de passer de l'autre côté du comptoir. Mais en cours de chemin il porta soudain les mains à son cœur, et d'un coup s'abattit sur le sol, comme une masse.

Et c'est précisément sur ces entrefaites que Baptistin, le colossal Baptistin, fit son entrée dans le bar. Comme je vous l'ai dit, c'était un homme de cœur, avide de rendre service à son prochain. Aussitôt, il s'agenouilla auprès de l'homme étendu, le prit dans ses bras, lui dénoua la cravate.

— Il est mort ? demanda Firmin.

— Je ne crois pas, mais il vaudrait mieux tout de même aller chercher le Dr Rabatut.

Trente secondes plus tard, le Dr Rabatut était sur place. Baptistin, toujours agenouillé, tenait l'étranger dans ses bras, comme un petit enfant qu'on berce.

Le Dr Rabatut s'agenouilla à son tour, ouvrit sa trousse, commença ses examens et, regardant tout d'un coup Baptistin d'un air à la fois soupçonneux et sévère, il dit :

— Avec quoi tu l'as frappé ?

Eh bien, vous me croirez si vous voulez : quelques minutes plus tard, le malaise de l'ivrogne était dissipé et on m'affirme même qu'il put rentrer dans son village à motocyclette sans accident.

Tandis que Baptistin, victime d'une aussi cruelle injustice, devait garder la chambre pendant plusieurs semaines et qu'il ne dut qu'à sa robuste constitution d'éviter la dépression nerveuse et le transport au cerveau.

LE DON DE CASIMIR

Casimir avait un don. Il ne s'en était aperçu que très tard et il s'en serait bien passé. Casimir était un paysan, un paysan à l'ancienne et tout le temps volé à la culture lui paraissait du temps perdu. Mais comme c'était un brave homme, il faisait à l'occasion profiter ses semblables de ce don du ciel.

Il n'avait jamais appris ni l'anatomie ni la médecine mais il guérissait une foulure par simple imposition des mains, une entorse ou une épaule démise en trois ou quatre vigoureux tripotages. J'ai même pu vérifier qu'il guérissait les angines en vous massant le poignet.

Seulement, Casimir était un caractère rebroussier. Il ne fallait tomber, pour qu'il consente à vous soigner, que sur ses moments de bonne humeur et ils étaient rares.

Mon voisin Maurice le garagiste faillit l'apprendre à ses dépens. Il s'était démis le poignet en essayant de dévisser les écrous rouillés d'une Ford des années 1925. Il souffrait le martyre et l'idée de passer un mois dans le plâtre ne lui paraissait pas envisageable en période de tiers provisionnel. Il se fit donc conduire chez Casimir.

— Vous tombez mal, lui dit sa femme, il est dans une humeur pire que d'habitude. Jamais je ne l'ai vu comme ça. Vous feriez mieux de revenir un autre jour.

— Mais je ne peux pas attendre, gémit Maurice.

— Alors, ce sera à vos risques et périls. Il va vous dire des gros mots.

— Cocagne les gros mots, soupira Maurice.

— Dans l'état où il est, je ne peux même pas vous garantir qu'il ne vous frappera pas.

— Je prends le risque, dit Maurice.

Effectivement, Casimir avait l'air en proie à une crise de folie furieuse. Debout, les poings levés en direction de son tracteur, il proférait de redoutables insultes. Jamais tracteur avant ce soir-là ne fut traité de la sorte. Un moment même, à bout d'inspiration, Casimir affirma que ce tas de ferraille avait des mœurs contre nature. Enfin, il aperçut Maurice.

— Qu'est-ce que tu veux, toi ?

— J'en peux plus, dit Maurice. Si tu n'interviens pas d'urgence, je vais perdre l'usage de la main droite.

En d'autres circonstances, Casimir se serait peut-être laissé attendrir mais ce tracteur en panne l'avait mis hors de lui. Il hurla :

— Et qu'est-ce que tu veux que ça me fasse !

Il se retourna et se mit à donner des coups de pied dans la carcasse rouillée de ce tracteur quasi cinquantenaire.

Soudain, il s'interrompit et, faisant face à Maurice, le regarda d'un air soupçonneux :

— Tu es bien garagiste ?

— Comme si tu le savais pas.

— Alors, les moteurs, tu connais.

— En principe.

— Eh bien, si tu me répares le tracteur je te répare le poignet.

Vous me croirez si vous voulez, Maurice a réussi à dépanner le tracteur, mais de la main gauche.

Casimir avait l'habitude de se faire payer d'avance.

Il était quand même plus honnête et plus efficace que Fernand, qui exerçait clandestinement le métier de guérisseur à L'Isle-sur-la-Sorgue. Il avait, par prudence, installé son cabinet de consultation dans l'arrière-boutique de l'épicerie tenue par son épouse.

Ceux qui réclamaient ses soins connaissaient le mot de passe. Il suffisait de dire :

— Je voudrais deux kilos de sucre. Du spécial.

Ce sucre coûtait un peu plus cher que les autres mais il vous donnait le droit d'entrer dans le cabinet du mage.

Sa réputation, de bouche à oreille, allait grandissant. Mais le mot de passe finit par être mal interprété. Les pèlerins de L'Isle-sur-la-Sorgue furent bientôt persuadés qu'on vendait dans cette épicerie une variété de sucre qui guérissait les maladies.

Fernand continue de soulager (ni plus ni moins qu'avant) l'humanité souffrante. Mais il n'est plus obligé de recevoir sa clientèle.

Sa femme continue de vendre le sucre spécial au prix fort. Elle sait d'instinct que la fontaine miraculeuse de Saint-Julien-le-Pauvre a cessé de l'être du jour où elle a cessé d'être payante.

Tout aurait donc continué à la satisfaction générale si son désœuvrement n'avait inspiré à Fernand un remords rétrospectif.

Il entreprit donc tardivement des études médicales. C'est depuis, hélas ! qu'il ne guérit jamais plus personne. Même par hasard.

OÙ L'ON FAIT CONNAISSANCE AVEC LE GRAND ALBERT DE MONTAUBAN QUI ESTIMAIT (A JUSTE TITRE) QUE CE QUI COMPTE DANS L'HOMME, C'EST LE MOULIN A VENT

J'ai joué le Petit Chose au naturel dans le décor des *Lettres de mon moulin*. Ce sont des péripéties qui vous marquent pour l'existence. J'ai donné en effet, jadis, des leçons de latin et d'anglais aux fils du châtelain de Montauban à Fontvieille. Cela se passait dans la cuisine de la ferme : là précisément où les quatre frères Ambroy et Audiberte leur cuisinière, Dominique leur cocher, Mitifiot (dit Pistolet) leur garde-chasse et Bagasse leur berger enseignaient la Provence à Alphonse Daudet, Nîmois de bonne volonté.

Puis je « montai » à Paris et mon père se rendit acquéreur d'un cabanon dans une carrière abandonnée. Juste en bordure de Montauban. Je n'en suis séparé que par une haie de cyprès. Pas des cyprès bleus de l'Arizona, des cyprès noirs de Provence.

Autant vous le dire tout de suite : ce qu'il y a de plus grand dans mon cabanon, c'est la clef de la porte.

Mon père a dû le payer un peu plus de quinze cents anciens francs. Mais si vous voulez me l'acheter, il vaut mieux que vous y renonciez tout de suite. Vous n'êtes pas assez riche.

Il n'y a rien d'extraordinaire dans mon cabanon, mais de ses fenêtres je cueille directement les figues de mon figuier. Des figuiers que personne ne planta jamais, qui poussèrent pour le plaisir et donnent leurs deux récoltes par an : celle de juin et celle de septembre.

Si mon cabanon est minuscule (sinon il encombrerait tout le jardin), il dispose, sous l'amandier sauvage, d'une table de pierre qui a au moins deux mètres de diamètre et qui doit peser dans les trois tonnes, en calculant au plus juste. Des tables de ce genre, je ne suis pas seul à en posséder dans la région. Mais la mienne, si vous la cognez avec l'index replié, elle se met à sonner comme un plat de Moustiers du début du XVIIIe siècle.

Enfin bref, mon cabanon n'est pas à vendre pour la bonne raison qu'il est hors de prix. Tout ce que je peux faire pour vous, si vous y tenez vraiment, c'est vous le donner. Mais il faudra prendre patience, parce que j'en ai déjà fait cadeau à mon fils et qu'il paraît bien décidé à le conserver jusqu'à la fin des siècles.

Donc, j'habite à portée de cigale du moulin de Daudet et de sa confortable annexe, le château de Montauban. Depuis la mort des frères Ambroy, le château a changé plusieurs fois de mains et je n'en connais pas l'actuel propriétaire. Je suppose que ce doit être un homme important et qui a des relations. Quand il a des invités de marque, il obtient des pouvoirs publics que la sirène de la Marine ne sonne pas !

Fontvieille, on ne le sait pas trop (et c'est peut-être après tout un secret militaire), constitue, en pleine terre, une base navale d'intérêt national. Ses anciennes carrières avaient été, naguère, converties en champignonnières (et il me paraissait fort plaisant qu'on fabriquât du champignon dit de « Paris » au cœur de la Provence). Elles sont utilisées aujourd'hui par la marine de guerre pour y entreposer des obus de fort calibre. Et tous les matins, à sept heures, la sirène d'alerte qui n'a plus de raison d'être, depuis que la guerre est finie, appelle les ouvriers au travail. Ce qui permet aux Fontvieillois de mettre leur montre à l'heure (car l'horloge de l'église est devenue folle au temps du combisme) et à la sirène de se maintenir en état de marche pour si, des fois, il y avait d'autres bombardements.

Quand il y a du beau monde au château, la sirène se tait pour qu'on y puisse faire la grasse matinée tranquille.

Donc, comme je vous le disais tout à l'heure, je ne connais pas ce monsieur qui a le pouvoir de réduire les sirènes au silence. En revanche, j'ai bien connu l'un des précédents propriétaires du château. C'était un homme exquis, fabuleusement riche, mais d'une extrême simplicité de manières. Il s'habillait comme un chemineau et tenait à ce qu'on l'appelât par son prénom. Et comme il était de belle taille, tout le monde à Fontvieille lui disait « le grand Albert ». Le grand Albert de Montauban. Un nom de mage. C'en était un, n'en doutez pas.

Nous avons sympathisé tout de suite. Il avait l'âme pépiniériste et bâtisseuse et se mit, avec ardeur et sérénité, à transformer Montauban en paradis terrestre.

— Je vous montrerai tout, disait-il, quand tout sera terminé. Pas avant...

Mais il me tenait régulièrement informé des progrès de ses réalisations monumentales et arboricoles. Il avait décidé de faire de Montauban un des hauts lieux de l'histoire de Provence. Il était devenu Le Nôtre dans son Versailles des Alpilles.

— L'important, disait-il, ce sont les perspectives. J'ouvre des avenues sur chacun des quatre moulins qui bordent le château. Je vous demande si un homme peut rêver mieux que ce que je lui propose : il lève les yeux et, où que son regard se porte, il tombe sur un moulin à vent.

Et il ajoutait d'un ton solennel :

— L'homme pour s'accomplir a besoin de moulins à vent !

Vous pensez que de tels propos ne pouvaient que m'enchanter, car ils résument assez exactement ma vision du monde. Les moulins tournent, non pour donner de la farine, mais pour vous inviter à relever la tête et à regarder vers le ciel. Tout en gardant les pieds sur la terre et les mains dans les poches.

Mon ami Albert était pourtant un homme de progrès, mais il ne faisait pas bien la différence entre le passé et l'avenir. Ou, plutôt, il les considérait comme inséparables.

— A chaque pas en avant, disait-il, doit correspondre un pas en arrière...

Ne croyez pas cependant que le grand Albert de Montauban fût partisan de l'immobilisme. Il estimait que l'homme était en perpétuel équilibre entre son avenir et son passé. Que, dans ces conditions de fil-de-férisme permanent, il devait veiller à ce que la découverte du futur n'aille pas plus vite que la découverte du déjà vécu.

— Le futur est prévisible, disait-il, c'est le passé qui ne l'est pas. Ce qui va nous arriver, nous le savons presque. Tandis que ce qui nous est déjà arrivé, nous l'ignorons à peu près complètement. Un esprit rétrograde, c'est celui qui préfère savoir où il va avant de savoir d'où il vient. Moi, je veux savoir d'où je viens avant de m'apercevoir où on m'emmène. Sinon, le fil se casse, je me brise les reins et je me fais saigner le museau. Éventuellement, je meurs. Regardez les cosmonautes qui sont aux postes avancés de l'avenir. Avant de les envoyer où ils vont, on se renseigne et on fait pour le mieux avec les moyens dont on dispose sur place. Je suis le cosmonaute du passé.

Il était donc fatal que Montauban devienne, sous son impulsion, sinon une rampe de lancement pour fusées interstellaires (car il n'aurait pas aimé troubler le sommeil de son prochain), du moins un chantier archéologique.

Pendant trois mois, il me fit vivre dans la préhistoire. Il ne se passait pas de jour qu'il ne me fît part de ses trouvailles cinq ou six fois millénaires. Elles remettaient en question, crâne ou silex, les origines de l'homme (sans les compromettre toutefois).

Les gravures et les peintures rupestres ne tardèrent pas à faire leur apparition. Je ne doutais pas de lui, mais j'aurais aimé pouvoir, non pas tenir entre les mains un de ses crânes ou un de ses silex, mais être admis à contempler les chefs-d'œuvre paléontologiques découverts par lui.

— Patience, disait-il, vous serez le premier. Et, croyez-moi, vous pouvez vous attendre à la plus grande surprise de votre vie. Sous le château, des hommes ont habité... Des milliers d'hommes, il y a des milliers d'années... Ils ont laissé de leur passage des traces ostensibles, mais énigmatiques. Ainsi font les gitans pour indiquer secrètement la route à leurs frères. Mais mon itinéraire à moi, c'est celui de tous les hommes et je commence à le déchiffrer...

Puis du ton de celui qui vous demande votre avis, mais qui est sûr à l'avance de votre approbation :

— Autre chose, j'ai fait démolir le château. Il le fallait, n'est-ce pas ?... Il n'était pas digne de l'ensemble... trop cossu... trop bourgeois. Je suis en train d'en faire un mas, un vrai... Avec les mêmes pierres... Les pierres étaient bonnes, l'architecte n'était pas inspiré. Il ne faut pas lui en vouloir. Il vivait sous Napoléon III... Il avait des goûts d'épicier. Je mets le château en harmonie avec les moulins... Avec la ville engloutie sous la terre...

Bêtement je répondis :

— Vous allez vous ruiner...

Il haussa les épaules :

— Je l'espère bien. Il faut se ruiner pour vivre à hauteur de soi-même.

— Vous allez tomber malade !

— Non, dit-il, je vais mourir... Mais pas avant que tout soit en ordre.

Des mois passèrent.

Le grand Albert continuait à venir me voir presque tous les jours. Son exaltation allait croissant. Sa maigreur devenait inquiétante, ses gestes désordonnés. Il ne vivait plus que par le regard et le discours. Je lui conseillai de se ménager.

— Plus tard, me dit-il, plus tard. Nous touchons au but. Vous verrez, c'est fabuleux. Il y a des moments où je me demande si je ne rêve pas.

Le lendemain, il grelottait de fièvre.

— Tout est prêt, me confia-t-il. Je viendrai vous chercher demain matin à neuf heures, à neuf heures juste...

Il me serra les mains. Les siennes étaient brûlantes.

— Vous devriez voir un médecin, dis-je.

— Il n'y a pas une seconde à perdre, déclara-t-il, l'humanité a besoin de moi...

Je passai une nuit fort agitée et j'aurais dû noter mes songes. Je ne me souviens que de leur lumière. Une lumière gris argent qui faisait vibrer les oliviers et les pins. Un tintamarre de cigales m'éclata dans la tête. C'était mon réveil.

J'étais prêt bien avant le moment du rendez-vous. Mais, à neuf heures, le grand Albert n'était pas là. A dix heures non plus. A midi, pas davantage. J'étais seul à la maison. Je me fis cuire distraitement deux côtelettes d'agneau que je mangeai sans y prêter toute l'attention qu'elles méritaient. Une manière d'angoisse m'avait anesthésié les papilles que j'ai d'ordinaire toujours aux aguets de la saveur la plus fugitive.

Je m'obligeai à faire la sieste, comme à l'accoutumée. Le sommeil me prit par habitude, mais il ne m'apporta pas le calme dont j'avais besoin.

« Il faut que j'aille voir, me dis-je. Il a dû se passer quelque chose... »

Je sonnai à la petite porte de ma jeunesse : celle où j'entrais porteur de gérondifs et de verbes irréguliers. Ce fut, comme jadis, le vieil Eliacin qui m'ouvrit.

— Ça par exemple ! Quel bon vent vous amène ?

— Je viens prendre des nouvelles du grand Albert.

Eliacin hocha gravement la tête.

— Le pauvre, dit-il. Ça devait finir comme ça...

Mes pressentiments ne m'avaient donc pas trompé : si le grand Albert n'était pas venu au rendez-vous, c'est qu'il y avait cas de force majeure.

— Il est malade ?

— Vous ne le saviez pas ?

— C'est grave ?

— A mon avis, dit Eliacin, c'est sans espoir. Quel dommage ! Un si brave homme...

— Je peux le voir, au moins ?

Le vieil Eliacin me regarda sans comprendre.

— Je ne sais pas s'ils vous laisseront entrer.

— Allez vite le prévenir. Dites-lui que c'est moi.

Je vis une lueur d'inquiétude dans le regard d'Eliacin.

— Mais, dit-il, je ne sais pas où ils l'ont emmené.

— Il n'est pas ici ?

— Qu'est-ce qu'il ferait ici ?

Décidément, nous ne parlions pas la même langue, Eliacin et moi.

— Il n'habite plus Montauban ?

— Mais il ne l'a jamais habité !

Le doute, pour la première fois, me prit.

— Je croyais qu'il avait acheté la propriété...

Eliacin eut un rire de sauterelle :

— Le grand Albert ? Avec quels sous ? Il dormait dans les roseaux et se nourrissait de pignes de pin. Et encore, pas tous les jours.

— Je veux le voir.

Le visage d'Eliacin exprimait maintenant une grande perplexité :

— Tout ce que je peux dire, c'est qu'on l'a emmené chez les fous. Maintenant, chez les fous, j'y suis jamais allé. Mais vous n'avez qu'à vous renseigner. Les fous, forcément, ils ont une adresse...

Par la petite porte ouverte, je voyais le parc de Montauban. Il était exactement pareil à celui de mon enfance : plus embroussaillé même, plus abandonné.

— Et le château n'est pas démoli ?

Eliacin n'osait plus me regarder en face.

— Je ne pense pas, dit-il. Le nouveau propriétaire vient même d'y installer l'éclairage indirect.

J'ai bredouillé je ne sais quelle formule de politesse et je m'en suis allé.

Les fous ont forcément une adresse...

Je n'eus aucun mal à trouver celle du grand Albert et je vais lui rendre, aussi souvent que possible, mais moins souvent que je ne devrais, la visite de l'amitié.

Il est maintenant très calme et il a pris du poids. Mais il continue imperturbablement d'ouvrir des avenues de lumière vers des moulins qui n'existent pas, et à exhumer, pour le plus grand bonheur des hommes, des civilisations enfouies.

Je ne veux offenser personne mais, Montauban, qui n'est pas plus à moi qu'à lui, eh bien, je le lui donne...

Il en est le plus digne.

UNE ANNÉE MÉMORABLE

Si vous avez passé, ne serait-ce que vingt-quatre heures en Camargue, vous le connaissez sûrement. Et même si vous n'y êtes jamais allé. Il a un nom assez connu en littérature. Aussi, je ne vous le dirai pas : ça lui ferait trop plaisir.

Nous dirons qu'il s'appelle Francisque. Ce qui ne risque pas de vous mettre sur la piste.

Donc Francisque était un vrai Parisien. Son père était de Nancy, sa mère de Brest, mais il était vraiment né dans le XVIe.

Alors qu'il avait déjà dix-huit ans révolus, il vint un jour en touriste au pèlerinage des Saintes-Maries. Cela lui plut infiniment. Il se naturalisa camarguais de sa propre autorité, s'habilla en gardian et, comme il avait les moyens, devint le jour même propriétaire d'un anglo-arabe réformé après ses campagnes d'Afrique et qui lui fut vendu comme « pur cheval Camargue », par un de mes amis, dont je tairai le nom pour ne pas le gêner dans son négoce.

Et ce brave ami disait de Francisque :

— Des gens comme lui, si le Bon Dieu m'en envoyait un par semaine, j'aurais pas de souci à me faire pour mes vieux jours.

Enfin bref, Francisque, on l'aimait bien, mais il faisait un peu rire.

Et pourtant, vous allez voir, comme la vie est bizarre, ce transplanté des régions brumeuses et qui parlait avec l'accent pointu, il lui est arrivé une chose que personnellement j'envie beaucoup. Il a doté la Provence d'un proverbe de plus.

Ce ne sont pas les proverbes qui nous manquent. Nous vivons même dans une région particulièrement favorisée de ce point de vue-là. Mais, d'ordinaire, ou bien leur origine se perd dans la nuit des temps ou, à l'extrême rigueur, elle remonte au siècle dernier. Tout se passe comme si nous avions oublié le secret de fabriquer des proverbes.

Jusqu'à Francisque, je n'ai connu qu'un homme qui ait légué, de son vivant, un proverbe à sa province. C'est mon ami Pinson, un ancien razeteur, qui avait pris sa retraite au Sambuc. Il faisait tenir par sa femme un petit bistrot et il était censé diriger un « Institut Taurin » qui n'eut jamais qu'un seul élève : une jeune fille venue de Roubaix-Tourcoing dans l'intention de devenir « Caballera en plaza » et d'être saluée comme la Conchita Cintron française. L'enseignement tauromachique de Pinson se borna à lui confier les soins du manège pour améliorer sa condition physique. Mais ceci est une autre histoire.

Ce qui compte pour nous, c'est la paresse de Pinson. Une paresse épique ? Il était si « feignant » que, quand on lui tendait la main, il ne sortait pas la sienne de sa poche. Il se contentait de tendre le coude.

Il expliquait d'ailleurs cet état d'âme avec beaucoup de sincérité :

— J'ai pris trop de risques dans ma jeunesse, disait-il. Mais maintenant, dans mon âge mûr, je m'économise.

Son prédécesseur avait construit avec des traverses de chemin de fer, qui sans lui n'auraient jamais servi à personne, de petites arènes privées. Il y avait de cela plus d'un demi-siècle. Le vent, le sel et la pluie les avaient érodées, et corrodées. Et il arrivait souvent à Pinson de les contempler avec mélancolie et de dire, les mains dans les poches :

— Il faudrait bien qu'un jour je me décide à les repeindre.

De sorte qu'en Camargue, quand on parle d'un événement qui ne se produira jamais, on dit qu'il aura lieu « le jour où Pinson repeindra ses arènes ».

Mais revenons à Francisque.

Personne ne lui voulait de mal et, puisque cela lui faisait plaisir de se déguiser en gardian, personne n'avait rien contre. Bientôt, il voulut participer à l'« abrivado » le jour du pèlerinage.

Là on en discuta. Les plus mainteneurs dirent que ce serait une dérision. Mais les modérés l'emportèrent. Ils firent valoir qu'ils n'étaient plus guère nombreux, que Francisque avait une belle prestance, et que pour les touristes rien ne distingue à l'œil nu un vrai gardian d'un faux.

Rien en effet, à part que les gardians ne tombent pas de leur monture, alors que Francisque, lui, pour sa première sortie, se « ramassa » sur la route goudronnée et se brisa deux côtes.

— C'est le métier qui rentre, dirent les vieux. Mais il ne rentrait pas et, de 1946 à 1959, Francisque tomba régulièrement à chacun des pèlerinages. C'était même devenu une attraction locale et l'on faisait des paris pour savoir s'il se casserait un bras, une jambe. Et certains même (des pessimistes) allaient jusqu'à miser, à trente contre un, sur une fracture du bassin.

Or, en 1960, il se produisit ce que je ne suis pas loin de considérer comme un miracle : Francisque sortit du pèlerinage intact.

Il avait failli, à plusieurs reprises, être désarçonné, mais il était resté jusqu'au bout sur la selle.

Et c'est depuis qu'en Camargue, lorsqu'on veut situer un événement, on dit :

— « Tu es forcé de t'en souvenir ! C'était l'année où Francisque n'est pas tombé de cheval ! »

LE PÈLERINAGE

Ma bonne cousine Rochegude (de Saint-Giniez) est la plus charmante des vieilles dames que je connaisse. Ses cheveux blancs et la malice de son sourire lui donnent l'air d'une marquise du XVIIIe. Elle vit de souvenirs. Des souvenirs qui remontent au début du siècle. Mais si elle savait que je suis en train de parler d'elle elle dirait :

— Je t'interdis de dire mon âge.

— Et pourquoi ? Tu es devenue coquette...

Et elle prendrait l'air fâché, et elle dirait :

— Oui, parfaitement. Mais il n'y a pas très longtemps. Cela m'a pris pour mes quatre-vingts ans.

Telle est ma cousine Rochegude (de Saint-Giniez). Elle est restée célibataire. Pourtant, plus jolie qu'elle, il n'en existe pas dans tout le Sud-Est. Et ce ne sont pas les prétendants qui lui ont manqué. Mais je suppose qu'elle a dû les intimider, parce qu'elle était trop amusante et qu'elle avait trop l'esprit de repartie. Les hommes n'aiment pas les femmes spirituelles. Ils ont peur de ne pas être à la hauteur. C'est du moins la raison que je donnais de son célibat. Et un jour je lui ai fait part de mon hypothèse.

— Tais-toi, imbécile, elle a dit. Et ne parle pas de ce que tu ignores.

— Tu n'as jamais eu envie de te marier ?

— Oh si !

— Plusieurs fois ?

— Non. Une seule fois. Mais pour de bon !

— Et ça ne s'est pas fait ?

— Non, ça ne s'est pas fait.

— Il était beau ?

— Oui.

— Très beau ?

— Oui, très, très beau. Des hommes beaux comme lui, on n'en fait plus de nos jours.

— Il était riche ?

— Je crois qu'il était à son aise. Il avait un emploi dans les Contributions et une campagne du côté de Mazargue.

— En somme, il avait tout pour plaire.

— Tout.

— Et ça n'a pas marché quand même ?

— Non. Ça a failli marcher. Mais les choses sont restées en route.

— Je parie qu'il avait mauvais caractère.

— Lui ? Il n'y avait pas plus brave.

— Mais alors ?

Ma cousine Rochegude (de Saint-Giniez) poussa un profond soupir :

— Pour l'épouser, j'aurais dû braver la malédiction paternelle !

Je n'ai pas connu le père de ma cousine, mais j'en ai beaucoup entendu parler. C'était un patriarche redoutable et il distribuait sa malédiction avec beaucoup de générosité. Mais on le disait brave homme.

— Qu'est-ce qu'il reprochait à son futur gendre ?

— Il lui était sympathique.

— Alors, qu'est-ce qui s'est passé entre eux ?

— Entre eux, rien. Tout est de ma faute.

Elle eut un petit sourire triste.

— Il s'appelait Frédéric ?

— Oui. Et il avait des moustaches rousses, comme une peau de lièvre. C'était un vrai Camarguais. Avant nos fiançailles, il a demandé à mon père la permission de m'emmener en pèlerinage aux Saintes-Maries-de-la-Mer, pour que cela nous porte bonheur.

— Et ton père n'a pas voulu ?

— Si. Mais il voulait qu'on y aille en chemin de fer. Et nous, nous voulions y aller par mer. Les sœurs de Saint-Vincent avaient loué un bateau. Il s'appelait *le Gabian*. Il était vieux. Mais il était solide. Son équipage était composé de marins bretons.

— Et ton père n'a pas voulu quand même ?

— Non, il a été intransigeant.

— Et qu'est-ce que vous avez fait ?

— Nous y sommes allés quand même.

— Et je pense que tout s'est bien passé ?

Ma vieille cousine hocha la tête.

— Un vrai paradis. Un jour de bonheur parfait.

— Alors ?

— Alors, moi, je n'ai jamais su cacher la vérité et le lendemain j'avouais tout à mon père.

— Et il s'est fâché...

— Non seulement il s'est fâché, mais il m'a dit que si j'épousais ce navigateur il me donnerait sa malédiction. J'ai prié. J'ai supplié. Il n'a pas voulu se laisser fléchir.

Elle poussa encore un soupir.

— Et voilà pourquoi je suis restée vieille fille ! Au fond, c'est peut-être aussi bien. Mais je ne suis pas sûre, même aujourd'hui, d'avoir complètement pardonné à mon père.

— Voyons, cousine, il ne faut pas être rancunière après si longtemps.

Elle leva les yeux vers le ciel.

— La rancune, je ne sais pas ce que c'est. Mais quand mon père, sur son lit de mort, il y a vingt ans, m'a avoué qu'il m'avait interdit de prendre le bateau simplement parce qu'il craignait le mal de mer, lui, eh bien, tu vois, pour la première fois de ma vie, j'ai failli me montrer désagréable avec mon vieux père.

Le sourire lui était revenu.

— Eh bien, tu vois, maintenant j'ai presque oublié. Mais il y a des moments où je me demande si papa n'était pas, dans son genre, un petit peu égoïste...

LE TOMBEAU D'UN PRINCE

Si vous passez par Saint-Étienne-du-Grès (Bouches-du-Rhône), n'hésitez pas à faire une halte gastronomique. Vous me remercierez plus tard. Vous découvrirez, juste en face du marché de fruits et légumes en gros une des meilleures tables de Provence.

Mon rôle toutefois n'est pas de rivaliser avec Gault et Millau. Si donc j'attire votre attention sur ce paradis gourmand, c'est aussi parce que vous y serez forcément témoin d'une scène étrange et dont peut-être, par pudeur, les personnes que vous interrogerez refuseront de vous donner l'explication.

Vous êtes donc assis près de la fenêtre avec vue sur la route bordée de platanes. Naturellement, votre attention est tout entière absorbée par le contenu de votre assiette. Même le simple coulis de tomates ou les beignets d'aubergine ont ici une saveur comparable à nulle autre.

De temps à autre, cependant, vous serez amené à lever les yeux, ne fût-ce que pour prendre à témoin vos convives de votre plaisir partagé. Il se peut donc que votre regard soit attiré par un spectacle incompréhensible.

Juste en face de la porte d'entrée du restaurant, vous verrez que la plupart des gens s'immobilisent, même s'ils n'ont pas l'intention de venir prendre leur repas en ce lieu. Vous pourrez constater que certains de ces piétons — les vieilles dames surtout — font le signe de croix avant de poursuivre leur chemin.

Le visage des uns est devenu subitement plein de gravité mais la plupart des passants arborent un sourire affectueux, le sourire qu'on réserve à un ami qu'on croise sur sa route.

Vous n'êtes pas au bout de vos surprises. Les dames soulèvent légèrement leur jupe à deux mains, les hommes prennent leur élan et, comme s'ils avaient à enjamber un ruisseau, font un pas en avant. Le plus grand possible.

Vous pouvez aller vérifier sur place. Rien ne distingue cette portion de la chaussée des autres. Il n'y a ni trou, ni flaque, ni accident de terrain d'aucune sorte. Et pourtant, c'est à ce signe qu'on reconnaît les authentiques citoyens du Grès. Car eux ils savent pourquoi ils se livrent à cette surprenante gymnastique.

Ils savent qu'il y a une vingtaine d'années vivait à Saint-Étienne-du-Grès un joyeux garçon ami des plaisirs de la table, du bon vin et des jolies filles. Il exerçait l'utile profession d'ingénieur des Ponts et Chaussées. Il ne croyait ni à Dieu ni à diable. Il croyait à ses amis et à son métier. C'était un bourreau de travail passant sa vie sur les chantiers.

Il mourut subitement quinze jours avant de prendre sa retraite mais il avait eu le temps de rédiger ses dernières volontés. Il avait souhaité qu'on l'incinérât, qu'on mît ses cendres en réserve à la cave jusqu'au jour où la route défoncée par le charroi des camions devrait être à nouveau goudronnée. Ses cendres seraient alors répandues devant le restaurant où s'était exprimée sa joie de vivre et mélangées au goudron de la route. Cela donna lieu à une bien belle cérémonie. A la fois émouvante et joyeuse. Même le curé avait tenu à y assister en souvenir des gueuletons qu'ils avaient faits ensemble.

Voici pourquoi vingt ans plus tard à Saint-Étienne-du-Grès on esquisse un pas de danse en souvenir d'un ami qui voulait passer son repos éternel sur les chantiers de sa vie terrestre.

LA REVANCHE D'ARISTIDE

Il ne faut pas croire que le métier d'agriculteur réclame plus de vigueur physique que de qualités intellectuelles. On peut même dire que, de nos jours, l'agilité de l'esprit y est plus nécessaire que la robustesse du muscle.

En tout cas, pour ce qui est de la mécanique cérébrale et de la hauteur de vues, on aurait difficilement trouvé plus fort que cet Aristide, agriculteur à Fontvieille. Il porte le même prénom que mon oncle. Il est aussi roublard que lui mais ils ne font pas le même métier.

Avant de devenir un terrien, Aristide avait habité Toulon. Il avait vécu de divers petits négoces où il avait su donner la mesure de sa virtuosité pour le calcul mental. Certains pensaient même qu'il n'avait pas été prénommé Aristide par le hasard et qu'il était certainement d'origine grecque.

Or, au moment même où il allait ouvrir un véritable magasin et commencer à payer des impôts (il n'avait pas encore choisi définitivement sa branche), son médecin lui découvrit une faiblesse des bronches incompatible avec la vie au bord de mer et exigeant la moyenne altitude.

C'est ainsi que, dans la quarantième année de son âge, Aristide abandonna le rivage méditerranéen et investit toutes ses liquidités dans une vaste terre de fort belle apparence, mais qui se révéla assez décevante à l'usage. A Fontvieille, comme dans tous les villages de Provence, haute ou basse, il y a des terres bonnes et des terres mauvaises. En agriculture, on a beau s'appeler Aristide, et descendre vraisemblablement de l'artificieux Ulysse, quand on ne sait pas de quoi il s'agit, on se fait prendre comme le premier imbécile venu.

Aristide sut être beau joueur et ne montra rien de sa colère intérieure. On l'avait trompé, il savait qu'un jour il aurait sa revanche.

Mais cette revanche tardait à venir. Depuis dix ans qu'il habitait Fontvieille, sans être devenu un agriculteur véritable, il avait, à force d'application et par la force des choses, fait d'importants progrès. Mais la terre qu'on lui avait vendue était véritablement ingrate ; elle refusait de produire quoi que ce soit. De quelque façon qu'on la traitât et quoi qu'on y plantât, elle se refusait à tout service.

Aristide avait pourtant tout essayé avant de s'avouer battu. Mais, comme il avait eu le temps de nouer des relations utiles, il finit, pour gagner sa vie, par louer la moitié de son terrain à la commune pour qu'on y installât la décharge publique...

Ce n'était pas brillant : c'était même assez triste, mais cela fournissait à Aristide un minimum vital modeste mais stable. En outre, cela lui épargnait tout travail de quelque nature que ce soit.

Mais il était difficile, dans ces conditions, de le considérer comme un agriculteur. Quelqu'un qui loue sa terre pour que les bennes municipales viennent y jeter leurs ordures ne peut porter le noble titre de paysan. Et paysan, c'était pourtant ce qu'Aristide avait décidé de devenir.

En apparence, seulement, il avait renoncé à son projet. Mais, au-dedans de lui, il continuait d'y penser et, un jour, ce fut l'illumination.

Il n'avait loué que la moitié de ses terres. L'autre moitié demeurait en friche ; on le vit arriver, un soir, au café. Il déclara d'une voix pleine de désinvolture :

— Eh bien, je crois que je vais semer du blé...

Aristide, à Fontvieille, on commençait à l'aimer bien. Un autre, peut-être, on l'aurait laissé dire. Mais Aristide, maintenant, était adopté et on n'aurait éprouvé aucun plaisir à lui voir perdre son temps et sa peine.

— Écoute, Aristide, dit Léopold, le doyen des cultivateurs du village, ne donne pas suite à ton projet. D'abord, ta terre est trop pauvre pour y faire du blé, ensuite, de la façon qu'elle est exposée, jamais ton blé n'arrivera à maturité.

— Eh bien ! j'en sèmerai quand même.

— Mais tu ne récolteras jamais rien.

— Va savoir ! dit Aristide, d'un air à la fois mystérieux et finaud.

Effectivement, le blé d'Aristide ne devint jamais totalement blond et ses épis ne gonflèrent pas autant qu'ils auraient dû. Mais Aristide fit néanmoins, cette année-là, une très belle récolte.

Et les années suivantes également. Et il en sera ainsi jusqu'à la fin de ses jours, et peut-être même jusqu'à la fin des siècles.

Dans les décharges publiques, il est d'usage de brûler tout ce qui peut être brûlé. Et le feu, ça se propage, même si on le surveille de très près.

Que voulez-vous, le mistral ne respecte rien. Et le blé, même s'il n'est pas tout à fait blond, ça flambe facilement. Cela va faire quinze ans que la récolte de blé d'Aristide flambe avant d'avoir mûri. Cela va faire quinze ans que le ministère de l'Agriculture le rembourse largement au titre de sinistré agricole.

Et cela va faire douze ans déjà qu'Aristide ne sème même plus son demi-terrain, près de Fontvieille. C'est le maire qui lui a dit avec infiniment de bon sens :

— L'important, pour toi, n'est pas de semer du blé, l'important, c'est qu'il brûle.

DON CAMILLO PAS MORT

Si vous êtes de basse, moyenne ou haute Provence, vous avez forcément entendu parler de Joseph Rey, que ses amis — et il en a des dizaines de milliers — appellent tout simplement Jo.

C'est le capelan le plus populaire de toute la région. C'est un homme d'une foi très profonde mais c'est aussi un joyeux garçon qui ne déteste ni la bouillabaisse, ni le vin de Bandol. Il est donc de toutes les fêtes : mariages, baptêmes, et a des amis dans tous les milieux. Il dit la messe en provençal, défile pour la Saint-Éloi, chante la messe de minuit, organise des ventes de charité, aide les gens à mourir et donne envie de vivre à tout le monde.

Ses différents évêques vivent dans l'inquiétude mais, comme ils n'ont qu'à se louer de son apostolat, ils ne se demandent plus si ses propos sont vraiment orthodoxes. On lui laisse donc bénir les chevaux, les taureaux, les maisons, les avions, les automobiles, les supermarchés, et les bateaux. Les bateaux, surtout.

Or il se trouve que la plupart des pêcheurs marseillais ont leur pointu amarré à l'Estaque. Comme vous n'êtes pas obligés de le savoir, l'Estaque est le quartier le plus rouge de l'agglomération marseillaise. Soyons simples : à l'Estaque, on vote communiste et on vit communiste. Il n'empêche que chaque année au printemps le secrétaire de la cellule vient demander à Joseph non seulement de déguster en compagnie des pescadous une bouillabaisse monstre mais de profiter de l'occasion pour bénir les bateaux.

Ils montent donc tous les deux à bord du pointu amiral, celui du secrétaire de la cellule, pêcheur lui-même, et Joseph donne sa bénédiction à chaque bateau en particulier.

Ce jour-là on a entendu le patron pêcheur dire à son homme de barre :

— Arrête le moteur.

— Pourquoi ? demande Joseph.

— Devant ce bateau nous allons faire une petite halte et je vais te demander une faveur spéciale. Ce bateau, tu le béniras un peu plus que les autres.

Alors Joseph est entré dans une grande colère. Jamais il n'est aussi bon orateur que quand il est en colère. En plus, il avait là l'occasion de placer sa tirade anticommuniste dans laquelle il excelle mais que personne ne prend tout à fait au sérieux.

— Nous les curés, dit-il avec véhémence à son ami, nous pratiquons l'égalité vraie et quand nous donnons une bénédiction elle est la même pour tout le monde, pour les riches et pour les pauvres, pour les gros bateaux comme pour les petits.

Le secrétaire de la cellule était un peu embarrassé.

— Il s'agit d'un cas tout à fait particulier, tint-il à préciser.

— Tous les cas sont particuliers, dit Joseph.

Le secrétaire était de plus en plus gêné.

— C'est un geste amical que je te demande.

— Si tu veux mon portefeuille, dit Joseph, je te le donne, si tu n'as pas à manger, viens à la maison. Si tu ne sais pas où dormir, je te donne mon lit, mais ma bénédiction, je la donne à tout le monde pareil. Pas de passe-droit, pour personne.

— Même si je te dis qu'en ce moment à l'intérieur de ce bateau il y a mon arrière-petit-fils qui fait la sieste ?

— Pour personne, dit Joseph.

Mais tous ceux qui ont été témoins de la scène ont bien vu qu'il ne disait à l'homme de barre de remettre le moteur en route que trente secondes plus tard.

LE NETTOYAGE DE PRINTEMPS

Une petite fille modèle, c'était Lilette, et partout on la citait en exemple. A l'école, sa maîtresse disait :

— Regardez Lilette, elle a su trouver la solution de son problème !

Ou bien :

— Ce n'est pas Lilette qui ferait des taches d'encre sur son cahier !

Et la maman de Lilette était la plus heureuse de toutes les mamans de Trinquetaille, près d'Arles, tout de suite après le pont.

Non seulement Lilette était brave, douce et bonne élève. Mais elle était beaucoup pieuse. Sans ostentation mais avec une grande ferveur intérieure. Et Monsieur le Curé de Trinquetaille n'avait pas besoin de chanter ses mérites. Elle était rayonnante, cette petite, de piété, de gentillesse et de bonté. Il suffisait de croiser son regard limpide pour se sentir meilleur.

Ou du moins pour en avoir envie.

Nous étions dans la semaine des Rameaux, et Lilette, avec le sérieux qu'elle mettait en toutes choses, se préparait à sa communion pascale. Elle révisait sa confession comme elle aurait révisé sa composition d'histoire ou de calcul.

Sa maman lui avait acheté un joli carnet bleu Sainte Vierge, à reliure spirale, sur la couverture duquel elle avait écrit de son écriture sage : « Carnet d'examen de conscience ».

Elle y notait ses tentations et ses petits péchés, mais aussi ses repentirs et ses bonnes résolutions avec un scrupule d'expert-comptable. Évidemment, elle n'avait pas grand-chose à se reprocher, mais elle se montrait excessivement exigeante avec elle-même.

Son carnet bleu, je ne l'ai jamais ouvert, vous pouvez bien le penser. Mais je suis sûr qu'il devait y avoir des remarques de ce genre :

« Je me suis presque mise en colère avec mon petit frère ! »

« Je n'ai pas obéi tout de suite à maman. »

« J'ai repris deux fois de la crème au chocolat, alors que je n'avais plus faim. »

Et pour ces fautes vraiment vénielles, elle s'imposait, de sa propre autorité, de rudes pénitences. Elle se privait volontairement de dessert pendant une semaine entière. Elle reprenait jusqu'à trois fois de la soupe. Pourtant, elle ne l'aimait pas. Mais elle savait que cela faisait plaisir à ses parents. Parce qu'il est bien connu, quand on dispose d'un salaire qui avoisine le minimum interprofessionnel garanti par la loi, que la soupe fait grandir. Et elle acceptait en souriant de croire que les carottes, dont elle supportait difficilement la saveur, lui donneraient de beaux yeux parce que c'était l'opinion de sa mère qui la tenait de sa grand-mère.

Et d'ailleurs, ce n'est pas faux.

Enfin bref, le samedi de Pâques, elle était prête pour le grand nettoyage de printemps et Monsieur le Curé de Trinquetaille lui donna sans hésiter l'absolution. Il y ajouta de chaleureuses paroles de félicitation et une bénédiction supplémentaire qu'il eût volontiers assortie d'une caresse paternelle sur la joue si les croisillons de bois du confessionnal ne l'en eussent empêché.

Le soir, ayant rangé son carnet bleu dans le tiroir de la table de nuit, après y avoir noté de nombreuses bonnes résolutions nouvelles, mais sans y avoir inscrit le moindre péché véniel, Lilette s'endormit en rêvant aux anges.

Elle en avait bien le droit !

Mais vers une heure du matin sa maman fut réveillée par des gémissements et des sanglots. Elle se précipita au chevet de Lilette. Sa fille avait le visage inondé de larmes, bredouillait des paroles sans suite et paraissait en proie au délire :

« C'est la typhoïde », pensa aussitôt la maman. Pourtant, si le front de sa fille était moite, elle ne paraissait pas fiévreuse. Mais rien ne pouvait calmer son agitation et son désarroi.

La maman prit Lilette dans ses bras et tenta de la bercer en lui prodiguant des paroles apaisantes :

« ... Tu as eu un vilain cauchemar... Mais, tu vois, c'est fini maintenant... »

Eh bien, ce n'était pas fini du tout. Les sanglots de Lilette allaient redoublant, et ses gémissements et ses frémissements. Sa maman était absolument désemparée. Elle avait élevé six enfants déjà et se jugeait experte en matière de malaises bénins, aussi bien que de maladies graves.

Mais elle avait beau fouiller dans ses souvenirs, consulter son expérience, évoquer les recettes et les proverbes de sa propre grand-mère, elle se trouvait en présence d'une situation sans recours, d'une maladie sans remède.

Alors, elle dit :

— Je vais réveiller le médecin.

— Non, gémit Lilette, je ne veux pas.

Cette fois, sa maman se fâcha et traita sa fille de vilaine capricieuse.

— C'est du joli, dit-elle, une petite fille qui vient juste de se confesser et qui fait de la peine à sa maman.

Alors Lilette s'essuya les yeux, poussa un profond soupir et murmura :

— J'en ai oublié un.

— Qu'est-ce que tu as oublié ?

— Un péché...

— Et c'est ce qui te met dans des états pareils ?

La discussion aurait pu durer toute la nuit. Cela n'aurait rien changé.

Alors la maman de Lilette fit la seule chose qu'elle pouvait faire. Elle passa un manteau par-dessus le pyjama de sa fille et, à deux heures du matin, elle sonnait au presbytère.

Monsieur le Curé, habitué aux extrêmes-onctions, avait le sommeil léger. Il fut là dans l'instant.

— Qu'est-ce qui se passe ? demanda-t-il. C'est votre mari qui n'est pas bien...

— Non. C'est la petite. Il faut absolument que vous la confessiez.

— Mais c'est déjà fait.

— Elle a oublié un péché.

Le curé de Trinquetaille était un brave homme. Il ne se mit pas en colère. Il ne se fâcha pas, même quand Lilette éclata en sanglots parce qu'elle avait oublié à nouveau ce péché dont elle avait oublié de se confesser. Elle s'en souvint juste au moment où il allait lui donner l'absolution.

Sur le chemin du retour, elle s'endormit et sa mère dut la porter dans ses bras jusqu'à la maison.

Jamais sa fille ne lui avait paru si légère.

Une petite fille qui s'est débarrassée d'un grand poids sur la conscience, vous savez, ça ne pèse pas plus qu'un nuage.

Ma mère avait lu cette histoire par-dessus mon épaule. J'ai vu son visage s'éclairer.

— Pourquoi ne racontes-tu pas toujours de belles histoires de ce genre ? Tu as peur qu'on se moque de toi ? Ou c'est uniquement pour me faire plaisir ?

J'ai fait semblant de ne pas entendre.

BONS BAISERS DE FONTVIEILLE

Pendant tout le mois de septembre, je dus faire un long voyage qui me conduisit jusqu'au Cercle polaire. Tous les soirs, je téléphonais à ma mère. Parce que, s'il fallait à l'époque deux heures pour avoir Avignon, on a Fontvieille de Stockholm, d'Oslo ou d'Helsinki presque immédiatement.

— Comment vas-tu ?

— Planplanen.

— Et quoi de neuf à Fontvieille ?

— Rien, comme d'habitude.

— Quel temps fait-il ?

— Très beau, comme toujours.

Effectivement, quand je revins à Fontvieille, au début d'octobre, rien n'avait changé. Et l'on accueillait le voyageur que j'étais avec gentillesse, avec amitié, mais sans beaucoup de curiosité.

La phrase qui revenait le plus souvent était la suivante :

— Alors, Monsieur Yvan, vous êtes enfin de retour !

Voyant ma bonne mine, on ajoutait même :

— Vous vous êtes bien régalé ?

Mais personne ne semblait tenir à ce que je donne, sur mes voyages lointains, des détails complémentaires.

D'ailleurs, il faisait trop beau pour savourer autre chose qu'une arrière-saison dont on aurait voulu éterniser toutes les secondes.

Je m'étais assis sur la margelle de mon puits et mon ami Victor, pépiniériste le soir, et menuisier dans la journée, est venu s'asseoir à côté de moi. Nous ne parlions ni l'un ni l'autre. Cela aurait été non seulement inutile, mais déplacé. Il faisait vraiment trop beau et, avant que Victor ne se décide à ouvrir la bouche, nous avons attendu que le soleil ait cessé d'enflammer les cyprès et les pins.

Ce n'était pas encore la nuit, c'était l'heure des confidences et il m'a semblé que Victor, qui est pourtant un ami d'enfance, était intimidé au moment de m'adresser la parole. A la fin, il dit :

— Dis-moi, Yvan, toi qui voyages beaucoup, est-ce que tu es allé en Poméranie ?

— Non, jamais.

Victor hocha la tête.

— Eh bien, je vais te dire une bonne chose : TU AS BIEN FAIT... Et si je te le dis, moi, c'est que je sais de quoi je parle !

— Tu y es allé, toi ?

— Oui, mon collègue ! Comme je te le dis. Et du moment que tu me connais bien, je n'ai pas besoin de te préciser que, si je me suis rendu dans cette contrée, ce n'est pas de ma propre initiative. C'est en qualité de prisonnier de guerre et de caporal-chef au 27e régiment de tirailleurs algériens, d'ordinaire cantonné à Avignon (Vaucluse). Mais les guerres, tu sais, avec elles, on ne peut jamais prévoir. Non seulement tu sais jamais si tu en sortiras vivant, mais tu peux pas décider à l'avance où elles conduiront tes pas. Et si quelqu'un m'avait dit un jour que je passerais plus de trois ans chez les Poméraniens, je lui aurais dit qu'il n'avait pas tout son bon sens...

D'ordinaire, quand un ami parle, je me tais. Mais comme Victor avait l'air de ne pas vouloir aller plus avant, j'ai cru relancer la conversation en m'enquérant avec une fausse indifférence :

— Et comment c'est, la Prusse orientale ?

Victor ne prit même pas le temps de hocher la tête.

— Je ne sais pas, dit-il.

— Mais tu y es bien resté trois ans.

— Oui, mais je ne me suis jamais donné la peine de la regarder en face. Tout ce que je peux te dire, de la Poméranie, ça ira pas loin mais ce sera catégorique : la Poméranie, c'est un endroit où les gens comme toi et moi, dès qu'ils y arrivent, ils ont envie d'aller ailleurs. Même si j'y étais resté mille ans, j'aurais jamais pu m'y faire. Dès le premier jour, j'ai décidé de rentrer à la maison.

— Mais tu as dû attendre trois ans !

— Hé oui ! J'ai dû attendre le moment favorable. Et, en plus, figure-toi que de Fontvieille à la Poméranie il y a un long chemin.

— Je m'en doute.

— Je m'en doutais aussi. Mais j'aurais jamais cru que ce soit si long quand même... Surtout quand tu le fais à pied, ou en wagon de marchandises !

— Ça t'a pris combien de temps ?

— Au juste, je n'en sais rien. J'avais trop froid pour compter les jours. Je n'avais qu'une idée, c'est de marcher dans la direction opposée à la Grande Ourse. Et le Bon Dieu devait être avec moi, parce qu'avec ma façon de m'orienter, va savoir, j'aurais pu arriver en Turquie, ou chez les Grecs. Mais le Bon Dieu était vraiment avec moi. Il m'a fait traverser des fleuves, à moi qui ne sais pas nager ! Il m'a fait traverser des frontières, sans que je m'en rende compte ! Il m'a permis, moi qui suis un gros galavard, de survivre en me nourrissant pendant des semaines de betteraves crues, d'espérance et de regardelle ! Et j'ai marché des jours, des nuits. J'ai cru mourir de froid et de sommeil. Mais je continuais d'avancer toujours, en tournant le dos à l'Étoile polaire. Et jamais je n'ai eu le moindre ennui avec des gendarmes ou des militaires. Avec le souvenir, il me semble même que, sur des milliers de kilomètres, je n'ai rencontré personne. C'était un peu, vois-tu, comme si je m'étais promené sur la lune. A la fin, même, je savais plus au juste où j'en étais et je devais fonctionner avec la moitié de ma tête seulement. Et comme déjà je n'en ai pas beaucoup, je devais continuer de me déplacer uniquement par habitude et par la vitesse acquise. Logiquement, je ne devais plus me trouver en Poméranie, mais à Fontvieille, c'était sûr, je n'y étais pas encore. Et peut-être je n'y serais jamais !

Victor avait parlé longtemps en regardant droit devant lui. Le paysage était barré par les cyprès qui montent la garde devant mon cabanon. Le vent du soir les fit frémir. Il frémit à l'unisson.

— Figure-toi qu'un soir, au coucher du soleil, je dus me frotter les yeux, parce que j'ai cru que j'avais des visions. J'étais arrivé tout droit à Trinquetaille. Devant moi, de l'autre côté du Rhône, il y avait Arles. Je t'ai sauté tous les détails parce que si je devais te raconter tout ce qui m'est arrivé, comme je te connais, toi, tu en ferais un livre. C'était Arles. Il n'y avait pas d'erreur possible. Celui qui a vu une fois cette couronne royale, qui se dore au bord du Rhône, ne peut pas se tromper. Ce soir-là, il faut dire, elle se dorait guère. C'était le gros de l'hiver. Il y avait du soleil, mais un soleil blanc qui ne chauffait pas et qui donnait aux pierres d'Arles des couleurs d'os de squelette. Ça m'a quand même fait plaisir de la voir, cette couronne pâle. Et moi qui avais marché pendant des milliers de kilomètres, avec des engelures jusqu'aux genoux, je me suis mis à courir jusqu'au Rhône. Et, tout d'un coup, je me suis mis à pleurer.

— De joie ?

— Non, de désespoir, parce que le pont de Trinquetaille qui relie la Camargue au reste de la France, il n'existait plus. J'ai appris par la suite que c'étaient les avions alliés qui l'avaient démoli. Mais sur le moment j'ai pensé qu'on l'avait détruit uniquement pour me faire bisquer. Et que j'avais fait tout ce voyage uniquement pour échouer au port. J'avais marché des mois. Je n'avais pas senti la fatigue. Je n'avais pas senti le froid, je n'avais pas senti la faim. Mais j'ai compris que j'étais au bout du rouleau. Je me suis laissé tomber sur la berge et je n'ai plus bougé jusqu'à la nuit. Je crois que je me serais laissé mourir de froid. Seul un miracle pouvait me tirer de là.

— Et le miracle s'est produit ?

Victor hocha de nouveau la tête.

— Je ne sais pas si c'est un miracle, dit-il. Les miracles, dans une vie comme la mienne, on n'en a guère l'habitude. Mais j'ai quand même eu l'impression que le Bon Dieu me faisait une bonne manière. Le soleil s'était couché. Il faisait pleine lune. Il devait régner une température aux alentours de 30° au-dessous de zéro et tout d'un coup je me suis aperçu que le Rhône était gelé !... Alors je l'ai traversé à pied. A minuit juste, j'étais à Fontvieille... J'étais chez moi... Il paraît que j'ai dormi sans m'arrêter pendant toute une semaine.

J'avais écouté le récit de Victor avec sympathie. Mais je ne comprenais pas pourquoi il me l'avait raconté spécialement ce soir-là. Il devina ma pensée.

— Depuis que je suis de retour à Fontvieille, me dit-il, je n'ai jamais plus retraversé le Rhône. J'ai trop peur que le pont ne s'effondre pendant que j'ai le dos tourné. Et cette fois, ce n'est pas sûr que le fleuve serait gelé...

Cela ne m'éclairait toujours pas complètement.

— J'ai beaucoup pensé à toi, Yvan, pendant que tu étais dans les pays lointains. Je sais que si tu vas si loin, c'est que tu ne peux pas faire autrement. Et je sais aussi que jamais tu ne penses autant à Fontvieille qu'au moment où tu en es à des milliers de kilomètres. Mais quel risque tu cours ! Si un jour tu te trouvais bloqué sur une banquise ou dans une île de la Baltique. Tu crois pas que tu serais plus malheureux qu'un autre ?

— Oh si !

— Alors, méfie-toi...

Et, depuis, je me méfie... Et parfois, je fais des cauchemars. J'imagine des tremblements de terre où Fontvieille s'engloutit tout entier. Je me réveille au moment où je vais me précipiter du haut de la falaise pour rejoindre ceux que j'aime. Et dès le matin je me précipite au téléphone :

— Mais qu'est-ce qui t'arrive, mon pauvre petit ! Mais non, il ne s'est rien passé ! Fontvieille est toujours à la même place !

Je sais bien que c'est idiot. Mais cette angoisse m'est revenue plusieurs fois cet hiver pendant que j'écrivais ce livre, ce qui est ma façon à moi de passer la mauvaise saison. Puis le printemps est arrivé et mon angoisse s'est envolée. Dans quelques jours, je serai auprès de ma mère, dans notre cabanon de cigales et de lavande. Dans quelques jours. Dans quelques heures.

C'est alors que le cataclysme s'est produit. J'ai téléphoné une dernière fois pour dire :

— Je serai là demain.

Mais ce n'est pas ma mère qui a répondu au téléphone.

Oui, pendant des mois Fontvieille a été un village englouti dans mon chagrin. Une ville morte. Un village déserté par la joie de vivre. Un village dont il ne reste qu'un tombeau. Et ce livre, j'ai failli le brûler.

Et puis le printemps est revenu.

Et je me suis aperçu que, pour voir ma mère maintenant, il me suffisait de fermer les yeux. Et qu'elle me regarde toujours avec la même tendresse et la même ironie.

— Mon pauvre petit, me disait-elle, tu ne seras donc jamais un grand garçon. Tu peux bien te débrouiller tout seul. Si je suis partie, c'est que tu n'avais plus besoin de moi.

— Mais si, j'ai encore besoin de toi !

Alors, il n'y a plus d'ironie du tout dans son regard.

— Je suis là. Et, tant que tu penseras à moi de cette façon, je serai là...

Alors Fontvieille a recommencé à vivre. Et ce livre, je ne suis plus sûr qu'elle ne le lira pas.

Car je sens qu'elle regarde comme d'habitude par-dessus mon épaule.

Et il me semble qu'elle sourit.

Ne me le dites pas, je le sais. Je ne le sais que trop. Je vous ai présenté une Provence sans violence, sans détresse, sans angoisse. Une Provence à peu près imaginaire. Une Provence qui continue de se défendre avec ce qu'elle a, avec des mots et un indéracinable désir d'être heureuse. Nous avons nous aussi et plus que certains autres nos drames, nos tourments, nos chagrins, nos désespoirs. Il ne nous reste que les mots pour nous défendre contre la barbarie qui nous menace.

Nous avons l'habitude. Ce pays qui a la réputation d'un pays de cocagne a connu plus de guerres, de massacres, de pestes, de tremblements de terre et de catastrophes en tout genre que bien des pays réputés plus rudes.

Et pourtant, nous continuons à nous raconter des histoires pour continuer à croire au bonheur d'être sur la terre. Et les histoires que je vous raconte, quand la télévision nous en laisse le temps, nous continuons d'en inventer entre deux calamités. Cela ne nous guérit pas de nos infortunes mais c'est une façon de conjurer le sort. Il s'agit bien sûr d'une Provence purement poétique à laquelle nous faisons semblant de croire parce que nous ne voulons pas admettre qu'elle disparaisse un jour. Et que, peut-être, elle n'a jamais existé.

Avec votre complicité, je continuerai donc à chanter mes petites chansons avec l'espoir qu'elles seront perçues malgré le fracas du monde. J'en ai encore quelques centaines dans mes tiroirs, quelques milliers dans ma tête et du moment qu'elles vous procurent de temps en temps quelque douceur, quelques sourires, je vous dirai l'an prochain l'histoire de ce Belge qui trouvait que les Provençaux faisaient mieux les frites qu'à Bruxelles. Je vous raconterai l'histoire de la corneille qui dormait dans le plumage d'un coq. Je vous révélerai les mystères du candélabre aux mouchoirs dans la crypte des Saintes-Maries-de-la-Mer. J'accompagnerai mon ami Tony qui suivait les défilés de tous les partis politiques pour soigner les séquelles de son infarctus. Je vous conterai la mésaventure du niais déniaisé, je vous ferai entendre la voix de ma cousine Clémence qui avait quitté son couvent pour faire dérailler des trains pendant la Résistance, j'inventerai des histoires de pies, d'écureuils, de bêtes à Bon Dieu, des histoires de plein air de coin du feu, l'épopée de la « Parfaite » qui était si optimiste qu'elle partait aux escargots avec une brouette, de Barthélemy qui avait un phono qui ne parlait que français parce qu'il l'avait acheté à Paris, j'évoquerai la geste de la dynastie des Monforte, la folie de Ferdinand qui apprenait à son sanglier à danser la farandole...

Au tamis de la vie, je n'ai gardé que les paillettes et tout le sable est parti au fil de l'eau.

Paris, le 12 janvier 1987,
par -12° sous abri.

LES CIGALES D'AVANT LA NUIT

Chez nous la nuit ne « tombe » pas.

Elle se lève.

Elle s'étire, paresse, se fait désirer.

C'est à cette heure indécise où la lumière se dilue dans un arc-en-ciel de brume que les cigales se déchaînent pour un angelus du soir endiablé. Le soleil qui tous les soirs incendie de lueurs ma pinède n'allume plus au ras de la colline qu'un feu de broussailles dont les flammèches étincellent et s'éteignent aussitôt.

L'armée des étoiles va pouvoir prendre possession du ciel. Alors les cigales s'affolent. Le soleil est en train de les trahir. Le moment n'est pourtant pas encore venu pour elles de retomber en poussière au pied de l'arbre où elles ont vécu trois mois de lumière après trois ans d'obscurité souterraine. Elles lancent à leur maître et seigneur un appel désespéré. Elles veulent absolument être entendues. Jamais elles n'ont fait retentir un tel concert mais le soleil est resté sourd.

Alors, de dépit, elles se taisent et ne recommencent à striduler qu'à partir du moment où il a daigné leur rendre à nouveau visite. Mais pas tout de suite. Elles le font un peu languir. Elles boudent. Elles veulent être bien sûres qu'il ne va pas les laisser tomber une fois de plus. D'ailleurs elles sont tout engourdies par la fraîcheur de la nuit et leurs ailes restent collées par la rosée du matin.

Les voilà cependant rassurées sur leur avenir immédiat mais pas encore tout à fait opérationnelles. Elles ont fait la grasse matinée pour se remettre de leurs angoisses nocturnes. Le soleil est déjà haut dans le ciel quand elles entament, à l'unisson, leur hymne à la joie de vivre. Toujours le même. Elles ne s'en lassent pas. Moi non plus.

C'est le soir après leur concert du crépuscule que je me mets d'ordinaire à écrire. Il m'arrive même de ne pas m'arrêter jusqu'à ce que leur aubade de midi me fasse sursauter. Entre deux récitals de cigales, on ne sent pas le temps passer et ces nuits « entre parenthèses » ne laissent pas de traces. Une bonne sieste et il n'y paraît plus.

Cela ne sera pas le cas aujourd'hui. Il y a trois mois que je ne suis pas revenu à Fontvieille. Je me sens un peu désaccordé. Il faut que je me refasse l'oreille. Après dix minutes avec Honoré le jeune, j'entendrai de nouveau juste. Et à partir du moment où je me suis réacclimaté la tête, je me sens de nouveau chez moi et je peux reprendre le porte-plume.

Je me demande où il peut bien être. Je croise Rosa, ma voisine. Exceptionnellement, elle ne me dit pas bonjour.

— Tu ne sais pas où est Honoré ?

Elle me répond sèchement.

— Il est dans sa chemise et sa tête lui sort.

Elle poursuit son chemin en haussant les épaules. Jamais je ne l'avais vue si rebroussière. Sa mauvaise humeur lui passera bien un jour mais sa façon personnelle de s'exprimer lui restera jusqu'à la fin et ne cessera jamais de m'enchanter. Je me sens déjà un peu plus à l'aise.

Là-dessus, je tombe sur ce garnement de Jean-Louis. C'est le meilleur copain d'Honoré le jeune. Ils sont aussi cavaleurs l'un que l'autre. D'ordinaire, ils sont inséparables mais cela fait plusieurs jours qu'il ne l'a pas vu et il commence à être inquiet.

— Tu n'as pas une petite idée...

Il prend un air douloureux et, après un regard circulaire destiné à vérifier que personne ne nous écoute, me glisse à l'oreille :

— Pour moi, il ne peut s'agir que d'un coup de quéquette de fada.

Il lève les bras au ciel en signe d'impuissance et poursuit son chemin en secouant la tête.

Cette fois, je commence à aller tout à fait bien et si ce n'était l'heure de l'apéritif je serais rentré directement à la maison. J'ai bien fait d'obéir à cet élan de convivialité. Je suis arrivé au *Bar du Moulin*, juste au moment où Honoré le jeune descendait de voiture. Il ne revenait pas de courir la gamine. Il revenait des Basses-Alpes (ici on ne dit toujours pas les Alpes-de-Haute-Provence, on trouve que ça fait parisien) où il était allé chasser le sanglier.

— Il y en a des sangliers en ce moment ?

— Pas mal.

— Tu en as tué beaucoup ?

— Non. Mais j'en ai raté trois.

Cette fois ça y était. J'avais retrouvé le ton juste et, comme à Paris je m'étais mis quelques histoires de côté, j'avais hâte de me retrouver à ma table de travail pour les faire revivre sur le papier avant qu'elles ne s'envolent. Je ne pouvais pas cependant me montrer impoli à l'égard d'un brave garçon qui était rentré bredouille de la chasse au cochon noir. Je ne fus pas récompensé de ma courtoisie.

— Ne te retourne pas, m'ordonna Honoré le jeune, en m'écrasant l'épaule de sa main.

— Pourquoi ?

— Regarde dans la glace.

Elle était presque opaque à force d'inscriptions au blanc d'Espagne, annonçant le concours de boules du dimanche et le concours de belote du samedi soir : le « dazibao » de notre commune rustique.

Dans le « o » de belote s'encadrait le visage lisse et rose, étincelant comme un soleil, de Prosper, le charcutier virtuose dont il fallait retenir les andouillettes trois mois à l'avance. On aurait dit l'ange Boufaréou (il jouait d'ailleurs du piston dans l'orphéon municipal). Ses joues de pomme pâlirent soudain, se raidirent et une lueur de contrariété obscurcit son regard. La ride de la réflexion avait creusé un sillon d'au moins cinq centimètres de profondeur entre ses deux sourcils. Je craignis un instant qu'il se fît éclater la tête à force de concentration. Soudain, il haussa les épaules. Son visage retrouva miraculeusement sa couleur et sa densité. Il fit demi-tour et sortit avec la précipitation d'un homme qui se serait souvenu d'un rendez-vous important.

— J'aime mieux ça ! soupira Honoré le jeune.

Sa main aussitôt quitta mon épaule et, d'une voix de tambour-major, il fit renouveler les consommations, et c'est ainsi que ce livre a pris le départ.

LE PÈLERINAGE AUX SOURCES

A Fontvieille, il ne faut jamais poser de questions. Il faut attendre la réponse. Souvent pendant plusieurs années. Elle arrive à pied. Parfois même elle ne vous est jamais fournie. Ce jour-là, je n'eus que quelques secondes à patienter.

La salle du café soudain s'était obscurcie. Aucun nuage gris pourtant ne ternissait le ciel, mais quand un visage aussi rayonnant que celui de Prosper cesse d'illuminer son environnement, on croirait facilement à un commencement de fin du monde. L'« éclipse Prosper » ne dura heureusement qu'un instant. Les conversations qui s'étaient interrompues sans raison apparente avaient repris, et le soleil retrouvé son éclat.

La bouche d'Honoré restait cependant fermée comme un cul de figue. Elle s'entrouvrait comme à regret :

— Tu as vu Prosper ?

— Il n'a fait qu'entrer-sortir... Qu'est-ce qui lui a pris ?

— C'est à cause de moi.

— Tu lui as fait des misères ?

— Non... mais il y a trois cents ans que nous sommes fâchés.

— Tant que ça !

— Peut-être plus.

J'aurais dû garder le silence. La curiosité fut la plus forte.

— Tu sais pourquoi ?

Je vois ses épaules s'affaisser.

— Non... Et lui non plus.

Il branlait du chef comme un vieillard.

— Tu crois que ça nous plaît à tous les deux de nous être retiré le bonjour depuis des siècles ? Ça nous agace autant l'un que l'autre. On se rencontre dix fois par jour. Il habite juste en face de chez moi. Tu te rends compte que nous avons fait le service militaire ensemble sans nous adresser la parole ? Son fils qui a quatre ans est à la maternelle avec ma fille qui en a trois.

— Ils sont fâchés eux aussi ?

— Pas encore. Pour le moment, ils n'arrêtent pas de se faire des bises. Mais, dès qu'ils auront un peu de jugeote, ils seront condamnés à se fuir.

— Ça devrait pouvoir s'arranger !

J'aurais mieux fait de me taire. Avec cette simple phrase j'ai perdu toute l'estime intellectuelle dans laquelle Honoré le jeune avait la gentillesse de tenir son vieil ami.

— Tu y comprends rien, dit-il, ça finira mal, au contraire.

— Mais il n'y a pas de raison.

— C'est bien pour ça que notre histoire n'aura jamais de fin.

Il secoua la tête comme pour chasser un tavan.

— Comme nous n'avons pas de vrais motifs de nous quereller, nous nous en inventons. Oui mon beau. Depuis vingt ans nous sommes en procès.

— Pour quelque chose d'important ?

— A cause d'un champ d'oliviers. Je voudrais le vendre. Je n'y arrive pas. Prosper prétend qu'il y a toute une rangée plantée sur un terrain à lui.

— Et c'est pas vrai ?

— Va savoir. Ces oliviers, ils ont toujours été dans la famille, et le cadastre, à l'époque, il était un peu vague.

— Tu n'as qu'à lui en faire cadeau.

— Mon avocat le lui a proposé.

— Parce que tu as un avocat ?

— Tu parles ! Et il m'a déjà coûté plus cher que le prix de mon champ d'oliviers.

— Ce n'est pas un peu stupide... ?

— C'est même complètement idiot. Je me console en me disant que notre testardise coûte aussi cher à Prosper qu'à moi.

Il a haussé les épaules.

— On n'y peut rien. C'est la fatalité.

Je n'ai pas l'habitude de me mêler de ce qui ne me regarde pas. Mais, dans ce cas, la situation me paraissait si stupide que je crus pouvoir jouer les négociateurs.

Personnellement, j'entretiens d'aussi bons rapports avec Prosper qu'avec Honoré le jeune. Je résolus de lui en toucher un mot à l'occasion. Elle se présenta le soir même. Il avait un petit service à me demander et je crus le moment favorable pour lui toucher un mot de cette ridicule histoire.

Je connais assez mon village pour savoir qu'on ne doit pas aborder directement le sujet qui vous intéresse. Quand je le jugeai suffisamment préparé, je me hasardai à prononcer incidemment le nom d'Honoré le jeune. Il m'arrêta aussitôt.

— Yvan, dit-il, tu es mon ami mais ne prononce jamais plus ce nom devant moi.

Je tentai de le raisonner.

— Mais enfin, dis-je, vous n'allez pas faire les couillons jusqu'à la fin du monde ? Vous vous croisez tous les jours...

Il me fit une réponse dans laquelle je vis une certaine grandeur antique.

— Peut-être, dit-il, mais MÊME QUAND JE PASSE PRÈS, JE PASSE LOIN.

C'était sans appel. Je fis, sans beaucoup d'espoir, une dernière tentative pour ramener la paix dans leurs cœurs :

— Tu crois que ça vaut la peine de s'entre-tuer pour quatre pieds d'oliviers ?

— Les oliviers, je m'en fous... Tu parles sans savoir. Il m'a fait l'affront impardonnable... Pourtant j'avais fait le premier pas. Je suis moins bourrique que tu crois. J'avais accepté l'arbitrage du géomètre assermenté. Eh bien, tu t'imagineras jamais ce qu'il m'a fait ton Honoré. Il a demandé à MESURER LE DÉCAMÈTRE...

Pour une situation bloquée, c'était une situation bloquée. Elle a des chances de le demeurer jusqu'à la fin des siècles. Cela n'empêche ni Prosper ni Honoré le jeune de dormir et de vivre. J'ai fini par comprendre que ce genre de discussion était l'un des charmes essentiels de la vie au village. Une façon de se protéger, de tenir à l'écart de son histoire les envahisseurs qui en prennent irrésistiblement possession. Ils ne sont pas le moins du monde rejetés mais ils ne sont définitivement adoptés qu'à partir du moment où ils se sont constitué un capital suffisant d'ennemis « mortels » qu'ils pourront transmettre à leur descendance. Ce qui est la meilleure façon de s'enraciner quelque part.

Je cessai donc de jouer les bons offices dans une affaire qui ne me concernait pas. Mais je continuai à y réfléchir. Qu'y avait-il à l'origine de cette guerre de religion : une querelle de mur mitoyen, un cocuage, une question d'héritage, un meurtre ?

Je ne le saurai jamais. Mon ignorance, loin de me tourmenter, excita mon imagination. J'aurais pu, bien sûr, consulter les archives de la paroisse ou celles des notaires. Je ne l'ai pas fait. Pas seulement par paresse. Par principe. Prétendre trouver sans chercher, ce n'est pas une approche très fiable de la vérité. Mais quelle satisfaction quand la réalité historique accepte de se plier à votre invention !

Dans le cas d'Honoré le jeune et de Prosper, je n'ai pas encore choisi entre les deux versions que m'ont fournies les « Bugadieres » de Valensole. Vous ne connaissez pas ces charmantes vieilles dames. Vous avez tort. Elles sont exquises, et plus savantes que les livres les plus savants. Le passé de leur village, elles le savaient presque par cœur, et ce qu'elles ont oublié, comme elles ont des loisirs, elles partent à sa recherche dans les journaux du temps passé. Elles font revivre des faits divers que l'on croyait définitivement défunts. Elles en font des petites pièces en provençal qu'elles jouent à la veillée. On s'aperçoit alors qu'elles sont encore plus vivantes qu'au moment où elles se sont produites.

Elles racontent par exemple les aventures de la terrible Anaïs, la « langue de pute ». Elle sévissait vers 1630. Ce n'était pas vraiment une médisante, c'était pis. Elle faisait dans l'imprécis, dans l'allusif. Elle ne garantissait pas ce qu'elle racontait, la vilaine rapporteuse. Elle disait par exemple :

— Je ne suis pas sûre que ce soit Alfred... Mais il m'a bien semblé que c'était lui... En tout cas, il était bien en compagnie de Marcelle la boiteuse... Ce qu'ils faisaient au juste, je ne peux pas vous le dire. J'étais trop loin. Et en plus, comme Alfred était allongé sur Marcelle, ça me bouchait complètement la vue. Ce que je vous dis là, c'est sous toute réserve.

Elle ajoutait en se penchant à votre oreille :

— Surtout ne le répétez à personne. Cela ferait du tort à son pauvre mari.

Naturellement, le soir même, à force de se passer la consigne de l'un à l'autre : « Surtout ne le répétez à personne », tous les habitants du village étaient au courant et la terrible Anaïs salivait de plaisir en buvant à petites gorgées sa tisane à la fleur d'oranger.

Par bonheur César, le pauvre mari, était d'humeur accommodante, ce qui est fréquent chez les charcutiers. Toutefois, sa réputation de cocu lui faisait du tort dans son commerce. Les hivers de Valensole sont longs et rudes, les distractions rares et la population attendait avec gourmandise que le drame éclate. Elle n'exigeait pas vraiment un assassinat mais une belle castagne entre César et Alfred l'eût comblée d'aise.

César ne bronchait pas. Pacifique comme tous les colosses, timide, effacé, il ne souhaitait qu'une chose : laisser le temps faire son œuvre, et cette pénible histoire tomber dans l'oubli. Mais les Provençaux, surtout les Bas-Alpins, n'ont pas la mémoire courte. Sa discrétion ne fit qu'exaspérer la déception communale. Il mit six mois à se décider. S'il avait voulu corriger ce sans vergogne d'Alfred, il l'aurait réduit en charpie. Il n'en avait aucune envie. Il ne lui en voulait pas vraiment. C'est après Anaïs, langue de pute, qu'il en avait. Il chercha ce qui pourrait lui faire le plus mal : l'attaquer au porte-monnaie. Les langues de pute sont toujours de grosses avarasses. Il la traîna donc en justice et lui réclama des dommages-intérêts fabuleux.

Un procès public, après tout, cela valait un match de boxe. Cela valait même mieux. Un affrontement verbal laisse des traces plus durables qu'un échange de coups de poing. César avait donc porté plainte contre cette langue de pute d'Anaïs pour diffamation.

A Valensole, ce genre d'affaire d'habitude est expédié en quelques minutes, mais le président Balestre y trouva l'occasion de se distraire et tint à faire durer le plaisir. Il demanda plusieurs suppléments d'enquête. Il était sur le point d'exiger une reconstitution des faits lorsque Anaïs passa aux aveux.

Au cours des différentes auditions, son témoignage n'avait pas varié. Elle avait affirmé sous la foi du serment qu'elle n'était pour rien dans les commérages. Tout le village défila à la barre et garda le silence. Personne n'avait rien vu, Anaïs n'avait rien dit à qui que ce soit.

Elle triomphait lorsqu'un nommé Félix, qui commençait à s'ennuyer, décida de relancer le débat. Il vivait de ses rentes, ce qui lui permettait de braver l'opinion publique.

— Ne la croyez pas, déclara-t-il solennellement. C'est elle qui a fait courir les bruits sur ce pauvre César.

Les langues de pute d'ordinaire savent se contrôler. Anaïs eut une seconde d'inattention.

— Tu m'avais promis de ne rien dire...

A partir de ce moment elle avait cessé d'être crédible. Elle aurait continué de nier l'évidence jusqu'au bout si la présidence ne l'avait menacée d'une forte amende pour injure à magistrat. Elle adopta donc une version intermédiaire.

— On a déformé mes propos, dit-elle. J'ai effectivement vu Alfred allongé sur la femme de César. Ils s'agitaient tous les deux en cadence.

— Vous accusez donc cette honorable mère de famille d'avoir trompé son mari.

Elle avait alors toisé le président avec indignation.

— Vous êtes tous les mêmes. Vous voyez le mal partout. J'ai juste dit que la cuillère était sur la marmite mais je n'ai jamais prétendu qu'elle était dedans.

Le président se contenta de cette version mais, s'il n'accorda pas à César les dommages et intérêts qu'il réclamait, il condamna Anaïs aux dépens.

Ce qui me paraît une bonne justice.

Le président Balestre était d'ailleurs un président de première qualité. Il eût pu faire une carrière à Aix et peut-être à Paris, mais il manquait d'ambition et, sa femme disposant d'une fortune personnelle, il n'avait pas jugé nécessaire de se donner du mal pour gravir le pénible escalier qui conduit aux honneurs, au risque de se briser les reins en cours d'escalade. Fin lettré, bibliophile, amateur d'art, gastronome éclairé, dégustateur de vins fins et de jeunes bergères, il considérait ses charges de président du tribunal comme une simple récréation digestive.

Le procès de la langue de pute lui avait causé bien des satisfactions, mais c'est au cours du procès Conil contre Fouques qu'il avait connu le bonheur. Il en riait encore sur son lit de mort, affirment les chroniques du temps.

Conil et Fouques étaient voisins et s'entendaient à merveille. Cela se passait en pleine guerre de religion. Les deux compères ne croyaient ni à Dieu ni à diable, n'hésitaient pas à se déclarer protestants avec les protestants et catholiques avec les catholiques. Ils étaient prêts à abjurer, n'en ayant aucune, la foi qu'on leur aurait reprochée. Le Grand Inquisiteur n'aurait pas eu besoin de leur arracher les ongles. A peine aurait-il brandi sa grande tenaille qu'ils se seraient déclarés prêts à signer n'importe quel document. Excepté si on leur avait demandé de signer leur condamnation.

Conil avait une fille de quatorze ans et Fouques un fils de seize. Veufs tous les deux, ils avaient élevé leurs enfants dans un esprit de tolérance assez exceptionnel pour l'époque. Sans attendre la bénédiction de M. le Curé, les deux petits s'étaient mis en ménage à l'âge où d'autres font leur première communion.

Cela risque de choquer bien des gens. Je tiens donc à rappeler que cela se passait il y a trois cents ans et plus, en un temps où les mœurs étaient plus rudes mais plus libres que de nos jours. Cela aurait pu durer sans histoire, drame ou mauvaise humeur. Or, sans que rien ait pu le laisser prévoir, tout se gâta en un seul jour.

Conil avait décidé de vendre un petit bois malgré les conseils de Fouques qui lui disait :

— Tu le regretteras.

— J'ai besoin de sous en ce moment.

— Tu veux que je t'en prête ?

— Entre amis ce serait la meilleure façon de se fâcher... Mon petit bois, il me servait juste pour faire la sieste et pour cueillir des champignons. Si j'en manque, j'irai les cueillir chez toi.

Fouques en effet possédait un petit bois juste à côté de celui de son collègue, mais lui ça lui plaisait de voir ses arbres grandir alors que lui, le pauvre, il commençait à se ratatiner. Les arbres continueraient de vivre après sa mort et cela le consolait de vieillir.

Conil n'avait pas ces délicatesses et c'est sans remords qu'il livra sa forêt privée à la cognée des bûcherons. Il s'était même fait payer d'avance. Il partit pour Manosque gaspiller son pécule et dilapider ses dernières énergies avec les filles. Il resta absent une quinzaine de jours. Quand il revint, il avait les poches vides mais la tête bourdonnante de polissonnerie.

Sa jubilation fut de courte durée. Un énergumène vociférant, dans lequel il eut du mal à reconnaître son ami Fouques, venait vers lui. Il ouvrait déjà les bras pour lui donner l'accolade.

— N'approche pas, dit Fouques, ou je te détruis à coups de poing.

— Mais qu'est-ce qui t'arrive ? Tu es devenu fou !

— Et en plus, tu m'insultes !

— Mais enfin, explique-moi ce qui se passe.

— Nous nous expliquerons devant le tribunal.

Comment le vieux Conil aurait-il pu se douter qu'en son absence les bûcherons avaient commis une grave erreur ? Au lieu d'abattre ses propres arbres, ils avaient rasé la forêt de ce pauvre Fouques. Ils étaient dans une certaine mesure excusables et pas plus pris de boisson que d'habitude. Les deux bois contigus étaient parfaitement identiques. En réalité, il s'agissait du même petit bois dont les deux parcelles n'étaient séparées que par un sentier envahi par les herbes.

— Je vais arranger ça, pensa ingénuement le brave Conil.

Il avait tort. L'irréparable s'était produit sans qu'il s'en doutât.

— Nous n'allons pas nous fâcher pour ça. Je te donne mon petit bois à la place.

— J'en veux pas.

— Tu y gagnes. Il fait presque le double du tien.

— Mais c'est pas le mien.

— Je peux pas les faire repousser, tes chênes.

— C'est bien ce que je te reproche. Et puis cessons de discuter. Tu raconteras tout ça au président Balestre.

— Il pourra pas les faire repousser non plus.

— Il n'a qu'à se débrouiller. Et maintenant, je t'ai assez vu. Tu disparais ou je t'assomme à coups de gourdin.

— Tu n'es pas raisonnable.

Visiblement il n'avait plus les moyens de l'être. Il brandissait son bâton.

— *Voglio moun bos dret !* hurlait-il dans son provençal un peu italien. (Je veux mon bois droit !)

Conil battit en retraite. Il n'avait pas peur mais cela lui aurait fait de la peine d'avoir à se battre avec un ami d'enfance. Il fit preuve en cette pénible conjoncture d'une délicatesse et d'une patience dont personne et même pas lui ne l'aurait cru capable. Il fit intervenir la propre fille de Fouques. Il proposa en plus de son petit bois une somme rondelette. Il n'en avait pas le premier sou mais cela partait d'un bon sentiment. Rien n'y fit. A tous les émissaires de Conil, Fouques répondait obstinément :

— *Voglio moun bos dret.*

Certains même de ces négociateurs bénévoles n'évitèrent que de justesse les coups de bâton. Ce qui fut loin d'arranger les choses.

L'atmosphère était donc particulièrement tendue le jour où s'ouvrit le procès. Le président Balestre s'en pourléchait à l'avance. Il avait affûté quelques plaisanteries éprouvées qui firent s'esclaffer l'assistance mais exaspérèrent Fouques au point d'abattre « pour de bon » son gourdin sur la tête du garde-champêtre qui avait tenté de s'interposer. Le port du képi préserva ce brave d'un éclatement de la boîte crânienne.

Le président, qui savait passer sans effort du plaisant au sévère, parvint à rétablir l'ordre mais, à l'énoncé de son verdict, après un moment de stupeur, l'émeute faillit éclater :

— En cette affaire, avait-il déclaré, le bon droit du sieur Fouques est clairement établi. Dans ces conditions, je condamne le sieur Conil à restituer ses arbres au sieur Fouques dans l'état où ils étaient quand ils ont été illégalement abattus.

Le vieux Conil fut sauvé *in extremis* de l'infarctus et le président d'une volée d'insultes car, juste avant que les vociférations ne fusent et que les poings ne se dressent, il ajouta avec un sourire en forme de clin d'œil :

— Je donne quarante ans au sieur Conil pour exécuter la sentence.

La salle d'audience retentit d'un éclat de rire qui dut s'entendre jusqu'à Manosque.

Bizarrement, Fouques ne donnait aucun signe de fureur ou d'abattement. Tous les regards s'étaient fixés sur lui. Il semblait réfléchir. Une fois de plus, il brandissait son gourdin, mais sa voix était calme :

— Monsieur le Président, votre jugement me paraît sage. Dans quarante ans, mon bois aura repoussé et mes arbres seront à nouveau droits et drus.

Alors on le vit mettre son gourdin à l'horizontale et soupirer :

— Mais moi je serai allongé pour toujours.

Ainsi s'acheva ce procès mémorable.

Vous me demanderez, j'en suis sûr, quel lien il peut bien y avoir, trois cents ans plus tard, avec le différend stupide qui oppose Prosper à Honoré le jeune ? Peut-être n'y en a-t-il aucun. Je tiens néanmoins à vous préciser un détail que j'ai négligé jusqu'ici (mais je l'ai fait exprès) de porter à votre connaissance : le nom de famille de Honoré c'est Conil, et Prosper s'appelle Fouques. Il est possible qu'il ne s'agisse que d'une simple coïncidence. Personnellement, je préfère penser que mes deux amis, sans le savoir, ont maintenu entre eux une haine traditionnelle qu'ils n'ont jamais ressentie. C'est leur façon à eux de défendre leur patrimoine et, sans doute, le nôtre. Car nous n'héritons pas seulement de biens immérités mais de rancunes inexpiables ; et aussi d'amours imprévisibles et déraisonnables.

Ce qui me conduit tout naturellement à vous raconter l'histoire des amours singulières d'un vieil homme et d'une statue.

Comme ce vieil homme est encore vivant, je ne donnerai ni le nom ni le lieu, de peur de le faire passer pour un fada.

Alors que son exemple prouve que le temps n'existe pas pour ceux qui s'aiment.

LE VIEIL HOMME ET LA STATUE

— Elle est gracieuse cette petite, disait l'un.
— Elle est quand même un peu maigre.
— Oui, admettait le premier, mais elle « promet ».

Moi, je ne disais rien parce que j'en étais amoureux comme on ne l'est qu'à seize ans et que je la considérais comme la plus belle fille du monde.

Elle sortait à peine de l'enfance mais ses seins avaient un bel avenir devant eux. Elle avait les coudes pointus et des jambes de sauterelle, mais l'ourlet de ses lèvres laissait présager un futur chef-d'œuvre de femme.

La femme qu'elle ne serait jamais puisqu'il s'agissait d'une statue de jardin public. Sa frêle nudité, sans mobiliser entièrement mes ardeurs adolescentes, leur avait donné une dimension esthétique dont je ne la remercierai jamais assez, car elle n'a fait que s'aggraver avec l'âge.

J'ai donc (comment faire autrement ?) vieilli à sa place mais je lui dois toute la jeunesse qui me reste. Je l'ai beaucoup trompée depuis mais c'était la seule façon que j'avais de rester fidèle à son souvenir. En fait, je ne l'ai jamais oubliée mais je dois reconnaître que je n'ai pour elle qu'un regard distrait quand je la « rencontre ». Jadis, nous avions des « rendez-vous ». Mon cœur, maintenant, ne s'affole plus quand je la croise.

Depuis quelque temps, elle m'obsède de nouveau et me voici jaloux. J'avais vécu jusqu'ici dans la certitude d'avoir été son seul amoureux. Elle en avait un autre et je n'en avais rien su.

En plus il n'était pas beau. C'était un vieux monsieur encore plus âgé que moi. Il montait en permanence la garde à son côté. Quelle que soit l'heure à laquelle je traversais le jardin, je le trouvais assis sur le même banc public, les mains posées sur les genoux, ne quittant pas du regard ma fiancée de pierre.

Il en avait les yeux qui lui sortaient de la tête et les joues cramoisies. Il semblait en extase. Parfois, il frissonnait. Étrange attitude pour un homme dont l'allure générale aurait pu laisser penser qu'il était revenu depuis longtemps des orages de la passion, si jamais il s'était laissé entamer par eux.

Je suis d'un naturel curieux, mais, contrairement à ce qu'on pourrait croire, infiniment timide. Je me contentai pendant plusieurs semaines de l'observer de loin et à la dérobée. Un jour enfin, je me décidai à m'asseoir sur le banc à côté de lui.

Ma présence, loin de lui causer de l'humeur, parut lui faire plaisir mais il me dévisagea longuement avant de se décider à me poser avec un très fort accent espagnol la question essentielle :

— Comment vous la trouvez, cette petite ? me demanda-t-il d'un air presque méchant.

— Il n'y a pas plus beau ! dis-je.

Alors il prit mes mains dans les siennes. Elles étaient brûlantes. La lueur qui s'était allumée dans son regard était maintenant parfaitement féroce :

— Est-ce que vous l'aimez ?

Que répondre ? L'homme, visiblement, ne s'appartenait plus tout à fait. Je pris mes risques.

— Oh oui !

— Depuis longtemps ?

— Depuis toujours.

Ses mains avaient lâché les miennes pour me saisir au revers du veston.

— Vous l'avez connue personnellement ?

— Le modèle, vous voulez dire ?... Non. Je ne savais même pas qu'il y en avait un.

Ses mains abandonnèrent le revers de mon veston pour me saisir aux épaules. Il me serra contre son cœur.

— C'est ma femme, dit-il.

D'un air farouche, il ajouta :

— Ça ne m'aurait pas plu, vous savez, que vous l'ayez fréquentée avant moi. Je ne vous aurais peut-être pas tué, mais je ne vous aurais plus adressé la parole.

Je l'avais en somme échappé belle. Je m'apprêtais à prendre congé de cet amoureux irascible. Il me retint par la manche.

— Parlons un peu plus d'elle. Il n'est pas encore temps de nous séparer. Je vous ferai signe le moment venu.

Il consulta sa montre.

— *Madre de Dios !* s'écria-t-il. Allez-vous-en vite.

Je ne me fis pas prier. Je décidai de changer d'itinéraire à l'avenir. Mais quand le destin est en route, rien ne l'arrête. Cet étrange vieillard que je n'avais jamais rencontré jusqu'ici se trouva désormais presque tous les jours sur ma route, et à quelque heure que ce soit. Il ne se préoccupait pas de savoir où j'allais ni ce que j'avais à faire et m'entraînait d'autorité sur le banc du jardin.

Il faillit en plusieurs occasions me faire rater l'avion pour Paris. Il me prenait par la manche et m'entraînait d'autorité à sa suite sur le banc du jardin :

— Venez, disait-il d'un ton sans réplique, nous allons la contempler ensemble.

Nous gardions le silence et, au bout d'un temps plus ou moins long, il consultait sa montre et me rendait ma liberté.

— Vous pouvez partir maintenant.

Or il advint qu'un jour pareil aux autres notre contemplation muette fut brutalement interrompue. Ce fut comme un coup de tonnerre dans un ciel transparent. Une ombre s'était interposée entre notre statue et ses rêves. Une ombre massive et vivante, et bien en chair, et vociférante.

— Feignant ! disait l'intruse.

— Ma chérie, soupira le vieil amoureux, d'une voix humble, nous parlions justement de toi.

La mégère mafflue haussa les épaules et lança d'une voix aigre :

— Ne faites pas attention à ce qu'il dit... Il est fou.

— De toi ma chérie, gémit le vieil homme.

— Ce n'est pas une raison pour ne pas faire la vaisselle. Allez, dépêche-toi.

— Passe devant, je te rejoins.

Il me serra la main et murmura pour moi seul.

— Vous voyez ce qu'elle est devenue ; mais quand je ferme les yeux, je l'aime toujours...

Nous ne nous sommes jamais plus rencontrés et la statue de mon adolescence a soudain pris des rides.

Ayant achevé de rédiger cette histoire, le souvenir de Noémie m'est soudain revenu. Cela fait des années qu'elle a quitté cette terre, mais s'il y a un ciel sa place y était retenue depuis toujours. Et qu'elle soit là ou qu'elle n'y soit pas, vivante ou morte, je l'aime toujours autant. On aurait pu la prendre pour une vieille bigote. Mais si vous saviez comme elle aimait son prochain. Elle ne m'a jamais fait de reproches, ni donné de conseils. Elle n'a pas essayé de me « convertir » mais si je ne suis pas devenu un parfait sacripant c'est à elle (et à quelques autres) que je le dois.

UN PIEUX MENSONGE

Noémie, je vous le dis avant d'écrire une seule ligne, je l'aime. Je dirai même que je l'aime passionnément. C'est une très vieille demoiselle chaste et charitable à tout instant dans ses pensées, ses paroles et ses actes. Et pieuse au point que, si elle n'avait pas eu à soigner sa mère jusqu'à sa quatre-vingt-treizième année, elle aurait fait sœur de saint Vincent bien avant la quarantaine. Maintenant, il était trop tard.

Frugale, pieuse, chaste vieille fille, mais gaie comme un oiseau qui sautillait sans cesse d'un service à rendre à un autre et qui disparaissait dès le service rendu. Elle ne s'accordait jamais de repos, ne prenait pas de vacances et ne s'offrait aucune distraction. Depuis sa naissance, elle n'avait pas quitté son village, excepté, une fois par an, pour le pèlerinage à Lourdes. Sa seule évasion, son seul luxe. Étrange luxe qui consistait à brancarder les malades à longueur de journée et à chanter des *Ave Maria* jusqu'à en devenir aphone.

Dans ces conditions on comprendra l'agitation qui l'habite aujourd'hui. Sa minuscule valise de carton était prête depuis l'aurore. Pourtant le train pour Lourdes ne partait que le soir à vingt et une heures. Elle « tournait-virait » dans sa cuisine.

— Je suis sûre, disait-elle à haute voix, que je vais encore oublier quelque chose.

Avant de prendre le départ pour la grotte miraculeuse, elle récapitula les objets essentiels :

— Le livre de cantiques, les deux chapelets (elle en avait un à grains phosphorescents pour pouvoir le dire pendant la nuit)...

Soudain elle pâlit et se frappa le front :

— Niaise que tu es, s'écria-t-elle.

Elle avait failli oublier la gourde pour ramener cette eau qui guérit de toutes les maladies.

Toutes les cinq minutes, elle consultait le cadran de sa grande horloge à balancier. Elle ne tenait plus en place. Il lui semblait que le temps avait cessé d'avancer.

Enfin il fut huit heures. Le car qui les conduirait à la gare d'Arles devait déjà être sur la place Augustin-Meynadier. L'angoisse de rater le car l'étreignit un instant. Soudain elle s'immobilisa. On venait de sonner à la porte.

— Ce doit être Marceline qui souhaite que je l'accompagne. Elle a peur de marcher toute seule dans la nuit.

Ce n'était pas Marceline. C'était Guillaume le sacristain-fossoyeur. Il était livide et hors d'haleine.

— Si vous voulez voir sœur Thérèse une dernière fois, il faut vous dépêcher.

Sœur Thérèse n'était pas religieuse mais on l'appelait ainsi tellement elle était brave. Encore plus brave que Noémie, son amie d'enfance.

— Je ne savais pas qu'elle était malade.

— Vous la connaissez. Elle s'est jamais « écoutée ». Et si le facteur n'était pas passé chez elle ce matin, elle serait morte sans personne pour lui tenir la main.

Imaginez l'embarras de Noémie. Sur la place Augustin-Meynadier, le car de ramassage donnait déjà du klaxon pour appeler les retardataires. Ce serait le premier pèlerinage à Lourdes qu'elle raterait, mais ne pas assister une amie dans ses derniers moments, elle se le reprocherait toute sa vie.

Quand elle arriva chez sœur Thérèse, elle la trouva assise dans son lit, souriante et rose. Le père Camouin, le curé du village, remballait déjà son petit matériel d'extrême-onction.

— Vous n'êtes pas avec vos pèlerins ?

— Je me suis fait remplacer. Je ne pouvais laisser Thérèse toute seule. Heureusement ce n'était qu'une fausse alerte.

Noémie avait le cœur pur et l'âme généreuse. Elle ne put néanmoins s'empêcher de grommeler :

— Tu nous as dérangés pour rien.

Mais en même temps qu'elle prononçait ces paroles, elle en avait honte.

— Pardonne-moi, dit-elle, mais c'était peut-être mon dernier pèlerinage.

Le père Camouin avait déjà regagné la porte. Il s'immobilisa et fit face.

— Ma bonne Noémie, dit-il, n'oubliez pas que prendre la route pour assister une amie, cela vaut tous les pèlerinages à Lourdes.

— Vous ne dites pas ça pour me consoler ?

— Non, la phrase est de Mgr Lustiger lui-même.

Cela dit, il rougit imperceptiblement et s'engouffra dans la nuit. Mgr Lustiger n'avait jamais prononcé une phrase pareille. Il s'agissait d'un vieux proverbe musulman dont la traduction exacte est : « Celui qui grimpe sur le chemin qui conduit auprès d'un ami en détresse, celui-là a vraiment fait son pèlerinage à La Mecque. »

Après tout, pensait le père Camouin en descendant à grands pas la colline, le bon Dieu s'y retrouvera bien tout seul.

On peut s'étonner qu'un vieux pistachié comme moi (fidèle collaborateur du *Canard* de surcroît) s'attendrisse sur des sujets de ce genre.

Je vous dois donc quelques explications.

LE CHEMIN DU LAVOIR

Rassurez-vous. Ce livre n'est pas une confession publique, mais je dois admettre que je n'ai pas toujours mené une vie exemplaire. Ceux qui me connaissent pourraient donc ne pas prendre au sérieux la tendresse que m'inspirent non seulement de saintes femmes comme Noémie mais certains ecclésiastiques de mes amis.

En ce domaine, je partage absolument la façon de voir de mon vénéré maître Paul Arène qui fit cadeau de son talent à son ami Alphonse Daudet et lui laissa le soin de gérer sa gloire à sa place. D'après ce que je sais, la vie de ce poète a été encore moins édifiante que la mienne. Pourtant, voici ce qu'il écrivait dans *Les Contes de partout* :

« *Ma foi oui, j'ai un faible pour les curés !* »

Il ajoutait :

« *Non ceux de fabrique nouvelle, politiciens hargneux et secs, à qui le séminaire fait oublier leur village, mais le bon curé d'autrefois, gardant un peu de la terre natale à sa soutane ; pas trop saint, pas trop détaché des joies humaines, le curé à moitié paysan, dont la simple vie combinée de matérialisme et d'idéal est comme le jardin de son presbytère, où poussent à la fois des choux et des roses. De ces agréables curés que les plus déterminés voltairiens sont toujours heureux de rencontrer, au hasard de la promenade ou de la chasse, j'en connus plusieurs, j'en connus un surtout, l'abbé Bourgeon.* »

Le mien s'appelle l'abbé Joseph Rey, et que Dieu le tienne en sa sainte garde. Ce n'est pas de lui qu'il va s'agir aujourd'hui, mais d'un brave capelan dont il aurait pu être le fils, si la paternité n'était pas défendue aux gens d'Église.

Appelons-le l'abbé Claudius. Il nous a quittés depuis pas mal de temps déjà, mais il a laissé un souvenir si vivant que cette histoire qui date pourtant de près d'un siècle, on continue de se la raconter dans son village, comme si elle s'était passée la veille.

Je ne citerai pas non plus le nom du village. Trop de personnes pourraient s'y reconnaître. Tout ce que je peux dire est qu'il se situe en Haute-Provence, où les hivers sont plus longs qu'à Fontvieille.

Cela faisait une soixantaine d'années que le curé Claudius exerçait son sacerdoce à la satisfaction générale, bien que ce fût à la séparation de l'Église et de l'État. Dans un village coupé en deux par la question religieuse, il était le seul à faire l'unanimité. Il était accueilli aussi cordialement au *Bar de la Place* (les rouges) qu'au *Café du Cours* (les blancs) et n'hésitait pas à trinquer avec Justin, le maire libre-penseur, franc-maçon, radical mais bon garçon, pas fier et serviable. Une étrange amitié s'était développée entre eux. Quand ils s'affrontaient, tous les témoins se rassemblaient en cercle autour d'eux et prenaient à leurs joutes oratoires encore plus de plaisir qu'à une partie de boules.

Le curé Claudius, cependant, se faisait vieux. Très vieux même. Il aurait souhaité mourir à la tâche mais il avait de plus en plus de trous de mémoire. Il lui arrivait de s'endormir pendant la messe, oubliant qu'il n'y assistait pas mais qu'il la célébrait. Il était temps qu'il prît sa retraite chez les visitandines du couvent des bords de la Durance.

Son évêque lui envoya sa propre calèche. Le village, toutes opinions confondues, assistait à son départ. Le successeur, jeune abbé dont c'était le premier poste, avait été désigné. Il était en retard et le pauvre curé Claudius se trouvait fort embarrassé.

L'évêque ne pouvait pas se priver indéfiniment de sa calèche et les bonnes sœurs n'allaient pas l'attendre jusqu'à une heure avancée de la nuit. Il les savait capables, craintives comme elles étaient, de passer la nuit en prières, croyant qu'il avait roulé dans le fossé ou qu'il s'était fait attaquer par les bandits.

— J'aurais pourtant eu quelques consignes à lui passer, se désolait Claudius.

Au nom de leur vieille amitié, Justin proposa ses services.

— Tu me dis ce que tu as à lui dire, je lui transmettrai fidèlement le message. Je ne suis pas dans tes idées, mais tu sais que tu peux me faire confiance.

— Je sais, dit Claudius en hochant gravement la tête, mais l'affaire est délicate.

Il entraîna Justin à l'écart, lui parlant à l'oreille et, après bien des hésitations, libéra son cœur.

— Je ne trahirai jamais le secret de la confession, annonça-t-il d'un air sévère.

— Je te le demande pas.

— Mais je ne pense pas le trahir en te disant que toutes les femmes du village ne sont pas absolument vertueuses. Tu le sais aussi bien que moi.

Justin éclata d'un bon rire indulgent.

— *Un cop faï pas puto !*

Ce qui, en traduction libre, signifie qu'il ne voulait pas la mort de la pécheresse. Et, en traduction plus libre encore, qu'on peut être cocu et demeurer bon citoyen. Il n'en dit pas davantage sur le sujet. Il aurait risqué de se trouver dans une position difficile et de devoir reconnaître non seulement qu'il présidait un conseil municipal de « cornupètes » mais surtout qu'il était pour une grande part dans cet état de fait.

Claudius n'avait pu s'empêcher de pousser un soupir.

— Voilà un des méfaits de l'École laïque.

— O mon collègue, grommela Justin, nous n'allons pas nous fâcher le dernier jour.

— Dieu garde !

— Il y a ton évêque qui commence à s'impatienter, alors, venons-en au fait.

La confusion faisait bredouiller le vieux curé.

— Ces choses-là te paraissent naturelles mais moi, elles me choquent. Et plus je vieillis, plus elles me choquent. C'est même la vraie raison qui me pousse à prendre ma retraite. J'en avais assez d'entendre des femmes honnêtes me dire : « Mon père, j'ai encore trompé mon mari. » C'était comme si j'avais reçu un coup de poing en plein cœur. Elles ont failli plusieurs fois me faire péter les anévrismes. Elles tenaient à me donner les détails. Si je n'avais pas mis le holà, je serais mort dans mon confessionnal.

— Comment tu as fait pour arrêter l'épidémie ?

— J'ai rien arrêté du tout. Mais chaque fois qu'une de ces malheureuses commençait à me raconter ses turpitudes, je l'interrompais : « Vous avez trébuché sur le chemin du lavoir... J'ai compris. Oui, vous avez trébuché sur le chemin du lavoir... Ne m'en dites pas davantage. »

— Ça changeait rien au fond du problème.

— Pour elles, je ne sais pas. Mais à partir de ce moment-là, moi j'ai cessé de faire de mauvais rêves. Alors, quand tu verras mon successeur, tu lui traduiras le message. Ce sont mes dernières volontés.

Les deux hommes se sont donnés l'accolade. Le cocher de monseigneur a fait claquer son fouet. Les clochettes des chevaux ont tintinnabulé. La calèche est partie en cahotant sur la route pierreuse. Un nuage de poussière lui faisait une escorte blanche et douce.

Puis elle a disparu.

Après le départ de ce vieillard au cœur pur, M. le Maire se sentait, lui, dans la force de l'âge, triste comme un père qui vient de perdre un enfant. Alors, il s'essuya les yeux, ce qui n'était pas dans ses habitudes.

— Sacrée poussière, grommela-t-il pour dissiper cette étrange émotion.

Et la vie continua au village.

Philippe, le nouvel abbé, arriva le lendemain, aux aurores. Le village dormait encore et il s'en réjouit, car il était d'une timidité qui le rendait bègue. Il sortait à peine du séminaire et son premier contact avec de vrais paroissiens le paralysait de terreur.

En revanche, il était un de ces curés « de fabrique nouvelle » dont parle Paul Arène. Intransigeant sur les principes, avare dans ses absolutions, généreux dans ses pénitences, rigoriste, irascible, taciturne, distant, tranchant, austère, il dilapida en quelques semaines le capital de sympathie que son prédécesseur avait constitué en trois quarts de siècle.

Les femmes cependant, les épouses fidèles et les autres, continuaient d'aller à confesse, par conviction ou par habitude, et l'abbé Philippe se réjouissait d'être le pasteur d'un troupeau si vertueux.

Les infidèles, pour ne pas braver sa colère, hésitaient à lui révéler leurs faux pas « sur le chemin du lavoir ». L'une d'elles, plus soucieuse du salut de son âme que les autres, s'y hasarda un jour, et sa surprise fut extrême.

— Que me dites-vous, ma fille ?

— Que j'ai trébuché sur le chemin du lavoir.

— J'en suis désolé. Mais ce n'est pas un péché.

— Vous êtes sûr, mon père ?

— Je vous le garantis. On vous aura mal instruite. Maladresse n'est pas vice.

— Ah bon...

— J'espère au moins que votre chute ne vous a fait aucun mal.

— Pas du tout, au contraire.

— Bénissez donc le ciel de sa bienveillance. Et allez en paix...

— Vous ne me donnez pas de pénitence ?

— Je vous félicite au contraire de votre agilité.

En principe, les femmes ne parlent pas de ces choses entre elles. Mais en principe seulement. Il ne fallut que quelques jours pour que se répandît dans le village un bruit réconfortant. La doctrine de l'Église s'était considérablement modernisée. Non seulement l'Église ne condamnait plus les péchés contre la chair, mais elle les encourageait clairement.

Désormais, le confessionnal de l'abbé Philippe ne désemplit pas, et ce propagateur de la foi se réjouit de l'efficience de son apostolat. Sa joie néanmoins n'était pas entièrement pure ni vierge de toute ambition politique.

On le vit bien le jour où il se décida à demander une audience à Justin. Il avait pu constater par lui-même que le chemin du lavoir était en assez bon état mais on y trébuchait de plus en plus souvent. S'en ouvrir à l'autorité civile serait pour lui l'occasion de donner à ce mécréant de Justin une leçon méritée.

— Monsieur le Maire, dit-il, je n'ai pas l'habitude de me mêler de ce qui ne me regarde pas.

— Je ne peux que vous en féliciter.

— Mais il s'agit des intérêts supérieurs de la commune.

— Dans ces conditions, je vous écoute. Et si ce que vous me dites concerne la gestion municipale, vous pourrez entièrement compter sur mon appui. Je ne suis pas sectaire, moi.

— Alors je pense qu'il faut mettre un terme au scandale. Il ne se passe pas de jour qu'on ne trébuche, et même plusieurs fois dans la journée, sur le chemin du lavoir. Je préciserai même qu'on y trébuche de plus en plus.

Justin se frappa le front.

— Nom de dieu ! s'écria-t-il... Pardonnez-moi, ça m'a échappé.

Mais il ne put s'empêcher d'éclater de rire. Il n'avait pas transmis à l'abbé Philippe le message du curé Claudius. Il s'apprêtait à présenter ses excuses lorsque le jeune abbé, le fustigeant du regard et oubliant pour une fois de bégayer, tant son indignation était grande, lança d'une voix tonnante :

— Vous avez tort de rire, monsieur.

Cela ne fit que redoubler l'hilarité du maire.

— Quand vous saurez pourquoi je ris, monsieur l'Abbé, vous comprendrez tout !

— Je ne comprends qu'une chose, c'est qu'il vous est totalement indifférent que vos administrés se rompent les os... Votre femme ne vous a donc pas dit qu'elle aussi avait trébuché sur le chemin du lavoir ?

Alors Justin d'un coup s'est arrêté de rire. Et il a remis en état dans les plus brefs délais le chemin du lavoir. Cela n'a pas rendu son épouse plus vertueuse, mais prouve irréfutablement que l'infidélité d'une femme peut avoir la plus heureuse incidence sur l'entretien des chemins vicinaux.

J'entends certains d'entre vous dire :

— Cet Yvan, il sera toujours le même « galéjeur ».

D'accord. Cela m'arrive. Mais je n'y suis pour rien. C'est le climat qui veut ça et, comme l'a dit Alphonse Daudet, « *Chez nous il n'y a qu'un menteur. C'est le soleil.* »

Il m'arrive souvent de dire la vérité. La vérité vraie, la vérité absolue. Ce qui va suivre vous le prouvera. Ou alors vous êtes inéducable...

L'ABBAYE DE CÉLESTE

En général, en Provence, pour ce qui est du souvenir historique, nous n'avons pas à nous plaindre. Et un jour, si vous venez à Arles, je vous mènerai derrière la mairie et, rien que sur la façade, je vous montrerai cinq siècles d'histoire de l'art ; rangés sagement l'un à la suite de l'autre.

Ou, mieux, je vous mènerai à la maison. La cave, forcément, elle est romaine. Et dans la cour, il y a des traces de sculpture du Moyen Age. Et j'ai des fenêtres Renaissance et des portes en bois sculpté du XVIIIe siècle. Vous me direz que l'ensemble est un peu Napoléon III quand même et j'en conviendrai avec vous. N'empêche qu'une maison dont la cave remonte au début de notre ère et dont l'ensemble ne remonte pas plus haut que le siècle dernier est bien agréable, non seulement à voir, mais à habiter.

Toute cette sarabande de siècles, d'architecture et de civilisation attire forcément le touriste. Il y a des gens qui font des milliers de kilomètres simplement pour voir des arènes, un temple, un hypogée ou à la rigueur un sarcophage ou un obélisque. Et croyez-moi, sans eux, notre situation économique qui n'est déjà pas si brillante s'aggraverait encore.

Mais à Céleste, les pauvres, de ce point de vue-là, ils n'étaient pas gâtés.

Naturellement Céleste n'existe pas. Du moins sous ce nom-là. Céleste, c'est un nom que j'emploie chaque fois que je veux désigner un village dont je ne souhaite pas qu'on connaisse le nom.

En tout cas ce Céleste-là, il était dans le haut Vaucluse, à la limite des Basses-Alpes et de la haute Drôme.

Pour un village, c'était un beau village. Mais l'histoire semblait n'avoir jamais saisonné chez lui. A dix kilomètres alentour, il n'y avait pas une commune sans au moins une église romane, ou romano-gothique, ou gothique flamboyant. Sans un château féodal, ou néoféodal. Sans une source miraculeuse, ou presque. Sans un camp romain plus ou moins fortifié. Sans une grotte néolithique avec peintures rupestres en parfait état de fraîcheur. Sans un lac souterrain...

Mais à Céleste, il semblait que rien jamais ne se soit passé, ni bataille, ni traité de paix, ni révolution, ni concile, ni conclave ; aucun empereur ne s'y était jamais arrêté, ne fût-ce que pour y tremper la soupe. La Sainte Vierge n'était jamais apparue. Il n'y avait ni assassin, ni empoisonneuse, ni inventeur, ni grand poète méconnu, parmi ses enfants.

Céleste, c'était l'année zéro de l'Histoire.

Et cela faisait le désespoir d'Antonin, son instituteur, qui exerçait, comme c'est l'usage, les fonctions de secrétaire de mairie. Une toute petite mairie qui n'occupait qu'une toute petite pièce, dans une toute petite école, où il n'y avait que quatre élèves : un par fenêtre.

Antonin se lamentait. Car son village était en train de mourir sous ses yeux. Et Céleste, s'il ne trouvait pas quelque chose, finirait par disparaître de la carte de Provence sans jamais y avoir vraiment figuré.

Cela lui donnait des insomnies et il lui arrivait de rêver qu'un jour on ferait un festival à Céleste. Un festival de ce que vous voudrez. De musique de chambre ou de « free jazz ». Un festival Brecht, Shakespeare ou Victorien Sardou. Un festival de cinéma super 8 ou de films érotiques sur grand écran. Mais un festival.

Le mouvement hippy lui avait donné quelque espoir et il avait rêvé de faire de Céleste un nouveau Katmandou... Et même, il se disait que le bon air, l'odeur de la lavande et la contemplation des étoiles auraient sur ces jeunes gens la plus heureuse influence. Et qu'ils seraient suffisamment près du bon Dieu pour ne pas essayer de le chercher sur le chemin de l'illusion.

Mais même les hippies n'avaient pas de raison de faire le détour par Céleste.

C'est alors qu'Antonin eut son idée de génie ou, si vous préférez, qu'il fut touché par la grâce. Cela se passait l'année dernière, pendant les vacances de Pâques. L'école était fermée. Antonin y était enfermé. Et le bruit courut qu'il était peut-être mort. Et il dut se montrer à la fenêtre pour rassurer les populations (cent vingt-huit personnes en tout). Et leur dire qu'il allait très bien, mais qu'il avait du travail et qu'il ne fallait surtout pas le déranger.

A la rentrée il reprit ses cours comme à l'accoutumée...

A Céleste on est curieux, mais on est discret. Du moment qu'Antonin ne voulait pas dire pourquoi il était resté quinze jours sans sortir, personne ne lui demanda d'explications.

Et les grandes vacances arrivèrent. Et de nouveau Antonin s'enferma dans sa petite école. Et l'on voyait la lumière allumée souvent jusqu'au lever du jour. Il ne sortait de sa retraite que pour faire quelques achats et, à plusieurs reprises, il prit le car d'Avignon. Il en revint le soir, chargé de paquets. Mais il ne disait toujours rien.

Son silence, il vient de le rompre aujourd'hui. Et je suis très sensible à l'honneur qu'il m'a fait. J'ai été le premier à savoir à quoi il avait occupé ces semaines de solitude laborieuse.

A vrai dire, il ne rompit pas entièrement le silence. Il manifesta simplement par lettre le désir de me voir un jour à ma convenance. Et quand il m'accueillit, il avait un étrange sourire :

— Venez voir, dit-il.

Eh bien, là, je vous demande : à votre avis, qu'est-ce qu'il allait me montrer ?

Prenez votre temps. Tâchez de deviner, je vous mets sur la voie : il avait essayé de compenser personnellement l'oubli dans lequel l'Histoire avait tenu Céleste !

J'en vois qui pensent et qui même se disent entre eux :

— Quoi qu'il ait pu faire, il n'a pas pu construire dans sa cuisine les monuments historiques qui font si cruellement défaut à sa commune déshéritée...

Vous avez raison, monsieur ; vous avez raison, madame... Antonin était adroit de ses mains, mais de toute façon il aurait manqué de vigueur physique pour construire un cloître, même en appartement.

Il avait fait mieux. Ce cloître, il l'avait inventé. Et pas seulement le cloître : l'abbaye tout entière. Et patiemment, avec une plume d'oie, sur du parchemin qu'il avait acheté de ses propres deniers, il avait écrit, en écriture gothique et avec des enluminures, la véridique histoire de l'abbaye de Céleste. En latin de surcroît et même en bas latin.

Et les experts, que nous avons fait venir par la suite, n'y ont vu que du feu. Et désormais, à Céleste, ce n'est pas encore tout à fait la cohue touristique. Et il n'y a toujours pas d'abbaye à visiter. Mais le dimanche on vient parfois de Carpentras, de Manosque et même de Belgique pour lire l'histoire d'une abbaye d'autant plus engloutie qu'elle n'a jamais existé.

Les visiteurs ne connaissent ni le latin ni le bas latin. Mais l'histoire des moines de Céleste telle que la leur raconte Antonin est si belle que je finis par me demander si un jour de vrais moines ne finiront pas par construire une vraie abbaye à Céleste.

Car en ces matières, ce qui compte, c'est la ferveur et la foi.

Nous ne devons pas en manquer puisqu'en ce moment des « abbayes de Céleste » il en pousse un peu partout. Et c'est très bon pour la balance commerciale...

Le conte suivant il est encore plus vrai que celui-là mais, avant tout, je tiens à faire savoir que c'est mon ami le félibre André Ariès qui m'a fait découvrir l'existence du mont Sabipa. Sans lui je n'aurais jamais songé à l'écrire. Car, comme dit à peu de chose près Alphonse Allais : « Un assassin peut avoir des circonstances atténuantes mais celui qui vole une idée à un ami mérite les galères. »

L'ESCALADE DU MONT SABIPA

Je sais très bien que le mont Sabipa n'a jamais existé bien qu'il figure sur toutes les cartes d'état-major. Il a pris naissance le jour où un cartographe débutant (et parisien) s'enquit auprès d'un paysan du coin du nom de ce modeste pic resté jusqu'ici dans l'anonymat.

En toute honnêteté, l'indigène avoua son ignorance :

— *Sabi pas* (je l'ignore), répondit-il.

Ainsi fut baptisée cette humble montagne qui ne tenait pas spécialement à se faire connaître.

Les officiers des affaires indigènes qui relevaient jadis la topographie des Aurès avaient connu la même mésaventure. Chaque fois qu'ils dérangeaient un fellah en train de labourer son champ pour lui demander :

— Comment s'appelle cet oued ?

Ils s'entendaient infatigablement répondre :

— *El Zob*.

Ce qui se passe de traduction, et même de commentaire.

Je n'ai pas véritablement l'âme d'un explorateur, mais nous étions à la saison des champignons et, comme les Alpilles avaient déjà été dévastées par les promeneurs du dimanche, je m'étais mis en quête de terrains non encore razziés.

N'étant pas doué pour la marche à la boussole, je faillis renoncer à mon expédition. M'étant plusieurs fois égaré, je tentai de me renseigner auprès des rares chasseurs que je croisais sur mon chemin.

Tous me firent la même réponse :

— *Sabi pas*.

Si je n'avais pas connu le provençal, j'en aurais conclu hâtivement à l'existence des monts Sabipa. J'en choisis donc un au hasard qui me paraissait d'un accès plus facile que les autres.

Je marchai d'un pas allègre sur un sentier modérément pentu (mais dénué de champignons) jusqu'à une ferme en ruine. Un brave homme, assis sur une pierre, mordait à pleines dents dans une tranche de jambon épaisse comme une escalope.

— Savez-vous comment s'appelle ce mas ?

Il avait la bouche pleine mais, comme c'était un garçon d'une grande courtoisie, il répondit sans plus attendre.

— *Es pas mieu*.

Je pense que vous avez compris qu'il me précisait que ce mas n'était pas à lui et que, dans ces conditions, il pouvait s'appeler comme bon lui semblait. Sa courtoisie cependant était encore plus grande que vous ne le supposiez.

— Vous n'auriez pas une petite faim ?

Un refus aurait été une impolitesse tant la proposition avait été faite avec simplicité. Ajouterai-je que j'avais, pour cette expédition montagnarde, négligé de me faire préparer par Joséphine, ma vieille servante au grand cœur, la « biasse » du chasseur : les tartines de « cachat », l'omelette de pommes de terre, le pâté de grives et la bouteille de gigondas ?

— C'est pas de refus.

Nous voici donc devisant et bâfrant comme deux vieux conscrits. Soudain, entre deux rasades d'un petit vin gris non classé (mais qui ne souhaitait pas l'être) voici que Jules (il s'appelait Jules) tend l'oreille.

— Il y a un lièvre quelque part, dit-il.

Ce n'était pas un lièvre, mais à l'oreille on aurait pu s'y tromper. Il fallait avoir l'oreille vraiment fine pour percevoir ces craquements d'aiguilles de pin, ce chuchotement furtif qui troublaient à peine le silence.

Le « faux lièvre » consentit enfin à se montrer à découvert. Il n'était pas seul, sa femelle l'accompagnait. Une ravissante femelle aux cheveux ébouriffés, clairsemés de brindilles de paille. Elle marchait la tête dans les épaules. Un moustachu la suivait l'air à la fois faraud et embarrassé. Au passage, il fit un clin d'œil complice à Jules. Un clin d'œil qui voulait dire :

— Surtout ne le dis à personne.

A quoi, bon prince, Jules répondit :

— *Té fagues pas de marri sang.*

Je ne lui posai pas de questions et je pensai Jules assez discret pour ne pas éclairer ma lanterne.

— Autant que vous le sachiez, fit-il après un long moment de réflexion, jusqu'ici tout le monde sait que la femme du contrôleur des contributions couche dans cette remise avec le fils du pompiste.

Ainsi s'acheva mon excursion sur les flancs du mont Sabipa. Le sommet était encore trop loin et les victuailles de mon nouveau collègue m'avaient alourdi la démarche. Il me restait juste assez d'énergie pour rejoindre ma voiture que j'avais laissée sur la grand-route.

Aussi quand mes amis me demandent :

— Comment c'est, le mont Sabipa ?

Je leur réponds toujours :

— Tu vas jusqu'à la ferme d'Espamieu. Tu casses une petite graine au refuge de *Marrisan.* Puis tu empruntes le chemin de *Planplanen* (Tout doucement) et tu t'arrêtes soit à *N'y a proun* (En voilà assez) soit, si tu te sens assez gaillard, sur les rives du *Nenpoudipleu* (Je n'en peux plus).

— Et les champignons ?

— C'est encore plus haut. Et quand vous avez passé le col de *Sian trahi*, vous arrivez enfin au lieu-dit « Le rendez-vous des couillons ».

Eh bien, vous allez voir comment ils sont les gens. Ils ne m'ont pas cru. Ils se sont imaginé que je ne voulais pas leur dire que le mont Sabipa était le paradis du cèpe géant. Ils ont tenu à vérifier sur place, et depuis ils me regardent de travers.

Avant de nous séparer j'avais donné mon adresse à Jules.

— Si jamais tu passes par Fontvieille (nous nous étions très vite tutoyés) je me ferai un plaisir de te rendre ton invitation.

Je suis resté sans nouvelles de lui pendant deux ans. Mais, ce matin au courrier, j'ai reçu une lettre de remerciements. Après mon passage, il avait été surpris par l'invasion inattendue d'amateurs de cryptogames venus des basses régions (chez nous les fausses nouvelles circulent à la vitesse de la lumière).

Jules avait bon cœur mais il ne pouvait tout de même pas partager sa biasse avec tous ces intrus.

Alors il a acheté pour une bouchée de pain la ruine d'Espamieu. Il l'a fait restaurer et il a ouvert un restaurant. Il a même installé une paire de chambres avec l'eau chaude et froide, et depuis la femme du contrôleur des contributions n'a plus de paille dans les cheveux. D'ailleurs ce n'est plus la femme du contrôleur des contributions qui fréquente le fils du garagiste, c'est la femme du notaire. Mais cela ne nous regarde pas.

A propos, vous savez comment il a appelé son restaurant, mon ami Jules ? *Au rendez-vous des couillons*, bien entendu. Les couillons, de nos jours, ça pousse plus vite que les champignons.

Ce n'est pas d'un couillon que je vais vous parler maintenant, mais d'un merveilleux fada...

LE NIAIS DÉNIAISÉ

Chacun sait que j'ai un gros faible pour les fadas. Je leur dois beaucoup. Ils ont une dimension poétique bien supérieure à celle des gens de bon sens. Spontanément ils voient les choses qui sont derrière les choses et devinent les secrets que les êtres font de leur mieux pour dissimuler.

Leur fréquentation m'a conservé plus de fraîcheur et d'ingénuité qu'il n'est décent pour un homme de mon âge. Par la même occasion, ils m'ont rendu plus clairvoyant que je ne le suis à l'état naturel. Rassurez-vous : je me fais couillonner aussi souvent qu'un autre. Je tombe dans les pièges les plus grossiers et je me laisse prendre à des malices cousues de fil noir. En revanche quand je tombe sur un virtuose de l'embrouille sournoise, du coup tordu, de l'arnaque mitonnée, je vois tout de suite clair dans son jeu et je le laisse patauger dans ses propres embuscades jusqu'à ce que ses oreilles rougissent de confusion et de colère contre lui-même. Malheureusement, on n'a pas toujours un fada sous la main pour vous redonner le goût de l'essentiel. Il y a même des jours où je me demande s'il ne s'agit pas d'une espèce en voie de disparition.

Il ne faut absolument pas confondre le fada avec l'imbécile ordinaire, le crétin absolu ou le débile profond. Notre époque a tendance à sécréter ceux-ci à doses massives. Ils sont d'un commerce aussi enrichissant mais d'une approche plus difficile, et je n'ai pas toujours la patience de communiquer avec eux.

Restent donc les « niais » qui ne sont ni des crétins, ni des idiots, ni des débiles profonds ou légers. Ils ont une façon bien à eux d'exister. On ne peut pas dire qu'ils vivent au jour le jour. Ils vivent à la seconde la seconde. Ils n'ont ni souvenirs ni projets, ce qui leur permet de se donner tout entier à ce qu'ils font.

Il m'arrive donc de faire appel aux services de mon ami Albert, le niais le plus charmant et le plus efficace de mon village. Il est fort comme un éléphant. Il est même adroit de ses mains comme un peintre en lettres. En revanche, il a besoin en permanence d'un cornac pour lui dire où aller, et surtout s'arrêter.

Je m'en suis aperçu l'an dernier quand mon ami Marcelin (celui-là même du *Mas de la Mérinjane)* m'avait, dans un accès inattendu de générosité, fait présent d'une couple de jeunes oliviers. J'avoue qu'ils étaient un peu malingres, mais à l'olivier donné on ne regarde pas la ramure.

J'avais bien précisé à mon ami Albert de me creuser deux trous de quatre-vingts sur quatre-vingts, à dix mètres l'un de l'autre. J'avais même poussé le souci du détail jusqu'à planter d'un marteau (je me suis même écrasé un ongle à l'occasion) des piquets à l'endroit exact où je souhaitais les voir pousser. Albert était capable de ne plus s'en souvenir. Il oublie tout et même de se faire payer, mais les gens n'en profitent pas trop. Là-dessus, j'ai dû passer la journée à Arles. Je ne suis rentré qu'à la nuit tombée. Albert était toujours au boulot. J'entendais ses coups de pic dans la rocaille mais il avait entièrement disparu aux regards. Il était au fond d'un puisard d'au moins cinq mètres de profondeur. J'ai dû aller chercher une échelle pour le tirer du gouffre.

Je n'avais qu'à m'en prendre à moi-même... Je lui avais bien indiqué la largeur du trou mais j'avais négligé de lui préciser la profondeur. Si je n'étais pas intervenu, il aurait creusé jusqu'au centre de la terre, et peut-être serait-il parvenu, tellement il est résistant aux températures élevées, jusqu'aux antipodes.

Depuis je me méfie. Aussi, quand hier j'ai enfin obtenu, après des années de lutte, l'autorisation de me raccorder au canal d'arrosage, je lui ai indiqué non seulement la largeur de la tranchée que je lui demandais de creuser mais sa profondeur.

Soudain, une angoisse me vient et je m'arrête d'écrire. Je n'ai pas pensé à lui fixer la longueur. Si je n'interviens pas d'urgence, je risque de le voir déboucher dans ma chambre. Non sans avoir préalablement creusé un tunnel sous les fondations.

Mon niais préféré n'habite cependant pas Fontvieille. Il s'appelle Ludovic. Je me garderai bien de vous révéler son adresse pour ne pas troubler son bonheur. Un bonheur totalement inespéré. Je l'installe de ma propre autorité à Plan-de-Cuques parce que le nom me plaît et que je n'y ai jamais traîné mes guêtres.

Les choses donc avaient bien mal commencé pour lui et nul n'aurait pu prévoir une issue heureuse à une vie si mal commencée.

Incontestablement c'était un brave garçon mais bien mal équipé pour affronter les problèmes existentiels. Affectueux, au demeurant sensible, toujours prêt à rendre service à son prochain et plutôt robuste de sa personne. Hélas, il était niais, parfaitement niais, irrémédiablement niais... Et le temps, loin d'améliorer son état, semblait l'avoir aggravé.

Il approchait de la cinquantaine, et son vieux père se lamentait :

— Mon pauvre petit, se disait-il, quand je serai plus là, comment fera-t-il pour se débrouiller ? Il ne sait même pas faire son lit tout seul.

Effectivement ce pauvre garçon n'était pas armé pour affronter notre univers impitoyable. Il était plein de bonne volonté mais il n'arrivait pas clairement à distinguer les effets de leurs causes. Il perdait en route le fil de ses idées et, parti pour acheter le journal, il revenait à la maison avec un flacon de parfum ou une cravate de soie. Car, en plus, il avait des goûts de luxe.

Pour niais qu'il fût, il était néanmoins très soigné de sa personne. Il n'était pas « mal fait » et disposait d'un profil buriné de cow-boy. Il aurait pu plaire mais sa timidité le rendait muet et, du plus loin qu'il apercevait une jeune femme, il se hâtait de rebrousser chemin.

Par bonheur, Barthélemy, son père, avait quelques rentes car Ludovic n'aurait jamais pu gagner son pain par ses propres moyens. Il n'était pourtant pas paresseux et ruisselait du désir de bien faire. Mais il était si niais qu'il n'avait jamais pu mener à terme ses apprentissages.

Il avait fait successivement l'apprenti coiffeur, le pompiste, le cantonnier, le manœuvre maçon. Il avait failli réussir comme aide-cuisinier. Mais comme tous les niais, il avait un sens poétique plus développé que la moyenne, ce qui l'amenait à inventer des plats surprenants qu'il oubliait tantôt de saler, tantôt de sucrer, tantôt même de faire cuire.

Apparemment il avait l'air heureux de ne rien faire. En réalité, il aurait voulu se rendre utile, mais tout ce qu'il entreprenait se terminait en catastrophe.

A Plan-de-Cuques, il passait donc ses journées à regarder jouer aux boules, à lécher les vitrines, à lire les faits divers dans le journal et à rire tout seul... Il était devenu taciturne et les habitants de la petite ville ne se moquaient même plus de lui. Il faisait partie du décor. Il était le niais municipal. Même son père avait renoncé à lui éveiller l'esprit. Ce n'était pas faute d'avoir essayé mais de quelqu'un à qui vous demandez : « Qu'est-ce que tu as fait de ta journée ? » Et qui vous répond (après avoir douloureusement scruté sa mémoire) : « Je suis allé jusqu'à un grand chien jaune et je suis rentré à la maison », on ne voit pas très bien quelle lumière on pourrait faire jaillir.

C'est alors que se produisit le miracle.

Je ne sais pas si l'on peut appeler cela un miracle mais le fait était si surprenant qu'à Plan-de-Cuques il passa pour tel. Ludovic dans la cinquantième année de son âge tomba amoureux. Amoureux fou. Et les gens, même les bien intentionnés, dirent que, forcément, ça finirait mal. Un niais amoureux ne peut connaître que des rebuffades. Il est condamné dès le départ à un chagrin éternel, à de douloureuses frustrations et à une déconfiture finale.

C'est maintenant, je pense, qu'on peut raisonnablement parler de miracle.

Il n'y avait pas d'autre nom pour décrire la situation. Car, avec l'inconscience des niais, il s'était épris d'une des plus belles filles de Plan-de-Cuques, une des plus convoitées. Où trouva-t-il le courage de déclarer sa flamme ? Cela fait partie des mystères de l'être humain. Non seulement il trouva des ressources oratoires insoupçonnées de lui et des autres mais, à la stupéfaction de la population tout entière, sa déclaration d'amour fut favorablement accueillie.

Le vieux Barthélemy n'osait croire au bonheur de son fils. Son angoisse paternelle ne tarda pas à se dissiper. La petite se montrait d'une gentillesse de tous les instants et comblait son futur beau-père de toutes les prévenances. Pendant trois mois il resta sur ses gardes, mais il finit par admettre que, malgré son physique de prix de beauté, cette petite était une bonne petite.

— Maintenant, soupira le vieux, je peux mourir tranquille.

Il donna donc son consentement et sa bonne santé de platane s'en trouva raffermie.

Ce fut un grand mariage. Lucette, la mariée, était en blanc. Ludovic, en jaquette, avait fière allure et, à l'œil nu, il était impossible de déceler en lui la moindre niaiserie.

Plan-de-Cuques toutefois demeurait sceptique. Même les moins médisants faisaient des réserves.

— Ça ne peut pas durer... Ce serait trop beau...

Et pourtant cela durait à la satisfaction des deux conjoints. Lucette avait pris en main la direction de la maison et Ludovic, du moment qu'on lui donnait des ordres, ne demandait qu'à se laisser mener par le bout du nez. Barthélemy, lui, n'avait plus du tout envie de mourir et attendait paisiblement qu'on le rendît grand-père. Jusque-là, il avait été près de ses sous, mais de voir le bonheur de son fils et le dévouement de sa bru l'avait rendu généreux. Généreux et confiant, au point de donner à Lucette la signature sur son compte en banque.

Celle-ci en fit bon usage. Très bon usage. Dans la vieille ferme du vieux Barthélemy entrèrent quasi simultanément : la télé couleur, la haute fidélité, l'automobile décapotable, le tapis persan et les manteaux de fourrure. Le vieux n'eut même pas le temps de s'inquiéter. Cela se passa tellement vite que son avoir fut mis à sec et la ferme et les terrains alentour hypothéqués avant même qu'il ait eu le temps de réagir. La gentillesse de sa bru l'avait rendu presque aussi niais que son fils.

Il fallut se rendre à l'évidence. Lucette était le contraire d'une niaise. Elle avait complètement embobiné le vieux et, à force de câlineries et de plats cuisinés, elle sut persuader son beau-père d'aller soigner ses rhumatismes à Gréoux-les-Bains, lui faisant valoir que c'était remboursé par la Sécurité sociale. Elle poussa la gentillesse jusqu'à conduire le vieux dans sa belle voiture décapotable, achetée à crédit.

— Je reviendrai vous chercher dans trois semaines. Régalez-vous bien...

Le lendemain, la voiture de déménagement était devant la porte. Pour niais qu'il fût, Ludovic ne manqua pas de s'apercevoir du remue-ménage.

— Qu'est-ce qui se passe ? dit-il.

— Je m'en vais, répondit Lucette, qui n'aimait pas perdre son temps en longs discours.

— Et où tu vas ?

— Je pars sans laisser d'adresse.

— Pourquoi tu t'en vas ?

— Parce que tu n'as plus de sous.

— Mais si tu t'en vas, je vais rester tout seul... Je ne veux pas rester tout seul...

Il tapait le sol d'un pied rageur d'enfant privé de dessert. Son visage soudain s'éclaira. Une idée lumineuse venait de fulgurer dans le clair-obscur de sa cervelle de niais.

— Si j'avais des sous, tu resterais à la maison ?

— Des sous tu en as plus.

— J'en ai plus pour le moment mais je sais où en trouver.

— Beaucoup ?

— Autant que tu voudras.

Dans le regard de Ludovic brillait une telle certitude que Lucette en fut impressionnée.

— Je te donne jusqu'à demain.

Ludovic haussa les épaules.

— Je serai de retour dans une petite heure...

Les cervelles de niais ne fonctionnent pas comme les cervelles ordinaires. Mais elles ont une logique aussi rigoureuse que celles de ceux qui ne le sont pas. Des sous, Ludovic savait de source sûre où il y en avait des moulons et des moulons.

Il y en avait à la banque. Dans toutes les banques. Et il avait lu dans les rubriques de faits divers que pour les faire sortir vite il n'y avait qu'à brandir un revolver et à dire d'une voix tonitruante :

— C'est un hold-up ! Ne bougez pas, on ne vous fera pas de mal !

Il connaissait par cœur la marche à suivre. Elle était « marquée » dans tous les journaux. Il ne lui manquait que le revolver. Pour la voix il ne craignait personne. Quand il croyait murmurer, on aurait pu penser qu'il criait « Au feu ! ».

Pour la première fois de sa vie, il fut amené à poursuivre son raisonnement jusqu'à son terme :

« Papa, se dit-il, a fait la guerre de 14. Il était adjudant-chef. Il avait donc une arme de service. Avare comme il est, je suis sûr qu'il se l'est gardée pour lui. »

Raisonnement sans fissure, le calibre était dans l'armoire à linge, en parfait état de marche. Ludovic se mit au volant pour se rendre sur les lieux de son exploit. Il se souvint au dernier moment qu'il ne savait pas conduire.

« Après tout, se dit-il, les hold-up ça peut aussi se faire à pied... »

Au moment où il va se mettre en route, le téléphone sonne. Son papa l'appelle de Gréoux pour prendre de ses nouvelles.

— Excuse-moi, papa, je suis pressé.

— Et où vas-tu ?

Son cerveau n'a jamais fonctionné à pareil régime. Il trouve aussitôt une réplique.

— Je vais regarder jouer aux boules.

Il raccroche aussi sec et grommelle :

— Assez de temps perdu.

La première banque fut la bonne. C'était, je crois, le Crédit industriel du Nord.

« Tant qu'à prendre de l'argent, se dit-il en éclatant d'un rire moins niais que d'habitude, autant le prendre à des gens venus d'ailleurs et qui habitent près de chez vous. »

Il est si pressé de retourner chez lui en triomphateur qu'il ne songe pas un instant à dissimuler son visage. Il a déjà oublié la phrase rituelle qui annonce le hold-up.

— Bonjour Ludovic, lui dit le caissier d'un air affable. Quel bon vent t'amène ?

— Je veux des sous, déclare Ludovic.

— Mais tu n'as pas de compte chez nous.

— Justement, à ma banque le compte est vide.

Le rire secoue les employés et les clients du Crédit industriel du Nord.

— Tu ne changeras jamais, dit le caissier. J'ai l'impression que le fonctionnement des mécanismes bancaires t'échappe en grande partie.

Ludovic haussa les épaules et brandit son arme.

— Je connais l'essentiel, dit-il, et il n'y a rien de plus simple. Tu me donnes la caisse ou je te fais sauter la tête.

Se tournant vers l'assistance, il ajoute :

— Et vous, si vous ne vous tenez pas tranquilles, je vous supprime les uns après les autres...

Le directeur de la banque est sorti de son bureau. En un instant il a jugé la situation. Il échange avec son caissier un clin d'œil qui signifie :

— Donnez-lui ce qu'il demande, il est tellement niais qu'il est capable de commettre une maladresse.

Aussitôt rassuré, Ludovic remet son calibre à la ceinture comme il l'a vu faire à la télévision. Il entasse dans ses poches et sous sa chemise les liasses de billets. Tous les employés participent au jeu et déposent les liasses dans ses bras accueillants. Il en laisse échapper quelques-uns, soucieux de respecter le scénario en usage dans les faits divers des journaux du soir.

Il reprend en main son arme et sort en reculant, disant :

— Que personne ne bouge avant dix minutes... Laissez-moi le temps de rentrer chez moi.

La fatalité se montre parfois facétieuse. Au moment où il pousse la porte d'entrée avec ses fesses, un camion blindé s'arrête devant la banque. Deux hommes armés en descendent, qui viennent renouveler le stock de liquidités. Voyant devant eux un homme armé, tout gonflé de billets de banque, ils dégainent en même temps et lui collent leur pistolet au creux des reins.

Ludovic sursaute, se retourne et, tout d'un coup, prend conscience de ce qu'il est en train de faire.

Brusquement, il éclate en sanglots.

— Mais qu'est-ce qui m'a pris ! Un moment de folie. Vous n'êtes pas fâchés au moins ? Les sous je vous les rends tout de suite. Vous allez pas me faire mettre en prison ? Ça m'a échappé, je ne l'ai pas fait exprès, je ne suis pas responsable. Vous le savez que je suis niais.

Le directeur de la banque s'approche de lui et le rassure paternellement :

— Ne te fais pas de souci, Ludovic, on ne portera pas plainte, mais ne recommence pas ! Il aurait pu t'arriver des bricoles.

Il y a des situations où la niaiserie rend service. Toutefois Ludovic ne semble pas rassuré. Il y a une lueur de détresse dans son regard :

— Vous êtes bien brave, dit-il, mais il faut que vous fassiez encore quelque chose pour moi.

— Tu ne trouves pas que tu exagères un peu ?

— Je vous en supplie, ne le dites jamais à mon père. Il croit qu'en ce moment je suis en train de regarder jouer aux boules.

Alors Ludovic a remis son calibre dans la poche. Il est rentré chez lui la tête basse. Derrière lui, les rires de ses victimes le poursuivent et l'humilient.

L'avantage des niais c'est qu'ils ne savent pas qu'ils le sont.

Ludovic, lui, vient de le découvrir. Il songe un instant à retourner son arme contre lui. Le voici devant la ferme paternelle ; Lucette l'attend, les poings sur les hanches :

— Alors, ces sous, où ils sont ?

Il a repris son calibre et Lucette fait un bond en arrière.

— Tu es fou ! hurle-t-elle.

— Non, dit-il, je suis niais...

Rassurez-vous. Il ne s'est pas servi de son arme à feu. Mais il a flanqué à sa légitime épouse la première rouste de sa vie. Et depuis son mariage tourne rond.

Quand les niais se déniaisent, voilà ce qui arrive...

Le niais, dans ma prochaine histoire, ce sera moi. La niaiserie est la chose du monde la mieux partagée mais c'est souvent la voie d'accès la plus sûre vers la sagesse.

LA SOUPE DE FÈVES

Mon père était encore plus gourmand que je ne le suis devenu. Gourmand et même aussi « galavard » que mon oncle Aristide.

Ils étaient de ceux qui n'hésitent pas à dire :

— Moi, quand c'est bon, ça m'est égal qu'il y en ait beaucoup.

Leur gloutonnerie n'avait pas altéré la subtilité de leurs papilles et la finesse de leur palais. Comme c'étaient des gens bien élevés, ils faisaient toujours compliment aux maîtresses de maison sur les mets qu'elles avaient proposés à leur infatigable concupiscence. Ils ne se montraient jamais avares de mots et avaient mis au point une formule qui ravissait leurs hôtesses et leur aurait permis à tous les deux d'être invités à l'année aux meilleures tables de la région.

— J'en ai mangé de bonnes bouillabaisses, disaient-ils en même temps, mais une bonne bouillabaisse comme cette bonne bouillabaisse-là, je n'aurais pas cru que ce soit possible.

Ils attendaient d'être seuls pour commenter le festin, pour l'analyser avec une précision d'experts toxicologues, une préciosité d'académiciens :

— Trop de safran.

— Pommes de terre farineuses.

— Rascasses surgelées.

Et avec une détresse infime :

— Quand comprendront-elles que c'est avec du pain rassis qu'on doit faire griller les tartines ?

Autant ils étaient indulgents envers les faiblesses humaines, autant ils se montraient implacables dans leurs jugements gastronomiques.

Dans ces moments d'alanguissement digestif, il arrivait cependant à mon père de soupirer :

— Dieu sait si j'en ai « mastiqué » de bonnes choses, dans ma vie. J'en ai les dents presque usées. Mais mon meilleur souvenir c'est quand même cette soupe de fèves.

Alors, il me regardait avec mélancolie :

— Je te donnerai l'adresse quand tu seras capable d'apprécier...

J'avais à l'époque l'adolescence diététique et sportive. Le steak-salade et le jus de fruits suffisaient à ma joie de vivre. Ce fut le temps des plaisirs maigres et mon père attendit pour mourir que j'y ai renoncé (sans les renier toutefois mais sans en conserver la nostalgie, chaque âge a ses plaisirs). Hélas, mon père disparut en oubliant de m'indiquer l'endroit où l'on pouvait déguster cette fameuse soupe de fèves.

Je l'avoue honnêtement, je n'en éprouvai aucune frustration. Elle devait cependant m'obséder à mon insu puisque, chaque fois que Joséphine me faisait une surprise culinaire, je m'écriais :

— C'est quand même meilleur que la soupe de fèves.

Je ne savais pas à quel point je me montrais sacrilège. J'aurais pu l'ignorer jusqu'à la fin de mes jours mais le ciel m'a permis de me repentir.

J'errais donc une fois de plus dans mes collines inépuisables. Les pieds sur la terre et la tête dans les nuages. Ou, comme le dit cent fois mieux René Char : « *Aux limites du monde. Un pied sur la planète, l'autre dans le vide.* » Quand on est dans cet état, le temps s'abolit. Mon incorrigible appétit me redonna le sens de l'heure. Il était trop tard pour retourner à mon cabanon. La faim me lancinait. Le ciel, une fois de plus, vint à mon secours. Il lui arrive souvent de m'oublier, mais quand il se manifeste il se déchaîne en rafales de bienveillance. Une auberge inattendue avait surgi dans une clairière de pins. Elle était passablement délabrée et son enseigne, rongée par le soleil, était devenue illisible. Accagnardé sous la tonnelle, un vieillard au teint cuivré caressait un chat blanc. Il plissait les yeux de béatitude et il avait l'air si heureux que je crus un instant que c'était lui qui ronronnait.

— Ah ! m'écriai-je (la fringale me rend facilement lyrique), soyez béni. Sans vous j'allais mourir.

Le vieil homme ne parut pas étonné de l'outrance de mes propos.

— Que puis-je faire pour vous être agréable ?

— Me donner à manger. Je sais bien qu'il est déjà trois heures de l'après-midi mais je suis arrivé aux limites de la résistance humaine.

Une ombre de tristesse affligea un instant le visage ensoleillé du vieillard caresseur de chat blanc.

— Mais mon bon ami, soupira-t-il, il y a plus de trente ans que j'ai fermé boutique.

Un sourire inattendu perça sous le brouillard.

— Eh oui, poursuivit-il, j'ai fait faillite. Complètement faillite.

A ce souvenir, il pouffa et fut secoué d'une quinte de toux.

— On dirait que ça vous amuse.

Dès qu'il eut repris son souffle, il reprit sa narration.

— C'était fatal, dit-il, je leur donnais ce que j'avais de meilleur et j'oubliais souvent de me faire payer. Ça ne pouvait pas durer éternellement.

Si j'avais eu moins faim, j'aurais été séduit par ce personnage singulier. Il devina mes pensées.

— Je ne vais tout de même pas vous laisser mourir d'inanition. Mais je vous préviens, tout ce que j'ai à vous offrir c'est une modeste soupe de fèves.

J'ai enfin compris la signification du message paternel. Je ne peux pas vous dire le goût qu'elle avait, cette soupe de fèves. Ou plutôt si : elle avait un goût de paradis. Car un homme qui meurt de faim et qui rencontre sur sa route un autre homme qui le nourrit, celui-là, il a un avant-goût du paradis.

Je me sens maintenant prêt à vous offrir l'une de mes spécialités, un conte de Noël. En période calendale on m'en réclame. Je vous en ai choisi un parce qu'il me paraît si authentique que je me demande si je l'ai vraiment inventé.

LE PETIT RÉPARATEUR DE TÉLÉVISION

Il fait moins dix et j'ai le moral à zéro... Je me présente : Dupont Robert, inconnu mélancolique. Pour me sortir de l'anonymat et me faire un peu rire il m'est arrivé d'écrire mon nom avec un « d » à la fin.

Je me suis même fait graver des cartes de visite où je m'étais anobli de ma propre autorité. J'étais devenu marquis Dupond de Barbentane, de la branche cadette des Dupond de Barbentane.

Après tout, pourquoi pas ? J'y suis vraiment né, à Barbentane. Tout le monde ne peut pas en dire autant. Mon titre nobiliaire m'a, en fin de compte, rendu quelques services dans la vente des voitures d'occasion mais il n'a pas vraiment amélioré mon standing. Ni surtout changé mon humeur. Pessimiste j'étais. Pessimiste je reste. Le pessimisme, pourtant, ne m'était pas naturel. Dans mon village où je ne suis jamais retourné depuis la mort de mes parents, j'ai laissé la réputation d'un joyeux garçon. Et ce n'est pas Fernande, ma petite copine, qui vous dira le contraire. Pour quelqu'un qui a fait des études, disaient les gens, il est assez fréquentable...

Mon père était cantonnier. Ma mère, femme au foyer. J'ai une sœur dans les P et T, un frère dans la police. Papa était un brave homme. Maman aussi, en quelque sorte. Comme on dit chez nous, ils se sont « saignés aux quatre veines » pour que je puisse me faire ma « place au soleil ». Comme si le soleil je ne l'avais pas eu en permanence devant ma porte.

Enfin bref... Évidemment je ne leur en veux pas à mes parents. Ils avaient pensé bien faire : on leur avait mis dans la tête que j'étais un surdoué. Les pauvres, ils l'ont cru et je n'ai pas osé les contrarier. J'étais le premier de la famille à passer les deux bacs avec mention très bien. Ça leur a faussé le jugement. Ils me voyaient déjà carrément préfet ou ambassadeur.

Tous les soirs mon père tenait des conférences de presse au *Bar des Amis* : « Ce petit ira loin, déclarait-il. Maintenant, il a "le pain et le couteau". Il n'a plus qu'à se mettre à table et à voler de ses propres ailes... »

Lui qui était sobre comme un mulet corse, il s'est mis au pastis. Il n'avait pas l'habitude de faire les choses à moitié : en trois mois, il était liquidé. D'accord, je n'y suis pour rien mais je me sens un peu responsable de sa mort. Enfin, il nous a quittés content de lui et se disant que son passage sur la Terre n'avait pas été inutile.

Voilà pourquoi je gagne maintenant ma vie comme réparateur de télévision chez *Émilien & Émile*, les géants de l'électronique à domicile... Je vous expliquerai tout à l'heure comment j'en suis arrivé là. Pour le moment, Émilien vient de m'appeler dans son bureau et il n'aime pas attendre.

Émilien, il n'est pas tout à fait de Barbentane. Il est de Ventabren. C'est tout à côté. Je l'ai à peine connu parce qu'il est monté à Paris cinq ans avant moi, tout de suite après son service militaire. C'était une question de vie ou de mort. Il avait dû prendre précipitamment ses distances avec une quantité de maris jaloux assez énervés pour lui apprendre rudement les bonnes manières. Il avait eu quelques années de galère (mais pas un jour de prison). Il avait fini par ouvrir à Nanterre une petite boutique de télés d'occasion d'origine incertaine. Il ne connaissait rien du tout à la question mais il avait un charisme terrible. Ou, si vous préférez, c'était le roi du baratin. Émile, lui, n'a jamais existé mais il lui a rendu bien des services. C'est lui qui, au début, signait les chèques sans provision. Maintenant qu'Émilien dirige une chaîne de magasins, il peut se passer de son concours mais, par fidélité à sa mémoire, il a conservé son prénom sur son papier à en-tête. Il peut maintenant s'offrir le luxe d'être rigoureusement honnête. Ce qui ne l'empêche pas d'être toujours un bon garçon. Malgré sa réussite, il me traite comme un ami d'enfance et me réserve les boulots faciles.

C'est pourquoi il m'a convoqué ce soir :

— Je vois, il a dit, que tu es volontaire pour la nuit de Noël.

— Tu vois juste, j'ai répondu.

— Tu n'as personne pour réveillonner avec toi.

— Noël, j'ai dit, c'est juste devenu pour moi un mauvais moment à passer...

— Viens à la maison, m'a-t-il proposé spontanément. Un de plus... un de moins, cocagne.

— Je préfère rester seul.

Il n'a pas insisté.

Mais comme c'était un brave petit, il a cru devoir ajouter :

— Naturellement tu seras payé en heures supplémentaires.

Comme il avait l'air d'être fier de se montrer si généreux, je n'ai pas osé lui dire que je m'en fichais. C'était pourtant la franche vérité.

Mais là encore, il faut faire un retour en arrière.

Ma mère, je l'ai toujours vue habillée de noir, et comme elle avait eu toute la vie pour apprendre à ne pas montrer ses chagrins vous auriez pu croire que la disparition de mon père la laissait indifférente. Pourtant, il n'y avait eu qu'un seul homme dans sa vie. Ce n'est pas moi qui le lui reprocherai. Je ne suis pas violent mais, si quelqu'un avait levé les yeux sur elle, j'aurais essayé de l'étrangler de mes propres mains.

A la réflexion, je comprends pourquoi je n'ai pas réussi dans la vie. Quand on a des sentiments pareils on part avec un lourd handicap.

Dans ces conditions, qu'est-ce que vous vouliez que je lui réponde quand elle m'a dit, dès le lendemain du jour où on a mis mon vieux en terre :

— Mon petit (après tout je ne fais pas tout à fait un mètre quatre-vingt-dix), les dernières volontés de ton père sont sacrées. Il faut que tu « poursuives »...

— Mais maman on n'a pas de sous...

— Ne t'occupe... J'en trouverai.

— Où ça ?

— Je ferai des ménages chez les autres et tu manqueras de rien. Tu sais, moi, un café au lait le matin et une soupe claire le soir...

Voilà comment on se retrouve à Paris et qu'on passe sa licence en droit sans en avoir la moindre envie... Il paraît même que je l'ai passée brillamment. Quand on est surdoué c'est pour la vie. Pendant les trois ans de mes études, elle m'a envoyé vingt-cinq mille anciens francs tous les mois. Pour un pauvre, c'est beaucoup plus impressionnant que deux cent cinquante nouveaux. Elle ajoutait à son envoi toujours la même recommandation :

— Mets-en un peu de côté pour les mauvais jours...

Et moi, tous les sous qu'elle m'envoyait, je les mettais de côté pour ses vieux jours à elle.

Je ne sais pas s'il y a eu des Grecs parmi mes ancêtres mais, dans la vente des automobiles pourries aussi bien que dans le placement des appartements clefs en main, des titres au porteur ou des assurances sur la vie, je me défendais comme un chef.

Pauvre couillon que j'étais, moi ! A cet argent je touchais le moins possible. Je voulais revenir chez moi en triomphateur avec diplôme, automobile neuve, valises de cuir et douze costumes sur mesure. Et après, je n'aurais plus eu qu'à me laisser vivre auprès de ma vieille. Et les cigales auraient bercé mes siestes. Et mes draps auraient senti la lavande. Et dans mon lit, il y aurait eu Fernande. On ne s'était jamais rien promis mais je savais qu'elle m'attendait.

Seulement voilà ! Quand elle a reçu le télégramme lui annonçant qu'il y avait désormais un licencié en droit dans la famille, Baptistine, ma mère, a porté la main à son cœur. Et puis elle s'est effondrée sur elle-même, comme une maison ratatinée par un tremblement de terre.

C'est le facteur qui m'a raconté tout en détail. Il en était encore tout bègue d'émotion.

Ma mère, au moins, elle était morte de bonheur. Quand on n'en a pas l'habitude, c'est presque fatal que votre cœur lâche s'il vous tombe dessus sans prévenir... Tout de suite après les obsèques, je suis remonté à Paris. Mon village d'un coup s'est englouti dans ma tête et il n'est jamais plus remonté à la surface. Je n'avais plus de passé et, par la même occasion, plus d'avenir. Le temps s'était arrêté. J'ai claqué mes économies en six mois et, si je n'avais pas rencontré Émilien, je serais devenu clochard dans l'année. Il m'a payé les cours d'électronique, ça ne m'a pas changé les idées mais ça m'a occupé les mains. Je suis devenu une manière de zombie taciturne... Alors pour moi, vous pensez bien que Noël, c'est un jour aussi vide que les autres...

Me voici donc dans la nuit claire et glacée, sillonnant Paris sur ma petite Mobylette. Je ne sens même pas le froid. Il n'est que dix heures du soir. Les rues sont déjà encombrées d'ivrognes et de braillards. Il y a des arbres de Noël à tous les carrefours. Des Niagara de lumières dorées ruissellent le long des façades. Je remonte les Champs-Élysées, me faufile dans l'embouteillage de l'Étoile en me faisant insulter au passage. Pour les injures, la trêve de Noël n'a pas encore été inventée. Elles sont même encore plus vigoureuses que d'habitude puisqu'elles réussissent à me parvenir aux oreilles après avoir traversé mon casque de motard. Je les entends mais je ne les écoute pas. Je suis ailleurs. Je ne suis nulle part. Je navigue dans la brume.

Un peu plus j'allais rater le numéro de l'immeuble où je suis attendu. Je dois enlever mes gants pour allumer mon briquet. J'ai les doigts engourdis. Je n'arrive pas à déchiffrer le décodeur. J'oublie ma trousse de dépanneur sur le trottoir. La minuterie s'éteint. Je ne trouve pas le bouton de l'ascenseur. Je grimpe les deux étages dans le noir. Je suis accueilli par un camerlus en réquimpette qui me regarde de haut en bas :

— C'est maintenant que vous arrivez...

Je ne prends même pas la peine de répondre. J'ai failli laisser tomber ma trousse, de saisissement. Parce que d'un seul coup je me suis retrouvé à Barbentane. Dans un Barbentane de rêve.

C'est beaucoup plus luxueux que chez moi, et le luxe m'intimide, mais il y a une bûche qui flambe dans la cheminée. Ça va faire dix ans que je ne me suis pas réchauffé les mains devant un vrai feu de bois. Les treize desserts sont déjà disposés sur une immense desserte. Je dis treize pour respecter la tradition, mais il y en a peut-être quarante. Et surtout ce qui me paralyse de stupeur c'est la présence d'une crèche géante qui occupe la moitié de la pièce tandis que, du plafond, tombe une musique céleste :

— Alors vous rêvez ?

— Avouez qu'il y a de quoi...

C'est le maître de maison qui me parle. Il est habillé en smoking et il est gros comme un porc à l'engrais, mais il me parle sans rudesse :

— Dépêchez-vous un peu quand même, il a dit, parce que sans télévision nous n'arriverons pas à faire tenir les enfants jusqu'à minuit...

En cinq minutes j'avais trouvé la panne. Les marmots ont jailli en pyjama et chemise de nuit. Ils m'ont fait la bise gentiment. Et le porcelet joufflu m'a glissé un billet de dix sacs dans la poche en me raccompagnant. Je lui ai dit merci du fond du cœur. Pas tellement à cause du billet mais à cause de ce parfum de Noël que j'avais oublié depuis si longtemps...

La traversée de Paris jusque dans le 13e arrondissement m'a semblé durer pas plus d'une minute. Ma Mobylette avait des ailes et moi je chantais à pleine voix *Les Anges dans nos campagnes*. Je croyais avoir oublié les paroles : elles étaient toutes au rendez-vous et n'attendaient qu'une occasion favorable pour s'envoler.

Toutes les fenêtres de l'HLM étaient allumées. Elle avait l'air moins lugubre que d'habitude. Je me suis un peu perdu dans les couloirs mais cela n'a pas abîmé mon humeur.

Dès que le petit vieux m'a eu ouvert la porte, je me suis senti les yeux tout mouillés. Pourtant, croyez-moi, je n'ai pas la larme facile. Paris a eu le temps de m'endurcir. Mais quand j'ai vu la petite vieille assise dans son fauteuil en train de tricoter, le dos au radiateur, je n'ai pas essayé de cacher mon émotion. Là, j'étais vraiment chez moi.

Avenue Foch, on s'était montré bien brave mais je n'étais pas dans mon élément. Tandis que dans cette petite cuisine brillante de propreté (« on aurait pu manger par terre », aurait dit maman), je me suis senti fondre de tendresse. J'ai cru un moment que mes parents étaient ressuscités pour passer Noël en famille.

Les deux petits vieux avaient l'air aussi émus que moi. Sans dire un mot, ils m'ont offert un petit verre de vin cuit qu'ils réservaient pour les grandes fêtes. Au mur j'ai vu la photo d'un jeune garçon souriant. Elle était barrée de crêpe. J'ai compris qu'ils m'accueillaient comme le fils qu'ils avaient perdu. Aussi, quand ils m'ont proposé de partager avec eux leur modeste réveillon j'ai failli accepter. Mais j'avais encore un dépannage à Belleville et j'avais juste le temps d'y arriver avant minuit. Alors on s'est embrassé quatre fois de suite et j'ai absolument refusé qu'ils me paient la réparation. C'est tout ce que nous pouvions faire les uns pour les autres. Le petit vieux m'a retenu par le bras :

— Prenez au moins ce cigare. Si, si prenez-le. Moi ça me fait tousser et c'est pas bon pour mon cœur.

Il m'a fallu pédaler dur pour arriver jusqu'en haut de la rue des Envierges. Et en plus ma cliente habitait au sixième sans ascenseur.

Elle a ouvert la porte au premier coup de sonnette. Elle avait mis une petite robe de bal. Cela m'aurait peut-être attendri mais j'avais fait mon plein de tendresse et je commençais à avoir sommeil. Sans un mot je suis allé jusqu'au poste de télé.

Au bout de trente secondes, j'ai dit :

— Mais il marche très bien votre poste.

Alors elle a baissé les yeux et elle a rougi comme un coquelicot :

— Je sais, elle a dit.

Et puis elle s'est mise à parler, sans oser me regarder en face.

— Vous pouvez penser de moi ce que vous voudrez. Je ne connais personne dans cette ville. Je crève de solitude.

Elle hurlait presque :

— Je suis seule et j'ai peur. A l'idée de passer Noël sans personne à qui parler j'ai failli devenir folle. Si vous n'étiez pas arrivé, je crois que je me serais jetée par la fenêtre.

Moi, j'écoutais non seulement ses paroles mais aussi son accent :

— *De mounte siaï ?* lui ai-je demandé tout à coup.

Sans réfléchir elle a répondu :

— *Sieu de Fontvieille...*

Fontvieille, c'est juste à côté de Barbentane. J'étais tombé sur presque payse à moi.

Nous étions assis par terre de chaque côté du poste. Elle l'a éteint et sans un mot elle a mis une nappe par-dessus. Elle a dressé le couvert et nous avons réveillonné ensemble, les yeux dans les yeux.

Mais c'est à minuit seulement que nous nous sommes embrassés pour la première fois. Alors qu'on ne vienne pas me dire que Noël n'existe pas. Je sais qu'il se fait souvent attendre, et longtemps. Mais, quand il vous tombe dessus, accueillez-le à bras ouverts. Il a duré toute la nuit. Il risque de durer toute la vie. Au petit matin, nous avons décidé de rentrer au pays et de vivre ensemble.

Après tout à Barbentane aussi il y a des postes de télévision à réparer...

Il m'arrive d'être un peu « pétardier » mais jamais pendant les « fêtes ». Je vais donc profiter de cette période bénie pour saluer une fois de plus mon ami Honoré Coudière, artisan coiffeur à Fontvieille, de grand-père en petit-fils, depuis 1790.

Comme cela fait quelques années que je ne parle plus de lui, il croit que je suis fâché. Qu'il se rassure, et c'est bien volontiers que je lui donne la parole et que je lui exprime ma reconnaissance.

OÙ IL SERA QUESTION D'HONORÉ COUDIÈRE, DE LA DYNASTIE DES MONFORTE ET DE L'ABRICOT CASCARÉLÉJEUR...

A douze ans, avait-il coutume de me dire, je faisais les barbes à cette même place en écoutant les histoires que racontait mon pauvre grand-père qui avait quatre-vingt-deux ans à l'époque. Ces histoires, il les tenait de son propre grand-père qui fit des barbes jusqu'à l'âge de quatre-vingt-quatre ans. Comme j'ai soixante-treize ans moi-même, vous pouvez faire le compte : je suis au courant, heure par heure, de ce qui s'est passé à Fontvieille depuis la Révolution. Ce qui s'est passé avant, et même à l'époque préhistorique, je le sais aussi. Mais comme je ne l'ai pas personnellement vécu, je suis obligé de le présenter sous toute réserve...

Des Honoré Coudière, il y en a au moins un dans chaque village de Provence. Depuis quarante ans, je les fréquente et je recueille leur témoignage. D'autres préfèrent les bibliothèques et leurs études, sans doute, ne sont pas inutiles. Personnellement, j'aime mieux le plein air et le commerce des hommes doués de parole articulée.

Dans cette enquête que je mène depuis toujours, ce ne sont pas seulement des faits et des personnages que je rencontre. Ce sont des mots que je découvre et, à ma connaissance, les historiens orthodoxes ne soulignent pas assez l'importance des mots dans la vie des hommes. Surtout quand ils sont provençaux.

Ce matin, par exemple, j'ai découvert le verbe *cascaréléjer*. C'est un verbe que j'aime beaucoup et qui a donné l'allégresse à toute ma journée. Les poules sont de grandes cascaréléjeuses et les femmes aussi : elles caquettent avec un bruit de bec.

Certains abricots cascarélèjent aussi dont l'amande est dans le noyau comme un grillon en cage.

Mme Monforte me l'a dit qui connaît ces choses depuis l'invention des arbres fruitiers.

— L'abricot cascaréléjeur, c'est le roi pour la confiture ! m'a-t-elle murmuré d'une voix gourmande.

Le bon Dieu a béni mon abricotier. Depuis trente ans, il me donne des fruits qui cascarélèjent, et je ne le savais pas ! Pour la confiture je devrai pourtant attendre l'année prochaine. Mon abricotier, bien que béni par le bon Dieu, ne produit qu'un an sur deux. L'an passé, il nous a donné cent cinquante kilos d'abricots couleur de vieilles tuiles et fondants comme des sorbets tièdes. Nous ne savions pas qu'ils étaient cascaréléjeurs. Les enfants les ont partagés avec les oiseaux. Et les oiseaux ont eu la plus grosse part.

Cette année, mon abricotier a été à peu près stérile. Pour le principe, et comme par défi, il nous a donné une paire de douzaines de prototypes denses et sucrés comme des fruits confits. Suffisamment en tout cas pour que je vérifie qu'ils étaient cascaréléjeurs comme des grives.

J'ai cassé les noyaux dans le mortier pour l'aïoli et, faute de mieux, j'ai mangé les amandes. Elles avaient comme un goût de vernis à ongles et ma femme m'a dit que j'avais parlé toute la nuit en dormant...

Tout n'est pas dit sur l'abricot, en somme, mais c'est de Mme Monforte que je voudrais surtout vous entretenir.

Mme Monforte, autant vous le dire tout de suite, ne s'appelle pas Mme Monforte. Comment s'appelle-t-elle au juste ? je n'en sais rien, et cela n'a aucune importance pour la suite de ce récit. Mais il vous faut savoir qu'elle tient, rue Hyacinthe-Bellon (ancien maire de Fontvieille), un des magasins les plus poétiques de Provence. On y vend des clous de toutes les dimensions, des engrais azotés ou non, du fil de fer galvanisé, des sécateurs universels et du papier tue-mouches.

Au début du siècle, l'établissement était tenu par une dame Monforte que je n'ai pas eu le plaisir de connaître. Au cours de ces soixante dernières années, la boutique changea plusieurs fois de main. Mais quand on a besoin d'un piton recourbé pour accrocher le calendrier des Postes, on continue à dire : « Tiens, il va falloir que je passe chez Mme Monforte »...

Les nouveaux propriétaires, en se portant acquéreurs du commerce, perdent leur identité d'origine : ils deviennent Monforte à dater du jour de leur installation. Acheter la quincaillerie de Fontvieille, c'est en quelque sorte acheter un titre de noblesse. Mais le titre n'est transmissible que par les femmes. Car, à partir du moment où ils sont faits Monforte, les mâles cessent de jouer un rôle historique. Ils deviennent mystérieux, hypothétiques. En tout cas, ils cessent de se montrer au magasin.

La dame Monforte, première de la dynastie, devait être une femme exquise. Et celles qui lui ont succédé, j'allais dire ses héritières, ont adopté ses façons, spontanément ou par fidélité à sa mémoire. Souriantes, volubiles, perpétuellement dépassées par l'événement, rigoureusement honnêtes, mais incapables de faire une addition juste, émerveillées et confiantes éperdument en la bonté de la nature humaine.

— C'est des vis de sept à tête ronde que vous voulez ?... Vous pensez bien que nous en avons des vis de sept à tête ronde... Mais va savoir où elles se « cachent »...

Car les dames Monforte, qui vivent parmi les objets, ont toujours eu la sagesse de leur prêter une âme.

— C'est pas possible ! Vous les avez trouvées ?... Vous avez bonne main... Je suis bien contente pour vous. Il y en a qui, les pauvres, passent la demi-journée avant de rencontrer ce qu'ils cherchent... Combien vous me devez ? Comment voulez-vous que je sache... Il y a tellement d'articles dans cette maison et il n'y en a pas un au même prix ! Vous avez bien une idée ?... Le prix est marqué sur la boîte... Eh bien, on peut dire que nous en avons de la chance... La monnaie de dix mille ? Pour une vis de sept à tête ronde ?... Emportez la boîte et revenez me régler quand vous serez moins riche...

Il y a certainement eu des dames Monforte qui savaient calculer. Il a dû même y en avoir, dans la lignée, des ordonnées, des âpres au gain, des hargneuses et des pétardières. Elles surent, par respect pour leur titre, laisser leur vrai tempérament à la cuisine et n'offrirent jamais à la pratique qu'une image d'elles-mêmes conforme à la tradition et propice à l'enluminure.

Donc Mme Monforte ne s'appelle pas Mme Monforte. Nul ne se soucie de son nom véritable et, quand il lui arrive d'aller en mairie retirer une pièce, l'employé d'état civil, qui sait mieux que personne qu'elle est née Clamour et qu'elle est devenue Bisalion par mariage, la salue d'un « Bonjour, madame Monforte » qui renvoie la vérité officielle à ses sarcophages de papier.

Cette tendance qu'ont les Fontvieillois à donner aux êtres les noms qu'ils ont mérités s'applique aussi aux lieux. Ils attendent qu'ils aient fait leurs preuves pour les baptiser, ce qui les amène souvent à être en contradiction avec la carte d'état-major. Les cartographes militaires croient, par exemple, que le *Mas des Libellules* s'appelle le *Mas des Libellules* simplement parce que c'est sculpté sur une pierre à l'entrée. Ils feignent d'ignorer, ou plutôt ils ignorent pour de bon que cette appellation n'a servi que pendant deux ans (vers les années vingt) à un marchand de morue salée enrichi par la guerre. Il aimait beaucoup les libellules, cet homme ! Il fut arrêté par la suite pour escroquerie et se pendit dans sa cellule. Personne ne songea à faire sauter au ciseau l'inscription gravée dans la pierre. Pour la bonne raison que personne ne l'avait remarquée. Le *Mas des Libellules* n'avait jamais cessé d'être pour les Fontvieillois le *Mas Parisot*, nom d'une famille de cultivateurs d'aubergines honorablement connue au XVIIIe siècle !

Ces choses-là, mon maître Honoré Coudière les connaît mieux que moi. Mais peut-être les connaît-il trop bien et ce goût de la précision vient de lui coûter sa place au conseil municipal. C'est pourtant un homme qui jouit de l'estime presque générale et qui a le goût du bien public au plus haut point.

Mais reprenons les choses d'un peu plus haut...

Jusqu'à ces dernières années, les rues et les places de Fontvieille n'avaient pas de plaques, ou presque pas. Nous avions, comme tout le monde, nos avenues de la Révolution, nos esplanades de la Liberté, notre place de l'Église et notre place de la Mairie. Pour le reste, nous procédions par habitude, approximation et déduction.

C'était bien agréable pour le visiteur étranger. Cela l'obligeait à prendre langue avec l'habitant qui, parfois, le retenait à déjeuner et, cela s'est vu, lui accordait la main de sa fille...

Les choses, ordinairement, se passaient de la façon suivante :

— Je cherche, disiez-vous, par exemple, un M. Mourgue...

On ne vous répondait pas tout de suite. On vous examinait avec une bienveillance un peu goguenarde.

— Vous n'êtes pas d'ici, vous...

— Non, je viens de...

— Ne me le dites pas, laissez-moi deviner... Vous êtes de l'Isère ?

— Non, je suis de...

— Vous êtes suisse ?

— Non...

— Alors vous êtes belge !

— Non plus...

— Vous n'êtes ni suisse, ni belge, ni de Grenoble... Alors vous êtes membre de l'enseignement...

Peu importait, d'ailleurs. Ce qui comptait c'est qu'on essayait de faire connaissance avec vous avant de vous renseigner. Non par défiance, mais par humanité. On ne renseigne bien que ceux qu'on connaît un peu.

Enfin, bref, pour en revenir à notre Mourgue, on se mettait en quatre pour vous aider à le trouver. On fermait les yeux. On se tenait le front.

— Mourgue... Laissez-moi réfléchir...

— Vous ne le connaissez pas ?

— Vous plaisantez... Seulement, je voudrais savoir lequel... Le bourrelier, le blessé de guerre ou celui qui habite près de Mme Veuve Béranger, la directrice d'école à la retraite ?

Reconnaissez avec moi que les possibilités d'erreur étaient nulles. Si votre Mourgue à vous n'était ni bourrelier ni blessé de guerre, il habitait forcément près de Mme Veuve Béranger, la directrice d'école à la retraite. Et, en plus, la personne à qui vous vous étiez adressé se faisait un plaisir de vous accompagner jusque dans la cuisine d'une personne qui était son ami avant d'être le vôtre. Vous appreniez par la même occasion que le Mourgue dont vous cherchiez l'adresse s'était très bien remis d'une grippe, sûrement espagnole, et que son petit (« Vous êtes sûrement son parrain ») venait d'être reçu avec mention au certificat d'études et que, tout compte fait, ce n'était pas la peine d'aller chez lui, si vous vouliez vraiment le voir, parce que dans le moment même il était en train de jouer aux boules sur le terrain de l'allée des Pins avec Aumède, son conscrit, qui est boucher de son état et qui, s'il n'est pas un tireur de première catégorie, fabrique le meilleur saucisson d'Arles et fournit le gigot d'agneau le plus succulent de toutes les Alpilles.

De sorte que, par le simple contact humain, vous aviez évité bien des pas inutiles et découvert que c'est à Fontvieille qu'on trouve le meilleur saucisson d'Arles.

Vous me direz que les fonctionnaires itinérants des P et T (qu'on appelle toujours ici les PTT) sont gênés dans l'exercice de leur profession par l'imprécision du cadastre. Vous avez tort. Avant la réforme d'Honoré Coudière, ils auraient même pu se passer de savoir lire, car ils reconnaissaient les adresses à l'écriture des correspondants.

Parfois, une écriture nouvelle faisait son apparition et le destinataire se hâtait de donner toutes les explications voulues sur cet étranger qui aurait quand même pu se faire connaître avant de s'intégrer sournoisement dans la collectivité [1].

Enfin, bref, mon maître Coudière qui, en sa qualité de sympathisant socialiste provisoire, est un homme de progrès (bien qu'il soit personnellement un homme de traditions) crut de son devoir de donner à toutes les rues de Fontvieille des noms et des numéros. Personne ne lui avait rien demandé, mais il croyait sincèrement interpréter la volonté populaire en faisant patronner chaque artère de son village par un héros de son histoire, ou un symbole en rapport avec sa vision du monde, à lui.

Son socialisme était humanitaire et tendre. Il aurait volontiers multiplié les « placettes de la Concorde », les « impasses de la Fraternité » et même les « carrefours de la Bonne-Volonté-Générale »...

Il se retint et se contenta de transformer ses souvenirs en plaques de fonte bleu et blanc.

Comme le socialisme coudérien était teinté de planisme, il s'appliquait non à un Fontvieille jugé sur son passé mais à un Fontvieille en extension. Ses numéros désignaient non seulement les bâtisses existantes, mais les maisons à venir.

Mon cabanon, par exemple, est situé quartier Michelet, juste à la sortie du village, sur la route des Baux. Honoré Coudière supprima le quartier pour donner son nom à une rue serpentine en diable et m'octroya, à moi qui ne lui demandais rien, le numéro vingt-six. Mon voisin, de l'autre côté du puits, obtint le numéro quatorze ! Et la maison abandonnée, à l'entrée du chemin dit naguère « de la Marine », tira le numéro trois !

Je vous demande un peu...

Une maison habitée uniquement par les guêpes, les fourmis et les mouches plates depuis précisément que la famille Michelet était entrée

1. Les lettres tapées à la machine sont distribuées à Fontvieille en même temps que les autres. Mais avec une légère nuance de dédain. Légère, mais indiscutable.

dans l'histoire en se noyant, au grand complet, au large de Bauduc (en Camargue), au cours d'une partie de pêche.

On n'avait pas retrouvé les cadavres. Et cette maison abandonnée était devenue un monument du souvenir, une manière de mausolée et un rappel permanent pour la jeunesse des dangers de la navigation quand on est cultivateur d'aubergines en pleine terre et non pêcheur de maquereaux dans le golfe du Lion.

C'est ainsi qu'Honoré Coudière, mon maître, fut battu aux élections. Pour la première fois depuis trente ans ! Et le seul de sa liste !

Ses concitoyens ne lui ont retiré ni l'estime ni le bonjour, mais ils ont rayé son nom de la liste.

Et savez-vous par lequel ils l'ont remplacé ?

Par celui du mari de Mme Monforte...

Je n'en tirerai aucune leçon définitive, mais je me garderai, à l'avenir, d'une trop grande précision. Mon histoire de Provence n'est ni un catalogue ni un horaire de chemin de fer. Elle est buissonnière en diable, se plaît aux chemins de traverse. Elle contourne les siècles d'ennui et s'attarde aux moments de bonheur.

L'HONORABLE MONSIEUR DI FALCO

Le métier de proviseur de collège n'est jamais de tout repos, mais faire le proviseur à Menpenti, c'est au-delà de la résistance humaine. Mon ami Frédéric en savait quelque chose. Il lui arrivait de se confier à moi dans ses moments de dépression.

— « Ils » me feront « devenir chèvre », soupirait-il.

« Ils », c'étaient non seulement ses élèves mais leurs parents.

— Ils sont terribles. Pour les élèves, qu'on ait supprimé les châtiments corporels, passe encore ; mais pour leurs parents, il faudrait les rétablir d'urgence. Il y a des moments où ils mériteraient qu'on les corrige à coups de bâton.

Évidemment il ne faut pas prendre ses propos au pied de la lettre. L'agacement le faisait « déparler ». Mais il faut essayer de le comprendre. La plupart des familles avaient pratiquement démissionné de leurs fonctions parentales. Elles s'en remettaient à la télévision pour l'éducation de leurs petits et comptaient sur Frédéric pour régler les dégâts.

— Ils me prennent pour un couillon, grognait-il.

— Et non, lui disais-je pour le réconforter, ils te prennent pour le bon Dieu.

— Eh bien, ils se trompent d'adresse.

Pourtant vous pouvez me croire, il se donnait du mal ce brave ami. Il n'y avait pas plus compétent, plus consciencieux, plus dévoué à la cause publique que ce Frédéric-là. Des proviseurs de ce genre, c'est du modèle d'avant-guerre. Il n'en dormait plus, le pauvre. Il ne tenait qu'à force de tranquillisants et sa femme se lamentait :

— Il va craquer, gémissait-elle. Il finira chez les fous.

Un jour elle m'avoua, toute ratatinée par la honte :

— Figurez-vous qu'il s'est mis à boire. Un homme comme lui !

Mais que pouvions-nous faire pour lui ? Il y a des moments où les bonnes paroles et les gestes amicaux ne sont plus d'aucun secours.

Or, il y a quelques mois, il m'a semblé constater un léger mieux dans l'état de Frédéric. Les tics qui lui ravageaient le visage avaient disparu. Ses mains avaient cessé de trembler. Et, tout à coup, le sourire lui revint.

Je m'étais bien gardé de lui faire la moindre remarque mais je crus le moment venu de lui manifester ma sympathie :

— Alors ils sont devenus plus raisonnables ?

— Je n'y suis pour rien. C'est grâce à Monsieur Di Falco. Il prononçait « Monsieur » avec la déférence qu'on réserve d'ordinaire à l'inspecteur d'académie.

— C'est un membre de l'enseignement ?

— Tu rigoles. C'est un parent d'élève.

Je n'en croyais pas mes oreilles.

— Tu es revenu à de bons sentiments à leur égard ?

— Ils ont changé. Grâce à Monsieur Di Falco.

Il me fit alors le récit détaillé de ce miracle. Depuis des années, conformément aux instructions ministérielles, il s'obstinait à tenir une réunion avec les parents d'élèves. Une dizaine de personnes, des dames seulement, y assistaient. Toujours les mêmes, et qui n'étaient là que pour lui faire les reproches qu'elles auraient dû se faire à elles-mêmes. Un onzième parent se présenta. Il avait un physique de corsaire et paraissait intimidé de se trouver en compagnie de ces petits notables de quartier.

— Je suis le papa du petit Bruno. Est-ce que j'ai le droit d'assister à votre réunion ?

— Mais bien entendu, dit Frédéric qui, intérieurement, ne put s'empêcher de penser : « Cela ne fera qu'un emmerdeur de plus. » Emmerdeur peut-être mais silencieux. Pendant les premières minutes, du moins, car on le vit soudain se lever et prendre la parole sans l'avoir demandée. Il ne semblait plus intimidé le moins du monde et s'exprimait, d'une voix de ténor, avec une éloquence de maître de barreau et dans une langue d'une correction à faire mourir de honte tous les speakers de la télévision.

— Mes chers amis, déclara-t-il, je vous ai écoutés jusqu'ici avec une extrême attention, et je ne puis que vous féliciter de la justesse de vos remarques. Je m'aventure dans un domaine où je ne connais pas grand-chose et je compte sur vous pour m'éclairer. Je vous prie néanmoins de bien vouloir m'excuser si j'ai cru devoir noter dans vos propos leur aspect purement négatif. Il me semble que, si nous nous donnions le mal de prendre sur notre temps, ce serait pour essentiellement trouver ensemble, devant un problème aussi grave, une solution, du moins des remèdes.

Il parla ainsi pendant près d'un quart d'heure. Ses auditeurs le badaient en hochant la tête.

— Et moi, poursuivit Frédéric, je me demandais si je ne rêvais pas. J'ai raccompagné cet envoyé du ciel jusqu'à la grille du collège. Je lui ai serré chaleureusement la main. « J'espère que vous participerez à notre prochaine réunion. » Il ne répondit pas tout de suite. « Elle a bien lieu tous les premiers mercredis de chaque mois ? Bien. Alors vous pouvez compter sur moi. » Et pendant deux ans il a tenu parole. Et à chaque réunion il y avait de plus en plus de monde. Nous sommes allés jusqu'à cent vingt participants. Tu me croiras si tu veux, j'ai eu 88 % de succès au baccalauréat. Ça ne s'était jamais vu dans les Bouches-du-Rhône. C'était trop beau pour durer.

— Qu'est-ce qui s'est passé ?

— Un jour Monsieur Di Falco n'est pas venu à notre réunion mensuelle. Je me suis enquis auprès du petit Bruno : « Ton papa n'est pas malade ? — Non il est en voyage. » J'ai poussé un soupir de soulagement. Sans lui, la structure risquait de se dégrader très vite. Mais à la réunion suivante, il n'était toujours pas de retour. J'ai demandé à Bruno : « Ton papa est toujours en voyage ? — Eh oui ! — Tu ne sais pas quand il sera de retour ? — Eh non ! » A la troisième réunion, il n'était pas là non plus. Et à la quatrième, pas davantage. Il n'y avait guère qu'une vingtaine de parents d'élèves pour y assister. L'indiscipline et le mauvais esprit se réinstallaient dans mon établissement. Je pris sur moi d'aller lui rendre visite. Il n'était pas chez lui. Sa femme m'accueillit et, dès que je me fus nommé, elle éclata en sanglots. L'angoisse m'étreignit. Je craignis un instant qu'il ne l'eût quittée définitivement.

— Quand il reviendra de voyage, vous pourrez lui dire que j'ai besoin de le voir ?

Madame Di Falco s'était ressaisie et, me regardant droit dans les yeux, elle lança comme un défi :

— Il est pas en voyage. Il est aux Baumettes.

— En prison ! Depuis longtemps ?

— Depuis trois ans... Et il en a encore pour quatre.

— Comment faisait-il pour assister à nos réunions ?

— Il profitait de son jour de sortie mensuel.

— Et pourquoi il ne vient plus ?

— Parce que l'administration pénitentiaire a changé son jour de sortie.

Ne me demandez pas comment Frédéric s'y est pris. C'est un garçon plein de réserve et qui ne s'est jamais soucié d'avoir des relations haut placées. Mais pour Monsieur Di Falco, il se sentait capable de soulever des montagnes. Il parvint donc à faire rétablir pour son protégé son jour de sortie d'origine en veillant bien à ne pas lui faire savoir que c'était sur son intervention.

C'est vous dire son inquiétude. Viendrait-il ? Ne viendrait-il pas ? L'histoire reprenait au début. Une dizaine de parents à peine assistaient comme jadis à la réunion et se montraient encore plus hargneux que dans le passé. Et Frédéric pensait : « Si au moins je dirigeais un établissement dont les élèves seraient tous des orphelins... »

La maigre assemblée donnait des signes d'impatience mais Frédéric ne se décidait pas à ouvrir la séance. Il espérait encore. Dix minutes plus tard, il n'espérait plus. Alors il dit :

— La séance est ouverte. L'ordre du jour appelle...

Il n'en dit pas davantage. La porte s'ouvrit et Monsieur Di Falco parut, l'air à la fois radieux et penaud.

— Je vous prie de bien vouloir ne pas me tenir rigueur de ne pas avoir participé ces temps derniers à vos travaux. J'ai été retenu par mes obligations professionnelles. Mais, à l'avenir, vous pourrez absolument compter sur mon concours.

Pour un peu, il aurait présenté un mot d'excuses. Son désir de se faire pardonner pour ses absences était évident, impérieux :

— Ne croyez pas, dit-il, que je veuille vous bousculer mais il n'y a pas une seconde à perdre. Pendant ces quatre mois que j'ai passés à l'ombre...

— A l'ombre ! s'écria une pimbêche.

Monsieur Di Falco ne se démonta pas :

— Je veux dire dans les brumes du Nord où mon entreprise m'avait exilé, j'ai beaucoup pensé à vous. J'ai eu le temps de réfléchir à nos problèmes et si vous le permettez, je vais vous faire part de mes réflexions.

Frédéric en aurait pleuré de jubilation et quand, sous les applaudissements, il leva la séance, il ne doutait plus de l'avenir de son collège et considérait de nouveau son difficile métier comme le plus beau et le plus exaltant du monde.

Monsieur Di Falco était resté seul avec lui. Il baissait la tête comme un minot qui a fait une grosse bêtise.

— Je vous remercie, dit-il humblement.

— Ah bien ça alors ! s'écria Frédéric. Vous me remerciez, vous ? C'est moi qui vous suis reconnaissant de votre inestimable concours.

Pour le coup Monsieur Di Falco rougit de confusion et de fierté à la fois, comme un bon élève qui vient de recevoir le prix d'excellence. Il en bégayait, le brave homme.

— Je n'oublierai jamais ce que vous avez fait pour moi.

— Mais je n'ai rien fait du tout.

— Si... Vous m'avez fait confiance malgré ce que vous savez.

— Ne parlons pas de ça, dit Frédéric en rougissant à son tour.

Monsieur Di Falco avait retrouvé toute son aisance.

— Parlons-en au contraire. Rassurez-vous, je n'ai jamais tué personne mais j'ai quand même été le plus bel escroc, et Dieu sait s'il y a de la concurrence, sur la place de Marseille. N'ayez aucune inquiétude, je ne pratique plus. Je n'essaie pas non plus de me justifier mais reconnaissez que je ne pouvais guère faire un autre métier.

— On peut toujours, protesta Frédéric pour le principe.

— Normalement oui. Mais dans mon cas, c'était presque impossible. Vous avez pu le constater vous-même, j'ai la parole facile, j'inspire confiance et on a tout de suite envie de me confier ses économies.

— Ici vous n'avez escroqué personne ?

— Il ne manquerait plus que ça ! Je sais me tenir, quand même. Mais avouez que j'applique les mêmes principes. Vous m'avez confié un cheval borgne et boiteux. Absolument invendable. Vous avez pu constater que j'y suis presque arrivé. J'y ai mis mon point d'honneur professionnel et, si vous me laissez le temps, je suis sûr du succès.

Il dut lire quelque effarement sur le visage de Frédéric.

— Jamais je ne me permettrai de vous donner la moindre leçon en quelque domaine que ce soit. Excepté peut-être en matière d'escroquerie. Vous n'êtes pas doué et vous n'y comprendrez jamais rien. Vous vous imaginez sûrement que c'est l'argent qui intéresse les escrocs. Non Monsieur. Non Monsieur, l'escroquerie c'est, comment dire ? l'un des beaux arts et le plus méconnu. Il y a des affaires qui m'ont coûté des sous à moi. C'est peut-être celles qui m'ont procuré le plus de plaisir. L'arnaque, Monsieur, c'est une drogue.

Frédéric ne paraissait pas entièrement convaincu, et même pas convaincu du tout.

— Ce que vous faites ici, ce n'est quand même pas de l'arnaque.

— J'espère que non. C'est une drogue de substitution. Il m'a fallu vingt ans pour mettre ma technique au point. La seule différence, c'est que je ne m'en sers plus pour couillonner le monde.

— Vous êtes un brave homme, dit Frédéric.

Le visage de Monsieur Di Falco soudain se durcit.

— Oh non ! Je fais semblant. Et tout ça, c'est pour mon petit Bruno que je le fais.

— C'est un excellent élève.

— Et c'est bien ce qui m'inquiète. Il est bon en tout, spécialement en récitation et en calcul mental rapide. En plus il a une belle écriture et un sourire à lui donner le bon Dieu sans confession.

— Vous vous en plaignez ?

— Non mais ça m'angoisse. Il est encore plus doué que moi à son âge. Il a tout ce qu'il faut pour couillonner le monde et je ne voudrais pas qu'il suive le même chemin que son père. Moi je préfère qu'il fasse l'avocat plutôt que le carambouilleur. Et si un jour je rechutais, j'aimerais bien que ce soit lui qui prenne ma défense.

— Vous avez peur de la rechute ?

— En prison, je ne risque rien. Pourtant vous savez, aux Baumettes, il y a encore plus d'arnaque que partout ailleurs. Mais moi je n'ai jamais pris du pognon à des pauvres. C'est trop facile et ça vous fait mauvaise haleine.

Frédéric était un homme peu direct. Pour une fois, il ne put s'empêcher de sortir de sa réserve habituelle.

— Moi je crois que vous êtes guéri.

— Il y a des moments où moi aussi je pense que je me suis désintoxiqué grâce à vous.

— Je n'y suis pour rien.

Ce n'était pas de l'hypocrisie de sa part et cela aurait pu passer pour de la modestie alors qu'il s'agissait d'un orgueil inavoué. Sinon pourquoi aurait-il dit... ?

— Je crois savoir que vous avez encore quatre ans à faire.

— Eh oui ! Pour solde de tout compte.

— Je ne veux pas vous donner de faux espoirs. Je ne connais pas grand monde mais je pourrais essayer de vous obtenir une réduction de peine.

Monsieur Di Falco éclata d'un rire d'enfant.

— Ne vous donnez pas cette peine. On me l'a déjà proposée plusieurs fois pour bonne conduite. Mais jusqu'à présent je n'ai pas donné suite, je ne suis pas encore assez sûr de moi.

Il poussa un soupir.

— Vous avez vu ma femme. Il n'y a pas plus brave qu'elle. Mais dès qu'elle me voit elle se met à pleurer ; ça me donne des remords et ce n'est pas avec des remords qu'on se refait une santé.

Et, me dévisageant avec anxiété :

— Vous allez vous moquer de moi. Si... si... Vous ne savez pas à quoi je m'occupe en ce moment. Je lis Shakespeare. Eh oui, on m'a confié la bibliothèque. Au début ça m'a perturbé le métabolisme. Les puissants sont encore plus arnaqueurs que moi, et plus ils montent en grade, plus ils se tirent la bourre. C'est décourageant. Jamais je ne pourrai leur tenir tête. Je ne suis pas de taille. Alors, petit à petit, je me suis rangé du côté des minables...

— Je savais bien que vous étiez un bon garçon.

— Ne croyez pas ça. Je n'ai pas changé. Je ne me suis pas converti. J'ai remarqué que les honnêtes gens pour s'en sortir deviennent de moins en moins honnêtes. A partir de là, ils sont la proie des aigrefins professionnels.

— Ce n'est pas une raison pour rester en prison.

— J'en sortirai le moment venu. Attendez au moins que j'aie fini ma licence en droit et passé tous mes diplômes de psychologie. Plus j'en apprends sur la nature humaine, plus je m'aperçois que, moi qui me croyais vicieux, je suis un véritable enfant de chœur.

Frédéric se sentit tout à coup envahi par la détresse. Il s'était complètement trompé sur la vraie nature des sentiments de Monsieur Di Falco. Il était obligé de constater qu'il était pire qu'il ne pensait et qu'il profitait de son long séjour en prison pour améliorer sa canaillerie naturelle. Une bouffée de colère et d'indignation le secoua de la tête aux pieds. Il serra les poings.

— En somme, dit-il, nos réunions mensuelles vous servent de travaux pratiques et de séances d'entraînement.

— Exactement.

— Vous venez mesurer chez nous l'efficacité de vos méthodes.

— Tout juste.

— Eh bien, monsieur, je vous interdis désormais de participer à nos travaux.

Une lueur d'ironie et de tendresse s'alluma dans le regard de Monsieur Di Falco.

— Cher ami, dit-il, vous vous méprenez entièrement sur mon cas. Et si je n'avais pas de sympathie à votre égard, je risquerais de m'en formaliser. Vous êtes pourtant beaucoup plus cultivé que moi mais je ne suis pas sûr que votre connaissance de la vie soit aussi étendue que la mienne. Vous savez pourtant que c'est avec des poisons qu'on fabrique les remèdes. Alors comment auriez-vous pu imaginer que je me serve de mon récent acquis culturel pour retourner en prison, encore plus vite qu'avant ? Je mets toute mon expérience des coups tordus et des manœuvres obliques au service des innocents. Pour leur éviter d'être exploités, bien sûr, mais surtout pour qu'ils n'aient pas la tentation de faire leurs débuts dans la petite truanderie. Les prisons sont encombrées de délinquants primaires qui y font leurs universités de malfrats sous-doués. Il y a longtemps que les caïds se sont recyclés dans l'immobilier, la fausse facture et l'urbanisme commercial.

Ce que je viens de vous narrer n'est pas une fable moralisatrice. C'est une histoire véridique. Je n'ai changé que les noms de personnes et de lieux. Vous ne me croirez pas forcément et je ne vous en tiendrai pas rigueur. Je sais trop bien que la vérité se présente si souvent sous des dehors si incroyables qu'on se refuse à l'admettre. Et pourtant je n'ai fait que la rapporter.

Un dernier détail. Monsieur Di Falco a fini par accepter de quitter les Baumettes. Il a ouvert un bureau de conseiller juridique et fiscal où il gagne fort bien sa vie.

J'allais dire « honnêtement ». Je préfère « légalement » ou mieux encore « honorablement ».

Son fils Bruno vient d'être admis à l'ENA.

L'ÂGE DE PIERRE

Aux Saintes-Maries-de-la-Mer, à la mauvaise saison (personnellement je trouve que c'est la plus belle), il commence à y avoir beaucoup de monde. Mais il y a seulement une paire d'années, en dehors des réveillons, vous ne risquiez pas d'y avoir des ennuis pour garer votre voiture.

Vous me direz que, pour les limonadiers et les restaurateurs, c'était pain bénit. De Pâques à la fin octobre, ils n'avaient guère eu le temps de penser à la beauté du paysage et de savourer les douceurs de la vie.

— Vivement octobre, disaient-ils entre eux.

Octobre, c'était leur mois préféré. Suffisamment de clients pour faire tourner leur affaire. Mais le droit de voir ses amis et même de temps en temps d'organiser une petite partie de chasse.

Puis novembre arrivait, et commençait la grande solitude venteuse et glacée.

Et les quelques-uns qui restaient sur place éprouvaient le besoin de se sentir serrés les uns contre les autres.

Et l'on entrait dans la saison des invitations mutuelles. On prenait l'apéritif chez l'un, le repas chez l'autre. C'était une façon à la fois d'entretenir l'amitié et de faire marcher, si peu que ce soit, le commerce.

Je ne sais pas au juste qui fit la découverte. Si ce fut Camille, Léon, Zé, Jean, Auguste, Maurice, ou un autre. Cela n'a d'ailleurs aucune importance. Mettons pour la commodité du récit que ce soit Camille.

Un soir à l'apéritif, il dit :

— A midi vous avez déjeuné à mon restaurant. Et ce soir l'argent que vous m'avez donné, je le rapporte à Zé, qui le rapportera demain à Auguste chez qui nous déjeunons. Et Auguste le rapportera demain à Maurice chez qui nous dînons. Ces manipulations d'argent me paraissent entièrement inutiles. Il me semble que nous devrions trouver quelque chose de plus simple.

— Tu as une idée ?

— Oui, j'en ai une. Mais je me demande si elle ne va pas vous paraître un peu folle.

— Dis toujours.

Camille avait amené avec lui un gros caillou rond et lisse venu de Crau par je ne sais quel chemin. Il le posa sur le comptoir de Zé.

— Voilà, dit-il, c'est avec ce caillou que je vais payer l'addition.

En Camargue, on est généralement hospitalier. Mais on est un peu méfiant, et on se demandait si Camille n'était pas en train de fignoler une petite embrouille joyeuse.

Camille, imperturbable, poursuivait son raisonnement :

— Ce caillou, Zé le garde. Mais demain, quand nous irons déjeuner chez Auguste, il le lui laissera en paiement. Et Auguste, le soir, le portera chez Maurice où nous dînons.

Il y avait peut-être un vice quelque part. Mais ils eurent beau examiner le problème sous toutes ses faces, ils ne parvinrent pas à le trouver.

— On peut toujours essayer, dit Auguste.

— Pourquoi pas ? dit Zé. S'il y a un défaut, nous finirons bien par nous en apercevoir.

Et pendant plusieurs années le système fonctionna à la satisfaction générale. Et le caillou passait de main en main et, s'il devenait chaque année plus lisse, il ne diminuait pas de volume.

Au fond, c'était plutôt rassurant. Les billets de banque, ça se déchire et ça peut inspirer à quelqu'un de malhonnête le désir de les voler. Tandis que la valeur de ce caillou n'était garantie que par l'amitié qu'ils se portaient l'un à l'autre.

Et longtemps ils crurent avoir trouvé la monnaie idéale, le diamant parfait : celui dont le nombre de carats ne se mesure qu'à la confiance qu'il inspire à ceux qui l'utilisent. Une monnaie qui ne rapportait rien, excepté du plaisir.

Et l'on vit le caillou magique trôner, roi d'un repas, sur les tables les plus succulentes de Camargue. Et au dessert ils se disaient que, si le monde entier adoptait cette formule d'économie politique qu'ils avaient inventée, peut-être la vie sur la Terre serait grandement simplifiée.

Ils avaient enfin trouvé la monnaie indévaluable.

Or, voici deux ans, sans s'être concertés, tous les amis dont je vous ai parlé ont renoncé à l'étalon caillou de Crau qui avait pourtant fait ses preuves. Et jamais plus ils n'en ont voulu.

Et c'est seulement cette semaine que j'ai appris pourquoi ils avaient abandonné son usage. J'avais pourtant mené mon enquête, mais elle n'avait donné aucun résultat. Je m'étais heurté à des sourires évasifs, à des : « Au juste, on n'a jamais su... Ça s'est fait comme ça... »

Mais finalement en Camargue tout finit par se savoir. Et c'est Léon qui m'a avoué la vérité :

— C'est le jour où a été inventée la TVA, m'a-t-il raconté, que nous avons cessé de nous servir du caillou...

— Pourquoi ?

— Parce que la TVA, ça nous a tous rendus un peu nerveux, et le caillou dans nos mains risquait de devenir une arme dangereuse...

L'ARBRE AUX OISEAUX

Quel âge avait-il ce micocoulier ?

On ne le saura pas avant qu'il soit mort et que son tronc soit débité. Il faudra patienter longtemps. Il ne donnait aucun signe de fatigue et son feuillage ne se lassait pas de fournir, d'année en année, l'ombre la plus fraîche et la plus lumineuse de toute la vallée des Baux.

La date de sa naissance se perdait dans la nuit des temps. Il était encore plus vieux que le *Mas de la Mérinjane* dont Ferdinand Clamour, son propriétaire, ignorait lui-même l'année où il avait vu le jour.

— Tout ce que je sais, disait-il, c'est qu'il était déjà né du temps du grand-père de mon grand-père.

On avait toujours vécu vieux chez les Clamour et l'on pouvait considérer cet arbre indestructible et monumental comme l'ancêtre et le protecteur d'une famille qui comptait plusieurs centenaires. Il vous donnait un sentiment presque palpable d'éternité. Ce qui est très appréciable en une époque où l'on se demande tous les jours de quoi demain sera fait.

J'ai reçu moi-même deux gracieux micocouliers en héritage. Ils sont le plus bel ornement de mon domaine de Fontvieille (mille huit cent quatre-vingt-deux mètres, mesurés au centimètre près par M. Lapomme, géomètre assermenté). Vus de mon cabanon, ils paraissent gigantesques, mais si je les compare à celui de Ferdinand ils ont l'air de jeunes adolescents. Robustes, certes, et dans leurs veines coule la même sève que dans celles du fondateur de la tribu. Mais leur croissance n'est pas achevée et l'idée qu'ils seront encore plus beaux quand je ne serai plus là, chaque matin quand j'ouvre mes volets, loin de m'attrister m'emplit d'une joie sereine. Je suis sûr de ne pas laisser à mes descendants de grands biens ou de vastes terres, mais du moins je leur léguerai ces deux arbres et peut-être se souviendront-ils de moi au lever du soleil.

Soudain, un souvenir me traverse la tête. Au risque de perdre le fil de mon récit, je ne le laisse pas s'envoler. C'est l'histoire d'un très vieux banquier qui, sentant venir sa fin prochaine, voulut s'offrir une dernière joie. Il souhaitait voir autour de lui tous les siens rassemblés. Ceux-ci avaient essaimé dans tout l'hexagone et même à l'étranger. Il fit sonner le rappel jusqu'à la cinquième génération. De tous les points cardinaux ils rallièrent le berceau de la famille, un petit village dans la banlieue nîmoise. Ils étaient plusieurs centaines. Aucun restaurant de la région ne pouvait les réunir tous pour ce repas d'adieux.

Alors l'aïeul fit installer des tréteaux dans un chais désaffecté, vaste comme une cathédrale. La foule était bruissante comme une forêt par brise de mer. Alors le patriarche, posant la main sur l'épaule du fils de son arrière-petit-fils, murmura pour lui-même, avec plus d'étonnement que de fierté :

— Quand je pense que tout ça est sorti de ma braguette !

Au fond ma narration n'a pas dévié. Elle a simplement pris un chemin de traverse. L'ancêtre des micocouliers, le colosse du *Mas de la Mérinjane*, a lui aussi engendré une famille nombreuse. Bien plus nombreuse que celle du très vieux banquier languedocien. Mes deux modestes micocouliers font sûrement partie de sa descendance directe. Et ils auront des enfants à leur tour, qui devront s'expatrier pour trouver leur place au soleil. C'est le destin des grandes familles. Cela ne les empêche pas d'être unies. Le terrestre ou l'espace ne pourront jamais rompre les liens invisibles qui les rendent inséparables.

Revenons donc à mes jumeaux. En octobre, ils fleurissent et se mettent à pépier. On dirait un grand bouquet fauve qui gazouille. Un grand bouquet dont les fleurs sont les grives. Elles y passent des nuits paisibles mais, au réveil, mon voisin Frédéric vient les acculer dans leur premier sommeil. Je ne suis pas chasseur et, cela me coûte à dire, il agit avec mon autorisation. Il a mes clefs et quand je ne suis pas là il s'installe dans ma chambre, glisse silencieusement le canon de son fusil par la fenêtre entrouverte. A l'heure légale, il tire ses deux cartouches, coup sur coup, et une petite pluie duveteuse et rousse vaporise l'herbe. Ce n'est pas un prédateur. Il ne tire jamais plus de deux cartouches. Cela suffit pour faire une belle brochette.

J'avoue que je ne suis pas fier de moi, mais que celui qui n'a jamais goûté une tartine sur laquelle on a « quiché » de l'ail confit dans le gras et le foie de la grive, que celui-là me jette la première pierre et se contente de lécher la maigre carcasse que je lui laisse. D'ailleurs elle n'aura plus guère de goût puisque je l'aurai sucée avant lui.

Ne nous attardons pas sur ce délicat sujet qui pourrait nous valoir des ennuis à tous les deux. Dans un village tout se sait. Et quand on ne le sait pas on l'invente. Mais Frédéric a su désarmer la méfiance des jaloux.

Un jour, au *Café du Cours*, il a volontairement enjolivé son modeste tableau de chasse.

— Figurez-vous, a-t-il dit à l'heure des mominettes du dimanche, que je suis allé à « l'agachon » ce matin. Je suis tombé sur un micocoulier dont les branches pliaient sous le poids des grives. Il y en avait tellement qu'on aurait dit un essaim d'abeilles.

Déjà les auditeurs échangeaient des sourires sceptiques et levaient les yeux au ciel d'un air de dire :

— Qu'est-ce qui lui prend à ce pauvre Frédéric ? Il « déparle », cet homme. Il doit être « de drogue ». Pourtant on n'a bu qu'un seul petit pastis étendu de cinq fois son volume d'eau.

Frédéric a feint de se mettre en colère.

— Vous n'avez pas l'air de me croire. Pourtant ce que je vous dis c'est la franche vérité. J'ai commencé à tirer à six heures du matin et, vous me croirez si vous voulez, à neuf heures il en tombait encore !

Personne évidemment ne l'a cru et désormais nous dégustons impunément nos tartines à l'abri de cette galéjade.

Rien que d'y penser, l'eau m'en vient à la bouche.

Jugez-nous sévèrement si vous voulez mais le sentiment d'avoir couillonné nos amis les rend plus savoureuses encore.

Ne croyez pas que j'aie perdu de vue le micocoulier de Ferdinand. Pourquoi nous presser ? Allons-y planplanen. Il y a des gens qui se dépêchent de courir à la fin de leur histoire. Ils perdent le plus beau de la promenade. Au fond qu'est-ce que c'est qu'un conte ? Une balade buissonnière. Ça ne se visite pas, un conte, ça se vit en même temps que je le dis. Je ne suis pas un guide. Souvent, même, je ne sais pas où je vais quand je commence à raconter et j'imagine la suite dans vos regards.

Je suis pourtant tout seul dans mon bureau. Il doit être trois heures du matin. Paris ne se tait, ni ne s'éteint jamais tout à fait. Mais en ce moment il n'est qu'une brume dorée trouée de scintillements fugitifs. Paris n'émet plus qu'un bourdonnement sourd parcouru de stridences. Je vous sens autour de moi, attentifs mais sur vos gardes. Je commence à bien vous connaître. Vous vous dites :

— Si tu t'imagines qu'on va se laisser avoir une fois de plus !

Je n'ai pas du tout l'intention de vous « avoir ». Je connais la fin de l'histoire mais elle est tellement incroyable que vous allez, une fois de plus, douter de moi. C'est pourquoi je suis obligé d'avancer tout doucement pour vous ménager le système nerveux. Parce que, à partir de maintenant, vous irez de surprise en surprise. Revenons au micocoulier de Ferdinand. Il se passe dans cet arbre magique des choses absolument stupéfiantes.

Regardez Ferdinand. Il est cinq heures. Il fait nuit noire. Il part avec ses appelants à la chasse à l'espère. Il rentrera peut-être bredouille. Il n'a pas eu le moindre regard de convoitise envers son micocoulier. Pourtant il est tout grouillant de grives. Il y en a tellement qu'on ne voit plus les feuilles. Une seule cartouche à petits plombs et il en tomberait plusieurs dizaines, même en tirant les yeux fermés. Tous les chasseurs de la vallée des Baux le savent et parfois certains d'entre eux épaulent au passage. Mais jamais aucun n'a appuyé sur la détente. Même quand Ferdinand passe la nuit à Avignon chez Marcelline, la femme du directeur de la grande surface, lorsque celui-ci est à Paris en séminaire de recyclage. Il y monte souvent, à Paris, le mari de Marcelline. Il va rejoindre Ginette, la reine du « dégriffé », qui laisse la garde du magasin à son mari pour les « collections » de printemps, d'été, d'automne et d'hiver, mais surtout pour les collections d'intersaison. Une année, elle a pris quarante-deux fois le TGV. Ce qui prouve bien, non seulement qu'elle a de la santé mais qu'il n'y a plus de saisons. Tout le monde y trouve son compte mais toute cette embrouille ne dissipe pas le mystère qui entoure le micocoulier magique.

A partir de ce moment certains vont s'imaginer que je les mène en bateau. Je me mets à leur place. Mais je leur fournirai, le moment venu, la preuve que tout ce que je raconte est rigoureusement exact.

Ferdinand, depuis qu'il connaît Marcelline, a tendance à ne plus s'occuper de sa basse-cour. Il n'a d'ailleurs même pas de poulailler et ses poules, poulets, pintades et pintadons s'ébattent en liberté dans la cour de son mas et dans les collines environnantes. Il lui arrive de rester plusieurs jours sans leur donner à manger.

— *Fau qué gagnon sa vido*, a-t-il coutume de dire.

Ce qui peut se traduire : « Ils n'ont qu'à se débrouiller. »

La méthode, outre qu'elle est économique, donne les meilleurs résultats et ses volailles fermières passent, à juste titre, pour les plus « goûteuses » de toute la vallée.

Pour la conduite ordinaire de cette marmaille pépiante, Ferdinand s'en remet à Justin. Ce n'est pas un valet de ferme. C'est un coq. Altier, flamboyant, on dirait un matador en costume de lumière. Il en a d'ailleurs la démarche et l'autorité. Chaque soir, il rassemble à coups de bec son petit monde et le ramène à la maison.

Il pousse un cocorico nocturne imprévu. Ce sont alors de grands battements d'ailes, des gloussements, des bousculades et tout ce pensionnat emplumé prend son envol et vient passer la nuit sur les branches du micocoulier. Au premier cocorico de l'aube, ils ruissellent le long du tronc en piaillant et certains pensionnaires mal réveillés tombent de leur perchoir comme des fruits trop mûrs. On trouve même, dans la troupe, quelques canards sauvages qui ne quittent leur abri qu'à la fermeture de la chasse au gibier d'eau.

Les grives n'ont pas plus de cervelle que les étourneaux mais elles avaient dû se passer le mot de l'une à l'autre. Sans l'autorité de Justin qui limitait les entrées, le micocoulier de Ferdinand aurait fini par crouler sous la charge.

Vous savez maintenant pourquoi, malgré l'envie furibonde qu'ils en avaient, les nemrods de la vallée des Baux n'osaient pas tirer sur le micocoulier de Ferdinand. Il n'était pas commode ce garçon et si jamais on lui avait tué, ne fût-ce qu'une paire de pintades, cela se serait terminé sinon dans le sang (et ce n'est pas sûr) du moins devant les tribunaux. En revanche, vous ne savez pas encore que le micocoulier de Ferdinand abritait un hôte inattendu : une corneille égarée que Justin avait prise sous sa protection. Non seulement il l'avait accueillie sur le territoire qu'il contrôlait mais il l'avait autorisée à passer la nuit nichée dans son plumage. Et toute la communauté à plumes vivait en parfaite harmonie. Et les poules pondaient, et Justin les germinait avec une ardeur infatigable, et les poulets et les pintades se nourrissaient d'insectes et de pignons de pin, de fourmis et de libellules et du parfum des lavandes qui vous faisaient après mastication bonne bouche pour le restant de la journée.

Le Ferdinand alors commit une imprudence tragique. Je ne vous ai pas dit qu'en matière d'huile d'olive il était le roi. Ce qui l'obligeait à entretenir de bonnes relations avec les pouvoirs publics. Dès qu'un nouveau préfet régional était nommé, il se faisait un devoir de l'inviter au *Mas de la Mérinjane*. Avec lui, un devoir devenait forcément un plaisir gastronomique. Il savait que le préfet était bourguignon. Fidèle à ses origines et malgré la diversité des postes qu'il avait occupés, ce fils de viticulteur considérait le coq au vin comme le plat le plus délectable du monde. On avait appris en outre qu'il ne supportait pas l'aïoli dont Ferdinand régalait d'habitude ses hôtes de marque.

Cruel cas de conscience ! Mais les intérêts de la cause oléïcole l'emportèrent. Il fallait sacrifier Justin. Il le fut et M. le Préfet régional s'en lécha les babines. Et Ferdinand obtint pour lui-même et pour ses mandataires tous les aménagements fiscaux qu'il souhaitait. Avec en plus quelques subventions dont le règlement traînait.

Tout était donc pour le mieux dans ce secteur particulier du monde agricole. Le spectacle de paysans à peu près satisfaits de leur sort mérite qu'on s'y attarde quelques instants. Pas trop longtemps tout de même, car c'est à l'instant même où Ferdinand savourait sa victoire que la catastrophe s'est produite.

Il n'était pas dépensier. Même quand il montait à Paris avec Marcelline, ils ne faisaient pas bourse commune. Il veillait même à ce que ses frais personnels fussent remboursés par la Société d'économie mixte qu'il présidait. Ce soir-là pourtant il était si heureux d'avoir couillonné un haut fonctionnaire qu'il décida de s'offrir un cigare à ses frais. Tout en tirant sur son havane, il se disait qu'en cette époque il y avait des heures qui valaient la peine d'être vécues. Il ne songeait plus à ce pauvre Justin qui s'était montré pendant toute sa vie, et jusque dans sa mort, un serviteur exemplaire.

Les yeux mi-clos Ferdinand rêvait au bonheur universel. Il se sentait toujours plein de philanthropie quand il avait le ventre plein et que son compte en banque s'était allongé d'un zéro ou deux.

Autour du micocoulier un oiseau tournoyait avec un affolement de chauve-souris. La lune s'était levée et dans sa lumière blafarde les ailes déployées du volatile projetaient une ombre menaçante d'une envergure immense. On aurait dit un aigle royal cherchant sa proie dans l'obscurité.

Soudain ce fantôme d'oiseau plongea en piqué.

Ferdinand porte depuis un bandeau noir sur l'œil gauche. La corneille a vengé son ami.

On ne l'a jamais plus revue dans la région.

LE PLUS BEAU CLIMAT DU MONDE

Vous ne connaissez sans doute pas mon ami Eugène Vigoureux. Il est pourtant un excellent journaliste, mais il ne signe presque jamais ses articles. Ou bien même, on ne les lui passe pas, non qu'ils soient mauvais, mais par manque de place.

Je sais qu'il est né dans l'extrême Nord. Je ne pourrais pas vous dire exactement où. Dans la Thiérache, le Hainaut ou le Cambrésis. Enfin dans ce genre de pays où, quand il ne pleut pas, c'est qu'il va pleuvoir.

Dans notre métier heureusement on voyage. Mais la fatalité semble vouloir poursuivre Eugène. Son rédacteur en chef n'avait aucune animosité personnelle contre lui. Il le tenait même en haute estime. Mais chaque fois qu'il y avait un reportage de vent, de brouillard, ou de neige, Eugène était désigné.

Doué d'un heureux naturel, il prenait le mauvais sort en patience, mais il lui arrivait cependant de dire parfois :

— Ils finiront bien un jour par m'envoyer faire un reportage au soleil !

Et ce jour-là précisément, alors qu'il n'y croyait plus guère, après vingt ans de métier, ce jour-là précisément était arrivé.

Une dépêche d'agence venait d'annoncer la nouvelle : un ouvrier agricole, nommé Félix Bonheur (ce qui était beaucoup pour un seul homme), de Villeneuve près de Gageron en Camargue, venait de gagner 150 millions au tiercé.

Or, il se trouvait précisément que le correspondant du journal à Marseille avait la grippe. Le rédacteur en chef décida donc d'envoyer Eugène sur place. Il en pleurait de joie, ce brave Eugène. Il allait enfin connaître le soleil tous frais payés.

L'affaire était urgente. Il prit la route à deux heures de l'après-midi. Son rédacteur en chef, qui avait en lui une entière confiance, ne lui fit qu'une seule recommandation :

— Il me faut ta copie pour quatre heures du matin, dernier délai.

Mais comme il était un bon bougre, il ajouta avec un sourire :

— Au retour, tu pourras prendre ton temps.

On était donc en décembre, et il régnait sur Paris, exceptionnellement j'en conviens, mais indiscutablement, un temps quasi printanier. Et le beau temps persista jusqu'à Avallon. Par la suite, il fraîchit un peu, mais demeura fort agréable. Eugène était à Lyon à sept heures du soir. Il s'arrêta pour manger un sandwich et n'eut même pas besoin de mettre son manteau pour traverser la rue.

Les choses commencèrent à se gâter du côté d'Avignon, il faisait du mistral. Du mistral, Eugène forcément en avait entendu parler. Il savait même que le mistral était un vent violent qui soufflait dans le Midi, mais il croyait ingénument que c'était un vent sinon chaud, du moins vaguement tiède. Quand il s'arrêta à Arles, à dix heures du soir, pour demander son chemin, il fut instantanément amené à réviser sa conception. Et quand, sur la route des Saintes, il dut à deux reprises passer par-dessus des poteaux télégraphiques allongés sur la route, il comprit que non seulement le mistral n'était pas tiède, mais qu'il était encore plus violent qu'il ne pensait.

A partir des plaines de Meyran, ses véritables étonnements commencèrent. Il lui avait semblé apercevoir déjà, après le pont de Trinquetaille, quelques plaques de verglas sur la route. Il n'en avait pas cru ses yeux, mais les avait évitées pour le principe. Dans le chemin des plaines de Meyran, il lui fut impossible de mettre en doute le témoignage de ses yeux : le petit chemin était une patinoire entre deux congères, dignes d'une piste de bobsleigh.

Des plaines à Gageron, il n'y a pas loin. Mais sur une patinoire, une voiture même bien chaussée ne bat pas des records de vitesse. De sorte qu'il ne fut à Gageron que vers les minuit.

Par bonheur, l'épicerie-buvette n'était pas encore fermée, et avant qu'Eugène eût ouvert la bouche, Firmin, le patron, avait posé devant lui un grog brûlant et bien tassé qui lui fit retrouver l'usage de la parole.

— Pourriez-vous, dit-il, me préciser l'adresse de Félix Bonheur à Villeneuve ?

Firmin fut catégorique.

— Des Bonheur à Villeneuve, il y en a deux, il y a un Jules Bonheur et un Marcel Bonheur, mais de Félix il n'y en a pas.

Une erreur de prénom, c'est fréquent dans les dépêches d'agence. Mais il fallait se hâter.

— Il faut que je les voie d'urgence, déclara-t-il.

— Mais, répondit Firmin, à cette heure-là, ils sont couchés. Et moi, c'est un miracle que vous me trouviez debout.

— Il faut que je les voie quand même, reprit Eugène, reporter irréprochable.

— Vous les verrez demain, répliqua Firmin, parce que ce soir, en voiture, c'est impossible.

— Eh bien, dit Eugène, sublime, j'irai à pied.

— Mais c'est à au moins quatre kilomètres !

— J'ai juste le temps, conclut Eugène, plus sublime encore.

Il partit dans la tourmente. Et je crois que depuis la retraite de Russie aucun être humain n'a connu pareilles épreuves. Il se trompa plusieurs fois. Prit une roubine glacée pour un chemin et la glace se rompit sous ses pieds. A des moments, il eut de la neige jusqu'au ventre... Et naturellement le premier Bonheur, Jules, qu'il tira du lit, n'avait pas gagné au tiercé. Mais c'était un être humain et il offrit à Eugène Vigoureux la rasade d'eau-de-vie grâce à laquelle, sans aucun doute, il est encore parmi nous.

A deux heures du matin, il arrivait au *Mas des Alouettes*, chez Marcel Bonheur, que par miracle il trouva debout, mais de fort méchante humeur, car il souffrait d'une rage de dents. Ce Marcel-là non plus n'avait pas touché le tiercé, ni dans l'ordre ni dans le désordre.

Comme il avait bon cœur lui aussi, malgré sa malchance et ses douleurs dentaires, il offrit à Eugène de finir la nuit au coin du feu.

Vous commencez à connaître Eugène, ce n'est pas un homme à s'arrêter en chemin. A trois heures du matin, il retrouvait sa voiture et elle consentit à partir au premier coup de démarreur. Mais il était matériellement impossible qu'il fût en Arles à quatre heures du matin pour téléphoner.

Eh bien, il y fut à quatre heures moins cinq et aujourd'hui encore il se demande comment il a fait !

Si jamais vous vous êtes trouvé en Arles au mois de décembre à quatre heures moins cinq du matin et que vous avez trouvé un téléphone, vous êtes bien le plus fort.

Eugène fut le plus fort. Il n'hésita pas, il sonna chez un médecin.

— C'est pour une urgence, dit-il.

Et à quatre heures juste, il avait son rédacteur en chef au bout du fil.

— Eugène à l'appareil.

— Ah, c'est toi ? On a essayé de te rattraper, mais tu venais juste de partir.

— Il n'y a pas de Félix Bonheur à Villeneuve, déclara Eugène Vigoureux, du ton d'un sergent qui vient au rapport.

— Je sais, répondit le rédacteur en chef. On s'était trompé de Villeneuve. Le bon est du côté de Dunkerque. On y a envoyé le petit Léon.

Eugène prit une profonde inspiration et demanda, d'un ton neutre :

— Et quel temps il a eu ?

— Très beau, répondit le rédacteur en chef avec surprise. Mais pourquoi tu me demandes ça ?

Nous avons vu mon ami Eugène Vigoureux se conduire plusieurs fois de façon sublime, mais jamais autant qu'en ce moment même où il dit avec une indifférence héroïque :

— Pour rien.

LA SOIRÉE D'ADIEUX

La maison était en ordre, les meubles cirés, les vitres invisibles à force de transparence. Joséphine, la femme de ménage, venait de vivre trois jours épuisants d'encaustique et de lessive. Elle était si fière de son œuvre qu'elle en oubliait ses rhumatismes.

Elle fit une dernière tournée d'inspection et, prenant Marcel à témoin :

— Ma pauvre mère aurait pas fait mieux.

Elle ne se décidait pas à rentrer chez elle et, regardant son patron droit dans les yeux, elle demanda timidement :

— Ça ne vous fait pas peine de quitter tout ça... ?

Pour la première fois elle s'adressait directement à lui. Le silence, au bout de vingt ans de bons et loyaux services, s'était installé entre eux. Un silence affectueux et complice. Un silence de servante de curé. Jamais Marcel ne lui donnait d'ordre. Jamais elle ne lui demandait de conseil. Elle était entrée à son service au lendemain de son veuvage et considérait cette maison comme la sienne, et son employeur, qui avait pourtant passé la soixantaine, comme son jeune fils.

— Je ne peux pas faire autrement, soupira le vieux gamin.

Leur réserve mutuelle avait fondu d'un coup. Je ne sais pas qui fit le premier pas, mais ils se retrouvèrent dans les bras l'un de l'autre et la vieille Joséphine se mit à pleurer et Marcel pleura aussi, sans honte ni retenue.

Joséphine fut la première à se ressaisir :

— Pardonnez-moi, dit-elle, je me conduis comme une gamine.

Et, d'une voix redevenue ferme :

— Vos valises sont faites... A quelle heure est votre avion ?

— Nous signons l'acte de vente à cinq heures.

Une lueur d'espoir s'alluma dans le regard de la servante au grand cœur.

— Je vais préparer votre lit.

— Non, protesta Marcel, je ne resterai pas ici une seconde de plus, j'ai retenu ma place dans l'avion de nuit.

Joséphine baissa la tête et s'avoua battue. Elle avait pourtant lutté jusqu'au bout. Elle aurait volontiers continué d'assurer son service gratuitement. Pour être moins seule, pour avoir le sentiment d'être encore utile à quelque chose. Mais elle savait que Marcel ne l'aurait pas admis malgré les difficultés financières qui l'obligeaient à vendre sa maison. Avec sa seule retraite, il ne pouvait plus s'offrir le luxe d'une résidence secondaire, si modeste qu'elle soit. Il finirait ses jours dans l'obscur pied-à-terre qu'il possédait à Paris.

Le visage de Joséphine s'était soudain fané. Marcel vit sa silhouette s'éloigner à contre-soleil. Il eut l'impression qu'elle se dissolvait dans la lumière et qu'elle rentrait chez elle pour y mourir. Il se laissa tomber sur un fauteuil et resta un long moment prostré comme un orphelin.

Il n'avait même pas osé dire à Joséphine :

— Je reviendrai souvent vous voir.

Il avait décidé de ne jamais plus retourner dans les lieux où il avait été si heureux, où il avait eu la certitude enfin de vivre « pour de bon », de peur de comparer sa future détresse à son bonheur perdu.

Il lui restait trois heures avant de signer son acte de renonciation à la joie de vivre. Alors il décida de rassembler en ces trois heures toutes les minutes de joie qu'il avait vécues dans son petit jardin au creux de la colline.

— Salut figuier, dit-il, je suis venu te faire mes adieux.

A son ombre lumineuse, il avait savouré les siestes les plus agréables de son existence.

Je ne pense pas que les arbres ont des oreilles, mais celui-ci fut sensible à tant de courtoisie. Une figue se détacha spontanément de sa branche et tomba directement dans les mains qui le saluaient. Et ce fut la plus savoureuse des figues qui ait jamais explosé dans la bouche de Marcel.

Il fit un geste d'amitié en direction des écureuils qui faisaient leur numéro de trapèze volant de cyprès en cyprès. Ils s'immobilisèrent aussitôt. Le plus agile d'entre eux se laissa glisser le long du tronc où d'ordinaire il s'enroulait en spirale. Il sautilla dans sa direction avec une dignité de plénipotentiaire, venu remettre en discussion les clauses d'un ancien traité.

Jamais Marcel n'avait vu un écureuil de si près. Leurs regards se croisaient. Il n'y avait aucune inquiétude dans les yeux de la craintive bestiole. Marcel lui caressa la tête comme s'il se fut agi d'un chat et il lui sembla que l'écureuil s'était mis à ronronner. Jamais personne n'a rencontré d'écureuil qui ronronne et qui se laisse caresser la tête. Le miracle ne dura que quelques secondes. Mais cela fut. En trois bonds le délégué avait rejoint ses cimes et repris son numéro de voltige avec ses petits camarades.

A aucun moment Marcel ne se demanda s'il avait rêvé. Il n'eut de doute qu'à l'instant où, soulevant par habitude une pierre sèche, il découvrit deux escargots en train de se rendre un mutuel hommage. Nous étions au mois d'août, en pleine canicule, saison où les gastéropodes n'ont pas l'habitude de folâtrer et où l'on rencontre surtout des coquilles vides.

Soudain, Marcel n'en crut pas ses yeux. Toutes les pierres sèches de son jardin s'étaient soulevées en même temps et une armée d'escargots s'avançait toutes cornes dressées sur le muret de sa tonnelle.

— Je deviens fou, pensa-t-il.

Il avait des raisons de le croire. Car en plein soleil le rossignol s'était mis à chanter et les grillons à mener grand tintamarre. Les herbes folles de son jardin s'étaient incendiées à la lueur incandescente des vers luisants. Les lavandes déjà séchées avaient refleuri toutes ensemble. Sous la pierraille, la source, tarie depuis des siècles, s'était mise à couler. Marcel y plongea les mains puis se frotta le front.

A cet instant, toutes ces hallucinations s'éteignirent. Le soleil se cacha derrière un nuage. Le ciel redevint vide et silencieux. Sur la dernière branche de son abricotier, centenaire et stérile, un fruit doré inadmissible avait refusé de s'anéantir dans le désastre.

Les minutes passaient. Il était toujours là et semblait narguer ce pauvre Marcel.

— J'en aurai le cœur net, pensa-t-il.

Avec une agilité dont il ne se serait plus cru capable, il se trouva au sommet de l'arbre centenaire. Il tendit vers le fruit irréel une main inquiète. Il sentit au bout de ses doigts sa chair tiède et duvetée. Il hésitait à le porter à sa bouche. Il rêvait mais il souhaitait que le rêve se prolongeât.

Il ferma les yeux. Sous sa langue le fruit doré fondait comme un sorbet.

A la tombée de la nuit Joséphine parut.

— Pardonnez-moi de vous déranger mais je vous ai apporté dans du papier sulfurisé une omelette à la tomate et deux petits fromages de chèvre pour le voyage.

— Nous ne partons plus.

— Mais vos acheteurs ?

— Je les ai mis à la porte.

— Mais comment allez-vous faire pour vivre ?

— Le ciel y pourvoira.

Vous voyez bien que j'avais raison de lui faire confiance puisque, je suis sûr que vous l'avez deviné, Marcel c'est moi et que je ne suis pas mort à l'heure actuelle. On meurt rarement du bonheur de vivre.

SUIVEZ LE GUIDE

Philibert avait l'esprit vif mais il y avait des choses qu'il n'arrivait pas à comprendre. A la longue cela aurait risqué de lui abîmer le caractère. Que l'injustice régnât en maîtresse dans l'univers ne le choquait pas outre mesure mais qu'il fût, lui, victime de la rancune d'Albert son conscrit l'aurait fait douter, s'il y avait cru, de l'existence de Dieu.

Il y a longtemps déjà il m'avait pris à témoin de l'iniquité de son sort :

— Tu me diras peut-être que j'aurais pas dû coucher avec Marceline, sa femme...

— Je ne te dis rien de pareil.

Il poursuivit néanmoins :

— Je reconnais que j'ai eu tort mais il a bien dû s'apercevoir que je ne l'ai pas gardée pour moi. Je la lui ai rendue en bon état de marche. Et même en meilleur état qu'à l'époque où je la lui avais empruntée. Sans lui demander la permission...

Peu à peu il s'énervait à s'en faire péter les anévrismes :

— Les faits remontent à une quinzaine d'années. Il y a prescription. Depuis ce temps la femme d'Albert en a utilisé des quantités d'autres coquins. Est-ce que je me plains moi ? Pourtant elle n'a pas arrêté de me tromper. J'ai essayé de raisonner son mari. Il n'a rien voulu entendre. Tu veux que je te le dise... Ce garçon c'est un gros rancunier...

— Calme-toi mon beau ! Tu vas t'abîmer la santé pour une femme qui doit être grand-mère à l'heure qu'il est.

— Pire que ça... Elle est morte l'année dernière.

— Alors l'incident est clos...

— Je le croyais aussi. Mais Albert ne veut toujours rien entendre.

Je n'ai pas l'habitude de me mêler de ce qui ne me regarde pas et j'avais bien l'intention de ne pas intervenir dans cette affaire purement domestique. Je ne pus m'empêcher cependant de dire, croyant mettre un terme à ce pénible entretien :

— Il l'aime peut-être encore.

Philibert s'était mis à suffoquer et il aurait fini par manquer définitivement d'air si je ne lui avais longuement et vigoureusement tapé dans le dos :

— Tu rigoles, dit-il.

— Je n'en ai pas envie.

— Albert, de Marceline, il s'en est toujours moqué. Il l'a épousée juste pour ses sous et il n'arrête pas de me faire des misères. C'est juste pour me faire bisquer...

— Il te fait vraiment des misères !

— Mais tu n'es pas au courant ?

— Tu sais, à Fontvieille, ce qui se passe aux Baux, en principe on s'en désintéresse...

Alors il me raconte. Mais il faut reprendre les choses d'un peu plus haut...

En ce temps-là, les Baux n'étaient pas encore un lieu touristique. C'était un somptueux amas de ruines où les minots jouaient à cache-cache, les lapins à saute-mouton et les amoureux à être seuls au monde. Quelques originaux venus d'ailleurs (dont le graveur Louis Jou) vinrent par la suite réensemencer en poésie une terre où Dante et Mistral avaient déjà poussé...

Quand les poètes ressuscitent, les touristes rappliquent. Il ne suffit pas de les nourrir. Il faut leur fournir du rêve à la demande. Philibert pensa donc que son heure avait sonné. Se fondant sur ses expériences avec les dames il se croyait tout désigné pour alimenter ce nouveau marché du baratin.

La rancune d'Albert depuis la mort de sa femme ne s'était pas apaisée. Elle avait simplement pris un visage plus hypocrite :

— Ne crois pas que si je te refuse le poste de guide communal, c'est à cause de Marceline. Je reconnais que, pour l'action oratoire, tu es le plus doué de nous tous...

— Alors...

— Mais ça ne suffit pas. Tu n'as pas le « bagage » qui faut.

— Qué bagage ?

— Tu ne sais même pas qui c'est le cardinal de Richelieu.

— Les « capelans », répliqua noblement Philibert, j'ai jamais été dans leurs idées. Je me porte bien quand même.

— Je ne voudrais surtout pas t'abîmer la santé. Mais si tu te mets à apprendre l'histoire de France tu risques de perdre le sommeil...

— Mais pourquoi j'apprendrais l'histoire de France ?

— Pour faire visiter le pays...

— Mais ce pays je le connais centimètre par centimètre, et tout ce qui s'y passe je suis au courant même avant que ça se soit produit...

Albert, qui n'était pas non plus historien, tenta désespérément de faire comprendre à Philibert que le rôle d'un guide était de raconter aux visiteurs ce qui s'était passé sur le plateau des Baux depuis les temps préhistoriques.

— Mais ils s'en fichent !

Il était sincère et il n'avait peut-être pas entièrement tort. Albert n'était pas loin de partager son point de vue :

— Ils s'en fichent peut-être mais c'est pour ça qu'ils viennent et c'est pour ça que je les fais payer...

De cet entretien culturel, Philibert ne retint qu'une chose : Albert était un gros rancunier. Ils se séparèrent sans se serrer la main :

— Tu auras de mes nouvelles, dit-il.

Il en eut, et très vite. Avec son propre argent Philibert s'était acheté une casquette plate et sur sa porte il avait apposé une plaque sur laquelle on pouvait lire :

« *Philibert*
Guide local privé
Le seul qui connaisse
la véritable histoire des Baux »

Dès la première semaine, il refusait du monde.

J'ai visité à sa suite son domaine. A plusieurs reprises. Je ne m'en lasse pas, car il ne dit jamais la même chose. Seul le début ne change pas. Il fait toujours commencer son exposé par l'évocation de son arrière-grand-mère. Elle marque pour lui le début de l'histoire de son pays. Avant elle c'était la nuit. Une nuit peuplée de cardinaux et de monarques dont il n'avait jamais entendu parler.

Dès la première intervention il avait conquis son public. Il aurait pu le choquer, car il ne faisait pas dans la dentelle. Mais le Parisien (au sens large du terme) est épris de rusticité :

— Mathilde, mon arrière-grand-mère, disait-il, devait déjà habiter sur le plateau à l'âge des cavernes, mais elle ne m'en a jamais parlé. Elle craignait de me donner des cauchemars. Elle est morte à cent deux ans. Pourtant elle a mené une vie plutôt rude. Un jour, je lui ai demandé : « Comment tu fais pour être si bien portante ? » Elle a réfléchi une seconde : « Je crois que c'est parce que je pisse dehors... »

C'est à cet instant précis que se jouait sa réputation de brillant causeur. L'assistance restait encore sur la réserve. Que devait-il faire ? Changer de registre ? Battre en retraite ? Devenir conférencier mondain et tenir des propos sucrés, la bouche en cul de poule ?

Il redoubla de verdeur :

— Mon père, poursuivit-il, avait décidé d'installer un *cagadou* dans la cave. Comprenez-moi bien, pas un de ces *cagadous* modernes avec des chasses d'eau qui se détraquent toujours et qui n'ont été inventées que pour enrichir des plombiers. Non, juste un trou, dans une cuve de ciment. Ça vous fait faire de la gymnastique et, au moins, quand ça se bouche, il y a pas besoin de faire venir le spécialiste. Deux ou trois coups avec le manche de l'*escoube* et ça repart.

Les premiers rires commençaient à fuser. Un peu gênés au début mais qui ne demandaient qu'à s'épanouir.

— Si vous aviez entendu Mathilde : « Tu le fais si tu veux, elle gueulait. C'est toi le chef de famille. Mais moi j'ai tout mon confort. Le *patis* me suffit ».

Là-dessus, il se lançait dans une savante explication linguistique qui établissait le lien indiscutable qui s'est établi depuis la naissance des hommes entre le « pâturage » *(patis* en provençal) et le « patis » (synonyme de *cagadou* en plein air).

Rassurés par l'étendue de son savoir, les auditeurs étaient désormais entièrement à sa merci.

« Mon arrière-grand-mère, poursuivait-il, dormait dans une soupente au deuxième étage. Sur le palier, nous avions une vieille horloge dont le balancier rythmait notre existence et quand Mathilde grimpait l'escalier, et à chaque battement de balancier... toc... elle lâchait un petit pet... toc... toc... Il y avait trente-neuf marches et trente-neuf toc... toc...

Là il s'interrompait un instant et s'enquérait d'un air faussement inquiet :

— Je ne vous choque pas, au moins ?

D'une seule voix le conclave protestait :

— Pas du tout. Continuez.

Cette fois, il les tenait. Il pourrait faire d'eux ce qu'il voudrait :

— Au moment précis où Mathilde arrivait devant la porte de sa soupente l'horloge sonnait neuf heures de sa voix fêlée. Or ce soir-là, au trente-huitième toc, Mathilde s'arrêta de péter et le balancier de battre. Et l'horloge oublia de sonner. Alors mon père me dit : « Petit, va remonter le balancier. » J'ai grimpé les marches quatre à quatre et je les ai redescendues huit à huit. Mathilde était morte à son trente-huitième pet de la journée et dans la cent deuxième année de son âge. Depuis nous n'avons jamais remonté la pendule.

Il fermait les yeux un instant, secouait la tête pour chasser l'émotion vraie qui l'habitait (et que partageait son auditoire) et lançait d'une voix redevenue joviale :

— Et maintenant allons prendre l'air...

Je me permets de vous signaler que par temps de pluie Philibert se refusait à exercer ses fonctions de guide privé. Il avait mieux à faire. Il allait cueillir des escargots. Il ne donnait ses représentations que par beau temps et sa tournée consistait essentiellement à lever les collets qu'il avait éparpillés sur tout le plateau des Baux.

A chaque halte il donnait une recette de cuisine qu'il tenait précisément de sa défunte arrière-grand-mère. Ou bien il cueillait quelques brins de lavande ou de toute autre fleur de rocaille, les leur faisait respirer et se permettait de leur en décorer le corsage d'une main volontairement tâtonnante. Quand il était d'humeur il clamait face au soleil un poème de Mistral :

« *Raço d'eïgloun jamaï vassalo*
Qu'amé la pouncho de sis alo... »

Soudain il réclamait à tous le silence et entraînait sa troupe dans une caverne obscure et moite :

— Allumez vos briquets...

Dans un silence de cathédrale, à la lueur des briquets tenus dévotieusement comme des cierges de première communion, il célébrait la grand-messe quotidienne de Marceline sa bien-aimée :

— C'était une reine, disait-il. Elle avait une peau de satin. Elle sentait l'aubépine. Sa bouche était fondante comme un abricot. Ses seins ont mûri sous mes doigts comme des pêches. Elle s'appelait Marceline. Elle a régné sur moi pendant vingt-cinq ans et elle continue à régner sur mon cœur, et sur ma peau. C'est ici qu'elle s'est donnée à moi.

Le silence était tel qu'on aurait entendu marcher une fourmi. Parfois il s'agenouillait mais se relevait aussitôt et conduisait au pas de chasseur tous ses fidèles pour le pèlerinage du souvenir :

— Là, disait-il, nous avons échangé notre premier baiser... Il entremêlait sa confession publique de souvenirs, d'anecdotes qu'il prenait par les oreilles au moment où elles détalaient dans sa tête comme des lièvres.

— Vous n'avez pas connu mon ami Thoret. On l'appelait Thoret Mont-Blanc. C'était un aviateur. Il faisait du vol à voile. Un jour, il m'a emmené dans son planeur. C'était si beau que je n'ai même pas eu peur. Pourtant il était un casse-cou. Comme vous en avez jamais vu. Tantôt on était à trois mille mètres d'altitude et le seul bruit que nous entendions était le crissement de son planeur déchirant le ciel. Et le ciel recousait sa déchirure d'un fil invisible au fur et à mesure que nous avancions. Nous le laissions intact et j'aurais voulu que Marceline soit avec nous. Tantôt nous rasions les fleurs de lavande. Je n'avais pas la trouille. Je savais qu'il ne pouvait rien nous arriver de mal.

Mon ami Thoret a tenu quand même à me rassurer :

« Nous ne risquons rien. Pourtant, je n'ai pas d'altimètre.

— Non, mais tu as le compas dans l'œil.

— Pas dans le mien. Je reprends l'altitude dès que je vois une lueur d'effroi dans le regard d'un grillon... »

Une voix s'élève du conclave :

— Vous n'avez pas recommencé ?

— Non, c'était trop beau. Un souvenir de ce genre il faut se le garder intact...

Il faisait toujours une halte au pied du buste de Charloun Rieu, le plus authentique des poètes de la Terre.

Parfois il désignait un espace à l'ombre de Charloun qu'il délimitait en carré d'un doigt précis comme s'il se fût agi d'un ring.

— Ici, disait-il, Philibert et moi nous sommes battus à mort pour Marceline. Nous en avons réchappé tous les deux. A l'extérieur ça n'a pas laissé de trace mais en dedans on ne s'en est jamais remis...

Le soleil cependant commençait à s'engloutir dans les étangs de la Camargue. Il y avait de la mélancolie dans l'air :

— C'est l'heure, proclama Philibert d'un air inspiré.

C'était l'heure de l'apéritif. Il entraînait alors tout son petit monde chez lui et offrait le pastis maison.

— Je tiens à vous prévenir que vous allez boire le meilleur du monde. Pour la bonne raison qu'il est entièrement illégal et totalement clandestin.

Il fut applaudi par tout le monde. Même par les Allemands. Après quoi il leur chanta *La Mazurka souto lis pins* du vieux Charloun. Puis il ouvrit le bal qui dura jusqu'à l'aube... Il n'avait ni le « bagage », ni le titre, ni le diplôme. Mais quelqu'un qui amène de plus en plus de monde à visiter son pays, ne me dites pas que c'est un mauvais guide.

Même Albert a fini par en convenir. Il s'est décidé à faire amende honorable et à proposer à Philibert le poste officiel de guide-chef.

Bon prince, Philibert a accepté :

— Uniquement pour te faire plaisir. Parce que ton cardinal de Richelieu, je ne veux toujours pas faire sa connaissance...

— Je ne t'en demande pas tant, a dit le maire.

Désormais, ils sont deux à évoquer, fort avant dans la nuit, le souvenir de la reine Marceline, dont ils sont les loyaux sujets. A force de parler d'elle, Albert a même fini par croire qu'il en avait été amoureux, alors que de son vivant il ne lui avait jamais demandé que de tenir sa comptabilité et de servir la soupe à l'heure. Je dois cependant vous prévenir. Inutile de chercher Philibert. Il nous a quittés pour un monde pas forcément meilleur que celui où il avait toujours vécu.

J'espère qu'il est pleinement heureux avec Marceline.

A moins, bien entendu qu'il n'ait jamais existé et elle non plus. Et qu'ils ne soient que le fruit de mon imagination.

Franchement, ce serait dommage...

LA BARBE DE SAMSON

Samson (de Mouriès) avait une barbe. La plus belle barbe de toute la vallée des Baux. Une barbe soyeuse et frisée qui lui descendait plus bas que l'embouligue. On aurait dit un prophète de l'Ancien Testament.

En plus de sa barbe, Samson possédait une femme. Non, elle ne s'appelait pas Dalila mais tout bonnement Mauricette, ce qui est un prénom difficile à porter quand on est l'épouse de quelqu'un qui ressemble à Moïse encore plus que Moïse lui-même.

Bien qu'elle fût de trente ans plus jeune que lui elle l'aimait d'un amour farouche. Des amours comme ça, on n'en voit que dans la Bible ou, à la rigueur, chez Shakespeare. Elle lui était farouchement fidèle mais elle n'aimait pas se montrer en public au bras de son barbu.

Elle aurait pourtant aimé ouvrir le bal de la fête votive. Mais elle était vergogneuse et elle aurait eu peur qu'on se moque d'elle. Même à la maison elle ne pouvait pas danser la biguine avec lui (car il était souple pour un homme de son âge et il avait le sens du rythme). Chaque fois qu'elle avait essayé, elle s'était pris les pieds dans le fleuve majestueux de cette barbe interminable.

Après une nuit, où jamais son affection ne s'était montrée si ingénieuse, son seigneur et maître, pourtant avare de compliments (et même de paroles), l'avait longuement regardée et lui avait dit à voix basse :

— Tu es la plus belle femme du monde...

Elle avait rosi de satisfaction. C'était une consciencieuse qui aimait le travail bien fait. Elle aurait dû se contenter de ce satisfecit. Mais elle crut ingénument qu'il lui donnait le droit de formuler une timide requête.

— Mon amour, dit-elle, tu as la plus belle barbe du monde. Mais pour arriver jusqu'à ton corps adoré je dois te la rabattre sur la tête. Tu risques de périr étouffé et je ne vois plus la lumière de tes yeux. Ne crois-tu pas que nous serions encore plus proche l'un de l'autre si tu me permettais de la tailler si peu que ce soit ?...

Samson poussa un rugissement de bête blessée. Et quand Samson rugissait, tout le village se réveillait en sursaut, croyant que la terre une fois de plus venait de trembler et qu'un volcan éteint venait de se rallumer. Puis sa voix prit une inquiétante douceur. Une douceur implacable :

— Ma chérie, déclara-t-il, si tu touches à ma barbe, je te répudie aussi sec.

Elle ne se le fit pas dire deux fois car elle tenait à son bonhomme plus qu'à sa propre existence. Cette barbe dont elle s'était accommodée jusqu'ici, à partir de cet instant, l'empêcha totalement de dormir.

A son côté son sublime époux ronflait de toute sa puissance. Elle était si amoureuse que la force même de cet ouragan sonore lui était douce à l'oreille comme un roucoulement de colombe. La barbe épaisse de son massif époux continuait cependant à faire écran entre sa tendresse et l'objet de sa légitime convoitise.

On ne peut pas vraiment dire qu'elle prit sa décision elle-même. Ce ne fut pas de toute façon une décision mûrement réfléchie. Sa main lui avait échappé pour entrouvrir sa boîte à ouvrage et en extraire ses petits ciseaux d'argent. D'un geste tremblant, elle tailla dans la forêt quelques touffes de poils.

Samson avait le sommeil profond des travailleurs de force. Il était forgeron de son état, ce que je ne vous ai pas dit plus tôt car son métier n'a aucune incidence sur le déroulement de ce récit.

Soudain le colosse poussa une manière de gémissement et roula sur le côté. Affolée, Mauricette n'eut que le temps de se précipiter vers la fenêtre pour jeter au hasard de la nuit les touffes dérobées.

Fausse alerte. Le colosse s'était déjà rendormi et ronflait de nouveau comme un soufflet de forge. Le lendemain au réveil il ne s'aperçut pas du larcin commis sur ce qu'il avait de plus précieux dans sa personne.

Sans croire encore à son impunité Mauricette, chaque nuit, tailla dans la masse pileuse. Peu à peu, elle s'enhardit et bientôt la barbe de Samson laissait son nombril à découvert. Elle ne l'avait jamais vu d'aussi près et le trouva si charmant qu'elle ne put s'empêcher d'y multiplier les agaceries.

De sorte que Samson se réveilla plus tôt que d'habitude mais ne trouva aucune raison de s'en plaindre. Il était d'ailleurs en si hauts esprits qu'il ne s'aperçut pas de la mutilation pileuse dont il avait été victime et dont il se trouvait miraculeusement bénéficiaire.

Nos destinées et nos volontés s'accordent rarement, et ce qui se passa par la suite Mauricette n'aurait pu ni le prévoir ni l'imaginer. Les poils qu'elle semait au hasard de la nuit avaient atterri sur le toit de l'appentis en contrebas qui servait d'atelier à son époux. Et des mésanges industrieuses en avaient fait, en y mélangeant leur salive et des brins de paille, le plus douillet des nids.

— Tiens, dit Samson, je ne fais plus peur aux oiseaux.

Cela parut lui plaire. Désormais Mauricette redoubla d'audace. Il y eut bientôt trois nids de mésanges sur le toit de l'appentis. Sa barbe était arrivée au niveau de son torse velu et son infatigable épouse récoltait maintenant les poils de son torse qui étaient encore plus soyeux que ceux de sa barbe.

Samson ne s'était toujours aperçu de rien. En revanche, Mauricette avait découvert dans la poitrine de son inépuisable barbu une source inexploitée de délices conjugales et légitimes. Le chant des oiseaux et ces nouvelles sources de volupté avaient considérablement adouci le caractère de Samson dont nul ne pourra dire qu'il n'avait pas été jusqu'alors pénible et rebroussier.

Au trentième nid de mésanges, il s'aperçut enfin que sa barbe lui couvrait à peine le haut des épaules. Il était dans son atelier. Il avait son marteau dans la main et Mauricette crut un instant qu'elle allait lui servir d'enclume.

Elle avait tort.

Le colosse lui avait pris le cou entre ses mains musculeuses et caleuses. Elle se voyait déjà étranglée. Il la traitait cependant comme si elle avait été un petit oiseau. Elle était minuscule et lui arrivait à peine au niveau des premières côtes.

Il la hissa à bout de bras jusqu'à hauteur de ses lèvres et lui souffla, bouche contre bouche :

— Je vais aller me raser la barbe. Tu ne m'as pas encore exploré le cou...

C'est ainsi qu'ils furent heureux jusqu'à la fin de leurs jours et eurent beaucoup d'enfants. Ils n'y avaient pas pensé jusque-là.

LE MAÎTRE ET L'ÉTALON

Assez de galéjades, l'heure de la tragédie a sonné. Chez nous, vous savez, elles font bon ménage et, quand Tartarin a cessé de nous faire rire, Frédéric de *l'Arlésienne* se suicide par amour. Entre Arles et Tarascon, il n'y a pourtant que seize kilomètres.

Les jacobins de Paris ne le comprendront jamais. Plus on visite ma Provence, moins on la connaît. C'est peut-être l'une des régions de France les plus hermétiques parce que, précisément, les plus ouvertes. La seule façon que l'Histoire lui a offerte de rester elle-même fut de cacher ses mystères derrière sa fausse évidence. Elle se met à l'abri des idées toutes faites qu'elle inspire. On la voit, superficielle et dorée alors qu'elle est profonde et noire. Quand je suis à Paris et que j'évoque sa présence, je ne peux m'empêcher de penser à cet avertissement au client qu'exposaient certaines boutiques de mon enfance : « Ce que vous ne voyez pas en vitrine, demandez-le à l'intérieur. »

Il est un peu long, mon exposé des motifs. Mais avant que je vous fasse pénétrer dans une Provence plus intime, il fallait bien que je vous prévienne. Sinon vous m'auriez pris pour un « galéjeur » au moment même où j'étais le plus sérieux.

Félicien, donc, était un homme affable et de bonne compagnie. Il était de toutes les fêtes et il lui fallut bien de la vertu pour ne pas se lancer dans la politique. Tous les partis de la région, quelle que soit leur couleur, souhaitaient l'avoir à leur tête.

— Cet homme, me disait une jeune femme pourtant fidèle, tu le vois une fois et après tu le veux tout...

Son pouvoir de séduction s'étendait sur trois départements mais il paraît certain qu'il ne s'en servait pas. S'il avait eu une aventure, croyez-moi, la nouvelle se serait répandue sur tout son territoire, bien avant que « l'irréparable » ait été commis.

Avec d'autres, les imaginations se seraient mises en branle et les langues de pute au travail. Mais il était si brave, si serviable avec tout le monde, si heureux de vivre, si bon père, si bon époux que personne n'était jaloux de son bonheur. Pourtant il avait du bien, mais il vivait sa richesse avec une telle simplicité que nul ne semblait lui en tenir rigueur.

Ce qui est assez rare, convenons-en, sous quelque latitude que ce soit.

Je n'étais pas vraiment de ses amis, mais je l'avais approché en plusieurs occasions et il m'avait réservé, comme à tous les autres, un accueil si chaleureux que j'avais eu le sentiment d'avoir retrouvé un ami d'enfance. On ne voyait en lui que son sourire. Un sourire à la fois éclatant et timide. Il avait l'air de vous demander pardon d'être aussi heureux. C'était suggéré si gentiment qu'on ne lui tenait pas rigueur de sa réussite.

Si j'avais été de ses familiers, peut-être ne me serais-je jamais douté de quelque chose. Son charme était si envoûtant qu'il annulait tout esprit critique. On se trouvait, à son côté, pris dans une atmosphère chaleureuse et paisible. On repartait chez soi ragaillardi.

— S'il est heureux, se disait-on, pourquoi n'essaierais-je pas de l'être... ?

Mais dès qu'on s'évadait de son sourire, on décelait dans son regard pourtant si affectueux quelque chose qui n'était ni de la tristesse ni de l'indifférence. Je cherche les mots. Je ne les trouve pas. Ils me viendront peut-être pendant le sommeil...

Ils ne sont pas venus, mais je me suis réveillé avec un tel sentiment de solitude que j'en ai été abasourdi. Rarement pourtant j'avais été moins seul. Toute ma famille était entassée dans mon cabanon minuscule et Joséphine grommelait :

— Nous allons manquer de draps, et voilà que la machine à laver choisit ce moment pour tomber en panne.

Les mots ne se décidaient toujours pas à montrer le bout de leur nez mais j'avais désormais une certitude : si je me sentais si seul dans le cabanon surpeuplé, c'était de la faute à Félicien. Je revis son regard. Il était lumineux, il était fraternel. Trop lumineux. Trop fraternel. Il cachait quelque chose. Je ne savais quoi. Une absence. Un désespoir absolu. Un secret, en tout cas...

Ma fille revenait du marché et comme c'est une bonne petite elle m'avait rapporté le journal. La nouvelle s'étalait sur huit colonnes à la une : Félicien venait d'être assassiné.

Il m'a fallu plusieurs mois pour reconstituer la vérité. Encore ne suis-je pas sûr de la connaître tout à fait. Elle conserve bien des pans d'ombre que je ne souhaite pas effacer. Pour une fois que le clair-obscur s'installe, ce serait une faute que de tenter de le dissiper.

Voilà donc ce que je sais, ou que je crois savoir, sur la mort de Félicien...

Il lui arrivait plusieurs fois par mois de seller Cadichon. C'était un cheval tendre qui se laissait monter par les enfants de Félicien comme s'il avait été âne de promenade. Mais, le reste du temps, c'était un étalon d'une intransigeance sauvage. Il n'acceptait d'autre cavalier que son maître, qui l'entraînait souvent en Camargue dans d'interminables chevauchées dont Félicien sortait radieux mais épuisé.

Cadichon en revenait, lui, aussi fringant qu'au départ. Pourtant il n'avait pas fait que galoper et avait semé au passage quelques rejetons de plus.

Ce matin-là, Félicien avait prévenu sa femme :

— Nous resterons deux jours absents. Ce brave Cadichon a de plus en plus de clientes...

— Tu vas nous le tuer, avait dit sa femme en souriant.

— Tu sais bien qu'il est increvable. Faisons de route...

A partir de cet instant, leur trace se perd jusqu'à la découverte de son cadavre défiguré, allongé le long d'une roubine. Le médecin légiste releva quarante-trois coups de couteau n'ayant épargné aucune partie de son corps. Surtout pas les plus nobles.

Le meurtre n'aurait jamais été éclairci (et l'a-t-il été vraiment ?) si le gardien du *Mas du Grand Peluque* n'avait trouvé dans l'écurie Cadichon la gorge ouverte et les jambes brisées. Il ne restait de lui qu'une bouillie sanglante. Il avait été assassiné lui aussi. Pas par des hommes. Par l'étalon de la manade.

Alors les langues se délièrent à demi. De la Provence secrète, la Camargue est la région la plus secrète. Seuls ceux qui ne savent pas se permettent de parler. Ceux qui savent se taisent. La loi du silence, pour ce coup, se craquela. Des lambeaux de mensonge furent donnés en pâture à la presse. Pas pour faire du tort à Félicien, car il était aussi aimé aux Saintes que partout ailleurs. Mais, au contraire, pour ne pas faire du tort à sa mémoire.

Ailleurs on ne s'en doutait pas. Mais en Camargue ils étaient tous au courant. Le vertueux Félicien, l'inaccessible Félicien avait lui aussi sa « faiblesse. » Mais comme on l'aimait bien, on était content pour lui. On était même fier à sa place. On gardait le secret pour être les seuls à le savourer. Qu'il ait accordé l'exclusivité de ses fredaines à la Camargue était un honneur pour le pays et un acte de confiance. Il savait que sur le pourtour du Vaccarès on sait garder un secret. Pendant des siècles s'il le faut. Ici on ne dit rien, ni au percepteur ni aux journalistes, encore moins aux flics.

Ils avaient la conscience d'autant plus tranquille que le cocu venait de Normandie et qu'il s'était installé depuis peu dans la région.

Celui-là ne se doutait pas de son infortune. Quand il avait surpris les amoureux, il avait sorti son Opinel. Personne ne l'avait vu. Il essuya son couteau et repartit l'âme tranquille.

Ce fut son cheval qui le trahit. Par fidélité. Tant que son maître ne disait rien, il avait laissé faire, il était resté tranquille, mais à partir du moment où il se fâchait il ne pouvait pas, lui, faire autrement que de passer à l'action. Il y mit toute l'ardeur qu'inspire à une noble bête une rancune longtemps retenue. Ses juments préférées se détournaient de lui et semblaient préférer ce Cadichon descendu des collines pour le défier.

Il avait du sang plein les sabots. Qu'est-ce qu'il risquait ? Le Code pénal ne s'applique pas aux quadrupèdes.

Le manadier normand, lui, risquait les assises. Et peut-être se serait-il laissé arrêter avec soulagement. Ses collègues camarguais s'étant mobilisés pour lui fournir tous les alibis voulus, il fut laissé en liberté, mais dut vendre (à bas prix) sa manade et quitter le pays.

Il ne s'était donc rien passé, puisque tout était rentré dans l'ordre.

Telle est la version des faits qui m'a été confiée lors du magnifique enterrement que la Provence offrit à Félicien. La version camarguaise. Je m'en suis donc satisfait. Jusqu'à aujourd'hui.

J'étais aux Saintes en train de prendre l'apéritif avec un ami (dont je vous tairai le nom). Une dame un peu hagarde, échevelée, vieillie mais toujours redoutablement belle, était installée au bar et parlait toute seule :

— Fais pas attention, m'a dit mon copain. Elle est folle.

— Qui est-ce ?

— Tu te souviens de l'affaire du Grand Peluque... ? Et oui... C'est elle. La veuve...

— Elle est toujours là ?

— Oui, elle a refusé de suivre son mari en exil. Elle ne sait plus où elle en est, elle a fait naufrage et elle dit n'importe quoi...

Soudain, elle s'est mise à gesticuler et, prenant les consommateurs à témoin, elle a hurlé :

— Je suis LA SEULE... Vous m'entendez bien : LA SEULE.

Certains ont rentré la tête dans les épaules. Je les ai vus rougir. Mais personne n'a bronché...

C'est depuis que je me demande si l'austère et jovial Félicien n'était pas aussi cavaleur que son cheval. Mais ça, je ne l'avouerai jamais. Ce serait mettre l'honneur camarguais en péril.

LE SORCIER DE LA CANEBIÈRE

Je n'ai pas encore écrit une ligne, mais je sais d'avance ce que vous allez me dire. Vous me le direz sans méchanceté. Vous me manifesterez même de l'indulgence qu'on réserve aux inéducables. Vous me direz :

— Ô Yvan, tu ne changeras jamais. Oui, tu as le droit d'exagérer un peu pour donner de la couleur à tes petites histoires. Mais je sens qu'une fois de plus tu vas passer la mesure.

Rassurez-vous, je ne protesterai pas. J'ai l'habitude. Je me résigne. Ce n'est pas la peine que j'insiste. Si je vous affirmais que le récit que je vais faire est rigoureusement authentique, vous ne me croiriez pas. Tant pis pour vous.

Je vous entends déjà ricaner parce que ce que je vais vous raconter s'est passé à Marseille et que, du moment que ça se passe à Marseille, cela n'a plus aucun rapport avec la réalité. Je vous laisse donc à vos préjugés et je poursuis ma route. Non seulement ça s'est passé à Marseille, mais dans un tramway, ce qui enlève encore de la crédibilité à mon récit. Quoi qu'il en soit, voici donc la scène dont j'ai été le témoin privilégié.

Je lisais tranquillement dans mon journal un fait divers sanglant, mais tellement quotidien qu'il n'arrivait pas à troubler ma quiétude. Soudain, une vive altercation éclata entre le contrôleur et un passager. Je tiens à préciser que si les propos échangés étaient d'une rare violence, les personnes qui les tenaient ne donnaient pas l'impression de vouloir en venir aux mains. Elles ne semblaient d'ailleurs pas avoir d'armes à feu en leur possession.

Le dialogue avait débuté sur un ton fort courtois :

— Pouvez-vous, avait demandé le contrôleur, me présenter votre ticket ?

A quoi le passager avait répondu avec une paisible et radieuse insolence :

— J'en ai pas.

— Alors, avait dit calmement le poli fonctionnaire d'autorité, il va falloir payer une amende.

C'était à cet instant précis que les choses s'étaient gâtées. Le passager continuait de sourire d'un air satisfait, mais ses propos manquaient de la courtoisie la plus élémentaire.

— Votre amende, avait-il poursuivi, non seulement je ne la paierai pas, mais vous pouvez vous la carrer dans le train. Et si vous n'avez pas compris le sens de mes paroles, je tiens à vous préciser que je vous emmerde, vous et tous vos parents, les plus proches comme les plus éloignés.

L'homme à la casquette de contrôleur avait pâli mais il avait fait un effort surhumain pour garder son sang-froid :

— Faites attention à ce que vous dites.

— Croyez-bien que j'ai pesé toutes mes paroles et, puisque vous êtes dur à la comprenure, je vous les confirme et je suis prêt à vous les répéter.

— Attention, je vais me fâcher.

Alors le client facétieux avait éclaté d'un grand rire heureux et avait dit d'une voix douce :

— Je ne vous le conseille pas.

L'héroïque préposé était déjà en garde :

— Si vous faites le moindre geste, je vous préviens que je vous EMMASQUE.

Mon journal m'est tombé des mains. Une simple altercation « en chair et en os », c'est beaucoup plus émouvant qu'un fait divers imprimé.

Le contrôleur avait baissé sa garde.

— Qu'est-ce que vous voulez dire ?

Le passager jusqu'alors était resté assis. Il se leva. On s'aperçut qu'il était minuscule et pas le moins du monde impressionnant. Il avait la main droite dans la poche. Il l'en retira lentement, referma les deux poings. Des poings de fillette.

Rassuré, le consciencieux contrôleur sortit son carnet à souches :

— C'est pas tout ça. Nous avons assez perdu de temps.

Mais il resta le Bic en l'air. L'index et le petit doigt avaient jailli en même temps du poing fermé. L'avant-bras allait et venait comme un piston en direction du visage de son adversaire. L'héroïque employé se sentit de nouveau rassuré. Il haussa les épaules et ricana :

— Tu fais encore : « Hou les cornes ! » à ton âge...

Il n'en dit pas davantage car « l'emmasqueur » à bouche fermée émettait un curieux sifflement, tantôt grave, tantôt suraigu, qui vous mettait tout de suite mal à l'aise. Son avant-bras accélérait son mouvement de piston.

— Arrête, tu vas me donner le tournis...

Le tutoiement lui avait échappé. Il était en sueur. Il se fouilla pour prendre son mouchoir. Je m'aperçus que sa main tremblait. Son visage était devenu subitement cramoisi. Le sifflement de l'emmasqueur lui était intolérable. Mais à lui seul. A moi comme aux autres spectateurs (dont j'aurais dû prendre les noms et les adresses pour vous persuader de ma bonne foi) il était simplement agaçant.

Le contrôleur avait cependant dégrafé le col de sa chemise. Il suffoquait.

— Arrête, gémit-il, je vais me trouver mal.

L'emmasqueur s'arrêta un instant de torturer sa victime :

— Tu me lèves la contravention.

— Jamais de la vie.

— Alors je double la dose...

Aussitôt le contrôleur parut se tétaniser sous nos yeux.

Tous les passagers s'étaient levés de leurs sièges pour voir les choses de plus près. Le wattman, qui ne pouvait suivre cet étrange duel que dans son rétroviseur, avait arrêté sa machine de sa propre autorité sans attendre le prochain arrêt et s'était retourné pour ne rien perdre du spectacle.

L'emmasqué ne pouvait plus articuler une parole. Il parvint à lever sa main gauche, celle qui tenait le carnet à souches. L'emmasqueur s'interrompit aussitôt.

— Explique-toi mieux.

Le souffle peu à peu lui revenait :

— D'accord... je te lève la contravention.

— Ça ne suffit pas.

— Qu'est-ce que tu veux de plus ?

— Que tu me demandes si j'accepte.

— Mais je te le demande.

— Demande-le-moi poliment... Mieux que ça. A genoux. Les mains jointes... Mets-y un peu de sentiment... Tu as une cigarette ? Merci, je garde le paquet...

Cela dura cinq bonnes minutes. Nous étions si fascinés par ce qui se passait sous nos yeux qu'aucun de nous n'osa intervenir.

— Tu peux te relever, dit l'emmasqueur. Mais n'y reviens plus.

Nous dûmes aider le brave homme à se remettre debout. Le wattman allait remettre son moteur en route. L'emmasqueur fit un geste :

— Une seconde, ce n'est pas fini.

Son poing gauche s'était ouvert. Il tendit la main vers celui qu'il avait réduit à l'état de zombie :

— Combien gagnes-tu par mois ?

— Pas beaucoup.

— Je te demande combien.

— Cinq mille sept cent quatre-vingt-six francs.

— Ils ne sont pas généreux, dans ta boîte... Je vais te faire un prix. Tu me dois dix sacs.

— Pour quelle raison ?

— Pour la fatigue que tu m'as causée... Et dépêche-toi, sinon je double.

Un instant, le pauvre emmasqué eut envie de se rebiffer mais, dès qu'il vit le poing du sorcier se refermer, son index et son auriculaire en jaillir de nouveau, il se hâta de l'ouvrir pour y déposer sa rançon.

Alors le petit homme est descendu du tram sans dire un mot, et d'un geste désinvolte il a indiqué au wattman qu'il pouvait reprendre sa route. Puis il est parti en sifflotant, les mains dans les poches.

Je n'ai jamais revu le minuscule emmasqueur. Si vous êtes un esprit fort, vous pouvez penser que cette histoire je l'ai rêvée et non pas vécue. C'est votre droit. Prenez vos risques. Quant à moi, depuis ce jour, quand je vais à Marseille, je descends la Canebière à pied.

LES PETITES CHOSES DE LA VIE (ET DE LA MORT)

La Vie. La Mort. De bien grands mots pour de toutes petites choses. De toutes petites choses qui sont la substance même de nos jours. De petits riens quotidiens dont l'importance ne nous apparaît qu'aux approches du terme.

Alors seulement nous parvenons à distinguer l'insignifiant de l'essentiel. La mémoire a fait son tri. Elle a laissé tomber les événements qui, à l'époque où ils se sont produits, vous paraissaient inoubliables. Elle n'a retenu que les instants privilégiés dont vous n'avez pas su vivre la plénitude... Ils vous avaient paru futiles en leur temps et vous vous apercevez qu'ils sont les seuls à vous tenir compagnie jusqu'au bout.

Vous n'emporterez rien d'autre avec vous pour la dernière traversée... Orson Welles dans *Citizen Kane* prononce, avant de mourir, cette expression mystérieuse : *Rose bud* (« bouton de rose »). Ainsi avait-il baptisé la luge sur laquelle il avait effectué ses premières glissades sur la neige. En elle se résumaient toutes les joies et tous les regrets d'une existence pourtant riche de plaisirs et de combats.

Cette histoire d'asperges, par exemple, vous la trouverez peut-être un peu mince. Mais plus le temps passe, plus je trouve qu'elle contient toute l'amitié du monde. Et sans l'amitié, s'apercevrait-on vraiment qu'on a existé ?

Cela se passait à Fontvieille en des temps, sinon très anciens, du moins bien avant la guerre de 39 et la suite.

D'abord il y avait Joseph. Joseph était curé. Un curé tout rond, tout bon et tout simple. Il faut noter toutefois qu'il était meilleur latiniste que la moyenne des capelans et qu'il fréquentait aussi volontiers les Évangiles que les *Odes* d'Horace. Il lisait quotidiennement son bréviaire avec ferveur. Ce qui ne l'empêchait pas d'éprouver à la fréquentation de ce grand païen d'Horace une extrême allégresse intellectuelle.

Ensuite il y avait Justin. C'était son meilleur ami. Pourtant il était anticlérical. Sans hargne, mais sans faiblesse. Il se trouvait cependant qu'il était lui aussi un latiniste distingué et qu'il connaissait par cœur quelques discours de Cicéron et la totalité des pages roses du Larousse.

Cela lui permettait de fleurir son discours de citations appropriées à toutes les conjonctures.

Comme il fallait s'y attendre, les deux hommes étaient également d'ardents félibres, nourris de Roumanille et de Mistral. Si l'un commençait à déclamer par exemple : « *De long dou Rose entre les pibos* », l'autre enchaînait aussitôt : « *E li sausseto de la ribo.* »

Des êtres de ce genre se font de plus en plus rares, mais, par bonheur, ils existent encore et s'ils venaient, Dieu garde, à disparaître, nos villages perdraient beaucoup de leur charme.

De leur charme et de leurs éclats de voix.

Car, en dehors du latin et du provençal, sujet sur lequel d'ailleurs ils avaient des controverses animées, ils n'étaient d'accord sur rien. Ils étaient pratiquement inséparables et se retrouvaient tous les soirs pour l'apéritif et la partie de jacquet.

Ce qui était pour eux l'occasion de disputes fraternelles qui enchantaient la galerie par leurs trouvailles verbales et leurs imprécations.

Joseph affirmait que le jacquet était un jeu de pur hasard.

Justin prétendait que c'était un divertissement rigoureusement scientifique.

Ils n'en vinrent jamais aux mains, mais se retirèrent plusieurs fois le bonjour. Cependant, tous les dimanches, même pendant leurs périodes de brouille, ils allaient dîner un coup chez l'un, un coup chez l'autre.

Célibataires tous les deux, l'un par obligation, l'autre par vocation, ils étaient tous deux d'admirables cuisiniers. La vérité m'oblige cependant à dire que, pour le gros œuvre, ils se faisaient aider l'un par Jeannette, sa bonne ; l'autre par Marie, sa gouvernante.

Le latin, le provençal et la gastronomie, cela crée entre les êtres des liens indissolubles.

Peu importe alors qu'on diverge d'opinion sur l'existence de Dieu, la création du monde, ou la pluralité des planètes habitées.

Ils ne cherchaient qu'à s'étonner mutuellement par le raffinement d'une daube ou d'une blanquette, et leurs agapes étaient pour eux l'occasion de vanter leurs mérites réciproques.

— Tes pieds paquets, Joseph, sont sublimes, et je pèse mes termes.

— Ta soupe au pistou, Justin, est une pure merveille, et le mot n'est pas assez fort.

— J'en ai mangé, Justin, des ratatouilles délicieuses, mais d'aussi délicieuse que la tienne, jamais de la vie.

— Ta soupe de poissons, Joseph, tu vois, il y a des moments où elle me ferait croire à l'existence de Dieu.

Cette unanimité dans l'éloge réciproque était pourtant troublée sur un point. Un seul point, mais irrémédiable. Il y avait entre eux un contentieux impossible à liquider en matière d'asperges.

Naturellement, ils étaient d'accord pour proclamer que seules les asperges vertes à reflets violets sont dignes du palais d'un gourmand. Mais Justin voulait qu'on les servît avec une sauce hollandaise tiède, et Joseph avec une vinaigrette rehaussée d'un soupçon de ciboulette.

Comme ils demeuraient fermes sur leurs positions, ils prirent l'habitude, quand il y avait des asperges en hors-d'œuvre, de mettre sur la table les deux sauces à la fois : une hollandaise tiède pour Justin, une vinaigrette ciboulettée pour Joseph.

Or, ce dimanche-là, précisément, Justin devait déjeuner chez son ami, et il y avait des asperges au menu. A midi trente, Justin, qui était la ponctualité même, n'était pas arrivé. A l'heure moins le quart, toujours pas de Justin.

A l'heure parut Marie, le visage défait, les yeux pleins de larmes :

— Il est malade ? demanda Joseph.

Marie éclata en sanglots.

— Il vient de mourir.

Le premier réflexe de Joseph fut d'élever son esprit vers le ciel et de faire une prière pour le repos de l'âme de son ami.

Son second mouvement fut encore plus amical.

Il se tourna vers sa bonne et lui dit :

— Jeannette... aujourd'hui... les asperges... à la sauce hollandaise uniquement.

C'est ça, l'amitié.

La vie, la mort, la galéjade, la tragédie, la joie d'exister et la dureté de la condition humaine : c'est ce mélange qui nous permet de vivre. Ne croyez pas qu'en Provence ce soit plus facile qu'ailleurs, sous prétexte que le ciel est plus pur et les jours d'ensoleillement plus nombreux.

Voilà pourquoi j'aime tellement l'histoire de Fernand, qui prenait plaisir à regarder travailler les autres. J'y vois une illustration acceptable de ce que mon ami Joseph Rey appelle la communion des saints.

C'est une doctrine qu'il faut manier avec précaution, sinon elle permet tous les abus et justifie à l'avance toutes les révoltes. L'Histoire ne s'en est pas privée, et son énoncé sommaire risque de vous indigner car elle peut se définir ainsi : il faut qu'il y ait des gens qui triment pour que d'autres se reposent. Ou, si l'on veut l'exprimer autrement : il faut qu'il y ait des demoiselles de petite vertu pour que les honnêtes femmes acceptent les rigueurs de leur condition.

Ce qui est difficilement admissible.

Mais parfois, comme dans l'histoire suivante, on est bien obligé d'admettre que les encouragements d'un « feignant » soulagent la peine des hommes.

Fernand, à Graveson, ils l'appelaient tous l'« inspecteur des travaux finis ». Sans aucune méchanceté. Car si quelqu'un, à quatre-vingts ans passés, avait conquis le droit de ne rien faire, c'était bien lui qui, de l'aube à la nuit tombée, n'avait cessé de travailler comme un damné de la terre. Puis sa femme était morte, et ses enfants s'étaient éparpillés dans l'hexagone.

Alors, un immense dégoût du travail lui était venu. Sa pension d'invalide de guerre et quelques coupons de rente lui permettaient de survivre. Sans aucune mélancolie, d'ailleurs. Il s'était inventé une distraction qui occupait ses journées et lui causait une grande satisfaction goguenarde : il allait voir travailler les autres.

Il y a des vieux immobiles qui meublent l'inaction forcée de leur retraite avec des palabres ou des parties de cartes. Ou d'interminables songeries.

Fernand, lui, mettait à ne rien faire une activité débordante. Levé avec le soleil, il arrivait dans les champs parfois avant les travailleurs eux-mêmes et les regardait se démener avec une sérénité bienveillante.

Parfois il donnait un coup de main. Mais très rarement et en cas de force majeure uniquement. La plupart du temps, il se contentait de distribuer généreusement ses conseils.

— A mon avis, disait-il, tu t'y prends comme un manche...

Ou bien :

— Si j'étais toi, c'est pas comme ça que je ferais.

Il y aurait eu dans sa conduite de quoi agacer les natures les plus paisibles et, malgré son grand âge, il lui arriva souvent de se faire traiter de pénible et de pire que ça. Mais, peu à peu, on finit par s'accommoder de sa présence. Il faisait partie des personnages du village et s'était intégré au rythme de la vie quotidienne. On l'avait baptisé : « Fernand les bras cassés » et, quand on le voyait apparaître au détour d'un chemin, on disait :

— Tiens, voilà l'inspecteur.

Quand il n'était pas là, le rendement des travailleurs s'en ressentait. Mais il était toujours là. Sa tournée d'inspection l'amenait à parcourir, tous les jours, une vingtaine de kilomètres dans une trentaine de petites propriétés.

Désormais, il ne retenait des travaux des champs que leur bon côté, les moments de repos.

— Tu prendras bien un verre avec nous ?

— Pourquoi pas ?

— Et qu'est-ce que tu dirais d'un peu de saucissette ?

— J'accepterais, mais uniquement pour vous faire plaisir...

Il restait en compagnie des travailleurs même... au moment de la sieste et il n'était pas celui qui dormait le moins profondément.

Ce genre d'existence lui réussissait au teint. Il conserva jusqu'à un âge avancé bon pied bon œil, bon appétit et bonne humeur. Mais il n'était quand même pas un surhomme et il se faisait moins alerte au fil des ans. Ses jambes devenaient de plus en plus lourdes. Il dut raccourcir son itinéraire quotidien.

Bientôt, il se contenta de rendre visite à Zézé son voisin qui exploitait, avec toute sa famille, des hectares d'un seul tenant de culture maraîchère et de vergers.

Je ne pense pas qu'il y mettait malice car c'était un brave homme. Mais il est bien certain que de voir Félix, le grand-père, né la même année que lui à trois jours de distance, continuer à courber son échine rhumatisante sur la terre nourricière lui causait un plaisir infini. Confortablement adossé à un arbre, il distribuait infatigablement les proverbes et les encouragements.

Notez bien que personne n'obligeait le vieux Félix à continuer à se rendre utile. Mais, comme il le disait lui-même :

— Travailler, c'est tout ce que je sais faire.

Il n'y avait donc aucune animosité entre les deux vieillards. Le taciturne penché sur le sol et le volubile les yeux au ciel en train de se rouler une cigarette. Ils se tenaient mutuellement compagnie. Ils se complétaient. La mort seule les séparerait...

Ce matin-là, pourtant, Fernand était de mauvaise humeur. Il commençait à s'impatienter. Zézé et les siens avaient plus d'une heure de retard. Ils parurent enfin.

— Vous n'êtes pas sérieux, dit-il. Il ajouta aussitôt : Félix n'est pas là ?

— Non, il est resté couché ce matin.

— Le feignant !

Puis, saisi d'un scrupule, il demanda :

— Il n'est pas malade ?

Zézé, avant de répondre, et sans cesser de ramasser fiévreusement des salades, consulta la famille du regard. Personne ne lui répondit.

— Non, prit-il sur lui de dire avec gêne, il n'est pas malade.
— Il sera là demain, j'espère.
Zézé cette fois ne répondit pas. D'ailleurs, Fernand avait aussitôt enchaîné :
— Quand il n'est pas là, je m'ennuie...
Jamais la famille de Zézé n'avait ramassé ses salades avec tant de précipitation.
— Du calme, dit Fernand, vous gâchez le travail... vous allez les abîmer.
Dans le petit jour, il n'avait pas remarqué le visage défait et les yeux rougis de la tribu Zézé.
Le grand-père était mort dans la nuit sans déranger personne. La toilette du défunt les avait retardés. Il fallait rattraper le temps perdu. Les salades ça n'attend pas.

La vie. La mort. Étroitement mêlées, inséparables. Le rire, les larmes. Panisse n'est pas le seul à avoir ressuscité quelques instants pour ramener son ami César à un peu plus de discrétion. Il s'est redressé un instant sur ses oreillers et il a lancé d'une voix pas le moins du monde mourante :
— Ô, mon collègue ! Qui c'est qui meurt ? C'est toi ou c'est moi ?
Et tous ceux qui pleuraient ont aussitôt séché leurs larmes. Et Panisse est parti sur un éclat de rire. C'est ça la mort quand on sait la prendre.
Panisse, toutefois, n'est pas le seul dans la région à avoir ressuscité pour faire plaisir à ses amis. Mon ami Jules aussi. Mais lui, c'est « pour de bon ».

Blanche joignit les mains et pâlit.
— Mon Dieu, le pauvre ! Qui aurait cru !...
Blanche, comme tous les samedis, venait fleurir la tombe de sa mère et sa piété filiale l'empêchait toujours de regarder le paysage qui l'entourait et même de s'intéresser aux tombes voisines.
Pourtant, le cimetière de Puy-Sainte-Réparade est l'un des plus beaux de Provence. Il donne vraiment l'envie de s'y reposer jusqu'à la fin des siècles. D'y passer, comme dit Brassens, sa « mort en vacances ».
Ce samedi, pourtant, quelque chose d'insolite avait frappé l'esprit de Blanche. Elle allait rentrer chez elle sans avoir pris clairement conscience de ce qui avait failli attirer son attention.
Ce ne fut qu'au moment de se séparer de sa pauvre maman (un peu plus tôt que d'habitude, car elle avait des pieds paquets sur le feu) que son regard se fixa sur l'objet qu'elle avait aperçu sans qu'elle s'en rendît compte pleinement.
C'est à ce moment qu'elle avait joint les mains. Elle ajouta même :

— Mais c'est pas possible, mais c'est pas vrai... Mais quelle catastrophe !

Sur la tombe voisine, il y avait un ex-voto de marbre sur lequel avaient été incrustées deux photos sous mica. Celles des époux Anibert, Jeanne et Jules.

Pour Jeanne, elle était au courant. Cela faisait trois mois qu'elle avait assisté à son enterrement.

Je ne voudrais pas être mauvaise langue, mais Blanche n'avait éprouvé, au sujet du trépas de son amie d'enfance, qu'un chagrin modéré. J'irai jusqu'à dire pas de chagrin du tout. Je crois même pouvoir préciser qu'elle avait pensé :

— Dans le fond, pour Jules, c'est ce qui pouvait arriver de mieux...

Il était en effet de notoriété publique, à Puy-Sainte-Réparade, que Jeanne faisait de la vie de Jules un véritable enfer. Un si bel homme et si brave. Il allait pouvoir enfin un peu respirer maintenant que sa femme était au ciel.

Mais regardez comme la vie est mal faite ! Et même la mort !

Voilà un homme dans la force de l'âge et dans la plénitude de son charme, qui va pouvoir tout recommencer sur de nouvelles bases. Et le voilà qui meurt sans prévenir personne.

Non, la vie n'est pas juste, pensait Blanche qui, jadis, avait failli épouser Jules et avait repris espoir, sans le montrer à personne, depuis la mort de Jeanne.

Néanmoins, bien qu'elle eût le cœur plein de tristesse, elle rentra chez elle d'un pas alerte.

Ne me dites pas qu'elle pensait mesquinement : « D'accord je n'aurai jamais Jules, mais personne ne l'aura non plus... »

Ce n'est pas son genre. Elle se disait simplement que les pieds paquets, même s'ils sont meilleurs plus on les cuit, risquent à la longue d'attacher dans le toupin. Entièrement prise dans ses pensées ménagères et mélancoliques, elle faillit buter sur Marie, sa voisine, et sa rivale depuis toujours.

— Tu étais au courant ? lui dit-elle.

— De quoi ?

— Jules...

— Qu'est-ce qui lui est arrivé à Jules ?

— Rien... Il est mort.

— Qu'est-ce que tu me dis là, ce n'est pas croyable.

— Pourquoi ce n'est pas croyable ?

— Parce que, Jules, je l'ai encore vu hier soir.

Malgré sa tristesse, Blanche ne put s'empêcher de ressentir au cœur le pincement de la jalousie. Elle travaillait à Marseille et ne venait au Puy que pour le week-end. Tandis que cette moins-que-rien de Marie était perpétuellement sur place et disponible...

De toute façon, cela n'avait maintenant plus d'importance.

— Il était peut-être vivant hier soir, mais aujourd'hui il est mort et enterré.

— C'est matériellement impossible.

— C'est pourtant comme ça.

C'est alors que parut Alice, que je n'ai pas à vous présenter, mais qui avait failli, elle aussi, épouser Jules. Sa présence créa une alliance immédiate entre les deux commères. Et sans attendre elles lui décochèrent la nouvelle en plein cœur :

— Tu sais ? Jules... Eh bien, il est mort !

Alice n'eut pas le temps de répondre que s'il était mort elle aurait été la première informée puisqu'elle sortait à peine de son lit. Elle n'aurait pourtant pas hésité à le faire. Elle n'en eut pas l'occasion...

Jules lui-même, tout en muscles, en viande, en moustaches et en sourire, venait de faire son apparition.

— Mais alors, tu es pas mort ! dirent en même temps Blanche et Marie.

— Pourquoi je serais mort, dit Jules, puisque je n'en ai pas envie ?

Blanche était encore plus pâle qu'au début de cette histoire.

— Dis-moi que je suis folle, déclara-t-elle.

— De moi, je sais, fit Jules en se lissant la moustache.

— Mais enfin, reprit Blanche, je viens de voir ta photo sur ta propre tombe...

Jules éclata d'un rire plein d'une santé indestructible.

— C'est pas grave, affirma-t-il. Mais quand ma pauvre femme est morte, le marbrier m'a dit que si je faisais faire les deux photos en même temps, cela me coûterait moins cher...

Voilà pourquoi Jules ne s'est jamais remarié, pour ne pas faire les frais d'une troisième photographie.

Sont-ils bons, sont-ils méchants, nos frères humains ? Sont-elles mauvaises, sont-elles exquises, ces personnes du sexe opposé à qui nous devons nos plus hautes joies et nos plus cruels tourments ?

Sommes-nous des anges ou des bêtes ? Les deux à la fois, bien sûr. Et souvent, qui croit donner la mesure de sa méchanceté laisse apparaître à son insu des réserves de gentillesse dont, à force de les refouler, il (ou elle) avait oublié l'existence.

Il y avait des moments où Conchita se sentait envahie par un bonheur, un étrange bonheur, où il entrait plus d'orgueil que de satisfaction. Le sentiment de sa réussite, qui ne l'abandonnait presque jamais, devenait tout à coup oppressant et presque intolérable.

Les battements de son cœur se précipitaient, le sang lui montait aux joues, elle avait la fièvre au front, mais une sueur glacée lui coulait le long de la colonne vertébrale. Souvent, quand ses genoux avaient molli, elle était obligée de s'asseoir. Il lui arriva de s'évanouir.

Ces crises la prenaient à l'improviste. Elle en sortait ragaillardie. Mais qui l'aurait vue dans ces moments-là aurait pu croire qu'elle venait d'échapper d'extrême justesse à l'infarctus du myocarde. Son passé de misère et d'humiliation venait subitement de lui remonter à la gorge.

Sa vue se brouillait. Il lui fallait un certain temps pour que la présence de sa vaisselle, de ses tapis, de ses bijoux, et de ses beaux meubles bien cirés la rassure. Alors elle redressait la tête et se sentait, sinon la plus heureuse, du moins la plus forte, la plus comblée par le destin.

Je vous le dis tout de suite : à Maussane-les-Alpilles elle n'est pas très populaire et sa fierté l'isole plus que sa richesse. Même les gens les plus braves ne peuvent s'empêcher de dire :

— Qui l'a vue et qui la voit !

La guerre civile avait chassé ses parents d'Espagne. Le désespoir avait fait de son père un ivrogne qui se délivrait de sa détresse en rouant de coups sa maigre femme noiraude et silencieuse. Conchita, quand elle était toute petite, restait parfois plusieurs jours sans se montrer dans la cabane à outils où sa famille campait. On semblait ne pas s'apercevoir de sa disparition. Le village n'aurait pas demandé mieux que de l'adopter. Mais, à l'époque, elle était déjà d'une fierté ombrageuse et vivait plus de rapines que de charité.

Sa mère mourut jeune encore. Un orphelinat recueillit Conchita, ce qui acheva de lui durcir le caractère.

Les plus indifférents commencèrent alors à s'apercevoir qu'elle était fort jolie. Elle s'en était aperçue avant tout le monde. Sa beauté, dans la lutte pour la vie, était sa seule arme. Elle sut s'en servir au mieux de ses intérêts. Je tiens à préciser un point qui a son importance et que pourront vous confirmer même les plus mauvaises langues de Maussane. Conchita ne choisit pas la voie de la galanterie qui lui était pourtant toute tracée, et certains affirment même qu'elle est toujours vierge. Elle emprunta au contraire la voie la plus difficile : faire payer les hommes sans jamais rien leur accorder.

Elle modelait son attitude sur la générosité de ses soupirants. Ne dansait qu'avec des riches (et jamais au-dessous de dix hectares) et ne commençait à sourire qu'après qu'on l'eut attendrie par des cadeaux d'importance.

On la demanda plusieurs fois en mariage. Elle faillit céder. Mais elle préféra toucher les intérêts de sa beauté à la petite semaine, et même au jour le jour, plutôt que d'investir son capital en une seule fois.

Ce en quoi elle fut sage et sa fortune se constitua, si j'ose dire, de la même façon que la Camargue : par alluvions successives.

Sa beauté cependant devenait moins éclatante. Mais elle avait déjà une maison à elle, qu'un Suisse lui avait offerte un soir d'ébriété, une voiture anglaise que lui avait abandonnée un Allemand qui ne savait pas conduire, et un mobilier Haute Époque mis en dépôt par un antiquaire anglais qui eut la délicatesse de mourir à la guerre.

Sur la période d'occupation il vaut mieux d'ailleurs ne pas s'étendre. Il serait parfaitement malhonnête de dire que Conchita fut une collaboratrice. Mais il serait injuste de ne pas avouer que le marché noir acheva de faire d'elle quelqu'un dont le compte en banque souffrait la comparaison avec certaines personnes, que je ne nommerai pas, mais qui n'eurent en ces pénibles circonstances qu'à faire fructifier leur patrimoine.

Enfin bref, la voici aujourd'hui quinquagénaire nantie et à l'abri du besoin pour plus d'un autre demi-siècle. Elle ne demeure pas inactive. Elle s'est spécialisée dans les opérations immobilières et s'épanouit allégrement dans la vente de la terre provençale à ses nouveaux occupants helvétiques, belges ou bataves.

Son humeur toutefois ne s'est pas améliorée avec la richesse. Elle est devenue autoritaire, acariâtre, avare et plus méfiante que jamais.

A tel point qu'elle n'a ni bonne ni femme de ménage. Et qu'il lui arrive de déclencher par erreur un des multiples systèmes d'alarme contre le vol dont sa villa est équipée. Elle éprouve dans son isolement même un curieux sentiment d'exaltation. Il lui arrive parfois de grommeler avec jubilation :

— Je vous emmerde tous...

La réussite toutefois ne préserve pas des rhumatismes. Elle aimait jusqu'ici faire son ménage elle-même. Cela lui permettait d'inventorier tous les jours ses richesses. La peau de chamois lui tenait lieu de bâton de maréchal, et les produits détersifs de drogue.

Mais quoi qu'elle en dise, elle ne pouvait pas continuer à emmerder le mondc sans se faire aider pour son ménage.

Aussi ce matin a-t-elle fait subir à sa première bonne son examen de passage.

Elle s'est entourée de toutes les garanties, et notamment de celle de M. le curé.

Elle a voulu une soubrette orpheline et pauvre, elle l'a eue.

Elle l'a souhaitée humble de cœur et de manières. Elle l'est jusqu'à la servilité. Conchita se montre, du point de vue financier, d'une exigence de patron de combat. Elle propose un tarif bien en dessous du tarif syndical.

On l'accepte.

— Vous m'appellerez Madame.

— Certainement, Madame.

— Vous me parlerez à la troisième personne.

— Si Madame le souhaite.

Conchita est sur le point d'être séduite.

— Eh bien, ma fille, dit-elle, je crois que...

Au dernier moment, elle se ravise.

— Comment vous appelez-vous ?

— Bernadette, Madame...

Et soudain, Conchita se sent prise d'un de ses fameux vertiges. Elle ferme les yeux pour ne pas voir son petit monde vaciller autour d'elle. Elle se ressaisit plus vite que d'habitude.

— Je n'aime pas du tout Bernadette.

— C'est pourtant mon nom.

— Il faudra en changer... A l'avenir vous vous appellerez... Conchita.

Puis elle ajoute :

— Et quand je serai absente et qu'on m'appellera au téléphone, vous répondrez « qué la Madame elle est pas là ».

— Comme la Madame elle voudra, a répondu Bernadette.

Au moment même où elle croyait s'exorciser de son enfance humiliée, Conchita sans le savoir venait d'exprimer le désir que Bernadette s'en sorte à son tour.

J'espère quand même qu'elle ne finira pas par ressembler à sa patronne.

Il ne faut jamais désespérer ni d'un vin ni d'un être humain. Il faut prendre patience. J'avais jusqu'ici considéré Ludovic comme un égoïste définitif. J'avais tort. Je lui demande pardon.

De Ludovic, je crois que je ne vous ai jamais parlé.

Un brave garçon mais, si vous voulez mon sentiment, un peu gâté par les femmes. Cependant cet esclavagiste naturel ne s'en est jamais rendu compte et, s'il a été veuf trois fois, ne croyez pas qu'il a fait mourir trois épouses de mauvais traitement. Ce fut la fatalité pure et simple.

Mélanie, sa première femme, était faible des bronches. Joséphine, sa deuxième femme, s'est fait écraser par un camion de Pechiney. Quant à Juliette, la dernière, elle aimait tellement ce sacripant de Ludovic que son cœur a lâché.

C'est un garçon vraiment aimable, mais peut-être un peu autoritaire. Et, que ce fût Mélanie, Joséphine ou Juliette qui lui demandât : « A quelle heure tu rentreras souper ? » il répondait toujours : « A temps pour me mettre à table. »

Ludovic, maintenant, est seul. Il a soixante-dix ans et je ne suis pas sûr qu'il n'envisage pas de se remarier. Mais pas tout de suite. Il a le temps. Il a, du moins, tout le temps qui reste à vivre à sa mère.

La maman de Ludovic aura quatre-vingt-dix ans l'année prochaine. Elle a survécu à trois belles-filles ; elle a bonne humeur, bon appétit et bonnes jambes.

— Tu vois, m'a dit Ludovic, depuis que je vis avec maman, je suis enfin heureux...

Pourtant, vous savez, Ludovic n'a jamais entendu parler du complexe d'Œdipe. Et quand on a présenté *Le Souffle au cœur* à Fontvieille, il n'est pas allé le voir.

Il est heureux de vivre avec sa mère. Ils n'arrêtent pas de se faire des scènes et d'échanger des mots mais, chez certaines natures de chez nous, les moments de mauvaise humeur sont les signes les plus ostensibles de l'affection.

Quand la mère de Ludovic dit de son septuagénaire de fils : « Ce petit, il lui manque une case et je n'arriverai jamais à en faire quelque chose de bon », surtout ne surenchérissez pas, ne dites pas : « Ludovic, c'est vrai, il est impossible. » On vous jetterait un regard foudroyant et on vous dirait aussitôt :

— Je ne vous permets pas d'insulter mon fils.

Il y a des amours tendres. Il y a des amours violentes. Il y a des amours tendres et violentes. Ce sont les amours de Ludovic et de sa mère.

Quand des éclats de voix traversent le chemin de la Marine et montent à grand fracas vers la pinède, tout Fontvieille a le sourire. Ludovic et sa maman sont en train de jouer leur scène d'amour d'après l'apéritif.

Je n'aurais jamais cru que la fête des Mères fît partie du calendrier de Ludovic.

Il faut bien se garder de juger les êtres. Ils vous réservent des surprises. La surprise que m'a réservée Ludovic en ce dimanche de juin, c'est peut-être la plus grosse surprise que j'ai eue de ma vie.

Il est venu me trouver à mon cabanon et il m'a dit :

— Je voudrais faire un cadeau à maman à l'occasion de la fête des Mères.

Oui. Voilà ce que m'a dit Ludovic le rustique, Ludovic le misogyne, le rugueux, le grossier, le violent. Il voulait faire un cadeau à sa mère. Et il demandait conseil.

Ce n'était pas facile de trouver un cadeau qui pût plaire à la maman de Ludovic.

D'abord, elle n'avait envie de rien que de vivre. Et ensuite, la télévision, elle l'avait.

Je hasardai quelques suggestions ménagères :

— Une machine à laver la vaisselle, peut-être ?

— Dieu garde, dit Ludovic. Ma mère, si tu lui enlèves le plaisir de faire la vaisselle à la main, tu lui raccourcis l'existence.

— Alors, peut-être une machine à laver tout court ?

— Dieu garde, dit Ludovic. Ma mère, si tu lui enlèves le plaisir d'aller faire la lessive au lavoir municipal et de barjaquer avec ses petites camarades, non seulement tu lui raccourcis la vie, mais tu lui enlèves le plaisir d'exister.

Même au quatrième anis, nous n'avions pas trouvé le cadeau susceptible de réjouir le jeune cœur de la vieille maman de Ludovic.

— Te fais pas de souci, me dit-il. Je vais réfléchir à tout ça et je trouverai bien une idée.

Eh bien, cette idée, il l'a eue ! Pour la première fois de sa vie, il est rentré chez lui pour déjeuner à midi juste. Eh bien, vous me croirez si vous voulez, la soupe n'était pas prête ! Sa maman a pleuré et ils sont tombés dans les bras l'un de l'autre.

Il n'y a pas d'âge pour l'amour filial.

Dureté. Tendresse. Vacherie. Gentillesse. Au moment même où on désespère, de soi et des autres, on reprend espoir. Rarement pourtant on tombe sur des instants de grâce. Celui-là en est un. Je n'en ai pas eu beaucoup dans ma vie. Mais si je n'ai pas sombré, à mon âge, dans le scepticisme et la chaleureuse indifférence qui me guettent, c'est à des moments de ce genre que je le dois.

Il y a des jours où la vie ressemble à un roman de la comtesse de Ségur. Pourquoi les taire, même si on doit me prendre pour un imbécile heureux ?

Ce que je suis d'ailleurs, aussi souvent que le monde me le permet.

Elle était belle, Isabelle de Sainte-Marthe. Belle, vieille et seule. Très belle, très vieille et très seule. Très seule, surtout. Ou très vieille, selon les jours.

Aux approches de Noël, c'était un sentiment de solitude intolérable qui lui envahissait l'âme et lui glaçait le sang. Elle était seule, seule, seule.

Pourtant elle en avait l'habitude. Il y avait trente ans qu'elle avait perdu son mari. Elle s'était façonné une petite vie douillette de veuve résignée et sans enfants.

Au fond, elle n'était pas tellement malheureuse, Isabelle de Sainte-Marthe. Elle avait à peu près toute sa tête et n'était affligée que d'infirmités supportables.

Peu à peu, toutefois, le vide s'était fait autour d'elle. D'une nature fière, elle n'aimait pas déranger les autres et tenait avant tout à son indépendance. Ses petites rentes et la retraite de feu son mari lui permettaient d'ailleurs chétivement de continuer à exister.

Elle vivait à l'économie, réduisant au minimum ses contacts avec le monde extérieur.

Elle savait que pour durer il valait mieux se refermer sur soi-même, et protéger contre les agressions du quotidien la petite flamme de vie qui continuait de trembloter fragilement en elle.

Le temps de Noël lui était particulièrement pénible. Elle avait beau essayer de ne pas voir ni entendre le bonheur, ou simplement le désir de bonheur des autres, elle ne pouvait pas faire autrement que de se sentir oppressée par cet air de fête qui illuminait les vitrines des magasins et parfois le visage des êtres. Alors, sans vraiment souhaiter mourir, elle se demandait ce qu'elle faisait sur la Terre...

J'entends encore le claquement de sa boîte aux lettres. Cela faisait bien des années qu'Isabelle de Sainte-Marthe n'avait pas reçu le moindre courrier. Pourtant, il lui arrivait plusieurs fois par jour d'ouvrir le volet de la boîte vide pour voir si, par hasard, il n'y aurait pas encore quelqu'un sur la Terre qui pense à elle.

Il n'y avait personne, absolument personne. D'un geste dépité, elle faisait claquer la petite porte qui refusait de s'ouvrir sur l'espoir. Sur le miracle.

Or, ce miracle que confusément elle attendait se produisit le jour de Noël. Un jour, pourtant, sans distribution de courrier. Mais le réseau postal d'Isabelle de Sainte-Marthe n'obéissait pas aux règles ordinaires : en ce jour sans facteur, il y avait pourtant une lettre dans la boîte.

D'abord elle n'en crut pas sa vieille main.

Il y avait vraiment une enveloppe qui craquait sous ses doigts. Elle la serra sur son cœur. Elle habitait au premier étage. Il lui fallait d'ordinaire près de dix minutes pour gravir les vingt-cinq marches de son escalier. Et au moins trois haltes pour reprendre souffle.

Elle les grimpa, en ce jour de Noël, d'une seule traite et, pour la première fois, laissa ouverte la porte de sa boîte : sa vie reprenait un sens.

Son premier geste, quand elle rentrait chez elle, était d'allumer la télévision, sa seule compagnie. Elle s'en garda bien. Elle s'installa dans son fauteuil et chaussa ses lunettes d'une main tremblante.

Son cœur battait. Elle était dans l'état d'une jeune fiancée recevant la première lettre de celui qu'elle aimait et que l'on croyait perdu en mer.

Soudain elle ferma les yeux et crut un instant qu'elle ne les rouvrirait jamais.

L'enveloppe était bleue. Le bref coup d'œil que ses yeux fatigués avait jeté sur elle lui avait permis de constater qu'elle était à l'en-tête des Contributions directes.

L'univers entier avait oublié son existence.

L'univers entier, mais pas son contrôleur. Elle faillit déchirer cette navrante missive.

Elle aurait eu tort. Car dans cette enveloppe bleue il y avait, en plus d'un bordereau imprimé, une petite lettre manuscrite.

Je me fais une grande joie de la recopier pour vous.

« Chère Madame,

J'ai tenu à vous porter ce pli personnellement au lieu de vous le faire suivre par le courrier ordinaire. Vous me direz qu'il ne s'agit que d'un trop-perçu de 25,60 F. Mais il m'est apparu qu'en ce jour de fête il vous serait agréable d'en être informée sans délai.

Je vous prie de croire, Madame et chère contribuable, à mes sentiments les plus respectueusement affectueux...

Le contrôleur. »

Signé illisible...

Il n'y a que le jour de Noël qu'on peut assister à un événement aussi extraordinaire...

QUELQUES AMIS PEU RECOMMANDABLES

Je ne fréquente plus les voyous depuis qu'ils font faire des études supérieures à leurs enfants et qu'ils sont devenus aussi organisés, aussi implacables et plus malhonnêtes que les multinationales qui leur servent de modèles.

J'en suis resté aux voyous de mon enfance, des garçons discrets et bien élevés, qui menaient une vie de famille exemplaire et se gardaient bien de donner le mauvais exemple à la jeunesse.

A la façon des révolutionnaires de Mao Tsé-toung, ils évoluaient parmi les populations laborieuses « comme des poissons dans l'eau ». Ils en avaient l'agilité silencieuse, ce qui leur permettait de se faufiler entre les mailles de la légalité sans y laisser trop d'écailles. Ils avaient leur loi à eux qu'ils faisaient régner à coups de calibre. Ils s'entretuaient mais visaient juste et commettaient moins de bavures que les poulets. Quand d'aventure une balle s'égarait sur un honnête citoyen, ils faisaient porter des fleurs à sa veuve et (parfois) trouvaient un travail honnête à ses enfants.

Cette vision idyllique des choses m'oblige à préciser que je suis profondément légaliste. Au sens provençal du terme. Il faut absolument qu'il y ait des lois sinon ce serait l'anarchie complète. En revanche les lois ne sont jamais sur mesure. Voilà pourquoi nous essayons toujours de les adapter à nos dimensions, de les humaniser. Et c'est la raison pour laquelle je vous raconte l'histoire de cet employé municipal modèle.

Il avait pourtant une bonne tête et l'accent corse. Mais il avait les consignes les plus strictes. Je crus néanmoins que les choses allaient pouvoir s'arranger. Il faudrait, je le pressentais, que je déploie toutes les ressources d'une action oratoire sans faiblesse. Mais la perspective d'une longue palabre n'est pas faite pour me déplaire.

D'ailleurs, sa première phrase semblait laisser prévoir une réponse favorable à la requête que j'allais devoir formuler. Tout en me dévisageant avec autant de sympathie que de curiosité, il venait de me dire :

— C'est bien vous que j'ai vu l'autre soir à la télévision ?

— Je pense, oui.

— Qu'est-ce que vous lui « avez mis » à ce pauvre garçon !

Je ne suis pas moins vaniteux qu'un autre. Mais je vous affirme que je n'aime pas qu'on me reconnaisse dans les rues ou, comme aujourd'hui, dans les bois. J'ai alors le sentiment que mes chaussures sont devenues trop petites. Je rougis, j'ai du mal à trouver des mots, ce qui n'est pas, tout le monde vous le dira, conforme à mon tempérament.

Pour le coup, je me réjouis qu'on ait cru me reconnaître. Mon image de marque allait pouvoir me tenir lieu de laissez-passer. Je me sentais d'autant plus à l'aise qu'il y avait sincèrement erreur sur la personne. Je n'avais pas souvenir d'avoir insulté qui que ce soit sur le petit écran depuis au moins six mois.

Je saisis donc sans hésitation la perche qu'on me tendait. Il n'y avait rien de vrai dans les propos que je me mis à tenir, mais je mentais avec beaucoup de naturel et de volubilité.

— C'est précisément la télévision qui m'envoie, dis-je.

Je compris aussitôt que mon interlocuteur ne me croyait pas, mais que mon audace, loin de l'irriter, le disposait à l'indulgence. Je sentis que nous venions de sceller discrètement un pacte silencieux. Personne n'était dupe. Ce jovial représentant de la loi attendait que je lui développe mes arguments de façon courtoise et enjouée. Son emploi le condamnait à la solitude et une conversation de rencontre n'était pas faite pour lui déplaire.

— Pas possible, fit-il, qu'est-ce que vous me dites là ?

— La vérité. La deuxième chaîne m'a demandé une émission en couleurs de trois heures et je suis venu effectuer un premier repérage.

— Elle passe quand cette émission ?

Le ton de sa voix indiquait clairement qu'il se moquait de moi et souhaitait simplement, pour son plaisir, que je lui en dise davantage.

— Elle n'est pas encore programmée, mais je suis certain que ce sera à une heure de grande écoute.

— Je m'en doutais, fit-il. Mais qu'est-ce qui se passe pour notre petite calanque ? Vous êtes le vingtième de la journée qui vient, comment vous dites, « en repérage »... On nous aime beaucoup à la télévision.

Visiblement il se payait ma tête. Je l'avais bien mérité et je commençais à douter de son bon vouloir. J'avais tort.

— Eh bien, allez-y, fit-il, puisque vous avez l'air d'y tenir.

— Merci beaucoup, dis-je, vous êtes bien brave.

Je me hâtais d'enclencher la première. Il m'arrêta d'un geste dont la fermeté me surprit. Il continuait de sourire mais il avait adopté un ton officiel et la rocaille de sa Balagne originelle enlevait toute douceur à ses paroles.

— Vous avez le droit de circuler dans cette zone protégée, mais à pied seulement.

— Cela va me prendre au moins une heure.

— Une heure et quart exactement.

— Et autant pour revenir.

— Tout juste, mais quelle belle balade !

La balade aurait pu être somptueuse. Je ne sais pas si vous connaissez la calanque de Morgiou, un des lieux les plus miraculeux du monde. Je trouvais donc normal, et même souhaitable qu'elle fût interdite à la circulation automobile.

Sinon ce serait devenu rapidement un enfer. Morgiou, ça se mérite. D'accord.

Seulement, voilà. J'étais déjà en retard et mon ami Lucien m'avait préparé la soupe de poissons et de favouilles. Il était parti à l'aube pour lever ses *gireliers*. Il me semblait que la mer m'apportait, mêlé aux parfums de la pinède, le fumet incomparable de cette soupe divine.

J'essayai, mais sans beaucoup de conviction, d'attendrir le gardien du paradis. Il me vit si désemparé qu'il daigna compatir.

— Je me mets à votre place. Quand vous arriverez les pâtes seront toutes molles.

— Et le parmesan se sera transformé en cataplasme.

— Eh oui, gémit cet incorruptible fonctionnaire d'autorité, une véritable catastrophe.

Le brave homme paraissait ému.

— Comprenez-moi, dit-il, je voudrais bien vous rendre service. Mais je suis assermenté. J'ai reçu des ordres formels. Mon chef m'a dit : « Même si le préfet se présente, et qu'il n'ait pas le laissez-passer, tu le renvoies... »

Il ne me restait plus qu'à rebrousser chemin. J'allais passer la marche arrière. Je sentis la main de l'incorruptible qui se posait sur la mienne. La main était affectueuse, mais le regard sévère :

— Vous n'êtes pas préfet, au moins ?

— Non, je vous le jure...

— Alors allez-y... Mais ne le dites à personne.

Je le dirai, au contraire, à tout le monde. Sans crainte de passer pour un provocateur. Nous ne sommes pas des tricheurs systématiques. Au contraire. Nous ne nous permettons d'accommoder la loi à notre sensibilité que lorsqu'elle nous paraît mal faite.

Les gens venus d'ailleurs ne le comprennent pas toujours. Quand ils ne nous « comprennent » pas, nous ne les adoptons pas. Ce peintre belge a mis du temps à s'adapter. Mais maintenant il triomphe parce qu'il a assumé sa double nationalité.

J'avais beau lui dire qu'il se faisait des idées, il ne voulait pas me croire. Pourtant, je suis son meilleur ami.

— Tu es bien gentil, répondait-il, mais tu sais bien que ça ne change rien au fond du problème.

— Voyons Alfred, tu ne vas pas nous faire des complexes !

— Mets-toi à ma place.

— Je ne fais que ça. Mais tu compliques tout...

— Je ne complique rien...

— Tu ne vas pas me dire que les gens sont méchants avec toi !

— Pas vraiment. Mais ils me font comprendre que je ne serai jamais l'un des leurs.

— Toi ! Tout Fontvieille t'a adopté ! Et crois-moi, à Fontvieille, ils n'adoptent pas grand monde.

Alfred, malgré mes protestations, continuait de hocher la tête d'un air triste.

— Tu crois vraiment qu'ils m'ont adopté ?

— Quand tu leur offres un verre, ils te le refusent ?

— Ils acceptent.

— Alors, ils t'ont vraiment adopté. Et quand tu leur dis bonjour, est-ce qu'ils détournent la tête ?

— Non. Il y en a même qui traversent la rue pour venir me serrer la main.

— Alors de quoi tu te plains ?

— Je reconnais que, pour un étranger, j'ai droit à des égards. Mais, quoi que je fasse, je ne serai jamais quelqu'un d'ici...

Il commençait à m'agacer, Alfred...

— Écoute mon collègue, dis-je, tu t'appelles Alfred Vangueluwe et tu es né à Ostende.

Le visage d'Alfred s'allongea.

— Je savais bien, répondit-il, que tu n'aimais pas les Belges.

Je parvins à rester calme.

— Je n'ai rien contre les Belges. Surtout contre les Belges dans ton genre. Mais quand on est né à Ostende...

Il m'interrompit à nouveau pour dire :

— C'est très beau Ostende.

Je ne relevai pas son interruption.

— Quand on est né à Ostende, il paraît difficile, même à un homme aussi doué que toi, d'être né en même temps à Fontvieille...

Il avait l'air maintenant franchement malheureux.

— C'est bien ce que je pensais. Tu es raciste. Ces choses-là, je les sens, les Belges manquent peut-être de finesse, mais ils ont du cœur.

Une fois de plus, nous étions dans l'impasse. Et je ne pense pas que même une intervention divine aurait pu nous en faire sortir.

Mon ami Alfred Vangueluwe avait quitté sa Flandre originelle pour s'installer dans notre pays. Il n'était pas le seul peintre à avoir eu le coup de foudre pour les Alpilles.

Jamais cependant je n'avais vu quelqu'un mettre autant de bonne volonté à devenir provençal. Il suivait les cours du soir et commençait à parler couramment la langue de Mistral. Il avait remplacé la bière par le pastis. Il tâchait en toutes circonstances de faire à Fontvieille comme les Fontvieillois font.

Même sa façon de peindre avait changé. Au premier coup d'œil, dans son atelier, on pouvait mesurer son évolution aussi bien dans le choix des sujets traités que dans les couleurs de sa palette. Il avait suivi en somme le même itinéraire que Van Gogh, génie en moins, mais avec talent tout de même.

Je me disposais à le quitter. Nous reprendrions la conversation le lendemain. Il y a des années qu'elle dure et Alfred désespère d'obtenir un jour sa nationalisation provençale.

Entendez-moi bien. Pour des raisons fiscales il préfère conserver la nationalité belge. Cela ne l'empêche pas, au contraire, de souhaiter de toutes ses forces être considéré comme un Fontvieillois à part entière.

Là-dessus entra dans l'atelier un quidam en costume de ville.

— Je te laisse, dis-je.

— Non. Reste. C'est mon marchand. Peut-être devant toi il n'osera pas me voler autant que d'habitude.

Le marchand en avait entendu d'autres.

— Mon cher Alfred, déclara-t-il, peu m'importe ce que vous pensez de moi. Je vous signale quand même que j'ai organisé pour vous, à partir du 15 du mois prochain, une exposition à Marseille. Avouez que vous êtes un Belge privilégié...

Alfred ne songeait pas à dissimuler sa joie.

— Vous êtes un type formidable, affirma-t-il.

— Je suis un voleur, précisa son marchand, mais il m'arrive parfois d'être utile.

Alfred avait déjà décroché une toile représentant le Moulin de Daudet.

— Laissez-moi choisir, précisa fermement son marchand. Je connais les goûts de ma clientèle mieux que vous.

Et le voilà qui rassemble fiévreusement toutes les œuvres flamandes de notre ami Vangueluwe. Notre ami Vangueluwe passe brutalement de l'allégresse à l'abattement.

— J'aurais dû m'en douter, dit-il. Tu n'aimes pas mes toiles provençales.

— Moi, répondit le marchand, je m'en fous, je n'aime rien. D'ailleurs je n'ai aucun goût. Seulement, je sais ce que mes clients veulent acheter. Il leur faut de l'exotisme.

— Mais enfin, gémit Alfred, j'ai fait des progrès depuis la Belgique.

— Il paraît. Mais je t'ai organisé en même temps qu'à Marseille une exposition à Ostende. Tu y vendras tous les moulins de Daudet que tu voudras. Les gens sont comme ça. Ils aiment ce qu'ils n'ont pas. A Marseille, nous leur vendrons de la brume nordique ; à Ostende, nous leur fournirons le soleil des Alpilles à domicile...

Faire sa place au soleil est difficile quand on est peintre. Mais que le soleil trouve sa place dans son œuvre, surtout quand on est né dans les hautes latitudes, est encore plus difficile.

Grimpons un échelon dans la menue truanderie villageoise et régionaliste de ma jeunesse. Je vous présente mon ami Melchior. Je me garderai bien de juger sa conduite. A vous de l'apprécier.

— Quand je pense, a soupiré Melchior, que cela durait depuis quarante-cinq ans et que personne ne s'est jamais douté de rien, j'en suis tout dévarié.

Il s'est tu un instant puis a ajouté :

— L'amende, évidemment, c'est très désagréable. Mais ce n'est pas l'amende qui me travaille, c'est d'avoir été découvert...

Là-dessus, il s'est enfermé dans son silence et son chagrin. J'ai cru pouvoir avancer :

— Pour moi, c'est quelqu'un qui t'aura dénoncé.

Il a haussé les épaules :

— D'abord, ici, il n'y a que de braves gens. Ensuite, personne ne se doutait de rien.

« Ici », je ne vous dirai pas où cela se trouve. En tout cas, pas avec précision. Je vous dirai simplement : quelque part dans le Luberon.

J'ai pourtant l'habitude de situer avec précision l'endroit où se passent mes histoires, de façon à ce que vous puissiez vérifier la part (importante) de vérité qu'elles comportent. Mais dans ce cas particulier, vous comprendrez que je sois tenu à une discrétion rigoureuse.

Car enfin, puisqu'il faut dire les choses simplement, cela faisait quarante-cinq ans que Melchior vivait d'un métier dont il vaut mieux ne pas faire état sur sa carte de visite : il fabriquait du pastis clandestin.

Attention ! Si Melchior avait été un industriel occulte de la chose anisée, je ne me permettrais pas de vous en parler. Non, il n'avait pas fait fortune dans la branche. Il était demeuré un modeste artisan, dont les clients étaient tous des amis et qui se contentait du minimum vital.

D'ailleurs son pastis (j'en ai goûté) n'était pas tellement bon et ses clients, pour leur consommation ordinaire, utilisaient le pastis légal de préférence au sien. Mais quand ils avaient un invité qu'ils voulaient honorer, ils disaient :

— J'ai là un petit pastis que je fabrique moi-même et dont vous me direz des nouvelles...

Cela ne gênait pas les vrais fabricants et maintenait sur notre planète une des choses dont elle a le plus besoin : l'attrait du fruit défendu.

D'ailleurs, Melchior s'était modestement lancé dans l'illégalité, bien plus à cause de la conjoncture économique que par désir de frauder le fisc.

Car, de son état, il était distillateur de lavande, un métier qui nourrit mal son homme, et il fabriquait du pastis pour payer ses impôts en retard.

De sorte que, en somme, il ne lésait personne et faisait plaisir à beaucoup.

Et voilà que dans la soixante-quinzième année de son âge, il était pris en flagrant délit et qu'il évitait la prison de justesse. Il en eut le moral profondément affecté.

Je ne pouvais pas laisser ce vieil ami dans un pareil abattement :

— Il y a une chose qui m'étonne, lui dis-je, en forçant sur la jovialité, c'est que tu ne te sois pas fait prendre plus tôt.

Il me regarda avec ce mélange de condescendance et d'amusement qu'on réserve aux Parisiens.

— Impossible !

— Comment, impossible ! Je sais bien que les gendarmes, ici, ne veulent de mal à personne : mais, à la longue, c'était forcé qu'ils s'en aperçoivent.

— Absolument impossible.

— Mais enfin, le pastis, qu'on l'infuse ou qu'on le distille, cela se sent à des kilomètres...

Je vous le répète : Melchior était dans un état de mélancolie proche de la prostration. Et pourtant, il se mit à rire :

— Puisque je te dis que c'était impossible !

— Tu fabriquais un pastis sans odeur ?

— Oh non !

— Mais alors ?

— Alors, mon beau, je distillais mon pastis en même temps que ma lavande.

Je me frappai le front et, furieux de mon manque d'imagination :

— Et les odeurs se contrariaient ?

— Non, mon collègue. L'odeur de la lavande supprime toutes les autres. C'était comme si j'avais tendu un rideau, un rideau mauve, pour empêcher l'odeur d'anis d'envahir la colline.

— Ingénieux.

— Plus que ça. Mon système de défense était sans aucune fissure. Un litre d'essence de lavande, ça te permet de faire un hectolitre de pastis sans que personne ne s'en doute.

Et pourtant, dans cette guerre des odeurs, la lavande venait d'être battue.

— Comment expliques-tu ça ? demandai-je.

Melchior hocha longuement la tête :

— Au début, je ne me l'expliquais pas, dit-il.

— Et maintenant ?

— Et maintenant, je sais...

Il sembla se tasser sur lui-même et murmura avec une infinie tristesse :

— Je ne vois qu'une explication... Depuis Tchernobyl, elle n'a plus le même parfum.

On ne s'améliore toujours pas en prison. Comme cet escroc dont je vous ai déjà narré l'aventure, et qui découvrit aux Baumettes les vertus de la pédagogie. Tel ne fut pas le cas de « Bicou ». Son séjour à l'ombre fit disparaître certains aspects insoupçonnés de sa mauvaise nature. Peut-être est-ce la raison pour laquelle on le garde toujours derrière les barreaux.

Depuis six mois Janot, dit Bicou, séjournait aux Baumettes. Ceux qui le connaissent auront du mal à croire qu'il s'agissait de son premier séjour en prison.

Si vous êtes marseillais, même du Prado, vous n'êtes pas forcé de l'avoir rencontré, car il est très modeste. Mais vous n'avez pas pu ne pas entendre parler de lui. On n'a pas dû vous en dire tellement de mal. On vous a sans doute affirmé qu'il était plutôt brave, que c'était un charmant garçon d'un commerce agréable. Même ses victimes ne lui tenaient pas longtemps rigueur.

Précisons tout de suite que, non seulement il n'avait pas de sang sur les mains, mais qu'il détestait la violence sous toutes ses formes.

Sa carte de visite n'indiquait aucune profession. S'il lui avait fallu absolument en avouer une, « Intermédiaire en tout genre » aurait très bien convenu.

Il n'avait effectivement aucune spécialité et pouvait aussi bien intervenir pour un marché de locomotives que de super-tankers. Il ne mettait ses relations et son ingéniosité qu'au service de ceux qui faisaient des opérations commerciales d'un fort tonnage.

Ne faisons pas le monde pire qu'il n'est. Il peut arriver, il arrive même que ce genre d'affaires se traite le plus normalement du monde. Mais il peut arriver aussi, et cela arrive souvent, qu'elles entraînent quelques opérations dont on peut dire, pour ne blesser personne, qu'elles ne sont pas conformes à la loi.

Nous pouvons même prendre le risque de dire qu'elles la violent ouvertement.

Janot naviguait avec bonheur dans ces eaux-là depuis une trentaine d'années. Pas uniquement à Marseille. Il avait conquis une carrure non seulement nationale, mais européenne. Aucune carambouille majeure ne se développait sans qu'il y prît part et qu'il y reçût aussi son honnête commission.

Plusieurs fois il fut inquiété, mais il sortit toujours libre du cabinet du juge d'instruction.

N'étant pas dans le secret des dieux, je ne saurai vous dire exactement comment il pouvait bien s'y prendre.

Je peux vous affirmer en revanche que quand on parlait de lui, tout le monde affirmait :

« Janot, c'est le plus fort... »

Plus fort ou pas, il finit par se faire coincer dans une médiocre histoire de fromages de Hollande qui ne faisaient pas le bon calibre et que, d'ailleurs, on avait omis de livrer. L'acheteur se trouvait être un pays du tiers monde, ce qui amena une certaine tension diplomatique dont Janot fit les frais.

Janot ne se plaisait pas aux Baumettes. Mais alors pas du tout. Il bénéficiait d'un régime de faveur et faisait venir ses repas des meilleurs restaurants de Marseille. Il n'arrivait pourtant pas à se faire au régime carcéral. Le pauvre, il n'avait pas l'habitude, et passait sa mauvaise humeur sur ses avocats. Il leur menait la vie dure.

J'hésite à vous révéler les consignes qu'il essayait de leur donner. Je le peux tout de même dans la mesure où ces honnêtes gens refusèrent de les prendre au sérieux.

En gros, Janot leur disait :

— La question d'argent ne se pose pas... Alors je suis sûr que vous trouverez bien quelqu'un à acheter. Quelqu'un de haut placé qui me remettra en liberté...

Ses avocats avaient beau lui expliquer que cela ne se faisait pas, Janot avait le plus grand mal à les croire.

Il en engagea d'autres qui lui tinrent le même langage.

— Mais enfin, hurlait-il, il doit bien y avoir un moyen ! Si je reste huit jours de plus dans cette maison, je meurs...

L'un d'entre eux finit par lui dire :

— Il y aurait bien un moyen. Ce serait de faire la grève de la faim. En ce moment, il y a des cas où ça marche...

La première réaction de Janot ne fut pas précisément favorable. Elle fut même carrément indignée. Il pesait plus d'un quintal et n'envisageait pas de mettre sa santé en péril.

— Trouvez-moi autre chose.

— C'est le seul moyen utilisable.

Janot finit par se rendre à la raison, mais il voulait tout de même améliorer son sort de jeûneur.

— Je pourrais faire semblant... Je pourrais dire que j'ai maigri de trente kilos... Personne n'ira voir.

Ses avocats lui firent valoir que le médecin de la prison n'était pas influençable et qu'il ne se laisserait ni faiblir ni acheter.

— Mais qu'est-ce qu'ils ont tous à être honnêtes à ce point ? gémit Janot.

Soudain son visage s'illumina.

— J'y pense... Ma femme, elle est libre elle... En plus c'est une sainte femme... Alors si c'était elle qui la faisait, la grève de la faim, vous ne croyez pas que le résultat serait le même ?

J'espère que vous aurez tiré de ces petites saynètes leur principale moralité : il ne faut pas juger les gens sur leur mine ; sinon vous auriez pris Antoine pour un citoyen parfaitement honorable.

Antoine était l'homme le plus élégant de toutes les Bouches-du-Rhône et peut-être de tout le bassin méditerranéen. D'une élégance un peu voyante peut-être, mais beaucoup moins que celle des ténors de sa profession.

Antoine était perceur de coffres-forts ou, du moins, il l'avait été pendant une vingtaine d'années. Tout le monde, à Martigues, était au courant. Personne ne savait rien de précis et chacun racontait les exploits d'Antoine à sa façon, ce qui faisait de lui un personnage légendaire.

La police elle-même se doutait de quelque chose et pendant longtemps l'avait tenu à l'œil. Mais il avait toujours su déjouer sa vigilance. Il opérait seul et exerçait en dehors de ses discrètes expéditions nocturnes l'honorable profession de plombier-zingueur.

Il continua de mener une vie laborieuse, exemplaire et modeste. Une vie de petit artisan gagnant honnêtement et difficilement sa vie. Rien, à part son élégance, ne le distinguait. Même ses bleus de travail, il les faisait couper sur mesure dans des coupons de shantung d'origine.

Cela faisait sourire tous ses amis :

— Qu'est-ce que vous voulez ? disaient-ils, chacun son vice : les femmes, le jeu, les voitures, l'alcool. Lui, Antoine, il est coquet. Mais puisque ça lui fait plaisir, il a le droit de faire de son argent ce dont il a envie...

Pour le jour du Seigneur, à partir de Pâques et jusqu'à fin octobre, il étrennait chaque dimanche un costume neuf : tissus anglais, coupe admirable, chemise de soie à son chiffre. Tout était fait sur mesure, même les cravates.

Enfin bref, l'élégance d'Antoine était, à Martigues, un sujet de conversation qui ne s'émoussait pas avec le temps.

Antoine avait une cinquantaine d'années et il avait eu la sagesse d'interrompre les activités délictueuses depuis dix ans au moins et tout laissait croire que s'annonçait devant lui une vieillesse gaillarde et laborieuse.

Il plaisait encore énormément aux dames et même aux demoiselles. Mais il ne donnait jamais suite. Les citoyens de la ville le citaient en exemple de sagesse et de vertu.

Or, voici que la nouvelle s'abattit sur la ville :

— Antoine vient d'attraper l'infarctus...

— Antoine se meurt...

— Antoine est mort...

Et vraiment ce fut une immense tristesse pour tout le monde. Chacun avait le sentiment d'avoir perdu un être très cher, un être irremplaçable.

Pour son enterrement, les commerçants avaient fermé boutique et les patrons avaient accordé la demi-journée à leurs employés. On peut dire qu'à part les impotents toute la ville était là.

Et il y avait aussi pas mal de personnes étrangères à la ville. Des personnes aussi élégantes qu'Antoine, et qui s'étaient fait précéder de couronnes de fleurs grandes comme des roues de moulin.

De beaux messieurs, venus de Marseille, de Paris et même de Bruxelles et de Londres, où sont les meilleurs perceurs de coffres-forts du monde. Il y avait même une délégation américaine, venue rendre un dernier hommage à un des princes les plus indiscutés du chalumeau.

Antoine avait tenu à se faire enterrer à l'église, et l'on savait déjà qu'il avait laissé toute sa fortune (de l'avis général cela faisait un joli paquet) aux Petites Sœurs des pauvres.

Ces messieurs de la cambriole et du holp-up avaient jugé plus convenable de ne pas entrer dans l'église. Ce sont des gens qui ont parfois leur délicatesse et leur pudeur. Ils s'étaient massés sur le porche. Quand le curé parut, ils firent tous, même les incroyants, même les israélites, le signe de croix. Le cercueil d'Antoine suivait, porté à bras d'homme par les membres du Cercle républicain.

Un cercueil de ce genre, je crois qu'on n'en avait pas vu depuis les obsèques du tsar Alexandre : acajou massif et poignées en or véritable.

Alors, Amédée, un vieux du mitan, hocha la tête et dit en essuyant une larme :

— Ce pauvre Antoine, il aura toujours aimé les beaux costumes.

BUCOLIQUES 88

Je ne suis, comme vous le savez, ni agriculteur ni même jardinier. Ne me prenez pas cependant pour un intellectuel parisien qui fait de temps en temps son retour à la terre. Mais à force de vivre avec des paysans je commence, sans avoir la vanité de me croire l'un d'eux, à réagir à leur façon. J'ai d'autres angoisses que les leurs, mais je sais comme leur vie est rude, et rien ne m'empêchera de raconter l'histoire de Clovis.

Simplement parce qu'elle est vraie, même si elle a l'air d'avoir été écrite par Zénaïde Fleuriot.

Le marquis de Callas-Cabriès était un marquis à l'ancienne. Intransigeant sur les principes, mais d'un abord débonnaire. Il déroutait ses concitoyens.

Sur le plan de la doctrine, il n'avait sensiblement pas évolué depuis les Croisades. Il ignorait la Déclaration des droits de l'homme, la Sécurité sociale, les congés payés, la semaine de 39 heures et toutes ces « déplorables » innovations qui, selon lui, avaient mené la France à sa perte.

Le marquis, cependant, n'avait aucun mal à trouver du personnel pour exploiter les quelque deux cents hectares de vigne dont il était affligé. Son intransigeance, en effet, était purement théorique.

Il refusait d'appliquer les lois républicaines et il avait inventé à son usage personnel une législation aussi libérale et encore plus généreuse.

Il ne fallait pas lui dire, par exemple : « J'ai l'intention de prendre le congé auquel j'ai droit... », il vous l'aurait refusé catégoriquement.

Mais si vous lui expliquiez :

— Je viens de recevoir des nouvelles de mon oncle des Basses-Alpes. Il n'a pas l'air bien du tout, le pauvre homme...

Il ne vous demandait même pas si vous aviez vraiment un oncle dans les Basses-Alpes ou ailleurs, il vous répondait simplement :

— Va vite à son chevet et ne reviens que quand il sera complètement rétabli...

Il ne fallait surtout jamais lui parler d'« augmentation de salaire », terme qu'il ne supportait pas. Il suffisait en revanche de lui confier :

— Clovis (car il tenait à ce que tout le monde l'appelât par son prénom), tu me connais (car le tutoiement aussi était de rigueur), tu sais que je ne suis ni joueur, ni buveur, ni dépensier, mais je ne sais pas ce qui se passe, je n'y arrive plus...

La réponse ne se faisait pas attendre :

— Combien il te faut ?

Et la somme qu'il accordait était parfois supérieure à celle qu'on escomptait.

Ajoutons, pour achever son portrait, qu'il était président d'honneur de la « Boule tonkinoise » (personne n'a jamais su pourquoi on l'appelait ainsi) et qu'il avait si souvent baisé Fanny qu'il était presque aussi populaire que l'oncle Jo, le curé des deux paroisses.

Ces choses étant dites, et il fallait qu'elles le soient, venons-en à mon ami Baptiste.

Il était engagé de la veille chez le marquis et, pour la première fois, travaillait chez les autres. Il s'était renseigné à l'avance. Il savait qu'il ne ferait pas fortune chez Clovis, mais qu'il y serait traité comme un être humain.

Jusqu'à présent, il avait été son propre patron, mais il n'arrivait pas à faire vivre sa nombreuse famille sur son petit hectare de terre, un petit hectare où ne poussait que de l'ail.

Malgré les assurances qu'on lui avait données, il se sentait inquiet. Désireux de bien faire, il avait emmené la « biasse » avec lui dans les vignes, décidé à déjeuner sur place pour gagner du temps.

Jamais vit-on, sous nos latitudes, ouvrier agricole biner autour des pieds de vigne avec autant d'ardeur. Il était si absorbé par son travail que, quand il déplia son échine pour la première fois, il était déjà une heure de l'après-midi.

Il avait travaillé six heures d'affilée.

Il expédia son casse-croûte et faillit se remettre aussitôt à l'ouvrage. Mais, bien qu'il fût rude à la besogne, et sans vouloir utiliser l'heure de repos à laquelle il avait syndicalement droit, il décida de s'accorder quelques instants de répit.

Le soleil, qui avait longtemps boudé notre région, était en train de rattraper le temps perdu. Il cognait dur pour la saison. Baptiste s'adossa au tronc d'un cyprès. Ses yeux se fermèrent. Ses épaules glissèrent le long du tronc. Deux minutes plus tard il dormait du sommeil indescriptible du travailleur...

Quand il se réveilla, le soleil déclinait dans le ciel et Baptiste se sentait envahi par la honte. Par la honte d'abord. Et puis, soudain, par la panique.

Il n'aurait pas conservé sa place longtemps : assis à son côté, un brin de lavande entre les dents, le marquis Clovis de Callas-Cabriès le regardait avec attention.

— Il y a longtemps que vous êtes là ? demanda Baptiste.

— Je ne sais pas au juste, répondit le marquis... deux ou trois heures peut-être.

« Je suis fichu », pensa Baptiste.

Étrangement, le marquis lui souriait.

— Je passais par là, dit-il, et je t'ai vu en train de dormir. Tu avais l'air si heureux que je me suis allongé près de toi. Il y a longtemps que je n'avais pas fait une si belle sieste.

Alors il se leva et dit :

— Viens que je te donne un coup de main... A tous les deux nous rattraperons vite le temps perdu...

Cela se passait non pas en des temps très anciens, mais la semaine dernière.

Je sais aussi que le niveau de vie de beaucoup de paysans est plus bas que celui de l'ensemble de la nation. Que pour survivre certains sont obligés de s'adapter aux exigences de la rentabilité industrielle et de passer insensiblement de l'agriculture artisanale à la production agro-alimentaire, qui obéit aux cadences de l'industrie.

Mais je sais aussi que la plupart de ces paysans, tel celui dont je vais vous parler, ont su conserver un jardin secret où ils vivent comme par le passé.

Je continue à l'appeler Loulou et à le tutoyer, parce que nous avons été à l'école ensemble. Mais des gens qu'il impressionne disent que, depuis qu'il gagne des sous gros comme lui, il est devenu fier et il lève le petit doigt quand il boit son pastis.

Certains même ajoutent :

« Quand on pense que son père était si simple ! »

Je l'ai connu, le père de Loulou, un très brave homme qui s'était sacrifié pour que son fils puisse poursuivre ses études jusqu'à vingt ans passés. Alors que lui avait commencé à travailler aux champs même avant le certificat d'études.

Loulou était donc bachelier. Il avait préparé l'Institut national agronomique, avait réussi son concours et en était sorti dans les dix premiers. Son père en conçut une immense fierté et une joie sans mélange.

Sans doute estima-t-il qu'il avait rempli sa mission sur la Terre et qu'il ne servait plus à rien. Toujours est-il qu'après le succès de son fils il mourut brutalement. Alors qu'il paraissait fait pour vivre cent ans.

Je ne dirai pas que peut-être ça valait mieux. Mais il est bien certain que, s'il avait vécu, il serait entré rapidement en conflit avec son fils au sujet des méthodes de travail qu'il entendait appliquer désormais dans le domaine.

Je ne saurais entrer dans les détails, n'étant pas un spécialiste. Tout ce que je sais de sa façon d'agir est qu'il était partisan de l'agriculture scientifique, la seule, selon lui, capable de rentabiliser la production.

Ses amis paysans attendaient, goguenards et prudents, qu'il se ruinât dans ses entreprises hasardeuses et même, selon eux, vouées à l'échec.

Les débuts de Loulou, certes, furent difficiles, il tâtonna même pendant plusieurs années et frôla la catastrophe. Mais il était inventif et obstiné. Au bout de dix ans, il était devenu le plus grand éleveur de poulets de toute la région d'Arles.

Il m'arrivait souvent de le rencontrer les jours de marché et nous parlions de nos jeunes années en buvant l'apéritif. Pour moi, il était demeuré le même. Il n'évoquait jamais sa fortune ni même la nature de ses travaux. Il était le vieux copain avec qui, jadis, on s'était disputé fraternellement les « petites ». Et qu'on nous pardonne si les demoiselles se trouvaient au centre de nos conversations.

Un samedi, pourtant, il me dit, sans vouloir le moins du monde m'éblouir :

— Ça t'amuserait de voir une de mes usines ?

— Tu es industriel, maintenant ?

— L'agriculture moderne est plus industrielle qu'agricole.

— C'est une usine de quoi ?

— De poulets...

Je suis d'un naturel curieux et je n'avais rien de spécial à faire.

— Elle n'est pas trop loin ton usine ?

— Non... à Graveson. Je passerai te prendre vers onze heures et nous déjeunerons ensemble.

Vous n'avez jamais visité d'usine à poulets ? Non ! Eh bien, croyez-moi, c'est déprimant.

Ce jour-là, précisément, une petite fourgonnette apportait des cartons de poussins. Je ne peux vous en dire le nombre. En tout cas, la petite fourgonnette suffisait à les transporter. Mais elle était accompagnée de deux camions. C'était le jour où on venait rechercher les poulets arrivés à maturité.

Je n'ai jamais vu de spectacle aussi étrange.

Ne me demandez pas non plus combien il y avait exactement de poulets. Mais j'en ai vu des milliers.

Dans le hangar obscur où ils étaient rassemblés, il n'y avait aucun espace libre. Je les regardais à travers les vitres du laboratoire. Ils dormaient debout, coincés les uns contre les autres.

Loulou abaissa une manette. Le hangar s'illumina. Les poulets ouvrirent les yeux et se mirent à caqueter tous ensemble.

Des cintres descendirent alors des boules de matière plastique multicolores percées de trous.

— Qu'est-ce que c'est ?

— Leur nourriture. Un trou pour chacun. La même ration pour tous. Toutes les deux heures. C'est leur dernier repas.

— Qu'est-ce que tu leur donnes donc à manger ?

— Un cocktail de produits chimiques qu'on m'envoie par wagons d'Allemagne.

— Et c'est bon ?

— Je n'ai jamais goûté, mais ça leur réussit.

On embarqua les poulets. Les poussins prirent leur place. Ils occupaient trois ou quatre mètres carrés tout au plus dans l'immense hangar vide et dans cinquante-six jours ils ne pourraient plus faire un mouvement, excepté celui de hisser le bec vers le trou nourricier.

— Ici, dit Loulou, tout est automatique...

Il ajouta :

— Et maintenant, allons déjeuner.

Je ne vous cache pas que je manquais d'appétit, car je n'ai vraiment faim que quand je suis gai. Or, je ne l'étais pas...

Dans la cour de la ferme, il y avait des poulets, des coqs, des poules qui allaient et venaient en liberté.

— Et ceux-là qu'est-ce que tu en fais ?

Loulou me regarda avec surprise :

— Ô mon collègue, dit-il, je suis un scientifique, mais je ne suis pas un idiot... ceux-là, je les mange !

Je sais aussi que les paysans ont la réputation d'être avares. Mais la terre l'exige. Elle n'est généreuse que si on se donne tout entier à elle. Mieux que quiconque les paysans savent le mal qu'il faut se donner pour faire venir de l'argent à la maison. Alors il me paraît normal qu'à partir du moment où il est entré ils n'aient pas envie de le laisser sortir.

Je vous supplie donc de croire qu'il n'y a aucune ironie à l'égard de celui dont je vais vous parler.

Ceux qui vous diront que mon ami Félix, de Boulbon, est près de ses sous sont des menteurs. Ou, du moins, des malintentionnés. Ou, plutôt, ils ne le connaissent pas comme ils devraient.

J'avoue, toutefois, que les apparences sont contre lui. Il a, en effet, tendance à se glisser subrepticement dans les tournées d'apéritif, en oubliant toujours de payer la sienne. Et quand il y a un concours de belote, il apparaît au dernier moment pour ne pas avoir à régler son droit d'inscription.

Il ne s'agit quand même pas tout à fait de l'avarice. C'est plus nuancé, plus profond. Il y a presque de l'héroïsme dans cette attitude. Félix a perdu toute vergogne. Il est devenu, à la longue, insensible aux remarques désobligeantes qu'on ne manque pas de lui faire. Je suis même à peu près certain qu'il ne les entend pas. D'ailleurs, il est devenu vraiment sourd de l'oreille droite.

Ce soir-là, Félix était en plein désarroi moral et sur le point de procéder à une révision déchirante des principes qui conduisaient sa vie.

Pourtant, la journée avait bien commencé. Il était convoqué à Nîmes pour l'ouverture du testament d'un vague cousin, qui lui laissait un petit quelque chose. Il en frémissait à l'avance de convoitise mais, comme il ignorait le montant du legs, il hésitait à faire des frais de transport, quand il tomba sur le « Parisien providentiel ». Les Parisiens sont des gens bizarres. Celui-ci avait fait huit cents kilomètres, juste pour voir les ruines gallo-romaines, et ce jour-là, précisément, il avait envie, je me demande bien pourquoi, de visiter la Maison carrée.

— Je vais vous montrer le chemin, proposa Félix qui, pourtant, n'était jamais allé à Nîmes.

— Je ne voudrais pas abuser de votre temps, répondit le Parisien.

— Mon plaisir, dit Félix hypocritement, c'est de rendre service...

Le Parisien était si content de tomber sur un homme aussi brave qu'il l'invita à déjeuner à l'hôtel Imperator et qu'il poussa la délicatesse jusqu'à le déposer, à l'heure dite, devant la porte du notaire.

Pour la première fois de sa vie, Félix éprouvait quelque embarras à présenter une requête qui, pourtant, lui aurait valu une économie d'argent appréciable.

— Vous retournez à Boulbon ce soir ?

— Oui, bien sûr.

— Vous ne pourriez pas me ramener ?

— Volontiers... A quelle heure ?

— Vers cinq heures, ça vous irait ?

— Je peux vous attendre jusqu'à six. Mais il faut que je sois de retour à sept. Sinon, ma femme se ferait du souci...

Ah oui ! Ce fut une belle journée pour Félix. Le legs du cousin, sans être considérable, était plus important qu'il ne l'avait imaginé. Une fois les frais de succession réglés, il lui resterait plus de 100 000 anciens francs. Cela valait bien le déplacement. D'autant plus qu'il n'avait pas payé la course.

Malheureusement, le notaire était en retard et le cérémonial de la lecture du testament s'éternisa.

Félix ne fut libéré que vers les huit heures. Le Parisien n'était plus là.

— Il aurait quand même pu m'attendre, grommela Félix...

Il ajouta avec ingratitude :

— Ces Parisiens sont tous les mêmes.

Il lui fallait une petite heure pour se rendre à pied à la gare. Il n'y avait plus ni car ni train. Ni pour Tarascon ni même pour Arles. Il ne songea pas une seconde à prendre une chambre à l'hôtel. Il s'installa dans la salle d'attente pour y passer la nuit.

Et soudain, il se sentit envahi par une grande bouffée de largesse. Non, il n'avait pas vraiment l'âme dépensière, mais l'idée de prendre un taxi, qui ne l'avait jamais effleuré de toute son existence, avait cessé de lui paraître délirante et monstrueuse.

Il n'était pas, cependant, homme à s'embarquer à la légère.

— Vous pourriez me mener à Boulbon ? demanda-t-il à l'un des chauffeurs de taxi qui attendaient devant la gare.

— Je peux vous mener où vous voulez... Je suis là pour ça...

— Et ça me coûterait combien ?

— Le prix marqué au compteur...

Félix dévisagea le conducteur avec méfiance.

— Il marche bien votre compteur ?

— Oh ! dites, l'ami, répondit le chauffeur outragé, je n'aime pas ce genre de réflexion.

— Ne vous fâchez pas, dit Félix.

Il eut encore un moment d'hésitation puis se décida.

La voiture était confortable et rapide, pourtant le voyage fut pour Félix infiniment douloureux. Il ne cessait de regarder le compteur et le cliquetis du changement de chiffres lui déchirait le cœur. 1 000 F... 2 000 F... 3 000 F... Même en anciens francs, cela fait une somme.

A 3 500, il était enfin chez lui, dans un état qui faisait peine à voir. Sa main tremblait quand il sortit son vieux portefeuille de la poche intérieure de son gilet.

— 7 000 F, grogna-t-il, mais le compteur ne marque que 3 500.

— C'est une affaire entendue, expliqua le chauffeur, mais le retour, qu'est-ce que vous en faites ?

— Le retour... Quel retour ?

— Il faut bien que je rentre chez moi à Nîmes. Les frais de retour, il faut bien que quelqu'un me les paie...

Je vous jure que Félix était de bonne foi. Il n'arrivait pas à comprendre qu'il eût à payer un trajet sans être le passager de la voiture. Il demanda :

— C'est votre dernier mot ?

— Mais enfin, dit le chauffeur qui commençait à s'énerver, c'est l'usage. Vous pouvez vous renseigner. Appelez un agent si vous voulez.

Félix sentit qu'il n'y avait plus rien à dire. Alors il soupira :

— Eh bien, puisqu'il en est ainsi, je retourne à Nîmes avec vous...

Ce qu'il fit.

Il m'a fallu, en revanche, bien du temps pour comprendre que les gens de la terre n'avaient pas la même mesure du temps que les habitants des villes. Je ne parle pas seulement de la scandaleuse « heure d'été » dont ils ne tiennent d'ailleurs pas compte. Je parle de la façon dont ils laissent mûrir les êtres et les affaires, avant de les récolter comme des fruits.

René, bien qu'il fût né dans le comtat Venaissin, avait vécu trop longtemps à Lyon pour ne pas avoir oublié ce principe de base qui régit les rapports humains avec les agriculteurs.

Je vous donne ma parole de Provençal, d'Arlésien intermittent, et même de Fontvieillois de Noël, de Pâques et d'été que, de ce qui va suivre et que je m'en vais vous rapporter, tout est rigoureusement exact. D'ailleurs ce que je vous raconte est toujours vrai. Mais de la vérité en habit de fête, qui se permet parfois quelques arrangements avec la vérité de tous les jours.

Tandis que ce qui est arrivé à mon ami René, je le tiens de lui-même, et je ne changerai rien à l'histoire qu'il m'a confiée. Vous me direz qu'il est de Bedoin (Vaucluse) et que, à l'occasion, il pourrait être capable de mentir aussi bien que moi.

Je me permettrai toutefois de vous préciser que cela fait vingt ans qu'il habite Lyon. Ce qui n'est pas une garantie absolue d'authenticité mais constitue un préjugé favorable. Car il est encore plus difficile de se mentir entre Lyonnais qu'entre Provençaux.

Donc, René, dont la famille habite les flancs du Ventoux depuis le commencement des siècles, a émigré dans les brumes rhodaniennes, pour y faire, si j'ose dire, sa place au soleil. Paradoxalement, il y a réussi et s'est fait bâtir à Saint-Cyr-au-Mont-d'Or, une maison où on se sent en Provence, même par temps de brouillard, tellement l'accueil y est chaleureux.

René, toutefois, possédait par héritage, du côté de son Bédoin natal, quelques hectares de friche, où même la lavande refusait de pousser.

Oui, mais voilà... Bien que jeune encore, René était déjà plusieurs fois grand-père. Alors il se dit un jour que les hectares de cailloutis, dont il n'avait rien à tirer, seraient un lieu idéal pour que les mollets et les poumons de ses déjà nombreux petits-enfants se développent.

René est un homme qui ne perd pas de temps. Quand il a décidé quelque chose, la réalisation suit immédiatement. Je ne dirai pas que le permis de construire ne posa aucun problème. Non plus que les questions annexes de viabilité. Tout fut néanmoins résolu dans les plus brefs délais.

Cela se fit sans qu'il ait fait intervenir la moindre influence politique, ni distribué le plus chétif des pots-de-vin. Tout ce qu'il avait demandé, il l'avait obtenu. Au dynamisme et à la sympathie personnelle.

René est un homme qui devient irrésistible quand il a quelque chose en tête.

Son entrepreneur, cependant, tint à lui faire remarquer :

— Il reste un détail à régler.

— Lequel ?

— La question de l'accès... Pour aller sur votre terrain, vous devez passer par les terres de votre voisin. Et vous n'avez droit qu'à un chemin piétonnier de cinquante centimètres de large.

Cela posait, évidemment, problème.

— A qui elles appartiennent, ces terres ? demanda René.

— A un certain Joseph de Mallemort.

René poussa un rugissement d'allégresse.

— Joseph de Mallemort ? C'est un ami d'enfance. J'en fais mon affaire...

L'entrepreneur hocha la tête d'un air dubitatif.

— J'en suis moins sûr que vous. Joseph, c'est un brave garçon, mais un mauvais coucheur.

— Ne vous faites pas de souci.

— Je ne me fais aucun souci... Je vous conseille cependant de mettre les choses au point avant que je ne commence les travaux.

— Vous commencerez les travaux dès demain.

— A condition que j'aie l'autorisation.

— Vous l'aurez à la première heure...

L'entrepreneur avait eu raison de ne pas partager les certitudes optimistes de mon ami René. Joseph, pourtant, lui avait réservé le meilleur accueil.

— Ça me fait plaisir de te voir ici, depuis tout ce temps. Tu n'as pas changé... Par certains côtés, tu as même rajeuni... Quel bon vent t'amène ?

— Pas grand-chose... J'ai un service à te demander.

Le visage de Joseph s'épanouit.

— Si c'est dans la mesure de mes moyens, ce sera avec un grand plaisir...

René exposa son affaire avec l'enjouement que donne la certitude d'obtenir satisfaction. Au fur et à mesure qu'il parlait, le visage de Joseph se renfrognait. Pris par son éloquence, René ne s'en aperçut pas.

— Alors, c'est entendu comme ça, conclut-il prématurément.

Joseph ne répondit pas tout de suite. Leur conversation avait lieu au bistrot. Il se tourna vers son ami et demanda :

— Qu'est-ce que tu prends ?

— La même chose que toi.

Ils trinquèrent. Joseph ne se décidait toujours pas à parler. Enfin il dit :

— Tu sais que je suis ton ami ?

— Je sais.

— Personne plus que moi n'a envie de te rendre service.

— Je n'en doute pas.

— Ça me fait plaisir que tu deviennes mon voisin. Et mon chemin, toi, ta famille et tes amis, vous pourrez l'emprunter aussi souvent que vous en aurez envie...

René, c'est un sentimental, était au bord des larmes.

— Seulement, poursuivit Joseph, il n'a que cinquante centimètres de large.

— Je sais.

— Alors, comment tu feras pour passer avec ta voiture et avec les camions de ton entrepreneur ?

— Justement, c'est ce que je te demande... De l'élargir à quatre mètres... Naturellement, ton prix sera le mien.

Joseph parut profondément choqué.

— Qu'il ne soit pas question d'argent entre nous.

— Merci, dit René, profondément ému.

— Mais, poursuivit Joseph, depuis que tu habites Lyon, tu es devenu presque parisien...

— Qu'est-ce que tu veux dire par là ?

— Tu tiens plus en place. Tu arrêteras pas d'aller et de venir en voiture sur mon chemin. De jour comme de nuit. Tu me rendras la vie impossible. Je ne pourrai plus faire la sieste. Et la nuit je me réveillerai plusieurs fois.

— Cela veut dire que tu me refuses ?

— Comprends-moi... Je ne peux pas faire autrement. Il y va de ma santé et de celle des miens...

René resta un instant interdit, mais il trouva la réplique qu'il fallait. La réplique sans réplique.

— Mais enfin, comment pourrais-je t'abîmer la vie et le sommeil ?... Tu n'habites pas là...

— Je sais bien, répondit Joseph, mais rien que l'idée...

Que René cependant se rassure. D'ailleurs, il n'est guère plus inquiet que moi. Je sais parfaitement qu'une longue palabre vient de commencer. Qu'elle sera ponctuée d'apéritifs sans nombre et de nombreux et succulents déjeuners.

Il faut prendre son temps, tout de même, avant de faire plaisir à un ami.

Il m'arrive encore de me mettre en colère quand on met en doute la parfaite politesse des cultivateurs. Certes ils n'aiment pas parler pour ne rien dire. C'est du temps perdu et la terre n'attend pas. Mais les citadins, surtout quand ils sont à la campagne, se conduisent souvent comme de parfaits goujats.

Vous savez combien il y a de « vrais » gardians en Camargue ? J'entends des gens dont le gardiennage des troupeaux est non seulement la passion mais le (maigre) gagne-pain. Pas de ces gardiens du dimanche qui ne montent à cheval que si la télévision est là...

Dites un chiffre.

En 1950, ils étaient vingt-cinq en tout. Vingt-cinq pas plus.

« *Mi fraïre gardian*, écrivait déjà Joseph d'Arbaud, *sian qu'uno pougnado...* »

Cette précision m'a été fournie par mon ami Guy de Cadenet. Pas le Cadenet près de Cucuron. Le Cadenet près de Fontvieille. Il ne s'agit pas d'un village mais d'une vaste ferme au pied de Montmajour, dont les hectares de prairies et de roseaux s'étirent le long de Coste-basse, en bordure de Crau.

Guy n'est plus un jeune homme. Il approche gaillardement de la cinquantaine. On peut d'ailleurs le considérer comme un gardian de vocation tardive. Jusqu'à quarante ans, il se contentait de cultiver ses aubergines et ses pommes d'amour du côté de Cabannes. Certes, il était déjà passionné de courses provençales et donnait volontiers la main quand il s'agissait de trier les bêtes ou de les marquer au fer. Mais en amateur seulement, et au grand désespoir de sa femme, qui estimait que la condition de père de famille aurait dû amener son mari à un peu plus de sagesse.

Le destin se servit pourtant d'elle. Pour la fête votive de Cabannes, il y avait une grande tombola. Elle ne put pas faire moins, bien que le ménage ne fût pas riche, que de prendre un billet. C'était son jour de chance : elle gagna le gros lot. Mais sa joie fut de courte durée : le gros lot était un petit taureau d'un an. C'était, si j'ose m'exprimer ainsi, introduire le loup dans la bergerie. Six mois plus tard, Guy abandonnait ses travaux agricoles et il entrait comme baïle-gardian de la manade Chauvet.

Il n'y a pas plus brave que cet homme, plus serviable et plus accommodant. Ne vous laissez donc pas désorienter par son aspect, qui est plutôt bourru. En réalité, il est surtout timide, rougit facilement et, s'il est volontiers taciturne, c'est par vergogne et non par manque de sociabilité. En revanche, dès qu'il est en confiance, non seulement il met tout de suite le pastis sur la table, mais il vous ouvre son cœur.

Il fallait absolument que je vous dise ces choses, parce que ce jour-là il était d'une humeur particulièrement rebroussière. Sa femme m'avait prévenu :

— Je ne sais pas ce qu'il a... Jamais je ne l'ai vu aussi mal « équarri »...

Je dois reconnaître qu'il ne me réserva pas un accueil aussi cordial que d'habitude. Je peux même avouer sans vouloir l'offenser qu'il fut franchement désagréable.

— Tu as pensé à fermer la barrière ? me demanda-t-il, avant même de me tendre la main.

Dans le même temps, il me dévisageait d'un air soupçonneux, ce qui me fit plus de peine que la rudesse de son accueil. Je le regardai, à mon tour, avec tristesse.

— Mais enfin, Guy, pour qui tu me prends ?

Il y a quand même plusieurs centaines de bêtes à cornes « sur pays ». Ce ne sont pas toutes de féroces cocardiers, mais il vaut mieux pour tout le monde qu'elles ne s'éparpillent pas dans la nature.

— Excuse-moi, dit-il, tous ces « Parisiens » finiront par me faire devenir chèvre...

Il y a pourtant à l'entrée de son royaume de grands panneaux qui précisent qu'il s'agit d'une propriété privée habitée par des taureaux sauvages. Les « Parisiens » sont fascinés par les taureaux. L'annonce de leur présence, loin de les éloigner, les attire. Ils pénètrent dans le domaine, et naturellement négligent de repousser derrière eux la barrière de clôture. Pensez donc, cela les obligerait à lever deux fois les fesses de leur siège.

Comme pour illustrer ses propos, une voiture venue du Nord se dirigeait en cahotant directement vers la manade, laissant la barrière ouverte, sans que les passagers aient eu un regard pour le maître de maison. Guy avait pâli sous un hâle entretenu par cinquante années de soleil et de vent.

— Attends-moi une minute, dit-il.

Il avait reçu la veille un coup de corne et marchait la jambe raide. Je le vis qui, une fois de plus, refermait la barrière. Mais, cette fois, il mit le cadenas. Quand il revint vers moi, il avait retrouvé toute sa bonne humeur.

— Si nous faisions cuire quelques petites saucissettes à la grasiho, suggéra-t-il.

C'était l'heure où dans le seizième arrondissement on prend le thé. Les Parisiens cessèrent de nous préoccuper. Ils reparurent tout à coup. Ils n'avaient pas l'air penaud le moins du monde.

— Quelqu'un s'est permis de nous enfermer, déclarèrent-ils d'un ton furieux.

— Moi, dit Guy avec un sourire amical.

— Vous avez peur qu'on vous vole vos taureaux ?

Guy redoubla d'amabilité.

— Non, c'était juste pour le plaisir de faire votre connaissance. Vous prendrez bien un morceau de saucissette avec nous...

Nous nous quittâmes les meilleurs amis du monde et Guy prononça cette phrase mémorable :

— Ils sont pas plus mauvais que d'autres. Mais ils sont trop pressés.

Il n'avait pas plus tôt dit qu'une nouvelle voiture se présentait. Ses occupants devaient être encore plus pressés car ils se contentèrent de pousser la barrière du capot, en ralentissant à peine. Ceux-là ne s'intéressent pas aux taureaux, mais aux « rosses » de la manade.

Les chevaux devaient commencer à être habitués à ces visites intempestives et pétaradantes. Ils continuèrent de brouter paisiblement. Les occupants de la voiture avaient mis pied à terre. Ils étaient quatre. Ils devaient avoir une certaine compétence équestre, car leur choix s'était porté sur Renaïre, le propre cheval de Guy. L'un lui examinait la bouche, l'autre lui flattait l'encolure. Un troisième lui étudiait les jambes. Le dernier lui souleva la queue...

Je regardai Guy. Il avait une immobilité de dolmen. Je redoutais un éclat. Il se produisit. Mais il ne prit pas la forme violente que j'attendais...

Lorsque les quatre « gentlemen » retournèrent à leur voiture, ils trouvèrent Guy plongé dans le moteur, comme un chirurgien dans le ventre de son patient.

— Mais enfin, Monsieur, que faites-vous là ?

Guy fit peser sur l'assistance un regard vide et garda les lèvres obstinément closes. Puis il poursuivit son inspection. Quelques coups de poing dans la carrosserie pour en vérifier la robustesse. Quelques coups de pied dans les pneus pour en mesurer l'élasticité.

— Voyons, monsieur, vous outrepassez...

Impavide, Guy s'était mis au volant. Il fit bruire le moteur. Le fit rugir. Essaya les clignotants. Alluma les phares, les éteignit. Boucla même la ceinture de sécurité, mais la déboucla aussitôt.

Puis il fit claquer la portière à trois reprises et s'en fut. Toujours sans mot dire.

Mais il ne traînait plus la jambe...

Il croyait ingénument que sa leçon aurait porté. Il était si content de lui qu'il n'entendit pas ses visiteurs le traiter, en s'éloignant, de grossier personnage...

Les fêtes votives de ma jeunesse se terminaient souvent en batailles rangées où s'affrontait la jeunesse de deux villages voisins. Depuis que les dentiers sont (en partie) remboursés par la Sécurité sociale, les coups de poing se font plus rares.

Il est pourtant des cas où il serait déshonorant de ne pas réagir. J'approuve donc entièrement la conduite de Baptiste qui ne pouvait pas laisser impuni l'affront que, en son absence, Denis lui avait fait.

Non, cela ne peut s'appeler de la haine. Et même, au fond, cela ne lui ressemble pas du tout. C'est différent. Par certains côtés, même, c'est pire. En tout cas, rien ne s'est jamais exprimé ni en gestes ni en paroles. Denis et Baptiste s'ignoraient complètement. Quand ils se rencontraient, et dans un village de 600 habitants cela se produisait plusieurs fois par jour, ils feignaient de ne pas se voir.

Tous ceux qui avaient essayé de s'entremettre y avaient renoncé. De peur de perdre l'amitié de l'un, de l'autre, ou plus certainement des deux à la fois.

Pourtant, si Baptiste et Denis avaient toujours été rivaux, ils avaient longtemps manifesté une grande estime mutuelle. Ils étaient les meilleurs chasseurs (donc, dans cette région, les meilleurs braconniers) de lièvres et de chachas. Ce village de Haute-Provence ne cessait de chanter leurs louanges. Ne citons pas son nom, car ils sont encore vivants et l'âge, loin d'atténuer leur ressentiment, n'a fait que le rendre plus aigu.

Leurs destins se séparèrent en 1939.

Baptiste, cultivateur de lavande, fut mobilisé dès le premier jour. Prisonnier à Sedan, il ne revint au village qu'en 1945.

Denis au contraire, ouvrier à la conserverie de truffes, fut affecté sur place. Précisons tout de suite que cela ne fut ni le fruit de l'intrigue ni celui du piston.

Il passa la guerre chez lui et continua de vivre comme si de rien n'était. A peu de chose près. Ses talents de braconnier, en l'absence de cartouches, lui permirent même, non seulement de ne pas souffrir de la faim, mais de conquérir avec ces surplus une modeste aisance.

Leurs retrouvailles à tous les deux furent émouvantes. Ils tombèrent dans les bras l'un de l'autre. Ils étaient vraiment ravis de se revoir. Malheureusement, Denis prononça une phrase de trop. Une phrase ou deux :

— Où tu étais, dit-il, des lièvres, tu as dû guère en manger...

La suite fut moins affectueuse :

— Maintenant, crut-il devoir ajouter, je ne sais pas si tu pourras te rattraper. Parce que des lièvres, pendant que tu n'étais pas là, je t'en ai guère laissé...

C'était, de sa part, pure fanfaronnade. Car Baptiste, malgré sa captivité, n'avait rien perdu ni de son flair ni de son coup d'œil. Il redevint très vite le meilleur fusil de sa commune. Enfin presque.

Il ne manquait ni de grives ni de pèlerins, mais il est honnête de dire que Denis, moins rouillé que lui, était toujours en tête au tableau de chasse.

Baptiste, les phrases de son collègue, il ne les avait pas ressenties sur le moment comme un affront. Mais au cours des mois, elles commencèrent à lui causer de l'agacement. D'autant que Denis (je suis sûr qu'il n'y mettait pas malice) ne cessait de le défier :

— Combien tu en as eu ?

— Trois...

— Pas plus ! Moi j'en ai fait cinq...

Baptiste, qui n'était pas un homme de premier mouvement, avait conservé la stricte mentalité paysanne. Les rancunes aussi bien que les idées mettaient du temps à cheminer en lui. Et quand elles faisaient surface, elles devenaient aussitôt des actes en puissance. Un samedi, donc, il descendit à Manosque pour prendre gratuitement conseil d'un avocat qui avait été prisonnier avec lui en Prusse-Orientale et avec qui il avait disputé des parties de belote en 15 000 points. Ce qui tue le temps et crée des liens d'affection entre les êtres, même s'ils sont d'origine sociale différente.

— Suppose, dit Baptiste, que quelqu'un assassine quelqu'un. Qu'est-ce qui lui arrive ?

— On le met en prison.

— Et après ?

— Après, ou bien on lui coupe la tête ou bien on le laisse en prison jusqu'à la fin de ses jours.

— Même si le quelqu'un en question avait de bonnes raisons de tuer l'autre quelqu'un ?

L'avocat haussa les sourcils :

— Pourquoi tu me demandes ça ?

— Pour savoir.

— Tu as l'intention de tuer quelqu'un ?

— Ça te regarde pas. Juste je voulais me renseigner.

— Eh bien, conclut l'avocat, il vaut mieux ne jamais tuer personne, même si on a de bonnes raisons.

— Et pourquoi ?

— Parce que, même avec un avocat comme moi, on risque les pires ennuis...

Baptiste, toutefois, ne se décidait pas à rompre l'entretien :

— Et si ce quelqu'un on le frappe seulement ?

— C'est moins grave.

— On le met en prison, celui qui frappe ?

— Si c'est la première fois, il aura le bénéfice du sursis. Mais même si on le met pas en prison, il aura une amende. Une forte amende.

On aura beau avoir été quatre ans prisonniers ensemble, on ne pourra pas faire attendre indéfiniment les clients payants. L'avocat reconduisit donc affectueusement son ami jusqu'à la porte et lui dit, avant de le quitter et sans bien prendre garde à ses paroles :

— De toute façon, si tu as des ennuis, tu peux compter sur moi...

Il n'eut pas longtemps à attendre. Trois mois tout de même, car Baptiste n'était pas homme à prendre une décision à la légère. Puis, une fois qu'il l'eut prise, il passa immédiatement à l'action.

Le drame eut lieu un dimanche matin devant une douzaine de témoins, dans le plus grand silence, au *Bar de la Mairie* du village dont je ne vous dis pas le nom. Denis et Baptiste revenaient tous les deux de la chasse. Pour la première fois, Baptiste avait tué deux lièvres et son collègue Denis pas la queue d'un.

Alors Baptiste s'avança vers son rival, et sans un mot lui décocha un coup de poing en pleine mâchoire. Un seul, mais qui l'envoya sur son cul pour le compte. C'était un coup de poing qui attendait son heure depuis des mois. Et peut-être depuis des années.

Denis était d'un naturel robuste. Il ne conserva aucune trace physique ou mentale de cette agression. Il n'eut dans son travail aucune interruption. Mais il était rancunier. Car le coup avait laissé des traces dans son âme, sinon dans sa chair. Il porta plainte et demanda des dommages et intérêts.

Trois mois plus tard Baptiste, goguenard, se retrouvait devant le tribunal. Son ami l'avocat avait gentiment accepté de le défendre. Gratuitement. Ce qui accroissait encore la bonne humeur de son client.

Elle ne fut pas de longue durée. Car, après quelques secondes à peine de délibération, le président rendit son verdict :

— Huit jours de prison avec sursis... 100 000 anciens francs d'amende...

Tous les regards s'étaient dirigés vers Baptiste. Il ne broncha pas et sut demeurer digne dans l'épreuve. Il se tourna néanmoins vers son avocat, l'air peiné :

— J'ai fait ce que j'ai pu, protesta l'ami qui l'avait défendu.

— Je t'en veux pas, dit noblement Baptiste. Mais pour ce prix-là, j'aurais dû frapper plus fort.

Il est temps de conclure. Mon éditeur donne des signes d'impatience.

Pourtant je n'ai que deux mois de retard dans la remise de mon manuscrit ; mais maintenant que je suis en route, j'ai du mal à m'arrêter.

Permettez que je vous en raconte une toute dernière. Une toute petite mais qui va dans la direction que je suis, depuis que mes yeux se sont ouverts sur le monde.

J'appellerai cette historiette « La bouillabaisse de Gardes ». Je ne vous en donnerai pas la recette mais il faut que vous sachiez que « Gardes » ne constitue pas une variété de poissons de roche. Ce hameau de Cadenet est perché sur une colline en plein Luberon. Même avec une imagination comme la mienne, il est difficile de faire de Cadenet un port de mer. Alors les habitants de la colline ont mis au point une bouillabaisse originale : une bouillabaisse sans poisson, dans la composition de laquelle n'interviennent que des produits récoltés sur place.

J'y ai goûté. Elle est aussi savoureuse que l'autre. Sur place, on la trouve même bien supérieure car elle résume toute la sagesse provençale.

On ne peut créer son bonheur qu'avec ce qu'on a sous la main. C'est ce que j'ai tenté de faire avec ces contes sans prétention. J'espère que vous les avez trouvés « goûteux »...

Arles, le 21 mars 1988

LETTRES DE MON PIGEONNIER

Cette nuit-là, le 24 juin, tous les coqs de Provence changèrent de clocher. A ma connaissance, j'ai été le seul témoin de ce gigantesque chassé-croisé. J'ai longtemps hésité avant de raconter ce que j'ai vu. Ou cru voir. Je vous laisse juge.

Les nuits d'été, il m'arrive assez souvent d'aller m'allonger sur le toit de mon pigeonnier pour prendre ce que j'appelle « un bain dans la voie lactée ». C'est ce qu'il y a de plus rafraîchissant pour le corps et pour la tête.

Il faisait pleine lune. Une pluie d'étoiles filantes rayait le ciel à l'oblique. Les feux de la Saint-Jean farandolaient en cercle sur les pourtours argentés de l'horizon. Je planais au-dessus d'un embrasement de lueurs et d'éclairs, heureux comme un oiseau, léger comme un nuage. Complètement dilué dans l'atmosphère, les sens en éveil, bien plus affûtés que d'habitude et sûrement plus nombreux.

Deux étoiles volant en sens inverse soudain s'immobilisèrent à l'aplomb de mon pigeonnier et vinrent se poser tout à côté de moi...

Rien ne vous oblige à me croire mais quel intérêt aurais-je à mentir ? Des histoires de ce genre, ça ne s'invente pas. Surtout de nos jours.

Je n'avais jamais vu d'étoiles d'aussi près. Leur visite imprévue m'inspirait plus de curiosité que d'étonnement. Bizarrement leur présence me paraissait naturelle et je ne commençai vraiment à me poser de questions qu'à partir du moment où elles se mirent, ignorant superbement ma présence, à deviser entre elles comme de vieilles copines. Je ne savais pas non plus que les étoiles parlaient, mais cette découverte m'impressionna moins que ne me mortifia leur indifférence. A vous dire le vrai, je trouvai les gamines un peu sans gêne.

Si je veux être crédible, je dois être tout à fait honnête. Il me faut donc vous signaler un détail qui a son importance puisque c'est sur lui que ma narration repose. J'avais tout de suite vu que les étoiles dont je vous parle n'étaient pas de vraies étoiles... En fait, ce n'étaient pas des étoiles du tout.

J'avais presque aussitôt mis un nom sur l'un de ces objets volants non identifiés : « Bon sang, mais c'est bien sûr... » m'étais-je écrié...

Je venais de reconnaître le coq du clocher de Fontvieille, en conversation avec un collègue coq de clocher comme lui. Celui-là je ne l'avais jamais vu. Il avait le bec tordu et il lui manquait une aile.

L'incrédulité vous fait certainement hausser les épaules. C'est normal. Vous ne me connaissez pas. Vous n'avez qu'à faire votre enquête : je ne passe pas pour quelqu'un qui a facilement la berlue. Au contraire même.

En l'occurrence, ma méprise était excusable et je suis sûr qu'à ma place vous auriez commis la même erreur. Les reflets laiteux de la lune avaient jeté quelques touches de lumière sur le plumage de laiton terni de ces volatiles en balade... Ils tenaient en outre dans le bec, pour éclairer leur route, une ampoule phosphorescente alimentée aux vers luisants. Avouez qu'il y avait de quoi se tromper.

— Je m'appelle Ernest, dit le coq venu d'ailleurs.

— Et moi Odilon, dit le coq de Fontvieille.

Je m'attendais fatalement à ce qu'ils s'exprimassent d'une voix métallique. En fait je n'ai pas encore à ce jour percé les secrets de leur mode de communication. Aucun son ne sortait de leur bec et pourtant je comprenais tout ce qu'ils disaient. Vous voyez, je ne vous cache rien. Quand je ne sais pas, je dis que je ne sais pas. Ils devaient d'ailleurs se méfier de moi puisque leur brève conversation me parut énigmatique comme si elle avait été codée à l'avance.

— C'est toi qui me remplaces ?

— Qu'est-ce qu'il y a d'intéressant à voir chez toi ?

— Commence par Philibert. Il vaut le déplacement... Et chez toi ?

— Ils célèbrent déjà la Noël...

Ils n'en dirent pas plus et reprirent à la vitesse de la lumière leur vol de nuit un instant interrompu. L'organisme humain résiste mal à de tels ahurissements. Même le mien, qui passe pour assez robuste. Ne soyez donc pas surpris si je fus foudroyé par le sommeil avant même que mes visiteurs ne se soient dissous dans les halos de la pleine lune.

Je me réveillai les reins moulus d'avoir dormi sur un lit de tuiles (ce que je ne conseille à personne).

Par acquit de conscience je jetai un coup d'œil du côté de Fontvieille. Le coq semblait ne pas avoir quitté son clocher. Mais ce n'était pas le bon. Ne me dites pas que tous les coqs de clocher se ressemblent. A celui-là, il manquait une aile et il avait le bec tordu.

A part ça, rien ne semblait avoir bougé à Fontvieille et, comme tous les matins à la même heure, Philibert, dit Le Cazou, descendait de la colline son fusil à l'épaule...

CHAPITRE PREMIER

Curieux cas d'un chasseur de cazous et d'un petit garçon qui ne savait pas lire.

On l'appelait Le Cazou mais son vrai nom c'était Philibert. Il était instituteur public à la « petite école ». Pour la « grande » il fallait pousser jusqu'au chef-lieu du canton.

Il emportait toujours son fusil de chasse avec lui « au cas où » il tomberait sur un passage de grives. Entre le « cas » et le « où » il plaçait le « z » de tradition chez les professionnels de la dictée. C'est même pour ça qu'on l'appelait Le Cazou.

L'habitude de ne jamais se séparer de son arme tournait à la manie chez ce brave garçon. Certains affirmaient (et sa mère n'infirmait ni ne confirmait) qu'il dormait avec elle.

Quoi qu'il en fût, à toute heure et en toute saison il se tenait prêt pour le massacre.

Ces cazous si longtemps désirés s'étaient cependant obstinés jusqu'ici à ne jamais se montrer. Pure malice de leur part. Philibert avait la vue si basse que ces innocentes bestioles n'auraient pris aucun risque à l'affronter. Il portait en permanence des lunettes aux verres épais comme des culs de bouteille. Il les enlevait toutefois quand il se couchait. Alors il s'endormait, serrant son arme dans ses bras comme une épouse et comptant des petits oiseaux jusqu'à l'infini.

Au village les distractions sont rares et quand on tient un bon sujet de plaisanterie on ne l'abandonne pas de sitôt. Philibert jouissait de la sympathie et de l'estime générales mais quand il passait dans les rues il se trouvait toujours un facétieux pour lui demander sans méchanceté mais avec une pesante ironie :

— Avec les cazous ça va comme tu veux ?

— Ça va, ça vient...

— Il paraît que tu en as tué plus d'un cent la semaine passée...

A quoi il répondait avec un sourire qui ne le quittait pas plus que ses lunettes (et même encore moins puisque sa mère affirmait qu'il continuait de sourire en dormant) :

— Ce sera pour la semaine prochaine...

Ne prenez cependant pas ce Philibert-là pour un extravagant et encore moins pour un demeuré. C'était le meilleur des hommes et le meilleur des maîtres d'école. Les mères de famille chantaient ses mérites :

« Tout de même, disaient-elles, on devrait l'empêcher d'emporter son fusil à l'école. Maladroit comme il est, il risque de blesser nos gamins... »

Elles savaient pourtant bien qu'il était incapable de faire du mal à une mouche et encore moins à un petit garçon ou à une petite fille. Mais un malheur est si vite arrivé.

Monsieur le Maire d'abord, Monsieur l'Inspecteur primaire ensuite intervinrent donc. Avec tous les ménagements dus à un éducateur de cette qualité. Philibert n'avait pas la réputation d'être une forte tête. Ils étaient sûrs de son acceptation. La violence de sa réaction les estomaqua :

« Révoquez-moi si vous voulez, avait déclaré catégoriquement cet homme d'ordinaire si paisible et si respectueux de la hiérarchie, mettez-moi en prison si vous en avez envie, mais je garderai mon fusil avec moi quoi qu'il arrive. Il me vient de mon grand-père qui était l'une des plus fines gâchettes du département. Sur son lit de mort j'ai juré d'être digne de sa mémoire... »

Il y a ainsi chez les individus les plus débonnaires des blocages inattendus qui plongent dans le mystère même de l'être.

Enfin bref, tout ce qu'on avait pu obtenir de lui c'est qu'il gardât l'arme à la bretelle pendant qu'il faisait sa classe. Il accepta cet honorable compromis et put désormais, en attendant l'arrivée improbable de cazous suicidaires, se consacrer entièrement à sa vocation pédagogique.

Les mères de famille, que rien ne saurait rassurer entièrement, ne cessèrent pas pour autant de se « calciner », mais elles évitèrent désormais de manifester publiquement leur inquiétude.

La vie de Philibert continuait donc de s'écouler comme un ruisseau paisible. L'absence de cazous ne le perturbait pas outre mesure car il demeurait persuadé qu'ils finiraient bien par se montrer un jour, à l'heure exacte fixée par le destin. Et quand un plaisantin lui demandait :

— Alors ces cazous ?

Il répondait sans hésitation :

— Ils arrivent...

Plusieurs hivers passèrent. Pas le moindre cazou à l'horizon. Les certitudes de Philibert demeuraient inébranlables. Son humeur commençait toutefois à s'altérer, mais le dédain dans lequel les grives le tenaient n'y était pour rien. Le jeune Ferdinand était seul à l'origine de son désarroi.

Il avait eu beau mettre au service de ce cancre inébranlable toutes les ressources de son ingénieuse pédagogie, rien n'entrait dans sa rétive caboche. L'enseignement du maître ruisselait sur lui sans trouver d'ouverture : comme une pluie d'orage sur un terrain durci par la sécheresse.

Je connaissais moi aussi cet inéducable garnement. Ce n'était pas un mauvais bougre, je le trouvais même fort attachant et, à mon avis, il était loin de manquer d'intelligence. Simplement il pensait « à autre chose », il était « dans les nuages » et s'y trouvait bien.

Il lui arrivait de me rendre visite et, spontanément, allait se nicher dans un arbre pour me raconter ses exploits buissonniers. Il sautait de phrase en phrase comme un écureuil de branche en branche. Comment aurait-il pu, avec une nature comme la sienne, s'intéresser à ce qui se passait derrière les murs de son école ?

Il ne quittait pas du regard la fenêtre de sa classe, où s'encadrait le feuillage en perpétuel mouvement du micocoulier plus que centenaire qui s'épanouissait dans la cour de récréation. C'est là que moralement il avait installé son bureau d'études personnel.

On étouffait dans le cabanon et les premiers moustiques attaquaient en force. Je me hissai donc à nouveau sur le toit de mon pigeonnier pour me mettre à l'abri de leurs piqûres et tâcher de trouver, en altitude, un peu de fraîcheur. Et surtout avec le fragile espoir d'assister à une nouvelle nuit de sortilèges. On y prend facilement goût. J'avais pris toutefois la précaution d'emporter un matelas.

A ce point de mon récit je dois mettre les choses au point, car je tiens à ce que vous ne mettiez pas en doute la véracité de mon témoignage. Je ne peux pas garantir que les événements incroyables que je rapporte ici se sont réellement passés.

Je n'en sais rien moi-même. Je vous affirme en tout cas que je ne fus pas étonné de constater que mes deux coqs de clocher étaient de retour. Au fond de moi je devais m'y attendre. J'aurais été déçu s'ils m'avaient fait faux bond et, comme ils avaient l'air de se trouver bien sur mon toit, je me sentis tout de suite à mon aise avec eux.

— Puis-je vous offrir quelque chose à boire ?

— Non merci, vous êtes fort aimable...

— J'espère que nous ne vous dérangeons pas...

Ma seule vraie surprise fut de constater que non seulement j'entendais la langue des coqs de clocher, mais que j'étais capable de la parler sans jamais l'avoir apprise. Il suffit de l'écouter pour la comprendre et de la comprendre pour la transmettre à votre tour. Plus incroyable encore, ce n'est pas avec les oreilles qu'on l'écoute. Elle vous arrive directement à l'intérieur sans ébranler le tympan. C'est vraiment très pratique.

Ayant compris que j'étais leur ami, les coqs baladeurs parlaient maintenant devant moi sans aucune gêne. Sans remuer le bec, sans agiter les ailes. Parfaitement immobiles. Il me sembla pourtant percevoir un léger friselis dans leur plumage de métal et, dans le creux obscur de leurs orbites comme une lueur d'amusement.

Quand on est coq de clocher, on ne se mêle pas des affaires des autres. On demeure impassible quoi qu'il arrive. Impassible mais pas indifférent. Je pressentais que l'armure de métal de mes visiteurs et leur flegme de principe n'existaient que pour dissimuler une bienveillance naturelle et un sens de l'humour développé. La suite de leurs propos ne fit que confirmer mon pressentiment.

Autant ils avaient été laconiques la veille, autant ils furent prolixes cette nuit, au point que, pour ne pas lasser, je me vois contraint de réduire leur discours. Ils étaient si heureux de pouvoir enfin dialoguer, et devant un témoin aussi attentif et passionné, que leur babil me tint éveillé jusqu'à l'aube.

Ce soir-là, le coq de mon village, en coq bien élevé, laissa surtout la parole à son invité et lui permit de mettre en évidence ses talents de conteur. Il se rattraperait plus tard...

Les coqs de clocher n'ont pas besoin de se déplacer, ni même de risquer le torticolis pour suivre de près ce qui se passe sur leur territoire. C'est l'un des privilèges de leur métier. En revanche l'ankylose les menace et on pouvait supposer que, s'ils avaient organisé cette mutation de postes continue, c'était plus pour se dégourdir les ailes et les pattes que pour se changer les idées. Tant de choses se passent dans les petits villages qu'il faudrait plusieurs éternités pour les connaître toutes...

En réalité il s'agissait d'un mouvement de plus haute ambition. Je dois avoir l'esprit de clocher plus développé qu'Odilon, le propre coq de mon village. Aussi quand j'appris que cette gigantesque migration avait été prise à son initiative, j'en éprouvai une fierté déraisonnable mais intense. Avec un esprit d'organisation que personne ne lui soupçonnait, et une éloquence dont je pus apprécier l'efficacité par la suite, il avait su cristalliser le mécontentement général de ses collègues :

— Nous sommes devenus les symboles désuets d'un immobilisme rétrograde et d'une étroitesse d'esprit incompatibles avec la mondialisation générale, déclara-t-il solennellement. Il est temps de descendre de nos perchoirs pour aller « sur le terrain ». Nous pourrons alors confronter nos différentes expériences pour élaborer une doctrine commune. Déjà plusieurs d'entre nous ont été mis à la retraite. Dans une vitrine d'antiquaire pour les plus chanceux, ou dans l'arrière-boutique d'un brocanteur. Certains même ont fini leurs jours à la décharge municipale parmi les pneus usés à la corde, les matelas éventrés, les réfrigérateurs hors d'usage. Bâtissons ensemble un avenir digne d'un passé prestigieux...

Il avait été écouté. L'opération était en cours. Ces va-et-vient permanents dans l'atmosphère avaient désorganisé les saisons. Les spécialistes cherchaient désespérément à comprendre pourquoi il neigeait au mois d'août. Moi je savais, mais jusqu'à ce jour, je n'osais rien dire pour ne pas inquiéter les populations. Maintenant que je sais que la révolte des coqs de clocher n'a pas de mauvaises intentions, je me décide à révéler tout ce que j'ai appris.

La première visite d'Ernest avait naturellement été pour Philibert, notre vedette locale. Il le reconnut dès le premier coup d'œil à son fusil et à ses grosses lunettes. On lui avait tellement vanté sa gentillesse qu'il fut déconcerté par le spectacle qu'il offrait. Il gesticulait en vociférant et, oubliant les engagements qu'il avait pris, il avait décroché son fusil de l'épaule et le brandissait l'air menaçant. Ses petits élèves non plus ne l'avaient jamais vu dans un état pareil et, terrorisés, le regardaient sans comprendre.

Seul Ferdinand ne paraissait pas le moins du monde impressionné. Il avait un sourire si désarmant que Philibert soudain s'apaisa. Il parlait maintenant avec une infinie douceur :

— Mon petit, disait-il, tu me fais beaucoup de peine. J'ai tout essayé mais je ne peux plus rien pour toi. Je renonce...

Alors Ferdinand se leva. Il dépassait son maître d'une tête. Il le regarda longuement puis, sur un ton paternel particulièrement insolite dans une voix qui n'avait pas fini de muer, il dit avec solennité :

— Il ne faut jamais désespérer, Monsieur...

Du menton, il désignait la fenêtre ouverte :

— Regardez, Monsieur, les cazous sont arrivés...

En plein mois de juin le micocoulier plus que centenaire avait tout à coup revêtu son pelage d'automne.

Philibert restait figé de stupeur. Il aurait été incapable d'épauler, encore moins de viser. Son arme était pointée dans la bonne direction. Le coup partit tout seul. Tout de suite après la détonation, on entendit un ruissellement soyeux de cascade. Au pied de l'arbre magique, une flaque de plumes fauves s'étalait en cercle sur plusieurs épaisseurs...

Tel fut le récit incroyable d'Ernest et Odilon. Ils avaient l'air fort satisfaits des premiers résultats de leur croisade. Ils se donnaient l'accolade et disparurent sans me jeter le moindre coup d'œil. Je faillis croire que j'avais été la victime (ou plutôt le bénéficiaire) d'une hallucination. J'ai du goût pour le fantastique. Si on me les raconte bien, on peut arriver à me faire admettre les histoires les plus invraisemblables.

Mais un passage de grives en plein mois de juin, ça non ! C'était trop pour moi...

Là-dessus le sommeil me terrassa.

Ce fut Philibert qui me réveilla. Il avait laissé pour une fois son fusil à la maison. Il riait de plaisir comme un bossu à qui on aurait enlevé sa bosse. Il m'apportait deux brochettes de grives dodues et déjà toutes bardées. Il m'apportait aussi une nouvelle. Une nouvelle encore plus surprenante qu'un passage de grives au mois de juin : dans la nuit, Ferdinand avait appris à lire tout seul.

Vous n'êtes pas obligé de le croire mais si vous avez le temps vous pouvez prendre la peine de vérifier au village. De ces grives du mois de juin, tout le monde en a goûté et rien qu'au souvenir, ils en ont les papilles qui se mouillent.

Quant à Ferdinand, il est aujourd'hui agrégé de lettres. Vous croyez qu'il y serait arrivé s'il n'avait pas su lire !

CHAPITRE 2

Où l'on pénètre dans l'univers magique des santons et des coqs de clocher.

On s'habitue à tout, même au surnaturel. Très vite il cesse de vous surprendre et bientôt vous ne pouvez plus vous en passer.

Ma famille était restée à Paris pour que je puisse écrire dans la sérénité mon livre annuel. Si elle avait été là, il ne se serait sans doute rien passé.

L'étrange, le mystérieux, l'inexplicable ont un faible pour les solitaires.

Apparemment rien n'avait changé dans mon existence. En réalité, je menais une double vie dont personne ne se doutait. Dans la journée je m'appliquais à exercer le plus consciencieusement possible ce curieux métier qui est le mien et qui consiste essentiellement à noircir du papier avec de l'encre. J'avais beaucoup plus de mal que d'habitude à me concentrer sur ma tâche : j'attendais la nuit avec une impatience de fiancé.

Dès l'apparition de la première étoile je me retrouvais sur le toit de mon pigeonnier. La nuit était encore trop claire pour que mes visiteurs soient arrivés. Ils devaient attendre que le village dorme pour déserter leur clocher. La fonction de coq de clocher est encore plus astreignante que celle de concierge : quand ils s'absentent, ils ne disposent pas du panneau « Le coq revient de suite ».

Ils ne pouvaient donc jamais me fixer de rendez-vous précis. Ils surgissaient à l'improviste, mais j'étais si sûr de leur venue qu'il m'arrivait à moi aussi de m'endormir en les attendant. J'avais dans la parole du coq de mon village une confiance absolue et nous nous appelions désormais par nos prénoms.

Personne jusqu'ici ne s'est intéressé de près à la condition des coqs de clocher. Je crois être le premier. J'ai encore beaucoup à apprendre. Tout ce que je découvrirai sur leur compte je promets de vous en faire part. D'ores et déjà je peux vous révéler que, voués au célibat, ils n'ont pas besoin d'avoir un nom de famille mais qu'ils ont le droit de choisir leur prénom. Le mien s'appelle Odilon.

Quand je dis « le mien », vous avez compris que je parle de celui de Fontvieille. Dès la première nuit nous étions devenus copains, comme si nous avions bénéficié dans notre enfance de l'enseignement du brave Philibert. Il m'avait pris à part pour me confier :

— Si je ne te dérange pas trop, j'ai l'intention d'installer mon quartier général sur ton pigeonnier. Pour l'instant je te demande de garder le silence, mais je te promets de te réserver l'exclusivité.

Il me tint alors un discours qui aurait pu me faire croire qu'il avait l'intention de se présenter aux élections municipales (mais il n'était pas inscrit sur les listes électorales).

Audacieux programme que le sien :

— Notre village de Fontvieille, me déclara-t-il en substance, est déjà très célèbre en France et en Europe. Alors si j'arrive à en faire la capitale mondiale des coqs de clocher je crois qu'il y aura pour nous tous d'intéressantes et fructueuses retombées médiatiques... Je peux compter sur ton aide ?

Je n'ai jamais su résister à une proposition de ce genre et plus elle est chimérique, plus elle me séduit. Je dois avouer en outre que ce « notre » et ce « nous » m'avaient particulièrement flatté. Je n'habite Fontvieille que six mois par an et depuis une soixantaine d'années seulement. Odilon, lui, était fontvieillois depuis des siècles et à temps complet. Il m'avait, en m'associant à son projet, donné l'impression réconfortante d'être enfin devenu un citoyen à part entière.

Je n'avais pas entendu Odilon se poser. Un coup de patte amical sur l'épaule me fit prendre conscience de sa présence. Quand je me retournai, il avait déjà retrouvé son immobilité. C'est là aussi l'un des privilèges des coqs de clocher. Ils parlent sans ouvrir le bec et peuvent gesticuler tout en restant immobiles. A moins que (avec ce genre d'oiseau tout est possible) leurs mouvements soient si rapides qu'ils en deviennent imperceptibles à l'œil nu. J'ai posé directement la question à mon ami Odilon. Il a préféré me laisser dans le doute. Il sait trop bien, le bougre, que l'essentiel de son prestige vient de son mystère. Il est comme tous les prestidigitateurs : il n'aime pas dévoiler ses trucs.

Je ne pouvais évidemment rien lire sur son visage, mais je le sentais habité d'une grande jubilation intérieure. Il n'était pas venu seul. Il avait pris en croupe un étrange personnage au regard émerveillé qui, les bras levés vers le ciel, semblait le remercier de la beauté de cette nuit :

— J'arrive de Grambois, dit Odilon...

Et là, au risque de gâcher l'effet de surprise, je suis obligé d'ouvrir une parenthèse...

Si vous ne connaissez pas Grambois, allez-y donc faire un tour. Ce village du Lubéron mérite le détour. Il est aussi beau que Fontvieille (enfin presque). Ne manquez surtout pas de passer par l'église pour admirer la crèche. Il y en a peut-être de plus somptueuses, mais celle-là est unique en son genre. Ce sont les habitants de Grambois eux-mêmes qui ont servi de modèles au maître santonnier local, M. Graille. Le vrai facteur est devenu Gendarme d'argile et le gendarme Boumian. L'instituteur qui est un anticlérical à l'ancienne a prêté sa barbe à saint Joseph et l'institutrice qui ne passe pas pour une vertu mais qui a un profil si pur a prêté ses traits à la Sainte Vierge. Il paraît d'ailleurs que, depuis qu'ils ont été « santonnifiés », l'anticlérical est devenu dévot et l'institutrice s'est mariée à l'église.

Il y a sûrement en chaque créature humaine un santon qui sommeille et c'est sans doute ce qu'il y a de meilleur en nous. Quand il lui arrive de se réveiller, la créature découvre en elle des trésors d'indulgence et de bonté qu'elle ne soupçonnait pas. Il faut néanmoins reconnaître que le santon ne se réveille pas toujours. C'est même assez exceptionnel.

D'année en année, le maître santonnier ne cesse d'enrichir sa crèche de nouveaux personnages. Cela dure depuis plus d'un demi-siècle. Cette crèche, on vient la visiter de toute la région et même de plus loin. Les Gramboisiens y mènent leurs amis de passage et tous s'extasient de les voir si ressemblants :

— On te dirait vivant... Presque tu parlerais...

Presque. Mais pas vraiment, sinon je les aurais entendus. Le parler des santons, c'est ma seconde langue maternelle. En revanche, ils avaient l'air bien plus vivants que dans toutes les autres crèches. C'était forcé. A Grambois comme ailleurs on vieillit et on finit bien par mourir, mais ses habitants ont le privilège de laisser à leur descendance leur santon en souvenir. Cette crèche fabuleuse est devenue la mémoire collective du village. On y vient rendre visite à ses aïeux. C'est quand même plus gai qu'un cimetière.

L'an dernier j'y avais mené ma petite famille. Il y avait foule. Une foule bon enfant qui se récriait d'admiration :

— Avec ta canne, ta grande cape, ton grand chapeau et ton mouton sur les épaules, on croirait que tu as fait le berger toute ta vie, disait d'un ton pincé une opulente créature à son mari notaire.

— Et toi, en poissonnière, tu es assez réussie, répliquait le jovial tabellion.

Cela ne semblait pas faire spécialement plaisir à la notairesse :

— Dis-moi tout de suite que tu me trouves vulgaire...

— Jamais de la vie, protestait son mari pour le principe.

Mais, pour la galerie, il ajoutait à haute et intelligible voix :

— Reconnais quand même que pour le tour de hanches, tu es à la bonne dimension.

L'assistance s'était mise à rire sans retenue. Au premier rang toutefois, il y avait deux jeunes gens qui ne participaient pas à l'allégresse générale. Ils se tenaient par la main. Des fiancés, ou des jeunes mariés. Les deux « novis » avaient l'air ému. Bouleversé presque :

— Tu vois, mon chéri, disait la toute jeune femme, le grand meunier là-bas avec ses sacs de farine, c'est mon grand-père. J'ai tenu à te le présenter pour lui dire combien je suis heureuse. Je ne l'ai jamais connu. Il est mort il y a vingt-cinq ans... Mais je suis sûre que ça lui fait plaisir.

De la main elle envoya un baiser à son aïeul d'argile. Elle avait les yeux pleins de larmes...

— J'arrive de Grambois, avait répété Odilon, et j'ai tenu à ramener avec moi un témoin oculaire. Plus qu'un témoin, un des principaux acteurs. Je veux avoir ton sentiment. Parce que moi-même, qui en ai pourtant vu d'incroyables dans ma vie, je me demande s'il ne s'est pas moqué de moi.

Il avait raison de se méfier. Le nouveau venu, vous pensez si je le connaissais : c'était le Ravi, un des personnages les plus célèbres de toutes les crèches. Quand je joue dans la Pastorale c'est toujours son rôle qu'on me confie. Il paraît que nous avons la même mentalité. Ce n'est pas que nous soyons vraiment menteurs, mais nous avons tous les deux une tendance à nous émerveiller. Je n'ai pas honte : mettre un peu de féerie dans la grisaille quotidienne, ça n'a jamais fait de tort à personne.

Il me connaissait lui aussi, et qu'il me tutoie et m'appelle tout de suite par mon prénom ne m'a ni surpris ni choqué.

A peu de chose près, la langue des santons est la même que celle des coqs de clocher. Il n'y avait donc rien d'étonnant à ce que le Ravi ait pu l'apprendre entre Grambois et Fontvieille.

— Nous sommes en train, me révéla-t-il, de répéter une pastorale à nous. Sur un texte écrit par nous tous. Nous en avions assez de jouer la Pastorale des autres... Elles sont pleines de bonnes choses mais il y a trop d'erreurs de détail. La naissance du divin niston, c'est quand même nous qui l'avons vue de plus près.

Je ne pouvais que lui donner raison.

— Nous sommes obligés de faire les répétitions la nuit quand il n'y a personne dans l'église. Maintenant nous sommes presque prêts. Avec six mois d'avance... On commence à perdre patience. Alors si vous le permettez, je vais vous la jouer rien que pour vous.

— Il n'y a pas de rôle pour moi ?

— Je vais te faire juge.

Odilon et moi avons donc été les seuls témoins de cette « première ». Le Ravi, les bras toujours levés, jouait tous les rôles. Sans jamais gesticuler ni changer d'apparence, il mettait une telle intensité, une telle vertu dans son interprétation qu'on se serait cru, en cette nuit de juin, un vingt-quatre décembre à Bethléem.

A Bethléem, en Provence, bien entendu.

— Figurez-vous, commença le Ravi, que contrairement à ce qu'on vous a raconté, il ne faisait pas beau du tout cette nuit-là. La pluie tombait en rafales. Des éclairs rayaient le ciel comme des griffures de craie sur un tableau noir. Si vous aviez vu Roustido ! Sans l'Aveugle je crois que la contrariété l'aurait fait mourir de suffocation. Je m'aperçois que peut-être vous n'avez jamais entendu parler de la Pastorale des Santons. C'est notre façon à nous de raconter la naissance du fils de Dieu. Roustido, c'est le maire de Bethléem, et tout le monde vous dira qu'il est d'un naturel « pétardier ». Mais jamais il n'avait été si furieux que ce soir-là. Et il hurlait :

— La tempête un jour de Noël ! Mais c'est pas un temps de chrétien...

D'un sens, il avait un peu raison d'avoir les nerfs. Un temps pareil pour la naissance de son héritier, il y avait de quoi se faire du souci.

Et le Ravi nous faisait si bien vivre l'événement que nous sentions la pluie nous ruisseler sur la peau. Non seulement il jouait tous les personnages, mais il faisait tous les bruits et, quand il reproduisait le fracas du tonnerre, j'avais l'impression que mon pigeonnier allait nous dégringoler sur l'eschine.

Le plus simple c'est de l'écouter. Rien que de me souvenir de cette sombre nuit j'en ai la chair de poule :

— Plus l'Aveugle disait de sa voix gentille « Te fais pas de souci mon beau... c'est forcé que ça s'arrange », plus Roustido devenait fébrile au point de déparler complètement. Au fond c'était un brave homme et, en temps ordinaire, il ne se serait jamais permis de rudoyer ce pauvre aveugle : « Tais-toi, disait-il, tu n'y vois rien et tu te permets de dire aux autres ce qui va se passer... » L'Aveugle aurait pu se formaliser. Au contraire. Presque il avait l'air de s'excuser : « Ne te fâche pas... C'est pas ma faute. Les aveugles, c'est comme ça. Les choses, ils ne les voient pas mais ils les sentent venir...Un peu de patience ! » Au mot de patience, Roustido, on a cru qu'il allait exploser : « De la patience ! Tu en as de bonnes... Mon petit ça fait trente ans qu'il se fait désirer et le jour où il s'annonce il pleut... Mais le pauvre, je suis sûr que quand il va voir comment ça se passe ici il se dépêchera de retourner d'où il vient... » L'Aveugle lui a mis la main sur l'épaule et lui a parlé avec affection mais autorité : « Au lieu de dire des bêtises plus grosses que toi, tu ferais mieux de tendre l'oreille...

— Tu entends quelque chose toi ?... Moi j'entends juste rien...

— Tu sais pas écouter... Pourtant, que tu le veuilles ou non, le mistral est en train de se lever...

— Il manquait plus que ça », a gémi Roustido en se prenant la tête à deux mains.

Et pourtant il s'était levé pour de bon, le mistral. Et au fur et à mesure que le Ravi parlait, moi je voyais les nuages courir vers la mer comme si ce demi-fada avait su commander aux éléments... Et la lune montait vers le ciel. Et les cyprès vacillaient comme des flammes sous le souffle du vent. Et Roustido se lamentait et l'Aveugle essayait de le rassurer : « Laisse le mistral faire son métier... C'est le balayeur du ciel... Regarde maintenant comme c'est beau... On y voit comme en plein jour...

— Peut-être, mais on pèle de froid et mon petit il risque d'attraper le mal de la mort... »

C'est vrai qu'il ne faisait pas très chaud et même pas chaud du tout. Le talent de comédien du Ravi était si convaincant qu'en cette étouffante nuit de juin, où la moindre brise rafraîchissante aurait été accueillie comme un bienfait du ciel, je m'étais mis à grelotter dans ma chemisette. A Fontvieille il faisait le même temps qu'à Grambois : le temps des Ravis. Celui qui vous permet de célébrer Noël en juin, ou le jour de votre choix. Tous les jours de votre vie si vous avez le cœur en fête.

— Attendez, dit l'Aveugle en levant la main, ça va se calmer d'un instant à l'autre...

Une seconde plus tard, le vent s'apaisait et le printemps s'installait sur la colline. Roustido était trop abasourdi pour manifester de la mauvaise humeur :

— Tu es un véritable sorcier, s'écria-t-il.

— Mais non, dit l'Aveugle en souriant avec modestie mais assez content de lui tout de même, je ne suis qu'un pauvre vieil aveugle qui ne croit qu'en la bonté du bon Dieu...

A la lueur de la lune je consultai ma montre. Au moment même où je constatai qu'il était trois heures du matin, l'horloge du clocher égrena les douze coups de minuit. Cela ne me causa pas de surprise excessive : je vivais depuis deux jours dans un univers où le temps était plus malléable que dans la vie ordinaire. L'organisme s'habitue très vite à ces bonds en avant, ces retours en arrière et ces changements de rythme perpétuels. En revanche la sonnerie de l'horloge me parut bien plus enjouée et plus légère que d'habitude. On aurait dit une boîte à musique.

A la dernière note, la maison de Roustido s'illumina tout entière. Une fenêtre s'ouvrit et, dans l'encadrement, une matrone parut. Elle tenait dans ses mains un poupon frais éclos. Il gazouillait déjà du plaisir d'être sur la terre, ce qui est exceptionnel chez les nouveau-nés. La matrone le brandissait en direction des étoiles, et à l'intention de Roustido elle lança d'une voix de héraut annonçant une victoire :

— C'est un garçon et il est beau comme un soleil !

Si vous aviez vu Roustido à ce moment-là ! Il gesticulait comme un sémaphore qui aurait perdu la tête et dansait sur place avec une allégresse d'ours en liberté.

— Merci mon Dieu... Ce garçon je l'appellerai Noël... Je suis sûr qu'il me ressemble...

— Pour te dire la franche vérité, précisa la matrone, il tirerait plutôt du côté de sa mère...

L'Aveugle lui-même ne put s'empêcher d'émettre un petit rire feutré mais, comme il n'aimait pas faire de la peine, il tint aussitôt à demander pardon :

— Excuse-moi, dit-il, ça m'a échappé...

Roustido n'avait même pas entendu et prenait les étoiles à témoin de sa fierté :

— Ce sera le plus beau de tous...

Quand il se tut, à bout de souffle, le silence n'eut pas le temps de s'installer. Un joueur de limonaire s'en était emparé. Déjà l'Aveugle intervenait :

— Sois brave, mon beau. Tu vas réveiller tout le monde. Laisse-les se reposer, les pauvres... Arrête vite...

— De quoi tu te mêles ? hurla Roustido. Qu'il joue plus fort au contraire. Le jour de la naissance de mon fils, personne ne doit dormir... Et qu'on réveille le garde champêtre pour qu'il annonce à tous la bonne nouvelle. Et qu'il fasse tirer le feu d'artifice du 14 Juillet.

— Le jour de Noël ! Qu'est-ce qu'on fera pour la Fête Nationale ? s'étonna l'Aveugle.

— On en tirera un autre...

— Et naturellement, comme d'habitude c'est nous qui paierons l'addition...

— Non, Monsieur... Ce feu d'artifice c'est mon fils qui l'offre.

Ces paroles solennelles avaient été soulignées d'un roulement de tambour et, pour une fois, le garde champêtre faisait une annonce sans se tromper sur les mots. Une annonce que personne ne lui avait fait parvenir et qu'il savait pourtant par cœur. Sur le toit de mon pigeonnier c'est toujours ainsi que les choses se passent. On n'a pas de temps à perdre en transitions.

— Avis à la population... Notre maire bien-aimé vous fait savoir que son fils vient de naître et qu'il se porte bien. Il s'appelle Noël et il est beau comme un soleil. Dans ces conditions exceptionnelles et historiques, notre bon maire a décidé par arrêté municipal que le feu d'artifice du 14 Juillet prochain serait avancé au 25 décembre... Qu'on se le dise et que la fête commence...

Et, sans perdre une seconde, la fête a éclaté. Et le feu d'artifice embrasait un ciel peuplé d'explosions et de stridences. Et la foule qui avait envahi les rues au premier appel poussait des clameurs d'admiration :

— Oh, la belle rouge !... Oh, la belle blanche !... Oh, la belle bleue !... Oh la belle belle !...

Toutes les fenêtres du village étaient maintenant éclairées. Le Ravi s'adressait directement à moi :

— La seule à demeurer obscure c'était la mienne. J'ai le sommeil lourd. Pourtant il y a des mauvaises langues qui disent que je ne fais rien de mes journées. Ils ne savent pas comme c'est épuisant l'admiration. La méchanceté, ça conserve, mais dire du bien de tout le monde ça vous épuise un homme. Je dois me ménager si je veux faire longtemps mon métier. Des hommes comme moi, ça se fait de plus en plus rare. Les gens passent leur temps à dire du mal les uns des autres et les Ravis devraient être reconnus d'utilité publique. Et même remboursés par la Sécurité sociale. Tout ça pour vous dire que j'ai besoin de récupérer plus que la moyenne. Je ne me suis réveillé que pour le bouquet final du feu d'artifice, mais là, il ne m'a pas fallu faire beaucoup d'efforts pour m'extasier. Il m'arrive, à force de répéter que les gens sont beaux, de ne pas bien faire attention à ce que je dis. Mais dans ce cas, j'y allais de tout mon cœur et à pleine voix. Je criais presque, tellement je mettais de conviction à dire « Mon Dieu comme ils sont beaux ces hommes et ces femmes qui se lèvent au milieu de la nuit pour que la fête dure plus longtemps ».

Je pense que vous ne serez pas étonné de voir que la fête avait démarré tout d'un coup. Vous commencez à avoir l'habitude de la façon de faire de mes visiteurs. La place du village avait été envahie par des vire-vire, des baraques foraines, des acrobates, des jeux de toute sorte. Et moi, je ne savais plus où donner du regard. Et je disais « Regardez celui-là qui grimpe au mât de cocagne. Il croit partir à la conquête d'un jambon ou d'une bouteille de vin vieux alors qu'il est en train de se hisser jusqu'aux étoiles... »

Maintenant qu'il n'avait plus que son rôle à jouer, le Ravi se déchaînait. Je dois avouer qu'il le jouait mieux que moi, mais je ne vais pas être jaloux un jour de Noël. Rien ne lui échappait et ce qu'il voyait, il vous le faisait vivre comme si vous y aviez participé :

— Regardez ces beaux jeunes qui jouent à tirer sur une corde chacun de leur côté. On dirait qu'ils disputent les Jeux olympiques et pourtant ils se dépensent juste pour se faire plaisir et pour se donner soif... Attention quand même... A force, à force de tirer ne vous faites pas péter les veines du cou...

Et regardez celui-là qui aide son copain à grimper sur une échelle. C'est pour accrocher des lampions. Alors je ne me fais pas de souci : celui qui apporte la lumière aux autres ne risque pas de se casser l'eschine.

Mais pour le fildefériste je vous demande de faire une petite prière : bien sûr il a son balancier, mais ce n'est pas son balancier qui le tient en équilibre. C'est la foi. Et le bon Dieu ne laisse pas tomber ceux qui lui font confiance...

La musique des manèges aurait dû obliger le Ravi à forcer la voix. Et pourtant il continuait de parler avec sa douceur lente et chevrotante et les mots se mêlaient sans effort à la musique, comme les paroles d'une chanson.

— Tournez manèges, disait-il. Avouez que c'est quand même mieux qu'à la télévision. Tous ces petits enfants sur leurs chevaux de bois ne sont pas là pour gagner un voyage au bout du monde. Ils y sont déjà. Et même plus loin.

Il s'était arrêté un instant.

— Excusez-moi, me dit-il, j'ai la tête qui tourne tellement il y a de choses à voir.

Aussitôt ressaisi, il avait repris de plus belle :

— Si tu as de l'argent sur toi, dépêche-toi de prendre un billet pour la loterie aux lapins. Premier prix : un magnifique lapin. Deuxième prix : un beau lapin. Troisième prix : un lapin. Tout le monde gagne.

Et les petits chiens savants qui font le beau pour vous plaire ils gagnent un morceau de sucre. Les morceaux de sucre, c'est le Noël des petits chiens savants.

Et maintenant, viens jouer au jeu de massacre. Prends autant de boules que tu veux. Regarde-les, ils sont tous alignés devant toi : les mécréants, les méchants, les nantis, les vilains, les pas beaux. Régale-toi. Vas-y volontiers. N'aie aucune inquiétude : plus tu les démolis, plus ils ressuscitent. Mais un soir de Noël il vaut mieux qu'ils se fassent oublier. C'est à nous d'être heureux.

Messieurs les *musicanti*, qu'est-ce que vous attendez pour attaquer ?... Non, ce n'est pas trop tôt. Ce n'est jamais trop tôt puisque le monde vient de naître pour la deuxième fois.

Il était si entraînant que j'ai failli ouvrir le bal avec la jeune mariée de Grambois (elle était là elle aussi évidemment). Ne me dites pas que je ne sais pas danser. Cette nuit-là j'aurais su. Le Ravi, lui, était presque en extase.

— Qu'on est bien sur la terre, soupirait-il avec béatitude, quand tout le monde aime tout le monde.

Combien de temps a duré la fête, je ne peux pas vous le dire. Il est possible d'ailleurs que je me sois endormi. J'ai été réveillé en sursaut par une série de coups sourds frappés sur une estrade de bois : un régisseur invisible s'apprêtait à frapper les trois coups et la musique de foire s'est transformée insensiblement en musique de Noël.

Un rideau de velours rouge s'est ouvert sur une scène plongée dans une semi-obscurité où tous les santons de Grambois se trouvaient réunis.

Au pied de l'estrade le village était rassemblé. Au premier rang il y avait deux fauteuils vides.

Personne ne bougeait, personne ne disait rien mais je sentais qu'il allait se passer quelque chose d'extraordinaire. Le Ravi lui-même avait repris la pose et se taisait, ce qui n'est pas dans ses habitudes mais, pour une fois, ne paraissait pas lui coûter. Il semblait comme tous ses collègues attendre des ordres venus d'en haut.

A l'avant-scène les feux de la rampe s'allumèrent tout à coup. Trois gigantesques automates en tailloles rouges et en chapeaux pointus de paysan italien surgirent alors de la pénombre. Ils tendaient les mains en avant comme pour bénir la foule et je m'aperçus qu'ils tenaient dans leurs doigts de métal et d'argile des fils de nylon qui les reliaient à chacun des santons de la crèche.

Nous en avons vu des choses extraordinaires en cette étrange nuit, mais des marionnettes animant des santons, c'est *too much* comme on dit aujourd'hui.

Soudain, la foule des habitants s'est écartée pour laisser passer Marie, la femme du maire. Elle tenait son petit enfant dans les bras et s'avançait vers l'estrade à la fois humble et majestueuse.

Alors, ce que je n'aurais jamais cru possible s'est produit et les santons d'argile de Grambois (qui ne sont pourtant pas souples de caractère) se sont laissé manipuler par des automates venus de l'étranger.

Et dès que Marie a été assise sur son fauteuil, ils ont retrouvé toute leur mobilité de jugement. Mais ils étaient trop polis pour couper la parole à la Sainte Vierge et à son invitée :

— Bonjour Marie, mère de Noël, avait dit la Sainte Vierge.

— Bonjour Marie, mère de Dieu, avait répondu la Marie de Roustido tout étonnée de ne pas éprouver la moindre timidité.

— Tu n'aurais pas dû sortir le premier jour.

— Je voulais te le montrer, mon Noël à moi.
— Il risque de prendre froid.
— Avec le soleil que ton fils nous donne ! C'est impossible.
— Ton mari n'est pas avec toi ?
— Le pauvre ! Il n'en peut plus. Il s'est mis au lit.
— Ils sont tous les mêmes. Regarde saint Joseph, il y a près de deux mille ans qu'il est papa et il ne s'en est pas encore remis... Qu'est-ce que tu attends de moi ?
— Juste, je voulais qu'il te voie.
— Mais il n'a pas encore les yeux ouverts !
— Je te l'ai amené pour que tu les lui ouvres...
— Le premier jour, Dieu a créé la lumière. Il l'a mise en dépôt chez le soleil. Ton petit, il ouvrira les yeux tout seul.
— Et s'il perdait la vue ?
— N'oublie jamais qu'on peut avoir les yeux ouverts et ne rien voir.
— Tu n'es pas une mère comme les autres.
— Tu as raison... Je suis la plus angoissée de toutes les mamans. Mon petit, c'est le fils de Dieu et il s'est fait homme. Et nous avons eu le temps de nous apercevoir que ce n'était pas de tout repos d'être un homme.
— Alors qu'est-ce que je dois faire ?
— L'aider à être un homme libre et à garder les yeux ouverts... Sinon le soleil mourra.

Toutes les musiques et toutes les lumières s'étaient éteintes en même temps. Il ne restait pour souligner le silence et rassurer la nuit que l'orgue limonaire qui, au début, s'était mis à jouer pour son propre plaisir.

Toutes les voix s'étaient éteintes aussi. Mais au Ravi, quand il est en train, il lui faut du temps pour s'arrêter. Et je l'ai entendu dire encore au joueur d'orgue :

— Joue... Continue de jouer. Chante Noël, chante l'amour, fais vivre la joie. Un enfant est né. Paix sur la terre aux hommes de bonne volonté. Moi je monte la garde du soleil...

Et le soleil s'est levé à l'heure prévue.

Moi, beaucoup plus tard.

Je suis prêt à reconnaître que cette histoire est imaginaire. Je peux même abonder dans ce sens puisque je suis allé spécialement à Grambois pour le vérifier. J'étais sûr que les santons, comme d'habitude, ne parleraient ni ne bougeraient.

En revanche, je m'attendais vaguement à ce qu'il y ait sur la place une fête foraine et un feu d'artifice. Rien de ce genre. L'affaire était entendue. J'avais rêvé.

Du moins le croyais-je. Car l'année suivante, je me trouvais à Nice pendant la période de Noël.

Cette histoire invraisemblable que je viens de vous raconter et dont j'ai été le seul témoin, elle était jouée par des santons et des automates. Exactement comme je vous l'ai racontée.

Et le plus extraordinaire, c'est qu'elle était signée par moi. Comment voudriez-vous que j'aie assez d'imagination pour inventer une histoire pareille si je ne l'avais pas écrite, dans un état second, sous la dictée du Ravi de Grambois ?

CHAPITRE 3

Où une colombe nommée Magali se transforme en statue de pierre pour ne pas finir ses jours sur un lit de lardons et de petits pois.

Il faisait un joli petit temps tiède gentiment bousculé par un tout jeune mistral. Un temps peu propice aux dévergondages des coqs de clocher. Un temps à rester sur terre sans se demander ce qui se passe dans les étoiles ni se poser de questions sur les mystères qui se dissimulent derrière les apparences. J'avais d'ailleurs trop de sommeil en retard pour passer une nouvelle nuit sur le toit de mon pigeonnier. Je m'installai donc dans la pièce du haut, qui dispose d'un divan et qui a vue sur les Alpilles. Si Odilon avait un message à me faire parvenir, il n'aurait qu'à gratter les tuiles avec ses serres de métal.

Très honnêtement il ne me manquait pas outre mesure et de toute façon j'avais besoin de récupérer. Je n'avais pratiquement rien mangé depuis plus de quarante-huit heures et quand je me regardai dans la glace j'eus du mal à me reconnaître. Une barbe broussailleuse me mangeait le visage. Les traits creusés, le regard fixe, je donnais l'impression de m'être évadé d'un asile d'aliénés. On a beau dire : le surnaturel ça vous abîme la santé et si je continuais à ce rythme je ne ferais pas de vieux os.

Par le fenestron, toutes les Provences entraient dans la pièce. Au-delà des toits du village couleur d'abricot, elles s'étageaient en arc de cercle jusqu'à l'infini : la Crau, la Camargue, les Alpilles, le Luberon, le Ventoux, la Haute Provence, les Alpes. D'un seul mouvement de paupières j'allais des Saintes-Maries-de-la-Mer à Sisteron, de Marseille à Manosque, des bords de la Sorgue aux gorges du Verdon. Chemin faisant je saluais Frédéric Mistral, René Char, Alphonse Daudet, Marcel Pagnol, Paul Arène, Jean Giono. Au passage ils me tapaient amicalement sur l'épaule en me faisant un clin d'œil complice.

Ne me dites surtout pas que je n'ai pas retrouvé mon état « normal ». C'est ça mon état normal. Mais ces nuits dernières il s'est considérablement aggravé. D'ordinaire, j'arrive à faire à peu près clairement la différence entre le rêve et la réalité. Pas toujours, mais dans la plupart des cas. Cela m'est devenu aujourd'hui pratiquement impossible : ce que j'imagine a plus de consistance, de densité, de couleur que ce que je suis en train de vivre.

Il serait temps que je réagisse. Sinon je vais me couper du monde extérieur. Quand je suis en train d'écrire, je m'en passe et je n'éprouve ni l'envie ni le besoin de fréquenter mes semblables : mes personnages me tiennent compagnie. Je ne me demande même pas le temps qu'il fait dehors. Quand j'écris, c'est moi qui fais la pluie et le beau temps.

En temps « normal » je suis un être très sociable, pas du tout renfermé sur lui-même. Ma femme pense que j'ai trop d'amis et je n'arrête pas de m'en faire de nouveaux. Non seulement je les aime bien, mais c'est en les écoutant parler, en les regardant vivre que j'arrive à créer mon univers à moi.

Il était donc temps que je reprenne contact avec la réalité si je voulais pouvoir continuer à l'inventer. Je colle le plus possible au réel pour pouvoir en décoller plus facilement. Quand on est dans l'état d'apesanteur où je me trouve, on y éprouve un tel sentiment de toute-puissance qu'il ne faudrait pas trop me forcer pour que je me croie capable de commander aux êtres et aux choses. C'est le moment d'atterrir au plus vite.

Personnellement j'ai un truc infaillible. A l'instant précis où je suis sur le point de me prendre pour Dieu le père, je me mets aux fourneaux et j'essaie de réussir une des recettes de ma défunte tante Joséphine...

Vous n'avez pas connu ma tante Joséphine et c'est bien dommage pour vous. Je l'ai vue à l'œuvre devant son potager pendant près d'un demi-siècle. Cela n'a pas fait de moi, hélas, un cuisinier exemplaire, mais son talent a rendu ma gourmandise plus exigeante. Je l'ai suivie dans ses travaux quotidiens avec la fervente attention d'un apprenti compagnon. Je n'ai pas hésité à lui poser les questions les plus indiscrètes sur ses méthodes, ses tours de main. Ce qu'on appelle abusivement des « secrets » :

— Il n'y a pas de secret, me disait-elle, ou bien alors il n'y en a qu'un : le temps...

Tante Joséphine cuisinait, si je puis dire, « à ciel ouvert » et, quand il y avait un « truc » (par exemple quand je fais des tomates provençales c'est à elle que je dois de les couper dans le sens de la hauteur et non dans celui de la largeur, sinon la partie inférieure se désagrège), elle n'hésitait pas à le dévoiler. Elle ne demandait qu'à faire profiter les autres de son savoir. Mais, en réalité, son savoir était avant tout un « savoir faire ». Je dirais même un « savoir être ». Ses connaissances culinaires, transmises depuis des générations, faisaient partie d'elle-même. Le geste nécessaire venait toujours à point nommé.

Ma tante faisait la cuisine comme Django Reinhardt de la musique : sans jamais l'avoir apprise. Elle en avait simplement hérité et ne pouvait la communiquer qu'en mettant deux fois par jour ses chefs-d'œuvre sur la table familiale. J'ai été son admirateur et non son disciple. Il eût fallu qu'elle m'expliquât. Comment aurait-elle pu le faire, elle qui n'avait pas besoin de réfléchir pour agir juste et de chercher pour trouver !...

Elle ne disposait que d'une unité de mesure : le « peu ».

— Combien mets-tu d'huile ?

— Un peu...

Selon les cas c'était un « petit » peu, un « bon » peu et dans les cas extrêmes (cela pouvait aller jusqu'à la bouteille entière) un « gros » peu. Son poignet était sa seule mesure et il était infaillible.

De la même façon, je ne l'ai jamais vue, quand elle était dans ses œuvres, jeter le moindre coup d'œil à l'horloge de la cuisine et quand je lui demandais :

— Tu laisses à feu vif pendant combien de temps ?

— Le temps qu'il faudra, me répondait-elle.

— Et tu arrêtes la cuisson quand ?

— Quand ce sera cuit...

J'avais l'impression que Tante Joséphine regardait par-dessus mon épaule et qu'elle était désolée de me voir si maladroit. Elle aurait tellement aimé pouvoir me donner un coup de main, mais au paradis les autorisations de sortie sont rares. Je l'entendais pourtant bougonner dans mon dos :

— Le pauvre petit, il n'est vraiment pas doué !

Il est vrai que j'avais pris de gros risques en essayant de faire une ratatouille sans l'aide de personne. C'est pourtant un plat simple dont la réalisation ne dépasse pas ma compétence. Simple mais pas facile à réussir. La cuisine est le plus péremptoire de tous les arts : une goutte d'huile en moins, une gousse d'ail en trop et le plat est raté. Je suis si peu sûr de moi en ce domaine que cet angoissant problème mobilisait toutes mes facultés. J'étais si absorbé dans ma besogne que s'il avait pris fantaisie à Odilon de venir se jucher sur mon épaule je ne m'en serais même pas aperçu.

Odilon, d'ailleurs, il était loin de mes pensées. J'avais quitté l'univers des santons qui parlent et des coqs de clocher baladeurs. C'est un monde qui a ses avantages : on peut y être en même temps là et ailleurs. On n'y connaît pas plus la mauvaise humeur que le mal à la tête. On y vit en même temps le passé, le présent et l'avenir. Pourtant je ne le regrettais pas. Je me trouvais bien où j'étais. Je n'avais pas envie, mais alors pas du tout, de retourner sur cette planète où l'impossible n'a pas droit de cité.

Je n'étais qu'au début de ma préparation. Moment inévitable mais particulièrement difficile à passer pour un maladroit de mon espèce : celui de peler mes tomates après les avoir plongées quelques instants dans l'eau bouillante. Je n'avais réussi qu'à m'ébouillanter moi-même et la brûlure m'avait crispé les doigts au point d'écrabouiller la « pomme d'amour » que je tenais dans la main.

Eh bien, même en ces pénibles instants, je me sentais heureux de me retrouver sur la terre. L'homme est un curieux animal : il a besoin de souffrance pour mesurer son bonheur. Ce douloureux intermède et quelques estafilades liées à la découpe des poivrons rendirent encore plus exquise la dégustation postérieure de cette ratatouille méritoire.

Il serait abusif de parler de miracle mais je pouvais être fier de mon travail : onctueuse, tiède, parfumée, c'était un authentique chef-d'œuvre. Pourquoi serais-je remonté sur le toit de mon pigeonnier ? Pourquoi aurais-je essayé de m'évader de la condition humaine ?

Cela faisait trop longtemps que je n'étais pas sorti de mon jardin. Je ne voyais personne et ne fréquentais que des êtres imaginaires, faits d'encre et de papier. Ils étaient en train de m'échapper pour mener une existence propre. J'avais lu jadis qu'Alexandre Dumas père sanglotait de chagrin le jour où il s'était décidé à faire mourir Porthos, le fidèle compagnon de d'Artagnan. Son fils rapporte que la détresse l'avait rendu malade au point qu'il avait failli mourir en même temps que le personnage qu'il avait créé avec tant d'amour.

Je ne voulais pas à mon tour devenir prisonnier de créatures qui, sans mon imagination, n'auraient jamais existé et me laisser gagner par la folie que j'avais mise en elles. Les écrivains sont plus fragiles qu'on ne pense. Ils mènent, entre la raison et la déraison, une vie de fildeféristes, avec les seuls mots pour balancier. J'avais l'impression d'entrer en convalescence après une longue maladie non encore répertoriée.

Je fis longuement ma toilette, passai mon costume des dimanches pour aller au village retrouver mes frères humains et reprendre définitivement possession de mon identité.

Mes pas m'avaient conduit tout naturellement au Café du Cours, chez mon ami Titou.

Cela faisait des jours et des jours que je n'avais pas entendu des gens rire ensemble. Leur bruyante hilarité me causa un étrange attendrissement. Ces braves gens qui s'esclaffaient, si j'avais osé, je les aurais serrés sur mon cœur. La solitude a ses joies et il m'arrive parfois de rire tout seul. Mais rire en compagnie est un acte de solidarité humaine.

A Fontvieille, comme dans tous les villages, il y a des haines rancies, des querelles, des embrouilles, des rivalités. Parfois même on échange des mots irréparables avant de se retirer définitivement le bonjour. Mais quand ses habitants rient ensemble, le village devient une véritable communauté. J'avais perdu l'habitude de les entendre rire si fort. Les jeunes aussi bien que les vieux : d'un rire tonitruant qui conservait une innocence enfantine.

Personne ne m'avait vu entrer. Ils étaient tout entiers plongés dans un univers encore plus irréel que celui dans lequel je vis la nuit sur le toit de mon pigeonnier. Je les connaissais presque tous : je savais leurs soucis, leurs problèmes, leurs joies aussi. Je savais surtout que, comme tous les Méridionaux, ils ne se faisaient pas de la marche du monde et de la vie en général une idée particulièrement réjouissante. Je l'avais appris de source sûre puisque je suis l'un d'entre eux et que nous découvrons très tôt qu'une existence qui doit se terminer un jour ne saurait être une existence parfaitement heureuse. Alors autant savourer au passage les petits bonheurs qu'elle nous offre.

Mon invisibilité provisoire me permettait de les observer sans qu'ils se croient obligés de porter le masque et de tenir les propos conventionnels qu'impose la vie en société pour continuer à être supportable. Je regardais leur visage nu où l'on ne pouvait lire que le plaisir de vivre. J'entendais leurs éclats de rire et je ne me pressais pas d'en découvrir la source. Les participants à ce cérémonial du bistrot n'étaient réunis que pour se réjouir sans arrière-pensée de se trouver ensemble. Et non pour se juger ou s'affronter. Les discussions « sérieuses » n'étaient pas de mise en ce lieu.

Quand on se refuse à « parler de ce qui fâche », il est indispensable de ne pas trop s'éloigner de l'insignifiance. Et puisqu'il s'agissait avant tout de partager la bonne humeur, il n'était pas nécessaire de se montrer difficile sur le choix des moyens. Il valait même mieux, si l'on ne voulait laisser personne à l'écart, s'en tenir à la simple galéjade et aux plaisanteries qui ont fait leurs preuves. Et dont certaines ont traversé les siècles. Elles font aussi partie du patrimoine.

Chacun avait la possibilité de participer à ces joutes mais, dans la plupart des cas, on s'en remettait à des spécialistes qui arrivaient à faire de la vie au village une comédie bon enfant qui ne ressemblait pas vraiment à la réalité, mais équilibrait ce qu'elle pouvait avoir de hargneux et de sournois. Camille, le garde-chasse, était le champion toutes catégories de cette transmutation. D'un petit fait banal il tirait, selon son humeur, un poème épique, un opéra bouffe, un conte populaire, une fable ou un bon mot. Sa verve allait croissant au fur et à mesure des apéritifs que Titou, le patron, lui offrait pour garder plus longtemps la clientèle près du comptoir.

Le public de Camille, ainsi que font les petits enfants avec leur grand-mère, avait tendance à lui réclamer toujours les mêmes histoires. Il ne cessait cependant de renouveler son répertoire.

Il ne faisait pas vraiment dans la dentelle et profitait de l'absence des dames et des enfants pour transgresser sans complexe les règles du bon goût. Quel que fût cependant le genre qu'il abordât, il montrait des talents d'acteur exceptionnels et une force comique assez rare. J'en étais là de mes réflexions sur la sociologie bistrotière lorsqu'une phrase émergea de son discours. Ou plutôt un nom propre. Il venait de poser une question à l'assistance :

— Je parie que vous ne savez pas où est né Judas...

Visiblement le lieu de naissance de Judas ne préoccupait pas ses auditeurs outre mesure. L'un d'entre eux, un jeune que je ne connaissais pas, dit même :

— On s'en fout...

Camille n'était pas homme à se laisser décontenancer :

— Eh bien, tu es un gros ignorant. Parce que tu devrais savoir qu'il est né tout près d'ici...

Mon ami Joseph, le curé de la paroisse qui, en dehors des offices, était l'un des animateurs les plus assidus de ces séances récréatives, tint à émettre des doutes sérieux sur cette audacieuse et, somme toute, déplaisante affirmation :

— Qui a pu te dire une ânerie pareille ?

— Mais enfin Joseph, c'est Jésus lui-même... Tu as dû sauter le passage dans l'Évangile où il a dit à ses disciples sur le mont des Oliviers « L'un d'Entrevaux me trahira... »

Il y eut quelques faibles rires clairsemés. A Fontvieille on est peu porté sur le calembour et l'à-peu-près, même d'origine biblique. On laisse ça aux Parisiens.

Camille comprit aussitôt que s'il continuait dans cette voie il perdrait tout crédit et cesserait de boire à l'œil.

Il était temps pour lui de changer de répertoire. Il aurait pu se contenter de puiser dans son stock mais il avait sa fierté d'artiste. Il tenait à nous reconquérir avec du neuf. Il n'eut pas le temps de choisir parmi ses nouvelles créations celle qui avait le plus de chance de nous séduire. Brève hésitation, mais fatale : le docteur Poupon n'avait pas laissé passer l'occasion de placer l'une de ses histoires de chasse.

Ce n'était pourtant pas la saison, mais avec Camille, les occasions de placer la sienne sont rares :

— Regardez-moi bien, moi qui vous parle, dit-il. Regardez-moi avec toute la considération que vous devriez me manifester si vous aviez le sens des valeurs. Je suis un bienfaiteur de l'humanité. Parfaitement, mon collègue. Je n'en tire pas vanité. Je ne réclame pas de médaille. J'ai quand même inventé un remède infaillible contre la grippe...

Il s'attendait sinon à une explosion de gratitude, du moins à quelques hochements de tête approbateurs. Non seulement sa découverte ne semblait impressionner personne, mais Camille profita de l'occasion pour reconquérir son auditoire en déclarant :

— Je ne veux pas te faire de peine. Il est peut-être bon ton remède, mais personnellement je préfère le grog.

Cela fit beaucoup rire. Poupon n'en fut pas pour autant décontenancé. On le sentait sûr de son succès :

— Avant ma découverte, quand quelqu'un venait me trouver en octobre ou en novembre avec 39 de fièvre, je me dépêchais de le mettre au lit...

— Plus maintenant... ?

— Si. Mais j'ajoute : Tu n'as vraiment pas de chance. Juste les bécasses viennent d'arriver. Jamais on n'en a tant vu du côté de Mont-Paon...

— Et alors ?

— Dès que j'aurais le dos tourné, vous vous précipiterez dans vos brailles, vous prendrez le fusil et vous partirez à leur recherche...

L'histoire commençait à intéresser l'assistance, ce qui vexa Camille. Il ricana :

— On n'a jamais vu une bécasse à Fontvieille...

— Justement, dit Poupon en éclatant de rire, mais quand vous aurez cavalé à leur recherche dans les collines pendant quatre heures, vous aurez pris une telle suée que vous serez guéri...

— Ou mort ! ronchonna Camille...

Ce fut précisément sa blessure d'amour-propre qui fit exploser le conclave de jubilation. Il fit une dernière tentative pour le séduire en racontant l'une de ses classiques : celle de Léopold, qui chargeait directement ses cartouches aux grains de genièvre pour gagner du temps quand il allait à la chasse aux grives... Personne ne prêtait attention à ses propos...

Une soudaine bourrasque secoua les arbres et fit claquer les volets. Elle menait un tel vacarme que toute conversation générale devenait impossible et qu'on se demandait si, une fois de plus, les ailes du moulin ne s'envoleraient pas.

Chacun s'assit à sa table ordinaire et le village sous mes yeux se disloqua. Spontanément les clans s'étaient reformés. J'étais resté seul debout au bar, lorsque Monsieur Nicolas est entré. Il était venu se mettre à l'abri et tenait sa casquette à deux mains. Il s'est hâté de la lâcher pour venir me serrer sur son cœur. Ce qui nous a tous étonnés et moi plus que tout le monde. Ce n'est pas un tendre, Monsieur Nicolas, et pas vraiment doué pour le câlin, surtout en public :

— Magali s'est fait la malle ! m'a-t-il glissé dans un souffle...

Vous avez pu remarquer que j'appelle tous mes personnages par leur prénom. Mais celui-là, je lui donne du Monsieur. Il m'a fait le plus beau cadeau de ma vie. Avant d'aller plus loin je dois vous le présenter un peu mieux. Ancien carrier, sculpteur de pierre tombale, il vivait comme un ours. La vieille Mélanie était la seule admise à venir tous les jours mettre un peu d'ordre dans sa tanière et lui faire les bons petits plats qu'il aimait. Ce qui ne les empêchait pas de se disputer à longueur d'année, en des termes dont la violence effarait les plus mal embouchés du village. En somme, ils étaient inséparables.

J'avais eu l'occasion d'intervenir discrètement pour lui faire toucher un arriéré de retraite. Je n'en attendais aucune reconnaissance et d'ailleurs je n'en obtins aucune. Le cadeau qu'il me fit trois ans plus tard fut pour moi d'autant plus surprenant.

Donc, mon pigeonnier avait été terminé la veille à la tombée de la nuit. Je me suis levé encore plus tôt que d'habitude pour l'admirer. Il y avait de ma part un peu de la fierté du nouveau propriétaire. Il y avait surtout le désir d'être rassuré : je n'arrivais pas à croire qu'on puisse bâtir quelque chose d'aussi solide avec des mots. Il était pourtant bien là. Le soleil levant semblait s'y plaire. Tout d'un coup je n'en ai pas cru mes yeux : une colombe blanche y habitait déjà. Elle s'était installée sur la corniche moulurée qui le ceinture. Je n'osais m'approcher d'elle, de peur de l'effaroucher. Mais le lendemain elle était toujours à la même place.

Il m'a fallu plusieurs jours pour m'apercevoir qu'elle était en pierre. Monsieur Nicolas avait voulu me faire la surprise et je lui dois l'une des émotions les plus pures de mon existence.

Il s'était fait prêter pendant un mois une colombe vivante. Elle évoluait en liberté dans son appartement. Il l'avait appelée Magali et elle répondait à son prénom. Il y avait entre eux les mêmes rapports qu'entre un sculpteur et son modèle, ce qui expliquait qu'il ait pu donner une telle apparence de vie à son chef-d'œuvre. Par la suite il avait gardé Magali dans son appartement et je ne manquais pas de prendre de ses nouvelles chaque fois que je le rencontrais.

Ainsi Magali avait quitté son compagnon sans donner d'explication.

— Je croyais que vous vous entendiez bien...

— Je croyais qu'elle m'aimait, soupira Nicolas.

On eût dit un mari que son épouse vient d'abandonner sans préavis. Que faire en pareil cas ?

— Qu'est-ce que je t'offre ? dis-je.

— Un double, répondit-il.

Au troisième double j'avais autant de chagrin que Monsieur Nicolas.

La bourrasque s'était éteinte aussi vite qu'elle s'était allumée. Je sais bien que ma peine était sans rapport avec son motif. Vous pouvez me considérer comme une vieille bête sentimentale (ce que je suis parfois), mais je suis rentré chez moi très abattu...

Et ce que j'ai vu a achevé de me démoraliser : la bourrasque avait arraché Magali à son perchoir. Elle n'était plus qu'un petit tas de gravats à la porte de mon pigeonnier.

La statue s'était désintégrée et son modèle s'était envolé à la même heure, le même jour. Il s'agissait évidemment d'une simple coïncidence, mais tout se passait comme si quelqu'un dont je ne pouvais deviner s'il me voulait du bien ou du mal s'ingéniait à contrarier les efforts que je faisais pour prendre mes distances avec mes hallucinations.

Le sommeil suffit d'ordinaire à remettre les choses en place. Je n'arrivais pas hélas à le trouver. J'avais perdu l'habitude de boire et mes libations de la veille m'avaient mis dans un insupportable état de fébrilité. Je virais-tournais dans mon lit comme un cochon malade.

La décision s'imposait : dès demain, je ferai revenir ma famille.

Un grattement attira tout à coup mon attention. Une colombe blanche cognait à coups de bec redoublés à la vitre du fenestron. Rien qu'à son port de tête vous auriez reconnu Magali, même si vous ne l'aviez vue qu'une seule fois. Et peut-être même si vous ne l'aviez jamais vue.

Elle me faisait signe de venir la rejoindre sur le toit. Son retour inopiné ne me causa pas de surprise excessive. J'irai jusqu'à dire qu'il me parut inévitable. Les êtres de légende obéissent à des lois qui leur sont propres, mais elles sont encore plus rigoureuses que les lois naturelles.

Magali ne pouvait pas moins faire que de ressusciter puisqu'elle était appelée à jouer un rôle important dans mon histoire. Nous autres conteurs, nous avons nos règles qui sont aussi impératives que celles du romancier. Je vous expliquerai tout ça en cours de route. En gros les deux techniques peuvent se résumer ainsi : dans le roman ce sont les personnages qui construisent l'histoire au fur et à mesure qu'ils la vivent. Les personnages des contes sont beaucoup plus obéissants : ils font ce que le conteur exige d'eux pour qu'il puisse raconter son histoire jusqu'au bout.

Je poursuis donc le récit de cette étrange nuit. Je me sentis soudain vidé de toutes mes forces : me hisser par l'échelle verticale jusque sur le toit de mon pigeonnier me parut tout à coup une entreprise himalayenne. Je fis un dernier effort pour m'arracher à ma couche, avant que le sommeil ne m'anéantisse jusqu'au petit matin.

Magali, naturellement, ne m'avait pas attendu... Comment l'aurait-elle pu, puisqu'elle ne m'avait rendu visite qu'en imagination. Bien que j'en sois persuadé, je ne pouvais me défendre d'un sentiment de culpabilité. Mon absence à ce rendez-vous qui, pourtant, n'avait jamais existé, me paraissait pire qu'une impolitesse. C'était comme si j'avais trahi la confiance d'un ami, ce qui, à mes yeux, est le plus impardonnable de tous les crimes...

Il ne me restait plus qu'à ramasser les débris éparpillés sur le seuil de mon pigeonnier. Je m'apprêtais à mettre beaucoup de piété dans cette cérémonie expiatoire : les restes de Magali avaient disparu laissant à leur place un cercle d'herbe rase et rousse. Je levai les yeux : ma colombe de pierre n'avait pas quitté la corniche où Nicolas l'avait installée.

Je n'eus pas loisir de me laisser troubler par ce nouveau prodige : Nicolas venait d'entrer dans mon jardin. Il n'est pas dans ses habitudes de venir sans se faire annoncer. Je supposai un instant, tant sa mine était défaite, qu'il avait retrouvé le cadavre de Magali. Il venait en réalité aux nouvelles :

— Tu ne l'aurais pas vue par hasard ?

— Elle est là, dis-je en désignant ma colombe de pierre.

La réponse m'avait échappé. Je n'aurais pas voulu donner de faux espoirs à ce pauvre Nicolas. Je n'eus pas besoin de lui présenter mes excuses. Il s'adressait à la statuette qu'il avait naguère façonnée de ses mains comme à un être vivant et lui faisait des reproches :

— Tu n'étais pas bien à la maison ?

— Oh si !

— Alors pourquoi m'as-tu quitté ?
— A cause de Mélanie...
— Mais qu'est-ce qu'elle t'a fait Mélanie ? C'est la plus brave personne que je connaisse...
— Peut-être, mais à moi, elle me voulait du mal...
— C'est pas possible !
— Elle voulait que je finisse mes jours dans une cocotte en fonte, sur un lit de petits pois et de lardons. Alors j'ai préféré venir me mettre à l'abri chez ton copain... ici je ne risque rien... Tu n'es pas fâché au moins ?

Les traits de Nicolas, d'ordinaire si rudes, s'étaient subitement adoucis. Il se tourna vers moi et, du ton d'un père de famille qui accorde la main de sa fille bien-aimée, il me dit :

— Je te la laisse...

Il est parti aussitôt les épaules basses, et sa démarche d'ordinaire si ferme était devenue en un instant celle d'un vieillard triste et solitaire...

Je vous ai raconté ces étranges événements exactement comme ils se sont passés. Vous apporter la preuve qu'ils se sont produits est impossible. Il y a des jours où j'en doute moi-même. Vous pouvez en conclure, comme cela m'arrive parfois, que l'abus même accidentel du pastis introduit dans le témoignage le plus honnête un élément de doute.

Je tiens néanmoins à porter à votre connaissance deux faits indiscutables et vérifiables. Depuis cette fameuse nuit, le vieux Nicolas n'est plus sorti de chez lui. Je sais : les rhumatismes l'ont rendu à peu près impotent. D'accord. Mais alors, pouvez-vous m'expliquer pourquoi il a mis Mélanie à la porte dès son retour à la maison ? Elle avait mauvais caractère, certes. Mais après vingt ans, ils avaient fini par s'accommoder l'un à l'autre...

Et la Fernande qui l'a remplacée est encore plus pétardière qu'elle et fait moins bien la cuisine... Je vous pose la question... Pourquoi ?

Moi, je n'ai pas la réponse.

CHAPITRE 4

Où l'« homme qui avait le bras long » découvre qu'il avait les idées courtes...

Tout paraissait être rentré dans l'« ordre » : les objets à leur place habituelle et les êtres dans leur peau de tous les jours. Le coq ne quittait plus son clocher. Le Cazou laissait son fusil à la maison, le Ravi de Grambois ne me faisait plus de confidence et Magali, ma colombe, avait cessé de m'adresser la parole.

Je ne pouvais m'empêcher d'éprouver une certaine frustration. J'en venais même à me demander quelle faute j'avais bien pu commettre pour me voir ainsi privé de leur compagnie.

Leur absence qui aurait dû me libérer la tête me paralysait au contraire. Je n'arrivais pas plus à concentrer mon esprit qu'à le laisser vagabonder. Les chemins de l'imaginaire m'étaient interdits. L'accès à la réalité n'en était pas facilité pour autant. Désœuvré, je me sentais inutile. De trop sur une planète où la lumière donnait une fête permanente à laquelle je n'étais pas invité. Disons les choses plus simplement : j'étais en panne d'inspiration.

Je repris donc le chemin du bistrot. Dans leurs périodes de traversée du désert, les écrivains ont une tendance naturelle à venir s'y ressourcer. Je n'y trouvais ni exaltation ni apaisement. Le Café du Cours avait d'ailleurs beaucoup moins de talent et de gaieté que d'habitude. On y parlait à voix basse et à mots couverts. Je me sentais plus exclu que jamais de la compagnie de mes semblables :

— Ça finira mal ! me dit Titou d'une voix lugubre.

J'appris par sa bouche que le village vivait dans l'attente d'une catastrophe : Frédéric, le fils de Balthazar le riche entrepreneur, s'était « enlevé » avec Marie, gamine sans fortune et sans avenir.

Le vieux potentat était dans un état de fureur proche de l'apoplexie.

— Il les cherche partout, me précisa Titou. Il finira bien par les trouver et ça fera un véritable carnage...

Frédéric, je n'en avais jamais entendu parler, Marie, j'avais dû forcément la croiser dans les rues du village, mais je n'étais pas certain de la reconnaître. Quant à Balthazar, non seulement je ne l'avais jamais vu, mais je n'avais pas la moindre envie de faire sa connaissance. Il avait la réputation d'une brute. Traduit plusieurs fois en correctionnelle pour coups et blessures, il avait évité la prison jusqu'ici. On ménageait un homme qui avait le bras assez long pour faire révoquer un préfet nommé par Paris. Il n'était pas vraiment au-dessus des lois et les juges, pour prudents qu'ils fussent, ne pouvaient pas faire moins que de le condamner à des amendes de plus en plus lourdes. Il les payait dans la salle d'audience même et lançait au tribunal avec une méprisante insolence :

— A ce prix-là j'aurais dû frapper plus fort... mais vous ne perdez rien pour attendre. Je me rattraperai la prochaine fois...

Tel était ce redoutable bonhomme. Je n'avais nulle intention de braver sa colère. Je m'entendis pourtant répondre :

— Je vais arranger ça.

Titou, lui aussi, m'avait entendu. Je perçus dans son regard une lueur d'estime et de compassion :

— Mon pauvre ami, soupira-t-il, tu prends des risques.

Je ne suis pas spécialement fanfaron. Mais je me surpris à hausser les épaules et à déclarer avec superbe :

— Il trouvera à qui parler...

Que voulez-vous : un homme qui fréquente les coqs de clocher, ressuscite les colombes et discute avec les santons n'est plus tout à fait lui-même.

De retour à mon pigeonnier j'avais perdu de ma superbe. Je n'aurais jamais dû prendre devant Titou une telle attitude. Tous les Fontvieillois désormais étaient au courant du défi que j'avais lancé à Balthazar. A cette heure même ils devaient être en train de prendre des paris :

— Ira... Ira pas...

Je n'irai pas, bien sûr. Plus par crainte d'être ridicule que par peur des coups. Je n'ai pas l'habitude de me mêler des affaires des autres et l'occasion de sortir de ma réserve était vraiment mal choisie. Je serai définitivement ridiculisé aux yeux de tout le village. Jamais plus je ne me mettrai dans une situation pareille. Jamais plus je ne grimperai sur le toit de mon pigeonnier.

Une vraie nuit de cauchemar. Marie et Frédéric me hantaient. Ils vivaient en moi sans que je puisse intervenir. Ils m'échappaient entièrement. Leur aventure se déroulait je ne sais où, je ne sais quand. C'était il y a cent ans, il y a mille ans. Deux cents ans, deux mille ans. Cela s'était passé jadis ou cela se passerait un jour. Peu m'importait. Ils étaient peut-être déjà morts. Ils n'étaient peut-être pas encore nés. Dans l'univers où j'évoluais, les vivants et les morts font bon ménage. Ils étaient là et je partageais leurs émotions.

Je ne lisais pas dans leurs pensées : je les pensais en même temps qu'elles naissaient en eux. J'ai peur autant qu'eux de ce qui va leur arriver. Mais je connais tous les détails de leur passé comme si je les avais vécus à leur place. Non ce n'est pas une simple fugue. Ils sont vraiment partis pour ne jamais revenir. Ils vont droit devant eux. Là-bas. Loin. Vers la montagne. L'autre montagne. Celle qui est derrière la colline qui leur barre l'horizon.

Cette nuit-là Frédéric, dans mon rêve, n'avait que quatorze ans, Marie à peine douze. Leur jeune âge rend la situation dans laquelle ils se sont fourrés encore plus délicate. Frédéric est encore en short. Il a les cuisses griffées par les ronces du chemin et les genoux perpétuellement couronnés. Il a les muscles durs et la peau tannée. Il a toujours vécu la main, sa main déjà calleuse, sur l'épaule de la fragile Marie. Pâle et menue, elle trottine à ses côtés depuis qu'elle tient sur ses jambes de libellule.

La plupart du temps ils se taisent. Ils partagent tendrement leur silence sans en perdre une miette. Ils ne savent pas qu'ils s'aiment. Ils savent seulement que la vie les quitte dès qu'ils se séparent. Quand ils étaient petits, on les laissait dormir ensemble. Maintenant il faudrait qu'ils se cachent. Ils ne veulent pas. Ils ne sauraient pas. Ils sont IN-SÉPARABLES.

A sept ans Frédéric conduisait déjà les camions de l'entreprise familiale. Son père était fier de lui confier le volant de sa Mercedes. Les gendarmes faisaient semblant de ne rien voir, de peur d'avoir des ennuis. Balthazar a le bras long et il a déjà brisé la carrière de ceux qui ont essayé de se mettre en travers de sa route.

C'est ce monstre redoutable que je dois affronter. En ce moment, je n'éprouve aucune crainte. Ni pour moi, ni pour les enfants. Nous sommes invulnérables. Frédéric d'ailleurs conduit comme un champion. Je le vois qui emprunte des chemins où un mulet dresserait les oreilles et sentirait son poil se hérisser avant qu'il ne s'y aventure.

En cette nuit de bravade et de bravoure, Frédéric s'est passé de l'autorisation paternelle. La Mercedes du dimanche, il ne l'a pas empruntée. Il l'a volée pour qu'elle les conduise au bout du monde. Ils auraient pu partir à pied et tenter de se perdre dans les collines, mais Balthazar aurait mobilisé des régiments entiers jusqu'à ce qu'on les retrouve. En voiture ils iront si loin que Balthazar n'aura jamais le bras assez long pour pouvoir leur mettre la main au collet...

Frédéric fonce. Les hurlements du moteur déchirent le silence feutré de la nuit. La plongée vertigineuse du bolide dans l'air immobile crée une trouée de mistral, qui laisse derrière elle à l'infini un sillage d'arbres frissonnants :

— J'ai peur, dit Marie.

— Tu ne risques rien, dit Frédéric. Tu es avec moi...

Son visage de rugueux petit mâle soudain se décompose. Ce qu'il voit, je le vois aussi et je sens ruisseler sur tout mon corps une sueur glacée : une branche a fait exploser la vitre de la portière avant. Au bout de cette branche il y a une main ouverte aux ongles acérés. Elle émerge d'une manche de veste en velours. Je me retourne un instant : la manche se prolonge aussi loin que mon regard peut porter et je devine, se découpant à contre-lune, la silhouette massive de Balthazar l'homme au bras long...

La main s'approche du cou de Frédéric. Elle va se refermer. Les ongles acérés s'enfoncent dans sa gorge. Je vois le sang perler. Frédéric a lâché le volant. La Mercedes du dimanche fait une embardée, bascule dans le ravin, déroule plusieurs tonneaux, se désintègre et la forêt s'embrase d'un seul coup...

Le fracas de l'explosion m'a réveillé en sursaut. Les os moulus, mais ravi d'être sorti intact d'un si terrible accident. Intact mais épuisé. Il est trois heures du matin. Je me demande si je vais pouvoir me rendormir...

Ce que je vois alors achève de me réveiller : Odilon juché sur ma table de nuit me regarde d'un air mélancolique et réprobateur :

— Je vais essayer de te sortir de là, dit-il, mais ce ne sera pas commode. Dès qu'on te laisse seul tu ne fais que des bêtises...

— Tu avais disparu, dis-je.

— Pardonne-moi, mais avec le travail que j'ai entrepris, je ne sais plus où donner de la tête...

Effectivement il avait l'air épuisé. Les signes de fatigue se lisent difficilement sur les coqs de clocher, mais au degré de familiarité où nous étions parvenus nous n'avions plus de secret l'un pour l'autre.

— Je n'aurais jamais cru, soupira-t-il, qu'ils soient aussi difficiles à remuer. Ils se méfient les uns des autres. Ils sont en permanence sur leurs gardes. C'est un peu notre faute à nous les coqs de clocher. Nous avons vu les choses de trop haut. Nous avions toujours laissé faire sans intervenir, sans protester. Nous nous contentions de faire les fiers et de laisser les siècles glisser sur notre carapace de métal. Maintenant que nous sommes descendus de nos perchoirs, nous nous apercevons que c'est beaucoup moins fatigant d'être un coq de clocher qu'un coq de basse-cour et que, vus au ras du sol, les êtres humains sont beaucoup plus compliqués que nous ne pensions. Surtout dans ce pays...

Il marqua un long silence que je me gardai de troubler par la moindre remarque. Je m'étonnais cependant qu'il m'ait choisi pour confident de ses problèmes. Odilon, vous vous en êtes aperçus, sait répondre aux questions qu'on ne lui pose pas encore mieux qu'à celles qu'on lui pose :

— Je vais t'expliquer, dit-il.

Le discours qu'il m'a tenu, je l'ai enregistré mot pour mot dans ma mémoire. Il parlait un langage inspiré, ce qui est naturel pour quelqu'un qui n'a fréquenté que l'école des nuages et des couchers de soleil :

— La Provence, dit-il, est une terre plantée d'invocations et d'implorations. Les unes, surgies de la terre même, interpellent les dieux païens. Le cyprès, par exemple, l'arbre de la résurrection qui allume aux portes des cimetières une torche d'espérance. Dans nos paysages les clochers dialoguent chrétiennement avec eux et font monter vers le ciel leurs suppliques et leurs actions de grâces. Les clochers de nos églises sont des becs d'oiseau chantant la louange du ciel et réclamant leur pâture...

Je ne vous le cache pas, et vous vous en êtes aperçus vous-même, avec Odilon on va de surprise en surprise, mais je n'aurais jamais cru qu'il puisse s'exprimer avec tant d'éloquence :

— Toi, dit-il, tu as fait construire un pigeonnier et tu passes pour un fada aux yeux du plus grand nombre. Et je sais que, parfois, cela te fait de la peine. Mais c'est la raison pour laquelle j'ai déserté mon clocher et installé mon quartier général chez toi. Tu as construit ta petite cathédrale rustique, qui s'enracine dans le sol pour mieux prendre son envol. Tu as redonné la vie à de la pierre inerte, tu as restitué à ces poèmes minéraux toute leur charge symbolique. La colombe de la paix, son rameau d'olivier dans le bec, va retrouver ses palais qui tombaient en ruine et peut-être les oiseaux n'auront-ils plus envie de déserter une planète qui leur devenait hostile...

Il délirait, ce brave Odilon, mais je ne demandais qu'à partager son délire :

— Voici, grâce à toi, prophétisait-il, le dialogue renoué entre la terre et le ciel. Tu es, sans que tu t'en doutes, un disciple inattendu de François d'Assise, l'humble oiseleur qui savait à quel point les créatures ailées maintiennent dans le cœur des hommes un espoir qui les dépasse et que l'invention des astronefs n'a pas suffi à combler. Si le Saint-Esprit, poursuivit-il, a pris la forme d'une colombe c'est qu'il avait ses raisons. Tous les objets simplement utiles tombent très vite en « obsolescence ». Seuls se perpétuent ceux à qui leur beauté permet de défier l'usure des siècles et l'ingratitude des hommes. En cette nuit miraculeuse se célèbre le mariage indissoluble du clocher, l'arbre des coqs, et du pigeonnier, l'arbre des colombes...

Ayant dit, il se volatilisa dans l'espace en même temps que je me volatilisai dans le sommeil.

Bien entendu il s'agissait d'un pur songe. Cela ne fait pas l'ombre d'un doute. Pas plus à vos yeux qu'aux miens. Je tiens néanmoins à porter à votre connaissance trois petits faits que je vous laisse libres d'interpréter à votre guise.

Le lendemain une colonie de colombes blanches s'installait dans mon pigeonnier : demoiselles d'honneur de ma colombe de pierre, elles n'en sont plus reparties depuis.

Le journal *Le Provençal* publiait sur cinq colonnes à la une la carcasse d'une voiture entièrement calcinée : celle de la Mercedes de Balthazar. En page intérieure on trouvait le récit de ce terrible accident dont Marie et Frédéric étaient miraculeusement sortis avec quelques égratignures seulement.

L'article était illustré d'une photo prise à l'hôpital, où l'on voyait le rude Balthazar tenant les mains de Frédéric et de Marie dans les siennes et annonçant leur prochain mariage.

Là encore, il n'y a rien d'extraordinaire : pas plus dans mon pressentiment que dans le soudain revirement du vieux forban. Cette catastrophe évitée de justesse l'avait secoué au plus profond. Tout cela je vous l'accorde...

Mais quand, huit jours plus tard, cet homme, que je ne connaissais pas, m'a demandé d'être le témoin de Marie, j'ai bien été obligé de dire :

— Mais pour quelle raison ?

— Vous savez bien que sans votre intervention je n'aurais jamais donné mon consentement...

J'ai accepté pour ne pas le contrarier. Je sais bien, moi, que je ne suis jamais intervenu. Et pourtant quand il m'arrive d'aller au Café du

Cours, on m'accueille avec plus de déférence qu'auparavant. Je suis devenu celui qui a eu le courage de tenir tête à Balthazar...

Après tout, c'est possible, mais je ne m'en suis pas rendu compte. Et ce n'est pas la peine que j'essaie de leur faire croire que c'est Odilon qui a tout fait. Il est plus agréable de passer pour un héros que pour un fou...

CHAPITRE 5

Qui dévoile le secret infaillible pour gagner au Loto et pour s'évader de prison...

Je vivais donc au seuil du vertige et, au risque d'attraper un tour de reins, un pied sur la terre l'autre dans le vide. Personne ne se doutait de mon état et je faisais de mon mieux pour ne rien laisser paraître de mon trouble.

Je passais le plus clair de mon temps au Café du Cours, où j'essayais de me guérir de mes obsessions délirantes en d'interminables parties de belote bridgée. Je faisais de louables efforts pour rire à des histoires cent fois racontées. Je feignais de m'intéresser à la chronique villageoise. Elle était mieux racontée qu'ailleurs mais elle traitait toujours les mêmes sujets : histoires de cocus, d'embrouilles en tous genres, de petites sordidités considérées comme un art de vivre. J'y prenais plaisir d'ordinaire mais la fréquentation des êtres fabuleux, qui venaient me rendre visite sans que je les aie invités, m'avait rendu plus exigeant à l'égard de mes raisons d'être.

L'écriture qui m'avait permis jusqu'ici de me supporter moi-même sans, évidemment, résoudre mes contradictions ne m'était plus d'aucun secours. Je l'avais toujours considérée comme la seule façon que j'avais d'exprimer ma liberté. Elle devenait pour moi, sous la dictature d'Odilon, une insupportable servitude. Je n'étais plus un auteur. J'étais un « médium » chargé de diffuser un message venu d'ailleurs et dont je ne comprenais pas le sens.

Des mesures urgentes s'imposaient si je voulais retrouver mon indépendance créatrice. Et d'abord il me parut indispensable de travailler sans accessoires de métal, de pierre ou d'argile. Plus d'intermédiaire, plus d'intercesseur. Personne n'a jusqu'ici réussi à me dicter ma conduite. J'ai toujours écrit mes livres tout seul. Je n'allais pas devenir le nègre de personnages qui n'auraient jamais existé si je ne les avais pas créés avec des mots qui n'étaient qu'à moi et qu'ils prétendaient m'avoir dictés.

Je résolus donc de raconter une histoire dans laquelle je ne jouerais aucun rôle. Une histoire totalement inventée, dans laquelle Odilon,

Magali ou le Ravi de Grambois ne pourraient pas entrer, même par effraction ou par magie. Ces personnages-là ne prennent pas le chemin de fer. Ce qui m'incita à faire de mon héros un chef de gare.

J'en avais connu un. Il n'était que sous-chef de gare. Mais comme c'était un ami je n'hésitai pas à lui accorder une promotion, de ma propre autorité. Il l'avait méritée cent fois, mais il était trop modeste pour attirer l'attention de ses chefs. Je décidai de lui offrir, par la même occasion, la possibilité de vivre une aventure comme il en arrive peu dans la vie des sous-chefs de gare de province. Je l'ai appelé Albert pour qu'il ne se reconnaisse pas, si jamais ce texte lui tombe sous les yeux.

Quand Albert parlait d'Elle il disait « ma » gare. C'était sa maison, son foyer, sa famille. Il la traitait comme une femme. Il l'entourait de prévenances et voulait qu'elle soit toujours la plus belle. Dès qu'il était loin d'elle, il se sentait perdu et il lui arrivait souvent en dehors de ses heures de service d'aller lui faire la surprise d'une visite inopinée.

Il faut dire qu'Albert n'avait pas été heureux en amour. Il ne s'était jamais remis de sa première déception. Elle s'appelait Lucile. Elle lui avait préféré un aviateur. Elle trouvait son uniforme mieux coupé que celui des cheminots. Il faut lui pardonner, elle avait une cervelle d'oiseau et se montrait plus sensible à l'apparence des êtres qu'à leur réalité. Albert ne l'avait jamais revue. Il s'était laissé dire qu'elle n'était pas heureuse en ménage, ce qui ne lui apportait aucune consolation.

Il passait les nuits dans « sa » gare. Et la nuit lui paraissait courte. Chargé des « services généraux » il s'absorbait dans la multiplicité de ses tâches et ne retrouvait son incurable mélancolie qu'au petit matin. Dans « sa » gare il avait au moins le sentiment d'exister. Il se conduisait plus comme une assistante sociale que comme un employé de la Compagnie. Les gares, la nuit, sont un peu folles. Albert veillait à ce que la sienne ne lui fasse pas honte : il s'interposait dans les bagarres, veillait sur le sommeil des ivrognes et la vertu des jeunes filles. Il lui arriva même d'accoucher une dame qui avait été prise par les douleurs sur le quai numéro 3...

Et la vie passa dans le fracas des locomotives et la maigre satisfaction du devoir accompli...

Et nous voici arrivés au dernier soir de son humble carrière. Et le pauvre Albert se sent soudain désemparé, inutile, vieux. Il va désormais être obligé de passer ses nuits dans son minuscule deux-pièces, à deux pas de sa gare. Il y dort le jour d'un sommeil que l'incessant passage des trains enrichit de rêves. Demain ce sera la retraite. La solitude. Le désert. Cette perspective lui glace le sang...

Cette gare qu'il croyait si bien connaître, il a l'impression de la découvrir. Il la regarde pour la première fois. Il l'écoute. Il la respire.

Il en isole le moindre grincement, d'ordinaire noyé dans son bourdonnement continu. Cela fait dans sa tête un bruit de marée qui se retire. Les odeurs mêlées de fumée, de désinfectant et de pétrole, qu'il avait cessé de percevoir depuis des années, il les hume avec délices. Elles lui paraissent merveilleuses puisqu'il ne les sentira plus. Car il ne reviendra plus jamais dans cette gare. Pas plus qu'il n'a essayé de revoir Lucile. Puisqu'on ne veut plus de lui, il partira sans dire au revoir à personne. Il a déjà fait savoir qu'il ne souhaitait pas qu'on organise, ainsi qu'il est d'usage, un pot d'adieu à l'occasion de son départ à la retraite. Qu'on lui fiche la paix, qu'on le laisse seul avec son chagrin...

Il consulte sa montre et son cœur se serre. Il vient de se souvenir que nous sommes un 25 décembre. Il ne devait quitter son service qu'à la fin du mois mais l'administration, en récompense de ses bons et loyaux services, lui a fait cadeau de la dernière semaine, pour qu'il puisse tranquillement « passer les fêtes ».

En ce moment même, les gens sont en train de réveillonner en famille. Ils sont heureux d'être ensemble à boire du vin cuit devant la cheminée en mangeant de la « pompe » à l'anis et du nougat noir.

Et lui, le pauvre Albert, il est presque seul sur le quai glacé de sa gare. Le grand « rush » de Noël est terminé. Son sifflet à la main, il se sent oublié du monde comme un parapluie dans une salle d'attente. Et il se demande s'il a vraiment envie de vivre.

La main en abat-jour, il guette l'arrivée de son dernier train : le 6140 de 23 heures 42. Une simple routine. Mais, ce soir, il éprouve une angoisse de débutant. Il se demande s'il sera capable d'accomplir les gestes habituels, s'il ne commettra pas une erreur irréparable. Si, par sa faute, son dernier train ne va pas dérailler.

Il consulte à nouveau sa montre et, cette fois, son cœur se bloque : il est déjà 23 heures 54 et pas de 6140 à l'horizon. Ce retard de douze minutes, il le ressent comme un affront personnel. Il se demande si, à son insu, il n'a pas commis quelque faute professionnelle grave. Terminer une carrière sans reproche sur un échec, c'est plus qu'il n'en pouvait supporter :

— Je suis maudit, pensa-t-il...

Et les secondes s'égrenaient. Et les minutes. Enfin, le 6140 parut. Il était 23 heures 59 minutes. Il avait 17 minutes et 36 secondes de retard. A minuit juste Albert quittait ses fonctions la tête basse. Il avait raté sa sortie. Il avait raté sa vie.

Il plongea dans le sommeil comme on se noie...

Le lendemain il faisait gris et triste. Albert était encore plus gris et triste que le temps. Son sommeil avait été secoué de cauchemars. Des locomotives folles entraient sans cesse dans sa chambre, écrasant tout sur leur passage. Des chiffres brillants comme des enseignes lumineuses dansaient en sarabande dans sa tête et s'entrechoquaient. Toujours les mêmes : 6-1-40-23-4-2-17-36...

D'ordinaire il passait au lit le plus clair de sa journée à somnoler en regardant la télévision. Jamais il ne s'était couché si tôt. A sept heures du matin il allait et venait dans sa chambre, se demandant s'il n'allait pas se jeter par la fenêtre...

Il descendit au bistrot. Il y passait tous les jours, avant de se rendre à son travail de nuit, pour acheter son paquet de gauloises quotidien. Il n'adressait la parole à personne. La solitude lui avait abîmé le caractère. Il n'avait ni parents ni amis. On le prenait pour un sauvage. Personne ne se doutait à quel point il aurait été amical, affectueux et serviable, si Lucile avait eu un peu plus de jugeote dans le choix de l'homme de sa vie.

Il n'était jamais venu au café de si bon matin et, sans qu'il ait compris pourquoi, il se sentit envahi par une bouffée de tendresse. Il ne connaissait aucun des clients qui l'entouraient. Jamais il ne leur avait adressé la parole et, ce matin, il se sentait tout proche d'eux. Ils étaient de la même famille. Celle où l'on mène des vies grises et où l'on s'accroche aux joies les plus humbles pour trouver la force de continuer.

Il était trop enfermé en lui-même, trop timide, pour nouer aussitôt des relations avec ces inconnus mais pour la première fois il les regarda vivre avec attention.

C'était l'heure du « petit blanc sec ». Albert, depuis le départ de Lucile, n'avait plus bu d'alcool. Mais il tenait à ce que ses voisins de comptoir sachent qu'il était un des leurs :

— Un petit blanc sec pour moi aussi, dit-il.

Cela n'entraîna aucune réaction de leur part. Ils étaient trop occupés à remplir leur bulletin de Loto. Il connaissait ce jeu bien entendu mais il n'y avait jamais joué, pas plus au Loto qu'aux courses ou à quelque jeu que ce soit. Désormais il lui faudrait trouver une occupation pour meubler le vide dans lequel la retraite venait de le faire entrer.

Je suis sûr que vous avez deviné les chiffres qu'il a choisis : le six, l'as, le quarante, le vingt-trois, le quatre, le deux, le dix-sept, et le trente-six. Les chiffres fournis par le dernier train de sa carrière. Le train était arrivé en retard mais les huit numéros qu'il avait suggérés étaient tous à l'arrivée.

Bien sûr, Albert donna une grande fête à ses nouveaux amis du petit bistrot près de la gare. Six cents millions nouveaux qui vous tombent dessus, je ne vois pas grand-monde qui les refuserait. Même pas Albert, mais il ne participait que de loin à l'allégresse générale. Cet argent arrivait trop tard. Évidemment il trouverait toujours à l'employer. Il lui procurerait des satisfactions mais il ne trouverait pas le bonheur dont il avait rêvé...

C'est alors que la porte du bar-tabac s'est ouverte et que Lucile est entrée. Elle venait acheter des timbres pour affranchir ses cartes de vœux.

Ils ne s'étaient pas vus depuis trente ans. Elle avait vieilli bien sûr et lui aussi. Mais ils se sont reconnus tout de suite et ils étaient si heureux de se retrouver qu'ils avaient à nouveau le regard de leur adolescence. Et ils avaient les mains qui tremblaient et leurs jambes se dérobaient sous eux. Ils se sont assis :

— Joyeux Noël, a dit Albert.

— Joyeux Noël, a répondu Lucile.

Après ils ne trouvaient plus rien à se dire et les choses auraient pu en rester là. Lucile s'est décidée :

— Tu ne sais peut-être pas que j'ai perdu mon mari depuis cinq ans...

Non, il ne le savait pas. L'aurait-il su qu'il n'aurait quand même pas essayé de la revoir. Mais elle était là devant lui et elle s'était mise subitement à pleurer :

— Si tu savais comme j'ai été malheureuse...

Alors ils se sont pris par la main et, en ce moment même, ils sont en voyage de noces à Venise...

•

Il n'y a de doute pour personne, cette histoire je l'ai entièrement inventée. C'est un simple conte de Noël, et si un jour de Noël il ne se produisait pas des événements de ce genre, même les petits enfants n'y croiraient plus.

J'avais en tout cas réussi à me prouver que je pouvais me passer d'Odilon pour m'aventurer dans l'invraisemblable, sans feindre d'y croire vraiment. Je me sentais capable à nouveau de distinguer la réalité de la fiction. L'écriture doit demeurer un jeu et non une alchimie. Avec des mots on ne peut créer que l'illusion de la vie. La caution que prétendait m'apporter mon coq de métal ou ma colombe de pierre faisait de moi le complice d'une duperie dont j'étais la victime autant que mes lecteurs. Je pouvais, comme par le passé, proclamer en toute honnêteté :

— Je suis un abominable menteur... Le mensonge est ma seule vérité... Je ne vous demande pas d'y croire mais d'y prendre plaisir...

Cette mise au point m'avait réconcilié avec moi-même et avec le Café du Cours par la même occasion. C'est un endroit du monde où les coqs de clocher réformateurs n'ont jamais risqué une patte. Titou était plongé dans son journal et je le vis qui hochait la tête avec un rien de jalousie :

— Il en a de la chance, dit-il.

Je n'avais pas spécialement envie de savoir de qui il s'agissait mais, par politesse, je tins à m'en enquérir :

— Quel est cet heureux mortel ?

— Un brave cheminot qui vient de gagner six cents millions au Loto...

Je lui arrachai le journal des mains et le sang se retira de mon visage :

— Qu'est-ce qui t'arrive ? demanda Titou. Tu n'as pas l'air dans ton assiette...

Il y avait de quoi en effet. Non seulement le cheminot en question avait gagné six cents millions au Loto le jour de sa mise en retraite, mais il s'appelait Albert et venait de partir en voyage de noces avec une amie d'enfance nommée Lucile...

Je jetai en direction du clocher un regard affolé auquel Odilon, plus pince-sans-rire que jamais, ne daigna pas répondre.

L'ennui avec les menteurs professionnels dans mon genre, c'est qu'on ne les croit pas, même quand ils disent la vérité. Ceux pourtant qui m'ont croisé dans les jours qui ont suivi pourraient vous affirmer que je faisais peine à voir. Rien dans mon passé ne m'avait préparé à l'idée que j'avais en moi des dons de voyance insoupçonnés.

Dans ce cas la chose était facile à vérifier. Je me précipitai au Café du Cours et me fis expliquer le fonctionnement du Tiercé-quarté-plus. Titou me regardait avec étonnement.

— Tu n'as jamais joué !

— Non... Jamais...

Je devais comprendre plus tard pourquoi il tint absolument à m'offrir les consommations en me regardant avec encore plus de bienveillance que d'habitude. Il paraît que celui qui joue pour la première fois bénéficie d'une chance supplémentaire. Délibérément j'avais choisi des chevaux qui n'avaient aucune chance et j'avais joué une somme considérablement au-dessus de mes moyens : c'était l'occasion ou jamais de vérifier si, oui ou non, j'étais capable de prévoir l'avenir.

Mes motivations échappant à Titou, il interpréta ma façon singulière de jouer aux courses comme étant celle d'un initié disposant de « tuyaux » personnels. Pour asseoir sa réputation d'homme bien informé, il en fit profiter sa clientèle de flambeurs sans préciser l'origine de ses informations.

C'est depuis que nous sommes en froid. Non seulement il avait perdu la face, mais l'indifférence amusée que je manifestai à l'égard de ma déconfiture lui fit croire que j'avais fait exprès de le mal conseiller pour le rendre ridicule. J'étais si soulagé de m'être prouvé que l'avenir ne m'appartenait pas plus qu'aux autres que je n'essayai même pas de le détromper. Mais comme je suis d'une nature scrupuleuse, je décidai de renouveler l'expérience sous une autre forme. Car en fait mon aventure malheureuse n'était pas concluante. Je souhaitais perdre. J'avais perdu. J'avais donc correctement prévu l'avenir. Je n'avais pas traité mon vrai problème, qui est celui de tous les écrivains : pouvais-je vraiment créer de la vie avec des mots ?

L'imagination était-elle une évasion du réel ou son approche la plus efficace ?

Nous allons peut-être le savoir...

Il était une fois un brave homme qui avait été enlevé par des bandits de grand chemin. Et le brave homme n'arrivait pas à comprendre pourquoi des bandits de grand chemin s'étaient intéressés à quelqu'un d'aussi peu important que lui. Dans une certaine mesure il se sentait flatté.

Mais pas longtemps. Surtout à partir du moment où ces malotrus se mirent à le torturer.

— Mais enfin, gémissait-il, je n'ai rien fait de mal... Qu'est-ce que vous me voulez ?

— Tu le sais bien...

— Mais non... Je vous jure !

— Ne nous prends pas pour des couillons.

— Je ne me permettrais pas...

— Où as-tu mis ton magot ? lui demanda le chef des bandits de grand chemin.

Si en même temps qu'il lui posait la question le chef des bandits ne s'était pas mis à lui arracher méthodiquement les ongles, il aurait sûrement éclaté de rire... Il y avait certainement erreur sur la personne : le pauvre homme n'avait pas un sou vaillant. Il ne possédait que ce qu'il avait sur lui : sa chemise et ses brailles. Il marchait pieds nus et ne mangeait pas tous les jours à sa faim.

— Mais enfin renseignez-vous. Tout le monde vous dira que...

— Nous nous sommes renseignés.

Il y avait sûrement erreur sur la personne. Mais comment faire entendre raison à ces brutes ? Le brave homme n'avait pas une vocation de martyr et s'il avait eu le moindre argent de côté il se serait hâté d'en révéler la cachette. Et plus il protestait, plus ses tourmenteurs cognaient fort.

Et cela dura toute la journée. Et les bandits de grand chemin, à la tombée de la nuit, étaient, à force de cogner, presque aussi épuisés que leur victime. Alors le chef dit :

— Nous te laissons une dernière chance. Tu as toute la nuit pour réfléchir. Mais si demain matin tu n'as pas changé d'avis nous te donnerons à manger aux requins (ou aux caïmans, suivant qu'on se trouve au bord de la mer ou le long d'une rivière).

En professionnels avertis, ils avaient pris la précaution de ligoter minutieusement le brave homme. On aurait dit, quand ils eurent achevé leur œuvre, une momie emprisonnée dans ses bandelettes. Il lui était devenu impossible de bouger ne fût-ce que le petit doigt.

Alors, la conscience tranquille et après avoir allumé un grand feu pour éloigner les bêtes fauves, ils allèrent reprendre des forces à grandes avalées de viande cuite et de longues lampées de rhum. Bientôt ivres morts, ils s'endormaient comme des brutes (ce qu'ils étaient d'ailleurs).

Et le pauvre homme resté seul se lamentait sur l'injustice de son sort. Qu'avait-il fait au bon Dieu pour connaître une mort aussi injuste ? Il essayait de penser à autre chose, mais en de telles circonstances il lui aurait fallu une imagination bien au-dessus de la moyenne. L'idée de sa mort prochaine lui enlevait tous ses moyens.

Il fit une dernière tentative pour se libérer de ses liens. Vains efforts. Plus il se démenait, plus ils entraient dans sa chair meurtrie. Seul son petit orteil avait échappé à la vigilance de ses tortionnaires. C'était insuffisant pour envisager une tentative d'évasion. Alors, pour oublier sa triste condition, il se mit à dessiner sur le sable avec son petit doigt de pied. Il pensa à une souris. Et la souris peu à peu prenait forme. Et elle devenait de plus en plus ressemblante. De plus en plus réelle. De plus en plus vivante...

Alors, avec ses petites dents, elle grignota les cordes qui ligotaient le brave homme, qui se retrouva libre et remercia le Seigneur, tandis que les bandits de grand chemin continuaient de dormir de leur sommeil de brute...

Le lendemain, j'ai acheté tous les journaux tant parisiens que de province. La rubrique des faits divers fourmillait de braves gens que des malfaisants avaient ligotés et battus pour les voler. Certains étaient morts de saisissement. Il y en avait même un qui avait péri carbonisé dans l'incendie que les voyous avaient allumé pour effacer leurs traces... Aucune souris n'était venue les délivrer...

Je m'en doutais, figurez-vous, mais cette confirmation m'incita à poursuivre mes travaux d'écriture. A quelque temps de là, fouillant dans ma bibliothèque, je découvris que cette histoire avait, à peu de chose près, déjà été racontée par un autre et dans d'autres termes. J'avais dû la lire jadis et je croyais l'avoir oubliée. Un vieux journal traînait. J'allais m'en servir pour allumer le feu de sarments sur lequel je m'apprêtais à faire griller mes saucissettes, quand je fus attiré par le titre d'un article où l'on racontait l'histoire d'Albert et de Lucile. C'était le journal que Titou tenait dans les mains le matin où j'avais failli croire que j'étais capable d'inventer le futur. J'avais pensé qu'il lisait comme d'habitude son quotidien du jour. En réalité, il s'agissait d'un *Provençal* vieux de trois mois. J'avais dû le lire moi aussi à l'époque. L'histoire ne m'avait pas frappé sur le moment mais elle avait cheminé dans mon inconscient au point que j'avais cru l'avoir inventée. Je tiens néanmoins à préciser que le choix des numéros gagnants d'après le retard du 6140 est une idée absolument personnelle.

Tels sont les mécanismes de la création littéraire. Ils n'ont rien à voir avec la façon d'agir du Créateur. Lui seul a le droit de faire quelque chose avec rien. Mais chacun son métier. Le nôtre, c'est de nous obstiner à inventer des souris imaginaires pour aider les pauvres mortels à se délivrer des liens qui les emprisonnent et dans lesquels ils se débattent pour ne pas étouffer...

CHAPITRE 6

Où, à force d'ascétisme, l'auteur parvient à pénétrer dans le monde de l'invisible.

Cette nuit-là, Odilon vint me faire des reproches d'une telle véhémence que sa carcasse en était vibrante d'indignation. J'avais déçu les espoirs qu'il avait mis en moi. Il avait tenté de m'ouvrir les yeux sur la réalité d'un monde invisible au plus grand nombre. Il m'avait fourni des preuves de son existence. Il avait cru un moment m'avoir convaincu. Et voilà que je mettais sa parole en doute, que je lui tendais des pièges pour le prendre en défaut. Son indignation commençait à me devenir importune. J'ai coupé court à ses jérémiades :

— Tu me pompes l'air !

Oui, c'est ce que je me suis permis de lui dire. Si j'avais su que cela le mettrait dans un tel état, je me serais montré plus circonspect. La rudesse de mes paroles l'avait subitement porté à l'incandescence et de ses orbites vides jaillissait en geyser une vapeur brûlante. Il ne fut bientôt plus qu'une plaque de métal fondu...

Une fumée âcre me prit à la gorge et une brûlure soudaine me tira de ce mauvais rêve. Je m'étais endormi la cigarette aux lèvres et j'avais mis le feu à mon oreiller. Le ciel était labouré d'éclairs et de coups de tonnerre. J'appris le lendemain que la foudre était tombée sur le clocher du village. Les dégâts étaient insignifiants mais le coq avait été désintégré sur le coup. On n'avait retrouvé de lui qu'une bouillie de métal encore tiède.

L'accumulation des prodiges qui ne cessaient de s'abattre sur moi m'avait rendu sceptique. J'ai failli dire :

— Bon débarras !

Non, je ne l'ai pas dit, mais je l'ai pensé. Et Odilon s'est installé dans mon sommeil. Il est beaucoup plus calme depuis qu'il a fondu. Il me parle avec douceur mais il est encore plus autoritaire que naguère. Il est devenu la voix exigeante de ma conscience d'écrivain :

— Tu manques de rigueur, murmure-t-il avec la patiente obstination d'un confesseur. Tu es prisonnier de ta facilité... Il serait temps de devenir sérieux.

Il me « rend chèvre » cet oiseau. Il me rend chèvre, mais il a réussi à m'imposer sa volonté.

Je me suis donc hâté de me bricoler une petite ascèse à ma mesure et pendant quarante-huit heures au moins j'ai mené une vie monacale sur le modèle des Chartreux. Je suis d'une nature plutôt contemplative et je ne déteste pas la station allongée :

— Tu dors ? s'enquiert parfois ma femme avec une affectueuse impertinence.

A quoi je réponds sur un ton noblement outragé :

— Non... Je médite...

Pour complaire à Odilon, j'inscrivis le travail manuel dans mon emploi du temps. Depuis que je vivais seul, j'avais pratiquement laissé mon jardin à l'abandon. Le plaisir de le cultiver revient à mon épouse dont tout le monde vous dira qu'elle a les « mains vertes ». Je me mis donc, avec une application méritoire, à arracher les mauvaises herbes qui proliféraient chez moi en totale impunité.

Cette décision était assez méritoire de ma part. Et même un brin audacieuse. Mes connaissances botaniques sont en effet extrêmement succinctes et je ne saurais distinguer une feuille de fraisier d'une feuille d'ortie : je ne reconnais l'ortie qu'à partir du moment où elle m'a piqué.

Pour entrer dans le personnage, je me coiffai d'un vieux chapeau de paille et ceignis mes reins, douloureux à l'avance, d'un tablier à poche ventrale. Ma composition de jardinier était parfaitement réussie. Cela ne résolvait pas le problème. Je ne sais toujours pas si la terre est basse ou si c'est nous qui en sommes loin, mais je peux vous affirmer que, sans entraînement, le jardinage est un métier d'enfer. Au bout d'un quart d'heure j'avais les reins moulus...

Ce fut précisément le moment que choisit une élégante, issue des provinces extérieures, pour sonner à la grille de mon jardin. Les touristes venaient d'investir Fontvieille en masse et je n'avais pas eu le temps de mettre en place mon système de défense.

Il est simple mais efficace.

Tous les matins je passe à la Maison de la Presse chez Mademoiselle Etienne pour acheter mes journaux. Nous nous embrassons rituellement (et tendrement) mais tout de suite après elle me demande :

— Est-ce que vous êtes là aujourd'hui ?

Selon le travail que j'ai à faire, je réponds :

— Malheureusement j'ai été appelé d'urgence à Paris.

Ou bien :

— Je serai à la maison en fin de journée...

De sorte que quand un estivant vient lui demander mon adresse (mon pigeonnier est vraiment difficile à trouver) elle lui fait la réponse adaptée à mon humeur. Ne me prenez quand même pas pour un sauvage. Excepté quand je suis en compagnie des êtres que j'invente. Dans ce cas-là, je n'y suis pour personne, même quand les miens sont à la maison. Je réserve de toute façon le meilleur accueil à mes visiteurs. Pas seulement parce qu'ils viennent me faire dédicacer les livres qu'ils ont achetés, mais parce qu'ils me donnent l'occasion de leur offrir l'apéritif. C'est-à-dire d'en prendre un moi-même.

La visiteuse était plutôt bien faite de sa personne mais un peu trop sûre de sa séduction. Je n'aimais surtout pas le ton qu'elle employait. C'était celui qu'elle devait utiliser avec ses gens :

— Naturellement, grogna-t-elle, le « Maître » n'est pas là...

Quand on m'appelle Maître cela me donne envie d'être grossier et je prends à mon compte cette réplique d'un vieux sociétaire de la Comédie-Française qui, en de pareilles circonstances avait coutume de grommeler :

— Ne perdons pas de temps. Appelez-moi tout de suite vieux con...

Mon accoutrement me priva du plaisir de la choquer :

— Avec le « Maître », dis-je, on ne sait jamais ni quand il sort ni quand il rentre...

— Est-ce qu'il sera là demain ?

— Comment voulez-vous que je vous réponde ! Je ne suis que le jardinier... A moi il ne fait pas de confidences...

— Eh bien, dites-lui que Madame de... souhaite le voir.

— Si je le vois, je ferai la commission. Mais je ne suis pas certain qu'il ait envie de vous voir, lui...

Elle ne trouva rien sur le moment à me répondre et je pensais m'être débarrassé définitivement de cette importune. Après m'avoir jeté un regard qui laissait clairement entendre qu'elle ne me considérait même pas digne de cirer ses chaussures, elle fit demi-tour et s'éloigna en ondulant sur ses hauts talons.

Dommage qu'elle ait eu des manières si rebroussières. Elle était aussi plaisante à l'œil de dos que de face...

Dès le lendemain, j'avais renoncé aux disciplines horticoles pour lesquelles j'avais pu vérifier que je n'avais aucun don. Les travaux manuels restaient cependant inscrits à mon programme. Je me mis donc à faire la cuisine. Je n'y excelle pas comme vous le savez, mais j'ai tout de même deux ou trois plats à mon répertoire. J'entrepris donc la confection d'une de ces daubes dont j'ai le secret (je ne vous le révélerai pas, même si vous insistez).

L'art culinaire a sur l'art des jardins la supériorité qu'on peut le pratiquer assis. En revanche, quand je suis dans les travaux préparatoires, même si sa Sainteté le Pape m'accordait une audience privée je lui demanderais impérativement de la remettre à une date ultérieure. J'étais donc en train de humer cette fameuse marinade, qui m'a valu l'estime des connaisseurs, lorsqu'une voix me fit sursauter :

— Vous êtes encore là, vous !

Madame de... ne s'était pas découragée :

— Je suis le factotum du Maître.

Qu'un jardinier-cuisinier se permît d'employer des mots comme « factotum » parut impressionner favorablement l'emmerdeuse obstinée :

— Vous lui avez fait part de mon désir ? Quand daignera-t-il me recevoir ?

— Je ne l'ai pas vu... Mais qu'est-ce que vous lui voulez au Maître ?

— Lui dire mon admiration.

Au fond elle était plus sympathique que je n'aurais cru, la belle étrangère. Un peu collante mais sympathique. A ma surprise, elle humait ma sublime marinade avec un sérieux de gastronome :

— Elle sent vraiment très bon, dit-elle.

Tout à fait charmante, cette créature. Je faillis craquer. Il s'en fallut d'un rien que je ne lui révélasse que le « Maître » c'était moi. Et si je ne le fis pas, ce fut à cause de ma tenue : pas rasé, en manches de chemise, je n'étais vraiment pas à mon avantage :

— Écoutez, lui dis-je, revenez demain. Je ne sais vraiment pas où il se trouve en ce moment, mais chaque fois que je fais ma daube, je le vois paraître même s'il est au bout du monde. Soyez là demain à l'heure du déjeuner.

— Vous croyez que je ne le dérangerai pas...

— Non. Je le connais bien... Je suis sûr que ça lui fera plaisir.

J'ai vu le moment où elle allait me « glisser la pièce » pour me remercier de jouer si bien mon rôle d'entremetteur. Mais comme elle avait du tact, elle s'est contentée de me sourire en plissant le nez.

J'avais mis la table sous la tonnelle, sur la seule nappe dont nous disposions au cabanon. Par bonheur elle était immaculée, mais je dus la repasser longuement de la paume de la main pour qu'elle fût présentable.

Quand je suis seul, j'utilise des assiettes et des gobelets de carton. En l'honneur de mon admiratrice (et par respect pour la qualité de ma daube) j'avais sorti de leur nid de molleton les quelques assiettes de vieux moustiers que nous n'utilisons d'ordinaire que pour les grandes fêtes. Elles sont décorées de « grotesques », hommes ou animaux, à la fois réels et fabuleux. Le personnage le plus souvent représenté était un étrange oiseau à la fois coq, hippogriffe et autruche. L'animal avait un air de parenté avec Odilon. J'eus l'impression qu'il me dévisageait avec une impertinence amusée. L'assiette que je tenais faillit m'échapper des mains, mais j'étais si impatient de recevoir ma visiteuse que je ne vis aucun avertissement dans son sourire ambigu. D'ailleurs quand j'eus lustré l'assiette, il avait disparu.

J'ai peu l'expérience des femmes du monde. Je pensais qu'elles se devaient d'être en retard pour affirmer leur prestige.

Elle arriva avec dix minutes d'avance. Je n'étais pas là pour l'accueillir. J'étais devant la glace de ma douche en train de vérifier le nœud de ma cravate. Me conduire comme un gamin à mon âge peut vous donner une piètre opinion de moi. Je la mérite, mais je précise que cette façon de me comporter n'est pas du tout dans mes habitudes.

Je peux en toute honnêteté réclamer votre indulgence. Vous avez été les témoins de la vie que je menais depuis quinze jours. Elle m'avait complètement « dévarié ». Je n'étais plus moi-même. Je flottais dans un univers à plusieurs dimensions dans lequel l'illusoire faisait partie de la réalité. La présence d'une vraie femme à mes côtés était pour moi le plus charmant des retours à la vérité de la vie.

— Naturellement il n'est pas là. Pourquoi m'avez-vous menti ?

Sa déception ne pouvait qu'accroître ma suffisance. Elle tenait vraiment à me voir de près, la jolie dame. Elle se donnait bien du mal pour me faire bonne impression. En matière d'élégance féminine mon jugement n'est pas des plus sûrs. Mais j'avais pu constater qu'elle changeait de toilette tous les jours et que son décolleté se faisait de plus en plus profond à chacune de ses visites.

— Je ne vous ai jamais menti, dis-je. Quand j'étais jardinier, j'étais jardinier. Quand je faisais la cuisine, je faisais la cuisine. Et de la bonne, comme vous allez pouvoir en juger...

— Vous aviez prétendu que le Maître serait là...

— Mais il est là ! dis-je avec une fatuité qui me fait rétrospectivement monter le rouge aux joues, mais qui sur le moment ne me donna pas l'envie de me traiter de « vieux con » alors que c'était l'occasion ou jamais...

— Aujourd'hui je fais l'écrivain. C'est une autre forme de jardinage et de cuisine...

— Ah vous ! s'écria-t-elle. Je vous retiens...

Aussitôt elle se mit à minauder comme une midinette mise en présence d'une star de cinéma.

Je n'ai jamais mangé d'aussi bonne daube de ma vie. Avec un accompagnement de compliments, de sourires et de clins d'œil, elle prend une saveur différente mais qui réjouit encore davantage le cœur de l'homme. Elle s'appelait Marcelle, ce qui acheva de dissiper le restant de ma timidité naturelle. Elle avait épousé un monsieur de la noblesse mais avait conservé, quand elle ne se surveillait pas, une sensibilité, un babil et un appétit correspondant à la modestie de ses origines. Elle se confiait à moi. Elle habitait le Pas-de-Calais où elle se morfondait dans les brumes. Je savais tout d'elle : ses espoirs, ses frustrations, ses rêves. Sa solitude. Elle tenait son emploi de femme du monde comme un rôle de composition.

Sans moi, m'affirmait-elle, elle aurait sombré dans la déprime. J'étais son évasion. J'étais sa raison de vivre.

Et soudain elle m'a pris la main.

— J'aimerais tant que vous me fassiez visiter votre pigeonnier ! a-t-elle soupiré.

Puisque j'ai décidé de tout dire, je dis tout. Je n'ai même pas fait remarquer que nous n'en étions pas encore arrivés au dessert. J'avais pourtant commandé un gâteau au pâtissier de la place de la Mairie, qui fait la meilleure frangipane d'Europe. La frangipane pouvait attendre mais une aubaine de ce genre, c'était une occasion « à profiter de suite ». Je me suis donc levé précipitamment et dans ma hâte j'ai heurté la table au passage. Une de mes précieuses assiettes de vieux moustiers est partie en vol plané.

Elle est partie mais elle n'est pas arrivée. Elle aurait eu largement le temps : elle n'avait qu'un mètre à parcourir. Une demi-seconde aurait suffi et je n'aurais jamais eu les réflexes assez prompts pour éviter la catastrophe, d'autant qu'il m'avait d'abord fallu lâcher la main de ma kidnappeuse pour tenter de rattraper la précieuse assiette au vol. C'est pourtant ce que j'ai fait.

— Mon Dieu, que vous êtes adroit ! s'est exclamée Marcelle.

Elle a tenté de me reprendre la main. Mais moi, j'avais bien vu que le coq-autruche-hippogriffe avait agité les ailes pour ralentir la chute.

Alors j'ai regardé Marcelle au fond des yeux et je lui ai dit gravement :

— Les jardiniers ne détestent pas qu'on vienne leur tenir compagnie pendant qu'ils travaillent. Les cuisiniers sont fiers de montrer leur savoir-faire. Mais un écrivain, il faut le laisser seul, sinon il perd tout son mystère...

— Ah vous, s'écria-t-elle, je vous retiens !

Mais ce n'était pas dit sur le même ton qu'au début. Elle n'a rien ajouté d'autre. Je n'ai gardé d'elle que le souvenir, dans sa retraite précipitée, du crépitement rageur de ses hauts talons sur les dalles de pierre.

Il ne me restait plus qu'à manger tout seul le gâteau à la frangipane. Il n'en est pas resté une miette...

Je n'avais pas si bien dormi depuis longtemps. Odilon s'était installé à demeure dans mon cerveau mais il n'y causait plus aucun dégât. Je me devais, de toute façon, de lui prêter aide et assistance. Par ma faute il n'avait plus de domicile fixe et, dans l'état de délabrement où il se trouvait, il avait besoin de récupérer. Physiquement il était « à plat » mais il sortait moralement grandi de l'épreuve qu'il venait de subir.

Je lui étais rétrospectivement reconnaissant de m'avoir empêché de céder à la tentation. J'aurais voulu pouvoir le remercier mais il ne me donnait aucun signe de vie. Grâce à son intervention, ma conduite demeurait exemplaire et j'étais certain, tant je me sentais en règle avec ma conscience, qu'il se réjouissait de la bonne influence qu'il avait sur moi. Les multiples attentions dont il m'entourait discrètement ne pouvaient que renforcer ma certitude.

J'avais repris avec frénésie mes travaux d'écriture, mais je suis de ce genre d'écrivain qui ne peut travailler que « sur le motif » et qui n'invente que ce qu'il a vécu. Mon métier a au moins un point commun avec celui de peintre en bâtiment : ce qui nous prend le plus de temps ce sont les « apprêts ». Et si l'on me permet de hasarder une autre métaphore, je peux dire que, comme les ménagères, je ne travaille jamais sans filet. L'oreille en éveil, le regard en attente, je guette « l'occasion ». Plus filou qu'acheteur, je m'empare sans scrupule de tout ce qui pourra m'être utile : propos saisis au vol, images dérobées, tous mes larcins viennent se prendre dans les mailles du filet.

Je fais sournoisement mon marché et je ne me mets « aux fourneaux » qu'à partir du moment où j'ai rassemblé de quoi faire ma « cuisine ». Cela prend du temps et, souvent, je rentre à la maison bredouille.

Depuis qu'Odilon me vient en aide, je ne fais plus que des pêches miraculeuses. Où que j'aille, il a déjà pris rendez-vous avec le fournisseur qui détient ce dont j'ai besoin et que je trouve sans l'avoir cherché. Je suis une abeille comblée sur le chemin de laquelle ne poussent que les fleurs les plus riches en butin.

Il aurait été plus sage, j'en conviens, d'admettre qu'une soudaine poussée d'inspiration succédait à une longue période de sécheresse, ainsi qu'il est normal dans toute activité créatrice, plutôt que d'en attribuer le mérite à ce coq hypothétique. Je lui conservais cependant toute ma confiance et j'étais sûr qu'en me rendant ce matin-là sur le marché d'Arles je ferais, grâce à son soutien, une pêche miraculeuse.

Ce fut le contraire exactement qui se produisit et, pour continuer d'utiliser le vocabulaire du pêcheur à la ligne, non seulement je ne pris aucun poisson, mais je n'eus pas la moindre touche. Pour ne pas avoir l'impression d'avoir perdu ma matinée, je fis un tour du côté des bouquinistes. Pour le principe, je fis l'acquisition d'un vieil ouvrage de Paul Mariéton où il racontait ses voyages en Provence au temps de Mistral.

Comme je n'en attendais aucun réconfort immédiat, j'en remis la lecture à plus tard. Je m'apprêtais à le ranger dans ma bibliothèque. Un signet de cuir émergeait de sa tranche et le livre s'ouvrit de lui seul à la page qu'il indiquait. J'y jetai un coup d'œil et je tombai sur quelques lignes soulignées au crayon rouge. L'auteur y faisait état de la visite qu'il avait faite, il y a plus de cent ans, à Saint-Cyr, petit port de pêche au bord de la Méditerranée. Le village avait été construit à l'emplacement même de l'ancien port grec de Taurentœum, aujourd'hui entièrement englouti.

De Taurentœum il ne restait rien, ce qui n'empêchait pas d'avoir à l'époque un guide touristique qui n'hésitait pas à faire visiter « trois absences de temples, deux thermes invisibles, plusieurs portiques dont Strabon aurait parlé, et surtout un grand cirque hypothétique dont les multiples obélisques auraient fait il y a bien des siècles l'admiration des foules ».

Ce guide inspiré devait être mort depuis longtemps, sinon je me serais fait un devoir d'aller prendre sous sa conduite une leçon d'imaginaire. J'allais donc ranger le livre dont il était le héros au rayon des poètes disparus (qui est le plus fourni de ma bibliothèque) quand le téléphone se mit à sonner.

Une voix charmante me remerciait d'avoir accepté d'être l'invité d'honneur de la fête organisée en hommage à Vincent Scotto, l'enfant du pays. Elle me rappela par la même occasion que j'avais promis d'évoquer quelques souvenirs personnels à son sujet.

— C'est tout naturel, dis-je, car ce merveilleux mélodiste m'avait, au soir de sa vie, honoré de sa bienveillance.

— Rappelez-moi la date, ajoutai-je néanmoins, car si je n'avais pas oublié ma promesse je ne me souvenais plus du tout du jour où je devais la tenir...

— Mais c'est ce soir même... Voulez-vous que M. le Maire vous envoie sa voiture avec son chauffeur ?

— Qu'il ne se dérange surtout pas. Je viendrai par mes propres moyens et je serai là largement à l'heure.

J'étais même bien plus en avance qu'il n'était nécessaire. J'avais éprouvé tout à coup la tentation de visiter ce port invisible. Je comptais sur Odilon pour qu'il mette à mon service ce génial conférencier depuis longtemps disparu. Puisque cet homme était capable de décrire ce que personne ne pouvait voir, rien ne devrait lui être plus facile que d'abandonner un moment sa retraite pour me montrer les trésors dont il continuait sûrement d'avoir la garde. J'avais vu juste.

Il était déjà sur le quai et, en m'apercevant, souleva son large de feutre de félibre éternel :

— Je vous attendais, dit-il, je suis le président du syndicat d'initiative.

— Comment pouviez-vous savoir que je viendrais ?

— C'était fatal. Un homme comme vous, s'il vient à Saint-Cyr, ne peut manquer de visiter Taurentœum. Ou bien je me serais complètement trompé sur vos raisons de vivre.

J'étais encore sur mes gardes.

— Il y a longtemps que vous faites ce métier ?

— Depuis toujours, me répondit-il avec un sourire complice.

Si j'avais eu encore le moindre doute sur son existence, la démonstration qu'il me fit de son talent singulier l'aurait dissipé séance tenante.

Mon hôte me dépassait d'une tête. Il m'avait mis la main sur l'épaule avec l'affectueuse autorité de quelqu'un qui vous prend sous sa protection et m'entraîna d'un pas décidé jusque sur la plage.

A cette heure-là et en cette saison, elle ne pouvait être que recouverte de gens en maillot de bain. Elle me sembla déserte. Sous la ferme conduite de mon cornac, j'avais l'impression de la survoler. Presque instantanément nous nous retrouvâmes à son extrême pointe. Le soleil subitement s'était voilé. La mer avait perdu toute transparence.

— Regarde, me dit mon guide.

Qu'il se mît tout à coup à me tutoyer ne me causa aucune surprise. En revanche, j'avais beau écarquiller les yeux, je ne percevais devant moi qu'une immense masse grisâtre et glauque.

Il m'avait parlé jusqu'ici le langage d'un ami. Le ton de sa voix se fit tout à coup celui d'un chef :

— Regarde plus profond, hurlait-il. Là où le scepticisme n'atteint pas...

Effectivement plus mon regard s'y engouffrait, plus les eaux devenaient claires, et soudain je vis. Et mon étonnement fut énorme : ce que j'avais sous les yeux, Mariéton n'en parlait pas dans son livre et pourtant il paraissait impossible qu'on ne le lui ait pas montré à l'époque.

Un immense camp romain s'étendait à l'infini sous les eaux qui le recouvraient depuis des siècles.

Je ne saurais dire à quelle profondeur il se trouvait tant il m'apparaissait proche. Le ciel et la mer ne cessaient de s'assombrir, ce qui aurait dû éteindre les couleurs en raréfiant la lumière. Or, d'où j'étais, je voyais l'étincellement des cuirasses répandre sur la pierre blonde des architectures des reflets d'argent furtifs comme des lézards. Car, et ce n'était pas là le moins surprenant, le camp était en pleine activité. J'entendais le martèlement sourd des légions en manœuvre, les rires des centurions, le fracas des chars cahotant sur les ornières d'une piste dallée de pierres inégales.

Personne ne semblait se douter de ma présence et les conversations montaient jusqu'à moi, limpides comme si elles avaient été enregistrées au laser. J'en percevais la mélodie sans en comprendre les paroles. Penché à mon oreille mon guide me commentait l'événement. Il avait la pratique du langage de ces soudards immergés, semblait connaître tout le monde et n'hésitait pas à désigner certains par leur prénom...

— Tu tombes bien. Ils viennent de capturer un des généraux d'Hannibal...

Je découvrais les personnages au fur et à mesure qu'il me les décrivait. Celui-là se nommait Othello : ce colosse, noir de peau et crépu de cheveux, était enchaîné mais n'avait rien perdu de sa superbe.

— Que vont-ils en faire ?

— Ils attendent la venue de Jules César. C'est à lui de décider s'il a eu le droit moral d'étrangler Desdémone.

J'avais beau être sous le charme de sa voix il me restait assez d'indépendance d'esprit pour m'apercevoir qu'il ne tenait aucun compte de la chronologie. Je n'avais pas néanmoins envie de le lui faire remarquer ni surtout de lui en tenir rigueur. Je retrouvais à ce spectacle le même émerveillement que je ressentais jadis quand mon père m'offrait le cirque pour me récompenser d'avoir bien travaillé à l'école.

Il y eut soudain un grand mouvement de toges. La foule se ruait vers le cirque. A peu de choses près, il ressemblait aux arènes d'Arles mais en meilleur état. Au premier rang, je faillis ne pas reconnaître les notables de la ville. On a beau dire, le port de la toge, ça vous change un bonhomme.

Des lions avaient envahi la piste. La porte de l'« arrastre » s'ouvrit : les premiers chrétiens venaient de faire leur entrée. J'entendis le conclave saliver à la fois de gourmandise et de concupiscence. Au premier rang des futurs martyrs s'avançait une jeune personne à peine vêtue d'un lambeau d'étoffe blanche :

— Blandine... Blandine, scandait la foule.

Ce n'était pas Blandine : c'était Marcelle, ma pulpeuse admiratrice. Au passage, elle me lança un insoutenable regard de reproche. Je me sentis responsable du supplice auquel mon refus l'avait conduite. J'allais me précipiter à son secours ; mon guide m'a retenu par la manche.

— Dépêchons-nous, dit-il, nous allons arriver en retard à votre conférence.

Il paraît que j'ai été brillant, mais du diable si je me souviens de ce que j'ai dit. Cela se passe toujours ainsi lorsque je parle en public. Je vais où les mots me conduisent et d'ordinaire ils ne trahissent pas la confiance que je mets en eux.

Dans ce cas particulier il y avait cependant un fait nouveau. Comme d'habitude, mes propos ne m'avaient laissé aucun souvenir mais, en règle générale, je me rappelle vaguement les gens que j'ai rencontrés et le décor dans lequel j'ai fait mon numéro. Cette fois c'était le black-out total. J'ai regagné ma voiture dans un état quasi somnambulique et sans le secours du président du syndicat d'initiative il est certain que je ne l'aurais jamais retrouvée.

Il me restait assez de lucidité pour le remercier de son précieux soutien : la courtoisie m'abandonne rarement, même quand il m'arrive de ne plus avoir tout à fait ma tête à moi. Le brave homme me tendit sa carte :

— Si vous avez à nouveau besoin de mes services, sachez que je me tiens entièrement à votre disposition.

A la lueur des phares, je vis son nom flamboyer sur le bristol : il s'appelait Odilon...

Ne me demandez pas comment j'ai pu regagner Fontvieille, et si je me le demande à moi-même c'est bien la preuve que je suis toujours vivant. En mon absence le facteur avait déposé sur ma table un volumineux paquet. Mon éditeur me faisait parvenir les premiers exemplaires de mon dernier livre. J'y avais rassemblé un certain nombre d'aphorismes goguenards sous le titre audacieux de *Pensées*...

Le rouge soudain me monta aux joues : je pouvais me voir sur la couverture drapé dans une toge romaine et le front ceint d'une couronne de feuilles de chêne à la façon d'un *imperator* victorieux.

Je me précipitai sur le téléphone pour protester auprès de mon éditeur :

— Vous auriez pu me parler de cette étrange initiative, dis-je avec indignation.

— Mais enfin, s'écria-t-il avec une évidente sincérité, c'est vous-même qui m'en avez donné l'idée il y a trois mois...

— Excusez-moi, dis-je d'un ton piteux. J'avais oublié.

Il était onze heures du matin...

Un coq chanta...

CHAPITRE 7

Qui me voit mettre le coq Odilon à la porte, ce qui l'incite à entrer par la fenêtre.

Il était temps pour moi de rompre définitivement avec Odilon. Son emprise sur mon imagination devenait trop forte. Il était capable de me faire croire n'importe quoi et venait de réussir à me faire oublier pendant vingt-quatre heures que je n'avais jamais su conduire. Il était donc matériellement impossible que je me sois rendu à Saint-Cyr en automobile.

Ma décision était irrévocable, mais à l'instant même où je venais de le répudier, le facteur me remit en mains propres une volumineuse enveloppe. Ce n'était pas Léon, le préposé habituel, mais un jeune TUC de Maubeuge, garçon méritant et bien élevé, qui profitait de ses vacances pour amasser le maigre pécule qui lui permettrait vaille que vaille de poursuivre d'improbables études de psychologie.

Tout en parlant avec lui, je décachetai l'enveloppe qu'il venait de me remettre. En dehors d'une lettre de remerciement fort polie de Monsieur le Maire de Saint-Cyr, elle contenait plusieurs coupures de presse. Toutes, sans exception, faisaient un vibrant éloge de ma modeste causerie. Je me hâtai de les déchirer sous les yeux du jeune préposé.

— Mauvaises nouvelles ? s'enquit-il.

— Sans importance, dis-je.

En réalité, j'étais bien plus perturbé que je ne le laissais paraître, et je me réjouis de voir Gina, ma pie, se précipiter sur les fragments de papier et les dévorer avec une gourmandise vorace...

— *Requiescant in pace !* dis-je en guise d'oraison funèbre...

Je ne vous ai pas encore parlé de Gina, pour la simple raison qu'elle n'avait plus mis les pattes sur mon épaule depuis plusieurs jours. La veille encore, j'aurais interprété sa longue absence comme une crise de jalousie imputable aux rapports privilégiés que j'avais entretenus avec un coq de clocher prétentieux. Son retour confirmait ma rupture avec cet animal de basse-cour et la joie qu'elle manifestait à me revoir était encore plus exubérante que d'habitude.

Les pies sont des animaux extraordinairement mal élevés et Gina était la plus extraordinairement mal élevée de toutes les pies. Avec une désinvolture à laquelle j'ai fini par m'accoutumer elle avait pris une cigarette dans mon paquet et la grignotait en me fixant d'un regard ironique.

— Tu n'as pas honte ?

— Non, pas du tout, répondit-elle sans vergogne.

Comme toutes les pies, Gina savait parler et, vivant avec un bavard de mon espèce, il était normal qu'elle disposât d'un vocabulaire plus étendu que la moyenne. Je perçus tout à coup dans son œil noir cerclé de rouge une inquiétante fulgurance. On aurait dit qu'elle essayait de m'hypnotiser. Elle se mit alors à me picorer l'oreille sans ménagements tout en glapissant d'une voix suraiguë :

— Odilon... Odilon...

Avant que j'aie pu lui demander la moindre explication, elle s'était envolée en claquant des ailes...

Je n'allais tout de même pas me laisser impressionner par son impertinence. Il était normal que Gina connût le nom d'Odilon. Il m'arrive de parler seul quand j'écris, et elle avait l'ouïe si fine qu'elle avait pu l'entendre d'où qu'elle se trouvât. Je la sentais même capable, si grande était sa désinvolture, de fouiller dans mes manuscrits en mon absence et d'y découvrir l'existence de son rival. Rien ne nous prouve en effet que, sachant parler, elle n'avait pas appris à lire par ses propres moyens. A côté des prodiges dont j'avais été le témoin à la fois incrédule et subjugué, sa performance pouvait passer pour banale.

Quoi qu'il en soit, j'avais retrouvé presque aussitôt ma sérénité, au point que je repris spontanément l'habitude de faire la sieste. Cela coïncidait bien entendu avec l'arrivée de la canicule mais prouvait surtout que je me sentais en paix. La sieste, quoi qu'on en ait pu dire, est un art difficile auquel j'excellais avant qu'Odilon ne vienne semer la perturbation en mon esprit... C'est une brève plongée dans ce qu'il y a de plus mystérieux en vous, dont on sort ragaillardi à condition de ne pas y être assailli par les obsessions qui vous assiègent.

Je ne cache pas que j'abordai cette épreuve avec l'angoisse d'un candidat soumis à un examen de passage. J'avais l'impression de partir pour un voyage dans une région souvent visitée mais qui m'était devenue inconnue et vaguement hostile. Mais quand je vis Madelon venir s'allonger près de moi, je me sentis à l'avance rassuré.

Je ne vous ai pas parlé non plus de Madelon. Vous pouvez rassurer vos enfants : il ne va pas s'agir d'une sieste « coquine ». Madelon, c'est ma chatte. Elle est affectueuse mais parfaitement indépendante et ne me fréquente que dans les moments où elle en a envie. Depuis que je ne portais plus attention à sa présence, elle faisait sieste à part. Aujourd'hui elle s'était blottie dans mes bras avec une exceptionnelle câlinerie et, à peine s'était-elle mise à ronronner que je l'avais rejointe dans ce pays clair obscur, où le rêve et la réalité célèbrent leurs heureuses épousailles.

Quand j'émergeai de cette escapade, elle n'était plus à mes côtés. J'en éprouvai une certaine contrariété. Ses siestes sont d'ordinaire plus longues que les miennes. Qu'avais-je donc fait qui puisse lui déplaire ?

Je n'eus pas longtemps à me le demander. Toutes griffes dehors et le poil hérissé elle m'avait sauté sur le ventre et dans sa bouche ensanglantée il y avait un bouquet de plumes de coq.

Sur la table de nuit, Gina me clignait de son œil noir cerclé de rouge...

Son bec remuait à peine, mais j'entendis très distinctement sa voix grinçante m'infliger un double « Odilon » qui me vrilla le tympan et me mit hors de moi.

J'ai chassé ces deux importuns à coups de serviette. Ils ont feint de ne pas comprendre les motifs de mon irritation et se sont retirés dignement en me lançant des regards pleins de goguenardise.

Il y avait toujours eu entre Gina et Madelon une solide complicité. En se liguant contre moi elles pensaient pouvoir impunément braver mon autorité. C'était de leur part se donner beaucoup de mal car, n'ayant jamais su donner un ordre, je ne vois pas comment j'aurais pu les empêcher de n'en faire qu'à leur tête.

Il y avait entre nous un accord tacite de tolérance mutuelle. Je n'avais aucune raison de leur reprocher leurs bêtises puisque à moi tout seul j'en faisais autant que toutes les deux réunies. Leur façon nouvelle de se conduire me donnait à penser qu'elles avaient rompu le pacte informulé qui nous permettait d'avoir une vie commune sans problème majeur. Or, tout se passait aujourd'hui comme si elles avaient résolu d'un commun accord de m'intriguer et de me tenir tête pour, finalement, me déstabiliser sans raison valable. Ou du moins sans raison connue de moi.

Je les voyais de ma fenêtre. Elles étaient comme d'habitude installées sur l'une des plus hautes branches de mon figuier où elles ont établi leur quartier général. Elles avaient l'air de tenir conseil de guerre et, du haut de leur perchoir, elles m'assenaient des regards de président de cour martiale. Je n'avais pas l'intention d'entrer dans leur jeu, d'autant que je n'en connaissais pas les règles. Je me contentai donc de hausser les épaules et, pour ne rien vous cacher, j'allai jusqu'à faire dans leur direction un vigoureux bras d'honneur. Qui, je dois le reconnaître, ne sembla pas les effaroucher le moins du monde.

Je me remis donc au travail avec l'impression de regagner un abri sûr où elles ne pourraient rien contre moi. J'avais laissé une phrase en suspens. Un inconnu l'avait achevée à ma place. Il me fallut une loupe pour la déchiffrer. On aurait dit des pattes de mouche mais le message était clair : « Rendez-vous impératif à 17 heures au pied du Moulin de Daudet. » C'était signé illisible. Cela m'inspira cette réflexion que, sur le moment, je trouvai spirituelle :

— Que les coqs, les santons, les colombes, les pies et les chats essaient de me dicter ma conduite, je pourrais l'admettre à la rigueur. Mais que les mouches me donnent des ordres, jamais.

Je suis quand même allé à ce rendez-vous mystérieux. Et, depuis, ma réflexion me paraît beaucoup moins drôle... Beaucoup plus importante donc.

Gina et Madelon étaient déjà sur place : Gina dominant la situation sur le barreau le plus élevé des ailes immobiles du moulin, Madelon aux aguets dans le feuillage argenté de l'olivier qui souhaite la bienvenue aux visiteurs. Assise sur le muret qui borde le terre-plein, une Gitane attendait les touristes et me prit la main d'autorité pour me dévoiler mon avenir. J'allais lui faire connaître mon refus mais aucun son ne put sortir de ma bouche : sous le déguisement je venais de reconnaître, malgré les accroche-cœurs qu'il s'était peints sur les joues, notre ami Philibert dit « Le Cazou ». Je n'y serais sans doute pas parvenu, du moins pas aussi vite, si je n'avais vu, allongé sur sa vaste jupe à fleurs, le fusil dont il ne se sépare jamais.

Il tint d'ailleurs à justifier immédiatement la singularité de son accoutrement :

— C'est pour la Caisse des enfants des écoles, dit-il en devenant plus rouge que le fard dont il s'était enduit le visage. Nous avons besoin de sous pour notre colonie de vacances dans l'Ardèche, alors j'ai eu l'idée d'organiser cette kermesse en plein air.

S'il n'avait pas été aussi maquillé, je crois que je l'aurais volontiers embrassé. Je savais enfin qu'Odilon n'était pour rien dans cette mise en scène et que si j'avais l'impression de vivre dans un univers truqué où j'étais partout « attendu au tournant » il n'y avait là rien de magique.

Je me hâtai donc de le féliciter pour son initiative. Ne plus faire de la figuration dans un spectacle, dont je n'étais qu'un pantin manipulé, me causait un tel soulagement que je ne pus faire autrement que de me montrer d'une générosité que Philibert jugea excessive :

— Gardez-en pour les autres, dit-il.

En échange de mon obole, il m'avait remis une enveloppe dans laquelle il avait inséré une feuille de papier sur laquelle mon avenir était inscrit à la machine à polycopier. Mon avenir immédiat du moins : on m'enjoignait encore plus impérativement que lors du premier message manuscrit de me rendre d'urgence à l'aqueduc de Barbegal où, précisait-on, « une surprise » m'attendait...

Il faisait un temps de première communion. Je me mis aussitôt en route dans la colline avec l'enthousiasme de quelqu'un partant pour une partie de pêche.

Gina sautillait en tête et se retournait sans cesse pour vérifier que je n'avais pas changé d'avis... Madelon chassait le lézard et zigzaguait dans tous les sens mais sans jamais perdre la bonne direction.

Menant depuis des semaines une vie passablement ankylosée, je ne tardai pas à ressentir dans les mollets un début de crampe et je fis halte parmi les lavandes. Sanglé dans son costume de lumières, le moulin montait la garde de mon royaume.

J'ai un sens de la propriété un peu particulier. Il m'arrive parfois de me donner beaucoup de mal pour acquérir les objets que je désire mais, dès que je les ai en ma possession, je ne comprends plus très bien la raison de mes efforts. J'oublie leur existence ou j'en fais cadeau à mes amis. Ou même à des inconnus de passage.

En revanche, ce que je ne posséderai jamais m'appartient définitivement. Je veux bien vous le prêter aussi longtemps que vous en aurez besoin et que cela vous fera plaisir, mais il faudra me le rendre. En bon état.

Il en est ainsi de ce petit morceau de Provence dont le moulin est le centre. Moulin à usage de poésie comme disait Alphonse Daudet, petit phare en pleine terre, il émet des rayons qui vous éclairent de l'intérieur et qui deviennent de plus en plus lumineux au fur et à mesure que vous vous en éloignez.

Ce jour-là, son pouvoir d'aimantation et d'éveil était encore plus fort que d'habitude. Il pesait sur mes épaules et je me retournai à plusieurs reprises. Gina s'était installée sur son toit ensoleillé comme un aigle sur un casque. Du sol surchauffé montait une brume qui animait ses ailes d'un lent frémissement de feuillages. Alors seulement j'entendis les cigales.

Elles menaient pourtant grand vacarme mais ce fond sonore était si continu, si familier qu'il cessait d'être perçu. Je ne l'avais jamais écouté avec une telle attention et je découvrais à quel point il était riche et varié. J'en avais jusqu'à présent apprécié la lancinante monotonie. Elle m'exaspérait souvent mais dès qu'elle s'interrompait, je m'apercevais à quel point elle m'était indispensable. Un concert de solistes virtuoses. Elles interprétaient toutes la même partition mais en totale indépendance, chacune pour soi. Et soudain je compris le langage des cigales.

Il était bien plus limité que celui d'Odilon. Il ne comportait que deux mots, toujours les mêmes, qu'elles ne cessaient de répéter interminablement :

— *Carpe diem... Carpe diem... Carpe diem...*

Le fait n'a jamais été signalé jusqu'ici mais il est indiscutable. Les cigales parlent latin et je suis heureux d'apporter ma modeste contribution à l'étude de ces insectes musiciens. Je vous conseille à l'avenir de chanter en chœur avec elles et vous verrez que ce sont bien les paroles qu'elles ne cessent de prononcer.

Comment pourraient-elles en prononcer d'autres, les pauvres chéries ?

Vous l'ignorez peut-être, mais elles ont mérité leur place au soleil ! Trois ans de confinement dans l'obscurité souterraine à sucer les arbres par la racine, cela vous donne, je crois, le droit de ne pas perdre une seconde de lumière et de faire partager votre joie de vivre au monde entier avant de retomber en poussière.

Sous les arcades de l'aqueduc de Barbegal s'était installée une véritable kermesse. Je ne pouvais pas moins faire que d'achever de m'y ruiner : la plupart des stands étaient tenus par mes personnages. Monsieur Nicolas, pour l'occasion, avait créé une série de taraillettes d'argile en forme d'oiseau : on les remplit d'eau, on souffle dedans et elles se mettent à chanter, ce qui amuse beaucoup les enfants. Certains les appellent tout bonnement des « souffle-à-cul ». Il n'était pas le seul à fabriquer ce genre de jouets, mais ceux de Monsieur Nicolas avaient la rare particularité de reproduire avec exactitude le chant de l'oiseau dont ils avaient l'apparence : ses rossignols avaient une voix de rossignol et ses merles sifflaient comme des merles et ses colombes, à plus forte raison, roucoulaient comme des colombes. Je lui en achetai trois pour mes petits-enfants. Il tint à me les faire essayer. Il avait effectivement réussi ce tour de force artisanal mais, ce dont il ne se doutait pas et que je me gardai bien de lui révéler, ils parlaient eux aussi le latin. Et quelle que soit la mélodie qu'ils interprétaient, elles faisaient chanter les mêmes paroles que les cigales : « *Carpe diem... Carpe diem...* »

Titou, lui, proposait de minuscules bouteilles d'un élixir ambré de sa composition qui était censé guérir toutes les maladies. Avec lui j'étais persuadé qu'il s'agissait d'un trompe-couillon. Je lui en achetai quand même six flacons puisque c'était pour une œuvre. Il me cligna de l'œil :

— Ça ne peut pas te faire de mal, m'affirma-t-il, c'est de *l'aigo boulido*...

De l'eau bouillie, en français, mais agrémentée de sauge et d'ail, infusion souveraine qui fut (avec l'eau des Carmes du frère Mathias) le seul remède employé par ma mère jusqu'à sa quatre-vingt-cinquième année.

Ce n'était pas le moment de consommer ce bouillon magique. D'ailleurs j'y ajoute personnellement un doigt de porto et une bonne poignée de fromage râpé. Je savais à l'avance que ces petites bouteilles contenaient un liquide qui lui aussi avait son langage : celui de la tendresse et de la piété filiale. J'en étais à l'avance tout ragaillardi.

Ce fut tout de même le stand de Balthazar qui me causa la plus belle émotion de la journée. Je m'attendais à ce qu'il profitât de l'occasion pour lancer sa campagne électorale. Cet homme comblé par la fortune rêvait depuis des années de devenir le maire de sa commune. La population acceptait ses largesses mais sauvait sa dignité en votant massivement pour son adversaire. Il en avait conçu jusqu'ici un inguérissable dépit.

En ce miraculeux après-midi, il ne semblait pas avoir conservé la moindre frustration municipale. Son visage durci par l'ambition s'était considérablement humanisé. Je ne l'avais jamais revu depuis l'aventure de Frédéric et de Marie. Il me serra sur son cœur comme si j'avais fait partie de la famille. Et je sentis que son accolade était sincère.

Il avait accepté de tenir le stand le plus modeste : il n'avait à proposer que des brins de lavande façonnés en bouteilles tressées de rubans multicolores. La lavande dans nos collines pousse en liberté et les grand-mères apprennent à leurs petits-enfants à faire ces petites fioles de parfum naturel pour embaumer nos armoires à linge.

Il ne faisait pas recette, le pauvre homme, mais restait stoïquement à son poste. J'avais épuisé tout mon argent liquide mais son humiliation me fit peine :

— Acceptez-vous les chèques ? lui demandai-je.

Une lueur de méfiance parut dans son regard mais disparut aussitôt :

— De vous, bien sûr.

Puis il eut un sourire presque enfantin :

— Excusez-moi, dit-il, elles ne sont pas très réussies. Ce sont les premières que je fais...

Effectivement, elles n'étaient guère présentables.

— Pourtant, poursuivit-il avec une surprenante humilité, j'y ai passé toute la nuit.

Il vit l'incrédulité se peindre sur mon front mais n'en prit pas ombrage :

— A propos, j'espère que vous me ferez l'amitié d'être le parrain de mon petit-fils.

— Vous êtes déjà grand-père !

— Pas encore tout à fait. Ce sera pour le printemps prochain. Mais vous savez comme je suis. Je m'y prends toujours à l'avance et je voudrais qu'à sa naissance, avant même que ses yeux ne soient ouverts, il trouve que le monde sent bon...

Oui, ce fut une très belle journée...

Je rentrai seul au cabanon. Madelon avait disparu après un stage furtif au rayon des merguez. Gina s'était envolée en emportant dans son bec mon paquet de cigarettes entier. Je me sentais si plein d'indulgence que j'étais sûr de ne pas les gronder quand elles se retrouveraient en ma présence.

Jamais je n'avais été si réceptif. Tous les sens en éveil, j'avançais sur le sentier caillouteux. Je me tordis la cheville et poussai un cri auquel une voix me répondit en écho :

— Excusez-moi... Je ne l'ai pas fait exprès...

Je me retournai : personne alentour. J'allais poursuivre ma route. La voix reprit :

— Je suis vraiment désolé...

La voix émanait du gros caillou que je venais de heurter. Certes, je me trouvais dans un grand état d'exaltation, mais il me restait assez de bon sens pour refuser de croire que les cailloux du chemin avaient eux aussi droit à la parole, et c'est avec une ironie condescendante que j'interpellai ce minéral surdoué :

— Pour qui tu te prends ?

— Pour ce que je suis. Pour un pauvre caillou qui roule sa bosse depuis des siècles...

— Quel âge as-tu ?

— Je ne sais pas au juste. Sept ou huit mille ans... peut-être dix...

— Il y a longtemps que tu sais parler ?

— C'est la première fois.

— Pourquoi tu me parles à moi ?

— Parce que tu es le plus brave. Il y a des années que je te regarde aller et venir dans les collines. Jamais je ne t'ai vu jeter des pierres aux chiens errants. Tu nous laisses tranquilles et tu regardes toujours où tu mets les pieds. Tu nous respectes... On t'aime bien, tu sais !

Une grosse voix caverneuse retentit alors derrière mon dos :

— C'est vrai, disait la grosse voix, avec toi on ne risque rien...

Je me retournai : un énorme chien jaune avait surgi de la pinède. Il me huma longuement puis, après avoir frotté sa tête hirsute contre mes hanches, il me fit un sourire affectueux et se retira lentement dans les sous-bois. Et dans mes poches les oiseaux d'argile s'étaient mis à gazouiller en chœur.

Les herbes sèches furent alors parcourues d'un chuchotement timide et une soudaine végétation d'oreilles de lapin apparut entre les touffes. Du ciel, une voix sonore comme celle d'un avocat d'assises descendait jusqu'à moi.

C'est ici que se situe l'épisode le plus extraordinaire de cette journée mémorable. Je levai les yeux et je vis un immense pin parasol se pencher vers moi, jusqu'à me chatouiller les joues de ses aiguilles.

— Écoute, petit, me disait la voix, les lapins sont trop timides pour t'adresser directement la parole. Ils me font confiance et moi je te fais confiance à toi. Tu connais du beau monde et tu vas aller dire à « qui de droit » qu'on fiche la paix aux lapins quand la chasse est fermée. Tu vois que ce sont des gens raisonnables, les lapins. Ils n'ont pas envie de sortir de leur condition. Mais qu'on leur laisse le temps de s'organiser.

Il eut un rire de géant :

— Si tu savais comme les lapins sont heureux quand un chasseur revient sans rien dans le carnier !

Sa voix redevint subitement solennelle :

— Puisque je te tiens, je ne vais pas te laisser partir comme ça. Par la même occasion tu leur diras à ces messieurs du « qui de droit » que nous, les arbres, on ne va pas continuer à se laisser brûler sans rien dire. Alors qu'ils prennent des mesures, ces messieurs. Des mesures d'urgence. Autrement on va finir par se fâcher pour de bon. Et quand les arbres se mettront en colère, les incendies se retourneront contre ceux qui les ont allumés.

J'étais entièrement d'accord avec ce brave garçon mais il me fallait pourtant lui dire qu'il me prêtait des relations que je n'avais pas. Je n'en eus pas le temps : des éclairs de chaleur avaient subitement envahi le ciel, faisant disparaître le paysage sous un excès de lumière. Le silence soudain me terrassa...

J'étais de retour à mon cabanon...

Madelon, allongée sur la margelle du puits, dormait du sommeil de la fausse innocence. Elle n'a aucun sens moral, cette gamine, et ses récents larcins ne lui troublaient ni la conscience ni la digestion.

Gina s'avança vers moi en se dandinant d'un air de notable en tournée d'inspection. Je crus qu'elle tenait en son bec l'une de mes cigarettes et qu'elle me demandait de l'allumer. Car elle fume aussi, la garnemente, et elle m'a déjà volé plusieurs briquets, mais je suppose qu'elle ne sait pas s'en servir.

Il ne s'agissait pas en fait d'une cigarette mais d'un petit rouleau de papier blanc. Je le déroulai sous son regard inquisiteur. Monsieur le Maire me remerciait de la part active que j'avais prise au succès de la Fête des écoles. Il m'invitait à dîner à la Regalido (un restaurant que, soit dit en passant, je me permets de vous recommander) en me priant de vouloir bien l'excuser du caractère tardif de son invitation. Je m'apprêtais à refuser quand je lus, imprimé en petits caractères, il est vrai, « participation aux frais : 300 francs ». Après tant de joies gratuites que cette journée m'avait offertes, il m'aurait paru mesquin de ne pas accéder à sa demande.

Mon acceptation sembla ravir Gina qui se mit à battre bruyamment des ailes, ce qui est sa façon à elle d'applaudir.

La chaise à ma gauche était vide. En revanche, celle de droite était occupée par un notable corpulent qui se déclara enchanté de faire ma connaissance mais dont je n'ai retenu ni le nom ni le titre. J'ai cru néanmoins comprendre qu'il siégeait au conseil général, à moins que ce ne fût au conseil régional. Ce sont des gens que je n'ai guère l'occasion de fréquenter, mais celui-là me devint aussitôt providentiel. Je me trouvais en présence de Monsieur Qui De Droit en personne et je pense, sans vouloir me vanter, que la mission dont m'avait chargé l'immense pin parasol a été remplie au-delà de ses espérances.

J'improvisai sur-le-champ un plan de défense des forêts et de réorganisation de la chasse. C'est un domaine dans lequel je n'ai aucune compétence, mais quand c'est la forêt elle-même qui dicte vos paroles, vous n'avez aucun mal à trouver les bons arguments.

Monsieur Qui De Droit me regardait avec une estime nouvelle :

— Vous devriez faire de la politique...

— Dieu garde !

— De toute façon vous êtes l'homme que je cherche depuis toujours.

Il avait sorti son carnet de rendez-vous :

— Il faut que nous nous voyions d'urgence. J'ai absolument besoin d'un rapport écrit dans les quarante-huit heures.

— Vous l'aurez, dis-je sans hésitation.

Du diable pourtant si je me souvenais de ce que je venais d'improviser si brillamment, mais mon pin parasol se chargerait, je n'en doutais pas, de me rafraîchir la mémoire.

Là-dessus, M. Michel, le maître de maison, nous fit servir le premier plat :

— Je vous ai préparé, dit-il, une *aigo boulido* à la façon du chef. Juste pour vous mettre en bouche...

C'était une « eau bouillie » selon mon cœur, avec des croûtes de pain frottées à l'ail, du parmesan et un soupçon de baume-de-Venise qui, entre nous soit dit et sans vouloir offenser personne, est bien plus subtil que le porto.

Nous étions en train de nous régaler lorsqu'une voix à l'accent pointu nous fit lever les yeux de notre assiette. Marcelle venait de faire son entrée. Elle me souriait et tout naturellement vint s'asseoir à ma droite.

— Excusez-moi d'être en retard mais je viens à peine de recevoir votre invitation.

Sa présence m'embarrassait mais je suis trop galant homme avec les jolies dames pour laisser paraître ma surprise. J'échangeai un bref regard avec Monsieur le Maire. Il avait l'air aussi étonné que moi mais l'*aigo boulido* était trop savoureuse pour qu'il se posât des questions sur cette présence inattendue. Après tout il restait une place et s'il arrivait à faire inscrire cette étrangère sur les listes électorales, cela risquait de lui valoir une voix inespérée.

Marcelle s'était penchée à mon oreille.

— Je savais bien que vous n'étiez pas fâché...

Elle avait sorti de sa pochette l'invitation que m'avait remise Gina quelques heures auparavant et que j'avais laissé traîner sur mon bureau en partant.

— Chez nous, dit-elle, nous nous servons de pigeons voyageurs pour faire porter notre courrier. Ils ne se trompent jamais d'adresse mais ils ne se permettraient pas, comme l'a fait votre pie messagère, de vous sortir du lit à coups de bec. Vous la féliciterez de son esprit d'initiative.

Dans l'encadrement de la fenêtre une ombre noire était apparue et grattait la vitre à petits coups de bec impertinents. L'œil noir bordé de rouge de la diabolique Gina s'allumait et s'éteignait comme un phare à éclipses.

Marcelle m'avait pris la main sous la table.

— Cette fois, murmura-t-elle, vous ne m'échapperez pas...

Sûre de sa victoire, Gina s'était envolée. Je ne retirai pas la main : le diable avait gagné. J'avais résisté à la première tentation. Cette fois, je craquais. La douceur de sa peau avait fait tomber mes dernières résistances. Ah ! Ce n'est pas facile de rester vertueux quand on est un célibataire d'occasion ! Non, je ne cherche pas d'excuses. Ma conduite « quelque part », comme on dit aujourd'hui, me fait honte. Je savais que je faisais une bêtise et que je la paierais cher. Mais quelque part ce n'est nulle part et, déjà, je me disais que ma faiblesse passagère ne m'attirerait que des remords dont je finirais bien par m'accommoder. Le diable était en moi.

Elle avait fait du beau travail, l'infernale Gina.

M. Michel s'était surpassé. Il avait déposé sur la table un coq en croûte truffé. Sa carapace dorée évoquait pour moi celle de feu Odilon. De cette cuirasse émergeait la tête hardie et la queue empanachée, rayonnante comme un feu d'artifice, de la victime.

Les convives se pourléchaient à l'avance. M. Michel dressa son couteau à découper comme un grand prêtre qui s'apprête au sacrifice rituel.

Alors je vis, dans le regard de ce coq, mort au champ d'honneur de la gastronomie, une telle détresse et une supplication si pathétique que je jaillis brusquement de ma chaise :

— Pardonnez-moi, dis-je, il faut que je m'en aille. On m'attend à la maison...

Je n'en dis pas davantage et me précipitai vers la sortie.

CHAPITRE 8

Qui raconte les tribulations de l'auteur parti à la poursuite d'un mot qui lui avait échappé.

On ne m'attendait pas de sitôt et on ne s'attendait surtout pas à ce que j'y revienne seul.

Mes deux diablesses ne m'avaient pas entendu entrer. De la terrasse je les observais à travers le treillis grillagé qui nous protège des moustiques. Elles étaient en train de jouer aux échecs. Je le compris du moins quand j'entendis Madelon déclarer avec une férocité paisible :

— Échec et mat.

Sur mon bureau où elles étaient installées avec leur sans-gêne habituel il n'y avait aucun jeu, mais j'avais bien vu Madelon pousser d'un bref coup de patte une pièce invisible...

Ce ne devait être qu'un effet de lumière mais le plumage lustré de Gina s'était subitement terni. Avec un sang-froid de joueur professionnel, cette indomptable femelle s'était ressaisie.

— Tu as triché ! grommela-t-elle.

— Tu sais bien que non ! pouffa Madelon.

Je ne l'avais jamais entendue pouffer jusqu'ici. Son rire étouffé ne faisait pas grand bruit mais il révélait une telle malice qu'il me donna la chair de poule. Gina avait aussitôt compris qu'elle ferait mieux de ne pas insister. D'un bec rageur elle balaya les pièces qui restaient sur le jeu. Je ne les voyais toujours pas, mais j'entendis clairement le juron que le Roi poussa au moment où la Tour s'effondrait sur lui.

Un rire dément parcourut alors le champ de bataille qui décontenança un instant les deux protagonistes.

— Ne fais pas attention, dit Gina, c'est le fou.

Elle aurait mieux fait de se taire. Le fou venait d'entrer en crise et poussait des grognements inarticulés.

Madelon avait sorti ses griffes. La moustache et le poil hérissés, elle avait cloué le pauvre innocent sur le bureau.

Pour le principe, il émit encore quelques protestations indignées qui lui valurent ma sympathie mais finit par dire « Pouce ! » d'une voix d'enfant.

— Ne recommence jamais, déclara solennellement Madelon. Les échecs ne sont pas un jeu. Ou plutôt c'est le jeu de la vie et de la mort. Regarde Gina, elle a laissé des plumes dans la bagarre.

— Mais je suis toujours vivante...

— Parce que je suis trop forte pour toi. Ce qui me rend indulgente. Mais j'espère que tu as compris la leçon. Tu osais prétendre que l'idée d'inviter cette dame au repas de ce soir venait de toi. Tu n'as été que l'exécutant. Toutes les idées viennent de MOI. C'est MOI qui commande ici, et MOI seule. A l'avenir je compte que tu te le tiennes pour dit...

Gina avait baissé la tête d'un air penaud. Je faillis m'attendrir sur son sort : une pie qui s'humilie et qui reconnaît ses torts, c'est un spectacle dont je crois avoir été le seul témoin. Elle admettait de servir sous les ordres de Madelon mais elle n'était pas encore domptée : elle voulait comprendre.

— Je croyais que tu l'aimais beaucoup, Yvan.

— Mais je l'aime...

— Alors pourquoi tu lui fais des misères ?

— C'est pour son bien. Je veux lui ouvrir les yeux sur sa vraie nature. Il y a des moments où il se prendrait pour un saint homme. Lui ! Laisse-moi rire...

— C'est un brave type !

— Dans son genre, oui. Mais il ne veut jamais reconnaître ses faiblesses. Laisse-moi faire et tu verras si je ne lui fais pas avouer ce qu'il cache...

— Mais tu peux le détruire !

— C'est un risque à courir...

Un frisson me parcourut l'échine. Tant bien que mal j'étais arrivé à domestiquer les monstres irrésolus qui grouillaient en moi. Cette prétentieuse n'allait pas détruire le fragile équilibre que j'avais établi pour me permettre de continuer à vivre. Je me sentis soudain en danger de mort.

Je savais qu'il ne fallait pas entamer la moindre discussion avec cette psychanalyste à quatre pattes. Elle n'aurait eu aucun mal à faire éclater mes frêles défenses.

J'ouvris la porte à grand fracas et me dressai devant mes juges avec une solennité de Commandeur. Il me fallait agir vite et profiter de leur étonnement si je ne voulais pas admettre que je me sentais à leur merci :

— Dehors, dis-je.

Madelon fut la première à réagir :

— Je vais t'expliquer, dit-elle.

— Inutile, dis-je, j'ai tout entendu... Et je n'ai qu'un mot à vous dire : Je vous BANNIS.

En temps normal j'aurais dit simplement « Je vous mets à la porte et ne remettez jamais les pieds ici ». Ce mot noble qui m'avait échappé, et derrière lequel j'abritais mon irrésolution, révélait plus mon désarroi que la fermeté de ma décision.

— Moi aussi ? s'enquit Gina sans trop d'espoir.

J'aurais dû profiter de l'occasion pour faire éclater leur coalition maléfique. Je me contentai de mettre dans ma voix une nuance de regret :

— Reste avec ta copine, dis-je.

Madelon, avec une dignité de souveraine en exil, la poussait déjà vers la sortie :

— Allez, viens... Nous n'avons plus rien à faire en ces lieux.

Puis, se tournant vers moi, elle me lança sur un ton de général qui vient d'essuyer un revers sans importance :

— Nous reviendrons...

Je me sentais épuisé comme après une opération chirurgicale. Épuisé mais guéri. J'avais fait la seule chose que je devais faire. Sur le moment cela m'avait paru héroïque. L'opération s'était déroulée dans les meilleures conditions et je me pris à rire sans retenue.

Il y avait longtemps qu'il ne m'était pas arrivé de rire de si bon cœur. Je voyais clairement à quel point les événements que je vous ai rapportés n'étaient que le matériau du livre que je suis en train d'écrire. Le réel s'y mêlait parfois, et souvent il paraissait plus invraisemblable que mes inventions, mais je ne montais plus la garde aux frontières de mes délires. J'étais devenu un être sans défense.

Je ne suis ni douanier ni gendarme : je n'ai jamais demandé à mes visiteurs de justifier leur identité. Je ne voyais pas pourquoi je me montrerais plus exigeant avec les fantômes qui me faisaient l'amitié de se trouver bien en ma compagnie. Je me sentais même fier de leur faire cadeau de ce qu'il y avait de meilleur en moi, au point de leur prêter des qualités que je n'avais jamais eues. Tout le monde vous le confirmera : malgré les déboires qu'elles entraînent inévitablement, je n'ai jamais cessé de respecter, jusqu'aux limites de la jobardise, les lois sacrées de l'hospitalité.

Ces derniers jours, il était bien évident, même pour moi, que j'avais passé la mesure. Au même instant m'apparurent à l'évidence les raisons de ce débordement. Il datait du jour où j'étais devenu grand-père d'un petit garçon et d'une paire de petites filles.

Dès qu'ils avaient su parler, ils avaient exigé de moi que je leur raconte des histoires. Ils ne pouvaient pas s'endormir autrement. S'endormir !... Ou plutôt continuer de vivre dans un univers dont ils étaient les maîtres et qui se pliait aux exigences de leur pouvoir absolu.

Je fis des efforts méritoires pour combler leur attente. Cela me navre de le reconnaître : je n'étais pas doué. Ma femme en fut aussi navrée que moi :

— Tu es écrivain. Tu passes ta vie à raconter des histoires aux gens. Il n'y a qu'avec tes petits-enfants que tu ne trouves rien à raconter...

Ce n'est pas de ma faute : les enfants m'intimident. J'ai pourtant essayé et il m'est arrivé en deux ou trois occasions de les conduire jusqu'au sommeil avec des mots à moi. Dès le lendemain, ils exigeaient ma présence à leurs côtés. Je me sentais alors heureux comme un poète lauréat et j'essayais aussitôt d'improviser un autre conte.

— Non pas celui-là... Celui d'hier !

Je m'en souvenais à peine et, dès les premières secondes, ils m'interrompaient :

— Non... C'est pas comme ça que tu l'as raconté hier.

Désolé, humilié, vexé, meurtri, j'avais dû renoncer. Mais j'avais appris grâce à eux une chose essentielle : si les petits enfants ont tellement besoin d'être rassurés et de retrouver les mots, les choses et les êtres à la même place, c'est qu'ils vivent en permanence en compagnie des monstres. Tout ce qu'ils veulent savoir, c'est s'ils sont « gentils » ou « pas gentils ».

Il est important que je le sache, mais je ne suis pas sûr que cela m'avance à grand-chose. Ces bambins seront là dans quelques jours. C'est pour eux que je m'aventure audacieusement dans un univers qu'ils connaissent mieux que moi. Et je me sens tout à coup envahi par l'anxiété.

Un souvenir s'est faufilé de sa propre autorité dans la trame de mon récit.

Hélène, ma petite-fille, commençait à peine à marcher. Dans sa hâte à venir se jeter dans mes bras elle s'est affalée sur le parquet du salon. Je me suis précipité pour la relever. Elle ne pleurait pas. Elle avait l'air en colère contre elle-même. Pour la consoler j'ai cru devoir dire :

— Vilain parquet !

Elle a levé vers moi des yeux incrédules. Elle n'aurait jamais imaginé que je sois aussi niais. Elle savait depuis toujours que le parquet n'était pas « vilain », mais elle venait de vérifier une fois de plus qu'elle était encore maladroite.

Il faudra que je reste sur mes gardes et que je tienne compte de cet avertissement si je ne veux pas passer aux yeux de ma marmaille pour un gâteux prématuré.

Un étrange sentiment de solitude m'accueillit au réveil. J'étais dans l'état d'un ivrogne qui ne se souvient plus de ce qu'il a fait la veille. Un événement capital avait dû se passer dans ma vie mais je ne voyais pas clairement lequel. La mémoire me revint avec la première tasse de café. Le sentiment diffus d'angoisse irraisonnée qui m'habitait se dissipa instantanément. Je n'allais pas me laisser obséder par une absence dont j'avais pris la responsabilité. Je n'avais pas divorcé d'avec Madelon et Gina : je les avais purement et simplement répudiées. Je pouvais me passer de leur compagnie. Elles étaient désormais pour moi comme si elles n'existaient plus.

Il faisait d'ailleurs un temps de Fête-Dieu et de paradis terrestre à la fois. Je me disposais à passer une journée de nonchalance émerveillée. Le monde avait été spécialement créé pour moi. J'étais le seul habitant de la planète.

Le seul !... Enfin pas tout à fait : une mouche matinale me parcourait le front à petits pas circonspects. J'accueillis sa visite avec une bénignité toute franciscaine. Enhardie par mon immobilité, elle poursuivit sa visite le long de mes joues et sur le pourtour de mon oreille. Je ne pus m'empêcher de frissonner sous ses chatouilles. Elle s'envola aussitôt, mais elle tenait absolument à prendre une vue d'ensemble du gigantesque monument qu'elle explorait hardiment. Elle se posa sur le dos de ma main et n'en bougea plus. Ou plutôt elle ne reprit pas son vol, car une mouche n'est jamais entièrement immobile. Sans cesse parcourue de frémissements, elle m'observait avec une attention de magistrat instructeur.

Je n'en avais jamais vu d'aussi près. Elle avait de beaux yeux mais je m'intéressais surtout à l'agilité de ses pattes et je me dis qu'il devait s'agir sans doute de celles qui avaient écrit le message m'invitant au repas de la Regalido. Je ne pus m'empêcher de lui poser la question :

— C'est toi ou c'est pas toi ?

J'avais dû la vexer. Elle avait disparu avant que je n'aie eu le temps de lui présenter mes excuses.

Quelques secondes plus tard, elle était de retour mais elle n'était plus seule et, dans l'instant, je fus investi par une colonie de mouches avides de faire ma connaissance.

La bénignité franciscaine a ses limites et je ne tardais pas à distribuer des gifles à la volée dont je fus le principal bénéficiaire. Je fis un dernier effort pour raisonner ces envahisseuses.

— Je ne vous veux aucun mal... Je suis un ami des animaux... De tous les animaux... Des grands... Des petits... Des minuscules... Des utiles et des nuisibles.

J'avais pourtant crié très fort mais je devais être tombé sur des sourdes. Ou sur des sadiques. Je finis par battre en retraite et me retirai dans mon cabanon à l'abri des fines mailles de mes treillis grillagés.

Mon répit fut de courte durée : les mouches ne m'avaient pas suivi, mais un bataillon de moustiques sur pied de guerre m'attendait en zonzonnant à l'avance de plaisir. Reniant aussitôt mes principes humanitaires, je fis donner la grosse artillerie de mes bombes insecticides. Cela ne fit que redoubler leur ardeur.

Je dus me rendre à l'évidence. Moi qui parle couramment le langage des pierres, des arbres, des lapins, des pies, des santons, des colombes ou des chats, j'étais incapable de me faire entendre de ces bestioles analphabètes :

— Arrêtez, hurlai-je, mais arrêtez donc... Je ne vous veux pas de mal.

Une voix me parvint surgie du dessous de mon armoire. C'était celle de Madelon :

— Tu n'as qu'à les BANNIR.

Je me saisis d'une escoube. Avec le manche j'essayais de la déloger. Dans l'état de fureur qui était le mien, je me sentais capable de lui briser l'échine. Heureusement pour elle et pour moi (car je ne me serais jamais pardonné ce geste meurtrier) elle n'était pas là et n'y avait jamais été.

Il ne me restait qu'une solution : chercher refuge dans la piscine. Complètement hagard je m'y jetai tout habillé. J'avais oublié qu'elle était en cours de remplissage. Je m'assommai contre le carrelage et dans mon crâne cabossé retentit la voix grinçante de Gina interprétant le premier couplet de *La Marseillaise*... La guerre était déclarée.

Mon apparence débonnaire cache une nature intransigeante et carrément « testarde ». Madelon avait ouvert les hostilités. Elle ne s'imaginait tout de même pas que je demanderais l'armistice dès la première escarmouche.

Je devais toutefois me garder à l'avenir de me lancer à l'aveuglette dans la bagarre. Je décidai d'aller demander conseil à mon ami le pin parasol...

Le temps s'était assombri. J'apprécie d'ordinaire cette Provence grise et noire qui décourage les amateurs de coloriages, mais aujourd'hui il m'aurait plu qu'elle flamboie spécialement à mon intention.

Elle était aussi maussade que moi. Les cigales s'étaient tues et les oiseaux attendaient que le soleil revienne. La nature ne m'était pas devenue hostile mais je ressentais physiquement sa froideur à mon égard.

Je dois être assez routinier et c'est au même caillou que la veille que je me meurtris la cheville, mais, aujourd'hui, il ne songea pas un instant à me demander pardon.

Une pétarade éclata sous ma chaussure : je venais par mégarde d'écraser un escargot. En d'autres temps mes excuses auraient suffi à le ressusciter. Je ne pus, hélas ! que présenter mes condoléances à sa famille lentement accourue sur les lieux du massacre.

J'étais enfin arrivé jusqu'à mon pin parasol et j'en éprouvai un tel soulagement que je ne pus m'empêcher de l'enlacer avec tendresse. Avec lui je savais que tout allait s'arranger. Je m'attendais à voir surgir parmi les herbes rousses une pépinière d'oreilles de lapin. Ils devaient faire la sieste coquine dans leurs terriers, les sacripants. Je hélai mon collègue le grand pin parasol :

— J'ai une bonne nouvelle pour toi, lui dis-je.

Cela n'eut pas l'air de l'intéresser. A moins que ma voix n'ait pas porté assez haut :

— Approche-toi un peu, lui dis-je d'un ton sec.

Il m'avait prouvé que rien ne lui était plus facile que de s'incliner jusqu'à moi malgré son grand âge. En cette urgente occasion, il ne daigna pas pourtant se déranger.

Le mistral, d'un coup s'était levé. Quoi qu'en pensent les Parisiens, le climat provençal, même au mois d'août, n'est pas de tout repos. En même temps, la sirène qui alertait les pompiers s'était mise à hurler. Du côté de Beaucaire, une fumée noire coupait le ciel en deux.

— Nous discuterons une autre fois...

Mes jambes refusèrent tout à coup de m'obéir : j'étais enfoncé jusqu'aux genoux dans une fourmilière sableuse dont je parvins à me dégager en m'accrochant au tronc rugueux de mon copain (parasol !).

Jamais je n'ai couru aussi vite : j'avais les brailles pleines de fourmis. Je vis que je m'étais écorché les mains en m'agrippant à lui, mais ce qui m'avait blessé le plus c'était son silencieux dédain. Je lui trouvai aussitôt une excuse : il devait être persuadé que j'avais « mangé » la commission alors que je m'en étais providentiellement acquitté.

Nous dissiperions plus tard le malentendu. Pour le moment il s'agissait avant tout de prendre mes dispositions contre l'incendie.

J'arrivai à mon cabanon hors d'haleine. Sur la margelle du puits, Madelon, la moustache roussie, pleurait à chaudes larmes :

— C'était juste « pour de rire », gémit-elle.

Si je n'avais pas été aussi abasourdi par son aveu, je l'aurais jetée dans le puits :

— Ne me dis pas que c'est toi qui as mis le feu !

— C'était un tout petit feu de rien du tout. Pour te faire signe... Pour que tu comprennes qu'on était toujours là...

A ses côtés, Gina gisait déplumée comme un poulet qu'on va passer au four. Madelon tint à me rassurer.

— Ne te fais pas de souci pour elle... Elle s'en sortira... Elle a la vie dure.

Oui, c'est un être démoniaque mais elle a du ressort... Les chats dans son genre n'ont aucun sens moral et Madelon encore moins que ses petits camarades. Mais elle a une âme de chef.

— Et maintenant, lui demandai-je jovialement, que comptes-tu faire pour éteindre ton incendie ?

— Moi, répondit-elle sans remords apparent, je ne fais que les allumer... C'est à toi de jouer maintenant.
— Mais moi je n'ai que mon arrosoir...
— Oui, mais tu connais des gens haut placés.
Il se trouvait que le hasard m'en avait fait rencontrer un mais, en ce moment, il avait sûrement à faire ailleurs. Elle avait lu dans mes pensées comme d'habitude.
— Plus haut placés que ce bon à rien...
Il ne me restait qu'Odilon mais comment savoir où il se cachait et surtout s'il avait jamais existé ? Cet insaisissable personnage eut la délicatesse de ne pas me tenir rigueur d'avoir douté de son existence et de son pouvoir. Mais il est certain que sans son invisible intervention je ne me serais jamais souvenu de la vieille et solide amitié qui me liait à Mistral lui-même.

Madelon sut tout de suite de qui il s'agissait : ni de Frédéric Mistral le poète, ni de Julien Mistral le plombier-zingueur, mais de Mistral lui-même qui est le père de tous les Vents de Provence et de tous les Mistral à qui il a fait cadeau de son nom. J'avais fait sa connaissance il y a quelques années à Carcassonne au cours d'un feu d'artifice qu'il avait troublé de sa présence. A Carcassonne on ne l'appelle pas comme chez nous « le » Mistral mais « Mistral » tout court. Son rival est un vent marin familièrement baptisé « Marin ». Il y a une tendance chez les Carcassonnais à supprimer l'article devant les phénomènes naturels. C'est ainsi que l'Aude, leur rivière, est devenue quasiment une créature humaine joliment prénommée Aude. La belle Aude.
Cela donne dans la conversation courante de gracieuses conversations de ce genre :
— Marin est rentré plus tôt que d'habitude. Aude n'était pas dans son lit. Mistral a fait une grosse colère...
J'avais trouvé le propos charmant et j'ai l'intention d'écrire un jour le récit tragique de leurs amours contrariées. Ce qui m'avait amené à prendre la défense de Mistral auprès des officiels qui l'accusaient d'avoir fichu leur spectacle en l'air.
Mistral m'en avait gardé une grande reconnaissance et quand il était de passage il ne manquait jamais de me rendre visite :
— Tu as son adresse ? s'enquiert fiévreusement Madelon.
— Avec lui on ne sait jamais...
— Je suis là, dit Mistral.

Effectivement, il était installé sur le toit de mon pigeonnier d'où il dirigeait ses calamiteuses opérations. Il avait l'air de fort méchante humeur.

— J'en ai marre, dit-il.

— Tu es fâché avec moi ?

— Avec toi jamais. C'est même pour ça que j'ai installé ici mon quartier général. Ton cabanon sera épargné.

J'ai en la parole de Mistral une confiance absolue et je ne vous cache pas que sa promesse m'enleva un grand poids de la poitrine. Rien ne vous rend cependant si généreux que la certitude d'être vous-même à l'abri.

— Merci, dis-je, mais les braves gens d'ici, qu'est-ce qu'ils vont devenir ?

— Qu'ils crèvent !

Jamais je n'avais entendu Mistral tenir des propos de ce genre. Il s'était toujours considéré jusqu'ici comme le meilleur ami de la Provence et des Provençaux. Et même des hommes en général...

Malgré notre amitié, je lui en fis le reproche :

— Tu « déparles »... Je suis sûr que tu ne penses pas ce que tu dis...

— Oh, si, je le pense, grogna-t-il. Il m'a fallu du temps pour le reconnaître mais maintenant j'en suis absolument certain. Tout ce qui arrive aux Provençaux et aux hommes c'est de leur faute.

Vous pensez bien que j'avais des objections à formuler, mais j'attendrais qu'il ait achevé sa diatribe :

— Moi je fais mon métier, poursuivit-il, le bon Dieu m'a dit de souffler, je souffle. Et jusqu'à présent personne ne m'a fait le moindre reproche. Et maintenant tout le monde prétend que s'il y a des incendies c'est ma faute. Avant, on me disait que j'assainissais l'atmosphère, que je détruisais les microbes, que je tuais les mauvaises maladies, que je guérissais de la peste. On me considérait comme un bienfaiteur de l'humanité. Maintenant je suis une catastrophe. On me craint, je fais peur, on me déteste.

Il fallait absolument que je le calme car, au fur et à mesure qu'il parlait, le vent soufflait de plus en plus fort. Il y avait d'ailleurs beaucoup de vrai dans ce qu'il disait, ce brave garçon : si les hommes ne lui donnaient pas un coup de main ils en feraient un fléau alors qu'il était pétri des meilleures intentions du monde. Ils auraient pu utiliser sa force à leur profit alors qu'ils la laissaient entre les mains des fous et des avides. Il était hors de souffle mais il n'était pas arrivé au bout de sa fureur.

— Je le sais, poursuivit-il, que je suis une force aveugle, mais je ne demande qu'à me mettre au service des hommes. Ce n'est pas de ma faute s'ils sont devenus fous.

— Tu as raison, cent fois raison...

Ce n'était pas la bonne méthode pour l'apaiser. Il avait retrouvé son second souffle et il vociférait comme un forcené en agitant ses bras innombrables.

— Je le sais bien que j'ai raison. Vous vous servez de moi pour assouvir vos rancunes. Vous me tendez des pièges. Ne me prenez pas pour un imbécile : de là-haut je vois très bien vos manigances. Vous m'utilisez à la fois comme exécutant et comme bouc émissaire. Eh bien, je ne marche plus. Nous aurions pu nous entendre mais maintenant c'est trop tard.

Il se leva avec une dignité de monarque.

— Je vous salue bien. J'ai à faire.

Les cyprès qui marquent les limites de mon enclos s'étaient inclinés jusqu'à terre avec une désolante courtisanerie. Deux d'entre eux s'y brisèrent les reins. Dans un claquement de détonation, une fracture hérissée d'échardes les avait cassés en deux.

Mistral était déjà haut dans le ciel, suivi d'une escadrille de branches et de feuilles qu'il arrachait impitoyablement sur son passage.

D'un effort gigantesque dont je ne me serais jamais cru capable, je parvins à me hisser jusqu'à lui. Je m'agrippai à sa chevelure avec une telle énergie qu'il aurait fallu me couper les mains pour me faire lâcher prise.

— Tu n'es plus mon ami...

— Je te répète que ta maison ne brûlera pas...

En cercle autour de l'église les maisons humblement assemblées courbaient l'échine sous la tempête.

— Mistral, dis-je, avoue que je ne t'ai jamais rien demandé. Au premier abord tu as l'air un peu pétardier mais je suis sûr qu'au fond tu es un brave petit... Alors aujourd'hui je te supplie de les épargner eux aussi. Ce ne sont pas tes amis mais ce sont les miens...

En désespoir de cause j'avais essayé de faire jouer la corde sensible. Je ne peux pas vraiment dire que ce fut un franc succès. Mistral s'était mis à ricaner :

— Des amis... Oui, il y en a bien quelques-uns... Je ne veux pas te faire de peine mais il y en a moins que tu ne penses... De toute façon ce n'est pas le problème. Moi, je fais mon travail et toi, tu rentres à la maison.

J'avais fait ce que j'avais pu.

— Bon... dépose-moi quelque part... Je rentrerai à pied...

Nous étions à hauteur du clocher. Mon cœur se bloqua dans ma poitrine : le coq de métal était de retour à son poste.

De toutes mes forces je hurlai :

— Odilon, au secours... Ne me laisse pas tomber.

Peine perdue. Il n'avait pas bronché. En revanche l'attitude de Mistral avait subitement changé du tout au tout.

— Viens dans mes bras, me proposa-t-il gentiment, tu seras plus confortable... Qu'est-ce que tu attends de moi ?

— Que tu arrêtes de souffler...

— Tu sais bien que c'est impossible. Je ne suis pas libre de mes mouvements. De toute façon, si j'arrête de souffler ici, je serai bien obliger d'aller souffler ailleurs...

Je faillis lui dire :

— Surtout ne te gêne pas pour nous.

Mon égoïsme me fit honte.

— Il doit bien y avoir une solution.

— Je n'en vois pas.

Il s'était pris la tête à deux mains et me retint au dernier moment par les chevilles, à l'instant même où j'allais me fracasser sur le porche de l'église.

— J'ai peut-être une idée. Je vais en parler à Pluie. Nous travaillons séparément depuis des siècles mais il nous arrive de passer nos congés ensemble. Nous tâcherons de trouver un arrangement. Mais je ne garantis rien. Elle a un fichu caractère, tu sais...

Je me sentis rassuré : Mistral avait l'air si avantageux que je ne doutais pas qu'il saurait trouver les arguments susceptibles de fléchir sa complice.

— Veux-tu que je t'accompagne ?

— Cela ne servirait à rien. Je t'ai appris le langage du vent, mais je ne pense pas qu'en ta qualité de Provençal tu sois très doué pour le langage de la pluie.

Quelques instants plus tard, il me déposait en douceur sur la margelle de mon puits, Madelon m'attendait dans l'angoisse. Les tragiques événements que nous vivions m'avaient fait oublier ma rancune. Nous nous donnâmes une accolade fraternelle qui lui rendit l'espoir.

— Alors, ça s'arrange ?

— Ça devrait.

Cela n'en prenait pourtant pas la tournure ; l'incendie rougeoyait en ronflant autour de ma demeure. Gina était sortie un instant de son coma. Juste pour avoir le temps de dire :

— Je te demande pardon... Je ne le ferai plus...

Cela partait d'un bon sentiment mais ce n'était pas le moment.

Une explosion soudaine fit éclater les vitres de mon bureau et des flammes jaillirent au travers des minuscules mailles du filet métallique censé me protéger des moustiques.

Je restais figé sur place autant par la stupeur que par le sentiment d'avoir été trahi par mon ami Mistral.

Madelon, elle, s'était courageusement et d'un seul bond ruée à l'intérieur de mon cabanon en flammes. Elle tenait dans sa bouche le manuscrit du livre que j'étais en train d'écrire.

— Ce n'est rien, dit-elle. C'est juste ton poste de télévision qui vient d'imploser.

Comme un bonheur n'arrive jamais seul, une pluie dense et drue se mit à tomber.

— Sois bénie, dis-je à Madelon.

Son bannissement venait de s'achever. Dès que j'eus pris le temps de mettre mon manuscrit à l'abri, je me hâtai de la serrer tendrement sur mon cœur et, tous les deux enlacés, nous ronronnions de plaisir sous la douche céleste tandis que Gina entièrement ressuscitée battait frénétiquement des ailes...

CHAPITRE 9

Où saint Valentin se déplace en personne pour faire régner la paix dans les cœurs.

Les journées qui suivirent furent consacrées à la méditation. On a beau dire, des événements d'une telle dimension, ça vous secoue un bonhomme jusqu'au plus profond. J'avais l'impression d'entrer en convalescence après une typhoïde.

Je pensais avoir été le témoin d'un cataclysme. Il avait peut-être eu lieu mais n'avait laissé de trace qu'en moi. Je devrais plutôt dire en « nous ».

J'avais cru jusqu'ici que si les êtres pouvaient évoluer en bien ou en mal il leur était impossible de changer de nature. Erreur absolue : Madelon et Gina me fournissaient tous les jours la preuve du contraire et me donnaient à tout instant l'occasion d'être le témoin de leur rédemption.

Gina avait entièrement récupéré des émotions qu'elle venait de vivre et dont elle avait failli mourir. Sa vitalité s'en était trouvée raffermie et son plumage avait repoussé en quelques heures. Cela m'avait surpris certes, mais moins que son changement absolu de mentalité. L'énergie qui alimentait jusqu'ici sa malice, elle la mettait désormais au service de la plus scrupuleuse honnêteté.

Dès qu'elle fut en état de voler, elle fit la tournée de ses résidences clandestines. De son premier voyage, elle m'avait ramené une centaine de briquets qui ne m'appartenaient pas tous. Par la suite, elle établit un véritable pont aérien entre ses cachettes et mon pigeonnier qui se trouva très vite transformé en tanière de brocanteur.

Au sein d'un amas de piécettes, de boutons de culotte et de verroteries en tout genre scintillait une paire de boucles d'oreilles serties de diamants, qu'il me sembla reconnaître.

Gina s'était cachée un instant la tête sous l'aile mais se décida soudain à faire face :

— Ne sois pas fâché, dit-elle. Je l'ai piquée à Marcelle.

— Et elle ne s'est aperçue de rien !

— Dans l'état où tu l'avais mise j'aurais pu lui voler son sac à main sans qu'elle s'en rende compte...

Elle put constater que cette évocation d'un passé récent ne me mettait pas à mon aise et tint à se rattraper aussitôt :

— Ne te fais pas de souci... Je vais les lui rapporter discrètement. Elle croira les avoir égarées...

Tant d'attention aux autres de la part d'une pie encore plus égoïste que la moyenne acheva de me rassurer : on nous l'avait changée, notre Gina. Je ne pouvais que m'en réjouir et je m'allongeai au soleil sur une chaise longue pour remercier le Seigneur, dans une position confortable, de ce petit miracle domestique.

Gina était déjà de retour. Elle ne vint pas se poser sur mon épaule et d'un simple battement d'ailes m'indiqua que sa mission était accomplie. Elle était trop occupée pour venir m'en rendre verbalement compte. Je la vis s'envoler à nouveau vers le village et, cette fois, elle tenait en son bec un mouchoir noué, rebondi comme une bourse, et je me plus à imaginer qu'elle était en train de restituer ses larcins à leurs légitimes propriétaires.

Après cette rude algarade, la paix régnait à nouveau sur la terre. J'avais beau écarquiller les yeux, je ne décelai dans mon entourage immédiat aucune trace de ce terrible incendie où nous avions failli périr carbonisés. Mistral, comme promis, avait épargné mon domaine. C'était un véritable ami. Je n'étais cependant pas si égoïste que je n'aie pas envie d'aller voir jusqu'où sa mansuétude s'était étendue. Le retour de Madelon m'en dissuada momentanément.

Elle tenait dans sa mâchoire mon panier à provisions. Il lui était arrivé par le passé d'aller me chercher mon journal, mais c'était la première fois qu'elle ramenait une aussi volumineuse charge.

— J'ai fait les courses, dit-elle. Ne te dérange pas. Je m'occupe de tout...

Elle se dirigeait vers le cabanon d'une démarche décidée mais ralentie par son pesant fardeau :

— Où vas-tu ?

— Faire la cuisine pardi !... A propos j'espère que tu aimes toujours le foie de veau à l'échalote.

— J'en rêve.

— Alors laisse-moi faire. C'est un plat que tu n'arrives jamais à réussir.

— Et toi tu crois que tu en es capable, toi !

— Je suis assez âgée pour avoir connu moi aussi la tante Joséphine... Je ne veux surtout pas te faire de peine, mais pour l'adresse et le coup d'œil, honnêtement, je suis plus forte que toi...

D'une patte, dont la prestesse m'émerveilla, elle avait déplié le paquet :

— Je crois que j'ai bien choisi...

Effectivement la chair était fraîche et rose comme une tranche de pastèque.

— Et ça ne te tente pas ?

Madelon se gratta l'oreille d'un air perplexe.

— Je ne sais pas ce qui m'arrive... Je suis devenue végétarienne... Si, si, je te jure...

Elle avait l'air de si bonne foi que je ne me permis pas de la contredire. Je n'en aurais d'ailleurs pas eu le temps : Gina venait de se poser sur mon épaule et me balançait sous le nez deux cartouches de cigarettes.

— Où as-tu trouvé ça ?

— Où veux-tu que je l'aie trouvé ? Au bureau de tabac bien entendu...

L'indignation m'étouffait. Jamais Gina ne s'était permis un larcin d'un tel volume :

— Tu vas me faire le plaisir de rapporter ces cigarettes là où tu les as volées...

Je comprenais très bien que son chapardage reposait sur la plus affectueuse des attentions. Elle tenait à rentrer en grâce et, pour reconquérir mon estime, elle avait pensé me rembourser les cigarettes qu'elle n'avait cessé de me voler en les « empruntant » à quelqu'un d'autre. Les pies sont des êtres à moralité variable et si je me sentais prêt à admettre la pureté de ses motivations, je ne pouvais en aucun cas me faire le complice de sa malhonnêteté.

— Tu es incorrigible. Je te l'ai pourtant répété cent fois que le vol est un vilain péché.

Ce fut à son tour de s'indigner :

— Mais je ne les ai pas volées... Je les ai payées !

— Avec quels sous ?

— Les tiens... Ceux que tu laisses toujours traîner, tellement tu es désordre. Avec toi ce n'était pas du vol. Tu ne t'en apercevais même pas. Et les quelques fois où tu m'as prise sur le fait on aurait dit que ça te faisait rire...

Elle était au bord des larmes.

— Tu n'es pas juste... Personne ne m'obligeait à te les rembourser tes sous... J'ai risqué de me péter les muscles du cou en te ramenant un paquet qui pèse plus lourd que moi, et voilà ma récompense !

Sa jeune honnêteté n'était pas encore tout à fait au point. Je me crus autorisé à lui faire remarquer :

— Dans le tas il y avait bien quelques pièces que tu avais chipées à quelqu'un d'autre.

L'objection ne sembla pas du tout l'impressionner.

— Il y en avait certainement plusieurs mais je ne les connaissais pas et comment veux-tu que je m'en souvienne ! Alors, puisqu'elles ne sont à personne, autant que ce soit toi qui en profites.

Il y aurait eu beaucoup à dire sur sa façon particulière de répartir le bien d'autrui mais, comme la sincérité de son repentir ne faisait aucun doute à mes yeux, je m'apprêtais à lui donner l'absolution quand Madelon surgit de la cuisine, un bonnet de maître queux sur la tête, un journal dans la bouche et un verre entre les pattes :

— Ce sera prêt dans un petit moment... Je suis venue te porter à boire et je t'ai acheté le journal pour te faire prendre patience.

— Tu me gâtes, dis-je.

— Tu le mérites, répondit-elle.

Je m'attendais à voir à la une les photos du terrible incendie qui avait ravagé notre village. Il ne figurait qu'à la rubrique locale et tenait en quelques lignes : un feu avait effectivement pris naissance à la décharge municipale mais il avait été rapidement éteint, ce qui permettait à Monsieur le Maire de faire l'éloge mérité de la promptitude et de l'héroïque abnégation de nos sapeurs-pompiers bénévoles.

La quasi-totalité de l'emplacement réservé à notre commune était en revanche occupée par le récit, avec photos en couleurs à l'appui, de l'installation, en présence de tous les « Qui De Droit » du département, de notre coq de clocher tout neuf.

— Salut à toi, Odilon II, m'écriai-je.

A quoi, de son clocher, notre nouveau concitoyen me répondit en écho avec une politesse d'enfant bien élevé :

— Pardonnez-moi de ne pas être venu vous saluer plus tôt. J'ai été retenu par les cérémonies officielles d'inauguration, mais je ne manquerai pas de vous apporter personnellement le souvenir affectueux de mon pauvre papa. Il vous aimait beaucoup, vous savez...

Gourmand comme je suis, moi, vous pensez si j'en ai mangé des bons foies de veau à l'échalote dans ma vie... ! Mais des bons foies de veau à l'échalote comme le bon foie de veau à l'échalote que Madelon m'avait préparé, je n'aurais jamais cru que ce soit possible.

Elle avait adopté, ce qui n'était pas dans ses habitudes, un maintien d'une extrême modestie. Elle attendait mes compliments. Je n'en fus pas avare, ce qui la fit ronronner de reconnaissance.

Sa diligence avait transformé en palace mon modeste cabanon : lustrés par ses soins, les meubles de ma grand-mère émettaient une apaisante lueur de veilleuse. Elle avait fait la couverture du lit et mes draps étaient parfumés à la lavande grâce aux flacons enrubannés que Balthazar avait tressés de ses mains malhabiles.

De son côté, Gina n'était pas restée inactive : elle avait entrepris, à coups de bec précis comme une aiguille de machine à coudre, l'extermination des mouches et des moustiques qui semblaient se plaire en un lieu où ils trouvaient à la fois le vivre et le couvert.

Jugeant leur tâche achevée, mes deux soubrettes me firent, chacune à leur façon, une manière de révérence et dirent en même temps :

— Nous souhaitons à Monsieur une heureuse nuit.

Je n'avais jamais eu à ma disposition un personnel domestique de cette qualité. Je n'en avais d'ailleurs jamais eu d'aucune sorte, mais c'est ainsi du moins que j'imaginais la vie d'un pacha.

Je n'étais pas encore suffisamment entré dans la peau du personnage car je me crus obligé de dire :

— Vous pouvez dormir ici... Vous êtes chez vous.

Mon affectueuse proposition parut les choquer profondément :

— Il n'en est pas question... Chacun à sa place, sinon le monde basculera dans le désordre...

Après une dernière courbette, elles disparurent instantanément dans la nuit, comme si elles s'étaient volatilisées.

Odilon II attendait son instant pour faire sa véritable entrée. Blotti dans la chaleur du lustre, il suivait la scène à notre insu depuis quelque temps déjà.

— Excusez-moi de vous déranger, dit-il, mais je dois vous délivrer au plus tôt le message dont papa m'a chargé.

J'entendais ce qu'il me disait mais la lumière des ampoules électriques dans laquelle il baignait m'empêchait de le voir distinctement. Il n'était pour moi qu'une immense ombre chinoise projetée sur le mur.

— A propos, dis-je, comment va Monsieur votre père ?

— Aussi bien que possible.

— Et que devient-il en ce moment ?

— Il se recycle. Il a renoncé à la profession de coq de clocher... Elle était trop fatigante pour un homme de son âge.

— Et quel sera son nouvel emploi ?

— La foudre qui s'était abattue sur lui n'a abîmé ni son moral ni la qualité du métal dans lequel il est bâti. Alors, comme il souhaite continuer à servir l'humanité, il a demandé qu'on fasse de ses restes un chaudron de cuivre destiné à la fabrication des confitures...

Je ne pus m'empêcher d'émettre une protestation amicale mais indignée :

— Il vaut mieux que ça.

Sur le mur, l'ombre mouvante d'Odilon II parut tout ébouriffée.

— Il était sûr que vous diriez une chose de ce genre et il vous en avait remercié à l'avance car elle prouve que vous le tenez en haute estime. Mais il m'a envoyé précisément pour que je vous explique les raisons de sa décision...

— Je vous écoute.

— Et d'abord il tient à vous demander pardon...

— Mais de quoi, mon Dieu ?

— De vous avoir entraîné sur une voie sans issue.

— Qu'il ne compte pas sur moi pour rebrousser chemin. Grâce à son influence, ma vie a été transfigurée.

La grande ombre s'immobilisa.

— C'est bien ce qu'il se reproche. Vous avez résisté de toutes vos forces à sa pernicieuse influence. Mais désormais vous ne vous appartenez plus et c'est tout juste si vous avez encore les pieds sur terre.

— Je ne vous suis pas très bien...

— Vous considérez le miracle comme faisant partie de la vie quotidienne...

— Vous n'allez pas prétendre que les miracles n'existent pas...

— Je n'ai jamais dit cela. Mais vous avez l'air de considérer qu'ils vous sont dus et je me demande même si vous n'avez pas le sentiment d'en être l'auteur. Vous n'y êtes pour rien. C'est de la faute à papa. Il vous a entraîné à sa suite. Ça ne lui suffisait plus de faire son métier de coq de clocher... Il a décidé de sa propre autorité qu'il allait transformer le monde.

— L'intention était bonne...

— Les bonnes intentions, vous le savez bien, sont le chemin le plus court pour aller en enfer. Et si vous continuez sur la voie où mon père vous a imprudemment engagé, c'est là que vous finirez.

Je suis, comme vous le savez, d'humeur raisonneuse et je fais toujours de mon mieux pour avoir le dernier mot :

— Si vous admettez qu'il y a un enfer, cela suppose que le paradis existe...

— Il existe, n'en doutez pas. Mais c'est sur la terre qu'il se mérite. Et, si vous me permettez l'expression, il se situe au ras des pâquerettes. C'est à vous de le découvrir par vos propres moyens et c'est en améliorant la pauvre condition des hommes que vous maintiendrez dans leur cœur l'envie de monter encore plus haut. C'était jusqu'à présent le rôle des coqs de clocher : ils obligeaient les mortels à regarder vers les nuages pour continuer à rêver, et l'erreur de mon père a été de passer directement à l'action. Il vous a fait croire à vous et il aurait tenté, s'il ne s'était pas aperçu à temps de sa bévue, de faire croire à tous les hommes qu'ils pourraient vivre leurs rêves à force de rêver leur vie. Alors que c'est en vivant leur vie de tous les jours simplement que les hommes ne cessent d'enrichir leurs rêves.

— Vous leur prêchez la résignation...

— Pas du tout. Plus ils se constitueront une vie heureuse et pleine, plus ils découvriront ce qui leur manque. Le chemin qu'ils ont à parcourir au-delà de l'horizon s'étend plus qu'à l'infini. Le faire découvrir aux humains, telle était la mission des coqs de clocher avant que mon père n'essaie de brûler les étapes... Il s'y est brûlé les ailes.

Il avait deviné que si son éloquence m'avait troublé elle ne m'avait pas entièrement convaincu. Il se mit à me tutoyer pour donner plus de force à ses propos :

— Tu t'apercevras très vite à quel point ce que je te dis est juste. Je compte sur Gina et Madelon pour t'ouvrir les yeux. Tu ne t'imagines pas qu'elles vont rester longtemps dans l'état où tu les vois exceptionnellement aujourd'hui. Il faut toute une vie pour se hisser à la hauteur de ce qu'on a de meilleur. Surtout quand une illumination vous a révélé toutes les exigences qui sont en vous.

Il parlait bien ce jeune coq : *A ben parla*, lui dis-je, *maï de qua di* ?... Tu as bien parlé mais qu'as-tu dit ?

— Les messages de cette importance doivent rester obscurs. Sinon tu n'aurais aucun mérite à les déchiffrer.

— Réfléchis tout seul à ce que je viens de te révéler au nom de mon papa. Si tu as besoin de secours, fais-moi signe et je suis sûr qu'il t'enverra quelqu'un de plus instruit que moi pour t'aider à poursuivre ton éducation.

A vous dire le vrai, l'homélie d'Odilon II ne m'avait pas bouleversé. L'éloquence des coqs de clocher commençait à me lasser. Condamnés au silence depuis des siècles, ils mettaient une ardeur infatigable à rattraper le temps perdu. Cet incorrigible bavard était bien le fils de son père.

Il m'avait fallu pas mal de temps pour m'apercevoir que, dans la famille, ils avaient tendance à se payer de mots. A partir du moment où ils avaient raconté une histoire, ils avaient la certitude qu'elle avait réellement eu lieu. C'est un travers (ou une qualité) que j'ai en commun avec eux et cela explique que, malgré la différence de nos conditions, nous ayons spontanément éprouvé une profonde sympathie mutuelle.

Elle demeurait intacte, mais il fallait bien se rendre à l'évidence : ces prétentieux gallinacés se haussaient du col et tournaient aux donneurs de leçons, ce qui m'est absolument insupportable. Ils se prenaient, sans m'avoir consulté, pour mes directeurs de conscience et se croyaient autorisés à passer de l'état de coq de clocher à celui d'ange gardien.

Leur désir de rendre service à l'humanité était évident mais révélait une suffisance dont, et c'était leur seule excuse, ils ne devaient pas vraiment se rendre compte. Je leur conservais une indulgence proche de la tendresse, mais je n'allais pas me laisser manipuler. Je m'étais montré trop faible avec eux jusqu'ici. Sous prétexte qu'ils occupaient une situation élevée, ils prétendaient avoir des clartés sur tout et, sans le formuler pour ne pas se montrer désobligeants à mon égard, ils laissaient clairement entendre que j'avais du monde une vision d'insecte.

Je me devais, non pas de rompre avec la tribu des Odilon, mais de prendre mes distances avec elle, si je voulais conserver un semblant d'identité personnelle.

Telles étaient mes réflexions ce matin-là. Je m'étais attardé au lit et m'étonnais que Madelon ne soit pas encore venue m'apporter le café, le pain grillé, le jus d'orange. Je la vis, lovée sur mon fauteuil, qui dormait avec une indifférence de magistrat. Il ne fallait pas lui laisser prendre de mauvaises habitudes :

— Madelon, il est déjà 9 heures...

— Et alors ? grommela-t-elle.

— Le petit déjeuner n'est pas prêt, dis-je avec toute l'autorité dont je me sens capable.

Madelon ne fit qu'entrouvrir un œil mais suffisamment pour que je puisse y lire l'expression d'un effarement absolu.

— Qu'est-ce que tu veux que ça me fasse, dit-elle, avant de se rendormir aussitôt.

Gina surgit alors de la cuisine le bec barbouillé de cassoulet. Je n'ai jamais pu la prendre sur le fait et je me demanderai jusqu'à la fin de mes jours comment elle fait pour ouvrir les boîtes de conserve. Elle avait traversé ma chambre sans dire un mot et, avec une arrogance retrouvée, elle éventra un des paquets de cigarettes qu'elle m'avait offerts la veille, pour en extirper sa ration personnelle.

— A qui as-tu demandé la permission ?

Elle ne daigna même pas répondre tellement il était évident pour elle qu'il aurait été contraire à sa dignité de demander à qui que ce soit quelque permission que ce fût...

Les choses, en somme, étaient rentrées dans l'ordre et je dus, une fois de plus, me rendre à l'évidence : Odilon II était aussi bavard que son père et que moi mais, en l'occurrence, il avait bien fait, pour atténuer ma déception, de me rappeler que la théorie des « mutations brusques » a été définitivement abandonnée par le monde scientifique : Gina et Madelon, comme à leur habitude, avaient transgressé les règles. Mais les règles de la nature, comme il est dans leurs habitudes à elles aussi, avaient pris le dessus.

Le monde était redevenu ce qu'il était avant qu'Odilon et moi essayions sinon de le transformer, du moins de le voir avec d'autres yeux.

J'avais beau vivre au ras du sol, je tombais d'aussi haut qu'Odilon de son clocher...

Il ne me restait qu'à essayer de faire du café tout seul.

Sur la table de la cuisine, un chaudron de cuivre tout neuf étincelait comme un soleil.

Au Café du Cours, où je vins chercher réconfort, la situation était encore pire. Au premier regard rien n'avait changé : les acteurs étaient à leur place et jouaient leur rôle avec leur conviction ordinaire. Mais les messages mystérieux que je croyais déceler d'habitude dans leurs propos s'étaient volatilisés.

Ils m'avaient pourtant accueilli avec encore plus de jovialité que d'ordinaire. Titou me tendit une coupe de champagne :

— Tu sais la nouvelle ?

— Non... Je n'ai pas bougé de chez moi.

— Balthazar se représente aux élections.

Je n'avais pas encore trempé les lèvres dans mon verre.

— Tu peux y aller, c'est Balthazar qui régale !

— A propos, dit Camille, il ne t'a pas demandé de figurer sur sa liste ?
— Non...
— A moi, si !
— Et tu as accepté...
— Pardi !
— Pourtant tu n'es pas dans ses idées...
— Et qu'il ne compte pas sur moi pour en changer. Mais je lui devais un peu de sous. Il m'a fait savoir qu'on n'en parlerait plus... Tu ne lui devais pas d'argent, toi ?
— Non...
— Eh bien, tu as tort. Ce serait le moment... Mais ça ne m'étonnerait quand même pas qu'il te fasse signe.
A ce moment le téléphone s'est mis à sonner.
— C'est Balthazar qui te demande.
Et comme vous l'avez deviné, il réclamait mon concours et me proposait même un poste d'adjoint.
Je ne suis pas fier de moi. J'aurais dû lui opposer la plus catégorique des fins de non-recevoir. J'ai simplement essayé de gagner du temps :
— Je ne vous dis pas non... Mais il va falloir que j'y réfléchisse...
A peine avais-je raccroché que Camille se précipitait sur moi :
— Tu ne lui as rien demandé en échange ?
— Non, pourquoi ?
La consternation se peignit sur le visage de Camille.
— Je n'aurais jamais cru que tu sois aussi niais. Pourtant tu as fait des études !
Son opinion avait l'air d'être partagée par l'assistance. Titou haussa les épaules :
— Vous n'y comprenez rien, bande de gagne-petit, déclara-t-il solennellement. Vous ne voyez pas qu'il est en train de faire monter les enchères !
A peine eut-il dit, que j'avais regagné l'estime générale et la coupe de champagne à laquelle je n'avais pas touché, je l'ai avalée d'un trait sous les applaudissements...

Je n'étais cependant pas arrivé au bout de l'humiliation. Le « préposé » des P et T venait de faire son apparition. Il était né à Maubeuge (où sont les plus beaux clairs de lune du monde), mais il s'était très vite adapté à nos façons solaires d'aborder l'existence. Il avait renoncé à poursuivre ses études et avait préféré, ayant de suffisants diplômes (et s'étant, nous l'apprîmes par la suite, fait hâtivement titulariser par Balthazar), conserver son emploi dans un village où il se sentait heureux de vivre.
L'accueil que nous réservons aux « étrangers » est toujours plein de

réserve et il nous faut du temps pour « naturaliser » ceux qui, nous ayant rendu visite par hasard, n'éprouvent plus l'envie de nous quitter.

Celui-là n'avait pas perdu de temps. En trois semaines il était devenu cancanier comme s'il avait habité le village depuis trois cents ans.

Il avait couru pour nous rapporter plus vite une information exclusive.

— Figurez-vous, dit-il hors d'haleine, que Frédéric et Marie se séparent.

La nouvelle semblait lui causer une jubilation extrême mais elle demandait à être vérifiée. Titou avait pris pour l'occasion une voix de juge d'instruction :

— Oh petit ! C'est grave ce que tu racontes... Tu en es sûr ? Qui te l'a dit ?

— Personne... Je l'ai vu, de mes yeux vu...

— Qu'est-ce que tu as vu au juste ?

— Ils se disputaient pour de bon et Frédéric, il n'avait pas l'air commode et je lui ai entendu dire des gros mots comme jamais...

— C'est tout ! soupira Titou en haussant les épaules.

L'assemblée tout entière partageait sa déception. Frédéric avait suivi des cours à la faculté mais il n'hésitait pas à utiliser pour se faire bien comprendre un vocabulaire de conducteur d'engins. Il ne s'agissait en somme que d'une scène de ménage entre jeunes mariés. Ce Nordique s'était acclimaté plus rapidement que les autres mais son intégration n'était pas encore complètement réussie. Il lui restait encore beaucoup à apprendre sur la singularité de nos mœurs conjugales.

L'incident pouvait donc être considéré comme sans importance et les conversations allaient reprendre quand le messager obstiné fit un dernier effort pour reprendre la vedette :

— Non, c'est pas tout ! Il n'a pas seulement dit des gros mots à sa femme. Il lui a flanqué des gifles.

— Combien ?

— Je n'ai pas pu compter tellement il y en avait...

— Et il a frappé fort ?

— Comme une brute...

— Et qu'est-ce qu'elle a fait, la pauvre petite ?

— Elle est partie en courant.

— Alors c'est fini. Elle est trop fière pour jamais revenir.

En hommage à cet amour défunt, l'assistance garda quelques instants le silence. Ils l'aimaient tous bien la petite Marie et dans le fond de leur cœur (tout au fond) ils ne pouvaient s'empêcher de la plaindre. Mais ce mariage, ils l'avaient condamné d'avance.

Cela devait finir comme ça.

Telle fut l'oraison funèbre que prononça Titou et le conclave l'approuva. Quand les situations ne sont pas en rapport, les unions se disloquent obligatoirement. On ne bâtit rien de durable sur la passion : elle sème le malheur sur son passage et met en péril le patrimoine.

— C'est Balthazar qui doit en faire une tête ! dit tout à coup Camille.

Un éclat de rire heureux secoua l'assemblée et ce fut, pour tous, comme une délivrance. Ils se retrouvaient dans leur élément naturel. Ce n'étaient pourtant pas de méchantes gens, mais ils avaient dans leurs sentiments et leur façon de vivre une rigidité de statue contre laquelle le généreux Odilon s'était naguère brisé le bec.

La cruauté de leur rire m'avait tiré du rêve éveillé que j'essayais d'entretenir artisanalement. Je pris la fuite. Nul ne fit un geste pour me retenir. Comment auraient-ils pu se douter de ma déroute intérieure ! Ils ne s'étaient même pas aperçus de mon départ.

Je rentrai chez moi par les collines. La compagnie de mes semblables m'était devenue insupportable et la douceur de la nuit épaississait encore ma mélancolie. La vie m'avait jusqu'ici trop occupé pour me laisser une seconde à moi. Ce qui m'aurait peut-être permis de me demander à quoi elle rimait. Elle me paraissait ce soir si prosaïque qu'il aurait été vain de chercher en elle la moindre rime aux pauvres raisons qu'elle se donnait pour faire semblant d'exister.

J'étais si absorbé par cette découverte que je faillis m'assommer contre un tronc d'arbre. En pareil cas j'ai tendance à lui rendre la pareille. C'est idiot, je sais, mais ça soulage. Jamais pourtant je n'avais cogné si fort sur un innocent : je venais de reconnaître le grand pin parasol qui m'avait honoré, un temps, de son amitié pour se renfermer presque aussitôt dans une hautaine indifférence. Son mépris avait redoublé ma colère et je cognai jusqu'à en avoir les poings écorchés. Il ne broncha pas sous la grêle de coups qui s'abattait sur sa rugueuse écorce. Je m'arrêtai brusquement : il m'avait semblé l'avoir entendu gémir.

— Ah non ! dis-je, cette fois tu ne m'auras pas. Je suis moins crédule que tu n'imagines... Je sais bien que tu n'as aucune sensibilité.

Ses gémissements pourtant avaient redoublé. Je m'aperçus alors de la présence d'une forme allongée à ses pieds : celle d'une jeune femme évanouie. Ou morte. La lumière de la lune rendait son visage encore plus blafard.

Marie gisait à mes pieds et je me sentis désemparé comme un sauveteur qui ne sait pas nager en présence d'un être qui se noie.

— Au secours ! m'écriai-je.

Aucune voix ne répondait à mon appel désespéré. Que fallait-il faire ?

Tenter de la ranimer par mes propres moyens ou partir immédiatement chercher du secours ?

Je m'agenouillai près de la gisante et je m'aperçus que sa robe était tachée de sang : la malheureuse s'était ouvert les veines. Le sentiment de mon impuissance me paralysait.

Une main s'était posée sur mon épaule :

— Laissez-moi faire, dit une voix.

L'inconnu s'était agenouillé à mes côtés et, malgré mon désarroi, je ne pus manquer d'être frappé par l'étrangeté de son accoutrement. Chaussé de cothurnes, il n'était vêtu que d'une chlamyde bouton-d'or qui lui arrivait à mi-cuisse. Le front ceint d'une couronne de fleurs, il avait l'air d'un pâtre grec qui, trompé par la similitude de nos paysages avec ceux de l'Attique, se serait égaré dans un siècle qui n'était pas le sien mais où il avait l'air tout à fait à son aise. Il avait des mains d'apôtre faites pour la bénédiction. Il les imposa sur le front de Marie.

Ses joues aussitôt reprirent des couleurs, en même temps que les taches de sang disparaissaient de sa robe. Ses longs cils dessinaient sur son visage d'étranges arabesques dont il interpréta aussitôt le message :

— Elle est guérie, dit-il avec un sourire angélique. Dépêchons-nous de la ramener chez elle avant qu'elle ne se réveille.

Je m'apprêtais à lui donner un coup de main.

— Économisez vos forces pour plus tard, dit-il... Vous en aurez besoin.

— Vous connaissez son adresse ?

Il baissa calmement les yeux.

— Je connais l'adresse de tous ceux qui s'aiment.

Elle n'était pas lourde, la petite Marie, mais dans les bras de ce robuste jeune homme elle était légère comme un rayon de lune.

Je marchais aux côtés de cet infirmier providentiel.

— Je ne vous ai jamais rencontré, dis-je. Vous n'êtes pas d'ici...

— Je vais, je viens... Un peu partout dans le monde. Je vais là où l'on a besoin de moi.

Il devait avoir un mode de locomotion un peu particulier, car nous nous retrouvâmes devant la maison de Balthazar au moment même où nous avions décidé de nous y rendre. Marie ne s'était toujours pas réveillée. Je commençais à connaître un peu trop les ficelles du surnaturel pour ne pas poser de questions.

— Il y a un truc ?

— Oh non, dit-il. Le fils d'Odilon m'a demandé de venir d'urgence. J'ai bien fait de me dépêcher. Sinon l'histoire de Marie risquait de se terminer comme dans *Mireille*. Les êtres humains, surtout les femmes, résistent mal à la tentation de devenir des héros immortels. Il était temps que j'intervienne.

— Vous croyez que Frédéric ne lui en voudra pas d'avoir tenté de se suicider ?

— Il a déjà tout oublié. Et elle aussi. Je leur ai donné une deuxième chance. Ils ne savaient pas s'ils jouaient dans *L'Arlésienne* ou dans *Mireille*. Alors que tout ce qu'on leur demande c'est d'essayer de vivre leur amour.

— Et s'ils ne s'aiment plus ?

— C'est qu'ils ne se sont jamais aimés.

Ce jeune homme me paraissait avoir une expérience bien au-dessus de son âge :

— Vous êtes marié vous-même ?

— J'aurais pu ! me répondit-il évasivement. Mais maintenant c'est trop tard...

— A votre âge !

Il eut un sourire angélique :

— Mon âge ! Mon âge ! Il n'a rien à voir là-dedans.

Je n'eus pas le temps de le questionner davantage. Frédéric venait d'ouvrir la porte. Il se hâta de serrer sa femme sur son cœur :

— Je commençais à me faire du souci. Même ici, les nuits ne sont pas sûres.

Se tournant vers moi :

— Je vous remercie de l'avoir raccompagnée.

— Remerciez-le lui, dis-je.

Le sauveur de Marie avait disparu.

Inutile de vous dire que je me retrouvais dans mon lit avec l'impression de ne l'avoir jamais quitté. Sur ma table de nuit, une main, un bec ou une patte anonyme avait déposé le missel de mon mariage.

Une image pieuse marquait la page que je devais ouvrir et me souriait à la date du jour.

Elle représentait un pâtre grec vêtu d'une chlamyde bouton-d'or et le front ceint d'une couronne de fleurs. Une longue légende précisait qu'il s'agissait de saint Valentin, le patron des amoureux. Il n'était pas grec mais romain. Il était prêtre, mais à l'époque où les prêtres avaient le droit de se marier il était resté célibataire. Pour que l'amour puisse survivre à tous ses avatars.

Je retournai la gravure et je reconnus avec émotion la sage écriture de ma mère : à l'encre violette, avec des pleins et des déliés. Le texte était daté du jour de mon mariage : le même qu'aujourd'hui, mais à quarante ans de distance. « Sans amour, avait écrit ma mère, la vie est une longue nuit. » Le message avait pris son temps pour me parvenir mais il arrivait à son heure.

Valentin ne me quittait pas du regard et m'incitait à poursuivre la lecture de la notice qui lui était consacrée. Elle avait gardé le meilleur pour la fin : il avait été décapité en pleines fêtes du printemps.

— Dois-je comprendre que pour aimer il faut commencer par perdre la tête ?

J'avais eu peur que mon ironie ne le choquât. Elle avait au contraire illuminé son visage, et je l'entendis me confier dans un murmure :

— C'est la seule façon de ressusciter.

Je refermai le missel avec dévotion. Une petite faim m'envahit soudain : dans le chaudron de cuivre, il y avait une couronne de fleurs dont la présence suffit à me rassasier.

CHAPITRE 10

Où l'on assiste au lancement d'un nouveau satellite.

Jamais je n'avais accueilli un visiteur avec tant d'enthousiasme. Camille n'est pourtant pas de mes familiers bien qu'il habite tout près de chez moi et qu'il mette ses bouteilles de vin à rafraîchir au plus profond de mon puits. Nos conversations se résument d'ordinaire au strict minimum :

— Ça va ?

— Ça va.

Ou à la rigueur :

— Va pleuvoir !

— Bien possible...

Nous ne sommes en aucune manière fâchés mais, sous des dehors assez rustauds, il ne manque pas de finesse et depuis longtemps, il a compris que je me forçais à rire quand il m'infligeait l'une de ses coquines histoires, déjà racontées plus de cent fois.

J'en avais pourtant conservé une qui datait du temps où il faisait le cordonnier à Nîmes. Il avait installé une minuscule échoppe de planches mal jointes dans le renfoncement d'une rue. Il y gagnait convenablement sa vie sans payer ni loyer ni patente.

Hélas pour lui, elle était en face d'un cinéma. Et la nuit, à l'entracte, alors qu'il était rentré chez lui, les spectateurs n'hésitaient pas à venir faire pipi contre sa baraque. Il arrivait donc que dans les interstices le jet de ces indélicats vînt inonder ses réserves de peaux et rouiller sa provision de clous.

Un soir où, ayant bu trop de pastis, il s'était endormi sur son enclume, il fut réveillé par un bruit de cascade. Il jaillit de son taudis en hurlant :

— Espèce de mal élevé, espèce de sans vergogne. Tu te rends pas compte que tu es en train de me ruiner... Alors, à l'avenir, si tu ne peux pas t'empêcher de pisser dehors, viens pisser de chez moi... Ce sera plus propre.

J'ai l'âme suffisamment rustique pour me réjouir de cette humble faribole.

Ce matin-là, Camille ne semblait pas avoir l'esprit au badinage.

— J'ai un problème, dit-il.

— Si je peux te rendre service.

— Il n'y a que toi qui puisses me tirer d'affaire.

La timidité, qui n'a jamais été son fort, le faisait quasiment bégayer.

— Je te connais bien... Tu es plutôt brave et je suis sûr que tu ne te moqueras pas de moi.

— Il n'y a pas de raison.

— Si tu savais ce qui m'arrive !

Je ne demandais qu'à savoir, mais je connaissais suffisamment les habitants de mon village pour ne pas lui poser de question. Son visage exprimait une gravité enfantine que je ne lui avais jamais vue. Il avait l'air d'un gamin qui a fait une grosse bêtise et qui n'ose pas l'avouer à ses parents.

Enfin, il se décida :

— Figure-toi que j'ai lu un livre cette nuit.

— Ça ne t'est jamais arrivé jusqu'ici ?

— Non, la lecture me donne des douleurs de tête.

— Et de quoi il parlait, ton livre ?

Il leva vers moi un regard plein d'inquiétude mais ne répondit pas directement à la question :

— Tu sais comme je suis. Je suis susceptible. J'aime bien me payer la tête des autres mais je déteste qu'on se paie la mienne.

— Qui s'est permis ?

— Le livre.

Je voyais de moins en moins où il voulait en venir.

— Assieds-toi... Qu'est-ce que tu prends ?

— Pas tout de suite, ça me brouillerait les idées.

Son cas était vraiment grave. Il m'avait pris les mains.

— Réponds-moi franchement, même si ça doit me faire de la peine. Les antipodes, ça existe vraiment ? Si tu me le dis, toi, je te croirai.

— Les antipodes ! Évidemment ça existe.

— Tu en es sûr.

— Plus que tu le dis...

Il n'avait pas l'air convaincu du tout.

— Tu y es allé ?

— Oui... Ça m'est arrivé... Dans mon métier, tu sais, on voyage pas mal.

— Et il y a des gens qui habitent là ?

— Plein.

— Et comment ils sont ces gens ?

— Comme nous.

— Juste pareils !

— Oui.

— Alors tu vas m'expliquer comment ils font pour marcher la tête en bas.

Devant moi, et pour le coup, la magie de la tribu des Odilon n'y était pour rien, Camille s'était transformé en un petit garçon en culottes courtes, qui ressemblait comme un frère à celui que j'avais été.

La question qu'il se posait avait obsédé mon enfance et, au risque certain de passer pour un demeuré à vos yeux, je ne lui ai pas trouvé jusqu'ici de réponse satisfaisante. Dieu sait pourtant si on s'est donné du mal pour m'expliquer les lois de l'attraction universelle ! Je n'ai été vraiment assuré que je pouvais lui faire confiance que le jour où j'ai mis les pieds en Australie pour la première fois.

Comment allais-je pouvoir expliquer à Camille ce que je n'avais pas jusqu'ici réussi à comprendre vraiment ?

— Attends une seconde, dis-je.

J'allai chercher dans mon bureau la mappemonde lumineuse que j'ai achetée à mon petit-fils qui ne semble plus pourtant être obsédé par les problèmes de la gravitation universelle. Il est vrai que, lui, il prenait déjà l'avion quand il était dans le ventre de sa mère.

— Tu vois, dis-je, la terre est ronde.

Il hocha gravement la tête.

— C'est ce qu'on m'a toujours dit et j'ai bien été obligé de le croire pour réussir à passer mon certificat d'études. Mais au fond de moi, je n'en suis pas tout à fait sûr.

J'ai failli lui dire :

— Moi non plus.

Ce n'était pas le moment de le perturber davantage, mais je reconnais qu'il est plus difficile à Fontvieille qu'ailleurs de croire « absolument » à la rotondité de la terre. A l'œil nu elle ne commence à se courber qu'à l'horizon et nous avons l'habitude de ne croire que ce que nous voyons de nos yeux.

Je lui montrai donc la place de la France sur la mappemonde.

— Où est Fontvieille ? demanda-t-il.

Je m'étais muni d'une épingle à tricoter pour donner une tournure pédagogique à ma démonstration.

— Par là, dis-je.

Il eut un sourire résigné.

— C'est toujours comme ça. Il n'y en aura jamais que pour les grandes villes.

Je poursuivis stoïquement mon exposé :

— Tu as la télévision ?

— Pas moi, ma femme.

— Mais ça t'arrive de la regarder ?

— Le rugby seulement.

— Tu as vu le match France-Australie ?

— Pardi.

— Alors tu as pu constater que les Australiens étaient des gens comme les autres.

— Des vrais monstres, tu veux dire.

— Des êtres humains quand même... Avec deux bras, deux jambes et une tête.

— Mais ils savent mieux s'en servir que nous !

J'avais pourtant été professeur dans le temps mais j'avais oublié à quel point il était difficile de faire entrer le savoir dans une caboche rebelle. Surtout quand on ne maîtrise pas vraiment ce qu'on enseigne. De la pointe de mon aiguille je lui désignai l'endroit approximatif où se trouvait Fontvieille.

— Suppose, dis-je, que j'enfonce l'aiguille et que je transperce tout le globe terrestre... Elle va ressortir aux antipodes.

J'étais si désireux de lui ouvrir l'esprit que je n'aurais pas hésité à transpercer la mappemonde de mon petit-fils, ce qui l'aurait privé du plaisir de le faire lui-même :

Camille avait arrêté mon bras :

— Pas la peine...

— Tu ne veux pas que nous y allions, aux antipodes ?

— Qu'est-ce que nous irions y faire ? D'abord je n'y connais personne. Viens vite avec moi.

Il m'entraîna jusqu'à mon puits, se pencha au-dessus de ma margelle et poussa un soupir de soulagement :

— Le casier à bouteilles est toujours là...

Il mettait à le retirer une telle hâte que je me permis de lui suggérer d'aller moins vite s'il voulait éviter la casse.

— Dépêchons-nous au contraire. Maintenant que je sais qu'il y a du monde aux antipodes, je comprends pourquoi il me manque toujours une bouteille ou deux.

Et moi, j'ai compris que depuis le début il s'était moqué de moi et qu'il avait voulu me montrer qu'il n'est pas nécessaire d'être écrivain pour savoir raconter des histoires.

Nous avons trinqué avec une amitié nouvelle.

Son vin était frais et charnu. Il m'a donné le courage de lui demander :

— Cette histoire, je peux l'écrire ?

Il m'a regardé en riant.

— Pourquoi tu crois que je suis venu ?

— Tu m'en fais cadeau.

Il avait retrouvé son apparence faussement bourrue de tous les jours et sa voix d'animateur pour noces et banquets.

— Moi, proclama-t-il, quand ça ne me coûte rien, il n'y a pas plus généreux que moi.

Nous allions nous séparer fort contents l'un de l'autre. Au dernier moment, il me glissa dans l'oreille :

— Tu peux citer mon nom ! Personnellement je m'en fous, mais ça risque de faire bisquer ma femme de voir qu'on parle de moi dans un livre...

Tous les cosmonautes vous le diront : ils reviennent d'endroits où personne n'est jamais allé mais ils sont tous très heureux de se retrouver sur la terre. J'étais dans le même état que ces braves gens : je venais de vivre quelques semaines, sous la conduite d'Odilon, au niveau des étoiles. J'y avais appris beaucoup de choses (surtout sur moi-même) et je ne regrettais pas le déplacement.

Les étoiles, ça vaut le détour. Mais elles sont encore plus belles quand elles se reflètent dans l'eau de mon puits.

Plus que jamais je me sentais environné de mystères, mais je savais maintenant que plus on essaie de les élucider, plus ils deviennent opaques. Je savais aussi qu'il ne faudrait jamais renoncer à les percer si on ne voulait pas redevenir un cloporte. Les poètes ont appris à l'expérience qu'avec les mots ils n'arriveront jamais à dire l'indicible mais qu'ils ne se lasseront jamais d'essayer. Les pieds sur la terre. La tête dans les étoiles. Ainsi va le monde.

Le vin de Camille m'avait un peu tourneboulé. Je fis un saut à la cuisine pour retrouver mes esprits avec le secours d'un « brison » de fromage de chèvre et un rien de fougasse aux « gratons ». Un rayon de soleil faisait étinceler le chaudron de cuivre, dernier avatar d'Odilon Premier. Mais je ne me laisserai plus prendre à ses clins d'œil et à ses sournoises invites. Je manquais encore de naturel avec lui et j'avais du mal à le considérer comme un chaudron ordinaire, ce qui m'incita à lui lancer un défi :

— A nous deux, Odilon ! m'écriai-je.

Je venais subitement de me décider à me mettre, sans attendre le retour de ma femme, à la fabrication des confitures de pêches, les préférées de mes petits-enfants. Je ne m'y étais jamais hasardé jusqu'ici. Aucune confiture n'est facile à réussir. (Même pour quelqu'un qui, comme moi, s'inspire du *Traité des confitures* de mon voisin Nostradamus. Après tout il n'habite qu'à quelques kilomètres et quelques siècles de chez moi.)

J'avais choisi la plus difficile à faire ; rien que pour se laisser éplucher, la pêche demande une agilité de doigts que je n'ai jamais eue, même avant mes premières crises de rhumatismes. Je sortis de cette épreuve les mains empéguées mais intactes. Madelon et Gina me regardaient d'un regard ironique. Au moment d'aller chercher au village le sucre en poudre dont j'avais besoin, je m'aperçus qu'il m'attendait sur la table. Gina et Madelon me regardaient avec encore plus de goguenardise.

— Je n'ai pas besoin de vous ! dis-je.

Elles se le tinrent pour dit et sortirent de la cuisine avec dignité.

Je me retrouvai au soir devant trente pots de confiture d'une couleur dont la subtilité m'enchantait le regard et d'un parfum rehaussé d'un soupçon de cannelle que j'y avais insérée sans m'en apercevoir, qui embaumait tout le cabanon.

Je ne me sentis pas le droit de goûter à cette merveille que j'avais créée quasiment à mon insu. Je voulais, connaissant l'indulgence de principe que j'accorde à tout ce que je fais, prendre l'avis d'un expert. Muni d'une paire de pots non encore couverts de leur protection de cellophane, je me rendis chez ma voisine Madame Mourgues qui fait le meilleur coulis de tomates et les meilleures confitures du Sud-Est.

— Permettez-moi de vous offrir deux humbles échantillons de ma fabrication... J'aimerais bien que vous me disiez ce que vous en pensez.

— Tu es le plus brave, dit-elle.

Elle examina longuement le produit, le huma, puis, munie d'une petite cuillère en argent, elle en prit une minuscule portion (ce que ma tante Joséphine appelait un « péton-pété ») et le dégusta longuement.

Puis, soudain, elle me fit le regard du reproche.

— Vous ne m'aviez pas dit que votre femme était de retour.

— Elle n'arrive que la semaine prochaine.

Elle était obligée de me croire. Si ma femme était revenue, sa première visite aurait été pour elle. Elle poussa un soupir extasié :

— Cette confiture, dit-elle, vous ferait croire que la tante Joséphine est encore de ce monde... Qui l'a faite ?

Je baissai modestement les yeux.

— C'est moi, dis-je.

Elle ne put s'empêcher, malgré sa politesse héréditaire, d'éclater de rire :

— C'est pas possible !

— Mais je vous assure...

J'avais l'air si sincère qu'elle nuança la sévérité de son jugement.

— Quelqu'un vous a aidé ?

Je faillis répondre :

— Personne.

Mais un nom s'était spontanément échappé de ma bouche :

— C'est Odilon !

Son front se plissa.

— Je ne le connais pas, celui-là. Je n'en ai même jamais entendu parler... Mais dites-lui de ma part que c'est un as... Et quand vous le verrez, dites-lui de venir me voir. Je croyais n'avoir plus rien à apprendre dans ce domaine. Mais quand je vois ce qu'il est capable de faire, j'ai l'impression que je ne sais rien.

— Moi aussi, avouai-je.

Et nous étions aussi sincères l'un que l'autre. Et nous y avions autant de mérite.

Il n'y a que des heures d'angoisse dans la vie d'un écrivain, mais les pires se présentent en vue de la ligne d'arrivée, au moment du sprint final, de l'« emballage ». Je décidai de souffler un peu pour mesurer le chemin parcouru : quand on est pressé, la sagesse impose de ralentir. Le livre n'était pas tout à fait fini, mais je savais du moins pourquoi je l'avais écrit et pourquoi j'avais tenu à l'écrire dans la solitude. Officiellement je ne voulais pas être dérangé. En fait, j'étais en pleine crise.

Si je croyais à l'astrologie, je dirais que, pour quelqu'un qui est né sous le signe des Poissons, il est plus difficile que pour un autre d'entrer dans l'ère du Verseau. J'ai beau ne pas y croire, j'étais bien obligé de me demander pourquoi j'avais suivi Odilon dans toutes ses extravagances : je voyais en lui l'annonciateur des temps à venir, le Jean-Baptiste du « New Age », nous nous étions tous les deux « ramassés ».

Cette expérience catastrophique avait eu du moins le mérite d'élargir mon horizon. A force de voir les choses par le petit bout de la lorgnette, elles finissent par rapetisser. Au télescope, elles deviennent immenses. Entre l'infiniment grand et l'infiniment petit, entre le sublime et le mesquin, l'être humain fait son numéro d'équilibriste. Et quand il se casse la gueule, ou il en crève, ou il remonte sur son fil et poursuit sa traversée entre deux abîmes.

Vous voyez ce qu'un écrivain arrive à dire quand il se demande pourquoi il écrit, alors qu'il n'en saura jamais rien et que tout ce qu'il en peut dire c'est qu'il ne le fait pas exprès.

J'en étais là de mes divagations quand mon voisin, le fossoyeur Guillaume, est venu me rendre sa visite hebdomadaire. Comme tous les fossoyeurs c'est un joyeux garçon un peu ivrogne et fort serviable, et comme d'habitude il me proposa de m'apporter une brouette de son « terreau ». J'avais repoussé son offre jusqu'ici parce que j'avais l'impression que du terreau de cimetière donnerait comme un goût à mes pommes d'amour. Mais quand on prétend vivre, comme je venais de le faire pendant toutes ces journées et ces nuits, « sous le signe de l'éternité », la vie et la mort acceptent de faire bon ménage :

— D'accord, lui dis-je.

Cela sembla lui causer un plaisir de qualité.

— Je t'en mettrai un plein charretin.

Il était, ce matin-là, d'humeur particulièrement joviale. Il tenait serré, caché sur son cœur avec dévotion, un vieux tournevis rouillé au manche moisi :

— Celui-là, me dit-il, j'ai bien cru ne jamais le revoir...

Il y a vingt ans, il l'avait oublié dans le cercueil d'un de ses clients. Il venait de se livrer à l'instant à une réduction de corps. Il avait pu récupérer son tournevis et s'en réjouissait comme de la résurrection d'un être cher.

— Il m'avait beaucoup manqué, me dit-il. Des tournevis de cette qualité, on ne sait plus en fabriquer.

L'ère du Verseau était remise à plus tard.

Pour célébrer les retrouvailles du fossoyeur et du tournevis nous liquidâmes ce qui restait du vin de Camille, qui avait échappé aux ivrognes des antipodes...

C'est alors qu'Albert fit son apparition.

Albert, je ne l'avais jamais vu qu'en photo. Vous vous souvenez de lui, je pense : il s'agit de ce chef de gare qui avait gagné une fortune au Loto en jouant l'heure et le numéro du dernier train de sa carrière. Par la même occasion il avait retrouvé Lucile, l'amour de sa jeunesse.

Il revenait bronzé d'un tour du monde qui avait duré deux ans en compagnie de sa bien-aimée.

— Pardonnez-moi d'avoir attendu si longtemps mais j'ai tenu absolument à vous remercier.

— Mais de quoi, mon Dieu ?

— Sans vous je ne serais jamais devenu milliardaire.

— Vous plaisantez !

— Pas du tout. J'avais lu l'histoire de cet employé qui trouvait les bons numéros en faisant ses adieux à sa dernière locomotive.

J'avais l'air si stupéfait qu'il eut un moment de doute.

— C'est bien vous qui l'avez racontée, cette histoire !

— Oui, mais je ne l'ai pas encore publiée.

— Mais si, voyons, je l'ai lue, il y a deux ans dans notre petite revue corporative.

— Nom de Dieu ! m'écriai-je en devenant violet de confusion.

Qu'on me pardonne de jurer. Cela n'est pas dans mes habitudes mais je ne voyais pas comment dire autrement ce que je venais de ressentir. Effectivement, pour faire plaisir à mon ami Vernet, sous-chef de gare à Avignon, j'avais rédigé jadis un petit conte ferroviaire, pour adoucir l'amertume de son départ à la retraite. Cela m'était complètement sorti de la mémoire : je ne me souviens que des cadeaux que l'on me fait, pas de ceux qu'il m'arrive d'offrir.

Il va falloir que je me surveille, les trous de mémoire c'est normal à mon âge, mais des trous de cette dimension, cela vous donne le vertige. Le combat contre le gâtisme était commencé. La partie était perdue d'avance mais je vendrais chèrement ce qui me restait de lucidité.

J'avais réussi à ne rien laisser paraître de mon désarroi. Albert était maintenant rassuré.

— C'est donc bien vous... J'ai retenu pour nous une table à la Regalido... Ma femme nous y rejoindra d'ici une heure.

Je ne me sentais pas disposé, dans l'état de déconfiture intérieure qui était le mien, à soutenir une longue conversation avec qui que ce soit et je me demandais comment je pourrais éconduire ce brave homme animé des meilleures intentions du monde. Il ne se doutait pas qu'il venait de m'annoncer mon prochain naufrage.

— Je peux repasser si vous voulez.

Je faillis accepter sa proposition mais on ne se débarrasse pas, en un instant, de soixante-dix ans de courtoisie. Un silence gêné s'était installé entre nous. J'aurais bien eu recours, pour nous donner contenance, au Vin des Antipodes mais la bouteille était vide :

— Alors, dis-je, racontez-moi un peu votre tour du monde.

— Franchement, soupira-t-il, je suis content d'être rentré. Et ma femme encore plus que moi.

— Mais vous avez ramené des souvenirs.

Il faisait de tels efforts pour creuser sa mémoire que les veines de ses tempes enflaient à se rompre. Soudain son visage s'épanouit.

— Si, s'écria-t-il, j'ai ramené d'Irlande une nouvelle façon de jouer aux boules... Vous ne voulez pas que nous fassions une petite partie pour nous ouvrir l'appétit ?

Comme vous le savez, je préfère regarder jouer les autres plutôt que de jouer moi-même mais, en la conjoncture, sa proposition me parut bienvenue. D'autant que la pétanque irlandaise apportait une variante qui ne pouvait que plaire au bourlingueur de collines que je suis.

Elle consistait à aller à travers champs de village en village (ou plutôt d'un « pub » à l'autre) en lançant à tour de rôle sa boule le plus loin possible. Le vainqueur était celui qui faisait le parcours en le moins de coups. Son adversaire se voyait alors condamné à offrir une tournée générale. Cette perspective me réjouissait à l'avance. J'allais chercher les boules qui scintillent comme des fruits entre les feuilles de mon « boulomier-pétanquier ». (Le « boulomier-pétanquier » est un arbre de métal que j'ai inventé jadis et qu'André Daick, le poète-ferronnier d'art, a façonné de ses mains. Il m'avait semblé en effet, que les boules au repos méritaient mieux que l'ensevelissement dans un sac ou une caisse, auquel on les condamne d'ordinaire.) Nous avions décidé de rallier la Regalido par le château de Montoban et le moulin de Daudet. Ce n'était pas le plus court chemin mais le plus pratique et le plus parfumé.

Dès l'entrée de la pinède, une chèvre nous avait rejoints et nous accompagna tout au long de notre randonnée. A chaque halte elle pondait une petite crotte luisante et lisse comme une olive noire, ce qui permettait à Albert de compter les points au fur et à mesure. Il avait pris le jeu très au sérieux et avançait, les mâchoires crispées par la concentration. Dès les premiers hectomètres, il avait pris sur moi une avance si considérable que je ne pouvais envisager de combler ou même de la réduire. Ce qui d'ailleurs m'était complètement égal.

Le silence d'Albert m'avait permis de nouer une conversation amicale et silencieuse avec mon amie la chèvre. Elle ponctuait ses propos de hochements de tête barbichus. Avant d'être dévorée par le loup, la chèvre de Monsieur Seguin avait pris le temps de faire une fille dont mon interlocutrice descendait en ligne directe.

Un battement d'ailes me fit lever les yeux vers le ciel : Gina suivait la partie du haut des arbres et semblait peinée de me voir ridiculisé par quelqu'un qui n'était pas du pays. Une ombre se faufilait dans les herbes sèches, mais, pour furtive qu'elle fût, j'eus le temps d'apercevoir Madelon. Elle avait la moustache en berne, ce qui indiquait qu'elle aussi se désolait de ma déconfiture. Et je me réjouis de constater que je bénéficiais toujours du soutien de ma ménagerie.

Nous étions arrivés au pied du grand pin parasol, l'éloquent avocat des lapins de garenne. Il garda le silence mais agita ostensiblement ses branches sur mon passage. J'étais en nage : mon ami Mistral, qui était pourtant « de repos », m'avait dépêché son fils Mistralet pour me rafraîchir le front.

Nous avancions entre deux haies d'oreilles de lapin qui m'applaudissaient frénétiquement. Au pied du Moulin, la descendante légitime des Seguin me fit la révérence et prit congé. Je lui laissai mon paquet de cigarettes en souvenir. Du haut de son arbre Gina poussa un gémissement de dépit. Je la rassurai d'un sourire.

— Il y en a tant que tu voudras au cabanon.

A peine avais-je transmis le message qu'elle s'était envolée à tire-d'aile.

Nous voici maintenant sur la place de la Mairie, terme de notre odyssée buissonnière. Mon tour est venu de lancer ma dernière boule.

C'est une boule d'acier ternie par l'usage et cabossée par les carreaux qu'elle a frappés. Elle devint subitement brillante, lisse et dorée comme une boule en or. Dans le même temps je me sentis envahi par une force surprenante. Albert me regardait avec stupéfaction :

— Pourquoi vous n'avez pas toujours joué comme ça ? Vous avez un style de champion.

Le compliment avait redoublé ma vigueur : la boule de métal monta droit dans le ciel.

Et à l'heure où j'écris ces lignes elle n'est pas encore retombée. Je l'avais mise sur orbite et, quand les nuits sont transparentes, je la vois passer au-dessus de mon pigeonnier. Pour que je sois sûr de la reconnaître elle s'immobilise un instant avant de reprendre sa course.

Quand je revins au cabanon faire la sieste, je me sentais alourdi par les nourritures mais l'âme ensoleillée. Pourtant la fameuse Lucile était décevante au premier coup d'œil. Moustache, la voix aiguë, acariâtre, elle ne donnait pas envie de la connaître mieux.

Mais Albert la regardait avec un tel amour qu'ils en étaient transfigurés tous les deux. Tous les êtres sont beaux quand l'amour est dans leurs yeux.

Gina et Madelon m'attendaient, la tête rentrée dans les épaules, craignant une réprimande de ma part.

— N'en parlons plus, dis-je. Il ne s'est rien passé.

La joie à nouveau s'était installée en ma demeure. J'avais retrouvé tout mon petit monde et mon livre était presque terminé. La maison embaumait la lavande et la pêche. Tout était en ordre. Personne ne manquait à l'appel. Mais le chaudron de cuivre avait disparu.

Prenez-moi pour une vieille bête sentimentale (ce qu'il m'arrive d'être d'ailleurs), mes yeux se sont emplis de larmes. Odilon m'avait joué son dernier tour, et, transformé en sphère d'or, là-haut, il veillait sur moi.

Sur vous... Sur nous tous...

Le lendemain, la famille au grand complet débarquait à la maison, des rires et des baisers plein la bouche et les bras chargés de valises et de cadeaux.

— Je ne vous attendais que la semaine prochaine, dis-je à Françoise, mon épouse.

— Tu n'as pas reçu mon télégramme ?

Gina avait dû comme à son habitude le réduire en charpie, mais je n'avais pas le cœur à lui faire des reproches. D'ailleurs elle était trop occupée avec Hélène, la plus petite :

— *How do you do* ? lui disait-elle.

Car Gina parle anglais quand elle est heureuse.

Françoise, éberluée, regardait autour d'elle et n'en croyait pas ses yeux.

— Tu as trouvé une perle !

— Une perle ?

— Jamais ménage n'a été si bien fait.

Madelon me cligna de l'œil pour m'indiquer qu'elle m'en laissait tout le mérite.

— Tu n'es pas arrivée hier heureusement. Si tu avais vu dans quel état c'était. Mais comme je venais juste de finir mon livre j'ai eu le temps de mettre un peu d'ordre.

Alexandre s'était déjà emparé de sa grand-mère et lui racontait des histoires sans queue ni tête qu'elle écoutait avec un sérieux de conseiller pédagogique.

Hélène avait abandonné sa leçon d'anglais pour interpeller la colombe de pierre perchée sur sa corniche. Elle tapait dans ses mains pour la faire s'envoler.

— Ce n'est pas une colombe comme les autres, dis-je. Elle ne s'envole que si on lui dit le mot magique... Je te l'apprendrai si tu es vraiment très sage.

Françoise me regardait avec étonnement :

— Tu as fait des progrès là aussi !

Marie, la plus raisonnable, avait rangé ses cahiers et ses livres pour aller se baigner dans la piscine le plus vite possible.

Ce fut une journée aux lèvres barbouillées de confiture. Une journée de rires, de cris, de genoux écorchés, de semi-noyades, de larmes vite séchées. La nuit vint, une nuit soyeuse et calme. Les enfants avaient fini par accepter de se coucher. Françoise parut :

— Ils veulent que tu leur racontes une histoire... Sinon ils ne s'endormiront jamais.

Je me sentis tout à coup paralysé par le trac.

Françoise m'avait pris la main et me souriait.

— Je crois que tu es prêt, dit-elle.

Alors j'ai pris une longue inspiration. Je suis entré dans la chambre et j'ai dit :

— Il était une fois un coq de clocher qui s'appelait Odilon...

L'HEURE D'ÉTÉ

Racine et Madame de Sévigné n'étaient pas d'accord sur le climat de la Provence. L'une le trouvait tout bonnement horrible et le faisait savoir au Tout-Versailles de l'époque. L'autre devenait notre meilleur agent de publicité en écrivant d'Uzès le plus bel alexandrin touristique qui se puisse trouver : « Et nous avons des nuits plus belles que vos jours ». Racine n'était sans doute pas resté assez longtemps pour apprécier nos sautes d'humeur météorologiques. C'est pourtant sa version qui l'a emporté.

Il est désormais entendu que la Provence est le pays où il fait toujours beau. Même dans l'œuvre de Pagnol, il ne pleut jamais. Cela fait des Provençaux, amollis par la douceur de l'air, des « feignants » exemplaires. Ils habitent un pays de Cocagne, une manière de Paradis terrestre, un cadeau du Bon Dieu où l'on parvient à oublier de mourir. A condition de se laisser vivre.

Un éternel été.

Il y a là un véritable tour de magie, un étrange phénomène d'hallucination collective. On ne voudra jamais croire qu'il pleut en Provence encore plus qu'à Paris (pas aux mêmes époques)... Les habitants sont bien obligés de le constater mais ils n'aiment pas parler de ce qui fâche pour ne pas décourager les touristes.

Les paysans se taisent. Ils sont trop occupés. Quand ils ne sont pas dans leurs champs à rentrer leurs récoltes, ils scrutent le ciel avec angoisse en priant pour que les orages du 15 août soient fidèles au rendez-vous. Les commerçants, qui font à la fois leurs vendanges et leur moisson au mois d'août, se reconnaissent à leur teint pâlot qui tranche avec le bronzage des estivants qui ont parcouru des centaines de kilomètres pour se transformer en Peaux-Rouges. Comme ils sont en vacances, ils ne s'aperçoivent pas que leurs hôtes attendent qu'ils soient partis pour prendre quelques jours de repos.

Ainsi se trace la vraie ligne de démarcation qui sépare les « nordistes » des « sudistes » et se creuse le malentendu qui fait croire de bonne foi à nos visiteurs que l'activité essentielle des Provençaux consiste à boire frais, à faire la sieste et à se chauffer au soleil. Si, par hasard, ils tombent sur un été pourri, ils se garderont bien de le reconnaître pour ne pas « perdre la face au retour ».

Après soixante-dix ans de Provence, ou plutôt deux cent quatre-vingts saisons au « pays du soleil », je me suis cru autorisé à faire part de mon expérience solaire. Elle ne risque pas de compromettre l'effort touristique régional mais au contraire d'inciter à déguster en connaisseur la fragile et somptueuse diversité de nos étés si longtemps attendus et si vite envolés.

J'ai cité Racine et Madame de Sévigné. Sur ma lancée, je vais mobiliser aussi l'Aigle de Meaux évoquant « la grâce inopinée d'un jour d'hiver ». C'est la grâce que je *vous* souhaite. Celle qui vous conduira chez nous pour découvrir la Provence et non pour confirmer les préjugés que vous avez à son égard.

A Joseph Delteil
et Alexandre Vialatte.

J'ai cherché à être vif, à être léger. Mais notre temps est pesant, très pesant.

LEONARDO SCIASCIA.

Je voudrais vous raconter la délicieuse agonie d'une guêpe dans une figue trop mûre.

Je voudrais vous raconter l'été.

Répétez avec moi :

L'été s'enfonce dans septembre avec ses grandes poussières, ses buées du matin et, le soir, ses parfums immenses d'herbes sèches, de pins, de rocailles brûlantes et de bois calciné...

Grandes poussières... parfums immenses... bois calciné... Les paroles et la musique sont d'Henri Bosco...

Aucun mauvais temps ne résiste à une telle incantation. Aucune détresse. Je me la récite souvent quand il pleut sur Paris, quand il pleure en mon cœur. L'été revient aussitôt. Souvent dans le ciel, toujours en moi-même.

C'est de cet été-là que j'ai l'intention de vous entretenir. Pas de ce produit sans saveur, de cette saison sans rossignols, sans fourmis, sans moissons et sans orages que les marchands de soleil sont en train de mettre au point dans leurs laboratoires.

De cet été dont je ne guérirai jamais parce qu'il me permet de vivre.

BORNAGE DU PROJET

Je parlerai surtout de l'été provençal. C'est celui que je connais le mieux et que je pratique avec le plus d'assiduité.

Il est d'ailleurs suffisamment riche et divers pour qu'une vie entière suffise à en épuiser les ressources. J'en laisserai pour les autres. Notre été abonde en « spécialités locales » et, s'ils s'affrontaient en une réunion de famille, les étés des Calanques, du Luberon, des Alpilles, de

Camargue ou de Crau, cela ne se passerait pas dans le plus parfait unisson. Ils se défieraient, pour le moins, à coups de citations poétiques.

Moi je les aime tous.

Je suis un insatiable dégustateur d'été. Je me promène en lui comme Stendhal dans Rome. Cette saison est une ville antique et noble dont on ne découvre pleinement l'unité qu'à la condition de savoir apprécier le charme singulier de chacun des quartiers qui la composent.

L'été m'aura donc pris beaucoup de temps. Je suis son humble serviteur, mais aussi son obligé reconnaissant. Il m'a fourni à l'avance l'épitaphe en laquelle se résumera l'essentiel de ce que fut ma vie. Je l'ai déjà commandée à mon ami Feuillas, tailleur de pierre à Fontvieille :

CE FUT UNE BELLE JOURNÉE

DE L'ENFER ET DU PARADIS

Il y a toujours un été quelque part. Mais la chasse à l'éternel été, qui est le passe-temps préféré des milliardaires, est un trompe-couillon à l'état pur. Une façon puérile de nier la mort qui a pour seul résultat de dessécher et de transformer prématurément en momies ceux qui croient allonger leurs jours en suivant le soleil à la trace. Cela leur dessèche aussi le cœur, car la satisfaction de savoir que les autres se gèlent pendant qu'on se réchauffe la carcasse, ne contribue guère à l'épanouissement des êtres.

En revanche, il y a des pays qui ont bien du malheur : ils n'ont pas d'été. Ils ne connaissent que deux saisons : la sèche et l'humide. Ce sont des endroits où on a toujours la chemise mouillée : par la pluie ou par la sueur. C'est normal qu'on n'y fasse pas de vieux os.

Il y a pire. Ce sont les régions où il fait nuit vingt-quatre heures sur vingt-quatre pendant huit ou neuf mois, et jour de minuit à minuit le reste du temps. L'été sous ces latitudes, c'est juste l'éclat d'un sein nu entre deux chemises de nuit. Le temps d'un lever de soleil entre deux casquamèches. Il y a de quoi vous rendre jobard dans les plus brefs délais. C'est d'ailleurs dans ces régions qu'il y a le plus de fadas au kilomètre carré. Les habitants se soignent en lisant tous les jours des chapitres entiers de la Bible, ou en absorbant des quantités surprenantes de boissons fermentées. Certains utilisent les deux thérapeutiques à la fois. Cela leur donne bonne mine, mais ils ne sont pas très gais. Et s'ils continuent de pratiquer la sexualité de groupe, c'est plus pour se réchauffer que pour faire connaissance. Il leur arrive de sortir la nuit en plein hiver, de descendre dans la rue et de casser tout sur leur passage. Après ils se sentent un peu désœuvrés et encore plus couillons qu'avant.

Je vous le dis sans vouloir offenser personne, ce n'est pas une vie.

Je sais de quoi je parle. J'y suis allé souvent, aussi bien chez les gens basanés du sec et de l'humide que chez les grands blonds qui mettent des lunettes aux verres fumés pour affronter l'éclat du soleil de minuit. J'y ai rencontré de très braves personnes. J'y ai même passé de très bons moments.

Je savais que je n'étais que de passage...

Mais le pire du pire, la désolation de la désolation, ce n'est ni à l'équateur ni au cap Nord que je les ai trouvés, c'est à Cuernavaca (Mexique). Pourtant la première impression n'est pas mauvaise du tout. Vous avez envie comme Moïse sur le mont Sinaï de dire :

— *Aqui sian ben...* Dressons là notre tente.

C'est d'ailleurs ce que j'ai fait, et ceux qui vous disent que la perfection n'est pas de ce monde ne sont jamais allés à Cuernavaca. Je ne vois pas ce qu'on pourrait trouver à redire au point de vue climat. Le ciel est toujours parfaitement immobile et parfaitement clair. L'air est léger, immatériel. Il fait de ceux qui le respirent des drogués légers. Les fleurs se renouvellent tous les jours et se cachent quand elles se fanent. L'altitude vous procure une exaltation douce. La température est constante. Tout se passe comme si elle était réglée en permanence par un infaillible thermostat cosmique. On ne sait exactement s'il s'agit d'un printemps qui ne se lasse pas de faire ses adieux ou d'un été qui vient d'entamer le premier morceau de son récital. Les nuits sont aussi belles que les plus beaux jours de Provence et, de surcroît, peuplées d'étoiles nouvelles...

Après quinze jours de beau fixe j'ai « décampé » rêvant de crachin, de brouillard, de bourrasques. Je sais maintenant, de source certaine, qu'Adam et Eve n'ont pas été « chassés » du Paradis terrestre. Ils s'en sont enfuis de leur plein gré, perclus d'ennui, tordus d'angoisse, épouvantés.

Les « Paradis », cela résiste un week-end, mais pas plus.

Et à la condition que la coopérante de service tienne la distance.

Les cocotiers, on a beau dire, on en a vite fait le tour.

A L'« ESPÈRE » DE L'ÉTÉ

Je ne sais pas depuis combien de milliers d'années je vis sous le régime des quatre saisons. Je n'ai pas voulu me renseigner. Il n'y a rien de plus inquiétant que la recherche des commencements. Cela vous amène tout de suite à penser que, s'il y a eu un début, il y aura une fin, que, si un équilibre est parvenu à s'établir, il demeure fragile, car il est lié à un certain nombre de conditions qui sont en train de se modifier.

— Il n'y a plus de saisons !...

C'est un soupir vieux comme les saisons elles-mêmes. Puissions-nous le pousser longtemps. Il témoigne qu'elles existent encore. Qu'elles se tiennent à peu près à leur place. Mais qu'elles se rendent de furtives visites buissonnières.

De l'hiver à l'hiver, l'été ne cesse de circuler.

En nous-mêmes d'abord où il est neuf ou dix mois par an un espoir. En provençal « espérer » signifie attendre. Nous passons la majeure partie de l'année « à l'espère » du soleil. Mais à peine est-il là que le voici déjà en train de devenir regret. Avant de recommencer à être une espérance.

Il circule, en Provence du moins, tout au long des mois et surgit à l'improviste. Pour nous faire patienter ou aviver en nous le remords de ne pas nous être suffisamment occupés de lui quand il était parmi nous.

Voici qu'en plein janvier les amandiers fleurissent inopinément au pied d'un Ventoux de neige et de glace. Il arrive. Il est là. Le printemps fait sonner ses lumineuses fanfares annonciatrices. Faux espoir. Fausse joie. Un manteau de vent, de froidure et de pluie retombe sur les arbres aux bourgeons subitement roussis et ratatinés par le gel.

Enfin le voici installé. Ou plutôt nous voici installés en lui. Une bouffée de vent d'est et c'est l'automne. Six jours de mistral et c'est l'hiver.

Puis il resurgit, l'œil brillant d'une discrète goguenardise.

On ne peut pas compter sur lui. Il faut le prendre comme il est et surtout quand il est là.

Cela réclame donc de la part de ses amoureux une attention de tous les instants, une vigilance de sentinelle perpétuellement prête à donner l'alarme. Quoi de plus déprimant que de s'entendre dire :

— Où étiez-vous dimanche après-midi ?

— Au cinéma !

— Vous ne savez pas ce que vous avez perdu. Il est venu nous dire bonjour. Et vous n'étiez pas là !

Pour guetter les passages de grives, nous avons en Provence nos « agachons », petits abris dissimulés sous les branchages. Nous sommes équipés également pour accueillir les visites imprévues de l'été, ce que Bossuet a appelé dans un moment d'inattention « la grâce inopinée d'un beau jour d'hiver », car si tous les étés sont trop courts, les beaux jours ne sont jamais vraiment finis. Pour n'en rien laisser perdre, nous avons inventé le « cagnard ». Si jamais l'été se montre, ne fût-ce que quelques minutes, sans s'être fait annoncer, il ne pourra pas vous échapper. Il est pris au piège.

Plus sûrement qu'une grive.

DES « CAGNARDS » EN GÉNÉRAL

Vous pouvez passer devant le « cagnard » le plus abrité du monde et ne pas vous en apercevoir. Il ne révélera ses vertus qu'à l'usage et sa capacité d'ensoleillement.

Bien sûr, vous pouvez en fabriquer un. Il marchera. Mais c'est un peu comme si vous me disiez que la daube qu'on fait dans une Cocotte-Minute est aussi bonne que celle qui a mijoté toute la nuit dans un toupin en terre d'Aubagne, de la braise à mi-ventre.

Ce n'est pas à vous de déterminer l'emplacement de votre cagnard. C'est au soleil de choisir l'endroit où il se sent le mieux. Un cagnard ce n'est pas un refuge où l'on attend l'autobus. On y attend Godot, ce qui est une ambition plus largement humaine. Les yeux mi-clos et à voix basse. Même à Toulon les *manfatori* ne clament pas leurs revendications à pleine voix. Ils les murmurent. Les *manfatori* ce sont les retraités de l'Arsenal. Ils se plaignent de ne pas toucher la totalité de leur dû :

— On m'a fait du tort, répètent-ils infatigablement. *M'an fa tor...*

Mais une fois acagnardé on se tait d'ordinaire pour mieux écouter le vacarme du vent au-dessus de sa tête. Ses intermittences, ses colères, ses renoncements et son soudain silence. Pour mieux apprécier cette brève rencontre avec un été qu'on voit passer comme la folle échappée d'un coureur cycliste qui se serait trompé de parcours. Des « occasions à profiter de suite ». Cet été, en vérité, ne s'attarde jamais. Il se montre, salue, disparaît. On essaie de le retenir. Parfois il se laisse fléchir et s'attarde en notre compagnie plus longtemps qu'il ne devrait. Mais après tout il n'a pas d'horaire fixe. Certes le trajet du soleil est aussi précis que celui d'une ligne d'autobus mais il lui arrive souvent de brûler des stations et de prolonger son arrêt dans d'autres. En fait, il n'a rien changé à son allure. Mais quand il se plaît quelque part, il le montre. Il se découvre comme quelqu'un qui se sent chez lui. Sinon il reste couvert et personne ne se doute qu'il a été dans la région.

Je ne sais pas comment cela se passe ailleurs. Mais en Provence nous entretenons avec le soleil des rapports humains. Quand il n'est pas là et que nous en avons besoin, ou simplement envie, c'est qu'il est fâché avec nous. J'étais allé un jour, au mois d'août, rendre visite à mon ami Fernandel, dans sa demeure de Carry-le-Rouet. Il faisait un temps plus proche de celui de la Laponie (du Nord) que de celui de la Provence maritime. Fernand avait une mine plus grise que le temps :

— Pardonne-moi, dit-il, tu as vu le temps qu'il fait ?

— Mais ce n'est pas de ta faute...

— Si...

Il considérait le rafraîchissement inattendu de la température comme un affront personnel que lui faisait le soleil.

C'est notre supériorité sur les cigales. Nous ne dilapidons pas l'été en une seule fois. Ils sont rares les jours de ma vie provençale où je n'ai pas eu ma ration d'été, si modeste soit-elle. Mais le cas où il serait totalement absent est prévu.

Supposez qu'un ami vienne vous voir, que le soleil boude obstinément, que le gel craque sous son pas. Pas d'affolement ni de mélancolie. Il y a toujours dans la cheminée quelques braises qui n'attendent sous la cendre que leur résurrection. Quelques brindilles de pin, un fagot de sarments de vigne, on souffle trois fois dessus et la flamme jaillit.

Cette flambée de l'accueil s'appelle une *regalido*. Cela vaut, dans le cœur et sur la peau, tous les étés du monde.

DE MES « CAGNARDS » PARTICULIERS

Apparemment rien ne les distingue d'un cagnard ordinaire. Je me suis bien gardé de les aménager, de les perfectionner, d'en faire des « cagnards tout confort ». Ils ne disposent même pas d'un banc. Ce luxe est pourtant toléré : un banc de pierre ou de bois le long d'un mur de pierres sèches n'est considéré par personne comme une preuve de perfectionnisme parisien.

Il se trouve simplement que mon jardin est niché dans une ancienne carrière de pierre (la terre, nous l'avons amenée à la brouette mon père et moi). Elle est coupée en son milieu par un mur de pierres sèches. Cela fait un périmètre biscornu, plein de creux et d'avancées où le microclimat pullule. J'ai donc à ma disposition, suivant les heures, et selon la force et la direction du vent, une dizaine de cagnards à ma portée. Je suis sans doute le plus petit propriétaire terrien de Fontvieille (douze mètres de largeur moyenne sur quarante mètres de long), mais en matière de cagnards je suis un nanti. Cela ne suscite aucune jalousie parmi la population locale. Au contraire. Je dois à mes cagnards une partie de l'estime que certains me portent. On pense que si le ciel s'est montré si généreux en ensoleillement pour quelqu'un qui ne séjourne que quatre ou cinq mois par an en Provence, c'est qu'il n'est pas devenu complètement parisien. Logiquement je n'avais pas droit à de tels bienfaits. On a dû me trouver en haut lieu des mérites qui m'échappent, mais qui doivent exister.

Je profite donc de mes cagnards avec modestie. Ils me donnent d'ailleurs l'exemple de la modération. Il n'y a rien de plus économique qu'un bon cagnard. Il n'a pas besoin de consignes officielles pour ne pas gaspiller son énergie calorifique. Il fonctionne comme un four solaire artisanal qui emmagasine toute la chaleur qui traîne et qui, sans lui, n'aurait profité à personne.

Mon cagnard, c'est une bonne ménagère qui met le beau temps en conserve et le ressort aux moments de disette.

BREF HOMMAGE, MAIS CHALEUREUX, EN FAVEUR DE MON AMI FRANÇOIS DU VIEUX-PORT

Vous ne l'avez pas connu. Moi très peu et au soir de sa vie. Il avait la beauté parfaite de ceux qui ont savouré toutes les secondes de leur temps et leur ont trouvé à chacune un goût différent.

Il avait écrit dans la vingtième année de son âge un roman qui rata le Goncourt d'une voix. Il n'en conçut aucun chagrin. Il accepta néanmoins, à l'invitation de son éditeur, d'aller passer vingt-quatre heures à Paris. Ce fut son seul séjour dans la capitale.

— Jeune homme, lui dit ce miraculeux mécène (dont la race s'est depuis éteinte), je n'ai pas l'intention de vous demander de « monter » à Paris.

— Vous perdriez votre temps...

— Je sais. Vous allez retourner chez vous, à Marseille. Pendant les deux années qui viennent je vous ferai parvenir une mensualité. Elle ne sera pas somptueuse, mais elle vous permettra d'écrire votre œuvre sans souci matériel. Quant au Goncourt, ne vous occupez de rien. J'en fais mon affaire...

François habitait sur le Vieux-Port. Il se levait tous les matins juste avant le soleil, pour ne pas en perdre une « goutte ». Car le soleil, qu'on se le dise, cela se boit.

Il ouvrait sa fenêtre et laissait flotter en lui les images que son écriture allait bientôt rendre captives. Elles s'ébrouaient, se bousculaient, turbulentes comme des fillettes qu'on n'a pas encore fait « mettre en rang » pour rentrer en classe.

Il s'installait alors à sa table de travail. Il n'y restait pas longtemps. Il retournait à sa fenêtre. Pour la fermer cette fois. Mais d'autres images l'attendaient, d'autres odeurs, d'autres bruits. Il avait la main sur l'espagnolette. Sa main ne lui obéissait plus et retombait. Il restait un instant au garde-à-vous devant la beauté de la mer et du ciel. Alors il s'accoudait sur le rebord, tous les sens en éveil. Il y est resté accoudé plus de soixante ans :

— Alors tu comprends, concluait-il, que dans ces conditions, je n'ai pas écrit mon œuvre. Je ne l'ai pas écrite, mais dans ma vie il a fait beau...

Je sais maintenant pourquoi le soleil se plaît plus volontiers en Provence que dans le reste de l'Hexagone.

Bien sûr, la situation géographique y est pour quelque chose. Pour presque tout peut-être. Mais je continue de penser que si l'été se plaît davantage dans nos régions que dans certaines autres, c'est qu'il y a chez nous des gens comme François, encore plus qu'ailleurs.

Des gens capables de sacrifier une carrière, l'argent, la gloire, au service de l'été.

L'HEURE D'ÉTÉ

A Saint-Expédit, qui se situe à la limite des Bouches-du-Rhône et du Vaucluse, il y a deux horloges : celle de l'église et celle de la mairie. D'aussi loin que les vieux se souviennent elles ne sont jamais tombées en panne, mais elles n'ont jamais marqué la même heure. La mairie est toujours en avance, l'église toujours en retard. Ne croyez pas cependant qu'il suffise de faire la moyenne pour avoir une heure approximativement exacte. L'avance de l'horloge laïque est en effet aussi imprévisible que le retard de l'horloge cléricale. Il y a parfois entre elles un écart de plusieurs heures et quand, d'aventure, leurs aiguilles se trouvent en même temps sur le chiffre XII, on est en droit de se demander s'il n'est pas minuit à l'une et midi à l'autre (ou inversement).

Heureusement, il y a Marius.

Ce Marius-là ne ressemble pas au Marius de Pagnol.

D'abord, il a fait « pour de bon » le tour du monde en bateau. Et si des circonstances indépendantes de sa volonté ne l'avaient pas écarté de la marine de guerre, il continuerait de sillonner les sept mers qui baignent les rives des terres émergées.

Car si Marius fut chassé de la « Royale », ce fut uniquement à cause de ses sentiments républicains. Certains affirment qu'il les avait trop vigoureusement manifestés à l'encontre de l'un de ses quartiers-maîtres. Certains prétendent même que ses convictions étaient si fortes que son supérieur dut à l'avenir porter un dentier. N'ayant pas été le témoin oculaire de cette controverse idéologique je ne peux faire état que de ce qu'on m'a rapporté. Je peux en revanche proclamer que j'ai beaucoup d'amitié pour ce Marius-là.

Dans son village toutefois, il était discuté. Il avait ses inconditionnels et ses contestataires. Mais depuis l'été dernier, l'unanimité s'est faite sur son nom. Le ministère de la Marine, après quinze années de réflexion et d'enquêtes, avait fini par reconnaître que dans le différend qui l'avait opposé à son supérieur les torts étaient partagés.

Qu'en tout cas, ce n'était pas lui qui avait frappé le premier. Il fut donc admis à faire valoir ses droits à la retraite et toucha un rappel de pension qui l'amena, du jour au lendemain, de la misère à l'opulence.

Cela faisait des années qu'il prélevait sur la communauté la minuscule part du poète. Jamais il ne mourut de soif. A Saint-Expédit, on est près de ses sous, mais on a la tournée générale spontanée. Pour la nourriture, cela devenait d'année en année plus difficile. Il avait depuis longtemps épuisé son crédit auprès des commerçants et survivait chétivement de braconnage, de champignons, d'escargots, de pignes de pin et de lait de bique. Pour le loyer, il n'avait aucun souci à se faire. Il habitait dans une grotte en compagnie d'un âne efflanqué, d'une chèvre bavarde, d'un chien jaune et de quelques poules aussi maigres que lui. Non seulement sa subite fortune ne lui tourna pas la tête, mais elle lui valut l'estime générale. Au lieu de se lancer inconsidérément dans la dépense, il rendit visite à tous les commerçants du village, et leur tint à peu près ce langage :

— Je crois me souvenir que j'ai fait quelques emplettes chez vous et que j'ai négligé jusqu'ici de les régler...

A quoi on lui répondait invariablement :

— C'est tristement vrai, mon pauvre Marius...

— Eh bien, voulez-vous me donner ma note...

Les commerçants n'en croyaient pas leurs oreilles :

— Tu parles sérieusement ?

— Mais oui. Je vous assure...

Il lui fallut une semaine entière pour régler toutes ses dettes. Sa dernière visite fut pour Mme Clamour, la buraliste, qui s'écria :

— Mais je te jure que tu ne me dois rien.

— Vous en êtes certaine ?

— Tu m'as toujours payée.

Alors Marius sortit les derniers billets qui lui restaient et dit :

— Dans ces conditions, je me crois autorisé à m'offrir une boîte de cigares...

Désormais Marius passa aux yeux de tous non seulement pour un homme honnête et plein de savoir-vivre, mais aussi pour quelqu'un en qui on peut avoir toute confiance.

On ne se doutait pas néanmoins qu'il ne tarderait pas à devenir un des éléments indispensables à la vie de Saint-Expédit...

Sa pension était mince, mais ses goûts modestes. Elle lui suffisait pour survivre. Il n'avait jamais été spécialement doué pour le travail. Il résolut désormais d'économiser ses forces. Et dès lors on put le voir, à longueur de jour, adossé à un pin, mâchonnant un brin de lavande et souriant à ses pensées. Deux fois par jour, il allumait un demi-cigare toscan noir, dur, noueux et d'odeur forte. A sa ressemblance.

De tout l'été il ne quitte pas son pin protecteur et se déplace sur les fesses en même temps que son ombre.

Il était devenu pour les habitants d'alentour un motif de promenade dominicale. On venait d'Avignon et même de Marseille le visiter comme un monument. Il fut inscrit sur le Guide bleu avec la mention « mérite le détour ».

Le restaurant de Saint-Expédit ne désemplissait pas pour les week-ends et Camille, le patron, venait en personne lui porter sur place ses deux repas quotidiens. C'était un homme qui savait rendre à Marius ce qui revient à Marius. Il avait été reconnu subitement d'utilité publique. On lui suggéra de laisser figurer son nom sur une liste électorale d'opposition. On alla même jusqu'à lui proposer le poste d'adjoint aux beaux-arts du loisir.

Il déclina cette offre. Il n'avait aucune envie d'être « réinséré » dans la société.

Il fit bien et son autorité morale s'en trouva accrue. Car on dut se rendre à l'évidence, il était devenu, sans rien avoir fait pour, le chef indiscuté d'une communauté dont il avait longtemps été le paria.

Car celui qui est le maître du temps est le maître des hommes.

A force de suivre au plus près le parcours du soleil, Marius s'était transformé en une manière de cadran solaire vivant.

Ses jambes fonctionnaient à la façon des aiguilles d'une montre et les habitants de Saint-Expédit avaient pris l'habitude de lire l'heure sur les semelles de ses vieilles chaussures à clous. Bien entendu ils continuaient de rater leur car et d'arriver en retard chez le médecin. Mais avec un décalage qui ne dépassait jamais le quart d'heure.

Ce qui, sous nos latitudes, est pratiquement négligeable.

En revanche, quand Marius allumait ses deux cigares quotidiens, il avait une précision de montre suisse. A la seconde près, il indiquait aux populations laborieuses de Saint-Expédit que le moment était venu d'aller prendre l'apéritif...

L'hiver il disparaissait dans sa grotte et ne reparaissait qu'au printemps. Et si je vous ai raconté cette histoire exemplaire, mais véridique, c'est pour que vous sachiez une fois pour toutes qu'en été, ce n'est pas sur votre montre qu'il faut lire l'heure. Il faut traiter directement avec le soleil ou avec un de ses intermédiaires agréés.

DE L'ÉTÉ INDUSTRIEL

L'été, comme tous les enfants naturels du ciel et de la terre, n'est pas un produit stable. Ce n'est pas, pour parler le langage des voyageurs de commerce, un « article suivi ». Il s'ingénie d'une année sur l'autre à n'avoir jamais tout à fait ni le même goût ni les mêmes couleurs. Il y a même des millésimes où il ne fait sur le marché qu'une brève apparition, où il demeure à peu près introuvable, où il ne se trouve en tout cas pas aux endroits où l'on a coutume de le rencontrer.

Il était donc fatal, tant sont énormes les intérêts en jeu, qu'on tentât de l'industrialiser, de le fabriquer en série pour ne pas décevoir son innombrable clientèle. L'été représente une valeur en pleine expansion.

Malheureusement, plus il enrichit les promoteurs, plus il s'appauvrit. Il s'est vidé, ou plutôt on l'a vidé, pour être plus aisément et plus fructueusement négociable, de l'essentiel de sa substance. Les agences de voyages ont mis au point à notre usage un été synthétique. Manufacturé pour pouvoir être facturé. Un été vendu sur plan. Sous forme de dépliants publicitaires.

On a fait de l'été une carte postale en couleurs. Un objet de consommation qui se présente sous différents emballages, comme un produit pharmaceutique, mais c'est toujours le même soleil qu'on vend et ses prix ne cessent de monter. On ne veut que du premier choix, du beau fixe garanti par contrat. Déjà les marchands d'été les plus ingénieux promettent de rembourser les journées dont l'ensoleillement n'aura pas été conforme aux normes fixées par le syndicat d'initiative.

On le livre sans trace de vent ou de pluie, sans parasols qui s'envolent, sans voitures qui se noient ou caves qui s'inondent, sans mouches, sans moustiques, sans guêpes. Sans bêtes à bon Dieu. Sinon il ne ferait pas rentrer suffisamment de devises pour équilibrer la balance commerciale des pays producteurs. Le soleil, ce n'est pas comme les bananes : cela ne s'exporte pas. Il faut venir le consommer sur place.

En somme, l'été industriel est devenu fonctionnel comme une lampe à bronzer. Ses jours doivent être parfaitement identiques les uns aux autres pour qu'il puisse conserver son homogénéité. On l'a rendu « stérile » comme une chambre pour opéré du cœur.

Maurice Rostand a écrit que, sans le soleil, « les choses ne seraient que ce qu'elles sont ». C'est encore plus grave. Sans le soleil, les choses ne seraient pas du tout. Et voici qu'on ne lui demande plus qu'un seul service : laisser sur la peau quelques traces vite effacées. Il n'a plus pour mission de nous transformer, de nous « mûrir ». Il ne dépose en notre corps et notre esprit aucun souvenir, aucun espoir, aucune chrysalide. Nous en sortons tels que nous y sommes entrés. Le prince des métamorphoses réserve ses miracles à d'autres que ceux qui n'attendent de lui qu'un maquillage éphémère.

S.O.S. ÉTÉ

Est-ce l'âge, et moi qui perds de ma chaleur ! Je n'en suis pas sûr. D'ailleurs les savants me donnent raison : la terre se refroidit vraiment, et l'été, comme la mélancolie, n'est plus ce qu'il était. D'ailleurs plus personne, même sous les tropiques, ne porte le casque colonial.

Les savants me donnent raison, mais ils emploient d'autres arguments que les miens. Peu importe, puisque nous arrivons à la même conclusion : l'été dépérit. Moi je dis que c'est parce qu'on l'exploite, qu'on l'épuise, qu'on le condamne aux travaux forcés.

Il doit désormais fournir ses quinze heures de soleil par jour (surtout le dimanche) pour répondre à la demande et rester fidèle à son image de marque la plus rentable. Il est voué aux cadences infernales, au rendement accéléré.

Ce qui me choque surtout, c'est la désinvolture avec laquelle le traitent ceux qui bénéficient de ses bienfaits. Même une femme de journée d'avant les conventions collectives de 36, même un colonisé, même un esclave ont toujours été considérés avec plus d'égards.

— C'est vous l'été ? Ce n'est pas trop tôt. J'ai failli attendre. Et d'abord, où est votre soleil ? Déjà couché ! naturellement. Dites-lui bien qu'il soit là demain matin à cinq heures quarante et une. Je ne serai pas levé, mais lui doit l'être. C'est marqué sur le calendrier. Et qu'il reste à ma disposition jusqu'à vingt et une heures dix-sept. Sinon je me plaindrai à mon agence...

Il doit être à tout instant à la disposition du client, et au mieux de sa forme. Sa vie est celle d'un chanteur de charme en tournée qui donne un gala chaque jour, mais dont l'imprésario empoche toute la recette. Spectacle permanent. Ni entracte ni pause café. Si on pouvait, on lui demanderait de faire des heures supplémentaires. Le projet est d'ailleurs à l'étude. Mais ça coûtera plus cher.

Cela ne pouvait pas durer. L'idée que le soleil brille pour tous est absolument contraire aux lois du marché. A quoi rime ce produit qui refuse d'obéir aux règles de l'offre et de la demande, qui se donne également à tout le monde, sans distinction de fortune, de classe ou de rang ?

Le soleil a été longtemps la chose du monde la plus irrégulièrement répartie du point de vue géographique, mais la plus également partagée entre les hommes. Il suffisait d'être là où il se trouvait. L'expression « faire sa place au soleil » donnait pourtant déjà à réfléchir. On pensait toutefois qu'il fallait la prendre au sens figuré. Qu'il s'agissait de jouer des coudes, des ongles et des dents pour arriver au premier rang, pour se hisser dans sa hiérarchie professionnelle.

L'expression a réintégré son sens propre depuis pas mal de temps déjà. Cet été qu'on nous fabrique devient de plus en plus un luxe de riches. Ou plutôt il y a un été pour pauvres et un été pour riches. Vous connaissez bien sûr l'histoire édifiante du roi de la pince à épiler. A moins que ce ne soit le roi de la pelle à tarte... Peu importe. C'est une histoire qu'on peut faire durer très longtemps, mais je la réduis à l'essentiel.

Le roi en question décide d'aller passer un week-end à Acapulco. Malheureusement le sable est doré. Or il n'aime que le sable blanc. Qu'à cela ne tienne, on lui en fait venir quelques tonnes des Bahamas. Malheureusement la villa qu'il a louée pour trois mois et qu'il n'occupera que pendant quarante-huit heures est meublée dans le style d'Isabelle la Catholique. Or le roi n'aime que le Regency. Qu'à cela ne tienne. On achètera le nécessaire chez Sotheby à Londres et on le fera livrer par cargo spécial. Restent deux ou trois détails à régler : le lait qui doit avoir été trait le matin même en Suisse, l'eau qui ne saurait être qu'auvergnate, les orchidées en provenance de Guyane hollandaise bien entendu. Baste ! Les avions à réaction sont faits pour ça.

Tout est donc en ordre.

Non. Le roi ne sera pas content. Il ne supporte le ciel bleu qu'à la condition que tous les jours, à midi juste, apparaisse au zénith un petit nuage parfaitement blanc et parfaitement rond. Après tout, il suffit de téléphoner au président des États-Unis qui enverra tous les jours un chasseur des U.S. Air Forces pondre son petit nuage. Il faut bien que les Air Forces servent à quelque chose en temps de paix.

Le roi peut arriver.

Il arrive. Son regard se pose sur le sable blanc des Bahamas, les commodes Regency de Sotheby, le pot à lait de l'Oberland bernois, l'eau pure du plateau de Millevaches, les orchidées de Guyane néerlandaise. Son visage n'a pas bronché. Il renverse sa tête en arrière. Dans le ciel parfaitement bleu, il aperçoit le petit nuage parfaitement blanc et parfaitement rond. Alors il consent à ébaucher l'ombre du commencement de quelque chose qui ressemble à un projet de sourire.

Et il dit :

— Au fond, c'est très simple la vie...

Évidemment, tout le monde ne peut pas avoir avec l'été de telles exigences. Mais interrogez les gens. Ils se classent en deux catégories. Ceux qui vous diront, même (et surtout) si ce n'est pas vrai :

— Formidable ! Grand beau temps tous les jours.

Les plus subtils ajouteront pour faire plus vrai :

— Si, un matin, il est tombé quatre gouttes, mais trois fois rien...

Et il y a ceux qui diront :

— Une vraie catastrophe. Un été pourri. Nous n'avons pas pu mettre le nez dehors une seule fois...

Ces gens-là feraient mieux de rester chez eux. Ils ne vont pas à la découverte de l'été. Ils croient savoir tout de lui avant de partir et ne font des centaines de kilomètres que pour vérifier une idée préconçue. Ils ne sauront jamais que l'été est une fête dans la mesure où le programme des réjouissances n'est jamais fixé à l'avance.

Je comprends maintenant pourquoi l'été si souvent boude. Il fait de l'absentéisme. Il risque un jour de se mettre en grève. Par dignité. Il est temps de lui faire savoir qu'il peut compter sur notre soutien absolu.

PETITE FABLE SOLAIRE

Le bar *Le Peano* à Marseille fut, pendant des années, un des séjours préférés de l'été. En toute saison. A cause bien entendu des toiles ensoleillées que les peintres provençaux y exposaient en permanence. Mais aussi, et surtout, par la grâce de Lucien son barman.

Il avait pourtant un maintien plein de réserve et son visage était empreint, en permanence, d'une austérité proche de la mélancolie.

Il était toutefois, en toute circonstance, d'une extrême courtoisie. On lui aurait donné un pourboire rien que pour le plaisir de l'entendre dire « merci ». Il n'y mettait aucune servilité, mais sa dignité sans raideur incitait à la générosité. Il devait gagner presque autant que son patron. Quand un client se montrait particulièrement généreux, il amorçait une inclinaison de tête, esquissant un sourire, et disait avec une sobriété chaleureuse :

— « Gâté »...

Abréviation pour :

— Vous me gâtez vraiment beaucoup...

Parfois, et même souvent, le montant de la gratification se révélait supérieur au montant des consommations. Lucien déployait alors un sourire qu'il tenait en réserve pour les grandes occasions et dont on ne l'aurait pas cru capable. Un sourire qui illuminait non seulement *Le Peano*, mais le cours d'Estienne-d'Orves tout entier, et remontait tout le long de la Canebière presque jusqu'aux Réformés. Un seul mot s'épanouissait sur ses lèvres :

— Soleil !

Pour l'entendre dire « soleil » et le voir se transformer en soleil lui-même, les clients n'hésitaient pas à remettre en circulation l'argent qu'ils venaient de gagner au tiercé. Certains sont allés jusqu'à écorner leur part d'héritage.

De « soleil » en « soleil » Lucien a fini par disposer d'un capital qui lui a permis de se rendre acquéreur d'un petit bar du côté de Saint-Louis-des-Aygalades. Ce n'était pas tout à fait le bar de ses rêves. Il avait notamment un grave défaut : toute la journée il était à l'ombre du viaduc. Mais pour la somme dont il disposait, il n'avait pas pu trouver mieux.

Son bar néanmoins ne désemplit pas.

Ce qui prouve qu'en Provence, quand le soleil ne se montre pas en vitrine, il se trouve à l'intérieur.

« SOL Y SOMBRA »

Je suis d'un pays où l'on passe à l'ombre aussi souvent qu'on en a l'occasion. D'un village où les paysans n'exposent au soleil que leur nuque et leurs poignets. D'une région où le short est encore considéré par une partie importante de la population comme un vêtement aussi ridicule qu'exotique et où les vieilles continuent de mettre des capelines noires, comme on n'en porte plus que dans l'Armée du Salut, quand elles vont aux champs cueillir les haricots ou les petits pois.

Les tomates et les melons peuvent se permettre d'avoir avec le soleil des rapports directs. Mais les êtres humains doivent se montrer avec lui beaucoup plus circonspects. « La vigne aime regarder l'eau, mais non y mettre le pied », affirme un proverbe du Bordelais. Telle doit être notre propre conduite avec le soleil, si nous voulons en éprouver les bienfaits. Sans aller aussi loin dans la prudence que les « peseurs jurés » du port de Marseille, qui n'avaient de brunie que la main droite, celle qui tenait le crayon (la gauche restant à l'abri de la reliure entoilée du registre des charges), il faut bien admettre que le soleil réussit mieux aux vieilles pierres qu'aux jeunes peaux. Il les dore, les patine, les réchauffe comme des fruits à qui il faut des siècles pour arriver à maturité. Seuls les astronomes le regardent en face. Nous nous intéressons, nous, à ses talents de prestidigitateur à transformation, mais nous ne cherchons pas à comprendre ses tours. Avec trois cailloux, deux brins d'herbe et une flaque d'eau, il crée un paysage qu'il ne cesse de détruire pour le recomposer.

Ne croyez pas que si, dans les arènes, les places côté *sombra* coûtent deux fois plus cher que du côté *sol*, c'est qu'il y fait plus frais. Non. C'est le côté où il fait chanter les couleurs. De l'autre, il les a mangées...

BREF DÉTOUR PAR BALI

C'est à Bali qu'on sait le mieux « pratiquer » le soleil. On lui demande non seulement de rythmer les travaux, les loisirs et les rites, mais aussi de fournir aux indigènes comme aux touristes ses deux grands spectacles quotidiens.

En l'occurrence il n'a rien changé à ses habitudes. Il se déplace comme ailleurs et au même pas d'est à l'ouest. Cela s'appelle ici « aller de Sanur à Kuta ». C'est à Sanur, la plage huppée, qu'il se lève, à Kuta, la plage hippie, qu'il se couche.

Je ne dis pas que c'est à Bali qu'il donne le meilleur de lui-même et que ses couchers ou levers ont plus de majesté qu'ailleurs. Je dis simplement que c'est le seul endroit du monde où tous les jours des milliers de personnes parcourent à pied, à bicyclette, à moto, en *rickshaw*, en car, en camion, en voiture américaine, les seize kilomètres qui séparent les deux plages. Les spectateurs se rendent à l'office du matin et du soir avec l'avidité fervente de pèlerins qui ont bravé mille périls pour assister à une apparition miraculeuse. Ils sont là bien avant l'heure, accoudés sur le sable, enveloppés de nuit transparente, bercés par le ressac, attendant avec une certitude angoissée que le rideau se lève. Atmosphère de grande première à chaque aurore, de soirée d'adieux à chaque crépuscule.

On parle à voix basse comme dans un temple. On converse en psalmodiant. Une lueur à l'horizon impose le silence. Fausse alerte. L'énervement gagne les fidèles. Comment sera-t-il ce matin ? Va-t-il réussir son entrée ? Sera-t-il aussi bon qu'hier ? Tu te souviens, Artama, de ce lever de soleil du 12 septembre dernier ? Et s'il ne venait pas, s'il changeait d'avis. S'il s'était trompé de chemin. S'il était parti pour d'autres cieux...

On joue un peu à avoir peur. On sait que s'il se fait parfois désirer, il remplit toujours son contrat biquotidien. Le soleil est le plus grand auteur-acteur-metteur en scène du monde. Il est son propre ensemblier, accessoiriste, maquilleur. Reconnaissons-le, il est assez cabot. Jacques de Bourbon-Busset a écrit quelque chose là-dessus. Je vais le rechercher pour vous... Voilà :

> *Tous les soirs le soleil recommence derrière la colline de Saint-Barthélemy son numéro de suicide. Le vieil acteur sait se renouveler. Tantôt ce sont de longues bandes mauve et orange, tantôt des triangles roses cachés sous des nuées lamé or, tantôt des serpents verts qui s'enroulent et s'étirent, tantôt (et c'est le plus efficace) une mare de sang.*

A Bali, le vieux ringard fait un tabac dans son numéro d'agonie. Il donne le maximum car il a affaire à un public d'aficionados. On croit connaître tous ses « effets ». On a le sentiment qu'à force de se répéter, il ne pourra plus rien inventer de nouveau. Or tous les matins et tous les soirs, sur un canevas auquel il ne peut rien changer, il arrive à se renouveler perpétuellement. Il n'a pourtant que les sept couleurs du prisme à sa disposition, son horaire est fixé à la seconde. C'est sans doute la raison pour laquelle il ne cesse de se surpasser. Les grands artistes ont besoin d'étroites contraintes pour donner la mesure de leur génie.

LA MINUTE DE GLOIRE DE L'OBSCUR CHAUSSABEL

J'ai suivi jadis le Tour de France cycliste. Je ne saurais vous préciser en quelle année ni même vous citer le nom du vainqueur. Je me souviens, en revanche, parfaitement de Chaussabel, coureur de mince notoriété dont je m'étais fait spontanément l'historiographe. Son coup de pédale n'était pas irrésistible, mais il avait une conversation pleine de verve et de primesaut. Nul ne s'en étonnera. Il était marseillais depuis plusieurs générations.

Malgré la propagande écrite et parlée que je menais en sa faveur, il n'avait que rarement les honneurs du communiqué. Il advint cependant qu'il faillit gagner une étape et ne fut battu au sprint que d'une demi-roue.

L'arrivée se jugeait à Marseille. Le parcours ne présentait pas de difficultés majeures. Il comportait toutefois la traversée de ce qu'on appelait à l'époque l'« enfer de la Crau », qui se révéla, cette année-là encore, plus meurtrière que d'habitude. Plusieurs coureurs furent victimes d'insolation partielle.

A l'arrivée Chaussabel était entouré par les journalistes davantage que le vainqueur de l'étape. En ces temps très anciens, la télévision n'existait pas, mais la radio avait déjà des millions d'auditeurs. Le prince des radioreporters se nommait Georges Briquet. Il savait son métier. Dès les premières répliques, il comprit qu'il tenait en Chaussabel une vedette à part entière. Il était bien plus à l'aise sur les ondes que sur la route. Il s'exprimait avec aisance et naturel. Son accent faisait merveille. Il manifestait en outre une réelle modestie qui ne pouvait que le rendre populaire.

— Comment se fait-il, lui demandait Briquet, qu'on ne vous ait pas remarqué plus tôt ?

— C'est que les autres sont plus forts que moi !...

— Je suis sûr que vous avez voulu accomplir un exploit pour votre passage à Marseille ?

— Non, je ne l'ai pas fait exprès.

— Avouez que vous vous étiez spécialement préparé.

— Non, j'ai couru comme d'habitude. Je ne suis pas un tacticien. Quand il y a une échappée, je saute tête baissée sur la première roue à laquelle je peux m'accrocher. Je ne relève la tête qu'à l'arrivée. Juste à temps pour m'entendre dire : « Tu es soixantième. » Cette fois, quand j'ai relevé la tête, on m'a dit : « Tu es second. » Je n'avais rien changé à ma façon d'agir, mais j'avais, par hasard, pris la bonne roue.

Le reporter, ravi, ne se décidait pas à laisser partir un garçon aussi sympathique et bien disant :

— Reconnaissez, dit-il, qu'aujourd'hui vous aviez un allié de taille.

Chaussabel se méprit sur le sens des paroles du reporter. Il crut qu'on lui reprochait de s'être fait « tirer » par un complice. Il ne se mit même pas en colère.

— Vous savez, dit-il, je ne suis pas riche et nous sommes une toute petite équipe. Le premier au classement général est cinquante-quatrième, alors je ne vois pas qui aurait bien pu me donner un coup de main.

— Je parlais du soleil, précisa Briquet. A Marseille, le soleil vous connaissez.

Chaussabel ne put s'empêcher d'éclater de rire :

— Oh ! dites, monsieur, ça ne va pas dans votre tête ! D'abord du soleil à Marseille, il n'y en a pas tous les jours et, quand il se montre, moi je change de trottoir...

Ajouterai-je, sans vouloir me mettre en avant, que si je suis revenu de ce Tour de France bronzé, ce ne fut que d'un seul côté du visage. Celui qui reste exposé au soleil pendant la sieste en voiture décapotable.

Cela s'appelle limiter les dégâts.

DU BON USAGE DES NUITS D'ÉTÉ EN MILIEU URBAIN

Ma maison d'Arles n'a que deux étages. L'hiver nous nous groupons au second qui est naturellement réchauffé par le rayonnement solaire des toits environnants. Soyons honnête. Il y a aussi le chauffage central. Nous ne l'allumons qu'en cas de nécessité. Quand la chaleur emmagasinée par les épais murs de pierre est sur le point de s'évaporer complètement. C'est autant par souci de bien-être que d'économie.

Le premier étage convient aux saisons intermédiaires : automne et printemps. Il comporte essentiellement une pièce, mais elle est suffisamment vaste pour disposer de plusieurs régions climatiques. Nous choisissons, suivant les jours et les heures de la journée, celle qui correspond le mieux à nos occupations ou à notre état d'esprit.

En été, nous sommes rarement à la maison, mais si quelque obligation nous contraint à nous enfermer, nous choisissons les pièces du rez-de-chaussée. Elles sont obscures et fraîches comme un sous-bois.

La nuit nous trouve rassemblés dans la cour intérieure. Le « patio » si vous préférez. Un jour j'y ferai installer un jet d'eau uniquement pour la musique de la retombée des gouttelettes dans la vasque. Au fur et à mesure que le soir s'étale, les touffes de chaleur qui s'accrochaient de-ci de-là aux murs moussus se sont envolées. Nous parlons à voix basse sous le vélum soyeux d'un ciel parcouru d'étoiles filantes.

Souvent nous allons rejoindre ceux qui, ne disposant pas de cour intérieure, se sont installés sur le pas de leur porte et devisent de seuil à seuil jusqu'à une heure avancée de la nuit. Je suis en effet d'une ville dont les rues sont si étroites qu'on peut, en allongeant le bras, se serrer la main d'une fenêtre à l'autre. La palabre nocturne fait un bruit de messe basse, troublée parfois d'un grand rire qui illumine la nuit comme un éclair de chaleur. Depuis longtemps les télévisions se sont éteintes. Parfois un grillon égaré se mêle à la sourdine des mots.

Les enfants se sont endormis sur les genoux de leur grand-mère...

Telles furent les nuits enchantées de mon enfance. J'ai le sentiment que depuis un an ou deux elles sont en train de ressusciter. Je n'ai donc pas vraiment rêvé. De toute façon, qu'est-ce que ça peut faire puisque c'est sur le souvenir de ce paradis perdu, et peut-être bientôt retrouvé, que j'ai bâti ma vie ?

DES DANGERS QUE LA CLIMATISATION FAIT COURIR A L'AVENIR DU MONDE

Je ne suis pas passéiste au point de considérer la climatisation d'un immeuble comme un gaspillage d'énergie ou une agression délibérée contre l'ordre naturel des choses. Je ne vois aucun inconvénient à ce que l'homme aménage le monde au mieux. Mais quand le Climatiseur triomphe, l'été disparaît sous les gadgets destinés à l'améliorer.

« L'enfer, a écrit Jean Rostand, c'est quand tout sera parfait. » Le monde ne demeure vivable que s'il conserve une part d'approximation. La vie n'est pas un costume sur mesure. Il n'est pas forcément bien coupé. Mais c'est celui dans lequel on se sent bien. Personne ne l'a dessiné ni taillé à votre place. Ce sont vos propres mouvements qui ne cessent de le façonner. Il est devenu pour vous comme une deuxième peau.

On m'a rapporté que le cinéaste italien Lattuada avait installé dans son appartement à Rome toute une série d'appareils de mesure ultrasensibles : température extérieure, degré d'hygrométrie, pression atmosphérique, vitesse du vent, élasticité du terrain, physionomie du ciel. Avant de sortir, il consultait minutieusement ce tableau de bord. On m'a affirmé qu'il disposait de plus de trois cents costumes, chapeaux, chemises, slips, tricots de corps, paires de chaussettes ou de chaussures. Tous différents de poids, de forme, de matière. Il ne prétendait pas être un arbitre des élégances, mais il tenait à être en permanence en parfaite harmonie avec le monde extérieur.

Ce qui l'amenait à repasser chez lui plusieurs fois par jour pour se changer. Et ne l'empêcha jamais de s'enrhumer aussi souvent que n'importe lequel, bien qu'il fût devenu le parfait ordinateur de soi-même.

C'est ce qui m'inquiète dans cette civilisation dont le Climatiseur est le fourrier : elle fait de nous des perfectionnistes. Vivre est un art qui ne doit jamais se laisser emprisonner par sa technique. La vie est un slalom mais qui ne se dispute pas au centième de seconde, où il n'est pas interdit de tomber, où l'on peut « rater » une porte si l'on n'a pas envie de la prendre.

Avant de se plonger dans la mer, il n'est pas interdit de demander :

— Comment est l'eau aujourd'hui ?...

Cela vous procurera le plaisir de vous entendre répondre :

— Bonne.

C'est tout ce qu'on lui demande. Le thermomètre n'ajouterait rien de plus à votre bonheur. L'invention de la baignoire a été une bonne chose et la multiplication des piscines une noble conquête de l'homme. Leur eau, en toute saison, a la même température, la même composition, garantie sans microbes.

Mais pendant ce temps, la mer meurt..

ESCALE SUR LA MER NOIRE

Il y a une quinzaine d'années je me trouvais en Bulgarie, à Droujba exactement, sur les rives de la mer Noire. D'un escarpement d'une trentaine de mètres, tombait une cascade drue d'eau tiède et jaunâtre (sulfureuse, appris-je par la suite) qui rebondissait sur les rochers avant de se perdre librement dans la mer. Un groupe joyeux était aggloméré en permanence au pied de cette source jaillissante. Les jeunes, directement sous le jet, s'agrippaient les uns aux autres pour ne pas tomber et poussaient des clameurs. Plus loin de robustes paysannes, bougresses en culotte et soutien-gorge, pataugeaient dans les creux en devisant et riant.

J'ai passé, tantôt quasi assommé par la chute d'eau, tantôt étalé dans une flaque comme un veau marin, quelques journées fort inoubliables. Des journées de nature, de soleil et d'eaux vives. Mais aussi des journées de chaleur amicale.

Je n'entends pas le bougre, mais nous nous comprenions très bien. Nous échangions, jeunes et vieilles, des sourires, des loukoums, des tapes dans le dos. Nous nous étions inventé un sabir où entrait de l'italien, de l'anglais, du germanique et même de l'arabe parlé et du grec ancien. On m'offrit des tranches de pastèque. On admirait ma montre qui résistait à l'eau de mer.

Ce fut l'un de mes étés les plus harmonieux. Ma femme et mes enfants, nageurs de haute mer et découvreurs de monastères, finirent par me rejoindre. Nous partageâmes les fromages de brebis, la viande séchée, les fous rires, et la slibova tiède.

Nous sommes retournés à Droujba il y a deux ans. La cascade avait disparu. Du haut de l'escarpement, nous parvenait la musique d'un pick-up tonitruant. Nous gravîmes la pente escarpée. Sans effort : on y avait construit un escalier.

Sur le plateau, en bordure de forêt, un petit village de ciment avait surgi, entourant une piscine d'eau tiède et jaunâtre. La cascade était devenue station thermale. Nous avons acquitté le droit d'entrée. Je me suis allongé sur la pelouse. Un gardien m'a regardé sévèrement en désignant les chaises longues. Nous ne nous sommes même pas baignés.

Il faisait très beau, mais le pick-up hurlait. Ma femme n'a pas voulu vendre son maillot de bain. Pourtant, on lui proposait de le payer en dollars. Nous avons voulu boire une slibova. Il n'y avait que du Coca-Cola glacé...

SIMPLE RÉFLEXION DONT JE ME DEMANDE SI ELLE N'EST PAS PLUS PROFONDE QU'ELLE N'EN A L'AIR

Ceux qui l'ont approché affirment que le président Nixon ne pouvait faire de haute politique qu'au dernier étage des hôtels à deux cents dollars la suite climatisée.

Les *pent houses* sont de bons endroits pour tenir conseil d'administration et répartir des dividendes.

On s'y prépare cependant mal à imaginer les fournaises extérieures. On les oublie. On finit par en nier l'existence. On crame pourtant aussi bien dans un immeuble parfaitement climatisé que dans un autre. La situation n'a guère évolué depuis le Moyen Age où les nantis croyaient éviter la peste en grimpant sur la plus haute terrasse de la cité.

Plus sage me paraît être l'attitude de ce maréchal-ferrant breton que j'ai vu un soir à la télévision. Il ruisselait de sueur devant sa forge. Son questionneur tenta de se montrer humain :

— Vous n'avez pas trop chaud ? s'enquit-il poliment.

— Je suis bien, lui fut-il répondu. Je baigne dans l'huile.

Quant à mon ami Coco, clochard sous le pont Marie, dont je m'étonnais qu'il n'attrapât jamais de pneumonie par les plus basses températures, ce fut mon étonnement qui l'étonna. Il me montra l'enduit de crasse craquelé qui lui obstruait les pores et lui vernissait la peau.

— Je ne risque rien, dit-il, je suis devenu complètement isotherme.

Il y a plus de ressources naturelles en l'homme qu'on ne le pense.

La sieste notamment fait partie de ces réflexes qui permettent à l'organisme de s'adapter, sans apport d'énergie extérieure, à la canicule que l'été, parfois, comporte. Mais il s'agit d'un art qui, sans être véritablement tombé en désuétude, n'est plus pratiqué avec toute la subtilité qu'il requiert.

Je ne demande pas vraiment qu'on me considère comme un bienfaiteur de l'humanité. Mais j'ai en ce domaine une expérience si étendue et si variée que je crois, en écrivant les pages qui vont suivre, apporter une contribution qui n'est pas négligeable à l'amélioration de la race humaine.

DE LA SIESTE EN GÉNÉRAL

Question. — Peut-on remplacer la sieste par la grasse matinée ?

La réponse est : « Non, Votre Honneur ! » Un non catégorique et définitif.

Question. — Peut-on mener de front la pratique de la sieste et celle de la grasse matinée ?

La réponse est : « Si on le peut, on le doit. »

Question. — La pratique de la sieste méridienne ne risque-t-elle pas de nuire au repos nocturne ?

Je laisse André Gide répondre à ma place : « Mes siestes, écrit-il, durent parfois près de deux heures, sans préjudice aucun pour le long sommeil de la nuit. »

La notion de sommeil, qui est *l'état de l'homme pendant l'assoupissement naturel de tous ses sens*, et celle de sieste sont essentiellement différentes et la formule traditionnelle : « Une bonne sieste et au lit » ne doit pas être prise pour une simple boutade. Elle indique au contraire que la sieste est la meilleure préparation au sommeil, qu'elle annonce et prépare.

Une manière de répétition générale, une séance d'entraînement. Le sommeil est trop important dans la vie d'un homme pour qu'on le livre en permanence aux hasards de l'improvisation.

Il s'agit d'une ascèse. Mais il n'y a pas de raison pour que les exercices spirituels qu'elle impose soient pénibles pour être efficaces. Le stoïcisme et l'épicurisme ne sont pas des ennemis. Ils se sont simplement partagé la besogne.

TEL EST L'ADMIRABLE FONFON

Certains esprits mal intentionnés, ou simplement mal informés, voient dans le recours à la sieste un des symptômes les plus indiscutables de la prétendue paresse méridionale.

Un seul exemple doit suffire, s'ils sont de bonne foi, à leur ouvrir les yeux : celui de Fonfon, l'illustre cuisinier du *Vallon-des-Auffes* à Marseille. Ce citoyen exemplaire mérite de passer à la postérité, non seulement pour la qualité de sa bourride et de sa bouillabaisse, mais pour une inoubliable réplique que tous les Marseillais ont fini par connaître, car il la répète tous les jours depuis quarante ans, entre quinze heures et quinze heures trente :

Le « coup de feu » est passé. Il n'y a plus que quelques clients assoupis dans la salle de son restaurant. Fonfon va et vient, les mains derrière le dos, l'air bougon.

Soudain il regarde sa femme d'une prunelle alanguie. Elle ne lève même pas les yeux des dernières additions qu'elle est en train de rédiger. Il lui a déjà joué la scène des milliers de fois :

— Chérie, dit-il, tu me connais... Tu sais que je suis incapable de rester sans rien faire... Alors je vais m'allonger un moment.

Aucune force au monde, une fois sa décision prise, ne saurait l'empêcher de passer aux actes.

TEILHARD DE CHARDIN AVEC NOUS !

Vous n'êtes pas encore convaincu, je le sens. Vous hésitez à considérer la sieste comme la forme la plus achevée de l'activité contemplative. Appelons donc Teilhard de Chardin à la rescousse, adepte à la fois de la sieste et de la grasse matinée.

Je le cite :

« Ma puissance de réflexion double dès que je suis allongé. »

Il s'est pourtant levé dès sept heures pour dire sa messe. A huit heures on le retrouve dans son lit, les yeux clos, mais le regard intérieur obstinément fixé sur le point oméga. Il ne se relève que pour noter les résultats de sa grasse matinée de méditation.

Dès son frugal déjeuner, il s'allonge à nouveau « les deux mains croisées sous la nuque » et ne se rend à son laboratoire qu'après avoir tiré de ses siestes de nouvelles illuminations.

Il n'était pas pourtant marseillais cet estimable ecclésiastique. En plus, ce que je vous rapporte ici s'est passé à Pékin où l'on n'a jamais eu l'esprit porté à la galéjade.

Je dois avouer, à ma courte honte, que je n'ai jamais lu une seule ligne du père Teilhard. Mais j'ai consulté la liste de ses œuvres complètes. Le moins qu'on puisse en dire, c'est qu'un « feignant » n'aurait jamais pu les écrire. Et sans la sieste, les aurait-il pu mener à leur terme ?

Nous sommes en droit de nous poser la question.

TECHNIQUE DE LA SIESTE

Il n'est pas dans mes intentions de faire d'un quidam savourant les délices de la sieste un travailleur de force. Mais j'interdis à qui que ce soit de le considérer comme un oisif.

L'activité de l'esprit ne s'arrête jamais. Surtout pas durant le sommeil. Mais elle échappe à notre contrôle. Tandis que dans une sieste bien menée, nous sommes à la fois acteur et témoin.

Cela commence par une descente au plus profond de nous-même. Cette plongée peut être plus ou moins rapide. Un bon « siesteur » (il y aurait tout un vocabulaire de la sieste à inventer) parvient à la ralentir à son gré, à ménager des haltes dans cette irrémédiable glissade vers l'anéantissement.

Cet escamotage de nous-même par nous-même est la raison d'être du sommeil. Dans la sieste il est plus joué que vécu. Nous ne cherchons pas à nous engloutir en nos profondeurs. Simplement nous y plonger et en ressortir tout neuf comme un baigneur de la grotte de Lourdes. Mais dans la sieste le miracle est garanti.

C'est au moment même où nous allons définitivement perdre conscience, et perdre pied, qu'il faut songer à remonter à la surface. Sans aucune hâte, avec autant de paliers de décompression que nécessaire. Pour émerger de cette exploration de nos limites à temps voulu, plus lucide qu'au départ et plus dispos. Guéri.

La durée du voyage dépend uniquement des rythmes personnels du voyageur. A certains dix minutes suffisent. D'autres ont besoin d'un plus long étalement. Mais en aucun cas la sieste, qu'on appelle aussi *pénéqué*, ou *péniqué*, ne doit se présenter comme la rivale du sommeil. Elle n'est que sa plus sûre alliée.

D'une sieste qui se prend pour un sommeil on sort mal en point, la bouche pâteuse, désaccordé. Elle devient le fourrier de l'insomnie, alors qu'elle en est le remède le plus naturel. Il y a un art de la sieste.

Il ne s'apprend pas dans les livres. Vous ne sauriez avoir d'autre maître que vous-même. Ne vous laissez pas décourager par vos premiers échecs. Vous êtes doué, même si vous ne le savez pas.

Allongez-vous d'abord, et le reste vous sera donné de surcroît.

Comme disait Pascal, à peu de chose près.

DES DIFFÉRENTES VARIÉTÉS DE SIESTE

Je ne cache pas ma préférence pour la sieste de plein air sur la sieste en appartement. Mais elle est plus difficile à réussir que l'autre. Dans la sieste, ce qui nous environne ne disparaît jamais complètement, de sorte qu'elle pose moins de problèmes en lieu clos qu'à l'air libre.

1. De la sieste intra-muros

On ne saurait véritablement appeler sieste le bref assoupissement que certains s'autorisent sans quitter leur chaise, après le repas de midi. Ces somnolences postprandiales sont du ressort de la médecine et ne contribuent en rien à la connaissance de soi. La plus condamnable de toutes étant celle des magistrats pendant l'audience d'un procès qu'ils ont mission de juger.

Il n'est de sieste créatrice et reconstituante que délibérée.

En revanche, je refuse de prendre position dans l'éternel débat qui oppose les partisans de la sieste sur le lit et ceux de la sieste dans les draps. Je pratique alternativement les deux disciplines et je n'opte pour l'une ou pour l'autre qu'au moment de passer à l'action.

La sieste dans les draps est plus élaborée, mais ses préparatifs (certains non seulement « défont le lit », mais vont jusqu'à se déshabiller entièrement) sont si parfaitement identiques à ceux du sommeil que les moins exercés s'y laissent prendre et qu'on doit les réveiller à l'heure du dîner. Ce qui trouble aussi bien le métabolisme basal que l'harmonie familiale. D'autant plus que, la plupart du temps, celui qui vient de s'abandonner à la sieste ne se sent pas spontanément poussé à refaire le lit.

La sieste « hors les toiles » demande moins de manipulation. Il suffit d'enlever ses souliers et de dégrafer sa ceinture. Elle a la préférence des maîtresses de maison. Elles ne sont pas obligées de remettre la couche en état d'accueillir le sommeil. Quelques vigoureuses tapes sur les oreillers suffisent d'ordinaire à leur redonner une apparence accueillante et nuptiale.

La controverse sur ce point technique ne risque en aucun cas de s'envenimer, car elle ne remet en question aucun principe fondamental. Tout au plus peut-on dire que dans les cas de tension nerveuse, la sieste dans les draps procure un apaisement plus immédiat et plus profond. C'est celle que pratiquait Fernandel dans sa roulotte personnelle pendant le tournage de ses films. Elle était prévue par contrat.

En revanche, le choix de la pièce est capital. Il n'est pas obligatoire d'utiliser la chambre à coucher. Il est même souhaitable, si l'on dispose d'un espace vital suffisant, d'aménager un « coin sieste », ou le cas échéant plusieurs, dans votre résidence ou votre appartement. Cela n'a été, à ma connaissance, étudié par aucun architecte spécialisé dans la qualité de la vie et le supplément d'âme.

Francis Blanche, qui avait l'hédonisme tatillon et majestueux, avait installé à Eze son propre reposoir dans un ancien four à pain qu'il avait fait capitonner de fibre de verre. Il y régnait une nuit parfaitement opaque et un silence absolu. J'ai tenté l'expérience. Je n'y suis pas resté trois minutes. J'avais l'impression, assez peu supportable, d'être devenu le gisant d'un caveau qui n'était même pas celui de ma famille. Si j'avais fermé les yeux, il n'est pas impossible que je me fusse endormi pour un repos prématurément éternel.

J'ai déjà souligné l'ambiguïté de la sieste. L'extinction des lumières, tant intérieures qu'extérieures, ne doit pas être absolue. Ce n'est ni un couvre-feu ni un exil. On ne fait que prendre ses distances avec soi-même et son environnement. Les choses s'estompent sans disparaître. On s'anesthésie sans aller jusqu'à l'inconscience. Mon oncle Aristide, quand il quittait la compagnie pour son *péniqué* quotidien, avait coutume de dire :

— Je vais « m'amortir » un moment.

La sieste est un art subtil : demi-teintes, pénombre, clair-obscur. La vie ne s'arrête ni ne se tait. Elle chuchote et marche à pas feutrés. Ne soufflons pas sur la veilleuse.

2. De la sieste à l'air libre

Dans *Gil Blas de Santillane*, Lesage écrit au chapitre X : « Lorsque nous eûmes mangé comme deux affamés et bu à proportion, nous nous levâmes de table pour aller au jardin faire voluptueusement la sieste en quelque endroit frais et agréable. »

Ce texte est pour moi d'autant plus évocateur qu'il est aussi peu descriptif et détaillé que possible. Il dit l'essentiel : la sieste est une volupté qui réclame un endroit frais et agréable, mais il néglige de préciser que sa réussite dépend essentiellement du choix de cet endroit privilégié. Chacun est livré à son initiative, son expérience ou son inspiration. La sieste est l'une des activités humaines les plus responsables. Si elle est ratée, vous n'avez qu'à vous en prendre à vous-même.

Sous prétexte que la sieste se pratique ordinairement les yeux fermés, certains débiles ne se préoccupent pas du paysage dans lequel elle se déroule. La beauté environnante pénètre en vous par osmose et enrichit vos songes. Il faut choisir son arbre. Il a choisi son ciel pour vous.

Mon métier de journaliste m'a amené à fréquenter les plus beaux « points de vue ». Je n'ai vraiment conservé le souvenir que de ceux qui m'ont inspiré le désir d'y faire la sieste. Désir auquel je n'ai jamais résisté. Cela m'a fait manquer bien des avions. Cela vaut mieux que de passer à côté d'une heure d'éternité.

Il me semble, en revanche, que Lesage a le tort de lier le destin de la sieste à l'abondance de la nourriture. La frugalité n'est pas une contre-indication. Bien au contraire. Dans le domaine de la rêverie, c'est la meilleure des conseillères.

Certains ont cru devoir renoncer à la sieste de plein air, sous prétexte qu'il suffit d'une seule mouche ou d'un caillou pointu pour s'en voir interdire l'accès. Je les comprends, mais je leur conseille de s'obstiner. Les virtuoses dans tous les arts recherchent la difficulté pour la joie de la surmonter. Quand la sieste vous sera devenue, par don spécial, ou par entraînement assidu, aussi naturelle que votre respiration ou les battements de votre cœur, les mouches ne pourront plus rien contre votre sérénité. Et vous ne vous apercevrez qu'à votre retour à la pleine lucidité de la présence d'un silex malicieusement implanté au creux de vos reins.

Je ne condamne ni les tapis de sol, ni les matelas pneumatiques, ni les hamacs. Je dis simplement qu'ils ne sont utiles qu'aux apprentis.

3. *De la sieste améliorée*

On l'appelle aussi la sieste « coquine ». Loin de moi l'idée d'en minimiser les mérites et les charmes. Mais elle ne fait pas, à proprement parler, partie de cette étude. D'autant qu'elle se pratique en toute saison et qu'elle mériterait un traité à elle seule.

AVENIR DE LA SIESTE

Mon ami Zézé, cultivateur de fruits et primeurs à Graveson, se montre assez pessimiste sur ce point :

— Je me demande, dit-il, si la sieste n'est pas appelée à disparaître. En tout cas, chez nous, elle est en très nette régression.

— Comment te l'expliques-tu ?

— Tout est fait théoriquement pour rendre le travail du paysan moins dur. En réalité, plus on veut nous simplifier la vie, plus on nous la complique. Du temps où je labourais avec un cheval, j'étais bien obligé de me reposer quand il était fatigué. Aujourd'hui, quand mon tracteur s'arrête, je n'ai qu'à lui remettre de l'essence et il repart. Nous n'avons plus le temps de prendre notre temps.

— Tu cherches à gagner trop de sous...

J'étais sûr qu'il allait se mettre en colère. Il a compris que je n'avais fait cette remarque qu'uniquement pour le faire bisquer. Il m'a expliqué les choses posément, comme à un Parisien.

— Nous ne sommes plus des paysans. Nous sommes des agriculteurs. Ce n'est pas du tout la même chose. Avant nous n'avions qu'un patron : la terre. Elle était exigeante. Elle ne nous laissait guère de loisirs, mais nous avions la liberté d'organiser notre emploi du temps à notre idée. Maintenant nous sommes totalement programmés. Et la sieste ne figure dans aucun programme.

DU BON USAGE DE LA GRASSE MATINÉE

Je suis dans l'ensemble un lève-tôt et il m'arrive assez souvent de ne pas me coucher du tout quand je rentre chez moi au petit matin. Je suis quand même loin d'être incompétent en matière de grasse matinée.

Je ne prétends pas être un spécialiste, mais on peut me considérer comme un amateur éclairé.

A la ville, et par mauvais temps, la pratique de la grasse matinée peut contribuer à améliorer considérablement la qualité de la vie quotidienne. Celles qu'on peut s'offrir en semaine ont encore plus de saveur que celles que le week-end permet légalement.

Il serait déraisonnable, en revanche, pendant les mois d'été, de ne pas adopter autant que possible le rythme de l'existence paysanne : on se lève avec le soleil, on se couche avec lui. Mais on se met à l'abri de ses rayons au moment où ses rayons sont le plus ardents.

C'est pour nous l'occasion de le voir se lever deux fois dans la même journée.

« Seuls les chiens enragés et les Anglais sortent sous le soleil de midi », précise une chanson. Anglaise de surcroît.

Il serait néanmoins déraisonnable de renoncer totalement à la grasse matinée même par grand beau temps.

« C'est faire honneur au soleil que de se lever après lui », précise un proverbe napolitain que je viens peut-être d'inventer.

On peut d'ailleurs trouver dans la pratique méthodique de grasses matinées occasionnelles un enrichissement intérieur de même nature que celui que procure la sieste.

J'ai eu la chance d'avoir dans ce domaine, insuffisamment étudié jusqu'ici, deux gourous dont l'autorité morale et la compétence technique ne sauraient être mises en question par personne.

Le Nîmois Marc Bernard, d'abord. Il obtint le prix Interallié et le prix Goncourt, mais veilla à ne pas le faire trop savoir pour ne pas entamer sa tranquillité d'âme.

Avant d'entrer en littérature, il avait été ouvrier en usine :

— Tu vois, me disait-il, si un jour tu deviens écrivain (en ce domaine je suis une vocation tardive : j'avais déjà trente-deux ans quand j'ai commencé à écrire), dis-toi bien que tu as choisi le métier le plus épouvantable ! Tu vivras dans l'angoisse et l'insatisfaction. Les rares compensations d'argent ou de vanité que tu tireras peut-être de tes ouvrages n'arriveront jamais à te consoler de la dureté de ton état...

Alors il marquait un temps d'arrêt et ajoutait :

— Mais au moins tu pourras faire la grasse matinée tous les jours.

Moins assidu que lui, je n'ai fait dans ce domaine que des incursions intermittentes. Elles m'ont apporté d'indiscutables satisfactions, ont développé en moi un sens poétique que je n'aurais jamais découvert par les voies ordinaires de l'introspection.

Alexandre Breffort, l'auteur d'*Irma la douce*, a parachevé mon initiation. Il m'a enseigné l'art méconnu, mais fort instructif, de la « lecture des plafonds ».

Pour un sujet en état de marche, il n'y a rien de plus insignifiant qu'un plafond et l'on songe rarement à y accrocher une toile de maître. Pour un « gras matineux », il devient spontanément un écran où l'on peut, non seulement projeter ses fantasmes, mais en découvrir de nouveaux.

Si je n'ai pas poussé plus à fond mes recherches dans cette nouvelle approche de soi-même par la grasse matinée, c'est uniquement parce que la lecture du ciel me prend le plus clair de mon temps. Avec, pour accompagnement musical, la chanson de l'herbe qui pousse.

J'ai passé tout un été dans les Alpilles avec le cinéaste Charles Santini. Il y a cinq ans de cela. Je ne l'avais pas revu depuis. Je l'ai retrouvé dans cet état d'exaltation calme auquel on reconnaît l'homme habité par un grand dessein.

— Je prépare, m'a-t-il confié, une exposition de photos corses pour le Museum of Modern Art de New York.

— C'est une île très photogénique, en effet, dis-je.

— Certes, mais quand je suis en Corse, je me repose.

— Alors, pourquoi parles-tu de « photos corses » ?

— Parce que je les ai toutes prises allongé sur le dos.

— Elle aura lieu quand ton exposition ?

— Le plus tard possible. Je ne voudrais pas rater la dernière image...

LES ENVAHISSEURS

Le droit à l'été fait désormais partie des droits de l'homme. Il a fallu de rudes combats. Les vainqueurs n'ont pas tiré jusqu'ici le meilleur parti de leur victoire. Ils se conduisent en été comme en pays conquis. Le gros des troupes « aoûtiennes » est accueilli par les indigènes comme une armée d'occupation. Dans les cafés en Provence, où l'on joue au loto pour les fêtes de fin d'année, quand on annonce le numéro 75, la foule des clients clame d'une seule voix :

— Les envahisseurs !

C'est ainsi qu'on traite tous ceux qui ne passent pas leur été à domicile. On les moque et les exploite. Les migrations estivales à l'intérieur d'un pays ou d'un pays à l'autre, loin de rapprocher les régions et les peuples, contribuent à accentuer leurs différences, malentendus et préjugés.

Ayant longuement vécu ce navrant phénomène, aussi bien en qualité d'occupant qu'en celle d'occupé, je crois pouvoir en fournir une analyse assez précise. Pour l'estivant de passage, le mot été n'a pas le même sens que pour l'autochtone. L'un consomme, l'autre fournit. Les cordonniers ne sont pas forcément les plus mal chaussés, mais ceux qui vivent de l'été ne pourront jamais le vivre.

Il faudrait qu'ils soient des saints pour ne pas en tenir rigueur à ceux qui les en dépossèdent. Il y a un pourcentage élevé de rancune dans la majoration des prix sur la Côte d'Azur.

Cela demande, pour bref soit-il, un développement.

LES VISAGES PÂLES

L'été chez moi est un désert surpeuplé où l'on attend le mois d'octobre comme une délivrance.

Mon village comporte un peu moins de trois mille habitants. En juillet et en août, un peu plus de huit mille. Je vous le dis catégoriquement : ces concitoyens de passage ne sont accueillis ni à coups de fourche par les paysans ni à coups de fusil par les restaurateurs. Mon village est même réputé dans l'Europe entière (et même au-delà) pour la gentillesse de son accueil.

Mais comment l'été résiste-t-il à cette invasion ?

Nos visiteurs sont là pour « profiter » de la belle saison. Cela entraîne une conséquence immédiate : une partie importante de la population autochtone doit renoncer à son propre été pour en laisser la libre et complète disposition à ceux qui ont fait des centaines ou des milliers de kilomètres pour jouir de ses avantages. C'est tout juste si mon ami Homède, le boucher, peut s'offrir une partie de boules furtive le dimanche en fin d'après-midi. Et le pauvre, à force d'insomnies et d'arrière-boutique, il est blanc comme une crépine de mouton. Tout ce qui commerce dans la limonade, le gigot d'agneau des Alpilles, la carte postale, le sommeil ou la *taraillette* a le teint plombé par le surmenage.

Un Provençal du mois d'août se reconnaît à son visage pâle.

Quant à l'élément essentiel (c'est des paysans dont je parle), il a pratiquement disparu. Pourtant il n'a pas émigré sous d'autres cieux. Mais il vit à son rythme, qui n'est pas celui des estivants. Levé avant le soleil pour l'arrosage, il se couche à la nuit tombée, de retour du marché de Châteaurenard, de Saint-Rémy ou de Saint-Etienne-du-Grès, de Carpentras ou de Cavaillon.

Alors j'adresse une supplique à ceux qui viennent vivre leur été sous nos cieux.

Qu'ils n'oublient jamais que s'ils sont en vacances (et ils les ont bien méritées), les indigènes pas.

On arrivera peut-être un jour à planifier les loisirs. Mais quand les pêches sont mûres, il faut bien les ramasser.

Vous savez, c'est la même chose en Bretagne. Tous les « estivants » rêvent d'aller en mer avec de « vrais » pêcheurs. Malheureusement, ils ne se lèvent pas à la même heure qu'eux et n'ont pas le même emploi du temps. Alors, ceux qui en ont les moyens s'achètent un bateau et s'étonnent de ne pas attraper de poissons et qu'on ne leur indique pas les bons coins.

J'ai remarqué aussi que dans la vente de l'été, les emplois modestes — chauffeurs de taxi, garçons de café, plagistes, employés à l'autoroute — étaient, dans la plupart des cas, tenus par des gens du pays. Mais que les « fromages » étaient presque toujours réservés à des colons venus d'ailleurs. Ce qui n'est pas fait pour simplifier le problème et mériterait une étude à soi tout seul.

LE MOIS DES FRANÇAIS

Sur toute la surface de la terre, partout où l'été a été commercialisé, on appelle le mois d'août le « mois des Français ». Ce mois aussi risque de devenir haïssable. Je comprends l'avidité que mettent tous mes compatriotes, qui ont rêvé pendant onze mois de lumière dans leurs ateliers ou leurs bureaux. On a fait de l'été la « carotte » de l'expansion économique. La revendication était légitime. Mais on met à faire valoir ses droits autant d'âpreté qu'on en a mis à les conquérir.

On en sort épuisé. Avec le sentiment d'avoir été floué.

Il n'y a même pas cinquante ans que l'accès de l'été est autorisé à la majorité des travailleurs. Mais on l'a livré sans mode d'emploi. Il a été aussitôt envahi par ses intermédiaires, ses concessionnaires, ses dépositaires exclusifs, ses guides assermentés, ses chefs de rayon. On l'a mis en coupe réglée. On vous y transporte avec les égards dus à un colis accompagné. Mais il ne se montre qu'à ceux qui le considèrent comme une aventure personnelle. Une énigme d'autant plus passionnante à résoudre qu'elle se dissimule derrière sa lumineuse évidence.

ÉPREUVE INITIATIQUE

Il avait pourtant une bonne tête et l'accent corse. Mais il avait reçu les consignes les plus strictes. Je crus néanmoins que les choses allaient pouvoir s'arranger. Il faudrait, je le pressentais, que je déploie toutes les ressources d'une éloquence sans faiblesse. Mais la perspective d'une longue confrontation verbale n'est pas faite pour me déplaire.

D'ailleurs sa première phrase semblait laisser prévoir une réponse favorable à la requête que j'allais devoir formuler. Tout en me dévisageant avec autant de sympathie que de curiosité, il venait de me dire :

— C'est bien vous que j'ai vu à la télévision l'autre soir ?

— C'est possible !

— Qu'est-ce que vous lui avez « mis » à ce pauvre garçon...

Je ne suis pas moins vaniteux qu'un autre. Mais, je vous affirme que je n'aime pas qu'on me reconnaisse dans les rues, ou, comme aujourd'hui, dans les bois. J'ai soudain, quand cela m'arrive, le sentiment que mes chaussures sont devenues trop étroites. Je rougis. J'ai du mal à trouver des mots, ce qui n'est pas, tout le monde vous le dira, conforme à mon tempérament.

Pour le coup je me réjouis qu'on ait cru me reconnaître. Mon image de marque allait pouvoir me tenir lieu de laissez-passer. Je me sentais d'autant plus à l'aise qu'il y avait sincèrement erreur sur la personne. Je n'avais pas souvenir d'avoir insulté qui que ce fût sur le petit écran depuis au moins six mois.

Je saisis donc sans hésitation la perche qu'on me tendait. Jamais je n'ai menti avec tant de naturel :

— C'est précisément la télévision qui m'envoie, dis-je.

Je compris aussitôt que le gardien n'en croyait pas un mot, mais que mon audace, loin de l'irriter, le disposait à l'indulgence. Je sentis que nous venions de sceller discrètement un pacte silencieux. Personne n'était dupe. Tout ce que ce jovial représentant de la loi attendait de moi, c'était que je lui développe mes arguments de façon convaincante, courtoise, harmonieuse et enjouée... Son emploi le condamnait à la solitude et une conversation de rencontre n'était pas faite pour lui déplaire.

— Pas possible, dit-il, qu'est-ce que vous me dites là ?...

— La vérité. FR3 Marseille m'a demandé une émission en couleurs de trois heures, et je suis venu effectuer un premier repérage.

— Et elle passe quand cette émission ?

Le ton de sa voix indiquait clairement qu'il n'attachait aucun contenu réel à mes paroles. Mais qu'il souhaitait, pour son plaisir, que je lui en dise encore davantage.

— Elle n'est pas programmée, dis-je, mais je suis certain que ce sera à une heure de grande écoute.

— Mais qu'est-ce que vous lui trouvez à notre petite calanque ? Vous êtes le vingtième de la journée qui vient, comment dites-vous ?... en « repérage »... On nous aime beaucoup à la télévision.

Visiblement, il se payait ma tête, et je commençais à douter de son bon vouloir. J'avais tort.

— Eh bien, allez-y, fit-il, puisque vous avez l'air d'y tenir.

— Merci beaucoup, dis-je, vous êtes le plus brave...

Je me hâtai d'enclencher la première. Il m'arrêta d'un geste dont la fermeté me surprit. Il continuait de sourire, mais il avait adopté un ton officiel et l'accent rocailleux de sa Balagne originelle enlevait toute douceur à ses paroles.

— Vous avez le droit de circuler dans cette zone militaire, mais à pied seulement...

— Mais il me faudra au moins une heure et quart pour arriver jusqu'à la mer...

— Peut-être même un peu plus.

— Et autant pour revenir...

— Au retour souvent on va moins vite...

— Alors je n'aurai plus le temps d'effectuer mon repérage.

— Sûrement, mais quelle belle balade vous aurez faite !

Maintenant il se moquait ouvertement de moi. Il n'avait pas tort. Cela aurait pu être une journée somptueuse dont le souvenir aurait pu réchauffer plusieurs hivers. Je ne sais pas si vous connaissez la calanque de Morgiou. C'est un des lieux les plus miraculeux du monde. Alors, forcément, la Marine nationale a mis le grappin dessus. Les militaires c'est comme les moines de jadis. Ils choisissent toujours les bons coins. Mais comme l'Amirauté n'a pas encore construit de base sous-marine, qu'elle n'a pas fait démolir les cabanons de pêcheurs déjà existants, qu'elle a interdit la circulation automobile et qu'elle nous a préservés des promoteurs de marinas, je suis obligé honnêtement de ne pas en dire du mal. En principe du moins. Mais ce matin j'avais du mal à mettre mes sentiments en accord avec mes principes.

J'avais rendez-vous avec mon ami Jean. J'étais déjà en retard. Il m'avait préparé sa soupe de poissons et de *favouilles*. Il s'était tiré du lit à l'aube pour « lever ses gireliers » (pas des gireliers en plastique, des gireliers de roseaux qu'il avait tressés lui-même). Il me semblait que la mer m'apportait, mêlé aux parfums de la pinède, le fumet incomparable de cette divine soupe.

J'essayai, avec une éloquence désespérée, d'attendrir le gardien du paradis, en lui parlant de cette merveille qui mijotait sur une braise de pommes de pin. Il compatit à ma détresse. C'était un être rustique, mais au palais raffiné.

— Je me mets à votre place... Quand vous arriverez, les pâtes seront toutes molles !

— Et le parmesan sera transformé en cataplasme.

— Eh oui, gémit cet incorruptible fonctionnaire d'autorité, et le pain rassis sera devenu tout glaireux... une vraie catastrophe.

Le brave homme avait l'air aussi malheureux que moi.

— Comprenez-moi bien, dit-il, je voudrais bien vous être agréable. Mais je suis assermenté. J'ai reçu des ordres formels. Mon chef m'a dit : « Même si le préfet se présente, et qu'il n'ait pas de laissez-passer, tu le renvoies... » Vous ne l'avez pas le laissez-passer ?... Non... Alors, avec la meilleure volonté du monde !...

Il ne me restait plus qu'à rebrousser chemin.

J'allais passer en marche arrière. Je sentis la main de l'incorruptible qui se posait sur la mienne. La main était affectueuse, mais le regard soupçonneux :

— Vous n'êtes pas préfet, au moins ?...

— Non, je vous le jure...

— Alors, allez-y... Mais ne le dites à personne.

Si je vous ai rapporté cet épisode (rigoureusement authentique), ce n'est pas uniquement pour vous faire sourire. Je n'ai pas à vous offrir mon propre trousseau de clefs. D'ailleurs l'été n'a pas de porte. Mais je vous souhaite de rencontrer sur votre chemin quelques dragons chargés de le défendre. Non pour les terrasser, mais pour les apprivoiser.

L'été, comparons-le, si vous voulez, à une princesse lointaine et longtemps inaccessible. Ce n'est plus cette patricienne qui vous fera chasser ou rosser par ses gens si seulement vous jetez les yeux sur elle. Vous pouvez même « envoyer les mains », comme on dit à Marseille. Elle n'a aucun préjugé de classe ni de race. Mais ne vous croyez pas dispensé de la séduire. Il ne s'agit pas d'une simple aventure sans lendemain. C'est le commencement d'un amour éternel. L'été n'est pas une putain. C'est la femme de votre vie. Réfléchissez-y avant de vous jeter sur elle...

INVOCATION A ANDRÉ HARDELLET

Me voici soudain pris d'une timidité proche de l'angoisse. « Mes genoux se dérobent sous moi. » Comme un héros de Racine qui va se trouver en présence de l'« objet de sa flamme ». Nous allons entrer dans ce que les hôteliers appellent la « saison haute » : celle où ils majorent leurs prix. J'ai peur, moi, de ne pas être à la hauteur des splendeurs qui nous attendent.

Je suis allé me recueillir un instant dans la cour intérieure de ma maison. J'avais trouvé il y a quelques années, dans un chantier de démolition, une immense plaque de cheminée. Je l'ai fait fixer à mon mur comme un tableau de fonte. A l'arrière-plan, on voit un palmier et un dromadaire. Au premier plan un négrillon agenouillé. En haut et à droite un énorme soleil à la fois jovial et acéré. Entre la bouche du négrillon et le rire du soleil une banderole sculptée sur laquelle on peut lire : « J'adore ce qui me brûle. » Je suis ce négrillon et j'ai peur de ne pas trouver les mots de ma prière.

Alors je fais comme, paraît-il, faisait Maurice Barrès avant de se mettre à écrire. Il lisait à haute voix dans son parc, au pied de Sainte-Victoire, des pages de Chateaubriand. C'était sa potion magique. Moi je me récite des phrases et des vers d'André Hardellet dont on a attendu la mort pour découvrir qu'il était le poète le plus lumineux de son temps.

Je murmure :

> *L'été vient d'entrer. Il a tout envahi dans la maison. Il s'est installé avec le bourdonnement d'une guêpe. — Où est-elle ? — Un assaut d'odeurs, le bruit de gouttes d'eau chez le voisin qui arrose sa pelouse. Il règne.*

Je vais déjà mieux. Je vous l'avais bien dit : l'été c'est une guêpe. Ma voix s'affermit :

> *Derrière les murs d'une villa assoupie, je distingue un crépitement d'eau sur des feuilles : un jardinier arrose. Soudain avec le bruit et l'odeur de la terre retrempée, c'est le père Lathuile qui surgit du fin fond des « grandes vacances », sa lance à la main, le jour où Germaine allait m'embrasser...*

Je ne suis pas encore tout à fait rassuré. Mais cette femme qui nous attend au bord du chemin, reconnaissez que je l'avais prévue.

Je souris à mon négrillon. Il me rend mon sourire. André ne l'a pas oublié. C'est pour nous deux qu'il a écrit :

Qu'il brûle l'été,
Aux épaules nues
L'été flambait moins que notre impatience.

Je brûle à mon tour de vous entraîner sous les arcades de Messidor. En ce moment je suis à l'unisson de l'été, puisque je viens non seulement d'entendre, mais de ressentir au plus profond de moi la sourdine mélancolique que ses fanfares ne recouvrent jamais tout à fait.

A l'heure où meurt ce jour d'été
Où floraison éblouissante,
En un ciel à peine brûlé,
Une canonnade éclatante
Se fane avant d'avoir été...

PERSIENNES

Les persiennes sont les paupières de l'été. Battre des paupières, en provençal cela se dit *parpeléjer.* De l'aurore à la nuit nos persiennes parpelèjent. On dirait des ailes de papillon qui se déploient et se referment au tempo du soleil.

Nos demeures dorment les yeux ouverts.

La nuit les persiennes se reposent. La fraîcheur nocturne et sa suite de parfums, de lueurs et de grillons nous rendent visite. Très importants les grillons. Quand ils se taisent, c'est l'aube. Leur silence ressuscite les coqs juste avant la naissance du jour. Le chant du coq, c'est le couvre-feu des grillons. Eluard s'éveille un instant pour noter :

L'aube se passe autour du cou
Un collier de fenêtres...

et reprend le fil de ses rêves.

Il faut du temps pour apprendre à jouer correctement des persiennes. Il faut des siècles. L'art du volet bien tempéré, les Provençales le possèdent de naissance. Elles le reçoivent en héritage et nous l'apportent en dot. Sur les clefs des placards et les poignées des espagnolettes, la maîtresse de maison seule a le droit de porter la main. Le soleil n'entre chez nous qu'à son invitation.

Cela demande une vigilance de cuisinière. Comme de la cuisine, le maniement du volet est un art péremptoire. Un plat est raté ou réussi et cela s'est joué en quelques instants. Il suffit d'un retard d'une minute pour que la chaleur qui assiège nos demeures depuis des semaines s'y installe en souveraine et refuse d'évacuer les lieux avant les premiers froids. Les grandes cuisinières ne goûtent jamais leurs sauces. Nos virtuoses de la persienne ne consultent jamais ni leur montre ni le thermomètre. Elles font d'instinct ce qui doit être fait au moment où cela doit être fait.

Même au plus implacable de la canicule, les volets ne doivent jamais être entièrement clos. C'est de l'intérieur qu'on doit les rabattre, mais il faut laisser une mince fente par où s'insinue un rai de lumière dans lequel farandolent et scintillent des milliards d'atomes de pollen. On dirait une voie lactée dans une nuit claire. Peu à peu les volets s'entrouvrent et cela est fait de l'extérieur avec une telle discrétion qu'on dirait qu'ils ont agi de leur propre mouvement. L'ombre de la pièce, peu à peu, se dilue. Le ruisseau lumineux devient rivière. Les meubles cirés commencent à émettre des rayons à leur compte. Les armoires anciennes qui ont retenu leurs craquements à l'heure de la sieste se permettent une pétarade en sourdine. Bourdonnements d'abeilles, crissements de cigales, sons de cloches, cris d'enfants. Tout est tamisé par la pénombre autant que par l'éloignement.

Cela vaut bien les réveils au son du violon de M. de Montaigne...

TONNELLES PUBLIQUES

Je vous parlerai d'abord des platanes...

J'ai longtemps cru qu'ils étaient citoyens provençaux depuis toujours. J'ai appris récemment qu'ils avaient été ramenés de Turquie il y a moins de deux siècles par le marquis de Barbentane. En tout cas ils se sont bien plu chez nous et ils ont obtenu sans formalité leur naturalisation. Ce qui prouve, au passage, que les Provençaux ne sont pas racistes le moins du monde. Ils font au contraire de vrais Provençaux avec des gens venus du monde entier. Ils ne leur demandent que de se plaire chez nous et de se conformer à nos usages. Il n'y a pas de meilleure preuve que ce platane « bien de chez nous », dont nous avons oublié depuis longtemps qu'il était né chez les « teurs ».

Ils faisaient naguère de nos routes des tonnelles ininterrompues. On les a, en majeure partie, sciés à la base pour des raisons de sécurité.

Il y a là une forme de raisonnement dont la logique m'a toujours échappé. Ce ne sont tout de même pas les platanes qui « entrent » dans les automobiles. Il semble même, sans mauvais esprit et en toute probité intellectuelle, que ce soit exactement le contraire. Ils ont néanmoins été tenus pour responsables de cette fâcheuse tendance qu'ont certains humains, une fois motorisés, à mesurer leur quotient intellectuel à la résistance de leur boîte crânienne. Il était prévisible, et même fatal, qu'à ce jeu les platanes fussent toujours sûrs de gagner. Mais c'est à eux qu'on a fait payer la casse. Même à ceux qui n'avaient jamais été agressés de leur vie par une voiture.

C'est à Paris qu'on décide leur élimination. A Paris, ou du moins en des endroits où ils n'ont jamais eu leur mot à dire. Leur destin se joue sur la planche à dessin. Une fois que le profil d'une autoroute est tracé, que les crédits sont votés, que les riverains à force de crier ont perdu la voix, ce n'est pas un platane, fût-il centenaire, qui va pouvoir se mettre en travers de la marche de l'histoire. Il se retrouve le cul par-dessus tête.

On aurait tort de croire, malgré leur silence, que leur mort profite à leurs assassins. En mai 1968 il y eut quelques jours de fraternité chaleureuse. Certains irresponsables crurent devoir abattre les platanes du boulevard Saint-Michel pour barrer la route aux cars de police. C'est à partir de ce moment qu'ils ont perdu le gros de leurs troupes. Et puisqu'elle me revient à l'esprit, je vous cite cette anecdote où les platanes ne jouent aucun rôle, mais qui les concerne. Ilia Ehrenbourg était à Moscou l'invité d'honneur d'ardents astrophysiciens qui voyaient dans leurs spoutniks, création ne devant rien à la nature et tout à l'homme, le symbole tangible de l'avenir de l'humanité.

— Certes, dit le vieil Ehrenbourg. Mais dans vos voyages n'oubliez pas d'emporter un brin de lilas. C'est plus utile que vous ne croyez...

Restent néanmoins les platanes de nos places et placettes. Dans l'ensemble ils continuent de se bien porter. On les taille à la saison et on remplace ceux qui meurent de vieillesse. Ils se groupent d'ordinaire autour d'une fontaine qui chante à leur ombre mouvante. C'est un style d'urbanisation qui a fait ses preuves et qui n'a pas encore été officiellement interdit, même au cœur des cités. Il demeure légal de venir lire son journal sous leur protection tutélaire, de réfléchir en leur compagnie au passé et à l'avenir de l'homme et même de boire une liqueur anisée que leurs feuilles agitent d'un frémissement prometteur. A Fontvieille nous avons même une source dont les gardes du corps sont des platanes impassibles et dont mon ami Charles dit « qu'elle fournit la seule eau digne de troubler le pastis ».

Oui, nous pouvons continuer à agir de la sorte sans passer pour des esprits dangereusement subversifs.

Mais il s'agit là d'une légalité fragile et révisable à merci. On peut même considérer la survivance des tonnelles collectives, bruissantes d'oiseaux, de palabres et du chuchotement de l'eau, comme une simple tolérance. Ou comme un oubli du pouvoir central.

Il suffit, en effet, que l'un de ces petits salons de plein air figure, à son insu, dans une zone coloriée sur plan d'une couleur impérative, pour qu'il devienne aussitôt parking, gendarmerie ou magasin à grande surface. J'ai même vu construire un bowling couvert sur un de ces lieux privilégiés où l'on jouait aux boules depuis des siècles. Il est vrai que le jeu de boules est gratuit.

Des boules aussi, fruits sonores et scintillants de nos étés, je vous parlerai le moment venu.

TONNELLES PRIVÉES

Les tonnelles individuelles, je dois également le reconnaître, demeurent provisoirement permises et elles ne sont pas encore normalisées. Il convient, toutefois, de constater qu'elles ne sont pas au premier plan des préoccupations des promoteurs de l'été contemporain.

Il n'y a pas, à ma connaissance, de traité de la tonnelle. C'est regrettable. Les nôtres sont, pour la plupart, de vigne grimpante ou de vigne vierge. Nous les préférons aux tonnelles de lierre, car nous voyons leurs lianes ligneuses se fournir de feuilles au fur et à mesure que l'été se réchauffe. Leur ombre croît en même temps que la chaleur s'accroît. Chaque degré supplémentaire de température entraîne une riposte végétale. Si l'été se fait désirer, nos tonnelles sont tardives. Elles sont d'autant plus denses qu'il est brûlant. Et si, d'aventure, une averse impertinente se glisse dans notre beau fixe, elles n'en retiennent que le plus agréable : un petit chuintement frais qui désempoussière leur feuillage.

Rien n'est plus vivant qu'une tonnelle au mois d'août. Elle ne cache pas exactement le ciel. Elle le suggère. Elle n'en laisse filtrer que l'essentiel : sa mouvante immobilité. Apparemment, l'impassibilité de l'atmosphère n'est troublée ni par une brise, ni par un nuage égaré à la recherche de ses collègues, ni même par un vol d'oiseau. Et pourtant l'air vibre avec une intensité sereine. Ces vibrations, nos tonnelles les enregistrent, les emmagasinent, les condensent. En une seule tonnelle, toute la vie du ciel provençal se rassemble. Sous ce fragile abri, on se sent dans un parfait état de sécurité. Et dans le même temps on éprouve charnellement la présence rassurante de ces fameux espaces infinis qui effraient sous d'autres latitudes.

A son plus intense, la lumière ne se laisse que deviner. La tonnelle l'interprète. Pendant la nuit elle s'efface. Puisqu'elle n'a plus à protéger de la chaleur, elle s'envole, elle s'escamote. Elle n'a plus qu'un rôle sonore : elle fournit aux souffles légers du soir la portée sur laquelle ils inscrivent leur mélodie et brodent leurs variations. Les étoiles seules la transpercent : la lune s'y installe. Le firmament se peuple de lézards insomniaques et furtifs qui frétillent parmi les constellations.

Dans la journée nos tonnelles mènent grand vacarme. Mais un

vacarme si bien accordé à la lumière qu'il s'y dilue. Il faut tendre l'oreille pour découvrir la complexité harmonieuse de son architecture sonore. Le zézaiement des guêpes domine dans cette symphonie de bruissements. Les moustiques dorment. Leur registre est trop aigu. Les moucherons dansent leur ballet sans musique. C'est l'heure où les mouches marchent à pied. Un bruit de feuilles mortes remuées nous parvient : c'est une coccinelle qui soulève son capot pour se dégourdir les ailes.

Il y a soudain des moments d'un silence si parfait que j'affirme entendre le cheminement des fourmis qui regagnent leurs tanières sous mes tuiles. Parfois un escargot desséché, un limaçon à bout de bave se décollent de la branche où ils bourgeonnaient, tombent du nid, s'écrasent sur le dallage de la terrasse comme des œufs de pigeon, comme des œufs de mésange. Un abricot à bout de forces se laisse choir, explose sur une terre éclatée et s'étale comme une montre molle.

Puis un bourdon fait un raid de bombardement sur cette cité de murmures. Le bruit de ses tuyères s'éloigne. L'orchestre d'éventails, un instant effarouché, s'accorde à nouveau. Le programme est permanent. Les sauterelles applaudissent. Ainsi passent nos jours...

Ma tonnelle à moi produit du raisin muscat. Je n'ai jamais eu l'occasion de le goûter. Mais les oiseaux en pensent le plus grand bien, qui ne laissent rien, ni peau ni pépins, aux fourmis. Ils ont du moins la politesse de le déguster quand je suis dans la colline...

L'humble arpent d'un jardinet claustral
Contient plus de secrets qu'un mortel n'en pénètre.

Je ne sais plus de qui sont ces vers. Ils ne sont pas fameux. Mais ils fournissent une bonne approche de l'été. Nous ne viendrons jamais à bout de ses trésors.

NON, NON, NON, SAINT ÉLOI N'EST PAS MORT

Il commença, le brave saint Éloi, par être le patron des orfèvres, ce qui ne l'aurait pas mené très loin. Mais quand on sait manier le marteau, on peut s'intéresser sur son élan aux métaux vulgaires, mais utiles. Aussi devint-il patron des maréchaux-ferrants, ce qui l'amena à suivre les chevaux dans leurs labours et à être reconnu comme le saint paysan par excellence. Le plus agréable à fréquenter, car s'il est au ciel, il a gardé les pieds sur la terre. C'est le saint des « bonnes choses », le défenseur agréé de la gourmandise des hommes.

Comme on connaît ses saints, on les honore. Le culte de saint Éloi est le plus gai du catholicisme provençal. Des chevaux, parés de fleurs, défilent en son honneur, marchant d'un pas relevé, en faisant tinter leurs clochettes et traînant après eux leur *careto ramado*.

Jour de liesse et de festins, la Saint-Éloi est la fête la plus païenne de la chrétienté.

L'estieu taulo es messo pertout : en été, la table est toujours mise.

N'oublions pas que ce brave Éloi fut le protégé du bon roi Dagobert. Celui-là même qui mit précipitamment sa culotte à l'envers et en souvenir duquel les bonnets continuent de voler par-dessus les moulins.

Sainte Marthe, bien que l'aînée du grand saint Éloi de quelques centaines d'années, est sa compagne naturelle. Elle a servi Jésus à table et nous en avons fait la patronne des cabaretiers. Le plus célèbre fabricant de pastis a installé sa maison mère dans un village près de Marseille qui porte son nom. Et sainte Madeleine, patronne des moissons et des fêtes votives...

Sur les chemins de l'été, les saints sont les meilleurs guides. Ce sont les stations-service où l'âme provençale vient faire son plein d'*estrambord*.

Seul saint Matthieu ne mérite pas notre dévotion. C'est un gros mal élevé, car :

Per sant Matieu
Lou paure estieu
Reçaup lou ped dedins lou quieu.

Un homme, fût-il un saint, qui se permet de botter les fesses de l'été pour le mettre à la porte n'a pas droit à notre affection.

SAINT JEAN D'ÉTÉ...
SAINT JEAN D'HIVER

La bûche de Noël et les feux de la Saint-Jean se répondent. Un saint Jean annonce l'autre, lui ouvre la voie.

Celui de l'hiver est le plus chaleureux : le soleil est à l'intérieur. On a gardé pour lui les grappes de raisin les plus succulentes. On les a suspendues dans le grenier pour qu'elles y vieillissent comme un vin et concentrent tout leur suc. Les derniers melons ont été enfouis sous la paille d'où on les exhume avec des précautions de sommelier. L'aïeul arrose la flamme de vin cuit *Allegre, allegre, qué Dieu nous allegre...* Jésus est né. Le soleil renaîtra. Je ne sais pas si ce que je dis est tout à fait orthodoxe (et d'ailleurs je m'en fous). C'est peut-être même un peu païen. Mais j'ai pu constater sur place que l'Église provençale s'était introduite dans les religions de la nature sans effraction. Qu'elle était passée discrètement des tanagras aux santons, qu'elle avait fait, avec l'assentiment général, de notre mère la terre, la « Bonne Mère » de Dieu.

La Saint-Jean d'été demande moins de préparatifs. En ce jour, le plus long, le soleil ne fait qu'une brève absence. Les feux allumés assurent l'intérim. C'est l'occasion pour les terriens de gambader au-dessus du soleil, ce qui n'arrive pas tous les jours. Saint Éloi sourit sous sa mitre dorée. Son heure approche. Mais nous sommes loin de la frénésie nordique. Le soleil nous ne l'avons jamais vraiment perdu. Nous saluons son entrée officielle, mais comme nous n'avons jamais douté de lui, nous ne nous croyons pas obligés d'entrer en transe.

Je sais de quoi je parle. J'ai vécu à Stockholm une nuit de la Saint-Jean. Elle est demeurée inoubliable pour moi.

Mais il m'a fallu tout un été pour m'en remettre.

MÉLANCOLIE DE L'ÉTÉ

Les années de jeunesse se comptent en « printemps », les années de vieillesse en « hivers ». A l'automne de sa vie, on a pourtant arrêté le compteur, ce qui ne l'a pas empêché de tourner.

Mais d'où vient que personne ne songe à mesurer sa vie au nombre de ses étés ?

Je crois le savoir. Mais j'hésite à vous le révéler, car ce n'est pas tellement gai.

Je dirai même que c'est assez terrifiant. Car rien n'est plus angoissant que ces journées parfaitement immobiles. Une angoisse qui peut aller jusqu'à l'épouvante. Le temps semble s'être arrêté mais vous continuez à vivre. C'est-à-dire mourir.

Rien ne me cause autant d'effroi que ce simulacre d'éternité. Suprême dérision : le temps s'immobilise et la mort est au bout. Les marchands de lumière sont les tenanciers de la maison d'illusion de l'immortalité. Détresse de la Promenade des Anglais, cette antichambre ensoleillée de la mort. Les yeux mi-clos, déjà tièdes, les retraités sont les témoins assoupis de leur propre agonie. Ils assistent à leur propre veillée funèbre.

Disant cela, je sais que je choque le plus grand nombre. Je joue à contre-rythme des ritournelles du « pays du soleil ». Cette fameuse gaieté sudiste qui a fait le succès des opérettes marseillaises et qui continue de tenir son rang dans le royaume des idées reçues. Le soleil mûrit. Donc il pourrit. Les acrobaties dialectiques des philosophes n'y changent rien.

Voilà, par exemple, ce qu'écrivit Jean-Paul Dollé un jour où il faisait la planche en Méditerranée :

« Je ne plongeais pas dans la mer, j'étais plongé en elle comme si les dures heures du Midi, quand le soleil dessèche les calanques et fait taire les cigales (!), imposaient le retour dans l'humeur interne. Immobile, sur le dos, porté par la teneur salée de l'eau transparente, je *n'étais plus rien moi ; l'harmonie m'absorbait* comme le ciel se gorge des vapeurs qui sortent du flot, en fusion d'incandescence. Plus tard, quand j'étudiai la philosophie, je trouvai chez les stoïciens le concept qui rendait compte de cet état. Ils le nommaient "ataraxie", le moment de pur repos où l'homme suspend son vouloir-vivre et fait de son propre être là, soudain arrêté dans l'*immobile* éternité. »

Je crois qu'Ernest Renan a dit les choses plus simplement quand il prévoyait que la planète de l'an 2 000 risquait de devenir une « planète d'idiots se chauffant au soleil ».

BRUITS

J'entends la voix de Charles qui ordonne :

— Feu !

Le silence d'abord éclate, traversé par un chuchotement d'espadrilles. Puis un coup de feu claque salué de clameurs. Les coups de fusil des chasseurs débusquent l'automne dans les sous-bois. Il n'y a, en revanche, aucune mélancolie dans la canonnade des boules. Simplement le bruit joyeux et catégorique du fer contre le fer.

Parfois le boulet ripe sur un silex dans un friselis d'étincelles. Ainsi font les couteaux sur la meule des rémouleurs.

Il m'est agréable, à l'ombre de ma tonnelle, de suivre sans la voir la partie de boules qui se déroule sur la placette limitrophe. A l'oreille uniquement. Petite cantate de l'été avec solistes et chœurs. Mélodie nonchalante réveillée de percussions, de rires, de lamentations, de sarcasmes, de facéties.

Je n'essaie pas de suivre le déroulement de l'action. Je distingue au passage de savoureux lambeaux de dialogues qui, séparés de leur contexte, se chargent de magie, alors qu'ils sont à la fois père et fils de la « galéjade ».

— Mais qui tu es toi ? Moi je suis Jeannot de Châteauneuf-lès-Martigues. Et quand j'arrive au Brésil, je n'ai même pas le temps de descendre de l'avion. Il y en a toujours un qui dit : « Té vé, regarde qui est là... Jeannot de Châteauneuf-lès-Martigues !... »

— Tu y es allé souvent au Brésil ?

— Jamais... ça changerait quoi ?

Ou bien, dans le genre fatal :

— A ta place je jouerais ma deuxième boule la première. Ta première, elle va toujours dans la nature. La deuxième, des fois, il lui arrive d'être à moins de deux mètres du cochonnet...

Tout le reste est brouhaha. La mélodie concrète de l'été a la fluidité d'une brume de chaleur qui tantôt s'effiloche, tantôt s'épaissit, mais dans laquelle on se dissout sans disparaître à soi-même. Les paroles, au fur et à mesure que l'été s'installe, se font de plus en plus rares et n'apparaissent que pour rendre plus palpable le tissu crépitant du silence.

Été saison des palabres discontinues dont les mots ne doivent pas troubler la partition. On ne leur demande que de sonner juste et au bon moment.

ESCALE CHEZ FERDINAND

Nous sommes amis depuis cinquante ans. Je ne connais que son prénom. Ferdinand est artisan coiffeur. Il n'y a jamais dans son salon qu'un client à la fois. Il ne travaille pas « sur rendez-vous », mais il vous donne le sentiment que vous arrivez toujours à la bonne heure.

C'est le personnage le plus solaire que je connaisse. Pourtant sa tanière est sombre comme un confessionnal. On y accède en s'insinuant à travers un rideau de perles et de bambous. Cela fait un clapotis léger qui fait surgir son visage barbu au-dessus du journal derrière lequel il abrite sa méditation.

— Salut *gari...*

— Bonjour *bicou...*

Le silence retombe en même temps que le rideau se referme sur ce théâtre de parfums. Depuis cinquante ans, les huiles essentielles des lotions et frictions, à force de flotter dans l'atmosphère, se sont incrustées dans les boiseries et les tentures. Le salon de Ferdinand est une cassolette éteinte. L'étrave de votre nez ouvre sa route dans la soie épaisse des senteurs.

Vous voici trônant sur un fauteuil au cannage éclaté. Vous êtes un pontife siégeant au creux de son propre encensoir. Le diacre Ferdinand s'affaire avec une lenteur cérémonieuse. Vous voici revêtu d'une aube couleur safran. Une serviette s'envole dans un claquement sec d'ailes amidonnées. Dans une cupule à l'argent terni, une burette de métal a fait neiger une poudre de savon parfumée comme une lessive : jasmin, chlore et violette. La poudre inerte devient chantilly sous le mixage du blaireau.

— Alors, qu'est-ce que tu en penses ? dit Ferdinand.

— Pas plus, dis-je.

Barbe savonnée est à moitié rasée. Mais cela prend du temps. Le « coupe-chou » va et vient sur le cuir qui l'affûte au rythme du balancier de la pendule. Ferdinand, du dos du rasoir, écarte l'épais duvet de mousse. La lame crisse sur la peau comme une cigale de mauvaise humeur. Nous n'avons pas échangé une parole.

— Je vois que nous sommes d'accord, dit Ferdinand.
— Comme d'habitude, dis-je.

Des rais de lumière passent clandestinement entre les mailles du rideau de perles. Filent tout droit, se brisent, se perdent, se disloquent. Reparaissent. Un reflet gicle sur la cuvette de porcelaine écrue et fait surgir au bec des cygnes de cuivre des langues de feu.

Une porte s'ouvre. Une matrone mauve et noir traverse la pièce dans un chuintement de feutre et de jupes. Elle est aussi large que haute. Les sabres de lumière la sectionnent de la tête aux pieds, en tranches fines. Elle se reconstitue sur le seuil, dans l'énorme brèche qu'elle a ouverte au creux du frêle rideau.

Ferdinand est resté le rasoir en l'air. L'explosion de la lumière extérieure nous a plongés dans les ténèbres. Nous fermons les yeux pour ne pas nous sentir aveugles. Nous ne les rouvrons qu'au moment où les tuyaux de bambous cessent de s'entrechoquer en grommelant.

— Je me demande si..., fait Ferdinand.
— Moi aussi, dis-je.

Une serviette brûlante s'abat sur mon visage. Ferdinand me pétrit comme une pâte à frire. Puis il me mitraille avec un pistolet de « sent-bon » et un vaporisateur de « poudre de riz ».

— Vingt ans de moins, dit-il.
— Un jour de plus ! dis-je.
— Nous sommes bien d'accord, conclut-il.

Nous demeurons immobiles et fraternels devant la bimbeloterie qui nous sépare de l'implacable été :

— Adieu *gari.*
— A demain *bicou.*

Nous nous sommes tout dit.

Il reste à l'abri. J'affronte. Cela ne change rien. L'été n'épargne personne. Mais il est fertile en oasis. Fraîcheur d'été fait bronzer les rivières. Lumière d'été trouble le regard.

MOURIR EN ÉTÉ

Le plan dure sept minutes. Il a été tourné en une seule prise. C'est l'un des plus célèbres du cinéma. On le doit à Antonioni. Il se trouve à la fin de son film *Profession reporter.* Sa simple évocation me rend déjà les mains moites.

Dans un palace aux persiennes closes de l'extrême Sud espagnol, un homme en manches de chemise est allongé sur un lit défait. Même si on n'a pas vu le début, on sait qu'il ne peut plus rien lui arriver. Il est déjà virtuellement mort. Il agonise sans grimace. L'été l'encercle et ne lèvera le siège qu'après la capitulation.

Accroupis le long du mur blanc des arènes, des hommes ratatinés comme des ceps attendent la mise à mort. Ils ne transpirent ni ne bougent. Ils ne fournissent au tableau que les taches noires dont il ne peut se passer. Même les mouches ont cessé de bruire.

Une automobile molle s'échoue, à bout de forces, dans la poussière. Sa calandre émoussée n'a pu ouvrir son sillon dans le plomb fondu où elle est venue se piéger. Un oiseau pris dans une marée grise. Il parvient à déployer une dernière fois ses ailes, et referme ses portières avec un bruit flasque. La plaza est une grève où l'on vient naufrager sans combattre, une toile d'araignée invisible où l'on s'échoue sans s'agiter. C'est ici que le voyage s'achève.

Un enfant-messager pourtant échappe à tous les tue-mouches tendus sur son passage. Il les ignore à cloche-pied, protégé par les sésames de son enfance. L'été s'ouvre devant cet allègre porteur de la fâcheuse nouvelle. Une femme est aussi parvenue à traverser tous les barrages. L'amour ne trouve aucun obstacle sur le chemin qui conduit à la mort...

La vie ne reprendra qu'avec l'arrivée de la police, grasse, tout enflée de décomposition. Un cadavre de plus qu'il faut enlever d'urgence avant que l'été n'achève de le dissoudre. La mort, par beau temps, n'a pas le loisir de s'éterniser.

MISTRAL

— *Il calera* ce soir, affirme Honoré.

Il n'a pas *calé*. Au contraire, il a repris force. Pourtant Honoré ne se trompe jamais dans ses prévisions météorologiques. Mais le mistral échappe à sa compétence et n'en fait jamais qu'à sa tête. Il nargue les proverbes dans lesquels on essaie de le discipliner. Ce fameux « mistral du mercredi », qui est censé ne « jamais voir le dimanche », s'obstine, s'il est d'humeur facétieuse, à troubler les sorties de messes dominicales en tourbillonnant sous les jupes des choristes. Quant à la fameuse règle des « trois-six-neuf », il en a toujours ignoré l'existence. Il peut se calmer le second jour et j'en ai subi un qui ne s'est pratiquement pas apaisé pendant trois semaines. En principe, il respecte les usages barométriques, mais laisse peu de temps aux marins de la Méditerranée pour regagner l'abri le plus proche. Souvent même il se présente sans avoir été annoncé.

Depuis quelques années, sa conduite paraît d'ailleurs de plus en plus désordonnée. Il est vrai que le Rhône, son chemin naturel, s'est mis récemment à lui tendre des embûches imprévues. Ses rives se sont hérissées d'étranges tours multicolores. Celle d'Aramon, par exemple, inquiétant totem rouge et noir, qui non seulement désintègre l'harmonieux paysage entre Rhône et Durance où il fait « si bon vivre », mais inspire une terreur diffuse, inconsciente, mais réelle.

Je me suis renseigné. Il s'agit d'un « rafraîchisseur d'air » destiné à compenser le réchauffement des eaux du Rhône par la centrale atomique de Pierrelatte. Le mistral est comme moi : il se sent un peu désorienté par toutes ces manipulations. Certains savants vont même jusqu'à envisager qu'il rebroussera un jour chemin et soufflera en sens inverse.

Ce qui poserait problème.

MISTRAL
(*suite*)

Un roseau d'abord qui s'agite avec une prétention de chef d'orchestre décontenancé par l'effarement vaguement goguenard de ses petits camarades flûtiaux. Mais voici les « contestataires » qui, à leur tour, sont saisis de frémissements.

Le moment est venu de consulter le ciel, si l'on connaît son langage, ou les vieux qui savent, si l'on ne sait pas soi-même, dialoguer avec les nuages. Le ciel et ses augures se trompent souvent quand ils annoncent la fin du mistral. Rarement quand ils décident s'il va « prendre » ou renoncer. Leur clairvoyance a bien du mérite, surtout à Fontvieille où tous les souffles de la rose des vents se sont donné rendez-vous.

D'autant que, dans ses commencements, le mistral est « beaucoup » capricieux. Il hésite, avant de prendre sa décision, entre tous les points cardinaux. Il tourbillonne avant de s'orienter plein sud et de mettre en péril les marins. Mais quand c'est parti, c'est parti. Et rien ne lui résiste. Même pas les girouettes.

J'ai néanmoins une grande confiance dans la girouette du père Coutil, dit « Renard argenté ». C'est mon ami Charles qui la lui a découpée, avec la technique et la ferveur d'un faiseur d'enseignes du temps des libertés communales. L'époque où on avait le droit de savoir le temps qu'il ferait chez soi sans demander l'autorisation de Paris.

Il lui a donné la forme d'une tête de taureau. Son mufle prend le vent avec un flair infaillible : sans contacter les tours de contrôle.

Quand le mistral naît, le taureau de Charles se réveille. Sa tôle vibre d'abord dans toutes les directions. Sans se gondoler toutefois. Quand elle cesse de clapoter, le mistral a trouvé sa voie. On peut alors prier à l'avance pour les matadors qui ne pourront plus mettre leur savoir à l'abri d'une mulcta qui, sans arrêt, les découvrira au lieu de les protéger.

Je peux aussi vous parler de l'abattement qui succède aux obsèques du mistral. Sa présence, pendant des jours, a tendu vos nerfs à l'extrême. Sa soudaine absence vous déconcerte. Vous vide. Ce sont ces jours-là où les hommes de la terre et les poètes se jettent dans leurs puits.

Pour retrouver le calme.

LES MARCHÉS

Les marchés de Provence sont la vitrine de nos étés. La foule qui ruisselle dans ses allées est fluide comme un banc de poissons. On ne se heurte ni ne se bouscule. Le flux montant se mêle, en un remous calme, au flux descendant ou le traverse sans déchirure, comme un courant marin. Deux amis dérivant lentement sur le flot paisible se trouvent en présence. Ils se donnent l'accolade. Ils deviennent un îlot que l'océan contourne en le frôlant avec douceur.

Moi je me nourris de *regardelle*. Vous ne saurez jamais, même si vous avez suivi jusqu'au sommet de l'aiguille du Dru une demoiselle qui vous précède dans une cordée, ce que signifie l'expression « manger des yeux ».

Il n'y a rien de plus nourrissant que le regard. En plus il ne fait pas grossir.

La mort, en ces lieux, nourrit une fois de plus le vivant : salades arrachées, fleurs coupées, tomates cueillies à la fleur de l'âge — tout un été décapité... Il faut tenter de survivre. Il y aura des tomates farcies à déjeuner.

ODEURS

Je suis peu doué pour l'abstraction. En été encore moins que d'habitude. Mes cinq sens et leurs annexes ne me laissent pas une seconde de lucidité. C'est la saison de la perpétuelle ivresse. La saison « panique » par excellence, où les sons, les parfums, les couleurs se répondent. Essayons de mettre un peu d'ordre dans ce tumulte.

Quand je respire l'été, il sent la lavande et l'anis. C'est une odeur qui a assiégé mes fenêtres pendant trois mois à Aurel, au pied du Ventoux. Pour voir plus souvent mon ami le peintre Ambrogiani, j'y avais acheté une maison. Je n'ai pu la garder que quatre mois. Elle tombait en ruine et les travaux de réfection dépassaient mes possibilités financières les plus optimistes. J'ai néanmoins emporté de cette demeure éphémère un souvenir essentiel : celui de l'étrange odeur qui l'assiégeait certains jours.

La région est semée de distilleries de lavande. Quand je m'éveillais le matin, j'avais l'impression d'avoir passé la nuit sur un nuage de parfums. Certains jours, pourtant, il me semblait que mon odorat s'était déréglé pendant mon sommeil. L'odeur mauve avait des reflets vert tendre. Cocktail subtil dont je n'arrivai pas à déceler les composants et les dosages.

Je m'en ouvris à Joseph, le cantonnier, à l'heure opaline de l'apéritif. C'est un des « nez » les plus subtils que je connaisse :

— J'ai l'impression, dis-je, que la lavande n'a pas la même odeur que d'habitude.

Il éclata d'un grand rire de cigale. Je vis dans son regard une lueur de goguenardise.

— Tu n'as pas remarqué ? dis-je.

Il s'arrêta aussitôt de rire :

— Non, dit-il avec gravité.

Prenant le patron du bar à témoin, il ajouta d'un ton catégorique :

— Tu n'as pas remarqué toi non plus ?

— Je n'ai rien remarqué du tout.

Leurs visages s'étaient subitement fermés. Il était évident qu'ils me cachaient quelque chose. J'en fus mortifié. Je revins à la charge :

— Cela me donne l'impression qu'on a distillé en même temps de la lavande et de l'anis.

Le patron avait disparu dans son arrière-boutique. Joseph me dévisagea sans amitié :

— Pour un Parisien, tu as de la narine. Mais tu parles trop...

C'est ainsi que j'appris que parfois, à l'abri derrière l'épais rideau de parfum mauve, certains fabriquaient leur contingent de pastis familial.

Telle est depuis, pour moi, l'odeur la plus péremptoire de l'été...

MARCHÉS
(*suite*)

J'ai connu un marquis authentique qui s'était recyclé comme clochard au bord de mer. Sa famille avait payé l'impôt du sang pendant des siècles et s'était fait rembourser en châteaux, terres et tapisseries. Il sentait le goudron et passait ses nuits dans les carcasses des bateaux en cours de carénage. Il exerçait sur le Vieux-Port une profession rare, mais de première nécessité. Il s'était fait marchand d'eau de mer.

Quand les poissons commençaient à tourner de l'œil, il les ranimait à grandes aspersions d'eau salée...

Je suis un des usagers les plus constants des marchés du soleil. Mais un piètre client. Je voudrais tout acheter. Mais j'ai les yeux plus grands que le ventre. Une aubergine ronde, une poignée de nèfles, une paire de kakis à demi pourrissants, un sac de jujubes, et me voilà comblé. Il y a d'ailleurs de moins en moins de jujubes, de kakis, de nèfles ou d'aubergines rondes aux étalages de l'été. Et encore moins de *meissounencos*, ces petits escargots blancs qui bourgeonnent au mois d'août sur les fleurs d'anis sauvage.

Ce sont des produits sans sophistication et qui refusent de se laisser rentabiliser. Ils n'ont plus le droit de se faire une place au soleil.

En revanche, je fais provision de répliques et de règles de vie. J'ai plus appris dans la compagnie des marchandes de courgettes que dans celle de mes maîtres de l'Université.

Sans Joséphine, la « partisane » du marché des Allées de Meilhan, je suis même sûr que je n'aurais jamais songé à écrire.

Je ne me lassais pas de l'écouter vivre. Un jour où j'avais remis précipitamment mon pantalon sur mon maillot de bain humide, je fus l'objet des sarcasmes de ses collègues :

— Regarde-le ce petit, disaient-elles en pouffant, il a le cul mouillé...

Joséphine les fit taire :

— Et alors ! dit-elle, il vaut mieux avoir le cul mouillé que la conscience pas tranquille...

Dans les moments de désarroi, j'ai trouvé bien du réconfort dans ce robuste aphorisme.

Il nous arrivait de déguster ensemble sur le pouce quelques « violets » de roche, charnus comme des mangues et qui embaument la teinture d'iode. Dès le premier verre de vin blanc de Cassis, Joséphine me parlait politique. Joséphine était militante de gauche et ne ratait pas une réunion publique.

— A ton âge, disais-je, il risque de t'arriver des bricoles...

— Qu'est-ce que tu veux qu'ils me fassent ? disait-elle. Ils ne vont tout de même pas frapper une grand-mère à cheveux blancs. Et s'ils essaient de dire des mots grossiers, avec moi ils « toucheront beau ».

Les mots, en été, on ne se contente pas de les dire. On les mange. Et ils vous font « bonne bouche ».

SAVEURS

L'été a le goût d'une orange salée.

Cela n'engage que moi. Cette évidence m'est apparue au cours de l'été 42. J'étais prof d'anglais à Arles, où je me nourrissais de tomates farcies à la tomate, et encore pas tous les jours.

Or, un samedi, courut sur le marché des Lices, où l'on faisait queue devant quelques rares cageots de pois « gourmands », une rumeur qui, à trente-cinq ans de distance, me fait saliver rétrospectivement. En vue de la Côte sauvage, un bâtiment espagnol, chargé de caisses de whisky et de jambon *serrano*, avait fait naufrage...

J'alertai mon collègue Frédéric, le prof de philo dont la robustesse paysanne s'accommodait mal de la politique d'austérité à laquelle nous invitait paternellement le Maréchal pour la rédemption de nos péchés et l'expiation de cet esprit de jouissance qui avait fissuré la ligne Maginot.

La réaction de Frédéric fut immédiate :

— A cheval, dit-il.

Nous enfourchâmes nos montures à selle en toile cirée : des vélos d'occupation pesant vingt kilos pour le moins. Ils étaient chaussés de pneus quasiment translucides. Le vent soufflait de trois quarts face et nous assommait à demi. Mais nous étions dans un si grand état d'excitation et de concupiscence hallucinée que nous avons dû faire au moins quinze kilomètres à l'heure de moyenne. Nous nous octroyâmes toutefois quelques moments de répit à l'ombre du phare de la Gachole...

Les chaussures autour du cou, les pantalons retroussés, tenant nos coursiers par le guidon, nous reprîmes notre route au ras des flots, sur le sable mouillé.

La Camargue est un endroit où la création du monde n'est pas achevée. Elle s'y poursuit tous les jours, avec une sérénité secouée de soubresauts.

Nous avions le sentiment que les empreintes de nos pieds nus étaient les premières à s'inscrire sur le limon originel. La terre, le ciel et la mer se confondaient. Nous étions seuls au monde. Un monde peuplé de mirages qui apparaissaient et disparaissaient selon les sautes du vent...

Nous gravîmes une dune. J'avais apporté mes jumelles d'aspirant. J'inspectai la plage infinie, où la mer aurait dû rejeter ses succulentes épaves. D'autres naufrageurs avaient dû passer avant nous. Elle était lisse, mais hérissée par endroits de bosquets de bois mort charriés par le Rhône.

Nous fîmes halte sur un tronc blanchi par les eaux. On aurait dit un squelette d'ichtyosaure. Les yeux brouillés par la sueur, les jambes molles, l'estomac creux, nous étions, la nuque basse, des enfants abandonnés sur une planète hostile.

Soudain je sentis la main de Frédéric qui se crispait sur mon épaule.

— Regarde ! dit-il du ton de la vigie accrochée à son mât et qui vient d'apercevoir la terre.

Il me désignait le sol.

Notre ichtyosaure avait pondu une montagnette d'œufs qu'il couvait le long de ses flancs. Des œufs de Pâques en couleurs qui scintillaient discrètement à son ombre. Nous étions venus à la pêche au jambon et nous récoltions des oranges.

Frédéric sortit son Opinel, coupa un fruit en deux et m'en tendit la moitié. Nous hésitions devant cet agrume insolite. Sa chair de coquillage avait d'étranges reflets marron et verts striés de pourpre. On aurait dit le foie d'un alcoolique. Tel du moins que nous avions pu le contempler pendant nos années d'école primaire. Ce n'était pas très engageant, mais exerçait sur nous une véritable fascination.

Après nous être consultés du regard, nous décidâmes en même temps. Chacun à notre manière. Frédéric avec sa voracité coutumière. Moi, avec circonspection. Le goût de ces oranges marines était si étrange, si complexe, que mon ami lui-même ralentit sa déglutition.

C'était à la fois amer, acide et doux. Un mélange de miel et de sel marin. Pendant l'heure entière que dura la dégustation de notre récolte, je me fis l'effet d'être ce personnage de Giono dans *Que ma joie demeure*, à qui un paysan offre une liqueur de sa composition et qui, par petites gorgées précautionneuses, en analyse minutieusement tous les composants.

Je poursuis depuis trente-cinq ans cette dégustation rétrospective. Je n'ai pas encore fait le tour de la question.

Avec le temps, le goût de ces fruits, nés de la mer, ne cesse de s'enrichir et de se diversifier.

Je n'en récolterai sans doute jamais plus. Mais leur souvenir rassemble en lui toutes les saveurs de l'été.

COULEURS

Michel, le père, est mort. Michel, le fils, continue sa tradition aux *Catalans* de Marseille. Même si vous n'aimez pas la bouillabaisse, il faut absolument que vous lui rendiez visite un jour. Pour le plaisir des yeux.

Pour accueillir ses clients, il compose tous les matins, avec les poissons pêchés de la nuit, une nature morte grouillante de vie. Elle n'est jamais la même et change selon son inspiration. Les poissons portent en toute saison leur chatoyant témoignage, mais ils se fanent vite à la lumière.

Les spécimens les plus somptueux, Michel les rassemble sur une claie d'osier. Il hèle un de ses commis :

— Va vite porter ça à Ambro.

« Ambro », c'est, une fois de plus, Ambrogiani. Ce ne sont pas les poissons les plus savoureux mais les plus lumineux que Michel lui mande par porteur. Il les lui prête seulement pour une heure ou deux, de façon qu'il puisse tenter de fixer pour l'éternité sur la toile leurs couleurs éphémères.

C'est ainsi qu'il faut vivre l'été. Non dans l'« ataraxie », mais dans le déchaînement paisible de tous les sens. Sinon, il risque de vous échapper entièrement, car il ne procède que par fulgurances aussitôt éteintes. L'été, saison des étoiles filantes.

J'en viens à me demander s'il existait vraiment avant les impressionnistes. En tout cas, ce n'était pas le même. Il n'inspirait que des allégories plus ou moins mythologiques. C'est un livre pointilliste que j'écris. Je ne vois pas d'autre façon pour capter tant bien que mal la lumière.

TRAITÉ DU MELON

Les Japonais pratiquent l'art du bouquet. Je voudrais vous enseigner l'art du melon. Il est aussi enrichissant.

Dans mon enfance, on vendait encore les melons « à la taste ». Le marchand taillait dans le fruit une petite fenêtre et nous tendait un dé de chair à la pointe de son couteau. Il était toujours excellent. Pour la bonne raison que le marchand-tentateur n'entamait que des melons dont il était sûr à l'avance. Il pratiquait de naissance, et depuis des générations, l'art du melon qui mobilise les cinq sens. Même l'ouïe. N'emportez jamais un melon qui « ne vous dit rien ». Les melons ont un langage que ne comprennent que les gens de goût.

La vue d'abord, à condition de ne pas se fier aux apparences. Car il y a des melons qui ne paient pas de mine et qui risquent de passer inaperçus. Mais ceux-là vous ne les trouverez pas dans le commerce. Les paysans n'ont pas le droit de vendre des melons éclatés. Alors que c'est leur succulence même qui les fait se sentir à l'étroit dans leur peau. J'en fais une consommation énorme. Ce sont mes voisins qui m'en font cadeau. Non pas qu'ils soient invendables, mais parce que ce sont les meilleurs.

Le toucher ensuite. Je vous interdis catégoriquement d'accorder votre clientèle à quelqu'un qui vous interdirait de porter la main sur ses produits. A condition, bien entendu, que vous les traitiez avec les ménagements qu'ils comportent. Un melon dans le creux de la main d'un honnête homme procure une joie d'une sensualité rare.

Puis l'odorat intervient. Avant de mordre dans la chair et de la laisser fondre dans votre bouche, pourquoi vous priver de ces supputations apéritives. « Le meilleur moment de l'amour, a dit quelqu'un, c'est quand on monte l'escalier. »

C'était un pessimiste. Il y a grande joie à vérifier ses pressentiments, et le « parfum de tristesse » que laisse « la cueillaison du rêve au cœur de qui l'a cueilli » est assez réel. D'autres parfums, d'autres saveurs le recouvrent.

DÉFENSE DE L'AMATEUR DE PRUNES

La Bruyère en a fait un précieux ridicule. C'est très injuste. Regardez ce brave homme en pleine action :

> *Il vous mène à l'arbre, cueille artistement cette prune exquise, il l'ouvre, vous en donne une moitié et prend l'autre : « Quelle chair, dit-il, goûtez cela. Cela est-il divin ? Voilà ce que vous ne trouverez pas ailleurs ! » Et là-dessus, ses narines s'enflent, il cache avec peine sa joie et sa vanité...*

Il est des vanités moins chaleureuses et moins convaincantes.

Je me permets de lui faire toutefois un léger reproche désolé, car le voici devenu monomaniaque :

> *Parlez-lui de la richesse des moissons, d'une ample récolte, d'une bonne vendange, il est curieux des fruits ; vous n'articulez pas, vous ne vous faites pas entendre ; parlez-lui de figues, et de melons, dites que les poiriers rompent de fruits cette année, que les pêchers ont donné avec abondance, c'est pour lui un idiome inconnu, il s'attache aux seuls pruniers, il ne vous répond pas.*

S'il vient me voir à Fontvieille, je l'inviterai à grimper dans mon unique cerisier pour savourer les premières cerises annonciatrices de l'été. Et si sa femme l'accompagne, elle s'en fera des pendants d'oreilles.

S'ils ne sont pas rassasiés, je les mènerai dans le verger de mon ami Léopold.

L'an dernier, à Fontvieille, les prix s'étaient effondrés. Les paysans renoncèrent à les cueillir et en firent don aux oiseaux. Léopold, qui n'aime pas « laisser perdre », eut l'ingénieuse idée de placer un panonceau à l'entrée de son domaine :

MANGEZ DES CERISES SUR L'ARBRE.
MANGEZ-EN AUTANT QUE VOUS VOUDREZ.
CINQ FRANCS L'HEURE.

Mes enfants y ont passé des après-midi gloutons à califourchon sur les branches. Je n'ai plus l'âge de ces succulentes escalades, mais mon premier geste de l'aurore est de passer le bras par la fenêtre pour happer directement, sur mon figuier, la figue du réveil givrée par la rosée.

L'été se récolte à la main.

LA « SAN CREBOTO »

Le Provençal a la gourmandise de sa frugalité. « Il se nourrit volontiers d'un oignon cru et d'un quignon de pain rassis. » Vous trouverez cette fine remarque à peu près dans toutes les études sociologiques qui nous sont consacrées. Nous ne sommes pas un pays de grasses terres et de franches ripailles. Et nombreux sont les paysans qui pratiquent, quand ils sont aux champs, le fameux « repas grec », une figue et trois olives.

Il nous arrive pourtant de célébrer plusieurs fois pendant l'été la *San Creboto*. Ce saint ne figure dans aucun calendrier. C'est le saint de la « grande bouffe ». On mange à « s'en faire crever ». Mais c'est en son honneur. L'ascétisme a toujours fait bon ménage avec les festins rituels.

Je voudrais tant que ce livre vous affame. J'aimerais que vous en sortiez ivres, ayant éprouvé jusqu'au vertige les exaltations du jeûne et jusqu'à l'anéantissement les hébétudes de la goinfrerie. Il ne me déplairait pas qu'il exaspère votre concupiscence. Lisez-le avec les yeux, le nez, la bouche, les oreilles, lisez-le avec votre corps tout entier. Si ces pages ne sentent pas bon, si elles n'ont pas de goût, si elles ne vous donnent pas envie de danser ou de faire la sieste, brûlez-les et faites-vous cuire des saucissettes.

VARIATION SUR L'AÏOLI

En été, les dentistes « arrivés » du pays d'Arles ferment leur cabinet le vendredi : c'est le jour de l'aïoli. Ce n'est pas à cause de l'odeur. Ils en ont mangé eux-mêmes. Mais l'aïoli d'été est une fête de plein air qui s'accommode mal d'un tête-à-tête entre des murs ripolinés.

Chaque année au mois d'août, je vais à Maillane participer à un aïoli « monstre ». On a dressé des tréteaux sur la place du village. Un millier de personnes communient dans le culte de l'ail, cette drogue magique.

On a souvent demandé à Mistral quelles étaient ses opinions politiques. Il a répondu une fois pour toutes :

Nautre li bon Provençau
Mangaren de l'oli
E faren l'aïoli.

(« Nous autres les bons Provençaux, nous mangerons de l'huile et nous ferons l'aïoli. »)

Il était un peu coincé le brave Frédéric : entre Maurras et Jules Ferry, il naviguait avec prudence. Il ne donnait ni mot d'ordre ni même conseil. Tout au plus soupirait-il dans le sonnet de *La Comtesse : Ah si me voulié comprendre. Ah si me voulié ségui* (« Ah si vous voulez me comprendre. Ah si vous voulez me suivre »). Mais il n'a jamais dit où il entendait conduire ses fidèles. C'est peut-être quand il invite les Provençaux à « faire l'aïoli » qu'il cerne l'essentiel de sa doctrine.

Car c'est dans ces cérémonies collectives qu'on découvre le fameux *estrambord* des « bons Provençaux ». Le mot est intraduisible en français. Il désigne cette allégresse de paroles et de gestes qui s'empare de nous quand nous sommes ensemble, et qu'il fait beau. L'*estrambord* ne fleurit qu'en été. Car contrairement à leur légende les Provençaux sont timides, pudiques, réservés. Certes ils sont courtois et sociables. Mais nous sommes d'un tempérament terriblement insulaire et les mots servent plus à nous protéger, à nous dissimuler, qu'à nous faire connaître.

Notre « ego » est particulièrement développé et nous excellons à cultiver, même à l'intérieur de notre famille ou de notre clan, notre différence. C'est pourquoi nous avons plus besoin de fêtes que les autres. Ce sont les seuls moments où nous nous sentons totalement fraternels. Quand nous nous tendons la main, c'est pour faire la farandole, ou bien alors nous les gardons dans nos poches.

Oui, nous avons un sens assez aigu de la propriété. L'été nous rend généreux. Il appartient à tout le monde. Mais il n'est qu'à nous, et nous en sommes si fiers que nous avons envie de le montrer au reste de l'humanité.

D'en « faire profiter » les étrangers, les « pauvres » qui ne savent pas ce que c'est que le vrai soleil. Il est bien évident que nous ne faisons que le leur prêter. Ils nous le laisseront en partant. Nous ne dilapidons pas le patrimoine en distribuant au premier venu les plus beaux jours. Nous nous enrichissons au contraire. Il y a des moments de lumière où disparaissent les inégalités de la fortune et je n'ai jamais été dans ma vie jaloux que d'un seul homme : le vieux Clanclan.

Aux Saintes-Maries, c'était le plus déshérité de tous. Je l'ai rencontré un matin sur la digue qui file droit entre la mer et les étangs.

— *O Clanclan, mounte vas ?* Où vas-tu, Clanclan ?

Il m'a désigné le ciel, le soleil, le sable, l'immensité :

— *Vau a mi casteu*, m'a-t-il dit, je vais à mes châteaux.

Ils étaient plus à lui qu'à moi, puisqu'il les aimait encore davantage.

Mais revenons à l'aïoli de Maillane. J'ai choisi cette fête entre toutes, parce qu'elle présente, pour tous ceux qui n'y ont jamais participé, tous les aspects d'une cérémonie d'initiation. L'ail et l'huile d'olive sont les aimables épreuves que nous faisons subir aux chevaliers nordiques de passage. Surtout s'ils prétendent ne pas pouvoir les digérer.

— L'aïoli n'a jamais « reproché » à personne... Alors, qu'est-ce que vous en dites ?...

Ce jour-là, précisément, un tréteau où le couvert avait été mis restait inoccupé.

— Qu'est-ce qui se passe ? demandai-je à l'un des organisateurs.

— Je n'y comprends rien, la table a été retenue par une agence de voyages...

— Puisqu'ils ne sont pas là...

— C'est impossible, ils ont payé d'avance...

Nous allions « attaquer » lorsqu'un car vint s'immobiliser devant l'église.

— Les voilà !...

Ils étaient quarante. Ils avaient le teint jaune et les yeux bridés. Ils étaient sûrement japonais. Il faut être obligatoirement japonais pour faire Yokohama-Maillane sans escale.

Leur débarquement déclencha, pour un temps, une certaine panique dans le cérémonial. Mais de courte durée. Les membres du comité accueillirent les nouveaux commensaux avec noblesse et cordialité. Il y eut un bref discours que traduisit l'interprète. Puis l'on porta des toasts à l'amitié franco-nippone. Les appareils photo crépitaient. Les clichés furent sans doute surexposés, si éclatants étaient les sourires.

Les nouveaux venus, soucieux de se conformer aux usages locaux, pensaient qu'il relevait des règles élémentaires du savoir-vivre d'avaler leur verre d'un seul trait, mais en décomposant les temps :

— Présentez gobelet... Levez menton... Chargez... Remplissez gobelet... Présentez gobelet... Levez menton... Chargez...

Tant de bonne volonté déchaîna la sympathie générale.

— Ce sont de fines carafes, dit mon voisin Boniface, dont la réputation en ce domaine n'est pourtant plus à faire.

Il y avait toutefois moins de raideur dans leurs gestes et, quand ils passèrent à table, ils étaient déjà quasiment naturalisés. Boniface, lui, se sentait citoyen du monde.

— Il faut trinquer avec ces braves gens, dit-il.

Le verre à la main, il se faufila à travers les bancs.

— A l'amitié, dit-il.

Avisant une ravissante demoiselle Chrysanthème :

— Tu permets que je te fasse la bise...

Oui, ce fut un grand moment de fraternité universelle. D'autant plus que l'exemple de Boniface fut suivi par les plus entreprenants des convives. Ils se sentaient investis d'une mission civilisatrice et culturelle, ce qui atténuait leur réserve naturelle.

Puis Boniface sonna du clairon. Il était temps de se rendre aux arènes où allait se dérouler une course de vachettes. Elle n'était pas prévue au programme de nos Extrêmes-Orientaux. Leur emploi du temps, réglé à la minute, les invitait sans discussion possible à visiter les fouilles de Glanum, le Pompéi des Alpilles.

Mais ils avaient perdu le sens de l'heure et se trouvaient dans un état orphique.

Ce fut sans doute la première fois dans l'histoire de la course provençale qu'on vit de petits hommes jaunes affronter la corne des vachettes camarguaises en criant : *Banzaï ! Banzaï !* Elles n'en parurent pas autrement surprises et les bousculèrent, les piétinèrent, les déshabillèrent sans l'ombre d'un préjugé de race.

Je ne pense pas qu'il faille en conclure qu'elles parlent japonais.

Aucune tour de Babel ne reste debout un jour d'aïoli au mois d'août.

LECTURE DE L'ARC-EN-CIEL ET AUTRES MÉTHODES RUSTIQUES POUR PRÉVOIR LE TEMPS

Claude Seignolle, en son sublime ouvrage sur le *Folklore de la Provence*, nous enseigne que si l'arc-en-ciel plonge dans une rivière ou dans une source, il pleuvra. S'il s'arc-boute au contraire sur une colline ou une terre sèche, c'est l'annonce du beau temps. A Montfort-sur-Argens du moins.

A Brignoles, lorsque deux pigeons se picorent respectivement les plumes sous les ailes, c'est signe de pluie. A Fontvieille également.

Chaque village a sa météorologie personnelle. Une météorologie à faible rayon d'action, mais bien plus sérieuse que l'autre, précisément parce qu'elle n'a que des ambitions locales.

Vous initier à cette prévision courante du temps doit devenir, pour le citadin que vous êtes onze mois par an (ou l'ancien paysan que vous fûtes, dans une vie antérieure), l'un des plaisirs de l'été les plus enrichissants. Ne pensez pas acquérir de la virtuosité dans la prévision en une seule saison, mais ne souriez pas si l'on vous affirme que, de toute façon, il pleuvra dans votre village d'adoption le 19 août, puisque c'est le jour du feu d'artifice. Apparemment cela n'a rien de scientifique. Mais comme cette prédiction se vérifie depuis un siècle, elle mérite d'être prise en considération.

Et si un berger de haute Provence vous annonce, par un ciel parfaitement rassurant, qu'il ne va pas tarder à tomber des cordes, ne le prenez ni pour un mage ni pour un farceur. C'est à l'oreille qu'il a senti venir le *pourpre* ; les sonnailles de ses béliers et les clochettes de ses *bedigues* ont changé de sonorité.

A Vence, dont les nuits sont les plus calmes du monde, si l'on entend le roulement des trains sur le pont du Var, c'est signe de pluie.

Dans ma maison d'Arles, sur l'« Hauture », dont les nuits sont bercées par les quarts d'heure sonnés à l'horloge de l'hôtel de ville, si je suis réveillé en sursaut par une locomotive traversant ma chambre, je peux me rendormir rassuré : il fera beau demain. Le mistral vient de se lever, nettoyant le ciel et charriant tous les bruits de la nuit sur son passage.

Les poules se roulent sur les cailloux du poulailler, la chouette n'attend pas la nuit pour frouer, les couleuvres sont de sortie, les crapauds se promènent en plein jour, les hirondelles volent bas : l'orage s'annonce.

Et si vous ramenez des vers de terre pour votre partie de pêche du lendemain, vous saurez à leur mine si vous devez emporter un parapluie. S'ils ont conservé leur habit de boue, il pleuvra. S'ils sont lisses, blancs et roses, la journée sera belle.

Vous n'avez pas besoin d'avoir des rhumatismes ni de consulter l'humeur de votre épouse pour devenir votre propre baromètre. Mais il faut beaucoup de temps pour apprendre à deviner le temps. Une seule vie ne suffit pas à vous rendre infaillible. Cela demande des générations. Je m'en suis aperçu le jour où Georges Brassens avait accepté de chanter en plein air dans les arènes pour les vieux de Fontvieille.

Le ciel était avec nous. Il était transparent jusqu'aux limites de notre galaxie et même au-delà. Je rayonnais de certitude. Il n'y avait plus une place de libre depuis le premier jour. Nous allions faire un triomphe. Mes amis du « Comité de la galette des Vieux » s'affairaient en silence. Les hommes rangeaient les chaises en cercle. Les femmes paraient la scène de rameaux d'olivier et de fleurs de lavande. Tous faisaient leur travail avec autant de promptitude et d'efficacité que les autres années. Il me sembla pourtant qu'ils y mettaient moins d'enthousiasme.

— Qu'est-ce qui ne va pas ?

— Tout va très bien...

Leurs regards démentaient leurs propos. Ils marchaient la tête entrée dans les épaules, comme s'ils se fussent attendus à ce que le ciel tombât sur leurs épaules.

Leurs craintes étaient justifiées, mais l'orage attendit que Brassens fût là pour éclater sans crier gare.

Un de ces orages denses et drus comme on n'en voit qu'au cinéma.

Nous nous étions rassemblés dans la salle des délibérations du conseil municipal. Brassens et moi n'osions nous regarder en face. Il était venu pour me faire plaisir. Je lui avais gâché ses vacances. Il eut un sourire d'une amitié héroïque et feignit de ne pas tenir compte de la conjonction atmosphérique :

— Ne t'occupe pas de moi, dit-il, je vais à mon hôtel essayer de me souvenir de mes chansons...

Sa voiture, moteur noyé, refusa de partir.

Nous nous sommes donné une accolade triste et fraternelle. Cette soirée que j'attendais depuis des années et que mes amis préparaient depuis des mois ne pourrait plus avoir lieu.

J'éprouvais un vrai chagrin de gosse que je n'arrivais pas à dissimuler.

— Oh ! Yvan, me dit Charles, mon « homme de barre », qu'est-ce qui ne va pas ?

— Tu me le demandes !

Les arènes étaient devenues un lac où l'on aurait pu organiser une naumachie.

— Ce n'est pas une raison pour faire cette tête... On aura tout le temps de pomper l'eau...

— Si la pluie s'arrête de tomber.

Charles consulta sa montre :

— Le plus gros est passé. Dans un quart d'heure c'est fini...

Il ne s'était trompé que de cinq minutes.

Nous eûmes non seulement le temps d'éponger la piste, mais celui d'essuyer les chaises. Georges a chanté trente-deux chansons. La soirée s'est terminée à une heure du matin. Personne n'a pris froid. Les étoiles nous tenaient chaud.

Ce fut une nuit qui vous donne envie de vivre mille ans, même si vous ne l'avez pas mérité.

J'ai demandé à Charles à quels signes il avait reconnu que le temps allait se rétablir.

— Je n'en savais rien du tout, dit-il. Mais tu avais l'air si malheureux.

LE TONNERRE DE ZEUS

Des vacances de diamant sous un ciel raide : c'est l'été que les « aoûtiens » emportent dans leurs valises. Un été homogène aux jours interchangeables. Perpétuellement identique à lui-même. Il n'existe que sur les cartes postales qu'on trouve précisément le temps d'écrire les jours où il n'est pas au rendez-vous.

Été imaginaire qui n'a rien de commun avec cette saison de triomphes et de catastrophes. Les congés sont payés, mais les défaillances du soleil ne sont pas remboursées par la Sécurité sociale. L'été, obstinément, demeure fidèle à l'image que les paysans, qui sont ses premiers usagers et le vivent depuis sa création, continuent d'en faire : une saison de sueur et d'angoisse, d'invocations et d'imprécations. Tantôt triomphal, tantôt catastrophique. C'est un père qui sait se montrer d'une générosité folle avec les siens, mais qui les ruine parfois pour les rappeler au respect qu'ils lui doivent. Un connaisseur d'été n'y entre jamais qu'avec crainte et tremblement, comme dans un temple dont les dieux ont des réactions imprévisibles. Ou si l'on veut être moins panthéiste : comme dans un casino dont on peut sortir disposé à offrir des tournées générales au monde entier, ou décidé à mettre fin à ses jours.

L'été doit se vivre comme une passion. Pour le vivre avec intensité, il faut savoir non seulement qu'il finira un jour, mais qu'il peut vous trahir à n'importe quel moment. Il n'a fallu qu'une sécheresse plus constante que les autres pour que resurgisse un peu partout en France la pratique des prières pour la pluie. La Provence, contrairement aux habitudes qu'on lui prête, fut épargnée. Jamais elle ne fut aussi verdoyante, au point d'en devenir méconnaissable. Les voies du Seigneur de la pluie sont souvent déroutantes.

Ce fut cet été-là que nous fûmes surpris, à l'issue d'une ferrade en bordure de Crau, par un déluge inopiné. C'était l'heure de mettre à la « grasiho » (que les Parisiens appellent barbeau) l'andouillette authentique de Graveson. Même un Écossais se serait mis à l'abri. Il aurait même été de plus mauvaise humeur que d'habitude. Mes amis des Alpilles, de Camargue et de Crau semblaient, au contraire, saisis par une joie quasiment panique. Pourtant, ils ne devaient plus avoir que les dents de sèches. Et encore ce n'est pas sûr. Mais plus la pluie redoublait, plus les visages s'épanouissaient :

— Ce sont des louis d'or qui tombent !

Le ciel continue d'être la demeure des dieux, même si l'on a trouvé depuis des forces de dissuasion plus implacables. Les phénomènes naturels, à partir d'un certain niveau de frénésie, réveillent d'anciennes croyances et ressuscitent les héros des mythologies originelles.

Zeus n'impressionne personne tant qu'il se contente de grommeler, tant qu'il bougonne, tant qu'il fait rouler le « tambour des limaces ». On ne sait pas assez que les escargots marchent au tambour. Ils ne se mettent en branle que si le tonnerre de Dieu bat le rappel. Dans la vie ordinaire, ils préfèrent rester à la maison. Ils n'ont pas tort. Car dès les premières gouttes, les villages se peuplent de braconniers qui s'éparpillent dans les collines pour les « cueillir ». Il pleut. Il fait soleil. Il paraît que le diable bat sa femme et marie sa fille. Grand bien leur fasse à tous les trois. Tant que les puissances célestes montrent leurs faiblesses humaines, elles demeurent fréquentables.

Mais dès que Zeus se fâche et redevient pour de bon « Jupiter tonnant », qu'il rayonne d'éclairs, qu'il brandit sa foudre et nous l'assène, ce n'est plus Benjamin Franklin qu'on invoque. A tout hasard, ma voisine Mme Mourgue fait le signe de croix et, si l'agression est nocturne, elle se cache la tête sous l'oreiller pour ne pas assister à la fin du monde. Pour prier en tout cas avec ferveur qu'elle ait lieu, si elle est inévitable, ailleurs que sous son toit.

Rien ne nous rend si égoïste que les grandes catastrophes cosmiques. Et si l'on fait tirer le canon paragrêle, ce n'est pas pour détruire les grêlons, mais pour qu'ils aillent ravager les champs de la commune voisine.

LA PLAIDOIRIE DU BÂTONNIER

Les incendies de pinèdes sont les fléaux de nos étés. Cette année-là ils furent encore plus fréquents que d'habitude. Ils semblaient, sans raison apparente, privilégier la région tarasconnaise. Il y eut jusqu'à huit sinistres dans la même journée. Certains s'allumèrent de nuit, ce qui troubla les esprits.

Les pompiers surent se montrer une fois de plus à la hauteur de leurs tâches harassantes. Ils méritent ici d'être félicités en bloc. Gaston, toutefois, se fit remarquer par son zèle. Toujours le premier arrivé sur les lieux du sinistre, il était le plus ardent à le combattre. Ce n'était pourtant qu'un humble soldat du feu, connu pour son effacement et sa timidité. Il eut sa photo à la une du *Provençal*, ce qui lui causa un plaisir qu'il ne put s'empêcher de laisser paraître.

La multiplication des foyers d'incendie devenait de plus en plus suspecte. L'imprudence des « Parisiens » ne pouvait être seule mise en cause. Il y avait sûrement un malfaisant quelque part. La gendarmerie fut alertée et se mit en campagne. La traque fut longue. Le pyromane semblait insaisissable. On le prit enfin en flagrant délit. Ce Néron des garrigues n'était autre que Gaston qui ne cessait de susciter des incendies pour le plaisir de les éteindre.

Il n'avait pas l'air de mesurer la gravité de ses actes :

— J'aime le feu, répétait-il avec conviction. Il n'y a rien de plus beau... C'est par amour du feu que je me suis fait pompier. Plus ça flambe, plus je suis heureux...

Sa défense paraissait difficile à assurer. Me Bontoux, le bâtonnier de l'ordre, se dévoua. Il avait un faible pour les causes désespérées. Elles lui donnaient l'occasion de prononcer ses plus belles plaidoiries.

— Je vous supplie, monsieur le président, dit-il, de voir en mon client un disciple attardé des antiques religions solaires. Mithra, le dieu de la lumière créée, le cruel Mithra ne réclame pas seulement de ses fidèles mortifications, purifications, ablutions, incantations, il exige des sacrifices animaux et humains. Gaston prenait de tels risques qu'il aurait inévitablement fini par flamber lui-même sur un des bûchers dont il avait semé sa route. Il était brûlé de plus de feux qu'il n'en avait allumé. L'été, à tout instant, est un incendie qui ne demande qu'à jaillir. Un volcan jamais éteint. Un feu qui couve. C'est en été que les guerres (les conflagrations) éclatent. Il porte en lui sa propre apocalypse...

Me Bontoux parla quarante minutes. Il cita Pascal, lut plusieurs pages de Rezvani, invoqua Jeanne d'Arc, fit flamber Rome et San Francisco. Le président était un fin lettré, sensible à l'éloquence. Il prit un plaisir infini à cette admirable plaidoirie, et condamna Gaston au maximum de la peine.

L'ÉTÉ, DIEU DU LANGAGE

Je suis un cultivateur de mots. Je les sème en toute saison. C'est en été que je les récolte. Les mots-fleurs, les mots-fruits, les mots-vers luisants. Ils durent plus longtemps sur le papier qu'à l'air libre. Il n'y a qu'avec les mots que je puisse tenter de relever le défi de l'été et assigner à résidence ce somptueux vagabond.

> *Ah ! si je savais peindre*, s'écrie Joseph Delteil, *jamais, au grand jamais je n'aurais écrit !* J'éprouve comme lui une insatiable *concupiscence de la chose peinture.* Alors je me console avec les mots. Je les aime passionnément ; j'aime me *chahuter avec eux.* Mais ils m'ont appris moins de tours qu'à mon délicieux initiateur. Je veille toutefois à ce qu'ils ne soient jamais *des étiquettes, une monnaie d'échange, mais des signes magiques, comme les dessins d'aurochs de la préhistoire, les formules de sorcellerie et les herbes de la Saint-Jean.*

Je me sens environné de mots chatoyants qui se laissent approcher, mais s'envolent au moment où je vais les saisir. Pourtant je sais comment on capture les oiseaux. Ma mère m'a confié le secret depuis mon plus jeune âge : il suffit de leur mettre trois grains de sel sur la queue.

Cela ne marche jamais. Ils s'envolent avant. Mais c'est la seule façon de les voir de près.

Cet « almanach », cela va faire quatre ans que je le compose comme un herbier au mot le mot. Pas tous les jours, bien sûr, mais à n'importe quelle heure. Il se fera tout seul ou il ne se fera pas. Je prends des notes sous la dictée du soleil. Il mûrit lentement comme une « pomme d'amour ». Mon éditeur a épuisé ses réserves de patience. Cela fait trois fois qu'il annonce la sortie de ce livre. J'ai beau lui dire avec une sincérité qui n'est évidente que pour moi :

— N'ayez aucune angoisse. De toute façon il y aura bien un été l'année prochaine...

Cela ne le rassure qu'à demi. Il n'est pas loin de me considérer comme un farceur exemplaire. Je suis dans la situation de ce joueur de boules à qui sa femme demande :

— A quelle heure rentreras-tu pour dîner ?

Et qui répond invariablement :

— A temps pour me mettre à table...

Ne forçons pas notre talent, surtout quand il est fragile. Laissons faire le temps. Hélas ! depuis plusieurs semaines il s'est arrêté. Je suis bloqué. C'est la faute à Van Gogh, qui pourtant éclaire ma route depuis toujours. J'ai en permanence sous les yeux deux reproductions, *La Crau* et *Les Blés*.

La Crau c'est le conservatoire de l'été provençal. Il s'y repose et s'y étale. Il y est à demeure. Les Alpilles, dans le lointain, dessinent d'un trait catégorique la limite de son royaume. Au premier plan, une charrette dételée tend les bras vers le ciel. Je circule d'ordinaire dans les éteules à sauts, longs ou courts, de sauterelle. Le paysage crépite comme un poste émetteur, transmettant un message en morse. Il se tait obstinément depuis des jours et des jours. Je suis devenu cette charrette paralytique qui ne reprendra jamais son service cahotant.

Les Blés, qui me redonnaient naguère de l'élan, achèvent de me détruire. Je suppose que seul le L.S.D., que je n'ai jamais pratiqué, doit déchaîner une pareille épouvante colorée. Cet été-là, je vous le dis, est invivable. J'en suis réduit à tenter de m'exorciser moi-même. Avec des mots. *Auro-Drecho, Tremountano, Temps-Dre, Montagnero, Tremountano Greco*. Ainsi se nomment chez nous les vents d'hiver. Ils ont balayé le ciel. Je recommence à vivre.

LA DÉGUSTATION DES VENTS

Je ne sais rien de ce grand homme, excepté son nom et son titre. Il s'appelait Negrel. Il était capitaine. J'ignore dans quelle arme. Je suis sûr qu'il lui a fallu toute une vie pour arriver à mettre de l'ordre dans ce tourbillon. Il en a répertorié et mis en place plus de trente sortes de vents sur les trois cent soixante degrés du compas. Il devait avoir l'oreille rudement musicienne et l'épiderme particulièrement sensible pour distinguer les uns des autres ces courants d'air qui ne suivent pas sur des rails l'itinéraire qui leur est tracé et souvent empiètent sur le territoire du voisin. J'aurais voulu le connaître cet homme qui connaissait aussi bien les vents de terre que les vents marins. Même mon maître Honoré Coudière a des mouvements de l'atmosphère une connaissance moins subtile. Il ne se trompe jamais quand les Alpilles soufflent, mais il s'embrouille parfois quand la Camargue riposte.

Vous permettez que je les fasse tous chanter à votre oreille, pour votre plaisir et pour le mien : le Ventouresco, l'Aguieloun, la Cisampo, la Loumbardo ou Levant Gregau, l'Auro Brune, lou Levantas, l'Auro-Rousso, lou Vent Blanc, lou Marin-Blanc, l'Autan, l'Auro-Caudo, lou Miejour Marin, lou Vent de Bas, lou Miejour-Labé, lou Vent-Larg, lou Miejour Eissero ou Vent de Souleu, l'Embat, lou Garbin-Labé, lou Vent di Damo, lou Pounent, lou Rousau, lou Narbounes, lou Manjo-Fango, la Tramountano, la Biso, la Vent d'Aut, lou Vent Terrau, lou Mistrau...

J'en ai sûrement oublié quelques-uns, car je les récite de mémoire, et le mistral, quand il est violent, s'appelle Mistralas ou même Magistralas, et quand il est gentil, Mistralet ou Mistralot. Quand il ronfle il devient lou Rouncaïre, et quand il a pris son rythme de croisière, lou Boufaïre.

Personnellement la mélodie des mots suffit à m'illuminer la tête, mais rien ne vous interdit de les chanter avec l'accompagnement musical de votre choix. Ou mieux, de votre composition.

L'ÉTÉ PARLE « CROQUANT »

J'avais cinq ans. J'étais dans le jardin. Je venais de découvrir ma première pépite. Elle était d'un or vert et rouge. En plus, elle se déplaçait par ses propres moyens. Cela faisait sans doute plusieurs minutes que mon père m'appelait pour passer à table. Absorbé dans ma contemplation, je ne l'avais pas entendu. Il avait l'air fort irrité. C'était un homme qui aimait prendre ses repas à heures fixes :

— Regarde, lui dis-je, en désignant mon trésor.

— Ben quoi, dit-il, c'est un scarabée...

Il me donna même son nom en latin, car c'était un homme féru d'entomologie. Il m'emmena même par la suite, pour me faire partager sa passion, visiter l'« harmas » d'Henri Fabre. Ce fut un échec. Je m'y ennuyai comme dans un musée.

Mon pauvre père m'accablait de mots latins dont il avait fait tout seul l'acquisition. Il m'a fallu des années pour m'en débarrasser et pour découvrir simplement dans l'eau transparente des ruisseaux le preste jeu des vairons cravatés d'écarlate.

Je ne regrette pas de n'être ni botaniste, ni entomologiste, ni ornithologue, ni géologue, mais j'ai abordé l'été dans sa réalité concrète pratiquement dénuée de vocabulaire. C'est très gênant pour moi qui ne découvre l'existence des êtres qu'à partir du moment où j'ai des mots pour les exprimer.

Sans le provençal, je crois que j'aurais traversé les étés de mon existence comme un touriste qui ne ramène de ses séjours que des photos en couleurs ou des films en super 8.

Or « je ne suis pas sorti tout nu de mon patois », comme dit encore Joseph Delteil. En matière de langue provençale je suis toujours un écolier. Je le lis. Je le parle. Il est trop tard pour que je me mette à l'écrire. Mais c'est dans la langue de Mistral que j'ai découvert, sinon tout à fait l'existence de l'été, du moins son inépuisable richesse. Je me suis longtemps contenté d'un été assez sommaire. D'un été de calendrier. Au fur et à mesure que mon vocabulaire s'enrichit, l'été me livre des secrets.

Il ne peut se vivre pleinement que dans la langue des paysans (le provençal pour moi, mais à chacun le sien), car elle charrie en elle-même toute la substance des saisons. Le provençal est une langue concrète peu faite pour l'analyse des sentiments et des idées. Les paysans ont des sentiments forts et des idées pratiques. Ils savent en outre utiliser toutes les ressources du silence : en bouche fermée les mouches n'entrent pas.

En revanche, dès qu'il s'agit de prendre l'univers à pleines mains, de le manger, de le boire, de le humer, d'en caresser la surface jusque dans ses moindres replis, de le regarder au fond des yeux, de lui faire l'amour, le provençal se révèle comme le langage même de la sensualité. Et comme l'été se trouve être la plus sensuelle de toutes les saisons, le provençal est sa langue naturelle. Il peut s'y « éclater » sans effort.

Arriver à écrire comme l'oiseau fait son nid. Ainsi fit Roumanille. « La poésie réside dans la matière comme dans sa demeure propre », précise Joseph Delteil. Le provençal, langue de la nature, langue de la poésie, langue des bêtes. Ce n'est pas « cou-cou » que dit le coucou annonciateur de l'été. C'est « tou-pu... tou-pu... ».

Et les hirondelles chez nous s'appellent des dindoulets...

LES NYMPHES DU LAVOIR

Mon ami Pierre marchait en baissant les yeux. Il avait les oreilles rouges et gardait obstinément le silence.

— Tu n'es pas fâché ?

— Il n'y a pas de raison...

Il n'y en avait aucune en effet. L'air était soyeux. La mer avait la sérénité d'un atoll. Les marins de Bougainville débarquant pour la première fois dans une île du Pacifique devaient, il y a trois siècles, éprouver des sentiments comparables aux miens. La terre était vierge et semblait avoir été spécialement inventée pour mon enchantement.

Il faisait un temps de création du monde. Pierre demeurait insensible à la grâce du moment. Il n'était pas dans son élément. Il donnait l'impression de manquer d'air. Je le sentais au bord de l'asphyxie. J'en connaissais les raisons mais, comme il n'y a pas de véritable amitié sans un peu de malice, j'attendais qu'il passât aux aveux.

Ne prenez pas mon ami Pierre pour un refoulé. On vous précisera même du côté de Fontvieille qu'il est demeuré aux abords de la soixantaine d'un tempérament robustement *pistachié*. Il n'avait pas l'habitude de détourner le regard quand il croisait celui d'une jeune personne. Mais tous ces jeunes seins à l'air libre le décontenançaient.

On aurait dit qu'un mystérieux naufrage par temps calme avait rejeté sur la grève sa cargaison de jeunes corps dorés et tièdes et vêtus seulement d'une chaînette à la taille. Personnellement je trouvais leur présence naturelle. Elle s'harmonisait à ravir avec le paysage.

Pierre refusait héroïquement d'y jeter le moindre coup d'œil. Soudain, il me posa la main sur l'épaule :

— Tu as connu le lavoir de Fontvieille quand il était en activité ?

— Non. C'était il y a longtemps ?

— J'avais quatorze ans...

Je ne suis pas spécialement attaché aux biens meubles. J'ai pourtant longtemps rêvé d'un Renoir qui ne serait qu'à moi. Cela n'est plus la peine. Pierre m'en a offert un ce jour-là : plus maladroit que ceux du maître, mais aussi lumineux et charnu. Plus rieur.

— Leurs chignons se dénouaient et leur chevelure ruisselait dans l'échancrure de leur corsage... Les caracos glissaient découvrant des épaules laiteuses égayées de fossettes. Un sein parfois surgissait, aussitôt ramené au bercail.

Pierre avait rajeuni de cinquante ans.

Sa voix n'avait pas encore mué. Elle passait du grave à l'aigu selon les images qu'il évoquait :

— Les rires et les coups de battoir faisaient jaillir des gerbes d'eau qui s'étalaient en plaques sombres sur les cotonnades à fleurs. Au moment du rinçage, les hanches se dessinaient sous les amples jupons puis retrouvaient leur mystère. La lumière coulait sur les bras nus levés, humectant la mousse sombre des aisselles, y creusant des ruisseaux. La sueur et les gouttelettes d'eau poudraient le rose des joues de lueurs mouvantes.

Il s'interrompit l'air penaud :

— Tu dois me trouver ridicule...

— Pas du tout.

C'est bien agréable de retrouver son adolescence pendant quelques minutes. Notre âge d'ailleurs ne nous a rejoints qu'à la tombée de la nuit. Une phrase de Colette brillait discrètement mais avec insistance au-dedans de moi. Je n'ai pas le texte sous la main. Cela dit à peu de chose près :

La vue de ce que j'aime, la beauté de mon amie, la suavité des forêts, suscite en moi la même faim de possession et d'embrasement.

L'été, c'est un visage de femme qu'on prend dans ses mains. Un corps de femme qu'on serre dans ses bras. Une étreinte universelle.

LES PIERRES DE L'ÉTÉ

Pour nous apaiser le sang, visitons d'urgence un cloître, une chapelle, une ruine romaine, un château féodal haut perché. La grimpette nous calmera. Ce ne sont pas les mêmes muscles qui travaillent.

En été les vieilles pierres rajeunissent et sortent de leur silence pour accueillir leurs visiteurs. Écoutez-les plutôt que le guide chargé de vous les faire visiter. Si vous savez les entendre, elles ne vous raconteront jamais la même histoire, et ne vous révéleront que peu à peu leurs secrets. Au fur et à mesure que vous deviendrez plus intimes.

Il y a cinquante ans que je dialogue avec les colonnes du théâtre antique d'Arles. Elles m'ont dit à moi des choses qu'elles n'ont jamais dites à personne. Forcément puisque je les ai inventées. Cela ne veut pas forcément dire qu'elles sont fausses. Elles m'ont fait des révélations que les archéologues professionnels n'ont ramenées à la lumière que des années plus tard. C'est le privilège des poètes que nous sommes tous, si nous acceptons de l'être.

Eluard a écrit que la terre était « bleue comme une orange », bien avant que les cosmonautes ne l'aient vérifié sur place.

Vous ne visitez pas uniquement un monument pour confronter à la réalité ce qui est « marqué » dans les livres, mais pour alimenter votre imagination et vous permettre vos propres trouvailles.

Suivez l'exemple de François Prieur. C'est un grand écrivain provençal peu connu. Il lui paraissait inadmissible que Marseille conservât si peu de traces de son passé. Il écrivit un roman dont le héros découvrait une Vénus de marbre, non loin du Vieux-Port. Il allait jusqu'à désigner l'emplacement exact où elle se trouvait. Vingt ans après sa mort, au hasard de la construction d'un supermarché, on découvrit, à l'endroit qu'il avait prévu, les soubassements de l'ancien Lacydon. La Vénus de Prieur n'est pas encore apparue. Elle surgira à son heure. N'en doutez pas.

Quant à moi, je n'ai découvert, dans les collines, près de Vaison-la-Romaine, qu'une lampe à huile laquée noire, authentiquement hellénistique, dans un si parfait état de conservation que tout le monde croit que je l'ai achetée chez un marchand de *taraillettes*. C'est la seule pièce de mon musée personnel.

Pour le reste, je me sens tout proche de ce pionnier israélien que j'ai rencontré dans le Néguev. Le soleil l'avait légèrement « ensuqué ». Il ramenait tous les soirs à Beersheba un quintal de cailloux qu'il avait ramassés dans le désert. Il les rangeait soigneusement sur des étagères. Car il prétendait que le monde a été entièrement fait de « main d'homme » et que, si tous les cailloux sont différents les uns des autres, cela n'est pas dû au hasard de l'érosion. Chacun d'entre eux a été façonné par un sculpteur anonyme. Il y a des moments où je ne suis pas loin de le croire. De mes incursions dans les étés du tour du monde, j'ai surtout ramené des cailloux singuliers.

Mais ce sont avec des « pierres vives » que j'ai tenté de bâtir. Ainsi Rabelais appelait-il les êtres humains. Je collectionne les créatures solaires, je les conserve, dans les rayons de ma mémoire. Elles réchauffent mes hivers.

Il y a des gens qui pratiquent l'été et se transmettent ses merveilles depuis des siècles. Ceux-là je les fréquente de préférence aux autres. Je vous fais connaître quelques-uns des miens. A vous de trouver les vôtres.

LA KERMESSE DE L'ABRICOT

Voilà l'un des rites les plus nobles de l'été. Même la préparation du coulis de tomates procure moins de satisfaction.

Nostradamus (de Salon-de-Provence) attachait autant d'importance à son « traité des confitures » qu'à ses *Centuries*. Il avait raison. C'est sans doute ce qu'il y a de plus important dans son œuvre. Mais pas forcément ce qu'il y a de plus clair.

La confiture est l'une des alchimies les plus délicates qui soient. Tous les traités, même les plus explicites, demeurent hermétiques sur un point essentiel. Il faut arrêter la cuisson (disent-ils) au moment où la préparation « fait la goutte ». Personne ne vous précise ni en quoi cela consiste ni quand cela se produira. Pour la bonne raison que cela n'arrive qu'au moment où « cela doit » arriver.

Les saveurs nées du soleil ne se laissent pas emprisonner par le premier venu. La « goutte » n'apparaît, comme la pierre philosophale, qu'à ceux qui, après de longs tâtonnements, sont devenus dignes de l'accueillir. Tant de « paramètres » entrent en jeu pour affronter ses fourneaux. Quelque minutie qu'on y mette, il y aura toujours de la magie dans cette célébration.

Jamais ma famille n'est aussi unie qu'au moment des confitures d'abricots. Cela nous occupe toute une semaine car nous traitons ce fruit sous toutes ces formes : pâte d'abricot, jus d'abricot, fruits au sirop, fruits confits, compote, confitures (dans leur version blonde et leur version châtain foncé). J'ai même fait du sirop d'orgeat avec les amandes de leurs noyaux. Une seule fois. Il paraît que je risquais d'empoisonner tous les miens. Cela nous a paru pourtant fort agréable au goût. Cela se passe dans un grand bourdonnement de guêpes. Elles se montrent encore plus familières que d'habitude, mais elles sont tellement ivres qu'elles en deviennent parfaitement innocentes.

Un ami parisien est venu nous surprendre en plein cérémonial. Notre excitation l'a décontenancé. Elle lui paraissait particulièrement déraisonnable.

— Mais enfin, nous dit-il, pourquoi vous donnez-vous tant de mal ? Les confitures industrielles sont maintenant parfaitement au point. Je suis certain que vos confitures vous reviennent beaucoup plus cher que si vous les achetiez dans le commerce. Vous perdez du temps et de l'argent...

— C'est exact, dis-je.

— Alors, pourquoi ?

— A cause de l'odeur...

Il n'a pas eu l'air convaincu, mais il a senti qu'il était de trop. Il ne se doutait pas, ce brave garçon, qu'il participait à l'assassinat collectif de l'été.

Car l'été peut disparaître si on essaie de s'intéresser à lui. Ou sinon disparaître, du moins passer inaperçu. Il y a déjà tellement d'endroits dans le monde où il est devenu invisible.

Il suffit d'ouvrir les yeux. Il reviendra...

LA SAISON DES FADAS

Légèrement « fada » moi-même. J'ai un faible pour les fadas intégraux. Le mot est d'ailleurs plus noble qu'il ne sonne. Il signifie littéralement : qui est habité par les fées. On nous appelle aussi les « ravis ».

En été les fadas accomplis sont au mieux de leur forme. Ils sont en communication directe avec les nuages, et meilleurs conducteurs que la moyenne de tous les fluides naturels de l'été. C'est pourquoi nous continuons de penser qu'ils portent bonheur. Nous leur pardonnons, ce que nous refusons au commun des mortels, d'être souvent un peu exhibitionnistes, discrètement satyres, voyeurs infatigables, ivrognes impénitents.

A Fontvieille, nous en avons deux avec qui j'entretiens les relations les plus cordiales. Lucien, d'abord, qui est l'ermite le plus sociable que je connaisse. Il ne tolère la compagnie de ses semblables qu'à l'heure de l'apéritif.

— Le seul moment, dit-il, où ils ont figure humaine...

Cela fait trente ans qu'il a pris le maquis. C'est un déserteur d'un type particulier : un déserteur fiscal. Il en est des quantités d'autres, mais celui-ci doit être unique en son genre. Rigoureusement insolvable, sans domicile fixe, et notoirement dénué de tout moyen d'existence (à part la vente discrète des truffes, des champignons et des escargots), il a lassé la patience de son percepteur qui a cessé de lui faire parvenir les sommations multicolores d'usage.

Cette désinvolture l'a traumatisé. Cette paperasse était le seul lien qui le rattachait aux institutions de son pays. Il s'est senti exclu de la communauté nationale.

Cela fait donc trente ans qu'il erre dans les collines. Il est le premier informé des promesses de mariage, et des idylles marginales de plein air. Il se plaît dans son harem imaginaire, mais ne fait de confidence à personne. C'est un homme secret qui n'ouvre jamais son armoire à fantômes. Il lui arrive, en revanche, de me faire présent d'un cent d'escargots de pinède, ou d'une truffe grosse comme le poing, qu'il a débusquée dans un terrier connu de lui seul et repérée au cours de ses promenades de rêveur solitaire.

Il m'avait demandé de lui trouver une carte d'état-major de la région. Il me sut gré de lui en avoir apporté une douzaine et je lui ai appris à les lire. Il y indique ses « garde-manger » souterrains. Il ne les a jamais montrés à personne.

On l'a trouvé mort l'automne dernier. Il était adossé à un pin. Il y avait un petit tas de cendres à ses côtés. Il avait brûlé son carnet d'adresses. On a jugé qu'il s'était conduit comme un « gros égoïste » et qu'il aurait pu faire profiter les autres de son travail de prospection.

Je crois être le seul qui ait interprété correctement ce testament sans héritier. Je n'y ai aucun mérite. Il m'avait mis sur la voie le jour où il m'avait apporté une petite botte d'asperges sauvages :

— Tu peux les manger sans crainte, ce ne sont pas de ces asperges de vigne qui sont gorgées de pesticides... Tu sais où je les ai cueillies... Entre les dalles des toits du cloître de Montmajour...

Il m'indiquait le lieu, car il savait que je n'aurais jamais l'audace de m'y aventurer et que le plaisir de la trouvaille n'appartient qu'aux chercheurs obstinés...

Augustin, lui, est toujours parmi nous. Il est certain qu'il nous enterrera tous. Il est peut-être immortel. Il fait partie de cette catégorie de fadas sur lesquels le temps n'a pas de prise : les purs esprits. Personne ne l'a jamais vu manger, boire ou dormir. Il est toujours en mouvement, disparaît pendant des semaines, reparaît à l'improviste au moment où il commence à devenir légendaire. Il fait peur à certains et les mères de famille n'hésitent pas à dire à leurs turbulents marmots :

— Si tu n'es pas sage, j'appelle Augustin...

Pourtant il n'y a pas plus gentil que ce frénétique loup-garou, mais il ne vit pas dans le même temps que le nôtre. Je ne suis pas sûr qu'il distingue le jour de la nuit. En tout cas il n'hésite pas à vous tirer sans ménagement de la sieste quand il a une communication à vous faire. Quand il est parti, vous n'êtes pas sûr de ne pas avoir rêvé.

Ce jour-là, quand je suis complètement revenu à moi, j'avais vraiment dans les mains une boîte d'allumettes de cuisine qui ne s'y trouvait pas auparavant. Les paroles d'Augustin se remettaient en place :

— Je t'ai ramené ça de Sainte-Victoire... C'est un œuf de dinosaure...

Il avait disparu avant que je n'aie pu lui poser la moindre question. Effectivement, à l'intérieur de la boîte, il y avait des fragments de coquille d'œuf. Il ne me paraissait pas évident qu'il ait été pondu par un animal antédiluvien. Je ne l'ai pas jeté toutefois. Je me le serais douloureusement reproché par la suite.

Comment pourrais-je en effet mettre la parole d'Augustin en doute, depuis qu'il m'a offert un « vrai » Cézanne ? Ne soyez pas étonné s'il me l'a porté également dans une boîte d'allumettes. Il y avait bien fait tenir un œuf de dinosaure. Il en tira un gravier sur lequel un peintre avait essuyé son pinceau :

— Je l'ai ramassé dans l'atelier de Cézanne, dit-il. Ne me dis pas que tu ne reconnais pas la patte du maître...

Je ne le lui ai pas dit...

J'aime trop ces personnages dont l'été a fait éclater la tête pour tenter de les amener à douter de leurs délires.

LOUANGE DU CYPRÈS

Je partage la passion de Desclozeaux pour le cyprès, le seul arbre auquel on ne puisse pas se pendre. Il ponctue la campagne provençale de ses exclamations silencieuses. Il n'a que des fonctions nobles : gardien du vent, sentinelle des cimetières. Immobiles, frémissants d'écureuils, bruissants de cigales.

Permettez que nous fassions halte un instant auprès du tombeau familial. Mon père et ma mère y reposent enfin côte à côte après plusieurs déménagements de caveau provisoire en caveau provisoire. Je ne vais leur rendre visite qu'en été : c'est la seule saison où leur mort, et la mienne, me paraissent acceptables. Ils ne sont pas vraiment morts. Je ne mourrai jamais. Je ferai comme eux : je me diluerai dans l'été. Ils sont devenus les deux cyprès qui veillent sur leur tombe.

J'espère que mon fils pensera à en planter un le jour de ma mort et qu'il viendra quelquefois me regarder grandir et ressusciter au soleil. J'avais fait, jadis, don de mon corps à la science. Je me suis ravisé. Pendant un temps j'ai souhaité qu'on m'incinérât. Cette dernière flambée me paraît soudain ostentatoire. Je préfère retourner à la terre qui m'a tout donné et la nourrir à mon tour. C'est simple la mort : il suffit d'accepter de sentir la brûlure du soleil sur la peau des autres.

L'été dissipe les plus grands chagrins et donne un air de fête à tout ce qu'il touche. Mais il doit mourir pour renaître. Imitons son exemple. Il m'a fallu parcourir les deux tiers de ma vie pour découvrir cette évidence. Sans Guillaume, je serais peut-être passé à côté.

Guillaume est le fossoyeur de Fontvieille. Ou plutôt, il était. Les fossoyeurs eux-mêmes ne sont pas immortels. C'était lui aussi un personnage solaire. Il faisait son vin et fabriquait de la dynamite à l'usage des caviers. Je me gardais bien de dire lequel des deux produits était le plus explosif. Il vivait dans une cave dont l'entrée était trop étroite pour y insinuer ses tonneaux. Il ne l'a pas élargie. Il s'est contenté de découper dans les montants de pierre deux arrondis à la mesure de ses futailles.

Nous étions voisins. Un jour il est venu me voir dans mon jardin. Il était dans un état assez orphique.

— Le vin du Seigneur est passé tôt ce matin, m'a-t-il dit.

Il voulait me faire partager son allégresse. Il ruisselait de tendresse universelle et cherchait ce qui pourrait me faire plaisir. Soudain son visage s'illumina.

— La terre de ton jardin a l'air de s'épuiser, dit-il, je n'ai pas grand-chose à te donner, mais si tu veux du bon terreau, je peux t'en apporter plusieurs charrettes...

— Et où tu les prendras ?

— Où tu veux que je le prenne... Il ne sert à personne et c'est le meilleur du village...

C'est depuis que j'ai décidé de nourrir les cyprès par la racine.

Ne croyez pas que je sois mélancolique. Mais si un jour vous l'êtes vous-même, allez faire une visite au cimetière de Lourmarin, un soir d'été, au crépuscule. Vous trouverez la tombe d'Albert Camus. Il y pousse les fleurs les plus vivaces de Provence. Vous en reviendrez rassuré pour la vie.

Vous saurez enfin comment vivre entre deux soleils.

DÉFENSE DE LA GARGOULETTE

Une jeune fille court vêtue, tenant un arrosoir : c'est une statue de Houdon que vous dénicherez à Montpellier. Évidemment cette représentation de l'été peut paraître un peu mièvre. Mais comme l'a écrit Van Gogh : « Il est bon de prendre du soin de ce qui se fanerait et se dessécherait sans nous. » Giono est un peu optimiste quand il affirme que « les pluies, les vents, les soleils s'occupent constamment de tout ». Il faut les aider. Si on le croyait, on abandonnerait l'été aux chardons et aux hyménoptères.

Je suis d'un pays où les rivières sont souvent à sec et où la crainte de mourir de soif est le commencement de la sagesse. Bien sûr j'ai un réfrigérateur, mais je continue d'accrocher la nuit au courant d'air une « gargoulette » enveloppée de linges humides. Il m'arrive même de la boire. Mais c'est surtout un rite que j'accomplis. J'entoure l'eau de tous les égards qu'elle mérite, et je partage au mois d'août les angoisses de mon ami Charles.

Il dirige le service des eaux à Fontvieille et, pendant les mois d'été, il ne dort guère. Le village ne se doute de rien, mais je lis sur ses traits l'inquiétude qu'il assume :

— On a dû pomper cinquante-deux heures de suite, pour maintenir le niveau...

Jusqu'à présent le village n'a jamais manqué d'eau. Mais il est loin le temps des « vraies richesses » où l'on mettait à rafraîchir les melons sous le robinet pendant des heures. Il est loin le temps de ce voyage à Athènes où Vassili m'emmenait toujours dans le même bistro boire le même café turc.

— Il n'est pas meilleur qu'en face.

— Je ne viens pas pour le café. Je viens pour le verre d'eau qui suit. Ils la font venir du mont Olympe à dos de mulet...

L'eau, comme le reste, a été standardisée. C'était inévitable. Je déplore toutefois qu'on néglige de célébrer ses rites. Les pistolets à eau, vous connaissez ? Ils ont animé mes étés enfantins. C'étaient des pistolets miniatures, munis d'une poire en caoutchouc remplie d'eau parfumée avec lesquels on arrosait qui on voulait. Même les plus notables, et les plus respectables. Pendant la nuit de la Saint-Jean du moins, où sont associés les rites du soleil retrouvé et ceux de l'eau toujours vive. Dans certains villages, aux mœurs robustement rustiques, on balançait des seaux d'eau sur les passants et il y avait de grands rires sous les étoiles.

Je me demande si je ne finirai pas mes jours comme « conseiller technique en fête votive ». C'est quand même aussi honorable que conseiller fiscal.

Je sens d'ailleurs tressaillir partout ce goût ancien pour la fête. C'est charmant les majorettes, mais ça ne remplace pas tout. On me signale que la fabrication de la *toutouro* a repris. Ce sont de petits oiseaux de terre. On les remplit d'eau. On souffle. Et on entend le rossignol.

Il y a des nuits où les transistors doivent se taire.

Une histoire me traverse. Je la saisis au vol. Nous verrons bien si elle est en situation. C'est une histoire belge. Mais l'été devient chez nous une saison de plus en plus belge.

Elle se passe à Saint-Martin-de-Crau, un 14 août à trois heures de l'après-midi. Qui ne s'est trouvé un 14 août à trois heures de l'après-midi à Saint-Martin-de-Crau ne sait pas ce qu'est la soif. Il fait si chaud que si on rencontre un ami, on garde ses mains dans ses poches et on se contente de lui tendre le coude pour lui souhaiter la bienvenue.

Le Belge échoue dans l'ombre moite d'un bistro désert :

— Holà quelqu'un !...

On avait tiré le patron de sa sieste.

— C'est pourquoi ?...

— Je voudrais du thé.

— Avec cette chaleur.

— Il n'y a que cela qui me rafraîchisse.

— Du thé, j'en manque en ce moment.

— Il y en a peut-être à l'épicerie.

— C'est possible. Vous devriez aller voir...

Au risque d'attraper une insolation, le Belge traverse la place. Il revient en nage, mais radieux.

— J'ai le dernier paquet.

— Vous avez de la chance, dit le patron.

Alors il retourne à sa sieste.

— Vous ne voulez pas m'en servir une tasse ?

— Je voudrais bien, dit-il. Vous avez apporté le thé, c'est une affaire entendue... Mais en ce moment, nous manquons d'eau chaude...

L'ÉTÉ DE L'INUTILE

Je ne vous ai parlé ni des abeilles, ni des fourmis. Je les trouve idiotes et de mauvais conseil. Elles donnent à l'humanité un bien fâcheux exemple de discipline et de travail à la chaîne. Elles ne s'octroient jamais un seul jour de congé, les niaises.

J'ai, en revanche, un faible pour les guêpes, ces marginales de l'été. Elles se contentent de fleurir et de danser. Ce sont des profiteuses. Laissons-les vivre !

Ce ne sont pas elles qui ont été chassées du Paradis terrestre. C'est nous.

Naturellement je préfère les cigales et leur orchestre de guimbardes. Mon oncle Aristide faisait la même musique qu'elles quand il riait. Il paraît que j'ai hérité de son rire. Si elles se taisaient un jour, je crains bien d'avoir le rire moins facile.

Quant aux moustiques, j'ai mis du temps à supporter leur impertinence. J'ai dû en assassiner quelques milliers et je laissais se dessécher sur les murs blancs de ma chambre leur maigre cadavre englué dans mes globules rouges. J'ai même entrepris contre eux, avec les moyens chimiques les plus modernes, une lutte sans merci. J'ai dû renoncer à ce combat inégal qui laissait dans la maison une odeur de pharmacie.

Les moustiques savent être généreux dans la victoire. Pendant quelques jours ils ont continué de me tourmenter. Puis, quand ils ont compris que je n'étais plus leur ennemi, ils ont cessé de s'intéresser à mon épiderme. Il vient suffisamment de « Parisiens » chez moi pour qu'ils ne risquent pas de mourir de faim.

Les hommes de science appellent ça un phénomène de « mithridatisation » : mon sang est devenu moustico-résistant. Quand il m'arrive de rester plusieurs mois loin de la Provence, les moustiques m'accueillent comme un étranger. J'interprète leur gloutonnerie comme un affectueux reproche. Dès le lendemain, ils me traitent en ami.

En somme, j'ai failli avoir un génocide sur la conscience en participant à l'extermination de ces bestioles. Il y a un cycle du moustique. En Camargue du moins. Les poissons des étangs s'en nourrissent, qui servent à leur tour de pâture aux oiseaux. Vous imaginez-vous un ciel de Camargue sans oiseaux ? Moi pas.

Nous l'avons échappé belle.

LE PLUS BEL ÉTÉ DE MA VIE

La guerre a été déclarée le 3 septembre 1939. Je n'ai été appelé sous les drapeaux que le 16 septembre. J'ai passé treize jours dans les Alpilles en compagnie d'une jeune personne. Le ciel avait bien fait les choses pour les treize derniers jours de mon existence. Car il ne faisait aucun doute pour moi que j'allais mourir. Mon père m'avait suffisamment raconté la guerre de 14 pour que j'en sois persuadé. Les aspirants de tirailleurs meurent les premiers. C'est tout ce qu'ils savent faire. Cette perspective, loin de m'effaroucher, me causait une exaltation sereine. Jamais je ne serais plus heureux que je ne l'étais en ce moment. Treize jours de grâce plénière, tout le monde n'en a pas eu autant dans sa vie.

Quand je suis revenu de la guerre, la jeune personne était mariée. Il me coûte à dire que je m'en suis aisément consolé. Je l'étais déjà sans doute. Mais de cet été miraculeux, je ne me suis jamais remis. Il continue d'illuminer tous les autres...

Je suis sûr que vous en avez, vous aussi, au moins un à votre disposition. Mais peut-être ne vous en êtes-vous pas encore aperçu.

Puisse ce livre...

C'EST DÉJÀ FINI

La pluie qui tombait depuis deux jours vient de s'arrêter. Le temps s'est rafraîchi. Nous sommes le 16 août. Mme Mourgue, qui balaie sa terrasse, hume le ciel, hoche la tête :

— Encore un été de fini... Je ne l'ai même pas vu passer...

— Moi non plus.

Il y a pourtant devant nous d'innombrables jours dorés, des fruits à cueillir ; de brefs moments inoubliables et qui ne sont pas encore nés.

Mais qui, d'ailleurs, se font, chaque jour, de moins en moins innombrables.

Au mieux l'été ne compte que quatre-vingt-treize jours et quatorze heures. Les cent jours de l'été : une glorieuse aventure qui finit en catastrophe.

Une poule a essayé de s'envoler pour attraper au vol une figue. Elle est retombée lourdement sur le sol. Je sens la mélancolie qui me gagne. Les oignons ont une peau quadruple. Il fera très froid cet hiver. Les dernières tomates se répandent en coulis dès qu'on y met le couteau. Charles revient de la colline.

Il a mis un pull-over. Cette irrévocable fin de saison n'a pas l'air de l'attrister.

— Je crois que cette année, il y aura enfin des grives...

Il a ramené de la pinède le premier champignon du proche automne. Il regarde mes trois pieds de vigne :

— Qu'est-ce que tu attends pour cueillir tes raisins ?

— Je n'arrive pas à me décider. Après les vendanges, il n'y a plus rien...

Il me regarde en souriant avec tendresse :

— Si... Il y a l'été.

La longue attente a commencé. Il va falloir vivre sur nos réserves.

LE CYCLE CAMARGUAIS

Les personnages des contes n'ont pas d'histoire. Ils en racontent une et, quand ils ont fini, ils s'en vont sans faire de manières. Ce qui continue de vivre en nous après qu'ils nous ont quittés ce n'est pas eux mais leur récit. Ils sont l'avare, le niais, le furieux, l'amoureux, le berger, le soldat, le riche, le pauvre, l'aveugle ou le paralytique, le lièvre ou la tortue. Parfois même, ils doivent se contenter d'un sobriquet... Le roman, lui, n'existe que par ses héros. Leur aventure ne nous intéresse et n'existe en fait que par la façon dont elle les fait réagir.

Pour tous les êtres humains, la partition est la même : naître, vivre, mourir. Le thème est fourni à l'avance. Seules les variations dépendent de nous.

De nous et du milieu dans lequel les « héros » évoluent. Je sais maintenant pourquoi mes romans se situent en Camargue. Elle n'est pas un simple décor. On peut même la considérer comme le personnage essentiel du récit. Terre indécise, fertile en mirages, elle convient particulièrement aux êtres habités par une folie intérieure dont ils n'ont pas vraiment conscience, un démon qui les conduit irrésistiblement là où ils s'ignorent. Un humble conducteur de benne à ordures quitte les siens à l'appel de Van Gogh, un fils de famille voué aux activités notariales se fait matador et meurt dans l'arène, deux vieillards qui ne continuent à vivre que grâce à la haine qu'ils se vouent mutuellement découvrent, avant de mourir dans les bras l'un de l'autre, le chemin qui les a conduits de la tendresse à la détresse.

Qu'on ne s'étonne pas que, dans ces tragédies qui tentent de se dissimuler derrière les facéties systématiques du quotidien, le taureau soit toujours présent. D'abord, il est chez lui en Camargue mais il n'est pas seulement le fauve de la corrida. Il est le Dieu tapi dans notre inconscient qui nous conduit sous la menace de ses cornes au plus extrême de nous-même sur les chemins de la fatalité.

La fameuse « douceur de vivre » provençale en prend un sacré coup au passage.

Qu'on me pardonne.

Je n'y suis pour rien...

LES LIONS D'ARLES

1

Où le Prince dort, s'éveille et se rendort pendant que Bricole parle de la grandeur de Rome.

Bricole dit :

— L'hiver ne devrait pas exister, surtout dans nos régions...

De l'œil, il fit le tour de son auditoire, le trouva indifférent, entreprit de le réveiller.

— Suivez bien mon raisonnement, poursuivit-il. L'hiver, il éloigne le touriste et il diminue la soif. Il retarde les récoltes et sans lui il y aurait des courses de taureaux toute l'année. On dira ce qu'on voudra, c'est une saison qui nous fait du tort... Prenez le cas du pastis... Le mistral lui change pas le goût, et pourtant vous pouvez constater qu'en hiver vous le trouvez moins bon.

Le menton levé, le torse en avant, Bricole appelait la controverse comme le banderillero [1] cite le fauve.

Mais, au Plaza, c'était l'heure molle : quatre heures de l'après-midi, un 3 novembre glacé, dans Arles aux rues vidées par le vent.

Le Plaza était un bar minuscule au pied des Arènes. L'ombre de la Tour Sarrasine se déplaçait sur le seuil comme sur un cadran solaire : il ne lui restait plus que vingt centimètres de lumière ; Bricole frissonna.

Les mains croisées derrière le dos, le front contre la vitre, l'air sévère, il écoutait le vent. Ses traits, qui se détachaient en contre-jour, ne manquaient ni de noblesse ni de régularité. Bricole, tenancier de bistrot, avait un profil d'empereur.

Son âme, aussi, était noble.

A Arles, entre Pâques et les vendanges, il n'y a que trois corridas, et Bricole devait faire sa recette de l'année en trois jours. Ses clients vivaient de tauromachie et d'espoir. Dès la fin de septembre, ils suspendaient leurs paiements jusqu'au printemps de l'année suivante et l'hivernage commençait. Bricole continuait de leur servir à boire par humanité, tout en maudissant les rigueurs du climat provençal.

---

1. On trouvera à la fin de ce livre un « glossaire à l'usage des gens du Nord » précisant le sens des expressions d'origine espagnole ou provençale.

Il rêvait souvent d'un pays fabuleux où la temporada serait éternelle et où l'on tuerait des taureaux même le jour de Noël, en nocturne.

Malgré vingt ans de limonade, il lui restait beaucoup d'enfance et de féerie dans le cœur.

Le Plaza était considéré par les connaisseurs comme le meilleur endroit de la ville pour apprécier le rendement du mistral sous les jupes des demoiselles. Il y avait, à la hauteur de la quinzième marche de l'escalier conduisant à l'entrée principale des arènes, un remous inattendu qui troussait les plus méfiantes, au grand plaisir des âmes contemplatives. Située en contrebas, exactement dans l'axe de la marche, la devanture du Plaza était toujours occupée par des habitués attentifs qui passaient, dans la comparaison de leurs points de vue et de ceux qu'ils découvraient, des après-midi économiques et savoureux.

Emmitouflé dans sa canadienne jusqu'aux sourcils, le Grand Plumet était le plus assidu de ces chasseurs d'images. Il restait à l'agachon des semaines entières, et même la nuit tombée il continuait son espère à la lumière électrique.

C'était un gardian colossal au visage aussi écarlate qu'une pomme d'amour trop mûre. Depuis des mois il n'avait plus mis les pieds en Camargue. Il avait tenu, l'été d'avant, un petit rôle dans un court métrage sur la vie des hérons cendrés. Le film avait été projeté en séance privée au Capitole, et la presse locale avait écrit : « Notre concitoyen Plumet, s'il manque encore de naturel devant les caméras, possède une incontestable *présence.* »

Le brave garçon, depuis lors, se prenait ingénument pour une vedette et attendait, avec une certitude que les jours qui passaient n'entamaient pas, les propositions mirifiques que ne sauraient manquer de lui faire les metteurs en scène alléchés par une gueule aussi intéressante que la sienne.

— Toi qui connais tout le monde, avait-il suggéré à Bricole, tu devrais me présenter un scénario...

Dans son langage, cela signifiait sans doute un producteur, à moins que ce ne fût un imprésario.

— Je m'occupe de toi, avait promis Bricole.

Désormais, Plumet ne se fit plus de soucis pour son avenir. L'inaction, cependant, lui pesait, et la vie citadine anémiait son moral. Chaque fois qu'il s'absentait une heure, il trouvait un Bricole furieux et consterné qui lui faisait les plus vifs reproches.

— Où étais-tu passé ? Je t'ai cherché partout...

— J'étais allé faire un tour...

— Naturellement ! Et pendant ce temps, moi je tenais la jambe à René Clair, histoire de le faire patienter...

— Qui c'est, ce René Clair ?

— Tu ne le connais pas ? C'est un scénario... Un scénario original ! Un homme comme lui, il te jette un coup d'œil dessus et il te dit :

« Vous êtes celui que je cherchais. » Et après, tout de suite, tu es Jean Gabin et les millions, tu n'as qu'à te baisser pour les prendre...

— Et tu l'as laissé partir !

— Juste, il sort d'ici...

Le Grand Plumet devenait violet comme un viédaze. Des fois, le sang lui perlait aux oreilles.

— Peut-être, disait-il d'une voix enfantine, en lui courant derrière...

Bricole avait un bref sourire plein de commisération.

— Avec la voiture qu'il a, il faudrait que tu coures vite !

— Mais peut-être il t'a dit où il allait ?

— Il en savait rien lui-même. Les scénarios, tu comprends, ça va, ça vient, ça reste jamais en place... Entre nous, ils mènent une drôle de vie. Il faut qu'ils aient une santé de fer.

Plumet ne quitta plus le Plaza. Le regard vissé sur l'escalier des Arènes, il guettait le « scénario » de passage, ce qui ne l'empêchait pas de faire glin-glin sur les cuisses que le mistral lui offrait pour le récompenser de sa patience.

Silencieux comme un tronc d'arbre, il prenait, pour ne pas effaroucher le gibier, des précautions de chasseur de macreuse.

La journée avait été mauvaise. Rien depuis midi. Ni jupon, ni scénario. Plumet n'avait pas pris le temps de rouler une cigarette.

Son œil, soudain, s'alluma : une gamine aux jambes de sauterelle venait d'aborder la montée des escaliers, son derrière pointu le premier, pour s'ouvrir un chemin dans l'épaisseur du mistral.

— Vise un peu la petite, dit-il en poussant Bricole du coude.

La maigrichonne, en proie au vent coulis, avait l'air d'un parapluie retourné. Plumet, d'un naturel sanguin, s'enchantait au spectacle et voulait faire partager son exaltation à Bricole, qui haussa les épaules. Il en avait vu d'autres et réservait son approbation à de plus copieux morceaux. Pour l'instant, d'ailleurs, il ne se sentait guère porté sur la vision d'art. Le froid lui engourdissait les glandes mais lui réveillait les humeurs, qu'il avait revendicatives, et lui tournait l'esprit vers les idées générales.

— Les Romains, dit-il tout à coup, eux, au moins, ils construisaient pas de vespasiennes !

Plumet plissa le front.

— Où veux-tu en venir ? demanda-t-il avec méfiance.

— Les Romains, poursuivit Bricole d'un air sévère et sentencieux, les Romains pissaient debout contre les murs, mais ils avaient installé le chauffage central dans les arènes...

Sur la question de Rome, Bricole avait lu tous les livres et s'était bien fait expliquer les détails par Binoix, le conservateur du Musée lapidaire. Le Grand Plumet secouait la tête comme un bœuf tourmenté par un taon. Il croyait qu'en remuant la tête il comprendrait mieux.

Bricole se méprit sur sa mimique.

— Parfaitement, hurla-t-il, le chauffage central ! Et pour les jours de pluie ou pour le gros soleil, ils tendaient le velum au-dessus de leur tête... Le velum, oui, monsieur... Je parie que tu en as jamais entendu parler, du velum...

— Non, avoua Plumet.

— Évidemment, ricana Bricole, les Romains, tu t'en fiches ! Et pourtant, tu leur dois tout.

— A toi, je te dois de l'argent, dit Plumet, mais aux Romains je leur dois rien.

Bricole baissa les épaules comme un homme trahi par son ami d'enfance.

Le Prince poussa un grognement.

Le Prince dormait près du poêle, à califourchon sur une chaise, les bras croisés sur le dossier. De temps à autre il s'agitait, poussait une manière de vagissement, mais ne se réveillait pas.

Le Prince était de sang royal, mais son amour pour la boisson dépassait les limites autorisées, même à un prince du sang. A la cour, ses débordements faisaient scandale et sa présence mettait en péril la couronne. Il avait consenti à s'exiler.

On lui avait su un certain gré de son effacement et son cousin, le Roi, lui octroyait sur sa cassette personnelle une indemnité chétive mais régulière qui, le cours du change aidant, permettait au Prince d'assouvir sa soif environ une semaine par mois. Le reste du temps, il buvait à crédit et faisait la sieste.

Les Arlésiens le trouvaient un peu simple, mais brave. Il avait perdu son accent d'origine et commençait à parler un provençal approximatif qui faisait la joie de ses proches. Il souriait toujours, même en dormant.

Bricole avait surmonté sa dépression. Il regardait le Grand Plumet dans les yeux avec bienveillance et lui parlait d'une voix affectueuse et pédagogique.

— Tu veux que je te le dise, Plumet ? Tu es un ingrat. Sans les Romains, nous n'existerions, ni toi, ni moi. Arles, la ville d'Arles elle-même n'existerait pas non plus. A sa place, il n'y aurait que des marécages pestilentiels. Et là, au lieu des Arènes, juste ce serait la sansouiro et les enganes...

Un éclair de compréhension lustra le regard charbonneux de Plumet.

— Ce serait comme en Camargue ?

— En quelque sorte, dit Bricole. Mais attention ! Tu aurais beau écarquiller les yeux, des taureaux, tu n'en verrais pas la queue d'un. Des moustiques, oui, il y en aurait en pagaille. Les moustiques, ils étaient là avant les Romains. Mais les taureaux, c'est les Romains qui nous les ont apportés.

— Pas possible ! fit Plumet.

— Comme je te le dis ! La civilisation romaine, c'est trois choses. D'abord, la pierre ; pas le ciment, la pierre : la belle pierre de Fontvieille. Ensuite, le taureau ; et en ce temps-là, je te prie de croire que c'étaient de vraies montagnes. Enfin, la vigne ; et de fil en aiguille, la clairette de Bellegarde et le pastis maison...

Le Grand Plumet avait extrait de la poche de sa canadienne des miettes de tabac et, tout en écoutant Bricole, il avait entrepris de rouler une cigarette étique, toute en bûches et en poussier.

— Tu ferais mieux de m'écouter, dit Bricole.

— Mais je t'écoute, dit humblement Plumet.

Bricole haussa les épaules avec agacement.

— Toi, évidemment, dit-il, les Romains, tu es contre.

— Moi, protesta Plumet, les Romains, je les aime. Mais c'est cette histoire de pissotière qui m'avait chiffonné.

Bricole traversa la scène en diagonale et, arrivé à la hauteur du comptoir, se retourna pour lancer :

— La pissotière, c'est la civilisation moderne. C'est tout ce que nous sommes capables de construire !

Il croisa de nouveau les bras et, la tête renversée en arrière, attendit la contradiction ; la fossette de son menton impérial était tordue par la férocité. Rien ne se produisit.

On vit simplement le chapeau à larges bords d'un consommateur, assis les coudes sur la table, qui commençait à se soulever. On ne distinguait pas encore le visage que cachait ce chapeau. On n'aperçut tout d'abord que deux longues mains soignées qui jouaient avec une giletière en or, agrémentée de dents de tigre en pendeloque, barrant un gilet à fleurs. Sous la table, deux petits pieds chaussés de souliers vernis à talonnettes s'agitaient.

Le chapeau était maintenant à l'horizontale. Le long nez affûté de Patraque intervint. Il surmontait deux lèvres minces qui s'entrouvraient à peine pour la parole.

— Au travail ! dit Patraque.

Plumet, qui s'apprêtait à lécher sa cigarette, resta la langue sortie, l'œil rond, asphyxié.

— Au travail ! répéta Bricole avec l'accent de quelqu'un qui souffre d'une crise de rhumatismes et qui répond machinalement : « Très bien, merci ! » à un ami qui vient de lui demander : « Comment vas-tu ? »

Depuis l'âge de raison — et il l'avait eu très jeune — Patraque cherchait avec une louable ferveur un moyen commode de gagner de l'argent sans rien faire. Artificieux et disert, il était arrivé aux approches de la cinquantaine sans avoir jamais eu d'autre patron que lui-même, mais n'avait pu éviter de faire dans les prisons de l'État de nombreux séjours qui l'arrachaient, pendant des périodes de durée variable, à l'affection de ses amis.

Patraque tirait de ses talents de mage une part importante de ses revenus. Il tenait au Plaza une officine de bonne aventure, fréquentée surtout par des veuves de paysans, à qui la solitude donnait des angoisses et des vapeurs.

Il les rassurait avec des paroles de miel, leur prédisait le mâle musclé à brève échéance, leur distribuait des fragments de roche sacrée que lui avait personnellement donnés le Dalaï-Lama au cours d'une de ses missions au Tibet, et qu'il rapportait en réalité des Alpilles dans son carnier les jours où il revenait bredouille de la chasse.

Parfois, pour faire prendre patience aux plus nerveuses, il consentait à payer de sa personne et leur permettait, en échange de ses robustes services, de lui renouveler sa garde-robe. Il était fort soigné, rasait sa barbe d'acier deux fois par jour, faisait faire ses chaussures sur mesure à Barcelone, changeait de complet tous les matins et portait en toutes circonstances un feutre à larges bords, mi-texan mi-cordouan, qu'il ne quittait que pour dormir.

Quand une des escroqueries annexes dont il assortissait son industrie de base conduisait Patraque à la maison d'arrêt, Bricole rassurait la pratique.

— Notre ami, disait-il, est aux Indes en voyage d'études...

Certaines de ses clientes, malgré la confiance aveugle qu'elles avaient en Patraque, s'étonnaient de le trouver pâli au retour d'un voyage sous les Tropiques. Il répondait invariablement :

— C'était la saison des pluies et j'ai vécu dans les macérations...

Elles se le tenaient pour dit.

Ennemi des contraintes, Patraque répudiait les veuves dans le mois même où il les avait honorées de ses faveurs. L'une d'elles, cependant, s'incrustait : quadragénaire replète, mamelue et variqueuse mais propriétaire en Crau d'un domaine trop grand pour elle, accablée de moutons innombrables et d'un tempérament que son apparence physique ne lui permettait d'assouvir qu'en de rares occasions.

Irma était son gracieux prénom. Patraque l'avait gardée tout un trimestre et lui avait fait vendre quelques fermettes qu'elle possédait ici et là en dehors de son domaine et qui, selon Patraque, lui procuraient plus de soucis que de revenus.

Irma ne mettait aucune objection à se laisser dépouiller, mais elle commençait à parler mariage avec insistance. Patraque restait sur la réserve. Il donnait cependant de somptueux repas à Baumanière ou à Pont-de-Gau.

— Ce soir, précisait-il, j'enterre ma vie de garçon...

Cette saison-là, il l'enterra souvent, mais remit les noces à plus tard.

Généreux comme un hidalgo, il avait fait bénéficier tous ses amis des largesses de la belle et ils avaient eu, grâce à Irma, une douillette fin d'hiver. Dès les premiers beaux jours, et cette année-là le printemps avait été précoce, Patraque avait renvoyé la veuve inapaisée à ses bédigues. Les larmes, les supplications, les promesses, les menaces l'avaient laissé de marbre. Ses familiers avaient approuvé sa conduite : le soleil avait ramené les taureaux et la question de l'argent de poche ne se posant plus, ils avaient repris conscience de leur dignité d'hommes.

L'automne leur redonna une conception plus mesquine des choses. Ils ne regrettaient pas ouvertement la disparition d'Irma, mais se plaisaient entre eux à reconnaître qu'elle avait du bon et qu'elle les déchargeait de bien des tracas. Bricole s'ouvrit de leurs doléances à Patraque, précisant bien qu'il ne les prenait pas à son compte, mais qu'il ne pouvait faire autrement que de l'en tenir informé.

— Vous êtes des sans vergogne ! avait dit Patraque.

C'était sans appel.

Ils durent désormais se contenter des mensualités du Prince. Avec le froid, les problèmes du cœur se posant avec moins d'acuité, les clientes de Patraque se faisaient plus rares. Vers la fin d'octobre, ni Bricole, ni Plumet, ni Patraque lui-même n'avaient plus un sou. La mensualité du Prince avait été mangée d'avance dans sa quasi-totalité. Le 2 novembre au soir, il n'en restait plus trace.

C'est alors que Patraque avait décidé de remettre à l'étude un projet ancien dont il attendait merveille.

Arles est la petite Rome des Gaules ; c'est écrit sur le cachet des timbres-poste. Il y a des gens qui viennent d'Australie pour voir ses Arènes et son Théâtre Antique. Dans l'ensemble, cela fait plaisir aux commerçants. Et la jeunesse mâle se réjouit de la présence des étrangères : le soleil leur agit sur les hormones et elles s'envoient facilement en l'air.

Bricole, lui, était de ceux qui voulaient garder leur ville pour eux seuls. La présence des étrangers dans les rues où il avait joué aux billes lui hérissait le poil.

— Arles, disait-il, il faut une vie entière pour l'apprécier. Eux, ils y restent deux heures, et même s'ils y restent huit jours, qu'est-ce que tu veux qu'ils comprennent...

Patraque le traitait de conservateur rétrograde et d'obscurantiste fieffé :

— Le touriste, disait-il, c'est la prospérité du pays.

La controverse durait entre eux depuis des années.

— Tu es un matérialiste, disait Bricole.

— Tu es un égoïste, disait Patraque.

— Tu n'as pas le sens de l'Histoire, surenchérissait Bricole.

— Tu n'es pas moderne, affirmait Patraque.

Il avait, quant à lui, décidé depuis longtemps d'adjoindre une branche touristique à son activité de base. Pendant une saison, il avait fait le guide. Bricole le désavouait, mais il aurait voulu, du moins, lui donner quelques notions historiques.

— Cocagne ! avait dit Patraque. Je me débrouillerai bien !

Il avait trouvé son style dès le premier essai. Il régalait ses clients de contes provençaux qu'il tenait de sa grand-mère, montrait dans la rue de la Calade le figuier auquel était attachée la chèvre d'or, présentait toutes les Arlésiennes en costume comme cousines germaines de Mireille, et enterrait dans les sarcophages des Alyscamps Charlemagne, Charles Quint et le Masque de Fer.

Sa faconde faisait merveille, mais l'obligation de travailler à heures fixes et d'accepter des pourboires ne tarda pas à lui paraître dégradante. Depuis quelques mois, il s'était spécialisé dans la vente du « souvenir d'Arles ».

Cette spécialisation était purement théorique. Patraque en était au stade de la recherche. Il savait qu'il trouverait le souvenir inoubliable, la taraillette artistique que l'esthète flamand, l'épicier batave, le professeur teuton ou le médecin suisse voudrait à tout prix ramener dans ses foyers.

Il avait étudié attentivement le marché. Il était très encombré. La cigale en Celluloïd ou en métal argenté plaisait beaucoup. Le gardian en plâtre peint et l'Arlésienne en costume se vendaient bien. Dans la gamme des cendriers, le choix était immense : il y en avait un notamment qui faisait fureur. Il représentait les Arènes en miniature. On posait la cigarette au creux des arceaux et la cendre tombait sur la piste. C'était ingénieux et de bon goût.

Patraque enrageait de ne pas avoir eu l'idée le premier. Bricole trouvait, au contraire, la vente de ce genre d'objets indigne d'un grand peuple.

— Ça nous rapetisse, disait-il.

Patraque, obstinément, poursuivait son étude du marché. Il avait décidé, du moment que les Arènes étaient prises, de faire quelque chose avec le Théâtre Antique. Mais que faire d'un hémicycle devant lequel se dressent deux colonnes réunies par un fragment de fronton ?

Les deux colonnes, surtout, l'embarrassaient.

— S'il y en avait qu'une, disait-il, on pourrait faire le fume-cigarette romain en faux marbre avec le bout en feuille d'acanthe...

— Les Romains ne fumaient pas ! avait ricané Bricole.

— C'est un détail, avait grommelé Patraque. Tu ferais mieux de m'aider, au lieu de me mettre des bâtons dans les roues...

Patraque avait allumé une cigarette. Bricole s'était assis en face de lui, sur la réserve.

— Où nous en étions la dernière fois ? demanda Patraque.

— Je te racontais la conversion de l'empereur Constantin...

Patraque avait en effet demandé à Bricole de lui narrer par le menu l'histoire romaine. Il était sûr de trouver, au hasard d'une chronique, le petit fait d'apparence anodine d'où jaillirait l'inspiration.

— Constantin, commença Bricole, il faut bien te mettre dans l'idée qu'avant de passer du côté des capelans, il leur a fait des misères...

Patraque avait l'air absent. Il tripotait négligemment ses dents de tigre. Soudain il dit :

— Les Romains, est-ce qu'ils employaient l'huile d'olive ?

Deux plaques roses parurent sur les joues pâles de Bricole.

— Pourquoi tu me demandes ça ? fit-il.

— Pour savoir...

— Bien sûr qu'ils s'en servaient. C'est même eux qui l'ont inventée...

Patraque avait une très grande maîtrise de soi, ce qui fit paraître plus surprenante encore sa conduite. Il s'était levé d'un bond et frappait dans ses mains comme un client pressé qui réclame l'addition.

— J'ai trouvé, répétait-il, j'ai trouvé !

— Et qu'est-ce que tu as trouvé ? demanda Bricole.

— Dans la colonne de droite, je mets l'huile ; dans la colonne de gauche, je mets le vinaigre... L'huilier antique... Qu'est-ce que tu penses de ça ?

Bricole prit à deux mains son vaste front.

— Patraque, soupira-t-il, tu nous déshonores...

Le visage du Grand Plumet s'était illuminé d'une joie enfantine. Il n'avait pas l'esprit vif, mais l'idée que venait d'avoir Patraque le plongeait dans une grande exaltation intellectuelle. Il se gardait, d'ordinaire, de se mêler à la conversation des grands, mais cette fois il ne put y tenir :

— Et avec les Arènes peut-être tu pourrais faire le saladier.

Le nez de Patraque s'agita comme un métronome.

— Plumet, dit-il, tu as du génie !

Bricole s'était levé à son tour. Il était blême. Il grimaçait.

— Et avec l'obélisque de la place Saint-Thophime, peut-être vous pourrez faire un pilon pour l'ailloli...

Patraque réfléchit :

— Il est trop pointu, finit-il par dire.

Bricole haussa les épaules et lui tourna le dos. Le front collé contre la vitre, il regardait le crépuscule tomber sur les pierres noires et grises.

La porte s'ouvrit, et se referma presque aussitôt. Un petit homme jovial et rond était entré dans le bar, le mistral aux fesses. Il paraissait ravi d'avoir échappé à sa poursuite et de le laisser dehors, à geindre et à se geler. Il se frotta les mains et soudain son visage se fit pathétique.

— Ah ! mes amis, dit-il, quelle bronca !

— Bonjour, maître, dit Patraque. Vous arrivez à pic...

Maître Ludovic Broquille, du barreau de Tarascon, était d'une rare éloquence. Ses connaissances juridiques étaient vastes et précises, et sa culture classique à la fois étendue et profonde. Il avait le distique latin naturel, le proverbe provençal spontané et la tournée générale facile. Il s'exprimait couramment dans une langue harmonieuse et cadencée et prenait des nouvelles de votre santé dans le style même que Bossuet employait pour honorer le trépas des grands de ce monde.

Il avait connu jadis et connaissait encore de beaux succès quand il condescendait à plaider aux Assises d'Aix-en-Provence. Mais il plaidait peu et de moins en moins ; uniquement pour rendre service à un ami ou quand la cause l'amusait.

La passion taurine avait désorganisé sa vie professionnelle et passablement délabré sa vie conjugale.

— S'il était joueur, disait sa femme, je comprendrais. S'il courait les filles, je passerais l'éponge. Mais les taureaux, je vous demande un peu...

Maître Broquille n'avait pas manqué une corrida depuis trente ans. Pendant l'Occupation, il avait passé clandestinement la frontière espagnole pour pouvoir parler de Manolete en connaissance de cause. Conduit au camp de Lerida par des gardes civils pourtant aficionados, il était devenu sans enthousiasme un héros de la France libre. La Libération, pour lui, avait consisté à avoir de nouveau le droit de regarder, du premier rang, tuer six taureaux tous les dimanches et même plusieurs fois par semaine.

Sous le nom de Don Juan III, il signait dans *Bichos y diestros*, l'organe de l'aficion orthodoxe et musclée, des chroniques d'une rare érudition et d'une parfaite intransigeance. Pour lui, la décadence de la corrida avait commencé avec Belmonte et n'avait cessé de se poursuivre inexorablement. Des matadors actuels, il disait :

— Ils ne sont bons que pour les bêtises...

Pourtant, entre mai et octobre, il allait sans cesse de Bilbao à Palma, de Séville à Nîmes, de Barcelone à Madrid, toujours furieux, toujours volubile et vivant dans l'espoir d'un miracle. Chaque année, dans quelque obscure novillade il découvrait un nouveau Messie, annonçait sa venue sur la terre dans des articles exaltés et prophétiques. Puis, soudain, il se taisait : le Messie n'avait pas tenu ses promesses. Découragé par la première cornade, il était retombé dans le néant. Ou bien, grisé par ses premiers succès, il s'était en quelques semaines laissé séduire par les facilités d'un toreo en trompe l'œil.

L'hiver, Broquille ruminait ses déceptions et racontait avec une verve lugubre les faenas dont il avait été le témoin attristé. Il n'y manquait pas une manoletina, pas un adorno, pas une faute de goût, pas une supercherie, et toutes se concluaient sur une estocade assassine entièrement dénuée de sincérité.

— De nos jours, disait-il, il est beaucoup plus dangereux d'être piéton dans la rue que matador dans l'arène... oui... oui... plus dangereux.

La férocité de ses propos contrastait avec son apparence bénigne, l'éclat de son teint et la lueur guillerette qui dansait au fond de son regard ingénu, derrière les verres de ses lunettes à monture d'or.

Il avait adapté le vocabulaire tauromachique aux circonstances les plus ordinaires de la vie quotidienne, ce qui rendait compréhensibles aux seuls initiés certaines de ses déclarations. C'est ainsi qu'il fallait donner un sens purement domestique à la bronca terrible qu'il venait de subir. Ni Bricole ni Patraque, d'ailleurs, ne s'y étaient trompés.

— C'est encore Mme Broquille qui vous a fait les brigues ? s'enquit poliment Bricole.

En réponse à cette affectueuse sollicitude, maître Broquille entreprit d'analyser sa situation domestique avec la sereine objectivité d'un revistero qui explique les raisons d'un désastre.

— Ma femme est inlidiable... oui, oui... inlidiable... impossible à cadrer. Il faudra la descabeller vive...

— Peut-être, fit finement Patraque, c'est qu'elle manque de piques...

Cela détendit l'atmosphère et fit rire tout le monde, même Plumet, mais ne réveilla pas le Prince.

— Assez plaisanté, dit soudain Patraque. Au travail !

— Que se passe-t-il ? demanda Broquille, l'œil éberlué.

— Ne l'écoutez pas, dit Bricole, cet homme-là c'est un opprobre. Il a tourné complètement jobastre.

Patraque feignit de n'avoir rien entendu. Il avait mis son chapeau en auréole et, les mains aux entournures du gilet, réfléchissait de façon ostentatoire.

— Maître, finit-il par déclarer, vous qui avez fait des études, vous pourriez peut-être me rendre service.

— A ton entière disposition.

— En sculpture, vous vous y connaissez, forcément.

Maître Broquille avait joint les mains et penché la tête comme un ecclésiastique qui se dispose à écouter la confession d'un pécheur. Il ouvrit les mains.

— Sculpture assyrienne et égyptienne seulement.

Patraque le regarda d'un air incrédule :

— Et la sculpture romaine aussi, bien sûr !

— Quelle horreur ! fit maître Broquille avec dégoût.

Bricole s'était retiré à son comptoir et s'était juré de ne pas intervenir. Le propos de maître Broquille le fit sortir de sa réserve.

— Vous plaisantez ! dit-il.

— Que non pas ! dit Broquille. La sculpture romaine ne vaut pas un pet de lapin... oui, oui... pas un pet de lapin...

— Ça m'étonne d'un homme instruit comme vous, dit Bricole, qui se mit à nettoyer des verres avec frénésie.

Patraque était perplexe. Posément il exposa son projet à maître Broquille qui le trouva « grotesque et ravissant ».

— Je pensais, poursuivit Patraque, que vous pourriez m'aider pour les plans... Pour la réalisation, je ne me fais pas de souci. J'ai un ami santonnier à Aubagne qui me les fabriquera, mes colonnes. Il sait tout faire de ses dix doigts. Seulement il manque d'idée... Alors je m'étais dit qu'intelligent comme vous êtes, vous auriez pu lui donner de bons conseils...

— Je te remercie, dit Broquille avec emphase, de l'estime dans laquelle tu sembles me tenir. Mais la sculpture romaine me donne la nausée...

Patraque l'examinait avec suspicion.

— Vous y mettez de la mauvaise volonté, dit-il gravement. Il me semble que la sculpture romaine, avec votre bagage, si vous faisiez un petit effort, vous en feriez qu'une bouchée...

— Demande-moi ce que tu veux... oui, oui... ce que tu veux, mais la sculpture romaine, c'est au-dessus de mes forces.

Patraque eut un ricanement de cigale : sec, grinçant, grêle. Puis il crispa son visage comme un qui a mal aux dents et dit :

— Nous nous passerons, de vos services... oui, oui... Nous avons l'habitude de nous débrouiller tout seuls... Excusez-nous de vous avoir dérangé.

Maître Broquille avait déjà la main sur le cœur et s'apprêtait à protester.

Un bâillement lui coupa la parole et une voix douce, ouatée par le sommeil, dit avec beaucoup de gentillesse :

— *Aven sé, dona nous a beure* [1]...

Le Prince venait de se réveiller et manifestait son retour parmi les vivants en réclamant à boire.

— Tu as le temps, répondit Bricole d'un ton rogue.

— *Quand es d'ouro* [2] *?* demanda le Prince.

— Je ne sais pas, répondit Bricole, mais Caravaca n'est pas encore levé...

Le visage bouffi du Prince se creusa de détresse.

— *D'aqueou pichot*, dit-il, *nous fara mouri* [3].

Il eut un grognement de poupon et se rendormit aussitôt.

2

Où il est provisoirement établi que Luis-Miguel Caravaca, le plus bel Espagnol de l'exil, n'a pas le sang taureau.

La nuit était venue. Le mistral, d'un coup, tomba.

— C'est mauvais signe, dit Plumet en abattant son valet d'atout.

1. Nous avons soif, donne-nous à boire.
2. Quelle heure est-il ?
3. Ce petit nous fera mourir.

Maître Broquille et lui avaient entrepris une belote en trois mille points que Broquille ornait de commentaires sentencieux et scintillants, où il donnait la mesure de ses connaissances et de sa vivacité d'esprit. Indifférent à tant de charme intellectuel, Plumet profitait de la distraction de son adversaire pour tricher comme un caraque. Il annonçait avec naturel des cinquante bigarrés, mi-partie trèfle, mi-partie pique, que maître Broquille acceptait de si bonne grâce que Plumet, lorsqu'il eut huit cents points d'avance, enleva sa canadienne, retroussa les manches de sa chemise à carreaux et proposa d'intéresser la partie avec un sourire qui le faisait ressembler à un muge affamé. A dix sous le point seulement, car de son passé paysan Plumet avait conservé une grande prudence financière et l'habitude de compter en sous.

— Hélas, dit Broquille, ma femme m'a coupé les vivres. Je n'ai même pas de quoi vous offrir l'apéritif.

Patraque, le front grillagé de rides, faisait semblant de lire le journal, mais se demandait si, pour son huilier antique, il devrait s'adresser à son ami le santonnier d'Aubagne ou à son ami le fabricant de matière plastique à Oyonnax. Évidemment, les frais de transport seraient plus élevés, mais si l'huile se conserve dans l'argile, le vinaigre, ce n'est pas sûr. Pour donner le caractère romain indispensable, il suffirait de peindre les colonnes façon pierre. Il avait un ami peintre en lettres qui se ferait un plaisir de lui donner un coup de main. Restait à calculer le prix de revient, la marge bénéficiaire. Il avait un ami comptable. D'ami en ami, son rêve se réalisait. Il dirigeait le trust de l'huilier antique. Il exportait aux États-Unis et qui sait, en Russie soviétique.

La phrase de maître Broquille troubla sa méditation. Il jeta un regard en coin dans sa direction et s'aperçut que Bricole le regardait aussi. L'histoire romaine les divisait, mais les ennuis de finance les rapprochaient : leur dernière source de revenus venait de se tarir sous leurs yeux. Pendant l'hiver, maître Broquille était le seul à payer ses consommations. En faisant patienter ses fournisseurs de pastis, Bricole arrivait tant bien que mal à les nourrir avec la recette fournie par Broquille.

Patraque et Bricole n'échangèrent pas un regard, mais ils poussèrent en même temps un long soupir résigné.

— A propos, dit Broquille, avez-vous songé à déposer les statuts... oui, oui... les statuts de votre société ?

— Quelle société ? demanda Patraque.

— Du moment que vous vous proposez d'exploiter une invention, vous avez intérêt à constituer société, sinon, du point de vue fiscal...

— Cocagne ! dit Patraque, le percepteur est un ami...

Patraque n'avait pas le sens de l'État. Il avait, par contre, un sens très exigeant de l'amitié, et quel que fût le problème à résoudre il sortait de ses réserves un collègue spécialement mis au monde pour aplanir les difficultés.

— Cela m'étonnerait que son intervention soit suffisante, dit maître Broquille avec un affectueux scepticisme.

— Vous rigolez, dit Patraque avec une jovialité tranquille, nous étions à l'école primaire ensemble...

Maître Broquille comprit qu'il était inutile d'insister.

— Vous devriez néanmoins... oui, oui... vous devriez prendre un brevet... pour qu'on ne vous vole pas votre idée.

Cette fois, ce fut le sourire de Bricole qui répondit et les mots qu'il prononça ne faisaient qu'en préciser la nuance.

— Je ne pense pas, dit-il, que quelqu'un se le permette. En tout cas, il aurait tort et je me chargerais de le lui faire comprendre...

Il n'y avait rien à répliquer. Le silence risquait de s'installer :

— Deux cents de valets, dit Plumet.

— Vous devez faire erreur, dit Broquille sans se fâcher. Vous avez admis la dame de cœur dans la compagnie de vos peones...

Plumet était si carminé par le soleil et le vent qu'il était impossible de voir quand il rougissait.

— Excusez-moi, dit-il, je ne l'ai pas fait exprès...

— J'en suis sûr, dit Broquille. J'ai d'ailleurs moi-même un cent d'as et je crois, tout bien pesé, que vous êtes capot sur table.

C'est dans ces circonstances dramatiques que le sourire de Caravaca illumina tout à coup la porte de la cuisine.

— Bonzour, dit-il.

Luis-Miguel Caravaca avait quitté l'Espagne lors de la débâcle républicaine. Il ne parlait pas encore et marchait à peine. Il avait pourtant conservé de ses origines de farouches convictions démocratiques et un gracieux zozotement castillan. Il avait dix-neuf ans maintenant et il était très beau. Ses yeux, étroits comme des estafilades, étaient fendus dans le sens de la verticale. Ils se mettaient à l'horizontale quand il était triste. Rarement.

Fils d'un cimentier et d'une femme de ménage, il avait des façons de grand seigneur. Les attaches fines, le nez busqué, le port de tête à la fois insolent et gracieux, il frappait d'abord par une joliesse un peu féminine. Mais il était dur et souple comme une lame. Mystère de la génétique : il était blond pâle comme un Norvégien septentrional.

Son père était mort à Madrid, dans les combats de la Cité universitaire. Sa mère l'avait abandonné à Marseille. Recueilli par une fille de joie en qui l'impossibilité d'avoir des enfants avait exaspéré la fibre maternelle, il avait passé toute son enfance entre la rue Bouterie et la rue Longue-des-Capucins, près du Vieux-Port.

Les amis de sa protectrice le comblaient de sucreries qu'il acceptait avec hauteur, et de caresses qu'il subissait d'un air revêche. Il demeurait sauvage, taciturne, indifférent.

En 1942, les Allemands firent sauter les bas quartiers à la dynamite.

Luis-Miguel avait huit ans : il décida qu'il pouvait se suffire à lui-même, et se mit à mendier avec orgueil, sans sourires, sans pleurnicheries, sans remerciements.

A la Libération, il se lançait dans le marché noir, mais sa dignité naturelle le conduisait à choisir le plus noble des trafics : celui des armes à feu.

Il refusait le chewing-gum que lui offraient les G.I.'s attendris par ses cheveux bouclés, mais il attendait qu'ils fussent ivres pour leur dérober leur colt ou leur mitraillette.

Bien que le milieu l'eût pris en sympathie et n'abusât pas de son jeune âge pour lui payer les armes qu'il livrait au-dessous du cours, il lui restait totalement étranger. Il en vivait mais n'en faisait pas partie. Pourtant, dès qu'il eut quatorze ans, les filles se le disputaient.

— Laissez-moi tranquille, disait Caravaca.

Il les trouvait vulgaires, horribles. Les Américains se firent plus rares. Luis-Miguel apprit le métier de coiffeur. Il manifesta dans cette branche semi-artistique des dons certains et une grande douceur du poignet, mais il se rendait bien compte que la coiffure n'était pas sa vraie vocation, et refusait de tenir conversation à la clientèle. Le plus souvent, il était chaste.

Un jour, il vit une affiche aux couleurs vives.

ARÈNES d'ARLES

CORRIDA DE TOROS

Antonio Chenel Antonete
Julio Aparicio
Antonio Ordoñez

Luis-Miguel Caravaca contempla longuement cette affiche. C'était la première de ce genre qu'il regardait et elle lui semblait pourtant familière. Il n'arrivait pas à en détacher le regard. Le toro était noir, énorme. Le matador, frêle et doré. Les cornes de la bête le frôlaient. Impassible, lointain, le regard perdu, il semblait penser à autre chose.

Le dimanche suivant, Caravaca prenait le train pour Arles, y découvrait l'Espagne et s'y installait pour la vie.

La corrida ne lui avait apporté aucune joie, bien au contraire. Il était parti avant la fin, écœuré, prêt à vomir. Il avait besoin de prendre un tonique. Le Plaza était ouvert. Il n'y avait personne au comptoir. Luis-Miguel avait attendu un quart d'heure avant de se décider à se servir lui-même.

Bricole était arrivé sur ces entrefaites et n'avait pas paru étonné de trouver dans son bar un client en train de boire et qu'il n'avait pas servi.

— Excusez-moi, avait dit Caravaca, ze me suis permis...

— Vous avez bien fait, avait aussitôt répondu Bricole.

Et il avait ajouté :

— Qu'est-ce que je vous offre ?

Luis-Miguel était habitué à la cordialité méridionale. Mais il devait trouver au Plaza une atmosphère de générosité frénétique et une chaleur humaine qu'il n'avait rencontrées nulle part ailleurs.

La corrida venait de s'achever. En quelques secondes le Plaza s'était rempli. Ils semblaient tous se connaître et manifestaient une énorme satisfaction à se voir. Ils se prenaient à bras-le-corps, se frappaient dans le dos, éclataient de rire, réclamaient à boire, et s'embrassaient à nouveau, en rugissant de plaisir.

Luis-Miguel, le vagabond du Vieux-Port, eut tout à coup le sentiment qu'il se trouvait chez lui, qu'il avait découvert une famille. La plupart des clients étaient espagnols. Luis-Miguel s'aperçut qu'il comprenait ce qu'ils disaient et s'étonna de suivre sans effort les controverses vociférantes des techniciens sur la codicia des bêtes et le dominio des hommes.

La course de taureaux l'avait déprimé. Mais la passion des hommes de taureaux lui causait une grande exaltation. Les taureaux, comme les femmes, sont un magnifique sujet de conversation ; mais ils n'ont aucune importance en eux-mêmes. Ce qui compte, c'est d'en parler. Ils ne sont beaux, ils ne sont désirables qu'absents.

Luis-Miguel avait touché sa semaine la veille. Elle fut dilapidée sur-le-champ. A huit heures du soir, il n'avait plus de quoi reprendre le train pour Marseille et n'y songeait d'ailleurs pas.

Bricole, précisément, avait besoin que quelqu'un lui donnât la main au comptoir. L'emploi ne demandait pas de compétence particulière. Il suffisait que le postulant n'exigeât pas un salaire régulier et qu'il ne fût pas chatouilleux sur la question des assurances sociales. Bricole logea Luis-Miguel dans une chambre au-dessus du Plaza, qui n'avait pas l'eau courante mais qui donnait sur les Arènes. Caravaca servait à boire et faisait la cuisine : à partir du coucher du soleil seulement.

Il avait adopté un style de vie ultra-ibérique. Il ne se levait que pour l'apéritif du soir. Avant de se mettre au travail, il prenait de sa propre autorité quatre-vingts francs dans la caisse et sortait acheter un paquet de gauloises. Cela ne tarda pas à devenir son salaire régulier. Jamais il ne se plaignit.

Le Plaza restait ouvert fort tard et souvent jusqu'à l'aube. Caravaca ne se mêlait guère aux conversations. Il écoutait avidement. Les aficionados qui écoutent sont d'une espèce rare. Ils ont d'ordinaire trop de plaisir à raconter leurs propres souvenirs tauromachiques pour s'intéresser à ceux des autres. Si on dit à l'un d'entre eux : « Moi qui ai bien connu Arruza... », il enchaîne aussitôt : « Moi qui tutoyais Carnicerito de Mexico... »

L'attention silencieuse et passionnée de Caravaca lui valut l'affection de tous ceux qui avaient enfin trouvé l'auditeur idéal. Leur stock d'histoires était inépuisable. Il leur arrivait pourtant de se répéter, mais

Luis-Miguel se gardait bien de le leur faire remarquer et manifestait le même intérêt au dixième récit qu'au premier.

Maître Broquille en avait fait son disciple préféré et Luis-Miguel le regardait quand il parlait avec une dévotion de petit-fils charmé par les contes de fées de son grand-père. Il ne savait ni lire, ni écrire. L'histoire du monde se confondait pour lui avec l'histoire de la tauromachie. Elle lui tenait lieu de morale, d'esthétique, de religion. Il n'avait jamais approché un taureau de sa vie et ne souhaitait pas le faire.

— Ze préfère vous écouter, disait-il, c'est beaucoup plus zoli...

Et pour couper court :

— Dé toute façon zé souis trop blond pour faire lé matador...

Sa chambre était devenue l'asile des Espagnols les plus faméliques d'Arles. Le premier qui y trouva refuge fut le vieux Paquito. Il avait soixante ans passés, la moitié d'un poumon, plus d'estomac du tout et ne savait faire que deux choses au monde : poser des banderilles et donner des conseils. Il avait encore la vaillance, la viste et la compétence, mais les jambes ne répondaient plus. Il ne participait qu'à une corrida par saison. La première. L'empresa des Arènes, qui avait bien juré de ne plus l'employer, se laissait fléchir par ses supplications.

— Je te promets d'être prudent... Je ne prendrai pas de risques...

Une fois dans l'arène il oubliait ses serments, arrachait les banderilles des mains du chulo et posait une magnifique paire de poder a poder. L'ovation n'avait pas le temps de jaillir ; Paquito s'était déjà fait accrocher en regagnant la talanquera.

Le reste de la temporada, il le passait à l'hôpital. Il en sortait à l'automne et recommençait à faire le siège de l'empresa.

— Tu verras, répétait-il, la prochaine fois je ferai attention...

Luis-Miguel avait recueilli ce glorieux débris : il flattait son délire, partageait ses cigarettes avec lui, l'obligeait à prendre quelques nourritures de temps à autre et rationnait son pastis, le seul remède que Paquito ait jamais utilisé pour soigner ses intérieurs délabrés.

Paquito avait pour Luis-Miguel le dévouement d'un péon pour son chef de cuadrilla. Il fondait sur Caravaca des espoirs magnifiques. Luis-Miguel serait, quand il le voudrait, le plus grand matador du monde. Il suffisait de le voir marcher pour en être persuadé : il avait du temple dans ses gestes les plus ordinaires. Paquito le regardait essuyer une table et prenant toute la clientèle du Plaza à témoin s'écriait :

— Je n'ai jamais vu un poignet pareil depuis Domingo Ortega !

Ramon et Jesus envisageaient l'avenir taurin de Caravaca avec plus de circonspection. Ils étaient reconnaissants à Luis-Miguel d'avoir mis également pour eux un matelas dans sa chambre, mais ils demandaient à voir. A eux aussi Paquito avait promis monts, merveilles, cigares, filles et pesetas. Ils étaient toujours manœuvres maçons et la gloire qu'on avait fait briller à leurs yeux tardait à se manifester.

Jesus, quant à lui, ne croyait presque plus à son destin et parlait de ses désastres successifs avec détachement.

— Matador, disait-il, ce serait le plus beau métier du monde. Les gens te frappent dans le dos, t'invitent à boire. Les filles te font des sourires. Tu te lèves quand tu en as envie, tu te couches quand tu veux... C'est la belle vie... Malheureusement, il y a les dimanches...

Les dimanches ne réussissaient pas à Jesus. Au paseo il avait fière allure. Sa façon de marcher, à lui aussi, annonçait le maestro, et l'élégance avec laquelle il déployait sa cape en attendant la sortie du toro. Les revisteros les plus blasés se consultaient du regard et s'apprêtaient à prendre des notes.

Puis le toro paraissait et les revisteros recapuchonnaient leur stylo sans attendre. Le bagage taurin de Jesus, pourtant, n'était pas mince : il savait exécuter, tant à la cape qu'à la muleta, la plupart des passes existantes. Il en avait même inventé une, mais il n'avait jamais, excepté devant son armoire à glace, le loisir d'en faire la démonstration.

Ce n'était pas un lâche. On l'avait vu souvent prendre des risques énormes pour dégager un picador en danger. Mais quand il était seul en tête à tête avec le cornu, il se sentait envahi d'une soudaine timidité et perdait la quasi-totalité de ses moyens. Il n'avait pas peur. Il ne tremblait pas. Simplement son esprit s'était vidé d'un coup et il ne savait plus ce qu'il fallait faire.

Ses aides hurlaient :

— *Arrímate, Jesus ! Es un toro de carril*[1] *!*

Jesus n'entendait rien, et la muleta dans ses mains devenait un chasse-mouches qu'il agitait avec gaucherie. Il ne pensait qu'à une chose : rester sur place et garder les pieds joints. Cela le conduisait à l'infirmerie.

Dans la plupart des cas, il n'arrivait pas jusqu'à la fin de la suerte et il ne tarda pas à acquérir la réputation d'un matador qui fait tuer ses toros par les autres. C'était injuste, car dans les rares occasions où il arriva intact à l'estocade, il se retrouvait par miracle, se croisait avec conviction et donnait la mort avec foi, se vengeant en un coup de toutes les humiliations que son adversaire lui avait fait subir.

Il était trop tard. Les revisteros haussaient le sourcil.

— Il a été heureux à la mort, disaient-ils.

Le cas de Ramon, bien qu'il ne s'en rendît pas compte, était encore plus désespéré. Il était la vaillance même, mais quoi qu'il accomplît, il faisait rire le conclave. Absorbé par son travail, Ramon ne se doutait

1. Accroche-toi, Jesus ! C'est un toro sur rails !

pas de l'impression qu'il produisait sur la foule et pestait contre la présidence, qui ne lui accordait jamais les oreilles.

Il n'était pourtant ni bossu ni cagneux et n'avait pas les pieds plats. Sans être un artiste véritable, il ne manquait pas d'adresse mais sa sincérité ne passait pas la barrière. Il trouvait le moyen d'être ridicule même quand il était cogido. Maître Broquille était le seul à le défendre, à cause de son toreo de face, sans truquages, sans concessions.

Paquito lui-même, bien que formé à l'ancienne, doutait de Ramon. Il avait attendu pour rendre son verdict, mais il était sans appel.

— Torero basto... le cul trop gros...

Ses fesses volumineuses inspiraient au public des facéties et appelaient la corne. En outre, il avait le cou trop long, un cou de cygne qui donnait de la mièvrerie aux véroniques les plus serrées, aux naturelles les plus classiques.

— Ramon, avait ajouté Paquito, devrait faire le Charlot... Mais je ne conseille à personne de le lui dire...

Personne ne le lui disait en effet et Ramon poursuivait avec une hargne pathétique une carrière de torero bouffon. Il commençait à avoir un public de joyeux lurons qui le suivaient partout où il se produisait :

— Avec lui, au moins, disaient-ils, on est sûr de se marrer...

Ils l'acclamaient longuement en se frappant sur les cuisses.

Caravaca, parmi ces fanatiques, grandissait en sagesse taurine et suivait maintenant avec aisance les démonstrations algébriques de Broquille sur les terrains et la corne contraire. Il était persuadé qu'un matador ne se fait accrocher que par ignorance et que, quel que soit le taureau, fût-il manso comme un chevreuil, il y a toujours une façon de le travailler. Mais il ne songeait pas à confronter ses connaissances théoriques avec la réalité.

Ses amis, cependant, à le voir si assidu à leurs palabres, ne doutaient pas de sa vocation, malgré la couleur de sa chevelure. Ils l'emmenèrent par surprise à une ferrade en Camargue pour qu'il ait l'occasion de faire ses premières armes devant d'inoffensifs anoubes.

Ils avaient porté la biasse, et mangèrent et burent comme des gitans un jour de pèlerinage. Paquito était venu avec sa guitare.

— Ze suis heureux, dit Luis-Miguel.

— C'est pas tout ça, dit Jesus, si on allait s'amuser un peu...

— Ze suis bien ici, protesta Luis-Miguel.

Il fallut l'emmener de force. Il se débattait.

— Tu as peur ? lui demanda Paquito.

Luis-Miguel, aussitôt, cessa de se débattre.

Ramon lui tendit la muleta. Le silence se fit dans le bouvaou. Caravaca était pâle, crispé. Il avait le visage et le maintien tragiques et personne ne songeait à sourire de l'insignifiance du bicho qui lui était opposé. C'était un moustique primesautier à qui Luis-Miguel donna de la gravité en deux coups de poignet.

Il l'accueillit d'emblée par des naturelles moelleuses en courant la main avec une lenteur surnaturelle. Six fois le bouvillon passa et repassa, et chaque fois il passait plus près. Caravaca termina la série par une passe de poitrine monumentale. L'ovation jaillit. Paquito avait des larmes plein les yeux : il embrassa Caravaca qui le repoussa avec rudesse.

— Et maintenant, dit-il, z'espère que vous me ficherez la paix...

Il accepta par la suite d'accompagner ses amis à d'autres ferrades, mais refusa de prendre le chiffon que Paquito lui tendait avec une obstination suppliante.

— Tu ne veux pas me faire plaisir ? insistait Paquito.

— Non, merci, disait Luis-Miguel, ze préfère vous regarder...

Bricole lui-même essaya de le convaincre.

— Doué comme tu l'es, dit-il.

— Sans façons, dit aussitôt Caravaca, qui commençait à connaître les finesses de notre langue.

Par la suite, il ne sortit plus de sa réserve. Il cessa d'ailleurs rapidement d'accompagner ses amis. Aux courses de taureaux non plus il n'assistait pas.

Les dimanches de corrida, les Arlésiens ont la fièvre : elle les prend vers dix heures. Ils s'interpellent dans la rue, s'abordent avec des airs de conspirateurs :

— Vous avez vu le bétail ? C'est une honte ! Vous appelez ça des taureaux...

— Ils ont passé la nuit à leur scier les cornes presque à ras... Un vrai scandale !

— Vous me croirez si vous voulez, je reste à la maison. J'en ai assez d'être pris pour un imbécile...

— Moi aussi...

Et la surexcitation croissait de pastis en pastis. Une atmosphère d'émeute régnait dans la ville où les bruits les plus fâcheux circulaient : Damaso Gomez avait eu un accident à la frontière. On ne savait pas par qui il serait remplacé. Sûrement par un melon. Quant à Cesar Giron, il avait toréé la veille à Burgos et le lendemain il toréait à Salamanque. Vous pensez bien que dans ces conditions il n'allait pas se fatiguer pour Arles. Il venait juste pour empocher la recette. Une honte, une véritable honte ! Ils mériteraient qu'on les accueille à coups de revolver !

Naturellement, tous ceux qui colportaient ces rumeurs avaient leur billet en poche depuis trois semaines. Ils se retrouvaient dans l'arène bien avant l'heure du paseo et jusqu'au bout s'obstinaient à dénigrer la course.

— J'ai voulu en avoir le cœur net, mais c'est bien la dernière fois...

On s'entassait au Plaza. On s'embrassait avec les tapes rituelles dans le dos et de grands rires étincelants. Sur les trois matadors engagés par l'empresa, il y en avait toujours un de troisième catégorie. Ses collègues descendaient à l'hôtel du Nord, place du Forum. Lui était l'hôtel de Bricole qui mettait sa propre chambre à la disposition du maestro et de ses hommes. L'habillage et la prière se déroulaient dans une cohue immobile et silencieuse de touristes. Bricole leur faisait payer mille francs le droit d'entrer.

— Les derniers moments d'un condamné à mort ! annonçait-il. Il reste encore quelques places debout...

A trois heures moins cinq, le bar se vidait d'un coup. Bricole enfilait sa veste.

— Nous partirons après le cinquième taureau... Tiens, j'ai un callejon pour toi...

— Non, disait Caravaca. Allez-y sans moi, je garde la boutique...

— Viens donc !

— Non, merci, répétait obstinément Caravaca. Je suis bien ici.

Bricole hésitait sur le seuil. Les premières mesures de *la Marseillaise* retentissaient.

— Nom de Dieu, s'écriait-il, je vais encore rater le paseo !

Il partait en courant.

Resté seul, Caravaca fermait la porte, allumait une cigarette et les clameurs de la foule emplissaient le bar. Il pouvait suivre la course les yeux fermés. Des sifflets saluaient l'entrée des picadors. Cela tournait rapidement à la bronca. El Pimpi en avait sûrement enfoncé une au-delà de la rondelle. Puis, subitement, l'ovation jaillissait. Cesar Giron, avec une seule paire de banderilles, avait maté les gradins. L'ovation se renouvelait, s'installait dans le Plaza. Les verres vibraient sur les étagères.

Alors Caravaca mettait son callejon en miettes et se bouchait les oreilles.

— Bonzour ! répéta Caravaca.

— C'est maintenant que tu te lèves ! grommela Bricole.

Il conservait pour Luis-Miguel une affection paternelle, mais lui montrait moins d'indulgence que naguère. Un futur matador aurait eu droit à toutes les complaisances. Par contre, un barman, même espagnol, ne méritait aucun égard. Ne le payant pas, Bricole ne pouvait lui intimer l'ordre de se lever avant la nuit ; néanmoins il désapprouvait ouvertement sa façon de vivre.

Luis-Miguel ne cessa pas de sourire et comme chaque jour à la même heure, ouvrit le tiroir-caisse. Il leva les yeux d'un air surpris.

— Pas d'arzent ? demanda-t-il.

— Non, pas d'argent, dit Bricole. Pas d'argent du tout jusqu'à l'année prochaine.

Le sourire de Caravaca disparut.

Le Prince, à l'instant, venait de se réveiller. Il ne perdit pas une seconde :

— A boire ! s'écria-t-il avec enthousiasme.
— Z'ai une course à faire, dit Caravaca. Ze reviens de suite...

Le Prince avait épuisé sa puissance de sommeil. Il allait et venait dans le bar en se dandinant comme un plantigrade.
— Bricole, demanda-t-il, tu ne veux pas me donner à boire ?
— Écoute, fit Bricole, sers-toi et nous casse pas les amandons...
Maître Broquille avait posé son jeu.
— Alors, on joue ? demanda Plumet.
— Ce petit, je me demande ce qu'il couve. Sa conduite me déconcerte...
Flanqué de Ramon et de Jesus, Paquito venait de s'encadrer dans la porte de l'arrière-boutique. Sans rien demander à personne, Ramon s'était mis à manœuvrer le percolateur.
— A quoi, votre bossu ? demanda-t-il.
— Au crayon, dit Jesus, comme d'habitude...
C'était une plaisanterie traditionnelle. Le bossu est un mélange de café et d'alcool. Un bossu au crayon, cela signifiait un bossu qu'il ne paierait pas et qu'il faudrait inscrire sur son ardoise.
Bricole avait un cœur inépuisable. Mais ce soir, l'Espagne commençait à lui sortir par les yeux.
— Faites comme chez vous, dit-il.
Au comble de la misère, Paquito conservait un sens de l'honneur chatouilleux.
— Pas de rhum pour moi, dit-il.
Bricole rougit.
— Excuse-moi, dit-il, c'est Caravaca qui commence à m'agacer...
— Qu'est-ce qu'il peut bien avoir, ce petit ? répéta maître Broquille, oui, oui..., qu'est-ce qu'il peut bien avoir ?
— En tout cas, dit solennellement Patraque, il n'a pas le sang taureau.
— Paciencia, dit Paquito.
Tous les regards se fixèrent sur lui. Il mit trois morceaux de sucre dans son café et fit attendre sa révélation.
— Luis-Miguel est malade, finit-il par déclarer.
— Qu'est-ce qu'il a ? demanda Bricole.
— Il a de l'amour fou pour une petite pisseuse.
L'incrédulité se peignit sur tous les visages.
Plumet, qui ne pouvait jouer à la belote que dans la sérénité de cœur, avait quitté la salle et repris sa fonction derrière la vitre.
— Merde, dit-il tout à coup, il neige.
— Et le petit n'a pas pris de cache-nez, soupira Paquito.
Patraque se lustrait les ongles sur son gilet à fleurs.
— Qui c'est, cette pisseuse ? demanda-t-il avec détachement.

3

Dans quelles circonstances pittoresques et passionnées Luis-Miguel Caravaca fut initié à la peinture d'un Hollandais nommé Van Gogh.

Les Lices sont les Ramblas d'Arles. A la belle saison, les mères de famille y poussent leur landau neuf, de leurs mains gantées de suédine. Les jeunes gens et les jeunes filles se font de l'œil. Le flot montant et le flot descendant se croisent et s'affrontent. Il y a des saluts exactement dosés, des regards qui se détournent, des coups de chapeau, des mains qui s'agitent et des clameurs.

Parfois, un îlot se forme à contre-courant : deux amis s'embrassent, deux familles s'agglomèrent. La foule les contourne et continue de couler.

Ce soir, les Lices sont désertes. La neige tombe. Caravaca marche à grandes enjambées. Il est dans un tel état d'exaltation qu'il peut se passer de cache-nez.

Soudain, il s'arrête et tend la main. Il n'a vu de la neige que trois ou quatre fois dans sa vie. Les flocons fondent au contact de sa peau. Luis-Miguel regarde mélancoliquement ses paumes ; puis il passe des doigts mouillés sur son visage et hâte le pas.

Christine lui a donné rendez-vous aux Alyscamps. Elle a bien précisé :

— Au pied du troisième sarcophage, à droite, après le passage à niveau...

Elle a ajouté une phrase qu'il n'a pas comprise :

— Pourvu qu'il y ait le même clair de lune que dans Chateaubriand...

Il n'y a pas de clair de lune. Luis-Miguel, tout d'un coup, se demande si elle viendra. Il se met à courir.

Christine, Luis-Miguel ne la connaît que depuis hier. Il s'était levé plus tôt que d'habitude, vers les deux heures de l'après-midi. C'était le jour de Rosette, la pisseuse dont il a été question ci-dessus.

Rosette était postière et passionnée. Elle avait ce qu'il est convenu d'appeler la beauté du diable, c'est-à-dire que ses beaux yeux noirs réussissaient parfois à faire oublier ses lèvres minces, ses mollets maigres et son nez capétien.

Elle avait su déceler le point faible de Luis-Miguel : l'amour du linge propre. Elle lui lavait ses chemises, reprisait ses chaussettes. Caravaca, désormais, ne se sentit plus du tout orphelin. Sa famille du

Plaza s'était agrandie, avec Rosette, d'une aide ménagère et tendre. Il aurait cependant maintenu Rosette dans son emploi subalterne et ne lui aurait laissé prendre qu'une mince place dans sa vie si elle n'avait eu la surprenante idée de le présenter à ses parents.

Pour Luis-Miguel, ce fut un choc. Il n'était jamais entré dans une salle à manger, il ne s'était jamais assis à une vraie table familiale. L'ordre, la propreté, la pince à sucre, la toile cirée, les meubles encaustiqués et les parents de Rosette, bien gras, bien ridicules, qui s'appelaient maman et papa, lui mirent dans l'âme une douceur inconnue. Il eut le sentiment d'avoir trouvé le havre qu'il cherchait depuis longtemps. Sous la table, il prit la main de Rosette. C'est ainsi qu'il se trouva fiancé.

Le père de Rosette était gendarme. C'était un homme débonnaire, mais il avait un sens aigu de l'honneur familial et tenait les Espagnols en piètre estime.

— Tous barbeaux ou matadors, disait-il, ou les deux à la fois...

Sa femme, en revanche, rassurée par la blondeur de Luis-Miguel, le trouvait sympathique et bien élevé, et citait le cas de femmes qui avaient épousé des Espagnols et qui s'en trouvaient fort satisfaites. Le gendarme se laissa fléchir, mais mit une condition *sine qua non* à son consentement :

— Qu'il se fasse d'abord naturaliser, dit-il, et je verrai ce que nous devons faire.

Rosette entreprit aussitôt les démarches pour la naturalisation de son bien-aimé. Elle piaffait d'impatience devant les lenteurs administratives. D'ailleurs, elle se vengeait et les usagers du téléphone savaient que lorsque Rosette était au standard et qu'ils voulaient passer un coup de fil à Fourques ou même à Bellegarde, ils feraient mieux d'y aller à pied.

— Et pas de matador dans la famille ! avait exigé le gendarme.

Le risque de voir Luis-Miguel embrasser la carrière de matador paraissait mince et Rosette n'imaginait pas que la passion tauromachique qu'il manifestait dans ses propos pût être néfaste à la paix de son futur ménage. Elle savait, ayant déjà pas mal couru, qu'il faut passer aux hommes leurs manies si on veut les garder. Elle l'aimait mieux aficionado que cavaleur.

Mais quand elle avait appris que Luis-Miguel avait affronté, pour de bon, muleta en main, un taureau en chair et en cornes, elle avait fait une scène épouvantable que Luis-Miguel avait contemplée avec étonnement.

— Choisis entre les taureaux et moi ! avait dit Rosette.

Luis-Miguel manquait de vocabulaire, surtout quand il s'agissait d'exposer les complexités de son âme. Il doutait en outre que Rosette pût jamais comprendre que son amour pour les taureaux était entièrement désintéressé et que c'était dans la mesure où il se tenait éloigné des dangers et des médiocrités de l'arène, qu'il pouvait conserver intacte sa ferveur. Il restait donc silencieux, l'œil oblique, le sourire à la fois rassurant et féroce.

— Tu entends ce que je te dis ? hurla Rosette.

— Tu es très bête, dit affectueusement Caravaca.

Leur discussion avait eu lieu sur la digue du Rhône. Rosette, soudain, était montée sur le parapet. Ses jupes s'étaient envolées.

— Adieu, Luis-Miguel, avait-elle dit.

Il était évident qu'elle n'avait pas envie de sauter dans le fleuve. Mais du moment qu'il s'agissait d'amour et de corrida, elle soignait ses attitudes.

Caravaca, sans cesser de sourire, l'avait retenue par la jupe, et lui avait juré sur toutes les Vierges de Catalogne qu'il ne descendrait jamais sur le terrain de la vérité.

La promptitude de sa victoire avait déçu Rosette. Elle ne renonçait pas facilement à la tragédie :

— Trompe-moi si tu veux, mais si tu t'occupes des taureaux, je me tue ! avait-elle lancé en descendant de son parapet.

Après quoi ils étaient allés faire l'amour avec un grand sérieux.

Luis-Miguel, jusqu'ici, n'avait jamais parlé de Rosette à ses amis. Il redoutait leurs sarcasmes, et surtout les conseils de Patraque qui ne s'était pas privé à plusieurs reprises de lui dire :

— Je ne comprends pas que, plaisant comme tu l'es, tu n'aies pas une fille ou deux qui te gagnent la vie...

Il s'était pourtant décidé à révéler l'existence de Rosette à Paquito. Le vieux, quand ils étaient seuls, revenait sans cesse à la charge :

— Si tu faisais le matador, disait-il, nous irions vivre à Barcelone. Nous aurions des cigares gros comme des barreaux de chaise...

Luis-Miguel l'écoutait d'ordinaire avec son sourire ambigu. L'insistance du vieux l'ennuyait à la longue. Et voici une semaine il avait dit :

— Tu me zures de garder le secret ?

— Sur le Christ !

— Eh bien, z'ai promis de ne zamais tuer de taureaux.

— A qui tu as promis ?

— A une femme.

— Alors ça ne compte pas.

— Cette femme, ze l'aime, avait dit Caravaca.

Les jurons de Paquito ne l'avaient pas ébranlé et Paquito enrageait : ruiner sa carrière par amour, qué misère ! Il était tout de même heureux de pouvoir annoncer à ses amis que Luis-Miguel n'était pas un lâche comme ils commençaient à le croire.

Rosette vivait avec sa famille, mais elle n'avait pas la patience d'attendre le mariage pour savourer Luis-Miguel. Elle avait loué, pour abriter ses amours, un meublé au bord du Rhône. Il y avait tout le confort et la fenêtre donnait sur l'ancien prieuré de l'Ordre des Chevaliers du Temple. Caravaca s'attardait en chemin, sensible au charme inépuisable des petites rues d'Arles. Les mains dans les poches, le nez en l'air, il regardait les pierres couleur d'amande et le ciel vieil argent.

« C'est zoli », pensait-il.

Pourtant, il accélérait l'allure. Il faisait si froid que les commères avaient abandonné leur faction aux fenêtres. La perspective d'un lit chaud le réjouissait plus que celle des étreintes auxquelles il allait devoir se prêter. Il avait une santé robuste, mais un tempérament distrait. Il faisait plaisir l'esprit ailleurs. Toutefois, il mettait un point d'honneur à se montrer brillant en toutes circonstances.

A la hauteur du Palais Constantin, il prit l'escalier qui conduit à la digue du Rhône. Le mistral était dur comme une planche. Luis-Miguel cogna dedans tête baissée.

Une voix féminine courait derrière lui.

— Monsieur... Monsieur...

Il se retourna. Il vit d'abord des cheveux blonds rabattus d'où la voix surgit à nouveau.

De longues mains aux ongles violets écartèrent le rideau de cheveux. Des lèvres non fardées s'agitèrent, surmontées d'un regard fiévreux, presque angoissé.

— La maison de Van Gogh ? articulèrent les lèvres pâles.

— Qui ?

— Van Gogh...

— Ze ne connais pas ce garçon, dit Luis-Miguel, rougissant et l'œil à l'horizontale.

L'inconnue dévisagea Caravaca d'un air incrédule.

— Van Gogh... le peintre...

— Excusez-moi, dit Caravaca. Ze ne suis pas du quartier.

Il s'éloignait, honteux de n'avoir pu renseigner une aussi jolie personne. Il se sentit retenu par la manche. Il n'aimait pas que les femmes le touchent. Il se dégagea d'un brusque mouvement d'épaule.

La blonde ne parut pas surprise de sa vivacité. Elle s'était reculée de quelques pas pour mieux l'examiner. Elle avait le visage attentif et crispé d'un amateur devant un tableau dont il ne sait pas encore s'il s'agit d'une toile de maître. Elle rendit son verdict.

— Vous êtes le plus bel animal que j'aie jamais vu...

Les yeux couchés de Caravaca se rapprochèrent de la verticale, ce qui était chez lui signe de concentration d'esprit et de perplexité. Il se demandait si on se moquait de lui. Il ne l'aurait jamais permis, même à cette ravissante créature. Il n'eut pas le temps de décider s'il devait se fâcher. La blonde échevelée l'avait agrippé à pleins bras. Le vent redoublait.

— Venez avec moi ! hurla-t-elle.

— Quoi ?

— Il faut que je fasse votre portrait ! hurla-t-elle à nouveau.

Cramponnée à Luis-Miguel, elle l'entraînait de force vers l'escalier. Il constata avec étonnement qu'il se laissait faire. La pensée que Rosette allait l'attendre lui causa même du plaisir. Ils ne firent que quelques pas.

— Entrez donc, dit l'inconnue.

Luis-Miguel s'immobilisa : on lui désignait la porte de l'Imperator, un estaminet qui avait fort mauvaise réputation dans la ville et où les raffis de Camargue trouvaient non seulement le pastis, mais l'assistance sociale sous sa forme la plus humaine et la plus parfumée.

L'ouvrier agricole, quand il descend à Arles, pare toujours au plus pressé. Il se saoule. Après quoi il est malheureux parce qu'il n'a pas de femme. Il s'abandonne alors aux écarts de langage et se livre aux voies de fait ou à la délectation morose.

Amédée, le maître de céans, avait donc engagé pour servir à son comptoir de jeunes personnes compréhensives et, pour employer son expression, « serviciables ».

— Attends que j'aie fini de rincer mes verres, disaient les demoiselles, et je suis à toi...

Cela était parfaitement illégal, mais Amédée aurait été choqué que l'Administration lui fît des misères, étant donné ses brillants états de service dans la Résistance. Il n'était pas loin de se considérer comme un bienfaiteur de l'humanité, dont l'initiative hautement philanthropique méritait l'encouragement plus que le blâme.

Cloué au seuil du mauvais lieu par l'inconscience de l'étrangère, Luis-Miguel ouvrit la bouche et ne dit rien.

— Alors, dit-elle, qu'est-ce que vous attendez ?

Luis-Miguel, de nature vergogneuse, baissa la tête et suivit celle qu'il considérait déjà comme une folle. Une fois assis, un peu d'audace lui revint cependant. Avec des mots pudiques et zézayants, il s'efforça de lui ouvrir les yeux sur sa méprise. Elle éclata du rire mesuré et dédaigneux que les jeunes filles réservent à leurs parents quand ils abordent avec elles les questions réputées délicates.

— Je sais bien. C'est justement pour ça que j'y suis descendue.

— Vous vivez ici ? dit Caravaca avec effarement.

— Mais oui. C'est là que Van Gogh s'installait à demeure.

Luis-Miguel pensa que ce Van Gogh était un rude cochon, mais ne formula pas sa remarque. L'inconnue avait sorti un paquet de cigarettes.

— Excusez-moi, dit-elle, je ne fume que des gauloises...

— Moi aussi, dit Luis-Miguel.

Elle avait fait signe à Amédée : les verres de pastis étaient déjà sur la table. Luis-Miguel la trouvait toujours aussi folle, mais plutôt sympathique.

Il n'osait cependant la regarder en face. Elle, par contre, les yeux plissés, l'étudiait avec encore plus d'attention que tout à l'heure. Elle avala son verre d'un trait, écrasa sa cigarette sur le marbre de la table et dit :

— Venez dans ma chambre.

— C'est que, dit Caravaca, z'ai rendez-vous...

Il se leva, et pour rompre définitivement les ponts, dit fermement :

— Avec une femme.
La folle s'était levée à son tour.
— Viens avec moi, répéta-t-elle.

Luis-Miguel avait une âme simple et vaguement janséniste. Il distinguait deux catégories de femmes, celles qu'on épouse, qui sont vertueuses par définition, et les autres, qui font commerce de leur corps.
Les façons de cette créature ne permettaient de la ranger ni dans l'une ni dans l'autre de ces catégories. Luis-Miguel était déconcerté. Il la suivit pourtant et se permit même de lever les yeux sur elle pendant qu'ils montaient l'escalier. Elle était en blue-jean, mais ce qu'il vit était assez émouvant pour qu'il cessât de se poser des questions.
Dans la chambre, une toile achevait de sécher sur un chevalet devant la fenêtre. Luis-Miguel, l'œil debout, le front plissé, l'examina un moment avec embarras.
— Qu'est-ce que ça représente ? se permit-il de demander.
— Déshabille-toi vite, répondit la folle.
Caravaca eut un dernier sursaut de bon sens.
— Mais, dit-il, ze croyais que vous deviez me tirer le portrait...
— Je ne peins bien que ce que je connais, dit la folle. Dépêche-toi...
Caravaca se tira mollement d'une épreuve à laquelle il n'était pas préparé. Le sentiment de se sentir observé pendant toute la durée de la manifestation l'empêcha de donner sa mesure.
— Ze t'ai ratée, dit-il modestement.
— Peu importe, dit la folle. Nous avons assez perdu de temps...
Elle avait mis une toile vierge sur le chevalet, préparait ses pinceaux. Caravaca se rhabillait en pensant à Rosette, sans remords, mais sans amusement.
— Non, reste comme tu es, dit l'artiste.
Caravaca ne supportait d'être nu devant une dame qu'en cas de nécessité. D'ailleurs il ne faisait pas tellement chaud dans la chambre.
— Z'ai froid, dit-il.
L'artiste l'avait assis de force sur une chaise. Elle lui mit une couverture sur les épaules.
— Baisse la tête, dit-elle.
Son visage rayonna de gourmandise.
— Tu es beau comme un émigrant...
Elle avait allumé une gauloise.
— Ze peux fumer ? demanda Caravaca.
— Non, dit la fille.
Luis-Miguel, soudain, se mit à la mépriser.
— Comment tu t'appelles ? dit-il.
— Qu'est-ce que ça peut te faire ?
Elle condescendit cependant à révéler qu'elle s'appelait Christine, mais qu'elle n'aimait pas qu'on lui parlât pendant qu'elle travaillait.

« Cela suffit », pensa Caravaca.

Il rejeta la couverture et enfila son pantalon.

— Qu'est-ce qui te prend ?

— Il faut que ze m'en aille.

— Elle attendra, ta fille.

— Z'ai du travail, dit Caravaca.

— Je te dédommagerai.

— Ce n'est pas une question d'arzent...

Caravaca s'apprêtait à enfiler sa chemise. La folle la lui enleva des mains.

— Et d'abord, qu'est-ce que tu fais dans la vie ?

— Matador, répondit Caravaca.

Longtemps après, il devait se demander quel démon lui avait dicté cette réponse saugrenue. L'humiliation qu'il venait de subir l'avait sans doute incité à trouver une revanche immédiate. A peine eut-il prononcé le mot fatal qu'il faillit en limiter la portée en expliquant qu'il n'était pas matador à proprement parler mais qu'il le serait peut-être un jour. La réaction de Christine ne le lui permit pas.

Elle lui avait enfoncé les ongles dans la peau.

— Matador... tu es matador... tu ne pouvais pas le dire plus tôt ?

Ils furent au lit dans la seconde, et cette fois Caravaca reprit pleinement confiance en lui-même.

Cela ne suffit pas pourtant à expliquer que par un soir sibérien, Luis-Miguel Caravaca, garçon de café fiancé à une postière, se presse au rendez-vous que lui a fixé une artiste peintre nommée Christine, qui paraît avoir beaucoup fréquenté un nommé Van Gogh qui était encore plus fou qu'elle.

Depuis que Christine est entrée dans la vie de Luis-Miguel, les faits n'obéissent plus à la logique. Luis-Miguel lui-même a renoncé à comprendre ce qui lui arrive.

D'abord, elle a exigé qu'il parle espagnol. Elle ne le comprend pas, mais elle dit que cela l'aide à peindre. Ensuite, elle n'arrête pas de tenir des propos incohérents.

— Van Gogh s'est coupé l'oreille...

— Ah, oui ?

— Et tu sais pourquoi ?

— Non...

— Parce qu'il a compris qu'il ne pourrait jamais peindre une corrida... Moi, j'y arriverai. Je te jure que j'y arriverai !

Elle prenait Luis-Miguel à pleins bras.

— Tu m'aideras, dis... tu m'aideras...

— Moi, ze veux bien.

— Même si tu meurs sous la corne, je te ferai immortel.

— Alors, au plaisir, dit Caravaca en prenant congé.

Christine ne voulait pas le laisser partir.

— J'ai besoin de toi.

— Mais moi, z'ai à faire. Pendant l'hiver, il faut que ze gagne ma vie...

Elle ouvrit son sac, tendit une liasse de billets de mille.

— Maintenant que je suis là, tu n'auras plus besoin de travailler. Mon père me donne tout l'argent que je veux.

Luis-Miguel avait refusé noblement. Il s'était contenté de mettre le paquet de gauloises dans sa poche.

Il ne pensait qu'à une chose. Il était cinq heures du soir. Rosette devait être furieuse. Il entendait son futur beau-père déclarer :

— Je te l'avais bien dit... les Espagnols, même blonds... Tous les mêmes, des feignants...

Pour avoir la paix, il avait accepté de revoir Christine.

— Je veux te peindre la nuit aux Alyscamps... en train de t'entraîner... parmi les tombes... Van Gogh peignait la nuit lui aussi... Tu me promets de venir demain ?

— D'accord.

— Surtout, n'oublie pas ta muleta.

— Entendu...

Il était bien décidé à ne jamais revoir cette salope. Dans la demi-heure qui suivit, il fut cependant bien obligé de constater qu'auprès de celles de Christine, les étreintes de Rosette étaient d'une fadeur extrême. Rosette avait remarqué son manque d'enthousiasme.

— Qu'est-ce que tu as ? Tu n'es pas comme d'habitude.

— Fiche-moi la paix, dit-il.

Jamais il n'avait parlé à Rosette sur ce ton. La première surprise passée, elle se déchaîna. Pas longtemps. Une gifle inopinée avait coupé son élan. Il s'ensuivit une grande scène de tendresse. Ils se séparèrent néanmoins assez étonnés l'un de l'autre et mécontents dans l'ensemble.

Malgré sa fatigue, Luis-Miguel avait mal dormi la journée suivante. Christine lui manquait. Il faillit se lever pour aller coucher avec elle. Paquito ne dormait pas non plus.

— Tu n'as pas une cigarette ? demanda-t-il à voix basse.

Le paquet de Christine était fini depuis longtemps. Cela aviva ses regrets.

— Non, dit-il.

Paquito poussa un soupir résigné.

— Est-ce que je t'ai raconté la mort de Manolete ?

Il devait la lui avoir déjà racontée une centaine de fois, mais il n'avait plus toute sa tête à lui et la patience de Luis-Miguel était d'ordinaire inépuisable. Cette fois, pourtant, Luis-Miguel poussa un grognement.

— Z'ai sommeil, dit-il.

Paquito ne tint pas compte de son désir.

— C'était à Linarès, commença-t-il. Il était cinq heures de l'après-midi...

— Paquito, fit Caravaca, tu m'emmerdes avec Manolete !

Une interminable quinte de toux secoua le vieux. Luis-Miguel se mit la tête dans les draps. Il avait faim. Ramon et Jesus ronflaient.

« Quelle vie ! » pensa Caravaca.

Il finit cependant par sombrer dans une somnolence trouée de cauchemars : un taureau énorme le faisait voltiger dans les nuages, où Christine l'attendait, une rose à la main.

Il se réveilla la tête lourde. Il était à peine six heures du soir. Ses camarades parlaient déjà de taureaux. Luis-Miguel n'avait qu'une idée : fumer une cigarette.

Quand il avait vu le tiroir-caisse vide et compris qu'il resterait dans cet état vraisemblablement pendant des mois encore, il avait eu un moment de désarroi. Sa résistance à la misère avait considérablement diminué. Il avait pris l'habitude d'un paquet de gauloises et d'un repas complet par jour. La vie lui parut sombre et interminable comme le tunnel de la Nerte.

C'est alors qu'il avait décidé de se rendre au rendez-vous que lui avait fixé Christine. Il n'avait jamais demandé d'argent à une femme. Il en éprouvait de la honte, mais se répétait avec exaltation :

— Luis-Miguel vous tirera de la merde...

C'était la première fois qu'il parlait de lui à la troisième personne.

Christine était arrivée avant lui. Elle avait déjà dressé son chevalet. Luis-Miguel se jeta sur elle et chercha sa bouche.

Christine la lui accorda, mais se dégagea presque aussitôt.

— Ta muleta... où est ta muleta ?

— Quelle muleta ?

— Tu m'avais promis d'en apporter une... Je veux te peindre en train de faire des passes parmi les tombeaux... Le ballet de la mort... C'est une merveilleuse idée, n'est-ce pas ?

Jamais Caravaca n'avait pensé si vite. Il avait envie de la traiter de cinglée. Mais du moment qu'il avait l'intention de lui prendre des sous, il jugea qu'elle avait droit à des égards.

— Luis-Miguel, dit-il avec superbe, n'a pas besoin de muleta !

Il avait dressé le menton, rentré le ventre. Il fit quelques pas majestueux dans la neige, à la façon du matador qui, ayant choisi son terrain, s'avance vers le fauve. Il s'immobilisa soudain, jeta par-dessus son épaule un regard dans la direction de Christine.

— Regarde, dit-il. Avec la gauche, rien qu'avec la gauche !

Debout dans un rayon de lune, il recueillit son ombre au creux de la paume et la fit tourner autour de lui. Il courait la main avec lenteur et suavité. Il avait levé le bras droit en l'air à la façon des matadors mexicains et, la tête penchée sur le côté, il faisait passer son taureau de rêve avec sur le visage une expression de dédain mélancolique que Chamaco aurait enviée.

— Luis-Miguel, dit Christine, tu es merveilleux !

Comme à l'accoutumée, il termina sa série de naturelles sur une passe de poitrine qu'il offrit aux étoiles. Le torse cambré, il défiait les gradins de la nuit, toisant l'ovation avec morgue. Le mistral, soudain, se remit à souffler.

— A propos, dit Luis-Miguel, tu as de l'argent ?

Christine semblait en catalepsie.

— De l'argent, répéta Luis-Miguel.

— Oui, je crois... oui, j'ai mon sac.

— Fais voir, dit Luis-Miguel.

Il lui prit le sac des mains, l'ouvrit à la lune et sourit.

— Ze peux en prendre un peu ? demanda-t-il. J'ai faim...

— Prends tout ce que tu veux !

Luis-Miguel fit un rapide calcul.

— Tu en as d'autre à la maison ? demanda-t-il.

— Non, mais je n'ai qu'à téléphoner à papa.

— Alors, dit Luis-Miguel, ze prends tout.

Il mit les billets dans la poche de sa canadienne.

— Ze t'ai laissé mille francs pour le télégramme, dit-il.

— Donne-moi une cigarette.

Il en tira deux du paquet, en offrit une à Christine, à l'espagnole. Il lui rendit son sac mais garda le paquet.

— Du feu, dit-il.

Il tira quelques bouffées, en fermant les yeux.

— Bonsoir, ma zolie...

Il s'éloignait déjà.

— Tu t'en vas ? dit Christine avec affolement.

— Il faut que ze rentre. Ze ne veux pas prendre froid. Z'ai les bronches délicates.

Il s'éloignait à grandes enjambées.

— Où vas-tu ?

— Au Plaza...

Il regretta d'avoir livré son adresse. Une idée cependant commençait à cheminer en lui.

— Écoute, dit-il, viens prendre le café avec moi...

— A quelle heure ?

— Vers les deux heures du matin.

Ce rendez-vous tardif ne parut pas surprendre Christine. Elle demanda simplement :

— Où est-ce que je te trouverai ?

— Ze te l'ai dit. Au Plaza.

— Je ne connais pas...

— Tu demanderas.

Christine gémit.

— Tu ne préférerais pas venir me retrouver chez Amédée ?

— Non, dit Caravaca. Ce n'est pas un endroit convenable.

Christine avait l'air désemparé. Luis-Miguel fit une moue prometteuse.

— Si tu viens au Plaza, ze te présenterai d'autres toreros.

La déception de Christine s'effaça dans l'instant. Sans doute manifesta-t-elle trop de plaisir à l'idée d'être mise en présence de nouveaux matadors, car Luis-Miguel précisa aussitôt :

— Des plus petits que moi...

Il partit sans se retourner, tel un maître qui a imposé sa domination et ne craint plus les réactions de la bête. Dans sa sublime main gauche, il froissait un paquet de gauloises entamé.

4

Où l'on fait connaissance d'une veuve subjuguée qui apporte quatre poules noires et disparaît dans la nuit.

Le Plaza était un des derniers bistrots d'Arles à être éclairé au gaz. Cela donnait à l'estaminet une atmosphère lugubre. On avait l'impression que ses habitués venaient d'être retirés du Rhône et qu'ils se remettaient, verre en main, des émotions de la noyade.

Les rires, les gesticulations et la chaleur des voix dissipaient d'ordinaire la tristesse du lieu. Mais ce soir on se serait cru à la morgue. Les visages étaient gris, verts et mauves. Les bouches noires. Les cadors se taisaient.

Un cador, c'est un caïd, et certes les amis de Patraque n'étaient pas tous des caïds. Mais ils éprouvaient un tel plaisir à être ensemble, ils avaient le sentiment si vif de faire partie d'une humanité supérieure que, s'ils parlaient de l'un d'entre eux, ils disaient toujours :

— Cet homme-là, c'est un cador.

Les Arlésiens les désignaient sous le même vocable, avec un mélange d'envie et de réprobation, et même ceux qui avaient de la sympathie pour eux étaient unanimes à déclarer :

— Les cadors, c'est des broques.

L'opinion publique les laissait indifférents. Ils prenaient même un plaisir de bonne qualité à la braver ouvertement. Ils étaient fiers d'être des hors-la-loi, mais il leur arrivait parfois d'avoir des moments de dépression et de ressentir la dureté du monde. Ils se sentaient alors douillets, fragiles, désarmés, à la merci de toutes les tentations bourgeoises.

Ce soir, précisément, ils se taisaient pour ne pas avouer leur détresse.

Jamais l'hivernage n'avait commencé si tôt. Ils prévoyaient de longs jours sans tabac et sans nourriture. Ils étaient sûrs pourtant de ne pas manquer de pastis, d'olives et d'anchois, choses plaisantes à déguster, mais qui agacent l'appétit sans le satisfaire. Seul, maître Broquille avait la perspective de deux repas quotidiens, mais son âme était trop haute pour que sa situation privilégiée lui inspirât autre chose que de la honte. Il maudissait sa femme, qui lui rationnait l'argent de poche et l'empêchait de soulager l'impécuniosité de ses amis.

Sans taureaux, la misère est insupportable, et pendant des mois ils allaient en être privés. Ils seraient contraints de ruminer interminablement les faenas de la saison passée, imagineraient celles de la saison à venir et mèneraient, entre le souvenir et le rêve, une vie à demi éveillée, féerique, somnambulique.

Mais l'aficionado est moins bien équipé pour l'hivernage que la marmotte. Ses délires ne suffisent pas à le nourrir. Il faut que, de temps à autre, il se mette à table. Maître Broquille aurait tellement aimé pouvoir dire :

— Mes amis, je vous emmène tous à l'Oustaou de Baumanière.

Ils se seraient entassés dans la vieille Panhard du Prince comme les toreros d'une cuadrilla partant pour une plaza lointaine.

Car le Prince avait une voiture antique mais indiscutablement princière. La Panhard et Levassor sans soupapes, modèle 1933, dite « panoramique », avec le volant au milieu du tableau de bord. Ils s'en servaient rarement, car elle consommait trente litres d'essence aux cent kilomètres et presque autant d'huile, ce qui était nettement au-dessus de leurs possibilités financières.

Ce soir, pourtant, elle leur aurait été bien utile. Ils avaient absolument besoin de se changer les idées.

Pendant le bref voyage jusqu'aux Baux, ils auraient composé leur menu : les hors-d'œuvre, tous les hors-d'œuvre, et puis, bien entendu, un poulet à la broche...

Patraque savait lire dans les pensées. Ses narines s'ouvrirent.

— Un poulet bien doré, murmura-t-il, avec la peau bien craquante...

Maître Broquille sursauta. La porte s'ouvrit avant qu'il ait eu le temps d'exprimer sa surprise. Une quinquagénaire rustique venait d'entrer. Elle était veuve, visiblement.

Patraque n'eut pas besoin de faire un geste. Tous s'étaient levés en même temps. Sans un mot, ils avaient gagné la cuisine. Bricole fut le dernier à quitter son bar.

— Tu n'as pas besoin de moi ? demanda-t-il.

Patraque fit de la tête un signe de dénégation. Bricole cligna de l'œil. Patraque laissa le clin d'œil sans réponse. Le Prince, tassé sur sa chaise, ronflotait.

Patraque n'était pas de ces confesseurs bonhommes qui disposent le client à l'aveu de ses péchés par la douceur de la voix et la modestie de l'attitude. Il avait les façons austères et rudes d'un juge d'instruction de jadis. L'œil aigu, la lèvre rentrée, le nez investigateur, il dévisageait sa pénitente d'un air dur.

— Aidez-moi, dit la veuve.

Du coin des lèvres, Patraque bougonna.

— Dites-moi tout, ou allez-vous-en.

La veuve blêmit. Elle était du type maigre. Il n'y a pas de demi-mesure chez les veuves : le chagrin les empâte ou les décharne. Elle fut d'emblée dans l'état où Patraque avait voulu la mettre : elle n'osait ni parler ni s'en aller. Patraque était maître de la situation. Il se permit un bref sourire.

Les joues de la veuve reprirent couleur.

— Voilà, dit-elle : je suis subjuguée.

— J'en étais sûr, dit Patraque, gravement.

La veuve, maintenant, était en confiance. Elle prit une longue inspiration et se lança dans un récit confidentiel qui risquait de durer la nuit entière.

— Figurez-vous, dit-elle, que ma voisine...

Patraque n'eut qu'à durcir le regard : les mots se figèrent dans la bouche de la malheureuse. Elle donna le sentiment de manquer d'air. Elle essaya de poursuivre :

— Ma voisine est une salope.

— Je sais, dit Patraque d'un ton définitif.

Il passa ses longues mains soignées sur son front couleur d'ivoire.

— Avant toute chose, il faut que vous alliez me chercher deux poulets blancs, laissa-t-il tomber comme un oracle.

— Mais il est neuf heures du soir...

Le visage de Patraque exprima une contrariété pathétique.

— Alors, dit-il, je ne peux rien pour vous.

Il tira sa montre. Un sourire rassurant frisa ses lèvres sans épaisseur.

— Non, dit-il, il n'est que neuf heures moins douze et la lune ne change de maison qu'à neuf heures. Vous avez douze minutes pour conjurer le sort...

— Mais...

— Allez, vous perdez du temps. Je suis sûr que vous trouverez deux poulets blancs dans une ville comme Arles... Même à neuf heures du soir...

La veuve sortit. Elle tenait ses jupes à deux mains pour courir plus vite.

Les têtes des cadors parurent à travers le rideau de bambou qui séparait le bar de la cuisine. On ne voyait que leurs dents.

Il était neuf heures vingt et la veuve n'était pas de retour. Maître Broquille n'osait plus rentrer chez lui : sa femme l'attendait depuis huit heures. Il devrait rester au Plaza jusque vers quatre ou cinq heures du matin, le seul moment où le sommeil de sa femme était assez profond pour lui permettre de se glisser dans son lit sans être accueilli par les imprécations et les larmes.

Il grignotait donc mélancoliquement olive sur olive et faisait durer depuis une demi-heure un anis qu'il n'osait pas renouveler, faute d'argent.

Les autres avaient moins de délicatesse et se servaient eux-mêmes à une cadence accélérée par la contrariété et les anchois. Ramon et Jesus jouaient aux dominos en jurant à voix basse, sans conviction. Paquito avait décroché sa guitare et plaquait des accords sans suite mais funèbres, tous. Bricole, pour se calmer les nerfs, rinçait des verres, frénétiquement, interminablement. Le Grand Plumet, le nez contre la vitre glacée, regardait les escaliers enneigés des Arènes, mais n'attendait personne.

Le vent redoublait. Ils se sentaient abandonnés des hommes, prisonniers du vent.

De temps à autre, ils jetaient à Patraque un regard dénué de tendresse. Patraque restait digne dans l'épreuve : le regard au plafond, il jouait avec les pendeloques de sa giletière en sifflotant une chanson tendre et triste. Le Prince ne s'était pas réveillé.

Le Grand Plumet, soudain, poussa un cri rauque et ce fut comme si le mistral eût fait exploser la porte. Le vent catapulta jusqu'au comptoir la veuve subjuguée. Elle avait deux poules noires dans chaque main. Elle était en larmes. Tous se levèrent. Paquito referma la porte avec une déférence de portier d'hôtel. Patraque, seul, était resté assis. Si grande était sa maîtrise de soi qu'il ne cessa même pas de siffler.

— Je n'ai pas pu trouver de poulets blancs, gémit la veuve, et j'ai laissé passer l'heure de mon destin...

Bricole la rassura d'un sourire filial.

— Je crois que ça va pouvoir s'arranger, dit-il.

Il avait mis affectueusement sa main sur les épaules maigres de la veuve. Il se retenait pour ne pas la serrer sur son cœur. Il retira précipitamment sa main : Patraque venait de le regarder sauvagement.

— Montrez-moi ces poulets, dit-il.

— Ce ne sont pas des poulets, se lamenta la veuve, ce sont des poules...

Sa voix prit un accent pathétique :

— De jeunes poules très tendres...

Patraque tâtait les volailles avec une moue dégoûtée.

Son auscultation le rassura.

— Vous n'imaginez pas, dit-il avec tellement de naturel que les témoins de la scène en eurent une seconde d'effroi, que je vais manger ces bêtes... J'en ai besoin pour le sacrifice... Après, nous les jetterons à l'égout.

La veuve était subjuguée, mais elle n'aimait pas le gaspillage. Elle faillit protester.

— Qu'on m'apporte un couteau, dit Patraque, et qu'on me laisse seul avec madame.

— Il n'est pas trop tard ?

— Si, dit Patraque. Avant neuf heures, un seul sacrifice aurait suffi. Maintenant il en faudra plusieurs.

— Il en faudra beaucoup ?

— Vous serez obligée, dit Patraque, de revenir deux fois par semaine jusqu'au printemps.

Les amis de Patraque étaient si intéressés par la scène qu'ils hésitaient à regagner la cuisine, et si le mistral n'avait une fois de plus balayé la scène, l'entrée de Caravaca aurait passé inaperçue. Personne d'ailleurs ne répondit à son « bonzour » rituel et souriant. Les regards se détournèrent de lui, mais lui revinrent aussitôt : il avait déposé sur le comptoir, avec une discrétion ostentatoire, une cartouche de gauloises bleues. De l'ongle, il déchira le papier d'emballage : les paquets s'éparpillèrent sur le zinc...

— Servez-vous, dit Caravaca.

Ils se regardèrent sans comprendre. Aucun ne bougeait. Luis-Miguel sortit de la poche de sa canadienne une liasse de billets. Il fit signe à Paquito.

— Va nous chercher un petit quelque chose à manzer... Quelque chose de bon, et qu'il y en ait beaucoup...

Il lui mit d'autorité les billets dans la main.

— Et si tu n'as pas assez d'arzent, reviens en chercher... Allez, dépêche-toi.

Les cadors avaient toujours accueilli les menus miracles qui, au dernier moment, les avaient tirés de la misère avec naturel et simplicité. Ils avaient le sentiment confus mais tenace que le Bon Dieu ne les laisserait jamais complètement tomber et considéraient leurs périodes de famine comme des temps d'épreuve mérités par leur inconduite, leurs jurons et l'amoncellement de leurs péchés. Ils laissaient à la Providence le soin de déterminer la longueur de l'expiation et ne comptaient, en tout cas, que sur elle pour sortir de l'ennui.

Le merveilleux, d'ordinaire, ne les étonnait donc pas. Ils le saluaient comme un ami parti faire un lointain voyage et revenant au foyer, les bras chargés de présents. Que le Bon Dieu ait cette fois emprunté l'humble canal de Luis-Miguel Caravaca, le plus ingénu d'entre eux et le plus démuni, redoublait leur reconnaissance mais les plongeait dans la perplexité.

Ils n'osaient cependant toucher à ces cigarettes longtemps désirées, car ils hésitaient à les considérer comme un cadeau du ciel.

— Tu les as volées ? demanda Bricole d'un air sourcilleux.

Caravaca secoua la tête en souriant.

— Alors, décréta Patraque, tu as tué quelqu'un...

Caravaca cessa de sourire. Il avait tué, c'était certain. L'affreuse découverte le glaça.

— Tu n'aurais pas dû, fit Ramon, sur le ton du reproche amical.

— Et naturellement, vous n'étiez pas en état de légitime défense ! soupira maître Broquille.

Les cadors n'étaient pas encombrés par les préjugés, mais ils désavouaient le meurtre. Ils lui trouvaient je ne sais quoi de sommaire et d'inélégant qui choquait leur sensibilité naturelle. Comme le disait avec juste raison Patraque :

— Le plaisir que tu as de tuer quelqu'un ne vaut jamais les emmerdements que ça rapporte.

Caravaca fit sauter la bande d'un paquet de cigarettes et le tendit au Grand Plumet, qui resta les mains dans ses poches, ne voulant pas être accusé plus tard de complicité de meurtre. Les yeux obliques de Caravaca se mirent à la verticale.

— Ze n'ai tué personne, dit-il. Vous êtes fous... C'est une demoiselle qui me les a données.

Les visages se détendirent. Accepter des cadeaux des dames, les susciter au besoin, à condition que ce soit avec délicatesse, était aimable et moral.

Tous poussèrent un soupir de soulagement, mais quand le Grand Plumet porta à ses lèvres la cigarette qu'il avait fini par accepter, sa main tremblait. On n'a pas le droit de faire de pareilles émotions à un homme.

Patraque avait pris Luis-Miguel par les coudes.

— Bravo, petit, disait-il, tu as fini par comprendre. Avec un physique comme le tien, nous devrions tous vivre au Jules-César.

— Au Jules-César ! répéta Bricole avec un sourire extatique.

Ce nom magnifiquement romain était pour lui évocateur des délices orgiaques qu'il aurait voulu connaître avant de mourir. Il était sûr qu'il y avait des piscines de marbre dans les salles de bains et que le service était fait par des joueuses de flûte qui garnissaient votre lit de pétales de roses quand elles faisaient la couverture.

Il en avait les lèvres humides et le regard noyé.

La veuve, oubliée dans un coin comme un parapluie, émit une protestation timide mais ferme.

— J'aimerais bien, dit-elle, qu'on s'occupe de moi...

— Qu'est-ce qu'elle veut, celle-là ? demanda le Grand Plumet avec agacement.

— J'aimerais bien, dit-elle, qu'on s'occupe de moi... comme s'il se fût agi d'un cheval impatienté par une mouche.

Une bonté d'évangéliste apparut sur son visage.

— Madame, dit-il avec onction à la veuve subjuguée, je ne peux pas m'occuper de vous avant plusieurs semaines...

La maigre noiraude tendit les mains. Son attitude ne manquait pas de noblesse. Bricole l'apprécia, en habitué du Mur d'Orange et du Théâtre Antique. Patraque avait maintenant un maintien de grand prêtre.

— Il faut d'abord, dit-il, que je fasse jeûner vos poules.

— Pendant combien de temps ?

— Une bonne quinzaine.

— Mais elles vont crever !

Toute mansuétude quitta le visage de Patraque. Il prit les deux poignets de la suppliante dans sa main droite, la tira jusqu'à la porte et lança :

— Eh bien, madame, vous nous en porterez d'autres !

Il entrouvrit la porte. Juste ce qu'il fallait pour y insérer la veuve.

Les cadors la regardèrent s'éloigner, toute noire dans la neige, échevelée, les jupes folles. Le Grand Plumet n'arrêtait pas de rire. Paquito avait fait le signe de la croix.

— On dirait la mort ! fit-il.

Le vent hurlait comme dans un conte de Noël nordique. Le rire de Plumet se cassa au milieu. Le Prince s'étira, se frotta les yeux.

— *Pamen*, dit-il avec naturel, *aquelo graio* [1] ?

Ce qui signifie en substance qu'il s'enquérait du casse-graine.

Ils ne se mirent à table qu'à minuit. Bricole avait décrété :

— Il faut que ce soit un vrai banquet romain !

Les cadors donnèrent donc un grand festin. Le Prince, qui était un fervent ami de la France, avait tendu en travers de la salle les guirlandes et les lampions qu'on ne sortait que pour le 14 Juillet. Il avait mis des drapeaux tricolores dans les pots à eau et chantait *la Marseillaise* à tue-tête.

Patraque, seul, ne faisait rien, et personne ne lui en tenait rigueur. Les travaux manuels ne convenaient pas à son style. Il était fait pour l'escroquerie délicate et les vastes desseins. Caravaca, spontanément, lui remit tout l'argent de Christine.

— Toi, dit-il avec son sourire d'enfant de chœur, tu sauras mieux t'en servir que moi...

Patraque se défendait d'être sentimental, mais cette marque d'estime lui fit venir les larmes aux yeux. Il lissa les billets froissés, en fit de jolies liasses, compta, recompta : il y en avait pour quarante-six mille francs.

— Maintenant que nous disposons d'un capital de base, déclara-t-il solennellement, je vous promets de vous enrichir tous !

Le sombrero rabattu sur les yeux, il s'était isolé du monde extérieur et se livrait par la pensée à de hautes spéculations financières que personne ne se serait permis de troubler.

Maître Ludovic Broquille était manifestement le plus heureux. C'était un homme de la Renaissance. Le Droit, les Belles-Lettres, la Tauromachie ne suffisaient pas à occuper son esprit perpétuellement avide de s'initier à des cultures et à des techniques nouvelles : le maître du barreau, le lauréat des jeux floraux de Toulouse, le revistero dont la compétence était reconnue même au-delà des Pyrénées, pouvait en outre être considéré comme un des meilleurs cuisiniers d'Europe occidentale.

1. Et alors, on mange ?

Il avait ce soir-là l'occasion d'exercer son génie sur une matière digne de lui. Paquito n'avait ramené que des conserves de sa première expédition. La conserve, pour lui, était signe d'opulence et de sécurité, et s'il avait eu une cave pleine de boîtes de thon à l'huile et de maquereaux au vin blanc, il se serait considéré comme le plus riche des hommes.

Il se fit traiter de Grec des montagnes par Ludovic Broquille, qui avait préparé à son intention une liste longue comme un exploit d'huissier, de victuailles nobles où dominaient la venaison et le crustacé.

— Jamais je ne pourrai ramener tout ça ! protesta Paquito.

— Tu feras plusieurs voyages.

— Et puis, ajouta piteusement Paquito, je ne sais pas lire...

Le Prince se dévoua.

— *Anaren amé l'auto*[1]...

La Panhard et Levassor revint chargée comme une camionnette de grossiste et repartit aussitôt pour chercher des fleurs et des cigares.

Ramon et Jesus marmitonnaient avec enthousiasme sous les ordres de Broquille, tablier aux aisselles et de la lumière aux joues. Bientôt, on manqua de vaisselle. Le Prince fonça à nouveau dans la nuit et resta absent près d'une heure.

Il était allé chez Amédée qui lui offrit un verre. Le Prince offrit sa tournée. De fil en aiguille, il se trouva bientôt dans la chambre d'une demoiselle, où il manqua s'endormir. Il faillit oublier la raison de sa visite, s'en souvint alors qu'il était déjà sur le chemin du retour, revint à cent à l'heure, défonça une palissade, renversa une murette, mais ramena intact le service en porcelaine de Limoges que les pensionnaires d'Amédée lui avaient offert pour son mariage. Amédée lui avait même proposé d'emmener une fille ou deux pour le dessert. Le Prince avait décliné l'offre, mais avait remercié pour l'intention.

Bricole, lui, supervisait l'ensemble, et se fit à plusieurs reprises traiter d'inspecteur des travaux finis par le Grand Plumet, qui avait des larmes plein les yeux à force d'éplucher les oignons.

Paquito s'était remis à la guitare et jouait des paso doble.

L'attrait des nourritures nouvelles excitait la ferveur des appétits. On entendait à la fois le claquement des mâchoires, le bruit des paroles, des grincements de guitare, des lambeaux de chansons, le fracas des assiettes de Limoges qui s'effondraient en mille morceaux, et le son fêlé des verres en demi-cristal sur qui battaient les fourchettes d'étain.

Les cadors se lançaient à travers la table des os de poule noire, des pinces de homard et des portions de marcassin. A mesure qu'augmentait leur ivresse, ils devenaient de plus en plus facétieux. Ramon était grimpé sur la table et jouait des castagnettes avec ses ongles. Le Grand Plumet mangeait son verre avec des mines gourmandes : c'était son

1. Nous irons avec l'auto.

unique talent de société. Caravaca, seul, demeurait sombre, et ne touchait aux mets que du bout des dents. Maître Broquille s'en aperçut et en fut contrarié.

— Cela ne vous plaît pas ?

— Si, dit Caravaca, mais quelle heure est-il ?

— Deux heures moins dix, dit Patraque.

Caravaca pâlit et but coup sur coup trois verres de clairette de Bellegarde. Alors il eut le courage de murmurer :

— Z'ai dit à la dame de venir prendre le café...

Il fut approuvé par tous, même par Patraque.

— Seulement, il y a quelque chose qui me gêne.

On hasarda les hypothèses les plus invraisemblables : elle était vieille, elle était laide, elle n'avait qu'un œil ou peut-être même elle était anglaise. Caravaca but encore un verre et se décida :

— Elle croit que ze suis un grand matador...

Le rire qui jaillit fit vaciller la lumière dans les becs de gaz. Les yeux de Caravaca se mirent plus bas que l'horizontale, ce qui était le signe d'une grande détresse. Le Grand Plumet riait plus fort que tout le monde.

Patraque réclama le silence.

— Raconte, dit-il.

Luis-Miguel raconta. Il dit qu'elle s'appelait Christine, et que c'était une tordue. Qu'il y avait un nommé Van Gogh dans sa famille (Broquille plissa le front), que son père était banquier (Patraque haussa le sourcil) et qu'il n'y avait que les toreros qui la faisaient se régaler, mais alors qu'elle y allait de bon cœur (Ramon et Jesus se passèrent la main dans les cheveux) et que, dans ces conditions, il n'avait pu s'empêcher de lui faire croire que les connaisseurs voyaient en lui le futur Manolete, et qu'après, non seulement elle s'était envoyée en l'air comme une reine, mais qu'elle lui avait donné ses sous à la première sommation...

La confusion le faisait bafouiller. Il mélangeait les effets et les causes. Les cadors suivaient mal son récit obscur et embrouillé d'incidents. Une chose était certaine toutefois : pour séduire une étrangère un peu folle, Luis-Miguel s'était paré du titre de matador. Ce n'était pas grave aux yeux de ce jury amical.

— Et même, dit Bricole, c'est presque vrai...

On grattait aux volets, qu'ils avaient tirés pour se sentir chez eux.

— C'est elle, dit Caravaca en pâlissant.

— Laissez-moi faire, dit Patraque.

5

Comment Luis-Miguel tua, entre la poire et le fromage, un taureau grand comme une montagne.

Christine mourait de joie et portait à tout instant les mains à sa poitrine. Elle manquait d'air, elle agonisait : tant de couleur locale lui donnait des vertiges. Être invitée à la table de Manolete II une nuit de mistral et de neige, au pied des Arènes, dans un estaminet éclairé au gaz, et manger de la daube de taureau avec accompagnement de guitare dépassait les limites de sa résistance au bonheur. Elle avait du mal à ne pas gémir de contentement. Elle ne s'appartenait plus.

Patraque, pourtant, n'avait eu que quelques secondes pour improviser sa mise en scène. D'abord, il avait installé Caravaca à la place d'honneur, entre maître Broquille et lui-même. Ramon, Jesus, Paquito et le Grand Plumet leur faisaient face et attendaient les consignes de leur chef.

— Tâchez de bien vous tenir : pas de « bordel de Dieu » en sa présence.

— On essayera, dit gravement Paquito.

— N'oubliez pas que vous êtes les peones de Caravaca. Vous lui parlez avec déférence...

— On peut tout de même le tutoyer ? demanda le Grand Plumet.

— Oui, mais respectueusement.

— C'est trop compliqué pour moi.

— Alors, tu n'auras qu'à te taire. C'est quand tu ne parles pas que tu es le plus beau.

Bricole, aux heures graves, cessait de tenir tête à Patraque.

— Je suis à tes ordres, dit-il avec humilité.

Patraque le regarda affectueusement.

— Cela me gêne de te le demander, dit-il, mais ça ferait beaucoup d'effet si tu acceptais de servir à table...

Bricole eut, un instant, l'air d'un empereur déchu. Il se ressaisit.

— Tu peux te reposer entièrement sur moi, dit-il.

— Et moi, demanda maître Broquille, qu'est-ce que je dois faire ?

— Enlevez votre tablier et remettez votre veston.

Maître Broquille exécuta les ordres avec prestesse.

— Et ensuite ?

— J'aimerais, dit Patraque, que vous racontiez quelques-unes des courses de Caravaca...

— Faites-moi confiance, dit Broquille, l'œil émerillonné à l'idée de pouvoir prendre longuement la parole.

Le Prince seul ne réclamait aucun rôle. Il était d'ailleurs trop ivre pour qu'on pût lui en confier un.

— Il ferait peut-être mieux d'aller se coucher, suggéra Bricole.

— Non, dit Patraque, il est bon que Luis-Miguel ait un prince à sa table, même saoul... Et maintenant, va ouvrir.

Bricole, dans un geste d'abnégation sublime, mit sa serviette sur son avant-bras et s'avança vers la porte, l'échine courbée comme un serviteur d'Ancien Régime.

Le Grand Plumet faillit tout faire rater. A l'entrée de Christine, il avait poussé un sifflement de voyou et s'était écrié :

— Fan de Chine ! Tu parles d'un morceau !

Patraque blêmit, mais se rassura aussitôt. Ce compliment rustique, s'il avait fait rosir les joues de la visiteuse, avait en même temps amené un sourire sur ses lèvres.

Ils s'étaient tous levés.

— Reste assis, toi, murmura Patraque à l'oreille de Luis-Miguel.

Il fit alors les présentations. Ramon et Jesus baissèrent les yeux comme des collégiens en présence d'une vedette. Christine n'était plus en blue-jean. Elle avait mis la robe du soir et le manteau de vison en l'honneur de Manolete II. Son visage aigu, aux yeux effarouchés d'oiseau de nuit, ne laissait pas présager un décolleté aussi réconfortant.

Paquito, que son grand âge excusait, y plongea les yeux sans vergogne.

— *Qué gouapa*[1] *!* s'écria-t-il.

Patraque lui jeta un regard sévère. Maître Broquille sut rétablir le standing mondain des cadors. D'abord il baisa les doigts de Christine avec grâce et, gardant sa main dans la sienne, prononça quelques paroles fleuries où il comparait Christine à une déesse descendue de l'Empyrée parmi les humbles mortels. Ce genre d'éloquence ne parut pas impressionner Christine. Elle retira sa main. Le Prince, en titubant, s'avançait vers elle.

— *Volio un poutoun*, dit-il, *un poutoun de ta bouqueto*[2]...

Des lueurs homicides incendièrent le regard charbonneux de Patraque. Mais Christine s'était laissée prendre à pleins bras par le Prince. Elle refusa ses lèvres, mais prêta le cou. Le Prince s'éternisait.

— C'est un matador aussi ? demanda-t-elle.

— Pensez-vous, dit Patraque, c'est un prince. Un vrai.

Christine le repoussa aussitôt. Elle était maintenant devant Caravaca qui avait l'air fort embarrassé de lui-même et dit :

— Bonzour...

1. Quelle fille !
2. Je veux un baiser, un baiser de ta petite bouche.

— Excuse-moi, dit Christine, je croyais que c'était un confrère...
— Ça ne fait rien, dit Caravaca, c'est un ami.
Patraque s'était penché à son oreille.
— Fâche-toi, Bon Dieu !
Tous les regards étaient braqués sur Luis-Miguel. Il fallait trouver quelque chose. L'expression, sans doute, dépassa sa pensée :
— Alors, tu t'assieds, oui ou merde ? dit-il.
Les yeux de Christine s'allumèrent de reconnaissance.

Bricole restait à son comptoir, espérant les ordres. Patraque lui fit signe de revenir à table.
— Tu crois vraiment que je peux ?
— Puisque je te le dis.
Quand on a été trente ans souteneur et fakir, on connaît la femme. Patraque n'avait pas mis longtemps à évaluer Christine et il avait aussitôt apporté des modifications à sa mise en scène initiale. Le jugement qu'il portait sur elle était à la fois sommaire et définitif. Il la rangeait une fois pour toutes dans la catégorie des « tordues ».
Le mot est vague, mais suffisamment clair pour Patraque, plus épris d'efficacité que de subtilités psychologiques. Il regrettait maintenant d'avoir conseillé aux cadors de surveiller leurs manières. Cette fille-là, ce qu'il lui fallait, c'était de l'état nature, de la main au panier, de l'odeur forte et du parler dur. Avec les romantiques, il ne faut pas se gêner : tout ce qu'elles désirent, c'est du frisson nouveau. Elle allait être servie. Elle voulait du fauve : elle en aurait. Et d'abord, il lui servit d'autorité une ration de daube : figée, froide, noirâtre.
— J'ai déjà dîné, fit Christine en fronçant la narine.
— C'est du taureau, fit gravement Patraque. Je suis sûr que vous n'en avez jamais mangé.
Elle était ébranlée.
— Je veux bien y goûter, dit-elle.
Patraque prit un ton désinvolte.
— C'est Luis-Miguel qui l'a tué.
— Mais il n'y a pas de courses, en ce moment !
Ce genre d'objection n'avait jamais arrêté Patraque.
— Il l'a tué à l'entraînement, pour se faire le poignet.
Elle n'osait toucher à une viande aussi noble.
— Un vrai taureau de combat ? demanda-t-elle.
— C'est un Comte de la Corte ! dit Patraque.
Elle en porta un morceau à ses lèvres.
— Il est exquis, dit-elle.
Désormais, Patraque comprit qu'il l'avait bien en main. Puisqu'elle aimait le taureau, même sous les espèces du sanglier, il se promettait de lui offrir de bien plus surprenantes transsubstantiations. Il la fixait de son regard magnétique, celui que les veuves de sa clientèle ne

pouvaient supporter plus de dix secondes sans ouvrir leur porte-monnaie. Elle prit une deuxième bouchée.

— Vous voulez que je la fasse réchauffer ? proposa aimablement Bricole.

— Pas la peine ! décréta Patraque.

Il ne la quittait pas du regard. Elle baissa les yeux sur son assiette et se mit à manger en silence.

C'est le moment que choisit maître Broquille pour orienter la conversation sur Van Gogh.

— Un de vos parents, je crois ?

Sans attendre la réponse, il dit son admiration pour le maître hollandais, narra des anecdotes fort morales où se trouvaient moqués de plaisante façon certains notables arlésiens des plus en vue.

Van Gogh, jadis, avait humblement fait présent de ses toiles à quelques-uns de ces Béotiens. Ils s'en étaient servis pour boucher les fenestrons de leur garde-robe et avaient failli en mourir de dépit par la suite.

— Depuis, dit-il, ils essaient de se rattraper. Ils sont tellement furieux d'avoir raté Van Gogh qu'ils achètent n'importe quelle croûte pour le cas où elle vaudrait un jour des fortunes...

Christine sourit poliment, mais continua de manger son taureau sans répondre. Maître Broquille fut mortifié de n'avoir obtenu qu'un succès d'estime. Patraque, une fois de plus, sauva la situation.

— Jesus, dit-il, veux-tu montrer tes blessures à mademoiselle ?

Christine, aussitôt, reposa sa fourchette.

— Des blessures par la corne ?

— Évidemment, dit Patraque.

Christine battit des mains. Jesus, cependant, regardait Patraque avec stupeur. Le désir qu'il venait de manifester lui paraissait saugrenu et choquait sa pudeur naturelle.

— Allons, dit Patraque, qu'est-ce que tu attends ?

Modestement, Jesus entrouvrit sa chemise. Deux estafilades, profondes, brunes et symétriques, coulaient en zigzag comme des filets de sang coagulé de la pointe de ses seins, et disparaissaient dans le pantalon.

— Dégrafe ta ceinture, dit Patraque.

Jesus rougit.

— Je vous en prie, dit Christine. Cela me fera tellement plaisir...

« Et puis, après tout, pensa Jesus, si ça les amuse... »

Il défit sa ceinture, déboutonna sa braguette et laissa tomber son pantalon autour de ses chevilles. Les estafilades naissaient à peu près à la même hauteur, sur la face interne du mollet. Elles contournaient la rotule, filaient en droite ligne le long de la cuisse jusqu'au pli de l'aine. Interrompues par le slip, elles remontaient jusqu'à la poitrine en suivant un itinéraire en dents de scie.

Patraque s'était levé et commentait les blessures à la façon d'un maître d'école qui décrit le cours d'un fleuve à ses élèves.

— Un seul coup de corne, plus d'un mètre de parcours. Le taureau l'a pris les deux fois de la même façon, après une demi-véronique trop serrée... une fois à gauche, une fois à droite.

— Le même jour ? demanda étourdiment Christine.

— Entre les deux blessures, dit Patraque, il y a eu trois mois d'hôpital...

— Excusez-moi, dit Christine.

Jesus avait remonté son pantalon et s'était rassis d'un air gêné. Christine se passa la langue sur les lèvres.

— Comment se fait-il, demanda-t-elle à Caravaca, que toi tu n'aies pas de blessures ?

— Ze ne sais pas, dit Caravaca.

C'était une piètre réponse. Maître Broquille sentit que son heure avait sonné. Il n'admettait pas que sa brillante improvisation sur Van Gogh se soit soldée par un échec : il voulait une revanche.

— Luis-Miguel, dit-il, est protégé par la Vierge del Pilar.

Il laissa un blanc d'une longueur étudiée et ajouta :

— Et si la Vierge l'abandonne, il ne sera pas blessé, il sera mort.

Luis-Miguel, instinctivement, rentra la tête dans les épaules.

La Vierge del Pilar devait avoir pris également maître Broquille sous sa protection. Le récit qu'il fit du triomphe de Caravaca à la *Monumental* de Barcelone fut un des plus hauts moments de l'histoire de la tauromachie. Le Prince s'était senti subitement dessoûlé. Il y avait tant de foi et de couleur dans le récit que le Grand Plumet et les autres se surprirent à regarder Luis-Miguel avec admiration. Ils savaient pourtant que c'était une fable, mais si bien présentée qu'ils ne demandaient qu'à la croire. Ramon et Jesus devaient avouer plus tard qu'ils avaient été jaloux de Luis-Miguel tant que Broquille avait parlé. Il avait fait de Caravaca le matador idéal, celui qu'ils auraient voulu être. Ils se sentaient écrasés par sa vaillance, son savoir, sa grâce, son génie. Ils en auraient pleuré de rage.

Quant à Bricole, il n'avait pas éprouvé de pareil plaisir depuis 1922, à Carpentras, le soir où il avait vu Albert Lambert fils interpréter *le Cid* devant une salle de maraîchers en délire. Il faillit applaudir à plusieurs reprises. Patraque, seul, conservait son sang-froid, mais il hochait la tête de temps en temps en signe d'assentiment, ce qui pouvait passer pour de l'enthousiasme chez un homme aussi ménager de son approbation.

Paquito, spontanément, avait repris sa guitare et jouait en sourdine, tandis que maître Ludovic Broquille, du barreau de Tarascon, chantait la geste de Luis-Miguel Caravaca, fabuleux matador.

— Des trois premiers taureaux, dit-il, je ne parlerai pas. Tant bien que mal ils moururent. Chamaco assassina le sien d'un bajonazo impudique. Jaime Ostos s'engagea onze fois pour des piqûres. Il reçut un avis. Quant à Luis-Miguel, il n'avait pas voulu voir son adversaire. Trois passes de châtiment, un pinchazo et un descabello réussis par miracle sur un taureau aussi alerte que vous et moi. En tout cas, une bronca magistrale. Tu te souviens, Luis-Miguel ?

Les oreilles de Caravaca rougirent. Il entendait les hurlements, les « sin vergüenza », les « carnicero », les « hijo de puta », qui avaient salué sa déplorable exhibition. Il tint à se justifier publiquement.

— Ze n'aimais pas les yeux de cette bête-là, dit-il.

Maître Broquille le regarda paternellement.

— Tu as bien fait de l'expédier, dit-il. Ce taureau avait mérité une mort sans gloire. Il était fait pour l'abattoir. C'était pourtant un Urquijos, mais il ne dépassait pas les quatre cents livres en canal... Un moustique, avec des cornes émoussées comme des tétines.

Christine avait éloigné d'elle son assiette de daube. Maître Broquille se lustra le gosier d'une lampée de Gigondas, moelleux comme une banquette de pullman, et fonça dans l'épopée.

— Ce qui s'était passé jusqu'alors était laid. Ce qui se passa par la suite fut horrible. Les quatrième et cinquième taureaux étaient des caniches dressés, mais ils ne mordaient pas. Chamaco fit son tour de chant et obtint les deux oreilles alors qu'il aurait dû être mis en prison pour escroquerie. Jaime Ostos fut plus immonde encore : il feignit de se montrer vaillant. Le chien savant qui lui était opposé n'aurait pas fait de mal à un gendarme. Jaime se laissa bousculer, ce qui fit crier au suicide. Une 4 CV est bien plus dangereuse, même dans un passage clouté. Enfin, le sixième taureau sortit...

Tous les regards se tournèrent vers Luis-Miguel Caravaca, qui sourit modestement. Ses yeux s'étaient mis à la verticale. Il ne songeait pas à cacher le plaisir innocent qu'il attendait du récit de ses exploits.

— C'était un taureau blanc, tout blanc, sans la moindre tache marron ou noire...

Une ride d'inquiétude barra le front de Patraque : Ludovic y allait un peu fort. Qu'avait-il besoin d'un taureau blanc pour la suite de son récit ? Un taureau noir, negroliston à la rigueur, aurait bien suffi. La ride de Patraque se creusa encore davantage. Le taureau blanc ne pesait pas moins de six cents kilos.

Paquito cessa de jouer de la guitare.

— Vous êtes sûr ? demanda-t-il.

— Six cent neuf kilos exactement, précisa maître Broquille, et des cornes larges comme une montagne de neige qui se serait déplacée à soixante à l'heure...

Il écarta ses deux bras courts comme des ailerons de pingouin.

— Vingt centimètres de plus, dit-il.

Christine avait pris la main de Caravaca dans la sienne. Elle le badait comme les bergers le petit Jésus. Luis-Miguel n'osait plus regarder personne en face. Les cadors ne s'intéressaient d'ailleurs pas à lui. Ils ne s'occupaient que du taureau blanc grand comme une montagne. Ils voulaient tout savoir : s'il était brave, s'il était noble, s'il derrotait, s'il se retournait en cours de suerte, s'il avait de l'allegria, s'il poussait sous le fer.

Maître Broquille réclama le silence et, pour une fois, renonça à employer le vocabulaire tauromachique, bien qu'il eût affaire à un auditoire capable d'en apprécier la richesse et la subtilité. Mais ce taureau avait une âme si riche qu'il méritait qu'on parlât de lui comme d'une créature humaine.

— C'était un grand d'Espagne, dit-il. Quand il levait la tête, on avait envie de se mettre à genoux. Il inspirait plus que de la peur. Il inspirait la crainte de lui manquer de respect. Il exigeait la perfection. Il s'appelait Negrito. C'est bien ce que tu as éprouvé, n'est-ce pas, Luis-Miguel ?

Luis-Miguel donna la réplique avec plus de talent qu'on aurait pu le prévoir.

— C'est juste comme tu le dis, fit-il. Ze n'avais pas peur qu'il me fasse du mal, juste j'avais peur de faire des bêtises.

Patraque hocha la tête. Quel dommage que ce petit ait été timide devant la corne ! Il aurait bien su s'exprimer avec les journalistes.

Maître Broquille, qui s'attendait à ce que Luis-Miguel bafouillât, avait préparé un très joli couplet sur l'inconscience des artistes du toreo qui réalisent des chefs-d'œuvre sans se rendre compte de ce qu'ils font. Il en improvisa aussitôt un autre qui établissait l'inverse et qui faisait de Caravaca le torero le plus lucide de sa génération. Luis-Miguel avait compris qu'il fallait rivaliser d'orgueil avec le prince du sang et, dès sa sortie du toril, il avait envoyé ses peones à l'abri des burladeros.

— Negrito, poursuivit maître Broquille, apprécia le geste. Quand ils sortent du toril, les taureaux ont une minute d'absence. Ils galopent au long de la barrière comme des chiens fous. Negrito, lui, était sorti à petits pas et, d'emblée, il vint s'installer au centre du rond. Toute son attitude exprimait le mépris. Quand il vit Luis-Miguel s'avancer seul, Negrito eut un frémissement et observa son adversaire. Je pense que tout s'est joué dans ces quelques secondes. Negrito décida que Luis-Miguel était digne de lui. Si Luis-Miguel avait essayé de truquer et s'était mis pour le citer en dehors des cornes, je suis persuadé que Negrito aurait résulté criminel. Mais du moment qu'on le consentait de face et qu'on chargeait la suerte ainsi que l'ordonnent les règles de la chevalerie taurine, il accepta le défi. Cela donna douze véroniques de suite, enchaînées sans heurt ni temps mort, toujours au centre du rond. J'avais à côté de moi Luis-Miguel Dominguin. Il était vert...

Maître Broquille parla jusqu'à cinq heures du matin, sans jamais lasser son auditoire. Le Prince avait eu le temps de prendre une deuxième cuite. Le Grand Plumet, à qui Broquille avait rendu hommage pour la façon magistrale dont il avait piqué Negrito, s'attendrissait sur lui-même et ne doutait plus qu'il rencontrerait bientôt le scénario de sa vie. Ramon et Jesus indiquaient de la main les passes que maître Broquille décrivait. Jesus prit deux fourchettes au moment des banderilles, car, naturellement, Luis-Miguel avait pris les bâtons, ce qui ne lui arrivait qu'en de très rares occasions. Bricole poussait des « Olé ! », des « Tu valiente ! », et des « Viva tu madre ! » aux meilleurs moments. Christine avait posé sa tête sur l'épaule de Luis-Miguel.

Luis-Miguel poussa un bâillement. Cela peut paraître surprenant, mais il s'ennuyait. Son aficion était grande, mais les histoires de taureaux le lassaient à la longue, même celle-là, dont il était le héros. Il se réveilla pourtant au moment de la mort et, comme tous, eut la gorge serrée quand il enfonça la lame, court et droit, jusqu'à la garde, mouillant les doigts. Negrito avait gardé la bouche fermée jusqu'à la fin.

— Il tomba d'un coup, comme un monument qui s'effondre, dit maître Broquille. Il était encore plus grand mort que vivant.

Paquito cessa de gratter les cordes de sa guitare. Le Grand Plumet s'essuya les yeux. Christine baisa la main de Luis-Miguel, cette main qui savait si bien tuer.

Bricole s'était levé.

— C'est pas tout ça, dit-il, il faut faire la vaisselle...

Ramon et Jesus poussèrent le soupir de l'homme qui sort d'un rêve. Patraque leva la main.

— Puisqu'il y a une dame parmi nous, dit-il, la vaisselle lui revient de droit.

Christine écarquilla les yeux. Patraque n'avait pas l'air de plaisanter.

— Ce serait avec plaisir, dit-elle, mais...

— Eh bien, c'est entendu, enchaîna Patraque, allons nous coucher, mes amis.

— Quand vous aurez fini, ajouta Bricole, n'oubliez pas d'éteindre la lumière...

6

Où le Grand Plumet manque mourir de froid en venant demander un service d'ami à Septime et à Mominette.

Le Grand Plumet savait toujours monter à cheval, mais depuis qu'il faisait du cinéma, il avait perdu l'habitude du grand air. Il lui semblait que ses oreilles étaient devenues cassantes comme du petit bois. Le reste de sa tête avait disparu. Il y a quelques minutes encore, il sentait la présence de ses joues et de son front glacés par le mistral. Maintenant, il n'éprouvait plus rien.

Il devait faire moins dix ou moins quinze. Le Vaccarès était gelé jusqu'à la mer. Le ciel, d'un blanc sale, était vide d'oiseaux. Dans les enganes, le long de la rive, il y avait des cadavres de cols-verts nichés dans les glaces. Le cheval du Grand Plumet dérapa sur la draille verglacée et retrouva tout seul son équilibre. Le Grand Plumet avait les doigts si raides que les rênes lui échappèrent et ses mâchoires étaient si engourdies que nul juron ne jaillit de ses lèvres hermétiques et fissurées comme une fermeture Éclair. Ses joues ressemblaient à la Camargue, avec leurs touffes de poils prises dans des flaques de larmes gelées. Il ne lui restait un peu de chaleur que dans le regard. A cinq cents mètres sur la droite, il aperçut la cabane de Septime avec son escaladou maigre comme une arête de poisson. Aucune fumée ne sortait de la cheminée.

« Pourvu qu'il ne soit pas mort de froid », pensa le Grand Plumet.

Son cheval, de sa propre autorité, s'était mis au trot.

L'expédition avait été décidée par Patraque, après mûre réflexion. Ses efforts pour faire fructifier le capital des cadors n'avaient pas été couronnés de succès. Que voulez-vous entreprendre de sérieux, à notre époque, avec une quarantaine de mille francs ? Les risquer au jeu, évidemment, et au chemin de fer de préférence, parce que ça va plus vite.

Malgré son goût de l'autorité, Patraque était un vrai démocrate : il avait mis sa proposition aux voix. Elle avait été adoptée à l'unanimité.

— Promets-moi, avait seulement dit Bricole, de t'arrêter à un million.

Ils lui avaient tous serré la main en silence et même après son départ ils continuèrent de se taire, s'installant par la pensée dans leur future opulence. Sur les tempes du Grand Plumet, l'intensité de la méditation faisait saillir des veines. Ses débats intérieurs le rendaient rapidement apoplectique.

— Pourquoi, finit-il par dire, tu lui as demandé de s'arrêter à un million ?

Les cadors ne purent se réjouir longtemps de sa sottise. Patraque était déjà de retour, le visage fermé, la paupière lourde.

— Je n'ai même pas eu le temps de m'amuser, dit-il d'un ton lugubre.

Il était à peine dix heures du soir, et la partie, au Cercle du Progrès, traînait déjà. Baptiste Bonheur tenait la banque. Baptiste Bonheur était professeur de philosophie au collège de jeunes filles et prétendait se rendre au Cercle pour y faire des études de psychologie. Dans un moment de folie, il avait ouvert à cinq mille, ce qui est une somme pour un membre de l'Enseignement. Trois fois il avait passé la main, et comme il payait la taille à chaque coup, il y avait maintenant quarante mille francs sur le tapis.

Que l'on eût rassemblé tout l'argent qui restait dans les poches des joueurs, on ne serait pas arrivé à la moitié de cette somme. Pourtant il y avait quelques gros propriétaires de Camargue. Mais le riz, cette année, avait oublié de mûrir. Ils continuaient de venir au Cercle par habitude et tâchaient de reprendre à leurs propres ouvriers la paie qu'ils venaient de leur régler avec peine.

Seul, le docteur Bottin-Caillette pouvait se permettre des bancos importants. C'était pour lui la saison de récolte, et la grippe n'avait jamais si bien donné. A quarante mille cependant, il avait hésité.

— Avec la table, dit-il.

Il posa deux plaques de dix mille. Les impécunieux jouaient par jetons de cent francs.

— Il manque encore seize mille francs, dit le croupier.

— Banco seul, dit Patraque.

Baptiste Bonheur faillit passer la main. Mais le respect humain l'emporta.

— Abattage, dit Patraque.

Il avait huit. Baptiste se traita intérieurement d'imbécile. Il jeta ses deux cartes sur la table sans les regarder.

— Neuf ! annonça le croupier.

Patraque n'avait même pas enlevé son pardessus. Il ne broncha pas et se dirigea d'un pas noble vers la sortie.

— Alors, plaisanta Bottin-Caillette, tu vas changer de cravate ?

C'était l'expression en usage au Cercle du Progrès quand un joueur était obligé de retourner chez lui en cours de partie pour chercher de l'argent liquide. Biscarède, le gérant, s'était approché discrètement de Patraque.

— Veux-tu que je te fasse tomber quarante mille ?

D'ordinaire, il ne prêtait d'argent qu'aux notables. Mais Patraque lui en avait toujours imposé par sa prestance et la dignité de ses manières.

— Volontiers, dit Patraque.

Et sans attendre les jetons, il lança :

— Banco des quarante !

Ces quarante mille francs, il n'eut même pas le temps de les poser sur la table. Ils passèrent directement des mains du changeur dans celles de Baptiste Bonheur, ce qui fit plaisir à tout le monde parce que Baptiste était brave et qu'avec lui, c'était de l'argent bien placé.

— Je te les rendrai demain, dit Patraque.

— Surtout ne te dérange pas pour ça, dit Biscarède. Quarante mille, ça va, ça vient... Mais si tu me les rendais demain, ça m'arrangerait bien tout de même...

Les cadors surent se montrer dignes dans l'épreuve. Ils avaient le sens de la fatalité, et comme il leur restait une vingtaine de paquets de cigarettes et la caisse de conserves achetée par Paquito, ils oublièrent bientôt leur déconvenue. Luis-Miguel, d'ailleurs, dissipa à l'avance les inquiétudes qui auraient pu, à la réflexion, leur venir.

— Christine attend un mandat, dit-il. Ze lui demanderai qu'elle me le donne. C'est simple comme bonzour.

Ramon et Jesus, qui avaient interrompu un moment leur partie de dominos, se remirent au jeu l'esprit libre, et pour montrer que la vie continuait comme avant, Bricole offrit une tournée générale.

Patraque, seul, ne semblait pas satisfait. Bricole se méprit sur le sens qu'il fallait attribuer à sa mauvaise humeur.

— Ne te ronge pas les sangs, dit-il. Tu as fait pour le mieux. La prochaine fois, je suis sûr que ça voudra rire. Et si c'est pas la prochaine fois, cocagne, ce sera une autre !

Le nez de Patraque indiquait la grande tempête.

— Il y a des moments, dit-il, où je me demande si vous n'êtes pas des individus méprisables.

Tous reposèrent leur verre sur la table. Le Grand Plumet, qui avait avalé de travers, toussa à s'en faire péter les ventricules.

On a pu jusqu'ici se méprendre sur la mentalité de Patraque. Certes, il ne respecte pas le bien d'autrui et vit le plus souvent en marge de la légalité. Mais s'il méprise le travail, ce n'est pas par paresse : toute besogne suivie lui paraît rapidement prosaïque et s'il a choisi l'escroquerie, c'est qu'elle seule pouvait permettre, par sa diversité, à son esprit inventif de s'affirmer. Il y a beaucoup de poésie dans l'âme de ce gredin. Il ne juge pas ses méfaits d'après l'argent qu'ils lui rapportent, mais selon l'agrément qu'il a éprouvé à les accomplir.

Si donc il ne voyait que des avantages à ce que les cadors tirassent leurs revenus d'hiver des largesses d'une écervelée, il s'opposait formellement à ce que cela se fît automatiquement. Il n'avait aucune estime pour les rentiers qui encaissent leurs coupons tous les trimestres aussi bien que pour les fonctionnaires qui touchent leur mois à jour fixe.

Il faisait preuve, avec tous ceux qu'il grugeait, d'une grande probité artistique. C'était un escroc irréprochable du point de vue de l'honnêteté professionnelle. Il entendait rendre à Christine en frissons tauromachiques les intérêts du capital qu'elle allait investir chez les cadors. En quelques mots brefs et bien sentis, il exposa ses intentions : elle nourrirait leurs corps, mais ils se devaient d'alimenter ses rêves.

— Mais, dit Bricole, elle a déjà son tableau noir. Qu'est-ce qu'il lui faut de plus ?

Ce tableau noir, maître Broquille l'avait acheté sur son maigre argent de poche, et tous les soirs il donnait à Christine des cours de tauromachie en chambre. Il avait mis la corrida en équations.

— Étant donné, disait-il, un taureau A qui s'est pris de querencia secondaire en B' alors que sa querencia d'origine est en B, quel sera le sens de son voyage naturel ?

Ramon et Jesus écarquillaient les yeux et se demandaient avec étonnement quel langage parlait cet homme estimable et quel rapport il pouvait bien avoir avec le métier de tueur de taureaux.

— Le tableau noir, reconnut Patraque, c'est très bien mais ça ne suffit pas.

— Et les histoires que Paquito lui raconte, tu ne crois pas que ça vaut de l'or ?

Jamais Paquito ne s'était si bien porté. Depuis que Christine fréquentait le Plaza, il reprenait du poids et se persuadait, à force d'évoquer pour elle les triomphes de tous les toreros passés, que la gloire qui l'avait évité jusque-là l'attendait au printemps. Tous l'entretenaient dans cette illusion, et Patraque, pourtant avare d'éloges, tint à féliciter Paquito publiquement de ce qu'il faisait pour la collectivité.

— Les paroles, ajouta-t-il cependant, ne suffisent pas non plus...

Les cadors ne semblaient pas comprendre où il voulait en venir.

— Mais enfin, dit Bricole, presque tous les jours on lui fait la corrida.

— C'est vrai, gémit Caravaca, même que ze vais finir par me détruire les poignets à force de lui distiller des véroniques.

La corrida quotidienne commençait vers les sept heures du soir, au moment de l'apéritif. Le Grand Plumet tenait avec beaucoup de conviction le rôle du taureau. Il s'était fait longuement prier mais il entrait maintenant dans la peau de son personnage. Il piaffait, haletait, remuait le mufle, poussait sous le fer avec une vigueur de bison, frissonnait sous les banderilles et, au moment de la mort, s'effondrait sur le carrelage comme un pan de mur.

Ramon et Jesus lui agitaient des serviettes sous les naseaux, le faisaient courir jusqu'à essoufflement et le plaçaient sur le terrain choisi par Caravaca. Luis-Miguel, adossé au comptoir, sa veste serrée contre lui dans ses bras comme une cape, surveillait le comportement de sa bête. L'intensité de son regard était insoutenable et il mordait le col de sa veste. Bricole, de l'autre côté du comptoir, manifestait une égale vigilance et se penchant à l'oreille de Caravaca murmurait, à la façon d'un apoderado conseillant son protégé :

— Tu as vu, il accroche sur la droite...

— Z'ai vu, répondait Caravaca.

Alors il dépliait sa veste et affrontait le fauve.

Bricole, en plus de son emploi d'apoderado, remplissait également les fonctions de picador, ce qui l'obligeait à une gymnastique audacieuse pour un homme de sa corpulence. Il grimpait sur une chaise et se mettait à califourchon sur le comptoir, un balai sous le bras. Le Grand Plumet fonçait. Bricole se penchait en avant et le piquait entre les épaules.

— *Bueno !* clamait Broquille quand la pique était en place.

Quand elle glissait sur la colonne vertébrale du Grand Plumet, il se fâchait tout rouge :

— *Assassino !* hurlait-il.

Bricole lui jetait un coup d'œil navré, mais déjà Luis-Miguel était au quite et déchaînait l'enthousiasme en entraînant le Grand Plumet à travers la pièce, dans une mariposa comme on n'en avait plus vu depuis Marcial Lalanda. Quant à Paquito, il se faisait acclamer en posant au ras du comptoir des banderilles d'une incroyable témérité.

— *Suicida !* hurlait maître Broquille.

Les banderilles étaient remplacées par des mausers à champagne, ce qui n'enlevait rien à l'intensité dramatique de la suerte.

— Bravo, Paquito, bravo ! disait Luis-Miguel en flattant de la main l'échine de son vieux péon.

Le moment du brinde était venu. Le chapeau mou de maître Broquille servait toujours de montera. Luis-Miguel ne changeait jamais de formule en offrant son taureau à Christine.

— Ze veux mourir pour te plaire, disait-il avec une gravité de prêtre.

Il jetait le feutre de Broquille dans la sciure et le piétinait longuement.

Puis ses yeux se mettaient à la verticale. Il écartait ses aides d'un geste de semeur. Patraque cessait de tripoter ses dents de tigre. Dès que le Grand Plumet tombait, foudroyé, Bricole et Broquille se précipitaient et faisaient faire à Luis-Miguel le tour du Plaza sur leurs épaules.

Cela durait depuis huit jours. Christine avait déjà télégraphié qu'on lui envoie un autre mandat.

— Je trouve, dit Bricole, qu'on se donne beaucoup de mal.

— Pas assez, dit Patraque.

— Pourtant, ça a l'air de lui plaire.

— Pour le moment, oui, mais bientôt il va lui falloir autre chose.

— Mais quoi ?

— Des taureaux, dit Patraque, des vrais...

Bricole soupira.

— Tu n'es pas raisonnable. On ne peut tout de même pas faire venir un taureau dans la boutique !

— Et d'abord, dit Luis-Miguel, si vous faites venir un vrai taureau ici, moi, ze m'en vais...

— Non, dit Patraque. Les taureaux, nous irons les trouver sur place.

Les cadors essayèrent de sourire.

— Tu veux dire, fit le Grand Plumet, que tu aurais l'intention de nous faire sortir par un temps pareil ?

— Nous irons demain matin chez Septime.

— Mais tu veux notre mort ! gémit Bricole.

— J'ai dit, conclut Patraque.

Jusqu'à Méjanes ils avaient utilisé la voiture du Prince. C'était une bonne voiture si on parvenait à la faire démarrer. En la poussant sur plusieurs centaines de mètres, ils finirent par y arriver.

Le Prince, quand il était au volant, cessait de parler provençal. Il employait un français nettement au-dessus de la moyenne.

— Je redoute, dit-il dès le bas de la rue de l'Amphithéâtre, que mes pneumatiques ne rendent l'âme avant que nous ne soyons parvenus au terme de notre voyage. Ils sont usés jusqu'à la corde.

— Pourquoi tu en achètes pas des neufs ? demanda Bricole.

Le Prince accueillit la question avec un sang-froid de Premier ministre asticoté par le leader de l'opposition.

— Le problème est à l'étude, dit-il. J'attends simplement que la conjoncture économique soit plus favorable.

Patraque, le cordoba rabattu sur les yeux, dit :

— Je crois pouvoir résoudre ce problème d'ici peu.

— Je prends note, dit le Prince.

Ils furent à Méjanes vers les dix heures du matin. Ils n'avaient plus que quatre kilomètres à parcourir pour arriver à la cabane de Septime.

— Si vous y allez en voiture, leur dit Adrien, le baile-gardian, vous n'arriverez pas vivants. La Camargue, en ce moment, vous voulez que je vous le dise, ce n'est plus la Camargue, c'est la mer de Glace...

— Eh bien, dit le Grand Plumet, il n'y a qu'à retourner d'où on vient...

Patraque était un homme de fer. Il réfléchissait avant de prendre une décision, mais quand il l'avait prise il entendait s'y tenir, quels que fussent les obstacles rencontrés en chemin.

— Nous allons manger un petit morceau, dit-il.

— C'est une bonne idée, convint le Grand Plumet.

— Toi, poursuivit inexorablement Patraque, tu vas passer devant pour annoncer à Septime notre arrivée.

— Tu veux que j'y aille à pied !

— Adrien va nous prêter des chevaux. Pas vrai, Adrien ?

— Tout ce que vous voudrez, mais, entre nous, ce n'est pas prudent.

— J'en prends la responsabilité.

Le Grand Plumet soupira.

— Je ne sais même pas si je tiens encore sur un cheval.

— Ça ne s'oublie pas, dit Patraque, c'est comme la bicyclette.

— Venez vite vous chauffer, dit Adrien, tandis que le Grand Plumet s'éloignait d'un trot circonspect.

Il était maintenant devant la cabane de Septime, mais ne se décidait pas à descendre de sa monture. Il avait perdu l'usage de ses membres. Son cheval tourna la tête.

— Attends un peu, dit le Grand Plumet.

Il parvint à dégager sa jambe gauche, se coucha sur l'encolure, bascula sur le côté droit et se laissa glisser sur le sol. Il tomba lourdement et se retrouva assis sur son derrière. Un rire de femme le remit sur ses pieds. Une jeune fille en pantalon de taupé et en pull-over à col roulé se tenait sur le seuil. Les mains aux hanches, elle le regardait avec ironie.

— Vous avez appris à monter par correspondance ? demanda-t-elle.

Le pire de tout, c'est qu'elle avait l'accent parisien. Le Grand Plumet parvint à se remettre debout.

— Qui êtes-vous ? demanda-t-il.

— Je suis l'élève de M. Septime, répondit-elle avec fierté.

Le rire du Grand Plumet était d'une telle violence que son cheval fit une ruade et que la jeune fille porta ses deux mains à son cœur.

— Pas si fort, dit-elle.

— J'ai bien le droit de rire, non ?

— Vous allez réveiller M. Septime.

— Il dort encore, le feignant ! Je vais lui faire un peu voir...

Jusqu'à quarante ans, Septime n'avait vu un taureau ni de près ni de loin. Il exerçait une profession de tout repos, mais hors série : il annonçait les numéros au cours des parties de loto qui sont organisées dans les cafés pendant les périodes de fêtes de Noël et du Jour de l'An. Dans cet emploi, il était irremplaçable. Il jouissait d'un bel organe et accompagnait chaque numéro, qu'il tirait du paquet agité par ses soins avec une maestria de barman préparant un cocktail, de commentaires rituels et facétieux.

— Un... le premier de mille... Vingt-deux... voilà les flics... Soixante-neuf... les deux calignaires... Quatre-vingt-dix... le grand-papa... On a dit quine... Ne démarquez pas, c'est un enfant... Le quine est bien bon...

On se disputait sa collaboration, mais il avait pris froid en allant à la pêche. Le mal s'était porté sur les cordes vocales ; et quand la fièvre fut tombée, on s'aperçut qu'il était devenu pratiquement aphone. Il parlait maintenant d'une voix frêle et grinçante qui vous donnait la chair de poule. Le loto était fini pour lui. Heureusement, il lui restait les boules.

Septime était un des meilleurs tireurs de Provence. Pendant la belle saison, il prenait sa voiture et trois paires d'intégrales. Il allait au hasard, de village en village, s'installait à la terrasse d'un café, liait conversation, proposait une partie de boules, perdait la première, demandait qu'on lui accordât la revanche et qu'on intéressât la partie. A partir de ce moment il ne perdait plus.

Sa réputation, cependant, commençait à le gêner. Il était trop connu. On se méfiait de lui. Il était obligé d'aller chercher de nouveaux clients dans les Basses-Alpes et jusqu'à la frontière italienne. Son chiffre d'affaires avait sensiblement diminué et lui, qui avait l'habitude d'acheter une voiture neuve chaque année, était resté trois ans sans changer sa quinze chevaux.

Alors qu'il revenait de Manosque où il avait fait une bonne soirée contre des paysans pourtant adroits de leurs mains et près de leurs sous, sa direction avait cassé dans un virage. Il était sorti de l'hôpital boiteux. Et maintenant il ne frappait plus qu'une boule sur trois.

Septime avait des amis. On lui avait trouvé une cabane au bord du Vaccarès où, pendant la belle saison, il vendait très cher à des Belges affamés d'exotisme des sandres grillés sur la braise de sarments, ou du pâté de sauvagine. Il faisait aussi la promenade à cheval, et les prospectus qu'il avait fait distribuer aux Saintes-Maries et à Arles précisaient bien « qu'il n'était pas nécessaire de savoir monter ». Il n'employait que des rosses paisibles, fatiguées dès le matin comme des cheminots à la veille de la retraite, qui ne savaient qu'aller au pas et regagnaient la cabane d'elles-mêmes quand elles jugeaient que leur passager avait eu assez d'émotions et de couleur locale pour ses quinze cents francs.

De mai à octobre, il n'avait donc pas à se plaindre. Il mettait suffisamment d'argent de côté pour passer un hiver tranquille. Mais il n'aimait pas la solitude. C'est alors qu'il avait eu l'idée d'ouvrir son école taurine. Pour femmes seulement. D'abord parce que les femmes, pour un homme seul, ça rend des services.

— Avant d'affronter les taureaux, commençait-il par déclarer à ses élèves, il faut que vous soyez en grande forme physique.

Elles étaient prêtes à tout pour devenir Conchita Cintron. Septime leur faisait suivre un entraînement rigoureux à base surtout de travaux ménagers. Le balayage et la lessive les conservaient en souffle, la couture maintenait leurs réflexes en état, la cuisine développait leur tour de main.

Quand elles avaient donné des preuves suffisantes de zèle et de bonne volonté, Septime les jugeait dignes d'être mises en présence de Mominette.

Mominette était un croisé espagnol. Le mélange des sangs n'avait pas donné le résultat qu'on en escomptait. Mominette, maintenant âgé de six ans, n'avait pas dépassé la taille d'un anoube ; il était nain.

Sa psychologie n'avait pas évolué plus que sa taille. Il conservait l'innocence facétieuse du premier âge et, à force de vivre avec Septime, s'était laissé apprivoiser comme un saint-bernard. Il mangeait dans l'assiette de son maître. Ses cornes avaient la taille d'un radis.

C'est avec l'aide de ce taureau phénomène que Septime enseignait la tauromachie, sans la connaître d'ailleurs. Mominette, malgré son apparence anodine, savait se faire respecter, et à la première séance d'entraînement, il s'amusait à déshabiller les jeunes personnes à petits coups de cornes impertinents. Pour le reste, il était le meilleur fils du monde et permettait qu'on fît avec lui toutes les passes de la terre, mais afin que les élèves de Septime ne se croient pas trop tôt arrivées à la fin de leurs études, il les bousculait de temps à autre, sans méchanceté. Jamais on ne l'avait vu s'acharner sur une femme à terre. Il prenait du champ et regardait sa compagne de jeux d'un air authentiquement rigolard.

Tel était donc le fauve avec lequel Luis-Miguel Caravaca allait se mesurer, d'ordre de Patraque et pour que le Prince pût mettre des pneus neufs à sa voiture antique...

Le rire du Grand Plumet s'arrêta d'un coup.

— Ça, par exemple ! dit-il.

Mominette se chauffait devant un radiateur au butane, allongé sur le sol comme un chat domestique. A l'entrée du visiteur, il se leva, vint lui renifler les brailles et, jugeant leur odeur agréable, frotta amicalement son frontal le long des cuisses du nouveau venu, qui lui flatta l'encolure de la main.

— O Septime ! clama le Grand Plumet, tu dors ?

— Oui, répondit une voix grinçante et chuchotée.

— Tu ne vas pas rester au lit toute la journée ?

— Qu'est-ce que tu veux que je fasse d'autre, par un temps pareil ?

Ils échangeaient leurs répliques de part et d'autre d'un paravent que Septime avait dressé devant son lit pour respecter le quant-à-soi de son élève, qui partageait la même pièce que lui. Il convient de préciser officiellement que jamais Septime ne manquait de respect à ses disciples. Il entendait conserver son autorité et opposait aux avances que certaines se permettaient de lui faire la plus catégorique des fins de non-recevoir.

— Dépêche-toi de te lever, dit le Grand Plumet.

— Si tu as à me parler, dit Septime, tu n'as qu'à venir dans ma chambre...

Il suffisait pour cela de passer de l'autre côté du paravent. Le Grand Plumet s'y refusa.

— Dépêche-toi, répéta-t-il. Patraque va être ici d'une minute à l'autre. Je suis passé devant pour te prévenir.

Septime fut debout en un instant et, pour gagner encore du temps, il acheva de se boutonner les pantalons du côté salle à manger du paravent.

— Qu'est-ce qui lui arrive, demanda-t-il de sa voix de scie à métaux édentée, il est en fuite ?

— En fuite ? répéta le Grand Plumet sans comprendre.

— Ce qu'il a fait, je veux pas le savoir, poursuivait Septime. Il a eu raison de venir se mettre à l'abri chez moi. Les gendarmes ne me rendent pas visite jusqu'au printemps.

Le brave homme ne pouvait imaginer que le Grand Plumet se fût décidé à affronter le gel et le vent pour d'autre motif que judiciaire et policier. Le Grand Plumet avait fini par comprendre, et son rire fut d'une telle violence que Mominette recula de trois pas.

— Non, dit le Grand Plumet quand il eut retrouvé l'usage de la parole, Patraque se tient tranquille en ce moment.

— Qu'est-ce qu'il fait, au juste ?

— Il s'occupe de tourisme, dit le Grand Plumet.

Il alla à la porte, l'entrouvrit : les cavaliers étaient déjà en vue mais ils avançaient avec la lenteur maladroite de patineurs débutants. Mominette frissonna.

— J'ai juste le temps de te mettre au courant, murmura le Grand Plumet.

En quelques phrases embrouillées mais tonitruantes, il expliqua tout : Christine, Van Gogh, Caravaca et le gracieux hiver qu'ils avaient passé jusqu'ici.

Septime approuvait avec ravissement.

— D'aqueou Patraque, répéta-t-il, d'aqueou Patraque...

Son visage rond et hirsute de poisson de lune se fripa soudain comme une baudruche dégonflée.

— Qu'est-ce qu'il attend de moi ? demanda-t-il.

— Mominette.

— Qu'est-ce qu'il veut en faire ?

— Il faut que Caravaca s'entraîne avec...

Les joues de Septime n'arrivaient pas à reprendre leur densité originelle. Il y avait de la détresse dans son regard.

— Par un temps pareil, dit-il, si on fait sortir Mominette, il va prendre froid...

— C'est quand même un taureau !

— Peut-être, dit Septime, mais il est fragile... Qu'est-ce que tu veux, il est trop gâté...

Mominette, d'ailleurs, s'était allongé à nouveau devant le radiateur et on était surpris, à la réflexion, de ne pas l'entendre ronronner.

— Il n'y aura qu'à bien le couvrir, dit le Grand Plumet en s'affolant soudain.

Les cavaliers approchaient. On entendait le crissement des sabots sur la draille vernissée par la glace.

— Je sais bien qu'il n'est pas gros, dit Septime, mais ce n'est tout de même pas un caniche.

— Il faut faire quelque chose. Patraque compte absolument sur toi.

Les joues de Septime s'arrondirent enfin.

— Sophie, dit-il, préparez vite un grog pour Mominette...

7

Où les cadors donnent en plein air une représentation de gala, et ce qu'il en advint.

— C'est ravissant, dit Christine.

— Vous trouvez ? dit Septime.

— Oh, oui ! reprit Christine, toutes ces chaînes d'ail, c'est une merveilleuse idée décorative !

Patraque cligna de l'œil pour faire comprendre à Septime qu'il valait mieux ne pas discuter avec ce genre de personne. Le clin d'œil arriva trop tard.

— A vrai dire, je m'en sers surtout pour l'aigo boulido, dit Septime.

— C'est une coutume locale ? demanda Christine.

— Non, dit Septime, c'est une sorte de potage. Vous prenez un demi-litre d'eau, vous le faites bouillir avec six gousses d'ail par personne...

— Six gousses ! s'écria Christine.

— Il y en a qui en mettent plus, dit Septime, mais ils ne sont pas raisonnables...

— Quel dommage, dit Christine en prenant une tête d'ail dans sa main, de détruire d'aussi jolis objets.

Ils n'étaient pas faits pour se comprendre. Septime, visiblement, perdait pied, et cherchait réconfort sur le visage de ses amis.

— *Avès pas coucouren a beure* [1] *?* demanda le Prince en souriant comme un enfant de chœur habitué à finir les burettes de son curé.

— C'est pas la boisson qui manque, dit Septime avec empressement.

— Donne-nous quelque chose de fort, précisa Bricole, ce que tu as de plus fort...

Septime réfléchissait :

— Un grog, dit-il, ça vous irait, un grog ?

Les Espagnols remuèrent les yeux en signe d'assentiment. C'est tout ce qu'ils pouvaient remuer, les pauvres. Le froid les avait perclus.

De tous, maître Broquille était le plus alerte. Il avait chevauché en costume de ville, le col ouvert, une main sur le chapeau, en chantant la *Coupo Santo*.

Il se frotta les mains et dit :

— Il fait bon se retremper dans la nature...

Caravaca, lui, perdu dans son manteau de ratine, avait l'air d'un épouvantail malade de la peste.

— Sophie, cria Septime de sa voix de chaudron fêlé, préparez d'autres grogs !

Puis, se frappant le front :

— J'oubliais... Elle est en train de scier du bois.

Sophie ne sciait pas du bois. Elle était dans le bouvaou avec le Grand Plumet, et tâchait de persuader Mominette de jouer avec elle à la course de taureaux. Mominette ne voulait rien entendre. Il tremblait

1. Tu n'as pas quelque chose à boire ?

sur ses maigres pattes et il était venu se blottir contre le Grand Plumet, qui lui frottait vigoureusement l'échine en essayant de le consoler.

— Sois brave, lui disait-il, c'est un service qu'on te demande. Je sais bien qu'il fait pas chaud. Mais si tu te remuais, ça irait mieux... Et d'abord, tu vas me faire le plaisir de boire ton grog... Ou alors, c'est moi qui vais le boire...

Ils avaient dû sortir précipitamment pour que les cadors ne trouvent pas Mominette en train de se chauffer en famille, ce qui aurait nui à son standing. Le Grand Plumet avait été obligé de l'emporter, tout gigotant, dans ses bras de colosse. Sophie suivait, tenant un pot à eau rempli de grog bouillant.

Mominette n'avait pas aimé qu'on le traitât avec tant de désinvolture et, quand on lui avait présenté le grog, il avait secoué la tête d'un air fâché. Pourtant, depuis son adoption par Septime il avait pris goût aux liqueurs fortes et, sans en user autant que son maître, il ne refusait pas un petit cordial au réveil ou à l'heure des repas. Mais aujourd'hui, il boudait.

Le Grand Plumet s'était agenouillé devant lui et, lui mettant le grog encore fumant sous les naseaux :

— Sens comme ça sent bon, dit-il.

Mominette éternua. Un bon tiers du pot se répandit sur les mains du Grand Plumet, qui faillit jurer mais se retint pour ne pas effaroucher la bête.

— Sois raisonnable, dit-il d'une voix de nurse.

Mominette sembla tout à coup attendri par tant de sollicitude. Il renversa la tête en arrière, ouvrit les mâchoires. Plumet lui versa d'un trait le restant du pot dans la gorge. Alors Mominette toussa, et ses yeux s'emplirent de larmes. Il n'y avait pas d'eau dans ce grog, et comme c'était pour une bête, Sophie avait utilisé une bouteille entière.

Mominette, soudain, s'arrêta de tousser. Il resta un moment stupide et vacillant.

— Il ne va pas mourir là ? dit Plumet.

— J'ai peut-être eu la main un peu lourde, convint Sophie.

Le Grand Plumet la regarda férocement.

— S'il lui arrive malheur, à ce taureau, dit-il, prends garde à tes fesses !

Les cadors, cependant, venaient de sortir de la cabane et s'avançaient en tirailleurs vers le bouvaou.

— Tirons-nous d'ici, dit le Grand Plumet.

Ils regagnèrent la barrière, que Septime avait construite avec des traverses de chemin de fer qui ne lui appartenaient pas, mais qui ne servaient à personne.

Mominette, tout à coup, se mit à gambader comme une chèvre...

Patraque ne laissait rien voir de son étonnement, mais son nez oscillait avec perplexité de Mominette à Caravaca, de Caravaca à Septime. Ramon et Jesus consultèrent Paquito du regard.

Septime n'en croyait pas ses yeux : Mominette avait tourné sauvage et donnait dans la barrière des coups de frontal terribles.

— Mais il va s'assommer, le pauvre, gémit Bricole.

— Il faut y aller quand même, dit Paquito.

Ils n'avaient certes pas peur, mais ils craignaient d'être ridicules. Même dans un pareil état d'exaltation, Mominette ne présentait aucun danger, mais il était impossible d'en tirer quoi que ce soit. C'était un taureau trop intelligent, trop civilisé, que le leurre ne trompait plus. Il ne permettait qu'on fît des passes avec lui que pour se montrer agréable à Septime, qui l'entourait de tant de soins et d'affection. Patraque se pencha discrètement à l'oreille de Septime.

— Tu devrais lui parler, fit-il.

— Qu'est-ce que tu veux que je lui dise ? Il n'a plus sa tête à lui...

Christine manifestait une jubilation humide et rayonnante qui contribuait à l'agacement des cadors.

— Il est merveilleux, dit-elle en battant des mains.

— Ce n'est pas le moment de faire la folle, dit sévèrement Patraque ; un peu de décence. Des hommes vont risquer leur vie...

Christine se tut. Le mistral se mit à leur cogner dessus. Les cadors se ratatinèrent.

Les peones avaient déplié leurs capes et maintenant ils se soufflaient dans les doigts et battaient la semelle. Ils n'osaient se regarder. Eux qu'on avait vus impassibles dans l'arrastre alors que les attendaient de vrais fauves, se sentaient paralysés par un trac stupide. Ils se faufilèrent dans le bouvaou, à la queue leu leu. Ils n'avaient pas enlevé leur pardessus.

Cela dura une dizaine de secondes. Ils se retrouvèrent sur le sol durci par le gel avant d'avoir pu amorcer le moindre geste de défense. A peine l'un d'entre eux se relevait-il que Mominette était déjà sur lui, et la malchance voulut que Paquito fût atteint d'un coup de frontal à la tempe et qu'il restât inanimé.

Le rire de Christine, qui avait jailli aux premières bousculades, retomba. Elle se tourna vers Luis-Miguel.

— Alors, qu'est-ce que tu attends ?

— Ze... dit Luis-Miguel.

Il n'en dit pas davantage. Patraque lui enlevait déjà son manteau avec des gestes respectueux mais fermes ; Bricole lui tendait la cape. Broquille avait sorti son appareil photo. Sophie se rongeait les ongles comme une petite fille mal élevée, mais elle était si absorbée que le Grand Plumet en avait profité pour la prendre par la taille et la serrer contre ses hanches.

Luis-Miguel jeta autour de lui des regards éperdus. Il fit le signe de la croix. Il n'avait pas enlevé ses gants. Patraque l'avait poussé dans le bouvaou.

Mominette leva la tête...

Ce ne fut pas à proprement parler un miracle. Il n'y a jamais de miracle en tauromachie, même en face de taureaux phénomènes. Il se trouva simplement que Mominette était à bout de souffle et que son ébriété venait d'entrer dans une phase affectueuse et sentimentale.

Paquito était revenu à lui, mais il ne songeait pas à se relever. Il se frottait les yeux et croyait vivre un songe. Tout se passait comme si Luis-Miguel avait imposé sa domination par sa seule présence. Mominette s'était immobilisé. Luis-Miguel ouvrit sa cape avec lenteur.

Au petit trot, Mominette chargea. Caracava, rivé au sol par la trouille, ferma les yeux. Il sentit Mominette qui le frôlait. Il tourna sur ses talons. Mominette chargeait à nouveau, gentiment. Il avait retrouvé son heureux naturel et, devinant que Luis-Miguel était un ami de son maître, il avait pris la direction de la faena et s'appliquait à donner à son partenaire toutes les occasions possibles de briller.

Caracava, d'ailleurs, avait repris confiance et retrouvé tout son temple. *Parar, templar y mandar* ; chacune de ses véroniques était une démonstration de science taurine.

Patraque et Bricole échangèrent un regard incrédule : ce petit, peut-être ils l'avaient mal jugé. Il avait le don, c'était certain.

— Qu'est-ce que vous en pensez, maître ? demanda Bricole.

Broquille prenait cliché sur cliché.

— Il n'est pas mal, dit-il. Il faudra le revoir avec un gros taureau.

Paquito s'était relevé.

— Olé ! cria-t-il.

— Olé ! reprirent en chœur les cadors.

Et Patraque n'était pas celui qui criait le moins fort.

Christine se déclara positivement enchantée et fit à Septime de grands compliments, qu'il reçut avec une charmante modestie.

— Je suis bien content que vous vous soyez régalée, dit-il.

Christine lui tendit à baiser une main dont il ne sut que faire.

— Revenez me voir quand vous voudrez, dit-il, vous me ferez toujours plaisir...

Les cadors étaient déjà à cheval. Christine s'éternisait sur le seuil et contemplait le royaume de Septime où le crépuscule s'installait sournoisement. Elle désigna une petite cabane à côté du bouvaou.

— Tiens, dit-elle, vous ne m'avez pas fait visiter cet endroit. Qu'est-ce que c'est ?

— C'est le pati, dit Septime en rougissant.

— Le pati ?

— Le cagadou, si vous préférez.

— Oh ! fit Christine.

Patraque donna de la voix.

— Dites, on se gèle les amandons !

Septime aida Christine à monter à cheval, et le soir il devait avouer à Sophie :

— Tu vois, cette Parisienne qui est venue, c'est une emmerdeuse.

Mais tu es obligée de reconnaître qu'elle a des fesses qui te remplissent bien la main.

— Moi aussi, dit Sophie.

Ce qui, de fil en aiguille, finit par arriver ce soir-là dans la cabane de Septime n'appartient pas à ce récit.

Le thermomètre, dans les jours qui suivirent, descendit jusqu'à moins vingt-huit. Des taureaux moins choyés que Mominette moururent de froid. Des oliviers centenaires éclatèrent dans la nuit. La désolation s'installa au pays d'Arles. Les cadors participaient à la détresse générale, mais par pure bonté d'âme, car leurs affaires à eux n'avaient jamais été plus florissantes.

Le Prince avait chaussé sa voiture de neuf et par la même occasion avait fait changer les amortisseurs. Patraque avait renouvelé complètement sa garde-robe, Bricole avait réglé des factures dont certaines étaient vieilles de plusieurs années. Quant au clan espagnol, il se contentait de faire deux repas complets par jour et de fumer des cigares jusqu'à écœurement.

Le succès n'avait rendu Caravaca ni moins simple, ni moins modeste. A ceux qui le complimentaient sur son triomphe des bords du Vaccarès, il se contentait de répondre :

— C'est des choses qui arrivent...

Le temps, en outre, travaillait pour lui, et quarante-huit heures ne s'étaient pas écoulées que tout Arles était au courant de la faena miraculeuse que Luis-Miguel avait dessinée en un moment de génie.

Les témoins eux-mêmes commençaient à l'enjoliver et Paquito disait maintenant avec un accent d'une bouleversante conviction :

— Tu m'as rappelé Belmonte en 1924 à Valladolid...

Luis-Miguel haussait les épaules et rougissait. Avec Christine, par contre, il était devenu parfaitement odieux. Il la traitait en esclave, se faisait manucurer par elle, l'appelait propre à rien et conasse. Bientôt il la battit. Christine se vautrait avec allégresse dans son humiliation et veillait à satisfaire les moindres désirs de son maître.

Il se laissait peindre par elle avec une mauvaise humeur qu'il était loin de ressentir. Il aimait prendre la pose et se regardait dans la glace avec estime. Dans l'ensemble, il aurait été heureux, sans les remords que lui causait sa désinvolture à l'égard de Rosette.

Il aurait voulu pouvoir lui expliquer :

— C'est toi que z'aime... Elle, c'est zuste pour l'arzent de poche et le manzer de mes amis...

Mais ce sont des choses que les amoureuses comprennent difficilement. Malgré les apparences, Luis-Miguel avait une nature scrupuleuse. Sa condition de gigolo lui faisait honte, et il regrettait les joies de la famille qu'il avait connues dans la salle à manger provençale de ses futurs beaux-parents. Il décida de répudier Christine.

En garçon discipliné, il tint à mettre Patraque au courant de ses intentions.

— Ze ne peux plus tenir, dit-il. Ze sens que ze vais la balancer...

Patraque l'avait regardé droit dans les yeux, de son regard d'envoûteur professionnel :

— Luis-Miguel, avait-il dit, je sais que c'est un sacrifice que je te demande. Mais garde-la jusqu'au printemps.

Caravaca avait poussé un gros soupir.

— C'est bien pour te faire plaisir, avait-il gémi.

Sa hargne contre Christine s'accrut. Il ne se privait pas de la rudoyer et même de la corriger en public, ce qui redoublait la ferveur de sa victime. Il ne lui faisait plus l'amour que les jours où il en avait envie. Rarement, car il était de nature chaste et plus porté sur les joies de l'amitié que sur les débordements du sexe.

Les cadors ne tarissaient pas d'éloges sur son compte.

Ce fut l'histoire de la photo dans le journal qui l'abîma, d'un seul coup.

Maître Broquille avait fait tirer les photos qu'il avait prises chez Septime. Elles étaient réussies, très réussies même. Celle notamment où Luis-Miguel faisait passer Mominette en fermant les yeux dégageait une émotion de qualité.

Il la fit agrandir et elle fut accrochée au-dessus du comptoir du Plaza, ce qui donna lieu à de grandes réjouissances nocturnes, à l'occasion desquelles maître Broquille prononça un discours qui tira des larmes à chacun.

Cette photo, les aficionados arlésiens défilaient pour la voir. D'abord parce que, en hiver, les distractions sont rares. Ensuite parce que Bricole servait gratuitement à boire.

Il advint donc qu'elle tomba sous les yeux du correspondant du *Provençal*, qui pendant toute la durée de l'hiver avait le plus grand mal à garnir sa rubrique locale.

— Tu ne veux pas me la confier ? demanda-t-il à Bricole. Je la ferai passer dans le journal...

— Avec plaisir, dit Bricole. Mais rends-la-nous vite.

— N'aie crainte, j'en prendrai soin.

Or, il arriva que l'envoi quotidien du correspondant à Marseille fut décacheté par le rédacteur en chef du *Provençal* lui-même. Il éprouva un choc. Depuis quinze jours, il ne passait à la une que les photos des désastres occasionnés par le froid dans la région. Cela commençait à déprimer ses lecteurs, et il cherchait désespérément un document qui les fît penser à autre chose et leur rendît espoir.

Cette photo taurine lui parut rassembler tous les éléments dont il avait besoin. Elle était excellente en soi et rappellerait aux Provençaux transis que l'hiver finirait bien un jour et que les joies tauromachiques leur feraient oublier leurs misères.

Il avait jeté un coup d'œil sur l'article du correspondant, où l'on racontait sur le mode plaisant les débuts de Luis-Miguel Caravaca en face de Mominette. C'était un article destiné à faire rire les Arlésiens, qui connaissaient l'incompétence de Luis-Miguel et la gentillesse de Mominette. Et comme le correspondant était fâché avec maître Broquille (pour de nobles raisons taurines), il en profitait pour lui donner un petit coup de patte au passage, et terminait son article en ces termes : « Faut-il voir en Luis-Miguel Caravaca le nouveau Messie que Don Juan III nous annonce toutes les années ?... »

Le rédacteur en chef fit donc passer la photo en première page du journal. Il jeta l'article au panier et le remplaça par une légende ainsi conçue :

« Un nouveau Manolete.

« Toute l'aficion méridionale attend avec fièvre les prochains débuts de Luis-Miguel Caravaca. Le célèbre revistero Don Juan III, qui l'a suivi attentivement, le considère comme une vedette de la prochaine temporada. On voit ici Luis-Miguel dans une véronique dont la suavité gracieuse et la hautaine précision font irrésistiblement songer au style du regretté Manolete. »

A Arles, cela fit beaucoup rire et les cadors plus que tout le monde. Caravaca ne savait pas lire. Maître Broquille lui déclama la légende avec emphase. Le Grand Plumet se donnait sur les cuisses des coups de poing à assommer un bœuf. Paquito faisait crisser son rire de cigale. Bricole se tenait le ventre à deux mains et disait qu'on arrête ou qu'il allait mourir. Le Prince, qui avait un sens de l'humour assez nordique, se tapait littéralement le derrière par terre. Patraque lui-même souriait.

— Ze ne vois pas ce qu'il y a de drôle, dit Luis-Miguel.

Les rires se turent progressivement, comme un orchestre dont le pianiste a une absence, et dont les instruments s'arrêtent de jouer un à un. Paquito se tut le dernier. Luis-Miguel, l'œil à la verticale, le regardait avec mépris.

— Ze ne comprends pas pourquoi tu ris, toi, pauvre minable, dit-il.

Patraque s'était levé.

— Tu es devenu fou, non ?

L'idée de tenir tête à Patraque n'avait jamais effleuré Luis-Miguel. Ses yeux s'affaissèrent un instant, mais se redressèrent aussitôt.

— Ze ne vous permets pas de me zuzer, dit-il. Vous n'avez zamais tué de taureau !

« Aïe, aïe, aïe ! » pensèrent les cadors.

Bricole avala précipitamment un verre avant la bagarre. La porte s'ouvrit : Christine s'était jetée frénétiquement dans les bras de Luis-Miguel.

— Mon amour... répétait-elle, mon amour... est-ce que tu as lu le journal ?

Luis-Miguel la garda serrée dans ses bras et, lui qui détestait les manifestations publiques de tendresse, l'embrassa longuement sur la bouche. Ramon et Jesus baissèrent les yeux.

— Viens, mon chéri, allons-nous-en, dit-il. Z'en ai assez de vivre avec tous ces pauvres types...

Il sortit le premier, tirant Christine par la main.

Personne n'osait prendre la parole. Tous attendaient la décision de Patraque. Il avait allumé une cigarette et tripotait ses dents de tigre. On s'attendait au pire, mais ce qui se produisit fut pire que ce qu'ils attendaient. Patraque s'était mis à rire, d'un rire qui faisait mal et hérissait le poil. Jamais ils n'avaient entendu de rire pareil. Patraque n'arrêtait pas. Son visage, pourtant, demeurait impassible et son long corps maigre n'était secoué d'aucun tressaillement.

Timidement, le Grand Plumet essaya de rire à son tour. Patraque, aussitôt, s'interrompit.

— Alors, dit Bricole, qu'est-ce que tu en penses ?

— C'est un con, dit simplement Patraque.

Cela détendit considérablement l'atmosphère, mais la gêne continuait de peser.

— Qu'est-ce que tu comptes faire ? demanda le Grand Plumet. Tu veux que j'aille te le chercher par la peau du cou pour qu'il te présente des excuses ?

— Pour le moment, dit Patraque, j'ai l'intention de prendre l'apéritif.

Il traversa le bar, mit ses deux mains sur les épaules du vieux Paquito, tout petit, tout fripé, avec une affection dont on ne l'aurait pas cru capable.

— T'en fais pas, dit-il, on le lui fera payer...

— Pourquoi ? dit Paquito. Je sais bien qu'il a raison... Je sais bien que je suis un minable... On est tous des minables... Toi aussi, tu es un minable...

Le vieux se laissa tomber sur une chaise et pleura.

Un client venait d'entrer.

— Revenez un autre jour, dit Bricole, vous voyez bien qu'on est en famille...

Bricole regretta d'avoir parlé si vite, car Patraque s'était avancé vers le nouveau venu et lui avait serré la main avec égards.

— O Nature, dit-il, quel plaisir !

Il se tourna vers les cadors.

— C'est un ami, dit-il. Quel bon vent t'amène ?

— Voilà, dit l'inconnu. Je cherche Caravaca. Je suis venu de Marseille exprès pour le voir. On m'a dit que je le trouverais ici.

Tous détournèrent la tête. Le nom de Caravaca, prononcé à un moment pareil, même par un ami, était fâcheux.

— Qu'est-ce que tu lui veux ? demanda Patraque avec impassibilité.

— J'ai besoin de lui.

— Pour quoi faire ?

— J'organise une corrida à Marseille.

— En cette saison ?

— Eh oui, dit le visiteur. Entre « Holidays on ice » et le Jumping, j'ai un trou. Alors je fais une corrida...

— Aux arènes ?

— Non, il fait trop froid. Je fais ça au parc Charnot, à la Salle des Fêtes...

— Ce sera chauffé ? ne put s'empêcher de demander Bricole qui, voyant sur le point de se réaliser un de ses rêves de toujours, brûlait soudain de connaître tous les détails.

— Il ne faut pas trop en demander, dit l'ami de Patraque, c'est une corrida pour de rire. Je peux pas me mettre dans les frais. En tout cas, on sera à l'abri.

Patraque était pensif.

— Tu n'en as jamais organisé, de corrida ?

— Non, dit Nature. Moi, ma spécialité, ce serait plutôt les boxeurs et les chanteurs de charme. Mais, après tout, la corrida, c'est un spectacle comme un autre.

Les cadors n'avaient pas l'humeur joyeuse. Cette proposition bouffonne qui, en d'autres circonstances, les aurait secoués de rigolade, leur déplaisait infiniment. Ils regardèrent l'inconnu avec attention.

Il avait plus l'air d'un barbeau que d'un organisateur de spectacles, mais il donnait l'impression de parler sérieusement et d'avoir le portefeuille dodu. Rien que sa chevalière en platine et diamants représentait plus que Ramon, Paquito et Jesus n'avaient touché de toute leur vie dans les arènes.

— Si c'est un matador de remplacement qu'il te faut, dit Patraque, rien qu'ici tu en as deux...

Il désignait Ramon et Jesus.

— Tu me les recommandes ? demanda Nature.

— Je te les garantis ! dit Patraque.

— Eh bien, je les prends. Mais comme tête d'affiche, il me faut Caravaca.

— Vous plaisantez, dit Bricole.

— Je ne plaisante jamais, dit sévèrement le monsieur venu de Marseille. Comprenez la situation : en ce moment, on ne parle que de lui. Il faut en profiter de suite.

— Mais, dit sans méchanceté Bricole, il n'a jamais tué un taureau de sa vie.

— Qu'est-ce que vous voulez que ça me fasse ? Avec lui, je remplis la Salle des Fêtes.

— Il se fera tuer, dit Paquito en séchant ses larmes.

— Je n'en demande pas tant, dit Nature, qui ne plaisantait jamais.

Le nez de Patraque hésita entre toutes les directions que propose la rose des vents aux navigateurs intrépides.

— C'est entendu, dit-il, tu l'auras...

— Où est-il ?

— Je m'occupe de ses intérêts, dit Patraque.

Et désignant Ramon et Jesus, il ajouta :

— Et des leurs...

Paquito blêmit.

— Et des siens aussi, dit Patraque.

Paquito eut soudain quarante ans de moins et dit qu'on mette la prochaine tournée sur son compte.

— Ne bois pas tant, dit Christine, tu vas t'abîmer le poignet.

— Ze t'emmerde, dit Luis-Miguel en vidant son verre.

Il refusait de monter se coucher et les quatre pensionnaires d'Amédée étaient venues s'asseoir à leur table et se joignaient aux supplications de Christine. Elles avaient vu la photo de Luis-Miguel dans le journal et ne posaient pas de questions : pour elles, il était un grand matador. Elles n'avaient jamais vu de corrida car, ces jours-là, elles étaient mobilisées sur place. Elles étaient d'ailleurs bretonnes, sauf Carmen, qui était alsacienne, bien que son prénom ne l'indiquât point.

Le froid excessif décourageait la pratique. Amédée se félicitait d'avoir accueilli Christine comme pensionnaire payante, bien que ce ne fût pas le genre de la maison. Les mois d'hiver étaient moins durs à supporter pour lui que pour Bricole, car la galanterie n'est pas, comme la tauromachie, strictement saisonnière. La présence d'une fille de banquier dans son établissement représentait pourtant une recette d'appoint dont il se félicitait.

Après quelques jours d'observation et voyant que sa cliente payait comptant, il lui avait déclaré :

— Vous êtes ici chez vous.

Il avait même ajouté avec une bonhomie paternelle :

— Vous êtes en quelque sorte l'enfant de la maison... Et si vous vous plaisez chez moi, vous n'avez que d'y rester toute votre vie...

Il était arrivé que des clients se méprissent sur le rôle exact de Christine. Elle parlait pointu et s'habillait en garçon, mais elle avait ce qu'il fallait pour attirer l'attention du mâle le plus rustique. Sa façon de marcher surtout plaisait aux connaisseurs, et plus d'un, en la voyant aller et venir, avait lancé :

— Remue pas tant le berceau, tu vas réveiller le petit !

Certains même avaient envoyé les mains. D'autres, plus hardis, voulaient visiter sa chambre. Christine n'était nullement choquée par ces robustes hommages. Il est même vraisemblable qu'à la longue elle aurait risqué d'y céder, car elle avait toujours manifesté beaucoup d'avidité à l'égard des frissons nouveaux. Maintenant qu'elle connaissait Luis-Miguel, ce genre de débordements paraissait définitivement exclu.

La réputation d'Amédée était irréprochable : il n'avait jamais fait travailler la femme d'un ami sans son consentement. L'attitude de Luis-Miguel à l'égard de Christine lui paraissait cependant incompréhensible, et même condamnable. Sa conduite n'était pas celle d'un homme, car il ne suffit pas de prendre l'argent d'une femme pour en être un. Il faut le lui prendre selon les règles.

Amédée qui, pourtant, connaissait la femme, n'arrivait pas à comprendre pourquoi Christine se montrait si généreuse avec ce va-nu-pieds qui n'avait ni conversation ni mentalité. Après tout, cela ne le regardait pas. Il avait simplement dit à Luis-Miguel :

— Pour la petite, si un jour tu as envie de la placer... Pense à moi en premier...

— La petite, avait dit Luis-Miguel noblement, ze me la garde pour moi tout seul.

Amédée, depuis lors, ne lui adressait plus la parole. Les Espagnols, on a beau dire, ce ne sont pas des gens comme nous...

Amédée bâilla. Il était minuit moins cinq. Caravaca venait de commander une autre bouteille de champagne.

— Tu crois que c'est raisonnable ? dit Amédée.

Il n'en dit pas davantage. Caravaca s'était dressé en titubant.

— Ze suis Luis-Miguel Caravaca, dit-il. Ze suis le nouveau Manolete ! ! ! Luis-Miguel Caravaca a soif... Qu'on donne à boire à Luis-Miguel Caravaca !

Pendant qu'il parlait, Patraque avait poussé la porte. Il était accompagné de Nature. Il désigna l'ivrogne du bout du nez.

— C'est lui, dit-il.

— J'avais entendu, dit Nature.

Luis-Miguel les aperçut et pâlit. Il se laissa tomber sur la banquette et se blottit près de Christine comme un enfant près de sa mère.

Patraque n'avait pas salué Amédée et se dirigeait à pas mesurés vers la table de Luis-Miguel.

— Qu'est-ce que vous lui voulez ? demanda courageusement Christine.

— Lui présenter un ami, dit Patraque en s'asseyant.

— Ze ne veux voir personne, dit Caravaca.

Patraque tripotait ses dents de tigre, les yeux complètement fermés.

— Luis-Miguel, dit-il, excuse-moi pour tout à l'heure.

Amédée dressa l'oreille : Patraque présentait des excuses à ce bohémien, c'était la fin du monde !

— Oui, poursuivit Patraque avec effort. Je plaisantais. Nous savons tous que tu es un grand matador...

Luis-Miguel n'en était plus tellement sûr lui-même.

— Tu me le zures ? dit-il.

Patraque ouvrit les yeux et leva la main.

— Je te donne ma parole d'honneur, dit-il, mais comme tu n'es pas obligé de me croire, j'ai amené un ami avec moi.

— Qu'est-ce qu'il me veut ? demanda prudemment Caravaca.

— Il organise une corrida à Marseille pour le 6 décembre.

— C'est une bonne idée, dit Caravaca.

— Et j'ai l'intention, dit Nature, de vous demander d'y participer...

— Ze veux bien vous donner un coup de main à la buvette, dit stupidement Caravaca... Si Bricole me donne la permission...

Nature découvrit ses dents aurifiées, mais ses yeux ne riaient pas.

— Non, dit-il, j'ai tout ce qu'il me faut pour la buvette. C'est un matador qui me manque.

Les yeux de Christine flambèrent. Ceux de Luis-Miguel se couchèrent.

Patraque frappa dans ses mains.

— Amédée, alors... ce champagne ?

8

Où l'on voit Caravaca se hisser presque sans effort aux sommets de la tragédie antique.

— Pourquoi mets-tu deux paires de bas ? demanda Christine.

Patraque la poussa brutalement vers l'escalier.

— Vous, dit-il, tirez-vous de là...

— Mais, protesta-t-elle, il faut que je fasse des croquis !

— Nous emmerdez pas ! dit Patraque avec emportement.

Il ne s'emportait jamais. Il n'était jamais grossier. Il fallait donc que l'heure fût grave. Elle l'était : Luis-Miguel Caravaca enfilait, pour la première fois de sa vie, le costume de lumière.

Ce n'était pas encore l'heure de la vérité, mais ce n'était plus le moment des mensonges. Depuis quinze jours, Luis-Miguel, engourdi par les flatteries, ne s'était pas rendu compte qu'il allait mourir. Cependant, sans se l'avouer, comme tous les condamnés à mort, il attendait une remise de peine. La corrida n'aurait pas lieu, les taureaux attraperaient la fièvre aphteuse, l'apoderado marseillais mourrait de congestion. Paquito lui avait conseillé de s'entraîner : en quinze jours, il avait le temps d'apprendre quelques trucs d'escamotage.

— Avec Ramon, Jesus et moi, tu ne risques rien.

— Alors pourquoi ze me donnerais du mal ?

Ils regrettaient tous maintenant d'avoir entraîné Luis-Miguel dans cette aventure. Au fond, Luis-Miguel, c'était un brave petit. Il les avait publiquement humiliés, mais il ne pensait pas ce qu'il disait. Il avait eu une minute de folie. Ce n'était pas une raison pour l'envoyer à l'hôpital.

Ils lui souhaitaient une grippe, une entorse, quelque catastrophe mineure qui lui eût épargné de tenir ses engagements. Paquito envisageait même de l'empoisonner, si peu que ce soit. Juste assez pour qu'il pût déclarer forfait.

Il demanda conseil à Bricole, qui dépérissait au fur et à mesure que le jour fatal approchait.

— Écoute, dit Bricole, je vais essayer de raisonner Patraque... S'il ne veut rien entendre, je ferai le nécessaire...

Patraque avait refusé de l'écouter :

— Il m'a manqué de respect. Il faut qu'il paye.

— Et s'il est tué ?

— Ça lui servira de leçon.

— Patraque, dit Bricole, tu n'es pas humain.

— Tu aurais préféré que je l'abatte de mes propres mains ? Avec les taureaux, je lui laisse une chance...

Le visage mobile et boursouflé de Bricole s'illumina soudain.

— Et s'il te présente des excuses ?

— Trop tard.

C'était sans appel.

Le Grand Plumet vint à son tour trouver Bricole.

— Je crois que j'ai une idée.

— Tu m'inquiètes ! dit Bricole.

— Je pourrais lui casser la gueule. Juste assez pour le mettre au lit trois ou quatre jours...

— Vous n'êtes pas fâchés.

— Non, mais je pourrais faire semblant.

— Ce n'est pas si bête, convint Bricole. Mais ne fais rien sans me le dire. Tu me le promets ?

— D'accord.

Une chose donc paraissait certaine : que ce soit par le poison ou les poings, Luis-Miguel serait envoyé à l'hôpital. L'important était d'éviter à tout prix qu'il se trouvât devant les cornes d'un taureau, car, dans ce genre de duel, on ne s'arrête pas au premier rang...

Et tout d'un coup, ce fut le 6 décembre. Un dimanche glacial, livide, lunaire, désert. A onze heures du matin, Ramon, Jesus et Paquito commençaient déjà à s'habiller en poussant des chapelets de jurons, et les jurons espagnols sont les plus épouvantables du monde. Ils n'entraient plus dans leurs culottes : pendant quatre semaines consécutives ils avaient mangé à leur faim et cela n'était pas dans leurs habitudes. Ils avaient forci au-delà du raisonnable. Les culottes de Ramon éclatèrent comme un ballon.

— Donne, dit Paquito.

Il mettait des lunettes pour coudre. Christine et Luis-Miguel entrèrent au moment où il tâchait d'enfiler son aiguille, en tirant la langue.

— Christine, dit Luis-Miguel, rends-toi utile.

— Mais, dit Christine, je n'ai jamais tenu une aiguille de ma vie.

Luis-Miguel la regarda : il y avait de la haine dans ses yeux.

Les matadors s'habillent d'ordinaire à leur hôtel, avant d'aller à la corrida. Ils avaient préféré passer leur costume de travail à Arles même. Cela faisait des mois qu'ils ne l'avaient pas mis. Ils voulaient s'y habituer à nouveau.

Jesus était encore en costume de ville.

— Qu'est-ce que tu attends ? demanda Bricole, qui servait de femme de chambre.

Jesus rougit. Il n'avait pas l'habitude d'enlever ses pantalons devant les dames. Christine surprit son regard.

— J'en ai vu d'autres ! dit-elle en roucoulant.

Jesus, en chemise, manquait de panache. Il tournait entre ses mains une manière de plat creux en aluminium.

— Qu'est-ce que c'est que cette chose ? demanda Christine.

— C'est pour lui protéger les parties, dit Bricole avec agacement, tout en plaçant la coquille sous le slip de Jesus.

— C'est ingénieux, dit Christine en étouffant un rire.

Luis-Miguel, allongé sur le lit, regardait le plafond et feignait de ne rien entendre.

Tant bien que mal, Ramon était entré dans sa culotte.

Il essaya le bolero : il ne pouvait pas rabattre les bras. Il avait l'air d'un supplicié subissant le carcan.

— Attends, dit Bricole, je vais donner un coup de rasoir le long de la couture...

— Ça se verra.

— Pendant le paseo, tu cacheras la fente sous ta cape. Et après, ça n'aura plus d'importance. Ce qui compte, c'est que tu sois à ton aise...

Pendant que Bricole cisaillait son beau costume, Jesus glissait des journaux sous sa chemise.

— Comme c'est curieux, dit Christine, vous avez peur d'avoir froid ?

— Non, dit Jesus, j'ai peur de mourir...

Christine modula son rire le plus mondain.

— C'est une manie, dit-elle. Vous n'arrêtez pas de parler de la mort.

Luis-Miguel n'entendait toujours rien. Jesus continuait de se matelasser de vieux journaux et se sentait à l'abri comme sous une cotte de mailles.

Patraque entra et dit :
— Luis-Miguel, c'est l'heure...
Christine saisit son carnet de croquis.
Les autres s'étaient habillés avec une lenteur rituelle. Caravaca, lui, enfilait ses bas comme un joueur de football arrivé en retard au vestiaire.
Quand Patraque avait viré Christine de la chambre, il n'avait même pas levé les yeux.

En cinq minutes, Luis-Miguel était habillé. Il n'avait jamais porté auparavant le traje de luces. Celui qu'il venait d'endosser avait ses ors ternis. Il était reprisé, avachi, minable. Luis-Miguel était superbe.
Paquito enleva ses lunettes pour dire :
— Tu es beau.
— Ze sais, dit Luis-Miguel.
Il était complètement habillé mais restait encore pieds nus.
— Mes zapatillas ! réclama-t-il en faisant claquer ses doigts.
Ils s'entre-regardèrent : on avait oublié les zapatillas. Bricole dit :
— Combien chausses-tu ?
— Ze ne sais pas, dit Luis-Miguel.
Paquito s'agenouilla et prit le pied droit de Luis-Miguel dans sa main.
— Pied de fille, dit-il.
Cela compliquait le problème. Aucun des matadors cantonnés à Arles n'avait un pied pareil.
Luis-Miguel haussa les épaules et enfila ses espadrilles. Même en pantoufles, il avait l'air d'un demi-dieu.

On peut toréer en espadrilles et même pieds nus, mais il vaut mieux toréer avec un picador.
Ils se souvinrent qu'ils n'en avaient pas au moment où le Grand Plumet entrait dans la pièce.
— Ze m'en passerai, dit Luis-Miguel.
Plumet se pencha à l'oreille de Bricole.
— C'est maintenant que je le frappe ? demanda-t-il.
— Espère un peu, murmura Bricole.
Patraque examinait Plumet en silence. Il tâta d'un air satisfait ses énormes biceps :
— Tu ne veux pas faire le picador ? demanda-t-il.
— Je ne l'ai jamais fait, dit Plumet.
— Eh bien, dit Patraque, c'est une occasion d'apprendre...
La proposition de Patraque tentait le Grand Plumet. Au cours des tientas, à Méjanes ou ailleurs, il avait déjà piqué de tout jeunes taureaux. N'ayant aucune imagination, il ignorait la peur. Mais c'était un homme de devoir. Il devait assommer Luis-Miguel avant toute chose.

Il consulta Bricole du regard. Il tendait la main vers Luis-Miguel. Il s'immobilisa.

— Habille-toi, avait dit Bricole en clignant de l'œil, je me charge du reste. Paquito va t'aider.

— Tu crois que le costume sera à ma taille ?

— C'est celui d'El Pimpi, dit Bricole... Il est encore plus grand que toi...

— El Pimpi ! s'écria le Grand Plumet. Le picador de Manolete !

Il riait tout seul en enlevant sa chemise. Il était velu comme un ours.

— Vous vous décidez ! dit Christine, qui se morfondait dans le bar.

Personne ne lui répondit.

— Mais qu'est-ce que vous avez, à la fin ? demanda-t-elle. Vous avez tous des têtes d'enterrement.

Paquito, Ramon et Jesus firent le signe de croix. Bricole avait rempli de rhum les verres à apéritif.

Le Prince poussa la porte. Il était hirsute, rouge, suant.

— Ça y est, dit-il, j'ai réussi à la faire partir. Profitez-en...

Sa voiture avait des pneus neufs, mais elle avait trop souffert pendant la guerre, du temps où elle marchait au gazogène. Le moteur n'avait jamais pu s'en remettre complètement.

— Nous avons le temps, dit Bricole.

— Il est midi... Avant qu'on soit à Marseille !

— Il ne faut pas trois heures pour faire cent kilomètres.

— Va savoir ! dit le Prince.

Bricole, lui, savait. Il ne connaissait rien aux poisons, et à part le bicarbonate de soude, il ne voyait pas ce qu'il aurait pu donner à Luis-Miguel pour le rendre malade. Par contre, il avait suffisamment de connaissances mécaniques pour bricoler un moteur. Il n'y était pas allé par quatre chemins. Il avait mis une livre de sucre dans le réservoir à essence. Ils n'iraient pas loin. Il se sentait ragaillardi à l'idée d'avoir sauvé la vie à Luis-Miguel.

— Le coup de l'étrier, dit-il.

— Le verre du condamné à mort, dit Caravaca.

Patraque éclata de rire, pour la deuxième fois en quinze jours.

— Qu'est-ce qui te prend ? demanda Bricole.

Le rire de Patraque n'avait aucune férocité. Il était cordial, ironique à peine, affectueux. Les cadors avaient reposé leur verre et cherchaient à comprendre. Patraque avait posé la main sur la nuque de Luis-Miguel.

— Avoue que tu as eu peur, dit-il.

— Z'ai toujours peur, dit Luis-Miguel.

— Ne t'en fais pas, dit Patraque, j'ai tout arrangé. Mon ami voulait simplement ton nom sur l'affiche. Je lui ai téléphoné que tu avais attrapé une pneumonie.

— Ze me porte bien, dit Caravaca.

Les cadors riaient à leur tour, et Ramon le plus fort, au risque de faire éclater à nouveau ses culottes. Ils étaient soulagés et regardaient Patraque avec tendresse, en pensant qu'il n'y avait pas plus brave que lui sur la terre.

Luis-Miguel n'avait pas bronché.

— Qui tuera mes taureaux ? demanda-t-il.

— Moi ! dit Ramon.

— Moi ! dit Jesus.

— C'est un détail, dit Patraque.

Il secouait la tête de Luis-Miguel et commençait à s'étonner de ne pas le voir sourire.

— Tu es content... Tu préfères ça...

Christine tapa du pied.

— J'aimerais qu'on m'explique !

— Vous ! dit Patraque, retournez à votre bordel !

— Mais, protesta Christine, j'ai mon billet pour la corrida. Je veux applaudir Luis-Miguel. Il m'a promis les deux oreilles...

— Puisqu'on vous dit que Luis-Miguel est malade. On vous le laisse. Soignez-le bien.

Luis-Miguel n'avait pas encore bu son verre. Il le vida d'un trait et dit :

— Ze vais avec vous.

— Ce n'est pas possible, dit Patraque. Tu es malade, tu es très malade... Va vite te coucher.

— Ze ne suis pas malade, dit Luis-Miguel d'une voix douce, et ze veux tuer mes taureaux...

Il n'y avait pas à s'y tromper : il parlait sérieusement.

— Dépêchons-nous, ajouta-t-il, nous allons être en retard.

— Mais, dit Bricole, tu es fou !

— Oui, dit Caravaca. Ze suis fou et ze t'emmerde.

— Mon amour ! dit Christine en se jetant dans ses bras.

La porte s'ouvrit.

— Bonjour, dit Rosette.

Rosette était sarrasine d'allure et passionnée de cœur. Seule, la peur du ridicule l'avait empêchée de tuer Luis-Miguel quand il lui avait préféré la Parisienne aux cheveux de paille. Digne et hagarde, elle allait tous les jours à son travail, mais son exaltation avait déréglé ses réflexes professionnels. Jamais le standard n'avait fonctionné de façon aussi primesautière. Qui demandait son propre domicile s'entendait répondre que le numéro n'existait pas. Qui réclamait Paris obtenait Perpignan après cinq heures d'attente.

L'administration provençale est tolérante pour les chagrins d'amour, et les usagers au courant de la détresse de Rosette attendaient patiemment son suicide ou sa guérison.

Quand la photo de Luis-Miguel parut dans la presse, elle cessa de venir au bureau et le receveur, qui savait ce que c'était que les égarements du cœur, lui fit obtenir un congé de longue maladie.

La famille de Rosette exultait :

— Je te l'avais bien dit, clamait son père, les Espagnols sont tous les mêmes !

— Je suis bien contente, disait sa mère. Il n'y a jamais eu d'Espagnols dans la famille.

Ils manquaient de tact et d'intelligence. L'affront que Rosette avait subi lui aurait peut-être permis de se libérer du penchant qu'elle éprouvait pour Luis-Miguel. Mais la satisfaction de ses proches exaspérait son amour-propre.

Elle résolut de reconquérir son amant et acheta un revolver à crédit, dont elle paya le premier versement avec l'argent des assurances sociales. Tout Arles sut aussitôt qu'elle était armée et attendit le dénouement avec délectation. De l'avis général, Luis-Miguel n'avait plus que quelques jours à vivre. Il périrait par la corne ou sous les balles. Les soirées d'hiver en furent égayées.

Rosette, cependant, tardait à passer à l'action. Les Arlésiens se partageaient en deux clans : ceux qui pensaient qu'elle tuerait son homme, ceux qui estimaient qu'elle se raviserait au dernier moment. Bob, le patron du bar de la Poste, avait organisé sur ce thème une manière de Sweepstake. On donnait Caravana assassiné à trois contre un.

Rosette n'avait pas agi parce qu'elle s'imaginait que Luis-Miguel renoncerait au dernier moment à risquer sa vie dans l'arène. Elle croyait le connaître et pensait qu'il aurait tellement honte qu'il viendrait chercher consolation auprès d'elle.

Il se serait jeté à ses pieds.

— Ze suis un lâche, aurait-il dit.

— Je t'aime, aurait-elle répondu.

Le dimanche à midi, il n'était pas encore venu demander son pardon. Elle passa son manteau en mouton doré, mit son revolver dans son sac.

Luis-Miguel s'était placé devant Christine. Il souriait.

— Ze suis bien content de te voir, dit-il.

— Je suis venue pour te tuer, dit Rosette.

— Zustement, dit Caravaca.

Bricole, soudain, eut honte de lui. Il était déçu que Rosette n'ait pas encore tiré. C'était comme la fois où Albert Lambert fils avait eu un trou de mémoire dans *Ruy Blas*, au moment du « Bon appétit, messieurs ». Ça fichait la scène en l'air. Il se ressaisit.

— Voyons, Rosette, dit-il, c'est un malentendu...

Il était passé de l'autre côté de son bar et marchait vers la criminelle, le ventre en avant. Elle ne se débattit pas quand il lui enleva l'arme des mains. Elle se mit à pleurer.

Le Grand Plumet lui tendit son verre :

— Il ne faut pas se mettre dans des états pareils, dit-il.

Caravaca posa les mains sur les cheveux de Rosette, sanglotante.

— Ze te demande pardon, dit-il. C'est la fatalité...

— Alors, demanda Christine, on s'en va ?

Ce fut Patraque qui se chargea de lui donner la paire de gifles qu'elle méritait.

— Merci, dit Luis-Miguel.

— Y'a pas de quoi, dit Patraque.

Rosette, soudain, s'était arrêtée de pleurer. Elle leva vers Luis-Miguel un regard où il n'y avait ni détresse ni colère.

— Luis-Miguel, dit-elle, tu sais que j'attends un petit...

— Ne la crois pas ! ricana Christine.

D'un revers de main, il l'avait écartée. Il était très calme.

— C'est une bonne nouvelle, dit-il.

— Tu trouves !

— Ton père, il sera obligé de donner le consentement.

Patraque mit dans sa voix toute la tendresse qu'il réprimait depuis cinquante ans.

— Tu vois bien, dit-il, qu'il faut que tu restes.

Tous les cadors souriaient.

— Oui, il faut que tu restes, dit Paquito.

Le Grand Plumet broyait la main de Caravaca dans la sienne avec une pétulance de garçon d'honneur.

— Félicitations, disait-il... Ce sera un fils, bien sûr. Comment tu vas l'appeler ?

Caravaca eut un sourire plein de gentillesse.

— Nous verrons à mon retour. Allez, en route.

— Tu y vas quand même ! rugit Rosette.

— Il faut, dit Luis-Miguel. Le point d'honneur, il est fixé...

Puis ses yeux se mirent à la verticale et il dit, en s'efforçant à l'enjouement :

— *A los toros !*

Rosette ne se souvint qu'après leur départ qu'elle était venue porter à Patraque un télégramme à remettre en main propre. Elle le déchira.

Le Prince était au volant, Patraque à sa gauche, Bricole à sa droite. Caravaca et Christine étaient à l'arrière, serrés l'un contre l'autre, mais ils regardaient droit devant eux et se haïssaient en silence.

Ramon et le Grand Plumet feignaient de contempler le paysage.

Sur les strapontins, Paquito et Jesus, les genoux serrés, pensaient que la vie est une belle connerie et remettaient leur destin à la miséricorde de la Vierge.

Ils traversaient la Grau. Christine parla de Van Gogh au milieu de l'indifférence générale. Ils approchaient de Salon. Le moteur se mit à tousser.

Bricole poussa un soupir de soulagement.

9

Où l'heure de la vérité sonne, avec trois quarts d'heure de retard.

Le moteur toussa, mais ne cessa de tourner.

— C'est la panne ? demanda Bricole avec espoir.

— Non, dit le Prince. Elle est dure à mettre en route, mais une fois qu'elle est lancée, c'est rare qu'elle s'arrête...

Désespérément, Bricole tendit l'oreille. La Panhard et Levassor modèle 33 digérait le sucre. Sa tuyauterie était comme celle de Paquito : il lui était passé tant de saloperies dedans qu'elle assimilait n'importe quoi. Le Prince dit :

— Jamais elle n'a si bien marché...

Alors Bricole s'abandonna. Il avait tout fait pour éviter la tragédie. Mais du moment qu'elle était inévitable, autant la savourer dans ses moindres détails.

Patraque était impassible, mais il était le seul à lutter contre la fatalité. Par tous les moyens, même les plus humbles. A Salon, il eut envie de faire pipi.

— Si je l'arrête, dit le Prince, elle ne repartira plus.

— Arrête-la, dit Patraque.

Elle repartit au premier coup de démarreur.

Arrivé à l'Étang de Berre, Patraque exigea un nouvel arrêt pour admirer le paysage. Cela ne s'imposait absolument pas : on ne voyait que des cuves d'essence au creux de collines brûlées par le froid.

Il fallut cette fois employer la manivelle pour faire démarrer la Panhard. Elle partit au quart de tour. La fatalité était en marche.

Elle fit une dernière halte sur le Vieux-Port, où Patraque tint absolument à serrer la main d'un ami de prison établi restaurateur depuis peu. Celui-ci voulut à tout prix les retenir à déjeuner. Ils n'avaient faim ni les uns ni les autres.

— Vous me faites un affront, dit l'ami de prison.

Il ordonna qu'on préparât un panaché de coquillages.

L'ouvreur de moules avait les doigts gourds. Les cadors arrivèrent à la Plaza avec une demi-heure de retard, la Panhard ayant fait cette fois beaucoup de manières.

Ils crurent s'être trompés de jour. Il n'y avait personne dans le Parc Chanot. En haut des marches, Nature, emmitouflé dans un manteau en poil de chameau, allait et venait en se frappant les pectoraux pour se réchauffer.

— Tu n'as pas reçu mon télégramme ? dit-il à Patraque.

— Quel télégramme ?

— C'est un monde, bougonna Nature, on m'avait pourtant promis de te le remettre en main propre !

— Qu'est-ce que tu me disais dans le télégramme ?

— Je te disais de pas te déranger. J'annule la réunion. Il fait trop froid. Il y a à peine trente personnes.

— Mais... dit Patraque.

— Tout le monde sera payé. Tu me connais : je suis un garçon régulier. Mais je ne vois pas pourquoi je ferais tuer six taureaux superbes pour trente couillons, qui ont des billets de faveur pour la plupart.

Paquito lui-même sentit un grand bien-être l'envahir.

— Venez dans mon bureau, dit l'organisateur, c'est le seul endroit chauffé de la baraque et il vaut mieux qu'on ne vous voie pas.

Nature, malgré ses dents en or et sa bague de platine, était un grand seigneur.

D'abord il invita Christine à s'asseoir et ne prit place à son bureau qu'après qu'elle se fut installée dans un fauteuil de cuir qui mettait ses jambes en valeur. Puis il offrit des cigares à tout le monde. Enfin il sortit son carnet de chèques et dit à Patraque :

— Je te règle tout à toi, ce sera plus simple...

Tant de grandeur et de simplicité était bouleversant.

— Écoute, dit Patraque. Étant donné les circonstances, il est normal que je te fasse un prix. Tu nous paies les frais, tu mets un petit quelque chose en plus pour le dérangement et ça va comme ça. Vous êtes bien d'accord ?

Ils étaient d'accord, évidemment.

— Il n'en est pas question, dit l'organisateur. Ce qui est dit est dit.

Paquito avait les larmes aux yeux. En trente ans de tauromachie, il n'avait jamais rencontré un empresa pareil.

— C'est bien dommage tout de même, dit Christine, que la course n'ait pas lieu. Je m'en faisais une telle fête.

— Je suis navré, dit galamment Nature.

— T'occupe pas de cette tordue, dit Patraque, perdant toute retenue, elle nous casse les amandons...

Christine agita les paupières et croisa les jambes. Nature signa le chèque et le tendit à Patraque.

— Au nom de tous mes amis... commença Patraque.

Il ne put aller plus loin. Luis-Miguel avait toussoté, et d'une voix enrouée par l'émotion, mais qui exprimait une résolution inébranlable, avait dit :

— Excusez-moi, ze ne suis pas d'accord.

— Qu'est-ce que tu veux dire ?

— Ze suis venu pour tuer des taureaux. Ze veux tuer des taureaux...

— Bravo ! dit Christine.

« Merde ! » pensa Paquito.

Les trente couillons, sous la verrière de la Salle des Fêtes, battaient la semelle sur le ciment autant pour se réchauffer que pour manifester leur impatience. Cela faisait près d'une heure qu'ils languissaient. Les trente couillons étaient d'ailleurs une centaine.

Barule, fondé de pouvoir de Nature, attendait des instructions pour annoncer que la corrida était renvoyée en raison des circonstances atmosphériques. Pour calmer les esprits, il faisait jouer sans arrêt des valses viennoises sur le pick-up.

La Salle des Fêtes était triste comme un hall de gare un jour de grève de chemin de fer. Il y régnait une lumière d'aquarium. Un air glacé tombait de la verrière. Entre chaque danse, Barule, de sa voix la plus dorée, faisait passer consciencieusement des annonces publicitaires.

— Ils ont bouffé du lion... Non ! Ils ont mangé du chocolat !

— Le pastis Pec... Pastis Impec...

Puis il faisait avec ses lèvres un bruit goulu :

— Ah ! qu'il est bon le flan alsacien... le bon flan de nos grand-mères...

La veille encore, on patinait sur la piste. Dans la nuit, Nature avait fait vider sur le ciment quelques tombereaux d'un sable gris et mouillé où brillaient des débris de coquillages. La peinture de la barrière n'était pas encore sèche.

Les premiers rangs étaient à quinze cents francs. Il n'y avait personne au début. Mais les spectateurs étaient descendus du haut des tendidos et Barule n'avait pas osé s'interposer.

Il commençait à s'inquiéter de l'absence de Nature. Maître Broquille allait et venait dans le callejon, en grognant comme un bébé à qui on n'a pas donné son biberon à l'heure. Il n'avait pas déjeuné.

Une voix cria :

— Remboursez !

— Esquimaux glacés ! criait sans conviction la marchande.

Elle n'en avait pas encore vendu un seul. Nature parut, le teint vert, le cigare éteint.

Garaman, le manadier, se jeta sur lui.

— Mes taureaux, dit-il, sont là. Et même si tu annules la course, j'ai pas l'intention de les ramener. Je veux mon argent... Je veux mon argent... Tu entends ce que je te dis ?

Nature l'écarta de son chemin sans répondre.

— Fais jouer *Carmen*, dit-il à Barule. On va commencer...

— Mais...

— Dépêche-toi.

Barule s'affolait.

— Je n'ai pas le disque, dit-il.

— Mets-en un autre. Quelque chose d'entraînant.

Ce fut aux accents de la *Marche de Ménélik* que se déroula le paseo : le paseo le plus étrange qu'on ait jamais vu. Luis-Miguel marchait au centre, en espadrilles, Ramon à sa droite, Jesus à sa gauche. Paquito suivait, seul à son rang : il symbolisait tous les peones.

Le Grand Plumet venait ensuite sur un cheval de corbillard, osseux et le poil hérissé par le froid. Ses étriers touchaient presque le sol. Il était, à lui seul, tous les picadors.

Un percheron fermait la marche, tenu en bride par un chulo en pardessus et en chapeau mou.

Il y eut un moment d'indécision. Les matadors avaient traversé l'arène et cherchaient la présidence du regard.

— Qui c'est, le président ? demanda Patraque à Nature.

— Quel président ? Je ne suis pas au courant...

— Il faut un président, pour une course.

— A quoi il sert ?

— A rien, mais c'est la règle, dit Bricole.

— Tu aurais pu le dire plus tôt. C'est pas les présidents qui manquent. Rien que pour mes élections de reines de beauté, j'en fais une consommation terrible.

Patraque se dévoua.

— Viens avec moi, dit-il à Bricole.

On leur fit la courte échelle. Ils s'installèrent au premier rang, juste en face du toril. Ramon, Jesus et Luis-Miguel, la main sur la montera, s'inclinèrent très bas.

Bricole et Patraque se découvrirent.

— Alors, dit Garaman, j'envoie le premier taureau ?

— Envoyez ! dit Nature. Et qu'on en finisse...

— Mais, monsieur, disait Christine, c'est ma place !

Le Prince la regardait d'un air paterne. Il désigna la place libre à côté de lui.

— *Asseta te aqui* [1], dit-il.

Christine tapa du pied.

— J'ai loué cette place, dit-elle. Je n'en veux pas d'autre.

— Eh bien, dit le Prince, conciliant, asseyez-vous sur mes genoux...

— Goujat ! dit Christine.

Le Prince remonta le col de son pardessus et alluma une cigarette.

Le premier taureau venait de sortir. Bricole passa la main entre sa chemise et son cou.

— Je me demande, fit-il, si mon cœur pourra tenir jusqu'à la fin.

Patraque avait fermé les yeux.

1. Assieds-toi là.

C'était un taureau grand et maigre, tout en os et en toison, avec des cornes en forme de lyre, et longues, et pointues.

— En principe, dit Ramon, il est pour moi.

— Si tu veux, je le prends, dit Jesus.

— Non, laisse-le-moi. Lui ou un autre...

Bricole se pencha à l'oreille de Patraque.

— Ton ami Nature, tout de même, il aurait quand même pu lui faire un peu scier les cornes...

— Excuse-le, dit Patraque. Il connaît pas le métier.

Paquito, déjà, s'avançait, la cape ouverte. Il s'arrêta soudain : le pick-up, maintenant, jouait *la Marseillaise*.

Barule n'avait jamais organisé de corrida, mais, il y a quelques années, il en avait vu une à Béziers. Il se souvenait très bien qu'avant de commencer on jouait *la Marseillaise*, et il tenait à respecter l'ordre de la course dans toute la mesure de sa faible compétence.

Le taureau était sorti pendant qu'il avait le dos tourné pour placer le disque.

Les spectateurs se mirent au garde-à-vous. Les matadors aussi.

Et le taureau de même. En tout cas, il s'immobilisa, le mufle levé.

Ce fut un joyeux moment.

Patraque avait perdu tout son flegme.

— Arrête ça, nom de Dieu ! hurlait-il.

Barule coupa le courant juste après le « abreuve nos sillons ». Les cent couillons se rassirent. Ils riaient fort.

Ramon avait fait signe à Paquito de s'éloigner. Il marcha vers la bête. On le reconnut à son derrière. Le public était composé uniquement d'aficionados et il fallait que leur aficion fût robuste pour qu'ils aient bravé une température pareille. La plupart connaissaient Ramon ou en avaient entendu parler.

Le Prince frappa sur les cuisses de Christine.

— Ça va être une belle partie de rire ! dit-il.

Ce taureau famélique surgi de l'hiver camarguais ne semblait avoir aucune idée de ce qu'on attendait de lui. Le froid, sans doute, lui avait enlevé tout courage. A mesure que Ramon s'avançait vers lui, il reculait, calquant son allure sur la sienne.

Ramon cambra le torse et frappa du pied. Son adversaire sursauta comme si on lui eût tiré du revolver aux oreilles. Désormais, il fut inapprochable. Il ne se contentait plus de reculer, il fuyait au galop, suivi de toute la cuadrilla.

Bricole se pencha à l'oreille de Patraque.

— Il faudrait peut-être sonner les piques...

— Avec quoi ? demanda fort justement Patraque.

Barule disposait d'un *Pas redoublé du 27e régiment de chasseurs alpins*. Il en fit passer quelques mesures sur le pick-up.

Le Grand Plumet parut. Il parlait à l'oreille de sa monture et lui disait beaucoup de choses gentilles et rassurantes.

Ce fut un curieux ballet. Mis en présence, le cheval du Grand Plumet et le taureau de Garaman refusèrent d'être présentés l'un à l'autre et détalèrent dans des directions opposées. De temps à autre ils se retrouvaient face à face et détalaient de plus belle.

Les cent couillons ne regrettaient pas d'être venus. Le rire leur tenait chaud. Seul maître Broquille faisait la grosse colère. De temps à autre, il enlevait ses lunettes et les essuyait avec les pans de sa cravate.

— C'est un scandale, hurlait-il, c'est une dérision, c'est une pantalonnade !

— Le pauvre, dit Patraque, il va peut-être mourir d'apoplexie !

Le moment des banderilles ne manqua pas de pittoresque. Le Grand Plumet était sorti de la piste sans avoir pu, évidemment, hasarder le moindre refilon. Son cheval était en sueur et vacillait sur ses jambes. Il ne devait pas avoir trotté de la sorte depuis la Libération, ou peut-être même avant la guerre.

— Où sont les bâtons ? demanda Paquito par-dessus la barrière.

Nature le regarda sans comprendre.

— Quels bâtons ?

— Les banderilles...

— Je croyais que vous en portiez avec vous...

— Mais non, c'est à l'empresa de les fournir.

— Où veux-tu que je les prenne ?

Les cent couillons recommençaient à avoir froid.

— Qu'est-ce qu'on attend ? dit quelqu'un.

— Voilà ! dit Paquito.

Dressé sur la pointe des pieds, la pomme d'Adam menaçante, Paquito tâchait d'attirer l'attention du fauve. Il n'avait rien dans les mains, mais il y avait tant de conviction dans son attitude que personne ne songeait à rire. Le simulacre aurait été applaudi, mais le taureau ne voulait absolument pas jouer. Le vieux bonhomme, visiblement, l'intimidait moins que Ramon ou le Grand Plumet et sa rosse. Il ne détala pas à son approche, mais refusa catégoriquement de se rendre à son invitation. Les sabots cloués au sol, il le regardait évoluer gracieusement autour de lui, mais demeurait insensible à tant de séduction.

— Nom de Dieu, dit soudain Patraque, on a oublié les épées sur le toit de la voiture...

On dépêcha Barule. Pendant cinq minutes il ne se passa rien. Le taureau s'était pris de querencia contre la barrière, l'arrière-train tourné vers le public. Les matadors battaient la semelle.

— J'ai honte, dit Paquito.

Les cent couillons affirmaient à haute voix qu'on les avait pris pour des imbéciles et parlaient sérieusement de mettre le feu pour se passer les nerfs.

Enveloppé dans sa cape, Luis-Miguel se désintéressait de ce qui se passait autour de lui. Il avait mis ses yeux en position intermédiaire et fumait son cigare avec indifférence.

De sa place, Christine lui envoyait des sourires qu'il affectait de ne pas voir.

Maître Broquille, écumant, s'approcha de lui.

— C'est une infamie ! dit-il. Ils verront le papier que je vais leur écrire ! Des gens pareils, il faudrait les mettre en prison !

— Vous avez vu, dit placidement Luis-Miguel, vous vous êtes mis de la peinture sur le beau costume.

Effectivement, en s'appuyant sur la barrière, maître Broquille avait abîmé son costume des dimanches, qui portait de-ci de-là de grandes balafres rouges comme des traînées de sang.

— Il ne manquait plus que ça ! dit-il. Qu'est-ce que je vais entendre à la maison !

Il avait sorti son mouchoir, l'humecta de sa salive et, avec des gestes maladroits, il essayait d'enlever les taches.

— Il faudrait de l'essence, dit Luis-Miguel.

Enfin les épées et les capes étaient arrivées. Ramon consulta Paquito.

— Qu'est-ce que j'en fais ? demanda-t-il.

— Tue-le vite et n'importe comment, dit Paquito.

C'était la première fois de sa vie qu'il donnait un conseil semblable. Il était de ceux qui s'obstinent à penser qu'avec le taureau le plus manso il y a possibilité, toujours, de faire quelque chose.

— Si j'essayais quelques passes de châtiment ? demanda Ramon.

Paquito haussa les épaules. Comment châtier un taureau qui vous présente obstinément son derrière ?

— Assassine-le, dit Paquito. Dans le cou, au passage... L'important, c'est qu'il meure.

Mais le taureau ne voulait pas mourir du tout. D'abord il se mit à courir. Ramon, Jesus et Paquito le poursuivirent en lui lançant des insultes et des gentillesses, qui ne paraissaient l'émouvoir ni les unes ni les autres. Il allait et venait dans tous les sens comme une reine sur un jeu d'échecs que des fous n'arrivent pas à mettre mat.

Le Grand Plumet descendit de sa rosse et se joignit à eux.

— Il y a qu'une chose à faire, dit-il. Je vais vous le tenir. Barrez-lui la route, je le prends par la queue.

La bronca qui grondait tout à l'heure avait fait place au fou rire. C'était la plus belle charlotade qu'on ait jamais vue. Alors le taureau fit la seule chose qui restait à faire au moment où le Grand Plumet allait l'atteindre : il sauta par-dessus la barrière, juste à côté de maître Broquille, qui n'eut que le temps de passer sur la piste. Caravaca, lui, n'avait pas bougé. Les cent couillons hurlèrent au dernier moment.

Luis-Miguel lui secoua la cendre de son cigare sur les naseaux. Les cent couillons se turent.

Posément, Luis-Miguel écrasa son cigare sur le frontal de la bête.

— J'ai vu plus de douze cents corridas, dit un amateur éclairé, mais des banderilles de feu de ce genre, j'en ai jamais vu !

Une brûlure de cigare ne suffit pas à transformer une chèvre homicide en taureau de combat. Elle réveilla néanmoins le fauve qui sommeillait en cet animal domestique et les dernières minutes de la course ne manquèrent pas d'allegria.

Le taureau, maintenant, fonçait sur tout ce qui se présentait devant lui avec une pétulance de cocardier. Il ruait, gambadait, se trémoussait. Il n'y avait pas moyen d'entrer a matar.

— Qu'est-ce que je fais ? demanda Ramon.

— Dans le cou ! hurla Paquito, l'écume aux lèvres et hors de souffle.

Ramon était un matador discipliné. Puisqu'il ne pouvait pas prendre ce taureau de face, il n'avait qu'à le prendre carrément de côté.

— Tourne-le pour moi, dit-il à Jesus.

Jesus courut au taureau en venant de la droite. Au moment où le taureau chargeait, Ramon surgit de la gauche et enfonça son épée dans le cou.

La lame ressortait de l'autre côté.

L'amateur éclairé se prit la tête à deux mains.

— J'en ai vu, des estocades à traversade, mais comme celle-là, jamais !

— C'est le toreo moderne ! ricana un autre amateur éclairé.

Et il se mit à hurler :

— Au lieu de tuer des taureaux, vous feriez mieux d'aller racler des saucissons !

Le sens de cette injure n'est pas clair. Mais dans la bouche de celui qui la disait, elle paraissait nettement infamante.

Cent couillons mécontents sous une verrière, cela fait du bruit. Les chaises de jardin commençaient à pleuvoir.

— Joue-leur de la musique, dit Nature à Barule.

Le taureau finit cependant par mourir, et pendant que le percheron de service l'emmenait, Ramon courait derrière en criant :

— Mon épée ! Mon épée ! Vous allez me la tordre !

10

Où quinze couillons se lèvent, se découvrent et se taisent.

Les cent couillons n'étaient plus que quinze. A chaque taureau, il en partait une vingtaine. Le premier n'en avait découragé que deux ou trois : son naturel facétieux lui avait même valu la sympathie de certains.

Le deuxième lassa la patience la plus indulgente : il n'était ni drôle, ni dramatique. Il était ennuyeux. Il ne manifesta un peu de personnalité qu'au moment de mourir et quand il consentit à tomber il avait en différents endroits du corps cinq ou six épées que Jesus avait enfoncées avec vaillance mais au petit bonheur et qui semblaient ne pas l'affecter outre mesure.

Le troisième revenait à Caravaca. Il était somnolent.

— Laisse-nous faire, dit Paquito.

Le public, qui était venu pour Luis-Miguel, criait :

— Maestro !... Maestro !

Ils ne crièrent pas longtemps. Le taureau était en place et cadré dès sa sortie du toril. Pourquoi l'abîmer ? Paquito avait pris la direction des opérations. Il fit signe au Grand Plumet qu'il pouvait se passer de piquer. Il renonçait lui-même à faire semblant de poser des banderilles. Ramon, Jesus et lui étalèrent leur cape sous le mufle du fauve. Il baissa la tête, offrant son morille.

— Qu'est-ce que tu attends ? dit Paquito.

— Ze ne l'ai pas brindé, dit Luis-Miguel.

— Il en vaut pas la peine.

A regret, Luis-Miguel se profila.

— Et maintenant, quoi ? demanda-t-il.

— Vas-y ! grogna Paquito.

Luis-Miguel leva les yeux vers la verrière et avança le bras comme un aveugle qui tâte le terrain avec sa canne blanche.

— Pousse, dit Paquito.

Luis-Miguel poussa l'épée, qui dut s'enfoncer de cinq centimètres. Il la lâcha précipitamment, et le taureau la rejeta comme on chasse une mouche.

— Ze n'y arriverai zamais ! dit Luis-Miguel.

Quinze fois il avança le bras ; quinze fois il lâcha l'épée.

Les couillons n'avaient plus de voix et avaient épuisé leurs ressources d'indignation. Ils ne protestaient même plus.

Paquito dit :

— Fais-toi bousculer.

Luis-Miguel le regarda sans comprendre.

— Ramon et Jesus, poursuivit Paquito, ouvrez bien vos capes, que ces cocus ne voient pas ce qui se passe... Toi, tu fais semblant d'y aller, et à la sortie tu tombes par terre... Et puis tu te tiens le ventre en faisant la grimace et on t'emmène à l'infirmerie...

— Ce n'est pas honnête, dit Luis-Miguel.

— Et merde, con ! dit Paquito. Tu fais ce qu'on te dit !

Luis-Miguel leva les yeux, poussa, et cette fois ne lâcha pas l'épée. Elle entra presque aux deux tiers. Le taureau tomba quelques secondes plus tard.

— Ze ne l'ai pas fait exprès... Ze ne l'ai pas fait exprès, répétait Luis-Miguel.

— Tu as pas besoin de le dire, dit Paquito.

L'exode commença au quatrième taureau. Ramon, pourtant, n'avait jamais été aussi drôle. Mais ils n'étaient plus assez nombreux pour rire.

Quant à Jesus, il faillit pleurer. Avec une bête distraite, il avait réussi à la cape trois véroniques presque liées et à la muleta deux naturelles enchaînées qui ne manquaient pas de moelleux. Une bonne demie et un descabello réussi avaient achevé la faena.

— On devrait lui donner l'oreille, suggéra Bricole.

— Une autre fois, dit Patraque. Il n'y a pas assez de monde.

De la talanquera, maître Broquille hélait Jesus.

— Petit, dit-il, tu m'as plu... Je l'écrirai dans le journal...

Jesus regarda Broquille avec les yeux de quelqu'un à qui la Sainte Vierge vient d'apparaître et qui se demande s'il doit se mettre à genoux ou joindre les mains.

Barule, pour la dernière fois, mit en route le pas redoublé qui marquait les changements de suerte et les entrées des taureaux. Cette fois, il n'en laissa pas seulement les premières mesures. De saisissement, il le laissa jouer jusqu'au bout : le taureau qui venait d'entrer était blanc. Une peau de yaourt avec des yeux de jambon cuit.

Les quinze couillons eurent vaguement l'impression qu'ils avaient bien fait de rester.

Jesus était revenu de son extase et courait vers la bête. Caravaca avait enlevé ses espadrilles. Il les jeta par-dessus la talanquera et se mit à hurler :

— *Fuera ! Fuera !* Celui-là, ze le veux pour moi tout seul !

— Qu'est-ce qui lui prend ? demanda Bricole.

— Il a tourné jobastre, dit Patraque.

Le Prince se frotta les yeux.

— *Maï es pas poussible... es Nagrito* [1]...

1. Mais ce n'est pas possible, c'est Negrito !

Christine cessa de se mettre du rouge à lèvres.
— Enfin il se décide, dit-elle d'un ton pincé.

Maître Broquille ne songeait plus aux taches de son costume. Les deux bras par-dessus la barrière, il couvait la bête du regard. Enfin un taureau selon son cœur : de poids, de pouvoir et d'armure.
— Laisse-le courir ! hurla-t-il.
Mais Luis-Miguel n'entendait rien. Luis-Miguel n'y était plus pour personne. Il s'était absenté de lui-même. Il était devenu son propre ange gardien et se parlait avec beaucoup de douceur mais à la troisième personne.
— Est-ce que Luis-Miguel a peur ? se demandait-il. Non, Luis-Miguel n'a pas peur. Pourtant il sait bien qu'il va mourir. Le sait-il vraiment ? Oui. Il le sait et il n'a pas peur. Luis-Miguel est grand. Il est très grand...
Il ne comprend pas ce qui lui arrive. Il était à l'agonie. Il tremblait et suait. Il aurait donné la vie de tous ses amis, la vie de son fils pour ne pas avoir à tuer ce taureau. Il aurait voulu disparaître, dormir, mourir même, mais ne plus voir de taureau.
Au premier rang, il y avait un petit vieux à barbiche qui mangeait des cacahuètes avec des mines de sapajou. Il les épluchait minutieusement, les grignotait. Luis-Miguel avait envie de lui labourer le visage à coups de puntilla. Puis il avait aperçu Christine en train de se refaire une beauté et il avait été secoué par une vague de haine.
Puis il avait vomi, le front posé sur la barrière. Et soudain il s'était senti calme, très fatigué, mais très calme, et très heureux.

Negrito s'était engouffré dans sa cape avec un bruit de locomotive. Luis-Miguel, un instant, a senti la grâce l'abandonner. Il a eu le temps de penser.
— Aïe, ma mère ! Pauvre de moi. Adieu, Caravaca...
Mais il s'est de nouveau envolé et domine la situation. Il est aussi tranquille que s'il regardait la course assis sur les gradins.
— Toro, dit-il, c'est Luis-Miguel qui te parle. Il est d'accord pour que tu le déchires tout à l'heure avec ta corne. Tu es un beau taureau, digne de lui. Mais avant de mourir, Luis-Miguel te prévient qu'il va t'en faire voir...
C'est étrange ! Luis-Miguel ne revient à lui et ne tremble qu'aux moments où le taureau s'éloigne. Quand il le charge, quand il le frôle, il redevient fantôme. Il sait bien qu'il ne peut rien lui arriver.
Rien pour le moment.

Les amateurs éclairés avaient la bouche sèche.
— Pour moi, dit l'un, ce petit, il doit avoir des chagrins d'amour...
— De toute façon, dit l'autre, s'il en réchappe cette fois, il n'ira pas loin.

— Vous avez raison, approuva le premier, il n'est pas sérieux.
— Honnêtement, surenchérit le second, il en fait trop...
Le Prince rabaissa le col de son pardessus et dit simplement :
— Taisez-vous un peu, ou je vous frappe.
Christine souffrait de n'avoir personne à qui dire :
— Vous savez, c'est mon amant... Il est merveilleux... Il me fait des passes pour moi toute seule...
Elle se tortilla sur la chaise de jardin et, pour s'occuper l'esprit, se mit à dessiner sur son carnet de croquis.
L'impassible Patraque était déchaîné.
— Olé, répétait-il, olé... olé !
Bricole, lui, n'avait plus la force de rien dire. Quant à maître Broquille, il grelottait d'allégresse.
— Maintenant, disait-il, maintenant...
Negrito avait pris sept piques. Il en aurait pris davantage, mais à la septième la rosse du Grand Plumet s'était cassé la colonne vertébrale en tombant. On l'avait laissée sur le ciment.
Les quinze couillons avaient la chair de poule.

Luis-Miguel, aux quites, avait été stupéfiant. Dans ses rares moments de frousse et de lucidité, il se demandait d'où lui venaient ce savoir et cette audace. Mais dès que Negrito était dans les plis de sa cape, tout lui paraissait naturel.
— Tu as vu ? disait-il à Negrito... Qu'est-ce que tu penses de Luis-Miguel ?... C'est le plus grand matador de tous les temps... Si tu lisais les journaux, tu le saurais...
Il imagina Negrito assis à la terrasse d'un café et lisant *Bichos y diestros* avec des besicles sur le mufle. Cela le fit rire aux éclats en plein milieu d'une gaonera.
— Il a tourné fou, dit Bricole.
— Quel dommage que Picasso ne soit pas là, dit Patraque.
Picasso n'était pas là. Christine, oui. Elle prenait des croquis avec exaltation. Le Prince jeta un coup d'œil sur ses griffonnages.
— *Moun Dieu, qu'aco's laï*[1] *!* dit-il.
Maître Broquille cognait des poings et des pieds dans la barrière.
— Sur la droite ! cria-t-il. Sur la droite ! Tu vois bien qu'il accroche !
Luis-Miguel entendit ce qui s'adressait à Caravaca. Cela le confirma dans l'idée qu'il fallait continuer à faire passer Negrito sur la gauche.
— *Suicida !* hurla Broquille.
— *Suicida !* reprirent en chœur les quinze couillons.
— *Suicida...* murmura Luis-Miguel.
Il attendait la mort avec une immobilité distraite. Ses poignets seuls

1. Mon Dieu, que c'est laid !

vivaient et donnaient à l'étoffe un ballant imperceptible qui suffisait à indiquer la sortie au taureau.

Jusqu'au dernier moment il laissa planer le doute sur ses intentions. Ses passes étaient des secrets qu'il ne dévoilait que progressivement, réservant pour la fin une révélation inattendue, un rebondissement imprévisible.

Cela dura longtemps. Broquille, cramoisi comme un boucher, dit d'une voix d'enfant :

— *Matalo, Luis-Miguel, matalo*[1] *!*

Il n'y avait plus rien à tirer de ce taureau. Luis-Miguel en avait épuisé toutes les possibilités. C'était un filon vide.

Alors, à nouveau, Caravaca se mit à rire et les couillons ne comprirent plus du tout où il voulait en venir.

Il fit un signe à Paquito.

— Ma montera, dit-il, vite...

Paquito la lui tendit :

— Tu t'en vas pas, au moins ? Il te reste plus qu'à le tuer... Tu veux que je t'aide ?

Luis-Miguel haussa les épaules et se dirigea vers la place qu'occupait Christine. Le torse cambré, il la regardait de ses yeux en estafilade.

— Christine, dit-il, ze n'ai pas voulu te brinder ce toro parce qu'il est trop beau pour toi, mais avant de le tuer z'ai quelque chose à te dire.

Des pieds à la tête, il était coudé comme un arc. Il décocha sa flèche :

— Ze ne veux plus te voir et ze ne veux pas mourir...

Et il lui jeta sa montera à la figure, de toutes ses forces.

Pendant le discours de Luis-Miguel, Bricole s'était levé et s'était découvert. Tous les spectateurs l'imitèrent. Ils n'avaient pas entendu ce que Luis-Miguel avait dit. Ils se regardaient avec inquiétude. Ils ne songeaient ni à se recouvrir, ni à se rasseoir.

Ils suivirent debout et tête nue toute la fin de la course.

Luis-Miguel faisait face à son taureau épuisé. Il marchait vers lui lentement, la main droite aux hanches, la main gauche laissant traîner la muleta sur le ciment.

Le taureau, endormi, mort debout, la bouche ouverte, l'œil vitreux, semblait reprendre vie à son approche. Il leva la tête. Luis-Miguel était devant lui à trois mètres, le menton posé sur l'épaule, la muleta immobile...

Le taureau se mit en route. Dans l'état d'épuisement où il était parvenu, cela ne pouvait pas s'appeler charger. Il se déplaçait à petits pas titubants.

Luis-Miguel ne bougea pas d'un pouce. C'est à peine s'il donna la sortie, d'un imperceptible frémissement de muleta. Puis il courut la

1. Tue-le, Luis-Miguel, tue-le !

main avec une lenteur suprême. C'était un film au ralenti dont les images s'enchaînaient avec une suavité moelleuse.

Le bras de Luis-Miguel s'allongeait vers l'arrière, interminablement. En même temps, il pivotait sur ses talons. Le taureau, la tête enfouie dans le drap rouge, continuait d'avancer. Il tournait autour de Luis-Miguel, l'enveloppait, l'entourait, l'étouffait. Il tomba lentement sur les genoux. Le silence redoubla, encore plus impressionnant qu'une ovation.

— Tu vas voir qu'il va mourir sans un coup d'épée, dit Patraque.

— Le Bon Dieu ne permettra pas une chose pareille, dit Bricole.

L'angoisse l'avait rendu très beau. De profil, il avait l'air presque maigre.

Maître Broquille affirma plus tard qu'il avait pu distinguer sept naturelles de suite. En fait, il n'y eut qu'une seule passe, ininterrompue, sans heurt, sans changement de rythme, ronde.

L'amateur éclairé se passa la main sur le front.

— Merde, dit-il, je transpire...

— Surtout ne prenez pas froid, dit son collègue.

Christine cessa de dessiner.

— Et maintenant, qu'est-ce qui va se passer ? demanda-t-elle.

— Il va le tuer, pardi ! fit le Prince.

— Déjà ! dit Christine.

— *Vai te faïre mouse* [1] *!* dit le Prince.

— Qu'est-ce que vous dites ?

Le Prince eut une cérémonieuse inclination de tout le buste :

— Je vous conseille d'aller vous faire traire, dit-il avec un bon sourire.

Son sourire s'effaça aussitôt.

— *Maï es fouelo d'aqueou picho* [2]*...*

Luis-Miguel se dirigeait vers la présidence de son pas aérien et sacerdotal. Il se campa devant Patraque.

— Tu es un minable, dit-il gravement, posément.

Patraque baissa la tête. Bricole regarda Luis-Miguel d'un air suppliant :

— Nous sommes tous des minables, c'est une affaire entendue. Mais tue-le vite, ce taureau. Autrement tu vas me faire mourir d'estransi...

Le visage de Luis-Miguel s'adoucit.

— Toi, dit-il, tu es zentil. Ze vais te faire plaisir.

Il se tourna, agita la muleta.

— Luis-Miguel, cria Bricole, tu en as assez fait !

Luis-Miguel jeta un coup d'œil par-dessus son épaule.

— N'aie pas peur, dit-il. Ze me régale.

1. Va te faire traire.
2. Mais il est fou, ce petit !

Cette fois, ce fut Negrito qui fit tout le parcours. Il ne titubait plus. Il donnait l'impression de tirer un poids énorme. Il fonçait, mais n'avançait guère, tous les muscles tendus, la peau parcourue de frissons. Si Luis-Miguel ne lui avait pas parlé, peut-être ne serait-il pas arrivé au bout de son chemin.

— Negrito, disait Luis-Miguel, ze t'aime... Ze t'aime, toi... Christine, ze l'emmerde... Toi, ze t'aime... On leur a fait voir, à tous ces cons... Pas vrai, Negrito ?... On s'entend bien, tous les deux... Viens, mon zoli, tu sais bien que ze ne te ferai pas de mal... Allez, un peu de courage...

Il bêtifiait et zozotait à perdre haleine. Negrito était arrivé jusqu'à lui et se remit à tourner autour de Caravaca comme un cheval aveugle à sa noria. Les quinze couillons se mordaient les doigts. L'amateur éclairé ne trouvait plus ses mots.

— *Jamaï dé ma vido*, répétait le Prince, *jamaï dé ma vido...*

Il y eut encore sept naturelles. Elles s'enchaînaient, surgissaient l'une de l'autre comme les mesures d'une composition musicale. La mort de l'une se confondait avec la naissance de l'autre. A la septième, Negrito s'immobilisa. Il ne tomba pas sur les genoux. Il resta debout, tremblant, effaré, la tête basse.

Maître Broquille défit sa cravate.

Il y en eut encore sept. Monotones, exaspérantes. Le public était abattu et excité comme une femme qui a trop joui, qui demande grâce, mais qui grognerait de dépit si on s'arrêtait de la travailler.

A la fin de la septième, Luis-Miguel ramena sa muleta devant lui sur la droite comme s'il amorçait une passe de poitrine. Mais en même temps il se profilait et, sur sa lancée, sans marquer de temps d'arrêt, il entrait a matar. Il s'affala sur Negrito.

Negrito tomba comme un ivrogne qu'on a poussé.

Les quinze couillons, délivrés, hurlèrent.

Patraque dit :

— Je lui accorde les deux oreilles et la queue.

Bricole lui donna l'accolade.

— Tu es un homme juste, dit-il.

Seul, Paquito avait vu.

— *Madre de Dios !* hurla-t-il.

Il courut vers Luis-Miguel qui se tenait le bas-ventre.

— *Fuera*, dit Luis-Miguel.

Il esquissa un geste d'éloignement de la main gauche, puis tomba à genoux sur le ciment.

A côté de Negrito.

Son sang commençait à couler sur le sable gris. Ramon tremblait de fureur.

— C'est trop con, répétait-il, c'est trop con...

Il avait la puntilla à la main pour donner le coup de grâce. Il s'en servit pour couper les couilles de Negrito.

— L'infirmerie ! gueulait Paquito, l'infirmerie !

Nature le regardait sans comprendre.

— Quelle infirmerie ? C'était une corrida pour de rire...

Luis-Miguel était évanoui, mais il gardait les yeux à la verticale. Le Grand Plumet l'avait pris dans ses bras et hurlait :

— Écartez-vous, Bon Dieu, écartez-vous !

Patraque lui-même avait perdu son sang-froid.

Le Prince fut le premier à émettre une idée claire.

— Il faut le conduire à l'hôpital.

Il pensait :

« Pourvu que la voiture accepte de partir ! »

C'était un mécréant et un Nordique, mais en mettant la main sur la poignée de la manivelle, il dit :

— Bonne Mère, je vous en supplie, soyez brave.

La Panhard entendit sa prière au troisième tour.

Maintenant il était minuit. Les matadors, toujours en costume de lumière, refusaient de quitter l'hôpital. Les infirmières pouffaient au passage et s'étonnaient qu'ils ne songent pas à leur manquer de respect. Les Espagnols, c'est bien connu, sont des refoulés, donc des cochons.

Elles étaient jolies, les infirmières, et comme il faisait très chaud dans l'hôpital, elles ne devaient pas avoir grand-chose sous leur blouse. Le Grand Plumet y pensait en les regardant aller et venir. Mais le spectacle ne lui procurait pas les émotions habituelles. Il avait l'esprit ailleurs.

De sa grosse patte, il en agrippa une par la nuque :

— Écoute, petite, dit-il, on veut des nouvelles de Luis-Miguel.

— Quel service ?

— Je sais pas, dit le Grand Plumet. Il vient de se faire arracher les burnes par un taureau de merde et on veut savoir...

— Moi, dit la demoiselle, je suis au service du Docteur Gimel... Les accouchements...

La main de Grand Plumet se referma sur la nuque de l'accoucheuse.

— On s'en fout, dit-il. On veut savoir ou on casse tout.

Ils surent.

Ce fut Patraque qui vint les prévenir. Il avait été admis dans la salle d'opération.

— Je suis son père, avait-il dit.

— Et moi son oncle, avait ajouté Bricole.

— Ce n'est pas une raison, avait objecté le chirurgien.

Il avait aussitôt compris qu'il valait mieux ne pas insister.

— C'est bon, dit-il. Mais je vous préviens qu'il n'y a rien à voir.

Puis, reprenant toute son autorité, il avait ajouté :
— Et tenez-vous tranquilles.

Luis-Miguel mourut quelques minutes avant minuit. Il reprit connaissance juste avant de passer.
Il réclama Rosette.
Christine n'avait pas eu la patience d'attendre et s'était fait conduire en taxi à l'hôtel Beauveau, où elle avait pris une chambre avec vue sur la mer.

En quittant l'hôpital, Ramon jeta les couilles de Negrito dans la cage d'escalier.

11

Où il fait soleil...

— Logiquement, dit maître Broquille, il n'aurait pas dû mourir.
— C'est la fatalité ! soupira Bricole.
— En tauromachie, fit gravement remarquer Broquille, il n'y a pas de fatalité. Il n'y a que des erreurs de jugement. S'il l'avait travaillé sur la droite...
Patraque ne s'était pas encore mêlé à la conversation.
— Ça n'empêche pas qu'il est mort, dit-il pour couper court.
— Peut-être, reprit Broquille avec obstination, mais il n'avait qu'à ne pas le faire passer sur la gauche...
Il comprit qu'on ne l'écoutait plus et les mots qu'il prononçait lui parurent soudain déplacés et vides de sens.
— Je vous demande pardon, murmura-t-il en rougissant.
Il se frappa la poitrine et dit à voix encore plus basse :
— Jamais plus je n'assisterai à une course de taureaux...

C'était le 8 décembre. Il faisait un soleil blond platine.
— Un temps de corrida, dit Paquito.
— Trop de vent, grommela Ramon.
A cause du mistral, les femmes entraient dans l'église à reculons. La main gauche sur le chapeau, la main droite entre les genoux, elles poussaient la porte avec leur derrière.
Les hommes étaient restés dehors. Au pied des marches de Saint-Trophime, le front ridé, la bouche déçue, ils surveillaient les jupes. Le vent n'était pas d'humeur polissonne. Il soufflait bêtement, soulevant des geysers de poussière qui retombaient en averses de cailloutis.

Le dos rond, l'œil oblique, les cadors surveillaient Patraque. Bricole s'enhardit.

— Tu crois pas qu'on devrait entrer ? Ça lui ferait plaisir...

Patraque avait toujours refusé de pénétrer dans une église. Il disait que les curés lui faisaient de la concurrence. Son nez mit cap à gauche, signe d'orage, mais ses paroles furent douces.

— Tu as raison, dit-il, ça lui ferait plaisir.

Il avait mis le costume gris, celui réservé aux convocations chez le juge d'instruction, et le cordoba noir. Seul le raglan à carreaux des réunions hippiques n'était pas dans la note.

— Messieurs, dit-il, allons-y...

Tous suivirent, et il avait tant d'autorité que les francs-maçons de la ville et les libres penseurs lui emboîtèrent le pas.

Le cercueil disparaissait sous les fleurs.

— Elle a bien fait les choses, dit Bricole.

— Il ne manquerait plus que ça, dit Patraque.

— Elle aurait quand même pu venir, dit Bricole.

— Non, dit Patraque. Elle a assez fait de mal. Je l'ai mise dans le train hier soir.

Bricole s'inclina comme un homme qui médite.

— Au moins, tu lui as botté le cul ?

— Même pas, dit Patraque.

Bricole s'inclina comme un homme qui médite et qui prie.

— Moi, dit-il, j'aurais pas pu m'en empêcher.

Le Grand Plumet se rongeait les ongles comme un petit garçon. Sa grosse figure rougeaude était bouffie par le chagrin. Il répétait :

— Y a pas de Bon Dieu... Y a pas de Bon Dieu...

Il croyait parler à mi-voix, mais autour de lui on s'étonnait, et de la réprobation se lisait dans les yeux des pleureuses. Paquito lui frappa affectueusement sur la taille.

— Calme-toi, petit, dit-il.

— Si je veux, dit le Grand Plumet.

Le curé s'était mis à chanter.

Quand ils sortirent, le mistral faisait la pause.

— Le même ciel qu'à Séville, dit Jesus.

— Le même, dit Ramon.

Dans la rue de la République, les commerçants s'étaient mis sur le pas de leur porte et désignaient les vedettes qui suivaient l'enterrement. Toute l'aficion arlésienne marchait derrière le cercueil. Manadiers en veste de velours, apoderados avec leur serviette d'homme d'affaires et leur rangée de stylos à la pochette, razeteurs empâtés par l'inaction hivernale, toreros maigres.

Les dames marchaient devant. On montrait du doigt les pensionnaires de chez Amédée, qui avaient beaucoup pleuré à l'église.

Maintenant il faisait tout à fait un temps à taureaux. Les cadors marchaient vers le cimetière de Trinquetaille le torse cambré, le jarret tendu comme au paseo. Le Grand Plumet sortit son paquet de cigarettes et le tendit à Paquito.

— Excuse-moi, dit le Grand Plumet. Je ne me rends plus compte des choses.

Le grand air, cependant, avait dissipé une partie de sa détresse.

Ramon et Jesus avaient enlevé leur pardessus et le portaient sur l'épaule droite, les pans ramenés sous le bras gauche comme une cape de parade.

Bottin-Caillette, qui marchait en queue du peloton, remontait vers les premiers rangs. Il avait atteint les hommes de tête à l'entrée du pont de Trinquetaille. Le Rhône glaiseux charriait des glaçons sales.

Par-dessus l'épaule de Jesus, Bottin-Caillette dit :

— Il paraît qu'à Marseille tu as été moins mauvais que d'habitude.

— Il a été sublime, surenchérit Bricole.

Bottin-Caillette était d'un naturel sceptique. Il ne croyait que ce que ses yeux avaient vu. Il ricana :

— Qu'est-ce qu'il a fait de si extraordinaire ?

Ce fut comme les fois où une voiture stoppe brusquement dans une file et où celles qui suivent rentrent dedans à qui mieux mieux.

Bricole s'était subitement arrêté et la bousculade se répercuta jusque vers le dixième rang.

— Il a fait trois naturelles de très grande classe, dit-il avec solennité.

Les pieds joints, le ventre en avant, les yeux révulsés, il agitait sa main gauche avec une grâce de chef de gare remuant son drapeau rouge pendant un aiguillage difficile.

Maître Broquille s'était arrêté lui aussi et, les bras croisés, le regardait avec commisération.

— Tu crois que c'est bien le moment ? dit-il.

Bricole mit précipitamment sa main dans sa poche.

— Tu as raison, dit-il, je suis grotesque.

Patraque, qui marchait trois pas en avant, s'était arrêté à son tour.

— Laissez-le faire, dit-il. Si Caravaca était là, ça le ferait rire.

— Tout de même, soupira Broquille.

Le cortège rejoignit le corbillard au pas accéléré.

Bricole ne faisait plus de passes, mais continuait de raconter la course, à voix basse d'abord, puis sur le ton de la conversation courante, puis avec passion et gestes à l'appui.

Le cortège allait s'élargissant et se raccourcissant. Tous voulaient entendre de la bouche des cadors le récit de la course de Luis-Miguel. Ceux qui étaient les mieux placés faisaient circuler les derniers détails qu'ils tenaient directement de Bricole ou de Patraque.

Jesus, Ramon, Paquito n'étaient pas les moins attentifs. Cette course, ils l'avaient vécue, mais ne l'avaient pas vue. Ou, du moins, ils l'avaient vue au niveau des cornes, avec les yeux de la peur. Même le Grand Plumet, du haut de son cheval, n'avait pas eu le recul suffisant pour la juger, et surtout pour la commenter.

A l'abri des burladeros où l'orgueil de Luis-Miguel les avait confinés, ils avaient fait en même temps que lui les mêmes gestes. Mais ils ne se souvenaient que de leur trouille. Ils écoutaient maintenant Bricole et Patraque avec passion.

— Ça semble pas vrai, disait le Grand Plumet.

Il se hâtait d'ajouter :

— Pourtant c'est bien comme il dit.

C'était comme s'ils avaient lu dans les journaux le récit de leurs exploits. Ils étaient déjà des anciens combattants se délectant aux narrations des historiographes de l'arrière. Ils entraient allégrement dans l'épopée. Paquito, le plus lucide, conservait un reste d'incrédulité.

— A son premier taureau, Luis-Miguel s'était montré réservé, disait Bricole.

Paquito eut un petit rire grêle qu'il réprima aussitôt. Le regard de Patraque lui avait balayé la figure.

— Même au premier taureau, dit-il en baissant la tête, il avait été bien.

Bricole lui sourit avec reconnaissance et reprit :

— Très bien. Il avait été très... très bien.

— Seulement, poursuivit Patraque, le public était si bête qu'il n'a pas apprécié la sobriété de son travail.

Bottin-Caillette crut devoir demander :

— Il y avait du monde ?

Avant de répondre, Bricole consulta Patraque du regard et ce qu'il lut dans ses yeux lui donna confiance.

— Du monde, dit-il, du monde... Cinq mille personnes, six mille...

— Tu es modeste, dit Patraque, ils étaient au moins huit mille.

— En tout cas, il ne restait plus une place.

Maître Broquille, qui se taisait depuis plusieurs minutes et qui marchait les épaules basses, dit tout à coup :

— Menteurs !

Les yeux de Patraque fulgurèrent, mais comme on entrait dans le cimetière, il se tut.

Le soleil était presque blanc.

Le prêtre se remit à chanter devant la fosse ouverte. Le mistral, qu'on croyait à bout de souffle, se remit à gueuler. Ramon et Jesus enfilèrent leurs manteaux. Paquito avait les pieds gelés dans ses espadrilles. Le Grand Plumet avait de nouveau l'air d'un petit garçon. Tout le monde maintenant souhaitait que cela finisse vite.

Alors maître Broquille s'avança au bord de la fosse et dit :

— Mes amis...

Bottin-Caillette ricana :

— Naturellement, il va prononcer un discours !

— Pourquoi pas ? dit Patraque, qui baissa le nez, ferma les yeux et remonta le col de son raglan.

— Mes amis... répéta maître Broquille.

Pour la première fois de sa carrière, maître Broquille cherchait ses mots. Patraque rouvrit les yeux.

— Mes amis, dit une dernière fois Broquille, vous êtes tous des fumiers.

Le curé tira ses enfants de chœur par la manche et les poussa devant lui vers la grille de sortie. Patraque s'avança d'un pas.

— Explique-toi posément, dit-il.

Maître Broquille avait recouvré tout son sang-froid et une partie de son éloquence.

— Nous avons envoyé Caravaca à la mort. Nous sommes tous coupables. Mais le vrai coupable, c'est toi.

— Non, dit Patraque. C'est toi. Si tu ne lui avais pas farci la tête avec tes histoires à dormir debout...

— C'est toi qui l'as fait engager !

— C'était pour rire...

Paquito pensait :

« C'est de ma faute... Qu'est-ce que ça pouvait me faire, qu'il me traite de minable ? »

Le Grand Plumet se disait :

« Si j'avais placé une bonne pique, nous n'en serions pas là... »

Bricole se faisait des reproches amers.

« J'aurais dû mettre plus de sucre dans l'essence. »

Patraque et maître Broquille allaient en venir aux mains. Bottin-Caillette se passa la langue sur les lèvres, de plaisir. Bricole dit ce qu'il fallait dire :

— Sans cette salope de Christine...

La paix se réinstalla dans les cœurs. Maître Broquille et Patraque se demandèrent mutuellement pardon.

Bottin-Caillette rentra sa langue dans sa bouche.

Le Prince n'était pas allé à l'enterrement. Il en avait trop suivi dans sa jeunesse. Il avait passé la matinée au Plaza et entre chaque verre il se disait que le métier de matador était un métier de con.

Maintenant il était quatre heures du matin et il n'avait pas changé d'avis.

Ramon et Jesus étaient allés dormir et dormaient. Bricole était allé se coucher et ne dormait pas. Patraque et maître Broquille étaient au claque. Patraque se taisait. Broquille parlait de la mort en général.

Le Grand Plumet se promenait en manches de chemise dans la nuit glaciale et donnait des coups de pied dans les portes.

Paquito tenait compagnie au Prince. Il avait bu autant que lui, mais il n'était pas ivre parce qu'il avait plus de chagrin et pas d'estomac.

Le Prince, pour la millième fois, dit :

— Matador, un métier de con.
Paquito eut le sourire protecteur de l'homme qui sait.
— Prince, dit-il gentiment, le con, c'est toi.

Rosette attendit le printemps pour se jeter dans le Rhône.

ÉPILOGUE

Du journal *Bichos y diestros* du 15 janvier 1957, sous la signature de Don Juan III.

« *Le novillero Luis-Miguel Caravaca est mort par la corne dimanche dernier, à la Salle des Fêtes du Parc Chanot à Marseille. Sa* faena de muleta *à son dernier taureau est la plus grande que j'aie jamais vue et que je verrai jamais. Car cette chronique est la dernière. Après un tel sommet on ne peut pas redescendre, et je préfère me retirer sur les hauteurs...* »

(Maître Broquille tint sa parole jusqu'à Pâques.)

Du journal *Arts* du 24 mars 1958, cet entrefilet :

« *Christine Coffin expose chez Aristidès des toiles sur le thème de la corrida, d'un académisme maniéré, sans chaleur et sans émotion. Sa* Mort d'un torero, *notamment, est d'une fadeur de carte postale illustrée. Nous ne saurions trop recommander à Mlle Coffin de s'orienter vers la peinture sur éventail...* »

(L'article n'est pas signé.)

GLOSSAIRE À L'USAGE DES GENS DU NORD

ADORNO. — Ornement. Fantaisie que les matadors se permettent au cours de leur travail. Ces bravades spectaculaire ne sont pas prisées des aficionados.

AGACHON. — Prendre l'affût, se dit en provençal : « Se mettre à l'agachon. »

ALLEGRIA. — Entrain, allégresse. S'applique aussi bien au toro qu'au torero.

AMANDONS. — Testicules.

ANOUBE. — Toro d'un an.

APODERADO. — Homme d'affaires chargé des intérêts d'un matador.
ARRASTRE. — Action de traîner hors de l'arène, au moyen d'un attelage de mules ou de chevaux appelé « train d'arrastre », le cadavre du taureau.
BADER. — Regarder la bouche ouverte (verbe transitif).
BAILE GARDIAN. — Chef des gardians dans un mas de Camargue.
BANDERILLERO. — Poseur de « Banderilles ».
BAJONAZO. — Mauvais coup d'épée porté dans le cou et atteignant le poumon.
BEDIGUE. — Mouton.
BICHO. — Toro.
BOUVAOU. — Enclos où sont parqués les taureaux de Camargue.
BRIGUES. — Lèvres. « Faire les brigues » : être de mauvaise humeur.
BRINDER. — Dédier à une personne (un notable, un ami ou une personne du sexe féminin avec qui on souhaiterait prendre contact à la sortie — si on est toujours en vie) le travail qu'on va faire pour tuer un taureau.
BRONCA. — Chahut qui accompagne la mauvaise exécution d'une faena.
BROQUE. — Semi-clochard.
BURLADERO. — Abri placé devant la barrière pour permettre aux toreros de s'abriter en cas de danger immédiat.
CAGADOU. — W.-C.
CALIGNAIRE. — Amoureux. (Celui qui câline.)
CALLEJON. — Couloir qui sépare la barrière bordant la piste du premier rang des gradins.
CAPELAN. — Curé.
CARAQUE. — Bohémien.
CARNICERO. — Boucher.
CITER. — Provoquer le toro par la cape, la voix ou le geste.
CHARLOTADE. — Corrida burlesque où les clowns ridiculisent le jeune taureau. Les vrais aficionados désavouent formellement ce genre de spectacle qui, pourtant, ne manque pas d'intérêt.
CHULO. — Torero subalterne.
COCAGNE. — Interjection intraduisible signifiant à peu près : « Ce n'est rien... Cela n'a pas d'importance ! »
COCARDIER. — Taureau réservé aux courses camarguaises (où on ne le tue pas).
CODICIA. — Acharnement, impétuosité du taureau.
COGIDA. — Accrochage de l'homme par le taureau.
CORDOBA. — Chapeau cordouan à larges bords.
COURIR LA MAIN. — « Se dit du torero qui dans ses passes, et principalement dans celles de muleta exécutées à une main, allonge la "suerte" pour conduire le taureau le plus loin possible, lui ouvre la sortie d'un geste large, prolongé jusqu'à l'extension complète du bras. » (Paco Tolosa.)

DERROTER. — Se dit d'un taureau qui donne des coups de corne vers le haut.

DESCABELLO. — Coup de grâce donné par le matador (avec un poignard à lame courte nommé la « puntilla ») quand le taureau, blessé à mort, ne consent pas à s'écrouler.

DIESTRO. — Matador.

DOMINIO. — Domination : empire que le matador a sur son taureau.

DRAILLE. — Chemin de terre.

EMPRESA. — Organisateur de spectacles taurins.

ENGANES. — Roseaux.

ESCALADOU. — Échelle fichée dans le sol sur laquelle les gardians montent pour voir où se trouvent leurs taureaux. (La Camargue est un « plat pays ».)

FAENA. — Travail. Faena de cape : travail à la cape. Faena de muleta : travail à la muleta.

FAIRE GLINGLIN. — Regarder avec convoitise.

FERRADE. — Opération qui consiste à marquer le jeune taureau au fer rouge, à l'emblème de sa manade. Donne lieu à des festivités.

FUERA ! — Dehors... Au large !

GAONERA. — Passe de cape.

HIJO DE PUTA. — Fils de pute.

INLIDIABLE. — Se dit d'un toro impossible à travailler selon les règles.

MANADIER. — Éleveur de taureaux en Camargue.

MANDAR. — Commander, diriger la course du taureau du début à la fin d'une suerte.

MANOLETINA. — Passe de muleta de création antérieure à Manolete, mais dont ce dernier vulgarisa l'usage.

MANSO. — Taureau mou n'ayant aucune disposition pour le combat.

MARIPOSA. — Mot à mot : « Papillon ». Passe de cape très spectaculaire inventée par Marcial Lalanda et qui se fait en reculant devant le fauve.

MATAR. — Tuer (le taureau). Entrer a matar : s'apprêter à le tuer.

MONTERA. — Coiffure spéciale du torero à pied.

NATURELLE. — Passe de muleta. Se fait exclusivement avec la main gauche.

NOVILLADE. — Course de taureaux pour jeunes toros et toreros n'ayant pas reçu l'alternative.

PARAR. — Attendre posément l'attaque du taureau, le laisser venir sur l'étoffe.

PASEO. — Entrée solennelle des toreros au début d'une corrida.

PATI. — Voir « Cagadou ».

PEONES. — Aides du matador.

PINCHAZO. — Piqûre ; estocade dans laquelle l'épée rencontrant un os (ou pour toute autre raison) interrompt son trajet et (parfois) retombe à terre.

PUNTILLA. — Stylet dont on se sert pour achever un taureau à terre.

QUERENCIA. — Lieu de prédilection que choisit un taureau pour se retrancher.

QUITE. — Action du torero portant un secours immédiat à un camarade en danger.

RAFFI. — Ouvrier agricole en Camargue.

REFILON. — Coup de pique superficiel.

REVISTERO. — Critique taurin.

SANDRE. — Poisson qu'on trouve communément dans le Vaccarès, mais qui vient de Norvège.

SANSOUIRO. — Nom général de la maigre végétation camarguaise (maigre mais somptueuse).

SIN VERGÜENZA. — Sans vergogne. Se dit d'un matador qui bâcle son travail sans se soucier des réactions de la foule.

SUERTE. — Littéralement, le mot signifie « chance ». On distingue quatre suertes au cours de la corrida : la suerte de cape ; la suerte de piques ; la suerte de banderilles ; la suerte de muleta.

TARAILLETTE. — Vaisselle en terre cuite.

TEMPLE. — On dit d'un torero qui remue l'étoffe sans brusquerie, rythme l'élan du toro sur son rythme propre, qu'il a du « temple ».

TEMPORADA. — Saison des corridas. (En France : de Pâques à fin septembre.)

TENDIDOS. — Gradins.

TIENTA. — Épreuve à laquelle sont soumis les jeunes taureaux pour mesurer leur degré de bravoure sous la pique.

TORERO BASTO. — Torero dépourvu d'élégance naturelle.

TRAJE DE LUCES. — Costume de lumière.

VÉRONIQUE. — Passe de cape à deux mains.

VIEDAZE. — Aubergine. — Mot à mot : Bite d'âne.

VISTE. — Coup d'œil.

ZAPATILLAS. — Sandales.

COCAGNE

Entre-nous-ce-soit-dit-que-ça-aille-pas-plus-loin,
dit Mathias, tu exagères.
— Pas encore assez, dit Septime.

PROLOGUE

Le Grand Plumet disait :

— Descends un peu, si tu es un homme...

C'est au Bon Dieu qu'il s'adressait.

Debout sur la dernière marche de l'escaladou, les poings tendus, la chemise ouverte, il gueulait à s'en faire péter les cordes de la voix.

— Feignant... Feignant... Feignant que tu es, toi !

La nuit était transparente. Les étangs semblaient de verre et d'étain. Le faisceau de La Gachole ricochait à intervalles réguliers sur la mer lisse et grise.

La pomme d'Adam de Septime pointa vers le ciel :

— Pourquoi tu insistes ? dit-il au Grand Plumet avec une douceur éraillée. Tu vois bien qu'il t'écoute pas, le Bon Dieu.

— Laisse cet homme tranquille et seul, dit Mathias. Entre-nous-ce-soit-dit-que-ça-aille-pas-plus-loin, pour l'homme qui souffre, l'homme qui se porte bien est un sujet d'irritation.

Le Grand Plumet, cependant, avait cessé de vociférer. Il parlait maintenant avec la gentillesse obstinée de celui qui demande audience au ministre.

— J'en aurai pas pour longtemps, disait-il au Créateur, j'ai fait la moitié du chemin. Tu peux pas me laisser tout seul sur mon perchoir, à trembler comme une flamme de cierge...

Septime haussa les épaules.

— Il a tourné fou ! soupira-t-il.

— Allons vivre notre vie, conclut Mathias.

Ils s'éloignèrent sur la draille. Au début, ils marchaient à reculons.

Le Grand Plumet avait repris ses imprécations.

CHAPITRE PREMIER

OÙ MARC-ANTOINE CHANGE D'EMPLOI MAIS RISQUE DE PERDRE SON AME

Maintenant je suis presque mort ; à cinquante ans tout juste. C'est l'année dernière que j'ai commencé à mourir. A pareille époque : vers le début de mars, au moment des fleurs d'amandiers.

Je suis presque mort, mais personne ne s'en doute. Jamais je ne me suis si bien porté. Les gens trouvent que j'ai bonne mine et je commence à faire des jaloux parce que je sors du lit plus tard que tout le monde.

*
* *

Je m'appelle Marc-Antoine. Ma femme s'appelle Mélanie. On dort dans le même lit depuis trente ans. Je ne l'ai pas touchée depuis des siècles. J'ai deux enfants : Claude, qui prépare le brevet simple ; Augusta, qui a treize ans et qui est déjà formée comme une femme. Je suis employé municipal au Service de la Voirie. Ou plutôt, je l'étais encore l'an passé. Cela me paraît si loin que je dois faire effort pour m'en souvenir... Non, ce n'est pas exactement ça. Je me souviens très bien de tout, mais il me semble que c'est l'histoire d'un autre que je me raconte, l'histoire d'un nommé Marc-Antoine qui se levait tous les matins à quatre heures et qui ne se plaignait pas de son sort parce qu'il savait qu'à sept heures, il aurait fini journée.

*
* *

Marc-Antoine conduisait sa benne à ordures au pas de promenade dans les rues étroites qui montent vers les Arènes et le Théâtre Antique. Un mégot ouvert au coin des lèvres, il somnolait au volant, déclenchant sur son passage un roulement de poubelles et semant la débandade parmi les chiens maigres de la nuit.

En hiver, la tête emmitouflée dans un cache-nez et le corps prisonnier dans un manteau de drap raide comme de la tôle, il se laissait engourdir par le froid et tâchait de ne penser à rien pour ne pas se réveiller tout à fait.

La benne suivait son chemin avec l'infaillibilité d'un cheval d'ivrogne. Marc-Antoine fermait les yeux pour mieux profiter du feu d'artifice que la fin de la nuit tirait dans sa tête. L'aurore venait sur le dernier bouquet. Le ciel et les pierres prenaient une couleur de sel et de sable. L'incendie qui brûlait en Marc-Antoine s'éteignait d'un coup.

C'était l'heure du café arrosé, communément appelé bossu.

*
* *

Le soleil se faisait chaque jour plus matinal, et Marc-Antoine sortait de son engourdissement. Réveillé dès la première bouffée de cigarette, accoudé à la portière de son camion, il avalait la lumière autant par la bouche que par les yeux, en fronçant les sourcils de plaisir et en se passant la langue sur les lèvres.

Il bâtissait des maisons dans les nuages, peignait la mairie en rouge sang taureau, remplaçait la Sous-Préfecture par un square planté de micocouliers, emportait l'obélisque sur son épaule et le plantait place Baléchou pour obliger les touristes à faire le détour.

Il avait ainsi, chaque matin, trois heures de toute-puissance créatrice. Il refaisait le monde à l'image de ses rêves d'hiver. Les choses devenaient plus floues, plus colorées, plus instables, presque phosphorescentes...

*
* *

En dehors de ses matinées divines, Marc-Antoine était le plus humain et le plus raisonnable des êtres. Façonné par sa femme, il se pliait aux règles de la plus stricte économie et demeurait persuadé en toutes circonstances qu'un sou est un sou et que, par voie de conséquence, deux et deux font toujours quatre. Même à l'heure du pastis, il ne songeait pas à transformer la réalité. Il lui laissait son apparence, son ordre, sa consistance, trouvait une place pour chaque chose et remettait chaque chose à sa place.

Son pouvoir de transfiguration le quittait dès qu'il mettait pied à terre. Il ne se montrait poète qu'au saut du lit.

Il n'avait d'ailleurs pas conscience de sa singularité, et s'en fût-il aperçu qu'il se fût bien gardé d'en donner communication à quiconque.

Il ne demandait qu'à passer inaperçu, à conduire son fils jusqu'au brevet, à marier sa fille à quelqu'un de la Compagnie, à cultiver son jardin en dehors des heures de service et à pêcher le muge au Grau-du-Roi pendant ses trois semaines de congé.

Mais le Bon Dieu frappe où il lui plaît.

*
* *

Le Bon Dieu, à l'époque, je m'y intéressais guère. Je vous le dis tout de suite : j'étais pas contre, et j'ai jamais empêché ma femme d'aller à la messe ni les petits d'apprendre le catéchisme. Mais modeste comme je suis, moi, je m'étais mis dans l'idée que c'était quelqu'un de trop haut placé pour se soucier d'un mesquin dans mon genre.

Quand il passait en tête d'un enterrement, je levais le chapeau, et pour les premières communions des enfants, j'ai pas regardé à la dépense, mais le reste du temps je le laissais où il était. Le Bon Dieu, c'est comme la politique : il y a rien de tel pour mettre l'embrouille et pour se fâcher avec ses amis. C'est écrit en toutes lettres dans les statuts de « la Boule d'Escalier » : les discussions politiques et religieuses sont rigoureusement interdites.

*
* *

La Boule d'Escalier avait son siège au Bar de la Petite Douane, à moitié chemin entre le Prieuré de l'Ordre des Chevaliers de Malte et la coupole du Palais Constantin. C'était un club de pétanque, avec un terrain tout cabossé, mais au bord du Rhône.

J'ai toujours payé ma cotisation, mais personnellement, je ne joue pas. Si je perds, ça me fait bisquer, et si je gagne, ça me fait de la peine pour les autres. Alors je reste en dehors, et je regarde mes amis se disputer entre eux et se mouiller la chemise. Moi, je suis un contemplatif, et j'aime pas prêter le flanc à la critique. Je préfère parler sur les coups. Ou alors écouter les cloches. Il y en a toujours une qui sonne dans le ciel d'Arles. A la longue, ou bien on les remarque plus, ou bien ça vous agace. Mais pour moi, les cloches, c'est comme l'anis : je m'en fatigue jamais. C'est toujours la même chose, mais ça a jamais tout à fait le même goût.

Des fois, un joueur qui avait fait un nari prenait la colère. Il se tournait vers moi et il m'insultait.

— Espèce de cafalo, disait-il, montre un peu ce que tu sais faire, toi que tu es si fort avec ta langue. Ou bien alors, tais-toi.

A quoi je répondais avec bon sens :

— J'ai jamais tué un taureau de ma vie, et ça m'a jamais empêché de dire si une corrida était bonne ou si elle était mauvaise...

Unanime, la galerie m'approuvait.

*
* *

Ah qu'il était heureux, le Marc-Antoine de l'année dernière ! Heureux d'un bonheur qui faisait de tort à personne, un bonheur des yeux, de la langue et des oreilles, un bonheur fait de couleurs et de paroles, un bonheur pas cher.

Je me demande ce qui lui a pris, au Bon Dieu, de choisir cet homme qui existait à peine pour accomplir ses volontés. Croyez bien que je cherche pas à faire le mauvais esprit, mais moi, j'appelle ça un caprice.

Et quand le Bon Dieu fait un caprice, c'est encore pire qu'un tremblement de terre ou le choléra.

*
* *

Tout a commencé par le vol de la Fanny.

La Fanny de la Petite Douane était la plus belle des Bouches-du-

Rhône, et la baiser n'était pas une simple formalité : c'était une cérémonie.

Amédée, le patron du bar, ouvrait à deux battants un placard secret. Des fesses couleur d'ivoire, serties de jupons froufroutants, apparaissaient dans la pénombre, et les équipiers qui n'avaient pas réussi à marquer un point au cours d'une mène s'agenouillaient parmi les sarcasmes de la galerie et baisaient furtivement l'effigie de la honte.

Or, il advint en cette soirée orageuse de mars, où des mots avaient été échangés, que Banane, Flanelle et Julien-dit-le-Tremblant, équipe redoutable et pratiquement invaincue, baisèrent Fanny devant trois petits minables de la Roquette, caraques et dépenaillés.

Amédée offrit une tournée générale, mais quand il ouvrit le placard, il dit « Malédiction » et insulta la Bonne Mère : la Fanny, œuvre d'un naïf du XIXe siècle, toute peinte à la main, avait disparu.

Amédée, qui avait le cœur affaibli par des parties de poker sans nombre, faillit se trouver mal, et toutes les demoiselles de la Petite Douane poussaient de longs gémissements.

*
* *

Il convient ici d'ouvrir une parenthèse pudique précisant que le Bar de la Petite Douane abritait des créatures affectueuses et discrètes, destinées à rétablir l'équilibre nerveux aussi bien du bouliste que du commun des mortels.

Cette particularité de l'établissement était connue non seulement de la police mais des épouses et des mères de famille. La police fermait les yeux, les mères de famille encourageaient leurs époux à venir se détendre dans un lieu où ils ne risquaient pas de rencontrer la deuxième femme de leur vie. Le dimanche, elles étaient admises à boire de la limonade en ce temple de la débauche, et poussaient le savoir-vivre, la grandeur d'âme et l'art d'aimer jusqu'à échanger des recettes de tricot ou de haute cuisine avec des créatures de moins que rien.

Telles sont les épouses et les mères de famille de ces contrées. Elles ne redoutent pas la promiscuité. Elles ne craignent que la mésalliance.

*
* *

J'étais donc un familier de la Petite Douane. J'habitais la porte à côté, et quand la soupe était servie, Augusta, ma fille, venait me chercher par la main. Elle ne risquait pas de voir en cet endroit de vilaines choses, ou de rougir de son père. Les pensionnaires d'Amédée savaient se tenir et offraient des sucreries à ma petite. Et moi, je suis pas de ceux qui pour un oui ou pour un non envoient les mains au panier des demoiselles. J'avais pas de raison de leur donner de fausses joies. En matière de pétanque ou de putes, je suis abstentionniste. Abstentionniste mais attentif. Il m'arrivait de tenir conversation, ou même de boire un verre avec l'une ou avec l'autre, et je ne cache pas qu'Hélène, une rousse assez forte du bassin, était ma préférée. Du strict point de vue de l'échange des idées générales.

Hélène, avant de faire la pute en province, avait été modèle dans le Nord. Elle se languissait sur les bords du Rhône et vous parlait des cafés-crème de sa jeunesse à vous en faire venir les larmes aux yeux.

Elle passait généralement pour une emmerdeuse parce qu'elle avait l'accent pointu, et se faisait traiter de Parisienne même par ses clients les plus affectueux. Elle se jugeait incomprise, et comme j'avais la patience de l'écouter, elle se plaisait en ma compagnie.

Des fois, elle devenait toute rose et son rimmel lui coulait sur les joues.

— Tu me rappelles mon premier peintre, disait-elle.

Moi, j'étais fasciné par ses robes. Plus il y avait de couleurs, plus elle était contente. Si vous la regardiez trop longtemps, la tête risquait de vous tourner. Je lui dis un soir :

— Tu sembles une girelle...

Et, comme elle me regardait sans comprendre, j'ajoutai :

— Une girelle royale.

A tout hasard, elle m'offrit l'anis. Je ne tardai pas à prendre l'habitude de faire marquer mes consommations à son compte. Quand on est fonctionnaire et chargé de famille, il n'y a pas de petites économies.

* * *

Le front appuyé contre la vitre, Hélène regardait le soleil disparaître derrière les gratte-ciel de Trinquetaille. La désolation qui l'entourait n'avait pas de prise sur elle. Nous étions aussi tristes que pour l'armistice de Quarante. Le vol de la Fanny, que nous ressentions tous comme un affront personnel, paraissait la laisser indifférente. Pourtant, sans retourner la tête, elle dit de sa petite voix de presque femme du monde :

— Si vous avez besoin d'une paire de fesses, vous n'avez qu'à prendre les miennes...

Quelques-uns rirent. Où qu'on se trouve, il y a toujours des grossiers. Mais elle fut jugée sévèrement par la plupart. Il ne faut pas confondre le jeu de pétanque et les délices de Capoue.

Amédée pria Hélène de regagner sa chambre en des termes d'une grande élévation de pensée.

Ma fille arriva sur ces entrefaites. Je rentrai à la maison, songeur. Il y avait des lentilles à dîner, avec des petits oignons crus.

C'est à partir de cet instant que j'ai cessé de m'appartenir.

* * *

Levé tôt, couché tôt, Marc-Antoine dormait du sommeil sans rêves de l'homme qui a peu de soucis, pas de projets et presque pas de souvenirs.

Cette nuit-là, il eut un songe. Les fesses d'Hélène, qu'il n'avait pourtant jamais pratiquées, s'offraient avec insistance à sa contemplation. Il essayait de repousser la vision tentatrice, mais elle s'imposait à lui. Il n'arrêtait pas de se tourner et de se retourner sur sa couche. Mélanie, elle, avait le sommeil léger de la mère de famille. Les soubresauts de son mari avaient fini par lui donner les sueurs de l'agacement.

— Tiens-toi un peu tranquille, dit-elle.

Marc-Antoine s'assit sur le lit.

— Quelle heure il est ? demanda-t-il.

— Pas encore minuit. Tu as quatre heures à dormir.

Marc-Antoine ferma les yeux, mais il ne pouvait trouver le sommeil. Les fesses d'Hélène lui encombraient la rétine. A minuit trente, n'en pouvant plus, il enfilait ses brailles et sortait de la chambre sur la pointe des pieds.

— Où tu vas ? demanda Mélanie.

— Ne t'occupe, dit Marc-Antoine.

*
* *

Dans la cuisine, sur la toile cirée, traînaient les plumiers et les cahiers des enfants.

Marc-Antoine roula longuement une cigarette. La cuisinière n'était pas encore tout à fait éteinte. Il fit repartir le feu. Peu habitué à l'analyse intérieure, il se demandait ce qu'il faisait, debout au milieu de la nuit. Il n'avait ni faim, ni soif, ni envie de faire pipi.

Il essaya de se raisonner. « Je serais pas devenu somnambule, par hasard ? » se dit-il.

Machinalement, il avait ouvert un des cahiers, le cahier de géographie de son aîné.

Il eut un instant d'attendrissement. Le petit avait une belle écriture et les cartes qu'il dessinait à l'encre de Chine et aux crayons de couleurs étaient plus belles que dans les livres.

Marc-Antoine se sentit en un instant payé de tous les efforts qu'il avait faits pour l'éducation de son fils. Les larmes lui vinrent aux yeux. Il se servit un verre de vin et se sentit le plus heureux des hommes.

Les fesses d'Hélène avaient cessé de le tourmenter.

Ses mains, cependant, avaient agi à son insu. Il s'aperçut à peine qu'il avait débouché le flacon d'encre de Chine et qu'il y trempait une plume à dessin. Sa langue parut entre ses lèvres, comme quand il plantait un clou et ne voulait pas se frapper sur les doigts.

*
* *

Il était dans un tel état de concentration mentale qu'il ne se rendit pas compte que Mélanie venait d'entrer dans la cuisine en traînant ses pantoufles et en se grattant la tête avec les ongles des deux mains.

— Et alors, dit-elle, qu'est-ce que tu fais ?

Marc-Antoine sursauta et répondit avec une parfaite bonne foi :

— Rien...

Il aurait été incapable de dire depuis combien de temps il était seul.

Mélanie s'était penchée par-dessus son épaule.

— Ça, par exemple ! dit-elle.

Elle avait cessé de se décaper le cuir chevelu et semblait vouloir tomber en syncope.

— Qu'est-ce qui t'arrive ? demanda Marc-Antoine.

— O le mauvais, ô le malpropre, dit Mélanie, ô le dégoûtant, ô le mal élevé, ô l'indigne de vivre, ô l'opprobre !

Machinalement, Marc-Antoine jeta un coup d'œil sur le cahier de son fils, et ce qu'il vit le plongea dans l'étonnement et la consternation. De surprise, il s'était mis debout :

— Mais c'est pas possible ! répétait-il, mais ça semble pas vrai, mais qu'est-ce qui m'a pris ? Mais qu'est-ce qui nous arrive ? Mais quel homme je suis, moi ?...

Les fesses d'Hélène, dessinées à la japonaise avec une telle précision dans le détail qu'on n'osait pas les regarder en face de peur de se déconsidérer, s'étalaient sur le cahier de géographie, à côté de la carte au deux cent millième de la vallée de la Durance, grossie du Verdon...

*
* *

Mélanie, maintenant, sanglotait et, entre deux reniflements, bredouillait des imprécations confuses. Un homme avec qui elle était mariée depuis vingt ans, un père de famille de quatre-vingt-dix kilos et qui commençait à perdre ses cheveux, cet homme, c'était un infâme. Pire qu'un infâme : un pistachié !

Ses sanglots s'arrêtèrent soudain.

— Alors, gémit-elle, tu es pas heureux avec moi ?

Marc-Antoine, qui se pétrissait le visage en se dandinant d'un pied sur l'autre, s'immobilisa, figé par l'innocence et la stupeur.

— Ne sois pas bête, dit-il.

Mélanie avait pleinement retrouvé l'usage de la parole. Désignant les fesses d'Hélène, elle dit posément :

— Je veux savoir qui c'est, que j'aille lui dire deux mots, à cette marque-mal.

— Mais c'est personne ! dit Marc-Antoine en rougissant des oreilles.

Mélanie avait mis ses mains sur ses hanches.

— Tu vas me dire son nom tout de suite.

Les oreilles de Marc-Antoine tournaient à l'aubergine.

— Je l'ai pas fait exprès, dit-il, ça m'est venu au bout de la plume.

— Et tu t'imagines que je vais te croire ?

Marc-Antoine frappa des deux poings sur la table.

— Ce que tu peux être crampon, dit-il. D'accord, j'ai dessiné un tafanari...

— Le tafanari de qui ?

— Un tafanari, en général.

— Un tafanari, poursuivit Mélanie, c'est toujours le tafanari de quelqu'un. Celui-là, il appartient à qui ?

Marc-Antoine se laissa tomber sur sa chaise et se prit la tête entre ses poings fermés. Il respirait avec un bruit de soufflet percé.

— Tu me pompes l'air...

— Ne change pas de conversation, dit Mélanie.

Marc-Antoine ferma les yeux. Il paraissait décidé à ne pas se justifier. Mélanie restait sur ses positions mais commençait à se mordre les mains.

— Essaie de comprendre, finit par dire Marc-Antoine. C'est la faute aux cartes de géographie du petit.

Mais il savait que tous ses efforts seraient vains. Mélanie s'était drapée dans son peignoir et, se dirigeant vers la chambre à coucher, elle dit d'une voix pleine de résignation :

— Pour le retour d'âge de l'homme, ni les curés ni les savants ont trouvé le remède. Tâche seulement que les enfants sachent rien de ce qui nous arrive, et ne mène jamais cette créature à la maison, sinon je lui écrase la tête à coups de battoir.

Elle ferma la porte de la chambre, la rouvrit :

— Et après, je me jette dans le Rhône...

Tels furent les premiers contacts de Marc-Antoine avec les réalités artistiques.

*
* *

L'homme contrarié à qui sa femme fait les brigues cherche consolation en lui-même ou au bistrot. Se croyant inhabité, Marc-Antoine n'imagina pas un instant qu'il pût reconquérir son équilibre par ses propres moyens. Sa journée finie dès le matin, il s'installa désormais au Bar de la Petite Douane, buvant des bossus jusqu'à l'heure de l'anis, et des anis jusqu'à la fermeture.

Après, il avait trop honte pour rentrer chez lui.

La première nuit, en attendant quatre heures du matin, il la passa à se promener dans les rues d'Arles, et lui qui ne sortait jamais le soir, il mit sur le compte de la boisson l'émerveillement que lui causa le bruit de ses pas sur les pavés inégaux, et le sentiment d'être le seul homme éveillé dans une ville dont il devenait le maître.

Il s'arrêtait sur les placettes et tenait aux étoiles des discours confus mais cadencés, où il disait en substance :

— Mélanie est une ingrate et une injuste. Je suis le plus vertueux des hommes. Jamais je n'ai porté le regard ou la main sur les fesses pas plus d'Hélène que de qui que ce soit...

Il fit halte sur la place de l'Hôtel-de-Ville, se déchaussa, retroussa ses pantalons et accomplit un de ses rêves d'enfance : il prit un bain de pieds dans le bassin qui entoure l'obélisque. Les poissons du bassin lui mordillaient les chevilles.

Le ciel était couleur de figue mûre. Une ampoule électrique blonde faisait courir des vers luisants dans les rides de saint Trophime.

*
* *

La deuxième nuit, Marc-Antoine la passa dans le lit d'Hélène, et ronfla comme un dix-tonnes. Il avait attrapé un rhume pendant ses déambulations de la veille. Sa journée, en outre, avait été fertile en miracles, et il n'y a rien de tel que le miracle pour vous désorganiser l'homme.

*
* *

Ces miracles, nous allons vous les rapporter dans l'ordre, mais penchons-nous d'abord sur le sort d'Amédée. Il était au plus mal. Il avait dû faire venir le médecin, ce qui ne lui était pas arrivé depuis ce malheureux coup de revolver qu'il avait pris par erreur dans le gras de l'épaule, quand il était briseur de grèves aux papeteries de Trinquetaille en 1936. Son mal, cette fois, était plus moral que physique. La disparition de la Fanny lui avait fait baisser la tension dans des proportions inquiétantes. Il ne pouvait supporter la malhonnêteté des autres. Elle le déprimait, le faisait douter de la vie et des hommes, le détruisait. Il s'était allongé sur une chaise longue et accueillait les condoléances avec la bonne grâce triste du convalescent qui vient d'échapper à la mort.

— Merci, mes braves amis, disait-il. Sans vous, je sais pas ce que je deviendrais. Je suis complètement dévarié par les événements.

Parfois, de brusques bouffées de colère lui rosissaient les pommettes et il s'écriait :

— Prendre l'argent dans le tiroir caisse, à la rigueur je le comprendrais. Mais voler une Fanny, je vous demande un peu !

Il était si abattu que Banane, Flanelle et Julien-dit-le-Tremblant se sentaient vaguement coupables.

— On aurait jamais dû baiser la Fanny, dit Le Tremblant.

— C'est de ta faute, dit Banane.

Flanelle arrêta d'un geste la querelle naissante.

— N'empêche, dit-il, que l'homme qui vole une Fanny, c'est forcément un vicieux solitaire. Si c'est pas un vicieux solitaire, qu'est-ce que tu veux qu'il fasse d'une Fanny ?

Banane eut un rire timide.

— Va savoir, dit-il, c'était peut-être pour s'entraîner à la carabine...

Amédée se releva sur son séant. Ses yeux flamboyaient :

— en tout cas, si je le retrouve, je lui vide mon calibre dans le ventre !

*
* *

Marc-Antoine ne prenait pas part à la conversation. Il avait mal aux os de la tête. C'était la première fois qu'il découchait. Il éprouvait comme un vertige intérieur, pas seulement à cause des bossus, mais à cause du changement dans ses habitudes.

Amédée, en qui la colère et la souffrance n'avaient pas altéré les sentiments humains, dit tout à coup :

— O Marc-Antoine, tu devrais aller te changer. Ce matin, tu avais le bleu tout mouillé. Tu te l'es fait sécher dessus. C'est pas sain pour les bronches...

Marc-Antoine fut ému qu'on s'intéressât à son sort.

— Tu es brave, dit-il, mais de toute façon, maintenant, il est trop tard. Ce qui doit arriver arrivera.

Et c'est ici que se place le premier miracle de cette étonnante journée. Marc-Antoine, au lieu de se rejeter dans le mutisme qui était le sien depuis l'aurore, continua d'égrener des phrases, de la voix de quelqu'un qui récite une prière dont il ne connaît pas le sens.

— Amédée, dit-il, puisque tu as eu pitié de moi dans mon affliction, je veux te faire une faveur. Trouve-moi les couleurs et les pinceaux, et moi je te fais une Fanny plus belle que celle d'avant, une Fanny presque vivante. Et je te le dis comme je le pense, cette Fanny que je vais te peindre, moi, on viendra jusque des Basses-Alpes et peut-être même de Lyon sur le Rhône pour la contempler et lui porter des fleurs. Et ton chiffre d'affaires ira croissant, et moi je serai l'homme le plus célèbre de toute la Provence. Et Mélanie comprendra un jour que je ne suis ni un mauvais, ni un malpropre, ni un mal élevé.

Amédée, Banane, Flanelle et Julien-dit-le-Tremblant se consultèrent du regard. Il n'y avait pas de doute : l'homme était de drogue, et quand un homme est de drogue, il vaut mieux attendre que ça lui passe et faire comme si de rien n'était.

— Si je la retrouve pas, dit Amédée, je te ferai signe...

— Dépêche-toi, dit Marc-Antoine, j'ai peur que l'inspiration me passe.

Amédée n'aimait pas qu'on lui forçât la main. Il jeta un regard fulgurant.

— J'ai dit que je te ferai signe, dit-il.

Marc-Antoine allongea ses jambes sur une chaise, rabattit sa casquette sur ses yeux et prit toutes dispositions en vue d'une sieste réparatrice.

Mais le Bon Dieu a de la suite dans les idées, et ceux qui en doutent se laissent abuser par l'apparente confusion des phénomènes.

*
* *

La surprenante proposition de Marc-Antoine avait eu en effet un témoin providentiel. Hélène, qui ne se couchait pas avant cinq heures du matin, ne se levait d'ordinaire qu'à midi. Elle devait raconter par la suite à ses nombreux biographes, mais n'anticipons pas, qu'elle fut tirée prématurément du sommeil par une manière de prémonition.

— C'est comme si, précisait-elle, une voix m'avait dit : « Dépêche-toi de te lever, ton petit qui est en nourrice au Plan d'Orgon vient d'attraper la scarlatine »...

Elle s'habilla précipitamment et se trouva sur le seuil du Bar de la Petite Douane juste au moment où Marc-Antoine venait de faire son étrange proposition. Alors elle comprit que son petit se portait bien, mais que ses pressentiments ne l'avaient pas trompée.

Et sans donner d'explications à qui que ce soit, elle gagna les beaux quartiers.

*
* *

Tout en peignant, Marc-Antoine se passait la langue sur les lèvres. Des veines vigoureuses et tordues comme des ceps de vigne lui avaient poussé de chaque côté des tempes. Il transpirait.

Dans le Bar de la Petite Douane régnait le silence qui, dans les arènes, précède l'estocade. Les clients restaient le verre en main, n'osant ni boire, ni même échanger des regards. Massés en fer à cheval autour de Marc-Antoine, ils suivaient la naissance du chef-d'œuvre avec une émotion quasi religieuse.

Cela avait pourtant commencé par une belle partie de rire. Hélène était apparue, une palette à la main gauche, des toiles sous le bras, et un volumineux paquet à la main droite. Elle défit fiévreusement le paquet, étala sur le comptoir pinceaux, tubes, flacons.

Marc-Antoine s'était endormi. Hélène disposa devant lui, contre le dossier d'une chaise, une toile vierge. Elle secoua le dormeur avec une affection respectueuse et dit :

— Vas-y, mon beau, fais-leur voir ce que tu sais faire...

Hébété, Marc-Antoine était resté un long moment sans comprendre ce qu'on attendait de lui. Le souvenir lui revenant, il s'était contenté de hausser les épaules en soupirant.

— Maintenant, j'ai plus envie...

— C'est de la peinture à l'huile, dit Hélène. Je t'ai acheté ce qu'il y a de plus fin...

— Il fallait pas, dit Marc-Antoine, c'est trop beau pour moi.

Cependant, il avait pris un pinceau dans la main droite et il se grattait la tête avec le manche.

Amédée faisait la sieste. Le bistrot était vide. Hélène vint s'asseoir sur les genoux de Marc-Antoine, et du ton dont elle aurait dit à un conducteur de batteuse plein d'argent et de réticences : « Allez, monte avec moi, tu m'en diras des nouvelles », elle murmura :

— Fais-le rien que pour moi. Si ça ne réussit pas, je le dirai à personne...

— Mais les sous, dit Marc-Antoine avec un sursaut de dignité, je pourrai jamais te les rendre !

— Les sous, dit simplement Hélène, c'est ma partie.

Elle s'était levée et dévissait les tubes de peinture. Elle se mit à les répandre sur la palette. Elle ne plaignait pas la marchandise.

— N'en mets pas tant, dit Marc-Antoine, c'est du gaspillage.

— Chez le marchand, dit noblement Hélène, il y en a tant qu'on en veut. Et s'il en manque, il n'aura qu'à en faire venir de Paris...

Sans bien se rendre compte de la signification de son geste, Marc-Antoine avait enfilé son pouce dans le trou de la palette. La tête renversée, les yeux mi-clos, il contemplait la toile. Un sourire timide parut sur ses lèvres.

— Tu es beau, dit Hélène.

— Te moque pas de moi, dit Marc-Antoine, tu vas me faire venir la honte.

Hélène se tut et joignit les mains. Marc-Antoine avait trempé son pinceau dans la première flaque de peinture à sa portée. Timidement, Hélène risqua :

— Tu ne fais pas de dessin, avant ?

Le regard que lui jeta Marc-Antoine la rendit définitivement muette.

*
* *

Marc-Antoine peignait lentement, avec application, par petites touches hasardeuses qu'il distribuait tantôt ici, tantôt là. Entre chaque touche, il s'octroyait un long moment de réflexion qu'Hélène n'osait pas troubler. Pourtant, elle souffrait le martyre. Les espoirs qu'elle avait inconsidérément fondés en la peinture de Marc-Antoine paraissaient devoir s'effondrer. Il travaillait depuis trois heures déjà, et l'on ne distinguait sur la toile qu'un barbouillage informe. Elle se permit de s'enquérir.

— Qu'est-ce que tu peins au juste ?

— Mêle-toi de ce qui te regarde, dit Marc-Antoine, et roule-moi une cigarette.

Le bistrot, cependant, commençait à se remplir. Un permissionnaire, qui n'avait cessé de penser aux fesses d'Hélène pendant tout le temps qu'il avait passé dans les djebels, s'était précipité au Bar de la Petite Douane dès sa descente du train, sans prendre le temps d'aller embrasser sa famille. Il se jeta sur elle :

— Tu vois bien que je suis occupée, dit Hélène.

— Lumière ! dit Marc-Antoine.

Il était cinq heures de l'après-midi. Il commençait à faire sombre dans le bar. Hélène appuya sur tous les commutateurs.

Amédée, qui avait fini sa sieste, interrompit son dernier bâillement pour gueuler :

— O petite, tu cherches ma ruine ?

Hélène mit un doigt sur ses lèvres et désigna Marc-Antoine en train de peindre. Le patron acheva son bâillement et se dirigea d'un pas traînant vers l'artiste. Amédée avait une barbe de deux jours qu'il fit longuement crisser sous le dos de sa main (car il n'était pas homme à parler à la légère). Puis il mit les deux mains sur les épaules de Marc-Antoine et lança à la cantonade :

— O collègues, visez un peu...

Ils étaient maintenant une douzaine dans le bar. Ils s'approchèrent et comprirent qu'ils avaient bien fait de venir. Les cinq à sept du Bar de la Petite Douane manquaient de gaieté. Chacun méditait devant son verre, et qui avait envie de gentillesse montait à l'étage pour un petit moment dont il revenait plus triste. Les pensionnaires, qui passaient l'après-midi dans leurs chambres, à tricoter, à faire des réussites ou à se raconter mutuellement leur vie, ses embûches et ses ennuis, descendirent précipitamment, attirées par le fou rire qui s'était emparé de l'assistance.

Le permissionnaire lui-même se sentit en un instant libéré de son obsession et il n'était pas celui qui riait le moins fort.

Marc-Antoine, lui, n'avait pas bronché. Il dit seulement :

— Écartez-vous un peu, vous voyez bien que vous me faites de l'ombre.

Désormais, la conversation jaillit et comme elle ne cessa pas d'être spirituelle, point n'est besoin de la rapporter ici. Disons simplement que Marc-Antoine, s'il n'avait pas été perdu dans son extase créatrice, aurait été obligé plusieurs fois de se mettre en colère et, qui sait, de donner des coups.

Hélène demeurait stoïque dans l'épreuve mais se tordait les mains de désespoir. Elle aurait sans doute assisté Marc-Antoine dans le désastre jusqu'à la fin, si Amédée, la prenant soudain par le bras, ne lui avait glissé à voix basse, mais d'un ton qui n'admettait pas de réplique :

— Ce jeune qui a fait son devoir au-delà des mers, est-ce que tu vas le faire languir encore longtemps ?

On ne discutait pas les ordres d'Amédée. Ils lui fournissaient d'ailleurs une sortie honorable. Elle fit à Marc-Antoine un sourire triste et dit d'une voix résignée :

— Excuse-moi : quand on est dans le commerce, on est esclave.

Marc-Antoine continuait de peindre. Il n'avait pas entendu Hélène, et l'aurait-il entendue qu'il n'en aurait pas été dérangé le moins du monde.

Et vous allez voir comment il est, le Bon Dieu, quand il a une idée en tête. Hélène et son militaire venaient juste de monter l'escalier qui conduisait aux débauches qu'il fit son troisième miracle de la journée...

*
* *

Ce fut Julien-dit-le-Tremblant, parce qu'il avait toujours le mot pour rire, qui attira l'attention de la compagnie, et comme, en dehors des boules, il n'avait pas grande confiance en son jugement, il le fit en termes modestes et mesurés :

— Ou je suis complètement jobastre, dit-il, ou il me semble que ça commence à prendre tournure...

— Qu'est-ce que tu veux dire au juste ? demanda Flanelle.

Julien-dit-le-Tremblant regrettait d'avoir parlé :

— J'ai dû me tromper, dit-il. Pourtant, tout à l'heure, il m'avait bien semblé...

Banane le regarda sévèrement.

— Si tu as des visions, maintenant, dit-il, ça m'étonne plus que tu rates trois boules sur quatre...

L'attention allait se détourner de Marc-Antoine. Les joutes oratoires entre Banane et Flanelle étaient une des joies les plus pures et les plus gratuites de l'anis quotidien. Mais Amédée n'était pas homme à permettre qu'on lançât une idée en l'air et qu'on feignît de s'en désintéresser sans en avoir épuisé toutes les virtualités.

— Écoute, Julien, dit-il, on est des amis. Tu as rien à nous cacher. S'il t'a semblé quelque chose et que tu veuilles pas nous dire de quoi il s'agit, c'est en quelque sorte un affront que tu nous fais. Ou alors, tu as plus confiance dans tes amis, et tu te crois plus fort qu'eux...

Le Tremblant resta un moment sans réponse. Il scrutait la toile de Marc-Antoine avec une intensité qui lui faisait gonfler le cou. Finalement, il dit :

— Je te fais juge. Regarde la peinture de ce pauvre Marc-Antoine et dis-moi si, à ton avis, il est pas en train de se produire un événement qui nous dépasse...

Amédée vrilla son regard dans celui du Tremblant. Il y vit de l'étonnement, et presque de la peur. Alors il condescendit à jeter un coup d'œil sur l'œuvre de Marc-Antoine, et soudain il pâlit :

— Nom de Dieu ! dit-il.

— Nom de Dieu ! répétèrent tous les témoins de la scène.

Et désormais, ce fut comme s'ils assistaient à la création du monde. Sous leurs regards émerveillés, un tableau était en train de naître. Ils en restaient la bouche ouverte et le cœur battant. Ils se taisaient, mais parfois Banane disait pour lui tout seul, en se passant la main sur la nuque :

— O fan... O fan...

Ils restaient immobiles, mais ils avaient des fourmis dans les doigts et de la salive plein la bouche, et leurs mains se tendaient vers les formes qui surgissaient du pinceau magique de Marc-Antoine.

*
* *

Quand Hélène descendit au bras de son militaire, elle eut le sentiment de troubler un office. Elle s'avança sur la pointe des pieds, et ce fut pour elle comme une apparition miraculeuse.

La plus belle Fanny que le génie de l'homme ait jamais engendrée s'étalait sur la toile, satinée, soyeuse, amicale.

— On en mangerait, dit gravement Amédée.

— Qu'est-ce que tu prends ? demanda galamment le militaire à sa concubine d'un quart d'heure.

— Retourne chez les nègres, dit Hélène, et tâche d'y crever...

Marc-Antoine posa sa palette et son pinceau. Il parut étonné de voir tant de monde autour de lui.

Hélène s'était agenouillée à ses pieds.

— Roule-moi une cigarette, dit-il.

CHAPITRE 2

OÙ CELUI QUI NE ME CONNAITRAIT PAS ME PRENDRAIT SOIT POUR UN JOBASTRE, SOIT POUR UN MAQUEREAU

Je voudrais attirer votre attention sur un fait : dans tout ce qui m'est arrivé, je suis pour rien, pour rien du tout. Je décline toute responsabilité. Comme je me trouvais, je me trouvais bien. J'aurais voulu changer avec personne, surtout pas avec un peintre, et même si je m'étais douté que je savais tenir un pinceau, j'aurais gardé le secret pour moi tout seul et j'aurais fait semblant de pas le savoir.

J'ai que le certificat d'études, mais j'ai appris que les peintres ils mouraient tous jeunes. Des fois, même, ils se suicident parce qu'ils sont pas contents de ce qu'ils font. Après leur mort, on met leur nom dans le dictionnaire et on dit qu'ils étaient les plus forts et qu'ils avaient du génie.

Du génie, moi, il paraît que j'en ai tellement que si on me remue trop fort, je risque d'éclater. J'ai lu des articles où il est question d'un certain Marc-Antoine que si j'étais sûr que c'est de moi qu'il s'agit, j'oserais plus m'adresser la parole, tellement je suis quelqu'un d'extraordinaire.

Ce Marc-Antoine, si je pouvais, je le tuerais à coups de pierres. Mais c'est lui qui me tue. Il s'est installé en moi comme chez lui, et il me mange le dedans. J'aurais dû le mettre à la porte. J'aurais dû lui couper les deux mains quand il a commencé à peindre.

Maintenant, c'est trop tard.

*
* *

Marc-Antoine gardait la tête froide. Tout autre se serait laissé emporter par le succès qui déferlait sur lui. Sa gloire avait dépassé l'échelon provincial et la Fédération Française de Pétanque avait commandé cinquante exemplaires de sa Fanny, livrables avant le premier août. La lettre de commande était accompagnée d'un chèque de un million deux cent soixante mille francs. Le complément, soit une somme égale, devait être réglé à la livraison.

Sa première Fanny, en effet, Marc-Antoine en avait fait présent à Amédée pour le remercier de son hospitalité gracieuse. Mais dès la seconde, il avait fixé son prix : trente-cinq mille deux cents francs pièce. Il n'avait pas choisi cette somme au hasard : c'était ce qu'il gagnait en un mois avant de faire l'artiste. Cela parut cher au début, mais il n'en démordit point. On lui conseillait maintenant d'augmenter ses prix, ce à quoi il se refusait obstinément. D'autres lui suggéraient de standardiser sa production et d'augmenter son rendement.

Marc-Antoine opposait à ces mercantis une noble intransigeance et continuait à produire au gré de son inspiration. Jamais il ne peignit plus de trois Fanny dans la journée, et elles étaient toujours différentes les unes des autres. Le samedi soir, à sept heures, il arrêtait son ouvrage, et ne le reprenait que le lundi matin.

Il n'avait pas revu sa femme, et ne paraissait pas s'en plaindre. En revanche, il allait tous les lundis attendre son fils à la sortie de l'école supérieure, examinait avec attention son carnet de notes hebdomadaires, distribuait avec impartialité l'éloge ou le blâme et remettait enfin le produit intégral de sa recette afin que, malgré son éloignement, on ne manquât de rien à la maison.

Il souffrait de l'absence de sa cadette, s'enquérait de sa santé et de sa conduite, mais se refusait le plaisir de la voir. Il ne voulait pas lui donner le mauvais exemple et que son comportement scandaleux risquât de la désorienter, à un âge où les impressions sont si profondément ressenties.

***

En effet, il ne faut pas hésiter à le reconnaître, Marc-Antoine s'était installé dans la débauche avec un sang-froid et une autorité qui faisaient l'admiration de tous et spécialement d'Amédée.

— Quand je pense, lui dit-il un jour, à tout le temps que tu as perdu dans l'administration, toi qui étais un vrai barbeau de naissance...

Marc-Antoine avait léché longuement la cigarette qu'il était en train de rouler, avant de répondre paisiblement :

— Je suis pas un barbeau, je suis un créateur...

A ce détail près, il s'accommodait fort bien des libéralités d'Hélène, et trouvait naturel qu'elle s'occupât de sa nourriture et de sa boisson, de son linge et des tubes de peinture dont il faisait une consommation croissante. Car, à vivre dans le péché, autant s'y installer confortablement.

Mais le Bon Dieu a plus d'un tour dans son sac...

***

Cela se passa le samedi 3 avril, à quatre heures de l'après-midi, en présence d'un reporter de Radio Monte-Carlo qui avait l'antenne en direct de seize heures à dix-sept heures, et qui avait décidé de consacrer son émission à celui qu'on appela d'emblée « le douanier Rousseau de la pétanque ».

Le début de l'interview se passa fort plaisamment. Marc-Antoine s'y prêtait avec naturel, bonne grâce et volubilité. Quand on lui demanda ce qui l'avait poussé à peindre, il se montra d'une sincérité bouleversante :

— C'est une chose qui me dépasse. Je m'y attendais pas. C'est un peu comme si j'avais été choisi par quelqu'un qui sait mieux que moi et qui m'a poussé dans l'eau en me disant : « Vas-y mon beau, pour savoir nager, c'est pas la peine d'apprendre, tu as que d'avoir confiance... »

Le reporter essaya de se montrer facétieux :

— En somme, dit-il, vous avez entendu des voix ?

— Non, dit paisiblement Marc-Antoine, j'ai rien entendu du tout. Ce que je vous disais, c'était une image pour tâcher de vous faire comprendre. La vérité, c'est qu'un beau matin, j'ai pris un pinceau et je me suis laissé aller...

— Et quand vous peignez, reprit le reporter, à quoi pensez-vous ?

— A rien, reconnut Marc-Antoine avec simplicité.

Et il ajouta :

— C'est bien agréable.

La galerie, qui suivait l'interview avec l'intérêt qu'elle réservait d'ordinaire à une finale de concours de boules, approuva de la tête, de la voix et du rire. Le reporter sentit qu'il allait perdre la face, et aussitôt il entra dans le vif du sujet.

— Est-ce de propos délibéré, demanda-t-il, que vous vous êtes spécialisé dans la reproduction d'une partie déterminée du corps féminin, à l'exclusion de toute autre ?

Avant de répondre, Marc-Antoine se tourna vers Hélène et dit :

— Roule-moi une cigarette...

Hélène, qui connaissait les exigences de son seigneur et maître, avait toujours une cigarette roulée d'avance qu'elle léchait une dernière fois avant de la lui remettre. Elle la lui tendit avec encore plus d'humilité que d'habitude.

— Du feu ! dit Marc-Antoine.

Il tira une bouffée pensive et, posant la main sur le genou du reporter, il dit :

— Je suis bien content que vous soyez ici, parce que j'ai des révélations importantes à faire...

La galerie cessa de s'agiter. Hélène avait la chair de poule. Et la bombe éclata :

— Voilà, dit Marc-Antoine : quand vous avez commencé de me poser des questions je le savais pas, maintenant j'en suis sûr : des Fanny, j'en peindrai plus.

Jamais carreau réussi des dix-huit mètres n'avait causé pareille émotion. Amédée fut le premier à réagir.

— O l'ami, dit-il, tu déparles. Tu as des commandes pour trois mois...

— Je m'en fous, dit Marc-Antoine.

Le reporter sut montrer sa maîtrise. Il comprit que toute question de sa part serait inopportune. Il se contenta de tendre le micro à Marc-Antoine.

— Je m'en fous, répéta le peintre. Dans la Fanny, je me sens à l'étroit. Si je continue, je vais me répéter. On a beau dire, la Fanny, vous en avez vite fait le tour. Et puis, de toute façon, maintenant, j'en ai plus envie...

— Mais c'est la ruine ! dit Amédée.

— Qu'est-ce que ça peut me faire ? dit Marc-Antoine. D'abord, des sous j'en ai jamais eu, et ça me gênera guère de redevenir pauvre. Et ensuite, tant que j'aurai Hélène, je suis sûr de pas mourir de faim...

— O l'ami, dit Amédée, je trouve que tu envoies le bouchon un peu loin.

— Tu peux compter sur moi, dit Hélène, les yeux pleins de ferveur.

Le reporter enchaîna précipitamment :

— Avez-vous pour autant l'intention de renoncer à la peinture ?

— Va te faire foutre non, répondit Marc-Antoine. Mais pour vous dire la franche vérité, la tafanari, c'est pas tout dans la femme. Vous me direz que...

— Excusez-moi, demanda le reporter, qui était d'origine bretonne, qu'entendez-vous exactement par « tafanari » ?

— Le tafanari, dit Marc-Antoine, au comble de la surprise, c'est le tafanari...

Amédée montra du doigt les fesses d'Hélène. Le reporter regrettait d'avoir posé sa question. Marc-Antoine, toutefois, n'avait pas vidé son cœur.

— Vous me direz que dans l'agagie, le tafanari, c'est le plat de résistance. Mais c'est pas une raison pour négliger le reste. La Fanny, ça a été pour moi...

Il laissa la phrase en suspens. Pour la première fois depuis le début de l'interview, il cherchait ses mots.

— Suivez bien mon raisonnement, dit-il. En ce moment, ma fille, elle s'appelle Augusta et elle a treize ans, je lui fais apprendre le piano, et comme elle débute, la pauvre, elle fait des gammes. Mais peut-être, un jour, elle jouera des vrais paso-dobles. C'est juste comme moi. Le tafanari, ça a été mon solfège, mais maintenant, ça suffit plus. C'est des femmes entières qu'il me faut, et si vous voyez ce que je veux dire, des femmes à poil.

Le reporter n'eut pas le temps de boucher le micro, et craignit un instant d'avoir perdu sa place. Mais comme cette interview devait être reproduite par les journaux et les radios du monde entier, il en tira au contraire un surcroît de notoriété et de quoi s'acheter un morceau de terrain au bord de la mer, du côté du Brusc. Mais n'anticipons pas.

— Ainsi, dit-il, vous avez l'intention de peindre des nus ?

— Tu l'as dit, bouffi, s'exclama Marc-Antoine avec une soudaine bonne humeur. Des nus en pagaïe.

— O l'ami, dit Amédée, il me semble que c'est un peu tard pour t'y mettre, à ton âge.

— Et encore tu sais pas tout, dit Marc-Antoine avec une salacité radieuse, les Fanny je les faisais de mémoire, tandis que maintenant je vais peindre d'après nature.

Hélène faillit battre des mains, mais Marc-Antoine semblait l'ignorer. Il regarda Amédée droit dans les yeux :

— Est-ce que je peux compter sur toi ?

— Tout mon personnel, dit gravement Amédée, est à ta disposition, de jour comme de nuit.

Marc-Antoine se leva pour lui serrer la main.

Hélène se sentit soudain très malheureuse. Dépossédée pour ainsi dire.

— Notre émission est terminée, annonça précipitamment le reporter.

*
* *

Mélanie avait versé bien des larmes, et les premiers cent mille francs que lui avait fait porter Marc-Antoine avaient redoublé sa détresse. Elle avait failli les renvoyer à son mari séance tenante. Elle s'était ravisée au dernier moment, mais dans les jours qui suivirent, elle n'arriva pas à trouver le sommeil. La présence d'une telle somme à la maison lui donnait des angoisses nocturnes et des palpitations. Elle perdit l'appétit et n'avait plus de goût à rien.

La deuxième semaine, Marc-Antoine lui fit porter deux cent dix mille francs. Elle manqua se trouver mal.

— Mais qu'est-ce que je vais bien pouvoir faire de tout cet argent ? soupira-t-elle.

Claude lui vint en aide.

— Si tu m'achetais une Vespa ?

Mélanie commença aussitôt ses lamentations et fit valoir, en phrases entrecoupées de sanglots, que perdre son mari, c'était encore supportable, mais voir mourir son fils à la fleur de la jeunesse dans un accident de la circulation, c'était au-dessus de ses forces.

Claude essaya de la raisonner. Il dit qu'à son âge, on avait de bons réflexes, et que son père ne s'était jamais si bien porté. Cela accrut la mélancolie maternelle.

Augusta, qui malgré sa jeunesse manifestait déjà une humeur casanière, suggéra qu'on pourrait se faire installer la télévision. Mélanie cessa de geindre. La télévision, elle en rêvait depuis longtemps. Dans le quartier, personne n'avait eu les moyens de se l'offrir jusqu'ici. Cela ferait mourir les voisines de jalousie. Mais tout à coup, la honte l'envahit : cet argent n'était pas de l'argent propre. Elle se sentit rougir à la pensée que c'est en peignant des paires de fesses que son mari était en train de faire fortune, et, qui sait, dans un moment de dépression, elle était capable de brûler l'argent du déshonneur dans la cuisinière.

Ce fut Augusta qui sauva le patrimoine en disant, les yeux baissés :

— Et si on achetait une machine à laver ?

Ce fut magique. Certes, l'argent de Marc-Antoine demeurait pollué en son origine, mais la machine à laver le débarrassait automatiquement de toute souillure. Mélanie se sentit légère comme elle ne l'avait pas été depuis la nuit où Marc-Antoine avait révélé sa vraie nature.

— Attends, dit-elle, je vais mettre la robe des dimanches, et on ira l'acheter toutes les deux, cette machine...

*
* *

Le bonheur était revenu dans le foyer de Marc-Antoine. Après la machine à laver arriva le réfrigérateur, puis la cuisinière électrique, et enfin la télévision. A partir de ce moment, Mélanie retrouva le sommeil et l'appétit. Avant de s'endormir, il lui arrivait de penser à son mari avec un certain attendrissement. Il était devenu pour elle une manière de navigateur au long cours qui, pour se faire pardonner son éloignement, comblait sa famille de cadeaux et de mandats.

*
* *

Mélanie aurait été moins sereine si elle avait su à quel point la source de ses revenus était proche de se tarir. Avec l'opulence financière, elle avait découvert le confort intellectuel et elle opposait un front de marbre aux insinuations perfides des ménagères qui continuaient de laver leurs torchons à l'eau de la pile. Elles feignaient d'imaginer que Marc-Antoine avait quitté la ville. Certaines plaignaient la pauvre Mélanie :

— C'est vrai, disaient-elles, ce qu'on m'a dit, que votre mari il est parti pour l'Afrique ? Vous craignez pas qu'il attrape les fièvres ?

Mélanie les toisait avec superbe et, les bras presque croisés, car l'opulence de sa poitrine empêchait qu'ils le soient jamais complètement, elle disait :

— Mon mari, il vous emmerde, et s'il s'est installé au bobinard, c'est parce que rien que de vous voir, ça lui coupait l'inspiration...

Parfois, il se trouvait une ménagère plus hardie ou plus hargneuse que les autres pour essayer de lui tenir tête et pour dire :

— Ça explique pas ce qu'il fait chez les putes.

— Il se cultive, Madame, répondait Mélanie.

C'était un mot qu'elle n'avait jamais employé de sa vie et dont elle ignorait entièrement le sens.

Mais l'esprit souffle où il veut et le Bon Dieu sait où il va...

*
* *

C'est sur ces entrefaites que Mélanie découvrit qu'elle n'avait jamais été aussi amoureuse de son mari. Cela ne se passait certes pas sur le plan physique. Les choses de la chair n'avaient jamais joué aucun rôle dans la vie de cette estimable personne, et ce n'était pas le retour d'âge qui allait changer quoi que ce soit à sa placidité congénitale. Elle avait épousé Marc-Antoine quand elle avait dix-huit ans parce qu'il était beau petit, qu'il avait une situation stable et pas de tare dans la famille. Il lui avait fait de beaux enfants, appréciait sa cuisine et lui remettait régulièrement sa paie. Il y a de quoi rendre heureuse une femme d'ambitions modestes et de sens rassis.

Mélanie, cependant, s'apercevait qu'elle portait en elle des possibilités qu'elle ne soupçonnait pas et, notamment, un goût du luxe inattendu chez une femme habituée à se priver depuis son enfance. Spontanément habile à se trouver des excuses, elle dilapidait allégrement les sommes que lui faisait tenir Marc-Antoine, en se disant qu'un argent aussi impur ne méritait pas qu'on lui fît l'honneur de le mettre de côté.

Le cinquième lundi de son opulence était arrivé. Claude rentra à la maison les mains vides.

— Qu'est-ce que tu as fait des sous que t'a donnés ton père ? demanda Mélanie.

Et, saisie d'un soupçon subit :

— Je parie que tu t'es acheté la Vespa...

— J'aurais mieux fait de l'acheter la semaine dernière, dit Claude. Parce que papa, il te fait dire que des sous, il y en aura pas de quelque temps...

— Tu lui as dit que j'ai commandé le tourne-disques à trois vitesses ? demanda Mélanie en blêmissant.

— Non, dit Claude, ça aurait rien changé. Il est complètement fauché.

Mélanie refusait de se rendre à l'évidence.

— Mais on va le livrer demain, ce tourne-disques, gémit-elle.

— Tu auras que de le payer à crédit, proposa Claude avec indifférence.

Mélanie sentit ses jambes se dérober sous elle.

— Jamais j'ai dû un sou à personne ! gémit-elle.

— Il faut un commencement à tout, conclut le fils.

Mélanie ne répondit rien. C'était comme si elle se réveillait toute nue au milieu d'un désert de glace. Elle était seule au monde. Mais comme c'était une femme forte, elle attendit que son fils fût sorti pour éclater en sanglots.

— Marc-Antoine, gémissait-elle, pourquoi m'as-tu abandonnée, toi qui ne m'as jamais dit un mot plus haut que l'autre, toi, le seul homme qui ait fait battre mon cœur...

*
* *

Marc-Antoine s'était enfermé depuis trois jours dans la chambre d'Hélène et refusait de se nourrir tant qu'il n'aurait pas achevé son œuvre. L'inspiration semblait l'avoir déserté, et il gâcha un nombre de toiles considérable. Son irritation allait croissante, car il n'aimait pas gaspiller la marchandise. Il reportait sa mauvaise humeur sur Hélène qui, les seins à l'air et les bras relevés au-dessus de la tête en forme de lyre, commençait à trouver le temps long depuis quarante-huit heures qu'elle gardait la pose.

Elle n'osait cependant pas se plaindre. Toutes ses collègues avaient brigué l'honneur de servir de modèle à Marc-Antoine, car l'idée qu'un jour leur pétard serait accroché à la cimaise du Musée Réattu les remplissait d'aise. Si Amédée n'était pas intervenu, elles se seraient déshabillées sans plus attendre dans la salle même du bar, pour que le peintre pût faire son choix en toute connaissance de cause.

Marc-Antoine ne manifestait aucune préférence.

— L'une ou l'autre, avait-il dit, c'est du pareil au même.

Se tournant vers Amédée, il avait cependant ajouté :

— Si tu étais brave, tu m'en prêterais deux. Une de devant, une de derrière. Comme ça, j'aurais toute la femme d'un seul coup d'œil.

Amédée n'avait jamais laissé un ami dans le besoin, mais c'était là un lourd sacrifice qu'on lui demandait. Prudemment, il s'était informé :

— Tu me les garderas longtemps ?

— Honnêtement, je peux pas te répondre...

Hélène avait tiré Amédée d'embarras. Elle s'attendait à ce que Marc-Antoine la choisît d'emblée, et son indifférence l'avait cruellement mortifiée. Mais elle avait trop la pratique des hommes du Sud pour se risquer à la moindre revendication. Elle savait que c'était la meilleure façon de les perdre. Négligemment, elle avait dit :

— Il y aurait bien une solution. Dans ma chambre, il y a une grande glace. J'aurai qu'à me mettre devant... Un peu en biais. Comme ça, il perdrait rien...

Amédée lui avait fait le clin d'œil de l'approbation et de l'amitié, mais Marc-Antoine ne paraissait pas enthousiasmé :

— Hélène, dit-il, je l'ai vue à poil des dizaines et des dizaines de fois. Elle a plus rien à m'apprendre.

C'était un argument sans appel, mais Amédée avait dans la dialectique spécieuse des ressources inépuisables :

— Justement, avait-il protesté, tu as déjà fait le travail préparatoire. Le moment est venu de tirer profit de tes études préliminaires.

Marc-Antoine refusait de se rendre. Amédée sut trouver l'argument suprême.

— D'abord, dit-il, tous les grands peintres couchaient avec leur modèle, et ils ont gardé le même pendant toute leur vie...

— Tu me le jures ? demanda Marc-Antoine, troublé.

— Parole d'homme ! dit Amédée.

Ainsi fut élue Hélène. De justesse. Marc-Antoine exigea en outre qu'on lui fournisse le rhum et le tabac. Ce lui fut accordé.

***

Marc-Antoine travaillait depuis trois jours, et les clients de la Petite Douane parlaient à voix basse pour ne pas troubler son inspiration.

Amédée avait interdit qu'on fît marcher le pick-up. Les usagers des pensionnaires n'osaient pas monter dans les chambres et s'étaient engagés tacitement à ne pas faire œuvre de chair tant que Marc-Antoine serait dans les douleurs.

Dans cette dure épreuve, Amédée donnait la mesure de sa grandeur d'âme. Trois mois de ce régime et il était ruiné. Il demeurait impassible et cordial, mais chaque fois qu'Hélène, ayant hâtivement passé un peignoir, venait renouveler la provision de rhum et de tabac gris, il la consultait du regard. Hélène faisait un geste d'impuissance, et tout dans son attitude indiquait que ça n'allait pas très fort.

Ce fut au crépuscule du quatrième jour que Marc-Antoine sentit que la grâce le visitait :

— Tu peux te coucher, dit-il à Hélène.

Malgré son épuisement, elle trouva la force de s'étonner.

— Tu renonces ?

— Ferme ta gueule, dit Marc-Antoine. Je sens que ça vient.

Hélène lutta héroïquement contre le sommeil. Elle aurait voulu assister à la venue au monde de l'œuvre qu'elle avait censément inspirée. Cinq minutes après, elle dormait.

Une heure plus tard, Marc-Antoine constatait que son mégot était éteint et que sa toile était terminée.

Alors il eut faim.

*
* *

On aurait dit un concours de belote dans un institut pour sourds-muets. Même les deux cents de valets s'annonçaient sur un ton de confidence. L'entrée de Marc-Antoine passa inaperçue. Il se laissa tomber sur une chaise et dit :

— Je prendrais bien un morceau de quelque chose...

Ce fut un peu comme si un ami qu'on croyait mort à la guerre entrait subitement dans le bistrot de sa jeunesse et disait : « Un anis-menthe, comme d'habitude... »

Il y eut la seconde de silence, puis l'explosion de joie ; puis un silence angoissé, et c'est d'une voix plus enrouée que d'habitude qu'Amédée demanda :

— Alors, ça a marché ?

Sans lever les yeux de la cigarette qu'il était en train de rouler, Marc-Antoine répondit :

— Je crois...

— Tu es content de toi ?

— Un artiste, dit sentencieusement Marc-Antoine, n'est jamais content de ce qu'il fait. Mais, honnêtement, je suis obligé de reconnaître que j'ai jamais fait quelque chose de mieux.

Alors ce fut du délire, et ceux qui avaient six atouts servis dans les mains les jetèrent sur la table en poussant des hourras, sans se soucier de leur avance à la marque.

Amédée, qui se considérait comme l'apoderado de Marc-Antoine, lui mit la main sur l'épaule en signe d'affection et de propriété. Et subitement, lui qui tutoyait les ministres et regardait les flics au fond des yeux, il se sentit envahi par une insurmontable timidité. Il parvint toutefois à balbutier :

— Est-ce qu'on peut voir ?

— Ça sèche, dit Marc-Antoine.

— Carmen, dit Amédée, va chercher.

Carmen blêmit de contentement. On entendit le crépitement de ses talons hauts sur les marches abruptes de l'escalier des voluptés. Tous se taisaient. Il y eut une deuxième rafale : Carmen était déjà de retour, portant la toile de Marc-Antoine à bout de bras comme un ostensoir.

— Que personne ne bouge, dit Amédée. Lola, toutes les lumières...

De son regard dominateur, il cherchait l'endroit où le tableau de son ami serait le mieux mis en valeur. Il eut une inspiration de génie et ouvrit l'armoire à Fanny où il avait depuis peu fait installer l'éclairage indirect. Les fidèles saluèrent d'un sourire reconnaissant la première paire de fesses qui soit sortie des doigts miraculeux de Marc-Antoine.

Sa nouvelle œuvre était exactement du même format que la première (le quinze paysage). Amédée la posa délicatement devant la première Fanny, fit une dizaine de pas en arrière et s'installa à califourchon sur une chaise.

*
* *

Marc-Antoine avait fini de rouler sa cigarette et attendait pour l'allumer que le populaire eût rendu son verdict.

Or, le populaire manifestait une extrême réserve. Il n'approuvait ni ne désapprouvait. Il suspendait son jugement. Tous les regards avaient abandonné la toile et s'étaient portés sur Amédée, attendant qu'il se prononçât dans sa haute sagesse.

Amédée fit crisser sa barbe sous la paume de sa main et dit à Marc-Antoine, sans oser le regarder en face :

— Pourquoi tu lui as fait des cheveux mauves ?

— C'est comme ça que je les ai vus, dit Marc-Antoine.

— Pourtant, elle les a presque rouges.

— Qui ?

— Hélène.

Rassuré, Marc-Antoine alluma sa cigarette.

— C'est pas Hélène que j'ai peinte, dit-il.

— Alors, qui c'est ?

— C'est Vénus.

— Alors, qu'est-ce que tu as fait avec Hélène pendant tout ce temps ?

— J'ai pensé, dit Marc-Antoine.

— A quoi ? demanda Amédée d'un air sourcilleux.

— A des choses, dit Marc-Antoine, à des choses qui vous dépassent.

Il examinait avec étonnement tous les visages incompréhensifs qui le regardaient comme s'ils ne l'avaient jamais vu.

Et soudain, il sentit son immense lassitude et découvrit combien il était seul. Ils étaient tous semblables à Mélanie : fermés aux Beaux Arts et à la Création.

*
* *

Maintenant qu'Amédée avait parlé, les clients du bar se déchaînaient. Pendant quatre jours, ils avaient accepté de rester chastes, de marcher sur la pointe des pieds et, pire que tout, de boire sans parler pour que Marc-Antoine eût tout loisir de mener à bien son entreprise. Et voilà ce qu'il leur ramenait, ce caramantran : une femme qui avait les cheveux mauves et des pieds grands comme des baignoires.

Ce qui les choquait le plus, c'étaient les seins. Ils avaient tous, qui plus, qui moins, apprécié la compagnie d'Hélène. Certains même pouvaient être considérés comme ses familiers. L'unanimité s'était faite dans ce petit cercle d'intimes : si Hélène avait le panier volumineux mais discutable, au-dessus de la ceinture, elle faisait le ravissement du connaisseur.

Or, Marc-Antoine lui avait accroché sur le devant une paire de supions gris et flasques qui étaient supposés lui tenir lieu de poitrine. Cela fut jugé sévèrement. On trouvait le geste de Marc-Antoine inamical, et, disons le mot, malhonnête. Il y a des choses qu'on ne fait pas, et Julien-dit-le-Tremblant, qui était pourtant d'un naturel facétieux, résuma l'impression générale en disant :

— O collègue, vraiment, tu manques de chose !

Peut-être seraient-ils passés outre à tant de déceptions. Marc-Antoine était un des leurs, et sa gloire rejaillissait sur chacun d'eux. Ils cherchaient désespérément dans la toile de leur ami quelque raison d'espérer. Une oreille réussie, et ils auraient repris confiance ; un nez gracieux ou mutin, et ils l'auraient applaudi ; un œil affectueux ou coquin, et ils l'auraient porté aux nues.

Mais à force d'analyser le tableau, ils venaient de faire une découverte irrémédiablement consternante : Hélène n'avait qu'un œil.

— Tu as remarqué qu'elle est borgne ? dit sévèrement Amédée.

— C'est exprès, dit Marc-Antoine en fermant les yeux de fatigue.

Alors ils le condamnèrent définitivement.

*
* *

Marc-Antoine ne se sentait ni l'envie ni la force d'argumenter avec ces rustauds. Il prit cependant la parole, et ce fut pour dire des choses blessantes.

— Écoutez tous, fit-il. Il y a une chose que je veux vous dire depuis longtemps. C'est que je vous emmerde.

Avant de murmurer, la galerie consulta Amédée du regard. Il avait blêmi :

— Voyons, dit-il, j'espère que tu parles pas sérieusement. Tu le sais que nous te voulons tous du bien...

Il avait mis dans son regard toute l'affection qu'il pouvait exprimer :

— Tu vas te reposer un peu, dit-il, et puis tu vas te remettre au travail. On réussit pas toujours du premier coup ; ça nous est tous arrivé de rater un...

Marc-Antoine l'interrompit avec brutalité :

— Amédée, je te croyais moins couillon que les autres.

Jamais personne n'avait parlé sur ce ton au patron de la Petite Douane. Les membres de la Boule d'Escalier, qui n'avaient jamais assisté à un meurtre, frissonnèrent d'aise et d'angoisse. Amédée, lui, n'avait pas bronché.

— Amédée, poursuivit Marc-Antoine, c'est en ami que je te parle. Si ton père avait pas laissé passer Van Gogh, tu serais milliardaire aujourd'hui, et tu aurais pas besoin de gagner ta vie en louant des filles à des minables qui valent même pas le mal que tu te donnes pour eux. Alors je te le dis, moi : même si tu dois trouver que j'ai perdu le bon sens, ne laisse pas passer Marc-Antoine. C'est une chance que le bon Dieu t'offre d'avoir une vieillesse heureuse et de cultiver tes pommes d'amour...

Amédée demeurait impassible. Hélène parut, en peignoir et les yeux bouffis de sommeil. Elle n'eut le temps ni de voir la toile, ni de comprendre ce qui se passait.

— Va t'habiller, avait dit Marc-Antoine, nous partons.

Amédée fit une fois de plus crisser sa barbe sous sa paume. Il fallait prendre une décision grave. Il commença par gagner du temps :

— Personne te chasse, dit-il.

— Non, dit Marc-Antoine, c'est moi qui m'en vais.

Hélène s'était déjà engagée dans l'escalier des voluptés. Marc-Antoine la héla :

— Surtout, précisa-t-il, oublie pas d'emporter tes économies.

***

Quand je pense que c'est mon histoire à moi que je raconte, ma langue se sèche de honte, la sueur me coule, et, des fois, le porte-plume me tombe des mains.

Et pourtant, je suis pas au bout de mes peines.

CHAPITRE 3

OÙ MATHIAS REND SON ORACLE

Mathias avait les sourcils aussi fournis que des moustaches. Il les retroussait quand il ne trouvait pas ses mots.

— Entre-nous-ce-soit-dit-que-ça-aille-pas-plus-loin..., dit-il.

Il n'en dit pas davantage. Sa pensée n'était pas encore mûre.

Septime attendait, immobile comme un totem. Quand Mathias méditait, il ne fallait le troubler ni par des gestes, ni par des mots. La réflexion s'accompagnait chez lui d'un grand déploiement de force musculaire : il roulait les épaules, se donnait des coups de poing sur la tête, poussait des grognements. Son visage brillait comme un chaudron. Ses veines s'enflaient et grouillaient sur ses tempes. Si le problème à résoudre était trop ardu, il sortait prendre l'air pour ne pas périr d'asphyxie.

*
* *

Un jeune gardian maigre, attablé dans la cabane, regardait avec mélancolie son assiette, où refroidissait un demi-kilo de daube. Dès que Mathias avait commencé de penser, il avait reposé sa fourchette et son couteau. Il savait qu'un simple tintement pouvait lui faire perdre le fil de ses idées. Et alors, on risquait d'attendre son avis pendant des jours, pendant des semaines. Discrètement, il prit un morceau de pain, mais un regard terrible de Septime l'empêcha de le porter à sa bouche.

Soudain Mathias cessa de se démener, de geindre et luire. Ses joues se mirent en veilleuse. Il souriait des dents et des sourcils. Il avait trouvé.

— Le hérisson, déclara-t-il.

L'oracle était obscur. Mais le gardian maigre n'attendit pas une seconde de plus pour se jeter sur la nourriture.

Quant à Septime, il brandit la bouteille d'anis et dit :

— Tu en prendras bien une larme.

*
* *

Désormais, il n'avait plus d'inquiétude. Le premier mot, seul, coûtait à Mathias. Il allait le chercher au plus profond de lui, dans ses souvenirs qui remontaient à deux mille ans et plus. Car Mathias, depuis deux mille ans et plus, vivait en Camargue. Il n'avait rien oublié de ce que lui avait appris son père, et son père lui avait transmis tout ce que le sien savait. Et cela remontait jusqu'à l'origine des hommes.

Jamais Mathias n'avait lu un livre, mais il décrivait la vie dans le delta du Rhône du temps où il était une mer intérieure, avec un luxe de détails qui tenait du prodige. Le Conservateur du Musée d'Arles l'appelait en consultation chaque fois qu'il était dans l'embarras.

Il commençait par lui offrir à boire pour aiguiser sa voyance.

— Je viens de découvrir, disait-il, des amphores dans l'étang de Fournelet. Elles portent toutes le nom de Marcos Sextios. Ça ne vous dit rien ?

Mathias le regardait d'un air incrédule.

— Comment, s'écriait-il, vous n'avez jamais entendu parler de Marcos ?

— Aucun texte ne cite son nom.

Mathias n'en revenait pas.

— Sacré Marcos, soupirait-il, c'était un brave ami ! Et comme navigateur, il faudrait aller chercher loin pour en trouver le pareil. Pendant vingt ans, il a fait la ligne Syracuse-Méjanes, à bord de la *Vénus*. Il amenait du marbre, et il remportait du vin. Le pauvre, il a fait naufrage. Il était plus tout jeune. Il y avait mistral, il a manqué de viste. Il est allé s'enfanguer du côté de Fielouse, dans l'étang de Fournelet justement. Entre nous, c'était un drôle de pistachié, le Marcos, et Vénus, c'était sa déesse préférée.

Mathias, tout à coup, devenait grave comme l'homme qui assiste à l'agonie d'un ami de régiment.

— La *Vénus*, disait-il, elle a mis trois jours à s'enfoncer dans la bouillasse. Marcos, il aurait pu se sauver mille fois, mais il s'est enfermé dans sa cabine. Il a préféré se laisser noyer vivant.

A la fin de son récit, Mathias pleurait comme une courge.

Certains le tenaient pour fou, mais la plupart estimaient qu'il n'était pas si bête, puisqu'il arrivait à vivre sans rien faire, simplement en racontant des histoires.

En tout cas, il était assuré de ne pas mourir de soif.

*
* *

Septime, lui, n'était en Camargue que depuis cinq ans, et il avait une âme de pionnier. A ses débuts, il avait ouvert une école de tauromachie pour jeunes filles [1], ce qui parut hardi à l'époque, mais ne tarda pas à être imité.

Quiconque avait approché un taureau à moins de trois mètres achetait un coupon de serge rouge et enseignait la véronique de pied ferme à des Bretonnes aventureuses, arrachées à leur granit originel par la grâce de Luis-Miguel Dominguin.

Septime, toutefois, était un flibustier de l'espèce romantique. Il aimait lancer des idées, et quand il les voyait exploitées par d'autres

1. Voir *Les Lions d'Arles*.

que lui, elles cessaient de l'intéresser. La dureté des temps le contraignait à composer.

Comme tous ses collègues, il louait des chevaux pour la visite des bords du Vaccarès, et il servait le catigot d'anguilles à la mode gardiane. Mais il se faisait payer quatre fois plus cher que les autres, car il ne se contentait pas de compter les vols de flamants roses et les passages de taureaux en supplément sur l'addition : il facturait le mirage.

Il avait lieu tous les jours, à midi trente, juste au moment où on passait à table. Septime, qui était en train de boire l'anis avec quelques indigènes de ses amis, posait son verre sur le comptoir et disait :

— Vous m'excusez une minute.

— Fais ce que tu as à faire, disaient les indigènes ; on sait ce que c'est que le travail.

*
* *

C'était du travail bien fait.

Septime se mettait sur le pas de la porte. Les clients avaient déjà déplié leur serviette.

— Si vous avez jamais vu de mirage, s'écriait Septime, c'est le moment d'en profiter !

On se précipitait.

— Où est-il, monsieur Septime ? Montrez-le-nous...

Septime désignait un point quelconque de l'horizon.

— Là ! décrétait-il.

D'abord, les gens ne voyaient rien. Mais le regard brillant de Septime leur faisait honte. Ils regardaient mieux. Septime leur venait en aide.

— On dirait une ville blanche qui sort du Vaccarès... Vous voyez cette tour de marbre qui monte, qui monte...

— Je la vois ! criait une jeune fille.

Bientôt, tout le monde l'avait vue. D'autres tours, et des coupoles, et des remparts, et des basiliques surgissaient de l'étang. C'était tellement beau que celui qui n'avait rien vu n'osait pas le reconnaître. Il poussait des cris d'admiration pour ne pas se faire remarquer. Et lui aussi finissait par voir.

Pendant ce temps, Septime était allé retrouver ses amis et se lamentait avec eux sur l'augmentation du permis de chasse.

*
* *

C'est en attachant Mathias à son établissement que Septime avait donné la mesure de son génie. Il connaissait le bonhomme. Il ne croyait pas à ses histoires, mais lui offrait à boire pour le plaisir de l'écouter. Il se faisait raconter le temple d'Albaron, le monastère de Sylvéreal, la peste d'Arles.

— Ça, au moins, c'étaient des époques ! soupirait-il.

Il se voyait tour à tour proconsul, évêque, podestat et prenait momentanément en horreur son état de limonadier.

Ses collègues, eux, ne songeaient qu'à l'avenir. Plus d'un avait engagé qui un accordéoniste pour faire danser la jeunesse, qui un animateur pour raconter des histoires parisiennes entre le pâté de sauvagines et le caviar de muges, qui une chanteuse de charme un peu pute sur les bords pour les clairs de lune sur la sansouiro. Septime, lui, avait mis Mathias sous contrat. Ce qui signifie qu'il lui avait dit :

— Quand tu as besoin de quelque chose, tu me le demandes. Mais quand le touriste veut un renseignement, tu le lui donnes.

La présence de cet ancêtre omniscient avait eu un tel succès qu'on venait le consulter de tous les coins de France et même d'outre-Quiévrain, comme l'oracle de Delphes. Certains allaient jusqu'à lui offrir de l'argent, comme au guide du Palais des Papes.

Pour ne pas gêner Septime dans l'exercice de sa profession, Mathias ne se mettait pas en colère. Il refusait avec simplicité.

— Vous avez été braves de m'écouter, disait-il en essayant de sourire.

Étonnés par sa connaissance du passé, des ingénus l'interrogeaient sur l'avenir. Il répondait invariablement :

— La Camargue et moi, nous mourrons ensemble.

Il n'avait pas d'enfant à qui la confier tout entière. Il la distribuait par lambeaux à tout venant. Il l'éparpillait aux quatre coins du monde.

*
* *

Pendant l'hiver, Septime, bien qu'il n'eût plus guère de clients, continuait d'employer Mathias. Il aurait pu devenir le dépositaire de tous ses trésors, son héritier spirituel. Mais il n'avait pas assez de mémoire. Et surtout, il n'avait pas le cœur assez pur.

Le passé était pour lui un capital dont il se chargeait de tirer intérêt. Ainsi les restaurateurs écrivent-ils leur menu en lettres gothiques pour donner plus de charme à leur ragougnasse, et, préparées « à l'ancienne », les blanquettes de veau les plus tristes prennent la saveur de viandes nobles.

*
* *

A l'œil nu, l'intérieur de la cabane de Septime ne se distinguait pas des autres relais de bouche camarguais. Panetière, estanié, argentiers, pétrin tout était d'une rusticité agressive. Mais, grâce à Mathias, le moindre objet de l'endroit s'était chargé d'histoire.

— Ce chandelier, Madame, disait Septime, c'est celui à la lumière duquel Quiqueran de Beaujeu, prieur de l'ordre de Malte, écrivait ses homélies.

Il devenait, tout à coup, prestigieux. Le pétrin avait servi de berceau à Noble de la Lauzière ; la panetière avait appartenu au grand-père de Mistral. Quant à la vaisselle d'Aubagne en terre cuite, Septime suppliait qu'on en prît le plus grand soin, car il la garantissait d'origine phénicienne, avec anecdotes à l'appui.

La méthode se généralisa d'ailleurs, et il n'y eut plus en Camargue un tabouret branlant sur lequel ne se soit posé au moins un auguste derrière, de table vermoulue sur laquelle n'ait été signé un traité par un pape, un empereur ou un prince, de rizière où ne se soit livrée une bataille contre les Sarrasins ou les Wisigoths.

***

Septime enrageait. Pour la première fois de sa carrière, il allait démarrer la saison à égalité avec ses collègues. Ils lui avaient volé toutes ses idées les unes après les autres. Septime cherchait désespérément une arme secrète et, depuis huit jours, consultait sans relâche les souvenirs de Mathias. Il avait eu, un instant, le désir d'installer son restaurant dans une galère romaine, mais il avait reculé devant le prix de revient.

Il fallait trouver quelque chose de moins coûteux : un plat inédit, par exemple, grec, romain, médiéval, ou du Grand Siècle, il n'était pas fixé, mais qui sorte de l'ordinaire.

Mathias s'était une fois de plus penché sur son passé, mais il n'avait eu à remonter qu'une cinquantaine d'années : le hérisson en gargoulette lui était revenu tout de suite à la mémoire.

— C'est un plat gitan, précisa-t-il. J'en ai mangé en 99 avec...

Le nom lui échappait momentanément, mais il se souvenait avec précision de la recette.

— Tu te prends un hérisson vivant, et tu l'enveloppes dans la terre glaise. Et si tu es hardi de tes doigts, tu lui donnes la forme d'une gargoulette. Tu mets ta gargoulette sous la cendre chaude, et tu laisses jusqu'à ce qu'elle commence à se craqueler...

Comme il avait le cœur simple et le palais délicat, il tint à préciser que le hérisson était mort étouffé avant de cuire, ce qui donnait à sa chair un fumet incomparable.

— Après, poursuit-il, il te reste plus qu'à casser la gargoulette avec un caillou de Crau. Les piquants du hérisson, ils viennent avec le moule. Et la viande, elle est si bien cuite que tu peux la manger avec une petite cuiller...

— Et ça a le goût de quoi ? demanda Septime.

— On dirait de la baleine, répondit Mathias avec le naturel de l'homme qui a goûté à toutes les cuisines depuis la création du monde.

***

Quand il réfléchissait, Septime devenait indéchiffrable. Pourtant, son visage laissait paraître toutes les nuances de ses sentiments. Mais elles se succédaient à une telle cadence qu'il était impossible de suivre la marche de son esprit.

Aujourd'hui, exceptionnellement, il n'hésitait pas à penser à haute voix. Haute, mais à peine intelligible, tellement les mots se précipitaient sur ses lèvres.

— D'abord, disait-il, je vais me procurer deux ou trois roulottes, et les clients je les ferai asseoir par terre. Et puis on allumera un grand feu de bois, et je ferai venir des joueurs de guitare.

Le gardian maigre essuyait soigneusement la sauce qui restait dans son assiette. Sans lever les yeux, il dit :

— Et les hérissons, comment tu vas t'arranger pour les trouver ?

— Je vais en faire l'élevage, dit Septime.

— Tu as guère le temps. La saison commence dans quinze jours.

Septime n'était pas homme à buter sur d'aussi fragiles objections.

— Cocagne ! dit-il. Après tout, ils en ont jamais mangé, du hérisson. Je leur servirai du bouilli avec des piquants autour pour se curer les dents.

Et comme c'était un homme de décision prompte, il dit au gardian maigre :

— Tu vas prendre la camionnette et tu vas aller me chercher un chargement de cailloux de Crau, des bien ronds et des bien dorés. Des cailloux d'origine...

— J'y vais, dit le gardian, mais laisse-moi finir de déjeuner.

Il venait de se servir une nouvelle louche de daube et Mathias, qui était sobre comme un Grec ancien, ne put s'empêcher de dire :

— O, l'ami, tu te laisses pas mourir !

— Le pauvre, dit Septime, il a besoin de prendre des forces pour l'arrivée des touristes...

Mathias n'était pas convaincu.

— C'est pourtant pas fatigant d'accompagner le monde pendant la promenade à cheval, dit-il.

Le gardian maigre leva vers lui un regard triste.

— Ça serait le rêve, dit-il, la bouche déjà pleine. Mais les clientes sont pas raisonnables. Le cheval, elles en ont pas l'habitude, et ça leur donne des idées. Alors la nuit, elles peuvent pas rester seules. Il faut que je leur tienne compagnie...

— C'est pas désagréable, dit Mathias.

— Une, je dis pas, deux à la rigueur... Mais des fois, j'en ai six en même temps sur les bras. L'an dernier, j'ai perdu quatorze kilos et je me suis presque fâché avec ma bonne amie.

Il se remit à mâcher avec application.

*
* *

Septime allait et venait dans la cabane, en proie à une grande exaltation.

— Et les agasses ? dit-il. Il y aurait peut-être quelque chose à faire avec les agasses ?

Septime avait été un temps garde dans la réserve zoologique de Camargue. Il était chargé de veiller sur les œufs des oiseaux migrateurs et d'empêcher les pies de faire des ravages dans les nids. L'administration lui donnait une prime de quinze francs par pie détruite et, circonspecte, demandait, avant de verser la prime, qu'on lui produisît les pattes de l'oiseau. Septime avait tout de suite compris que la seule façon de se faire de l'argent de poche, tout en conquérant l'estime de ses chefs, était de favoriser la multiplication des pies. Il les choyait, leur donnait du grain, les apprivoisait, s'entremettait dans leurs amours et veillait sur les couvées avec des attentions de mère poule.

Puis, avant que les nouveau-nés ne fassent leur premier vol, il leur coupait les pattes et touchait la prime.

Ce souvenir attendrissant incita Septime à remettre sa tournée sans attendre.

— Je me demande, dit-il, si je vais pas monter un petit poulailler de pies. Avant, je pouvais me servir que des pattes. Maintenant que j'ai le restaurant, avec ce qui reste je pourrais faire du bouillon.

Le gardian maigre sentit son estomac qui se serrait.

— Ce sera immangeable, dit-il.

— Personnellement, dit Septime, j'en mangerai pas. Mais je vous donne ma parole que si je mets sur le menu, écrit en lettres anciennes : « Le Consommé d'Agasses à la mode camarguaise », ils se lécheront les babines et ils enverront leurs amis.

— Peut-être, dit gravement Mathias, mais s'ils meurent...

— On dirait que tu les connais pas ! dit Septime en haussant les épaules. Tu as beau leur faire des misères, plus tu leur en fais, mieux ils se portent.

Septime se frotta les mains. La saison s'annonçait fructueuse et poétique.

— Entre-nous-ce-soit-dit-que-ça-aille-pas-plus-loin, dit Mathias, tu exagères...

— Pas encore assez, dit Septime.

L'avenir lui paraissait maintenant plein de promesses et doré comme un soleil levant.

— Et avec les corbeaux, il y a une fortune à faire...

— Je te suis pas bien, dit Mathias.

Septime ne répondit pas tout de suite. Il cherchait le mot. Quand une idée lui venait, il voulait que le mot qui l'exprimait fût à la hauteur des circonstances. Ce n'était pas forcément le mot propre, mais il fallait avant tout qu'il fît plaisir à l'oreille. Quand Septime avait l'état de grâce, il trouvait en même temps la sonorité et le sens. Ce fut le cas :

— Quelle est, dit-il, la caractéristique de base du corbeau ? C'est la longévité...

Il répétait le mot avec attendrissement et gourmandise :

— Parfaitement... La longévité... Alors, je fais bouillir le corbeau, et j'en tire un consommé de longévité. Et plus la bête est dure, plus elle donne de forces...

Mathias se retroussa les deux sourcils en même temps.

— Va savoir ! dit-il. Ça coûte rien d'essayer.

*
* *

Ces gens, Mathias, Septime, le gardian, ce sont mes amis. Mais leurs histoires, j'aurais jamais eu l'intention de les leur prendre. C'est des histoires qui leur sont arrivées à eux et qu'ils se racontent quand ils sont de loisir, pour se faire rire et se passer le temps.

C'est comme ça, chez nous : ce qui advient dans votre vie de triste ou de gai, ça vous appartient, et quand quelqu'un raconte une aventure qui est arrivée à quelqu'un d'autre, on le fait taire. On lui dit :

— Tais-toi, malhonnête, cette histoire de lièvre boiteux, c'est à Léon (ou à Jules, ou à Victor) qu'elle appartient...

Septime, par exemple, la mort de sa pauvre mère je la connais par cœur, tellement il l'a racontée souvent. Mais jamais il ne viendrait à quelqu'un l'idée de la raconter à sa place. D'abord, il la raconte mieux que personne. Ensuite, c'est lui qui a eu la peine de perdre sa mère. C'est normal que ce soit lui maintenant qui fasse pleurer les autres.

Moi, j'ai un peu honte de leur voler leurs histoires, à mes braves collègues. Mais c'est plus fort que moi. Je leur demande pardon. En somme, je leur fais pas de tort. Mais eux, ils peuvent pas savoir le service qu'ils me rendent. Écrire ce qui me passe par la tête, ça me console un peu de peindre. C'est pas les mêmes muscles qui travaillent. J'ai même l'impression que c'est pas le même cerveau. Et en plus, je fatigue pas : ça me vient tout seul.

A force de regarder vivre ce Marc-Antoine qui s'était installé dans ma peau et qui faisait les gestes à ma place, et qui parlait avec ma langue, je me suis développé le sens de l'observation.

Je me rappelle, quand je préparais le certificat d'études, le maître mettait souvent dans la marge « bien observé ». En somme, j'ai toujours su me servir de mes yeux et de mes oreilles. Mais depuis que le nouveau Marc-Antoine existe, j'ai l'impression que plus rien m'échappe.

Je sais pas comment vous dire. Avant, il y avait des choses que je voyais, et d'autres que je voyais pas. Maintenant, je les vois toutes, même les plus petites, même celles que les autres voient pas, même celles qui se passent au-dedans de moi ou des autres. Je suis devenu comme une machine enregistreuse et, même la nuit, j'enregistre, et souvent ça m'empêche de dormir tellement ça fait du bruit dans ma tête.

Au début, de peindre, ça faisait taire tout ce vacarme. La peinture, ça me calmait et ça m'excitait comme une paire de cachets d'aspirine ou une douzaine d'anis. Maintenant, ça suffit plus. Je continue à penser à des choses, tout en peignant. J'ai plus une seconde de tranquillité. Alors, pour essayer de pas devenir complètement jobastre, pour les faire taire, tous ces couillons qui gesticulent et qui crient, je les mets sur le papier. Là, au moins, ils dérangent personne.

De raconter ces histoires, je peux pas dire que ça me mette de bonne humeur, mais ça me donne un petit bien-être et comme l'envie d'être heureux.

*
* *

Ne croyez pas, pourtant, que je sois devenu gaga et que je vous dise tout ce qui me passe par la tête uniquement pour me faire plaisir. Septime et Mathias, ils vont jouer un rôle dans mon histoire. D'abord, puisque ce sont des amis, je suis content de les avoir à mes côtés dans ces pénibles circonstances. Ensuite, c'est une bonne chose qu'ils soient là pour me servir de témoins. Vous êtes pas obligés de me croire, moi, mais eux, il y a pas de raison qu'ils se lancent dans le mensonge. D'ailleurs, si je suis allé tout droit chez Septime, quand j'ai quitté la Petite Douane, c'est pas parce que je savais pas où aller. C'est surtout parce que je savais plus où j'en étais. Je me tirais des pinces et je me disais : « O, Marc-Antoine, tu dors debout... Tu vas te réveiller. C'est pas possible que ce soit toi qui te conduises aussi mal. »

Alors j'ai pensé à Septime. C'est un homme de sang-froid. Je le connais depuis quarante ans, peut-être il saura me donner le juste conseil et la bonne parole.

*
* *

Hélène et Marc-Antoine avançaient sur la draille. Hélène avait mis sur sa tête les toiles et le chevalet. Ils n'avaient pas d'autres bagages. Ils se taisaient.

La draille était molle et fissurée. Il avait dû pleuvoir la veille. Tenant son barda de la main gauche, Hélène se gratta la nuque de la main droite. La Camargue s'étalait autour d'elle comme un terrain vague. Elle s'étonnait de n'y voir point de gratte-ciel.

— On y sera bientôt ? demanda-t-elle avec modestie.

— Va savoir ! répondit Marc-Antoine. Les kilomètres de Camargue, ils sont beaucoup élastiques...

*
* *

Septime vit arriver Marc-Antoine de loin et n'en crut pas ses yeux. « Qu'est-ce qu'il fait avec cette pute ? » pensa-t-il.

Marc-Antoine et lui avaient passé le certificat d'études ensemble. Il avait copié la dictée sur son copain et avait fourni à Marc-Antoine la solution du problème des locomotives haut le pied marchant à la rencontre l'une de l'autre à des vitesses sensiblement différentes. Dès son plus jeune temps, Septime avait manifesté les dons les plus évidents pour le calcul mental rapide et un mépris absolu pour les règles d'accord du participe passé.

Par la suite, leurs routes avaient bifurqué, mais les épreuves subies en commun avaient créé entre eux des liens que le temps ni ne rompait, ni ne détendait. Pourtant, ils ne se voyaient guère — une ou deux fois l'an — mais éprouvaient à leurs rencontres d'autant plus de plaisir qu'elles étaient espacées. Ils ne trouvaient pas grand-chose à se dire, s'envoyaient de grandes tapes dans le dos en poussant des rires silencieux. Après quoi, ils buvaient une paire d'anis dans l'estaminet le plus proche et se quittaient contents l'un de l'autre et de soi-même.

Septime avait invité plusieurs fois Marc-Antoine à venir passer le dimanche dans sa cabane avec sa femme et ses enfants. Il lui avait même proposé de trahir, pour une fois, le Grau du Roi et de s'installer chez lui pendant ses trois semaines de congé pour pécher le sandre, manger l'anguille et boire la clairette de Bellegarde.

Marc-Antoine avait été tenté, mais il n'aimait pas déranger le monde et considérait qu'un ami, ce n'est pas quelqu'un à qui on demande quelque chose, mais quelqu'un à qui on aimerait rendre service. Ou bien alors, si on mobilise un ami, ce ne peut être que pour une question d'honneur ou si on est en danger de mort. C'était à peu de chose près son cas : il n'avait plus de famille, plus de copains, plus de situation. Sans toit et hors la loi, il avait pensé tout naturellement à Septime.

— Tu connais Hélène ? dit-il.

— Forcément, dit Septime.

Tout le monde connaissait Hélène dans le département des Bouches-du-Rhône et même dans le Gard. Marc-Antoine laissa paraître sa mortification, et Septime s'en rendit compte. Pour se faire pardonner, il était prêt à donner sa chemise.

— Tu pourrais nous abriter quelques jours ? demanda Marc-Antoine en rougissant.

— Toute ta vie si tu veux, dit Septime, heureux de rendre si tôt service.

— Merci, dit Marc-Antoine.

Et, se tournant vers Hélène, il dit :

— Va te coucher.

C'était pourtant un homme brave et doux, mais le mauvais sort lui avait durci l'humeur et abîmé les bonnes manières.

Hélène disparut dans la cabane.

— Ça me fait plaisir de te voir, dit Septime.

— Moi aussi, dit Marc-Antoine.

Ils se turent pendant un long moment. Les gabians tournoyaient au-dessus du Vaccarès. Le ciel était si clair qu'on voyait jusqu'aux Alpilles, et même plus loin. Il y avait encore de la neige au sommet du Ventoux.

Septime était bien décidé à ne pas poser de questions. Il dit pourtant :

— Tu as besoin de sous ?

— Pas pour le moment, répondit Marc-Antoine.

— Tu sais que tu peux compter sur moi...

— Je sais.

Le silence retomba. C'était l'heure de la sieste. Les taureaux de la manade étaient couchés dans les enganes. Un cheval blanc s'agitait sur le dos, les quatre fers en l'air.

— Il faut que je te montre quelque chose, dit Marc-Antoine.

Il avait posé sur ses genoux un paquet plat enveloppé dans du papier journal. Il le défit avec précipitation : le nu à l'œil unique et aux cheveux mauves apparut. Il le tint à bout de bras et dit d'une voix qui tremblait un peu :

— Septime, tu es mon seul ami. Alors tu vas me le dire, ce que tu en penses, même si je dois en mourir de chagrin.

Honnêtement, Septime n'en pensait rien, mais comme il ne pouvait pas laisser la question d'un ami sans réponse, il s'enquit d'une voix pleine d'affection :

— Ça représente quoi, au juste ?

— Toi aussi ! murmura Marc-Antoine, à l'agonie.

Septime se serait donné des coups de poing sur la figure. Il venait, pour la seconde fois, de blesser son ami sans le faire exprès.

— L'important, dit-il, c'est que ça te plaise.

— Justement, gémit Marc-Antoine, j'en sais plus rien, si ça me plaît...

— Tu l'as payé cher ?

Marc-Antoine avait commencé de remballer son œuvre.

— Je l'ai rien payée du tout. C'est moi qui l'ai faite.

— Il fallait le dire plus tôt...

— Pourquoi ?

— Parce que, pour un amateur, je trouve que tu te défends comme un roi.

Marc-Antoine haussa les épaules.

— Tu es bien brave, dit-il, mais je vois bien que tu apprécies pas.

— Tu sais, dit Septime, la peinture, c'est guère ma partie.

Il se frappa soudain sur les cuisses avec exaltation et soulagement.

— Mais je deviens couillon ! J'ai ici un homme qu'il a connu les plus grands peintres de tous les temps... Mathias, tu le connais ?

— Ce demi-fada ?

— N'en dis pas de mal. C'est un homme qui a plus de souvenirs que s'il avait mille ans. Tu veux que je lui montre ?

— Pour quoi faire ?

— On sait jamais, dit Septime.
C'était encore un nari qu'il venait de faire. Il jeta sa casquette par terre.
— Et merde ! dit-il.

***

Jamais Mathias n'avait fait attendre son verdict si longtemps. D'abord, il n'aimait pas qu'on le dérangeât pendant qu'il faisait la sieste. Ensuite, la peinture, à lui non plus, c'était pas sa partie.
— Je suis maudit..., grommela Marc-Antoine.
Il avait parlé trop vite. Septime lui fit signe de se taire. Le sang venait d'affluer aux joues de Mathias. C'était signe que les souvenirs commençaient à bouger au-dedans de lui. Ils mirent près d'une heure à faire surface.
Soudain, il fut violet.
— Van Gogh ! dit-il. Van Gogh avait fait exactement la même peinture quand il avait pris pension au bobinard de la rue des Vers. C'était en...
— Cocagne l'année ! dit Septime.
— En tout cas, poursuivit Mathias, elle s'appelait Lucette. Elle avait les cheveux mauves et les nichons juste comme tu les as faits, toi...
Il prit une profonde inspiration et conclut d'une voix rauque :
— Et elle avait qu'un œil. Et on l'appelait la pute borgne...
Septime, radieux, se tourna vers Marc-Antoine.
— Alors, mon beau, dit-il, qu'est-ce que tu en penses ?
— Je crois que je vais mourir de plaisir, dit Marc-Antoine en dénouant sa cravate.

***

L'apéritif, ce soir-là, se poursuivit dans la cabane de Septime jusqu'au milieu de la nuit. Hélène s'était jointe à la compagnie et faisait la danse du ventre en jouant des castagnettes avec les ongles.
Le gardian maigre en avait les yeux lustrés de concupiscence :
— Te gêne pas pour moi, dit Marc-Antoine, et si le cœur t'en dit...
— Je me permettrais pas ! dit le gardian maigre.
— Et pourquoi ? dit Marc-Antoine. Tu fais de tort à personne, et à elle tu lui fais plaisir.
Hélène vint blottir sa tête contre l'épaule de l'artiste :
— Sois gentil, dit-elle, pas ce soir. J'ai l'impression d'être en vacances...
Marc-Antoine la repoussa :
— Fais ce qu'on te dit et nous emmerde pas ! dit-il.
— Bon, soupira Hélène, mais alors, vite.

— Te presse surtout pas, petit, dit Marc-Antoine au gardian maigre, et régale-toi bien.

Le gardian maigre, maintenant, n'avait presque plus envie, et s'il suivit Hélène, ce fut surtout par respect humain.

Le visage de Septime n'avait jamais été aussi indéchiffrable, et sa bouche demeurait obstinément close.

— O Marc-Antoine, finit-il par dire, je te regarde, je t'étudie et je te reconnais pas...

L'anis avait atténué en Marc-Antoine le sens de la responsabilité.

— Je me reconnais pas moi-même, dit-il.

Il se servit à boire sans attendre qu'on le lui proposât.

— Je suis un homme nouveau, affirma-t-il entre deux gorgées.

— Alors, dit Septime, nous sommes faits pour nous entendre.

Le plan qu'il avait conçu était d'une malhonnêteté exemplaire. Il attachait Hélène à l'établissement. Désormais, elle s'appellerait Djanga. Elle aurait les cheveux noirs, servirait le hérisson à table, porterait des jupes amples et des caracos troués, et serait garantie pure gitane. Nourrie, logée, et autorisée à poursuivre son métier d'origine avec la clientèle, à condition que les choses fussent menées avec discrétion et que Marc-Antoine et lui-même encaissassent la recette et fussent seuls habilités à la répartir. Et puisque Mathias ne révélait que le passé, elle aurait mission de dévoiler l'avenir à qui en manifesterait le désir.

— Tu as du génie ! dit Marc-Antoine.

— Toi aussi, dit Septime.

Il servit une dernière tournée.

— Et si tu étais brave, suggéra-t-il, tu te mettrais devant la porte et tu ferais le portrait des clients.

— Pourquoi pas ? dit Marc-Antoine, qui avait perdu momentanément tout sens moral.

— La saison s'annonce bien ! conclut Septime en se frottant les mains.

Du hérisson en gargoulette, une gitane serviable et un peintre issu de Van Gogh... Si les touristes se plaignaient cette année, c'est qu'ils n'étaient vraiment pas raisonnables !

— Pendant que j'y pense, dit Septime au gardian maigre, tu me trouveras une trentaine de roulottes pour y loger le monde...

C'est alors que la porte s'ouvrit et que le Grand Plumet parut, soutenant par les épaules un cow-boy flambant neuf, mais le visage déconfit et le genou déprimé.

— Qu'est-ce que je vous sers ? dit Septime avec son calme habituel.

— Ce serait pour un cheval, dit le Grand Plumet.

CHAPITRE 4

OÙ LE PEAU-ROUGE INTERROMPT SA CURE DE FÉVETTES ET PLONGE DANS L'INCONNU

Croyez-moi si vous voulez, dans les semaines qui suivirent, j'ai été heureux comme un roi. Je sais bien que j'aurais pas dû. Mais les grands peintres, surtout ceux qui ont rien fait pour le devenir, ont droit à des excuses.

Il y avait quand même des moments où je me posais des problèmes. Pour un père de famille qui a travaillé jusqu'à cinquante ans dans l'administration, se mettre d'un coup à faire le barbeau et l'artiste, ça pose des problèmes. Mais Septime trouvait toujours le mot qu'il fallait... Des fois, il disait :

— N'oublie pas, Marc-Antoine, que tu es une créature d'exception.

La plupart du temps, il se contentait de dire :

— Cocagne !

Cela suffisait à me rendre le respect de moi-même. Car on a bel à faire, bel à dire, l'homme, et même l'artiste qui ne se respecte pas est indigne de vivre.

Et moi, je me sentais aussi méritant qu'un homme peut l'être. Il y avait même des moments où je croyais que c'était moi qui commandais aux événements, et que si j'avais quitté ma famille et rompu avec les services de la voirie, c'était parce que je l'avais bien voulu, pour être à la hauteur de ma vocation, en quelque sorte.

Pauvre couillon que j'étais, moi ! Je pétais plus haut que mon cul. Et l'homme qui pète plus haut que son cul, ça finit toujours par lui retomber sur la figure. Mais pour le moment je m'amusais bien, surtout à cause du cow-boy que le Bon Dieu nous avait envoyé.

Logiquement, le cow-boy, j'aurais jamais dû le connaître. Il était pas fait pour moi. Nous n'avions rien à nous dire. Je lui voulais ni bien, ni mal. Il me faisait ni chaud ni froid.

La première fois que je l'ai vu, il m'a fait rire et je n'ai pas eu de mauvaise pensée. Juste je me suis dit que Septime allait lui prendre tous ses sous et que moi, peut-être, je lui tirerais le portrait.

C'était pas méchant, et ça laissait rien présager de funeste.

Mais reprenons les choses d'un peu plus haut.

*
* *

A Fontvieille en Provence, on joue à cache-cache avec le soleil.

Les femmes vivent retirées dans la fraîcheur des cuisines et ne se trouvent jolies que si elles ont la peau blanche. Quand elles vont cueillir les petits pois ou les pommes d'amour, elles s'abritent sous de vastes capelines noires qui les font ressembler à des soldats de l'Armée du Salut.

Les hommes, eux, passent à l'ombre.

Aux heures chaudes, ils font la sieste au pied des cyprès ou des pins. Et au plus fort d'août, dans les poussières de la batteuse, ils gardent leur chemise serrée aux poignets et au cou. Par vergogne sans doute, car en Provence, si on est pistachié, on est pudique. Mais aussi par hygiène :

— Des fois qu'on devienne tuberculeux ! disent-ils.

*
* *

Pour voir Fontvieille, il faut monter sur la colline. Vous prenez n'importe quel sentier à main droite, un sentier creux et pierreux comme le lit d'un torrent desséché. Vous dérangerez peut-être une chèvre qui vous dévisagera avec une mélancolie dubitative et ne se remettra à brouter qu'une fois que vous aurez disparu. Vous serez peut-être pris au milieu d'un troupeau de bédigues qui vous bousculeront avec indifférence.

Le pastre viendra le dernier, sa biasse sur l'épaule. Il vous saluera, parce qu'on est poli en Provence, mais il ne vous dira rien, parce qu'en Provence, on ne parle pas avec n'importe qui.

Retournez-vous dès les premières bouffées de lavande. Les toits de Fontvieille sont à vos pieds, comme une jonchée de fleurs fanées.

Regardez aussi, à main gauche, l'abbaye de Montmajour, blanche au milieu des pins noirs, et, plus loin, les pierres d'Arles, scintillantes et mouvantes comme un mirage.

Alors, adossez-vous à un pin.

Parce que si ce spectacle ne vous a pas coupé les genoux et si vous ne vous êtes pas senti heureux comme vous ne l'avez jamais été, c'est à se demander ce que vous faites sur la terre...

*
* *

La vieille Naïs, elle, vit au ras de la colline, toujours penchée sur les herbes et les cailloux.

En ce moment, elle cueille des pissenlits sauvages.

« Avec d'huile d'olive et de cébettes jeunes, ça fera un plat sublime », pense-t-elle.

Puis elle se redresse et, les deux mains aux reins, elle scrute le village.

Il n'est que dix heures du matin, mais la place de l'église fait déjà mal aux yeux. Le soleil s'y est installé pour la journée. Les volets sont clos, les maisons vides. Tous les Fontvieillois ont disparu dans leurs jardins. Au mois de mai, Fontvieille vit à l'heure des petits pois : de six heures du matin à cinq heures du soir, on les cueille. Puis des camions les emportent à la nuit tombée.

*
* *

Le front de Naïs se ride soudain. A la terrasse du bar du Moulin, il y a un client : le seul être vivant de ce village peuplé de chiens endormis. Naïs s'étonne, mais se rassure. Elle a conservé bonne vue. Elle a reconnu le Peau-Rouge.

Son visage se plisse de bonne humeur.

« Regardez un peu ce santon, avec ses petites culottes ! »

Le Peau-Rouge, c'est un Parisien. Il est à Fontvieille depuis une semaine. Il offre l'apéritif à tout le monde. Il est brave, mais un peu couillon. Il serait plutôt bel homme, mais on n'a pas idée de se promener avec des culottes courtes comme si on allait encore à l'école ! C'est pas convenable, et puis c'est malsain.

Un rire soudain la secoue.

« Vous allez voir qu'un jour, il va nous sortir son vié sous prétexte qu'il a trop chaud dans sa petite culotte ! »

Cette perspective l'amuse un moment, en toute innocence.

Puis elle se remet au travail. Elle ne voit plus rien que les pissenlits. Elle n'entend pas les cigales. Elle tourne le dos au ciel.

*
* *

Vu de près, Patrice n'a l'air ni d'un imbécile, ni d'un touriste. Il a une jolie moustache mais ses yeux sont pleins d'humanité.

On le sent curieux, attentif, et bien décidé à faire à Rome ce que les Romains font. Mais à Fontvieille, que font les Fontvieillois ?

Il ne le sait toujours pas. Quand il se lève, ils sont déjà partis. Il ne les voit que le soir, à l'heure de l'apéritif : cordiaux et volubiles, mais ne livrant rien d'eux-mêmes, méfiants, hermétiques, souriants.

Il voudrait les connaître : mais bien à l'abri derrière leurs sourires et leurs discours, ils lui échappent. Il se heurte à un mur invisible derrière lequel doivent se passer des choses. Les choses qui, précisément, l'intéressent, et qu'on lui cache.

Il n'a, jusqu'ici, trouvé qu'un confident. C'est Hyacinthe.

Et le voici justement.

Hyacinthe est retraité des Chemins de Fer de Camargue. Il s'habille encore comme dans les romans de Daudet : d'une barbe en pointe, d'un canotier, d'une veste d'alpaga, d'un pantalon de toile et d'une canne à pommeau d'argent. Quand Fontvieille se vide, il reste seul : fier de n'avoir rien à faire, mais cherchant à qui parler.

Il a accueilli Patrice avec reconnaissance.

— Heureusement que vous êtes venu, lui a-t-il dit, autrement, j'aurais fini par parler tout seul.

Patrice le supporte. Pourtant, il sait bien qu'il n'y a rien à tirer que des souvenirs ou des anecdotes de ce personnage presque mort. Mais comme il est brave, il n'ose pas l'envoyer promener.

Donc, Hyacinthe s'est assis à la table de Patrice et pour nouer conversation, il a dit de sa voix chevrotante et enjouée :

— Alors, monsieur Patrice... ce bronzage ?

— Il vient, il vient, a répondu le Peau-Rouge avec agacement.

— Tant mieux, tant mieux, a dit Hyacinthe avec jubilation.

Puis il s'est lissé la barbiche avec perplexité.

— Vous n'avez pas peur de peler ?

— Pensez-vous ! a dit Patrice. J'ai déjà tourné un film au Mexique.

— Pas possible ! a fait Hyacinthe, sans le moindre intérêt.

Le Mexique, c'était loin, et il faisait bien assez chaud à Fontvieille. Trente-cinq à l'ombre au mois de mai. On allait vers un été terrible...

Hyacinthe, par avance, s'épongea.

Il avait soif. Mais Venture, le patron, faisait la grasse matinée. Il aurait été malhonnête de le déranger.

Patrice, lui, avait conservé toute sa nervosité parisienne.

— Ça fait un quart d'heure que j'appelle, dit-il, et personne ne vient.

Hyacinthe prit un visage consterné.

— Ne criez pas si fort, vous allez le réveiller !

— Je l'espère bien ! dit Patrice.

— C'est pas prudent, dit Hyacinthe. Venture, quand on le tire du premier sommeil, c'est plus un homme, c'est une bête...

Patrice, néanmoins, frappa avec intrépidité dans ses mains à plusieurs reprises.

Rien ne se produisit.

Patrice parvint à dominer sa mauvaise humeur.

— Mais enfin, dit-il, on ne voit personne dans la journée. Où vont-ils, tous les gens ?

Hyacinthe roula des yeux pleins de détresse.

— Les pauvres, soupira-t-il, où voulez-vous qu'ils aillent ? Ils vont travailler...

Patrice eut comme un éblouissement. C'était peut-être là le secret qu'il cherchait. Ces gens-là travaillaient aussi. Ils n'en parlaient jamais. Et ils avaient aussi une vie de famille, et des chagrins d'amour. Et des maladies. Et ils mouraient aussi, sans doute.

***

Patrice se sentit soudain en grand désarroi. Il avait sillonné la planète en avion et en bateau. Il était allé aux Indes, aux États-Unis, en Argentine, au Zambèze, au Mexique. Et il avait soudain le sentiment qu'il ne connaissait du monde que ses bistrots.

Il n'eut pas le temps de creuser cette idée affligeante. Venture venait de paraître, la démarche molle mais l'œil assassin. Il reconnut le Peau-

Rouge et sa hargne disparut. Il ne retrouvait pas cependant l'usage de la parole.

Il se pétrissait les yeux, les joues, la nuque.

Hyacinthe se sentait à la fois rassuré et déçu. Les colères de Venture lui faisaient palpiter le cœur, mais elles étaient plaisantes à regarder et à entendre.

— Excusez-moi, dit Patrice, de vous tirer du sommeil.

— Je dormais pas, dit Venture. Juste je m'étais un peu amorti. Qu'est-ce qu'il y a pour votre service ?

— Je voudrais un thé, dit Patrice.

Venture se laissa tomber sur une chaise, les cuisses écartées, les deux mains sur le ventre. Il donnait l'impression de manquer d'air.

« Peut-être, pensa Hyacinthe avec ravissement, il va avoir une syncope. »

Mais Venture avait retrouvé une partie de son souffle.

— Le thé, dit-il d'une voix expirante, j'en ai pas... Ça fait trente ans que je dirige cet établissement, et jamais personne il m'en a demandé.

— Il faut un commencement à tout, dit Patrice.

Venture ferma les yeux. Il était brave, le Peau-Rouge, et il faisait marcher le commerce, mais il vous cassait un peu les amandons...

— Écoutez, dit-il, je demanderais pas mieux que de vous faire plaisir, mais du thé il y en a pas à la maison. Peut-être si vous faisiez un saut jusqu'à l'épicerie, Mme Escourbiat pourrait vous en remettre un peu... Vous aurez que de lui dire que vous venez de ma part. C'est une brave personne... Elle sera contente de vous rendre service.

Il s'interrompit et son visage fut subitement empreint d'une gravité presque tragique.

— J'y pense... Que je vous donne pas de fausse joie... Même si elle a le thé, Mme Escourbiat, ça nous avancera pas à grand-chose... Parce que de l'eau chaude, moi, j'en manque en ce moment. Et vous pensez bien qu'avec cette canicule, je vais pas allumer la cuisinière...

D'un mouvement de sourcils, il se débarrassa de son masque tragique et dit avec gourmandise et bonhomie :

— Des goûts de chacun, je discute pas... Mais si j'étais que vous, à l'heure qu'il est et avec le temps que nous avons, ce que je prendrais, moi, c'est de la févette fraîche. Au réveil, il y a rien de tel pour vous donner bonne bouche.

— Je ne connais pas, avoua Patrice.

Venture s'était levé avec une vivacité de plantigrade.

— Vous m'en direz des nouvelles, fit-il d'un air mystérieux.

*
* *

Patrice s'abandonna. Il se sentait soudain englué dans une paresse insurmontable. Il sortit un tube de crème et se mit à s'enduire méthodiquement les avant-bras.

Hyacinthe, tout en s'éventant avec son canotier, le regardait faire d'un air affectueux et goguenard.

— Alors, finit-il par dire, vous vous plaisez ici ?

— Je me plais partout, dit Patrice.

Hyacinthe faillit dire qu'il n'y avait que les couillons qui se plaisent partout, et qu'à Fontvieille on était mieux que partout ailleurs, mais Venture était déjà de retour avec un cageot de févettes, une bouteille de Gigondas jeune, des verres, des assiettes et du sel fin dans un bol ébréché.

Il mettait la table avec une grande allegria.

— Alors, dit-il, des févettes, vous en avez jamais mangé ?

— Non, dit Patrice.

Hyacinthe et Venture échangèrent un regard ravi : ils aimaient apprendre aux inconnus des joies nouvelles.

— La févette, dit Venture, c'est le meilleur des dépuratifs. Hyacinthe et moi, on en fait toujours une cure au printemps.

Hyacinthe a pris une cosse dans ses mains, qu'il a petites et soignées.

— La févette, dit-il, c'est bon pour le foie, pour les reins, pour l'estomac, pour le sang, pour le chichi...

— C'est bon pour tout ! conclut Venture, qui a déjà ouvert une cosse d'un coup d'ongle.

*
* *

Les petites fèves sont nichées dans un lit duveteux et Venture les gobes gloutonnement comme des coquillages.

Hyacinthe, lui, est plus maniéré. Il détache les pois verts en forme de rognon de lapin, les trempe délicatement dans le sel et les croque comme une friandise.

Patrice s'émerveille de tant de frugalité.

— Qu'est-ce que vous attendez ? dit Venture.

Patrice se décide. Mais il n'a pas le palais assez subtil pour un mets aussi simple.

— C'est excellent, dit-il pourtant.

Venture le remercie d'un grognement et sert à chacun un rouge bords de son Gigondas.

Patrice y plonge les lèvres sans plus attendre. Il ne peut retenir une grimace : le vin est à peine frais.

— Vous n'auriez pas un glaçon ? demande-t-il d'un air humble.

Le découragement se peint sur le visage de Venture.

— Écoutez, gémit-il, les gens, d'ordinaire, je les juge au premier coup d'œil, et je vous ai classé tout de suite dans les braves petits. Mais vous êtes un peu compliqué...

— Pourquoi ? Parce que je demande de la glace ?

— Tout à l'heure, vous vouliez boire chaud. Maintenant, vous voulez boire glacé. Vous allez finir par vous détraquer l'estomac, à ce régime. Et d'abord, le Frigidaire, je l'ai débranché.

Il prend Hyacinthe à témoin.

— C'est un vieux modèle... Il fait un bruit de tracteur, et ça me donne des cauchemars pendant le pénéqué.

— La sieste, traduit Hyacinthe.

Et il ajoute avec gravité :

— Je connais rien de plus difficile à réussir que le pénéqué. Il suffit d'un rien pour passer à côté. Et après, toute la journée elle est fichue par terre.

Patrice croit devoir faire remarquer :

— Ce n'est tout de même pas encore l'heure de la sieste.

— Une sieste, dit gravement Venture, ça se prépare à l'avance.

Par inadvertance, Patrice avale son verre d'un trait, et le visage de Venture s'épanouit.

— Je savais bien que vous étiez quelqu'un de convenable ! dit-il.

— Je fais ce que je peux, dit Patrice, modestement.

*
* *

Il y a effectivement beaucoup de bonne volonté chez Patrice. Pourtant, il est metteur en scène de cinéma. Mais jusqu'à présent, il n'a jamais tourné de grand film.

Il s'est fait un nom dans le court métrage exotique : baignade dans le Gange, abattoirs de Chicago, circoncision bantoue, fête de mort chez les Incas, etc.

Et maintenant, le voici en Provence pour son premier long métrage. Il est encore plus désorienté qu'au cœur de l'Asie. Pourtant il avait préparé son voyage en Provence avec autant de minutie qu'une expédition au Tibet. Il avait lu tout ce qui était paru sur la question, et avait pris pendant quinze jours des leçons de provençal.

Son choix s'était porté sur Fontvieille. D'après l'étude des textes, ce devait être le village le plus authentique de Provence, le plus valable. Mais jusqu'à présent, dans ce cadre qu'il avait élu, il n'avait trouvé que des personnages d'opérette.

Sa qualité de cinéaste n'avait pas impressionné outre mesure les habitants de Fontvieille.

Hyacinthe avait juste demandé :

— Ça gagne bien ?

Et Venture :

— Ça fatigue beaucoup ?

Patrice avait essayé de leur expliquer qu'il faisait tout lui-même : le scénario, l'adaptation, les dialogues et la mise en scène.

— Pas possible ! avaient dit en même temps Hyacinthe et Venture, sans manifester beaucoup d'intérêt.

Par courtoisie pourtant, Venture avait demandé :

— Ça raconte quoi, votre histoire ?

— Je ne sais pas encore.

— Vous nous tiendrez au courant, pas vrai ? avait conclu Hyacinthe.

En principe, ils n'étaient curieux que de chroniques locales, de maris cocus et de courgettes vendues au-dessus du prix. Les projets de Patrice les laissaient indifférents.

Avec une politesse exemplaire, ils s'enquéraient pourtant à chaque apéritif des progrès de son œuvre.

— J'ai repéré quelques extérieurs, disait Patrice avec lassitude.

*
* *

Le voyant si désemparé, comme ils étaient serviables, surtout après le deuxième pastis, ils résolurent de lui venir en aide. Cela commença le troisième soir. Hyacinthe lissa longuement sa barbiche et dit :

— Pourquoi vous ne feriez pas un film avec la chèvre de M. Seguin ?

Patrice avait embrassé le vieil homme.

— Merveilleuse idée ! dit-il.

La chèvre et le loup se dévisageant dans la nuit de la colline... Les premières escarmouches... Le loup s'en va... La chèvre se remet à brouter... Le ciel est sillonné d'étoiles filantes...

Déjà, on l'entourait en lui donnant des claques sur l'épaule, sans souci pour ses coups de soleil. Le vieux Pouly, qui ne perdait jamais le Nord, avait proposé :

— Pour la chèvre, ne vous faites pas de souci. J'en ai une que je vous céderai pour presque rien...

Mais il n'était pas le seul dans ce cas, et tous ceux qui avaient une chèvre mourante et photogénique se regardaient comme des entrepreneurs avant une adjudication.

L'enthousiasme de Patrice retomba d'un coup.

— C'est impossible, dit-il. Il me faut une histoire d'amour...

Hyacinthe cessa de lisser sa barbiche et s'éventa nerveusement avec son canotier pour dissimuler son dépit. Venture, en revanche, s'épanouit. Le sang lui monta aux oreilles, et il bégayait de plaisir.

— Vous avez bien raison, dit-il. L'amour, y a que ça de vrai...

— En tout cas, précisa Patrice, si je n'en mettais pas, je ne saurais que faire de ma vedette.

— Renvoyez-la chez elle, dit Hyacinthe.

— Elle a signé son contrat.

— Déchirez-le ! dit sauvagement Hyacinthe.

— Cela nous coûterait trente millions...

— Cocagne ! conclut le farouche Hyacinthe.

A califourchon sur leur chaise les clients du Bar du Moulin s'étaient mis en cercle autour de Patrice et prenaient plaisir à la controverse.

Ils la ponctuaient de grognements d'approbation ou de réprobation, et se prononcèrent, même ceux qui avaient une chèvre à placer, pour le maintien de la vedette.

*
* *

Venture était dans un grand état d'exaltation. Il agitait les bras pour aider les mots à sortir, et réclamait le silence.

— Pourquoi, finit-il par dire, vous ne tourneriez pas *Trompée le soir de ses noces* ? Là il y en a en pagaïe...

Venture était l'homme d'un seul livre, et l'idée que peut-être on allait en faire un film le soulevait de joie.

Tous les regards s'étaient tournés vers Patrice.

— Non, dit-il simplement.

— Je parie que vous l'avez pas lu ! protesta Venture.

Mais l'auditoire profitait de l'occasion pour préciser à haute voix que Venture commençait à lui casser le glaouis avec ce livre que jamais personne il en avait entendu parler, et qui existait peut-être pas.

Venture cacha sa déception dans son torchon et s'épongea la sueur de la défaite.

Ce fut alors qu'Optat ouvrit la bouche et dit :

— Vous devriez lui raconter l'histoire de la pauvre Mireille...

Optat travaillait aux carrières et ne prononçait guère plus de trente phrases par an. Cela donnait du prix à ses moindres propos.

Venture dit d'un ton péremptoire :

— Laissez-la tranquille, cette petite, elle souffre le martyre...

Patrice, maintenant, tendait l'oreille avec avidité. L'histoire qu'il cherchait allait peut-être naître sous ses yeux et s'articuler d'elle-même. Il n'osait intervenir, de peur de les effaroucher.

Hyacinthe avait remis son canotier. Il ricana.

— C'est de sa faute ! S'il lui plaît tant que ça, le maffre, elle a que de s'enlever avec lui...

Ils avaient oublié la présence de Patrice et discutaient le cas de Mireille sans songer à raconter une histoire qu'ils connaissaient déjà.

Patrice parvint pourtant à la reconstituer par bribes.

Mireille était la fille de Baptiste, le marchand de cochons. Son père l'avait fiancée à un homme que des tracteurs il en avait presque dix mille.

Mais elle maigrissait d'amour pour un camionneur nommé Vicente, qui avait les cheveux frisés et du poil sur la poitrine.

— Et je parie, dit Patrice, qu'elle est morte d'un coup de soleil en allant au pèlerinage des Saintes-Maries...

On le regarda avec surprise.

— Non, dit Venture avec émotion : elle s'est jetée dans une roubine.

— Mais, se hâta d'ajouter Hyacinthe, on l'a repêchée...

Cela semblait le décevoir.

*
* *

Sur ce problème comme sur tous les autres, les habitants de Fontvieille étaient divisés en deux camps : ceux qui jugeaient cette Mireille demi-noyée comme une moins que rien, et ceux qui la plaignaient en disant qu'elle avait des excuses, que le mari qu'on voulait lui donner avait trente ans de plus qu'elle, et que son père avait eu tort de lui faire faire des études.

Ils mettaient tant d'ardeur dans leur controverse qu'ils ne s'aperçurent pas que Patrice était sorti.

*
* *

La nuit était venue.

Patrice grimpa jusqu'au moulin et s'assit sur une pierre. Elle était encore chaude. Le ciel était immobile. Un grillon chantait.

— J'aurais dû emmener une femme, pensa Patrice.

Puis il s'endormit.

*
* *

Patrice a croqué la dernière févette et bu une dernière gorgée de vin. Il est bien décidé à ne pas se laisser emprisonner dans la palabre. Il faut qu'il trouve une idée. Tout de suite. Il a parlé à haute voix sans bien s'en rendre compte.

— Je voudrais connaître une gitane, a-t-il dit.

Venture a cessé de bâfrer, Hyacinthe de grignoter.

— Une caraque ! a dit Venture avec une moue dégoûtée. Je vous le conseille pas. Les caraques, c'est bien surfait. Elles ont les dents noires et de l'huile dans les cheveux...

— Et question d'hygiène, a fait Hyacinthe en s'essuyant la bouche avec sa pochette, il y aurait beaucoup à dire.

Mais Patrice semble tenir à sa gitane.

— Je crois que je vais aller faire un tour en Camargue, dit-il.

Cette fois, Hyacinthe et Venture ont frissonné comme s'ils avaient été piqués par une mouche d'âne. Ils se consultent du regard pour savoir qui prendra la parole.

Venture se hasarde le premier.

— Vous y êtes déjà allé, en Camargue ?

— Non, dit Patrice.

Hyacinthe a froncé le sourcil.

— Et toi ? demande-t-il à Venture.

— Dieu garde...

Patrice n'en croit pas ses oreilles.

— Pourtant, dit-il, c'est tout près d'ici.

— C'est peut-être près, dit Hyacinthe, mais ça n'empêche pas que c'est le bout du monde.

Venture a avalé d'un trait un grand verre de vin.

— Figurez-vous, dit-il, que j'ai failli y aller une fois, en Camargue. C'était il y a une vingtaine d'années.

— Toi ? dit Hyacinthe, les deux mains sur le cœur.

— Oui, moi... Un coup de folie pour une petite merdeuse qui voulait voir la mer... Va savoir, peut-être je serais jamais revenu... Heureusement ma pauvre mère m'a retenu à temps.

Hyacinthe ferme les yeux comme quelqu'un qui vient d'échapper à un grand danger.

— Ta mère, dit-il, c'était une sainte femme.

Et se tournant vers Patrice :

— Vous êtes obligé d'y aller, en Camargue ?

— Non.

— Alors un conseil : restez où vous êtes.

— Il n'y a pas de raison...

Hyacinthe a le ricanement de l'homme qui sait, mais qui ne veut pas tout dire.

— Moi, Monsieur, dit-il, la Camargue, j'y ai habité trente ans, et si je suis encore vivant, c'est un vrai miracle.

— C'est donc si terrible ?

— Terrible ? Pire que ça ! Vous risquez d'attraper le paludisme et la fièvre de Malte. Et j'en connais qui se sont engloutis dans les sables mouvants.

Il s'interrompt pour examiner attentivement le Peau-Rouge, pousse un soupir et dit :

— Avec une peau fragile comme vous avez, vous, vous avez des chances de mourir d'insolation, et vous ignorez peut-être que les taureaux de là-bas, ils ont des cornes pointues comme des aiguilles ?

Il commence à manquer de souffle. Il a encore la force de lancer :

— Croyez-moi : la Camargue, c'est pire que le Sahara, et c'est plus traître que le Grand Nord.

Il se tait. Le Peau-Rouge s'est levé.

— Je crois, dit-il, que je vais y aller faire un tour quand même...

Ces pitres commencent à l'énerver. Il ne se sent pas doué pour l'opérette marseillaise. Il lui faut un sujet, d'urgence : un sujet humain, authentique, valable et quotidien.

Il le trouvera là où il se cache.

*
* *

Patrice marche au milieu de la route en soliloquant et en secouant la tête. Les chiens endormis devant les portes entrouvrent un œil sur son passage et n'ont pas le courage de montrer les dents.

Venture et Hyacinthe le regardent s'éloigner.

— Il ne fera pas de vieux os ! dit Hyacinthe.

— Il a oublié de régler les consommations, constate Venture avec placidité.

— C'est le soleil qui l'aura troublé, dit Hyacinthe.

La Jaguar de Patrice est à l'ombre de la mairie. Elle part avec un fracas qui met tous les chiens du village sur leurs pattes. Il y a quelques aboiements.

Le bolide passe en trombe devant la terrasse où somnolent Hyacinthe et Venture.

— Il est bien pressé de mourir..., disent-ils en même temps.

*
* *

Naïs a senti un élancement soudain dans son genou gauche. Elle a regardé vers l'ouest.

— Il va y avoir de l'orage, a-t-elle dit.

Dans les jardins alentour, des visages ont surgi. Des visages d'hommes et de femmes, ruisselants de sueur. Ils regardent, eux aussi, du côté du Rhône.

Puis ils ont plongé à nouveau entre les raies de petits pois et se sont remis à leur cueillette ; elle a commencé ce matin à six heures. Elle recommencera demain.

Mais ces soi-disant feignants, Patrice va trop vite pour les voir.

Et d'ailleurs, raisonnablement, on ne peut pas faire un long métrage sur la cueillette des petits pois...

*
* *

Tout en roulant, Patrice se demande si ce ne sont pas les cigales qui l'ont empêché de penser, jusqu'ici. Elles vous font, à longueur de jour, une musique engourdissante dans la tête. Et les nuits sont trop belles pour qu'on puisse penser à autre chose qu'à faire l'amour.

« Il n'y a peut-être pas de cigales en Camargue [1] ? » se dit Patrice.

Là-dessus, des gouttes de pluie, larges et chaudes, se mettent à tomber.

Patrice appuie sur l'accélérateur en signe d'allégresse.

*
* *

La pluie, maintenant, est dense et drue. Patrice fonce à cent quarante à l'heure sur la route des Saintes-Maries-de-la-Mer. Les pneus crient dans les tournants.

Soudain, le bruit d'un sifflet à roulette déchire l'atmosphère. Patrice

1. *N.d.l'A.* : Non. Faute d'arbres.

balance un instant : s'arrêtera-t-il ? Il est pressé, comme tous ceux qui ne savent pas exactement ce qu'ils ont à faire. Il s'immobilise dans un hurlement de pneus. Il a dépassé le gendarme d'une centaine de mètres. Il attend. Personne ne vient. Il se retourne. Le gendarme lui fait signe de reculer. Patrice recule. Le gendarme s'éponge. Il n'a pas l'air fâché.

— Quel sale temps ! fait-il. On ne sait plus sur quel pied danser. Il y a dix minutes, il faisait chaud comme au mois d'août. Et maintenant, il pleut comme sous les Tropiques.

Il ne paraît pas pressé de sortir son carnet de contraventions.

— Alors comme ça, dit-il, vous allez aux Saintes ?

— En principe, oui, dit sèchement Patrice.

— Si c'est pour vous baigner, poursuit le gendarme, c'est encore un peu tôt. Le fond de l'air est brûlant, mais la mer est toute glacée.

Le brave homme en frissonne rien que d'y penser.

Patrice sent ses doigts de pied qui se crispent dans ses sandales. De mauvaises paroles risquent de lui échapper. Le gendarme a fini de s'éponger. Il est souriant et rose. Il s'accoude sur le pare-brise de la Jaguar :

— Vous en avez une belle voiture. Vous devez bien faire du cent cinquante avec...

— Du deux cent vingt, tient à préciser Patrice.

Le gendarme hoche la tête d'un air effrayé.

— Soyez prudent quand même, dit-il, parce que la route des Saintes, il y a rien de plus traître. Avec tous les tournants qu'elle a, c'est une des plus meurtrières du monde. Allez, bonne route...

Patrice ne peut s'empêcher de dire :

— Vous ne me dressez pas contravention ?

— Pour quoi faire ? dit le gendarme. Si vous avez envie de vous tuer, c'est pas moi qui peux vous en empêcher.

— Alors, pourquoi m'avez-vous arrêté ?

Le gendarme, soudain, a l'air très triste.

— Parce que je m'ennuie, dit-il. En cette saison, il ne passe pas grand monde sur la route. Alors, quand je vous ai vu, je me suis dit que j'aurais tort de laisser passer une occasion de faire la causette...

Patrice a déjà embrayé. Le gendarme le retient d'un geste.

— C'est bien aux Saintes que vous allez ?

— Je vous l'ai déjà dit.

— Alors, il y a deux solutions. Ou bien vous suivez la flèche... ou bien vous prenez le sens interdit. Et, entre nous, c'est ce qu'il y a de mieux. Ça vous fait gagner au moins trois cents mètres. Vous me direz que c'est pas grand-chose, mais comme vous avez l'air pressé...

Le bruit du moteur couvre ses paroles.

CHAPITRE 5

OÙ L'ON S'AIME D'AMOUR

Patrice, si vous le permettez, laissons-le passer devant. De toute façon, je suis sûr de le retrouver : ce n'est pas moi qui ai fixé notre rendez-vous. C'est la Fatalité. Laissons-la faire.

C'est de Mireille Gaillard que je voudrais vous parler maintenant. De cette Mireille qui s'est jetée dans une roubine, mais qui n'en est pas morte.

La fille Gaillard s'appelait vraiment Mireille, prénom qu'elle jugeait ancien et rustique, et qu'elle eût volontiers changé contre Mylène, Pascale ou Sophia. Elle avait dix-sept ans, et cinquante-trois de tour de taille.

Elle sortait des écoles, et il y avait eu un article dans le journal pour son succès au baccalauréat. Elle avait eu la mention « bien », mais elle n'était pas la seule dans le canton. Si on en avait parlé, c'est parce que son père avait tellement de sous qu'on ne ratait pas une occasion d'essayer de lui faire plaisir.

Parce que Baptiste Gaillard, il avait pas réussi seulement dans le saucisson. La charcuterie, c'était qu'une de ses branches. Quand je pense qu'il avait débuté dans la vie avec pas de mouchoir de rechange, et peut-être pas de mouchoir du tout...

Les saucissons, au début, il les roulait lui-même dans la cendre d'olivier et il les portait à domicile dans un couffin. Maintenant, il avait peut-être plus de camions que la S.N.C.F. a de wagons de marchandises.

Alors il s'était dit que dans des camions, on est pas forcé de mettre seulement du cochon, et il en était venu à transporter dans la France et l'Europe tout ce qu'un homme peut transporter : des gens, des bêtes, des choses petites ou grosses, tout ce qui a besoin d'aller d'un endroit dans un autre. Il était devenu tellement important qu'à la Libération, on avait failli le nationaliser. Mais des hommes comme Baptiste, ça savait sonner à la bonne porte et arroser qui de droit. S'il avait voulu, Baptiste, il aurait été ministre. Mais à la condition que le gouvernement vienne s'installer du côté de Fourques.

— Si je monte à Paris, disait-il, il faudra que je mette une cravate. Et quand j'aurai mis une cravate, je sais pas où ça s'arrêtera.

Au fond, c'était un brave homme, mais il ne comprenait rien aux femmes.

*
* *

Baptiste, le malheur de sa vie, c'était de pas avoir eu de fils, et d'être tombé veuf trop tôt. Il avait pas voulu se remarier pour pas contrarier sa fille. Cette Mireille, il lui avait toujours passé ses quatre volontés, et il avait voulu qu'elle apprenne le grec. Il avait pas imaginé que cette petite, elle aurait le feu au derrière. Et pourtant, ce sont des choses qu'un père de famille devrait prévoir.

Notez bien que, dans ce cas particulier, feu au cul ou pas, cela ne tirait pas à conséquence. Parce que envoyer la main au panier de Mireille, cela serait venu à l'idée de personne. Pourtant il y avait pas plus belle et mieux proportionnée, et le connaisseur disait qu'un pétard comme le sien il y en avait pas eu un de pareil depuis l'impératrice Eugénie. « *Puta Madona !* » pensaient les Italiens qu'employait son père en la voyant passer. Et les Espagnols pensaient de même en espagnol. Mais ils faisaient semblant de pas la voir. Ils avaient trop peur d'être mis à la porte. Ils ne répondaient pas à ses clins d'œil et connaissaient plus sa croupe que son visage.

Quant aux fils de famille, ils répugnaient à se montrer en la compagnie d'une vendeuse de saucisses, même milliardaire.

Mireille demeurait donc intouchée et se jugeait incomprise. Bien que bachelière, elle se plongea dans la lecture des courriers du cœur. C'est sur ces entrefaites que Vicente lui prit sa vertu.

*
* *

Vicente était camionneur chez Baptiste depuis deux ans déjà. Baptiste n'en avait jamais entendu parler. Les Espagnols, il en faisait pas de cas. C'est de la main-d'œuvre qui tient pas en place et qui a pas de syndicat à qui se plaindre. Des camionneurs, Baptiste en consommait autant que Napoléon de conscrits. Il les payait à la fin du mois, et comme il les assurait tous risques, il dormait du sommeil du juste.

Vicente, lui, était arrivé à Arles voici deux printemps pour le repiquage du riz. Avec les deux cent mille francs qu'il avait mis de côté, il avait acheté des journaux de mode. Il espérait les revendre le triple en Espagne, où tout ce qui est français a la réputation d'être cochon. Il fut arrêté à la frontière.

Il se retrouva sans argent, sans patrie et fâché avec les douaniers. Par bonheur, il savait conduire. Il fut engagé chez Gaillard. Mais il regrettait sa sueur perdue. Cela fit de lui un *desperado*, et dès que les fesses de Mireille passèrent à sa portée (et Dieu sait si Mireille rôdait du côté des camionneurs de son père), il les agrippa. Il n'avait rien à perdre.

Mireille cessa d'être une jeune fille contre la calandre d'un Dodge et en conserva pendant plusieurs semaines des bleus au creux des reins.

Mais le Bon Dieu avait vu les choses d'un mauvais œil.

*
* *

Le coup de quéquette de fada, des fois, c'est la fin du monde, des fois, c'est le début d'un autre.

Vicente, lui, il avait pas d'idée de derrière la tête. Déshonorer la fille du patron, il s'était dit que ça le consolerait d'avoir abandonné le fruit de son travail à des douaniers sans instruction.

Mais quand il eut possédé Mireille, il n'avait plus en lui aucune soif de revendication. Il se considéra comme comblé, et presque il avait honte de ce qu'il avait fait. Elle n'avait jamais connu l'homme. C'est des choses que même un Espagnol qui a des tueurs de curés parmi ses parents les plus proches, ça risque de l'impressionner.

Dans la plupart des cas, avec les demoiselles on fait des manières avant de leur manquer de respect. Vicente, lui, le respect et les manières ne lui étaient venus qu'après coup. Il avait trop de santé pour que les scrupules et la délicatesse lui diminuent le rendement. Mais par exemple, question argent, il était demeuré intraitable. S'il avait voulu, il aurait pu se laisser vivre et prendre dans le sac de la gamine de quoi se payer le manger, la chambre, le complet sur mesure et, va savoir, peut-être l'automobile d'occasion réglable à tempérament...

Allez comprendre quelque chose aux camionneurs désespérés d'origine espagnole ! A une fille qui lui demandait rien que du vié, et encore du vié, il se mit à offrir du sent-bon et des fleurs. Et il payait les cadeaux avec ses propres sous.

Il continuait de la réjouir avec vaillance, mais remords. Plus Mireille s'enhardissait, plus il devenait pudique. Il n'était pas loin de découvrir l'existence du péché, ce qui est assez surprenant pour un camionneur, même espagnol et désespéré, surtout quand il est dans la force de l'âge. Ses façons quasi cosaques se polissaient étrangement. Il avait cessé de se moucher avec les doigts et de cirer ses chaussures avec sa serviette de table. Lui qui aurait été barbeau s'il avait eu la taille plus haute et la mentalité plus ouverte, sentit la main de Dieu qui s'abattait sur lui.

Bientôt il n'embrassa plus Mireille que sur le front.

Puis vint le jour où il se refusa tout à fait.

*
* *

Sur ces entrefaites, Baptiste Gaillard avait failli mourir d'un infarctus. C'était un homme de granit, mais au fond, il avait l'âme tendre, et quand un officieux sournois l'eut informé que sa fille se donnait à un subalterne impécunieux et ibérique, d'abord il porta les mains à sa poitrine, puis il agita les bras comme des ailes, et il tomba de sa hauteur avec un bruit flasque.

*
* *

Maintenant, il en avait pour trois mois à rester allongé sur le dos avec juste le droit de bouger les yeux, et encore le moins possible. Mais la tête restait bonne.

Vicente, c'était fatal, il l'avait mis à la porte. Sans lui régler sa semaine. Mireille, il avait décidé de la marier séance tenante et il avait failli mourir une deuxième fois quand il avait appris que, même pour lui, la publication des bans était obligatoire.

C'est à ce moment, d'ailleurs, que Mireille s'était jetée tout habillée dans un canal d'irrigation.

*
* *

Les gens de nos pays, ils ont tendance à parler sans savoir, et même ce qu'ils ont pas vu, ils le racontent avec tous les détails, surtout les suicides.

De l'avis de tout le monde, c'est par amour que Mireille s'était jetée dans les flots.

— Tu me donnes Vicente ou je meurs... Tu veux pas me le donner ?... Bon, je me noie. Et qui c'est qui sera bien embêté, qui c'est qui aura une deuxième attaque ?... Qui c'est que les gens vont montrer du doigt ?...

C'était pas vrai du tout. C'était même un peu le contraire. Vicente, de voir le pastis qu'il avait mis, il avait pris peur et il arrêtait pas de se dire qu'il aurait mieux fait de rester tranquille, et quand Mireille lui avait déclaré :

— Enlève-moi ; dans mon sac j'ai des sous pour vivre six ans sans rien faire..., il avait dit qu'il était pas naturalisé et que les gendarmes ils viendraient l'attraper par la peau du cou dans n'importe quel endroit où ils pourraient aller se cacher.

— Tu es pas un homme, avait dit Mireille.

— Je peux pas me permettre, avait répondu Vicente, tant que j'ai pas les bons papiers.

De fil en aiguille, et plus de la colère que du chagrin, et surtout pour faire bisquer le monde, elle avait fait le plongeon fatal. Elle avait quand même choisi une heure de grosse circulation pour mettre fin à ses jours, et un endroit où elle avait pied. Et le pêcheur de brêmes qui l'avait tirée des abîmes, juste il avait eu à lui tendre la main. Il s'était rendu compte de rien, et même il avait pris la grosse colère à cause du bruit qu'elle avait fait.

— On a pas idée, avait-il dit, de mettre des talons aussi hauts pour se promener le long du canal. Maintenant, le poisson est parti, et de quoi je vais avoir l'air, je vous le demande, avec ma boîte d'asticots toute pleine et mon panier tout vide...

Il ne devait apprendre que le soir, à l'apéritif, qu'il était un héros et qu'il avait retiré des griffes de la mort, où elle agonisait déjà, la plus riche héritière du département. Comme il n'était pas homme à refuser la fable et la gloire quand elles frappaient à sa porte, il avait adopté, sans hésitation ni scrupules, cette version tragique des choses, et il mettait tant de chaleur dans son récit que sa femme, d'ordinaire paisible et disciplinée, avait quitté le repas entre l'aubergine frite et la salade de lentilles en disant :

— C'est pas à moi, gros malpropre, que tu ferais la respiration artificielle...

*
* *

A la surprise générale, le vieux Gaillard n'en mourut pas. Pendant trois jours pleins, la ville attendit avec sérénité sa deuxième attaque. Elle ne vint pas, ce qui lui fit du tort. On savait que c'était un homme dur, mais au point de pas rendre l'âme en apprenant, alors qu'on a la circulation déjà aux trois quarts arrêtée, que sa petite vient d'essayer de mettre fin à ses jours, cela parut inhumain au plus grand nombre. Cet homme-là, il n'y avait désormais plus de doute, c'était un sans cœur.

Et quand, huit jours après la noyade de sa fille, on apprit qu'il était presque guéri, et quand, la semaine d'après, on le vit sur les Lices, un peu moins gros, un peu moins rouge et appuyé sur une canne, mais toujours vivace et l'œil aigu sous la casquette, les gens se détournèrent de son chemin. Et les petits voyous de la Roquette commençaient à lui jeter des pierres.

*
* *

Cette fois, Vicente ne pouvait plus reculer. Arles lui ordonnait de s'occuper de Mireille.

— Après ce qu'elle a fait pour toi !

— Qu'est-ce qu'elle a fait au juste ? protestait Vicente avec une bonne foi qui était prise pour de la fausse modestie.

— Si tu la laisses entre les mains de son père, va savoir si elle périra pas de mort violente !

— C'est pas mes oignons, répétait Vicente en regardant ses espadrilles.

Il leva les yeux. La colère du peuple lui fit peur. S'il se fût obstiné, il eût été molesté, lapidé peut-être.

— Comme vous voudrez ! soupira-t-il.

— On dirait que ça te fait pas plaisir, dit une ménagère spécialisée dans les problèmes du cœur.

— C'est pas que ça me fasse pas plaisir, dit Vicente, mais j'aime pas qu'on me brusque.

Dans sa tête, il tirait déjà des plans pour prendre le maquis, ou du moins pour aller chercher du travail à Marseille. Comme il devait deux mois à son hôtel, il se dit que ce serait même pas la peine de passer prendre sa valise. D'abord, il en avait pas, de valise. Et en plus, il avait rien à mettre dedans. Comme il était mesquin, l'idée de partir sans payer lui faisait plisser les yeux de plaisir.

C'est alors qu'il se sentit soulevé sur les épaules de ses supporters, comme un matador à l'issue d'une tarde monumentale. Les acclamations montaient vers lui. Les plus petits se haussaient sur la pointe des pieds pour toucher la corde de ses espadrilles.

— Foutez-moi la paix ! hurlait Vicente.

Les cris de la foule couvraient ses protestations et l'on appréciait la modestie de son comportement. De vieilles dames avaient le regard embué de larmes et criaient : « *Viva tu madre !* » à qui mieux mieux. La marmaille, devenue subitement folle, courait dans toutes les directions, et si quelqu'un eût entonné le grand air de *Carmen*, la foule eût repris en chœur.

Le cortège descendait les Lices. Vicente pâlit. La foule se dirigeait spontanément vers la maison de Mireille.

« *Sian maï trahi !* » pensa Vicente qui avait une teinture de provençal.

*
* *

La foule s'immobilisa après quelques oscillations. Le silence s'installa, et chacun, tout à coup, se sentit timide. Les plus craintifs cherchaient déjà l'abri des platanes, pour le cas où le vieux Gaillard se serait montré au balcon avec son fusil de chasse. Quelqu'un se décida :

— O Mireille, s'écria-t-il, regarde ce qu'on t'amène ! Prends-le, il est à toi !

La foule reprit aussitôt confiance en elle-même, et les invocations jaillissaient de toutes parts.

— O Mireille, fais-toi voir à la fenêtre !

— O Mireille, nous t'apportons le bonheur !

— O la plus belle, montre ton sourire !

— O la plus gracieuse, fais voir tes lèvres !

— O Mireille, fais voir ton cœur !

Elle parut, et les mères de famille présentes tendaient leur bébé à bout de bras, et les mâles se léchaient les babines en se disant qu'ils avaient été de beaux couillons de laisser passer à portée de la main une aussi jolie nistonne.

Qui eut l'idée de l'échelle ? L'histoire ne le dit pas. Et pourquoi y avait-il une échelle juste au bon moment ? Dieu seul le sait, sûrement il l'avait fait exprès, et elle se trouva appliquée sur le balcon comme par miracle.

Vicente passa directement de son pavois d'épaules à la douzième marche. Il lui fallut plus d'une minute pour grimper sur la treizième. Mireille n'était plus qu'à deux mètres de lui. Il avait le vertige. Dans un instant, la foule allait le conspuer.

Et, tout d'un coup, il comprit qu'il n'y avait plus à discuter. Ce qui lui arrivait le dépassait. Devant la fatalité, on ne discute pas : on soigne ses attitudes. Il enjamba la grille du balcon avec une nonchalance de torero passant la talanquera.

— Un baiser... Un baiser..., scandait la foule sur l'air des lampions.

Ce fut Mireille qui en prit l'initiative. Elle y mit autant de passion que de savoir-faire.

— On se croirait au cinéma, dit un jeune du premier rang.

— Encore, encore ! criait la foule.

Vicente avait maintenant conscience qu'il était une vedette et découvrait avec ravissement qu'il était fait pour jouer les premiers rôles. Il s'apprêtait à saluer son public lorsque le vieux Gaillard parut, sans son fusil, mais l'air terrible.

La foule avait surmonté sa peur. Elle voulait voir le spectacle jusqu'au bout.

Il fut bref, mais de belle tenue.

Le vieux Gaillard, les deux mains en avant, marchait sur Vicente.

— Qu'est-ce que tu paries qu'il l'étrangle ? murmura le jeune spectateur du premier rang.

Cela paraissait probable. Mais le bon Dieu en décida autrement. Le vieux Gaillard avait agrippé Vicente par le cou. Il n'eut pas le temps de serrer : les forces lui manquèrent. Il tomba à genoux devant celui qui aurait pu être son gendre.

Il ne fit de doute pour personne que, cette fois, le vieux était bien mort.

CHAPITRE 6

OÙ IL PLEUT SUR LES SAINTES-MARIES

Patrice avait fait de la route. Mais je vous demande un peu à quoi ça lui sert d'aller si vite, puisque, d'un biais ou de l'autre, je le rattrape quand je veux.

Puisque, comme qu'il s'y prenne, son chemin est tout tracé à l'avance avec ses stations, grandes ou petites, avec son terminus.

La première station, c'est les Saintes-Maries.

***

Aux Saintes-Maries il pleuvait sans discontinuer depuis deux jours.

Les pêcheurs de maquereaux ne prenaient plus la mer. Ils regardaient pleuvoir en échangeant des idées générales. Le sable était gris, et les tamaris mouillés semblaient des balayettes.

La population mâle s'était rassemblée chez Vovo.

***

C'était un estaminet vert d'eau, festonné de papier tue-mouches. La tête naturalisée du maître de céans était accrochée au-dessus du comptoir, vaguement goguenarde et les cornes usées. Vovo, il convient de le préciser, n'était pas un homme, mais un taureau. Un taureau vedette qui, pendant dix ans, avait fait courir les foules.

Son nom seul à l'affiche d'une course provençale suffisait naguère à remplir les arènes.

Cabochard, désinvolte, déroutant, facétieux, il ne se donnait du mal que s'il en avait envie. Alors les barrières volaient en éclats, et les razeteurs rentraient chez eux avec leur pantalon sous le bras.

En revanche, quand il n'était pas d'humeur, il affichait une réserve hautaine et hargneuse, suivant d'un œil désabusé les évolutions de ces hommes vêtus de blanc qui voulaient lui prendre sa cocarde.

Il était mort, l'hiver précédent, d'un gros rhume.

On lui avait fait des obsèques nationales. Beaucoup avaient pleuré de vraies larmes. Certains avaient sa photo dans leur portefeuille, parmi celles des petits et des vieux.

De son vivant, il avait été l'objet d'interminables controverses. Elles se poursuivaient après sa mort. Cela occupait le long hiver camarguais et les heures de marri temps. Car, aux Saintes, de novembre à février, on vit surtout de palabres.

Les mots, ça vous tient chaud et ça vous protège de la solitude.

Évidemment, de parler comme ça, à perte de vue, ça ne vous mène nulle part. Mais d'entendre le son de votre propre voix, ça vous rassure, ça vous prouve que vous êtes toujours vivant. Et quand le mistral souffle, vous gueulez plus fort que lui.

***

L'estaminet dénommé « Chez Vovo » est tenu par Paul Allègre, ancien, razeteur, devenu maire des Saintes, à force de dignité.

Allègre est un grand politique : à chaque élection, il change de parti, non par versatilité, mais par flair.

— Je suis l'élu du peuple, je dois exprimer ses sentiments, dit-il avec sagesse.

Suivant les sentiments de son peuple, il donne un petit coup de barre à droite ou à gauche, ce qui lui assure la pérennité du pouvoir.

Une fois élu, il ne fait rien de plus que donner de bonnes paroles. Car, aux Saintes, il y a bien longtemps que les habitants ont pris l'habitude de se passer des pouvoirs publics dans la conduite ordinaire de leur vie.

Mais hier, Allègre a failli prendre le coup de sang. C'est pourtant l'homme tolérant par excellence. Il a pour principe que l'électeur est aussi son client, et que du moment qu'il paie son pastis, son opinion est respectable.

Mais il y a des moments où l'homme le plus tolérant sent se lever en lui la tentation de l'autorité. Il faut dire aussi que cette grève des permis de chasse durait depuis trop longtemps. Et ce temps orageux n'était pas bon pour les nerfs. La colère l'avait pris d'un coup.

— Tant qu'il y a eu la métempsychose, avait-il rugi, j'ai fermé les yeux. Mais maintenant, la métempsychose, c'est de la vieille histoire. Vous faites preuve de mauvaise volonté. Je dirai même que vous manquez de civisme.

— Qu'est-ce que ça peut te faire ? avait dit Tardivet. Cet argent que tu veux nous prendre, on finira par croire que tu le gardes pour toi.

— Un peu de pudeur ! avait hurlé Allègre.

Tardivet, lui, n'avait pas attendu la myxomatose pour ne pas prendre de permis de chasse. Il braconnait depuis l'âge le plus tendre et considérait le lapin sauvage comme un don de Dieu.

— Le lapin, disait-il, sans lui, nous serions tous morts de faim sous l'occupation. Et si je l'avais pas eu sous la main, jamais le petit il aurait pu rester à l'école jusqu'à dix-huit ans. Le lapin, c'est lui qui nous fait vivre. Ma chemise, mes souliers, le toit de ma maison, le bagage intellectuel de mon petit, c'est lui qui me les procure. Alors, de la métempsychose, tu as pas le droit d'en parler à la légère. C'est plus qu'une inondation : c'est un deuil...

— Mais il y a dix ans qu'il n'y en a plus, de métempsychose !

— D'abord c'est pas sûr, et ensuite il faut attendre que le cheptel soit reconstitué.

Un petit homme maigre et mal rasé qui était en train d'écrire dit, sans lever les yeux de son papier :

— Voyons, mes amis, il ne faut pas donner aux étrangers le spectacle de nos divisions...

— Et où ils sont, les étrangers, pauvre couillon de Féli ?

Féli n'avait toujours pas levé les yeux. Il tirait la langue d'application.

— Les voilà, dit-il.

Tous les regards se tournèrent vers la route d'Arles. La Jaguar de Patrice faisait son entrée dans les Saintes.

— O fan ! dit simplement Allègre.

Le moment était venu de faire l'union sacrée. Le touriste était là. Le premier touriste de la saison. On retrouverait plus tard les discussions ponctuées de rires, d'anis et de colères.

Allègre faillit dire : « Chacun à son poste... »

Mais ce n'était pas nécessaire. Chez Vovo, tout le monde savait ce qu'il avait à faire. Patrice en aurait pour son argent.

Féli se remit à ses écritures. Il ne connaissait pas l'orthographe, mais il savait reproduire les lettres gothiques et tous les restaurants de la région lui demandaient de rédiger leurs menus. Ils avaient remarqué que l'écriture gothique engendrait les additions retentissantes...

***

Patrice entra, et chacun feignit de ne pas remarquer sa présence. Allègre fit un signe.

— Qu'à cela ne tienne ! dit Boucherle.

— Que je sache ! dit Verdelet.

Boucherle et Verdelet étaient des vieillards. Ils n'avaient plus guère d'âme. Quelques habitudes verbales seulement les maintenaient en vie, et le goût du jeu de jacquet.

Boucherle considérait que la connaissance du jeu était à la base de ses victoires. Verdelet pensait, au contraire, qu'elles étaient le fait du seul hasard.

Les débats étaient véhéments et se déroulaient avec des fortunes diverses. Longtemps, pourtant, Boucherle avait eu le dernier mot, grâce à l'emploi massif d'une locution dont il ignorait le sens mais qui, dans sa bouche, prenait une valeur magique.

Que Verdelet, par exemple, lui dise :

— Ce double six, tu vas me dire que tu l'as fait exprès ?

Alors Boucherle faisait crisser son rire de cigale et répondait :

— Qu'à cela ne tienne...

Cela suffisait à décontenancer Verdelet. Pendant trente ans, il avait cherché une parade. Elle lui était venue sous l'occupation, en écoutant la radio de Londres.

— Que je sache, avait dit le speaker, Hitler n'est pas invulnérable...

Ce « que je sache » avait paru à Verdelet à la fois poétique et péremptoire. Et quand, le soir venu, Boucherle lui avait assené en même temps son double six victorieux et son « qu'à cela ne tienne » triomphant, il avait répondu d'une voix perfide :

— Cela ne prouve rien, *que je sache*...

Cela avait causé une vive sensation dans la galerie. Les habitants des Saintes-Maries avaient rapidement perdu l'habitude d'appeler Boucherle et Verdelet par leur nom. Ils étaient devenus Quacelanetienne et Quejesache...

Et quand un étranger entrait dans le bar, ils ajoutaient, moyennant un apéritif gratuit, des « fan de petan » et des coups de poing sur la table.

C'est ce qu'Allègre appelait « créer l'ambiance ». Et quand il y avait des étrangers, tout le monde l'appelait « shérif » pour ajouter à la couleur locale.

***

Patrice s'était approché du bar. Mais personne ne s'intéressait à lui. Cela aussi faisait partie des méthodes d'Allègre. Il estimait que pour retenir un touriste, il faut faire semblant de ne pas le voir et lui offrir d'abord le spectacle gratuit. Après quoi, il sort le portefeuille de lui-même, et si on le laissait faire, il ne garderait pas l'argent du retour.

Le shérif avait donc mis au point dans son salon un petit lever de rideau en deux parties parfaitement réglé, après lequel l'Anglo-Saxon le plus méfiant et le Belge le plus blasé se sentaient une âme d'enfant.

La Jaguar de Patrice exigeait la perfection.

Allègre fit au Grand Plumet un coup d'œil en lui enjoignant de soigner le travail s'il voulait toucher sa commission.

Quand le Grand Plumet se levait, cela causait déjà une vive impression. Mais quand il jetait son verre sur le carrelage en proférant des « bordel de Dieu » à n'en plus finir, c'était vraiment plaisant à regarder. En l'honneur de la Jaguar de Patrice, il cassa deux verres et dit d'une voix de taureau :

— La Conchita Cintron, moi, je vous le dis, c'était pas une femme. On l'a tenu secret jusqu'ici, mais ça a fini par transpirer...

Le silence s'était établi en un instant.

Le Grand Plumet avait fait planer sur l'auditoire le regard de l'homme sûr de lui et de ses sources.

— C'est pas une femme, avait-il précisé après quelques secondes, c'est un pédé...

Allègre avait protesté au nom de tous.

— Tu es tellement vicieux, toi, avait-il dit, que tu vois le mal partout.

Le Grand Plumet n'avait pas bronché. Il avait attendu que les rumeurs désapprobatrices se fussent calmées. Alors il avait dit :

— Et même pire qu'un pédé...

Chacun s'interrogeait du regard, se demandant où il voulait en venir. Allègre avait jeté dans la direction de Patrice un regard d'excuse, et haussant les épaules il avait dit :

— C'est pas une femme... C'est pas un pédé... Alors qu'est-ce que c'est ?

— C'est un aphrodite ! avait précisé le Grand Plumet. Et n'essayez pas de me dire le contraire. C'est le docteur Ginoux qui me l'a dit. Et pour la question des aphrodites, le docteur Ginoux, c'est quand même lui le plus fort...

Le Grand Plumet se rassit, ayant fait son devoir.

La conversation, subitement, était devenue générale. Mais elle était retombée presque aussitôt. Que la Conchita soit un aphrodite ou non, cela semblait leur être devenu complètement égal.

Furtivement, Allègre regarda Patrice : il avait mordu à l'hameçon. Son nez bougeait, il avait sorti une cigarette mais ne l'allumait pas. C'était le moment de lâcher Farnier dans l'arène.

Farnier, de Vauvert, avait en Camargue l'exclusivité du saucisson Gaillard. Il avait les joues cramoisies et le verbe haut, comme un qui est habitué à passer des marchés d'eaux grasses.

Il s'accouda au comptoir et dit :

— Alors, combien de kilos je t'en mets ?

A quoi le shérif répondit que pour appeler saucisse de Toulouse un vague hachis fabriqué à Vauvert, il fallait tout de même n'avoir pas de vergogne, et d'abord, qu'est-ce qu'il y mettait dans ses saucisses ?

D'ordinaire, Farnier se contentait de répondre qu'il y mettait de la merde, et que c'était encore trop bon pour des cons pareils. Puis il offrait sa tournée, et la conversation s'orientait petit à petit vers des idées moins singulières.

Mais, ce jour-là, Farnier avait cassé le pont arrière de sa camionnette en livrant des *figatelli* à la « Cabane du Gardien », et la Jaguar du nouveau venu l'avait rendu sensible comme un taureau neuf. Dès le premier razet d'Allègre, il fonça.

D'abord, il le traita d'escroc et de cocu. Puis il se fâcha vraiment. Adossé au bar comme un cocardier dans sa *querencia*, il faisait face à la meute des rieurs, cherchant ce qui pourrait leur faire le plus de mal. Une idée féroce lui injecta les yeux de sang.

— Mes saucisses, dit-il en retroussant les lèvres, c'est peut-être de la cochonnerie, mais votre Vovo, vous voulez que je vous le dise, c'était un vrai melon...

— Que je sache ! dit Verdelet d'une voix étranglée par l'émotion.

Tous s'étaient levés, l'air féroce. Entre Santens, ils avaient le droit de discuter des mérites de Vovo. Mais qu'un étranger de Vauvert se permît de mettre en doute les mérites du glorieux défunt, c'était un affront impardonnable.

Le shérif se sentit dépassé par l'événement. Il fit un effort de conciliation.

— Écoute, Farnier, dit-il, tu ferais mieux de retirer ce que tu viens de dire...

Farnier ricana.

— Un gros melon ! dit-il.

Le Grand Plumet s'était levé le dernier, mais il serrait les poings. Et quand le Grand Plumet serrait les poings, on aurait dit qu'il avait deux dames-jeannes au bout des bras.

Il leva une de ses dames-jeannes au-dessus de sa tête et s'apprêtait à la fracasser sur celle de Farnier.

— Je voudrais bien un whisky, dit Patrice.

Ce n'était plus la peine de se donner tant de mal.

Allègre rabattit ses manches de chemise. Le Grand Plumet mit ses mains dans ses poches. Farnier sortit en faisant claquer la porte.

***

Allègre avait sur les avant-bras des tatouages immodestes qui dataient du temps où il était électricien à bord du *Voltaire*. Ils avaient failli compromettre sa carrière politique mais maintenant qu'il avait su conquérir la confiance du corps électoral, il les utilisait sur le plan mercantile.

Il avait noté qu'ils faisaient une impression favorable sur les clients de passage. Ils éprouvaient le sentiment exaltant de se trouver en présence d'un corsaire, ou tout au moins d'un voyou, et ils ne voulaient pas le décevoir par la petitesse de leur soif.

Allègre guettait la commande sans mot dire, la tête penchée sur l'épaule, tout en faisant tressaillir les odalisques aux seins énormes qui faisaient la sieste entre la saignée de son coude et le pli de son poignet.

Mais du moment que Patrice commandait d'emblée des boissons chères, ce n'était pas la peine de gaspiller les talents de société. Allègre en éprouva de la déception. Il aimait les clients difficiles, et plus il se donnait de mal pour leur faire sortir le portefeuille, plus il était heureux.

Il fit signe à sa troupe que la représentation était terminée. Chacun, maintenant, avait liberté de manœuvre. Tardivet s'était assis et examinait Patrice comme un matador le taureau qu'il va avoir à combattre. Il se demandait comment il allait le travailler.

Depuis la myxomatose, Tardivet s'était spécialisé dans les flamants roses empaillés. Il traitait aussi le petit oiseau qu'il présentait sur une boîte à musique en guise de socle.

Il avait fait la connaissance d'un Suisse qui avait reçu un gros coup de soleil et qui ne voulait plus rentrer à Basel, parce qu'il avait la peau trop blanche et l'âme trop vertueuse. Il savait tout faire de ses dix doigts, cet homme, mais avec l'accent qu'il avait, il n'aurait jamais pu placer sa marchandise.

Tardivet s'en occupait, et ne gardait pour lui que les deux tiers des bénéfices.

Patrice, cela sautait aux yeux, n'était pas un client ordinaire, et les animaux empaillés ne risquaient pas de le plonger dans l'extase. Mais puisqu'il s'était mis une petite culotte et qu'il avait bravé l'orage pour venir jusqu'aux Saintes-Maries-de-la-Mer, il devait avoir un point faible.

Sans plus attendre, Tardivet résolut d'en avoir le cœur net. Puisque la bête restait sur la réserve, il décida de la consentir au maximum et, pour la première fois de sa vie, il travailla à découvert sur le terrain du fauve, et sans plan d'attaque prémédité.

Il cita Patrice de profil, le ventre rentré et prêt à la retraite. Il leva la main gauche d'un air inspiré.

— Ne me dites rien ! fit-il. Laissez-moi deviner... Je suis sûr que vous arrivez de Paris...

— En effet, reconnut Patrice.

Tardivet eut le sourire triomphant et modeste. Féli, sans lever le front de ses enluminures, dit :

— Ça, c'était facile à trouver...

— Attends, dit Tardivet, c'est qu'un début. Je vais vous dire ce que vous faites dans la vie... Vous êtes docteur...

— Pas précisément, dit Patrice.

Tardivet prit l'air supérieur de l'homme qui comprend la plaisanterie mais à qui on ne la fait pas.

— Pourquoi vous voulez pas le reconnaître ? C'est un bon métier, docteur, mais ici vous ferez pas fortune. Tout le monde se porte bien, à part moi...

Tous tendaient l'oreille. Tardivet se portait comme un cep de vigne, et sa façon d'aborder le client n'obéissait à aucune des règles connues de la tauromachie commercialisée.

— Moi, les maladies, poursuivit Tardivet, je les ai toutes. Il y en a qu'une que j'ai pas...

Personne ne demanda laquelle pour le faire bisquer.

Allègre, enfin, se dévoua :

— Laquelle ? dit-il.

— La maladie des millions...

Cela fit rire tout le monde excepté Patrice qui dit avec sérieux :

— Je suis navré, mais je ne suis pas médecin. Et des millions, je n'en ai pas encore.

Tardivet fit la grimace.

— Vous êtes contrariant, dit-il.

Allègre crut de son devoir d'intervenir.

— Mais enfin, dit-il, tu peux pas obliger Monsieur à être millionnaire s'il en a pas envie...

Et à brûle-pourpoint, il s'enquit :

— Qu'est-ce que vous faites dans la vie, si vous n'êtes pas millionnaire ?

— Je fais du cinéma, dit Patrice.

— Il me semble, dit poliment Allègre, que je vous ai déjà vu à l'écran.

— Je ne suis pas acteur, dit Patrice. Je suis metteur en scène.

« J'aime mieux ça », pensa Tardivet.

Les acteurs, il avait rien contre, mais ils avaient tendance à payer avec des photos dédicacées.

— Et peut-être, dit Allègre sans oser y croire, vous avez l'intention de faire un film dans la région ?

— Sûrement, dit Patrice.

« Cet homme-là, se dit le shérif, c'est la main de Dieu. » Il lui servit d'autorité un autre whisky avec une soudaine affection.

— Si vous avez besoin de quoi que ce soit, je suis à votre disposition, dit-il. Tout ce qu'on fait pour mon beau pays, je l'aide dans la mesure de mes faibles moyens...

— Que je sache ! dit Verdelet à tout hasard.

Patrice avait pris machinalement le verre dans la main.

— Avant tout, dit-il, ce qu'il me faudrait, c'est un cheval.

Tardivet s'était précipité.

— Venez avec moi, dit-il, je fais la location.

La demande de Patrice avait déçu tout le monde. Ils avaient fondé sur lui les plus grands espoirs, et ils découvraient avec tristesse qu'il était tout juste venu faire une petite promenade à cheval, comme un simple épicier de Lyon (Rhône) ou de Denver (Colorado).

Ils en éprouvaient de l'amertume. Ils s'étaient donné beaucoup de mal pour quelqu'un qui n'en valait pas la peine. Ils lui avaient sorti le grand jeu et il n'était pas capable d'en apprécier les finesses.

Patrice vida son verre.

— A vrai dire, fit-il, je préférerais en acheter un...

— Qu'à cela ne tienne ! dit Boucherle.

L'homme redevenait respectable. Le Grand Plumet s'était levé.

— Je m'en occupe, dit-il.

Il posa sa main énorme sur l'épaule du Peau-Rouge en signe de possession : le client lui appartenait, à lui tout seul.

Personne ne protesta.

La pluie, subitement, cessa de tomber.

***

Et moi, je sais que toutes ces palabres n'ont pas lieu en vain, que ces gens qui font qu'entrer et sortir, ils font pas simplement de la figuration. La catastrophe s'est mise tout doucement en route, et le diable commence à se frotter les mains, et personne sera épargné.

Vous me direz que je n'y suis pour rien. Que c'est la fatalité. Sûrement. Mais si j'avais continué de conduire ma benne à ordures et de cultiver mes haricots mange-tout, il n'y aurait eu de larmes et de sang pour personne.

Dans le fond, je suis un criminel, et je me sens pas la vocation.

Mais le moment n'est pas tout à fait venu de pousser les soupirs et les cris.

CHAPITRE 7

OÙ LE GRAND PLUMET SE PENCHE LONGUEMENT SUR SON PASSÉ

La Jaguar, c'est une bonne voiture, mais quand la digue des Saintes aux Salins est détrempée par la pluie, tout ce qu'elle peut faire, c'est un tête-à-queue. Elle en fit un.

— Vous savez conduire ? demanda le Grand Plumet.

— J'ai fait les vingt-quatre heures du Mans, dit Patrice.

— Ici, on n'est pas au Mans, dit le Grand Plumet avec sérénité.

Patrice avait remis en marche.

— Si j'étais que de vous, dit le Grand Plumet, j'insisterais pas.

Et pour donner plus de poids à ses paroles, il cita le cas d'un médecin lyonnais qui n'avait pas voulu tenir compte de ses conseils.

— Sa voiture s'est mise à tourner sur elle-même. Plus il accélérait, plus elle tournait. Et vous me croirez si vous voulez, il a fallu qu'on l'interne...

Patrice pestait :

— Mais alors, qu'est-ce qu'il faut faire ?

— Attendre, dit le Grand Plumet. Dans une heure ou deux, ce sera sec.

*
* *

Ils étaient descendus de voiture. L'église des Saintes avait l'air d'un mirage blond surgi des eaux d'un étang.

Patrice, pris par la qualité de la lumière, avait oublié sa déconvenue. Il avait sorti de l'échancrure de sa chemise une cellule photoélectrique qu'il portait accrochée au cou en permanence comme une médaille de la Sainte Vierge. Le Grand Plumet le regardait faire et se pinçait l'oreille gauche.

*
* *

Avant de prendre la route, ils étaient passés chez Barthélemy, ancien pêcheur de maquereaux devenu marchand de costumes de cow-boys. Patrice ne paraissait pas tellement désireux de se déguiser, mais le Grand Plumet avait tenu ferme.

— Si vous mettez pas la chemise à petites fleurs et le grand chapeau, avait-il dit, vous vous ferez remarquer...

— Mais vous-même, dit Patrice, vous n'êtes pas en tenue.

— Moi, c'est différent, je suis du pays : je peux m'habiller comme j'en ai envie.

Plumet ne montra pas sa surprise, mais il était obligé de reconnaître que Patrice portait le costume de gardian avec aisance et naturel.

Cela le rendait perplexe.

— Excusez-moi d'être curieux, finit-il par dire, mais qu'est-ce que vous voulez faire au juste d'un cheval ?

— Repérer mes extérieurs, dit Patrice en sortant son paquet de cigarettes. Vous fumez ?

— Sans façons, dit le Grand Plumet. Les américaines, ça me reproche.

Il craignit aussitôt d'avoir fait peine, et son visage de Sioux bien nourri exprima une détresse enfantine.

— Vous ne m'en voulez pas, au moins ? demanda-t-il.

— Ce ne sont pas des américaines, tint à préciser Patrice, ce sont des anglaises.

Le Grand Plumet ne faisait pas la différence.

— C'est du pareil au même ! dit-il catégoriquement.

— Je ne veux pas vous obliger à partager mes goûts, dit Patrice en allumant sa cigarette.

« Non, vous pouvez pas », pensa le Grand Plumet.

***

Maintenant il se pinçait l'oreille droite pour aider à la réflexion. Il cherchait dans quelle catégorie classer son client : celle des couillons ordinaires, ou celle des couillons grand modèle. En quoi, selon lui, se divisaient les populations du nord de la Loire.

Les premières bouffées firent tousser Patrice et le Grand Plumet en éprouva de la satisfaction.

— Alors, ce cheval ? demanda Patrice avec agacement.

— Quel cheval ? dit le Grand Plumet, de l'air de quelqu'un qui tombe de la Voie lactée.

— Il me semble pourtant, dit Patrice, que vous m'aviez promis...

L'impassibilité de principe qui donnait au visage du Grand Plumet un caractère fascinant se nuança de rides meurtrières et sa voix, dès les premières mesures, avait atteint à la plénitude de l'indignation.

— Je suis sans profession ! tonna-t-il. Et s'il m'arrive parfois de rendre service à des gens que je connais à peine, c'est juste pour le plaisir et parce que je suis le plus brave !

Patrice était bien décidé à ne pas contrarier son guide.

— J'entends bien. Mais ce cheval ?

— Si vous ne me l'aviez pas demandé, je me serais jamais permis de vous en proposer un, de cheval ! protesta le Grand Plumet avec force.

Il passa sa langue sur ses lèvres épaisses et fit la grimace comme s'il leur trouvait un goût d'amertume.

— Ça m'apprendra à vouloir rendre service au monde ! soupira-t-il.

— Ne discutons pas, dit Patrice.

Le Grand Plumet était maître dans l'art de dissimuler, mais un battement de paupières lui échappa.

— Et pourquoi on discuterait pas ? demanda-t-il.

— Parce que, dit sèchement Patrice, nous perdrions du temps.

Plumet ferma les yeux pour ne pas laisser apparaître le mépris goguenard qui venait soudain de l'envahir.

— Et alors, dit-il, qu'est-ce que ça peut vous faire à vous qu'on discute ? Vous êtes en vacances. Tandis que moi, j'ai mes occupations, et vous voyez, ça n'empêche pas de perdre mon temps avec vous qui êtes tout seul dans un pays où vous connaissez personne.

Patrice piaffait.

— Vous avez un cheval, ou vous n'en avez pas ? demanda-t-il.

— Moi, un cheval ? Non, j'en ai pas, de cheval. D'abord, si j'en avais un, de cheval, je me le garderais pour moi.

— Eh bien, dit Patrice, excédé, si vous n'en avez pas, de cheval...

Le Grand Plumet l'interrompit d'un retroussis de lèvres carnassier.

— J'ai peut-être pas de cheval, dit-il d'une voix paisible, mais j'ai des amis.

— Qu'est-ce que vous voulez que ça me fasse ?

— Ils sont braves, mes amis, dit le Grand Plumet avec attendrissement.

— Tant mieux pour vous !

— Et non seulement ils sont braves, mais ils ont des chevaux, eux...

Patrice se passa la main sur le front et s'aperçut qu'il était moite.

— Où sont-ils, vos amis ? dit-il en s'efforçant au calme.

— Ils sont à leur maison, dit le Grand Plumet. Où voulez-vous qu'ils soient ? Et même si vous tenez à le savoir, à l'heure qu'il est, ils vont pas tarder à se mettre à table, et juste en ce moment, ils sont en train de prendre l'apéritif.

Patrice esquissa un sourire méritoire.

— Est-ce que vous pourriez me présenter à l'un d'entre eux ? demanda-t-il. Avant qu'il ne se mette à table, bien entendu...

— Auquel ? demanda le Grand Plumet en regardant Patrice droit dans les yeux.

— Je ne sais pas, moi, dit Patrice.

— Moi non plus, dit Plumet. C'est à vous de choisir...

*
* *

La conversation tomba. Patrice se prit la tête à deux mains. Le Grand Plumet se pinçait les deux oreilles avec béatitude. De ses clients nordiques il attendait plus de plaisir que d'argent.

— Vous comprenez, reprit-il au moment où Patrice allait ouvrir la bouche, des amis j'en ai beaucoup, alors si je me mets à vous les présenter tous les uns après les autres, vous allez encore me dire que votre temps est plus précieux que le mien.

— Je vous demande de m'en présenter un.

— Lequel vous préférez ? dit le Grand Plumet avec affabilité.

— Je m'en fous ! dit Patrice avec emportement.

Plumet cessa de se pincer les oreilles.

— O dites, qu'est-ce qu'ils vous ont fait, mes amis ? dit-il.

— Rien.

— Alors, pourquoi vous leur parlez grossièrement ?

Patrice perdait pied. Il agita les narines comme un qui se noie.

— Mais enfin, vos amis, je les connais pas !

— Justement, dit le Grand Plumet. Si vous les connaissez pas, je vois pas pourquoi vous en dites du mal.

— J'en dis du mal, moi !

— Oui... Vous avez dit que vous vous en foutiez.

A force de volonté, Patrice était arrivé à retrouver la maîtrise de ses gestes.

— Je voulais dire, précisa-t-il, que le premier d'entre eux qui serait disposé à me vendre un cheval, je serais ravi de lui être présenté.

— Eh bien, dit gravement Plumet, vous avez de la chance de me connaître. Parce que, pour les affaires, vous êtes trop pressé. Et ici, quand on est pressé, ça coûte plus cher.

Il se mit à rouler une cigarette avec une lenteur exaspérante. Soudain, il éclata d'un interminable rire silencieux.

— Je ne comprends pas pourquoi vous riez, fit Patrice.

Maintenant le Grand Plumet le dévisageait avec une affection quasi paternelle.

— Vous êtes un beau jobastre ! dit-il.

— Un jobastre ?

— Un couillon, précisa Plumet.

— Je ne vois pas pourquoi, dit Patrice, ingénument.

Le Grand Plumet était un homme de manières réservées. Il faillit pourtant taper sur le ventre de son interlocuteur. Il se retint.

— Parce que, dit-il simplement, mes amis, c'est mes amis. Mais croyez pas que ce soient tous des garçons convenables.

— Et alors ?

— Alors, ça vous dérangerait pas d'acheter un cheval à quelqu'un qui sort juste de prison ?

— Pourvu que le cheval me plaise...

— Vous vous y connaissez, en chevaux ? demanda incidemment Plumet.

— J'ai fait mon service dans l'artillerie, dit Patrice.

*
* *

Le Grand Plumet cessa de surveiller les expressions de son visage et poussa un gros soupir. Il s'ennuyait comme quand il jouait à la belote avec un minable. C'était trop facile. Il n'y avait pas de plaisir.

Il résolut d'en finir vite.

— Et quel genre de cheval il vous faudrait ? demanda-t-il.

Patrice, que la palabre avait découragé, reprit espoir.

— Je voudrais, dit-il, une bête paisible.

— Une vieille ?

— Pas forcément, dit Patrice, mais comme je suis un cavalier modeste, je ne souhaiterais pas qu'elle fût trop fringante.

Le Grand Plumet secoua sa grosse tête.

— Vous êtes tous les mêmes ! dit-il.

— Je ne comprends pas, dit Patrice.

Le Grand Plumet se pourlécha de contentement. La partie reprenait de la saveur.

— Vous avez entendu parler de la loi de l'offre et de la demande ? s'enquit-il aussi gracieusement que le lui permettait sa voix enrouée par le discours et l'anis.

C'était un homme qui parlait quinze heures par jour depuis quarante ans, et qui prenait l'apéritif à partir de dix heures du matin. Sa langue y avait gagné en agilité, mais ses cordes vocales y avaient perdu de leur souplesse.

Patrice le dévisagea avec ironie.

— Auriez-vous suivi des cours à la Faculté de Droit ?

Plumet leva le menton et cambra le torse comme si on l'avait insulté.

— Moi, dit-il, je suis jamais allé à l'école, et mon droit, c'est moi qui me le fais...

— Qui vous a parlé, demanda Patrice, de la loi de l'offre et de la demande ?

— Personne ! dit solennellement Plumet. Ce genre de choses, ici, on le sait de naissance.

Patrice prit un air supérieur.

— Vous êtes sans doute partisan d'une économie libérale, dit-il avec un pédantisme d'avocat stagiaire, et disciple de Turgot ?

Le Grand Plumet s'avança sur lui les poings serrés.

— Je suis disciple de personne ! gronda-t-il. Je me suis fait tout seul. Mais je sais une chose. C'est que depuis que des jobastres comme vous se sont mis dans l'idée de faire le cow-boy pendant les vacances au lieu d'aller se tremper les fesses dans la mer, les vieilles carnes qui tiennent juste debout et dont personne ne voulait même pour les corridas de bienfaisance, elles valent maintenant les yeux de la tête...

— C'est étrange ! dit Patrice.

— Hé non ! dit Plumet, c'est pas étrange, c'est normal. Elles font prime sur le marché, ces pauvres bêtes. Forcément, plus elles sont fatiguées, plus les clients sont contents. C'est le monde à l'envers, je vous dis.

Patrice fit voler son mégot d'une pichenette.

— C'est bon, dit-il, je m'adresserai ailleurs.

Le Grand Plumet croisa ses bras velus. Son visage ne broncha pas, mais ses oreilles étaient subitement devenues violettes.

— Alors, dit-il, vous me laissez tomber après ce que j'ai fait pour vous ?

— Qu'est-ce que vous avez fait ?

Cette fois, le Grand Plumet ne jouait plus. Une indignation puissante le secouait :

— Ce que j'ai fait ! J'ai laissé une partie de cartes en plein milieu alors que j'étais avec de braves amis et que je menais à la marque, pour venir vous rendre service, vous que je connais tout juste et qui êtes pas du pays. Et vous dites que j'ai rien fait !

— Mais enfin, protesta Patrice, vous deviez m'amener un cheval...

— Je n'ai qu'une parole, grogna le Grand Plumet. Suivez-moi.

Patrice sentit sa raison vaciller. Il gémit.

— Cette fois au moins, c'est sérieux ?

— J'aime pas parler à la légère, dit Plumet. Avant de vous montrer mon cheval, je voulais être sûr qu'il vous convenait.

— Où est-il ? demanda Patrice avec une curiosité d'adolescent.

Le Grand Plumet se lécha les lèvres et leur trouva bon goût. Il savourait sa victoire.

— Vous avez les sous ? demanda-t-il en plissant les yeux.

— Évidemment !

— Cent vingt mille francs en espèces.

— Vous m'aviez dit cent.

Le Grand Plumet daigna sourire.

— Quand vous verrez la bête, dit-il, vous ne discuterez plus.

Et soudain, perfide et cauteleux :

— Mais si vous le trouvez trop cher, tant pis pour vous, c'est pas les clients qui manquent.

— Je veux le voir tout de suite.

Le Grand Plumet remonta ses brailles et parcourut l'horizon d'un regard de chef d'état-major. Son nez s'immobilisa, désignant la *SANSOUIRO*.

— A mon avis, il doit être par là, dit-il avec douceur.

Patrice laissa paraître un grand effarement.

— Vous ne savez pas où il se trouve ?

— C'est un cheval presque sauvage, dit le Grand Plumet.

Il ajouta avec beaucoup de gentillesse :

— Mais il répond quand on l'appelle par son nom...

*
* *

Ne vous mettez pas en colère. Pour le moment, je sais que je vous casse un peu les amandons à faire traîner les choses en longueur. Mais je veux pas perdre une seule de leurs paroles. Bientôt, nous allons entrer dans un désert de sel et d'eaux mortes, et c'est plus des hommes que nous verrons, c'est des monstres. Alors vous comprendrez que j'avais raison de m'attarder et de m'attendrir.

Le Grand Plumet, en ce moment, il se régale. Il sait pas ce qui l'attend. Moi je le sais. Comptez pas sur moi pour le lui dire. Si ça pouvait y changer quelque chose, je lui dirais de faire méfi. Mais ça lui mettrait la puce à l'oreille, et ça n'empêcherait rien. Alors laissez-le profiter du bon qui lui reste, et ne nous pressons pas de lui tuer le moral.

*
* *

— J'ai l'impression que nous tournons en rond, dit Patrice.

— C'est une idée que vous vous faites, répondit le Grand Plumet d'un air entendu.

Ils marchaient maintenant depuis trois heures, et ils avaient de la bouillasse jusqu'aux yeux. Le Grand Plumet se jugea en règle avec sa conscience : pour cent vingt mille francs, il estimait qu'il était de son devoir de se fatiguer, même pour un Parisien.

Depuis cinq ans qu'il pilotait les visages pâles à travers la Camargue, le Grand Plumet avait compris qu'au fond, ce qui leur plaisait le plus à ces marque-mal, c'était de se faire souffrir. Ils étaient venus chercher de la sensation forte : il leur donnait du moustique, de la rizière et du tape-cul jusqu'à ce qu'ils crient cèbe. Ils reprenaient le train la fesse meurtrie, le visage boursouflé et les intérieurs en marmelade. Mais ils avaient le sentiment d'avoir découvert les sources de l'Amazone.

Le Grand Plumet avait honte souvent du métier que la dureté des temps et la décadence des mœurs le contraignaient à faire. Il lui arrivait, quand il avait prolongé l'apéritif de midi jusqu'à celui du soir, de se confesser publiquement :

— C'est juste comme si je faisais le rabatteur pour une boîte de nuit... Bientôt, je devrai acheter la casquette avec les lettres dorées et la visière de cuir bouilli.

— Et alors ? disait le chœur de ses collègues.

— Alors, gémissait le Grand Plumet, la Camargue, c'est tout de même pas un dancing !

— Qu'est-ce que ça peut te foutre ? protestait affectueusement le chœur, du moment que tu gagnes bien ?

— Tout de même, soupirait le Grand Plumet, je me respecte, et ça me plaît tout juste ce que je fais, moi...

— Bois un coup, concluait le chœur, ça passera.

Cela ne passait pas.

— Suivez bien mon raisonnement, disait-il. Jusqu'à ces temps derniers, la Camargue, qu'est-ce que c'était ? Un désert peuplé de taureaux noirs, de chevaux blancs, de flamants roses et de moustiques. C'était une terre réservée aux amis et aux oiseaux de passage. Maintenant, c'est ouvert à tout le monde, même aux Suisses, même aux Bretons...

Un sourire enfantin donnait à son visage une douceur inattendue. Il était soudain rose et tendre. Il parlait à voix basse et ne se préoccupait pas qu'on l'écoutât ou non.

— Je me souviens, disait-il. C'était il y a une dizaine d'années, sur la route des Saintes, du côté d'Albaron. J'allais faire provision de cigarettes. Une grosse voiture s'arrête à côté de moi. Elle était orange et verte, je me souviens. Dedans, il y avait une femme blonde presque nue... Parfaitement, presque nue, et quand elle se penchait pour te parler, tu lui voyais entre les tétés jusqu'à l'embouligue...

Il fermait les yeux pour mieux se souvenir, et son visage de guerrier pacifique exprimait une détresse d'orphelin.

Le Grand Plumet n'avait jamais été heureux avec les agagies. Il était bel homme, mais il leur faisait trop voir qu'il en avait envie. Ça les effarouchait, et qu'il ait violé personne, avec le sang riche qu'il avait, ça tenait du miracle. Même au bordel, il faisait peur, tellement il était glouton. Comme il avait l'amour-propre chatouilleux, il avait cessé d'y mettre les pieds et vivait, à quarante ans, dans les délectations moroses.

La blonde, cependant, venait d'être chassée de sa mémoire par l'image d'un petit homme maigre avec des lunettes d'écaille et une chemise à fleurs qu'il n'avait pas rentrée dans son pantalon.

Le Grand Plumet se pinça l'oreille.

— Non, précisait-il, c'étaient pas des fleurs... C'étaient des ananas et des régimes de bananes... Le petit homme, il avait une voix de gonzesse mais il parlait au monde comme si on était tous des moins que rien. « Dites-moi, mon ami, il a fait le petit homme habillé en ananas, nous voudrions voir des taureaux... » Moi, j'étais brave, à l'époque. Je lui ai répondu :

« Vous savez, les taureaux, ils se promènent pas sur la grand-route... »

Ça lui a pas plu, ce que j'ai dit.

« Ils sont bien quelque part, ces taureaux ? » il a dit.

J'ai pas aimé le ton qu'il a pris, mais il faisait beau et la blonde avait un corsage qui vous paralysait le réflexe. Je me suis pas fâché. Juste j'ai dit :

« Les taureaux, un jour c'est là, un jour c'est ailleurs... »

« Vous vous foutez de moi ? » a dit le petit homme, de sa voix de demi-pédé.

D'un revers de la main, j'aurais pu le ratatiner contre son pare-brise et profiter de ce qu'il était évanoui pour lui planter sa femme. J'ai hésité. Je me suis demandé ce que je devais faire : lui enlever la chemise, à ce petit merdeux, ou le laisser partir. J'ai préféré courir derrière. Je lui ai parlé doucement, à cet homme, du ton de celui qui enlève son chapeau.

« Excusez-moi, je lui ai dit, pour les taureaux, c'est tout de suite à main droite. Vous suivez la route de Villeneuve pendant trois kilomètres, puis vous prenez la première draille à main gauche. » Et ainsi de suite...

Il a fallu que je lui explique ce que c'était qu'une draille. La blonde me regardait avec des lèvres mouillées. Je voyais sa langue qui remuait dans sa bouche.

« C'est pas dangereux, au moins ? » elle a demandé.

« Pensez-vous, je lui ai dit. Les taureaux, il y a pas plus brave... »

De toute façon, là où je les envoyais, s'ils trouvaient un taureau ce serait un miracle, mais ils seraient sûrement obligés de revenir à pied. Parce que, dès la deuxième draille, ils seraient enfangués jusqu'au rétroviseur, et peut-être plus haut. Et depuis un quart d'heure, le garde de Méjanes leur tirerait dessus à coups de fusil.

Le petit homme en chemise m'a tendu cent francs en me disant : « Merci, mon brave... »

J'aurais dû lui faire avaler son billet, ou le donner à un plus pauvre que moi, mais j'avais soif. Au fond, c'est la soif qui m'a perdu...

Alors le Grand Plumet s'apercevait qu'il était seul, se servait un dernier verre, regrettait de vivre et s'endormait, les bras croisés sur la table.

Et tant pis si vous me jugez sévèrement : de savoir qu'il était malheureux, à moi ça me faisait du plaisir.

*
* *

Ils étaient maintenant en terrain sec, sur la digue blanche et craquelée, entre une rizière couleur de crapaud malade et le Vaccarès couleur de poisson mort.

— Et ce cheval ? demanda Patrice avec suavité.

— A mon avis, il doit pas être loin, dit le Grand Plumet.

*
* *

C'est vers minuit qu'ils sont arrivés à la cabane. Le cinéastre était tellement relégué qu'on l'a couché tout de suite, sans lui enlever ses pantalons.

— Il a au moins quarante de fièvre ! a dit Septime.

— Tu vois pas qu'il meure ? a soupiré le Grand Plumet. Ce serait bien la peine de m'être donné tant de mal...

Ça a fait rire tout le monde, sauf moi. Parce que je savais que le cinéastre n'en mourrait pas, mais qu'il en resterait fada tout le restant de ses jours.

CHAPITRE 8

OÙ MATHIAS GARDE LE SILENCE

Le lendemain, il faisait beau, et j'ai cru que le diable était parti en vacances. Je passai la journée à peindre et Septime, qui, malgré les occupations innombrables d'un début de saison, regardait de temps en temps par-dessus mon épaule, me dit avec surprise :

— Ce que tu fais en ce moment, ça me plaît.

— Tu dis pas ça pour me faire plaisir ?

— Non, dit Septime. Autant ta pute borgne je te cache pas que j'aurai du mal à m'y faire, autant cette chose-là, je me régale de la voir.

Comme toujours, je peignais sans me rendre compte de ce que je mettais sur la toile. Je me reculai un peu pour voir ce que ma main avait fait, et des larmes de plaisir me montèrent aux yeux. Juste ça représentait du ciel et de l'eau, et ça donnait l'impression d'un endroit habité ni par des hommes ni par des bêtes, un endroit d'avant Adam et la suite.

J'étais si content de moi que je dis à Septime :

— Tiens, je t'en fais cadeau.

Je vis que mon geste lui avait fait plaisir. Il refusa quand même.

— Garde-la, dit-il, mais promets-moi de jamais la vendre à personne.

J'aurais pas cru qu'il ait tant de délicatesse, et jusqu'au soir je fus heureux.

— Et le cinéastre ? demandai-je.

— Il dort toujours, mais il est pas mort, dit Septime.

Il se réveilla un peu avant le coucher du soleil, et pendant quinze jours je me sentis soulagé comme un soldat qui lit dans le journal que la guerre est finie.

Mais la guerre n'allait pas tarder à reprendre, et c'était ma dernière permission.

*
* *

— Entre-nous-ce-soit-dit-que-ça-aille-pas-plus-loin..., dit Mathias, qu'est-ce que vous voulez dire au juste.

Il n'était ni blessé, ni flatté. Patrice venait de décréter qu'il avait « une gueule intéressante ».

— Vous avez un visage qui doit très bien prendre la lumière, précisa Patrice.

Cela ne disait rien à Mathias, mais le Grand Plumet, qui avait déjà tenu un bout de rôle dans un court métrage sur les mœurs du héron cendré, avait croisé les bras d'un air menaçant.

— Et moi, dit-il, j'en ai pas une, de gueule ?

— Tout le monde en a une, dit Patrice sans se compromettre.

— Alors, dit Septime, j'en ai une moi aussi ?

Le Grand Plumet, visiblement, ne s'appartenait plus. Il avait pris Patrice par la chemise, à poignée.

— Moi, dit-il, je suis peut-être pas beau, mais j'ai une gueule qui a du caractère.

— Toi, ricana Septime, tu as une gueule qui semble pas vraie.

Patrice souffrait d'un restant de migraine, ce qui l'incitait à la conciliation.

— J'aurai sûrement un petit rôle pour vous.

— Pourquoi un petit ? protesta le Grand Plumet. En ce moment, l'éclairage est pas bon. Ma gueule, dans l'ombre, elle perd le cent du cent. Mais si vous la regardez au soleil, vous en reviendrez pas.

Le gardian maigre était en train de manger un bifteck plus grand que son assiette.

— Et moi, demanda-t-il, la bouche pleine, qu'est-ce que vous en pensez, de ma gueule ?

Sous le regard meurtrier de Septime, il plongea le nez dans sa viande et se tut.

Le Grand Plumet tenait toujours Patrice par la chemise.

— Quel genre de rôle vous me réservez ? demanda-t-il d'un air dur.

— Nous verrons, dit Patrice.

— Vous avez bien une idée ! dit le Grand Plumet avec une insistance de starlette qui veut savoir dans quelles circonstances elle devra montrer ses cuisses.

— Pas encore.

Septime se tourna vers Mathias.

— Et toi, tu as toujours rien trouvé ?

— Je cherche pas, dit Mathias.

— Tu veux pas faire un effort ?

— Non.

Septime leva les yeux au ciel.

Le Grand Plumet relâcha son étreinte.

*
* *

Depuis quinze jours, Mathias faisait grève. Il n'avait plus de souvenirs. Son amnésie avait coïncidé avec la venue de Patrice. Pourtant, il l'avait accueilli avec bienveillance et lui avait fait aussitôt les honneurs de l'escaladou, malgré ses rhumatismes.

L'escaladou se dressait devant la cabane comme une arête de monstre marin fichée en terre. Les gardians y montaient pour retrouver l'emplacement de leurs manades, et quelquefois, simplement pour se sentir plus près du ciel.

Mathias n'y grimpait que pour ceux qu'il aimait. Il se plaisait à leur montrer son royaume, ses terres et ses châteaux.

Mais Patrice ne lui avait pas laissé le temps de parler. Il regardait l'horizon entre ses doigts comme à travers une persienne.

— Trop de ciel, dit-il.

— Il n'y en a jamais trop, dit Mathias.

Déjà, le cinéastre, il le regardait de travers, mais il faisait si beau qu'il était impossible de rester longtemps en colère.

Le soleil les avait attendus pour disparaître. Mathias grimpa jusqu'en haut de l'escaladou pour profiter de ses derniers moments. Patrice vint le rejoindre.

Le ciel avait la couleur du ventre des lézards. Les Impériaux, on aurait dit des plats d'étain sur une toile cirée.

— Quelle est cette étoile ? demanda Patrice.

— C'est pas une étoile, dit Mathias, c'est le phare de la Gachole... Plus loin, vous avez Bauduc. Plus loin, Faraman...

— Il y a souvent des naufrages ? demanda Patrice à brûle-pourpoint.

Mathias poussa un soupir.

— De moins en moins, dit-il. Dans mon jeune temps, ils nous occupaient, l'hiver. Mais les naufrages, ça s'est perdu ; comme le reste...

— Vous en avez vu beaucoup ?

— Un millier, avait dit simplement Mathias.

Patrice éclata de rire.

— Vous exagérez pas un peu ? dit-il.

Mathias, qui était prêt à raconter les galères de Marius ou la flotte génoise à la poursuite du pape Alexandre III dans les eaux de Saint-Gilles, sentit soudain ses souvenirs devenir flous. Il fit un effort de mémoire.

— Le dernier que j'ai vu, dit-il, c'était il y a quinze ans. Un bateau espagnol avec des oranges en chargement. Elles avaient un drôle de goût, ces oranges. Un goût de poisson, de sel et de pharmacie...

Il sentait sur sa langue ce goût d'oranges macérées dans l'eau de mer. Jamais plus il ne retrouverait une saveur pareille. Il comprit soudain qu'il était très vieux.

Patrice avait dit :

— Il me faut un naufrage.

Il n'avait pas encore le scénario. Mais il savait qu'il y aurait un naufrage.

— Ce sera le clou de mon film, poursuivit-il. Dans un paysage pareil, ne pas mettre de naufrage serait un crime contre l'esprit.

Mathias haussa les épaules.

— Forcément, dit-il, ce sera un naufrage pour de rire.

— Non, protesta Patrice. Il n'y manquera rien.

— Si, dit Mathias avec tristesse : les morts...

*
* *

La nuit était transparente. Les Impériaux et les rizières brillaient maintenant comme de la bave d'escargot.

— Où commence la mer ? demanda Patrice.

— Un peu partout, dit Mathias. La mer, ici, c'est comme les taureaux. Elle est jamais à la même place. Elle monte, elle descend, elle avance, elle recule : elle promène.

Patrice lui coupa la parole.

— Et les mirages, dit-il, vous en avez toujours ?

— C'est la spécialité de la maison, dit Mathias.

— Il faudra que vous m'en montriez un.

— Les mirages, dit gravement Mathias, ça se fait pas sur rendez-vous. Les mirages, c'est rare que vous en voyiez vraiment la première année. Ça vient à la longue, quand le soleil vous a bien ensuqué.

— Il m'en faut un ! décréta Patrice. Le bateau vient s'échouer parce que le capitaine a été victime d'un mirage.

Il ajouta, avec la placidité du technicien sûr de sa compétence :

— D'ailleurs, rien n'est plus facile à truquer qu'un mirage.

C'est à partir de ce moment que Mathias ne s'était plus souvenu de rien.

— Redescendons, dit-il.

*
* *

J'aurais dû comprendre que je venais de laisser passer ma dernière chance. Le silence de Mathias, c'était un signe. S'il ne voulait plus parler, ce n'était pas par caprice, c'était par méfiance. Il avait jusqu'ici distribué son savoir avec indifférence. Il savait la Camargue condamnée à mort et il en distribuait le souvenir pour prolonger son agonie.

Mathias, si ouvert, si généreux, venait subitement de se fermer. C'était grave, et je ne m'en suis pas douté. Pourtant, le Bon Dieu m'avait tendu encore une fois la main. Comme Mathias continuait à me montrer de la sympathie, j'essayai un jour de le raisonner. Je lui dis :

— Pourquoi tu es têtu comme une bourrique ? Septime a toujours été brave avec toi, et maintenant tu le laisses tomber... Qu'est-ce que ça te coûte de te souvenir un peu ? Et même si tu te souviens plus de rien, tu as que d'inventer... Jobastres comme ils sont, ils croiraient n'importe quoi...

Mathias avait branlé la tête et avait dit :

— *Sian perdu !*

— Explique-toi.

— Il n'y a rien à expliquer. Ce qui n'est plus, n'est plus, mais ce qui sera, sera.

Depuis lors, il n'adressait plus la parole à personne, et nous étions tous tombés d'accord pour dire qu'il avait viré fada.

*
* *

Le Grand Plumet attendait Mathias et Patrice au pied de l'escaladou, tenant une rosse par la bride.

— Le voilà, votre cheval, dit-il. Mais si j'avais su qu'il me donne tant de mal, jamais je me serais chargé de vous en trouver un...

En réalité, il s'était contenté d'aller avec Septime dans les écuries. Il avait dit :

— Tu me le vends soixante mille, je le lui revends quatre-vingts, et tu lui rachètes quarante dans quinze jours...

— Non, avait précisé Septime : je te le vends quatre-vingts. Tu le lui revends le prix que tu veux, et le prix que je le lui rachète, ça te regarde pas.

— Tu n'as pas de moralité ! avait grogné Plumet.

— Non, mais j'ai des chevaux.

L'affaire avait été conclue séance tenante.

*
* *

Patrice avait flatté la croupe de sa monture et l'avait trouvée osseuse.

— Les chevaux sauvages, c'est toujours comme ça, dit le Grand Plumet.

— Il est vraiment sauvage ?

Le Grand Plumet avait eu un rire rassurant.

— Pour être sauvage, il est sauvage, mais y a pas plus doux. Vous avez qu'à voir ses yeux.

— En tout cas, dit Patrice, il a une bonne tête.

— Je sens que vous allez lui donner un rôle à lui aussi, dit Plumet, qui regretta d'avoir fixé son prix trop tôt. Et s'il vous en faut d'autres, je sais où en trouver.

— Je vous remercie, dit Patrice, vous êtes un garçon infiniment précieux.

Le Grand Plumet baissa les yeux avec une modestie charmante.

— J'aime rendre service, dit-il. Ça m'occupe.

***

Ils rentrèrent dans la cabane. Comme la nuit était fraîche, Septime avait fait un feu de sarments de vigne dans la cheminée.

— Attendez, dit-il, je vais allumer la lampe à pétrole.

— Pas tout de suite, dit Patrice.

Il se sentait heureux et détendu. Il n'avait pas encore de sujet de film, mais il avait trouvé son atmosphère et quelques-uns de ses personnages.

Il tisonna le feu. Une gerbe d'étincelles jaillit.

— Ce qu'il me faudrait, dit-il, c'est une femme.

Le Grand Plumet et Septime se regardèrent dans l'ombre avec un étonnement effarouché. Mais comme ils avaient le sens de l'hospitalité, ils n'en laissèrent rien paraître.

— Quel genre de femme ? demanda le Grand Plumet.

— Pour ce soir ? demanda Septime.

— Ce n'est pas pressé, dit Patrice. Nous avons tout le temps.

— Croyez pas ça, dit le Grand Plumet. Les Arlésiennes en costume, il faut les retenir des mois à l'avance : ils en réclament de partout : en Amérique, au Canada, en Chine et même à Lons-le-Saunier...

— Vous faites bien de me prévenir, dit Patrice.

— Demain, dit le Grand Plumet, j'irai en ville et je vous mettrai de côté ce qu'il y a de meilleur.

— Si vous voulez, dit Patrice. Les Arlésiennes c'est toujours bon.

— Je vous trouverai ça, dit Plumet, j'ai l'habitude.

— Tâche quand même de te tenir convenablement, dit Septime. Ne nous refais pas le coup de la Vénus d'Arles...

Mathias, qui somnolait dans un coin, dit sans ouvrir les yeux :

— Entre-nous-ce-soit-dit-que-ça-aille-pas-plus-loin, tu es un dégoûtant.

— J'y ai pas fait de mal, à la Vénus, protesta le Grand Plumet, juste j'y ai un peu envoyé les mains...

***

C'était à l'occasion d'un concours de beauté organisé par une marque de lessive. Le Grand Plumet battait les rues et les champs, un mètre souple à la main, et dès qu'une petite passait à sa portée, il lui prenait le tour de taille et disait :

— Regarde un peu... Juste vous avez les bonnes mensurations. Tu permets que j'essaie le tour de poitrine ?

— Qu'est-ce qui te prends, mal élevé ? protestaient les demoiselles.

— C'est pour la Vénus d'Arles, disait le Grand Plumet.

Il avait reçu un grand nombre de paires de gifles, ce qui l'autorisait à se considérer comme un Don Juan irrésistible. Il prétendait avoir pratiqué toutes les femelles de la contrée et connaître, avec la précision que seule donne l'expérience, leurs mérites respectifs. Les jeunes le consultaient pour rire, avant d'entrer en campagne. Il ne s'apercevait pas qu'on se moquait de lui et hochait la tête lentement, avant de répondre, puis laissait tomber de la voix de l'homme qui a fait le tour de la question :

— Comme que tu la prennes, elle vaut pas le dérangement...

Ou bien il s'humectait les lèvres avec gourmandise comme quelqu'un qui se souvient d'un mets dégusté jadis chez un grand traiteur.

— Tu vas te régaler, disait-il.

Il s'intéressait au déroulement des affaires amoureuses de tout le canton, se réjouissait des victoires comme si elles avaient été siennes, et prenait à son compte la honte des défaites.

— La petite salope, disait-il, elle nous le paiera !

Mais la plaisanterie durait depuis trop longtemps, et sans mettre ouvertement en question la compétence du Grand Plumet en matière de fesses, les pistachiés de la région avaient cessé de s'ouvrir à lui de leurs projets et de lui rendre compte aussi bien de leurs exploits que de leurs déconfitures.

Le Grand Plumet, bien qu'il n'en laissât rien paraître, éprouvait une lancinante mortification qui ne lui laissait ni répit ni trêve. Il se sentait désemparé comme une vedette qui ne voit plus son nom dans les journaux. Il n'avait donc pas l'intention de laisser passer la chance que lui offrait Patrice de se refaire une réputation. Il se leva et s'avança vers celui-ci en roulant des épaules. Ainsi opérait-il avec les touristes indécis se demandant si la Camargue méritait plus d'un après-midi et qui convenaient, en voyant se gonfler le torse du colosse, qu'il valait mieux pour eux ne pas aller jusqu'à Saint-Tropez et ne pas périr étouffé entre les bras velus d'un grizzly buveur de pastis.

Patrice, qui avait filmé de vrais ours dans la Cordillère des Andes, ne parut nullement intimidé. Le Grand Plumet se laissa retomber sur sa chaise et c'est d'une voix suppliante qu'il dit :

— Alors, ces Arlésiennes, je m'en occupe ?

— Pour le moment, précisa paisiblement Patrice, ce qu'il me faut, c'est une gitane.

C'est à ce moment précis qu'Hélène parut.

***

Hélène avait passé toute la journée à Arles ; elle nous en revenait brune, vêtue d'oripeaux et toute tintinnabulante de bracelets à sequins.

Elle avait perdu jusqu'à ce parler pointu qui avait empêché qu'elle fût jamais tout à fait adoptée par les usagers de la Petite Douane. Entre le lever et le coucher du soleil, sa voix s'était faite rocailleuse et quasiment mauresque. Elle avait les paupières bleuies au khôl et elle avait carminé ses ongles d'une laque presque noire.

— Il te manque que le tambourin ! s'écria Septime.

Patrice semblait complètement fasciné.

— C'est le ciel qui vous envoie, finit-il par dire.

Je m'entendis protester :

— Laissez le ciel en dehors de cette histoire !

— Qu'est-ce qui t'arrive ? demanda affectueusement Septime.

— Fais pas attention, dis-je, ça m'a échappé.

— Voulez-vous un rôle dans mon film ? avait demandé Patrice.

Hélène, elle, avait perdu l'usage de la parole et elle aurait eu une syncope que ça n'aurait étonné personne.

Quant au Grand Plumet, on aurait dit qu'il était de drogue. Il se passait la langue sur les babines et il répétait de longue :

— Y a du bon... Y a du bon...

Déjà, il envoyait les mains vers les jupes d'Hélène. Il se prit une beigne, que jamais de votre vie vous en avez vu la pareille.

— Voyons, Hélène, dit-il, qu'est-ce qui te prend ? Tu fais plus la pute ?

Son étonnement était si grand qu'il ne songeait pas à se mettre en colère.

— Non, dit Hélène, je fais du cinéma.

— C'est du pareil au même, dit le Grand Plumet.

La deuxième gifle arriva encore plus vite que la première. Mais cette fois, le Grand Plumet riposta d'un crochet à l'estomac. Hélène tomba sur le derrière, à moitié asphyxiée.

— C'est parti ! dit Mathias d'un ton lugubre.

*
* *

Ce soir-là, pourtant, il ne se passa rien de grave. Hélène, bien sûr, coucha dans le lit de Patrice avec ma bénédiction. Cette petite m'avait rendu assez de services pour que je me mette pas en travers de son chemin. L'idée qu'un jour elle pourrait être une vedette de cinéma nous faisait rire, Septime et moi, comme des couillons.

Patrice nous prenait à témoins de son contentement.

— C'est une actrice née, dit-il. Elle a du tempérament jusqu'au bout des ongles...

— L'important, conclut Septime, c'est que vous vous plaisiez ici.

Il partit à ses occupations. Mathias, accagnardé devant la porte de la cabane, se taisait ostensiblement. Le Grand Plumet avait disparu dans la nature en poussant des « bordel de merde » à n'en plus finir.

Je m'étais remis à peindre. Et les journées passaient. Le cinéastre avait offert un cheval à Hélène et ils partaient des journées entières, repérer, comme ils disaient, des extérieurs.

C'est alors qu'il m'arriva la chose la plus terrible qui puisse arriver à un homme de mon âge : je tombai jaloux.

*
* *

Être jaloux de sa femme, ce doit être déjà pénible. Mais être jaloux d'une pute, c'est infernal. Surtout pour quelqu'un qui a pas l'habitude et les dispositions. La jalousie est une occupation de riche, et j'ai remarqué que c'est toujours le plus pistachié qui est le plus jaloux : à force de lever les yeux sur les femmes des autres, il finit par croire que tout le monde est comme lui, et au moment même où il est en train de planter la voisine, il se demande si sa femme le fait pas cocu avec un ami de régiment...

Mais moi, j'étais l'homme de la fidélité. Et avec Mélanie, qu'est-ce que vous voulez que je risque ? D'abord, elle était pas portée sur la chose, et ensuite, je vois pas à qui elle aurait pu donner de mauvaises pensées.

Seulement, quand on commence à virer fada, on sait plus où ça s'arrête. Parce que maintenant que j'étais jaloux d'Hélène, des doutes me venaient en même temps sur la vertu de Mélanie. Allez chercher à comprendre !

Tant que j'avais pas regardé au-dedans de moi, j'avais mangé de bon appétit et dormi du sommeil du juste. Mais maintenant qu'il m'était poussé des yeux à l'intérieur, j'en revenais pas de ce que je découvrais en moi. C'était horrible, c'était malpropre, c'était une honte. Et je me doutais de rien. Je croyais que j'étais un brave homme, un homme comme tout le monde. S'ils sont tous comme ça, les hommes, c'est une désolation. Heureusement qu'ils s'en doutent pas, sinon je sais pas comment ils feraient pour se fréquenter sans avoir envie de se mordre les uns les autres.

Moi, encore, j'avais la peinture, et de longue, je barbouillais pour essayer de penser à autre chose. Mais j'arrêtais pas de me faire des idées. Presque, j'avais des hallucinations. Mélanie, je la voyais sur les genoux d'Amédée, en train de lui chatouiller les oreilles, et au lieu de me faire rire à l'idée qu'ils étaient forcés, d'une seconde à l'autre, de casser la chaise sous leur poids, ça me donnait des envies de les étrangler après leur avoir fait souffrir le martyre.

D'Hélène, j'étais encore plus jaloux, mais ça me faisait moins mal. Je l'avais sous la main, et tous les soirs je lui flanquais la rouste. Ça me soulageait les nerfs pour un petit moment.

Pris par l'installation de son campement gitan, Septime n'avait plus une seconde à lui. Mais il avait le regard aiguisé par l'amitié, et il ne tarda pas à s'apercevoir que j'étais en pleine cacafouine. C'était un homme tout en pudeur. Il m'en parla pas tout de suite. Il essaya d'abord de me soigner à l'anis. C'était le seul remède qu'il connaissait contre le malheur. Le résultat fut catastrophique.

Si Hélène avait pas eu une santé de fer, je sais pas si elle serait sortie vivante des corrections que je lui flanquais pour un oui, pour un non, et même pour rien du tout.

Septime se faisait du souci pour moi. Timidement, il me dit :

— Qu'est-ce qu'il y a, Marc-Antoine ? Tu as pas l'air à la fête...

— Cocagne, dis-je, ça passera.

Septime était une canaille, mais quand un ami était dans l'embarras, il avait une âme de petite sœur des pauvres.

— A mon avis, dit-il, ce doit être le climat.

— C'est bien possible, dis-je.

— La Camargue, dit-il, il y a rien de plus traître...

Une lueur d'espoir avait passé dans mes yeux. Après tout, c'était bien possible : j'avais peut-être attrapé une de ces fièvres sans nom qui habitent les marécages.

Septime vit la petite lumière de joie dans mon regard, et c'est avec une allégresse rayonnante qu'il dit :

— Je suis sûr que c'est la fièvre de Malte...

J'en étais moins sûr que lui, mais je ne voulais pas le contrarier. Que cet homme soit si brave, en tout cas, ça m'avait fait beaucoup de bien. Et la paire d'anis que nous bûmes, le goût qu'elle avait, si j'arrivais à vous le faire comprendre, jusqu'à la fin de vos jours vous auriez soif...

*
* *

J'ai un peu dans l'idée que vous me prenez pas au sérieux, et que vous voulez pas croire que c'est en enfer que je vous mène.

Je vous y mène par un chemin bordé de saladelles, et nous croisons en route des gens braves et doux qui n'ont jamais entendu parler de la damnation. Des gens comme j'étais, moi, avant d'être maudit.

Parce que je suis maudit. C'est écrit dans les journaux. Il y en a même qui disent que je suis satanique. Toutes les vilaines choses que j'avais en moi, franchement, je savais pas qu'elles y étaient. Pourtant, le connaisseur, dès qu'il a jeté un œil sur un tableau de moi, il devient tout blanc et il dit :

— O fan, qu'il est diabolique cet homme ! O le maudit, ô le ténébreux, ô le compliqué, ô les tourments qu'il a vécus, le pauvre, ô comme il est allé profond dans la misère et dans le désespoir, ô le diabolique, ô le médiéval, ô le sorcier !...

Pauvre couillon que j'étais, moi, et que le Bon Dieu me pardonne d'avoir cru que c'était lui qui tirait les ficelles du pantin minable que je suis.

C'était pas le Bon Dieu, c'était le diable. Et de savoir que le diable s'est installé en moi, ça me dévarie complètement et j'ose plus me regarder dans la glace.

Septime me console comme il peut :

— Du moment que ça te rapporte, tu as qu'à les laisser dire...

N'empêche que de découvrir vers la cinquantaine qu'on était un sorcier sans le savoir, ça vous remue et on a du mal à s'y faire, surtout quand on pense que vos ennuis ne font que commencer.

*
* *

Je peignais à tour de bras et les clients achetaient les yeux fermés. Septime leur avait expliqué qui j'étais. Suivant les jours, je descendais d'Ausone ou de Favorin. Pour les plus riches, j'étais le fruit tardif d'une lignée ayant à ses origines saint Trophime et Marie Salomé.

Quand on a de pareils ancêtres, on vous pardonne si vos flamants roses sont un peu violets.

Des touristes, il en venait, il en venait. Et Septime les entassait à douze, à quinze, à trente par roulotte. Et plus personne ne se lavait, et les petits enfants étaient nus. Les Anglo-Saxonnes les plus hygiéniques découvraient avec ravissement les vertus de la crasse et de la promiscuité. Et tous mangeaient le cul par terre, avec leurs mains.

Moi, je peignais et je pensais à rien. Je croyais que le Bon Dieu, après toutes les misères qu'il m'avait faites, me laisserait un peu tranquille. Va te faire foutre, il m'avait pas oublié...

*
* *

L'été avait fait une entrée en force, et il était encore plus torride que nous ne l'avions craint.

A force de se promener tête nue dans les enganes, Patrice avait pris la couleur du viédaze et trouvait plus ses mots. Il était devenu presque bègue. On lui avait pourtant dit que le soleil d'ici, il était pas comme les autres. Mais sous prétexte qu'il avait passé plusieurs fois l'équateur, il se croyait le plus fort. Et maintenant, lorsqu'il ouvrait la bouche, il faisait rire de lui.

Si encore il avait été que bègue, il y aurait eu que demi-mal. Mais la vérité, c'est qu'à force de fifrer la mère Hélène, il avait presque plus sa tête : de fifrer par les chaleurs, ça fatigue les plus robustes. Et quand, en plus, ils sont déjà surmenés par le travail du cerveau, on peut craindre le pire.

Septime lui conseillait de reprendre le train, ou, au moins, de vivre à l'ombre. Mais Patrice ne se rendait pas compte de son état. De longue il repérait des extérieurs, et il distribuait des rôles à tout le monde, même aux mères de famille.

Les touristes le considéraient comme un simple d'esprit, et Septime se félicitait de sa présence, car, tout le monde vous le dira, un idiot dans une famille, c'est une bénédiction du ciel.

L'arrivée des touristes avait multiplié les obligations d'Hélène, ce qui, loin de noyer ma jalousie, l'avait encore exaspérée. Mais je n'en laissais rien paraître, et je ne corrigeais plus Hélène que par intermittence et sans faire de bruit. Seulement, à force de prendre sur moi, il m'était venu des boutons et j'avais les mains qui tremblaient.

***

Sur ces entrefaites, je fus le témoin d'une scène incroyable. Il m'arrivait souvent, quand le dégoût que j'avais de moi devenait trop fort, d'aller me promener le long de la mer et de marcher sur le sable jusqu'à ce que j'aie plus de forces dans mon corps. Alors je me laissais tomber sur place et je m'endormais.

Ce jour-là, après tout un après-midi de marche, la fatigue me prit que vers les dix heures du soir. J'étais trop éloigné du campement pour songer à y rentrer avant l'aurore. J'avisai un blockhaus que les Allemands avaient construit jadis, en prévision du débarquement. Je m'y faufilai à quatre pattes. Je frottai une allumette. Toutes les voûtes de la bâtisse étaient tapissées d'escargots. L'atmosphère était moite, à peine respirable. Je m'affalai, et le sommeil me prit.

Ma dernière pensée fut : « Pourvu que je me réveille jamais... »

***

Je ne sais pas combien de temps je dormis mais, à mon réveil, ce que je vis dans la pénombre me parut si étrange que je crus un instant que je rêvais. Un homme agenouillé me tournait le dos. Il avait l'air de faire sa prière. Il avait fixé devant lui une paire de bougies, à la lueur desquelles j'aperçus un tableau dans lequel je reconnus avec étonnement la Fanny volée naguère chez Amédée.

L'homme bredouillait des paroles indistinctes, à la façon d'un curé disant la messe. La voix ne m'était pas inconnue. J'attendis, retenant mon souffle. Il n'y avait pas d'erreur : c'était bien le Grand Plumet. Je faillis crier son nom. Je me retins à temps et je redoublai d'attention et d'immobilité.

Le Grand Plumet, cependant, avait interrompu sa psalmodie pour baiser par trois fois les fesses de la Fanny. Puis il se remit à se lamenter. Cette fois, il parlait à voix plus intelligible, et ce qu'il disait était d'une telle obscénité que je peux pas l'écrire. Je peux quand même vous en donner une idée, de ce qu'il disait, le malpropre. C'était un peu comme une messe noire et il chantait les litanies des fesses de la femme et entre chaque invocation il disait, mais avec des gros mots, que ces fesses, il aimerait bien pouvoir s'en servir.

Au début, ça me causait du malaise, mais je crois que s'il avait continué cinq minutes de plus, j'aurais fini par éclater de rire. Mais tout d'un coup, il s'arrêta de braire, mit son tableau sous le bras, souffla les bougies et sortit sans me voir.

J'attendis un moment pour regagner le bon air. Il faisait une nuit rayée d'étoiles filantes. La mer chantait. L'aube commençait à blanchir les eaux.

Alors je me suis aperçu, à l'humidité de mes joues, que je pleurais comme une bête.

*
* *

Ça ne va plus tarder maintenant. Mais si la fille Gaillard n'était pas arrivée avec son petit ami aux yeux jaunes, peut-être le destin nous aurait épargnés. En tout cas, nous aurions fait de mal qu'à nous-mêmes et, au point où nous en étions, ça n'avait aucune importance. Nous étions tous aux trois quarts ensuqués.

Septime, c'était la folie des grandeurs qui le tenait. Pour de rire, nous avions pris l'habitude de l'appeler « le roi de Camargue ». Mais le couillon commençait à prendre son titre au sérieux. Déjà il s'était fait faire une couronne sur ses cartes de visite, et il m'avait demandé de lui dessiner le costume pour les cérémonies du couronnement. Malgré son délire, il conservait le sens des affaires et il m'expliquait ses projets sublimes :

— Cette année, disait-il, on risque d'être pris de court. Mais l'année prochaine, rien que pour me voir, il viendra des centaines de milliers de personnes et quand je pense aux sous qu'on va leur prendre à tous ces gens, j'en ai la main qui me démange.

Il parlait de ses intentions devant Mathias. Le vieux ne bronchait pas plus qu'une bûche, mais ça sautait aux yeux qu'il aurait aimé parler. Des couronnements, il en avait vu des dizaines, et jamais il n'aurait été de si précieux conseil. Mais il était plus têtu qu'un adjudant corse, et il se réjouissait de voir Septime réduit aux seules ressources de son imagination.

On était donc en pleine fantasia, mais on faisait de tort à personne. Juste on avait augmenté notre consommation d'anis simplement pour pouvoir dire, chaque fois que Septime levait son verre : « Le Roi boit. »

Hélène aussi, c'était une innocente. Elle se considérait déjà comme une star et parlait d'Hollywood comme si elle y avait passé son enfance. Elle était maintenant moitié brune, moitié rousse. Elle avait plus le temps d'aller chez le coiffeur, mais quand elle daignait m'apercevoir, elle m'appelait « mon cher » et me tendait sa main à baiser.

Quant à Patrice, il était déjà presque plus sur la terre. Sa tête était vide comme un ciel balayé par le mistral, et il bégayait au point qu'il ne pouvait même pas terminer le premier mot de ses phrases. A l'œil nu, pourtant, il conservait une belle apparence, et il avait encore assez de cervelle pour ne pas oublier de demander par télégramme à ses producteurs des sommes de plus en plus importantes, et de plus en plus fréquemment.

Ses télégrammes restaient sans réponse, mais il demeurait optimiste, ne s'apercevant même pas qu'Hélène lui mettait tous les matins plein de sous dans les poches du pantalon.

Le plus touché, c'était quand même moi. Les autres ne se rendaient pas compte de ce qui leur arrivait, tandis que moi je savais bien que j'étais un danger public. Des hommes comme moi, on devrait pas les laisser en liberté. Ils sont capables de tout, puisque tout ce qu'ils font ça leur échappe. De l'extérieur, on se doutait de rien. J'avais l'air débonnaire et paisible. Je parlais doucement, comme un chanoine, mais dedans, c'était pas beau, et quelqu'un m'aurait dit qu'il me sortait des flammes des trous de nez, je l'aurais cru, tellement j'avais l'enfer dans le cœur.

Je me passais l'angoisse et la fureur sur mes tableaux, et regardez comme le monde est mal fait. C'est à partir du moment où j'ai plus pu me supporter, où j'ai eu honte de moi, que j'ai commencé à devenir célèbre. J'avais l'impression d'avoir une bête dans le ventre et c'est quand je peignais seulement qu'elle arrêtait de se faire les dents sur mes tripes.

Et puis il y avait les touristes, et de les faire souffrir ça occupait les heures creuses. C'est une chose que j'ai découverte il y a pas longtemps : c'est qu'il faut qu'il y ait des gens qui souffrent pour que les autres soient heureux. Quelqu'un m'avait dit un jour que les Chinois, quand ils attrapaient une mauvaise maladie, ils avaient trouvé le vrai remède : ils la repassaient à quelqu'un d'autre, et après, ils se sentaient beaucoup mieux. Quand on m'avait dit ça, à l'époque, ça m'avait contrarié et les Chinois, on avait bien raison de penser que c'étaient des demi-sauvages. Eh bien, en un rien de temps, je suis devenu Chinois, moi aussi, et chaque fois qu'un Tourangeau était frappé d'insolation ou qu'un Hollandais attrapait les fièvres, moi je reprenais goût à l'existence.

Je redoutais le moment où nous nous retrouverions seuls, mais je me disais que, peut-être, avec les premiers froids, toutes les mauvaises choses qui m'empoisonnaient seraient nettoyées comme le reste. Mon mal avait commencé avec les premières chaleurs du printemps. Il avait respiré sous le soleil d'août. Mais bientôt, le mistral se lèverait et il glacerait tous mes microbes. Voilà ce que je me disais chaque fois qu'un visage pâle tombait de cheval et qu'on devait l'emporter sur une civière. Et que l'espoir de vivre me revenait.

*
* *

Le Grand Plumet avait fait sa réapparition. Il avait maigri et il y avait dans ses yeux une petite flamme qui me plaisait guère. J'ai compris que nous n'étions pas au bout de nos peines, et que peut-être nous n'en verrions jamais la fin.

C'est sur ces entrefaites que la fille de Gaillard est venue se faire prendre au piège.

Et c'est moi qui l'avais prise par la main.

CHAPITRE 9

OÙ MARC-ANTOINE, SANS LE SAVOIR, SE CONDUIT COMME UN TRISTE COUILLON

C'est un mot que j'ai appris hier, un mot comme j'aimerais en connaître beaucoup parce qu'il est doux à l'oreille et à la bouche. Pourtant, c'est un mot terrible, le mot versatilité. Un mot qui risque de vous tuer sur le coup.

Vicente et Mireille en réchappèrent, mais de justesse. Car la versatilité leur était tombée dessus, et c'était la plus meurtrière de toutes : la versatilité des foules. Et de l'enterrement du vieux Baptiste, ils avaient bien failli ne pas s'en tirer vivants.

***

Mireille, la mort de son père, elle lui avait fait plus de peine qu'on aurait pu le croire. Les gamines, c'est bien connu, ça vous tient tête, surtout quand le tracassin les travaille, mais qu'il vous arrive malheur, elles sont les premières à pousser des soupirs. Qu'elle pleure de grosses larmes derrière le corbillard de son père, qui était mort à cause d'elle, ça avait pas plu, aussi bien à ceux qui font l'opinion qu'à ceux qui la subissent.

— Regardez un peu cette hypocrite ! grognait la foule.

— Elle manque de tact, disait la sous-préfète.

En plus, Mireille, le noir lui allait bien. Jamais elle avait été si jolie qu'en deuil. Il y eut des murmures pendant l'absoute.

— S'occuper de sa toilette en un moment pareil, disaient les femmes, c'est une honte !

Et les jeunes étaient plus véhémentes que les vieilles. Pourtant, ce qui révolta le plus la population, ce fut le costume neuf de Vicente. On savait pourtant qu'il avait rien à se mettre, et il pouvait tout de même pas suivre le convoi en manches de chemise et en espadrilles. Mais c'était la première fois qu'on le voyait avec une cravate, et comme il avait plutôt bonne façon, il déchaîna la jalousie sur son passage.

— Quand on pense, disaient les anciens, que ce pauvre Baptiste a travaillé toute une vie pour mettre quatre sous de côté et que tout ça va revenir à ce caraque... Mais regardez-le, ce marque-mal, il se croit déjà de la famille... Va-t'en dans ton pays, minable...

Pour l'instant, ils grommelaient, mais sur le chemin du cimetière, les voix se faisaient à chaque pas plus fortes et les propos plus menaçants.

— C'est juste bon, clamaient les uns, à boire des pastis sans payer et ça vient faire la loi chez nous !

— Ça respecte rien, ça se conduit comme le dernier des derniers, clamaient les autres, et ça voudrait vous narguer... Attendez un peu, on va lui faire voir, à ce marchand d'oranges.

Vicente, lui, ne se doutait de rien, et ne pensait pas à grand-chose. Il avait des chaussures trop étroites. Pour honorer le défunt, il les avait choisi vernies, ce qui contribua, quand on s'en fut aperçu, à le faire juger comme la dernière des bordilles.

— Il se croit au bal ! disait-on.

Il s'y croyait, puisqu'il n'osait regarder personne dans les yeux.

*
* *

Sur la tombe, le président de la Chambre de Commerce, le maire et un ministre devaient prononcer un discours. D'un commun accord, ils y renoncèrent. Le capelan bâcla sa bénédiction. Il était si affolé qu'il laissa choir le goupillon dans la fosse. Il s'enfuit.

Les enfants de chœur restèrent sur place, pour ne pas rater la suite des événements.

*
* *

Vicente avait pris Mireille par le bras.

— N'aie pas peur, dit-il, je suis là.

La foule était à trois mètres. Elle gronda.

— Courons, dit Mireille.

— Non, dit Vicente.

Il ne savait pas qu'il était courageux. Jusqu'ici, il avait été trop occupé à gagner de quoi manger pour s'interroger sur lui-même. Il venait de découvrir qu'il était l'homme des grandes circonstances. Dans le triomphe, il avait su trouver les gestes qu'il fallait. Dans la déroute, il fut sublime. Il voulait obtenir les honneurs de la guerre. Il la gagna de surcroît.

*
* *

Ils venaient d'arriver à la grille du cimetière. Mireille se hâtait vers la sortie. Il la retint par le poignet et, comme elle essayait de se dégager, il la tourna vers lui et la regardant dans les yeux lui dit :

— Tu m'aimes ?

— Je ne sais pas, dit Mireille, qui ne savait plus même si elle existait encore.

Il l'embrassa sur la bouche, juste ses lèvres sur les siennes, un millième de seconde.

— A partir de maintenant, tu m'aimeras.

Dès ce moment, il était entendu que Vicente ne sortirait pas vivant du cimetière. Il s'adossa à la grille ouverte, Mireille serrée à son côté, et toisa la foule.

Le ministre, qui avait l'habitude des situations fausses, fut le premier à s'avancer, suivi aussitôt par les officiels. Ils s'inclinèrent respectueusement devant Mireille.

— Tends la main, dit Vicente.

Elle la tendit. Le ministre la serra en disant :

— Croyez bien...

Il n'en dit pas davantage et s'apprêtait à regagner sa voiture.

— Et à moi, dit Vicente, tu ne me serres pas la main ?

Le ministre eut un sursaut, mais s'exécuta. Les officiels l'imitèrent et sortirent sous les huées. Vicente resta seul, face à la foule.

*
* *

Je vous jure que les choses se sont passées exactement comme je les raconte. J'étais venu à Arles par le car, acheter du blanc d'argent et des pinceaux de loutre. J'avais trouvé le magasin fermé pour cause d'enterrement, et j'avais suivi le monde.

— Et alors, dit Vicente à la façon d'un banderillero qui cite le taureau, qu'est-ce que vous attendez ?

Une femme ou un vieux se serait décidé le premier, Vicente aurait péri déchiqueté. Ce fut un fier-à-bras de bistrot qui s'avança. Il roulait des épaules, et se retourna plusieurs fois vers le public pour lui montrer à quel point il était sûr de sa victoire.

Il dominait Vicente de trois têtes.

— Et maintenant, dit-il, tu vas te tailler ou je te sors d'ici à coups de pied dans le cul...

Logiquement, Vicente aurait dû blêmir. De marron, il devint bistre. Il sourit. Un couteau avait surgi dans son poing gauche.

— Tu vas nous serrer la main à tous les deux, dit-il, ou bien je te crève.

Le fier-à-bras fit un pas en arrière. Vicente était déjà sur lui et le ramenait sur son terrain de sa main libre.

— Elle d'abord, dit-il, et moi après...

Le colosse tendit les doigts, à deux reprises, le regard vers la sortie, la tête basse.

— Et maintenant, dit Vicente, tourne-toi que je te botte le cul, moi...

*
* *

Je fus le dernier à venir serrer la main aux deux orphelins. Depuis longtemps déjà, d'ailleurs, Vicente ne serrait plus la main de personne. Avec son couteau, il se curait ostensiblement les ongles, et se contentait de veiller à la bonne marche des opérations. Qui essayait de couper à la corvée se voyait aussitôt ramené dans le droit chemin d'une main ferme et ne retrouvait sa liberté qu'après avoir prononcé quelques paroles de condoléances venant du cœur. Les femmes se montrèrent plus dignes. Elles serrèrent la main de Mireille, mais sans enlever la haine et le mépris de leur regard, et leurs yeux disaient ce que leur bouche n'osait dire : que Mireille était une putain, et qu'elle ne l'emporterait pas en paradis.

Certains hommes, en revanche, se crurent obligés de présenter des excuses, d'autres (mais moins nombreux) de verser quelques pleurs.

Je surgis le dernier de derrière une tombe.

— A toi, dit Vicente, je veux bien serrer la main.

— Mais tu ne me connais pas, dis-je.

— Non, répondit-il, mais je sens que tu es aussi malheureux que nous.

*
* *

Je n'étais jamais monté dans une Cadillac. Honnêtement, ça ne change rien au fond des problèmes, mais ça permet des transitions plus rapides et ça introduit le confort dans la tragédie. De toute façon, ça finit mal, mais la catastrophe arrive plus vite, même si la route est défoncée. Et elle l'était.

Ce n'est pas le moment de parler de moi. Je me suis trouvé là, c'est tout. J'ai été le témoin, le confident. Mais je me demande si, dans la tragédie, les confidents ne sont pas les porte-parole du destin.

Quand j'ai dit à ces deux petits :

— Qu'est-ce que vous allez faire ?

et qu'ils ont répondu :

— On sait pas...

je leur ai dit d'un air supérieur :

— Moi, je sais.

Triste couillon que j'étais, moi.

CHAPITRE 10

QUI EST DÉCONSEILLÉ AUX JEUNES FILLES

Septime, c'est l'homme qui a vécu et qui s'étonne de rien. A l'entrée de sa cabane, il avait accroché l'écriteau « complet ». Ceux qui insistaient, il leur disait :

— Écoutez, il y a bien deux Germaniques que je peux faire partir en les traitant de nazis cent pour cent ; seulement il me faudrait un petit dédommagement, à cause des dégâts... Ces gens-là, vous savez, quand vous criez plus fort qu'eux, ils font la révérence et ils vous lèchent le dessous des pieds, mais en partant, ils enfoncent des clous dans les tuyaux de la baignoire. Les Teutons, on a bel à faire, bel à dire, ce sera toujours des sauvages.

Il tirait de ce petit sketch quotidien un casuel appréciable et, quelquefois, il revenait de son prétendu entretien avec des Germaniques imaginaires, l'air navré :

— C'étaient pas de vrais Fridolins, disait-il, c'étaient des résistants d'Autriche... Je leur ai fait de la peine. Il va falloir que vous mettiez une petite rallonge.

Ainsi se bâtissent en temps de paix les grandes fortunes : à bases d'ingénieuses petites mesquineries.

Septime continuait pourtant de se montrer seigneurial dans les hautes circonstances. Il savait Mireille multi-milliardaire. Il ne vit en elle qu'une orpheline amoureuse. Il savait Vicente espagnol et besogneux. Il le traita comme un homme ordinaire : sans obséquiosité mais sans mépris. De pareils traits de chevalerie me font dire qu'il lui sera beaucoup pardonné.

Nourri de canaillerie dès sa plus tendre enfance, Septime, à l'insu de tous et peut-être de lui-même, cultivait un jardin secret où fleurissaient le désintéressement et la délicatesse.

— Nous ne sommes pas mariés, tint à préciser Mireille.

— Cocagne ! dit Septime. Du moment que vous vous aimez, vous êtes chez vous.

— Et si jamais les gendarmes viennent me chercher ? gémit Vicente.

Maintenant qu'il n'était plus soutenu par son personnage, il avait tendance à retrouver sa frousse originelle.

— Ici, dit Septime, la loi, c'est moi.

Et il avait les yeux si brillants que, pour la première fois de sa vie, Vicente eut le sentiment qu'il n'avait rien à craindre des hommes.

Hélène parut sur ces entrefaites, et avec une modestie de ton et de maintien que je ne lui connaissais pas, elle dit en baissant les yeux :

— Venez, je vais vous montrer votre chambre.

Je la regardai s'éloigner. Jamais elle n'avait si peu remué le derrière. Visiblement, elle avait été touchée par la grâce.

Quant à Patrice, dès qu'il fut au courant de la présence sous notre toit des amoureux que voilà, il eut le sentiment d'être récompensé de la confiance qu'il avait mise dans ce degré de latitude.

Il se trémoussait et gesticulait. Il avait retrouvé la parole.

— De l'amour, ce qui me manquait c'était de l'amour... En voici, et du meilleur... Qu'on m'apporte ces jeunes gens et que je les regarde vivre.

Hélène revenait à l'instant. Patrice se frappa le front. Il bavotait et jubilait :

— Tu vas, dit-il, t'emparer de l'amant de cette jeune personne.

— Il ne me plaît pas, dit Hélène sans s'effaroucher mais déjà sur ses gardes.

— Il le faut, dit Patrice. Je veux la voir souffrir... Je veux qu'elle meure... Ce sera un film pour festival.

— Non, dit paisiblement Hélène. D'abord je n'ai pas de raison de lui faire de misère à cette petite. Ensuite...

Elle vrilla son regard dans celui de son metteur en scène :

— Ensuite, poursuivit-elle, c'est pas elle qui a le premier rôle dans ton film. C'est moi...

Elle prit Patrice par la main et l'emmena. Et moi je pensais : « Aïe, aïe, aïe, ma mère... » Mais les ennuis devaient venir d'ailleurs.

*
* *

D'avoir fait une bonne œuvre, ça aurait dû m'apaiser les intérieurs. Au contraire, de les voir, ces petits, si jeunes et si contents d'eux, ça avait fini de me dévarier. Le dégoût d'exister me prenait à la gorge, et même de peindre ça me sortait par les yeux. Si je m'étais pas retenu, j'aurais coupé Hélène en morceaux pour me calmer les nerfs. De bon matin, je partais à la pêche aux tellines pour éviter de me faire remarquer.

La telline, c'est un petit coquillage qui se cache au ras de l'eau, et quand j'étais accroupi en train de fouiller le sable mouillé, les brailles toutes trempées par la vague, je me faisais l'effet d'être un petit niston en train de construire un château de sable, et je pensais à presque plus rien.

Des fois, je faisais des kilomètres au gros du soleil avec mon seau à la main, et quand la tête commençait à me bourdonner et que j'avais des papillons de toutes les couleurs dans les yeux, je cherchais un petit coin d'ombre pour ne pas tomber foudroyé. Parce que, et c'est ça que j'arrive toujours pas à comprendre, j'avais beau ne plus pouvoir me supporter, j'avais quand même pas du tout envie de mourir.

D'ombre, en Camargue, il y en a guère, et souvent, tout ce que je trouvais, c'était le creux d'une roubine où je m'allongeais, le dos dans la fangue, et où je fumais une cigarette en regardant le ciel à travers les touffes de saladelle.

***

Ils durent me passer à un mètre à peine, mais ils étaient à cheval et tellement occupés à se regarder dans les yeux qu'ils voyaient personne. Ils avaient mis pied à terre. Ils se lâchèrent les mains pour pouvoir s'amuser à faire des ricochets dans la mer. Et ils riaient tous les deux comme des gamins.

Mireille, je la comprends : elle avait eu quinze ans pour Pâques. Mais Vicente, c'était un homme fait, et qui avait beaucoup vécu. N'empêche que c'était lui qui riait le plus fort et le plus volontiers.

Ils jouèrent longtemps, et ils s'arrêtaient de rire juste pour se demander s'ils s'aimaient, et après, comme ils s'étaient répondu oui tous les deux, ils recommençaient à rire.

Moi, j'étais dans ma roubine et j'étais pas content, comme chaque fois que je voyais des gens heureux, et des gens heureux comme ces gens-là, j'en avais jamais vu de ma vie. Juste pour les embêter, je me mis à tousser, mais va te faire foutre, ils n'entendaient pas. J'allais recommencer, mais ce que je vis me coupa le souffle : Mireille venait d'enlever son corsage, d'un seul coup d'un seul, et devant moi, j'avais ses nénés, à même pas dix mètres. Ils étaient guère gros, mais rien que de les voir, ils vous desséchaient la bouche d'un seul coup.

***

Pour l'homme de mon âge, une fille de quinze ans qui se met toute nue devant lui, ça procure plus de honte que de plaisir. Il est obligé de penser, par comparaison, à ce que la vie a fait de son corps. Je sais bien qu'il y a des vicieux que plus ils deviennent gros et laids, plus ils les prennent jeunes et jolies. Ils croient peut-être que de se frotter la couenne contre les gamines, ça les rendra moins flasques.

En tout cas, moi, j'aurais préféré être ailleurs. En plus, je me disais que si jamais ils s'apercevaient de ma présence, j'aurais l'air d'un gros dégoûtant, alors que c'était pas vrai et que je m'étais trouvé là juste par hasard.

Vicente, par bonheur, s'était déshabillé à son tour et ça m'avait redonné du calme dans la tête. Il était maigre et bien bâti. Seulement un homme, même avec des muscles et de la peau bronzée, une fois qu'il est sans chemise, moi je le trouve toujours un peu grotesque, et il a toujours l'air de passer le conseil de révision.

Maintenant ils étaient nus tous les deux, et vous pourriez croire que le moment est venu, si vous avez un tant soit peu de vergogne, de tourner la tête. Eh bien, pas du tout. Mireille et Vicente, juste ils se sont pris par la main, un peu intimidés, et sans se regarder l'un l'autre, ils sont entrés dans la mer.

Une fois qu'ils ont été cachés par l'eau, ils ont recommencé à rire.

Moi, j'avais des crampes jusque dans les orteils et des courbatures dans les épaules.

*
* *

Ils sont restés plus d'une heure à jouer dans les petites vagues. De ma roubine, je les voyais plus, mais j'entendais leurs cris. C'étaient pas des cris de fille chatouillée ou de garçon qui prépare le terrain. C'étaient de vrais cris de minots en train de s'amuser sans faire de mal.

Le Paradis du catéchisme, ça devait être quelque chose dans ce genre, avec les pommiers en plus.

Tout d'un coup, j'ai entendu Vicente qui gueulait en espagnol :

— Fous le camp, saloperie !

J'ai pas compris pourquoi. Peut-être ils avaient vu un grand chien sale, ou peut-être ils avaient mis le pied sur une méduse. Je me suis accroupi, les cheveux au ras des herbes. Personne pouvait m'apercevoir.

Magali, toute mouillée, s'était blottie contre Vicente.

Je comprenais toujours pas ce qui se passait.

C'est alors que j'ai entendu le rire épais du Grand Plumet. Je me suis mis debout et j'ai tourné la tête. Le Grand Plumet était assis sur le sable, comme un Indien de feu de camp.

— Fous le camp, saloperie ! répéta Vicente.

— Pourquoi je m'en irais ? dit le Grand Plumet. La Camargue, elle est à tout le monde...

Il faisait exprès de regarder les fesses de la petite. C'est alors que, par-dessus l'épaule de son Vicente, elle m'aperçoit, avec mes bras ballants et ma bouche ouverte. Je devais avoir l'air très couillon.

Mireille, mon apparition l'avait jetée dans la panique. Elle tirait Vicente par la main. Elle criait :

— Allons-nous-en-vite...

— Attends, disait Vicente, que je lui casse la figure, à cette saloperie...

C'est du Grand Plumet qu'il parlait. Moi, il m'avait pas encore vu. Mais alors, quand il m'eut découvert, ce que je vis sur son visage, c'était à vous donner le frisson. Je crois que si j'avais été à portée de sa main, il m'aurait déchiré avec ses ongles et avec ses dents.

J'aurais bien voulu lui expliquer la situation. Mais d'abord, il ne m'aurait pas laissé le temps de lui raconter ma vie. Ensuite, les événements m'avaient coupé le sifflet. D'ailleurs, Mireille continuait de le tirer par la main, et elle avait fini par l'amener jusqu'aux chevaux.

Je les regardai s'éloigner, nus et dorés sur leurs chevaux blancs. Ils étaient beaux.

*
* *

La voix me revint quand je me rendis compte que le Grand Plumet leur jetait des pierres en poussant de vilains jurons. Je dis :

— Tu as pas fini, non ?

De saisissement, il faillit tomber sur le derrière.

— Qu'est-ce que tu fais là, toi ?

— Et toi ?

— Moi, dit-il, je me rince l'œil.

Ce qui me mit en colère, ce fut le ton de sa voix. Il parlait sans honte, en se léchant les babines.

Il ajouta :

— Je les avais suivis, et si je m'étais pas montré comme un gros imbécile que je suis, sûrement on se serait bien régalé...

Son rire épais lui emplit à nouveau la bouche.

— Quel couillon je suis, moi ! J'aurais dû attendre qu'ils soient bien en train pour leur faire « coucou »...

— Tu me dégoûtes, dis-je.

D'abord, il m'examina sans comprendre.

— Qu'est-ce qui te prend ?

Je le regardais en bougeant la tête comme un bédigue, de droite à gauche, de gauche à droite, pendant longtemps.

— Tu es un gros sale, dis-je au moment où il allait me tourner le dos.

— Et toi ? dit-il avec une lourde ironie, tu étais peut-être venu ici pour le coucher du soleil ?

— Moi, c'est pas la même chose : j'étais là par hasard.

Il se mit à rire encore une fois, du rire de l'homme incrédule. Je sentis qu'il fallait que je le fasse taire par tous les moyens.

Ma main m'avait échappée, et elle était arrivée en plein sur les brigues du Grand Plumet.

Il ne broncha pas, mais il se mit tout de suite à pisser le sang par la bouche.

*
* *

Je me suis jamais battu de ma vie, et la guerre, je l'ai faite dans les marins-pompiers. Même minot, j'arrivais pas à comprendre qu'on se donne des coups, et quand une bagarre éclatait, vite vite je rentrais à la maison, et il fallait que ma mère me console.

Des coups, j'en avais jamais donné, et j'en avais jamais reçu. Je m'étais dit qu'un homme qui se bat, il devient bestial, et qu'il a plus droit à l'estime. Et plus je me faisais vieux, plus je me donnais raison, et si on m'avait laissé faire, les violents, je les aurais fait piquer comme des chiens qui ont la rage, pour qu'on en entende plus parler, et qu'ils aillent se faire traire, et qu'ils cassent plus les amandons du pauvre monde.

Regardez comme l'homme se connaît mal : je me prenais pour un doux, pour un paisible, et, va te faire foutre, dès mon premier coup de poing, je me suis senti transformé comme si j'étais pris soudain de folie furieuse. Avant que le Grand Plumet ait eu le temps de réagir, je lui avais balancé un deuxième coup de poing sur la figure. J'avais bien visé, juste à l'endroit où il saignait.

Le Grand Plumet, il était quatre ou cinq fois plus fort que moi. Mais vous me croirez si vous voulez, j'avais pas peur. Pourtant, quand je l'ai vu retrousser les manches de sa chemise, j'ai eu un moment l'envie d'aller ailleurs. Il me dépassait de la tête, et il avait les avant-bras gros comme les colonnes du Théâtre Antique. Et en plus, ils avaient des poils.

C'est alors que j'ai aperçu la barque ; une vieille barcasse toute éclatée et blanchie par le soleil. On aurait dit un squelette de petite baleine. Instinctivement, je mis la barque entre le Grand Plumet et moi.

Il se léchait le sang qui lui coulait de la bouche, et il dit :

— Tu perds rien pour attendre...

Alors, je vis la rame. Elle était au fond de la barque, prise dans la vase comme un os de lièvre dans la sauce du civet. Deux secondes plus tard, je la tenais à deux mains, et je priais le Bon Dieu qu'elle me casse pas entre les doigts...

C'est sur l'oreille du Grand Plumet qu'elle s'est cassée. J'y avais mis toute ma force. Elle a pété avec un bruit de coup de feu. Le Grand Plumet est tombé sur le sable comme une maison qui s'effondre. Et moi, je suis resté tout couillon avec mes cinquantes centimètres de bois pourri dans les mains.

***

Moi qui suis passé par là, je vous conseille pas de tuer quelqu'un. Tout ce que les gens disent sur le remords qu'on a par la suite, c'est roupie de sansonnet et guipure de courlis. Mais il n'empêche pas que de supprimer un homme, surtout quand on n'a pas les dispositions, ça vous détraque plus que n'importe quoi. Parce qu'on a bel à dire, bel à faire, ça pose des problèmes.

Que le Grand Plumet soit mort, ça me faisait plutôt plaisir, et j'avais presque envie de dire partout que c'était moi qui l'avais tué. Mais naturellement, je l'ai dit à personne, et quand Septime m'a regardé dans les yeux et qu'il m'a fait remarquer que j'avais mauvaise mine et que j'étais pour ainsi dire pas dans mon assiette, j'ai eu envie de le tuer lui aussi, pour le cas où il aurait eu des soupçons.

La seule chose qui m'intéressait, c'était de pas avoir d'ennuis et de pas aller en prison. J'étais sûr que personne m'avait vu massacrer le vieux saligaud, et en plus, comment voulez-vous qu'on ait l'idée de penser que c'était moi qui l'avais détruit... J'avais pas de raison. J'ai pas l'habitude de tuer le monde, mais je sais bien que les gendarmes, avant d'arrêter quelqu'un, ils se demandent à qui ça va le plus rapporter, ou qui c'est qui voulait faire cocu le défunt. Je me sentais donc presque tranquille. N'empêche que pendant les trois jours qui ont suivi, j'ai guère dormi. Et le matin, je prenais la bicyclette jusqu'aux Saintes pour aller lire le journal à la rubrique des faits divers.

La mort du Grand Plumet semblait n'intéresser personne. Elle avait passé entièrement inaperçue, et comme je demandais qu'à oublier cet incident, au bout de trois jours, j'y pensais pratiquement plus.

Et vous me croirez si vous voulez, quand j'ai demandé à Septime :

— Le Grand Plumet, comment ça se fait qu'on le voie plus ?

C'était pas pour faire le malin, c'était simplement que j'avais complètement oublié ce qu'il y avait eu entre nous.

— Dieu garde ! dit Septime en levant les yeux au ciel, qu'il remette les pieds ici. Je sais pas ce qu'il a fait à Vicente, mais il lui veut du mal.

Vicente avait fait savoir à la ronde que si le Grand Plumet se représentait devant lui, il lui viderait le ventre de son contenu avec son couteau. A moi il n'avait pas fait de mal, sans doute à cause du service rendu. Mais chaque fois qu'il me voyait, il crachait sur mon passage.

*
* *

Maintenant que les choses sont finies et que je vous les raconte, elles me semblent horribles comme c'est pas possible. Mais dans l'état où j'étais à l'époque, tout me paraissait naturel. J'étais devenu une espèce de bête, et j'étais même encore plus méchant qu'une bête. Et pour vous dire même le fond de ma pensée, je regrettais presque que le Grand Plumet soit mort, parce que Vicente lui aurait fait plus de mal que moi.

Les hommes, c'est comme ça : ils ont l'air de rien, et tout d'un coup, ils éclatent. C'est un peu comme une grande porte qu'on ouvre, une grande porte bien astiquée qui annonce une maison heureuse. Mais une fois qu'elle est ouverte, on s'aperçoit qu'elle donne sur une mare de purin où flotte du bétail mort.

Et les femmes, c'est encore pire.

Moi, les femmes, jusqu'à présent je les avais jamais jugées, et si je battais Hélène, c'est juste parce que je n'étais pas content de moi. C'était pas une façon de dire que je les méprisais.

Mais depuis que j'ai vu la petite Mireille, cette petite si dorée, si lisse, si gaie, se laisser embrasser sur la bouche par Patrice et lui demander entre chaque baiser : « C'est bien vrai que tu me feras faire du cinéma ? » les femmes, rien que d'y penser, ça me soulève le cœur.

Je vous en dis pas plus. Mais je le dis comme je le pense.

***

C'est au soir du quatrième jour que le Grand Plumet entra dans la cabane. Il était pas rasé. Il avait maigri. Il était pas mort.

— Qu'est-ce que tu prends ? dit Septime avec indifférence.

— Rien, dit le Grand Plumet.

Pour la première fois de sa vie, le Grand Plumet venait de refuser un verre. C'était une manière de miracle. Cela faisait penser à ces pistachiés de l'Ancien Temps qui passaient leur vie à boire du vin rouge, à soulever les jupes des agagies, et que le Bon Dieu se mettait à leur parler à l'oreille et que d'un seul coup d'un seul ils partaient pour la Croisade, ou bien ils allaient vivre dans des grottes en se nourrissant juste d'herbes, de châtaignes et d'eau de pluie.

Le gardian maigre cessa de mastéguer sa daube comme quand Mathias allait faire une prophétie. Il régna soudain dans la cabane un silence de crypte. Le Grand Plumet leva à demi les paupières dans ma direction, et s'avança vers moi de son pas de grand singe. Moi, je fermai les yeux et j'attendis la mort.

Ses mains énormes s'étaient posées sur mes épaules. Elles me parurent si légères que je rouvris les yeux. Il y avait une grande bonté dans son regard.

— J'ai beaucoup pensé à toi pendant ces derniers jours, dit Plumet. Je te remercie de m'avoir frappé. Il faut que je t'embrasse... Tu as chassé le mal de mon cœur. Tu es mon frère.

Il me serrait contre lui à l'étouffer. De surprise, Septime avait avalé le verre qu'il préparait. Cela lui délia la langue.

— Écoute, dit-il, tu ferais mieux de te tailler avant que Vicente se pointe... Il a juré de faire un malheur.

Le Grand Plumet m'abandonna et se laissa tomber sur une chaise en poussant le soupir de l'homme disposé à la longue patience.

— Je vais l'attendre, dit-il.

Il semblait lourd à déplacer. La véhémence de Septime tomba. Il essaya de l'attendrissement.

— Écoute, Plumet, dit-il. Mon grand-père connaissait ton grand-père. Mon père a fait son service avec ton père, et moi, je te connais depuis toujours. Alors, je te le demande de l'ami à l'ami : ne fais pas de scandale dans mon commerce, et si tu as soif, emporte la bouteille avec toi.

— Je reste, dit le Grand Plumet. Ne te fais pas de souci. Il n'y a que de la bonté dans mon cœur, et la soif m'a quitté pour toujours.

Septime me jeta un regard angoissé, auquel je ne pus répondre que par un haussement d'épaules. L'attitude du Grand Plumet nous déconcertait tous, et si j'avais été sûr d'avoir toute ma raison moi-même, j'aurais conclu sur-le-champ qu'il avait viré fou.

*
* *

C'est sur ces entrefaites que la porte s'ouvrit et que Mireille parut, suivie de Vicente, qui ouvrit son couteau avant de refermer la porte.

« Aïe aïe aïe, ma mère ! » pensai-je.

Le Grand Plumet s'était laissé tomber sur les genoux. Il fit le signe de la croix et dit :

— Tue-moi, je l'ai mérité. J'ai porté le regard sur la femme de mon prochain...

Septime et moi, on s'était précipités pour retenir Vicente, mais Mireille, au lieu de nous aider, elle nous griffait les joues en criant à son camerlus :

— Fais-le mourir ! Fais-le mourir !

Le Grand Plumet, maintenant, avait les bras en croix et il offrait sa poitrine en criant :

— Frappe ou tu veux, dépêche-toi !

Il était nerveux, le Vicente. Il risquait de nous échapper. J'étais tout en sueur. Je me débarrassai de Mireille et lui décochai un coup de pied dans les tibias. Elle tomba sur le plancher et se mit à me mordre les chevilles.

*
* *

La cabane s'était vidée. Seul, le vieux Mathias continuait de fumer sa pipe. Il nous tournait le dos, regardait vers le Vaccarès.

Il nous fit face, retira sa pipe de sa bouche et dit :

— *Salsa Tomata...*

Vicente s'immobilisa soudain. Ses mains s'ouvrirent, le couteau tomba par terre.

Nous nous regardions sans comprendre. Le Grand Plumet était resté à genoux, mais il se tenait les reins.

CHAPITRE 11

QUI FINIT MAL

Ce que, maintenant, je vais narrer, ça s'est peut-être pas vraiment passé, c'est peut-être qu'un cauchemar que nous avons eu. Mais alors, nous l'avons eu tous ensemble. On saura jamais, parce que les témoins de l'affaire, ils s'évitent les uns les autres et ils osent jamais parler de ce qu'ils ont vu. Ils osent même pas se le raconter à eux tout seuls, tellement ils ont honte, tellement ils ont peur. Mais c'est pas possible qu'ils aient oublié. Ils s'en souviendront dans leur tombeau, ils s'en souviendront jusqu'à la fin du monde.

Je vais reprendre les choses du commencement. Juste je dirai l'essentiel, parce que si j'entre trop dans les détails, je risquerai de vous rendre aussi malheureux que moi, et si un jour vous me rencontrez dans la rue et que vous me donnez des gifles en me disant que j'aurais mieux fait de me taire, j'aurai rien à vous répondre. Pourtant, il faut bien que je me débarrasse de ce secret qui m'empêche de faire la sieste et même de dormir la nuit. Mais si vous avez le cœur trop tendre, arrêtez-vous là tout de suite. L'histoire n'est pas finie, mais elle finit mal et il vaudrait mieux que vous en restiez là.

Moi, il faut que je continue. On me donnerait un milliard ou même un milliard de milliards pour me taire, je pourrais pas. Je dois vous raconter la mort de Vicente. Parce qu'il est mort, le pauvre. On en a pas parlé dans les journaux. Les gens croient qu'il est rentré dans son pays de peur de braver l'opinion publique, et qu'en somme, c'est ce qu'il avait de mieux à faire. D'abord, son cadavre, on l'a jamais retrouvé.

*
* *

Quand le vieux Mathias avait dit : « *Salsa tomata...* » personne avait compris pourquoi Vicente s'était aussitôt arrêté de tuer le Grand Plumet. C'était pourtant pas un mot magique : juste ça signifie « sauce tomate ». Mais ça signifie aussi autre chose, et Vicente seul le savait. Il se mit à parler un espagnol mêlé de gitan rauque et rapide dont nous ne comprîmes que des bribes, mais auquel Mathias répondit comme s'il avait passé son enfance dans le *barrio chino* en compagnie des tondeurs de chiens. Avec Mathias, il fallait s'étonner de rien. Personnellement, je l'avais entendu parler grec avec des Grecs, et chinois avec des Chinois. Ils ne l'avaient pas bien compris parce qu'il parlait la langue des origines.

Le Grand Plumet s'était laissé tomber assis sur les talons.

— Et alors, dit-il, qu'est-ce qu'on fait ?

Septime interrogeait Mathias du regard.

— Donne-moi un verre, dit Mathias, et je t'explique.

Septime fit bonne mesure.

— Entre-nous-ce-soit-dit-que-ça-aille-pas-plus-loin, dit Mathias.

Un touriste belge et sa femme venaient d'entrer dans la cabane.

— Vous voyez pas qu'on est occupés ? dit Septime.

— Qu'ils restent, dit Mathias. Eux aussi ont besoin de savoir.

Alors il se mit à parler, et ce qu'il raconta, vous n'êtes pas obligé de le croire, parce que c'est pas croyable. Pourtant c'est bien ce qu'il nous a dit, ou alors je suis fou (mais je suis peut-être fou). Et ce qu'il nous a dit, les ordres qu'il nous a donnés, c'est pas ce qu'il y a de plus incroyable. Ce qu'il y a de plus incroyable, c'est que nous les ayons exécutés.

Et là, excusez-moi, il faut que je boive un verre et même plusieurs avant de continuer.

*
* *

Les préparatifs ont duré sept heures : de cinq heures de l'après-midi à minuit juste.

Mathias s'était installé dans un fauteuil au coin de la cheminée. Il paraissait dormir, mais de temps à autre, il donnait un ordre sans ouvrir les yeux. Il était le seul à prononcer quelques paroles. Nous autres, nous gardions le silence et, déjà, nous ne nous regardions plus en face.

D'abord, il nous a fait évacuer tous les meubles de la cabane. Tous, à part deux chaises en fer. Le personnel, les clients, les amis, nous nous étions mis au travail sans demander un mot d'explication. Ce fut le gardian maigre qui scella les deux chaises dans du ciment, exactement au milieu de la pièce. Avant de mener les demoiselles faire la promenade à cheval, il avait essayé de devenir maçon, mais il avait vite compris que c'était un métier qui abîmait les mains et qui ne conduisait à rien si on était pas établi à son compte. En tout cas, il savait encore gâcher du ciment.

La place exacte des chaises, Mathias l'avait désignée après de longues méditations. Elles étaient curieusement disposées : dos à dos, mais pas exactement sur le même axe.

Mathias s'était assis sur chacune d'elles, en proie à des pensées qui lui faisaient les joues violettes et les yeux d'anthracite. Il me fit un signe et, comme subjugué, je vins m'asseoir sur le siège qu'il me désignait. Par-dessus le dossier, il tendit la main dans ma direction. Sur son ordre silencieux, je tendis la main à mon tour. Je touchai son visage. Il touchait presque le mien. D'un geste instinctif, je me rejetai en arrière. Il se mit à rire comme s'il avait été de drogue. Alors il fit signe qu'on préparât le ciment, et il se servit à boire. Il était si absorbé dans ses pensées qu'il omit de mettre de l'eau dans son anis. Et nous étions si envoûtés par la rigueur de son maintien que nous n'osâmes pas le lui faire remarquer.

*
* *

Je ne sais pas qui s'est mis à genoux le premier mais c'était sûrement la bonne chose à faire car nous l'avons tous imité sans chercher à comprendre. Et tous en même temps nous avons fait le signe de croix. Tous, sauf moi. A cause du respect humain.

Certains, venus du Nord, se frappaient la poitrine et faisaient leur prière à haute voix. En d'autres temps, ça nous aurait faire rire, mais au contraire, ils nous faisaient presque envie. On se disait que s'il y avait des gens qui seraient épargnés, ils en feraient sûrement partie.

*
* *

Car la question ne se posait pour personne : nous ne savions pas du tout ce qui allait se passer, mais il était bien certain que ce serait affreux. A la fois, ça nous flanquait la trouille et ça nous donnait envie de connaître la suite dans les plus brefs délais. Mais Mathias donnait l'impression d'aller à son juste pas. Le rythme qu'il nous imposait, fait de brusques frénésies et d'interminables immobilités, ne lui était visiblement pas dicté par la fantaisie. Il dirigeait la partition, mais ce n'était pas lui qui l'avait écrite. C'était un peu comme un capelan qui dit la messe, et le Grand Plumet, volontiers, il aurait voulu faire l'enfant de chœur.

Mathias l'avait envoyé sur les roses.

— Va te faire propre pour la cérémonie, avait-il simplement décrété.

— Je dois mettre le costume des dimanches ?

— Voueï...

— Mais il est à Arles !

Un Belge fut désigné séance tenante, à cause du confort et de la vélocité de son véhicule. Il reçut en outre mission de conduire le Grand Plumet chez le coiffeur.

— A neuf heures du soir, fit-il humblement remarquer, il risque d'être fermé...

— Il ouvrira ! dit noblement Mathias.

Puis il ajouta :

— Par la même occasion, faites-lui prendre un bain.

Moi qui savais que le Grand Plumet n'avait jamais pris un bain de sa vie, je compris que ce qui allait se passer était encore plus grave que je ne pensais.

*
* *

Mathias nous avait fait un clin d'œil, à Septime et à moi. Nous nous relevâmes en poussant des soupirs. Se tenir longtemps sur les genoux, même si on a de bons sentiments, c'est pas conseillé aux hommes de notre âge. On pèse trop lourd, et on a plus la souplesse nécessaire. Et pour les sentiments, n'en parlons pas. Il y a qu'eux qui pourraient vous donner la patience de tenir jusqu'au bout. Mais des gens comme Septime et comme moi, on a beaucoup de mal à se garder la mentalité au-dessus de son niveau naturel : ou bien on se met à penser à nos propres difficultés, ou bien alors, justement pour les oublier, on a des images de fesses ou de boustifaille qui vous traversent les profondeurs.

Le signe de Mathias nous délivra de nos problèmes.

*
* *

Il avait l'air de l'homme qui a des révélations importantes à faire. D'abord il se servit à boire, mais négligea de nous régaler. Puis il frappa encore dans ses mains.

— Allez m'attendre dehors, dit-il à l'assistance. Je vous ferai signe quand le moment sera venu. Surtout, ne vous éloignez pas.

Ils sortirent en se frottant les genoux. Mathias avait l'air guilleret. Il se mit à rire sans faire de bruit. Jamais nous ne l'avions vu rire. Ce n'était pas gai. C'était bizarre, c'était un rire d'un autre monde.

Instinctivement, Septime et moi, on louchait vers la bouteille d'anis. Elle seule aurait pu nous apporter quelque réconfort. Mais Mathias nous paralysait. Il nous avait mis la main sur l'épaule. C'était un geste qu'il ne s'était pas permis jusqu'ici avec nous. Nous sursautâmes tous les deux.

— Qu'est-ce qu'il y a, dit Mathias, je vous fais peur ?

— Oui, dis-je.

Il refit son rire silencieux.

— Vous avez encore rien vu, dit-il.

Je me sentais de plus en plus mal à l'aise.

— Va tenir compagnie à Vicente, me dit-il.

— Qu'est-ce que je dois lui dire ?

— Rien. Juste tu restes à côté de lui. Et s'il tremble, tu lui prends la main.

Je ne restai absent que quelques secondes, et quand je revins, j'étais tout en sueur. Mathias me regarda avec une férocité que je ne lui connaissais pas.

— Pourquoi n'es-tu pas à son chevet ?

— Il fait l'amour, dis-je.

Mathias ferma les yeux et porta les mains à sa poitrine comme si, subitement, son cœur l'avait lancé.

— *Suicida !* dit-il.

Septime, lui, avait un peu récupéré.

— Écoute, dit-il à Mathias, on t'aime bien. Mais tu crois pas que ça commence à être un peu long ? Je vais te dire une chose...

Mais il ne dit rien du tout. Le regard que Mathias lui avait jeté avait suffi à lui faire avaler sa langue. C'était un regard comme vous pouvez pas imaginer : un regard qui vous ravageait le dedans, d'un seul coup d'un seul.

*
* *

Ce regard, c'est lui qui m'empêche depuis de faire la sieste. Je souhaite que vous en rencontriez jamais le pareil, il vous ferait tourner le sang : un regard de requin mort mais encore plein de cruauté. J'en ai rencontré, des regards cruels, et les moins cruels n'étaient pas ceux des tireurs de boules qui avaient raté le petit d'un frisson. Mais c'étaient des regards qui leur appartenaient à eux. Tandis que le regard de Mathias, il appartenait à personne. C'était le regard de la cruauté tout court, d'une cruauté qui avait plus de cent mille ans et qui avait déjà tué des milliards de personnes.

Sa parole, pourtant, demeurait anodine.

— Tu as des bougies ? demanda-t-il soudain à Septime avec une angoisse inexplicable.

— J'en ai des caisses, dit Septime.

— Allume-les toutes, dit Mathias.

Malgré la gravité de l'heure, le visage de Septime laissa voir le déplaisir que lui causait la perspective de liquider son stock en une seule fois.

— Tu te rembourseras sur la recette, dit Mathias.

Nous n'avons pas osé lui demander de quelle recette il s'agissait, et nous avons continué d'attendre, le gosier sec, en mettant les bougies dans le goulot de bouteilles vides, comme chandeliers.

*
* *

J'espinchais un peu par la fenêtre, mais je rabattis aussitôt les rideaux à petits carreaux blancs et rouges.

— Il en vient de partout, dis-je.

A son tour, Septime, avait entrouvert les rideaux.

— On dirait un meeting, dit-il.

Un meeting silencieux, un jamboree d'ombres chinoises.

— Je vais leur faire un discours, dit Mathias.

Il ouvrit la porte toute grande et s'avança sur le seuil. Il les aurait bénis que ça ne m'aurait pas étonné. En tout cas, personne ne disait mot. Même les plus bavards, même Allègre qui était venu avec toute sa clientèle. Privés de leur « Que-je-sache » et de leur « Qu'à-cela-ne-tienne », Boucherle et Verdelet étaient devenus presque des fantômes. Ils badaient tous Mathias comme s'il avait été un archange. D'abord, moi, j'ai vu de la lumière autour de sa tête et de ses mains. Mais vous êtes pas obligés de me croire.

Mathias restait immobile. Ses lèvres ne bougeaient pas. Il nous parlait à chacun en particulier, directement de l'âme à l'âme. Je suis sûr qu'il devait pas dire la même chose à chacun. En tout cas, à moi, il a dit des mots sans queue ni tête, mais des mots qui me faisaient du bien. J'avais plus peur de moi ni de personne.

*
* *

Le Grand Plumet est arrivé à minuit moins dix. Il sentait la brillantine au jasmin et le merlan lui avait taillé les favoris en pointe. Il s'étonna pas de voir la cabane illuminée comme la crypte des Saintes-Maries le jour du pèlerinage. Juste il dit :

— Tu crains pas que ça prenne feu ?

— Le feu, dit Mathias, nous le mettrons après.

Pas plus Septime que moi nous n'avions la force de nous étonner.

— L'heure approche, dit Mathias.

Il disparut dans la cuisine. Et pendant le temps qu'il ne fut pas parmi nous, nous gardâmes le silence.

Il revint tenant à la main deux couteaux de cuisine. Des petits couteaux à éplucher les oignons, qui ne coupaient pas plus que le tranchant de la main. Il en éprouvait la pointe de l'index, d'un air attentif.

— L'important, dit-il, c'est qu'ils puissent entrer.

Il me désigna du menton.

— Va chercher Vicente, dit-il.

Je rougis, parce que je suis un pudique et je trouvai le courage de dire :

— Peut-être il a pas fini ?

— Tu auras que de lui frapper sur l'épaule, répondit-il d'une voix sans réplique.

***

Je n'eus pas à intervenir. Vicente et Mireille étaient sagement assis sur le rebord du lit. Ils se tenaient par la main et paraissaient m'attendre.

— Je suis prêt, dit Vicente.

— Laisse-moi venir avec toi, dit Mireille.

— Rentre à la maison, ordonna Vicente en lui imposant les mains sur les épaules.

Puis il la souleva dans ses bras, la porta jusqu'à la fenêtre et la posa, de l'autre côté, sur la terre. Elle s'éloigna, sans un mot, dans la nuit.

Vicente fit le signe de la croix, comme un matador avant d'entrer dans l'arène, et dit :

— Allons-y...

Cette fois, j'ai fait le signe de croix, moi aussi.

***

A la porte de la cabane, Septime demandait dix mille francs à tous ceux qui entraient. La vue de l'argent faisait briller ses yeux. Personne ne discutait la somme. Les enfants, toutefois, payaient demi-tarif.

Je m'approchai de lui.

— Qu'est-ce qui se passe ?

— J'en sais rien, dit-il, j'encaisse.

Patrice, que tout ce remue-ménage avait fini par tirer du sommeil, se présenta au contrôle les yeux bouffis de sommeil. Hélène suivait, en pyjama.

— Une tenue correcte est de rigueur, dit Septime à tout hasard.

Quant à Mathias, il marcha sur Patrice.

— Ce qui se passe ici ne te regarde pas, dit-il. D'ailleurs, ça serait interdit par la censure.

Le mot eut un effet magique.

Ils retournèrent se coucher. On aurait dit des somnambules.

A minuit moins une, tout le monde avait pénétré dans la cabane. Il devait y avoir presque trois cents personnes. Mais la recette, nous n'avons jamais eu le temps de la compter.

Parce que, tout d'un coup, nous avons compris ce qui allait se passer et qu'à partir de ce moment-là, même Septime il ne savait plus compter.

*
* *

Vous qui êtes allé jusqu'ici, je suppose que vous savez ce que vous allez voir maintenant. Je n'ai pas voulu vous le dire plus tôt, mais forcément, comme moi je le sais, j'ai dû vous mettre sur la piste.

Mais je vous jure que nous autres, qui avons vécu cette histoire, nous ne nous doutions de rien.

Et d'abord, ça s'est passé si vite qu'au moins la moitié des spectateurs n'a rien vu du tout. Mais même ceux-là, ils ont pas pensé à demander qu'on les rembourse.

Ce sont les préparatifs qui avaient pris le plus de temps. Sur un geste de Mathias, Septime et moi on avait attaché Vicente et le Grand Plumet chacun sur leur chaise, le dos bien collé contre le dossier, mais la main droite libre. Tout fut prêt à minuit, comme c'était prévu au programme.

A minuit deux, c'était fini. Vicente était mort, la gorge percée.

— Ce couillon l'a fait exprès, dit Septime.

— C'est la fatalité, dit Mathias.

Quant au Grand Plumet, il regardait son petit couteau pointu couvert de sang sans arriver à comprendre. Avant le combat, Mathias lui avait dit de tendre le bras droit devant lui. Il avait tendu le bras. La pointe du couteau arrivait juste à un centimètre du cou de Vicente. La pointe du couteau de Vicente touchait le cou du Grand Plumet. Mathias avait frappé dans ses mains. Le Grand Plumet avait fermé les yeux. Quand il les avait rouverts, son couteau était déjà entré dans la gorge de Vicente, et en le retirant, il avait élargi la blessure.

Malgré mes lèvres sèches et ma gorge nouée, je trouvai la force de dire :

— Il faut faire quelque chose...

Mathias nous avait retenus d'un geste de la main.

— Il faut laisser couler le sang, avait-il dit.

Il n'est pas intervenu, en revanche, quand nous avons empêché, Septime et moi, le Grand Plumet de se détruire. Juste il a pu se déchirer la chemise. Il s'est évanoui entre nos bras.

*
* *

Les spectateurs étaient sortis en silence, et ils partirent sur la route sans songer à prendre leurs valises ni à régler leur addition.

Septime, pour se calmer les nerfs, mettait les billets de banque par liasses de dix. Mathias était entré en transes. Il avait un passage à vide, et se frappait la tête à deux poings comme pour en faire sortir les idées.

— Qu'est-ce qui t'arrive ? dis-je.

— Ça se brouille dans mon cerveau, dit-il. *Salsa tomata*, je l'avais pas fait depuis au moins deux cents ans. Jusqu'à présent, je crois que j'ai rien oublié, mais je sais plus comment ça doit finir.

Il saisit une bouteille de carthagène et l'avala d'une seule inspiration. Son visage, soudain, retrouva la paix.

— C'était un détail, dit-il. Il vient juste de me revenir.

Il nous expliqua que l'argent de la recette, d'ordinaire, on le remettait à la veuve du défunt. Mais puisque Mireille avait les moyens et que, en plus, elle était pas encore mariée, l'argent, on le brûlerait avec le reste.

Il nous tendit une bougie à chacun. Le bar était en bois. Le toit de roseaux. Cinq minutes plus tard, la cabane flambait. De Vicente, on devait jamais rien trouver. Le Grand Plumet, je l'avais sorti sur les épaules. J'avais l'impression qu'il pesait pas plus qu'un enfant.

*
* *

Nous sommes restés assis sur notre derrière en ne pensant à rien.

Le Grand Plumet est revenu à lui. Il ne s'est pas souvenu tout de suite de ce qui lui était arrivé. Mais quand ça lui est revenu, il a grimpé sur l'escaladou et il s'est mis à insulter le Bon Dieu.

Nous l'avons laissé. A l'heure qu'il est, il y est peut-être encore.

Nous nous sommes levés, et nous marchions tous les trois le long du Vaccarès.

— Adieu, nous a dit soudain Mathias.

Il a marché tout droit sur l'étang. Il a avancé avec de l'eau jusqu'aux chevilles, puis jusqu'aux genoux. L'eau qu'il remuait ne faisait aucun bruit. Puis il s'est volatilisé d'un coup.

Peut-être la vase l'avait englouti, peut-être il est monté au ciel.

Septime s'est retourné une dernière fois. Sa cabane avait fini de brûler.

— Cocagne, dit-il, l'assurance paiera...

ÉPILOGUE

De ma fenêtre, je regarde couler le Rhône. Mélanie regarde la télévision. Mais du nez, elle surveille la cuisson du lapin aux olives qu'elle m'a préparé.

C'est dimanche. Augusta est à la messe. Claude s'entraîne au football. Dans l'armoire de la chambre, il y a une trentaine de paire de draps. Entre les draps, il y a de la lavande et des billets de banque.

Mélanie chante. Ce qui ne lui était pas arrivé depuis nos fiançailles. Elle est heureuse.

Ma fille aussi est heureuse. Il paraît qu'elle fréquente déjà. J'ai acheté une vespa à mon fils. Mélanie prend des leçons de conduite et me casse les pieds pour que nous n'habitions plus à la Roquette.

Moi, je m'en fous. Je suis plus là. Qu'elle fasse comme elle veut. Moi je suis seul. Je continue de peindre ; je ne sais pas ce que je peins : je laisse faire mes pinceaux. Il paraît que mes ciels ont une certaine « grandeur tragique ».

Mélanie voudrait que je me fasse habiller sur mesure. Moi, je n'ai même pas la force de lui dire merde, mais je continue de m'habiller pareil.

— Qu'est-ce que vous voulez, dit Mélanie à la femme de ménage qu'elle s'est offerte, c'est un artiste, il ne faut pas lui en vouloir.

Je ne sors de chez moi que pour aller chez Amédée, mais je bois que de la limonade. La Fanny originale a repris sa place dans son placard. Amédée dit que c'est un miracle. C'en est peut-être un.

Parfois, nous la regardons longuement.

— On dirait qu'elle va te parler, dit Amédée.

Mais elle nous parle pas. Ni elle, ni personne. Le monde, les choses, tout est devenu silencieux. Je continue de peindre sans rien regarder, et de vivre sans rien entendre.

Hélène ne fait plus la pute. Elle s'est acheté un magasin de souvenirs. Mais elle s'est mise à boire. Et des fois, au milieu de la nuit, elle passe sous mes fenêtres en miaulant :

— Marc-Antoine, mon beau, me laisse pas dormir seule...

C'est Mélanie qui lui répond :

— Allez vous coucher, vilaine pute !

Mais Hélène continue de miauler.

— Marc-Antoine, mon beau, c'est ta pute qui t'appelle, ta vilaine pute borgne. Viens dormir avec ta pute, ta pute qui t'attend...

Les gens du quartier, ça les fait rire. Et moi, ça me fait ni chaud ni froid.

Quant à Mireille, elle, elle est montée à Paris où elle dépense la fortune de son père avec des nègres, en attendant le rôle que Patrice lui a promis dans son prochain film.

***

— A table ! a dit Mélanie.

Je me suis levé tout de suite.

J'ai faim.

LE DERNIER DES CAMARGUAIS

PRÉFACE

J'entreprends aujourd'hui avec émotion et piété de vous raconter la vie exemplaire de mon ami Baptiste-Marie Bréchu.

Je l'appelle le dernier des Camarguais. J'espère bien, pourtant, qu'il y en aura d'autres après lui. Mais d'aussi beaux, d'aussi purs, d'aussi fiers, d'aussi parfaits, d'aussi libres en un mot, j'ai bien peur ou que la race ne s'en perde, ou qu'elle n'en soit déjà perdue.

***

Je ne vais pas, Baptiste-Marie, essayer de te peindre. Ni de t'évoquer. Tu nous as officiellement quittés l'année dernière, mais on parle toujours de toi au présent. On tient plus que jamais compte de tes avis. On ne se souvient pas de toi : on continue de te regarder vivre.

Tu en vaux la peine.

Et quand un étranger devient un peu trop encombrant et qu'il se déguise en gardian, il se trouve toujours quelqu'un pour lui dire, d'une voix aussi rugueuse que la tienne :

— Ça ne me regarde pas, mais vous risquez d'avoir des ennuis.

— Et pourquoi donc ?

— A cause de la loi Bréchu.

Évidemment, c'est une loi qui n'est jamais parue au Journal officiel, *mais qui condamne tout gardian « pour de rire » à une tournée générale « pour port illégal d'uniforme ».*

De même n'ont jamais paru les statuts de la société que tu avais fondée « pour la défense de la Camargue, contre tous les comités chargés de la défendre ». Mais rassure-toi, ce sont les mesures que tu as prises que nous continuons de respecter...

***

Et la phrase que tu prononças pour remonter le moral de tes amis, lors du terrible hiver de mil neuf cent vingt-neuf, elle nous vient aux lèvres chaque fois que le thermomètre descend au-dessous de zéro.

Tu habitais alors au Sambuc et les taureaux mouraient de froid par dizaines. Tu avais des larmes gelées plein les yeux et tu as dit à tes amis transis et désolés :

— Moins vingt-huit... Avouez que ce n'est pas mal, pour un petit village !

*
* *

Je vais souvent m'acagnarder sur le banc devant ta cabane. Ne te fais pas de souci, personne ne l'habite et personne ne l'habitera jamais. Ce sera toujours la cabane de Bréchu. Et si elle meurt un jour, ce sera d'extrême vieillesse.

Je suis là sur ton banc.

Ma tête est une volière où flottent des pensées silencieuses et colorées comme des oiseaux.

Tout à coup, je sens ta lourde patte sur mon épaule. Je me tourne vers toi. Tu es en train de regarder le soleil bien en face et en plissant les yeux de plaisir. Tu ne parles pas tout de suite.

— D'accord, finis-tu par dire ; quand il est là, le soleil, il ne résout pas tous les problèmes, mais il arrange bien les choses.

Et tu termines ton hymne à la lumière, toi qui n'as jamais connu de cruelle et qui fut le plus gros « pistachié » de tout le delta, par cette phrase pleine de philanthropie :

— Je suis sûr que, par beau temps, même les cocus sont moins malheureux que d'habitude...

*
* *

J'ai eu bien des preuves de ton affection, mais il y en a une à laquelle j'ai toujours été plus sensible qu'aux autres. Pourtant, tu m'as rendu de bien plus grands services, mais que tu aies toujours accepté de faire équipe aux boules avec moi qui ne suis qu'un très médiocre pointeur, c'est sûrement le plus gros sacrifice que tu as dû faire à notre amitié.

Un dimanche, pourtant, tu me refusas ton précieux concours. Et je crus un moment que je t'avais contrarié sans m'en rendre compte. Tu me rassuras d'un clin d'œil puis, te penchant à mon oreille, tu murmuras (ce qui n'est pas dans tes habitudes) :

— Excuse-moi. Pas aujourd'hui. Je ne prendrais pas de plaisir, même si je frappais toutes mes boules. J'ai une extinction de voix.

*
* *

Oui, tu m'as toujours honoré de ton estime et tu as bien voulu me considérer comme l'un des tiens, bien que je sois né de père avignonnais et de mère marseillaise. J'étais pour toi le Camarguais sans terre et sans cheval, mais non sans amour.

Un jour pourtant, tu me traitas comme un Parisien ordinaire. Ce fut le jour où, agacé par les mouches, je me permis de te dire :

— Il me semble qu'il y en a plus en Camargue que les autres années !
Tu me repris avec infiniment de douceur, mais un rien de reproche :
— Il n'y en a pas plus que d'habitude..., précisas-tu. Mais, cette année, elles sont un peu familières...

*
* *

Avec les Parisiens, les vrais, ceux de Bordeaux, de Maubeuge, de Lausanne, de Bruxelles, ou même de Paris, tu étais l'indulgence même.

Tu les prenais sous ta protection et, quand ils apprenaient aux Camarguais ce qu'était et ce que devait être, selon eux, la Camargue idéale, tu faisais signe à tes amis de rester sinon calmes, du moins modérément goguenards. Et ce n'était qu'après leur départ que tu ajoutais toujours :

— Ne soyez pas méchants avec eux, les pauvres... Le Bon Dieu ne les a pas tous faits...

*
* *

Mais d'abord, il faut que je vous dise comment Bréchu, le merveilleux Baptiste-Marie Bréchu, est entré dans ma vie.

Car j'ai bien failli ne jamais le connaître : avec Bréchu, l'amitié comme l'amour ne sont jamais prémédités.

Ils sont les fils heureux des rencontres providentielles.

*
* *

C'était il y a plus de vingt ans, Paris n'avait rien perdu de son charme, ni ses nuits de leur éclat. Il m'arrivait pourtant de m'y sentir parfois étranger à moi-même. Cela me prenait d'ordinaire au crépuscule, à la terrasse du Café de Flore. D'un coup. Au milieu d'une phrase. Soudain, tout me paraissait vain et moi qui me contente d'ordinaire de séjourner sur la terre et de m'y trouver bien, je me demandais si la vie valait la peine d'être vécue.

Alors, je quittais mes copains sans un mot d'explication et le train de nuit m'emportait jusqu'à Arles. Et même si je n'avais pas téléphoné, il se trouvait toujours un ami à la gare qui semblait n'avoir d'autre occupation dans l'existence que de m'ouvrir les bras et me remonter le moral par sa présence et ses propos.

Ce jour-là, ce fut Guitou qui m'accueillit. Il me donna l'accolade.

Guitou c'est un homme de cheval, tendre avec les hommes, dur avec les filles, tantôt riche, tantôt pauvre, toujours heureux et basané tel un Indien en décembre comme en août. Il me parut toutefois moins bien dans sa peau que d'habitude et, pendant tout le trajet jusqu'au Vaccarès, il se montra d'une taciturnité de berger des Cévennes.

A trois reprises différentes, il dit pourtant :

— Ça me fait bien plaisir que tu sois là !

Et son vieux tacot, en mon honneur, se mit en marche à la première sollicitation du démarreur.

Guitou ne m'avait pas demandé où nous allions. Il savait que j'avais uniquement besoin de prendre un bain de Camargue et que le hasard mettrait sur notre route les moments de grâce dont j'avais besoin.

Vingt minutes plus tard, nous étions du côté de Fiélouse. Je n'étais pas encore tout à fait guéri de mon vague à l'âme, mais je commençais à me sentir nettement mieux.

Le paysage de roseaux, de mouettes et de plomb fondu avait été dessiné pour l'éternité par un Japonais patient et minutieux.

La Camargue est ainsi faite de tableaux que leur perfection fait croire immuables, mais qui changent d'instant en instant.

— Ça me fait bien plaisir que tu sois là, répéta Guitou pour la quatrième fois.

— Mais qu'est-ce qui t'arrive ?

— Ça ne peut plus durer comme ça !

— Qu'est-ce qui ne peut plus durer comme ça ?

— La Camargue, soupira Guitou... La Camargue, ce sera bientôt exactement comme le reste...

Je n'en croyais pas mes oreilles. J'étais venu me rééquilibrer le métabolisme et je trouvais mon ami aussi désemparé que moi.

— C'était trop beau pour que ça dure, gémit-il...

Et il conclut d'un ton catégorique :

— C'est foutu !

Je n'avais jamais vu Guitou dans un état pareil. Lorsqu'un Camarguais a des ennuis, il les garde pour soi. Surtout quand il est avec un ami. La joie d'être avec lui l'emporte sur tous les soucis qu'il peut avoir. Il a, en tout cas, la délicatesse (ici on dit simplement la « chose » et, de quelqu'un qui n'a pas de tact, on dit qu'il manque de « chose ») de les remettre à plus tard.

Irritable comme un Parisien, fébrile, agacé, pessimiste, voilà ce qu'il était devenu mon ami Guitou, lui que j'avais laissé, il y avait trois mois à peine, étincelant de joie de vivre et de sérénité.

C'est alors qu'au bout de la draille sur laquelle cahotait l'antique guimbarde de Guitou, une carriole parut. Une vieille carriole chargée de fumier et tirée par un vieil âne jovial qui avançait au pas et, de temps à autre, s'arrêtait de sa propre autorité pour brouter quelque robuste friandise herbagère.

Il y avait un bonhomme assis sur le rebord de la carriole, les jambes balançant dans le vide.

Je ne pouvais encore distinguer son visage. Mais sur sa vieille carriole, tirée par un vieil âne impertinent, il avait la dignité d'un empereur romain sur son char de triomphe.

Ou, du moins, la sérénité de l'homme qui possède deux cents hecta-

res au soleil. Même de loin, on devinait qu'il était d'un port altier et d'une taille gigantesque.

J'apercevais maintenant et son costume et ses traits. Ce n'était ni un empereur ni un riche « pelot ». C'était un simple paysan de Camargue, transitant un modeste chargement de crottes de bédigues. Un admirable visage de galérien évadé, ou de camisard. Un visage de réfractaire perpétuellement aux aguets, mais goguenard et sûr de soi. Le visage de quelqu'un qui a toujours refusé de payer la gabelle.

Il fit un signe de tête à Guitou qu'il connaissait depuis toujours. Mais ni ne prononça de parole ni n'esquissa de sourire. Il remua simplement la tête de bas en haut. Cela signifiait sans équivoque possible :

— Toi, Guitou, je te connais. Tu ne m'as jamais fait de tort. Moi non plus. Espérons que ça continuera. Conserve-toi. Je me conserve.

Puis son regard croisa le mien. En une seconde, je me sentis scruté, pesé, évalué, jugé. Le verdict dut m'être favorable, car j'eus droit, à mon tour, au même bref salut que Guitou.

— Il n'a pas l'air commode, dis-je, dès qu'il se fut éloigné.

— C'est Bréchu, dit Guitou, sans autre explication.

Il devait avoir l'ouïe particulièrement fine, car il se retourna. Et c'est alors seulement que je m'aperçus que Bréchu le dur, l'impassible, le silencieux, le terrible Bréchu, avait une fleur des champs dans la bouche, qu'il mâchonnait avec un air de béatitude extrême.

Eh bien, en trente-cinq ans de Paris, des hommes beaux comme des galériens évadés ou des empereurs romains et qui mâchonnent des fleurs sauvages en souriant aux anges, eh bien, je n'en ai jamais rencontré un seul ! Ni dans les rues, ni dans le métro, ni au théâtre, ni même au Palais des Sports. Nulle part.

Et c'est à cet instant que j'ai compris que Bréchu et moi nous allions devenir les plus grands amis de la terre.

En tout cas, le vague à l'âme dont j'avais souffert s'était enfui comme un rêve et je me sentais de taille, maintenant, à redonner du tonus à l'ami auprès duquel j'étais venu chercher du réconfort. Ce ne fut pas nécessaire.

Guitou, à l'instant précis où j'allais prononcer des paroles de consolation et d'espoir, avait éclaté de rire :

— Excuse-moi Yvan, m'a-t-il dit, d'avoir été si rebroussié ce matin. Je ne sais pas ce qui m'avait pris. Mais depuis que nous avons croisé Bréchu, je suis sûr qu'il y a encore de beaux jours pour la Camargue.

***

Tel fut pour moi le premier miracle accompli par cet homme extraordinaire.

Et voici, pour votre épanouissement intérieur, votre délectation et celle de vos proches, quelques-uns des épisodes les plus toniques, poétiques, pittoresques, picaresques et largement humains de l'existence qui fut celle de Baptiste-Marie Bréchu, le dernier des Camarguais à part entière.

Il m'avait dit un jour :

— Je ne sais pas qui a créé le monde, mais je sais qu'il a été créé ici. Et la preuve, c'est qu'il n'est pas fini.

Et qu'il ne le sera jamais, parce qu'il recommence tous les jours et qu'il change tout le temps pour redevenir toujours le même...

A aucun moment, mon pauvre Baptiste-Marie, tu n'avais imaginé que la Camargue pourrait mourir. Tu n'avais jamais eu de doute sur son avenir, comme Guitou lui-même avait failli en avoir.

— Elle en a « bu » d'autres, disais-tu de cette terre fluide qui a englouti des monuments, des fortunes et des civilisations.

Vers la fin, pourtant, je te sentais moins sûr de son avenir :

— Tu vois, disais-tu, à main droite, du côté de la Grande-Motte, ils veulent nous rendre heureux avec des vire-vire, des pizzeria et des boîtes de nuit. A main gauche, du côté de Fos, ils veulent nous rendre riches. Quand est-ce qu'ils comprendront que la vraie richesse de l'homme et son vrai bonheur, c'est qu'on lui fiche la paix et qu'on lui permette d'aimer ses amis ?

Je l'avais regardé avec surprise :

— Mais l'amitié, j'avais dit, personne ne pourra jamais empêcher qu'elle existe.

Il avait hoché le menton avec une gravité de prophète :

— J'en suis moins sûr que toi... Parce que l'amitié, c'est comme la Camargue, elle ne sert plus à rien !

Et c'est pourquoi la Camargue m'est (et à vous aussi, je pense) tellement indispensable.

1

Il était déjà midi trente et Baptiste-Marie n'avait pas encore fait son apparition chez Camille, au *Bar du Gabian*.

Son retard n'avait pas vraiment déclenché la panique. Ni même, à proprement parler, l'inquiétude.

Mais personne ne se sentait tout à fait naturel. Aucune catastrophe ne s'était véritablement produite, mais c'était quand même un peu comme si le monde s'était imperceptiblement détraqué...

*
* *

En novembre, aux Saintes-Maries-de-la-Mer, la Camargue appartient aux Camarguais.

Leur façon de vivre relève plus du rite et du cérémonial que de la simple routine.

Ils vivent à leur rythme, et les « étrangers » ne sont plus là pour déranger l'exacte rigueur de leurs habitudes.

Clanclan passe à bicyclette sur la digue à la mer, il est cinq heures du matin. Tilou, le chien de Léopold, traverse la place en courant, le journal du matin dans la gueule : il est huit heures trente, le car d'Arles vient juste d'arriver et Tilou a été le premier informé de ce qui se passe dans le reste du monde.

Et comme c'est un chien qui sait lire, il remue la queue, si les nouvelles sont bonnes.

Et s'il baisse les oreilles, la guerre approche.

Baptiste-Marie demeure néanmoins le plus précis des personnages vivants de cette horloge astronomique. Quand il passe la porte du *Bar du Gabian*, qu'il balaye la salle de son regard sévère et qu'il lance d'une voix bourrue :

— Salut la compagnie...

Ce n'est pas la peine de regarder votre montre, il est midi moins cinq à l'heure de Greenwich, qui est aussi la nôtre, je ne suis jamais arrivé à comprendre comment...

Aucun retard ne saurait être envisagé dans l'horaire de Baptiste-Marie. Pas plus qu'une modification dans ses itinéraires. Il se meut dans la vie comme un astre dans le ciel.

Et pourtant ce jour-là (c'était un samedi, je l'affirme), à la demie de midi, il n'avait pas encore fait son apparition au *Bar du Gabian*. Tous les clients s'en étaient aperçus, mais personne ne s'était permis d'en faire la remarque.

Camille sentait peu à peu la nervosité l'envahir. A une heure moins le quart, les mots qu'il retenait tant bien que mal dans sa bouche, ses dents ne purent plus les empêcher de sortir.

Il fit néanmoins un effort pour parler avec détachement et dit, comme s'il venait seulement de constater son absence :

— Tiens, on n'a pas vu Baptiste-Marie, ce matin... Mais où est-ce qu'il peut bien être ?

Il se trouva un facétieux (c'était, je crois, Loule de Sylveréal) pour répondre :

— Il est dans sa chemise et sa tête lui sort.

Mais cela ne fit rire personne. Surtout pas Camille qui se considérait un peu responsable de ce troublant retard. Et ce fut même à partir de cet instant que chacun ressentit comme une alarme intérieure.

Pourtant, les clients de chez Camille n'étaient pas des angoissés naturels. Encore moins des pénibles ; mais ils ne pouvaient s'empêcher de se faire du souci au sujet du vieux Bréchu.

Ils l'aimaient tous beaucoup, mais même les plus optimistes trouvaient qu'à son âge (il venait d'entrer dans sa quatre-vingt-quatrième année) il ne ménageait pas suffisamment la santé que le Bon Dieu lui avait donnée, qu'il puisait un peu trop dans ses réserves nerveuses et qu'à force de tirer sur la corde, elle finirait bien par casser.

Il y avait même eu une fois un médecin suisse, très savant, très brave et très riche, qui lui avait dit :

— Je suis en vacances, mais il faudra que je vous examine.

— Pourquoi faire ?

— Vous êtes vraiment sûr d'être bien portant ?

Baptiste-Marie, ruisselant de santé, avait éclaté de rire :

— Moi, bien portant ! Mais mon pauvre Monsieur, vous n'y pensez pas !... Les maladies, je les ai toutes !...

Puis avec un clin d'œil à la galerie :

— Toutes, excepté une... La maladie des millions !...

En fait, il paraissait difficile d'être plus gaillard que lui. Il avait compris très jeune que l'homme naît naturellement bien portant et que ce sont les travaux forcés qui le dévarient. Il avait donc veillé à ne dépenser sa force que pour son plaisir, ou pour rendre service à ses amis.

Mais il me faut, moi qui l'aime comme un fils aime son père et qui ne voudrais sous aucun prétexte ternir sa réputation, lui reconnaître un travers certain. Disons les choses simplement : il avait eu, dès l'âge le plus tendre, un penchant irrésistible pour les boissons anisées. Le temps, au lieu de lui calmer la soif, avait accentué considérablement son penchant naturel pour les liquides fermentés.

La simple probité intellectuelle nous incite à proclamer cependant que sa résistance aux liqueurs fortes était considérée comme exceptionnelle, dans un pays qui comporte pourtant quelques-unes des plus fines carafes d'Europe occidentale. De mémoire de Camarguais, on n'avait jamais vu Bréchu « de drogue », ce qui peut pourtant arriver aux plus endurcis.

Il est vrai qu'il avait toujours su s'arrêter à temps. Juste à temps. Mais à temps tout de même. Et la veille, encore, quand il avait dit :

— Ce sera tout pour aujourd'hui, salut la compagnie !

Tous les témoins vous confirmeront qu'il n'avait pas dépassé la dose, qu'il pensait et marchait droit, qu'il était dans la plénitude de ses moyens physiques et intellectuels.

On peut même affirmer, du moment que c'était un vendredi soir, qu'il s'était tenu en deçà de ses capacités.

Si je précise que ce soir-là était un vendredi, j'ai mes raisons.

Car si tous les jours son « salut la compagnie » était immédiatement suivi par un « salut à toi, Bréchu », repris à l'unisson, le vendredi personne ne pipait car on savait qu'il n'avait pas fini son discours. Baptiste-Marie, juste au moment de refermer la porte derrière lui, ajoutait en effet :

— J'ai une course à faire à Bellegarde...

Alors, Loule de Sylveréal demandait aussitôt :

— Elle marche toujours ta deux chevaux ?

L'histoire de cette 2 CV, je vous la raconterai sûrement. Mais ce qui compte, c'est la réponse de Bréchu.

— Elle marche toujours, disait-il avec une certaine fatuité, et moi aussi...

Les autres clients du *Gabian* attendaient que Bréchu fût sorti pour éclater de rire. La « course » qu'il devait faire à Bellegarde, chacun en connaissait la nature : il avait rendez-vous, comme tous les vendredis soir, avec une jeunesse de moins de cinquante ans. Car il avait toujours su mener de front l'ivrognerie et la salacité. C'était là, sans aucun doute, le secret de son parfait équilibre et de sa surprenante vitalité.

Et Loule de Sylveréal, qui n'était pourtant pas dans la confidence, ajoutait, sans raison précise :

— Sacré Bréchu !

Et au moment même où il lançait son « sacré Bréchu », le carillon Westminster du *Gabian* sonnait huit heures.

*
* *

Je ne sais pas si vous êtes jamais allé à Bellegarde. Si vous n'y êtes jamais allé, vous avez eu tort (mais c'est un tort facilement réparable). Ce village gardois n'a rien de vraiment extraordinaire, mais la clairette que les vignerons y produisent vaut, à elle seule, le déplacement.

Cela n'a d'ailleurs aucune importance pour la suite de ce récit. Ce qui compte, c'est qu'un peu avant minuit, au moment où Camille venait de mettre tout son monde à la porte et s'apprêtait à fermer ses volets, il vit reparaître Bréchu dans un état pour lequel l'adjectif « orphique » semble spécialement avoir été créé.

Camille en fut très fâché. Non qu'il fût jaloux de voir que Baptiste-Marie était allé s'enivrer ailleurs que dans son établissement. C'était d'abord par amitié ; il est déplaisant de voir un ami risquer de se détruire, même dans les voluptés. Et aussi parce qu'il avait sommeil. Levé depuis six heures, il pensait qu'il avait à minuit le droit d'aller se coucher (et ne me dites pas qu'il faisait tous les jours la sieste de deux heures à cinq heures ! Ce n'est pas le même genre de sommeil que celui de la nuit, il est encore plus agréable, mais moins réparateur). Enfin, bref, Camille gronda Bréchu :

— Baptiste-Marie, lui dit-il, tu n'as pas honte de te mettre dans des états pareils...

Baptiste-Marie avait l'œil dans le brouillard, la démarche hésitante, mais sa diction demeurait miraculeusement limpide :

— Je n'ai fait, dit-il, qu'obéir aux ordres du grand saint Jean-Baptiste !

Malgré sa fatigue extrême, Camille éclata de rire entre deux bâillements. Il y eut une subite lueur qui parvint à traverser les brumes du regard de Bréchu. La lueur étonnée de l'homme sûr de sa bonne foi et qui sent qu'on doute de lui :

— Parfaitement, répéta-t-il, le grand saint Jean de Bellegarde, celui qui a sa statue devant l'église...

— Ce n'est pas une raison pour te mettre dans des états pareils.

Et pourtant, regardez comme les chemins d'une cuite sont imprévisibles. Ce qu'affirmait intrépidement Bréchu n'était que l'expression la plus fidèle de la vérité.

Car si la clairette de Bellegarde ne joue aucun rôle dans ce récit, le grand saint Jean, au contraire, est au cœur même de la péripétie.

Ce grand saint Jean-Baptiste-là mérite toute votre sympathie, car il a eu, ou du moins sa statue, de gros malheurs au moment de la séparation de l'Église et de l'État. Des malfaisants se sont même permis de lui tirer dessus à coups de fusil.

Protégé par la grâce divine, il en avait réchappé. Mais sa main droite avait cruellement souffert. Sa main tendue devant lui, dans le noble geste inspiré de celui qui annonce la venue du fils de Dieu sur la terre, avait reçu une décharge de chevrotines qui lui avait arraché quatre doigts.

Le grand saint Jean ne disposait plus que de l'index pour désigner le chemin du ciel...

*
* *

Cela n'explique pas, me direz-vous, qu'on retrouve, à minuit passé aux Saintes-Maries-de-la-Mer, un octogénaire ivre mort agrippé au *Bar du Gabian*, réclamant obstinément à boire et prophétisant la fin du monde si on refusait d'accéder à son désir.

Camille essayait, malgré sa fatigue, de tenir tête aux exigences de son ami.

— Écoute, Baptiste, disait-il, il y a quatre heures tu étais pur comme le cristal et tu nous avais solennellement annoncé que tu ne boirais plus de la soirée.

— C'est de la faute au grand saint Jean-Baptiste, répéta Bréchu.

Maintenant, il s'était adossé au comptoir, devant le bar désert, et provoquait une contradiction éventuelle (mais peu probable).

— Je ne permettrai à personne de dire du mal du grand saint Jean-Baptiste de Bellegarde. D'abord, c'est mon saint patron et chaque fois que j'ai fini mes courses (ce qui, dans ce cas, peut être, malgré la surprenante vigueur de Bréchu, considéré comme un pluriel de vanité), je vais lui dire un petit bonjour... Il habite juste à côté. Eh bien, hier soir, j'ai eu la curiosité de regarder quelle direction exacte indiquait le doigt du grand saint Jean... Eh bien, il indiquait exactement l'entrée du *Café de la Poste* et, pendant que j'avais le dos tourné, je l'ai entendu me dire : « Encore un, Bréchu, encore un !... »

Que voulez-vous que fasse Camille ?

Il s'était laissé convaincre.

Comment refuser un verre, et même plusieurs, à quelqu'un qui a déjà trop bu, mais qui est mandaté par un des plus grands saints du calendrier.

Et qui devait se trouver encore sous sa protection. Car la façon dont il regagna sa cabane, sans vouloir accepter l'aide de qui que ce soit, demeure pour tous un mystère qui n'a pas été élucidé et ne le sera sans doute jamais...

*
* *

Et maintenant, Camille se ronge les ongles et les sangs.

Pour soulager sa conscience, il a mis au courant ses clients et amis du danger couru par Baptiste-Marie Bréchu. Il est une heure et quart de l'après-midi et personne encore n'a quitté le bar. Il y a déjà dans toutes les Saintes des potagers sur lesquels mijote et s'épaissit une soupe à la grimace.

Et, pour une fois, elle n'est pas méritée.

Mais alors, pas méritée du tout.

Au *Bar du Gabian*, tout le monde se tait. Même Loule de Sylveréal qui, pour une fois, a compris la gravité de la situation. Les plus optimistes essaient de croire qu'il ne s'était pas réveillé. Mais même ceux-là se demandaient s'il se réveillerait un jour.

Camille, soudain, cesse d'essuyer ses verres.

— Fernande, dit-il à sa femme, tu gardes le comptoir un moment. Il faut que j'aille voir ce qui se passe.

— Je vais avec toi, dit Loule de Sylveréal.

— Nous aussi, disent les autres.

Dans l'instant, le *Bar du Gabian* se trouva désert et Fernande, qui avait des sentiments de grande piété, éleva son âme vers le Seigneur et commença de prier pour le repos de l'âme de Baptiste-Marie Bréchu qui avait le gosier en pente et le tempérament pétardier, mais qui n'avait jamais laissé un ami dans l'embarras.

*
* *

Bréchu habitait une cabane vers le petit Rhône, du côté de l'Amarée. Pendant tout le trajet, personne n'échangea une parole. Ils marchaient au pas de chasseur. Ils couraient presque. Peu à peu, ils ralentirent.

Non d'essoufflement, mais de crainte et de respect.

A dix mètres de la cabane, sans avoir échangé un regard, sans s'être concertés, ils s'immobilisèrent tous ensemble.

Ce fut une fois de plus Camille qui prit la direction des opérations, en se détachant du groupe des amis. Loule lui avait emboîté le pas et tous les deux en même temps, ils frappèrent à la porte.

Discrètement d'abord...

Et maintenant, ils tambourinaient du poing, ne s'interrompant que pour tendre l'oreille.

Mais rien ne répondait. Et tous les visages se creusaient d'angoisse.

— Baptiste ! cria Camille.

Tous reprirent en chœur :

— Baptiste !

Mais leur cri demeura sans écho.

— Il est peut-être sorti, suggéra Loule de Sylveréal sans beaucoup de conviction.

Camille haussa les épaules.

— Il ne reste plus qu'à enfoncer la porte, dit-il.

Il prenait déjà son élan, mais Loule, à tout hasard, avait tenté de tourner la poignée :

— Ne te fatigue pas, dit-il... Elle est ouverte !

Alors, ils redoublèrent de silence et la plupart se découvrirent. La porte repoussée eut un grincement qui les fit sursauter. Certains faillirent rebrousser chemin. Mais Camille avançait d'un pas ferme. Les autres le suivaient, à la queue leu leu, sur la pointe des pieds.

Camille, qui craignait de la tête, était un des rares à avoir gardé sa casquette. Il l'enleva soudain et se mit au garde-à-vous...

Et même ceux qui étaient au dernier rang et qui ne pouvaient rien voir comprirent que Baptiste-Marie Bréchu nous avait quittés pour un monde meilleur...

***

On s'était rassemblé autour de sa couche, où, allongé les mains jointes sur le ventre, les yeux clos pour toujours, Baptiste dormait de son dernier sommeil.

Et tous pleuraient sans fausse honte...

Camille n'était pas le moins ému. Mais il s'étonnait de ne pas être tout entier à son chagrin. Il sentait en lui une idée confuse qui allait surgir et dont il savait à l'avance qu'elle n'était pas de mise. Il fit de son mieux pour la chasser de son esprit avant de la formuler. Mais il était inévitable qu'elle s'impose à lui : Camille venait de constater que dans la cabane de Bréchu régnait, pour la première fois depuis la soixantaine d'années qu'il y vivait, un ordre proprement miraculeux.

Le sol de terre battue avait été soigneusement balayé et, dans l'évier, *la vaisselle avait été faite*. A partir du moment où on avait noté un aussi surprenant phénomène, on était contraint d'aller d'étonnement en étonnement.

Loule lui-même commençait à trouver la situation bizarre.

— Comment, se disait-il, voilà un brave ami qui va se coucher à deux heures du matin dans un état d'ébriété aussi proche de la perfection que possible. Nous redoutons, étant donné son âge, qu'une cuite de première grandeur, précédée par une soirée de volupté, ne lui soit fatale. Nous accourons à son chevet dans le délai le plus bref. Et c'est pour constater que nous avons été précédés par quelqu'un qui a rendu à celui que nous aimions tous les services qu'un mort peut attendre d'un vivant : le nettoyer, le parfumer, lui fermer les yeux et allumer des cierges.

Ainsi raisonnait Loule. Et si de telles évidences étaient parvenues jusqu'à son cerveau, qu'il avait gros comme un pois chiche, on est en droit d'imaginer qu'il n'était pas le seul dans ce cas. Presque tous les témoins présents se demandaient par quel prodige le Bréchu qu'ils avaient quitté la veille, vivant, hirsute et dépenaillé, se trouvait ce matin mort, mais lisse comme une monnaie ancienne et plus élégant qu'un sous-préfet.

Rasé de si près qu'il portait quelques estafilades au menton et les cheveux lustrés au sent-bon étaient partagés par une impeccable raie au milieu, droite comme une allée dans un parc à la française.

— On lui a même mis le costume des dimanches, dit Camille, exprimant ce que tous avaient fini par constater. Tous, à part Loule, qui était allé jusqu'au bout de ses possibilités intellectuelles et qui dit :

— C'est vrai, je n'avais pas remarqué...

Autour du lit d'un mort, il est d'usage de se bien tenir et d'oublier les problèmes qui vous divisent. Mais autour du lit de mort de Bréchu, on commençait à s'entre-regarder avec hargne et suspicion. Pour l'instant, on continuait de se taire, mais les mots n'étaient pas loin. Le ton même du silence avait changé. On peut même dire qu'il commençait à monter. Et va savoir, on aurait fini par en venir aux mains dans la cabane mortuaire d'un homme qui avait tellement d'amis que quelqu'un avait tenu sa mort secrète pour avoir la joie d'être le seul à lui rendre un dernier service.

C'est alors que se produisit quelque chose qu'on a rarement l'habitude de voir dans une cabane mortuaire. Je dis « rarement » par souci de vérité, mais je suis à peu près persuadé que jamais quelque chose d'approchant n'est arrivé dans quelque chambre mortuaire que ce soit.

Et pourtant, nous sommes une quarantaine de personnes dignes de foi à avoir été les témoins oculaires de la chose. Et, au début, nous n'en crûmes pas nos yeux. Parce que ce que nous avions cru voir ne pouvait qu'être illusoire. Il nous avait semblé que Bréchu s'agitait.

Or, il est constant qu'un lit de mort n'est pas fait pour qu'on s'y agite, pour quelque motif que ce soit.

Mais quand le défunt non seulement semble s'agiter, mais s'étire, bâille, fait la grimace et se passe à plusieurs reprises la main sur le visage, la stricte honnêteté intellectuelle commande de réviser un jugement porté de bonne foi, mais un peu à la légère.

Car le cadavre de Bréchu, à force de se démener, avait fini par s'asseoir sur son séant. Il avait les yeux grands ouverts et nous dévisageait d'un air encore plus surpris que le nôtre. Le ton de voix qu'il prit pour nous apostropher ne permettait plus de doute sur la réalité de sa résurrection. Il était, après ce bref séjour dans l'au-delà, encore plus hargneux que d'habitude.

— Qu'est-ce que vous fichez là ? dit-il.

Seul Camille osa répondre. Mais à côté de la question :

— C'est-à-dire, fit-il en bredouillant, qu'on ne croyait pas te déranger.

Soudain, le visage de Bréchu s'éclaira et il ne fit de doute pour personne que la mémoire venait de lui revenir.

— Vous êtes bien braves, dit-il, il ne fallait pas vous déranger pour moi.

Et, bien que ce ne fût ni le lieu ni le moment, il éclata de rire.

— J'en tenais une sévère hier soir, dit-il avec ravissement.

— Ça, on peut le dire, fit Loule de Sylveréal, qui manqua une fois de plus une bonne occasion de se taire, lui qui n'avait même pas été le témoin de cette pistache historique.

Mais Bréchu ne parut pas entendre la remarque.

— J'ai même cru, poursuivit-il, que je ne passerais pas la nuit. J'avais dépassé la mesure. Logiquement, quelque chose devait me péter dans le cœur ou dans la tête. Alors, comme il me restait encore de la force, j'ai fait un peu de ménage et je me suis fait la toilette à fond. Puis j'ai changé de chemise et j'ai mis le beau costume.

— Mais pourquoi, dit Loule de Sylveréal qui, décidément, ne comprenait rien à rien, tu as fait tout ça ?

Bréchu avait retrouvé toute son énergie vocale :

— Pourquoi ! Pauvre nifle... Pourtant, tu devrais savoir que je n'ai jamais aimé déranger le monde et que, dans la vie, je me suis toujours débrouillé tout seul...

Loule se crut obligé de conclure :

— En somme, on est venu pour rien...

— Non, dit Bréchu. Et même je peux dire que c'est le ciel qui vous envoie. D'abord parce que si vous n'aviez pas fait tant de bruit, peut-être je me serais jamais réveillé.

— Et ensuite ? demanda Loule.

— Ensuite, parce qu'il n'est pas encore tout à fait deux heures de l'après-midi et que nous avons juste le temps de prendre l'apéritif...

La proposition étant adoptée à l'unanimité, on se hâta de faire la route mais, avant de sortir, Bréchu, s'il négligea comme d'habitude de fermer sa porte à clef, n'oublia pas de souffler les deux bougies qu'il avait allumées de chaque côté de son lit de mort.

Chemin faisant, Bréchu avait pris Camille par le bras.

— Merci quand même ! dit-il.

— Ce n'est rien, dit Camille. Mais il y a une question que je voudrais te poser.

— Personne ne t'en empêche, dit Bréchu, déjà rébarbatif.

— Tu promets de ne pas te mettre en colère... Oui... Bon... Eh bien, les yeux... Je voudrais savoir qui les a fermés.

— Personne, dit Bréchu avec le plus parfait naturel. Parce que moi, dès que je m'allonge, j'ai les yeux qui se ferment tout seuls.

2

Baptiste-Marie, quand vous l'aviez vu une fois, vous le vouliez tout. Pourtant, il avait adopté le genre bourru. Mais uniquement avec les gens qu'il ne connaissait pas. D'abord parce que sous ses airs de tranche-montagne et sous sa colossale apparence, il était timide comme une belette. Ensuite parce qu'il ne tenait pas spécialement à se faire de nouveaux amis.

Il en avait déjà trop.

En Camargue, où pourtant on passe sa vie à se retirer et à se rendre le bonjour, son nom ne suscitait que des sourires heureux. Il faisait l'unanimité.

C'était bien lui le plus beau. Toujours le sourire. Toujours prêt à rendre service, à payer de sa personne et à mettre tout son temps à la disposition de quelqu'un qu'il n'avait pas vu depuis des années, ou qu'il ne connaissait que de la veille. Et toujours le mot aimable :

— Ah ! Madame Escourbias, que je suis heureux que votre petit ait réussi à son C.A.P. de mécanicien.

— Ah ! Madame Clamour, on vient de me dire que juste vous veniez d'être grand-mère et vous ne pouvez pas savoir quel plaisir ça me fait.

— Eh bien, ma belle Juliette, ce mariage, c'est toujours pour vendredi ?... Alors tu permets que je te fasse la bise.

Si Baptiste-Marie s'était lancé dans la politique, il n'aurait peut-être pas fini président de la République (ce qui est d'ailleurs dommage), mais il aurait sûrement fait son chemin. Et, en tout cas, il aurait bénéficié du soutien inconditionnel de l'électorat féminin.

— Il a l'air un peu brusque, mais il est si brave !

— Il n'a pas toujours la chemise bien repassée, mais il a si bonne façon !...

— Il lui arrive de dire des gros mots, mais qu'il est bien élevé cet homme !...

Oui, des gros mots parfois, mais jamais une parole déplacée. Toujours galant, aussi bien avec les vieilles dames qu'avec les jeunes personnes. Mais dans les limites de la plus stricte bienséance (du moins en public). De l'enjouement, mais de la réserve. Du compliment, mais plein de tact. Beau petit, mais sans ostentation. Il y avait en lui, pour surprenant que cela puisse paraître, quelque chose d'anglo-saxon, tant il mettait d'application à ne pas faire étalage de ses qualités.

Dès qu'il eut terminé son service militaire, il fut considéré comme le gendre idéal et continuait de l'être jusqu'aux approches de sa cinquantième année.

Pourtant, il demeurait obstinément célibataire.

Ce n'était pas néanmoins un célibataire de vocation et il n'aurait pas demandé mieux que de fonder un foyer. Il faillit d'ailleurs en fonder un, et je vous raconterai la chose quand le moment sera venu. Mais il négligea toujours de régler un détail préalable auquel ses éventuelles belles-mères semblaient tenir énormément : trouver une *situation*.

Or, à trente ans passés, Baptiste-Marie Bréchu continuait de vivre sans rien faire de précis. Pourtant, il n'était pas plus paresseux que la moyenne et il avait l'esprit plus ouvert que certains diplômés qui avaient abordé l'existence avec un gros bagage intellectuel.

Quelle que soit la branche qu'il aurait choisie, il aurait sûrement connu le succès, si grandes étaient ses facilités d'adaptation et la vivacité de ses jugements.

Au fond, ce devait être la multiplicité de ses dons qui l'avait empêché de choisir une profession déterminée. Mais les cadeaux que le ciel lui avait faits à sa naissance n'étaient pas le seul motif de sa joyeuse inaction. Elle avait une raison plus précise.

Baptiste-Marie, sans le faire le moins du monde exprès, avait trouvé un moyen de gagner sa vie sans effort. Un moyen singulier, mais parfaitement honorable.

Ce n'était pas exactement un métier. Ne disons pas non plus que c'était un sacerdoce. C'était quelque chose à mi-chemin entre les deux. Profession non encore définie par le code du travail et qu'il était, à ma connaissance, le premier et le seul à exercer.

Pour vous faire comprendre de quoi il s'agit, je dois recourir au vocabulaire taurin.

J'en demande pardon à ceux qui connaissent déjà le sens de l'expression taurine « donner la sortie ». Mais tout le monde n'a pas la chance d'être né dans un pays de bouvine et, à ceux-là, je donne l'explication à laquelle ils ont droit, vu la médiocrité de leurs origines géographiques.

Mais il va leur falloir faire un effort d'imagination.

Supposez que vous êtes dans l'arène et que le taureau est précisément en train de vous charger dessus. Vous n'avez pour vous défendre que votre cape ou votre muleta. Au moment où vous allez être pris et encorné, vous écartez le fauve en l'incitant à suivre le chiffon que vous tenez dans les mains plutôt que de s'obstiner à vous transpercer, ne fût-ce que le gras de la cuisse.

C'est ce qu'on appelle « donner une sortie ». Il se peut que vos réflexes n'aient pas été assez prompts pour détourner la charge du fauve. Alors, un de vos aides, qui ne quitte ni vous ni votre adversaire du regard, déploie sa cape et « donne la sortie » à votre place.

Et vous vous retrouvez indemne et passablement soulagé.

Voilà, maintenant vous savez tout...

Eh bien, pendant plus de soixante-dix ans et jusqu'à la veille de sa mort, Baptiste-Marie exerça de façon bénévole et gracieuse la surprenante profession de « donneur de sortie auxiliaire ».

Pourtant, jamais il ne participa à une corrida. Ce n'était pas qu'il fût le moins du monde effarouché par la corne et, quand on triait les bêtes pour une course provençale, il donnait volontiers la main au manadier et à ses gardians.

Mais son métier de « donneur de sortie », il l'exerçait en appartement et se rendait à domicile pour accomplir sa mission.

Cela aussi exige explication.

Mais explication prudente, car le sujet est particulièrement délicat...

*
* *

Je tiens avant tout à déclarer solennellement qu'en Camargue tous les époux sont de bons époux, qu'ils adorent leur femme, qu'ils ne lui manquent jamais d'égard, qu'ils l'entourent de toutes les attentions voulues, qu'ils sont aux petits soins pour elle et que si, parfois, ils lui rappellent un peu durement qu'elle aurait intérêt à ne pas s'évader de sa condition de femme, c'est dans son intérêt et celui de leur ménage.

Je le répète néanmoins, ce sont les meilleurs maris de la terre, mais il leur arrive parfois de s'attarder à l'apéritif. Ils n'y mettent pas malice. Mais entre amis, le temps passe vite et ils s'aperçoivent tout d'un coup qu'il va être dix heures du soir et qu'on les attend à la maison depuis huit heures, et qu'ils vont avoir un moment pénible à passer. Et qu'en plus ils n'auront rien à dire de convaincant pour leur défense.

Je ne sais pas qui eut le premier l'idée. Si ce fut Escourbias, Auberge ou Clamour ; en tout cas, l'un de ces trois-là (ou un autre) dit un soir à Bréchu :

— Je t'en supplie, Baptiste, raccompagne-moi jusqu'à la maison.

— Et pourquoi je te raccompagnerais ?

— Tu n'as rien de mieux à faire.

— D'abord, j'ai encore soif et, ensuite, si je te raccompagne, ta femme va me faire les brigues.

— Il n'y a pas de raison. Tu n'es pas marié avec elle, et à toi elle pardonne tout.

Bréchu n'avait discuté que pour le plaisir de se faire un peu désirer.

— Ça prouve bien qu'elle me connaît pas, disait-il en riant.

— Alors, tu viens ou tu viens pas ?

— Bien sûr que je viens ! Mais qu'est-ce que je devrai lui dire à ta femme ?

— Rien... Tu lui dis rien... Juste tu me « donnes la sortie »...

Baptiste-Marie n'aimait rien tant qu'obliger son prochain, mais, la première fois qu'il accompagna son ami pour détourner sur lui la colère d'une épouse impatiente, il avait le trac. Alors, il sortit le grand jeu et donna toute la mesure de son charme et de son éloquence. Il expliqua longuement que ce retard lui était entièrement imputable. Il demanda pardon. Il promit de ne jamais plus recommencer.

Il fut sublime et, chez Camille, au *Bar du Gabian*, il fut accueilli le lendemain comme bienfaiteur de l'humanité (ce qu'il était d'ailleurs).

Et désormais, aux Saintes-Maries, les époux qui s'étaient mis en situation de déchaîner le courroux de leur compagne bien-aimée ne rentrèrent chez eux que flanqués de Baptiste-Marie, pour qu'il détourne sur sa robuste personne des imprécations qui ne lui étaient pas primitivement destinées mais qui s'amoncelaient depuis des heures et devaient finir par tomber sur quelqu'un.

Il arriva qu'on vint le chercher du Sambuc, d'Albaron et même d'Arles. Mais c'était dans des cas particulièrement graves et apparemment sans espoir. Le cas, par exemple, où un époux irréprochable avait, à la suite d'un fâcheux concours de circonstances (ou seulement de ce que nous appelons un « coup de quéquette de fada »), négligé de rentrer chez lui depuis une semaine ou deux. Et même dans des conjonctures aussi hasardeuses, Baptiste-Marie réussissait presque toujours à désarmer la plus rébarbative. Dans la plupart des cas, on le retenait à dîner et le couple, un instant ébranlé par le séisme, se retrouvait plus uni et plus ferme que jamais.

Et si vous en trouvez qui vous disent que Bréchu ne se contentait pas de rétablir la paix des ménages par la seule vertu de sa présence, de son sourire et de son éloquence, mais qu'il lui arrivait de payer encore plus précisément de sa personne, à ceux-là vous direz qu'ils auraient mieux fait de se taire.

Mais je ne vous ai pas dit de les traiter de menteurs.

En tout cas, vous ne retrouverez plus personne pour vous dire que Baptiste-Marie faisait payer les services qu'il rendait par pur amour de son prochain et pour le simple plaisir de lui être agréable.

Oui, Bréchu était parfaitement désintéressé dans l'exercice de son métier de raccommodeur de faïence humaine.

Seulement, il n'avait pas affaire à des ingrats. Les Camarguais ont des défauts, mais l'ingratitude n'en fait pas partie.

Il serait parfaitement malhonnête (et en plus entièrement inexact) de dire que Bréchu fit fortune en « donnant la sortie » à tous ceux qui réclamaient son aide. Il agissait par pur élan du cœur.

Mais la générosité, en Camargue du moins, est le plus rentable des placements. Baptiste-Marie pouvait être assuré jusqu'à la fin de ses jours de ne jamais connaître la privation. Jamais on aurait laissé un aussi brave homme mourir de soif, ou manquer d'argent de poche.

Et Camille disait, quand Bréchu n'était pas là :

— Jamais vous ne serez assez brave avec lui. Parce que non seulement il vous a rendu des services inestimables, mais s'il ne s'est pas marié, c'est de votre faute...

— Comment de notre faute ? protestait le chœur des obligés de Bréchu.

— Eh oui, bande de criminels, vous ne lui avez montré que les mauvais moments de la vie de famille. Alors, entourez-le de toute votre affection, vous qui l'avez condamné à la solitude...

Oui, c'est là une explication du célibat de Bréchu et de sa parfaite misogynie. Et elle n'est pas entièrement fausse.

Mais la vraie, je crois être le seul à la connaître.

Le moment n'est pas encore venu de vous la révéler. D'ailleurs, je ne suis même pas sûr que je vous la révélerai un jour.

Parce que je ne sais pas encore si Bréchu est d'accord.

*
* *

En dehors de ses fonctions de « donneur de sortie », mon ami Baptiste-Marie Bréchu eut l'occasion, dans sa longue existence, d'exercer des métiers moins pittoresques mais fort utiles aux hommes. Métiers très différents les uns des autres, dans lesquels il réussissait à merveille mais qu'il abandonnait dès qu'ils n'avaient plus rien à lui apprendre. Il avait reçu de naissance presque tous les dons de Dieu.

— Mais, disait-il, le plaisir d'un métier risque de s'user à la longue, et d'user celui qui s'y emprisonne. Et au fond, si tu les suis d'un peu près, il n'y en a qu'un qui résiste : c'est celui de rentier.

Pendant près d'une année, il fut néanmoins représentant qualifié d'une profession délicate...

*
* *

Mais reprenons les choses au commencement, car avant de parler de cette activité nouvelle, il convient que vous sachiez que même aux approches de la soixantaine, Bréchu ne donnait plus seulement « la sortie » aux maris soucieux de ne pas avoir les oreilles offusquées par les criailleries de leur femme, mais à tous les êtres éprouvant une quelconque difficulté d'être.

Ses nouvelles fonctions s'apparentaient aux premières, mais elles couvraient un secteur plus vaste.

En gros, il servait d'alibi en tous genres.

— Où tu étais donc ?

— Avec Bréchu.

— Et c'est pourquoi tu es ivre mort ?

— Ce n'est pas moi. C'est Bréchu...

— Tout le monde t'a vu entrer chez cette pute de Rosa !

— Demande à Bréchu. Ce n'est pas moi. C'est lui !

Baptiste-Marie, n'ayant de comptes à rendre à personne, acceptait qu'on le mît dans des situations impossibles et reconnaissait même, au mépris de l'évidence, qu'il avait pris le même soir, à la même heure, trois cuites dans trois endroits différents, qu'il avait passé l'après-midi à jouer aux cartes avec Escourbias au *Bar du Gabian* et à pêcher le maquereau avec Clamour dans son pointu *Le Sensible*, alors que ces deux sacripants faisaient la sieste coquine avec des coiffeuses de Saint-Gilles dont c'était le jour de sortie. Ce n'était même pas la peine de le prévenir. Il était d'accord à l'avance et dans quelque situation qu'on l'eût mis et quel que soit le rôle déplaisant qu'on lui eût fait jouer, il confirmait la version officielle des faits et n'en démordait pas, même si on lui administrait la preuve du contraire.

— Mais enfin, Bréchu, tu étais en même temps au phare de la Gachole avec Esprit et chez Bob au *Petit Antonelle*. A qui tu pourrais faire croire un mensonge pareil !

— A tout le monde ! disait Bréchu.

— Mais pas à moi !

Alors, Bréchu haussait les épaules et disait, prenant tous les spectateurs à témoin :

— Ne prêtez pas attention à ce qu'il dit, c'est un original... Il ne fait pas comme tout le monde !

Il n'avait jusqu'ici pas couru grand danger et si quelque cocu sans jugement se fût avisé de ne pas être entièrement convaincu par la fermeté de son témoignage, Bréchu l'aurait sûrement conduit par d'autres moyens à réviser son jugement.

En revanche, les services qu'il rendait spontanément à ceux de ses amis qui éprouvaient quelque embarras à assurer leurs échéances, payer leurs traites, ou à étendre leurs affaires, risquaient de lui attirer les plus graves ennuis, même dans une région où les défenseurs de la loi sont souvent plus humains que partout ailleurs. Mais, comme il n'y mettait pas malice, il n'imaginait pas qu'on pût lui demander un jour des comptes, sous prétexte qu'il était plus gentil que la moyenne et qu'il servait de prête-nom à des opérations dont il ne soupçonnait pas qu'elles fussent aussi délictueuses que certains le prétendaient.

Or, même en Camargue, il se glisse parfois des brebis galeuses et il se trouva quelqu'un, qui ne mérite même pas que je rapporte son nom, pour abuser de son innocence financière, bancaire et fiscale.

On lui avait dit si souvent : « Sois brave... signe-moi ce papier et bois un coup !... » que non seulement il ne lisait pas ce qu'il signait, mais qu'il ne demandait pas pourquoi on avait besoin de sa signature. Il éprouvait au contraire une grande joie, lui qui ne possédait rien, à sauver un ami de la ruine, à lui permettre d'attendre des jours meilleurs, ou même à l'enrichir simplement en écrivant son nom, qui ne valait pas trois sous, au bas d'un morceau de papier.

Or, voilà soudain que le malheur et l'infamie s'abattent sur lui.

Ce qu'il avait fait au juste, je ne l'ai jamais très bien compris, car je n'entends guère plus que lui la chose juridique et financière. Un fait est certain, un malhonnête homme qu'il connaissait à peine avait abusé de sa bonne foi et lui faisait porter la responsabilité d'une escroquerie dans laquelle il n'était pour rien.

Les choses avaient été si sournoisement menées que Bréchu risquait, non pas ses économies, car il n'avait pas eu jusqu'ici l'occasion d'en faire, mais sa réputation, son honneur et sa liberté.

Aux yeux de la loi (qui a souvent la vue basse), c'était lui l'auteur de la filouterie commise par un autre.

Bréchu, personnellement, n'aurait pas pris cette péripétie au tragique. Il était si parfaitement sûr de n'avoir rien fait de mal qu'il pensait n'avoir pas à redouter la justice de son pays.

C'est l'inquiétude de ses amis qui l'alarma. Ses yeux s'ouvrirent et la gravité de la situation, soudain, lui apparut. Il passa brutalement de la parfaite sérénité au profond désarroi. Et lui, dont la seule vue réconfortait les plus affligés, offrait maintenant le spectacle même de la désolation.

— Tu devrais, lui dit Camille, aller voir Me Bontoux, du Barreau de Tarascon.

— Mais je ne le connais pas, gémit Bréchu... Il ne voudra jamais recevoir un pauvre pétrousquin comme moi !

— Les avocats, répondit sentencieusement Camille, c'est comme les dentistes ; tu n'as pas besoin de les connaître pour te faire arracher une dent.

Bréchu hésitait encore, mais le jour où il reçut une convocation du juge d'instruction l'invitant à « comparaître », il se décida à se faire conduire à Tarascon dans la voiture de ce même brave ami qui l'amenait tous les vendredis faire ses « courses » à Bellegarde.

Et voilà pourquoi, ce samedi après-midi-là, il se trouvait dans le bureau de Me Bontoux, avocat au Barreau de Tarascon.

Il fallut à Me Bontoux infiniment de patience et d'attention pour suivre son récit. D'abord, Bréchu n'avait pas l'habitude de parler en public. Ensuite, l'indignation l'étouffait.

— C'est un opprobre, disait-il.

— Mais enfin, de quoi s'agit-il au juste ?

— D'un opprobre caractérisé... Mais je me laisserai pas faire !

— Je suis précisément là pour vous aider.

— Vous croyez que des choses comme ça devraient être ?

— Mais quelles choses ?

Au bout d'une demi-heure, Me Bontoux n'avait pas encore une vue claire et complète de la situation, mais il avait acquis la certitude morale que son client était un brave homme et qu'il avait été victime d'une escroquerie.

— Nous allons vous tirer de là, dit-il d'un ton rassurant.

Que se passa-t-il dans l'esprit de Baptiste-Marie ?

Le sentiment de l'injustice dont il était victime avait éveillé en lui de la colère. La cordialité affectueuse de Me Bontoux le fit s'attendrir sur lui-même.

— On n'avait pas le droit, gémit-il, de faire une chose pareille à quelqu'un d'aussi brave que moi !

Et, tout d'un coup, sans crier gare, il éclata en sanglots. Me Bontoux ne savait plus où se mettre et se rongeait les ongles, ce qui ne lui était pas arrivé depuis l'école communale, pour se donner une contenance. Un brave homme de plus de soixante ans qui pleure devant vous, sans retenue, en proie à un chagrin d'enfant, c'est un spectacle difficilement soutenable.

— Voyons, disait Me Bontoux, ne pleurez pas !... Ressaisissez-vous !... Puisque je vous dis que je vais arranger ça.

Mais les larmes de Baptiste-Marie redoublaient.

Alors, Me Bontoux fit de son mieux pour adopter une attitude indifférente. Il dévissa le capuchon de son stylo et, du ton le plus neutre qu'il put prendre, il s'enquit :

— Avant tout, Monsieur, j'aimerais connaître votre identité.

L'avocat comptait, par la sévérité du maintien et l'indifférence du ton, impressionner Bréchu et le distraire de sa peine. A l'inverse de ce qu'il escomptait, elles la renforcèrent.

— Je suis Bréchu, des Saintes, parvint à dire Baptiste-Marie, en hoquetant et reniflant.

— Profession ? demanda Me Bontoux, toujours aussi apparemment impassible.

— Castraïre !

Les Parisiens disent « castreur » ou « châtreur », ou « hongreur ». Mais il n'y avait rien dans ce mot qui put expliquer le changement si complet dans l'attitude et le comportement de Baptiste-Marie.

Il s'était arrêté subitement de pleurer. Il ne reniflait plus. Et une manière de sourire était apparue sur ses lèvres. Et il y avait de l'amusement dans ses yeux encore humides de ses premières larmes d'homme. Sa voix même était pleine de cette gaieté que donne la découverte de la drôlerie des choses.

— En somme, dit-il, nous faisons un peu le même métier.

Et, cette fois, il se mit à rire franchement.

— Le même métier, répondit Me Bontoux, avec perplexité.

— Et pardi, fit Bréchu, vous comme moi, ce sont les couillons qui nous font vivre !

Ayant dit, il se remit à pleurer.

*
* *

Me Bontoux parvint à arranger les choses. Mais Bréchu avait ressenti une telle émotion que jamais plus il n'apposa sa signature sur quelque document que ce soit.

Pas plus sur sa feuille d'impôts que sur sa carte d'électeur.

Et il fut, pour un temps, si fâché avec le reste de l'humanité qu'il cessa brusquement de pratiquer son beau métier de « castraïre », simplement, n'ayons pas peur des mots, pour emmerder le monde.

*
* *

Il y eut toutefois, dans la vie de Baptiste-Marie, une profession qu'il parvint à exercer pendant cinq années de suite. Il fut garde assermenté dans la Réserve zoologique et s'il n'attendit pas la retraite ce ne fut pas par décision de ses supérieurs, mais de son propre chef et à la suite d'un certain nombre de petits incidents que je vais entreprendre de vous narrer.

Certains affirment que s'il a quitté un poste où il n'avait qu'à se laisser vivre, c'est à la suite d'un différend survenu entre lui et le directeur de la Réserve, homme plein de savoir et de bonne volonté, mais Parisien, d'origine lyonnaise.

Bréchu a tenu à rétablir la vérité sur les incidents survenus entre son patron et lui. Et l'on verra qu'ils n'étaient pas d'une gravité suffisante pour justifier sa démission.

— Pourtant, me dit-il, cet homme-là, il avait tout contre lui. D'abord son accent. Et, surtout, ne me prends pas pour quelqu'un d'intolérant.

— Je m'en garderais bien, dis-je, en essayant de rester impassible.

Bréchu avait vu l'ironie de mon regard. Mais il était, par hasard, d'humeur sereine et se contenta de hausser les épaules.

— Je sais comment je suis, dit-il. Mais je suis bien obligé de reconnaître que si on est né à la Mulatière, il est difficile de parler de la même façon que moi qui suis né à bord du bac de Barcarin, le jour où ma mère a tenté de traverser le Rhône pour aller accoucher à l'hôpital d'Arles. Il vaut mieux d'ailleurs qu'on n'essaie pas. D'abord cela ne paraîtrait pas naturel. En plus, ce serait malhonnête.

Jamais je n'avais vu Bréchu faire un tel effort de compréhension à l'égard de son prochain. Mais il n'alla pas plus loin dans la voie de l'indulgence.

— Reconnais tout de même, continua-t-il, que l'accent parisien de ce Lyonnais, ça lui faisait forcément du tort dans nos régions, surtout avec le poste qu'il occupait.

Il était tellement parisien, cet accent, qu'il n'avait pas l'air vrai !...

Mais cet accent, à la longue, peut-être on aurait pu s'y faire. Bien sûr, on l'aurait toujours remarqué, mais il aurait finalement cessé d'agacer les oreilles et de faire mal aux dents de tous ceux qui l'écoutaient...

Mon ami Galibert, que pourtant tu ne peux pas imaginer plus camarguais que lui, disait même :

— Ça change un peu... ça fait une distraction... C'est un peu comme une musique venue d'un autre monde...

Et même moi, à la longue, j'y prêtais plus attention.

Seulement voilà. En plus de son accent bizarre, cet homme-là, dont je vous parle, avait un nom impossible à prononcer.

Voyant Bréchu si décontracté, je me permis de demander quelques précisions :

— Qu'est-ce qu'il avait d'impossible le nom de ce brave homme ?

J'aurais mieux fait de me taire car Bréchu commença de donner les premiers signes d'un violent agacement rétrospectif.

— D'abord, proclama-t-il, c'était un nom à rallonge.

Tu me diras qu'en Camargue, les noms à rallonge, ce n'est pas ce qui manque. C'est même une spécialité locale...

Il n'y avait ni hargne ni mépris dans la voix de Bréchu, pourtant j'ai rarement connu plus ardent républicain que lui.

Il poursuivit, pesant ses termes et mesurant le ton :

— Nous n'avons pas de préjugés, nous autres. Nous demeurons persuadés qu'on peut avoir un nom à rallonge et rester quand même quelqu'un de fréquentable.

Seulement dans son nom à celui-là, des rallonges, il y en avait trop. Et rien que pour lui dire bonjour, tu avais trois fois le temps d'oublier pourquoi tu étais venu le voir.

Il faillit s'énerver, mais parvint à se contenir.

— Heureusement, dit-il, celui dont je te parle avait un prénom comme tout le monde. Il s'appelait Henri.

Alors on lui disait : « Monsieur Henri. »

Et je reconnais que, même avec un prénom si ordinaire, il avait si grande allure que les plus hardis levaient la casquette avant de lui adresser la parole...

— Mais alors ce n'était pas, comme on me l'a dit, le mauvais homme.

— Ceux qui t'ont dit ça sont des imbéciles. Non seulement il avait grande allure, Monsieur Henri, mais vraiment il n'était pas fier. En Camargue tous les gens intelligents te le diront, Monsieur Henri, c'était quelqu'un, que, s'il n'avait pas été déjà marié, tu aurais pu lui accorder la main de ta fille sans crainte de tirer un mauvais numéro...

Et Galibert, qui est encore plus pétardier que moi et que j'ai jamais entendu faire de compliment sur personne, disait de lui :

— Monsieur Henri, c'est la crème !... Et celui qui n'est pas d'accord, c'est un âne !...

Et il n'avait pas entièrement tort.

Poli, charmant, toujours le mot qui fait plaisir, généreux, souriant. Quand vous l'aviez vu une fois, vous le vouliez tout !... De sorte qu'en Camargue, Monsieur Henri, malgré son accent, son nom à rallonge, son grand air, n'avait que des amis. Il avait été adopté par tous... Même par moi.

Je crus devoir protester.

— Ce n'est pas du tout ce qu'on m'a dit.

Quand il était sur le point de se mettre en colère, Bréchu se lissait les sourcils, comme d'autres les moustaches.

— Je sais d'où ça vient, dit-il. Il y a des gens qui pensent que je suis un mauvais coucheur...

— Mais tu en es un, dis-je...

Il n'explosa pas. Il sembla, au contraire, se rasséréner.

— Je suis peut-être un mauvais coucheur, dit-il, mais j'avais pour Monsieur Henri beaucoup d'estime et de sympathie. Et j'étais prêt à lui rendre n'importe quel service.

— Pourtant vous n'étiez d'accord sur rien.

— Peut-être. Mais c'était uniquement une question de principe. Pour le reste, je n'avais absolument rien contre lui.

Je reconnais que c'était un excellent homme. Je dis même qu'il y a bien des Camarguais qui ne le valent pas.

— Alors, je ne vois pas où elle est la question de principe.

— La question, elle est claire : que tu le veuilles ou non, Monsieur Henri n'était pas d'ici.

— Il n'était pas d'ici, mais tu as dit toi-même qu'il n'y avait pas plus brave.

— Ce n'est pas le problème.

— Cet homme-là, il pouvait me demander ce qu'il voulait, mais puisqu'il n'était pas d'ici, il n'était pas d'ici...

Il hocha la tête.

— Il y a eu un moment, avoua-t-il, où j'ai failli croire qu'il finirait pas s'acclimater pour de bon. Mais après notre fameuse promenade autour du Vaccarès, j'ai bien vu qu'il n'y avait rien à faire.

Je n'avais jamais entendu parler de cette fameuse promenade et je le dis à Bréchu. Il en éprouva une satisfaction amère.

— Ça, naturellement on te l'a pas raconté ! Eh bien, moi, je vais te dire comment les choses se sont passées.

Monsieur Henri, il habitait la Camargue depuis près de vingt ans, mais il n'était jamais monté sur un cheval. Il en mourait d'envie. Seulement, malgré ses grands airs, il était d'un naturel timide et, surtout, il craignait qu'on se moque de lui.

Galibert avait deviné son désir depuis longtemps et il faisait semblant de ne pas s'en être aperçu. Mais comme, au fond, il était brave, il finit par dire à Monsieur Henri :

— Pourquoi ne viendriez-vous pas, avec nous, dimanche prochain ? Nous allons jusqu'aux Rièges, à cheval !

— Mais je ne sais pas monter, avoua Monsieur Henri en rougissant.

— On vous donnera une bête que même un nouveau-né s'y tiendrait sans danger.

— Je ne voudrais pas vous déranger !

— Nous déranger ! Mais vous voulez rire ! C'est un plaisir pour nous. Je dirai même que c'est un honneur !

Nous avons tous approuvé. Même moi.

Et, un dimanche matin, Monsieur Henri partit pour sa première chevauchée.

A un Parisien ordinaire, on aurait naturellement confié un cheval ombrageux pour qu'on puisse se divertir un peu à ses dépens. Mais on ne faisait pas de pareilles farces à un si brave homme. Et on avait veillé à ce que sa monture soit aussi brave que lui.

— Tu étais de la promenade ?

— Oui et j'ai quand même eu une grande surprise quand j'ai vu Monsieur Henri sortir de sa poche un vaporisateur.

— C'était du parfum ?

— Non. Ce n'était pas du sent-bon. Je dirais même que ça puait de façon ordinaire. C'était un produit américain pour chasser les moustiques. Il les craignait, cet homme !

— Il n'est pas le seul à les craindre !

— Ce qui prouve bien qu'il n'est pas d'ici. Mais je n'ai rien dit. Et j'ai eu du mérite. Parce que, je te jure, que ça fait drôle de voir quelqu'un vaporiser la crinière de son cheval après s'être vaporisé la nuque et les joues. Le cheval, logiquement, il aurait dû s'emballer. Mais il était vraiment brave. Il ne s'est pas fâché. Il a juste piqué un galop d'agacement qui n'a pas suffi à faire tomber Monsieur Henri de la selle.

Et pour te dire à quel point je n'étais pas fâché avec cet homme, je lui ai glissé le mot aimable !

— J'ai du mal à croire que vous n'avez jamais fait de cheval, vous vous défendez très bien.

— Vous êtes trop gentil.

— Mais non, je vous assure que vous avez de l'assiette...

Et j'ai même ajouté :

— Pour quelqu'un qui n'est pas d'ici, c'est assez rare !

— En somme tout allait bien.

— Jusque-là, oui. Mais c'est Galibert qui a tout abîmé. Il m'a fait un affront.

— Galibert ?

— Voueï. Il a dit : « Bréchu, je t'aime bien, mais avec ton "pas d'ici", tu commences à nous pomper l'air... »

— Il a dit ça ?

— Voueï... Et j'ai bien vu que son avis était partagé par tous les autres cavaliers. D'ici ou pas d'ici, Monsieur Henri était un des leurs.

Alors je n'ai plus ouvert la bouche. Je suis un démocrate, tu le sais, et du moment que la majorité s'était prononcée contre moi, il ne me restait plus qu'à me taire...

Et la promenade a continué. Elle a duré plus longtemps que prévu. Nous sommes restés en selle près de six heures.

Monsieur Henri faisait aussi bonne contenance que possible. Il n'en pouvait plus, il ne voulait pas le reconnaître. Quand il est descendu de cheval, Galibert lui a demandé :

— Alors, pas trop fatigué ?

Monsieur Henri a eu un sourire héroïque et, en se massant le cou, il a dit :

— Dans l'ensemble ça peut aller. Mais j'ai la nuque qui me fait mal...

Et c'est là que je me suis fâché pour de bon...

— Et pourquoi ?

— Je m'étais pourtant bien promis de ne plus rien dire. Mais là, je n'ai pas pu tenir. J'ai éclaté. Et j'ai pris tout le monde à témoin :

— Vous voyez bien qu'il n'est pas d'ici, cet homme ! j'ai dit.

— Encore, a grogné Galibert.

En principe je n'interviens pas dans les histoires de Bréchu. Mais comment s'empêcher de lui faire remarquer que son « pas d'ici » tournait à l'idée fixe et qu'il avait un peu tendance à répépier.

— Peut-être je répépie, a fait Bréchu, mais j'ai quand même tenu à dire à Monsieur Galibert que les gens d'ici quand ils avaient fait six heures de cheval d'affilée, ce n'était pas à la nuque qu'ils avaient mal.

Évidemment, j'ai ri, mais j'ai quand même demandé :

— C'est la raison pour laquelle tu as dû quitter ton poste dans la Réserve ?

— Mais pas du tout. Si je t'ai raconté cette anecdote c'est juste pour te montrer qu'il n'y avait rien de grave entre Monsieur Henri et moi.

— Alors pourquoi es-tu parti ?

— Parce que j'avais mes raisons !

— Et on ne peut pas les connaître ?

— Non.

Et au moment où il refusait de me livrer son secret, il regardait droit dans les yeux et changeait brusquement d'avis.

— Eh bien, je vais te le dire à toi pourquoi je l'ai rendu mon insigne de garde. Je l'ai jamais révélé à personne. Mais dis-toi bien qu'à l'époque je savais que c'était une bêtise que je faisais. Mais toi, peut-être tu comprendras pourquoi j'ai tenu à faire ça quand même.

*
* *

Bréchu fonctionnaire d'autorité !

Je suis sûr que certains d'entre vous s'étonnent. Cela ne correspond pas à l'image que vous vous faites de lui !

Mais il y a méprise de votre part. Vous n'avez pas la moindre idée de ce que pouvait être, il y a une cinquantaine d'années, un garde de la Réserve.

C'était un symbole et non pas un exécuteur des basses œuvres. Il n'avait pas été créé pour empêcher les braconniers de vivre. Il n'était là que pour les rappeler à un minimum de décence. Ce qui, d'ailleurs, en ce temps-là, était rarement nécessaire. Car les braconniers de jadis avaient du tact : ils puisaient dans la sauvagine ce qui était nécessaire à leur subsistance et au plaisir de leur aimable clientèle.

Et les gardes n'avaient d'autre mission que de les protéger contre une trop grande fureur de détruire qui aurait risqué de tarir la source de leur alimentation et de leurs revenus.

Et l'on cite certains d'entre eux, aussi consciencieux que les autres, qui n'eurent jamais l'occasion dans toute leur carrière de dresser la moindre contravention.

Sans avoir jamais lu Mao, ils en avaient assimilé la doctrine (ce qui est d'autant plus méritoire qu'à l'époque il ne l'avait pas encore formulée). En tout cas ils se déplaçaient au sein de la population comme le poisson dans l'eau, et braconniers eux-mêmes, ils ne se conduisaient pas en Camargue comme en territoire occupé.

Ils y étaient chez eux au même titre que tous les autres habitants.

Parfois pourtant les gardes se piquaient au jeu. Car ils n'aimaient pas qu'on se paie leur figure. Pas plus que les autres Camarguais, mais pas moins. Et Bréchu encore moins que n'importe lequel. Il savait fermer les yeux quand on le lui demandait gentiment, ou tourner le dos pour ne pas voir ce qu'il aurait été obligé de constater. Mais que quelqu'un le brave ouvertement, pendant tout un hiver, et le regarde droit dans les yeux d'un air de dire :

— Bréchu, tu auras beau te lever matin, mais moi Elzéard Moulon, braconnier de père en fils depuis la création du monde, je te le dis, jamais tu me prendras sur le fait...

C'était pendant l'hiver de 1929 qui fut encore plus terrible que celui de 1956. J'étais très jeune à l'époque, mais ce que j'ai vu, je l'ai vu : des oiseaux, pris en plein vol par le gel, faire un dernier effort désespéré pour agiter leurs ailes, et tomber à mes pieds comme des pierres.

Le Vaccarès était gelé. Il y avait sur les rives des congères encore plus hautes que dans les Hautes-Alpes. Les Camarguais restaient chez eux, devant le feu dans la cuisine, avec leurs poules, leurs cochons et leurs chiens.

Un seul homme continuait de sortir de nuit, par moins trente-cinq, dans la sansouiro prise par le givre et le gel. C'était Bréchu, Baptiste-Marie. Il avait découvert, en bordure du bois des Rièges, une paire de pièges à sanglier, et il savait qu'Elzéard n'hésiterait pas à braver la double pneumonie pour venir les relever. Car il avait repéré un cochon d'au moins deux cent cinquante kilos, un vrai monstre par la prise duquel il entendait couronner sa carrière.

Cela dura cinq nuits.

La première, Bréchu ne vit rien ni personne, et la deuxième nuit non plus. Les animaux eux-mêmes, hébétés par le froid, ne bougeaient pas de leurs tanières.

La troisième nuit et la quatrième il crut pourtant apercevoir une ombre, mais quand il se fut approché en rampant, l'ombre avait disparu, laissant à sa place le frémissement chuchoté d'une fuite légère.

Ce fut la cinquième nuit, juste avant l'aube, au moment où Bréchu ne savait plus si son cœur battait encore et si lui-même dans son ensemble n'était pas entièrement mort de froid, qu'il entendit, au loin, comme un bruit de mitraillade. La glace éclatait à intervalles réguliers, avec un bruit sec.

Ce n'était pas la démarche feutrée d'un renard, ni le glissement soyeux d'un ragondin, qui aurait déclenché un tel vacarme. Ce n'est pas non plus la cavalcade impétueuse d'une harde de sangliers, ou le canter ingénu d'un petit marcassin trop tôt réveillé.

Non. C'était un pas d'homme.

Et même de vieil homme qui avançait d'un pas lourd sur un accompagnement de grommellements, comme sur un roulement de tambour. Puis les grommellements se firent jurons. Ils étaient proférés en provençal qui est une langue qui permet d'insulter le Bon Dieu, son fils, ou sa mère, sans avoir l'air d'être vraiment fâché. En tout cas, cela ressemble plus à une imprécation qu'à un blasphème. Les « pétan de Boun Diou » allaient toutefois se rapprochant et la glace et le givre continuaient d'éclater et de fuser sous les pas du bonhomme.

Baptiste-Marie était sorti de son engourdissement. Soudain il se sentit tout à fait réchauffé. Il avait reconnu la voix d'Elzéard. Le vieux ne prenait aucune précaution. Il se croyait seul dans cette plaine chauve et il parlait à haute voix pour se tenir compagnie. Et il n'était pas content :

— Naturellement, disait-il, je suis sûr que ce ne sera pas pour aujourd'hui. Mais je finirai bien par l'avoir !...

Il était arrivé devant le premier piège.

— C'est bien ce que je pensais, dit-il... Tant qu'il fera un froid pareil, il ne bougera pas... Et ce piège je ferais mieux de l'emmener à la maison... Bréchu est un couillon, mais je me méfie de lui... Allons chercher les autres...

Baptiste-Marie n'en avait repéré que deux. Il y en avait onze en tout. Et, au onzième, quand Elzéard se fut félicité en disant :

— Le compte y est... Il est temps de rentrer à la maison... Il ne va pas tarder à faire jour...

Bréchu se montra et dit d'une voix douce :

— Si ça ne te dérange pas, je vais te faire un brin de conduite...

*
* *

J'avais écouté sans l'interrompre le récit de Bréchu. Mais depuis un instant il s'était tu.

Et ce jour-là il ne m'en dit pas davantage. Et si je m'étais permis de lui faire remarquer : « Cela ne m'explique toujours pas pourquoi tu n'as pas conservé ton emploi de garde ?... » Je n'en aurais sûrement jamais connu la vraie raison.

Il hésita tout un été avant de me la révéler. Et puis un soir, à brûle-pourpoint (et à l'heure de l'apéritif au *Gabian)*, comme s'il poursuivait une conversation commencée la veille, il me dit simplement :

— Tu vois, quand j'ai arrêté Elzéard, j'ai été heureux pendant cinq minutes. Mais tout de suite après j'ai eu honte... Je n'allais tout de même pas faire mettre en prison un brave homme qui avait déjà plus de quatre-vingts ans. Mais il fallait quand même marquer le coup. Je lui ai dit :

— Elzéard, maintenant que je t'ai pris en flagrant délit, je ne peux pas te relâcher.

— Fais ton métier..., il m'a répondu !

Et ce qui m'a vexé, c'est qu'il n'avait pas l'air du tout de m'en vouloir. Alors j'ai poursuivi :

— Je vais minimiser la chose le plus possible. Mais tu auras sûrement une amende.

— C'est normal, il a dit. Mais de toute façon je ne la paierai pas.

— Et pourquoi tu la paieras pas ?

— Parce que je n'ai pas de sous, que j'en ai jamais eu, et que ce n'est pas à mon âge que je vais commencer à en avoir...

Et il me regardait avec un tel air de se moquer de moi que j'ai tout de suite vu qu'il me disait la vérité ! Mais, tu le sais, j'ai jamais aimé qu'on se fiche de moi. Alors je me suis fâché pour de bon. Nous étions arrivés à sa cabane, à la pointe des Frignants.

— Eh bien, je lui ai dit, je vais être obligé de te saisir.

Et là il s'est mis à rire comme jamais de sa vie.

— Sers-toi, il a fait en poussant la porte...

Et tu sais ce qu'il y avait dans la cabane ?

— Pas grand-chose, j'imagine.

— Encore moins... Il y avait un lit et une marmite en terre... Un point c'est tout... Une marmite en terre et un lit... Rien d'autre...

— Même pas une chaise... Un buffet...

— Rien... Si, un verre à moutarde et une bouteille de pastis... Et toujours en se payant ma tête il m'a dit :

— Je sais bien qu'il est encore très bon matin... Mais tu crois pas, qu'après toutes ces émotions nous pourrions nous en offrir un petit... Mais, excuse-moi, nous serons obligés de boire dans le même verre !...

Bréchu poussa un soupir et il n'avait pas l'air fier de lui. Oh, mais alors pas du tout !

— Tu vois ça s'est passé il y a presque cinquante ans et j'en ai toujours un peu honte... Je ne sais pas ce qui m'a pris ! Je lui ai dit : « Il reste les pièges. »

Je n'oublierai jamais l'incrédulité qui a soudain troublé son vieux regard :

— Tu me saisirais mes pièges ?

— Et comment !

— Des pièges que j'ai fabriqués moi-même.

— C'est encore plus grave...

Alors Elzéard s'est servi un verre de pastis et il l'a bu à petites gorgées. Et son visage a repris sa sérénité.

— Les pièges, a-t-il fini par dire, puisque tu les veux, tu les prends. D'ailleurs, comme braconnier je ne suis plus bon à rien... Je n'ai plus les yeux qu'il faut, et je n'entends plus que d'une oreille. Et ce cochon jamais je ne l'aurais attrapé. Il était trop malin pour moi... Alors, les pièges emporte-les vite... Je t'en fais cadeau !

— Non, tu ne m'en fais pas cadeau... Je les saisis !

— Non, a dit Elzéard.

— Et pourquoi je ne les saisirais pas ?

— Parce que ça me fait plaisir de te les donner puisqu'ils ne me servent plus à rien... Mais si tu me les prends, dis-toi bien que ce ne sera plus la peine de m'adresser la parole. Alors comme tu veux, tu fais...

— Et qu'est-ce que tu as fait ?

Bréchu m'a regardé avec tristesse.

— Tu n'imagines pas que j'allais faire un affront à un vieux brave homme comme lui... Même s'il m'avait fait bisquer tout un hiver...

— Alors, tu as pris les pièges.

— Et je l'ai remercié. Et c'est la raison pour laquelle j'ai quitté l'administration... La seule... Je leur ai dit que c'était pour des raisons de convenance personnelle... Ils ne m'ont pas cru, mais ils m'ont laissé partir...

— Et je parie qu'Elzéard et toi, vous êtes devenus les meilleurs amis de la terre...

— Tu me croiras si tu veux, mais je ne m'en souviens pas du tout !

— Pourtant tu as une mémoire infaillible.

— D'ordinaire oui... Mais je pense que pour cette époque-là, j'ai un trou... Si tu passes au Sambuc, tu devrais faire une enquête... Au *Bar du Mouton Blanc*, tu trouveras sûrement des vieux qui se souviennent ! Oui, tu me ferais plaisir si tu y allais... Tu me raconterais, parce que le reste de ma vie, je le connais par cœur... Il y a juste une année qui me manque... J'aimerais que tu me la ramènes... Parce que ce sera bientôt la fin... Je t'en prie... Je sais de quoi je parle. Alors, du moment que je dois m'en aller bientôt, j'aimerais bien partir au complet avec tous mes souvenirs bien à leur place.

*
* *

Eh bien, au Sambuc, j'y suis allé un samedi soir.

Et au *Bar du Mouton*, j'ai rencontré Chanut, Denis Chanut. Nous sommes devenus amis tout de suite. Le coup de foudre de l'amitié. Et lui, il se souvenait très bien de Bréchu et d'Elzéard d'il y a quarante ans.

— Tous les soirs, me dit-il, c'était le grand cinéma. Le scénario était toujours le même. Mais le dialogue changeait chaque fois. En tout cas, c'était la grosse attraction et jamais on s'est couché si tard au Sambuc.

— Que se passait-il au juste ?

— Cela commençait tous les jours à dix-huit heures trente précises. Mais si vous vouliez assister à la représentation, il valait mieux prévenir chez vous que vous ne saviez pas à quelle heure au juste vous rentreriez, et qu'on ne vous attende pas pour passer à table. Car il y avait des fois où le spectacle n'était pas terminé à minuit. Il est arrivé à plusieurs reprises qu'il se prolonge jusqu'à une heure du matin et ce brave Émile a dû mettre tout le monde à la porte. Mais le spectacle s'est poursuivi sur la place en pleine nuit. Il y a eu même une fois où il a continué jusqu'au lever du soleil. Tous les spectateurs avaient été se coucher, mais Elzéard et Baptiste-Marie continuaient la représentation pour leur plaisir à eux.

J'étais passablement intrigué.

— Mais de quoi parlez-vous ?

Chanut a regardé sa montre.

— Tenez, il est juste six heures et demie. Imaginez que la porte s'ouvre. Et qui vous voyez entrer ? Elzéard Moulon en personne. Vous me direz qu'il est mort depuis plus de trente-cinq ans. Mais, à l'époque, il était vivant. Il y voyait plus guère et il entendait juste ce qu'il fallait. Mais il avait toute sa tête... Vous me suivez bien...

— Parfaitement !

— Donc Elzéard entre. Il serre les mains de tout le monde. Il a un mot gentil pour chacun, puis il va s'installer tout seul à l'extrémité du comptoir. Tout seul, là-bas à gauche. Et tous les clients qui étaient alignés le long du comptoir sont allés s'asseoir en emportant leur verre. Et, à sept heures moins dix, Baptiste-Marie fait son entrée sans dire bonjour à personne.

Je m'étais bien promis de ne rien dire, de me faire oublier, mais je ne pus m'empêcher de prendre la défense de Bréchu :

— Vous êtes bien sûr de ce que vous dites ?

— Je vois la scène comme si j'y étais...

Je ne suis pas convaincu :

— Je sais qu'il a toujours été un peu brusque, dis-je. Et il y a quarante ans je ne le connaissais pas. Mais j'ai du mal à croire qu'il ait pu se conduire comme un grossier personnage.

Chanut hoche la tête d'un air approbateur.

— Ça nous avait tous étonnés à l'époque. Il n'avait jamais été comme ça auparavant. Ça l'avait pris deux ou trois mois auparavant...

— Vous ne savez pas au juste quand ?

— La date, non... Mais, du jour où il a démissionné de son poste de garde, il n'a plus été du tout le même...

Je commençais à y voir plus clair.

— Il avait même changé du tout au tout, et lui qui avait des amis, on aurait dit que soudain il s'était fâché avec tous les habitants du

Sambuc. Et vous savez comment sont les gens. Quand ils ne trouvent pas la raison d'une chose, ils l'inventent. Il leur faut une explication.

— Et qu'est-ce qu'ils avaient trouvé ?

— Que c'était un gros hypocrite qui faisait semblant d'être brave. Mais qui en réalité se conduisait sournoisement et faisait ses coups en vache.

— Pourtant ce n'était pas vrai.

— Eh non ce n'était pas vrai, mais un homme qui avait pris la responsabilité de faire des misères à quelqu'un d'aussi brave qu'Elzéard, c'était forcé qu'il se fasse mal juger. On pensait même qu'il avait été mis à la porte de la Réserve pour excès de zèle...

— Et il ne protestait pas ?

— Lui ? Il ne disait rien du tout. Il allait tout seul à l'autre extrémité du comptoir. Tout seul en face de son adversaire.

— Elzéard lui en voulait vraiment ?

— Je n'ai jamais pu tirer l'affaire complètement au clair : les deux hommes se dévisageaient sans rien dire. Et même si cela durait dix minutes, dès qu'ils avaient croisé le regard, les parties de manille s'arrêtaient et tous les yeux étaient braqués dans leur direction. C'était sûr qu'il allait se passer un drame.

— Et il avait lieu ? pour de bon ?

— Pour de bon, je ne sais pas. Mais il avait lieu. Et c'était toujours Elzéard qui attaquait le premier, comme ça, tout d'un coup.

— Vous n'allez pas me dire qu'il frappait Bréchu.

— Non. C'était pire. Il lui souriait. C'était le signal. Et sur le sourire il lançait : « Alors Bréchu, toujours aussi bête ? »

— Et Bréchu laissait dire ?

— Il ne bronchait pas. Pourtant Elzéard ne se privait pas de lui enfoncer des banderilles dans le cuir. Il les plantait à chaque coup un peu plus profond. Il disait par exemple : « On dirait que tu as l'air encore plus bête que la dernière fois ! » Et le coup d'après : « Mais je suis sûr que tu es encore capable de faire des progrès. » Entre chaque insulte Elzéard buvait son verre, et Bréchu buvait le sien juste après. Comme quelqu'un qui vient de recevoir un coup de poing et qui riposte aussitôt. Et le patron, Émile, remplissait à nouveau les verres, comme s'il rechargeait les armes d'un duel.

— Et ça durait longtemps ?

— C'était variable. Mais le spectacle comportait toujours deux parties. La première partie allait « a mas » comme on dit pour les courses de taureaux. Le ton montait sans arrêt et les insultes d'Elzéard se faisaient de plus en plus vigoureuses.

— Et Bréchu ?

— Imperturbable. Nous espérions toujours le voir perdre son sang-froid, mais nous avons toujours été déçus. Le seul signe d'agacement qu'il donnait, c'est qu'il buvait ses verres de plus en plus vite. En tout cas, vers huit heures et demie, on avait atteint le point culminant. Et ce que disait Elzéard, il vaut mieux que je ne le répète pas. Même moi ça me ferait rougir, à quarante ans de distance... Et puis petit à petit ça retombait.

— Elzéard était fatigué !

— Ce n'est pas le mot juste. Il vous arrive de prendre du pastis.

— Oui, bien sûr.

— Eh bien vous avez dû remarquer que tantôt il vous rend un peu pétardier, tantôt il a tendance à vous attendrir. Eh bien, avec Elzéard les premières gorgées lui causaient de l'irritation. Mais à force d'insister, l'attendrissement venait. Au début, c'était un attendrissement très discret et qui lui faisait dire des phrases comme : « Je me demande s'il n'y a pas des moments où tu en as pas assez de vivre avec un invivable tel que toi. Il me semble qu'à ta place, moi, je serais malheureux... »

— Ce n'était pas très gentil !

— Je reconnais que la tendresse des propos n'est pas encore tout à fait évidente. Mais, vous allez voir, ça commence à venir. La phrase suivante il disait : « Tu vois, Baptiste-Marie, je n'arrive pas à croire que tu sois aussi bête que tu en as l'air. Je suis même sûr qu'il doit y avoir des moments où tu dois te forcer... Réponds-moi franchement Baptiste-Marie, tu es complètement idiot, ou tu fais semblant ? »

— Ça ne me paraît toujours pas très affectueux.

— C'est qu'Elzéard se retient. Il procède par petites touches. Mais vous avez remarqué qu'il a déjà appelé Bréchu par son prénom. Deux fois de suite. Non, il ne dit pas encore que c'est un homme admirable, mais il y arrive. Tenez, je me souviens de la phrase exacte, où tout basculait dans l'affection. Ça commençait par : « D'abord si tu es une brute, ce n'est pas de ta faute... »

— Et vous trouvez la phrase aimable ?

— Attendez la suite : « Si tu es une brute, ce n'est pas de ta faute ! Mais il y a un point que je ne permettrai à personne de discuter, c'est que tu as toujours été un bon garde... Et non seulement je peux dire que tu es un bon garde mais que tu as peut-être été le meilleur garde de toute la Camargue... Pourquoi je dis peut-être... J'affirme que tu as été le meilleur de tous et qu'il n'y en aura jamais plus d'aussi fort que toi ! »

Et lançant un défi à tous les spectateurs : « S'il y en a un qui n'est pas d'accord, il n'a qu'à me le dire, parce que les gardes de Camargue, je les ai tous connus et aucun n'est jamais parvenu à m'arrêter... » Puis, après avoir installé un long silence, il s'avançait jusqu'au milieu du bar, et tendant le bras en direction de Bréchu, il ajoutait : « Parfaitement... il n'y en a aucun... Excepté lui !... Et je ne permettrai à personne d'en dire du mal parce que Baptiste-Marie, quoi que vous puissiez penser, c'est le meilleur de mes amis ! »

— Et après ?

— Après, c'était presque fini. Il n'y avait plus qu'un verre ou deux à attendre pour que Bréchu fasse la moitié du chemin, et qu'ils tombent tous les deux dans les bras l'un de l'autre... Et ce spectacle ne reprenait que le lendemain soir. A l'époque on n'avait pas la télévision... Eh bien ! je vous le dis comme je le pense, elle ne nous manquait pas...

— Et cela a duré longtemps ?

— Hélas non. Elzéard ne pouvait pas tenir à ce régime. Il est mort au bout de trois mois. Bréchu a suivi son enterrement. Il ne pleurait pas. C'était pire. Le soir il a pris une dernière cuite. Et entre chaque verre, il disait : « Je suis un assassin. » Il est parti dans la nuit et on ne l'a jamais revu au Sambuc.

— Et vous n'êtes jamais allé le voir aux Saintes ?

— J'en ai eu envie plusieurs fois. Mais je ne crois pas que ça lui aurait fait plaisir...

***

J'étais bien décidé à ne jamais donner à mon ami Bréchu le résultat de mon enquête. Mais en Camargue les nouvelles courent aux creux des drailles sans que rien ne les arrête. On connaissait déjà aux Saintes la visite au Sambuc, avant que je n'en sois de retour.

Bréchu m'accueillit au *Gabian* par un :

— Et alors ?

qui ne permettait aucune échappatoire. J'entrepris donc de lui faire le rapport de ce que j'avais appris. Mais il m'en épargna le récit complet. Dès les premières phrases il m'interrompait :

— C'est bien comme ça que les choses se sont passées, dit-il.

— Tu t'en souviens ?

— Oui.

— Alors pourquoi tu m'as envoyé au Sambuc ?

— Je voulais en être tout à fait sûr... Parce que les sentiments que nous éprouvions l'un pour l'autre, avec le recul du temps, je n'arrivais plus à les comprendre. Elzéard et moi nous nous détestions. Lui, parce que je l'avais empêché de terminer sa carrière sur un coup d'éclat. Et moi parce que le métier de garde, au fond, c'était le seul qui me convenait. Mais nous nous adorions aussi. Lui, parce que j'avais eu un beau geste à son égard. Et moi, parce que j'étais fier de l'avoir eu. Mais tu sais, dans nos régions, on n'a pas l'habitude de réfléchir sur ce qu'on ressent. Alors comme on arrivait pas à y voir clair en nous, on cherchait la réponse dans les gestes... La mort d'Elzéard, tu vois c'est un peu de ma faute !

— Tu m'as dit toi-même qu'il était au bout du rouleau !

— Il en était au point où j'en suis arrivé aujourd'hui... Effectivement, il n'avait, comme moi, plus guère d'hivers devant lui. Mais si j'avais du remords, c'était surtout à cause du cochon qui lui avait échappé par ma faute !

— Ce n'est pas grave !

— Tu verras quand tu auras mon âge si ce n'est pas grave de priver un vieillard du dernier plaisir qui lui reste... Mais le remords depuis quelque temps il m'est complètement passé.

— Tu vois bien que le temps arrange bien des choses, dis-je bêtement.

Bréchu haussa les épaules.

— Le temps n'arrange rien, dit-il. Au contraire, il démolit tout. Je suis moins instruit que toi, mais c'est une chose que j'ai pu constater par moi-même. Mais je crois que je vais pouvoir, après quarante ans, réparer l'affront que j'ai fait à ce pauvre Elzéard.

— Qu'est-ce que tu vas faire ?

— Je te le dirai bientôt.

— Mais quand ?

— Cela ne dépend pas uniquement de moi... Mais je te donne ma parole d'homme que je te le dirai...

*
* *

Mon attente ne dura guère plus d'une semaine.

Et un matin de bonne heure, alors que je venais à peine de me lever, je trouvai Bréchu qui m'attendait sous le tamaris de mon petit jardin.

Je m'assis à ses côtés.

Il avait l'air à la fois exténué et ravi.

— Quel bon vent t'amène ?

— Tout est en règle avec Elzéard, dit-il...

Je ne compris pas tout de suite. Mais je n'eus pas besoin de poser de question. Baptiste-Marie avait besoin de se confier à quelqu'un, de se délivrer d'un secret :

— Ça m'avait pris depuis quelques mois. J'avais décidé de finir le travail commencé par Elzéard...

— Quel travail ?

— La capture du cochon. Tu me diras que c'est peut-être une preuve de gâtisme. Mais maintenant j'ai le même âge que le pauvre Elzéard, et ce qu'il devait ressentir à l'époque, maintenant je le ressens tout à fait.

Avant de quitter la compagnie tu as envie de faire un coup d'éclat pour marquer ta sortie. Alors je me suis dit que le cochon d'Elzéard c'était à moi de le tuer.

— Mais des cochons de ce genre on en voit un tous les cent ans...

— Eh bien ! justement, j'en ai repéré un, il y a des semaines et des semaines. Juste au début de l'hiver. D'après ses traces, d'après les dégâts qu'il faisait dans les rizières, j'étais sûr qu'il était au moins aussi gros que celui d'Elzéard. Que c'était vraiment une bête fabuleuse. Note bien que je ne l'avais jamais vu, ni même aperçu. Mais la nuit j'en rêvais. Comme jadis Elzéard devait en rêver. Et je me disais comme lui parfois :

— Le jour où j'aurai tué le « gros », je me retire.

Mais je ne le disais qu'à moi-même, tandis que le pauvre Elzéard avait pris tout le village à témoin, et je ne voulais pas qu'on se moque de moi, et qu'ils disent d'une chose qui a très peu de chances d'arriver :

— Cela se produira le jour où Elzéard aura pris le « gros ».

Alors je préparais mon coup en sournois. Les pièges dont Elzéard m'avait fait cadeau, ils étaient tous rouillés, presque inutilisables. Alors je les ai démontés, j'ai changé les ressorts, et j'en ai bien aiguisé les mâchoires. Des petites merveilles, ils étaient devenus. Et je parlais tout seul, ou plutôt je parlais avec ce pauvre Elzéard.

Je lui disais : « Tes pièges, je suis resté quarante ans sans m'en servir. Mais ils sont tombés dans des bonnes mains. Ne te fais pas de soucis. Nous l'aurons. »

— Et vous l'avez eu ?

— Espère un peu. Il ne m'a pas fallu plus de huit jours pour trouver sa retraite. Dans une roselière près du Grand Badon. Et pendant un mois je me suis contenté d'étudier ses habitudes. Je ne l'avais toujours pas vu, mais je connaissais tous ses chemins, et même toutes ses manies. Alors je suis passé à l'attaque. J'ai mis les pièges sur les six passages que j'avais repérés. Et dans des endroits où il était impossible qu'il puisse les découvrir.

— Même à l'odeur ?

Bréchu me regarda avec étonnement et déception :

— Oh, l'ami, dit-il, j'ai jamais été braconnier de profession, mais j'ai fait le garde pendant cinq ans. Alors les pièges avant de les mettre en place, je les laisse mariner dans l'eau du Vaccarès et je ne les manipule qu'avec des moufles que je me suis faites de la peau de sanglier.

— Et juste tu viens de le prendre aujourd'hui.

— Ne va pas plus vite que la musique. Il m'a donné beaucoup de mal. Presque, on aurait dit qu'il se moquait de moi. Il passait juste à côté de mes pièges, et il y avait des moments où je me demandais lequel de nous deux finirait par mourir de vieillesse avant l'autre. Il a fallu que je me fâche. Tu te souviens qu'Elzéard m'avait légué onze pièges. Je les ai tous mobilisés. Et j'étais décidé à aller le plus vite possible : parce que l'agachon dans les nuits noires, ce n'est plus un plaisir pour un octogénaire, même s'il est encore en état de marche.

— Et tout s'est passé comme tu voulais ?...

— Pas tout à fait. Le cochon, on aurait dit qu'il avait deviné qu'il y avait entre lui et moi une affaire d'honneur. Il n'avait pratiquement pas la place de passer ailleurs que par mes pièges, et il passait quand même. Alors, cette fois, je me suis fâché pour de bon et je suis venu avec le fusil à chevrotines. J'ai passé des nuits et des nuits à l'attendre.

Je l'entendais grogner à quelques mètres de moi. Mais il n'a jamais montré sa hure et il attendait pour sortir les rares moments où je n'étais pas là pour monter la garde.

— Il voulait te faire bisquer.

— Exactement. Il voulait me rendre colère et il y est arrivé. Et puisqu'il voulait faire le malin, j'ai décidé de prendre les mesures qui s'imposaient.

Bréchu n'avait jamais eu l'air commode, mais en ce moment, il avait l'air féroce.

J'étais sur place plus tard que d'habitude, poursuivit-il. Je n'avais plus besoin de me presser. J'ai d'abord vérifié que le « gros » était bien là. Il continuait à ne pas se montrer, mais dès qu'il m'entendait venir, il s'ébrouait dans les roseaux, en grognant de rigolade. Mais aujourd'hui plus il se fichait de moi, plus je me sentais calme. J'ai d'abord vérifié que tous mes pièges étaient bien en place et tout prêts à fonctionner. Puis j'ai armé mon fusil et je me suis mis à l'espère, le doigt sur la gâchette, derrière mon terrain habituel.

— Comme tous les jours en somme.

— Pas tout à fait. Parce que j'avais emmené avec moi un bidon d'essence, tout en faisant le tour de la roselière, pour vérifier mes pièges, j'en arrosais les rebords.

— Tu étais prêt à mettre le feu à la Réserve.

— Je te l'ai dit, j'avais décidé d'employer les grands moyens. Puisque le gros ne voulait pas sortir, il sortirait quand même. Et s'il évitait mes pièges, il n'éviterait pas mon fusil. Je m'étais fabriqué une manière de torche avec des chiffons bien imbibés d'alcool à brûler. Je l'ai allumée. Elle brûlait bien. Et juste au moment où j'allais la lancer, qu'est-ce que je vois ?

— Le sanglier.

— Eh oui, cette bourrique de cochon de sanglier !...

Les propos manquaient d'aménité, mais ils étaient proférés avec une manière de tendresse. Et toute colère avait disparu de ses traits. Il avait le visage grave et calme d'un homme entièrement réconcilié avec lui-même.

— Oui, poursuivit-il, le gros a enfin daigné se montrer. Et ne crois pas qu'il s'était découvert par mégarde. Il avait fait exprès et je l'avais devant moi, à dix mètres. Et il était encore plus gros que dans mes rêves. Et encore plus gros que celui d'Elzéard. Les cent cinquante kilos et même les cent soixante, il faisait sûrement plus. A mon avis, il devait atteindre les deux cents... Mais si je le dis, personne ne voudra me croire.

— Ce sera facile à vérifier, dis-je.

— Non, fit Bréchu.

Je lui mis amicalement la main sur l'épaule.

— Mon pauvre Baptiste, tu l'as raté !

Baptiste-Marie ne haussa même pas les épaules.

— Il était impossible à rater. Je n'avais plus qu'à appuyer sur la gâchette.

— Et comme il avait l'air de te narguer, tu t'es énervé une fois de plus, et ta main a tremblé...

— Non. Il ne me narguait pas. Juste il avait voulu se montrer à moi. Et il a tourné sur lui-même, lentement, pour que je le voie bien...

— Et tu n'as pas tiré ?

— Non. J'ai rabaissé le fusil, j'ai enlevé les cartouches.

— Après tout le mal que tu t'étais donné pour l'avoir...

— Je me demande même, fit Bréchu, si je lui ai pas cligné de l'œil. En tout cas, je lui ai fait un petit signe de main et je suis parti...

— Mais pourquoi ?

Ce fut au tour de Bréchu de me mettre la main sur l'épaule :

— Parce qu'il avait le poil tout blanc, dit-il, comme Elzéard dans le temps, comme moi aujourd'hui. Parce que c'était un vieux et que les vieux, à mon avis, il faut les laisser mourir tranquilles...

Et pour la première fois je compris que Bréchu n'en avait plus pour longtemps et que s'il venait me voir si souvent, c'était pour me confier ce qu'avait été sa vie.

Pour que les gens sachent comment on vivait du temps où la vie était, en elle-même, une raison de vivre...

Alors je ne l'ai pratiquement plus quitté. Et j'ai passé mes nuits à écrire ses confidences de la journée.

3

Comme tous les jours, à midi moins cinq, Bréchu Baptiste-Marie posa sa lourde main sur la porte du *Gabian*, le bar des Saintes-Maries-de-la-Mer où il avait ses habitudes. Il s'étonna de sentir qu'elle lui résistait.

Il insista.

Peine perdue. Connaissant sa force, il cessa de faire pression, sinon la poignée lui serait restée dans les mains. C'est alors seulement qu'il aperçut, collée sur la vitre, une affichette tapée à la machine, et revêtue d'un tampon officiel.

A quatre-vingts ans passés, Baptiste-Marie s'obstinait à ne pas porter de lunettes (d'ailleurs, il n'en possédait pas), même pour lire le journal. De toute façon, il n'en lisait que les titres et c'était bien suffisant. Ce n'était pas qu'il se désintéressât du destin du monde. Mais en Camargue, l'hiver on n'a pas besoin de connaître dans le détail les choses qui se passent dans le reste de l'univers.

Devant cette affichette, Bréchu connut un long moment de perplexité.

Son intuition lui disait qu'elle était inquiétante et même grave. Mais sa vue basse l'empêchait de se rendre compte à quel point.

Soudain, il sentit, s'agrippant à sa nuque, une main amie. C'était celle de Camille.

Il faisait peine à voir, le pauvre homme. On aurait dit qu'il venait d'avoir un deuil dans sa famille.

— Mais qu'est-ce qui t'arrive ? demanda Bréchu.

— Une catastrophe !

— Fernande est malade ?

— Si ce n'était que ça, dit Camille, qui depuis quelque temps avait des problèmes avec une épouse pourtant admirable à tous égards.

— Alors explique-toi.

— Je n'y comprends rien moi-même. Les gendarmes sont venus m'apporter ce papier il y a une heure et ils m'ont obligé à l'afficher. Je suis un homme entièrement déshonoré.

— Mais qu'est-ce qu'il dit, ce papier ?

— Tu n'as pas lu ?

Bréchu, en somme, n'était pas plus avancé qu'auparavant. Il allait lui falloir avouer la faiblesse de sa vue, ce qui est humiliant pour quelqu'un qui continuait de frapper neuf boules sur dix à la pétanque.

Heureusement, Camille vint à son secours sans le faire exprès.

— Six mois de fermeture... Oui, ils m'ont donné six mois de fermeture à moi... Mais pourquoi ? Mais qu'est-ce que j'ai fait de mal ?

— Je suis sûr que tu n'as absolument rien fait, dit Bréchu.

— Et pourtant, c'est bien ce que le Préfet des Bouches-du-Rhône vient de décider... Que j'étais un malhonnête homme, et que je n'étais pas digne de tenir un débit de boisson.

A quatre-vingts ans et des poussières, Bréchu était encore l'homme indomptable qu'il avait toujours été.

— Ça ne se passera pas comme ça !... Viens !

— Où allons-nous ?

— Voir le maire des Saintes !

Le maire ne put que faire part à Camille de la désolation qu'il éprouvait devant cette mesure qu'il jugeait à la fois arbitraire et inique, mais dans laquelle il n'avait aucune responsabilité. Elle avait été transmise directement par le commissariat central d'Arles à la gendarmerie des Saintes.

Il commençait même un discours où il promettait d'intervenir personnellement pour qu'elle soit sinon entièrement rapportée, du moins considérablement atténuée.

Bréchu ne l'écoutait plus depuis longtemps.

— Tu as la voiture ? dit-il à Camille.

— Oui, ils m'empêchent de gagner ma vie, mais ils ne m'ont pas encore saisi la voiture !

— Eh bien en route.

— Où on va ?

— Voir le commissaire central d'Arles.

— Tu le connais ?

— Non... Moi je le connais pas... Mais lui il va apprendre à me connaître !...

Le commissaire central d'Arles les reçut fort courtoisement, mais n'eut aucun mal à établir qu'il n'avait joué aucun rôle dans cette pénible affaire. Il n'avait fait que répercuter, en suivant la voie hiérarchique, la mesure prise par le préfet des Bouches-du-Rhône.

— En route ! dit Bréchu.

— Et où on va maintenant ?

— A Marseille, voir le préfet, dit Bréchu.

Je dois à la vérité de dire que le préfet des Bouches-du-Rhône ne reçut pas Camille et Bréchu aussi spontanément que le commissaire central d'Arles. Mais quand Bréchu avait décidé d'entrer quelque part, il y entrait.

Camille, dont les intérêts vitaux étaient pourtant mis en jeu, ne trouvant plus, dans le bureau préfectoral, l'usage de la parole que, d'ordinaire, il avait pourtant facile et convaincante, Bréchu vint à la rescousse.

— Monsieur le Préfet, dit-il, c'est une pure infamie, on a fermé le *Bar du Gabian*, aux Saintes-Maries-de-la-Mer. Un bar tenu par quelqu'un qui a failli être mutilé à la guerre de Trente-neuf, et qui a été un grand héros de la Résistance !

— Je ne pense pas, dit suavement monsieur le Préfet, que ce soit les raisons qui ont entraîné la fermeture de cet établissement pour un semestre.

— Alors, dit Bréchu, c'est qu'il y a quelque part quelqu'un qui lui veut du mal et on l'accuse injustement de faire le commerce des femmes ou même celui de la drogue.

Le préfet était un parfait honnête homme.

— C'est possible, dit-il, je ne sais pas au juste de quoi votre ami est accusé. Mais je peux me renseigner.

— Vous auriez intérêt, dit sobrement, mais fermement Bréchu.

Le personnage pittoresque de Baptiste-Marie amusait ce haut fonctionnaire blasé et, se gardant de l'éconduire et de sonner son huissier, il dit :

— Eh bien, revenez dans deux heures, et je vous donnerai une réponse un peu plus précise.

Ils sortirent.

— Allons boire un coup en attendant, dit Camille.

— Non, dit Bréchu, ce n'est pas le moment... Allons dire un petit bonjour à la Bonne Mère.

Je précise tout de suite que Bréchu, bien qu'il allât souvent pêcher l'anguille avec le curé des Saintes, n'était pas spécialement un homme d'Église. Mais dans les circonstances graves, il pensait qu'il ne fallait laisser passer aucune chance, et que la Bonne Mère était de bon secours !

Je crois pouvoir même dire qu'à sa façon il fit une prière, quelque chose dans le genre :

— Bonne Mère, je sais bien que Camille trompe un peu Fernande... Mais vous êtes l'indulgence même et je suis sûr que vous empêcherez qu'on lui enlève le pain de la bouche sous prétexte qu'il a tiré un coup de quéquette de fada... Ainsi soit-il !

Deux heures plus tard, ils étaient de retour et le préfet les reçut séance tenante.

— Messieurs, dit-il, j'ai examiné votre dossier. Effectivement sur le plan de la prostitution et de la vente des produits toxiques, aucune infraction n'a été relevée.

— Qu'est-ce que je vous avais dit ? fit Bréchu.

Le préfet eut un sourire.

— Vous m'aviez dit la vérité... Seulement mes rapports de police signalent en revanche que l'établissement dit *Bar du Gabian* est fréquenté par les individus les moins recommandables de la région... Monsieur Bréchu, vous qui dites toujours la vérité, je fais appel à votre sens de l'honneur et je vous le demande d'homme à homme, mes rapports mentent-ils, ou ne mentent-ils pas ?

Bréchu faillit être pris de court, mais il se ressaisit aussitôt.

— Monsieur le Préfet, dit-il, je ne discuterai pas le fond du problème. Mais il y a une chose que je tiens à vous dire : pendant que vous examiniez notre dossier, mon ami Camille et moi-même sommes allés à Notre-Dame-de-la-Garde faire une petite prière à la Bonne Mère. Eh bien, vous me croirez si vous voulez, mais au premier rang, juste devant le maître-autel, il y avait deux putes en train de dire leur chapelet... Oui, Monsieur le Préfet, deux putes notoires et ostensibles !... Alors je vous le demande d'homme à homme puisque vous m'y autorisez, est-ce une raison pour fermer la Basilique ?...

Il est rare dans une vie de préfet d'avoir l'occasion de rire autant.

Et le soir même le *Bar du Gabian* était rouvert et il n'a jamais été refermé depuis...

Tout était donc pour le mieux dans le bar le plus honnête, bien que le plus mal famé de Camargue.

Mais c'est à partir de ce moment que Baptiste-Marie Bréchu commença à faire régner une surprenante dictature.

*
* *

Vous commencez déjà, non pas à avoir fait le tour de Baptiste-Marie (car cet homme-là est inépuisable), mais à vous faire une idée assez exacte de sa riche nature et de sa belle mentalité.

Non, Bréchu n'était pas homme à faire payer les services rendus. Ni financièrement. Ni moralement.

Il l'a déjà plusieurs fois prouvé sous vos yeux. C'est un homme généreux, intègre, sans ambition.

Seulement, mettez-vous un peu à sa place...

Lui qui n'est après tout qu'un pauvre pétrousquin des basses régions, il a fait le voyage de Marseille et il a voulu voir le grand préfet, et il l'a vu. Et il lui a dit, ou du moins il a cru lui dire :

— Camille, c'est mon ami, et Camille il n'y a pas plus honnête que ce garçon. Ce que vous lui faites, ce n'est pas digne d'un homme... Alors, prenez vos responsabilités, sinon il va vous arriver des bricoles.

Et agitant alternativement son poing gauche et son poing droit, il proclamait devant témoins :

— Je lui ai laissé le choix... Celui-là, c'est l'hôpital... L'autre, c'est le cimetière...

Il avait la grosse tête et se conduisait comme un Parisien.

Et, naturellement, étant donné son âge et sa bonne réputation, personne ne se permettait de lui tenir tête. On l'entretenait au contraire dans son délire et, au plus fort de son délire, au moment où racontant pour la centième fois son entrevue, ou plutôt sa rencontre avec le grand préfet il annonçait une fois de plus sa victoire par K.O. il s'en trouvait toujours un (et ne me dites pas que c'était Loule de Sylveréal, car c'était forcément lui) pour s'écrier :

— C'est bien toi le plus fort...

Il n'y avait là rien de bien grave, mais il commençait tout de même à croire que sans guérir vraiment les écrouelles par simple imposition des mains, il possédait spontanément certaines des attributions de la toute-puissance.

Quoi qu'il dise, on l'écoutait comme un oracle. Et Camille résumait l'opinion générale en disant :

— A lui ça fait plaisir et à nous ça ne fait pas de tort.

C'est alors que Me Fleur, grand avocat parisien, reçut une boule de pétanque sur l'os de la cheville.

*
* *

Me Fleur, du Barreau de Paris, ce n'était pas le mauvais homme, mais comme il était spécialisé dans les accidents d'automobiles, il était devenu chinois comme pas un et voyait du dommage et intérêts dans des histoires où des braves gens se seraient contentés de boire un verre pour oublier l'émotion qu'ils venaient d'avoir.

Personnellement, ce grand maître du Barreau n'avait jamais eu d'accident, ni pédestre ni motorisé.

Cela faisait une vingtaine d'années qu'il venait prendre ses vacances d'été aux Saintes-Maries-de-la-Mer. Et comme il n'avait pas cherché à se faire adopter par tous les moyens, les gens le trouvaient plutôt sympathique. Ils n'hésitaient pas à le taper d'une consultation juridique que Me Fleur se gardait bien de faire payer. Et si on l'invitait à déjeuner pour un procès gagné grâce à ses conseils, il acceptait, mais rendait l'invitation dans la semaine.

Mais le jour où il reçut une boule de pétanque sur la cheville gauche, ce qui se passa au juste dans sa tête, personne ne l'a encore clairement compris...

Il y eut dans sa réaction de la surprise et de l'indignation. Il en était arrivé, à force de plaider des affaires d'accident, à considérer les sinistres comme des événements qui arrivent aux autres, mais qui devaient lui être automatiquement épargnés.

Et son raisonnement en quelque sorte se tenait. Car enfin il paraît logique qu'on ne puisse à la fois vivre des accidents d'autrui et risquer de mourir de ses propres accidents à soi.

En somme cette boule sur sa cheville, Me Fleur la considéra comme un affront personnel. Et presque comme une remise en question de ses qualités professionnelles. Alors son instinct juridique se réveilla et il déclara publiquement :

— Vous allez voir ce que ça va vous coûter !...

Comme il avait la réputation d'un brave homme et qu'il parlait sous le coup de la souffrance, personne n'attacha une importance extrême à des paroles irréfléchies.

Mais il fallut bien vite se rendre à l'évidence : Me Fleur était décidé à pousser les choses jusqu'au bout et à ruiner le maladroit qui lui avait offensé la cheville.

Il avait déjà rassemblé tous les certificats médicaux voulus qui établissaient de façon catégorique qu'il serait boiteux jusqu'à la fin de ses jours.

D'abord, c'était faux. Et, ensuite, même si cela avait été vrai, ce n'était pas tellement grave. Il y a des avocats boiteux qui sont des maîtres du Barreau.

Mais Me Fleur disposait dans le milieu médical de relations étendues. Nous n'irons pas jusqu'à dire, et nous nous en garderons bien, qu'il y avait des médecins qu'il faisait vivre depuis longtemps. Nous dirons simplement qu'il y en avait un certain nombre avec qui il avait l'habitude de travailler et qui éprouvaient à son égard un sentiment de reconnaissance.

Ceux-là trouvèrent dans cette navrante affaire l'occasion de payer leurs dettes.

De sorte que quarante-huit heures après avoir reçu une boule en fin de course, sur la cheville gauche, et au moment même où il ne ressentait plus la moindre douleur, Me Fleur était en mesure d'établir de façon catégorique, que non seulement il demeurerait boiteux jusqu'à la fin de ses jours, mais qu'il risquait de devenir idiot dans les plus brefs délais.

N'ayant pas fait d'études médicales, je ne saurais vous dire quels sont les liens qui existent entre la cheville et le cerveau. Mais il y a des gens bien plus compétents que moi qui établirent que les traumatismes de la cheville amènent des troubles du bulbe, des dérèglements du liquide céphalo-rachidien et une anémie pernicieuse de la moelle épinière.

De sorte que, bien qu'en parfaite santé, Me Fleur n'aurait aucun mal à prouver que s'il ne devenait pas rapidement, et au bas mot, cul-de-jatte, il se retrouverait interné dans un asile d'aliénés au moment même où ses succès professionnels le récompensaient de son travail et de son amour du bien public.

Je vous le répète, Me Fleur n'était pas un mauvais homme, mais c'était la première fois qu'il avait à plaider pour lui-même et il y mettait encore plus d'application et de roublardise que pour un client ordinaire.

Cela ne l'empêchait pas de venir prendre l'apéritif tous les soirs au *Bar du Gabian*. D'offrir même des tournées générales. Mais, au moment de prendre congé, il frappait cordialement Camille sur l'avant-bras et lui disait avec beaucoup de gentillesse :

— Mon pauvre Camille, je suis désolé que ça tombe sur toi, mais je suis au regret de te dire que tu seras ruiné d'ici quinze jours... Complètement ruiné...

*
* *

Cela s'était passé sur la place de la Mairie, aux Saintes-Maries-de-la-Mer, juste au pied de la statue de Mireille en train de mourir d'insolation.

C'était une toute petite partie de rien du tout. Même pas intéressée. Juste pour le plaisir, l'honneur et l'apéritif. Mais ce sont peut-être les parties qu'on joue avec le plus de cœur...

Et voici ce qui arriva exactement. Camille, qui n'était pourtant pas un joueur inspiré, réussit un carreau plein fer dont l'éclat, après tant d'années, retentit encore dans les oreilles.

Sa boule à lui resta sur place, mais celle de son adversaire (et ne me dites pas que c'était Loule de Sylveréal, parce que c'était lui) jaillit en l'air comme un obus de mortier et vint atterrir précisément sur la cheville gauche de Me Fleur, du Barreau de Paris.

Combien y avait-il de témoins ?

Je ne peux pas vous dire exactement, mais ils étaient une bonne centaine. Camille avait présenté ses excuses, ce qui était reconnaître les faits de la façon la plus catégorique.

Et quand il vit l'attitude adoptée par Me Fleur, il crut un instant qu'on voulait le faire marcher. Mais le jour où il reçut sa convocation pour le tribunal de Tarascon, s'il ne mourut pas d'infarctus sur-le-champ, on le vit dépérir d'heure en heure dans la semaine qui suivit.

C'est alors que Baptiste-Marie Bréchu, qui semblait se désintéresser de la fâcheuse mésaventure de son ami, lui dit :

— Te fais pas de souci.

— Tu es bien bon... Toi tu t'en fiches, tu n'as rien à toi.

— Des fois, c'est utile, dit Baptiste-Marie sur un ton pincé...

Effectivement, dans les trois jours qui précédèrent le procès on ne le vit pas au *Bar du Gabian*. En revanche, il était au premier rang du tribunal correctionnel à Tarascon. Et tout le monde put constater avec étonnement qu'il avait l'air passablement goguenard. On aurait presque dit qu'il se réjouissait du malheur qui arrivait à Camille.

Ce n'était pas gentil de sa part, car il était indéniable que les choses se présentaient mal pour ce limonadier irréprochable. Me Fleur avait même réussi à trouver trace des six mois de fermeture de son établissement dont il disait :

— Ils n'ont été rapportés qu'à la suite d'interventions politiques des plus louches.

Il y avait de la fureur dans le prétoire et Camille, après avoir manifesté l'étonnement de l'honnête homme, s'était effondré. Il pleurait sur lui-même et sanglotait à grand fracas. Ce qui pouvait passer pour un aveu de culpabilité. Et quand Me Marteau, chargé de prononcer le réquisitoire, lui eut démontré de façon catégorique que non seulement il était un personnage douteux mais que s'il n'avait pas été établi qu'il vivait du commerce des femmes, c'était parce que l'enquête n'avait pas été menée avec une rigueur suffisante. Quand il eut ajouté en outre qu'il ne respectait pas les heures de fermeture, qu'il jouait aux boules non pas pour le plaisir, mais pour prendre l'argent à d'innocents touristes comme Me Fleur, qui faisaient pourtant la fortune du pays, et quand enfin il eut établi qu'il n'avait pas le droit de se prétendre citoyen des Saintes puisqu'il était né à Vauvert (qui est pour le moins à trente kilomètres des Saintes-Maries-de-la-Mer), Camille s'effondra et même de ses meilleurs amis se demandèrent s'il n'avait pas pour de bon rendu infirme et gâteux une des gloires de la pensée française.

La plaidoirie de son avocat n'arrangea rien. Il essaya de minimiser les faits, mais comme il était de bonne foi, il manquait de conviction.

Le président Creissen se penchait vers ses assesseurs et il était vraisemblable qu'il ne remettrait pas le jugement à huitaine...

C'est alors, une fois de plus, que Baptiste-Marie Bréchu, qui avait assisté à tout le spectacle dans un mélange d'indifférence et de ravissement, leva le doigt en l'air comme un écolier qui demande l'autorisation d'aller faire pipi à son maître d'école.

— Monsieur le Président, dit-il, j'aurais un mot à dire...

— Est-ce bien le moment, dit le président Creissen...

— C'est le moment ou jamais, dit Bréchu.

— Alors dites-le ce mot, mais soyez bref.

Bréchu était resté assis à son banc. Il se leva et chercha le regard de tous les assistants. Regard par regard. Cela prit du temps. Le président commençait à s'agacer.

— Monsieur, dit-il, vous nous faites perdre du temps !

— Pardonnez-moi, dit Bréchu, mais d'abord je tenais à vous dire que tout ce que j'ai entendu ici, je suis en mesure de le confirmer. Il n'y a strictement rien d'inexact.

Les Camarguais ont leurs défauts, mais le manque d'esprit de finesse n'en fait pas partie. Il était de notoriété publique que le jour précisément de cette mémorable partie de boules, Bréchu était en train de râteler des tellines du côté du phare de Faraman, en la compagnie théorique de Loule de Sylveréal. Qui, en réalité, était à Avignon à l'*Hôtel de la Balance*, en train de tromper sa femme.

Avec Fernande précisément. Qui aimait Loule non seulement parce qu'il lui réveillait le tempérament, mais qu'il lui reposait la tête.

Si donc Baptiste-Marie venait de proférer avec ostentation un parfait faux témoignage, c'est qu'il en avait d'autres en réserve.

En réalité, il n'en avait qu'un.

Mais un faux témoignage de grand format.

— Monsieur le Président, dit-il, je crois comprendre pourquoi Camille est ici au banc d'infamie. Il est ici, Monsieur le Président, parce qu'il est mon ami. Et uniquement pour cette raison. Mais je ne veux pas qu'il paie à ma place.

Les yeux de Baptiste-Marie, soudain, s'étaient remplis de larmes.

— Peut-être, Monsieur le Président, je ne suis qu'un pas-grand-chose, mais je n'ai pas l'habitude de laisser mes amis supporter les conséquences de mes erreurs... Tout ce que vous avez dit est vrai. Entièrement vrai. Il n'y a qu'un détail qui soit faux. Un seul. Cette boule meurtrière, je dirais plus, cette boule criminelle qui a rendu un homme que je vénère infirme et gaga pour le restant de ses jours, celui qui l'a lancée, ce n'est pas Camille. C'est moi seul !

Et, là-dessus, il cessa de pleurer comme par miracle et se rassit, content de lui et tranquille comme Baptiste.

*
* *

Si vous n'êtes pas camarguais, vous risquerez d'être choqué.

Car, si de la déposition de Baptiste-Marie, personne, surtout pas le président Creissen, ne fut dupe, tout le monde se trouva soulagé.

Et comme il était à la fois patent et constant que Baptiste-Marie ne possédait rien en propre, le président n'hésita pas à le condamner à quarante millions d'amende, payables dans les trois mois. Quarante millions légers, certes, mais qui déchaînèrent un des fous rires les plus interminables qui aient jamais retenti dans un prétoire aussi bien de province que de Paris.

Et comme le président Creissen était né à Barbentane, il s'offrit le luxe d'ajouter :

— Si Monsieur Bréchu ne peut pas régler les sommes que nous lui réclamons dans les délais prévus, nous nous verrons obligés de les retenir sur son salaire.

Et lui qui avait su garder son sérieux jusqu'ici dut lever précipitamment la séance pour ne pas faire étalage d'une indécente hilarité...

A la sortie, Bréchu fut porté en triomphe. Et de Tarascon aux Saintes-Maries-de-la-Mer, dans la calèche découverte qu'on avait frétée en son honneur, ce ne fut sur des kilomètres qu'une interminable acclamation...

Vous comprendrez, dans ces conditions, que mon ami Baptiste-Marie Bréchu, démocrate de cœur, de tradition et de fait ait pu avoir pendant quelques semaines l'illusion que le destin l'avait nommé gouverneur de Camargue et qu'il disposait de pouvoirs absolus.

Eh bien, cet événement, au lieu d'intensifier les tendances colonisatrices de Bréchu, y mit un terme définitif.

Ce sont des choses qui arrivent.

Quand un homme a prouvé qu'il est capable d'obtenir l'impossible, il arrive souvent que s'abatte sur lui une modestie à laquelle rien ne l'avait prédisposé.

Et à partir du moment où, pour services rendus, Baptiste-Marie eût pu exiger de ses concitoyens la satisfaction de tous ses caprices, il rentra dans le rang et se tint parfaitement coi.

Il redevint brave et bénin.

En un mot, il cessa d'emmerder le monde.

Il aurait conservé cette attitude jusqu'à la fin de ses jours sans le coup de quéquette de fada de son ami Camille.

*
* *

Un coup de quéquette de fada, j'ai le sentiment qu'il n'est pas nécessaire que je traduise, même pour les gens nés au-dessus du quarantième parallèle. Un coup de quéquette de fada, c'est un coup de quéquette de fada.

Eh bien ! Camille, qui était pourtant un beau petit et qui n'avait pas encore atteint sa soixantième année, son coup de quéquette de fada je vous en ai déjà touché mot. Mais nous avions tous cru à l'époque qu'il ne tirerait pas à conséquence.

Eh bien ! la nature humaine, c'est une chose incompréhensible. Camille, l'homme d'amitié, l'homme de raison, l'homme de famille, le bon père, le bon époux, le bon commerçant, le bon Camarguais, pour une petite merdeuse qui avait les genoux pointus et les cuisses maigres, il était en train de se conduire comme le roi des couillons.

Qu'il se régale, c'était son droit.

Mais qu'il commence à dilapider le patrimoine et qu'il ridiculise Fernande, qui avait trente ans de moins que lui, et qui avait été élue reine d'Arles le jour de ses vingt ans, c'était une chose non seulement stupide, mais anticonstitutionnelle.

Et c'est à la constitution non écrite de la Camargue que je fais allusion. Celle qui établit qu'on a le droit de tout faire, à condition de ne rien faire de déplaisant.

Seulement quand un ami se conduit comme un couillon, sous nos latitudes, c'est plus grave qu'ailleurs. Parce que nous sommes un pays de liberté et que le droit de se conduire comme un couillon, nous le considérons comme un droit inaliénable.

Et l'amitié chez nous, cela consiste uniquement à venir après coup essayer de réparer les dégâts.

Personne n'était donc intervenu auprès de Camille pour lui faire des remontrances. Nous avions tous conscience qu'il se conduisait comme un minot et qu'il passerait le restant de ses jours à se repentir de sa petite séance de retour d'âge.

Bien sûr, nous ne jugions pas l'affaire sur le fond : le retour d'âge n'épargne personne et, en Camargue, non seulement il vous prend plus tard qu'ailleurs, mais il dure plus longtemps que n'importe où. Et j'en connais qui sont morts nonagénaires alors qu'il leur restait encore de nombreuses années de retour d'âge devant eux.

Ces péripéties inévitables n'ont d'ordinaire aucune incidence sur la vie de famille et ne disloquent pas les structures sociales ordinaires. Et j'ai entendu une épouse, exemplaire, je dois l'avouer, dire à une commère qui la consolait hypocritement de l'inconduite proverbiale de son mari :

— Ne vous faites pas de souci... Ce n'est pas grave !

— Vous trouvez ?

— Mais oui... Après tout, ce n'est qu'un mauvais moment à passer.

Les hommes évitent d'ailleurs le plus possible de parler de ces choses qui sont contrariantes pour tout le monde.

Ou bien alors, quand ils ne peuvent pas faire autrement que de les évoquer, c'est simplement pour dire :

— Ça finira bien par lui passer.

Dans le cas particulier de Camille, il fallut se rendre à l'évidence, le coup de quéquette de fada ne suivait pas le processus habituel.

D'abord, il était ostentatoire.

En Camargue, quand un mari trompe sa femme, tout le monde est au courant, du Grau-du-Roi aux Salins-de-Giraud, et des Saintes-Maries à Fourques, dans la demi-journée qui suit.

Et parfois même dans la demi-journée qui précède...

Juste avant que les intéressés ne se soient complètement décidés à passer à l'action.

Les déserts, et c'est là un de leurs charmes, ne savent pas garder les secrets. Excepté pour les cocus.

En revanche, il était d'usage que les coupables redoublent de précautions pour que leur aventure, bien qu'ils sachent qu'elle sera de toute façon de notoriété publique, reste secrète.

Il y avait là comme une discrète politesse rendue par l'infidélité à la vertu qui, sans arrêter la médisance des commères irréprochables, les confirmait dans la suprématie de leur condition d'honnête femme.

De sorte que le scandale en Camargue n'était jamais vraiment scandaleux, et qu'étant de surcroît rarement de longue durée, il ne tirait pratiquement pas à conséquence.

Il arrivait toutefois qu'une idylle marginale durât toute la vie, mais son existence (inadmissible certes) ne mettait pas en péril les structures familiales, les intérêts de l'épouse légitime et l'avenir des enfants.

Or, voici que les amours de Camille et de sa maigrichonne aux genoux pointus prenaient une tournure qui ne satisfaisait personne.

D'abord Fernande. Et pourtant, s'il y avait une femme capable de comprendre que les hommes reviennent meilleurs de ce genre d'exercice, c'était bien elle.

Les amis de Camille ensuite, qui l'avaient toujours pris pour un homme de bon sens, précisément parce qu'il avait compris qu'on ne peut suivre le droit chemin qu'à la condition de faire des détours.

Mais, cette fois, il n'y alla pas par quatre chemins et un samedi soir, à l'heure de l'apéritif, il réclama un moment de silence pour faire une annonce :

— Mes chers amis, dit-il, j'ai le plaisir de vous annoncer mon divorce. Je renvoie Fernande chez sa mère à Barbentane. Elle ne manquera de rien. Et, à partir de demain, c'est Rosette, que vous connaissez tous, qui la remplacera au comptoir...

Aux Saintes-Maries-de-la-Mer, les minutes de silence durent moins longtemps qu'ailleurs. Surtout le samedi soir. Mais ce samedi-soir-là, elles risquaient de s'éterniser.

C'est alors que Bréchu, qui était en train de gagner, comme tous les soirs, son apéritif au jacquet (aux dépens de Loule de Sylveréal bien entendu), dit, après avoir négligemment fait rouler un double-six :

— Je ne suis pas d'accord.

Le mot « surprise », en l'occurrence, est faible. Il faut aller jusqu'au mot « étonnement » et lui donner son sens plein pour avoir une idée approximative de ce que ressentaient tous les témoins de la scène. Et l'étonnement de Camille, le principal intéressé, confinait à l'hébétude.

Il lui fallut plusieurs secondes pour retrouver l'usage de la parole.

— Mais, dit-il à Bréchu, cela ne te regarde pas...

Il avait dit ce qu'il fallait dire et l'assistance, sans sortir de son mutisme, fit entendre un soupir résigné, certes, mais approbateur. Ce n'était certes pas l'inqualifiable conduite de Camille qu'on approuvait, mais le droit imprescriptible qu'il avait de se conduire de façon inqualifiable.

Ou, pour dire les choses plus simplement :

— Si quelqu'un fait le couillon, c'est lui seul que ça concerne.

Tous les regards s'étaient donc tournés vers Bréchu. Voilà un homme qui, toute sa vie, avait respecté les usages (il y avait eu plus de mérite que les autres, puisque sa paillardise naturelle l'avait mis plus souvent que quiconque en situation de les violer) et qui, soudain, à quatre-vingts ans passés, se permettait de dicter sa conduite à quelqu'un de vingt ans son cadet.

Se sentant soutenu, Camille avait récupéré.

— Je fais ce que j'ai envie de faire, dit-il, et si ça ne te plaît pas, j'en suis désolé pour toi mais cela ne changera rien à ma décision.

Et s'énervant soudain :

— Et j'espère que tu ne vas pas me faire de morale. Je ne l'accepterai de personne mais de toi encore moins que de quiconque.

Bréchu posa son cornet à dés et déplia sa haute taille. A quatre-vingts ans passés, il faisait encore une impression considérable.

— Camille, fit-il, je ne te dirai pas que tu es mon ami et que si j'ai décidé que tu ne quitterais pas ta femme, c'est pour ton bien...

— Tu as décidé ! ricana Camille.

— Oui, j'ai décidé !

— On peut savoir pourquoi ?

— Oui ! Parce que c'est mon idée à moi.

— Et tu penses que je vais t'obéir ?

— J'en suis certain...

— Et si je ne t'obéis pas ?...

Bréchu, avant de répondre, se rassit, remit les dés dans le cornet et laissa glisser un nouveau double-six de ses doigts magiques. Puis d'une voix catégorique, il annonça :

— Tu as parfaitement le droit de me désobéir. Seulement, si jamais tu quittes Fernande, moi je reviens sur mes aveux et je dis que la boule de pétanque qui a rendu Me Fleur, du Barreau de Paris, à la fois impotent et gâteux, ce n'est pas moi qui l'ai envoyée, mais toi...

— Tu ferais ça !

— Parfaitement, dit Bréchu.

— Eh bien, dit Loule, je ne suis pas d'accord.

Bréchu le regarda avec une bienveillance un peu narquoise :

— Tu es brave dit-il. Et je comprends que ça t'embêterait de reconnaître qu'au moment où tu prétendais être avec moi, sur la place de la Mairie, devant la statue de Mireille, tu te trouvais à Avignon. Et d'abord qu'est-ce que tu faisais à Avignon ?

— Cela ne te regarde pas.

— Moi, personnellement, je m'en fous, dit Bréchu avec une désinvolture implacable. Mais si ta femme était au courant, ça risquerait de faire un sac de nœuds.

Au *Bar du Gabian*, c'était du spectacle de choix ! Le « happening » et « la générale » à la fois. Improvisateur et concertateur.

— Et en plus, si je disais avec qui tu étais à l'*Hôtel de la Balance*, tu crois que ça ne compliquerait pas une situation qui n'est déjà pas si simple.

Loule manquait de jugement, mais pas d'instinct. Sa réaction fut immédiate. Il était de son intérêt absolu que Bréchu ne revienne pas sur son faux témoignage.

— Baptiste-Marie, dit-il, j'étais avec toi sur la place de la Mairie, à côté de la statue de Mireille. Il n'y a que l'heure dont je ne me souvienne pas. Mais je suis sûr que tu me la feras connaître au moment voulu. Mais ce que je peux affirmer dès maintenant, c'est que c'est ta boule à toi qui a frappé ce pauvre Me Fleur...

Il eut un sourire modeste et ajouta :

— Et s'il le faut, je dirai que tu l'as fait exprès et que je t'ai vu lui viser directement la cheville...

Bréchu à nouveau se leva et se dirigea de son pas nonchalant vers le comptoir :

— Alors Camille, dit-il, c'est toi ou c'est moi qui avons fait de ce pauvre Fleur un handicapé physique et mental.

Camille avait baissé la tête.

— Ce sera comme tu voudras...

— Mais qu'est-ce que tu préfères ?

Le menton de Camille lui rentrait dans l'épigastre et l'on apercevait la tonsure qui lui illuminait le haut du crâne :

— Je préfère que tu aies joué aux boules !

— Tu en es sûr ?

— Certain... Et par la même occasion, Loule n'est jamais allé à Avignon à l'*Hôtel de la Balance*.

Le regard de Loule allait de Camille à Baptiste-Marie, il crut bien faire en disant :

— Moi, j'étais où on voudra...

Et, pour une fois, il dit ce qu'il fallait dire.

Bréchu n'était pas un mauvais homme. Il se contenta de résumer la situation.

— C'est moi, dit-il, qui ai failli tuer Me Fleur, du Barreau de Paris.

— C'est toi, reconnut Camille.

Alors, Bréchu eut un sourire et tira de l'événement la conclusion qu'il fallait en tirer :

— Donc, Rosette n'a jamais existé et tu continues d'être marié avec Fernande.

Pour un Nordique, cette conclusion peut ne pas paraître tout à fait logique.

Mais il ne fallut à Camille qu'une dizaine de secondes de réflexion pour s'y rallier. Sinon, il aurait dû reconnaître qu'il était à la fois cocu et ruiné.

Ce qui est déplaisant, même pour un homme de sang-froid.

4

Cette intervention dans la vie privée d'un tiers fut la seule mesure authentiquement dictatoriale qu'on puisse imputer à mon ami Bréchu.

Certes, après son coup d'éclat, il devint avec ses amis un peu plus exigeant que naguère.

Mais ses caprices étaient toujours modestes. Il se plaignait comme par le passé qu'on lui eût noyé son pastis, mais peut-être y mettait-il un peu plus de véhémence que naguère.

Vous voyez, cela n'est pas très grave.

Il y avait un point cependant qui troublait la population camarguaise tout entière, et qui la divisait en deux clans amicaux, mais irréconciliables.

Les uns disaient :

— Regardez si c'est un brave ami pour Camille.

Les autres disaient au contraire :

— Je n'aurais jamais cru qu'il soit capable de faire un pareil geste pour une femme !

Car il ne faisait de doute pour personne, dans tout le delta, que mon ami Baptiste-Marie Bréchu, garde démissionnaire de la Réserve zoologique, braconnier intermittent et gardien de phare amateur, était le plus grand misogyne de toute la région où cette race particulière d'homme est pourtant abondamment représentée.

Effectivement, au premier coup d'œil, la misogynie de Baptiste-Marie n'aurait pu faire de doute pour personne.

Mais moi je sais, mais moi j'affirme qu'elle n'était qu'une apparence et que s'il se montrait dur avec les femmes, c'est qu'il avait eu à souffrir d'elles.

Ou tout au moins à souffrir de l'une d'entre elles...

*
* *

Dissipons d'abord toute équivoque. Je tiens plus que jamais à ce qu'on ne me fasse pas dire ce que non seulement je n'ai pas dit, mais que je n'ai même pas suggéré : Baptiste-Marie n'était pas le moins du monde indifférent aux personnes du sexe opposé.

Et ce serait trahir sa mémoire que de ne pas révéler qu'il était d'un naturel plutôt pistachié et que le tracassin, sans lui causer de l'angoisse métaphysique, l'avait amené plus souvent qu'à son tour à se conduir
de la façon la plus déraisonnable.

Maintenant, si vous ne savez pas ce que c'est que le tracassin e
vous n'êtes pas pistachié vous-même, je ne pense pas que ce soit
grave, la suite des événements ne tardera pas à vous éclairer.

Poursuivons :

Baptiste-Marie n'avait pas le sens de l'abstraction. Les idée r
rales auraient été capables de lui donner la migraine et les dé
les questions de principe le laissaient particulièrement indiffé-

Je suis certain, en revanche, que dans la controverse qui a à
vée au Moyen Age tenant à établir que la femme avait un tait
prouver qu'elle n'en avait pas, il se serait gardé d'interven
un homme d'une extrême tolérance. avis,

Mais je crois exprimer le fond de sa pensée en disant ilisa-
si elles avaient une âme, elle n'était, dans l'état actue
tion, que sous forme embryonnaire. ue les

Je ne l'ai toutefois jamais entendu déclarer publ

femmes étaient des créatures inférieures, dénuées de cœur et même d'intelligence.

Cela, je l'affirme sous serment. Et pendant les vingt années où je l'ai fréquenté presque quotidiennement, il n'a jamais tenu sur le sexe faible le moindre propos désobligeant.

Mais je suis, à l'égard de Baptiste-Marie Bréchu, un historiographe honnête et je suis bien obligé de constater qu'il a toujours manifesté à leur endroit une certaine désinvolture. Il ne les méprisait certes pas, mais il se refusait à les prendre au sérieux.

En gros, pour Bréchu, la femme était un objet de consommation particulièrement appréciable ; car il était gratuit.

J'ai décidé de tout dire. L'indifférence amusée de Bréchu à l'égard du sexe féminin faisait place à une admiration inconditionnelle, à partir du moment où les personnes du sexe embrassaient de plein gré par mégarde ou par maladresse l'état de mère de famille.

Elles devenaient aussitôt pour lui profondément admirables, vénérables, dignes d'estime ou, à la rigueur, d'amitié.

Sur les femmes autres que les mères de famille son jugement n'était pas particulièrement sévère. On ne peut pas dire néanmoins qu'il fût spécialement gentil.

Et lui, qui avait le sens de la formule, il disait d'elles :

— Les femmes, si tu prends le problème à la légère, elles n'ont l'air de rien. Et si tu l'examines de plus près tu t'aperçois qu'elles ne valent pas grand-chose.

Je me permettrai d'ajouter à titre personnel que c'est là le drame des Don Juan. Ils finissent par croire que leurs conquêtes sont aussi médiocres que les sentiments qu'elles leur inspirent.

Qu'elles sont insignifiantes puisqu'elles ne signifient pas grand-chose pour eux.

*
* *

Il n'est donc pas nécessaire de préciser que Bréchu avait en Camar-
gue ce qu'on peut appeler une mauvaise réputation. Si l'on est d'un
tempérament austère. Une très bonne réputation, si l'on se réjouit des
plaisirs de la vie.

Je ne suis pas plus psychologue que la moyenne et peut-être même
un peu moins. En tout cas, je ne me serais jamais complètement aperçu
que Baptiste-Marie ne ressemblait pas du tout à sa légende de coq du
...e à la fois infatigable et désabusé.

...n'en doutais un peu tout de même, mais si Bréchu ne m'avait
...onté son histoire, je n'aurais jamais découvert tout seul la com-
...de ses sentiments.

...ime pas dissiper les légendes et peut-être vaudrait-il mieux
...oire que Bréchu n'a été qu'un cavaleur exemplaire. Et
...l'ailleurs. Il lui arrivait, en effet, plus souvent qu'à son tour,

d'honorer de ses faveurs quelques Parisiennes parfumées issues de la meilleure société, parlant le beau langage, et plus belles que des stars de cinéma.

Il en était heureux, certes, mais pas le moins du monde flatté.

Et comme un jour je le félicitais (ce qui n'est pourtant pas dans mes habitudes) de la particulière qualité de la dernière de ses trouvailles, il me répondit :

— D'abord, ce n'est pas moi qui l'ai trouvée, c'est elle qui m'a trouvé, moi.

Et ensuite :

— De toute façon, ce n'est pas avec moi qu'elle dort, c'est avec le ciel, avec les étangs, avec la mer, avec la Camargue... Je fais partie du paysage, il est normal qu'elle vienne le voir d'un peu plus près.

Même depuis qu'il est mort, il y a encore des gens de ses amis les plus chers, qui disent avec un mélange de nostalgie et d'estime :

— Cet homme-là, s'il avait voulu vivre des femmes, il n'avait qu'un mot à dire.

Justement, ce mot, il l'avait dit. Et j'avais envie de leur crier, à tous ces braves gens qui croyaient honorer la mémoire de cet homme admirable :

— Taisez-vous malheureux, vous ne comprenez rien ! Baptiste, c'est le plus gros sentimental que j'aie jamais connu.

Il me l'avait révélé de son vivant, mais si j'avais trahi ses confidences, non seulement il m'aurait retiré le bonjour, mais je lui aurais fait de la peine. Car il tenait à sa réputation d'homme de bronze, d'homme sur lequel les larmes des femmes glissent comme la pluie sur les feuilles de laurier, d'homme sourd aux supplications comme aux imprécations.

Il était l'indifférent, il était l'impassible, il était l'inaccessible. Il était l'homme qui accordait ses faveurs quand il avait décidé de le faire et seulement quand il l'avait décidé. Et si j'avais essayé de dire le contraire, personne ne m'aurait cru.

D'ailleurs, je n'ai pas essayé.

Comment aurait-on pu se douter en voyant ce colosse jovial et ruisselant de santé qu'on avait devant soi un cœur brisé ? Entièrement brisé. Un cœur en morceaux. Un cœur en miettes.

J'ai dit « cœur brisé » comme dans un roman-photo, mais je vous jure qu'il n'y a pas d'autre expression possible pour parler du cœur de Baptiste-Marie. Et ce que je vous dis là ce n'est pas du cinéma, c'est la vérité vraie...

Cela s'était passé il y a soixante ans déjà... Et les morceaux du cœur de Baptiste-Marie n'avaient pas encore eu le temps de se recoller.

*
* *

Elle s'appelait Marguerite et son père était bourrelier au Sambuc. Un métier qui nourrissait son homme dans ce temps !

Baptiste-Marie, lui, n'était rien du tout. Et que le père de Marguerite ait eu un peu de sous, cela l'aurait plutôt gêné.

Mais quand la passion s'installe entre deux êtres, ni les sous ni l'absence de sous ne jouent le moindre rôle.

Lorsqu'il m'a parlé de cet amour d'enfance, Bréchu a pris un ton dur et presque hargneux. Il voulait raconter cet amour comme s'il était arrivé à quelqu'un d'autre. Il disait simplement :

— On se voyait tous les jours et on se promenait le long de la route en se tenant par la main.

Il essayait de me faire croire que c'était une chose sans poésie. Il n'y avait là rien de romantique, mais il ne pouvait s'empêcher d'ajouter :

— Il ne se passait rien entre nous. Mais je savais que je garderais sa main dans la mienne jusqu'à la fin de mes jours. Et que je serais le seul homme de sa vie et qu'elle serait ma seule femme.

Bréchu, vous le savez, n'avait pas de métier. Mais le père de Marguerite, non seulement était un homme de cœur, mais c'était un homme d'expérience. Il savait que seul l'amour peut rendre les fainéants moins fainéants et que c'est chez les insouciants du lendemain que se recrutent les maris les plus prévoyants de l'avenir.

La date du mariage n'avait pas été encore fixée. Ils n'étaient même pas officiellement fiancés. Ils étaient promis devant le ciel et devant les hommes. Ou plutôt devant un homme. Un seul.

Le père de Baptiste-Marie était pêcheur. Et dès que sa femme fut en état, deux jours après ses couches, il tint, pour lui manifester sa joie d'avoir un fils, à l'emmener faire une promenade en mer. Il ne l'avait jamais fait jusqu'ici...

La largado se leva, la barque ne rentra jamais au port.

Augustin, le père de Marguerite, était veuf. Il avait perdu sa femme depuis longtemps et il prétendait avoir élevé sa fille tout seul alors qu'il serait plus honnête de dire que sa fille l'avait élevé. En tout cas, c'était un brave homme.

— Baptiste-Marie, dit-il, on vous fiancera quand le cochon fera son poids.

— Et pour le mariage ? demanda Baptiste-Marie, en rougissant car il était timide à l'époque.

— Au retour du service militaire, décréta Augustin.

En somme, ils n'avaient plus que trois ans à attendre. Et ils auraient sûrement attendu.

Le jour où Baptiste-Marie était parti faire son service dans le 93e Régiment de Chasseurs alpins, cantonné à Grenoble, Marguerite avait obtenu de son père l'autorisation d'accompagner son fiancé toute seule, jusqu'à la gare d'Arles.

Et croyez-moi, en 1900, ce n'était pas des autorisations qu'on accordait tous les jours...

*
* *

Ce qu'ils se sont dit sur le quai de la gare, personne ne l'a entendu et il n'y a pas longtemps que Bréchu me l'a révélé. Et personne au Sambuc n'est au courant.

En revanche, tout le village savait, à peine une semaine plus tard, que Bréchu, dès son arrivée à Grenoble, avait écrit à son futur beau-père.

On savait même ce qu'il avait écrit à son futur beau-père. Et si on le savait, c'est qu'il avait tenu à ce que tout le monde le sache. Il n'avait pas hésité à écrire sur une carte postale.

Il avait écrit ces simples mots :

« Mon cher Augustin, je suis bien arrivé à Grenoble. Je t'aime bien. Tu me manqueras toujours, mais pour ta fille il n'y a rien de fait. Ce n'est pas de sa faute. Ce n'est pas de la mienne. C'est la faute à la fatalité ! Avec mes excuses. Et mon pardon. »

Après le service, il était quand même revenu au Sambuc, Baptiste-Marie. Cela faisait trois ans qu'il était parti. Trois ans pleins et jamais il n'était venu en permission dans son village. Les habitants guettaient ses réactions. Car Marguerite ne l'avait même pas attendu trois mois. Elle avait épousé le boulanger, qui était déjà veuf. Et qui mourut d'une cirrhose du foie dans les dix ans qui suivirent.

Mais n'anticipons pas.

Et surtout gardez-vous de juger Marguerite trop vite. Elle ne s'était pas mariée parce qu'elle était vexée de ce que Bréchu renonçait à elle. Je crois qu'elle avait fait un mariage qui lui convenait. Il y a des filles qui ont l'air d'avoir été mises au monde par Alfred de Musset et qui ont des âmes d'épicières.

C'était le cas de Marguerite...

Car il y a une chose qu'il faut que vous sachiez, c'est que Baptiste-Marie ne se contentait pas de se promener avec elle tous les soirs en lui tenant la main. Dès qu'il était rentré chez lui, il lui écrivait des lettres. Des lettres interminables...

Des lettres qu'il aurait pu lui remettre personnellement. Il n'aurait eu que vingt mètres à faire pour lui porter. Il préférait les glisser dans la boîte aux lettres du bureau de poste. Cela lui paraissait plus mystérieux. Plus affectueux. Plus romancsque.

Et ces lettres, il les écrivait en provençal. Marguerite le parlait aussi bien que le français. Je dirais même un peu mieux.

Et ces lettres interminables qu'il expédiait par la poste, non seulement il les écrivait en provençal, mais il les écrivait en vers alexandrins.

Marguerite ne lui en avait jamais parlé. C'est seulement sur le quai de la gare, au moment où pour la première fois de leur vie ils venaient de s'embrasser, qu'elle lui avait dit :

— Tu m'écriras ?

— Tous les jours ! avait juré Baptiste-Marie.

— Tous les jours si tu veux, avait dit Marguerite, mais il vaudrait mieux que tu ne m'écrives pas en patois... Et surtout, si tu veux que je t'aime, n'essaie pas de faire de la poésie avec moi... C'est du temps perdu...

***

Alors voilà pourquoi Baptiste-Marie n'a pas épousé Marguerite. Et moi qui ne joue dans cette histoire que le rôle de témoin, je tiens à vous dire deux choses :

D'abord que Baptiste-Marie a bien fait de ne pas épouser Marguerite, elle aurait sûrement été une bonne épouse, mais c'était d'une amoureuse que mon ami avait rêvé.

Ensuite que si l'expression « cœur brisé » signifie encore quelque chose, c'est quand on l'applique à Baptiste-Marie Bréchu, garde démissionnaire à la Réserve zoologique, braconnier intermittent, gardien de phare amateur...

Et mon ami jusqu'à la fin des siècles.

***

Vous devez donc conserver à Baptiste-Marie toute votre affection.

Je sais bien que pendant une partie importante de son existence, et même jusqu'à un âge très avancé, il a utilisé, sans scrupules ni remords, les services de la femme d'autrui.

Mais vous savez maintenant que ce fut par chagrin et non par mauvaise mentalité.

La blessure que Marguerite lui avait infligée, jamais il ne s'en guérit tout à fait. Et sa vie amoureuse ne fut en somme qu'une longue vengeance.

Une vengeance contre lui-même et non contre les femmes, ni surtout contre l'amour.

Jamais il ne vint mettre d'embrouille dans un ménage uni, jamais il ne détruisit un couple même si ses membres donnaient chacun de leur côté des signes de lassitude.

On peut même dire que des unions se trouvèrent raffermies par son bref passage.

Car il ne faisait jamais que passer. Non comme un voleur. Plutôt comme un diable, mais un bon diable. Un peu facétieux, qui remboursait en bonheur le plaisir qu'il avait pris.

Ce n'était pas un débauché. Ce n'était pas un mauvais bougre.

C'était un amoureux qui, pour pouvoir continuer à vivre, feignait de ne plus croire à l'amour. Mais qui ne troubla jamais les véritables amoureux. Et s'il aimait tant faire porter des cornes aux notables de la région, c'était aussi pour les punir d'être aussi incapables d'aimer.

Mais ne le rendons pas plus admirable qu'il n'était. Jamais il ne parlait de ses conquêtes, mais le jour où il fit cocu le sous-préfet, il avait les yeux brillants d'amusement et il ne put s'empêcher d'offrir (à crédit) une tournée générale.

Ce que je vous dis là, il ne me l'a jamais ni raconté ni fait entendre. C'était un homme secret. Mais comment expliquer son infatigable ardeur auprès des dames, sa poursuite de tous les jupons et sa désinvolture s'il n'y avait pas eu à l'origine un sentiment blessé.

Peut-être mettez-vous uniquement sur le compte d'une santé exceptionnelle ce que j'attribue à un tourment intérieur.

Je ne crois pas que vous ayez raison. Sinon comment expliquez-vous que Baptiste-Marie, le coq le plus comblé et le plus couru de toute la Camargue, ait éprouvé dès le retour de son service militaire, et jusqu'à la veille même de sa mort, cet attrait immodéré pour les mauvais lieux et les mauvaises filles.

Le long des quais du Rhône à Arles, les maisons mauves ou roses, les billards et les verres d'absinthe, les filles aux cheveux rouges et aux caracos d'indienne, tout l'univers de Van Gogh à la lumière des becs de gaz, Baptiste-Marie savait en parler avec ferveur.

Un jour il me dit :

— Tu vois, mon collègue, la rue des Vers, c'est ma vraie famille.

La rue des Vers, vous avez deviné bien entendu qu'il s'agissait de la rue de ces bordels angoissants et attirants comme un flamenco chanté par des pauvres. Une rue dont la tristesse ne peut envoûter que ceux qui ont en eux un désespoir inguérissable.

Et, pourtant, le joyeux compère nommé Baptiste-Marie, dès qu'il quittait les bras d'une notairesse ou de la femme d'un entrepreneur de maçonnerie, alors qu'il avait les mains adoucies par leurs corps soyeux et le cuir attendri par leur parfum, il allait se refaire une pureté parmi les putes.

Il ne montait presque jamais avec elles, mais il caressait leurs mains rêches et s'écœurait de leur odeur.

Vous voyez bien que même en Provence il faut se garder de juger les gens sur la mine et que celui dont vous enviez la joie de vivre, vous feriez mieux d'apprendre à le connaître avant d'être jaloux de son bonheur.

*
* *

Je suppose que vous vous souvenez de cette pistache mémorable au cours de laquelle Baptiste-Marie avait failli mourir au moment même où je commençais à raconter son histoire.

Il avait donné au grand saint Jean de Bellegarde la responsabilité de cette cuite exceptionnelle. Mais en fait, il y avait une raison beaucoup plus profonde et qu'il voulut bien me confier. J'allais dire : sentant sa fin prochaine. Et puisque j'allais le dire, je ne le renie pas.

Je me dois de le justifier.

Baptiste-Marie était bavard, mais, comme tous les Provençaux, pudique. Intarissable sur les autres, mais silencieux sur lui-même.

Dans les débuts où il se confia à moi, je ne dirais pas qu'il parlait par énigmes ni même par paraboles, mais ses récits étaient allusifs plus que narratifs. Il s'exprimait à la façon d'Ésope. Il me racontait de petites fables exemplaires, tantôt simplement pittoresques, tantôt tristes, tantôt bouffonnes. Il négligeait de me dire qu'il en était le héros. Il passait sous silence des événements importants sur lesquels il revenait quelques jours plus tard en me disant :

— A propos, l'autre jour, j'ai oublié de te dire que...

Mais, au fur et à mesure que les semaines passaient, il se faisait plus précis. Il avait entamé une lutte avec le temps. Il voulait que je sache tout, pour que je puisse tout dire.

Et ce matin-là il m'avait dit :

— A propos, est-ce que tu me considères comme un ivrogne ?

— Je n'ai jamais dit ça. Je pense au contraire que tu tiens admirablement la boisson.

— Pourtant le soir de Bellegarde...

— Le soir de Bellegarde, personne ne t'a vu à part Camille.

— Eh bien, soupira Baptiste-Marie, j'étais encore plus saoul que ce que tu peux croire.

— Si tu me le dis, je te crois, fis-je, et j'ajoutai sur une inspiration céleste :

— Mais personne ne m'enlèvera de l'idée que si tu t'étais mis dans cet état quelqu'un t'avait contrarié.

Le visage de mon vieil ami s'illumina de reconnaissance et de surprise.

— Comment as-tu pu deviner ? demanda-t-il.

— Je n'ai rien deviné, dis-je, mais je me suis dit que pour un homme qui a une résistance miraculeuse aux liqueurs fortes, seule une vive contrariété pouvait expliquer le phénomène.

— Eh bien, dit Baptiste-Marie, en glissant son bras sous le mien, tu as vu juste.

Nous avancions sur la digue, le long de la plage, le ciel et la mer avaient une consistance et des reflets de silex. Les étangs des Impériaux étaient gelés par plaques. Il faisait sec, il faisait dru. Je cherchais l'expression juste. Ce fut Bréchu qui la trouva.

— Il fait un temps d'homme, dit-il.

Et, soudain, il se mit à rire.

— Figure-toi, dit-il, que, comme tu le sais, j'étais allé à Bellegarde.

— Faire une course, dis-je sans y mettre la moindre malice.

Il haussa les épaules.

— Ne me prends pas pour une bille, dit-il, ma course, tout le monde aux Saintes savait qu'elle s'appelait Ginette.

— Eh bien, dis-je, je ne le savais pas.

— Eh bien, conclut Baptiste-Marie, tu étais le seul... Enfin, bref, ce vendredi soir, comme tous les vendredis, j'avais rendez-vous avec Ginette. Elle faisait la coiffeuse pour dames, mais comme le vendredi soir son mari passait sa soirée au Cercle... Et que le reste de la semaine c'était un gros fainéant au dodo, elle me faisait l'amitié de m'inviter à prendre un verre chez elle.

Vous noterez la réserve des propos de mon ami Baptiste. Je décidai néanmoins de le faire un peu enrager :

— Tu n'avais pas honte de tromper un brave homme dans sa propre maison, lui dis-je.

— Ce n'était pas un brave homme, dit-il, il avait fait fortune sous l'occupation.

Que répondre à cela ? Rien. Et c'est ce que je fis.

— Donc, poursuivit Bréchu, j'arrive à l'heure juste. Je sonne trois fois. On m'ouvre la porte tout de suite. Et au lieu de Ginette, je me trouve en présence d'une femme que je n'avais jamais vue de ma vie... « C'est vous Baptiste-Marie ?... — Oui, c'est moi... — Je suis navrée, Ginette a dû partir pour l'enterrement de sa cousine germaine. Elle n'avait aucun moyen de vous prévenir. »

— C'était donc ça ta contrariété ? dis-je un peu hâtivement.

Le nez de Bréchu remua de gauche à droite et de haut en bas. C'était chez lui le signe d'une grande hilarité intérieure.

— Non, ce n'était pas ça, dit-il.

— Pourtant tu avais fait le voyage pour rien ?

— C'est ce que je croyais, mais j'ai rien laissé voir de ma déconvenue. J'ai dit à la dame qu'elle remercie bien Ginette de s'être donné autant de mal et qu'en tout cas cela m'avait procuré le plaisir de faire la connaissance d'une ravissante créature qui avait l'air aussi brave que belle.

— Et naturellement, dis-je, tu as essayé de te placer.

Une fois de plus je m'étais engagé sur une fausse piste.

— Tu n'y es pas du tout, fit Bréchu, mais alors pas du tout ! J'allais prendre congé. J'avais même déjà remis le chapeau, lorsque la demoiselle, elle s'appelait Marcelle, m'a retenu par le bras et m'a dit : « Mais restez-donc, Ginette m'a bien recommandé de vous dire de faire avec moi comme vous faisiez avec elle. »

— Et tu l'as fait, vieux sacripant !

— J'ai fait comme d'habitude, c'est-à-dire que je lui ai laissé le maximum du travail.

Pour le coup, je n'y comprenais plus rien.

— Alors je ne vois pas du tout pourquoi tu as été contrarié ?

Le visage de Bréchu s'assombrit soudainement.

— Eh bien, je vais te le dire. Et surtout ne crois pas que je lui fais des reproches à cette petite. Question savoir-faire et délicatesse, elle valait encore mieux que Ginette. Seulement figure-toi qu'au moment où elle se donnait le plus de mal pour exécuter les ordres de sa petite camarade, elle s'est arrêtée la bouche grande ouverte... Mais qu'est-ce qui t'arrive ? je lui ai dit.

— Eh oui, qu'est-ce qui lui prenait à cette petite ? dis-je, vivement intéressé par le déroulement de l'action.

Le visage de Bréchu s'assombrit encore davantage :

— Il se passait une chose grave. Elle venait de me reconnaître. Jusque-là elle n'avait pas fait le rapprochement, mais tout d'un coup, un détail avait dû lui revenir.

— Bréchu... Vous n'auriez pas habité au Sambuc il y a une vingtaine d'années ?

— Si, dis-je, pourquoi ?

— Pour rien, elle a dit.

Elle s'est remise à s'intéresser à ma personne. Mais les femmes, tu les connais, elles ne savent pas garder le silence. Et de temps en temps elle s'interrompait pour me donner des nouvelles du pays. Personnellement, cela ne me gênait pas trop. Le Sambuc, je l'avais rayé de ma mémoire et les morts qu'elle m'annonçait, ou les naissances, ou les mariages, c'étaient les morts ou les naissances ou les mariages de gens qui étaient devenus pour moi des inconnus. Seulement, à un moment donné, elle m'a dit...

— Et Marguerite, tu sais qu'elle est plusieurs fois grand-mère ?

J'ai répondu non. Mais je suis parti tout de suite. Elle a cru que je n'étais pas content de sa gentillesse, de son application et de son désir de bien faire. Presque, elle m'aurait demandé pardon. Elle en aurait pleuré, la pauvre.

Il ferma les yeux, se prit la tête à deux mains et ajouta d'une voix à peine perceptible, mais croyez-moi, je l'ai bien entendu :

— Moi aussi, j'en aurais pleuré.

*
* *

J'espère maintenant qu'il n'y a plus de gens qui doutent. La qualité dominante de Baptiste-Marie Bréchu, c'est le cœur.

Mais il y en a peut-être parmi vous qui se disent :

— Oui, cet homme, dans les débuts, il a eu du chagrin, et peut-être de temps en temps, ça lui revient et il s'attendrit sur lui-même. Mais nous l'avons tous vu vivre et vous-même, monsieur Audouard, vous êtes bien obligé de reconnaître qu'il n'a pas mené la vie d'un homme triste.

Et il y a des moments où je me demande si, après tout, cette version n'a pas autant de chances d'être aussi vraie que la mienne. Car, enfin, j'ai accompagné une fois Baptiste-Marie dans une de ses expéditions chez les demoiselles dont rêvent les repiqueurs de riz et les servants de la batteuse.

Ce n'était pas le long du Rhône à Arles. C'était près de Tarascon.

C'était dans un petit bordel campagnard, beau comme une fermette aménagée pour une marquise amie du peuple.

C'était frais, c'était pimpant, c'était gentil, c'était familial. Nous y étions allés un dimanche. Des épouses avaient accompagné leur mari, et sachant qu'en ces lieux ils étaient en sécurité, qu'ils ne risqueraient pas de leur échapper, elle échangeaient des points de tricot et des recettes de cuisine avec les dames de compagnie.

L'hôtelier jouait aux boules et poussait l'urbanité jusqu'à se laisser battre par une équipe de clients visiblement beaucoup moins forts que lui.

C'était champêtre, c'était idyllique et vraiment Baptiste-Marie, parmi ces demoiselles, donnait l'impression d'être chez lui.

Et sa phrase me revint :

— Tu vois, c'est ici ma famille.

Je lui avais donné jadis un sens tragique, mais peut-être avais-je eu tort.

Il était heureux Bréchu, jovial, décontracté, sans problèmes et, à Denise qui n'avait pas de nouvelles de son bonhomme à Biribi, il conseillait la patience. Et à Mauricette, qui montrait la photo de son fils en nourrice, il disait que c'était le plus beau petit qu'il ait jamais vu. Et, à Berthe, dont le coquin avait encore six mois à tirer à la Centrale d'Avignon, il offrait une boîte de Señoritas.

— Mais tu le connais pas mon homme, disait Berthe.

— Aucune importance, avait répondu Bréchu, puisque c'est à toi que je veux faire plaisir.

J'étais en train de me demander si les gens qui comme moi écrivent sur leur prochain ne sont pas des dangers publics. S'ils ne compliquent pas la vie, quand ils veulent la représenter. Et s'ils ne voient pas des choses derrière les choses, et des êtres derrière les êtres.

Un détail pourtant m'avait frappé. Car si j'ai l'esprit observateur, ce n'est qu'à force de voir toujours le même spectacle, ou de fréquenter toujours les mêmes têtes. C'est pour cela que je ne me lasse jamais de mes amis ou de mes paysages. Je ne me lasse pas de les découvrir. Et plus je les regarde, plus je les aime.

D'ordinaire donc, quand on m'emmène dans un endroit que je ne connais pas, ou chez des gens que je n'ai jamais vus, j'ai trop de choses à regarder pour en retenir une seule. Et le spectacle est trop riche pour que je puisse en isoler une scène, ou une réplique.

Mais dans ce cas particulier et bien que ma pratique de ce genre d'établissement fût relativement modeste, je devais me rendre à l'évidence : aucun des messieurs présents ne semblait réclamer les services de ces dames. Pas plus les célibataires que les hommes accompagnés.

Comme j'ai tendance à m'élever spontanément du particulier au général, je me mis à échafauder une théorie confuse dans laquelle la pute campagnarde jouait un rôle à mi-chemin entre celui de l'assistance sociale et de la sœur de charité. Un rôle purement désintéressé en tout cas... Car si elles ne refusaient jamais un verre, elles ne le sollicitaient pas non plus.

Nous passâmes, Baptiste-Marie et moi, quatre heures dans ces lieux enchanteurs. Nous nous retirâmes à la nuit tombée.

Bréchu, qui n'avait pas cessé de distribuer des conseils de morale et d'avaler des bocks panachés, se sentait au mieux de sa condition physique et métaphysique.

Tandis que nous roulions dans ma vieille décapotable sous les étoiles toujours neuves, il développait pour moi seul un système complet du gouvernement des hommes, directement inspiré de Jean-Jacques Rousseau, qui était son maître à penser bien qu'il n'en ait jamais lu une ligne et en ignorât jusqu'à l'existence.

Contrairement à nos habitudes, ce fut moi qui ramenai le débat à ses justes proportions.

— Baptiste, lui dis-je, je suis dans certains domaines un homme d'expérience. Mais en matière de maison de compagnie, je suis à peu près innocent. Tu sais qu'il m'arrive plus souvent qu'à mon tour d'habiter Paris, et que dans cette ville les femmes honnêtes sont à double usage.

— Je sais, me répondit Bréchu avec brusquerie, et c'est l'une des raisons pour lesquelles je suis content de ne pas y habiter. Ici au moins nous faisons la différence.

Et le voici reparti sur le plan des idées générales.

— Ici il n'y a que deux sortes de femmes, les mères de famille et les putes.

Déclaration qu'il assortit de ce commentaire définitif :

— Et la différence qu'il y a entre une pute et une mère de famille, je vais te la dire. C'est que si les putes ont le droit d'être des mères de famille, les mères de famille n'ont pas le droit d'être des putes...

Nous aurions pu discuter sur ce thème toute la nuit. Mais pour une fois, de nous deux, c'était moi qui ne philosophais pas. Je voulais simplement qu'un homme d'expérience me fournît un renseignement.

— Bréchu, lui dis-je, ces charmantes personnes avec qui nous avons vécu pendant près d'une demi-journée, peux-tu me dire comment elles font pour gagner leur vie ?...

Je sais que Baptiste-Marie a pour moi plus que de l'affection. On m'a même rapporté des propos admiratifs qu'il aurait tenus sur mon compte, concernant la probité de mes manières et l'intégrité de mon jugement.

Cela ne m'étonna donc pas de l'entendre me dire :

— Yvan, tu es mon ami, mais ce n'est pas une raison pour te moquer de moi.

Il vit à mon visage que cela n'était pas dans mes intentions.

— Je parle sérieusement, dis-je, je sais que ces demoiselles font payer leurs faveurs, mais tu as pu constater, comme moi, que personne n'est « monté » avec elles.

J'employais le mot « monter » sans ostentation ni agressivité, mais j'entendais bien prouver à mon ami Baptiste-Marie qu'à cinquante ans passés, et bien que Camarguais plus de vocation que d'origine, je n'étais pas entièrement puceau.

Bréchu ne releva pas le défi. Il parut consterné.

— Mais mon collègue, dit-il, nous sommes samedi.

— Je le sais bien, dis-je, et justement j'ai pu constater qu'il y avait beaucoup de monde. Je suppose que les jours de semaine, l'établissement doit être moins fréquenté.

— C'est exact, dit Bréchu, mais le samedi, c'est le jour des raviolis.

Eh bien, vous me croirez si vous voulez, je n'ai pas compris tout de suite le sens profond de sa réponse.

— Et alors ? ai-je dit.

Bréchu me regardait avec une consternation grandissante.

— Mais alors ces pauvres filles ont passé toute la nuit à faire des raviolis frais.

— Et alors ? répétai-je bêtement.

— Alors, ils sont en train de sécher.

Cela aurait dû m'éclairer en principe. Cela ne m'a pas éclairé du tout. J'ai donc dû répéter :

— Et alors ?

— Et alors, a soupiré Baptiste-Marie Bréchu, tous les lits de l'établissement que nous venons de quitter sont occupés.

— Et par qui ?

— Par les raviolis !

De sorte que, si jamais vous passez du côté de Tarascon et que l'établissement dont je vous parle existe encore, je vous conseille d'y aller un dimanche. Les raviolis sont secs et les lits sont libres.

*
* *

Je ne dirai pas que vous savez tout sur Baptiste-Marie, car plus il m'en a dit, moins j'ai été sûr de le bien connaître.

En tout cas j'ai réussi à vous faire partager ma perplexité.

Mais il y a un point sur lequel je serai absolument intransigeant, c'est sur ses qualités de cœur.

Il était rugueux. Rustique. Rebroussier. Il était plein d'arêtes. Il faisait mal quand il frappait. Et vous vous faisiez mal quand vous lui frappiez dessus.

C'était un roc. Donc, il devait être insensible. Eh bien ! il était plus sensible qu'une libellule. Je n'ai pas dit qu'une midinette. D'abord, en Camargue, des midinettes il n'y en a pas. Et même les jeunes personnes prennent tout leur temps pour déjeuner. Ensuite, sur la sensibilité des midinettes, il y aurait beaucoup à dire. Du bien, notamment. Mais il n'y a pas eu de midinette dans la vie de Baptiste-Marie Bréchu.

Il y a eu Bréchu.

Bréchu tout en cuirasse, tout en piquants, tout en défenses.

Et c'est là le propre des vrais tendres. Il a passé sa vie à se défendre, non pas contre les autres. Il n'avait peur de rien ni de personne.

Il a passé toute sa vie à se défendre contre les élans de son cœur. Il a passé son temps à faire peur aux autres, parce qu'il avait peur de lui-même.

Il a toujours préféré passer pour un malin même méchant, que pour un tendre et un imbécile.

Alors qu'il a toujours été, et cela je vous interdis d'en douter, le plus tendre imbécile que j'aie jamais connu.

C'est-à-dire qu'il doit incarner pour vous la perfection à la fois dans la tendresse et dans l'imbécillité.

Ah ! Bréchu, ce que tu as pu être couillon ! Et toi qui as toujours su ce qui se passait chez les autres, et ce qu'on en pensait, tu n'as jamais été au courant des remous qu'a suscités en Camargue ton voyage à Marseille.

Vous me direz que Marseille n'est pas loin des Saintes-Maries-de-la-Mer. D'ailleurs, vous ne me le diriez que si vous n'aviez jamais fait le voyage entre Marseille et les Saintes. Vous auriez jugé par vous-même que le problème de la circulation latérale n'était pas encore entièrement résolu dans notre beau pays. Même s'il est en avance sur son temps.

Mais je m'aperçois que j'ai oublié un personnage important de la geste de Baptiste-Marie Bréchu. C'était son chien « Pitche ». Un pitche, c'est un caraque. Et à Paris on l'aurait appelé « Gipsy ». Et dans ce livre consacré à Baptiste-Marie Bréchu, qui fut toute sa vie l'ami des gitans, il a bien failli ne pas y avoir de gitan du tout. Parce que si j'en parlais, et j'en parlerai peut-être bien un jour, mais longtemps après sa mort, cela reviendrait à dire que Bréchu est un saint. Car s'il vécut toujours comme un gitan, il n'oublia jamais que les gitans n'ont jamais eu le droit de vivre comme lui.

En tout cas « Pitche » était un chien qui n'était pas de race gitane. Mais c'était un gitan naturel. C'est-à-dire que personne ne voulait de lui.

C'est-à-dire quoi d'autre ?

Qu'il fut adopté par Bréchu !

Que désormais ils ne se quittèrent plus.

Or ce dimanche matin-là, Bréchu annonça du ton guilleret de l'homme qui part en expédition coquine :

— Pitche et moi, nous allons faire un petit tour à Marseille.

— Et qu'est-ce que vous allez faire à Marseille ? demanda ingénument Loule de Sylveréal.

— Nous avons des amis à voir.

— Pitche aussi ?

— Pitche surtout, dit Bréchu.

Ils partirent dans leur 2 CV.

Que Baptiste-Marie ait eu une ou plusieurs petites amies à Marseille, cela n'étonna personne. Il en avait partout dans le département. Et dans les départements limitrophes. Mais ce pauvre Pitche, même sur place, avait des difficultés à faire apprécier ses charmes.

Personnellement, Pitche, je l'ai toujours trouvé très beau : d'une beauté poussiéreuse et crottée. Il avait l'air d'un porc-épic monté sur pattes. Quant à son pedigree, il était strictement impossible non seulement à établir, mais à envisager. Il y avait en lui de l'épagneul breton, du fox-terrier, du labrador, du bouledogue, du ratier et j'en passe. Je me demande même s'il n'était pas mâtiné de lapin de garenne et de renard.

En tout cas, pour un hybride, c'était un hybride. Et d'une hybridité assez rare. Une synthèse absolue de la bâtardise canine.

Avec cela hargneux comme un caïman, n'obéissant qu'à son maître, et imprévisible dans ses réactions. Dans l'ensemble, il m'avait à la bonne, il lui arriva néanmoins de me déchirer à plusieurs reprises le pantalon sur une saute d'humeur.

Mais, je vous répète, je l'aimais. Je ne vous dirai pas que sa pensée ne me quitta pas de tout ce dimanche. Mais à plusieurs reprises je ressentis une satisfaction personnelle en imaginant que ce monstre était en train de se régaler, avec ce qui se faisait de mieux dans la chienne de race, de haut lignage, et de bonne éducation.

Le soir, au *Bar du Gabian*, nous attendions Bréchu, pour qu'il nous fît le récit, non de ses exploits, car il était sinon parfaitement muet sur ses aventures, du moins strictement allusif, mais sur ceux de son compagnon des bons et des mauvais jours.

Ce soir-là il ne parut point.

Nous n'en conçûmes aucune inquiétude. Loule dit :

— Ils ont dû se plaire là-bas.

Pour une fois toute la galerie se trouva d'accord avec le demi-fada.

Baptiste-Marie ne reparut que le lendemain soir. Et ses amis l'entourèrent, savourant à l'avance le plaisir d'un récit plein de couleurs et de trouvailles verbales.

Car il racontait bien, le bougre ! Et il savait placer ses silences avec un art de comédien naturel.

Mais ou bien il n'était pas en verve, ou bien le séjour marseillais ne leur avait pas apporté les satisfactions qu'ils en attendaient.

Au troisième pastis, il n'avait pas encore ouvert la bouche. En revanche Pitche avait plusieurs fois montré les crocs.

Quand ils étaient tous les deux dans cet état, personne d'ordinaire n'osait intervenir. Mais Loule qui avait une âme d'enfant n'aimait pas qu'on retarde son plaisir.

— Alors, dit-il, ça s'est passé comment ?

Pitche aussitôt se mit à grogner et les yeux de Bréchu flamboyèrent sous ses sourcils touffus comme des moustaches.

— Mal, dit-il.

Il réfléchit avec une intensité qui lui faisait saillir les veines du cou.

— Très mal, même, ajouta-t-il.

Puis il s'enferma à nouveau dans le silence et même Loule de Sylveréal, dont l'innocence autorisait toutes les audaces, n'osa pas intervenir.

Nous inclinions à croire que nous n'en saurions pas plus, du moins ce jour-là, mais soudain il se mit à parler. Il regardait son chien d'un air de reproche et Pitche s'était tassé sur lui-même. Il avait maintenant l'air d'un oursin qui a séjourné trop longtemps au soleil.

Son maître alors précisa ses griefs :

— Je lui avais pourtant demandé son avis. Moi il me semblait que c'était une bonne idée, mais après tout je pouvais me tromper. Mon intention c'était de lui faire plaisir, mais les chiens, même les chiens comme Pitche qui comprennent tout, on est pas toujours sûr de les comprendre. Mais là le doute était impossible.

Nous étions absolument d'accord tous les deux, il était content du cadeau que j'allais lui faire. Car j'ai oublié de vous dire qu'hier dimanche, c'était l'anniversaire de Pitche, ou plutôt l'anniversaire du jour où je l'ai rencontré à moitié mort dans une roubine.

Ce discours peut vous paraître surprenant, mais aux Saintes-Maries il n'étonnait pas. Il y avait des années que Bréchu parlait à son chien. Jamais à ma connaissance Pitche ne lui avait répondu, mais il comprenait si bien les paroles de son maître que personne n'aurait osé contredire quelqu'un (à condition qu'il soit du pays) qui aurait entendu Pitche tenir un discours en réponse à celui de son maître.

Bréchu poursuivit :

— Vous savez que je ne suis pas riche, mais pour faire plaisir à Pitche, je suis prêt à des sacrifices. Ils avaient mis le prix d'entrée à huit cents francs. Et bien, bagna per bagna, j'ai dit à la dame de la caisse : « Vous me donnerez deux entrées. — Mais vous êtes seul », elle a dit... Évidemment du haut de son perchoir elle ne pouvait pas apercevoir ce pauvre Pitche. Je lui ai dit en la regardant dans les yeux : « Penchez-vous un peu pour voir. »

Ici Baptiste-Marie se fit une petite pause-vanité dont personne ne lui tint rigueur tellement nous étions anxieux de connaître la fin.

— Je crois que vous avez pu remarquer depuis pas mal de temps déjà, que quand je regarde une dame dans les yeux, il est rare qu'elle ne fasse pas ce que je lui demande. Elle s'est donc penchée ; personnellement cela ne m'a pas déplu. Au contraire, je puis vous affirmer qu'elle avait de très jolis poumons, surtout vus d'en haut. Mais ce qu'elle m'a dit, en revanche, cela ne m'a pas plu du tout.

Et cette fois il se fit la pause-suspense. Mais Loule de Sylveréal l'interrompit dès les premières secondes :

— Et qu'est-ce qu'elle t'a dit au juste ?

Pour le principe Bréchu retarda de quelques instants sa réponse, puis il la laissa tomber :

— Vous, vous pouvez entrer, mais pas lui.
— Et pourquoi ? dis-je.
— Parce que c'est le règlement.
— Mais c'est pour lui que je suis venu. J'ai pensé que cela lui ferait une distraction. Nous vivons à la campagne, il voit toujours les mêmes visages.
— Je suis désolée, dit la caissière, mais il ne peut pas entrer.
Alors je me suis fâché et j'ai dit :
— Puisqu'il n'entre pas, moi non plus.
Alors nous sommes allés nous amuser ailleurs. Et pour bien lui montrer à cette pimbêche qu'on pouvait se passer d'elle, nous sommes restés un jour de plus. Mais je n'ai pas mis les pieds dans un établissement où les chiens n'avaient pas accès.

Ne croyez pas que Bréchu a oublié de nous dire de quel établissement il s'agissait. Il sait qu'on va finir par le lui demander. Il voudrait simplement que pour une fois ce ne soit pas Loule qui lui pose la question.

Eh bien ! il est comblé, car pour ce coup c'est Camille qui relance l'histoire en demandant :
— Mais où tu l'avais emmené ton chien ?
Alors Baptiste-Marie Bréchu, narrateur de bistrot peut-être, mais habité par la foi, par la gentillesse des fées et la force des dieux, s'adossa au comptoir et, s'adressant à la foule, dit :
— Le jour anniversaire de mon chien Pitche, j'avais cru que ce qui pourrait lui faire le plus plaisir c'était de l'emmener voir l'exposition canine...

Eh bien pensez de Baptiste-Marie ce que vous voulez, de toute façon il est impossible que vous en pensiez du mal, mais il se peut que certains de ses défauts vous irritent.

Mais un homme qui, pour distraire son chien, a l'idée de l'emmener visiter une exposition canine, moi je dis que c'est un homme plein de douceur, de délicatesse et d'amour...

Disons plus simplement les choses : c'est un poète.

5

Baptiste-Marie Bréchu nous a quittés, mais si vous passez par les Saintes-Maries-de-la-Mer, ne manquez pas d'aller boire un verre au *Bar du Gabian*, même si vous n'avez pas soif. Je ne vous conseille pas de parler de Baptiste-Marie. Vous ne faites pas partie de la famille. On vous répondra évasivement. On vous dira :
— Il n'y avait pas plus brave !
— C'est une grosse perte.
— Des hommes comme lui, il ne s'en fait plus !

Et on ne vous en dira pas davantage.

Le chagrin et l'amitié ne sont pas des produits à partager avec le premier venu.

Donc si je vous dis d'aller au *Gabian*, c'est pour une autre raison, mais qui vous fera découvrir encore un aspect de cet homme admirable...

Imaginez donc que vous venez d'entrer. Il fait frais, l'air sent l'anis, il y a de la sciure par terre, mais de la belle sciure blonde. Le bar est désert. Même Camille n'est pas au comptoir.

Vos yeux, petit à petit, s'habituent à la pleine ombre et, dans un coin, dans le coin le plus discret, le plus sombre, il y a quelqu'un.

Vous êtes obligé non seulement de le voir, mais de le remarquer. Et une fois que vous l'aurez découvert, vous ne pourrez plus l'oublier.

Il a le teint olivâtre, les orbites creuses et le regard anthracite.

On dirait un moine du Greco.

Il a une barbe alternativement blanche et noire : deux petits serpents frisés qui ruissellent le long de son visage raviné.

Il ne vous dira rien. Vous ne lui direz rien. Je vous confie son nom : on l'appelle Cristo.

N'appelez pas le patron. Repartez aussi discrètement que vous êtes venu. Mais revenez un peu plus tard quand il y aura du monde.

Car dans nos histoires à nous il ne faut pas sauter à pieds joints. Il faut s'y glisser tout doucement sans se faire remarquer.

Et cette histoire dans laquelle vous faites vos premiers pas, abordez-la avec beaucoup de discrétion et de tendresse. Parce que, je vous le dis tout de suite, c'est une histoire très belle.

Vous revenez donc le soir à l'heure de l'apéritif. Le bar maintenant est plein.

Cristo est toujours assis à sa place, dans l'ombre, ne regardant rien. Ne parlant à personne, souriant vaguement à son rêve intérieur.

A ses pieds, il y a un petit monticule de bottes de radis... Vous voyez la scène, les amis éprouvant le plaisir d'être ensemble, se le disant, et, dans un coin du bar, un vieil homme taciturne, assis devant des radis aux fanes un peu flétries.

Mais, de temps en temps, un des clients se détache du bar, s'approche de Cristo, lui prend cinq bottes de radis et lui remet une pièce de 1 franc. Vingt centimes la botte, un franc les cinq. Cristo ne sourit ni ne remercie. Il prend la pièce, se lève de son siège et se dirige vers le bar.

Il n'a pas besoin de passer commande. Camille lui a déjà rempli un verre de vin rosé...

C'est le moment de redoubler d'attention. Car pendant que Cristo a le dos tourné, celui qui vient de lui acheter des radis remet discrètement en place les bottes dont il vient de faire l'emplette. Il les mélange avec les autres et se hâte de rejoindre sa place au comptoir.

Pour le moment vous en savez assez...

Mais revenez le lendemain soir et vous verrez qu'aux Saintes-Maries-de-la-Mer on a découvert le secret du mouvement perpétuel. Ce sont toujours les mêmes radis qui servent.

Mais ne vous hasardez pas encore à faire semblant d'en acheter. Car il faut faire vite. Cristo a la descente rapide et, le temps d'une gorgée, il sera de retour à son poste.

Malheur à celui qui se laisse prendre en flagrant délit de restitution. Un flagrant délit de charité.

Évidemment, Cristo ne lui fera pas de mal. Il n'a pas plus de force qu'un lézard. Il ne lui dira pas de mauvaises paroles non plus, il n'est pas muet pourtant. Mais il a choisi depuis toujours de ne communiquer que par le regard.

Et son regard criera qu'on lui a fait de la peine, qu'on l'a humilié.

Car il n'est pas un mendiant. Il est un homme libre qui vend le produit de son travail et qui n'admet pas qu'on lui fasse la charité.

Et là, inévitablement, une question vous vient aux lèvres. Ne la formulez pas tout de suite, je la connais déjà. Revenez demain à l'apéritif. Et je vous dirai tout.

Et peut-être après, je vous donnerai l'autorisation d'aller faire semblant d'acheter les radis de Cristo.

Je la connais cette question. C'est une question d'homme venu des villes, ou de paysan venu du Nord. Vous vous dites :

— Il est bien évident que la culture du radis ne demande pas des hectares et des hectares... Mais il faut bien les semer quelque part. Votre Cristo n'est donc pas si diminué que vous voulez bien le dire. Il a un petit bout de terrain quelque part...

Non, monsieur.

Non, madame.

Cristo n'a rien du tout.

— Comment fait-il donc pour obtenir à longueur d'année une récolte de radis qui le fait vivre ?

Je vous le dis tout de suite, je n'aime pas du tout le ton sur lequel vous avez posé cette question, mais je vais vous répondre quand même. Vous n'avez pas l'air de mauvais bougres et peut-être ma réponse vous ouvrira-t-elle les yeux sur un certain nombre de réalités que vous avez dû connaître un jour, mais que vous avez oubliées.

Cristo, ses radis vous allez savoir où il les sème.

Il les sème chez les autres.

— Sans leur demander la permission ?

— Eh oui, madame. Eh oui, monsieur. Sans demander la permission à personne, mais avec le consentement de tout le monde. Mais, croyez-moi, il fait les choses avec tact. Il se promène parmi les jardins et quand il aperçoit un petit bout de terrain, n'eût-il que vingt centimètres de côté, qui n'a pas été mis en culture : il sème ses trois graines de radis. Trois graines pas plus. Entre deux plants de tomate, parmi les fraisiers, en bordure d'un champ, dans un massif de fleurs.

— Le radis s'accommode de tous les terrains ?

— Les radis de Cristo, oui. Et celui chez qui il les a semés les soigne plus que s'ils étaient à lui. Et quand vient le moment de récolter les tomates, les fraises, le maïs ou les roses, le propriétaire du champ, du pré ou du jardin, s'il aperçoit à ses pieds trois brins d'herbe qui sortent, il dit : « Tiens, c'est la récolte de Cristo. » Il se garde bien d'y toucher. Et souhaite qu'elle soit meilleure que la sienne. Et c'est ainsi que Cristo possède, sur tout le territoire de la commune des Saintes-Maries-de-la-Mer, une centaine de bouts de terrain qui ne sont pas à lui et dont aucun n'atteint le mètre carré. Des parcelles qui changent selon les années. Des parcelles minuscules qui n'auraient servi à personne et qui font vivre un homme, en lui permettant de sauver sa dignité.

Eh bien ! cette histoire vous paraîtra peut-être ridicule. Personnellement elle me fait venir les larmes aux yeux.

Et peut-être à vous aussi. En tout cas elle vous a troublé au point que vous ne m'avez pas demandé :

— Mais quel rapport cela a-t-il avec votre ami Baptiste-Marie Bréchu ?

S'il était là, je ne vous le dirais pas. Mais maintenant je n'ai aucune raison de vous le cacher. L'idée de la culture des radis, ce fut une idée à Bréchu.

Peut-être penserez-vous qu'elle n'était pas extraordinaire, mais ce qu'il y a d'extraordinaire, madame, ce qu'il y a de stupéfiant, monsieur, c'est que cette idée il l'a fait admettre à Cristo. Car ceux qui l'ont vu arriver aux Saintes, il y a longtemps, longtemps, se souviennent qu'il était plus timide qu'une libellule et plus sauvage qu'un chat sauvage.

Pour moi, voyez-vous, un homme qui a su apprivoiser Cristo, il y a du divin en lui.

Les Camarguais sont durs pour eux-mêmes. Mais qu'ils se soient montrés aussi tendres pour le plus faible d'entre eux, là encore je dis que c'est un miracle, et c'est à Baptiste-Marie qu'on le doit.

Au bienheureux Baptiste-Marie qui ne croyait ni à Dieu ni à diable, mais dont le curé des Saintes disait :

— Quand il m'arrive d'avoir des doutes, je le regarde vivre et je reprends confiance.

*
* *

Ce livre j'éprouve une joie presque physique à l'écrire. Mais, au fur et à mesure qu'il avance, je sens une angoisse qui m'étreint. Chaque page que j'écris me rapproche de la mort de Baptiste-Marie.

Le mot fin, pour un auteur, c'est d'ordinaire le mot le plus agréable à écrire. Ce sera cette fois le plus triste.

Mais secouons-nous. Baptiste-Marie ne doit pas se douter que j'ai commencé à le pleurer au moment même où il me fait le plus rire. Il a deviné que je savais moi aussi qu'il n'irait plus très loin. Je dois jouer le jeu, et vivre avec lui comme avec un immortel.

Jamais d'ailleurs il n'a été aussi en forme qu'en ce moment.

J'avais dû m'absenter quelques jours pour une noce paysanne dans un hameau de la Drôme qui s'appelait « Les Audouard ». J'avais été invité par des gens que je ne connaissais pas, mais qui portaient le même nom que moi. Et c'est eux qui m'ont appris que notre nom voulait dire « vieux berger », que c'était un des plus vieux noms de la langue française et qu'on trouvait des Audouard sur les chemins pastoraux et non sur les routes guerrières.

Le vieil Audouard qui m'avait reçu était le premier d'une longue lignée à ne pas avoir été berger. Il avait travaillé dans l'élevage du ver à soie. Maintenant, il fabriquait des fromages. C'était un vieillard d'un humour redoutable :

— Sais-tu d'où nous venons, petit ? me dit-il.

— Tout ce que je sais de la famille, dis-je, c'est que l'arrière-grand-père habitait la Lozère.

— Eh bien, dit-il, il n'était pas plus dégourdi que moi, parce que les Audouard ils viennent de la Forêt-Noire. Il y en a qui se sont arrêtés en Bourgogne. Il y en a qui n'ont pas dépassé les Alpes ou les Cévennes. Et puis il y a les plus malins, ceux qui sont allés jusqu'à la mer.

Il ajouta :

— Moi, la mer, je l'ai jamais vue.

— Je vous y emmènerai quand vous voudrez, dis-je.

Il se mit à rire.

— Ce n'est pas la peine, dit-il. Il y a trois mille ans que nous, les Audouard, on s'est mis en chemin vers la Méditerranée. Moi je suis resté en route. Et je n'ai plus l'âge d'aller plus loin.

Je ne savais pas à cette époque à quel point ce que me disait ce vieil Audouard était exact. Mais depuis qu'il me l'a dit, quand j'arrive dans les régions où le Rhône va terminer son voyage, je m'enquiers avant tout de la présence d'un Audouard éventuel dans la ville ou le village où je me trouve. Il y en a toujours un. Parfois il y en a jusqu'à dix. Et un jour où je faisais une conférence à Agde, j'ai cru devoir commencer mon petit discours par ces mots :

— Mesdames, mesdemoiselles, messieurs, mes chers parents...

Si je vous raconte ça, croyez bien que ce n'est pas uniquement pour le plaisir, d'ailleurs réel, de parler de moi, mais parce que, depuis que je connais mes origines, j'ai compris bien des choses sur ma vraie nature. Et notamment que je puisse être à la fois aussi instable et aussi sûr, aussi nomade et aussi raciné. Car, où que je sors, je suis en famille.

Mais revenons à notre noce dans la Drôme.

Croyez-moi, ou ne me croyez pas, nous sommes restés quatre jours à table. De temps en temps nous allions nous allonger une heure ou deux et nous retournions au labeur des mandibules.

Enfin, bref, quand je retournai aux Saintes, j'avais dû grossir d'une dizaine de kilos.

Cela aussi c'est une tendance des Audouard. Depuis qu'ils ont cessé de sillonner les sentiers de montagne, ils ont une propension héréditaire à prendre du poids.

Baptiste-Marie m'aperçut le premier, mais il ne me fit aucune remarque. Il aurait craint de me désobliger.

C'est moi qui attirai son attention sur mon déplorable empâtement.

Il m'examina avec une attention bienveillante puis rendit son verdict.

— On ne peut pas dire que tu sois devenu vraiment gros, dit-il, mais il faut reconnaître que tu as un peu « repris ».

Telle est la façon camarguaise de dire aimablement des choses qui pourraient fâcher si on les exprimait avec moins de tact.

Il faisait ce matin-là un temps de création du monde. Il faisait même si beau que nous sommes restés presque un quart d'heure sans parler.

Et puis, tout d'un coup, j'ai vu dans le regard de Baptiste-Marie la lueur annonciatrice des grandes prosopopées. Mais il n'a pas libéré tout de suite le torrent oratoire qui commençait à gronder en lui.

Il l'a laissé au contraire filtrer, par petites vagues sages et mélodieuses.

Il a commencé par me montrer un petit arbuste qui poussait devant sa cabane.

— Je sais bien, m'a-t-il dit, que tu n'es pas beaucoup doué pour l'agriculture, mais j'espère que cet arbre au moins tu vas pas me dire que tu ne le connais pas.

Je n'hésitai même pas une fraction de seconde.

— C'est un olivier, dis-je... ou plutôt c'en sera un dans une dizaine d'années.

Car il faut douze ans pour faire un olivier, et Baptiste-Marie me regarda avec un mélange de tendresse et d'ironie :

— Je n'aurais jamais cru, dit-il, que tu sois aussi compétent... Tu as une seconde ?

— J'ai toute la vie devant moi, répondis-je un peu à la légère...

— Tu as bien de la chance, dit-il avec une mélancolie discrète qu'il dissimula sous un sourire.

Puis il s'adossa contre la pierre sèche et, regardant le ciel, il parla comme s'il avait été tout seul. Il parla pour faire revivre un des plus hauts moments de son passé.

Car, avant de disparaître, il ne voulait plus vivre qu'au niveau de ce qu'il avait eu de meilleur.

*
* *

L'hiver de 1956, je vous l'ai déjà signalé, avait été moins éprouvant que ce fameux hiver de 1929 où le thermomètre était descendu à 28 degrés au-dessous de zéro. Mais cet hiver-là est demeuré néanmoins dans toutes les mémoires et il y eut grande consternation dans la Provence aussi bien de Camargue que des Alpilles.

Et peut-être même plus dans les Alpilles qu'en Camargue.

Or, précisément, cet hiver-là, Baptiste-Marie Bréchu faisait retraite à Fontvieille. Il était venu donner un coup de main à un ami un peu faible des bronches à qui on avait conseillé l'air de la montagnette.

Baptiste-Marie savait tout faire de ses mains. Son ami faible des bronches s'était retiré dans une vieille bâtisse où tous les vents qui soufflent en Provence s'étaient donné rendez-vous.

Le vent, c'est une chose saine, mais en hiver ce n'est pas bon pour les bronches. Surtout de quelqu'un qui les a faibles. Bréchu avait bouché toutes les fissures comme un calfat qui veut faire reprendre la mer à une barque qui prend l'eau. Et, au seuil de l'hiver, il avait pu dire à son vieil ami :

— Ta maison ne prend plus le vent, maintenant je peux partir.

— Reste encore huit jours, dit son ami.

Mais il mourut dans la nuit même et si ce ne fut pas des bronches, ce fut peut-être, tout bêtement, d'un accès de reconnaissance.

Et Bréchu de tout l'hiver n'arriva pas à quitter cette maison. Il s'y sentait lié. Il avait le sentiment de prolonger la vie de son copain et que tant qu'il serait là, il ne serait pas tout à fait mort.

Baptiste-Marie, vous le savez, est un homme qui a le contact facile. Et s'il était allé au village, il n'aurait pas tardé, là comme ailleurs, à être le plus populaire de tous.

Mais le chagrin le clouait devant la cheminée et il regardait flamber les bûches en pensant, non seulement que la vie est courte, mais qu'elle est mal faite.

L'hiver jusqu'alors n'était pas particulièrement rigoureux. Et, en fait, il n'y eut qu'une nuit de glace et de vent. Une nuit. Une seule où le thermomètre descendit à un nombre de degrés au-dessous de zéro qu'il vaut mieux ne pas vous citer car il nuirait à la vraisemblance de mon histoire.

Mais ce que je peux vous dire, et que vous pouvez vérifier : en cette seule nuit des centaines de milliers d'oliviers moururent à la fois.

Et devant des oliviers centenaires, éclatés par le gel et morts de mort subite, Bréchu pleura comme si toute sa famille avait péri dans une catastrophe.

Entre la mort des oliviers et celle de son ami, il ne faisait plus très bien la différence. Pour la première fois de sa vie, Bréchu, Baptiste-Marie Bréchu l'indomptable, était une pauvre chose à la dérive.

La Provence, cet hiver-là, n'était qu'un immense charnier d'arbres. Ils meurent debout, les arbres, et sans se plaindre, mais leurs cadavres dressés et torturés attestent longuement leur souffrance silencieuse.

Certains paysans les abattirent.

Non pour en tirer profit. Mais pour se délivrer de leur image suppliciée.

La plupart les laissèrent en place, attendant je ne sais quel miracle, je ne sais quelle résurrection.

Le miracle se produisit d'ailleurs dès le printemps suivant et l'on vit surgir autour des troncs noircis des rameaux verts fragiles et têtus.

Il n'y avait plus que douze ans à attendre jusqu'aux prochaines olivades.

Mais que faire de tout ce bois mort, niché en terre et dont la présence continuait de prendre le ciel à témoin de sa propre injustice.

Certains se résignèrent à le brûler. Avec remords. Certes, le bois d'olivier est une braise royale et permet les cuissons les plus subtiles, mais on ne brûle l'olivier que s'il est mort de mort naturelle.

Pas l'olivier assassiné.

Et Bréchu ne se résignait toujours pas à regagner sa Camargue originelle.

Il ne faisait rien de ses journées, mais il avait confusément la certitude qu'il devait rester pour une mission importante. Il ne savait pas pourquoi il devait rester, mais il en était sûr.

*
* *

Jamais l'hiver ne fut plus court. Et dès la fin de janvier les amandiers fleurirent et l'on craignit pour eux.

Et Bréchu restait assis devant la cheminée éteinte. Parfois il prenait entre ses mains une bûche dure et lisse.

Il ne savait pas pourquoi. Il se demandait s'il n'était pas en train de devenir fou. Il caressait la bûche. Il la berçait. Il se sentait ridicule. Il faillit partir.

Et c'est alors que jaillit en lui l'idée de sculpter ces oliviers morts. De les rendre immortels par ses propres mains. Eux qui n'avaient pas pu accomplir jusqu'au bout leur mission de beauté.

Je n'ai pas besoin de vous dire que Baptiste-Marie n'avait jamais sculpté quoi que ce soit. Et pour ses débuts il eut affaire à un bois plus dur que la pierre de Fontvieille.

Non, l'olivier n'est pas un bois commode. Il ne se laisse pas faire par le premier venu. Il ne cède qu'à qui sait le convaincre à force de vigueur et de rigueur. A force de patience. A force d'orgueil et de modestie.

Il ne cède qu'à ceux qui savent se plier à lui pour réduire. A ceux qui bâclent ou qui trichent, il ne permet que des œuvres insignifiantes allant du rond de serviette au moulin à poivre.

Il n'autorise les chefs-d'œuvre qu'aux meilleurs. Qu'aux passionnés infatigables. Qu'à ceux qui prennent leur temps.

Baptiste-Marie Bréchu était de ceux-là...

Je vous l'ai déjà dit, Bréchu n'était pas un homme d'église. Pourtant, ce qu'il avait entrepris de sculpter dans un tronc d'olivier ferme comme du marbre, c'était « un berger offrant l'agneau au petit Jésus de la crèche ».

A la fin du printemps, l'œuvre était à peine ébauchée. Il y travaillait jusqu'à vingt heures par jour. Il en oubliait le sommeil et la faim. Il ne voyait plus personne. Aurait-il été marié et chargé de famille qu'il n'en aurait plus eu conscience.

Il accomplissait son œuvre.

L'été passa, l'automne vint et il se dit qu'il avait fini son travail.

Alors il alla au puits et fit une longue toilette. Puis pour la première fois depuis des mois il descendit au village. Il voulait se réveiller les yeux. Se nettoyer la tête.

Il s'était habillé comme pour la fête votive.

Il attendit qu'il fût quatre heures du soir, le moment où la lumière de septembre est la plus indulgente. Alors il marcha vers son œuvre. Se campa devant elle, en fit trois fois le tour et dit :

— C'est une vraie merde !

Cette œuvre je ne l'ai jamais vue et je ne peux porter sur elle aucun jugement. Mais je ne crois pas que Baptiste-Marie se soit trompé sur elle. Il y avait sans doute mis trop de passion, trop de tension. Il avait voulu trop bien faire. Et devant elle il baissa la tête. Et s'il y avait eu un feu dans la cheminée, le berger et son agneau auraient terminé leur existence en fumée.

Et soudain il comprit qu'il n'avait plus rien à faire à Fontvieille. Il rassembla ses quelques affaires. Et s'il emmena son œuvre avec lui, ce fut pour la cacher et non pour la conserver.

L'hiver passa. Le printemps revint et fit frémir les étangs. La grande folie des herbes, des bêtes et des hommes s'annonçait plus impétueuse que jamais.

— Tu vois, Yvan, me dit Baptiste-Marie Bréchu, je me souviens de ce que j'ai fait, mais pourquoi je l'ai fait, je ne peux pas te le dire. J'avais caché mon berger sous mon lit et, depuis mon retour, je ne lui avais pas jeté le moindre coup d'œil.

Et jamais je ne lui adressais la parole.

Et personne ne l'avait jamais vu. Mais il m'arrivait de penser à lui en dormant. Ce qui me dérangeait le sommeil. Alors j'ai pris une pioche, je lui ai creusé une fosse et j'ai décidé de l'enterrer. De l'enterrer debout.

Et il avait fait comme il avait dit. Et il avait enfoui dans la terre son œuvre ratée et il crut un moment qu'il était délivré d'elle. Mais les bergers d'olivier se laissent difficilement oublier. Maintenant il y pensait de jour comme de nuit. Complètement dévarié le pauvre Baptiste-Marie : nerveux, irritable, fuyant la compagnie. Méconnaissable.

— Je suis resté trois mois, dit-il, sans aller au *Bar du Gabian* et je sais, bien que personne n'ait jamais osé me le dire en face, qu'on commençait à murmurer que je ne tournais plus rond. Et s'ils avaient su que je me calcinais à cause d'un morceau de bois, ils m'auraient pris pour un vrai fada.

Eh bien, ils auraient eu tort.

Le temps passa, le printemps revint. Les étangs eurent à nouveau la chair de poule. Baptiste-Marie pensait de moins en moins à son berger de bois enterré devant sa cabane.

— Mais ce matin-là, qu'est-ce qui m'a pris, je n'en sais rien ? Le goût de sculpter m'était passé depuis longtemps. Alors, pourquoi j'ai sorti mon couteau de poche et j'ai pris un morceau de bois ? Je crois que c'était du tamaris. Du bois tendre. Tu vois, j'étais devenu modeste comme sculpteur, mais j'avais des démangeaisons au bout des doigts. Ce morceau de bois, je ne savais pas au juste ce que je voulais en faire. Je me contentais de le gratter et de le polir interminablement avec mon couteau. Je sais pas si tu vas bien me comprendre, mais j'avais l'impression d'être une vieille en train de dire son chapelet ! Ça me faisait du bien dans les mains. Je ne pensais à rien. Mais j'étais un peu comme à Fontvieille. J'avais l'idée que peut-être il se passerait quelque chose. C'était moins clair que la dernière fois. C'était moins certain.

— Et ça s'est passé quand même ? dis-je.

— Oui, dit-il.

— Et qu'est-ce qui s'est passé ?

Il eut un sourire de bienheureux et, tendant la main vers son olivier, il me dit :

— Il s'est passé ça !

De son berger de bois qu'il croyait mort, avait surgi une pousse d'olivier et la pousse d'olivier, d'année en année, était devenue un arbre.

— Eh bien, tu vois, me dit Baptiste-Marie, il y a des moments où je me faisais des reproches. Je me disais qu'une première œuvre, ce n'était pas forcé qu'on la réussisse. Que j'aurais peut-être pu faire des progrès.

— Pas peut-être, dis-je, sûrement.

Il ne protesta pas.

— Sûrement, si tu veux. Et même si ça te fait plaisir, couillons comme sont devenus les gens, j'aurais peut-être pu passer pour un grand sculpteur comme César. Mais un olivier comme celui que tu vois devant la porte, je serais jamais arrivé à en faire un aussi beau.

Et là-dessus, évidemment, il n'y avait plus rien à dire. L'olivier devant nous, se sachant admiré, faisait la roue. Le vent de terre s'était levé. L'arbre frémissait de lueurs gris-argent.

C'était plus qu'un mobile. C'était un ballet. Nous l'avons regardé pendant des heures et soudain Baptiste-Marie m'a dit :

— Et en plus, tu sais, pour la première fois de sa vie, il va me donner des olives...

***

Un homme capable de transformer une statue de bois mort en arbre vivant, si vous ne le considérez pas comme un poète, c'est que vous êtes vous-même définitivement fermé à la poésie.

Les enfants, eux, ne s'y étaient pas trompés. Et chaque fois qu'ils pouvaient l'avoir pour eux tout seuls, ils en faisaient le siège jusqu'à ce qu'il consente à leur raconter une histoire.

Et lui, qui était bourru avec tout le monde, il ne se faisait prier que pour avoir le temps de bien ajuster ses phrases.

Car, comme tous les grands narrateurs, il n'y avait rien de plus élaboré que ses récits qu'il semblait inventer au fur et à mesure.

Et lui qui ne croyait ostensiblement ni aux dieux ni aux démons, il évoluait tout naturellement dans la féerie. Et, quand il s'était mis à parler, tous les petits qui faisaient cercle autour de lui le « badaient » comme s'il avait été un personnage descendu du ciel pour enchanter les oreilles des enfants.

Et pourtant, croyez-moi, les petits Camarguais ne sont pas spécialement doués pour le merveilleux. Ou plutôt ils sont particulièrement difficiles sur la qualité. Cela provient sans doute de ce que leur vie quotidienne est à la fois dure et miraculeuse. Pour les étonner, il fallait avoir le don. Et Baptiste-Marie l'avait.

En plus il n'aimait pas jouer la facilité. Il avait repéré le jeune Philippe, le fils du bourrelier, qui était le plus dur à se laisser arracher à lui-même. Évidemment, il écoutait Baptiste-Marie comme tous les autres avec une attention passionnée, et quand le conteur avait fini de parler, il avait l'air, comme ses camarades, de s'éveiller d'un rêve.

Mais déjà il passait l'histoire au crible, en cherchait les invraisemblances et les contradictions.

— C'est bien beau, finissait-il par dire, ce que tu viens de nous raconter, mais ce n'est sûrement pas exact.

Baptiste-Marie feignait de se mettre en colère :

— Tu me traites de menteur.

— Je me permettrais pas, disait Philippe, je disais simplement que ton histoire, c'est impossible qu'elle soit vraie.

— Pourtant, protestait Bréchu, je te jure que les choses se sont passées exactement comme je te l'ai dit.

— Ne jure pas, disait Philippe, ça risquerait de te porter malheur.

Les gosses s'entre-regardaient. Les plus grands commençaient à douter. Mais il y en avait toujours un parmi les plus jeunes qui disait :

— N'écoute pas Philippe, c'est un méchant !

— Non, protestait Philippe, je ne suis pas méchant, j'aime beaucoup Baptiste-Marie, et je ne demande qu'à croire ce qu'il dit, mais il faudra qu'il nous le prouve...

Cette incrédulité attristait de plus en plus Baptiste-Marie. Il s'en ouvrit à moi.

— Tu vas voir qu'un jour, me dit-il, ils finiront par me traiter de gâteux...

Il soupira.

— D'ailleurs, ils n'auront pas complètement tort.

Mais Baptiste-Marie n'était pas homme à rester sur un demi-succès. Il ne lui suffisait pas de convaincre la majorité, il voulait les convaincre tous.

— Ce qui me trouble, disait-il, c'est que, pendant que je leur raconte mon histoire, ils ont l'air de la trouver normale. Je la leur raconte comme mon grand-père me l'avait racontée à moi. Et ils écoutent de la même façon que moi j'écoutais mon grand-père. Rien ne leur paraît assez surprenant et assez mystérieux. Mais, une fois que j'ai fini de parler, ils commencent à se poser des questions... Et à partir du moment où ils se posent des questions, ce n'est pas la peine d'essayer de leur répondre... Au fond, ils continuent de croire à mes histoires, mais ils ne croient pas à mes explications.

Noël approchait et c'est une bonne époque pour les narrateurs d'histoires belles et invérifiables. Baptiste-Marie tenait salon dans sa cabane, assis au coin du feu.

— Viens ce soir, me dit-il, j'ai besoin de ton avis.

— Mais à quel sujet ?

— Je vais leur raconter quelque chose de plus incroyable que d'habitude, me dit-il. Une histoire qui remonte à des milliers d'années. Naturellement, c'est une des plus belles. Mais si tu l'examines d'un peu près elle ne tient pas debout. Et pourtant, je crois que, puisqu'ils réclament des preuves, je vais pouvoir leur en donner.

J'arrivai un peu en retard au rendez-vous. Il ne m'avait pas attendu pour commencer. Les enfants ne l'auraient pas permis...

— Le cheval de Camargue, disait-il, les savants qui croient tout savoir, eh bien, ils ne savent pas du tout d'où il vient. En tout cas ils ne sont pas d'accord entre eux. Et il n'y en a pas un qui dise la même chose. Mais nous, ici, nous le savons tous.

— Moi, je ne le sais pas, dit le petit Michel.

— Eh bien, dit Baptiste-Marie, il est né directement de l'écume de la mer. Et c'est pour cela qu'il a le poil si blanc et que sa crinière ruisselle sur son encolure comme une vague retombée.

Baptiste-Marie me cligna de l'œil comme pour me dire :

— Tu vois, Yvan, que je ne triche pas. Au XXe siècle on te fait accepter n'importe quoi et on arrivera à faire du beefsteak avec du pétrole. Mais un cheval avec de l'eau de mer, cela n'est pas scientifique...

Effectivement, il n'avait pas choisi une légende acceptable autrement que comme une légende.

Je reconnais qu'il avait été encore plus éblouissant que d'habitude. Pendant qu'il parlait il était absolument impossible de mettre sa parole en doute et on assistait à la création miraculeuse du cheval blanc dans l'écume agitée du golfe immense.

Comme toujours Philippe fut le premier à réagir :

— Tu nous prends pour des enfants, dit-il. Elle est rigolote ton histoire. Elle fait passer un bon moment. De ton temps peut-être les gosses étaient assez bêtes pour la croire, mais de nos jours elle n'est plus « valable ».

Même le petit Michel paraissait ébranlé. Il suppliait Baptiste-Marie de dissiper ses premiers doutes. Car il n'y a rien de plus malheureux qu'un petit enfant en train de se demander si plus les choses sont belles moins on doit les croire.

Baptiste-Marie ne paraissait pas le moins du monde ébranlé par l'objection. Tout se passait au contraire comme s'il avait su mener ses jeunes auditeurs exactement là où il avait voulu les mener.

— Écoutez, les petits, fit-il, je crois qu'il vaudrait mieux que vous alliez vous coucher, il se fait tard.

— Alors, dit Philippe, tu reconnais que ton histoire est fausse ?

— Je ne reconnais qu'une chose, c'est que vos parents vont s'inquiéter, mais revenez demain à midi et je vous apporterai la preuve que ce que je viens de vous raconter n'est pas une invention. Que c'est au contraire l'expression de la franche vérité.

Philippe demeurait plus sceptique que jamais. Mais le sourire était revenu sur les lèvres de Michel : et cette nuit-là de blancs chevaux sans nombre durent surgir de l'écume de ses rêves.

Resté seul avec Bréchu, je me crus autorisé, étant donné mon âge, à lui demander :

— Qu'est-ce que tu comptes faire ?

Il me dévisagea comme si j'avais été un enfant plus curieux que les autres :

— Si tu veux le savoir, me dit-il, tu n'as qu'à faire comme eux... Revenir à midi, demain...

Eh bien, vous me croirez si vous voulez, le lendemain j'étais là. J'avais même une heure d'avance. Seul le petit Michel était arrivé avant moi. Et il avait amené sa petite sœur, qui marchait à peine, avec lui. Pour se rassurer, en quelque sorte.

A midi, tout le monde était rassemblé. Tout le monde excepté Baptiste-Marie. Je m'en fus aux renseignements. Je revins avec une surprenante nouvelle. Baptiste-Marie avait quitté sa cabane le matin de très bonne heure et, pour la première fois depuis longtemps, il avait attelé sa vieille charrette à son vieux cheval.

— J'étais sûr, dit Philippe, qu'il ne viendrait pas.

Il parut à midi cinq, au moment où les enfants allaient se disperser. Il brinquebalait au bout de la draille sur sa carriole antédiluvienne.

Il faisait un temps clair et froid, et depuis un moment déjà nous battions la semelle.

— Excusez-moi, dit Baptiste-Marie, je suis un peu en retard.

Il descendit de sa charrette avec une agilité de jeune homme. Il avait les joues rougies par le gel. Il fumait des narines et de la bouche.

— Philippe, dit-il, où es-tu ?

— Je suis là, dit Philippe.

Jusqu'à présent, il avait fanfaronné.

— Le vieux se moque de nous, disait-il à ses petits camarades. Comment veux-tu qu'il nous prouve que les chevaux de Camargue sont nés de l'écume de la mer ?...

Mais, en présence de Baptiste-Marie, il faisait moins le faraud.

— Approche...

Philippe approcha, se demandant quel sort on lui réservait.

Bréchu avait du sourire dans le regard et de la gravité dans le visage.

— Approche plus près, dit-il.

Il désigna la vieille monture fourbue. Le brave cheval était en route depuis cinq heures du matin. Et malgré le froid il avait le poil luisant de sueur.

— Passe le doigt sur sa croupe, dit Bréchu.

Le petit Philippe hésitait.

— N'aie pas peur, il ne te fera pas de mal !

Timidement Philippe passa son doigt sur la croupe osseuse du vieux cheval.

Alors Bréchu dit :

— Et maintenant goûte !

Subjugué Philippe goûta.

— Qu'est-ce que tu en penses ? demanda Baptiste-Marie.

— C'est salé, dit Philippe.

Cette réponse ne suffit pas à Baptiste-Marie.

— C'est vraiment salé ?

— Oh oui.

— Comme de l'eau de mer ?

— Pareil... Juste pareil.

Il ajouta même.

— Comme de l'eau de mer qui aurait vieilli.

Alors Bréchu, toisant tous les bambins rassemblés autour de lui, laissa tomber d'une voix de prophète :

— Et maintenant j'espère qu'il n'y en a plus un d'entre vous qui osera me dire : « Le cheval de Camargue n'est pas né de l'écume de la Méditerranée. »

Je ne sais pas si Philippe a été vraiment convaincu. Mais, sur le moment, il ne trouva aucune réponse.

Il était bien jeune, mais il savait déjà qu'avec les poètes on n'a jamais le dernier mot.

Car, si on ne les croit pas sur parole, ils inventent sur-le-champ un poème nouveau.

6

Je voudrais que les pages qui vont suivre soient les plus gaies de ce récit. Car Bréchu ne va pas tarder à mourir et sa mort ce sera son chef-d'œuvre. Sa mort fera de lui pour vous un personnage inoubliable. Mais je voulais que vous sachiez, tellement il va vous inspirer plus tard de respect et d'amour, que c'était avant tout un homme ordinaire qui recommençait à vivre tous les matins, comme tout le monde.

Mais qui n'oubliait jamais de recommencer vraiment à vivre pour de bon.

— On dirait, lui avait fait remarquer un jour sa grand-mère, que tu t'imagines qu'on est sur la terre pour s'amuser.

Baptiste-Marie avait répondu avec infiniment de tendresse :

— Je ne me l'imagine pas, grand-mère, j'en suis sûr.

Et plus tard, à moi, il confia :

— Il y a des gens qui me font de la peine. Ce sont ceux qui disent il faut « profiter » de la vie.

— Tu n'es pas d'accord ?

— Pas du tout. Ou bien alors, si tu préfères, je pense que la seule façon de profiter de la vie c'est de vivre.

Un rien l'amusait et il demeura jusqu'à son dernier jour curieux de toute chose.

Un matin, il m'entreprit sur un détail de vocabulaire.

— Un barbecue, dis-moi, qu'est-ce que c'est au juste ?

Je le lui expliquai du mieux que je pus.

— Mais alors, fit-il, ce fameux barbecue c'est juste la « grasiho » ?

Cette découverte le comblait d'aise.

— Mais pourquoi tu me parles du barbecue ?

Il me fit un long récit que j'abrège. Non qu'il manque de charme. Au contraire. Dans ce récit tient toute l'histoire d'un homme et peut-être de toute une civilisation. Je n'en retiendrai que le problème qu'il posait à Baptiste-Marie :

— J'étais chez mon ami le médecin suisse, me dit-il. Nous avons pris le pastis dans sa cuisine. Une cuisine ultra-moderne où tout marche avec des boutons. Eh bien, tu sais ce qu'il m'a dit ?

— Non.

— Il m'a dit : « La cuisine à l'électricité a fait son temps. J'attends un décorateur parisien qui va m'installer un potager à charbon de bois comme dans l'ancien temps... »

— Et ça te fait rire ?

— Oui, ça me fait rire pour une double raison. D'abord, ça

m'amuse de savoir que pour installer un potager en Camargue on est obligé, de nos jours, de faire venir un décorateur de Paris. Et ensuite, ça me réjouit d'apprendre que maintenant pour avoir le droit de faire la cuisine comme les pauvres, il faut avoir les moyens.

Son visage fut empreint tout à coup de cette gravité qui lui donnait parfois l'allure d'un prophète.

Mais nous avons promis d'être gais, uniquement. Et là, je pense tout de suite à la 2 CV de Baptiste-Marie. Elle lui aura servi pendant plus de vingt ans. Mais il l'avait achetée toute neuve à une époque où le crédit ne se faisait que sur poignée de main.

C'était jour de marché à Arles. Je reconnus de loin Baptiste-Marie bien campé sur ses jambes, en train de contempler une vieille Mercedes solide comme un temple.

Il m'aperçut à son tour et me dit :

— Tu vois, cette voiture, c'est exactement ce qu'il me faudrait pour la Camargue. Tu peux y transporter aussi bien des jeunes veaux que des vieux amis.

(Et croyez-moi, il mettait autant d'affection à parler des jeunes anoubes, que de ses amis d'enfance.)

— C'est une voiture increvable, dit le vendeur.

— Je ne connais rien en mécanique, poursuivit Bréchu, mais j'en suis sûr. Elle m'inspire confiance et pour aller dans les chemins où j'ai l'intention de la mener, je crois qu'elle tiendrait le choc.

— Et en plus, précisa le vendeur, je vous la donnerai pour trois fois rien.

— Alors, dis-je, tu l'achètes ?

Baptiste-Marie hocha longuement la tête.

— J'en meurs d'envie, dit-il, mais ce ne serait pas raisonnable.

Je faillis lui dire :

— Si elle ne coûte pas trop cher, je pense que je pourrais te prêter l'argent.

Par bonheur, je n'eus pas le temps de faire ma proposition, et ce fut une grande chance pour notre amitié, car déjà Bréchu avait pris sa décision.

— Non, je ne la prendrai pas. Elle est trop grande.

— Mais, dit avec l'énergie du désespoir le vendeur consciencieux, vous m'aviez dit précisément qu'il vous fallait quelque chose de grand et de robuste.

— Eh oui, dit Bréchu, je vous l'avais dit et je continue de le penser. Mais si je rentre aux Saintes-Marie-de-la-Mer avec une voiture pareille, je n'oserai jamais...

— Et pourquoi donc ? dis-je.

— Parce que je dois des sous à tout le monde, et que tout le monde croira que j'ai fait fortune...

Alors, sans hésitation, il dit au vendeur :

— Alors je vais te prendre une deux chevaux neuve.

— Ça est aussi une très bonne voiture, dit le vendeur.

— Certainement, dit Baptiste-Marie, mais ce qui compte pour moi, c'est qu'en me voyant arriver avec elle, les gens penseront que j'ai trouvé un couillon de plus à qui emprunter de l'argent...

Oui, Bréchu, tu me feras rire jusqu'au bout. Et même après. Et ce mot que tu m'as dit lorsque je t'ai proposé d'entrer comme jardinier chez Fernandel.

Pour la première fois de ta vie tu as eu l'air tenté par une situation stable. Fernand, tu étais sûr de t'entendre avec lui. Mais tu voulais savoir pourquoi tout d'un coup Fernandel avait besoin d'un jardinier. Et si tu ne risquais pas de prendre la place de quelqu'un.

— Il n'avait pas de jardinier jusqu'ici ? demandas-tu.

— Si, te répondis-je, mais il vient juste de mourir.

Alors tu n'as pas hésité une seconde et tu m'as dit :

— Pourquoi il vient de mourir ?... Il ne se plaisait pas chez Fernand ?

Et moi je dis, Baptiste-Marie, que tu t'es toujours plu sur la terre et que des hommes comme toi devraient vivre dix mille ans.

Et la fois où la municipalité a voulu te donner un appartement. Avec la salle de bains et la télévision.

C'était gentil de sa part à la municipalité.

Et tu as été très sensible au geste que l'on faisait pour toi.

J'étais sûr que tu refuserais. Mais tu as poussé la délicatesse amicale jusqu'à venir visiter le deux-pièces-cuisine-salle d'eau qu'on te proposait pour un loyer symbolique. Et je dois reconnaître que tu as été favorablement impressionné. Tu as tourné les robinets. Tu as fait jouer les lumières. Et tu m'as regardé d'un air de dire :

— C'est pas mon style, c'est pas mon centre, mais peut-être je pourrais m'adapter.

Alors tu as ouvert la fenêtre. Elle donnait sur une maison exactement semblable à celle où on te proposait un appartement. Sans un mot tu as refermé la fenêtre. Puis tu as fait face au conseil municipal qui s'était déplacé au complet pour être le témoin de ta joie ; et tu as prononcé un important discours :

— Mes amis, tu as dit, je savais que vous étiez braves. Mais je n'aurais jamais cru que vous le soyez autant. Alors je vous remercie du fond du cœur.

Ils croyaient que tu avais accepté. Ils se réjouissaient déjà. Tu as simplement ajouté :

— Dans ma vie je n'ai rien eu à moi, même la cabane où j'habite. Mais, dans ma cabane, il y a une chose qui n'a pas de prix, c'est la vue qu'on a de ma fenêtre. Alors de cet appartement, faites-en profiter quelqu'un qui préfère l'eau courante et le chauffage central à cette bataille entre le ciel et la mer que je vois se dérouler sous mes yeux depuis quatre-vingts ans. Et tantôt c'est le ciel qui gagne. Et tantôt c'est la mer. Mais c'est toujours moi le vainqueur.

Il vit de la consternation dans le regard des édiles.

— Ne vous fâchez pas, dit-il. De toute façon, je n'en ai plus pour longtemps avant de fermer les yeux. Permettez-moi de vivre les derniers mois de mon existence les yeux complètement ouverts.

Et il ajouta :

— Dans ma vie, il n'y a qu'une chose qui ne m'aura jamais manqué, c'est le paysage. Alors à moi qui n'ai rien et qui suis presque déjà mort, si vous me le supprimez, le paysage, qu'est-ce qui me reste ?

Je vous dis tout au fur et à mesure que les choses me viennent, car je ne veux rien laisser perdre. Et nous n'avons plus guère de temps devant nous.

Je vous dirai le jour où on a joué *Mireille* en provençal dans les arènes des Saintes, et où le metteur en scène venu de Paris a fait venir Baptiste-Marie comme conseiller technique en accent provençal.

Baptiste-Marie a suivi toute la répétition, le visage renfrogné, indéchiffrable.

— Alors ? lui a demandé le metteur en scène.

— Alors, a dit Baptiste-Marie, il faut que je parle avec la petite qui joue le rôle de Mireille.

Le metteur en scène poussa un soupir de soulagement. La petite qui jouait Mireille était presque une authentique Provençale. Elle se présenta émue et rosissante devant le terrible Bréchu.

— D'où tu es toi ? lui demanda-t-il.

Triomphalement, Mireille lança :

— Je suis née à Toulon. Mon père est né à Toulon. Toute la famille habite Toulon depuis des siècles.

— Et ta mère ? demanda soupçonneusement Baptiste-Marie.

Mireille baissa la tête :

— Ma mère est ardéchoise, dit-elle.

Alors le visage de Baptiste-Marie exprima soudain une grande bienveillance.

— Je me doutais, dit-il, que tu étais une métisse.... Et si je t'ai fait venir ce n'est pas pour te faire des reproches, c'est pour te dire que pour une métisse, tu t'en tires très bien...

Car je vous le dis au passage : dans la découverte de la Provence en général, et de la Camargue en particulier, le regard joue un grand rôle. Mais ce pays où les mots ont tant d'importance, pour le connaître vraiment, c'est surtout une question d'oreille.

Et le jour où l'on vit apparaître en plein hiver le brave médecin suisse dont je vous ai déjà parlé.

Il avait décidé de célébrer Noël à Genève comme en Provence. Et il avait fait spécialement le voyage pour consulter Baptiste-Marie.

— Je veux, dit-il, la liste exacte des treize desserts traditionnels.

— Le plus simple, dit Baptiste-Marie, c'est d'aller au Muséon Arlaten, Mistral a reconstitué de ses mains une salle à manger provençale. Il y a des santons grandeur nature rassemblés autour de la bûche de Noël au moment où l'ancêtre est en train de la baptiser avec le vin de Frontignan en disant : « Allègre ! Allègre !... » Le...

Le médecin suisse l'interrompit :

— Ça je sais, dit-il. Ce sont les desserts qui m'intéressent. J'en trouve toujours trop ou pas assez !

— Les desserts, dit Bréchu, sont sur la table. Des desserts de théâtre en carton bouilli, mais parfaitement imités.

— Dépêchons-nous, dit le médecin suisse.

Une demi-heure plus tard ils étaient à Arles. Le médecin prenait des notes :

— Le raisin muscat, le nougat noir, le nougat blanc...

Il veillait à ne rien oublier. Il regardait sur tous les meubles pour voir si un dessert ne lui avait pas échappé. Il récapitula. Puis refit son compte. Et le refit encore.

— Il y a quelque chose qui ne va pas ? s'enquit Baptiste-Marie.

Le médecin suisse ne lui répondit pas. Il examina de nouveau la table de Noël avec une attention de policier. Il refit son compte et le refit à nouveau et, tournant vers Baptiste-Marie un regard plein de détresse, il dit :

— Je n'y comprends rien. Il n'y en a que onze.

— Pas possible ! dit Baptiste-Marie.

Il recompta à son tour. Il n'y avait que onze desserts sur la table. Alors Bréchu, qui n'aimait pas voir son prochain dans la détresse, inventa aussitôt cette consolante explication :

— C'est Mistral qui l'a voulu comme ça. Des desserts on n'en voit que onze, mais en fait, il y en a vraiment treize. Seulement Jésus n'en a pas voulu pour lui-même. Quant à Judas, de dessert, il est normal qu'il en soit privé.

Au fur et à mesure que j'évoque ces souvenirs d'autres traits de caractère me reviennent, d'autres petites histoires dont se trame la vie camarguaise entre les travaux des champs et les soins donnés aux bêtes. Il y a aussi les moissons en Camargue, et les vendanges, et la récolte du riz. Et tout cela est aussi dur qu'ailleurs sinon plus. Mais on veille à ce que tout conserve une apparence de fête.

Et c'est pourquoi nous aimons tant les taureaux en Camargue.

J'ai lu tout ce qu'on a pu écrire là-dessus. De toutes les explications qu'on a données, aucune ne m'a satisfait, excepté celle que Bréchu m'a glissé un jour au hasard d'une conversation :

— Si nous n'avions pas les taureaux, nous serions des paysans comme les autres. Nous passerions notre temps à nous faire du souci pour nos récoltes, grâce aux taureaux, il nous arrive parfois d'oublier notre condition. Et il nous arrive souvent de nous croire meilleurs que nous sommes... Ils nous donnent cette folie dont on a tant besoin pour être heureux. Tu vois, sans les taureaux, je ne sais pas si j'aurais été aussi heureux... Ils m'ont fait donner le meilleur de moi-même... Mais ils m'ont bien remboursé.

Et je dois le reconnaître, les taureaux ont joué dans la vie de Baptiste-Marie un rôle plus important que les femmes. Et peut-être si Marguerite n'avait pas été ce qu'elle a été, ils n'auraient été pour lui qu'un divertissement ou un sujet de conversation.

Mais ils furent l'une de ses raisons de vivre les plus solides.

Et que je vous le dise tout de suite, ce qui surprendra les connaisseurs, il avait une passion pour les taureaux « mansos ».

Je n'ai pas besoin de vous dire ce que c'est qu'un taureau manso. Vous le savez sûrement. En gros, c'est un taureau qui ne peut pas servir.

Que se passe-t-il au juste dans sa tête ?

Je n'en sais rien.

Est-il couard, comme certains l'affirment, ou simplement paresseux et indifférent. En tout cas, les jeux de l'arène ne l'intéressent pas et il ne s'y prête qu'à regret.

On dirait qu'il sait d'avance comment ils se termineront et on comprend qu'il ne mette aucune ardeur particulière à y participer. Ça ne l'amuse pas et je le comprends. Mais il faut reconnaître que la présence d'un manso dans des arènes pose des problèmes et, s'il permet parfois à un grand maître de donner toute la mesure de sa domination et de son savoir, il engendre, dans la plupart des cas, un spectacle décevant.

Exaspérant ou morne, selon qu'il plaît à Dieu.

Et pourtant Baptiste-Marie éprouvait une sympathie profondément affectueuse pour les taureaux indiscutablement et totalement mansos.

Cela passait aux yeux de certains pour une perversion : la perversion du blasé qui a vu des centaines de corridas et qui, pour continuer d'assouvir son vice, a besoin d'y mettre un peu de masochisme.

Je me souviens de ce dimanche soir au *Bar du Gabian*, où Bréchu nous revint de Nîmes dans un grand état de jubilation. Il n'arrêtait pas d'offrir des tournées générales, en proie à une exaltation extrême :

— Vous ne pouvez pas vous imaginer ce que je viens de voir, disait-il.

Les habitants des Saintes ne sont pas plus mauvais bougres qu'ailleurs. Ils seraient même meilleur public que dans d'autres régions. Mais si quelqu'un brûle de leur raconter une histoire et souhaite qu'on le supplie, celui-là, il peut toujours attendre. On le laisse bouillir. Mais Baptiste avait l'air si malheureux de ne pas pouvoir nous faire partager son allégresse que je me suis laissé attendrir.

— Et qu'est-ce que tu as vu de si extraordinaire ? je lui ai demandé.

Il m'a remercié d'un regard bref, mais plein de tendresse.

Et c'est d'une voix riche de gourmandise et de secret qu'il a murmuré (et quand il murmurait cela faisait déjà grand vacarme) :

— Figurez-vous, tenez-vous bien, que devant Santiago Martin il y avait du bétail d'Alvarez Elizondo.

L'histoire pouvait en rester là, car jamais personne n'aurait accepté de la relancer. Je me sacrifiai à nouveau, jouant quasiment le rôle du Parisien : celui qui pose des questions stupides, sans se rendre compte qu'il passe pour un fada :

— Et qu'est-ce qu'il avait de surprenant ce bétail d'Alvarez Elizondo ? dis-je.

Bréchu ferma les yeux savourant à l'avance son propre plaisir et celui qu'il allait nous faire. D'abord il annonça, avec désinvolture :

— Aucun des taureaux de la ganaderia n'avait la moindre qualité. Mais...

Là il plaça un silence. Nous l'entendîmes avaler sa salive. Alors il dit :

— Aucun taureau ne valait quoi que ce soit, mais celui devant lequel s'est trouvé Santiago Martin il n'y avait *ab-so-lu-ment* rien à en tirer.

Je guettai sur tous les visages les réactions que Baptiste-Marie attendait d'une révélation aussi satisfaisante pour l'esprit.

Je dois dire qu'elle n'obtint pas le succès qu'il en escomptait. Personne n'osa dire que ce brave garçon ne disposait plus de tout son bon sens. Mais je suis sûr que plusieurs le pensèrent. En tout cas, tout un chacun reprit son verre et se désintéressa de la suite des événements.

Baptiste-Marie paraissait considérablement mortifié. Je fis de mon mieux pour lui rétablir le moral. Non seulement c'est mon ami, mais j'ai en général un faible assez marqué pour le personnage hors série. Ce n'est pas que je sois plus généreux qu'un autre, mais j'ai pu constater qu'ils me retournent d'ordinaire la sympathie qu'ils m'inspirent. Sans doute reconnaissent-ils en moi quelqu'un d'aussi « fada » qu'eux-mêmes.

J'attendis néanmoins que nous fussions seuls pour lui avouer que, sans partager entièrement sa façon d'apprécier les corridas, il m'était arrivé à moi-même de prendre un plaisir de qualité à des spectacles qui n'avaient d'autres mérites que celui d'être entièrement ratés.

Je vis le visage de Baptiste-Marie s'éclairer, et pour moi seul il déballa les trésors insolites qu'il avait amassés en secret durant quarante ans d'aficion militante.

— Tu sais ce que j'ai vu un jour à Béziers ?

— Non.

— Un matador qui avait une telle frousse que pour tuer son taureau il s'est mis de l'autre côté de la talanquera... Et à Vic Fezensac ? Tu sais ce qui est arrivé ?

— Pas plus.

— Il y avait un novillero entièrement nul. Débordé, bousculé, piétiné, il a obtenu les deux oreilles... Tu sais pourquoi ?

— Pas davantage.

— Parce qu'il y avait eu récemment un deuil dans sa famille ! J'ai tout vu, mon collègue. J'ai même vu à Beaucaire une corrida dont les six taureaux ont été expédiés en moins de cinquante minutes... Tu devines la raison ?

— Les matadors étaient pressés.

— Non, moi. J'avais une petite amie à voir et le président était un collègue. Alors il a ordonné aux matadors d'accélérer le mouvement...

Nous nous sommes quittés les meilleurs amis du monde, jurant de nous revoir pour nous faire profiter des futures découvertes que nous ne saurions manquer de faire dans le domaine inépuisable du baroque tauromachique.

Un mois passa. Je retrouvai Baptiste-Marie, un jour de marché, toujours au *Bar du Gabian*. Personnellement, je n'avais rien vu de notable.

— Moi si, dit Bréchu... Quelque chose d'absolument stupéfiant.

Cette étrangeté ne semblait pas lui causer autant de plaisir que d'habitude.

— Tu me croiras si tu veux, me dit-il, à Béziers, le troisième taureau a refusé de sortir du toril.

J'étais plutôt déçu.

—Cela arrive, dis-je... il n'y a qu'à faire sortir le taureau de réserve.

— Eh bien non !... Le président n'a pas eu le temps de prendre sa décision... Le matador était entré dans le toril de sa propre autorité, la muleta et l'épée à la main.

Cela devenait plus curieux.

— Pendant deux minutes, poursuivit Bréchu, on resta sans nouvelles de lui. Puis il ressortit un peu hagard, la muleta déchirée et la lame de l'estoque poissée de sang...

Cela devenait de plus en plus étrange.

— Il s'est dirigé vers le Président. Je n'ai pas entendu ce qu'il lui disait. Il lui a parlé longuement en faisant de grands gestes. Le Président l'écoutait gravement. Puis il se pencha vers ses assesseurs pour demander leur avis. Alors il prit le micro à la main, se leva et annonça d'une voix parfaitement naturelle :

— La présidence accorde une oreille au matador pour son esprit d'initiative...

Cette oreille extravagante et scandaleuse causait, j'en suis sûr, un ravissement extrême à mon ami Bréchu. Mais il n'osa tout de même pas proclamer qu'elle le comblait d'aise.

— Entre nous soit dit, fit-il, j'ai l'impression que dans ce cas particulier, la présidence, si peu que ce soit, a quand même dépassé la mesure.

*
* *

Il ne faudrait pas néanmoins qu'en matière de tauromachie vous preniez Bréchu pour un farceur. En dehors de ce goût baroque qu'il avait pour les catastrophes et les broncas, il passait à juste titre pour une compétence. Et ses jugements faisaient autorité.

Il eut à deux reprises l'occasion d'exprimer au creux d'un silence soudain ce que dix mille personnes rassemblées dans les arènes pensaient confusément.

Le matador, nous l'appellerons Manolo. C'est d'ailleurs son prénom exact. Mais nous n'en dirons pas davantage, à part que c'est l'un des trois ou quatre meilleurs du moment (encore que le plus discuté), et que si vous n'avez pas deviné de qui il s'agit, c'est que vous ne vous intéressez ni de près ni de loin à la chose taurine.

Ce qui, je vous le dis tout de suite, est parfaitement votre droit. Mais il n'est pas impossible que cette histoire vous amuse quand même, car il y sera à peine question de taureaux et que c'est à Manolo lui-même que nous allons nous intéresser.

Manolo avait connu des triomphes, entremêlés de quelques « fracasos », dans toutes les grandes plazas d'Espagne et de France. Toutes, excepté une, et qui nous tient précisément à cœur, à Bréchu et à moi : la plaza d'Arles. Je ne peux affirmer qu'il l'avait systématiquement ignorée. En tout cas, il n'y avait jamais paru, quelles que soient les offres qu'on avait pu lui faire.

Or, dès le mois de décembre, on annonça que Manolo serait la vedette de la feria pascale.

Je vous le dis tout de suite : personne n'y crut. Et les moins sceptiques eux-mêmes disaient :

— C'est juste pour nous faire un peu rêver pendant l'hiver...

Je ne sais pas si vous avez vécu à Arles pendant l'hiver. C'est effectivement une des villes les plus mélancoliques du monde et où l'on a besoin de rêve plus que partout ailleurs.

Dès que les amandiers commencent à fleurir, la joie de vivre s'installe. D'un coup. Et vous avez neuf mois de bonheur devant vous.

Mais en décembre, les Arlésiens connaissent souvent la même angoisse que les Suédois. Ils se demandent si le soleil reviendra un jour. Et parfois ils en doutent. De sorte que tout ce qui leur permet d'imaginer le printemps à l'avance, ils l'accueillent avec allégresse.

Mais la présence éventuelle de Manolo dans leur bonne ville, ils refusaient tous d'y croire par crainte d'une déception.

Et pourtant, petit à petit, le bruit prenait consistance.

Vigoroso, le critique taurin du *Provençal*, qui revenait de Cordoue, avait vu Manolo en personne qui lui avait confirmé sa participation à la corrida du lundi de Pâques.

Alors les commentaires prirent une autre tournure. Les uns disaient :

— Tu verras qu'il s'arrangera pour se décommander à la dernière minute.

Les autres, ce qui était assez désobligeant pour la plaza d'Arles :

— S'il vient ici, c'est qu'il est fini !

Il y en avait même qui étaient plus pessimistes encore :

— S'il vient, disaient-ils, ce sera juste pour empocher son cachet !

Cachet au sujet duquel on avançait les chiffres les plus phénoménaux.

En tout cas, pendant deux mois, la présence ou l'absence de Manolo assura toutes les conversations des petits bars de la place du Forum, aussi bien que des grandes brasseries sur les Lices. La ville était partagée en deux clans, sensiblement égaux, et des paris furent organisés.

— Viendra ?... Viendra pas ?...

Il y eut même des échanges de propos assez vifs sur ce thème et quelques combats singuliers.

Enfin le lundi de Pâques arriva.

A midi, Manolo n'était pas encore signalé.

Il avait toréé la veille à Malaga. Les bruits les plus alarmants couraient. Son avion était tombé en panne à Madrid. D'aucuns affirmaient qu'il avait fait le trajet en voiture et qu'il avait été bloqué à la frontière par les douaniers. Pour trafic de stupéfiants, précisaient les mieux informés.

A une heure, toujours pas de Manolo !

A deux heures, non plus.

Pirouly, l'apoderado, qui avait pourtant un sang-froid au-dessus de la moyenne et une totale confiance en son étoile, était au bord de l'infarctus (ce ne serait d'ailleurs que son troisième). Il savait, lui, que l'avion avait décollé de Malaga à neuf heures, qu'il aurait dû arriver à Nîmes-Garon à midi trente. Mais à l'aéroport, on était sans nouvelles.

Manolo parut à trois heures moins cinq. Il avait revêtu le costume de lumière dans le taxi qui le menait de Garon à la Plaza. Et le paséo se déroula à l'heure juste.

Les C.R.S. de service poussèrent un long soupir de soulagement. Car si Manolo n'était pas venu, toutes les conditions de l'émeute étaient cette fois rassemblées.

Son apparition évita donc momentanément le pire, mais ne suffit pas à calmer les esprits.

Manolo, depuis toujours, déchaînait les passions. Il avait autant d'admirateurs inconditionnels que de détracteurs systématiques.

Les deux premiers taureaux furent expédiés dans les verts pâturages dans l'indifférence générale. On était venu pour Manolo. Rien que pour lui.

Et quand il s'avança, cape fermée, au-devant de son premier adversaire, il fut salué à la fois par l'ovation et par la bronca. Ce climat d'ordinaire lui réussissait et il m'avait confié un jour à Barcelone :

— Ce n'est pas le taureau que je mate (*matar* en espagnol, c'est « tuer »), c'est le public. Le taureau ne me fait pas peur. Mais devant le public, je suis mort de trouille.

Et c'est précisément cette peur monumentale qui l'amenait, dans la plupart des cas, à se surpasser.

Or, ce jour-là n'était pas un bon jour, et ce taureau n'était pas un bon taureau. Il avait pris « querencia » au centre du rond. Manolo le consentit de la cape, du genou, de la hanche. Il ne bougea pas.

Alors Manolo l'abandonna aux picadors et la bronca se déchaîna.

Elle durait encore au moment où Manolo, qui avait refusé de poser les banderilles, vint saluer le Président.

Visiblement, il aurait voulu être ailleurs, ne jamais être venu dans cette plaza maudite.

Cela se voyait dans sa démarche lasse, sur son visage épuisé, dans tous ses gestes à la fois indécis et agacés.

Il leva les yeux vers le ciel comme pour y chercher du réconfort. Qu'attendait-il ?

Un miracle.

Une pluie diluvienne, interminable, qui aurait arrêté la course.

Quelque chose de ce genre, sûrement.

C'est alors que, du haut des gradins, Bréchu laissa tomber de sa voix tonitruante et goguenarde :

— Non, Manolo, il ne pleuvra pas... Tu sais bien qu'ici, il ne pleut jamais le lundi de Pâques !

Une autre fois, nous étions tous les deux au premier rang des arènes de Nîmes. Car nous ne sommes sectaires ni Bréchu ni moi. Nous avons même un faible pour la plaza nîmoise. Si la course a été mauvaise, nous nous consolons en disant :

— Ça nous apprendra à aller à Nîmes.

Et si la course a été bonne, nous ne regrettons pas d'avoir passé le Rhône pour la voir.

Et ce jour-là, elle n'était pas bonne. Elle était excellente. Et le vieux dicton : *Cuando hay toreros no hay toros. Cuando hay toros, no hay toreros*. (C'est-à-dire que s'il y a de bons toreros, il n'y a pas de vrais taureaux. Et réciproquement.)

Or, ce jour-là, dans les arènes de Nîmes, il y avait à la fois de vrais taureaux et de bons matadors : des Urquijos bien en jambes et en cornes qui affrontaient trois des matadors classés, au nombre de corridas, parmi les vingt premiers de la péninsule. L'un des trois se prénommait Efraïm. Je ne vous en dirai pas davantage, à part qu'il a de nombreux frères qui tous exercent la profession de matador.

Et que ceux qui ne l'ont pas reconnu se renseignent autour d'eux. On leur dira tout de suite de qui il s'agit.

Efraïm n'était jamais venu à Nîmes et il était bien décidé à imposer son cartel dans la plaza. Il était en pleine ascension, mais au seuil seulement de la gloire, et il avait intérêt à cueillir sur son chemin le plus grand nombre d'oreilles.

Malheureusement Efraïm commit une erreur de jugement. Il pensait que le public languedocien manquait de compétence. Au lieu de le convaincre, il tentait de le séduire.

Il multipliait les « faroles », les « adornos », les « passes à genoux », et jetait de la poudre aux yeux à tous les vents. Dans le même temps, il prenait des risques inutiles, et ne se dégageait des impasses où il s'était enfermé lui-même que par sa « vista » stupéfiante et sa prestesse d'exécution.

Le conclave demeurait impassible. Efraïm avait beau multiplier les audaces et les ornements, le public ne bronchait pas. Ni applaudissements ni sifflets. Le silence. Ce public de connaisseurs sérieux n'aimait que le travail sérieux.

Certes, les spectateurs se rendaient compte des efforts qu'on faisait pour leur plaire. Mais ils ne les appréciaient pas. Efraïm commençait à se décontenancer. Il vint s'accouder un instant à la barrière pour reprendre son souffle et envisager la situation.

Alors Bréchu se pencha vers lui et lança d'une voix qui fut entendue de toutes les arènes :

— O Efraïm, ce que tu es savant !

Cela fit rire toute l'assistance.

Efraïm, lui, ne riait pas. Il réfléchissait. Or, par bonheur, il avait l'esprit aussi vif que le corps. Et aussitôt il changea son fusil d'épaule. Ou plutôt, sa muleta de main. Et désormais il toréa de la gauche, affrontant son adversaire de face, et chargeant la suerte avec une lenteur suave.

Il savait tout faire ce garçon !

Et le conclave aussitôt fit comprendre par ses acclamations qu'il commençait à lui plaire et qu'il était sur le chemin du triomphe.

Le moment de la mort arriva et le conclave se tut.

Efraïm n'avait pas la réputation d'un tueur extraordinaire. On disait même que, parfois, il truquait. Mais il n'était pas homme à abîmer le succès qui se dessinait par une dérobade du dernier moment.

Il se profila. La bête était parfaitement cadrée. Au dernier moment Efraïm se retourna et son regard croisa celui de Bréchu pour le prendre à témoin de ce qu'il allait faire.

Soudain il s'abattit sur la bête...

Quand il se releva, l'épée était en place, courte et droite, en plein dans le morille.

Quelques secondes plus tard, le fauve s'effondrait et l'ovation déferlait.

Efraïm salua d'abord longuement le public. Puis, sourire aux lèvres, il traversa toutes les arènes, pour venir saluer Bréchu.

Il s'était levé, Baptiste-Marie, Camarguais de haute aficion, et quand Efraïm fut devant lui, il brandit un cigare :

— Efraïm, lui dit-il, ce cigare que j'avais mis de côté, je te le donne...

Et il ajouta :

— C'est un bon cigare !

Et il ajouta pour moi seul :

— *Cuando hay toreros, hay puros*. (Quand il y a de vrais matadors, il y a de bons cigares...)

*
* *

Vous voyez je fais tout ce que je peux pour garder Baptiste-Marie auprès de nous le plus longtemps possible. Mais vous sentez bien comme moi qu'il nous échappe.

Sa vie a été une longue fiesta. Mais les lampions déjà s'éteignent. Il n'est pas encore tout à fait mort, mais sa vie a déjà la tristesse d'un lendemain de fête.

Et le souvenir de son rire est pour tous une souffrance.

Il nous faudra du temps pour que nous puissions encore entendre sa voix sans avoir le cœur serré. J'ai hâte qu'il puisse à nouveau être heureux sans que le souvenir de ce que fut son bonheur sur la terre ne nous rende tristes, comme de pauvres chiens.

C'est pourquoi je m'obstine.

Et je crois que j'ai raison.

Hier, au *Bar du Gabian*, Loule de Sylveréal tout d'un coup s'est mis à rire sans raison. Cela lui arrive parfois et d'ordinaire nous n'y prêtons pas attention. Et il se garde de nous fournir la moindre explication sur les raisons de ce rire inexplicable.

Mais hier il nous a pris à témoin.

— Vous savez à quoi je pense ?

— Non, a dit Camille, avec sa courtoisie coutumière.

Quand on est dans le commerce, on se doit d'être poli, même avec les demi-fadas, du moment qu'ils paient leur tournée.

J'ai compris que ce non de politesse ne suffisait pas à Loule, alors je lui ai dit :

— Nous ne savons pas à quoi tu penses, mais nous aimerions bien le savoir. Parce que du moment que ça te fait rire, ça doit nous faire rire aussi.

Loule m'a regardé avec une infinie reconnaissance.

— Je pense, a-t-il dit, à ce fameux 15 août, où notre médecin suisse est venu pour la première fois aux Saintes.

Alors nous nous sommes tous regardés et nous avons tous éclaté de rire. Pourtant le héros de cette histoire, ce n'était pas le brave médecin suisse, mais notre ami Baptiste-Marie.

Nous n'avons pas ri longtemps. Mais nous avons ri et, à partir de ce jour-là, Bréchu a recommencé de vivre parmi nous et à prendre l'apéritif tous les soirs en notre compagnie.

Et je prévois le moment où nous ne nous contenterons plus de raconter interminablement sa geste, mais où nous lui ajouterons de notre propre autorité sans cesse de nouveaux épisodes.

Et pourtant, l'histoire du médecin suisse, elle n'est pas tellement drôle. Des histoires de ce genre, du temps où Bréchu était vivant, il nous en arrivait jusqu'à cinq ou six par soirée. Mais elle avait le mérite de faire réapparaître Baptiste dans sa réalité quotidienne, avec sa jovialité et sa bougonnerie de tous les jours.

Oui, il y avait une corrida aux Saintes-Maries, ce fameux 15 août. D'habitude, à ce genre de corrida nous n'y allons pas, parce que nous aimons trop les taureaux. Notez bien que nous ne jetons pas la pierre aux organisateurs. Ils partent du principe que du moment que le public n'y connaît rien, ce n'est pas la peine de se fatiguer et d'offrir des pierres précieuses à des gens qui ne savent pas les distinguer d'un bouchon de carafe.

Et, en plus, cela permettait à trois pauvres maletillas de faire pendant quinze jours deux repas complets. Et à un manadier au seuil de la débâcle de payer ses dettes les plus lancinantes.

Or, cette année-là, pour quel motif, je ne saurais vous dire, les organisateurs avaient fait un effort.

Certes, les matadors n'étaient pas des étoiles de première grandeur, mais ce n'étaient pas des pébrons ordinaires.

Quant aux taureaux, ils avaient été fournis par Yonnet, le plus scrupuleux des manadiers de Camargue.

Nous avions donc tous décidé d'aller à la corrida. Et il régnait chez Camille l'atmosphère des grands jours.

Il n'y avait que des visages heureux. Les uns passionnés. Les autres débonnaires. Certains furieux, d'autres indulgents et blasés.

Nous étions contents d'être ensemble. Et si nous feignions de nous mettre en colère les uns contre les autres, c'était pour avoir plus de plaisir à constater que nous n'étions pas le moins du monde fâchés.

Et que nous étions d'accord sur l'essentiel : à savoir qu'il est bon d'être sur la terre tous les jours et spécialement le jours où Yonnet accepte de produire ses bêtes dans les arènes inachevées des Saintes-Maries-de-la-Mer.

Or voici que dans ce concert une fausse note se fit entendre...

Quand tout le monde joue à l'unisson, cela fait beaucoup de bruit une fausse note.

Et ne croyez pas que cette dissonance venait de l'accent parisien du soliste. Au *Bar du Gabian*, les jours de corrida, on entend tous les accents de la terre et ils s'harmonisent entre eux par la grâce de l'*afición.*

Non ce n'était pas l'accent.

C'était le ton.

Chez Camille, on ne parlait jamais sur ce ton-là. On élevait souvent la voix. On en venait parfois aux mains, mais les propos n'avaient jamais cette hargne désobligeante.

— C'est inadmissible, disait l'intrus.

Le brouhaha s'éteignit aussitôt. Le silence s'installa. Camille arbora son sourire commercial le plus méritoire.

— Que puis-je pour vous être agréable ? dit-il à ce client de mauvaise humeur.

— Votre établissement, dit le malotru, est fort mal tenu !

Et il fallut que Camille retînt Fernande son épouse par l'épaule, sinon on aurait pu craindre le pire. D'ailleurs nous ressentions tous personnellement cette remarque comme un affront.

Je vous l'ai dit, Camille était un commerçant exemplaire. Dans les cas graves, il lui arrivait d'employer l'imparfait du subjonctif et même de prendre l'accent parisien.

— En quoi pourrais-je améliorer mon service, demanda-t-il, et comment pensez-vous que je le puisse ?

Le contestataire écumait.

— Je reviens des toilettes, dit-il.

— Votre vie privée ne me regarde pas, fit noblement remarquer Camille.

Le contestataire nordique était sur le seuil de la crise d'apoplexie.

— Il y a une chose qui vous regarde, précisa-t-il, et qui me choque profondément... Il n'y a pas de papier dans vos toilettes...

Nous autres Provençaux n'aimons pas que l'on parle de ces choses.

Nous nous tournâmes tous vers Camille, attentifs aux paroles qu'il allait prononcer pour venger notre pudeur blessée.

Nous aurions même admis que devant cette provocation il se montrât grossier et, s'il le fallait, violent.

Mais le pauvre était aussi désemparé que nous. C'est alors que Baptiste-Marie entra en scène.

— Monsieur, dit-il, en prenant la chemise à fleurs de l'étranger dans sa poigne robuste, je tiens à vous signaler que les matadors qui figurent à l'affiche de cette glorieuse journée, et qui vont avoir l'honneur de risquer leur vie devant vous, viennent de prendre l'apéritif ici pendant trois heures d'affilée, de façon à se trouver au mieux de leur condition.

— Et alors ? dit le Nordique.

— Je vous signale également que ces trois matadors étaient accompagnés de leurs picadors, de leurs banderilleros et de leurs péones.

— Je ne vois toujours pas le rapport.

— Je vous signale également qu'il y a en ce moment même, dans les corrales des arènes des Saintes, six magnifiques taureaux d'Yonnet, dont le poids moyen passe les 420 kilos.

— Je ne vois toujours pas le rapport, dit le Parisien borné.

Délibérément Baptiste-Marie lui tourna le dos.

— Je crois mes amis, dit-il, que nous ne pouvons rien pour un homme qui ne fait pas le rapprochement entre l'absence de papier dans les toilettes les mieux tenues de toute la Camargue, et la présence de six taureaux de combat à trois cents mètres d'ici.

C'est ainsi que le médecin suisse entra dans notre vie. Et comme c'était un homme de bonne volonté, et de bonne foi, s'il lui arrive encore de poser des questions stupides, il a cessé depuis longtemps de les poser sur un ton mi-figue, mi-raisin.

Et c'est également sur cette histoire pauvrette que timidement Bréchu a recommencé à titre posthume d'être pour nous une raison de vivre.

Mais cette fois c'est pour jusqu'à la fin des siècles.

7

Voici venir le moment de l'angoisse et du chagrin : Baptiste-Marie va mourir.

Pour de bon cette fois. Et cette mort, nous, ses amis, nous allons la vivre tous ensemble, minute par minute.

Il nous a prévenus hier. Il avait devant lui son verre de pastis. Il l'a levé à hauteur de son regard et il l'a fait tourner dans sa main. Puis il l'a reposé sur le comptoir et nous a dévisagés l'un après l'autre :

— Ce sera pour demain, il a dit.

Et il n'est venu à personne l'idée de mettre sa parole en doute. Baptiste-Marie a souvent parlé uniquement pour le plaisir. Mais jamais pour faire de la peine à ses amis.

Il nous a souri à tous :

— Disons demain à dix heures ! Les femmes, exceptionnellement, pourront être présentes.

Gloire aux âmes simples ! Loule de Sylveréal a demandé :

— On pourra quand même aller te voir un peu avant...

Le sourire de Bréchu s'est épanoui :

— Venez à dix heures, je serai encore là.

Et là-dessus il nous a laissés en disant :

— Excusez-moi si je vous quitte plus tôt que d'habitude. Mais j'ai besoin d'être en forme pour demain. Ce sera une rude journée...

***

En Camargue il pleut autant qu'ailleurs, mais on résout le problème une fois pour toutes au mois de novembre. Saison de pluies et de rafales de vent. La seule saison triste de ce pays austère, mais jovial.

C'est sûrement le mois le plus camarguais de tous les mois. A part les chasseurs du dimanche, il n'y a plus de touristes ni d'étrangers venus du dehors. Ils ne se quittent pas les uns les autres pour faire front à la bourrasque et à la solitude. La plupart des hôtels sont fermés, mais le *Bar du Gabian* reste ouvert. C'est la saison des grandes ripailles.

Car l'homme en proie aux éléments déchaînés lutte contre la vieille angoisse originelle, l'homme camarguais du moins, de la façon la plus efficace : il mange.

Et ce jour-là précisément. Ernest était passé à la casserole.

Ernest, je vous dirai tout à l'heure de qui il s'agit.

Pour l'instant, je ne peux pas détacher mon regard du visage de

Baptiste-Marie. Il a la serviette enfoncée dans le col de la chemise et tout son être exprime la béatitude.

— Ça c'est un « manger » d'homme !

Les femmes protestèrent pour le principe. Mais Fernande, la femme de Camille, qui était responsable de ce festin, rosit de satisfaction. Car l'ambition suprême d'une femme de Provence, c'est de faire du « manger » d'homme. C'est-à-dire de la nourriture à la fois savoureuse et robuste.

Elle se pencha vers Baptiste-Marie et lui dit d'une voix tentatrice :

— Vous reprendrez bien un peu de ce boudin ?

Baptiste-Marie ne répondit pas immédiatement car il avait la bouche pleine. Mais tout en mastiquant il dévisageait Fernande avec adoration. Puis il hocha la tête à plusieurs reprises et finalement laissa tomber comme un oracle :

— Fernande, je vais te dire une chose d'une grande importance et que je te supplie de ne jamais oublier. De ce boudin tu peux m'en resservir autant que tu voudras. Parce que j'ai toujours eu un principe dans la vie et dont je me suis bien trouvé en toutes circonstances : moi, quand c'est bon, ça m'est égal qu'il y en ait beaucoup.

Cette admirable profession de foi rallia tous les suffrages. Et déchaîna ce qu'il est d'usage d'appeler une « franche hilarité ».

D'ailleurs le moment était venu où les convives s'amusaient d'un rien. Ils étaient à table depuis bientôt trois heures, mais l'attrait des nourritures nouvelles ranimait sans arrêt la ferveur des appétits.

Pourtant il n'y avait au menu qu'un plat unique, ou plutôt une seule sorte de mets : il s'agissait d'un repas à base de cochon. Et même les plus difficiles se plaisaient à reconnaître qu'un cochon comme celui qu'ils étaient en train de dévorer c'était un cochon qui comptait dans la vie d'un homme.

— Il est tendre, disait l'un, comme une vraie jeune fille.

— Il est goûteux, disait l'autre, comme un marcassin de la palustre.

— Il est léger.

— Il est subtil.

— Il est exceptionnel.

— Il est unique.

— C'est le meilleur cochon que j'aie savouré de ma longue existence, conclut Baptiste-Marie.

Et tous, de temps à autre, s'exclamaient d'une voix que le gigondas rouge faisait de minute en minute plus sonore.

— Sacré Ernest !

Et chaque fois que ce prénom était lâché, il y avait une minute d'attendrissement inexplicable.

Après la fricassée la plus tendre et la plus grasse qui ait jamais réjoui palais de gastronome, il y eut un « sacré Ernest » où l'on pouvait déceler quasiment de la dévotion.

Vous pourriez croire que l'Ernest en question avait donné un coup de main à Fernande aux cuisines. Eh bien, non ! D'abord Fernande ne l'aurait pas permis ; et parfois Baptiste-Marie s'arrêtait de mastiquer uniquement pour le plaisir de dire :

— Fernande, c'est bien toi la plus forte !

A l'apparition des côtelettes, les « sacré Ernest » qui fusèrent avaient l'ampleur d'une invocation.

Ernest, vous l'avez deviné, c'était le héros de la fête. C'était le cochon lui-même. Et personne n'aurait cru qu'il devînt un jour friandise de bouche aussi admirable.

A sa naissance, en effet, il était de constitution particulièrement fragile. Fernande avait dû l'élever elle-même au biberon et au lieu de le mettre dans la porcherie, elle l'avait laissé vivre sa vie dans la courette derrière le *Bar du Gabian*.

Entouré de soins attentifs et d'affection, Ernest avait grandi et grossi.

Aimable, familier, toujours prêt à se laisser caresser la tête, il avait conquis l'estime générale. Mais comment prouver son estime à un cochon autrement qu'en le gavant de toutes sortes de succulences.

On peut dire qu'il était devenu le plus beau cochon de toute la Camargue et à plusieurs reprises des marchands avaient proposé à Fernande de le lui acheter à des prix bien au-dessus du cours. Mais Fernande, qui pourtant ne déteste pas l'argent liquide, avait toujours tenu ferme.

— Ernest n'est pas à vendre. Ce n'est pas la peine d'insister.

On aurait pu penser dans ces conditions qu'Ernest serait mort de vieillesse. Emporté par l'embolie qui menace les obèses. Mais Fernande avait prévu pour son protégé un destin plus glorieux.

— Nous le mangerons entre amis.

Et c'était ce qu'ils étaient en train de faire...

Avec allégresse.

Avec gloutonnerie, mais en toute innocence.

Et ce ne fut qu'au moment des saucisses fraîches, grillées aux sarments de vigne, que Baptiste-Marie dit, d'une voix nouée par l'émotion :

— Ce pauvre Ernest, nous l'aimions bien.

Et si je vous dis que plus d'un essuya une larme, vous pouvez me croire.

Et quand Fernande présenta de nouveau le plat à Bréchu, il dit en s'essuyant les yeux sans se cacher :

— Il me reste bien encore une petite faim... Mais j'ai le cœur un peu serré. Et cette petite faim, tu vois, j'en fais cadeau à ce pauvre Ernest.

Cela prouve qu'on peut aimer le cochon tout en regrettant que le cochon ne soit plus en vie.

Mais je ne voudrais surtout pas vous faire croire que mon ami Bréchu est mort d'indigestion. Et encore moins qu'il est mort de tristesse.

Il est mort parce que l'heure était venue. Mais que, à la différence des autres hommes, il l'avait sentie venir.

Il avait une telle énergie qu'il aurait sûrement pu reculer l'échéance de quelques jours, de quelques semaines peut-être. Mais ce tendre repas de cochon lui fournissait une fin à son image.

Il avait vécu de gourmandise et d'amitié, ainsi devait-il mourir.

*
* *

Nous étions devant sa porte bien avant l'heure. Mais personne n'osa frapper. Il nous ouvrit lui-même, et cette fois il ne s'était ni rasé ni parfumé. Il voulait que le jour de sa mort soit un jour comme les autres.

Il s'installa au coin du feu et nous fit signe de nous asseoir.

— Où ça ? fit Loule, dont l'ingénuité pour une fois ne manquait pas de bon sens.

— Où vous pourrez ! dit Bréchu.

Nous laissâmes le lit aux personnes du sexe. La chaise à Camille qui avait déjà eu un infarctus et qui craignait beaucoup la mort. Les autres se casèrent où ils purent, sur des caisses ou à même la terre battue.

— Où est le capelan ? demanda Bréchu.

— Je croyais, dit Loule, que les curés, tu étais contre.

— En principe oui, dit Bréchu, mais en principe seulement. Et en plus le père Ginous c'est mon ami. Je ne suis allé à l'église qu'une fois dans ma vie pour mon baptême. Il me semble que c'est la moindre des politesses que j'y aille pour mon enterrement. Va le chercher !

Loule se levait déjà. Il y eut un petit coup de théâtre. Un tout petit. Le père Ginous venait de pousser la porte.

— J'arrive pas trop tard au moins ? dit-il.

— Tu tombes à pic, dit Bréchu.

Ils se donnèrent l'accolade et le père Ginous tint à préciser :

— Crois bien Baptiste-Marie que si je suis là c'est pas en tant que curé, mais en tant qu'ami d'enfance.

— Je l'entends bien comme ça.

— Mais, poursuivit le bon père, même si tu me le défends, tu m'empêcheras pas de dire des prières pour toi...

— Non seulement, répondit Bréchu, je t'en empêcherai pas, mais j'en serais ravi. Et en plus dès que je vous aurai quittés j'aimerais que tu me donnes une petite bénédiction.

— Tu peux compter sur moi, dit le père Ginous.

Le visage de Baptiste-Marie rajeunissait de seconde en seconde. Il avait l'air à la fois innocent et farceur.

— Tiens-toi bien, Ginous, dit-il, je vais peut-être te faire la plus grosse surprise de ta vie.

— De toi, je m'attends à tout.

— Pas à ça, dit Bréchu. Parce que je vais te demander, moi, Baptiste-Marie, baptisé mais incroyant, de me recevoir en confession... C'est bien comme ça qu'on dit ?

— Oui, c'est comme ça.

Nous nous apprêtions tous à sortir.

— Vous pouvez rester, dit Bréchu, au contraire je suis content que vous soyez là. Je n'ai plus rien à cacher à présent.

Et se tournant vers le père Ginous :

— Est-ce que je dois me mettre à genoux ?

— Reste assis.

— Qu'est-ce que je dois dire ?

— Bénissez-moi, mon père, parce que j'ai péché.

— Tu me béniras plus tard.

Le père Ginous avait déjà levé la main pour faire le signe de croix. Baptiste l'agrippa au poignet :

— Je t'interdis de me bénir de mon vivant.

— Je te bénirai quand même.

— Je vais me fâcher.

— Vous croyez que c'est le moment, dit Loule qui souvent parle d'or.

Bréchu s'apaisa soudain et s'enfonça dans son fauteuil d'un air grognon.

— Bénis-moi si tu veux, mais fais vite.

— C'est fait...

— Et maintenant qu'est-ce que je dis ?

— Tu dis, mon père je m'accuse.

— Et de quoi je m'accuse ?

— Je ne sais pas moi, tu es seul à le savoir.

Baptiste-Marie s'était redressé solidement accoudé sur son fauteuil. Il faisait face à son confesseur et ami.

— Mais je ne m'accuse de rien, dit-il.

— Alors pourquoi tu veux te confesser ?

— C'est pour mettre tout en règle.

— Eh bien, dis-nous tes péchés.

Le visage de Baptiste-Marie exprima de l'effarement.

— Mais qu'*es aco ?*

— Tu ne vas pas me dire que tu ne sais pas ce que c'est que le péché ?

— Non, dit Bréchu avec une parfaite sincérité. Et si tu veux me l'apprendre, il faut que tu te dépêches.

Le père Ginous qui avait une santé morale de paysan se sentait pourtant mal à son aise.

— Tu ne veux vraiment pas qu'ils sortent ? dit-il.

— Et pourquoi ils sortiraient ?

— Il y en a sûrement parmi eux qui ne le savent pas non plus ce que c'est que ce fameux péché.

Le brave curé était au supplice. Il se décida soudain :

— Eh bien par exemple quand tu as volé la femme d'un ami. Tu as commis un gros péché.

— Mais je n'ai jamais volé la femme de personne, protesta Baptiste-Marie.

Il y eut quelques rires étouffés dans l'assemblée et la plupart des femmes assises sur le lit baissèrent le regard et rosirent de la pommette.

— Et d'abord, poursuivit Baptiste-Marie, qui te l'a dit ?

— Mais c'est de notoriété publique.

— Eh bien ceux qui te l'ont dit sont des menteurs. Je n'ai jamais volé la femme de qui que ce soit. Je les ai juste empruntées, et je les ai toujours rendues et en meilleur état qu'avant. Alors si c'est ça le péché, ce n'est plus la peine que je me confesse, parce que des péchés, j'en ai jamais commis.

Le père Ginous poussa un profond soupir :

— Prenons un autre exemple, la gourmandise, tu en as entendu parler ?

— Oh oui ! fit Bréchu en se pourléchant les babines.

Et de nouveau envahi par la stupéfaction :

— Tu ne vas pas me dire que la gourmandise, ça aussi c'est un péché ?

— Oh si, dit le père Ginous.

— Et tu en as jamais bu de pastis, toi ? Et tu ne l'aimes pas, peut-être, le sandre de quelque façon qu'on le prépare ?

— Hélas, soupira le père Ginous.

— Mais alors tu es un pécheur, toi aussi.

— Nous sommes tous des pécheurs.

— Même les curés !

— Les curés comme les autres. Seulement, moi je le reconnais que j'en suis un.

— Oh si tu vas comme ça, je suis d'accord. Je suis un pécheur, et même un plus gros pécheur que toi. Et c'est pas bien d'être un pécheur ?

— Non ce n'est pas bien. Mais Dieu est infiniment miséricordieux et il t'accordera son pardon, si tu te repens de tes fautes.

— Mais de quoi tu veux que je me repente ? D'avoir aimé les femmes des autres ? Comment voulais-tu que je fasse autrement, je n'ai jamais été marié. Et si c'est un péché que de prendre plaisir aux merveilles que le Bon Dieu a mises à notre disposition et que notre ingéniosité a su rendre encore plus merveilleuses, alors ton absolution tu peux te la garder, je me la donnerai tout seul.

— Mais enfin, dit le père Ginous, il t'est arrivé de te mettre en colère.

— Et ça peut m'arriver encore, dit Bréchu, mais quand je me suis mis en colère, j'avais mes raisons.

— Et en plus tu es un orgueilleux !

— Moi, orgueilleux ? mais vous l'entendez !

Il nous prenait à témoin et il se rendit compte que nous étions moins sûrs que lui qu'orgueilleux il ne le fût point. Et s'adressant à moi, dont il reconnaissait parfois l'autorité morale, il me dit :

— Est-ce que je suis un orgueilleux ? Si tu me dis que je le suis, je te croirai.

Ma situation était embarrassante, je m'en tirai du mieux que je pus.

— Orgueilleux, pas exactement, dis-je, mais tu es fier.

— Et je suis fier de l'être, dit Bréchu. Et si la fierté est aussi un péché !...

— Non, dit le père Ginous, mais c'est l'orgueil de la fierté... De toute façon ton orgueil à toi, je prends sur moi de dire que je ne pense pas qu'on t'en tiendra rigueur. Seulement la paresse ?... Ta paresse, Baptiste-Marie.

Bréchu eut un sourire d'archange.

— Ma paresse, pauvre capelan, c'est ce dont je suis le plus fier.

Loule de Sylveréal à qui personne ne demandait rien :

— Mais tu n'es pas un paresseux, dit-il. J'en ai guère connu qui aient autant travaillé que toi.

— Je te défends de m'insulter, dit Baptiste-Marie. Dans ma vie je n'ai jamais fait que ce que j'ai eu envie de faire.

— Et ça, dit le père Ginous, ce n'est pas moi qui te le reprocherai. Et je sais aussi que les plus gros péchés que je connaisse, l'envie et l'avarice, tu n'en as jamais seulement soupçonné l'existence.

— Alors de quoi tu veux que je demande pardon ?

— Je ne veux rien, dit le père Ginous, ou plutôt, ce que je voudrais, c'est non pas que tu aies honte du mal que tu as pu faire sans le vouloir, mais que tu remercies le Bon Dieu de t'avoir permis d'être ce que tu es et de vivre comme tu as vécu !

— Mais tu sais bien que le Bon Dieu j'y crois pas.

— Je ne te demande pas d'y croire, je te demande de le remercier.

— Si ça te fait plaisir...

Le visage du père Ginous fut empreint d'une soudaine gravité.

— Non, Bréchu, si ça te fait plaisir à toi.

Il y eut quelques secondes de silence. Tous attendaient la décision de Baptiste-Marie. Il avait fermé les yeux. Il les rouvrit. Il y avait en eux une lumière intense et discrète. Une lumière venue du plus profond. Il prit les mains de son vieil ami dans les siennes et murmura d'une voix que personne ne lui connaissait :

— Mon Dieu, je vous remercie pour tout !

— *Ego te absolvo*, dit le prêtre.

Et dès qu'il finit, Bréchu enchaîna :

— Et maintenant passons aux choses sérieuses.

Il fit un signe à Loule.

— Regarde un peu dans le placard, il y a quelques bouteilles de carthagène. Je les avais mises de côté pour un jour comme aujourd'hui. Malheureusement, il n'y a qu'un verre, mais entre amis on peut boire dans le même verre.

— On le doit, dit le père Ginous.

***

Baptiste-Marie allait mourir et nous avions tous un peu de fête dans le cœur. Ce n'était pas seulement l'effet de la carthagène, c'était la simplicité avec laquelle les choses se déroulaient. Bréchu mourrait de mort naturelle. Après une vie tissée de parfums et de joies.

A mon avis, c'était encore mieux que la mort de Socrate, car il ne songeait pas à donner de leçons à qui que ce soit. Il mourrait comme il avait vécu : en liberté.

— Je voudrais, dit-il maintenant, vous dicter mes dernières volontés. Je n'ai rien à léguer puisque je ne possède rien, mais cette nuit j'ai réglé tous les détails de mon enterrement. Et je sais que vous ferez exactement comme je dirai.

— Tu peux compter sur nous, dit Camille.

— Je le sais, dit Baptiste-Marie, mais je vais être obligé, pour la dernière fois, je vais passer à vos yeux pour le roi des emmerdeurs... Yvan, tu prends des notes.

Ces notes, je les ai conservées pieusement.

Les voici :

— Premièrement, mes parents m'ont fait baptiser sans me consulter. Mais s'ils l'ont fait, c'est qu'ils avaient leurs raisons. Je ne veux pas les désavouer quatre-vingt-quatre ans plus tard. Je serai donc enterré à l'église.

— Merci, dit le père Ginous.

— Ne me remercie pas moi, dit Baptiste-Marie, remercie-les, eux, et, si tu y tiens, remercie-le, Lui. Deuxièmement, je veux que ce soit Mlle Morlevat qui tienne l'harmonium.

— Mais, fit remarquer Loule, c'est une vieille bigote que tu ne peux pas souffrir.

— Justement. C'est uniquement pour la faire bisquer.

— Voyons, Baptiste, dit le père Ginous, ce n'est pas bien ce que tu dis là. Non seulement c'est orgueilleux, mais c'est mesquin.

Bréchu en convint aussitôt :

— Tu as raison. D'ailleurs, je ne disais pas exactement le fond de ma pensée. Ce que je souhaite au fond, c'est qu'elle s'aperçoive que je n'étais pas un si mauvais homme que ça. Troisièmement, je ne veux pas de cantiques. Je veux qu'on chante en chœur l'hymne de mon ami Joseph d'Arbaud : *La cansoun gardiano*.

Loule aussitôt entonna :

— *Quan lou souleias ravino la plano...*

Nous faillîmes reprendre en chœur, Bréchu nous calma de la main.

— Un peu de patience. Quatrièmement, je veux qu'il y ait une Arlésienne en costume.

— Nous les ferons venir toutes, dit Camille.

— J'ai dit une, précisa Bréchu. Et je veux que ce soit Marie-Rose. La vieille Marie-Rose de Trinquetaille. Pas une de ces Arlésiennes pour de rire qui se déguisent les jours de fête. Une Arlésienne pour de bon, qui a vécu toute sa vie avec la coiffe et la chapelle... C'est noté ?

— C'est noté, dis-je.

— Cinquièmement, je veux un tambourinaire.

— Nous les ferons venir tous, répéta Camille.

— J'ai dit un, répéta Bréchu, et je veux que ce soit mon ami Fayard, Marius Fayard, maestro de Masseto de l'Ecole Mistralenco.

— Mais, fis-je remarquer, il est devenu sourd et il est presque aveugle. Et il y a des années qu'il ne joue plus du galoubet et qu'il ne frappe plus sur le tambourin.

— Précisément, dit Bréchu, je veux lui donner cette dernière chance.

Le père Ginous ne peut se retenir :

— Tu ne trouves pas, Baptiste, que tu es un peu exigeant ?

A quoi Bréchu répondit d'un ton sans réplique :

— C'est moi le mort ! Sixièmement, je veux un gardian et un seul. Et ce n'est pas la peine de me dire qu'ils viendront tous. Et je veux que ce soit mon Loule de Sylveréal.

Camille se tint coi. Mais Loule, avec l'autorité que donne l'innocence, secoua la tête :

— Non, Baptiste-Marie, nous viendrons tous et de tous les coins de la Camargue. Et même si tu l'interdis, nous viendrons quand même.

Alors Bréchu se leva péniblement de son fauteuil et vint embrasser son fidèle.

— Je savais que tu me répondrais ça et c'est pour te l'entendre dire que j'avais posé mes conditions. Venez tant que vous voudrez. Venez le plus nombreux possible.

— On viendra avec nos taureaux, dit Loule.

— Je l'espère bien, dit Baptiste-Marie. Voilà. Je crois que c'est tout. Ah non, il y a un septièmement. Je ne veux ni fleurs ni couronnes.

Ni Camille, ni Loule, ni personne ne protesta.

— Mais s'il y en avait un, poursuivait Bréchu qui puisse me ramener des Rièges un « rampau de mourven » pour le déposer sur mon cercueil. Celui-là me ferait plaisir.

— Je serai celui-là, dit Loule.

Un « rampau de mourven », vous n'êtes pas forcé de savoir de quoi il s'agit. Et pourtant même en français, cela ne perd rien de son charme. Cela signifie un rameau de genévrier de Phénicie.

Le genévrier de Phénicie, c'est un arbre qui a dû naître tout de suite après le déluge. On en trouve quelques exemplaires dans le bois des Rièges.

Pour aller dans ce bois sacré, il faut de multiples autorisations. Les vrais Camarguais s'en passent. Mais nous étions en novembre et tous les cachets ministériels n'auraient pas permis d'y accéder.

Nous étions en novembre. Les eaux du Vaccarès avaient monté. Le vent soufflait en rafales. On ne pouvait traverser les étangs ni en barque ni à cheval.

Baptiste-Marie était mort le soir même. Loule avait disparu. Il avait deux jours devant lui. Le bruit courut qu'il était mort noyé, mais certains affirmèrent que ce n'était pas entièrement exact.

On enterra Baptiste-Marie un dimanche matin. La pluie avait cessé. Le vent était parti ailleurs. Il y avait du soleil. Toute la Camargue était là. Les gardians avaient amené leurs taureaux. A l'entrée des Saintes-Maries, sur le chemin du cimetière. Et ils regardaient passer le convoi en meuglant...

C'est alors qu'on vit surgir au galop un cavalier d'apocalypse brandissant un rameau comme une flamme olympique, c'était Loule de Sylveréal. Il avait la chemise déchirée. Son cheval était crotté jusqu'aux oreilles.

Bientôt il fut à la hauteur du corbillard. Et au passage déposa le rampau de mourven sur le cercueil nu.

Puis il disparut dans la palustre.

Fernande était en grand deuil.

Pourtant il n'y avait jamais rien eu entre Baptiste-Marie et elle.

Mais je ne crois porter offense à la mémoire ni de l'une ni de l'autre si je vous dis que j'en suis pas sûr.

Le Sambuc,
Avril 1971.

SARAH DES SABLES

Mon Dieu abreuve-moi du désert de silence, de paix, d'eau limpide et d'espoir.

Folco de BARONCELLI.

1

LE SOLEIL

Quand je me suis mise en route, le soleil n'était pas levé. J'ai marché les pieds nus sur le sable mouillé. La mer était noire et respirait lentement comme dans le sommeil. Et parfois s'arrêtait de respirer après avoir poussé un interminable soupir. Alors, mes chevilles étaient mordues par une brûlure glacée.

Personne ne m'a entendue sortir de notre cabane. Personne ne m'a vue m'éloigner des Saintes. Quand ils s'apercevront de ma disparition, je serai loin et quand ils me découvriront, je serai morte. Morte et grise comme un bois mort, cassante et friable. Et le vent de la mer me dispersera.

Paco, Paquito, Paquitito, sans toi je ne peux pas vivre. Sans toi je n'ai plus d'âme. Il ne me reste plus que la force d'aller jusqu'au bout du chemin...

On aurait dit que Pepe servait la messe. Le gros Pepe bouffi de vin et suant comme un jambon rance. Je ne voyais que ses petites mains d'enfant qui voletaient. Elles se glissèrent sous tes aisselles et dégagèrent la lourde chaquetille pour que tes bras puissent faire danser tes mains. Puis il glissa un doigt sous ton col et posa sa main droite sur ton cœur.

Je ne crois pas que tu t'apercevais de sa présence. Tu avais ton visage de moine. Tu ne distinguais plus les apparences. Tu n'entendais plus les clameurs. Mais avant d'entrer dans ta solitude, tu as accompli ton rite habituel d'adieu à la terre. Tu as regardé dans ma direction, et tu m'as souri. Sans me voir.

Tu étais dans ce domaine où personne ne peut t'accompagner. Ce n'est pas seulement le royaume de la peur. Une fois passé le seuil plus personne ne peut plus rien pour toi. Jamais souverain n'eut tant de pouvoir que toi dans ce moment, et tant de faiblesse. Même Dieu ne peut pas venir à ton aide : car s'il voulait t'aider, tu ne l'admettrais pas. Pourtant, tu le pries avant d'entrer dans l'arène, ou du moins sa mère. Mais je connais ta prière :

— Madame, faites que je sois digne de ce que je suis... Faites que j'accomplisse ce que j'ai décidé.

Prière d'orgueilleux. Mais, sans orgueil, Paquito ne serait pas. Et c'est par l'orgueil que la mort entre.

Pepe le sait, qui a fait sa toilette comme celle d'un mort. Il a eu, pour lui, les derniers égards. Il a voulu que, comme avant chaque corrida, sa dernière image soit la plus belle. Il l'a rasé trois fois jusqu'à ce que sa peau soit lisse comme de l'ivoire. Et Paquito s'est laissé manipuler, lisser, habiller, langer comme un pharaon. Sans un mot, sans un geste. Déjà figé dans son sarcophage.

En ce moment, Pepe déplie un mouchoir grand comme un suaire. Ah ! la blancheur de ce linge. Rien n'est assez immaculé pour celui qui vient de nous quitter. Pepe essuie ton visage pourtant sec comme celui d'une statue polie par les siècles. Le gros Pepe, bouffi de vin, est une sainte femme. Il promène sur ton front des mains plus légères qu'une caresse d'éventail. Et comme tu as cessé de respirer, il fait de son mieux pour mettre son emphysème en sourdine. Brave Pepe qui se cramoisit, et se violace pour ne pas réveiller ce jeune mort.

Ce jeune mort que j'aime et qui est adossé contre la pierre tiède, gisant que l'orgueil a mis debout et qui vient de fermer les yeux au moment d'entrer dans l'éternité...

*
* *

Je ne sais pas depuis combien de temps je marche. Sur la plage, devant le phare de la Gachole, il y avait un chien couché, couleur de sable sale. Il est venu à ma rencontre. Il m'a flairée. Il m'a suivie. Pas longtemps. Il s'est enfui. Il s'est jeté dans la mer. Je l'ai perdu de vue presque aussitôt. La mer avait la même couleur que le chien : couleur de poussière. Une poussière balayée distraitement par le grêle faisceau du phare.

Soudain le phare s'éteignit. Et l'impression de solitude que je ressentis fut si grande que je me mis à grelotter. Je me retournai : à mes pieds mon ombre. Floue et recroquevillée. Du côté de Sylvereal un feu s'allumait sous les pins centenaires.

C'était l'aube.

Délibérément, je lui tournai le dos. Le soleil est mort pour nous. Il est mort hier. A cinq heures de l'après-midi.

*
* *

O Paquito qu'est-ce qui nous a pris ? Pourquoi as-tu fait de moi Sarah ? Pourquoi as-tu voulu devenir Paquito ?

Nous n'étions pas heureux du temps où tu étais Pierre, où j'étais Marie ?... Du temps où nous n'avions pas encore décidé d'être gitans : montrés du doigt, toujours en fuite, maudits. Tu étais Pierre. J'étais Marie. Cela ne nous suffisait donc pas !

Quand est-ce qu'ils ont commencé à t'appeler « Le Caraque » et pourquoi t'appelaient-ils ainsi ? Tu n'as jamais volé de poules. Je n'ai jamais dit la bonne aventure.

Nous étions trop heureux. Les gens n'aiment pas ceux qui ne savent pas cacher leur bonheur. Nous étions pour eux une offense. Nous étions pour eux le scandale. Peut-être à la longue ils nous auraient pardonné notre bonheur. Peut-être l'auraient-ils pris en patience. Peut-être auraient-ils fini par ne plus le voir. Peut-être aurions-nous fini par leur ressembler.

Mais notre liberté, Paquito, leur brûlait les yeux, notre liberté leur était intolérable.

Les braves gens, quand ils voient un clandestin passer la frontière, décrochent leur fusil et visent à la tête. Et si l'évadé leur échappe ils le maudissent et l'interdisent à tout jamais de séjour dans la cité dont il vient de s'enfuir.

Les braves gens !

Nous aurions voulu passer inaperçus, mais il nous aurait fallu devenir invisibles. On nous voyait même la nuit. Nous étions auréolés de scandale. Nous étions phosphorescents. Le petit Pierre qui a mal tourné et la pauvre Marie qui méritait mieux que ça. Et nous, nous étions le désespoir de notre père et nous étions condamnés à faire mourir notre mère avant l'heure.

— Un si bon petit, qui l'eût dit !

— Une petite aussi réservée, qui l'eût cru !

En Provence, ils sont plus tolérants qu'ailleurs. Mais pour les étrangers qui ne sont pas d'ici. Ceux-là, les pauvres, ont des excuses. Ils sont fous par définition. Ce ne sont pas des gens comme nous. Notre soleil les ensuque. Ils ne sont pas acclimatés. Ce sont des originaux. Ce sont des excentriques. D'ailleurs, ils ne sont que pour passer. Et pour laisser des sous sur leur passage.

Tandis que nous, mon pauvre Pierre, nous avions trois mille ans de sagesse paysanne derrière nous, sans compter notre héréditaire équilibre gréco-latin.

Oui, trois mille ans et même davantage. Et qu'est-ce que nous avons fait de tout cela ? Nous l'avons oublié, nous l'avons perdu sur les chemins, nous l'avons laissé fondre au soleil de Camargue et sur le Campo de Ciudad Rodrigo.

— Un petit qui avait le pain et le couteau, et qui aurait fait le chirurgien s'il l'avait voulu... Je vous demande un peu !

— Une petite qui avait tout pour plaire et que son père il était avocat et qui marche pieds nus... Si c'est pas une pitié !...

La mauvaise graine, il est normal que le mistral l'emporte. Mais des bons petits de bonne souche, bien enracinés, avec un bon bagage intellectuel et qui n'avaient qu'à se laisser vivre sans se poser de problèmes et qui tournent caraques entre l'écrit et l'oral du baccalauréat.

— Qu'est-ce que vous en pensez, Madame Verdelet ?

— J'en pense que c'est le monde à l'envers. J'en pense que ça finira mal et qu'ils l'auront bien mérité...

***

Tu n'es pas fâché Paquito ? Je viens de rire en pensant à nous. Et tu as ri aussi. C'était l'époque où nous savions rire. C'est même tout ce que nous savions faire. Il arrivait à nos visages d'être graves, mais il y avait au-dedans de nous un grand rire assoupi et ronronnant qui nous tenait chaud.

Mais ce rire d'aujourd'hui, ce bref éclat de rire dans le silence m'a soudain épuisée. Il y a des heures que je marche sans m'apercevoir que j'ai un corps. Je n'ai pris aucune nourriture depuis avant-hier soir. Le ciel bascule. Il me tombe sur la tête et m'aplatit sur le sable dur. Et tout est noir.

Je suis tombée à genoux, le front humilié et ma chevelure s'est rabattue devant moi jusqu'à la taille. La brûlure du soleil sur ma nuque, je ne l'ai pas sentie tout de suite, et c'est subitement qu'elle est devenue intolérable. Je suis restée immobile, mais j'ai ouvert les yeux.

Je n'avais jamais regardé le monde par les fissures de ce rideau de cheveux noirs. Ils avaient tendu entre le monde et moi une draperie de deuil. Je les ai écartés à deux mains. J'ai relevé le menton et j'ai entendu sonner les clarines. Dans les Arènes d'Arles, les clarines sont remplacées par les trompettes d'harmonie. Je les entendais à un jour de distance et je voyais devant moi les deux gros anges Boufareou qui soufflaient dans leur embouchure à s'en faire péter les veines du cou.

Ce n'était pas un mirage. Ils étaient là, les deux gros anges dans leur tunique bleue à boutons de fer-blanc. Ils n'avaient pas desserré leur cravate et leur veine jugulaire devenait violette et prenait les dimensions d'une asperge sauvage. Et leurs doigts boudinés avaient l'agilité de ceux des dentellières. Ils se rassirent sur une dernière note suraiguë, et d'un même geste enlevèrent leur casquette plate et s'épongèrent longuement.

La porte du toril venait de s'ouvrir et les chulos frappaient la porte au battoir redoublé de leur main calleuse pour attirer l'attention du toro. Je ne te regardais pas, mon Paquito ! Je ne te regarde plus avant que le toro ne sorte. Je sais que tu as caché ton visage derrière ton capote entrouvert comme un missel. Ce toro tu ne veux pas le voir, tu ne veux pas l'imaginer. Tu n'as jamais accepté que Ramon, ton homme de confiance, qui a assisté à ta place au tirage au sort, te le décrive à l'avance.

— Non Ramon, ne me dis rien...

Tu veux que vous vous découvriez en même temps. Que vous arriviez tous les deux vierges au sacrifice. Vous aurez quinze minutes pour savoir tout l'un de l'autre. Pas de présentations, pas de renseignements préalables. Vous avez un rendez-vous aujourd'hui à cinq heures « Ahora », Paquito.

Il est sorti. Il est superbe. Il est digne de toi. Ce n'est pas en l'examinant que je le sais. C'est en scrutant ton regard. J'y ai d'abord vu du plaisir. Tu n'aimes pas que ton adversaire ne soit pas à ta mesure. A la Présidence on a accroché un carton. Il s'appelle Galan. Il pèse cinq cent soixante kilos. Et l'on a applaudi pour son poids, sa prestance et son armure. Celui-là il n'est pas passé chez le coiffeur. Tu ne le permets pas. Il a des cornes largement ouvertes, effilées, interminables. Tu ne sais pas être médiocre. Tu torées profond, en chargeant la suerte. Celui-là mérite que tu lui offres tout ce que tu sais.

Je viens d'apercevoir une ombre dans ton regard. Cela n'a duré que le temps d'un battement des paupières. Mais je l'ai surprise et je sais pourquoi la lumière de tes yeux s'est éteinte une fraction de seconde. Galan est couleur châtaigne. La couleur des toros criminels dans les gravures de Goya. Pierre n'était pas superstitieux. Toi Paquito, tu l'es devenu. Mais cela te donne une raison de plus de te surpasser.

Alors, avant qu'aucun de tes péones n'ait esquissé un geste, tu t'es mis à genoux au centre du rond et tu as étalé ta cape devant toi.

Et d'un seul coup le conclave s'est tu. Et les femmes ont comprimé leur cœur à deux mains : c'est le dos tourné au toril que tu t'étais agenouillé...

*
* *

Mes yeux se sont soudain brouillés. Et je n'ai plus eu devant moi qu'un terrain vague, une plaine grise, hérissée d'enganes grises. Une vieille joue ridée, rasée de la veille. Je me suis remise en marche. Une flaque d'étain s'éloignait de moi au fur et à mesure que je m'approchais d'elle. Un mirage. Mais toi Paquito tu n'étais pas un mirage. Tu étais là devant moi tout à l'heure. Tu as dû partir plus loin. Je finirai bien par te rejoindre. Et ta fuite m'a redonné des forces.

Notre dernière fugue, mon amour. Ou plutôt la fin d'une fugue commencée ensemble il y a six ans. J'avais seize ans. Tu en avais dix-sept. D'Arles à la Monumental de Madrid, nous avons mis trois ans. Mais dès Pézenas nous étions devenus des gens du voyage. Pas encore tout à fait des Romanichels, mais presque.

Tu te souviens, Pierrot, de notre nuit dans le théâtre abandonné. Un théâtre mort dans la ville de Molière. Je le vois gris et or. Gris tourterelle. Des affiches jaunes de Café-concert dans le foyer. Des ors ternis. Des fauteuils au velours fané. Dans mon souvenir ils étaient d'un rouge fané. Somptueusement poussiéreux.

Le théâtre de la Belle au Bois Dormant. Les globes des lampes à gaz étaient ouatés de toiles d'araignées. Cela sentait le carton peint et la vieille tapisserie. Sur la scène un décor était planté. Depuis combien de temps ? Cinquante ans... Soixante ans... Un parc au clair de lune, avec une balustrade de marbre en bois blanc. Et un jet d'eau peint sur une toile craquelée. Et des étoiles de papier d'argent collées sur un ciel de jute. Nous avons dansé un pas de deux. Sur les planches. Et nous avons fait l'amour sous les étoiles de papier d'argent, au pied du jet d'eau peint sur toile. Le lendemain nous avons campé dans un palais Renaissance. Disons pour faire bien que c'était le palais de Jacques Cœur. Mais ce ne devait pas être lui. En tout cas : c'est en ces lieux que l'on avait tourné *Cartouche*. Et c'est ainsi que par la contagion des pierres nous sommes devenus voleurs de grands chemins...

Tout petits voleurs de rien du tout. Bonnie and Clyde pour rire. Nous cueillions notre nourriture aux étalages. Et nous avons emprunté des voitures. Et quand nous n'avions pas d'argent, nous nous livrions à la mendicité ou à l'agression nocturne. Avec une égale allégresse.

Dans la mendicité, il n'y a que le premier pas qui coûte et cela devient très rapidement instructif. Oui, nous avons beaucoup appris en tendant la main aux hommes. Ce sont tous des indifférents, des égoïstes ou des lâches. Et c'est pour ceux qui nous faisaient l'aumône que nous avions le plus de mépris. Car c'est la crainte et non la pitié qui les faisait agir, ou la vergogne. Il nous arrivait d'insulter nos bienfaiteurs.

Cette expérience contribua à nous isoler encore davantage. Il y avait nous : anges purs, anges radieux. Il y avait les autres : les négligeables, les affreux...

Heureusement pour eux, nos agressions maintenaient notre hargne à un niveau tolérable pour l'ordre public. Sans elles nous aurions fini par détruire. Par tuer peut-être. Ceux que nous avons détroussés, avec ou sans leur consentement, ne savent pas quel service ils rendaient à leurs semblables. Et à nous aussi sans doute. En nous fournissant notre argent de poche, ils auront, sans le savoir, arrêté notre escalade dans l'illégalité. Celui qui vole un œuf, ne vole un bœuf que s'il ne trouve plus de quoi faire son omelette quotidienne.

Comme nous vivions au jour le jour, nous ne nous intéressions à la bourse des autres qu'au moment où la nôtre était entièrement vide. Il nous est arrivé de rester plus d'une semaine sans faire parler de nous. Nous nous contentions de prélever sur autrui ce que tu appelais la part du poète.

Nous aurions cependant fini par nous faire remarquer. A plusieurs reprises nous avions déjà échappé de justesse à la maréchaussée. Nous nous trouvions à Agde, ville qui nous plaisait par la dureté de sa pierre et la cruauté de son ciel.

Mais il était temps de chercher un abri provisoire. Il y avait un camp de nudistes dans le secteur. Pierre éclata de rire.

— Ils ont notre signalement, dit-il, mais tout nus, nous serons plus difficiles à identifier.

Nous nous sommes entièrement déshabillés bien avant d'être dans le camp. C'était une bien curieuse façon de ne pas se faire remarquer. Nous avons croisé des gendarmes. Ils ont baissé les yeux. Ils devaient être protestants.

Nous ne cessions de nous regarder l'un l'autre et nous nous trouvions beaux. Nous nous arrêtions pour nous dévisager et nous n'interrompions notre contemplation mutuelle que pour nous sourire. Nous nous prenions par les mains et nous nous tenions à distance et nous penchions en arrière...

*
* *

Et voilà que tes deux mains ont repris les miennes. Et nous étions à nouveau ensemble. Et tu avais l'air surpris que j'aie gardé ma robe. J'ai été nue, le temps d'un battement de paupières. Et nous avons pris en marchant notre bain de soleil. Notre bain de lumière. Le Grand Révélateur qui fait apparaître toute cette joie qui est en nous, et qui s'étiole sans lui.

Au camp, il y avait surtout des Suédois. Ce sont eux qui nous ont appris le soleil. Nous avions toujours vécu avec lui sans y attacher toute l'importance qu'il mérite. Il nous était donné. Il nous paraissait naturel. Nous n'avions pas peur de le perdre.

Nous avons découvert des êtres qui ne vivaient que par lui et qu'un seul nuage anéantissait. Nous sommes restés deux mois en leur compagnie. Nous chantions ensemble, mais nous avions pratiquement renoncé à la parole. Les mots ne servent à rien aux mangeurs de soleil. Nous gardions presque toujours les yeux fermés. Nous restions immobiles à longueur de journée. La nuit nous dansions et nous faisions l'amour.

Nous fonctionnions comme des piles solaires, accumulant dans la journée l'énergie pour notre fête de la nuit. Tous les soirs nous allumions de grands feux.

Nous avons fumé du chanvre. Mais une seule fois. Nous n'en avions pas besoin pour aiguiser nos sens et pour aviver notre flamme intérieure. Nourris d'air et de soleil, nous devenions chaque jour plus lucides, plus éveillés. Mais la plénitude de notre bonheur nous causait de l'angoisse. Un de nos amis suédois nagea au large jusqu'à l'extrême épuisement de ses forces. Le sentiment que l'été devrait finir un jour lui était devenu intolérable. Il avait rendez-vous avec la nuit. Il s'y présenta à l'avance.

Officiellement, il fut porté disparu en mer. Mais nous avions retrouvé son corps et nous l'avons fait brûler sur un bûcher de sarments de vigne. Et nous avons plongé nos mains dans les cendres tièdes.

Nous eûmes encore quelques moments de perfection. Et nos derniers jours de soleil furent d'une douceur insoutenable. Les pull-overs avaient fait leur apparition. Un matin nos amis de Suède ne furent plus là. Ils n'avaient pas souhaité nous dire adieu pour ne pas s'attrister davantage.

Le quinze octobre, le camp ferma. Nous n'étions plus que tous les deux. Le soleil ne nous quitta pas de la journée. Le lendemain il plut. Une pluie tiède et silencieuse qui habilla notre peau nue de son humidité fade...

***

J'ai caressé ma peau sèche et brûlante. Celle qui va mourir n'a plus besoin de respecter la partition du temps. Elle n'est plus irrésistiblement happée par l'avenir. Le peu de présent qui me reste est absolument submergé par notre passé, proche ou lointain. Tel que nous l'avions vécu. Mais plus intense, plus coloré, en relief. Il passe devant moi au ralenti et je peux immobiliser les images à mon gré.

Tu viens de te relever. J'entends l'ovation. En te voyant t'agenouiller le dos tourné à la bête, Pepe a gémi par deux fois : « Suicida... Suicida... » Maintenant il hurle avec les autres. Entre la vie et la mort tu n'as laissé qu'une marge infime. Tu ne peux donner ta mesure qu'en réduisant à l'extrême tes chances de survivre. Tu dois être infaillible. La moindre erreur de jugement et te voilà sur la corne. Tu dois improviser la perfection.

Deux images de toi viennent de se superposer. Tu as ton costume de lumière comme hier, l'ivoire et l'or, et tu es nu comme il y a sept ans. Pour moi, tu torées dévêtu et ton armure de broderies a l'air fardée sur ta peau. Le torero hippie. Ramon fait ta publicité là-dessus. Le torero qui se drogue à la peur. Tes faenas sont tes « voyages ». Tu n'y es pour personne. Tu es partout. Tu n'es nulle part. Tu es acteur. Tu es spectateur. Tu te regardes te regardant.

Tu as ouvert la cape devant toi. Ou plutôt la cape s'est ouverte. Tu contrôles tes gestes. Mais tes gestes t'échappent. Tu es le créateur et la créature. Tu es Dieu. Dieu le fils. Dieu le père. Mortel. Immortel... Divin stratagème. Connerie majuscule. Tu vas mourir pour quelques secondes d'éternité.

Je te vois à travers ta cape. Je te vois à travers tes ors et tes soies. Je te vois à travers ta peau. Ton cœur bat, ton sang circule, calmement. Je vois la vie qui coule en toi, fluide, lente...

Ton corps a quitté ton costume. Ta cape toute seule amorce une véronique ample et profonde comme une vague. Tu marches vers moi, nu et transparent. Je me suis allongée sur le sable pour t'attendre. Et tu t'es allongé sur moi. Et tu as disparu en moi, tout entier. Et nous ne faisons plus qu'un... Dans un quart d'heure tu seras mort. Dans un quart d'heure je serai morte...

***

Le soleil de cinq heures de l'après-midi pèse de tout son poids sur mon corps étendu. Je croyais me dessécher. Je vais fondre... Je ne laisserai qu'une flaque que le soleil boira. Je sens déjà que je m'évapore.

Je ne savais pas que ma mort serait si légère. Légère comme une brume de chaleur. Mon corps, déjà, s'éparpille, flotte, s'élève dans le ciel.

Et tout d'un coup durcit. Et retombe sur le sol comme un oiseau gelé en vol.

La nuit est venue. Tu as cessé de vivre en moi.

Je suis froide et rigide.

Je ne suis pas morte.

2

LA NUIT

Je suis une pierre. Un aérolithe. Une planète minuscule, inhabitée, lisse, glacée. Je suis devenue si froide que le froid ne m'atteint plus. Je suis minérale. Je tomberai dans la nuit jusqu'à la fin des temps. Je continuerai d'exister, mais sans jamais plus rien ressentir.

Soudain je me suis mise à grelotter et ta main glacée s'est posée sur ma bouche. Et ton haleine glacée m'a soufflé dans l'oreille :

— Ne fais pas de bruit.

Nous venions de passer le col du Perthus. Depuis deux heures le camion était immobilisé à la frontière. Il faisait moins trente.

La palabre menaçait de durer toute la nuit. Ils n'arrivaient pas à croire qu'on puisse transporter des taureaux de France en Espagne. Pour la millième fois José a dit :

— Les papiers sont en règle.

Mais les Espagnols ne croient pas aux papiers :

— Manãna... Téléphoner à Madrid...

— Mais les bêtes vont mourir de froid.

— Manãna...

José renonce à discuter. Il se hisse sur les ridelles du van. Il ne se fait pas de souci pour ses bious. S'ils ont résisté à l'hiver camarguais, ils tiendront bien une nuit de plus. Il s'inquiète pour nous et tout en faisant ruisseler sur ses bêtes un sac d'avoine, il nous lance une gourde pleine de rhum. Puis il enlève sa canadienne et la laisse tomber à nos pieds. Sans un mot. Il passera la nuit dans le poste de douane.

*
* *

Pas plus que Pierre ne s'appelle Paquito, José ne s'appelle José. Au fait, je ne sais pas comment il s'appelle au juste. Il élève des taureaux en Camargue. Mais il ne veut pas qu'on dise qu'il est manadier. Il est ganadero. Le seul ganadero français.

Il est fou, José. On raconte qu'il fut avocat avant de changer de planète. Une conversion. Inexplicable comme toutes les conversions. Il était venu passer le week-end en Camargue. Il n'est jamais retourné à Marseille. On le disait brillant, disert et cavaleur. Il est devenu taciturne et solitaire. Solitaire, mais accueillant. Son mas, près de Fiélouse, était ouvert à tout le monde. Il ne posait de question à personne. Nous y avons passé l'automne.

Un automne de silence et de vent. José nous traitait comme des chiens : avec affection et rudesse. Pour un cheval couronné par ta faute, il t'assomma, mon pauvre Pierre. Il t'adorait. La nuit il sortait en secret de sa chambre et se promenait parmi les bêtes de sa ganaderia. Il enlevait sa veste, réveillait à coups de pied une bête au hasard, et l'affrontait sous la lune en grommelant. Nous le suivions parfois, sans qu'il s'en doute, et leurs ombres gigantesques se projetaient sur l'écran bosselé de la sansouiro.

Un soir les deux ombres se sont confondues, et tu t'es précipité et le film a repris aussitôt après ce brusque incident technique. José avait un bras cassé. Tu lui avais sans doute sauvé la vie. Il ne t'a pas remercié. Au contraire :

— Qu'est-ce que tu fous là ? a-t-il bougonné... On ne peut plus être tranquille ?...

Mais sa décision était prise. Tu seras torero, mon fils. Il ne te l'a pas dit. Il ne te l'a pas demandé. Il ne te l'a pas ordonné. Il n'a pas essayé de te le faire comprendre. Mais tu l'as deviné. Tu as dit, en baissant le front :

— Si j'avais un capote, j'aimerais que tu me permettes d'essayer tes bêtes...

— J'en ai un, dit José.

Il en avait plusieurs. De rude étoffe et de soie... Il avait tout un jeu de muletas, quelques ajudas et au moins quatre épées à tuer, et deux à descabeller. Elles étaient merveilleusement entretenues. Elles n'avaient jamais servi.

— Je n'étais pas prêt, dit-il en regardant le sol.

Il était émouvant et risible. Surtout émouvant.

— Dans cinq ou six ans, je crois qu'on aurait entendu parler de moi.

La passion avait tué en lui le sens du ridicule. Il se cachait pour s'entraîner. Mais il avait perdu la notion de la durée, et qu'il approchât de la cinquantaine ne lui avait jamais fait douter de son avenir tauromachique. Jamais jusqu'à cette fameuse nuit où il a fait de toi son héritier.

Tu n'as pas dit :

— Comment savez-vous que j'ai le sang taureau ?...

Rien ne t'attirait spécialement vers la corrida, et tu n'avais pas plus qu'un autre le goût du risque. Mais tu ne savais pas t'arrêter en chemin. Tu voulais toujours savoir ce qu'il y avait derrière les portes. Ce qu'il y avait à l'intérieur des mots. Tu as toujours été celui qui entre « dedans ». Ce que vous ne voyez pas en vitrine, demandez-le à l'intérieur. José te donnait les clefs de sa caverne. Il savait que tu allais mettre ses trésors à sac, que tu allais tout dilapider. Et c'est pourquoi il t'avait choisi pour fils. Et tu l'avais accepté pour père : vous saviez l'un et l'autre qu'il faut tout donner pour commencer à conquérir.

Je ne dirai pas que tu es entré en tauromachie comme on entre en religion. Ce n'est pas la banalité de la formule qui m'empêche de l'employer. C'est que, quoi que tu fasses, tu entre toujours en religion. Tu ne sais pas calculer la part du feu. Tu brûles tout entier. Tu rends sacrés les actes les plus humbles. Tu aimes ce que tu ne verras jamais deux fois : la seconde qui passe et que tu étreins de toute ta force.

Tu ne m'as jamais rien expliqué, mais tu as toujours été pour moi aussi transparent qu'aujourd'hui. Tu n'as pas cherché les taureaux. Ils se sont trouvés sur ta route. Et tu as compris qu'ils prendraient ton destin en charge. Qu'ils t'empêcheraient de céder au démon de la facilité. Que tu serais condamné par eux à vivre à ton plus haut niveau.

Au dernier moment tu as pourtant hésité avant de partir pour ta propre croisade. Tu as pensé à moi, ce qui ne t'arrive presque jamais. C'est ta façon à toi de m'aimer. Je te suis donnée une fois pour toutes. Où que tu sois, quoi que tu penses, quoi que tu fasses, tu es sûr de me trouver à tes côtés. Comme le paquet de cigarettes du matin qu'on trouve, dans le noir, sur la table de nuit, d'un geste tâtonnant, mais plein de certitude.

Je t'en ai beaucoup voulu d'avoir hésité un peu. Cela prouvait que tu doutais de moi. Que tu me considérais, en définitive, comme une faiblesse. Ta seule faiblesse. Et tu te demandais si je n'allais pas alourdir ta démarche, freiner ton ascension. Et à la longue, te paralyser, te fixer au sol.

J'ai dit, j'ai crié :

— Oui Pierre, oui...

Tu as été soulagé. Mais tu as fait semblant de lutter contre l'élan qui déjà t'emportait.

— Sais-tu bien à quoi nous nous engageons ?...

C'était gentil de ta part de dire « nous » alors que tu ne pensais qu'à toi. J'ai répondu :

— Oui, je sais !...

Cela t'a suffi. Ma réponse était honnête. Je croyais savoir. Et je ne savais rien. J'avais imaginé le pire et le pire n'était rien à côté de ce que j'allais vivre. Je savais que la peur serait notre pain quotidien. Mais la peur, pour toi, ce fut toujours ton adversaire et ton ange gardien.

A nous deux ma peur !... Tu vas voir ce que j'arrive à faire... Je te nargue... Je te tue... Tu renaîtras tout à l'heure... Mais je te tuerai encore...

Tu as vécu de cette peur sans cesse défiée. Tu t'en es nourri. Tandis que moi, en te prenant pour compagnon, c'est la peur que j'ai épousée. Elle s'est installée en moi et, chaque jour, elle m'a dévorée. Tu avais tes moments de répit. Tes saisons d'insouciance. Tandis que moi, la peur ne me quittait jamais, même dans le sommeil...

*
* *

Et maintenant, c'est toi qui dors la tête sur mes genoux. Le rhum nous a réchauffés et l'haleine des taureaux. Nous voici devenus santons dans une étrange pastorale. Je suis Marie. Tu es Joseph et tu es mon fils à la fois.

La nécessité de ta mission sur la terre t'épargne les moments de doute. Tout ce qui tente de barrer ta route, tu le survoles de si haut que tu ne t'aperçois même pas que tu as surmonté un obstacle.

Non, Pierre, je ne dis pas que tu avais pris la meilleure part. Nous avions chacun la nôtre. Marie-Madeleine, c'est le plus beau rôle qu'une femme puisse jouer sur la terre comme au ciel. Pourtant je n'avais pas été une grande pécheresse avant toi, ni même une petite. Je n'avais péché que par insignifiance. Par obéissance et résignation. J'aurais accepté, sans toi, de faire semblant de vivre. C'est ça le péché. Le seul.

Il y en a pourtant un autre et que nous avons failli commettre. Le péché de révolte. Cela ne mène à rien, la révolte : cela se termine devant son poste de télévision. Ni Pierre ni moi n'étions vraiment des révoltés. Nous étions aveugles et sourds. Les autres ne nous intéressaient pas. Nous savions qu'ils avaient renoncé à vivre. Mais nous ne leur en avons pas voulu longtemps de leur insignifiance. La compagnie quotidienne de la mort dispose à l'indulgence. Et à partir du moment où on se met à vivre, où l'on s'aperçoit qu'on est vivant, contre quoi, contre qui voulez-vous qu'on se révolte ?

Contre ceux qui vous empêchent de vivre ? Contre ceux qui vous jugent, contre ceux qui vous condamnent ?

A quoi bon ? Ils n'existent pas. Vous n'avez pas le temps de vous occuper d'eux. La vie ne vous laisse pas une seconde. Ou plutôt, elle vous les laisse toutes. Vous n'avez plus de temps à perdre.

Tu dors Pierre, et j'ai fait un foulard de mes cheveux autour de ton cou. Et je t'écoute respirer. Nous sommes sous un taureau comme des clochards sous un pont. José lui a entravé les cornes et les pattes. Il dort debout et gémit en dormant. Il a peut-être un cauchemar. A quoi rêvent les taureaux ?

Je m'en fous.

Qu'ils crèvent, c'est leur métier.

Notre arche de viande noire avait sa toison d'hiver. Je l'ai caressée du dos de la main. Rêche et soyeuse comme un sexe de femme.

— Pardon taureau, je lui ai dit. Taureau je t'aime. Sans toi, nous ne serions rien. Nous ne pouvons pas nous passer de toi. Tu es notre miroir. Un miroir qui n'accepte de refléter que notre meilleure image.

J'ai tenu à ajouter :

— Ne te prends pas trop au sérieux quand même. Ce rêve, c'est nous qui te l'apportons et tu n'existes que pour nous permettre de vivre complètement éveillés. Dors bien quand même, taureau !

Ayant dit, je me suis endormie à mon tour...

***

Quand je me suis réveillée, il faisait encore nuit et les taureaux avaient disparu et je ne serrais plus que mes cheveux dans mes mains poissées d'angoisse. Il faisait nuit. C'était l'heure glaciale qui annonce l'aurore bien avant qu'elle ne commence à poindre. Et dans l'air immobile et glacé, mon corps dénudé était lustré de sueur.

Tu avais quitté mes bras. Mais tu étais devant moi, toujours à genoux. Il faisait nuit au-dessus de ma tête, mais devant moi, il y avait l'ovale blond des arènes. Et tu es toujours à genoux, le dos tourné au toril, mais ta cape ondulait au-dessus de ta tête comme un nuage rouge et jaune. Elle claqua sur la droite avec un bruit de fouet, puis repartit côté soleil comme une voile arrachée, emportée par la tempête, et ta poigne seule la retenait au mât de ton bras brisé au coude.

Galan, qui fonçait déjà vers la droite, dont la corne était à la hauteur de ton épaule, s'arc-bouta sur ses sabots, qui creusèrent le sable dur. Son mufle heurta ton dos. Son échine s'incurva. Il était passé, au dernier moment, la tête sur la gauche, arrachant au passage une épaulette dorée.

J'ai été la seule à rester assise. Tout le conclave était debout, acclamant son idole agenouillée. Moi je n'avais plus de force que dans les mains et j'ai enfoncé mes ongles dans mes paumes jusqu'au sang.

J'étais assise. Et toi, tu es resté à genoux. Mais tu as tourné sur toi-même. Et pour la deuxième fois, tu as voulu accueillir le fauve de dos.

Le vieux Pepe avait caché son regard derrière ses deux mains jointes. Ramon avait ouvert la bouche et son cigare était tombé sur son gilet de brocart qui se couvrit de cendres et d'étincelles.

Impossible. C'était impossible.

Galan avait freiné sa charge. Quand il se retourna, il n'était qu'à deux mètres de toi. Tu ne pouvais rien faire. Tu avais replié ta cape devant toi. Et ainsi agenouillé, tu avais l'air de la victime qui attend le coup de sabre du bourreau. Mais toi, tu avais la tête droite.

Et quand Galan fut sur toi, exactement sur toi, tu écartas le coude gauche. Cela fit jaillir un pan de capote, pas plus grand qu'une aile de flamant. Galan secoua la tête. Déjà une autre aile avait poussé ton coude droit. Et ce fut de ce côté que Galan choisit de charger. Il passa.

Pepe avait libéré son regard de la prison de ses doigts. Ses mains restaient jointes et remerciaient le ciel. Mais elles imploraient déjà.

Car, de son avis autorisé, seule la prière la plus humble pourrait te sauver de toi-même. Et il fallait bien que quelqu'un soit humble à ta place, puisque tu ne mettais jamais d'humilité dans tes invocations.

Le sang sur mes paumes griffées s'est mis à couler. Mais la sueur de mon corps était devenue craquante et friable comme du givre.

Et mon cœur était une pierre.

*
* *

Maintenant le van plonge dans la bourrasque, et roule bord sur bord, d'un tournant à l'autre. Tu dors toujours dans mes bras. Mais José nous a installés à côté de lui, dans la cabine avant.

Tu t'es réveillé à Arenys de Mar. Aubervilliers au bord de la Méditerranée. La mer était sale et le ciel de suie. Devant nous Barcelone fumait. José aurait voulu nous conduire jusqu'en ville. Mais tu avais hâte de sentir l'Espagne sous tes pieds. Nous avons embrassé notre père. Il avait des mots plein la gorge. Ils n'auraient servi à rien. Il a dit :

— Suerte, chicos !

Il n'y avait rien d'autre à dire.

Nous avons marché parmi les camions, pendant des heures, jusqu'à la statue de Christophe Colomb. L'air avait un goût de pétrole, d'huile et de charbon. De la main, Christophe Colomb désignait l'Amérique en bombant le torse. Il avait l'air très content de lui.

C'est la première fois depuis que nous avons largué les amarres que nous avons douté de nous. Que nous avons fait naufrage. Dans les eaux du port, épaisses, visqueuses, fétides. Notre premier naufrage. Nous nous sommes accrochés l'un à l'autre pour couler ensemble. Mais je suis sûre que nous n'avons eu de dernière pensée pour personne. Même pas pour nous...

Nous avons ressuscité à la nuit tombée.

Horrible Barcelone. Merveilleuse Barcelone. Nous y avons agonisé tout un hiver. Mais nous ne sommes pas morts. Et nous avons maintenu le cap. J'ai fait ce qu'il fallait faire.

J'ai fait la pute.

*
* *

C'est de Camargue où je vous parle. Ève, je suis. Ève éternelle. Dans une lumière de naissance du monde. La mer lisse est allongée à mes pieds comme un tissu de soie. Et je suis lisse, moi aussi, pure, intacte. Et comme dit l'autre, toujours renouvelée. Je ne suis habillée que de jeune soleil.

Et pourtant, tout un hiver, j'ai fait la pute à Barcelone. Et rien qu'avec des marins américains. Ce n'est une circonstance ni atténuante ni aggravante. C'était le plus pratique et le plus rentable.

— Toi french girl.
— Oui, moi french girl.
— Oh là là : Ten dollars for you...
— Pas ten dollars, petit con ! fifty ou va te faire voir...

J'ai maintenu les prix. A Barcelone une petite Française mineure, c'est encore plus exotique qu'une grande salope ibérique patronnée par l'Opus Dei.

Ma présence insolite faussait le marché des ramblas. Il fallait que Pierre se batte tous les soirs à poings nus ou au couteau. Cela lui a fait beaucoup de bien. Il prouva qu'on savait se battre même avec des cheveux longs.

— Este cabron no tiene miedo...

Ce cocu n'a pas peur, disaient de lui les professionnels de la location des demoiselles au quart d'heure.

Un homme qui a affronté les barbeaux de Barcelone, comment voulez-vous qu'il soit impressionné même par un taureau vicieux ?

On ne tarda pas à le respecter. Alors commencèrent les palabres. Sur les bars où j'avais droit de cité. C'est depuis que tu passes, à juste titre, pour très dur en affaires. Quand on discute au centimètre sa longueur de ramblas, comment voulez-vous qu'on se laisse avoir par des maquignons de province. Tous des gros cons avec de gros cigares !...

Ne me dites pas que le langage que je parle en ce moment, ne me ressemble pas. C'est celui que j'employais à l'époque. Du vocabulaire technique. Je croyais l'avoir oublié depuis longtemps. Mais je n'ai pas le sens de la chronologie. Je n'ai jamais bien su distinguer le présent du passé. A plus forte raison, maintenant que je n'ai plus d'avenir.

Je n'évoque pas cet hiver où j'étais putain. Je ne le revis pas non plus. Je suis à nouveau la putain que j'étais. Je suis habillée comme une petite-bourgeoise. Je ne suis pas fardée. Je n'ai pas de bijoux. Mais j'ai appris à me tenir les cuisses écartées. En revanche, je n'adresse jamais la parole au client la première.

Pas aimable du tout, je suis :

— Jolie mademoiselle.
— Tu me fais chier !

D'ordinaire, ils comprennent, les ricains. Et pour ceux qui ne sont pas doués pour les langues étrangères, j'ajoute :

— Fuck you !

Au lieu de les décourager, ça les excite. Cette étudiante qui parle comme une fille des rues.

— I buy you a drink.

Ils ne disent pas :

— Qu'est-ce que je t'offre ?

Ils disent :

— Je t'achète un verre.

Ils achètent tout, ces pommes !

Je les envoie se faire foutre. Ils sont un peu désorientés, les pauvres mecs. Alors je leur dis :

— Je ne fume pas. Je ne bois pas. Je ne cause pas avec les conards. Mais je baise !

Et ça, ils aiment. Et cela fait gagner du temps à tout le monde. Oui, mon numéro est très au point. Tous les soirs de vingt-trois heures à quatre heures du matin. Après nous allons souper avec Pierre.

Exactement comme si je sortais du théâtre.

— Comment ils ont été ce soir ? demande Pierre.

Ma réponse dépend de la recette. Un matin, j'ai mis cinq cents dollars sur la table.

— Ils ont été merveilleux, j'ai dit.

Et puis se déroule toujours le même rite. Nous nous prenons les mains. Nous nous prenons les yeux.

— Mon amour, je dis.

Mon amour, il dit.

Et après, tout est oublié. Et on les emmerde. Et nous ne nous occupons plus que de nous.

Cinq heures de figuration par jour pour être à la hauteur de mon destin, moi je trouve que c'est donné. Et si vous n'êtes pas d'accord, personne ne vous empêche d'aller vous faire voir chez les Druses...

*
* *

Si donc nous avons décidé de nous suicider ensemble, ce ne fut pas par dégoût de nous-mêmes. Nous nous sentions au contraire parfaitement en règle, parfaitement innocents.

Mais Pierre avait cessé de croire en lui...

Il savait pourtant qu'en tauromachie, il ne savait rien. Mais il en savait encore moins qu'il n'imaginait. Pourtant, il faisait jusqu'à dix heures de toréo de salon par jour.

Je lui avais offert le meilleur maître de la ville, le vieux Don Luis, qui n'avait jamais été un grand matador lui-même, mais qui se flattait d'avoir enseigné la véronique à Curro Romero. C'était un homme qui ne distribuait jamais de compliments, mais parfois prenait ses élèves par le cou. Cela signifiait qu'il était sur le bon chemin. Et si, un jour, il leur donnait l'abraso, cela voulait dire qu'il n'avait plus rien à leur apprendre.

Jamais Don Luis ne fit un reproche à Paquito. Mais jamais il ne le prit par le cou...

J'ai attendu deux mois avant d'inviter Don Luis à boire un verre. Pour la première fois j'avais l'impression de tromper Pierre. J'aurais couché avec Don Luis s'il me l'avait demandé. Il ne me l'a pas demandé, ce qui aurait dissipé ma gêne. Je me sentais comme une épouse qui rend secrètement visite au médecin de son mari pour savoir s'il a vraiment un cancer.

Don Luis me prit par le cou.

— Bonne petite, dit-il... Paquito, bon petit... Volonté... Application... Progrès...

Je reprenais espoir.

— Mais pas torero, conclut-il... Jamais torero...

C'était sans appel. Il me vit si désemparée qu'il consentit à nuancer son diagnostic.

— Écoute... Bon élève... Premier de la classe... Mais pas le don... Pas le poignet... Pas l'inspiration... Très bon péone... Jamais maître...

Je n'ai pas parlé à Paquito de notre entrevue avec Don Luis. Et je suis sûre que Don Luis ne lui en a pas parlé non plus. Mais le soir même, après les :

— Mon amour...

— Mon amour... (jamais ils n'avaient été aussi passionnés). Paquito m'a pris le cou dans ses deux mains dures :

— Je crois qu'il faut en rester là, il a dit.

— Si tu le crois, je le crois aussi...

Mais nous avons décidé d'attendre les beaux jours pour en finir. Nous avions mérité de mourir au soleil.

*
* *

Au printemps, Don Luis organisait une fête champêtre. Une fête minable dans la propriété d'un vieil ami boucher en gros qui rêvait d'avoir un jour son élevage de bêtes nobles. C'était l'occasion, pour les disciples de Don Luis, de manger une fois à leur faim et d'affronter, à défaut de taureaux de combat, des animaux d'embouche.

Je gagnais beaucoup de dollars. J'avais acheté une vieille voiture américaine. Car, si tous les jours nous parlions de notre mort, c'est en Andalousie que nous avions décidé de finir nos jours. Enfin, d'y mettre un terme.

Nous nous y entassâmes à quinze avec une guitare et des flacons de vin.

L'ami de Don Luis s'était fait construire des arènes privées. Et les petits se sont bien amusés.

Ils avaient passé l'hiver à toréer leur ombre, ou à corriger leurs défauts devant une glace. C'était la première fois qu'ils affrontaient de vrais quadrupèdes. Des vachettes craintives que le seul claquement du capote faisait frémir et reculer. Ou de grosses vachasses assoupies par la rumination et qui se promenaient d'un pas de parturiente. Les veaux étaient plus amusants parce qu'ils étaient imprévisibles. Les uns fuyards, les autres fonceurs. Tous désordonnés. Tous fous !

Plusieurs gamins furent bousculés. Santiago, le plus doué, se luxa l'épaule droite en tombant. La fête continuait.

Paquito, lui, n'avait pas bougé de la barrière. Soudain, il me prit la main :

— Nous partirons ce soir, dit-il.

D'ailleurs, Mammita, la dernière attraction prévue au programme, venait de sortir. Une vache maigre, mais d'au moins huit ans d'âge. Haute sur pattes. Et plus d'un mètre d'une corne à l'autre. Santiago, seul, l'affronta de son bras valide, et se retrouva sur le sol, l'autre épaule démise. Cela fit beaucoup rire : un matador manchot des deux bras, c'est une aubaine rare. Plus personne ne bougeait.

— Il est temps de prendre congé, dit Don Luis

C'est alors que Paquito me lâcha la main et passa la barrière.

— Fuera, cria Don Luis de sa voix usée.

La muleta repliée contre son torse, Paquito continuait d'avancer vers Mammita immobile. Don Luis me prit par le cou.

— Lui mort...

J'ai utilisé le même langage pour répondre :

— Lui vouloir !

Don Luis s'est contenté de me serrer plus fort la nuque. Paquito s'avançait vers Mammita et les petits le regardaient avec des yeux nouveaux. Paquito n'avait jamais su « marcher torero ». Il avançait à la rencontre de son adversaire comme pour un règlement de comptes. En ce moment il donnait l'impression d'avoir rendez-vous. Un rendez-vous d'honneur longtemps attendu et enfin accordé. Il s'y rendait sans hâte et sans morgue. Naturel.

Je croisai le regard de Don Luis. J'y lus de la stupeur, de l'angoisse. De l'espoir. De l'incrédulité...

Depuis des mois Paquito s'étudiait, contrôlait ses gestes et tâchait de trouver à force de travail les attitudes que Santiago, spontanément, inventait. Devant cette vieille carne vicieuse et désabusée, l'aisance tout d'un coup l'habitait.

Mammita était une bête incurablement « inlidiable ».

Le jeu ne l'amusait pas. Ne l'avait jamais amusée. Elle attendait, immobile, qu'un imprudent fût à portée de sa corne. Et soudain, sa tête jaillissait. Elle ne chargeait pas. Elle boxait. Un coup frontal en direct, ou un coup de corne en crochet. Puis elle s'immobilisait à nouveau, reniflant dédaigneusement cette chose étendue devant ses sabots. Après quoi elle se retirait et l'on n'en pouvait rien tirer d'autre. Qu'un mépris paresseux et distant.

Or, voici que Paquito est maintenant au point de non-retour. Si elle laisse partir son direct du frontal, il aura quelques côtes cassées. Si elle attaque en crochet de la corne, le sang coulera.

Et voici que Paquito écarte les bras. Il tient sa muleta dans la main gauche. Elle coule le long de sa hanche comme un ruisseau rouge. Et Mammita se met en route lentement et la muleta de Paquito s'ouvre : crucifié, laissant venir à lui les vaches de bonne volonté. Et Mammita suit le chiffon. Paquito a allongé le bras et s'est penché vers elle, et la corne droite est passée.

Et cela s'est reproduit six fois de suite. Et Mammita est repartie définitivement vers le toril, lui ayant donné la gloire et le génie au passage.

La main de Don Luis a quitté ma nuque. Paquito s'est dirigé vers lui, le regard modeste, mais la tête haute. Par-dessus la barrière, Don Luis lui a donné l'abraso.

Les petits gardaient le silence. Santiago s'est approché de Paquito et a dit :

— Où tu vas toi, je vais moi...

3

LE CIEL

Pierre je suis heureuse. Tu es mort et je suis heureuse. Heureuse de mon côté. Cela nous arrivait souvent même quand nous ne nous quittions pas d'une seconde. Même quand nous faisions l'amour. Nous ne nous devions rien. Pierre ! Jamais nous ne nous sommes demandé de comptes. Je ne t'ai rien apporté. Tu ne m'as rien apporté. Je n'ai jamais été heureuse de ton bonheur, ni toi du mien. Simplement nous ne pouvions pas être heureux l'un sans l'autre.

Puisque tu es mort, je suis morte aussi. Il n'y a plus que quelques formalités à régler. A cet instant même, je suis en extase. Il faut que tu le saches. Si tu étais là, je ne te dirais rien. Nous avons très peu parlé pendant notre vie. Nous avons surtout vécu de silence. Les mots compliquent le bonheur. En tout cas, ils n'expliquent rien. Je n'ai eu besoin des mots qu'à partir du moment où tu n'as plus été là pour les entendre.

Et je dois te parler au moment même où les mots sont plus impuissants que d'habitude. Je suis heureuse de soleil. Tout est parfait Pierre. Il n'y a ni nuage, ni vent, ni bruit. C'est à peine si j'existe et si je disparaissais complètement, je m'en apercevrais à peine.

Ou pas du tout.

Je croyais que ta mort aurait arrêté le temps. Elle l'a disloqué. Et la perfection de ces instants aurait glissé sur moi sans que je la ressente, s'ils ne s'étaient soudain confondus avec les prodiges de la veille.

*
* *

Sur les gradins tous retenaient leur souffle et leur cœur avait cessé de battre.

Le ciel de cinq heures avait la même transparence immobile qu'aujourd'hui. Les couleurs avaient cessé de vibrer dans la lumière. Un geste raté de ta part eût créé le chaos.

Un seul chemin devant toi, celui de la perfection. La perfection la plus dure. Celle qui doit créer ses propres règles.

Tu aurais dû abandonner Galan, laisser sa fougue se gaspiller au hasard des leurres distribués par tes péones. Tu aurais dû faire sa connaissance. Tu ne savais rien de lui. Tu ne l'avais ni regardé ni même vu.

Et tu as continué d'ignorer son existence. Galan n'existait plus. N'avait jamais existé. Tu ne songeais pas à tirer le meilleur parti de ses qualités. Tu ne souhaitais ni l'améliorer ni le réduire. Tu ne voulais pas le « travailler ».

Notre bonheur, Paquito, fut de vivre côte à côte sans que l'un ne troublât jamais le rêve de l'autre. Nous pensions rarement aux mêmes choses en même temps, mais une séparation d'une heure suffisait à nous anéantir. Nous ne recommencions à vivre qu'au moment où tu reprenais ma main. A vivre chacun pour soi, mais grâce à l'autre. Nous nous sommes toujours respectés... Nous avons poursuivi notre monologue individuel qui s'interrompait dès que nous n'étions plus à portée de regard.

Jamais nous n'avons dialogué ! Un couple qui commence à dialoguer, qu'il se taise vite ou il va se détruire.

Mais aujourd'hui, pour la première fois, ton monologue, c'est le mien. Ce que tu sens, je le ressens. Exactement en même temps que toi. Je ne sais pas les gestes que tu vas faire. Mais tu ne les connais pas non plus.

Je suis blottie à l'intérieur de toi, dans le plus fragile de ton corps, au plus exposé. Au plus brûlant. Au plus glacé.

Nous avons surgi au centre du rond. Et Galan était déjà sur nous. Nous ne l'avions même pas cité. Il arrivait de loin, en pleine charge. Nous avons déployé la cape avec lenteur. Il s'y est engouffré. Mais dès la première véronique, nous l'avions fixé.

A partir de cet instant, nous avons complètement cessé de nous intéresser à lui. Aucun mépris de notre part. S'il voulait se faire un nom et contribuer à un chef-d'œuvre, libre à lui. S'il désirait se détruire avant qu'il ne soit né, et nous détruire en même temps, c'était son droit. Il a choisi la gloire et il nous a permis de dessiner les plus belles véroniques du monde. Il paraît qu'il y en a eu douze. Nous ne les avons pas comptées. En fait, il y en eut une seule. Ou un million. Au choix. Un enchaînement ininterrompu d'imperceptibles mouvements de poignet qui faisaient vivre l'étoffe. Et Galan, dans cet océan de soie, évoluait comme un énorme poisson noir et paresseux. Sculpture ? Tableau ? Danse ? Film ? Comme vous voudrez.

Nous on s'en fout ! Galan nous a quittés à regret. Sur une demi-véronique d'adieu qui lui a longuement caressé le regard.

L'ovation a explosé.

Je me suis retrouvée assise à ma place. J'étais la seule à ne pas m'être levée. J'étais la seule à ne pas hurler...

***

C'était hier. C'était il y a mille siècles. C'est maintenant. Je ne suis plus en toi, mais ma joie ne veut pas me quitter. Le ciel s'obstine à ne rien offrir à mes regards que son insondable limpidité.

Une mouette a traversé le ciel, et je l'ai suivie. Elle allait à Barcelone.

***

A l'arrière de la voiture, Santiago chantait ta gloire en s'accompagnant à la guitare d'un bras encore meurtri. Il chantait faux. Il jouait mal. Nous étions heureux. J'avais distribué tous mes dollars aux petits. Nous n'avions pas de passeport. Santiago avait quitté, de sa propre autorité, depuis des mois, la maison de redressement où on lui enseignait les bonnes manières et les Actes des Apôtres. L'aube se levait sur des collines sèches et usées.

Du moment que nous ne voulions plus mourir, nous n'avions pas de raisons précises d'aller vers le Sud. Santiago n'avait jamais quitté Barcelone. Il ne connaissait pas plus l'Espagne que nous. Et moins peut-être puisqu'il en avait moins rêvé. Nous avons mis le cap à l'ouest. On ne peut pas se tromper. C'est de ce côté-là que le soleil se couche.

Direction supposée : la Castille. La Vieille. Il nous fallait un pays dur puisque nous rêvions à des taureaux faits de granit et de silex. Des taureaux dignes de nous.

Moi j'ai rendu grâce au Seigneur. Ce n'est pas tout à fait mon genre. Et même pas du tout. Mais j'avais maintenant la conviction qu'une main sûre nous conduisait depuis le début. Sinon, comment pourriez-vous imaginer que nous nous en soyons sortis seuls. Nous avons chargé sur nos épaules toute la liberté du monde. Comment n'aurions-nous pas été écrasés si quelqu'un ne nous avait pas aidés discrètement à la porter. Si nous n'avions pas été choisis.

Pierre, c'est certain, n'a jamais eu de pensées pareilles. Il était sûr de lui et de son destin. Mais si je m'étais appuyée uniquement sur sa certitude à lui, j'aurais fini par l'ébranler. Il se conduit comme un somnambule. Il ne sait pas où il va, mais il y va sans hésitation. Le moindre doute de ma part et je le faisais trébucher. Je le faisais tomber de toute sa hauteur.

Maintenant que je sais qu'on s'occupe de nous en haut lieu, je me sens aussi indifférente que lui aux embûches. Jusqu'ici nous les avons surmontées sans les voir. Et lui ne les verra jamais.

Tandis que moi, non seulement je les vois de loin, mais je les sens venir. Et si, au dernier moment, il m'arrive de changer de route, je m'aperçois que Pierre marche devant. Il a trouvé tout seul sa bonne voie. Du moins le croit-il.

Vous pensez bien que je ne lui ai jamais parlé de mon ange gardien. Il m'aurait demandé de choisir entre cet individu discutable et lui.

Cet ange gardien il en aura toujours ignoré l'existence. Il l'aurait fait douter de lui, tandis que moi il me rassure. Il a toute ma confiance, mais je ne m'abandonne pas à lui. Il m'a dit une fois pour toutes que nous avons eu raison de prendre le départ, mais que les vraies épreuves étaient devant nous, que le plus dur restait à faire. Il ne m'a pas dit si nous serions dignes de notre vocation. Il m'a donné l'impression de croire vachement au libre arbitre, cet ange !

Appelés, certes. Mais pas élus.

Un peu curé, cet ange, mais pas con. Il ne nous a pas donné l'absolution de nos péchés passés. Encore moins de nos péchés à venir. J'ai l'œil sur vous mes petits frères. Démerdez-vous et ne m'emmerdez pas trop.

— Promis ?...

— Promis !

Voilà ce qu'il m'a dit en gros, mon cher petit ange. Il n'a pris, lui, aucun engagement à notre égard. Et pour bien prouver qu'il ne parlait pas à la légère, Jules nous a balancé sa première vacherie pédagogique. (Mon ange gardien, je l'ai appelé Jules, dès le premier jour.) Pendant deux mois nous n'avons pas rencontré un seul taureau sur notre route.

Pas un.

En tout cas leur absence ne nous a pas cassé le moral.

Nous allions à la rencontre des taureaux, et pas à leur recherche. S'ils n'étaient pas là, c'est qu'ils étaient ailleurs. Et si nous passions à côté d'eux, c'est que le moment n'était pas encore venu de nous trouver en leur présence.

Santiago, lui, ne décolérait pas. Heureusement, sinon il serait tombé dans la mélancolie. Il continuait de miser sur son ami Paquito. Ce n'était pas un homme de peu de foi. Une seule preuve lui avait suffi pour croire en son avenir. Mais il lui en eût fallu d'autres, et de quotidiennes, pour continuer de vivre au niveau d'exaltation dont il avait besoin pour croire en lui-même.

Pourtant ce garçon qui n'avait peur de rien redoutait la solitude. Si nous avions croisé d'autres maletillas, peut-être les aurait-il suivis. Mais il semblait que l'Espagne se soit vidée, pour nous faire enrager, non seulement de ses taureaux, mais de tous ceux qui leur portaient aficion.

Nous évitions les grandes cités où la garde civile, ne sachant quel serait au juste son futur maître, occupait ses loisirs à emmerder la jeunesse. Dans les villages, au contraire, ma mini-jupe et les cheveux longs de mes minets barbus exaltaient une goguenardise sans méchanceté. Santiago, grognon, crincrinait de la guitare. Les plus bienveillants auraient fini par lui jeter des pierres. La bronca-villageoise s'annonçait. Alors je dansais un jerk à ma façon. Je danse le jerk à peu près aussi bien que Santiago joue de la guitare. Mais sous certaines latitudes les jambes des demoiselles continuent d'attendrir les plus coriaces.

Paquito, lui, faisait la quête, dans un gibus que nous avions recueilli sur un épouvantail. Il y mettait cette austérité, cette sévérité, qui sont, chez lui, les formes de l'indifférence et non pas du dédain. Il ne disait jamais merci. Il ne s'intéressait pas à ce qu'on lui donnait, mais il ne quittait pas du regard celui à qui il tendait son énorme sébile.

Il met de la tauromachie en tout, ce garçon. Ce n'était pas une quête. C'était un affrontement dont il sortait toujours vainqueur. Son adversaire baissait les yeux et mettait la main à la poche.

En revanche, il nous arriva plusieurs fois, en présence de nos bienfaiteurs mêmes, de donner toute la recette à un aveugle que notre présence avait privé de pain quotidien pour le restant de la semaine. Et ces jours-là, nous quittions le village plus vite que d'habitude. On nous avait aimés bouffons. Mais fous et prodigues nous conduisait au bannissement immédiat.

D'ailleurs nous ne nous attardions jamais, même dans les lieux où on nous faisait fête :

— Où allez-vous ?
— Ailleurs !
— Quoi faire ?
— Autre chose !
— C'est urgent ?
— Oui !
— Vous avez rendez-vous ?
— Oui !
— Avec qui ?
— Avec personne...

Étrange pèlerinage dont nous ne connaissions pas le terme. Nous savions seulement qu'il existait.

*
* *

Nous avons longuement contourné Salamanque. Les villes étudiantes sont les plus dangereuses pour ceux qui ont décidé d'apprendre à vivre par leurs propres moyens. Nous nous sommes retrouvés à Ciudad Rodrigo. A Santiago, ça ne faisait ni chaud ni froid. Il n'avait pas eu l'occasion de passer son baccalauréat, ce pauvre garçon. Il ne savait pas que nous étions dans la patrie du Cid. Du Cid Campéador. De Rodrigue amoureux de Chimène. Les beaux rôles pour Pierre et pour moi. A nous, comte, deux mots !

Et ce fut un Comte qui nous les dit. Il ne nous a pas demandé qui nous étions. Il s'est nommé. Mais comme il avait l'air sympa, nous n'avons pas retenu son nom. Il nous a logés dans son palacio. Et ses gens mettaient des gants blancs pour nous offrir des verres.

Il s'ennuyait cet homme. Mais il a été très déçu que nous ne venions pas de Paris. Il est allé se coucher avant quatre heures du matin, ce qui n'était pas dans ses habitudes. Et ce qui nous a obligés de prendre la route avant le lever du soleil, ce qui n'était pas dans les nôtres. Il faisait donc encore nuit. Mais ce n'est pas la nuit qui nous a empêchés de voir le paysage. Nous étions trop préoccupés de nos paysages intérieurs pour regarder autour de nous. Nous avons, en somme, traversé l'Espagne du levant au ponant, sans la voir.

Des cailloux, de la poussière. Du gris, du noir, et des plaques d'une blancheur scintillante plus insoutenable que celle des glaçons. Voilà mon Espagne à moi. Et par-dessus, toujours ce ciel pâle où la lumière devait sûrement se déplacer plus vite qu'ailleurs.

Ce matin, pourtant, quand le soleil s'est levé, pour la première fois, l'Espagne avait des couleurs. Ni éclatantes. Ni chatoyantes. Des marron bure de moine, des violets vieil évêque, des verts anguille, et des bleus horizon qui s'assombrissaient de minute en minute.

J'ai renversé la tête en arrière. Pour la première fois depuis que nous avions quitté Barcelone, il se passait quelque chose dans le ciel. Il s'était mis à vivre de la vie oppressante des nuages. Peu à peu il se refermait sur nos têtes. Nous avions l'impression d'avancer dans une caverne. Des spéléologues à l'air libre. Voilà ce que nous étions.

Soudain, la pluie est tombée. Je ne dis pas qu'elle s'est mise à tomber. Elle est tombée sur nous d'un coup, comme une herse. Nous étions emprisonnés dans une cave aux parois grumeleuses de nuages ruisselants.

Le chemin montant et rectiligne creusait un sillon jaunâtre parmi les chênes-lièges rabougris. Un oued en train d'engendrer un torrent. Tout en haut du chemin, il y avait un homme, les pieds dans l'eau, qui levait les bras vers le ciel. De loin, il avait l'air d'un palmier. De près d'un brin de lavande.

La pluie ni la solitude ne semblaient avoir altéré sa jovialité naturelle.

— Io soy el medico, dit-il, en riant comme d'une plaisanterie.

Il en donnait pour preuve un petit « botiquin » de cuir fauve qu'il nous montrait d'un air à la fois égrillard et mystérieux. Nous n'avions pas besoin d'un médecin même avec sa trousse, mais nous n'avons jamais laissé sur place un homme qui, visiblement, voulait changer d'endroit.

Surtout par temps de pluie.

Il ne nous demanda pas où nous allions. Mais il était évident pour tout le monde que nous allions au même endroit que lui.

La pluie continuait de nous assaillir dans notre baquet à roulettes, mais nous n'y prenions plus garde. Il transportait son soleil avec lui, cet homme, et si ses paroles étaient énigmatiques, elles étaient succulentes :

— Je les ai vus, disait-il, ils sont terribles !

Avec un sourire céramique et carnassier, il ajoutait, brandissant le botiquin :

— J'ai le vaccin antitétanique.

Puis avec un rire qui le secouait des cheveux aux rotules :

— J'ai aussi le plasma.

Jules avait mis sur notre chemin le raccommodeur de torero francès. C'était un bon geste de sa part. Mais comme il est d'un naturel taquin, il disposa plusieurs carrefours sur notre route.

Jamais Paquito n'hésita. C'est sa façon à lui de résoudre les énigmes et de déjouer les pièges. Il ne les voit pas. Les aveugles sont condamnés à la clairvoyance.

Je ne saurais vous dire le jour, ni même avec précision le mois. Fin juin. Début juillet. La dernière tienta remontait à novembre de l'année précédente.

Jules nous en avait mis une de côté. Anormale. Invraisemblable. Inadmissible.

A notre image.

*
* *

L'endroit s'appelait Sajeras de Los Toros. Il n'y avait ni âmes ni maisons. Il n'y avait que des arènes. Elles étaient de torchis et la chaux blanche dont elles étaient peintes fondait sous la pluie comme le fard sous la sueur d'un clown.

— Ou sous ses larmes, dit Paquito intervenant dans mes pensées, d'une caresse sur l'épaule.

Personne n'était arrivé, même pas les taureaux. Nous étions adossés aux arènes. Cirque forain, au centre d'un cirque de collines. Nous ne disions plus rien. Même le medico gardait le silence.

Puis des taches noires apparurent sur les crêtes et commencèrent à rouler comme des cailloux. De chêne-liège en chêne-liège. Attaque d'Indiens sans cris de guerre. Avalanche silencieuse, les cailloux furent bientôt des hommes et se trouvèrent en même temps agglomérés au pied de la citadelle. S'aidant l'un l'autre, ils se hissèrent sur le mur. Couronne noire sur couronne blanche.

Il était dix heures du matin.

L'attente commençait.

— Pourvu que les bêtes aient pu passer le rio, dit l'homme au botiquin...

Presque aussitôt elles parurent, diamants noirs scintillants de pluie, cerclés de perles fanées. Les taureaux au centre, enfermés dans un anneau de chevaux blancs au pelage terni par l'averse.

Le comte galopait en tête :

— Tiens, dit-il en descendant de cheval, vous êtes ici !

Cela ne lui paraissait ni étonnant ni prévu. Cela lui paraissait naturel. Ou plutôt « natural »...

***

« Natural », le plus beau mot de la langue espagnole, le plus beau mot de toutes les langues. En Provence, de quelqu'un qui se contente d'être tel qu'il est, on dit de lui qu'il est « nature ».

Ici la nature ne s'exprime que dans un râle. Toutes les secondes sont un accouchement. C'est le rythme même de la corrida. Attente. Délivrance. Une agonie qui débouche sur une résurrection.

Il y eut des clameurs et des piétinements. Des accolades. Des rires. Toute la confusion joyeuse d'une bataille mise en répétition générale. Les vaqueros avaient en main des bâtons terminés par des boules de cuir avec lesquels ils conduisaient les fauves dans les corrales. A grands coups sur les flancs ou sur le frontal. Cela faisait un roulement de canonnade mouillée. Fond sonore d'où surgissait toute une mousqueterie de bruits. Disparates, mais secs comme des coups de feu.

Puis il y eut un silence tel que la pluie jusqu'ici silencieuse fut ressentie comme un vacarme.

Puis des fleurs rouges jaillirent sur la crête noire des arènes blanches. Tous les maletillas de la Province étaient là, leur muleta blottie sous leurs vêtements trempés, et ils la firent éclore tous en même temps.

Alors la pluie s'arrêta d'un coup.

Et le soleil parut. Et encore une autre Espagne surgit. Mais que nous n'avons pas davantage eu le temps de contempler que toutes les autres.

Nous avions quelque chose de plus important à faire. Nous ne le savions pas. Nous en étions sûrs...

***

Ceux-là aussi dirent :

— Este cabron no tiene miedo.

Mais ils ajoutèrent aussitôt :

— No sabe nada pero es torero. (Il ne sait rien, mais il est torero.)

Tel fut le verdict.

Cette tienta entièrement hors saison avait déplacé des journalistes et des toreros de renom à l'invitation du Comte qui, malgré deux infarctus provoqués par l'abus des demoiselles, continuait d'apprécier les émotions taurines et à cultiver l'amour de la peur.

Rien n'est plus démocrate qu'un Comte ami des taureaux. Il présidait un jury composé par tiers de matadors, de revisteros et de paysans. Seuls les matadors ne votèrent pas pour Paquito. Ce qui prouvait qu'ils lui avaient reconnu des dons qu'il fallait nier avant qu'ils n'aient l'occasion de s'épanouir.

Les autres, en revanche, étaient unanimes :

— Il a « quelque chose » ce petit...

« Quelque chose » qu'ils se sentaient incapables d'analyser, quelque chose d'indéfinissable. Quelque chose que les autres n'avaient pas. Les maestros ne s'y étaient pas trompés. Ce cocu ignorant était de la même race qu'eux.

Il n'appliquait pas les règles qu'il connaissait à peine. Il donnait l'impression de les inventer. Quoi qu'il arrive, débordé, pris de court, il s'obstinait à composer la figure. De plus savants auraient connu les parades et les trucs.

Ils n'auraient pas hésité à courir à la queue chaque fois que la bête aurait mangé leur terrain.

Paquito, lui, n'avait qu'un maigre bagage taurin, ce qui l'obligeait à tirer presque tout de son propre sac à malices. Et à se tirer avec honneur des situations ridicules où sa maladresse l'avait conduit.

C'était confus, mais tenace. Maladroit, mais ingénu. Toi, Paquito, premier des toreros naïfs, qui t'es arrêté à temps d'apprendre puisque tu savais l'essentiel sans l'avoir jamais appris.

Tout cela, les mandarins de la passe de poitrine te l'auraient peut-être pardonné. Ils savent être seigneuriaux quand leurs intérêts ne sont pas en jeu. Mais tu avais commis à leurs yeux le crime impardonnable. Tu avais connu avec les trois taureaux qu'on t'avait opposés des bonheurs inégaux. Mais tous les trois tu les avais dominés en fin de compte. Un torero suicide de plus, ils l'auraient admis volontiers. Ils s'éteignent à la première blessure. Mais un dominateur, il fallait qu'on lui claque la porte au nez avant qu'il ne s'impose.

Tu les avais fait sourire d'abord par la façon échevelée que tu avais (que tu as toujours) de mener tes faenas. Échevelée, mais rigoureuse. Chacune de tes passes était improvisée. Mais elles s'enchaînaient selon un ordre infaillible. Et au fil des secondes, tu réduisais ton taureau, alors que tu donnais l'impression d'être en permanence à sa merci. Toujours exposé, mais te dégageant à la dernière seconde, sans truquage, inventant un dernier recours que les seigneurs du chiffon rouge n'auraient jamais imaginé.

Naturel dans l'impossible.

Un inconnu t'a serré dans ses bras.

— De toi, je m'occupe de toi.

Nous ne savions pas que c'était Montalban, l'apoderadissiono, le grand Ramon, l'ignoble, le merveilleux Ramon. Celui sans lequel aucun génie n'avait droit de se faire connaître.

Mais l'aurais-tu su, tu lui aurais quand même imposé tes conditions.

— Je garde ma cuadrilla.

Tu as désigné Santiago. Tu m'as désignée aussi. Et Montalban a ri.

— Tu gardes, il a dit, tu gardes.

Nous ignorions que désormais je n'aurais plus besoin de faire la putain.

Tu la ferais à ma place.

*
* *

Ce fut un bel hiver. Tu avais le droit de tuer un taureau tous les deux jours. Apre au gain, Montalban, mais sachant investir.

— Tuer... Difficile... Pas tuer... Pas bon... Tuer... Très bon...

Il tenait à parler en français. Notre langue devenait dans sa voix, usée par la manzanilla, le cigare et les imprécations, quelque chose de très exotique. En dot, il t'offrit soixante bêtes de trois ans. Jamais il n'avait fait un tel placement sur personne et la presse commençait à parler de toi sans te connaître.

« Montalban a découvert un nouveau messie... » Mais il refusait de montrer ton image. Il entretenait ton mystère et faisait monter tes prix sans que tu aies jamais exposé ton génie au verdict populaire. Tu étais celui dont on attendait tout sans l'avoir jamais vu. Tu avais signé trente-cinq contrats sur ta légende. Disons plus simplement sur la publicité suavement orchestrée par Montalban.

Nous l'aimions bien, ce forban. Il avait une formule qui ne pouvait que te plaire :

— Tout je fais moi... Seulement tu meurs toi...

Tout il faisait, c'est vrai. Et bien. Il avait décidé que tu ne serais jamais novillero et que ta première corrida serait celle de ton alternative. Tu allais jouer tout ton avenir sur dix passes et un coup d'épée. Un mois avant la course on vendait les places au marché noir.

Et toi, Paquito, dans cet embrasement de passions, d'espoirs et de dénigrement (car il y en avait déjà qui te déniaient tout talent et que tu irritais par ta seule absence), tu demeurais non pas impassible, mais naturel.

Pourtant, à ton premier taureau, le pire s'était produit. Il était insignifiant. Tu ne fus ni bon ni mauvais. Et ton troisième coup d'épée, aussi loyal que les deux autres, fut accueilli par le silence. Le conclave n'avait pas pu te juger, mais il manifestait une déception résignée pire que de la colère :

— C'est toujours pareil, disait-il. On nous annonce un surhomme et nous ne voyons jamais rien venir. A part ses cheveux longs, il n'a rien ce petit !

Les plus indulgents et les plus lucides voulaient bien te reconnaître une certaine sincérité. Don Isidro, le critique du *Ruedo*, qui était assis à ma gauche, parlait même d'une « grande sincérité ». Cela me réchauffa le cœur. Mais il ajouta aussitôt :

— Une loyauté qui ne peut le mener que sur la corne s'il force tant soit peu le talent qu'il n'a pas.

Montalban me prit la main. L'ignoble Ramon, le merveilleux Ramon. En ce moment il ne pensait pas aux millions de pesetas qu'il avait risqués sur ta carrière. Il avait de la peine pour toi. Pour nous.

— Toi va-t'en, toi, dit-il.
— Pourquoi ?
— Lui la bronca ou lui l'hôpital, dit-il.

Il me lâcha la main. Je croisai ton regard et tu me reconnus. D'ordinaire tu ne me vois pas quand tu es à la talanquera. Même quand tu me souris. Tu es ailleurs. Dans un château dont tu as seul les clés.

Ta lucidité me rassura. Ce stupide animal n'avait pas réussi à t'arracher à toi-même. Tu le considérais comme nul et non avenu. Une mesure pour rien. Tes véritables débuts étaient retardés de quarante-cinq minutes.

Quarante-cinq minutes que j'ai vécues dans le tourment, seconde par seconde. Quarante-cinq minutes que toi, tu as purement et simplement supprimées de ta vie. Quand l'ennui ou l'angoisse te menacent, tu t'absentes de toi-même et tu ne reviens à toi qu'au moment où tu as besoin de ton génie...

En trente secondes ton destin s'est accompli. Ceux qui s'apprêtaient à quitter les arènes, tu les as immobilisés d'un seul coup de chiffon rouge. Pendant quinze minutes, ils sont restés assommés. Pas une ovation, pas un cri et la brève cérémonie de ton alternative s'est déroulée dans un silence d'ordination. Des statues figées dans l'attitude où ta première passe les avait prises.

Ton coup d'épée, court et droit, les libéra de leur envoûtement. Le toro roula à tes pieds et fut enseveli sous les clameurs. Cinq minutes ininterrompues de hurlements, d'applaudissements, d'invocations.

— La présidence accorde les deux oreilles !

La piste fut envahie et tu fus emporté sur un océan d'épaules.

***

Je t'ai retrouvé une heure plus tard à ton hôtel. Tu avais l'air d'un jeune roi accordant une audience publique. Montalban t'avait mis la main sur l'épaule. Autant par affection qu'en signe de propriété. Tu l'as regardé et il a retiré sa main.

Tu n'avais répondu jusqu'ici que par des sourires aux questions des journalistes. Et soudain tu as pris la parole. Tu n'as dit que quelques mots, mais qui pesaient leur poids.

— Je profite de votre présence, as-tu dit, pour donner l'ordre à Ramon Montalban, mon homme de confiance, de ne me faire affronter que des toros irréprochables. Ceux d'aujourd'hui manquaient d'armure et de poids. Je compte sur vous pour que mon ordre soit rigoureusement exécuté...

— Il sait s'y prendre, le petit, pour faire monter ses prix, a murmuré Don Isidro avec beaucoup de bienveillance.

Je ne t'ai pas répété son propos. J'ai eu tort.

4

LE BROUILLARD

J'ai fait halte, les pieds dans la mer, assise sur un tronc charrié jusqu'ici par le Rhône et blanchi comme un os par le sel...

La foule d'Arles clamait ton nom et réclamait ta présence :

— Maestro... Maestro...

On voulait que tu poses toi-même les banderilles. C'est un tercio où tu triomphes toujours, quelle que soit ta course. Tu t'es assis sur l'estribo. Tu n'avais même pas entendu les ordres de la foule. Les aurais-tu entendus, tu n'y aurais pas cédé. Et aujourd'hui encore, délibérément, plus insolemment que d'habitude.

Déjà, la fureur remplaçait l'enthousiasme et les insultes jaillissaient. Ils ne comprenaient pas que ton refus était un signe d'extrême rigueur. Tu ne voulais t'accorder aucune facilité, t'offrir un succès pratiquement certain. Pas de concession. Oublions ces gens. Nous les reprendrons tout à l'heure. Quand nous voudrons.

Tu ne te doutais pas que j'étais posée près de toi sur l'estribo : et sur le sable doré des arènes, l'ombre des capotes allait et venait en un flux et un reflux, tantôt lent, tantôt précipité. La bronca s'était apaisée. Ce n'était plus qu'une grosse houle qui grondait sourdement...

*
* *

Sur l'estribo ou sur un tronc mort. Au bord de la mer ou sur les rives du ruedo. Une poussière de sable montait du sol. Une brume surgissait de la mer. Dans la courbe de la talanquera. Dans l'anse du golfe. Où est pour moi la différence ?

De toute façon, en tous temps, en tous lieux, je suis près de toi, épaule contre épaule, hanche contre hanche. Dans la poussière ou la brume, de jeunes fantômes surgissent et dansent le ballet de nos riches heures. La poussière et la brume sont en nous. Tout est flou. Tout se chevauche et se mêle. Pendant deux ans nous avons perdu le contrôle de nous-mêmes.

Tu t'étais engagé à ne travailler que des taureaux dignes de ta passion. Ramon avait surenchéri. Mais il n'en fit qu'à sa tête. Il ne pouvait s'offrir le luxe d'une blessure grave. Et tu l'as laissé faire.

Au début, tu ne t'apercevais de rien. Il te suffisait d'avoir pris ta décision pour croire qu'elle serait exécutée. Quand tu as ouvert les yeux, il était trop tard. Tu étais englué dans la routine et l'indifférence.

La vie d'un matador est aussi ennuyeuse que celle d'un chanteur de charme en tournée. Le vrai problème est d'arriver à temps aux arènes où l'on a payé cher pour te voir, et ton standing dépend du nombre de kilomètres parcourus.

Tu as dormi pendant deux ans. Tu dormais en voiture. Tu dormais auprès de moi dans mon lit sans te soucier de ma présence. Tu dormais même pendant les courses. Ta vie était une somnolence entrecoupée de crises de rage. Alors tu t'enivrais frénétiquement et tu pêchais dans le harem de tes admiratrices la première venue. La plus proche de ta main. Sans la regarder. Sans rien lui dire. Il paraît que tu les battais. Elles emportaient leurs ecchymoses en souvenir et les montraient à leurs petites camarades pour les faire enrager.

Je n'étais pas jalouse. J'étais triste. Non pas que tu m'échappes, mais que tu t'absentes de toi-même. J'avais de fréquents entretiens avec Jules, mon ange gardien. Il ne m'était d'aucun secours. Il demeurait évasif. Il ne te condamnait même pas. Une épreuve s'était présentée sur ton chemin. Il regardait comment tu allais t'en tirer. Il attendait.

Sans impatience.

Moi je commençais à trouver le temps long. Je ne sais pas, comme toi, alléger les heures qui me pèsent. Disons les choses simplement : je m'ennuyais beaucoup avec toi. Ou plutôt, sans toi. Car tu ne faisais dans ma vie que de la figuration.

J'aurais dû te quitter puisque tu semblais avoir renoncé à toi-même.

Je ne l'ai pas fait.

J'attendais ton réveil, sans trop y croire.

O les deux navrantes années !...

*
* *

Le premier hiver nous l'avons passé au Mexique et au Venezuela. Tu persévérais dans l'hébétude. Je visitais les musées et les temples aztèques, pendant que tu poursuivais ton interminable sieste.

J'ai eu vingt ans à Mexico. Je ne te l'ai pas dit. Tu ne t'en es pas aperçu.

La presse chantait ta gloire et tes mérites. Pas seulement à cause des largesses de Montalban. Tu avais démissionné de toi-même et pourtant la grâce ne t'abandonnait pas et tu glissais toujours dans les faenas les plus routinières quelques traits inoubliables et quelques secondes de perfection. Il fallut attendre le printemps suivant pour que tu connaisses ta première blessure. A Bilbao où il est bien élevé pour un torero de verser un peu de son sang. De la cheville au pli de l'aine, un long sillon tracé à coups de corne cisaillants.

Tu déliras deux jours. Dès le troisième tu étais sur pied. Et le dimanche suivant, tu remplissais ton contrat à Palma de Majorque. Cette fois tu fus lacéré du pli de l'aine à la pointe du sein. Ce deuxième toro avait repris l'œuvre de son prédécesseur exactement au point où il l'avait laissée. Cela plut infiniment aux photographes et fit grimper quelques échelons au box-office. Cinq dimanches de suite tu fus lacéré et les coups de corne venaient tous se jeter dans le sillon originel, comme les affluents d'un fleuve.

Mais c'est à Séville que tu fus ouvert pour de bon : la Maestranza méritait un pareil sacrifice. Trois semaines d'hôpital. Mais quand tu en sortis, tu étais el numero uno. Désormais, ta réputation de vaillance étant définitivement établie, tu sortis indemne de toutes les confrontations qui te furent proposées.

L'Amérique du Sud t'attendait à nouveau et les U.S.A. voulaient voir le phénomène. On parlait d'organiser spécialement pour toi, comme jadis pour Manolette, une course au Madison Square Garden. Tu refusas de signer le moindre contrat pas plus à New York qu'ailleurs et à vingt-trois ans tu fis annoncer ta retraite. Montalban se garda bien de te contrarier. Il savait d'expérience que les retraites prématurées sont un placement d'avenir.

Cette canaille était honnête. Tu ne lui avais jamais demandé de comptes. Il t'en fournit spontanément. En cent trente et une courses, tous frais payés, il te restait suffisamment pour faire plusieurs fois le tour du monde en première classe. Tu préféras t'acheter une hacienda dans les marais du Guadalquivir, avec quelques centaines d'hectares autour.

En sortant de chez le notaire, tu avais déjà des dettes et Montalban avait du mal à cacher sa jubilation.

— Tu n'as pas l'intention de monter ton propre élevage ?

— Non.

— Pourquoi ? Parce que tu n'as pas plus d'argent ?... Je te le prête... Sans intérêt... Nous nous arrangerons toujours...

— Non. Parce que les taureaux m'ennuient.

Tout t'ennuyait. Et moi plus que le reste. Tu partais à cheval et tu disparaissais des journées entières. Santiago nous quitta sans te dire adieu.

Jules, mon ange gardien, s'était envolé pour d'autres cieux et je crus bien ne jamais le revoir.

Pourquoi suis-je restée ?

Même aujourd'hui, je ne le sais pas. Par lassitude et non avec l'espoir de te voir un jour reprendre ta marche à l'étoile. J'étais une naufragée perdue dans la brume qui ne luttait pas pour survivre. Je me contentais de surnager, attendant avec certitude que le froid me glace et que je coule à pic.

*
* *

Il s'est passé bien d'autres choses pendant cet horrible hiver. Mais tout se brouille dans ma tête. Je me souviens en revanche très bien que tu enlaidissais chaque jour davantage. Tu avais les joues soufflées par l'alcool. Tantôt rouges. Tantôt blêmes. Un ventre d'alcade sur des jambes d'archange. Tu es doué aussi pour l'ignoble.

Tous les soirs, il y avait partouze à la maison. Et j'y participais. Active et froide. Ingénieuse et indifférente. Ton hacienda était devenue une villa hollywoodienne. Bunũel nous pardonne ! Tes orgies manquaient d'âme et de style. Sans démence ni démesure. Ennuyeuses comme un film pornographique pour cadres supérieurs en séminaire de recyclage...

Je savais qu'en te détruisant tu me détruisais aussi. Et si je ne t'avais pas abandonné dès le moment où tu as commencé à te trahir, c'est que nous étions vraiment unis pour le meilleur et pour le pire. Tu n'es plus rien, je ne suis pas grand-chose. Je continuais à t'aimer puisque tu continuais d'être. Et puisque tu avais décidé de te démolir, je te prêtais main-forte. S'il existait une école de maquerelles, j'aurais obtenu le diplôme avec mention. Infatigable, pleine de trouvailles, attentive et partout présente. Insensible à l'alcool et demeurant fréquentable même sous L.S.D. Et chacun me faisait compliment sur ma bonne mine.

La débauche me réussit au teint.

— Tu me fais horreur, me dit Pierre.

— Toi aussi, dis-je.

Il n'y avait rien d'autre à dire. Jamais notre union n'avait été aussi solide.

Jules, mon ange, vint me voir à l'improviste. Il avait l'air soucieux :

— Il n'en a plus pour longtemps, dis-je.

— Qu'en sais-tu ?

Il avait maintenant des comas qui l'anéantissaient pendant des journées entières. Mais ses réveils demeuraient frénétiques. Et cela pouvait durer des années.

Alors j'ai senti en moi comme une cassure. Elle a fait un bruit sec qui a ébranlé tous mes os. Pierre et moi venions de nous séparer pour toujours. Je partirai demain...

*
* *

Ramon est venu passer la soirée avec nous. Lui, n'avait pas renoncé à toi. Il comptait sur le printemps pour te renouveler les humeurs. Mais tu vivais dans un univers sans saisons. Un univers abstrait. Les couleurs et les parfums ne pénétraient plus en toi. Tu vivais sur une planète où l'on respirait un air raréfié. Et tu n'avais pour paysage que le spectacle de ta déchéance. Turbulente. Monotone. Répétitive. Sans imagination, donc sans surprise.

Que s'était-il passé en toi, au juste, pour que tu deviennes si rapidement aussi falot, aussi pauvret, aussi banal.

J'ai ma petite explication. Elle n'est pas de moi, d'ailleurs. Elle est de Blaise Pascal (il était au programme du bac de mon temps). Tu avais voulu faire l'Ange, et la Bête s'était réveillée.

Oui, c'est ainsi que je vois ton cas douloureux. Tu n'es naturel qu'en haute altitude. Tu n'es toi-même que si tu prends suffisamment tes distances avec les autres et avec toi. Le réel, le quotidien te déconcertent. Il aurait fallu que tu mènes contre la roublardise de Ramon une lutte de tous les instants. Tu étais battu d'avance, mon pauvre Pierre ! Tu n'as ni patience ni obstination. Tu as cédé d'un coup. Tu t'es débarrassé de ton armure d'orgueil. Tu t'es laissé glisser. Jusqu'au fond. Tu ne sais pas faire les choses à moitié.

Il faut que je cesse de penser à toi, car ta fragilité éveille en moi une tendresse que je n'ai jamais eue. Pas de ça entre nous ? Rien de visqueux. Pas de mélasse. Tu n'es plus rien pour moi. Et sans toi je ne suis qu'une jeune pétasse. Je ne vais tout de même pas essayer, pour faire semblant d'exister, de me raccrocher au doucereux écœurement que tu m'inspires. Ce n'est pas le moment de te tendre la main pour t'empêcher de te noyer. Tu ne la verrais pas ou tu refuserais de la prendre. Je ne resterai même pas sur la rive pour te regarder t'engloutir.

Et peut-être même j'arriverai à vivre sans toi. Chiche !...

Tu as reposé ton verre sans y tremper les lèvres. Tu as regardé Ramon avec cette dureté qui, depuis des mois, t'avait quitté :

— Où est Santiago ? as-tu demandé.

— En cabane lui... En cabane, oui !

— Tu le fais sortir.

— Pourquoi ?

— J'ai besoin de lui.

— Besoin toi... Besoin de lui...

— Oui, et vite. Je commence dans trois jours.

— Une semaine, tu me laisses... Une semaine, oui...

— J'ai dit trois jours...

Il te fallut quarante-huit heures pour retrouver ton apparence. Il ne s'était rien passé. Tout était comme avant. Tu n'as paru ni surpris ni satisfait de ma présence. Elle allait de soi.

Celle de Santiago également. Tu ne lui as même pas demandé comment s'était passé son séjour en prison. Et comment Ramon l'en avait fait sortir. Il était là. Rien d'autre ne comptait. Pour toi du moins. Vous vous êtes donné l'abraso. Tu as dit seulement :

— Tu n'as pas très bonne mine.

Tu nous as mis, à chacun, la main sur l'épaule :

— Il fait beau, tu as dit...

Et c'est vraiment comme avant. Il n'y avait jamais eu de cassure. Une grande « partie » avait été prévue pour le soir même. Les premiers arrivés, tu les as mis toi-même à la porte. Avec détachement. Tu ne te souvenais pas les avoir rencontrés. Et qu'ils avaient sauté ta femme. Par la suite, tu as chargé Santiago de la corvée.

— Tu leur diras que je suis entré au couvent !
En réalité, tu en sortais...
Quant à Santiago il a chassé les garçons, mais conservé les filles.

*
* *

A Ramon, tu n'as donné aucune instruction spéciale. Ce n'était pas nécessaire. Il savait qu'il ne pouvait plus truquer sans te perdre. Mais il ne pouvait pas renoncer à ses vieilles habitudes. Alors il s'arrangeait pour que te soient laissés les toros les plus lourds et les mieux armés. Les plus dangereux. Et ne croyez pas que ce soit si simple. Il y a encore des toreros intransigeants ou simplement superstitieux. Ils ne veulent pas qu'on triche avec le hasard. Cela porte malheur. Jamais Montalban ne dut employer tant d'astuce que pour t'obtenir, en fraude, des bêtes dont personne n'aurait voulu. Tes rivaux n'étaient pas au courant des intrigues de Ramon. Il traitait directement avec leurs apoderados et les plus retors exigeaient un dessous-de-table pour renoncer à leur droit au risque. Et cela te plaisait infiniment...

J'avais ressuscité en même temps que toi. Jules m'attendait au réveil. Je l'aurais imaginé plus souriant, plus décontracté. Il avait l'air énigmatique et revêche :

— Tu es content ?

— Je ne sais pas.

— Tu aurais voulu qu'il continue comme avant.

— Non.

— Alors, tu es heureux.

— Il faut voir...

Il m'énervait, Jules. J'ai rompu avec lui, séance tenante. Je me suis même demandé pour la première fois s'il avait réellement existé. En tout cas, je ne le reverrai de ma vie. Huit jours plus tard, je l'appelai au secours. Il était sans rancune. Il fut à mon chevet dans l'instant.

Nous avions triomphé la veille à Barcelone et je n'avais que deux jours pour me remettre de ce triomphe. Mais déjà j'étais épuisée. Un hiver de débauche avait glissé sur moi sans m'entamer. Trois courses m'avaient anéantie.

J'ai vu dans les yeux de Jules une lueur d'ironie :

— D'accord, ce n'est pas moi qui affronte le toro, lui dis-je, je ne me bats que contre des fantômes, mais ils ne me laissent pas un instant de répit...

— Tu regrettes les mois dont tu émerges ? a demandé Jules d'une voix neutre.

— Oui... Cela aurait pu durer des années ? Il ne serait pas mort si vite...

J'avais répondu sans réfléchir. Mais la réflexion n'aurait rien changé à ce que je venais de découvrir : Paquito ne serait en paix avec lui-même que dans la mort. Ce n'est pas un défi qu'il lui lançait. Il la donnait gagnante à l'avance. Il lui laissait le choix de l'heure ; il n'entendait ni la retarder ni l'escamoter. C'est dans ces seules conditions de parfait abandon qu'il se sentait pleinement libre. Il avait fait, comme on dit, le sacrifice de sa vie.

A qui ?

A personne.

A quoi ?

A rien. Même pas à son art. Ce n'est pas un esthète. C'est un moraliste stoïcien. Il distingue les choses qui dépendent de lui et celles qui n'en dépendent pas. Il les distingue précisément pour mieux les confondre et faire comme s'il était le maître de son destin, tout en sachant bien que la mort est toujours la plus forte.

Il y a eu des matadors comme Luis Miguel, naguère, qui donnaient l'impression à force de savoir, de compétence et de domination que rien ne pouvait leur arriver (et même à ceux-là il arrive souvent des bricoles). Il en est d'autres qui ne savent offrir d'eux-mêmes que le spectacle de leur suicide (et qui ne le ratent pas toujours). Entre les deux, tous les types de toreros.

Tous excepté le tien.

Dès la première passe on savait que tu n'en ferais qu'à ta tête. Tu remettais toujours tout en jeu. D'une passe sur l'autre. D'une corrida sur l'autre. Terrible escalade que des amateurs suivirent de plaza en plaza pour ne pas en rater l'inévitable conclusion. Tu étais au cœur de tes faenas comme au centre d'une pièce dont tu aurais fermé toutes les issues. Au dernier moment, tu trouvais une sortie. Ce qui te rendait furieux contre toi-même.

En échapper était pour toi une humiliation. Si tu t'en étais tiré, c'est que tu n'avais pas entièrement respecté les règles implacables que tu t'étais fixées. Nous savions tous, et tu savais mieux que nous, qu'il n'y avait pas de solution à ton problème. Du moins pas de solution absolue. Mais quand on recherche la quadrature du cercle, on peut rencontrer en chemin un nombre infini d'approximations. Ce qui te séparait de cette perfection illusoire que tu avais résolu d'atteindre t'enlevait tout plaisir à survivre.

Cela t'irritait que je voie aussi clairement en toi. Tu faillis me tenir pour responsable de ton échec essentiel. Mais tu avais parfois, au sein de ton perpétuel ressassement, des moments très brefs d'une joie incompréhensible. Alors tu me prenais par le coude et tu me disais :

— Sarah, es-tu là ?

Et nous éclations de rire, comme au temps où nous marchions à l'étoile. Maintenant nous avions ce que nous voulions. C'est-à-dire que nous n'avions plus rien. Il n'y avait aucune médiocrité en toi. L'argent ni la gloire ne pouvaient t'aider à survivre. Devant nous, il n'y avait plus que la mort.

Un torero qui se fait tuer, les techniciens disent que c'est sa faute, qu'il s'est mis dans son tort. Tu t'arrangerais bien pour avoir raison malgré eux, pour que ta mort soit un achèvement et non pas une faute. Plusieurs critiques taurins avaient d'ailleurs écrit que « tu étais encore vivant par erreur ». Cela te faisait rire. Et moi aussi je riais ! Que faire d'autre ? Et je riais avec plus de spontanéité que toi, car mon imagination n'est pas aussi forte que la tienne. Ta mort était une certitude. Mais abstraite. Je m'étais faite à son idée plus qu'à sa présence. Elle me glaçait moins qu'elle n'aurait dû. Elle me laissait de longues périodes de répit.

Elle se matérialisa soudain le dimanche deux juillet. Tu avais pris, comme toujours, ta décision à l'instant même mais tu donnais l'impression de l'avoir longuement méditée.

— A propos, as-tu dit à Ramon, je veux être à Arles le vingt et un septembre.

— Pour la corrida des vendanges ?

— Oui.

— Mais ils ont déjà retenu leur cartel.

La stupeur inspirait pour une fois à Ramon une syntaxe correcte.

— Tu t'arrangeras ! conclut Paquito.

Je sus à l'instant que cette corrida serait ta dernière. Je fis avidement le compte des jours qui te séparaient de ce mano à mano avec toi-même. Quatre-vingt-un. Et mon premier mouvement fut d'allégresse. Je n'avais jamais eu jusqu'à présent autant de temps devant moi. Mais ce sursis me devint rapidement intolérable. Chaque seconde qui passait nous rapprochait inéluctablement du terme que tu avais fixé.

En revanche je ne tremblais plus pour ta vie. Il ne pouvait rien t'arriver avant le vingt et un septembre. Jamais pourtant tu ne te donnas aussi peu de chance de « passer au travers ». On aurait dit que tu voulais expier en dépassant tes limites, tes compromissions passées. Le nombre des photographes allait croissant de course en course. Ils étaient là pour répercuter sur toute la planète les images de la gran cogida. La « une » des plus grands périodiques du monde t'attendait et tous tes nécrophages professionnels meublaient leur attente en publiant mon portrait et les réflexions que m'inspirait ma condition particulière de veuve en sursis.

J'affectais la sérénité confiante. J'essayais de conjurer le mauvais sort par des formules.

— Il ne peut pas être pris, disais-je, car il respecte trop le public. Sa mort serait une imposture.

Pendant que je souriais avec désinvolture aux caméras, je présentais à Dieu la plus humble des prières :

— Faites Seigneur, disais-je, qu'il soit grièvement blessé. Qu'il demeure infirme. Je saurai lui apprendre la modestie.

Mais cette prière, les reporters ne l'entendaient pas. L'un d'eux m'appela « La Médée souriante ». Je devins l'incarnation d'une fatalité à laquelle je me refusais de croire.

Tu tins à dissiper toute équivoque. Don Isidro te suppliait de lui donner une information exclusive.

— Annonce ma mort pour le vingt et un à Arles. Je suis né sans le faire exprès. C'est bien la moindre des choses que je la choisisse pour y faire mes vrais adieux.

Le prix des places décupla dès que ta décision fut connue. Tu avais encore une semaine devant toi. Puis tout de suite après, il ne nous resta plus que vingt-quatre heures.

Des trombes d'eau noyaient la ville d'Arles. J'entendais ses vieux murs fondre et se désagréger et l'espoir m'envahissait. La corrida serait suspendue. Toute la nuit il plut et le bruit des gouttes crépitant en rafales sur les vitres de l'Hôtel du Nord me maintenait dans l'angoisse. Pourvu que la pluie tienne. J'allais m'endormir. Les rideaux soudain bondirent. Je me précipitai à la fenêtre. La minuscule place du Forum séchait à vue d'œil comme une aquarelle. Et ses zones d'ombre grise devenaient aussitôt roses ou jaunes en séchant. Tu as ouvert les yeux. Tu as dit :

— Aujourd'hui...

— Aujourd'hui... Mais pas maintenant.

Nous avons fait l'amour. Cela ne nous était pas arrivé depuis des mois. Nous nous sommes arrêtés en route. L'approche de la mort n'excite que ceux qui ne l'ont jamais pratiquée.

5

LA MORT

Tu as dit :

— C'est maintenant.

Et nos épaules se sont séparées. Mais sur le moment, je n'ai pas quitté l'estribo. C'était la première fois que j'allais suivre une course à hauteur de mufle. On ne voit qu'une débandade de zapatillas et des appels de capote.

Je t'ai aperçu te dirigeant vers ma place au premier rang. Je me suis hâtée de rejoindre mon apparence. Tu ne m'avais jamais brindé de toro. Je voulais savoir ce que tu allais me confier. Tu n'as dit qu'un mot :

— Pardon.

J'ai protesté.

— Non Paquito, non.

— Si...

Tu m'as lancé ta montera.

Ramon a essayé de me l'arracher des mains. J'avais déjà commencé à la déchirer. A la dépecer... Il n'y est pas arrivé.

***

Non Paquito, je ne te pardonnerai jamais. Te pardonner, cela voudrait dire continuer à vivre. Cela voudrait dire que je ne t'ai jamais aimé, qu'il ne nous est rien arrivé, que je n'ai qu'à rebrousser chemin et à prendre un autre départ. Une simple erreur de parcours. Une voie sans issue. Une erreur de jeunesse.

N'y compte pas. On ne m'abandonne pas sur un quai de gare. Je serai de ce dernier voyage. Je t'ai permis toutes les femmes. Je t'ai accordé toutes les solitudes. Ne compte pas sur mon indulgence. Je ne suis pas une bonne fille, Paquito. Je t'ai passé toutes tes fantaisies. Mais ta mort m'appartient autant qu'à toi. Elle est à nous deux et c'est même le seul bien que nous possédions en commun.

Tout ce que je peux faire pour toi, c'est ne pas t'importuner. Comme toujours tu t'es débarrassé de moi au moment d'affronter le fauve. Cette fois, tu es sûr de ne pas me retrouver à la « sortie ». Tu te trompes. Je serai là, Pierrot mon beau. Je serai là. J'aurais pourtant fait une jeune veuve très présentable.

***

Notre mariage ce matin, à la Major, nous a réconciliés avec la ville. Et nous aurons peut-être la une de *Life* (si tu respectes ta parole) et le monde étonné apprendra que tu gagnais de ton vivant plus de dollars en quinze minutes que le président des États-Unis en un mois.

Comment aurais-je pu refuser de t'épouser ? On ne discute pas les dernières volontés d'un mourant. Les bans étaient publiés. Tu avais tout organisé à l'avance. Nous n'avons tout de même pas invité la famille, mais la certitude de ta mort avait éveillé en toi un soudain respect pour les rites bourgeois. Tu tenais à « régulariser » avant de disparaître. De tout mettre en ordre. Pour la première fois tu te voulais respectable. Peut-être aussi, après tout, pensais-tu sincèrement que le deuil est plus supportable aux épouses qu'aux concubines.

« Madame Marie a la douleur de vous faire part du décès de son époux. » Cela n'est choquant pour personne. Tandis que « Sarah vient de perdre l'homme qu'elle aimait ». C'est plus qu'un manque de tact. C'est de l'impudeur. De la provocation. Non seulement cela ne se fait pas, mais cela ne se fait pas savoir.

Ramon m'a même dit que tu avais pris des dispositions pour que les droits de tes mémoires (à ne publier qu'après ta mort, et qui n'étaient pas encore écrits, mais déjà payés à Don Isidro) soient bloqués à mon nom et j'avais déjà reçu plusieurs demandes en mariage à négocier dès que je serais libre. Tu avais fait le nécessaire pour mettre mes vieux jours à l'abri du besoin. Tu me traitais en somme comme si j'avais été ta nièce préférée. Mais je n'étais pas ta nièce et mes vieux jours, j'avais trop longtemps à les attendre.

Je te regardais allumer les cierges de tes obsèques et organiser harmonieusement les retombées de ton trépas. Très honnêtement, Paquito, tu n'étais pas très doué pour la grande mise en scène. Trop minutieux. Trop tatillon. Ta prudence posthume me consternait. Il y avait en toi de la ménagère, de l'expert-comptable et du peseur juré. Si tu avais décidé de mourir plus tôt, je ne sais pas si je serais restée jusqu'au bout avec toi. On aurait dit que tu aurais voulu te faire pardonner les qualités pour lesquelles je t'aimais.

— Il était fou, mais c'était un bon petit !...

C'est sans doute ce que pense de toi ta mère. Je ne suis pas ta mère. Je suis ce que nous avons choisi d'être. Nous avons découvert que nous avions choisi la route impossible. Pas celle des taureaux. Celle de la perfection. Peintre, poète, ou musicien, tu serais arrivé à la même impasse.

Retirons-nous de la scène avant d'avoir pris goût à nos limites...

*
* *

Le conclave te pardonnait difficilement de l'avoir privé du plaisir des banderilles. Je croyais qu'une naturelle suffirait à les mater. Mais ils avaient la rancune tenace. Tu avais fait d'eux des femmes comblées qu'une seconde d'indifférence risque de rendre meurtrières.

Ils cessèrent enfin de gronder de dépit, pour gémir de satisfaction. Cela faisait autant de bruit que la bronca qui t'avait accueilli. C'était la même partition mais jouée sur un ton différent. Il traînait encore dans les voix un restant de rancune : la rancune d'une maîtresse qui avait décidé de se refuser et qui se trouvait emportée par un délire qu'elle ne souhaitait plus.

La perfection suffit-elle à exorciser la mort ? Elle l'exile, la remet à sa place qui est la dernière, en tout cas, et la nie ou, du moins, l'escamote. Plus personne ne se souvenait qu'il avait payé pour te voir mourir et que ton agonie venait de commencer. Il n'était pas né le taureau capable de s'évader de l'arabesque qu'interminablement tu dessinais devant ses sabots. Et l'impression de danger elle-même s'effaçait, chassée par ton poignet désinvolte et faussement nonchalant. Rien n'est plus simple que la perfection.

Pour ce coup, je ne me contentais plus d'être le témoin de ton orgueil. Je l'éprouvais en même temps que toi et je savais combien il était agréable de montrer son invulnérabilité pour donner plus de charme à son sacrifice. Tu as choisi d'éterniser ta faena pour que chacun ressente, tout à l'heure, comme une blessure personnelle, sa brusque, sa définitive interruption. Une dame t'a offert ses seins à deux mains en disant :

— Il me fera mourir.

La parfaite conne.

Tu ne ponctuais pas ton travail de ces haltes où l'on reprend souffle, homme et fauve, et où l'on accepte, ou sollicite, homme et fauve, l'ovation. Vous n'étiez essoufflés ni l'un ni l'autre. Tu enchaînais tes naturelles au ralenti, et dans le mouvement tu glissais des passes de poitrine somptueuses. Aucun ornement. Le baroque n'est pas notre fort bien que nous soyons fous. Il n'y a rien de plus fou qu'un classique. Mais déjà tu avais réduit les chances de ne pas te faire accrocher au minimum, à l'infinitésimal, à l'improbable. Tu ne compliquais pas le jeu, ni ne le faussais. Tu le jouais à l'extrême limite, dans les tons suraigus. Insensiblement, mais inévitablement, tu entrais dans l'impossible, le seul domaine où tu voulais régner.

Alors il se produisit quelque chose d'inouï : l'ovation changea de nature. Elle devint plainte, gémissement, invocation, supplication.

— Non Paquito, non...

Le conclave te graciait. Il te conjurait de ne pas pénétrer dans le royaume interdit, de rester sur la terre des hommes.

— Nous avons besoin de toi, murmura Montalban...

Il ne pensait pas au manque à gagner. Il pensait à toi. Tu lui avais donné le désintéressement au passage.

La ferveur de la foule s'était abattue sur mes épaules, m'avait prise aux entrailles. Et je joignais ma prière à la sienne. Une grand-messe dite en plein air pour te sauver de toi-même. Chacun te mettait sous la protection de son saint préféré. Et moi, c'est à Jules que je parlais à haute et intelligible voix.

— Ange gardien qui nous regardes, disais-je, délivre-le de ce mal qui est en lui, et de ce désastre qui va surgir de l'excès de ses dons. Préserve-le de la damnation où son orgueil va le conduire. Je m'engage à passer le restant de nos jours à lui enseigner la patience. Je m'engage à faire de moi une femme comme les autres femmes, et de lui un homme comme les autres hommes...

Ces litanies, je les psalmodiais en me frappant la poitrine.

Je m'engage à le ramener dans sa famille. Je m'engage à ne plus juger mon prochain et à me faire inscrire à la Faculté des Lettres. Je m'engage à faire des enfants et à leur enseigner par mon exemple la foi, l'espérance et la charité. Ou bien alors, faites que Pierre devienne infirme à tout jamais et que mon amour lui fasse oublier sa souffrance et comble de joie toutes les secondes de sa longue existence douloureuse. Je m'engage...

Soudain Pierre s'est immobilisé et j'ai cru, un instant, que Jules avait transmis mon message à qui de droit. Un très bref instant. Paquito avait amené Galan au centre du rond et, ce qui n'est pas dans sa manière, dévisageait lentement un conclave subitement silencieux. Il voulait simplement s'assurer que tout le monde pouvait bien voir.

Il montra son épée à la foule et se profila.

Dans cinq secondes ce serait fini...

*
* *

Et nous voici au cœur de la contradiction. Tu as décidé, ne pouvant sortir de ta condition, d'arrêter définitivement de t'exprimer. Tu aurais pu choisir un silence moins ostentatoire. Mais comment te contenterais-tu d'être un homme de tous les jours, toi qui fus un Dieu pour les autres et ton propre Dieu. Ma prière n'avait aucun sens. Si la corne t'épargne, ce n'est plus toi en qui je viendrai à tout instant me blottir (car je suis en toi quand tu me pénètres). D'ailleurs pourrais-je encore me réfugier en toi-même si tu survis. L'échec te cuirassera d'indifférence. Tu ne seras plus qu'un prêtre sans la foi. Un automate.

Tu as raison de ne plus vouloir répéter des gestes dont la perfection même rend plus douloureuse l'essentielle vanité. Jamais le toro et toi ne ferez qu'un seul être, sinon par métaphore. La tauromachie c'est comme l'amour : elle vous propose Dieu dans le moment même où elle vous le refuse (Lucrèce a écrit de belles choses là-dessus, que j'ai lues en première). Elle est comme la poésie qui se charge d'impureté à l'instant où elle renonce au silence.

Oui, tu as raison d'en finir. Et pourtant je ne veux pas que tu meures. J'accepte que tu te renies et que tu me haïsses. J'accepte de devenir pour toi une étrangère. Que tu m'oublies. Je souhaite que tu te métamorphoses en quinquagénaire ventru, couperosé, chauve et ne conservant assez de souffle que pour raconter à un public incrédule tes exploits d'ancien combattant du ruedo.

Ton orgueil t'a conduit jusqu'à ce point extrême. Tu n'as plus qu'à pousser la porte. Mais ton orgueil saura retenir ta main. Car tu ne peux mourir qu'au détriment de ta légende. Ni l'inconscience ni la peur ne sauraient te conduire sur la corne. Ta mort ne doit pas être une erreur, mais un achèvement. Tu ne peux pas la réussir. Il faudrait la truquer.

La certitude m'envahit. Tu ne peux pas faire tes adieux sur une estocade ratée...

Tu t'es couché sur la bête. Elle n'est restée debout que le temps de permettre à tous de voir que tu avais tué court et droit et que l'estoque était exactement en place, jusqu'à la garde, mouillant les doigts. Puis la bête s'est allongée sur le sable comme pour une sieste. Ainsi meurent les taureaux soucieux de faire parler d'eux jusqu'à la fin des siècles.

Tu étais exactement au centre du rond. Tu as salué interminablement la foule. Chacun, à part moi, a cru croiser ton regard. Intact. Vivant. Parjure.

Tu as levé une dernière fois l'épée et le chiffon en direction du soleil. Je t'ai vu fermer les yeux et tu es tombé en arrière, les bras en croix.

Il fallut des heures à la foule pour admettre. Moi, j'avais su tout de suite. Et j'avais accepté.

*
* *

L'infirmerie était dépouillée comme une crypte. Il fallait une voûte romane pour un gisant de ta qualité. Santiago sanglote. Ramon geint comme un orphelin dans les bras de Pepe, tout suant de larmes.

Moi je garde les yeux secs et la tête claire. Ce que je ressens ne regarde que nous.

Le chirurgien s'approche de moi. Il est calme mais désemparé :

— Je n'y comprends rien... C'est entièrement inexplicable. Je n'ai rien pu tenter. Il était déjà mort quand on me l'a amené. Je n'ai jamais rencontré de cas pareil dans toute ma carrière.

C'est à lui qu'il pense et pas à toi. D'ailleurs comment pourrait-il te comprendre ? Un homme qui meurt par la seule force de sa volonté, la médecine n'a rien prévu pour lui. Car c'est ainsi que tu es mort, Paquito. En pleine concentration. Tu auras tout inventé. Même ta mort. J'avais eu, en philo, ma période indienne et j'avais fréquenté les écrits de ces hommes qui contrôlent les battements de leur cœur. Qui prolongent leur vie d'un siècle, ou l'arrêtent à l'instant de leur choix. J'avais voulu te faire partager ma passion pour ces anges. Tu ne m'avais pas écoutée. Tu ne m'avais même pas entendue. Car ne parvient jusqu'à toi que ce que tu as décidé d'accueillir.

Si tu m'avais entendue tu serais encore vivant. Car tu n'aurais pas voulu suivre une voie que d'autres avaient tracée avant toi. Jusqu'au bout tu auras inventé ton chemin...

***

Je suis rentrée seule à l'hôtel. La foule recherchait avec avidité sur mon visage le spectacle toujours fascinant de la douleur des autres. Mais je demeurais lointaine et lisse. J'entendais qu'on disait que je n'avais pas de cœur. Certains ajoutaient même que j'étais beaucoup moins jolie que sur mes photos, justes sanctions pour mon indifférence.

Comment dissiper le malentendu ? Un communiqué à la presse. « La veuve Paquito tient à faire savoir que le décès subit de son mari lui a causé beaucoup plus de chagrin qu'elle n'en laisse paraître. L'illustre torero trop tôt disparu et elle formaient un couple assez insolite mais remarquablement uni. La veuve Paquito ne voudrait pas que son absence aux obsèques de son pauvre mari soit interprétée comme un signe d'indifférence ou de chagrin excessif. La veuve Paquito se porte, vu les circonstances, aussi bien que possible. Mais elle a pris un rendez-vous qu'elle ne peut remettre sous aucun prétexte, avec une personne qui désormais va prendre soin d'elle. Le présent avis tient lieu de faire-part. »

Je voudrais avoir ta force d'âme et autant de pouvoir sur moi-même ! Je n'aurais pas bougé de ma place aux Arènes. Jamais plus. On m'aurait découverte le lendemain, depuis longtemps raide et les yeux ouverts sur ton absence, et ta montera sur mes genoux, broyée entre mes doigts. On nous aurait enterrés le même jour.

Il me faudra plus longtemps qu'à toi pour éteindre cette flamme de vie qui est en moi, et que ta mort n'a même pas fait vaciller. Tu as su te briser. Il faudra que je m'épuise et mon ardeur sera précieuse pour détruire toute la force qui me reste...

*
* *

J'ai dit :

— Pepe, ne tremble plus.

Et il n'a plus tremblé. Ta mort l'avait désaccordé. Ses mains de dentellière, ses mains de pickpocket ne lui obéissaient plus. Elles n'obéissaient plus à personne. Elles étaient devenues folles. Je les ai prises dans les miennes. Elles étaient minuscules comme des moineaux et elles se sont apaisées.

— Qu'est-ce que nous allons devenir ? a-t-il soupiré.

Paquito avait toujours une fortune dans sa poche qu'il distribuait sur son passage. Ni par ostentation ni par charité. Pour se simplifier la vie et pour éviter de se laisser envahir par son prochain. Il ne correspondait avec autrui que par des sourires et des billets de mille pesetas. Il lui en restait une cinquantaine dans les poches. Je les ai tendus à Pepe.

— Je ne veux pas.

Ce n'était pas une façon de se faire prier. C'était un refus et je venais de lui faire affront. J'ai dit :

— Je veux moi...

Ce n'était pas suffisant. J'ai dû ajouter :

— Il veut lui...

Pepe a pris l'argent, mais il m'a regardée avec haine.

— Et que faisons-nous de ses costumes de lumière ?

— Tu les brûles.

Il plissa les yeux. Je venais de reconquérir son affection.

— Je brûle les costumes, je brûle tout, et les capotes, et les muletas et la statue de la Vierge.

Je pris son épée que Pepe n'avait pas encore songé à essuyer.

— Tu gardes l'épée. Il faut qu'elle ne serve plus à personne.

Il a dit :

— Je garde l'épée et je garde le sang.

Après, il n'a dit plus rien...

*
* *

Le crépuscule affadissait la Camargue. Tu ne supportais pas le crépuscule. Tu le passais la tête sur mon épaule, caché derrière ma chevelure pour ne pas le voir, respirant mon parfum. Pour ne pas te laisser amollir par la douceur insoutenable de l'atmosphère.

Quand la première étoile paraissait, je disais :

— Maintenant tu peux sortir.

La première étoile parut et je feignis de ne pas la voir. Ma vertu fut récompensée. Elle disparut. Nous arrivions aux Saintes. J'ai dit à Pepe :

— Tu me laisseras sur la place.

Je savais qu'il ne m'obéirait pas. Il m'a conduite jusqu'à une auberge cavalière entre les étangs et la mer. La nouvelle de la mort de Paquito n'était pas encore arrivée jusqu'ici. J'avais quelques minutes d'avance. Pepe a choisi ma chambre et il a payé huit jours d'avance. Il a dit :

— Permets que je reste.

— Non. Ils ont besoin de toi là-bas...

Le patron a ouvert les fenêtres pour que nous puissions admirer le paysage sous la lune.

— Ici, me dit-il, vous ne pourrez pas être plus tranquille.

Pepe se dandinait sur ses jambes courtes. Il baissa la tête :

— Si tu veux, Sarah, dit-il, je meurs aussi...

Je l'ai embrassé.

J'ai dû me pencher pour que mes lèvres atteignent ses joues. Il était si petit cet immense bonhomme.

Je me suis allongée sur le lit pour attendre.

Presque aussitôt j'ai entendu le bruit du moteur qui démarrait. Il a mis longtemps à se diluer dans le silence. Très longtemps.

Je m'étais endormie avant qu'il ne disparaisse complètement.

6

LA TERRE

Maintenant je ne sais plus si je veille ou si je dors. J'ai posé la nuque sur le tronc d'arbre. Depuis des heures je délire. Je me laisse dériver. Parfois je m'envole. Ce ne sera plus long maintenant. Je ne sais plus exactement pourquoi j'ai voulu mourir. Je continue à penser que j'ai eu raison, mais je n'ai plus assez de lucidité pour chercher à comprendre. L'incertitude de mes motifs et la fièvre me causent une grande agitation intérieure. Je ne suis que désordre et confusion.

On affirme qu'il est d'usage de revoir sa vie en quelques instants, juste avant de mourir. Je ne vois rien de tel. Ou plutôt, je ne peux rien fixer. Les images disparaissent aussitôt qu'apparues. Elles se superposent. Mon agonie est une longue migraine à la fois brumeuse et colorée.

Une seule certitude, je n'ai plus de corps. J'ai essayé de soulever mes mains pour le palper, je n'ai rencontré que le vide. Le vent qui s'est levé me passe au travers et tourbillonne en moi, effilochant ce brouillard mouvant et lumineux qui est censé représenter le film de ma vie. Je me dilue, je me désintègre. Et soudain ce tourbillon s'immobilise. Tout reprend sa place. Je me sens calme, lucide, bien dans mon âme, bien dans ma peau. Et cela me cause une grande joie.

— La rémission, le mieux-être avant la fin...

Je n'ai pas envie qu'il se prolonge, mais je l'accueille avec reconnaissance. Il m'aurait déplu de mourir dans l'incohérence. Je me sens à nouveau en règle. Ma conduite a la simplicité élégante d'une formule mathématique. Les inconnues ont été éliminées l'une après l'autre et le résultat est égal à zéro. C'est très satisfaisant pour l'esprit. Ce zéro qui nous exprime totalement, je le contemple. Il me fascine. Il me rassure. Il m'absout.

Et pourtant il m'irrite. Je me surprends à vérifier mes calculs. Je suis sûre que je n'ai commis aucune erreur. Mais il ne m'apporte pas la sérénité que j'en attendais. Je reprends mon raisonnement à la base : avant nous, tu n'existais pas et moi non plus. Nous n'avons jamais existé qu'en fonction l'un de l'autre. Tu disparais, donc je disparais aussi. Irréfutable.

Irréfutable, mais abstrait. Et qui ne parvient pas à me convaincre entièrement. Je m'aperçois que mon désir de te suivre dans la mort est moins profond que « de ton vivant ». Ce n'était après tout qu'une façon un peu exaltée de « Nous resterons toujours ensemble ». Et quand tu n'as plus été près de moi, la seule façon possible de rester avec toi, c'était d'aller te rejoindre. Cela me paraît moins évident. Cela ne me paraît même pas évident du tout. Irai-je jusqu'à dire que cela me paraît passablement idiot ?

Oui, j'irai jusque-là. Et même plus loin. C'était vertigineux de stupidité. Mais sur le coup je ne m'en suis pas aperçue. Puisque tu avais décidé de disparaître, c'est que j'avais depuis longtemps cessé d'exister pour toi... Soyons plus simple. Tu ne m'aimais plus. Allons jusqu'au bout : tu ne m'avais jamais aimée. Je n'avais pas dérangé ta passion. Je l'avais aidée sans doute à s'affermir. Mais je n'ai jamais été que ton témoin. Ton public pour les jours sans corrida. Et plus tu avançais sur ton chemin, plus je restais à la traîne. Cela faisait longtemps que tu étais seul. Depuis notre départ de Barcelone.

Et moi je ne te voyais pas t'éloigner de moi. Ton hiver d'alcool et de filles, je n'avais pas compris qu'il était destiné à décourager ce brave petit scout que je n'avais jamais cessé d'être. Je savais ce que tu pensais au moment où tu le pensais. Cela me bouchait l'horizon, m'enlevait le sens de la perspective. Je te vivais à la minute et je ne voyais pas que depuis longtemps tu étais un étranger pour moi.

Puis m'illumine une certitude pas entièrement désagréable celle-là :

C'est en me fuyant que tu t'es trouvé, en prenant tes distances. Je n'aurai pas été entièrement inutile. Chétive consolation. Ta mort fut la seule façon qui te restait de te débarrasser de quelqu'un qui ne voulait pas comprendre qu'il avait fait son temps.

Tout est clair maintenant. Tu ne voulais plus que je te suive. Je comprenais ta passion et toi tu la vivais. Ce n'est pas tout à fait la même chose. C'est même exactement le contraire. Je n'étais que ton ombre. Une ombre qui s'allongeait au fur et à mesure que tu avançais vers ta conclusion.

Ton dernier acte fut de te débarrasser de cette ombre. Et moi je vais mourir à cause d'un monsieur qui voulait être « enfin seul ». Avec lui-même et son destin. La mort l'a fait pleinement apparaître. Et moi je vais, tout bêtement, m'anéantir.

J'enragerais si j'en avais la force.

— Quelle est votre dernière impression, madame, au moment de quitter cette terre ?

— Je suis vexée d'avoir été aussi conne. Et si vous me permettez de profiter des quelques instants de conscience qui me restent, je voudrais donner un conseil à la jeunesse. Un seul. N'interrompez pas prématurément vos études, ou bien n'en faites pas. Non, n'en faites pas. Vous apprendrez à vivre au fur et à mesure. Tandis que moi, je savais tout avant d'avoir rien compris. Et maintenant que mon expérience a rejoint mon savoir, je suis déjà presque tout à fait morte...

Heureusement, la rémission prit fin comme elle avait commencé, sans crier gare. J'entrai avec soulagement dans le coma. Le vent redoubla de violence et acheva d'éparpiller les lambeaux de pensées qui traînaient dans ma tête.

— C'est le mistral, j'ai dit. Il m'a même semblé que j'avais hurlé.

Telles furent mes dernières paroles et le mistral les emporta.

*
* *

L'au-delà c'est un douloureux délire. Depuis ma typhoïde, je n'avais rien éprouvé de pareil. Au début je suppose qu'on doit être un objet. Mais on ne s'en aperçoit qu'au moment où on a cessé d'en être un. Un objet stupide mais qui a mal. Il brûle sur le côté droit. Il gèle sur le côté gauche. Il ne voit plus rien, mais il a l'oreille particulièrement sensible. Les sons et les voix lui parviennent renforcés comme par un haut-parleur. Les mots le frappent comme des cailloux charriés par le vent.

— Elle est morte cette petite ?

— Il me semble que son cœur bat.

— Alors si son cœur bat elle n'est pas morte.

— Je n'ai pas dit que son cœur battait. J'ai dit qu'il me semblait l'entendre...

— Tu crois que c'est le moment de discuter... Souffle sur le feu et laisse-moi faire.

« Cœur » c'est qui ?

« Morte » c'est quoi ?

Leur controverse me fatigue. Je sens des mains calleuses sur ma peau. Je trouve cela un peu sans-gêne...

Je suis morte vexée et je renais sans enthousiasme. C'est normal. Quand on a raté sa sortie, on ne souhaite pas revenir saluer en scène. On se sent ridicule quand on n'a pas réussi son suicide. Et le mien avait été un double échec. Au départ. A l'arrivée. Et même pas le désir de recommencer. Je me sentais dépitée comme si j'avais passé huit jours aux sports d'hiver sans soleil et sans neige, dans une station de luxe.

Je n'oserai jamais plus me montrer en public. Je retarde mon retour. Je prolonge mon anonymat. Il va falloir donner des explications. Pour l'instant je suis aussi irresponsable qu'une souche. D'ailleurs on semble m'avoir oubliée. Je sais qu'il y a deux hommes qui se sont occupés de moi. Je sais même leurs noms.

Pierre et Paul ils s'appellent. Comme dans les Évangiles. Mais ils ne font pas partie de la famille.

— Tu crois qu'elle est fichue, dit Pierre.

— Il y aura beaucoup de travail, dit Paul.

— Elle a quand même tenu le choc, dit Pierre.

— C'est une bonne barque, dit Paul.

— Oh oui, conclut Pierre, une putain de bonne barque.

Nouvelle blessure d'amour-propre. Ce n'est pas de moi qu'ils parlent. Mais d'une barcasse qui leur appartient et dont ils sont fiers parce qu'elle a tenu la mer par gros temps.

Ils n'avaient pas un accent fait pour les drames de la mer et qui donnait un air de fête à leur naufrage. Les paroles ne s'harmonisaient pas avec la musique.

— J'ai bien cru, dit Pierre, qu'on y resterait.

— Et tu vois, dit Paul, on y est pas resté !

— Du pot, on a eu !

— Un putain de pot, tu peux le dire.

Un rire sonore leur échappe qui s'interrompt presque aussitôt. Cela doit faire pas mal de temps qu'ils n'ont pas ri. La présence de mon cadavre les gêne.

Ils restèrent un long moment silencieux. Je faillis ouvrir les yeux. Mais je préférai les imaginer. J'aurais toujours le temps de vérifier si leur apparence était conforme à mes suppositions. Ils étaient bruns de peau et de poil tous les deux. Mais Pierre devait grisonner sur les tempes et Paul commençait à perdre ses cheveux. Pierre était grand, maigre, interminable. Paul, tout petit, tout rond. Ils marchaient les pieds nus.

J'ai même ajouté : « Paul retient son pantalon autour de la taille avec une ficelle. »

Et si j'ai finalement soulevé les paupières, c'est surtout pour vérifier ce détail saugrenu. Ils étaient exactement comme je les avais imaginés. Ficelle comprise. Par chance ils avaient le dos tourné. Je me suis hâtée de refermer les yeux et j'ai continué à « faire la morte ».

Je ne pourrai faire la morte toute ma vie, mais j'en profiterai aussi longtemps que possible. J'étais là comme si je n'avais pas existé. J'assistais de mon vivant à mes propres obsèques. J'avais hâte qu'ils parlent de moi et qu'ils me racontent leur version de mon histoire.

Ils ne paraissaient pas pressés de tirer au clair l'énigme de ma présence. Ils m'avaient enveloppée de couvertures. Ils avaient allumé un feu. Ils avaient glissé de leur alcool entre mes dents serrées. Ils avaient fait ce qui était utile. C'étaient de bien braves personnes. Je les aurais aimés quand même un peu plus curieux.

Une jeune femme nue et apparemment morte, allongée au bord de la mer, cela vaut quand même qu'on se pose des questions à son sujet. Peut-être, d'ailleurs, se les étaient-ils posées du temps où j'étais morte pour de bon.

Cela ne semblait pas, de toute façon, les préoccuper outre mesure.

Soudain, je sentis qu'on écartait les couvertures. J'eus à nouveau les mains calleuses sur mes flancs. Je parvins à ne pas sursauter. Une joue mal rasée se frotta sur ma poitrine et s'immobilisa.

— Son cœur bat de plus en plus fort, dit Pierre.

— Elle ne va pas tarder à émerger, dit Paul.

— Elle revient de loin, conclut Pierre.

J'aurais aimé qu'ils parlent davantage de moi. Mais ils n'en dirent pas plus. Pourtant ce n'étaient pas des brutes. Ils avaient des voix chaleureuses. Sans doute avaient-ils des problèmes plus importants et plus urgents à résoudre...

— Ne pas se faire de mauvais sang, dit Pierre.

— Elle va bien finir par nous trouver, décréta Paul.

Ce n'était pas de moi qu'il s'agissait.

*
* *

J'avais perdu la vedette. J'en éprouvais plus qu'une blessure d'amour-propre. Mourir n'est rien. Mais n'être plus rien, c'est quelque chose : je savais que j'avais perdu. Mais les forces me revenaient. Je les utilisais à nier ma faillite. Ce fut mon dernier combat de chèvre têtue. Contre le loup même une chèvre peut gagner. Mais contre l'évidence !

Ma défaite était éclatante. J'avais voulu vivre ma mort jusqu'au bout. Il ne me restait plus, avant de rentrer dans le rang, qu'à m'offrir le spectacle de mes obsèques. L'Église des Saintes est propice à se genre de distraction, réservée aux âmes fières et bornées.

Je me sentis frissonner et je me réjouis du soudain accès de fièvre qui facilitait ma divagation. Les cierges, les cantiques, l'encens, la sueur, les psalmodies, les clameurs.

— Vive sainte Sarah... Vive sainte Sarah...

Non je ne prenais pas cette liturgie frénétique à mon compte. On rend à sainte Sarah le culte le plus pur : celui qui vient de droit à ceux qui n'ont jamais existé et qui ne sont faits que de la ferveur qu'ils inspirent.

La châsse remontait vers la chapelle haute et je m'envolais avec elle...

Pierre me prit le pouls.

— Elle ne va pas bien, cette petite, dit-il.

— Elle a passé le plus dur, dit Paul.

— Elle a le cœur qui devient fou, dit Pierre.

Sa main me broyait le poignet.

— Accroche-toi, petite, murmura-t-il.

— Et Marie qui n'arrive toujours pas, soupira Paul.

Soudain mon exaltation tomba. Mon Ascension était terminée. La mort ce n'est pas un tour d'honneur sur les épaules. Ce n'est pas une montée vers la lumière.

C'est une dégringolade dans un trou noir.

Qu'on se le dise.

— Elle a l'air plus calme, dit Pierre.

— Tant mieux, dit Paul.

Sans transition il ajouta :

— J'ai faim.

— Moi aussi, dit Pierre... Mais j'ai juste des tellines à t'offrir.

— Ça ne tient pas au corps.

— Non mais ça occupe et ça fait bonne bouche.

Alors d'un coup je me suis assise sur mon séant et j'ai dit :

— En grec, cela veut dire mamelles...

Ils auraient dû être étonnés. Ils se contentèrent de sourire.

— C'est des toutes petites mamelles, dit Pierre.

— Vous en prendrez bien quelques-unes, dit Paul... Non, ne bougez pas, je vais vous les ouvrir...

Mais Paul, déjà, protestait.

— Tu crois que dans son état, c'est bien indiqué.

— De toute façon nous n'avons rien d'autre, dit Paul. Des tellines et du vin...

— Et Marie qui n'arrive toujours pas, grogna Pierre.

— Je m'appelle Marie, moi aussi, dis-je.

— C'est un prénom courant, dit Pierre.

— C'est un très joli prénom, dit Paul.

Il y eut un silence :

— Il faut que je vous explique, dis-je.

— Non, dit Pierre.

Mais il profita de ce que j'avais la bouche ouverte pour m'y glisser une telline. Et chaque fois que je voulais parler, il m'en tendait une autre. Et je les gobais de bon appétit. Je fus pourtant très vite rassasiée.

— La pauvre, dit Pierre, elle a l'estomac serré...

Mais aucun des deux ne me posa la moindre des questions. Du moins pas les questions que j'attendais. Je ne fus pas mortifiée qu'on s'intéressât si peu à moi. J'y vis de la discrétion et non du manque d'intérêt.

Mes yeux se fermaient déjà :

— Tiens, voilà Marie, dit Paul.

— Tu nous as enfin trouvés, dit Pierre.

— Du moment que vous n'étiez pas noyés, dit Marie, c'est forcé que je vous trouve un jour ou l'autre.

Elle avait la voix grave, mais parlait avec douceur.

— Et tu as porté la biasse ?

— Oui, dit-elle, la biasse et les filets. Parce que j'ai jamais voulu croire, comme les autres, que vous étiez vraiment noyés.

Je fis un dernier effort pour rester éveillée. Je distinguais vaguement une forme noire qui se penchait vers moi.

— Qui est-ce ? demanda-t-elle.

— C'est une ressuscitée, dit Pierre.

Je sentis une main sèche et lisse sur mon front. Je plongeai dans le sommeil comme une pierre.

*
* *

Paisible traversée. Sommeil d'enfant. Douceur. Chaleur. Certitude. Sommeil de soie, de duvet. Sommeil lisse et limpide.

Depuis quelques minutes déjà j'étais réveillée et je ne m'en étais pas aperçue. Je parlais avec Marie comme si elle avait été ma mère. Je la tutoyais avec naturel. Je lui disais...

— Je t'aime !

— Moi aussi je t'aime.

— Ils ne sont pas encore rentrés de la pêche ?

— Pas avant la nuit tombée.

Je m'étais éveillée au sein de ma famille après une longue maladie. Le soleil déclinait rapidement et soudain, cela me parut moins simple. J'éclatai en sanglots. J'avais cinq ans !

— Que je suis malheureuse, dis-je...

Marie me caressait les cheveux en disant « Là... là... » comme à une petite fille qui a un gros chagrin. Enfin, je me sentis grotesque et je sortis brusquement de cette « Maternité au bord de la mer » où j'avais trop longtemps gardé la pose.

— C'est vrai que tu t'appelles Marie ? demanda Marie.

— Je ne sais plus, dis-je...

Amnésie bien compréhensible chez une jeune personne qui a eu de grands malheurs. Je tins, par dignité, à dissiper le malentendu :

— Tantôt, dis-je, je m'appelle Marie... Tantôt Sarah...

— Il faut choisir, dit Marie la Grande, avec gravité.

— Ce n'est pas la peine, dis-je. Sarah est morte.

Et voilà que je m'attendris une dernière fois sur cette pauvre Sarah qui nous a quittés dans la fleur de l'âge. Marie la Grande me sourit.

Elle ne devrait pas. Elle ne peut pas savoir combien furent pénibles et nombreux les tourments subis par Marie la Petite. Oui, madame, ma vie est une vraie tragédie. Trop longue à raconter. Allons tout de suite à l'essentiel.

— L'homme que j'aimais vient de mourir...

Marie la Grande a recommencé de me caresser les cheveux. La phrase a attristé son regard. Mais elle n'a pas amené en moi le déferlement de détresse que j'en attendais. Il était mort parce qu'il en avait ainsi décidé. C'était son problème et pas le mien. Et si j'avais la gorge nouée en prononçant cette phrase, c'était précisément à cause de l'indifférence que je ressentais maintenant à l'évocation de sa mort. Je n'avais pas dit : « L'homme que j'aime est mort ! » Donc je ne l'aimais plus. Donc je ne l'avais jamais aimé. Ce genre de découverte est plutôt déprimant. Cela ne fait pas très mal. Cela vous vide. Je ne trouve pas d'autre terme : vidée je suis, moi. Comme les coquilles de tellines dont nous avons jonché le sable.

Marie la Grande m'attira vers elle et se remit à me caresser les cheveux :

— J'avais un frère... J'avais un fils, dit-elle... Et je suis toujours vivante !

Le soleil sombra.

Les hommes revenaient de la pêche. Ils riaient très fort.

*
* *

C'est un sentiment auquel rien ne m'avait préparée et que j'aurais pu ne jamais connaître : la honte. J'ai inventé ma souffrance, je l'ai cultivée. Je regarde ces êtres autour de moi. Ils vivent. Ils ont dévoré le poisson de leur pêche et bu le vin de leur bonbonne. Paul a ri plusieurs fois. Et Pierre aussi, au moins une. Ils faisaient les gestes de leur vie de tous les jours. Leurs paroles sonnaient juste. Mais de temps en temps ils s'arrêtaient au milieu d'une phrase, au milieu d'un mot. Et quand ils reprenaient la parole, ils avaient changé de sujet.

J'allai du regard de l'un au regard de l'autre. Ces yeux-là venaient de voir des choses horribles. Ils conservaient des lueurs de folie, d'épouvante. Un incendie mal éteint.

— Et si nous dormions, dit soudain Pierre.

J'ai crié :

— Non !

Les quatre regards se sont posés sur moi.

— Non... Je veux savoir...

— Cela n'intéresse que nous, dit Pierre.

— Nous préférons ne pas en parler, dit Paul.

Marie la Grande se taisait. Cela fait quarante ans qu'elle se tait. Qu'elle obéit sans songer à se plaindre. Elle se révolte aujourd'hui.

— Il faut qu'elle sache, dit-elle... Il faut qu'ils sachent tous !...

Il y a un silence. Paul a baissé la tête. Il ne donnera pas son avis. Pierre a regardé Marie. C'est lui qui commande ; mais c'est elle qui décide. Comme elle dira, ce sera bien.

— Parle Marie.

Paul approuve. Pierre relève la tête. Marie parle...

*
* *

Les êtres ne sont jamais aussi mystérieux qu'à partir du moment où ils n'ont plus rien à cacher. Maintenant je connais leur histoire, leur secret. Ils m'ont fait présent de leur détresse, et de ce qui fut leur joie. Ils se sont mis nus devant moi qu'ils ont trouvée nue. Je me sens exclue. Ils sont de chair et d'âme. Je ne suis faite que de rêve et de mots. Marie aussi s'est servie des mots. Mais derrière chaque mot il y avait une souffrance ou une joie. Mes mots à moi, je m'étais mise à l'abri derrière eux. Parfois, à la rigueur, ils reflétaient une idée confuse à laquelle je croyais tenir. Au lieu de vivre, j'ai fait des phrases.

— Nous étions heureux, avait dit Marie.

Et pour la première fois, le mot bonheur avait un sens.

— Nous vivions sur notre terre, près de nos morts...

Et pour la première fois, la mort n'était plus un simple sujet de dissertation.

— Nous ne demandions qu'à vivre et à mourir près de nos morts...

Elle s'était levée. Les flammes du feu de camp projetaient sur l'écran du ciel son ombre gigantesque et mouvante. Elle parlait, sans élever le ton, d'une voix rauque.

— C'est la fatalité, dit-elle...

Enfin, je faisais connaissance avec la fatalité en chair et en os. C'était une femme maigre et qui parle à voix basse.

— Ils ont tué mon frère... Ils ont tué son fils... Ils l'ont torturé jusqu'à ce qu'il meure... Nous l'avons jeté dans la mer...

— Tais-toi, Marie.

— Il faut qu'elle sache... Ils nous ont tout pris. Nos vivants, et nos morts et nos raisons de vivre. Mais ils ne nous ont pas tués. Ils nous ont dit : « Vous n'êtes plus rien, mais il est agréable à notre égard d'avoir le spectacle de votre déchéance. » Alors Pierre a mis dans la barque l'eau, le vin et les filets de pêche. Et le cadavre de son fils. Nous l'avons gardé deux jours. Puis il y a eu dix jours de tempête. Et nous nous sommes battus contre elle, comme si nous avions encore envie d'exister. Et la tempête s'est calmée. Et maintenant nous sommes ici. Et ton cadavre nu nous attendait sur la plage.

Elle se tut.

— Et maintenant, dit Pierre, il faut se reposer. Demain nous avons beaucoup de choses à faire...

*
* *

Ils dorment...

Et moi je me sens de trop. Non seulement parmi eux, mais n'importe où. Je le sais à l'avance. Non, je n'ai plus envie de me laisser mourir, mais je suis devenue importune aux autres, aussi bien qu'à moi-même. Pas étrangère. Importune. Je ne rime plus à rien. Nos destinées et nos volontés jouent toujours à contretemps. Je me suis trompée de destin. La volonté me reste, mais je ne sais plus qu'en faire. Elle ne m'aura servi qu'à me démolir, à me rendre inutilisable.

C'est un jeu auquel je jouais quand j'étais toute petite. Le matin je me disais :

— A quoi vais-je croire aujourd'hui ?

J'étais arrivée à une grande maîtrise dans cette discipline. Je pouvais croire qu'il faisait chaud quand il faisait froid, que le ciel était vert quand j'en avais envie, qu'il n'y avait rien de plus doux qu'une orange amère, que la douleur n'existait pas. Je ne me contentais pas de régner sur les sensations et sur les choses, je commandais à mes sentiments. Je pouvais arriver à aimer ou haïr à volonté. Je pouvais croire en Dieu ou ne pas y croire, selon mon humeur. Être heureuse ou malheureuse, par simple décision.

J'avais un carnet où j'écrivais le soir mon emploi du temps du lendemain. Cela donnait quelque chose de ce genre :

— 8 heures : me fâcher avec maman, la faire pleurer si possible.

— 9 heures : être désagréable avec tout le monde et en éprouver beaucoup de plaisir.

— De midi à 2 heures : être exquise.

— 4 heures : ne pas avoir faim pour le goûter.

— 9 heures : ne pas oublier d'élever mon âme vers Dieu avant de m'endormir.

Quinze ans plus tard, je n'avais pas changé. Je continuais de créer le monde à mon image. Ce qui ne voulait pas se plier à mon caprice cessait automatiquement d'être. J'ai continué d'exercer le pouvoir absolu de l'enfance bien après l'âge de raison. Rien ne m'a jamais résisté puisque j'ai nié l'existence de ce qui me tenait tête. Je croyais me frayer un chemin héroïque et difficile alors que j'en supprimais au fur et à mesure les obstacles et les dangers. Je croyais grimper, me surpasser, alors que je me laissais glisser le long de ma ligne de plus grande pente.

J'étais au fond. Comme un animal tombé dans un piège. Je voyais au-dessus de moi le ciel. Je savais maintenant en quoi consistait la liberté, mais elle se tenait hors de mon atteinte. Et maintenant que vais-je faire de tout ce temps ?...

Il était opportun que Jules intervienne. Je ne l'ai pas vu, mais j'ai senti sa poigne sur mon cou. Il m'a hissée à bout de bras et il me secouait en disant :

— C'est fini, non ?

Il avait la voix bourrue de quelqu'un qui a beaucoup à se faire pardonner.

— Entre nous, oui...

Il a baissé la tête. Il avait l'air de vouloir s'incruster. Je n'ai plus fait attention à lui...

J'avais trente ans de moins.

Paquito n'existait pas encore.

J'avais l'esprit dévergondé par les dialectiques approximatives, mais je pouvais compter sur l'infaillibilité de notre amour. Tout ce que nous disions, pensions ou faisions, n'avait aucune importance puisque nous n'étions gouvernés que par les élans de notre cœur.

— Pierre...

— Marie...

Tout le reste est littérature. Ce serait si simple de recommencer, puisqu'il ne s'est rien passé d'autre. De nous reprendre là où nous nous étions laissés. De continuer comme avant. Maintenant que Paquito a cessé de les encombrer, comme ils vont pouvoir être heureux, Pierre et Marie !

Enfin le vrai chagrin. Tout en moi n'était que pose. Nous nous sommes laissé assassiner par nos statues. Je viens de briser la mienne et je me retrouve intacte, disponible, faite pour toi.

Pour toi qui ne me prendras jamais plus la taille.

J'ai dit :

— Dieu n'est pas juste...

Jules n'a rien trouvé à répondre. Il s'est enfin décidé à s'envoler.

Moi pas...

*
* *

Sur la terre, le vent était tombé et le soleil était déjà haut dans le ciel. Il y avait des inconnus sur la plage. Quand le vent tombe, la Camargue se peuple. La nouvelle du naufrage avait navigué dans le désert. Sur ce plat pays les nouvelles charriées par la lumière se propagent sans rencontrer d'obstacle.

Tous voulaient savoir. Ils donneraient un coup de main, mais quand ils sauraient seulement. Pierre raconte.

— Oui, nous avons traversé la mer... Putain de bonne barque, oui... C'est une bonne barque, ça oui. Nous venons de là-bas. Oui, nous venons... Pêcheurs nous sommes, nous, d'arrière-grands-pères en arrière-petits-fils...

Entre chaque phrase un coup de marteau. Parler, d'accord, mais avancer l'ouvrage.

« Il paraît que ça ne va pas fort de ce côté-là en ce moment », dit un pêcheur du coin.

Et Pierre est resté figé au milieu d'un geste. Et Paul est comme frappé par la foudre. Et Marie s'est voilé la face. Le pêcheur innocent ne s'est aperçu de rien. Il insiste :

— C'est aussi grave qu'on le dit ?

Le regard de Pierre cherche celui de Marie. Mais elle a fermé les yeux. Qu'il se taise ou qu'il parle. C'est lui le chef. Il a renversé la tête en arrière. Il scrute l'horizon, vers le sud. Il a l'air d'un prophète et son silence est si ostensible que tous tendent l'oreille s'attendant à des révélations, grandioses et terrifiantes.

— Là-bas n'existe plus pour nous, dit-il.

J'ai cru qu'il ne dirait plus rien. Et pourtant il va parler pendant plus d'une heure. Après seulement il se taira. Jamais plus il ne regardera vers le sud. Jamais plus il ne tiendra tête à son passé. Il en fera une Atlantide. Mais, pour le moment, il fait l'appel aux morts. Morts de son âme et morts de ses os. Marie n'avait même pas dressé un inventaire. Lui prononçait une oraison funèbre.

Il disait qu'on pouvait tout prendre à un homme : ses biens, ses fils, sa terre, sa vie. Mais qu'on ne peut pas lui arracher son âme. Il ne jugeait ni ne condamnait. Mais il ne plaidait pas coupable non plus, lui l'humble pêcheur de l'autre côté de la mer. Il se serait accommodé de tous les régimes, de tous les statuts et il aurait surmonté tous les deuils si on lui avait laissé l'espoir. Si on ne lui avait pas fait comprendre qu'il était de trop sur la terre où l'arrière-grand-père de son arrière-grand-père était arrivé, contraint à l'exil, et avait découvert avec émerveillement une patrie imprévue. Et lui, le descendant de l'exilé, connaissait l'exil à son tour. Et lui, Pierre, crèverait ou ressusciterait. Et tous avec lui. Mais, « là-bas », ne serait plus qu'un parfum tenace et secret. Mais rien qu'un parfum.

Son collègue, le pêcheur qui n'avait pas quitté le delta du Rhône depuis des siècles, homme dur et juste, ne songeait pas à retenir ses larmes. Il sortit de sa poche un cigare bagué et le tendit à Pierre :

— C'est tout ce que j'ai sur moi, dit-il, mais c'est un bon cigare. Je le gardais pour mon dimanche. Je te le donne...

Les témoins s'étaient rapprochés et, à tour de rôle, ils posaient en silence la main sur l'épaule de Pierre. Et le plus vieux qui n'était pas un homme de mer, mais de troupeaux, dit :

— Tu es ici chez toi.

Puis il ajouta :

— Nous allons te donner un coup de main...

Tel fut l'accueil de la côte sauvage à Marie, Pierre et Paul qui avaient traversé la mer avec une cargaison de deuils et trouvé l'espoir au débarcadère.

***

Je fus la dernière à venir les rejoindre. J'ai dit à Pierre :

— Je viens vous aider, moi aussi.

Il m'a souri avec reconnaissance.

— Sois remerciée, a-t-il dit. Mais tu es encore trop faible.

Marie la Grande a mis la main sur son bras sec et dur :

— Tu ne crois pas que c'est surtout de faiblesse que nous avons besoin...

Jules ne s'est jamais plus montré. Je m'en passe très bien. Mais il m'en aura fallu du temps pour comprendre qu'il y a mieux à faire ici-bas qu'à tuer des taureaux en attendant les signes du ciel.

Je suis retournée vivre dans ma famille. Les Mémoires de Paquito marchent très fort. Mes parents m'ont recueillie avec beaucoup de gentillesse. Il n'y a jamais eu aucun malentendu entre nous.

J'ai retrouvé mon équilibre.

Je prends du poids.

Mais le noir mincit.

TOUR BLANQUE, le 6 juin 1972.

LA CLÉMENCE D'AUGUSTE

CHAPITRE PREMIER

Où Paradas le héros de cette véridique histoire ne fait que passer...

Le Bar des Rescapés se trouve au Grand-Peluque sur la place des Marins-Perdus-en-Mer, juste en face du monument aux morts.

C'est l'endroit le plus gai du village. Le plus vivant.

Les touristes s'installent à la terrasse. Les indigènes, amis de l'ombre, restent à l'intérieur. Chacun chez soi.

C'est la seule façon de vivre en bonne intelligence.

Quand un étranger passe la frontière c'est juste parce qu'il a réclamé plusieurs fois l'addition et qu'on semble oublier de la lui présenter. Parfois l'un d'entre eux, plus aventureux que les autres, se risque au-delà de la ligne de démarcation pour s'initier aux usages locaux. On lui réserve le meilleur accueil et s'il offre une tournée générale, non seulement on l'accepte mais on la lui rend.

Plutôt dix fois qu'une.

Il est rare dans ces conditions de voir un « Parisien » (qu'il soit belge, batave, helvétique ou teuton) marcher droit au sortir de son expédition ethnologique. Ivre mort, peut-être, mais avec des certitudes pour le restant de ses jours. Il sait tout désormais sur les étranges mœurs de cette peuplade maritime et rustique qui vit de l'air du temps et se nourrit exclusivement de propos facétieux et de boissons fraîches. Comme c'était l'idée qu'il s'en faisait à l'avance, il ne se doutera jamais qu'on lui a joué la comédie.

Et c'est très bien ainsi.

Il ne faut jamais heurter de front la sensibilité des porteurs de devises fortes. Tous les économistes vous le diront. Et en matière d'économie politique les Peluquois qui, dans le temps, ont été un peu grecs, n'ont de leçons à recevoir de personne. Ils en ont appris les règles dès le berceau.

Entre eux aussi ils se jouent la comédie. Mais ils n'en sont pas dupes. Ils se jouent la comédie du bonheur. Par courtoisie bien plus que par conviction. Ce sont des êtres infiniment sociables et quand ils se montrent en public ils veillent à donner l'image de la joie de vivre. Leurs chagrins et leurs deuils, ils « se les gardent » pour eux. Quant à leur mauvaise humeur ils la réservent à leurs proches.

A leurs femmes surtout.

Ce sont des acteurs naturels. Ils ne vont jamais au théâtre. De toute façon, au Grand-Peluque, il n'y en a pas. La télévision elle-même a fait dans leurs foyers et dans leurs têtes un peu moins de ravages qu'ailleurs. Le Bar des Rescapés leur suffit. Il leur tient lieu de maison de la culture. De forum également. Ils évitent cependant les discussions politiques et religieuses. Elles ne sont pas interdites. Il suffirait d'ailleurs qu'elles le soient pour qu'ils en fassent leur ordinaire.

Étrange lieu où l'on ne vient pas vraiment pour vivre à haute voix mais pour donner du style à une existence qui en manque parfois. On y arrive en costume de travail et avec son visage de tous les jours mais on laisse sa personnalité à la porte pour jouer son personnage. Une véritable troupe de comédiens avec ses vedettes, ses bouffons, ses pères nobles, ses jeunes premiers. Plus personne ici n'a de métier mais chacun y trouve son emploi.

Amédée seul exerce sa profession de patron de bar mais il joue son rôle avec une telle conviction qu'on pourrait croire qu'il sert à boire pour la beauté du geste et le plaisir de la parole.

Supposez que vous pénétriez à l'instant même en cet endroit privilégié, vous seriez persuadé qu'on est au bord du drame. Il ne s'agit en fait que d'une soirée de gala.

*
* *

Des soirées de ce genre il ne s'en donne que deux ou trois par an. On ne peut jamais les annoncer à l'avance sinon les gens viendraient de Trinquetaille et peut-être même de Plan-de-Cuques pour y assister. On joue *le Retour de Mathilde*...

Les héros sont toujours les mêmes, et le scénario a été fixé une fois pour toutes : Mathilde, l'épouse infidèle, revient au domicile de Fernand, son mari, après une fugue de quelques jours ou de quelques semaines. Seul le nom de l'amant change à chaque reprise.

Il s'agit tantôt d'un Caraque tondeur de chiens, d'un Maghrébin en cavale, d'un Malien vendeur de bracelets en poil d'éléphant ou, dans des cas tout à fait exceptionnels, d'un Breton ou d'un Alsacien déprimé par le mal du pays. Le dialogue, à quelques variantes près, demeure inchangé quelle que soit la nationalité du coquin.

Ces séances récréatives n'ont rien de commun avec le théâtre de boulevard. Nous sommes dans le « pour de vrai » et non dans le « pour de rire ». Mathilde est vraiment partie avec un vrai bonhomme. En son absence Fernand a pris de vraies cuites, a versé de vraies larmes, s'est pendu avec une vraie corde, heureusement trop frêle pour son poids.

Ces choses-là arrivent partout mais au Grand-Peluque, elles se passent en public et les spectateurs y trouvent un plaisir sans cesse renouvelé. Les départs de Mathilde sont discrets. Elle ne soigne que ses rentrées.

Elles ont toujours lieu un samedi, jour de marché, à l'heure de l'apéritif. Plus il y a de témoins, mieux elle joue sa scène. Tout le monde sait à l'avance comment ça finira mais elle a un tel talent de tragédienne qu'elle arrive à maintenir l'intérêt dramatique jusqu'au baisser de rideau.

Prenons l'action en route. Mathilde a déjà été applaudie plusieurs fois. Notamment dans sa fameuse réplique :

— Tu n'es pas un homme. Si je n'étais pas revenue tu m'aurais laissée vivre toute ma vie avec une brute qui me battait et qui me prenait tous mes sous...

Chaque fois Fernand se fait piéger et se croit obligé de répondre :

— Il a eu bien raison... Et en plus tes sous c'est les miens...

Il se fait aussitôt conspuer par l'assistance :

— Ce que tu peux être mesquin !...

— Tu as pas honte...

— Tu laisses corriger ta pauvre femme par un autre...

Fernand, une fois de plus, se laisse avoir :

— Attendez un peu que nous soyons seuls à la maison et elle verra de quoi je suis capable.

Il a dit « quand nous serons seuls à la maison ». La partie est pratiquement gagnée. Cela ne suffit pas à Mathilde. Elle veut qu'on la plaigne. Elle exige des excuses. Les spectateurs sont avec elle et la soutiennent de la voix et du geste :

— Te laisse pas faire...

— Dis-lui ce que tu penses à ce gros mal élevé...

C'est le moment pour Mathilde de placer son morceau de bravoure. Elle récite de mémoire et n'en change, à chaque retour, ni une virgule ni un soupir mais elle en améliore l'interprétation. Elle prend une longue inspiration qui met en valeur sa poitrine. Qu'elle a forte. Ce qui fait le meilleur effet sur les amateurs.

Assurée du succès, Mathilde se déchaîne :

— Si encore j'étais partie, s'écrie-t-elle en se prenant le front à deux mains, avec un ami à toi, avec Amédée par exemple, je comprendrais que tu te formalises...

Les connaisseurs apprécient au passage. Elle a eu aussi des bontés pour Amédée mais ça n'a même pas duré quarante-huit heures et son mari a cru qu'elle avait raté l'autocar parce qu'elle s'était trouvée mal chez le dentiste.

— Tout ce que tu me reproches c'est de t'avoir laissé seul pour faire la vaisselle...

Fernand grogne :

— Depuis ton départ j'y ai pas touché.

Mathilde ricane :

— Naturellement, tu me l'as laissée. Et pendant que tu t'arsouillais avec tes copains, moi je tentais d'arracher au désespoir un exclu de ce monde impitoyable uniquement animé par les lois inhumaines de la rentabilité à outrance...

Cette dernière phrase n'est pas d'elle. C'est un militant syndical de ses bons amis qui la lui a enseignée. La suivante non plus elle ne l'a pas trouvée toute seule. Elle la tient d'Aimé Rastignac, gendarme au cœur tendre :

— Ma chérie, lui a-t-il avoué un jour de sieste partagée, tu ne peux pas imaginer les services que tu nous rends. Sans ton aide nous aurions été obligés d'expulser ces indésirables par la force. Toi, au moins, tu les éloignes en douceur et ils ne peuvent emporter de chez nous qu'un bon souvenir.

En plus, par peur des représailles, ils ne reviennent jamais. Ce qui ne contrarie personne.

Sur ce thème Mathilde est intarissable. Elle dit qu'elle est un élément indispensable à la paix sociale, que la mairie devrait lui verser une pension, qu'après sa mort on la regrettera mais qu'il sera trop tard pour lui élever une statue. Les larmes soudain ruissellent sur son visage. Elle entame la ligne droite et la victoire est au bout. Elle prend à témoin le ciel et la terre de l'injustice qui lui est faite et de la dureté de la condition féminine en général. Sur ce point elle se garde d'insister : le féminisme au Grand-Peluque a du mal à s'implanter.

En revanche elle fait un tabac quand elle déclare :

— J'ai peut-être mes faiblesses et mes torts, je les reconnais. Mais moi, au moins, j'ai du cœur. Tandis que toi, mon pauvre Fernand, pour que tu en aies un, il faudrait qu'on te greffe celui d'un autre.

D'ordinaire on la porte en triomphe et on fait « Hou les cornes ! » à son bourreau. Comment un homme peut-il se montrer insensible à tant de détresse et de grandeur ? Sous la conduite d'Amédée le chœur antique se déchaîne. Il alterne les louanges à la gloire de Mathilde et les insultes envers l'infâme Fernand :

— Mathilde tu es une sainte...

— Fernand tu es un opprobre à toi tout seul...

— Mathilde on t'aime.

— Fernand tu n'es pas digne de vivre...

Dès l'instant où Mathilde est apparue à l'entrée du Bar des Rescapés, Fernand a su qu'il céderait. Il n'a jamais eu l'intention de répudier l'infidèle. Mais on a beau être un cocu à répétition, on n'en a pas moins sa fierté. Il estime avoir fourni une preuve suffisante de sa force de caractère. Continuer de bouder manquerait de tact :

— N'en parlons plus, finit-il par dire, avec une magnanimité de seigneur...

L'épouse adultère mérite néanmoins qu'on la gronde publiquement. Fernand fait les gros yeux et agite l'index dans sa direction en essayant de prendre un ton sévère :

— Promets-moi de ne plus recommencer...

— Jamais plus, jure solennellement Mathilde...

Elle a l'air sincère. Elle l'est. Le cœur de la femme n'est pas si simple...

Pendant toute la durée de la représentation les deux époux sont restés chacun à une extrémité du comptoir. Les voici réconciliés. Ils ne changent pourtant pas de place et personne ne leur demande de s'embrasser. Dans ce pays on n'hésite pas à soumettre ses différends au jugement populaire mais les effusions domestiques demeurent strictement privées. L'usage veut que Fernand attende d'être rentré chez lui pour flanquer à sa femme la rouste qu'elle a méritée et qu'elle accueillera d'ailleurs avec satisfaction...

Il y a dans les collectivités locales des moments de bonheur parfait. Celui-là en est un. Ils sont hélas de courte durée. Une ombre obscurcit la joie commune. Une ombre vraie. Celle de Paradas l'ancêtre qui ne sourit jamais, le vieillard intraitable et solitaire dont la réprobation silencieuse suffit à donner mauvaise conscience au village tout entier...

Cela fait plus de dix ans qu'il n'a pas mis les pieds au Bar des Rescapés dont il fut si longtemps l'une des poutres maîtresses. Il vient de passer à l'instant devant la terrasse sans un regard et va, cap à l'ouest, son râteau sur l'épaule...

Les cœurs ne sont plus à la fête. Le pastis a changé de goût...

CHAPITRE 2

Où le lecteur est témoin d'une scène champêtre qui fait sur Paradas une forte impression

En novembre 1918 le caporal Auguste Paradas a défilé sur les Champs-Élysées avec ce qui restait de son régiment. Il a été considérablement acclamé. Il n'a rien entendu...

Coincé, épaule contre épaule, entre deux compagnons d'armes, il dormait avec obstination, tout en marchant allégrement au pas cadencé. Celui des chasseurs alpins est pourtant bien plus rapide que le pas cadencé ordinaire mais le sommeil a toujours été le point fort des héros. Auguste a prouvé qu'il était capable de dormir debout dans la tranchée pendant les préparations d'artillerie et, s'il était mort, il ne s'en serait pas aperçu.

En revanche il se rendormait tout de suite après avoir essuyé sa baïonnette sur le pan relevé de sa capote bleu horizon.

C'est à cette exceptionnelle faculté de récupération qu'il doit, sans doute, sa robustesse et sa longévité. Il a quatre-vingt-dix ans aujourd'hui. Il ne souffre ni du rognon ni de la rotule et pas plus du grand sympathique, que du petit.

Il se tient droit et pisse dru...

Le docteur Ginous qui a réussi, en traître, à lui faire le « ketchup » électrique a pu constater qu'il avait un foie de premier communiant et une tension artérielle de bicentenaire bulgare. Il n'a pourtant rien fait pour, mais c'est une heureuse nature.

Ne le considérez pas pour autant comme un surhomme. Des vieillards de ce calibre, au Grand-Peluque, on en trouve des dizaines. En parfait état de marche à tous égards.

Chez certains, pourtant, il y a la tête qui lâche. Chez d'autres c'est le chichi. Ceux que la tête les abandonne, ils ne s'en aperçoivent pratiquement pas, mais il y en a que, de survivre avec un chichi rendu fada par l'âge, ça les fait virer complètement jobastres. La mélancolie les gagne et le mauvais caractère. L'appétit leur reste.

Paradas, lui, c'est le garçon équilibré. C'est aussi l'homme fier. Plutôt que de faire mauvaise impression auprès des dames, il a préféré renoncer à leur compagnie de sa propre initiative. Dès les premiers signes de faiblesse il a cessé de pratiquer. Il avait à peine quatre-vingts ans quand il a pris cette sage décision et n'a jamais eu, depuis, la tentation de revenir en arrière...

C'est le 22 septembre de cette année, le jour précisément de son nonantième anniversaire, que son miraculeux métabolisme de base s'est soudainement dévarié.

Il est devenu subitement insomniaque...

*
* *

La nuit, bien sûr, il continue, comme par le passé, à dormir ses huit heures d'affilée mais ses siestes de l'après-midi ne sont plus ce qu'elles avaient coutume d'être. Sans le faire douter de son identité, cette découverte le trouble.

Elle le trouble mais ne saurait l'assombrir. Car il y a dix ans qu'il a adopté l'indifférence pour règle de vie. Il a réduit au minimum les rapports avec ses semblables. Rien ne l'émeut. Rien ne le touche. Il survit à l'économie, au jour le jour, sans se préoccuper de l'avenir, sans se pencher sur son passé. Il n'attend rien de l'existence. Sans désir, sans espoir, sans souvenir, il va vers sa fin d'un pas de somnambule.

Il ne sait pas lui-même pourquoi, alors qu'il était le plus convivial des êtres, il a rompu avec ses amis sans un mot d'explication. Tous ceux qui ont essayé de le faire revenir sur sa décision se sont heurtés à un refus glacé.

— Foutez-moi la paix, il a dit...

Il n'a rien dit d'autre, mais c'est depuis qu'il inspire la crainte à ses concitoyens. Ils se demandent quelle faute ils ont commise et quelle vengeance il médite.

Rien ne laissait prévoir que ce fatal 22 septembre-là, cette forteresse imprenable allait se rendre sans combattre.

*
* *

C'est effectivement un jour un peu moins doré que les autres. Paradas a prolongé sa sieste sans succès. Elle est demeurée stérile. Malgré sa lassitude il a décidé d'aller, comme tous les jours, râteler des tellines le long du Golfe Clair aux confins de la Plaine Molle.

En vieux grec « téllíné » ça veut dire « mamelle ». Ou bien le temps a raboté le mot à l'extrême, ou bien il faut admettre que les Grecques de l'ancien temps avaient de tout petits nénés. Les tellines, au cours des siècles, c'est devenu de minuscules coquillages tapissés de mauve pâle. Aussi plaisants à l'œil qu'à la bouche.

Dans le commerce vous n'en trouverez guère parce que, même si vous les lavez à grande eau dix-huit fois de suite, il leur restera toujours assez de sable pour vous agacer les dents. Elles sont heureusement pleines de principes et, rien qu'à son petit déjeuner, Auguste en fait disparaître un plein saladier. Le reste de sa récolte il le vend aux touristes, ce qui lui permet de ne jamais manquer de tabac, et les deux heures quotidiennes qu'il passe à raviner la plage lui ont entretenu la densité du muscle et la souplesse des articulations.

Son métier de laveur de carreaux à tiers temps laisse en revanche à Paradas de vastes moments de relaxation. D'autant qu'il a engagé un apprenti à qui, allongé sur une chaise longue, il enseigne les secrets du métier. Ce qui lui permet de n'avoir aucun rapport direct avec sa clientèle.

Passant le plus clair du jour en plein air il a, en toutes saisons, le teint cuivré du bourlingueur de haute mer. Il n'a pourtant pas eu l'occasion de naviguer et n'affronte la lumière qu'à ses heures tièdes. Il possède la plus belle collection de couchers de soleil qu'un homme ait jamais eue.

Pour le reste il n'a rien qui lui appartienne en propre. Même pas la cabane vermoulue que la mairie lui loue un franc symbolique. Il refuse d'ailleurs de le payer pour le plaisir de recevoir chaque année une lettre comminatoire de rappel. Son seul courrier.

Jadis, avant sa crise de misanthropie, il était de ceux dont on disait que, pour en placer une, il fallait attendre qu'il tousse. Maintenant il n'ouvre les lèvres que pour traiter Éfraïm, son collaborateur, de trou du cul des Carpates. Ou de Sarmate d'exportation. S'il se tait le reste du temps on peut donc admettre que c'est de propos délibéré et non par manque de vocabulaire.

***

C'est au soleil seul qu'il réserve les trésors de son éloquence.

Évidemment il fait les demandes et les réponses mais il y met une telle conviction qu'il donne l'impression que le soleil, par faveur spéciale, se prête au dialogue. On ne peut nier, en tout cas, qu'ils entretiennent des relations personnalisées à l'extrême.

Passionnelles incontestablement.

Passionnelles mais cérémonieuses.

Ils ne cessent de se fâcher et de se réconcilier. Il arrive à Paradas de lui retirer le bonjour et même de l'insulter quand il se fait attendre. Il s'estime abandonné, trahi, quand son interlocuteur reste trop longtemps sans lui rendre visite. Il craint de ne jamais le revoir et se sent proche de la panique.

Auguste aujourd'hui feint la sérénité. Depuis le reflux des Parisiens de Bruxelles, de Lausanne ou de Massy-Palaiseau, le soleil refuse obstinément de se montrer. Tout se passe comme s'il avait donné le meilleur de lui-même à l'usage exclusif des adeptes du bronze-cul.

— Si tu veux « faire les brigues », marmonne Paradas, ça m'est complètement égal. Je te le dis une fois pour toutes...

En réalité il se sent plus seul au monde que les autres jours. Le soleil a dû se laisser attendrir par la détresse de son vieux copain. Il consent à laisser filtrer quelques rayons pâlots derrière une tenture de nuages drapée comme un rideau de scène. S'il retarde son entrée c'est uniquement pour faire bisquer son camarade :

— Sale cabotin, grommelle Paradas... On se passera de toi...

Il lui tourne délibérément le dos et se met à bourrer sa pipe. Encore plus lentement que de coutume pour lui donner le temps de se décider. Il jette quand même par-dessus son épaule un coup d'œil furtif pour voir si son collègue va continuer longtemps à faire la coquette. Son cou se coince en cours de rotation. Sa pipe lui tombe des dents. Il reste la bouche ouverte comme une carpe qui manque d'air.

Son partenaire le soleil paraît aussi intéressé que lui par le spectacle qu'ils viennent de découvrir ensemble puisque, subitement, il s'est allumé pleins feux.

*
* *

Ce qui s'offre à leurs yeux mérite indéniablement un grand coup de projecteur...

Encastrée, plein cadre, entre deux touffes d'épineux, au centre d'un cratère creusé au sommet d'une dune de sable blond, une paire de fesses majestueuses (mais sans excès) semble avoir envahi tout l'horizon. Le paysage a disparu à son profit exclusif. Ce pétard imprévu monte et descend avec lenteur et sur son va-et-vient solennel Paradas, fasciné, focalise.

En bordure du Golfe Clair, ce genre de représentation publique est pourtant quasi permanent à la belle saison. Plus personne au Grand-Peluque ne s'en réjouit ni ne s'en offusque.

Auguste doit être le dernier à y prendre plaisir. Ce n'est pourtant pas un vieux cochon hors d'usage. L'émotion qu'il ressent devant ces exhibitions est de nature purement intellectuelle. Il a mauvais caractère mais possède au plus haut point l'amour de la beauté. Le sens esthétique n'est pas forcément l'apanage des classes possédantes. Paradas, malgré la modestie de ses origines, sait reconnaître la beauté partout où elle se trouve. Dans la nature et spécialement dans la beauté de la femme. Il la considère comme le bien le plus précieux du capital humain. En particulier la magnificence de ses fesses.

Sans elles il se sentirait incomplet, orphelin. Mais il s'en repaît en tout bien tout honneur. Il y a une décennie que les exigences impérieuses de sa robuste libido ne lui compliquent plus l'existence. Il ne se lasse pas de s'en réjouir. La vieillesse n'est insupportable que par les lambeaux d'adolescence qu'elle laisse traîner en nous, pour que nous en fabriquions rageusement des remords ou des regrets.

Auguste est passé, sans transition et sans douleur, du service actif à la vie contemplative. Son âge l'a rejoint en une seule nuit. Un soir il s'est endormi jeune. Il s'est réveillé vieux. Il s'en est remis sans effort. Cette séance gymnique de plein vent dont ils viennent d'être, le soleil et lui, les témoins privilégiés ne lui cause donc aucune nostalgie.

Il ne s'apitoie ni ne se lamente. Il admire. Et de tout son être monte un hymne silencieux à la splendeur de la Création.

Il y a du franciscain chez cet humble laveur de carreaux qui fuit la compagnie des hommes.

Ce qu'il a sous les yeux l'exalte et l'apaise à la fois.

« Il est temps, pense-t-il, de se mettre au labeur. »

*
* *

Le voici qui crache dans ses mains calleuses avant d'empoigner le manche du lourd râteau dont il peigne la grève. Il ne va pas jusqu'au bout de son geste. Il n'arrive pas à détacher son regard de ce fessier joufflu qui ludionne au sommet de ce volcan sablonneux. Il en a pourtant vu d'autres du même acabit mais ils n'ont fait que passer dans son champ de vision et n'ont laissé dans son souvenir qu'une trace légère. Celui-là s'incruste. Celui-là l'interpelle.

Soudain la lumière jaillit...

Paradas a toujours été physionomiste mais il ne se serait pas cru capable de mettre un nom sur un tafanard qu'il n'a fait, l'an dernier, qu'apercevoir de loin dans la masse anonyme de ceux exposés en permanence sur la plage privée de l'Hôtel des Bourlingueurs Retraités.

— Mais c'est le cul de Clémence, s'écrie-t-il...

Il est célèbre dans toute la région et qui l'a vu une fois jamais ne l'oublie. Auguste qui oublie son passé au fur et à mesure l'a mémorisé à son insu pour le restant de ses jours.

C'est un bel objet qui a requis l'attention des plus blasés dès sa première exposition à l'air libre.

Il appartient à un mannequin vedette spécialisé dans la promotion des montres-bracelets de fabrication française.

Les techniciens de la chose affirment en effet que la lumière du Grand-Peluque a des qualités singulières. Le spot publicitaire y fleurit même en saison basse. La Plaine Molle est devenue un immense studio naturel où l'on tourne sans arrêt des métrages longs ou courts qui sont censés se dérouler au Sahel, dans le delta du Mékong, le long des rives du Niger ou du Mississippi. Parfois même en baie de Somme quand le film est à petit budget.

Entre Paris et le Grand-Peluque fonctionne un pont aérien qui déverse sur la commune des cargaisons de créatures pépiantes et soyeuses. Il paraît que le ciel de par ici met en valeur les plus fugitives expressions de leur pétard avec plus de grâce que n'importe quel ciel au monde.

Dans les débuts, les femmes du Grand-Peluque réservaient à ces intruses un accueil hostile assorti de malédictions et de jets de pierres. Elles n'ont pas tardé à s'apercevoir que leurs visites étaient trop rapides pour causer dans les foyers domestiques des ravages irréparables. Bien au contraire. Ces stars filantes n'étaient ni des mauvaises filles ni des voleuses de santé même s'il leur arrivait, habituées aux rapides shoppings exotiques, de goûter en coup de vent aux ressources de la production locale.

Elles laissaient derrière elles une traîne de gestes gracieux, un parfum de luxe, des souvenirs de satin. Elles ont grandement contribué à policer les mœurs des indigènes, qui étaient, avouons-le, plutôt rustaudes avant que ces missionnaires bénévoles n'y ajoutent le raffinement indispensable à l'épanouissement de leur vigueur naturelle.

Les épouses les plus revêches et les plus possessives ont fini par admettre qu'elles y trouvaient leur compte. Les maris aussi, qui n'ont pas tardé à découvrir que leurs femmes pouvaient avoir la peau douce et la bouche ingénieuse quand elles avaient touché leurs allocations familiales.

Ces envoyées du bon Dieu sont arrivées trop tard pour que Paradas ait l'occasion d'en faire usage mais comme il n'est pas excessivement modeste et qu'elles lui trouvent une belle gueule au point de lui demander de poser avec elles sur les photos de groupe (et sa « gueule » est souvent passée à la une des journaux féminins les plus snobs) il les tient en haute estime et les trouve particulièrement méritantes. Surtout depuis qu'il a pu vérifier à l'œil nu que c'étaient de fausses maigres.

Dès qu'elles ont rempli leur contrat elles disparaissent. On ne les revoit jamais plus. Elles ont, par profession, le pétrus baladeur mais le promènent rarement le long des mêmes fuseaux.

Ce sont des occasions « à profiter de suite ». En leur absence les mâles du Grand-Peluque continuent à rêver d'elles et se demandent si elles ont réellement existé. Si ce ne sont pas de purs fantasmes juste bons à réchauffer les longues soirées d'hiver.

*
* *

Clémence est la seule de ces créatures venues d'un autre monde qui fasse ici des séjours à titre privé. Ils sont si rapides qu'elle demeure mythique malgré leur fréquence. On n'ose croire qu'elle soit uniquement attirée par la qualité de la lumière mais les plus curieux ne lui connaissent pas de titulaire. Dans une communauté où personne ne peut rien cacher de son passé, de son présent et même de son avenir, elle a conservé son mystère et demeure sans contenu précis. Vierge pour ainsi dire.

Au Grand-Peluque ce sont des situations qui ne sauraient s'éterniser. Clémence est condamnée à se banaliser. Elle ne tardera pas à avoir un nom de famille comme tout le monde. On finira bien par le découvrir et, à sa suite, tous les « signes particuliers » qui, loin de la singulariser, feront d'elle une créature aussi transparente que les autres.

C'est la façon peluquoise de « naturaliser » les étrangers. On ne les accepte qu'à partir du moment où ils se sont pliés aux usages locaux, où ils ont renoncé à leur originalité. Il n'y a plus alors de raison d'avoir peur d'eux. Du moment qu'un être n'a plus rien à cacher, il cesse d'être dangereux puisqu'on ne peut plus rien inventer à son sujet.

*
* *

Paradas, aujourd'hui, ne ramassera pas de tellines, mais il sera le premier à résoudre l'énigme posée par la vie privée de Clémence. Il s'allonge à côté de son râteau et allume sa pipe.

Témoin privilégié d'une représentation donnée à son profit exclusif, l'envie le prend de revenir siéger parmi ses collègues Cormorans. Pourtant il croyait avoir définitivement rompu avec eux.

Ce sont d'abominables prédateurs de ragots et celui qui apporte une friandise nouvelle à la fringale jamais assouvie de leur curiosité, celui-là est sûr de bénéficier de la révérence générale. Depuis sa retraite volontaire il les a évités. L'ayant toujours considéré comme un Cormoran de second ordre, ils n'ont pas essayé de le retenir ni songé à l'exclure. La providence lui fournit l'occasion de faire une rentrée remarquée. Il ne va pas la laisser passer ; révéler aux membres d'une compagnie qui le tient pour quantité négligeable le nom du sabreur inconnu de l'intermittente Clémence le fera grimper de plusieurs crans dans l'ordre des préséances. Il y a intérêt à fréquenter les déserts.

Si donc il s'installe comme au spectacle ce n'est pas par concupiscence mais avec la seule ambition de pouvoir décrire avec précision ce dont il est le témoin oculaire.

La chose vue est l'essence même du reportage et la chose jamais vue, le fait nouveau, la récompense suprême de l'enquêteur patient ou chanceux. En termes de métier cela s'appelle un « scoop ».

*
* *

La séance risque d'être longue.

Clémence paraît infatigable et son collaborateur invisible ne donne pas l'impression de vouloir se laisser aller aux facilités de l'assouvissement précoce. Auguste prend le temps de rallumer sa pipe sans quitter un instant du regard l'objet de ses investigations.

Du visiteur anonyme de Clémence, Auguste ne perçoit, mais en gros plan, que le membre. Il ne manque ni d'allant ni de fermeté. D'énormes paluches surgissent soudain et s'incrustent dans le prose de la coopérante. Elles occultent son rayonnement mais Paradas n'en éprouve aucune frustration. Ce sont des mains ouvrières, des mains outils qui conquièrent aussitôt sa bienveillance. La solidarité de classe n'épargne aucun domaine. Elle ne trouble pas cependant la clairvoyance de Paradas. Il ne lui échappe pas que ce robuste prolétaire a complètement abandonné à sa cavalière la direction de la manœuvre. Il se contente d'assurer sa prise pour éviter tout dérapage. Il se laisse faire l'amour. Sa monte le chevauche au ralenti, interprétant « andantino » sa propre mélodie sans se préoccuper de l'unisson. Assurées de la solidité de l'assemblage, les pognes stabilisatrices abandonnent leurs points d'ancrage. Un instant elles s'agitent pour se désankyloser puis disparaissent à l'abri des montants épineux qui encadrent la scène.

Paradas les imagine croisées sous la nuque d'un jeune homme qui ressemble à celui qu'il a été et qui, les yeux grands ouverts, suit la lente dérive des nuages en rêvant à l'effrayante splendeur des espaces infinis.

Voici cependant que, tout à coup, le tempo s'accélère. La passagère manque être désarçonnée. Les mains secourables jaillissent à nouveau, et la remettent en selle avec rudesse. Les ongles se font éperons. Le sang coule.

Le vieux cœur de Paradas s'est mis à battre la chamade comme celui d'un turfiste à l'approche du poteau. Il s'en faut de peu qu'il ne donne de la voix et du geste. Sa main s'est crispée sur le culot tiède de sa bouffarde. Il ferme les yeux. Les seins de Clémence qui sont pourtant hors de sa vue le dévisagent et pointent vers lui des museaux aigus de lévriers en chasse :

— Mais qu'est-ce qui nous arrive ? soupire-t-il.

Jamais de sa vie il n'a été dans un état pareil. Jamais en tout cas il n'a parlé de lui à la première personne du pluriel. Il n'a pas le loisir d'approfondir cette étrangeté : Clémence vient de pousser un glapissement d'oiseau de mer. Un seul mais interminable. Il en a le tympan vrillé, ce qui le dispense de mener plus loin son examen de conscience.

Les habitants du Grand-Peluque ont dû se mettre à la fenêtre pour consulter l'horizon dans la crainte d'un raz de marée. La mer cependant est demeurée presque lisse, à peine ridée par ce hurlement venu d'un autre monde.

Et ce fut à nouveau le silence. Le cœur de Paradas s'est aussitôt apaisé. L'assemblage de l'homme et de sa monture n'a pas été disjoint par la secousse qui a ébranlé la Plaine Molle et demeure solidement mortaisé.

Un instant encore le centaure piaffe.

Voici pourtant que Clémence s'allonge sur son étalon et le drape de son corps fluide comme une chevelure.

Auguste ferme à nouveau les yeux pour participer à leur anéantissement. Comme c'est une heureuse nature et que l'émotion l'a surmené, il s'en faut de peu qu'il ne s'endorme. La béatitude l'investit sournoisement. Elle est déjà arrivée à hauteur des genoux quand un grand rire éclate. Un grand rire tonitruant reconnaissable dès sa première explosion, un rire d'homme libre.

Le rire d'Adrien son arrière-petit-fils...

Ils ont fini par se décider à se déprendre et Paradas se trouve embarrassé d'avoir été le témoin involontaire de leur rencontre au sommet.

Il a perdu depuis toujours l'estime des siens et n'a pas l'intention de la reconquérir. Ce qui le déconcerte c'est qu'il éprouve un sentiment qu'il n'arrive pas à exprimer. Il a tout vu de près mais il a l'impression, la certitude que l'essentiel lui a échappé. Il s'est passé entre ces deux êtres autre chose qu'un agréable échange de bons procédés. Il ne sait pas pourquoi mais il en est sûr.

Ils se sont mis debout mais continuent de lui tourner le dos. Même de face ils ne s'apercevraient pas de sa présence. Ils sont nus. Ils se tiennent par la taille. Ils sont seuls au monde. Le soleil levant les habille d'un halo d'étincelles. Ce sont encore des créatures humaines mais avec une telle perfection qu'ils en deviennent irréels, extra-terrestres.

Parfaitement immobiles ils donnent l'impression de danser sur place. Puis ils s'éloignent d'un pas aérien. Ils s'envolent enfin.

Paradas, effaré, porte la main à sa braguette. Il s'y reprend à deux fois tellement sa surprise est grande :

— Seigneur tout-puissant, gémit-il, mais je bande !...

Le soleil aussitôt se cache.

C'est à cet instant précis que Paradas (Auguste, Fernand, Paul) entre sans qu'il s'en doute dans le cycle infernal de ses tribulations.

CHAPITRE 3

Où Paradas se pose des questions sur le sens de la vie et décide de siéger à nouveau sur le banc des Cormorans

Il y a soixante ans que Jéromine la femme d'Auguste est morte en donnant le jour à un enfant du sexe masculin que son père a, si vif était son chagrin, mis aussitôt en nourrice et qu'il n'a plus fréquenté depuis. C'est si loin qu'il s'en souvient à peine et son retrait du monde des vivants n'est en aucune manière lié à cette fâcheuse péripétie. Il fut un veuf joyeux qui se consola allégrement de cette perte irréparable.

Il faut le prendre comme il est. Il n'est pas vraiment égoïste mais il n'a pas pardonné à sa défunte de l'avoir laissé tout seul. Comme si elle avait eu quoi que ce soit à lui reprocher !

Il ne l'a jamais battue et s'il l'a abondamment trompée, ce fut sans y mettre malice et sans ébrécher le patrimoine. Il lui remettait presque régulièrement la quasi-totalité de son salaire et une partie non négligeable de ses gains à la belote.

Il s'est catégoriquement refusé à la remplacer malgré les flatteuses avances qui lui ont été faites. Une femme comme Jéromine, obéissante, dévouée, bien faite de sa personne, bonne cuisinière, facile à nourrir, toujours d'humeur égale, on n'en trouve pas deux dans une existence.

Elle se serait complètement engloutie dans sa mémoire si Adolphe Meynadier (qui va jouer un rôle important dans cette narration) avait disparu en même temps qu'elle. Mais le bougre s'accrochait à la vie avec autant d'ardeur que Paradas. Il y mettait sans doute encore plus d'énergie car il était, apparemment, de santé plus fragile.

Adolphe c'est le seul vrai riche du Grand-Peluque. Il a fondé, en 1915, sur la rive ouest de la basse Pibane les abattoirs de la Belle Gallinière où, depuis qu'il a acheté les machines japonaises, il arrive à saigner ses trois cent mille poulets quotidiens. A son retour du front, dans la période artisanale de l'entreprise, Auguste y travailla comme égorgeur à la main. Il était payé à la pièce. Ses talents de nettoyeur de tranchée en firent un virtuose de la profession, ce qui lui assura une modeste aisance.

Pas de quoi cependant manger de la viande tous les jours ni même du poulet tous les dimanches. Malgré la mesquinerie de sa condition ce fut lui qui fut élu par Jéromine. Meynadier lui avait officiellement demandé sa main. Les ambitions de Paradas étaient plus modestes : il se serait contenté de passer quelques nuits avec elle et de l'honorer, par la suite, à l'occasion.

Si donc il consentit finalement à l'épouser ce fut d'abord parce qu'elle l'en pria avec insistance mais surtout pour faire enrager son patron. Il n'était pas jaloux de sa réussite mais il détestait voir ce morpion lui donner des ordres. Du temps de leur école communale, Auguste l'avait pris pour souffre-douleur, le faisait punir à sa place, lui piquait son goûter et le remboursait à grandes taloches sur le mourre.

Maintenant il dépendait de celui qui avait été jadis son esclave. Jéromine était sa revanche. Sans elle il ne serait pas resté si longtemps à son poste. Qu'elle lui ait donné la préférence rétablissait l'équilibre des forces. Le faisait même basculer en sa faveur. Adolphe avait l'argent. Auguste, Jéromine. Ils ne s'adressaient plus la parole sauf pour raison de service, mais quand ils se croisaient, Paradas fredonnait intérieurement un « Bisque... Bisque... Rage » surgi de sa lointaine enfance.

On peut comprendre qu'avec de telles dispositions d'esprit, la disparition prématurée de Jéromine l'ait sérieusement contrarié. Il n'était pas de la race des Fernand, mais, tout bien pesé, il aurait préféré que sa femme le quitte pour un rival. Cela lui aurait donné, car il avait le sang vif, l'occasion de les tuer tous les deux. Et encore ce n'était pas sûr car, le premier moment de colère passé, il était capable, non de pardonner à l'infidèle, mais de lui permettre de vivre à nouveau sous son toit. Pour le servir dans la contrition et le silence.

En revanche, ce que Jéromine lui avait imposé lui paraissait inadmissible. Elle l'avait quitté définitivement, alors qu'elle était en pleine santé, au moment même où elle le rendait père. C'était bien mal choisir son moment. L'injustice du sort égarait son jugement. Il tenait la défunte pour responsable de l'affront qu'elle lui avait fait subir. La colère lui tenait lieu de chagrin. Il la reporta sur Meynadier qui n'était pour rien dans cette pénible affaire.

Sans Jéromine il n'était plus en position forte mais il attendit soixante ans avant de donner sa démission. Il lui avait fallu tout ce temps pour mettre au point sa riposte.

Désormais, la haine s'installa en lui. D'autant plus violente que rien ne la justifiait. Elle occupait tout son esprit mais ne l'empêcha pas de se lancer, sans même attendre sa sortie de deuil, dans un faridon éperdu.

Si son fils était mort à la naissance, sa peine aurait été immense, mais il l'aurait surmontée, et n'aurait pas tardé à se remettre à l'ouvrage.

Des petits, il était capable d'en faire des palanquées mais des femmes comme la sienne on n'en trouve plus sur le marché. La guerre les a abîmées en leur donnant le goût des bas de soie et, plus le temps passe, moins elles s'arrangent.

Auguste ne s'était donc pas remarié, mais il y avait en lui trop d'élan vital pour qu'il consentît à vivre dans la continence. Il a été, pendant un demi-siècle, l'un des plus redoutables pistachiés d'une région où pourtant les cavaleurs pullulent.

Et l'une de ses plus fines carafes.

Comment lui en tenir rigueur ?

Car s'il fut ivrogne impénitent et trousseur infatigable de jupons ce fut, dans une large mesure, par fidélité à son admirable épouse.

Qu'il ait complètement abandonné son fils paraît plus difficilement excusable. Il semble que ce fût surtout par timidité, par une sorte de perversion de la pudeur.

Ce petit s'était pratiquement élevé tout seul au hasard des grand-mères et des grand-tantes. Logiquement il aurait dû faire le voyou. Or il était devenu un parfait honnête homme et tout le monde lui en faisait compliment alors qu'il n'y était pour rien. Juste il avait donné le coup d'envoi. On avait beau lui dire qu'il avait fait l'essentiel et que les chiens ne font pas des chats, il ne se sentait honnêtement pas le droit de tirer orgueil de la bonne conduite de ce rejeton exemplaire. Il fut désormais pour lui comme s'il n'avait jamais existé.

***

L'événement est d'importance. Il mérite d'être situé avec précision dans le temps et l'espace : le 23 septembre, à 13 h 10, dix-huit heures après l'apparition du pétard de Clémence. Paradas est chez lui. Il s'est allongé il y a un gros moment pour sa sieste rituelle et il n'a pas encore trouvé le sommeil. Ce phénomène est si surprenant qu'il ne l'a pas remarqué au début. Il décide de chasser les pensées importunes qui lui encombrent la tête.

Sa décision, d'ordinaire, suffit. Dès qu'une idée le gêne, il l'expulse et ses yeux se ferment aussitôt. Mais l'image encombrante de son enfant s'installe et refuse de le quitter. Ce fils, mort et enterré, depuis belle lurette, n'a guère laissé de trace en lui. Il ne se rappelle même plus son prénom. Le prénom lui revient à l'instant :

« Félix, il s'appelait Félix... Félix, Antoine, Marcel... »

Les souvenirs suivent en foule. Ils se bousculent. Félix avait à peine plus de vingt ans quand il s'est tué dans un accident de moto. Paradas ne s'est pas cru autorisé à assister à son enterrement. Par délicatesse, pensait-il jusqu'ici.

« Par délicatesse ou par lâcheté ? » se demande-t-il aujourd'hui...

Le jeune mort avait eu le temps de mettre en route un autre petit qu'il n'a pas eu la satisfaction de voir naître ni, à plus forte raison, grandir. Celui-là c'était Ernest. Dès qu'il a été en état de fonctionner, il s'est hâté de se reproduire. Ça a donné le bel Adrien. Celui précisément qu'il vient de voir à l'œuvre.

« Foutez-moi la paix ! pense Paradas. Restez chez vous, j'ai rien à vous dire... »

Paradas a rompu complètement avec tous les membres de sa famille. Ils se croisent souvent mais sans se saluer. Il en a souffert pendant un an ou deux. Maintenant il a pratiquement oublié leur existence et quand il lui arrive de se heurter à l'un des siens il ne le reconnaît pas toujours. Du moins au premier coup d'œil.

Pourquoi faut-il qu'en ce 23 septembre tous ces gens viennent le déranger au point de lui gâcher la sieste ?

Ce surprenant branle-bas qui la veille a, un instant, ému sa braguette s'est apaisé depuis longtemps. Ce ne fut qu'une brève éruption. Le calme est revenu. Le calme plat. Auguste, pourtant, continue d'avoir l'état d'âme tempétueux. Ballotté sur l'océan du désarroi intérieur il se sent migraineux et proche de la nausée. Il n'a jamais connu le remords ou la délectation morose. Il se trouve désarmé devant leur assaut inattendu.

Adrien, surtout, lui pèse sur l'estomac. Il croyait ne pas s'intéresser à ce garçon. Il découvre avec stupeur que depuis un quart de siècle il n'a cessé de penser à lui. Son inconscient a tout enregistré sans qu'il s'en doute. Quiconque lui aurait fait remarquer sa sollicitude n'aurait tiré de lui qu'un haussement d'épaules.

— Je deviens gâteux, grommelle Paradas.

Quand on l'abordait dans la rue pour lui dire : « Auguste tu devrais te réconcilier avec ce minot... quand tu l'as vu une fois, tu le veux tout... » il éprouvait plus d'agacement que de satisfaction. Et, tout de suite, il oubliait les compliments qu'on venait de lui faire. Du moins le croyait-il.

Il doit se rendre à l'évidence. Ce garçon dont il prétend, de bonne foi, tout ignorer il le connaît par cœur et il en est fier. C'est son portrait tout craché quand il avait son âge. Avec les petites il se débrouille encore mieux que lui.

Pauvre Paradas qui n'a su tirer que du plaisir de ses visiteuses ! Les plus serviables allaient jusqu'à lui repasser la chemise et lui porter le déjeuner au lit. Comme qu'on le prenne, ça ne vous mène pas loin...

Adrien, au contraire, il en a profité pour se perfectionner la tête. Sans avoir jamais voyagé, sans être jamais monté une seule fois à Plan-de-Cuques la capitale, il a visité non seulement l'hexagone entier, mais tous les pays du Marché commun et la plupart des cinq continents. Uniquement à la faveur de ses incursions répétées au creux de ces demoiselles venues d'ailleurs, soi-disant pour se bronzer la lune mais en réalité pour lui ouvrir le cigare aux choses de l'esprit.

C'est une façon d'aborder les sciences humaines par leur face la moins escarpée mais pas forcément la moins enrichissante. Du temps de son service actif, Paradas pouvait se considérer comme un pionnier mais il n'avait guère, en matière d'exotisme, que les Anglo-Saxonnes pour lui élargir la comprenure et lui faire voir du pays. Il ne les renie pas et ne songe pas à regretter le temps qu'elles lui ont fait perdre. C'étaient de rudes salopes mais de pures frivoles. Il était pratiquement impossible d'avoir une conversation un peu sérieuse avec elles. A peine elles venaient de se régaler comme des bêtes, qu'il fallait se remettre au travail.

Des frivoles et des gloutonnes, on vous dit...

En plus, même quand elles consentaient à vous parler français, on ne comprenait rien à ce qu'elles vous disaient.

Adrien a été plus gâté par la conjoncture. Il a eu dès son adolescence (elle a été précoce) tout un éventail de cultures à portée de la main. Il n'a donc pas tellement de mérite à être devenu le premier intellectuel de la famille. Il a été reçu major à la Grande École des Instituteurs de Trinquetaille. Ce qui lui a permis de se faire nommer au Grand-Peluque pour son poste de début.

Cette promotion ne lui a pas plus enflé la tête qu'elle n'a diminué sa soif de connaissances. Il ne se lasse pas d'élargir sa vision du réel, de mondialiser son vécu sans s'éloigner du pays.

Chaque fois qu'il arrache une petite culotte (avec les dents lui a-t-on précisé) il a le sentiment exaltant de collaborer à l'émancipation du prolétariat dont il est issu et qu'il n'a jamais eu l'intention de trahir. Ses explorations sous des jupes étrangères l'ont confirmé dans son identité provinciale. Le commerce qu'il entretient avec les peaux de luxe, loin de l'affadir, n'a fait qu'affûter sa conscience de classe.

Il lui arrive souvent, en haute saison, de se mesurer à des demoiselles titrées qui ont leur nom dans le *Who's Who* et qui posent sans arrêt leurs mignonnes fesses sur les coussins soyeux de la jet society. Il ne voit en ces affrontements que l'occasion de mettre ses ressources naturelles au service de la régionalisation en marche.

Le Bar des Rescapés retentit du bruit de ses exploits.

Paradas se prend à sourire :

— C'est quand même quelqu'un de pas ordinaire ce niston !

Il s'en est jusqu'à ce jour injustement désintéressé. Mais on n'a pas besoin de fréquenter les gens pour les bien connaître. Il vaut peut-être mieux prendre du recul pour les voir dans leur ensemble.

Une Suédoise qu'il fournissait en tellines lui a récemment révélé, sans se douter des liens de parenté qui les unissent, qu'Adrien concluait ses prestations d'un « voilà comment nous sommes nous autres ! » retentissant et sans appel.

Sur le moment Paradas n'a vu là qu'un trait de vanité puérile. Il en est moins sûr aujourd'hui. Il est même sûr du contraire. L'insomnie lui a suractivé les glandes de la lucidité. Il s'est mépris sur la vraie nature de ce pétulant soldat. Il a toujours considéré ce rejeton oublié comme un médiocre branlotin alors qu'il lutte infatigablement avec les moyens exceptionnels que le bon Dieu lui a donnés, contre les méfaits dévastateurs de la centralisation.

*
* *

Sa sieste est foutue mais Paradas n'en a cure. Il est émerveillé de ce qu'il découvre au-dedans de lui. Il n'a pourtant jamais pratiqué l'examen de conscience, par crainte des douleurs de tête qu'il engendre. Le manque d'habitude l'amène à réfléchir à haute voix :

— En somme, dit-il, j'ai failli mourir idiot...

Cette évidence ne le perturbe pas outre mesure. Ne lui cause, en tout cas, aucune humiliation :

— Putain de sort ! s'écrie-t-il toutefois...

Par bonheur, il a le cœur solide sinon toutes ses coronaires auraient dû péter en même temps :

— Trop tard, gémit-il, trop tard !...

Son heureuse nature lui a permis de s'accommoder du « jamais plus » dans lequel il s'est installé douillettement. Jamais plus il ne frottera son vieux cuir contre de jeunes peaux. La belle affaire ! On peut très bien vivre sans. Le « trop tard » est beaucoup plus difficile à supporter. Il suppose qu'on a marché toute sa vie à côté de ses pompes.

Auguste mobilise sa vieille sagesse paysanne :

— Il n'est jamais trop tard pour bien faire, ricane-t-il sans conviction. Pour bien faire, peut-être. Mais pour faire quoi ?

La colère le gagne, la pire de toutes : la colère de l'impuissance. Ce matin encore il était tranquille comme Baptiste. *Contentus sua sorte*, comme on dit dans les pages roses du dictionnaire.

Un sourire se glisse dans sa détresse. Il comprend seulement aujourd'hui d'où lui vient cette passion pour la lecture des gros dictionnaires, assez rare chez les laveurs de carreaux, même à tiers temps. Elle n'est que la forme inconsciente de sa jalousie admirative à l'égard d'Adrien. Il voulait devenir, par ses propres moyens, aussi savant que lui. Il n'a réussi qu'à devenir de première force au jeu des Chiffres et des Lettres.

Chétive consolation...

Elle lui paraît aujourd'hui totalement dérisoire et n'apporte aucun soulagement à quelqu'un qui s'est mis, sans préavis, à se poser les questions essentielles sur le sens de la vie en général et de la sienne en particulier. Découvrir l'angoisse existentielle est un fardeau lourd à porter quand on n'a pas commencé l'entraînement tout jeune.

Auguste fait une dernière tentative pour surmonter cette soudaine difficulté d'être. Il décrète qu'elle ne sera que passagère et qu'il serait extravagant de se mettre dans des états pareils simplement parce qu'on a vu, au coucher du soleil, une paire de fesses emmanchées sur un membre de sa famille.

Effort louable mais vain.

Sur le moment il n'a pas ressenti l'intensité du choc. Il ne peut faire qu'il n'en soit ébranlé au plus profond et littéralement expulsé de lui-même. La découverte de ce qu'on porte en soi est souvent fortuite. A la merci d'un simple incident de parcours. Tous les convertis vous le diront et c'est d'une véritable conversion que Paradas vient d'être la victime.

Ou le bénéficiaire.

Ce qui lui paraissait évident a cessé de l'être. Ce qu'il ne voyait pas lui saute aux yeux. Il a vécu jusqu'ici à la surface des autres et de lui-même. Cet arrière-petit-fils méconnu lui a livré en une seule fois tous les secrets de la vie.

Il n'avait perçu de cet ardent jeune homme que ses activités outrageusement pistachières. Elles étaient remarquables, même dans un canton où le taux de consommation des gamines est plus élevé que la moyenne. Mais, depuis qu'Adrien lui est apparu dans sa gloire il en a fait un preux chevalier. Un troubadour à l'ancienne, prêt à conquérir le monde pour les beaux yeux de sa gente dame. Ses dulcinées de routine n'ont été que des points de repère sur le chemin de sa quête essentielle. Il ne cesse de changer de monture mais c'est pour rejoindre plus vite la princesse lointaine, la bien-aimée, l'unique.

Il la trouvera. Elle approche. Elle est là. Salut Clémence...

*
* *

Il se peut, il est probable que le manque de sommeil agisse en Paradas comme une drogue légère et le fasse délirer un brin. Adrien ne se reconnaîtrait certainement pas dans le portrait idéalisé que son aïeul trace de lui. Auguste en doute lui aussi et tente de se rassurer en donnant de la voix :

— Non je ne suis pas si gâteux que tu penses. Écoute bien ce que je vais te dire. Tu vaux beaucoup mieux que tu ne crois. Tu n'es pas seulement un petit instit laïque, républicain et vaguement autonomiste de surcroît. Tu es un chercheur d'absolu et tu ne t'apaiseras que le jour où tu auras trouvé le Graal que tu recherches. Tous ceux dans lesquels tu as plongé les lèvres jusqu'ici, tu les as rejetés dès la première gorgée. Ta soif n'est pas étanchée. Elle ne le sera peut-être jamais. Il faut quand même que tu t'obstines. Quoi qu'on dise, n'oublie jamais que la qualité d'un homme se mesure à la puissance de sa soif...

Sa masure s'est mise à frémir. Ce n'est pas le discours de Paradas qui l'a secouée, mais le Vent Dur qui vient de se lever. Les mots, il les a piqués au hasard dans les gros dictionnaires de sa bibliothèque et s'est contenté de les assortir tant bien que mal. Pour le plaisir de les entendre. Il s'admoneste. Il se moque de lui :

— Tu as bien parlé Paradas, mais qu'est-ce que tu as dit ?

Rien. Il n'a rien dit. Qu'Adrien mène sa vie. Chaque âge a ses plaisirs. Les jeunes avec les jeunes. Les vieux avec les vieux.

— Auguste, conclut-il, tu es un con et ta place est parmi les cons...

Sa sieste est théoriquement terminée. C'est l'heure où les Cormorans s'assemblent. Cela fait dix ans que Paradas n'assiste plus à leurs réunions. Il n'a pas pour autant démissionné et, en cet après-midi du 23 septembre, l'envie le prend de venir siéger sur le banc de pierre tiède le long de la façade ouest de l'église fortifiée.

Une envie dont les motifs lui paraissent encore confus, mais à laquelle il ne peut résister. Il pressent que l'événement sera glorieux, ce qui l'incite à revêtir son costume des dimanches.

Celui-là même qu'il portait le jour de son mariage.

CHAPITRE 4

Qui décrit les curieuses façons des Cormorans du Grand-Peluque...

Euloge Farifon est un Cormoran authentique. Il a été régulièrement élu mais il ne siège pas sur le Banc. Il amène avec lui son pliant et s'installe tout seul en face de ses collègues. Il lui arrive souvent de prendre la parole avant que le Président Carpita n'ait ouvert officiellement la séance.

Personne ne s'en offusque car il a atteint un tel degré dans le gâtisme que même ses pairs ont fini par s'en apercevoir.

Il n'a jamais eu l'esprit particulièrement aiguisé mais il avait suffi que quelques minuscules vaisseaux se rompissent à la périphérie de son cortex pour que son discours se trouvât affranchi des exigences tatillonnes de la chronologie ordinaire et du fastidieux enchaînement des effets et des causes. Voici un exemple de sa manière :

— Pétain n'aurait jamais dû prendre Marchais dans son gouvernement. Cela risque de nous coûter la Cochinchine et nous aurons bonne mine quand le détroit d'Ormuz sera fermé...

Quand le temps se disloque, le sens de l'histoire (qui n'est pas si commode à cerner en temps normal) devient encore plus difficile à percevoir mais son déroulement gagne en primesaut.

Les Cormorans prenaient plaisir aux divagations de leur collège mais ne tenaient aucun compte de ses avis.

Ils ne l'avaient admis parmi eux que pour se moquer de son innocence.

A ce jeu débile et cruel Paradas, du temps où il siégeait tous les jours, n'était pas celui qui se divertissait le moins. Ce soir, après dix ans d'absence, il se demande ce qu'il est venu faire. Ce qu'il voit, ce qu'il entend et qui le divertissait jadis, lui fait vaguement honte.

Rarement pourtant Euloge n'a été aussi en forme. Il a complètement rompu les amarres avec la réalité. Il cavalcade allégrement d'un siècle à l'autre, fait de Landru le conseiller privé de Néron et de madame Thatcher la maîtresse officielle de Bonaparte.

En fait, il se contente de réciter ce qu'il a lu dans *la Balise républicaine*, le quotidien local paraissant trois fois par semaine. Simplement il amalgame le feuilleton historique et la bande dessinée de la dernière page avec les informations de la une. Ce qui engendre une actualité assez cabriolante.

Les rires fusent. Les applaudissements crépitent :

— Tu es le plus fort, clame le conclave à l'unisson.

— Vos gueules, a hurlé Paradas.

Le tonnerre de sa voix l'a fait sursauter. Les mots lui ont jailli de la bouche sans passer par le contrôle du cerveau. Il n'en croit pas ses oreilles mais il est assez content de les avoir entendus.

Le Président Carpita, qui avait salué avec transports le retour du Cormoran prodigue, ne peut dissimuler l'étonnement peiné que lui cause une intervention aussi intempestive.

Sur le Banc la réprobation est unanime.

« Vous êtes encore plus minables que dans mon souvenir », pense Paradas.

Les mots, cette fois, n'ont pas franchi ses lèvres mais il les a pensés très fort...

*
* *

En dehors du Grand-Peluque personne n'a jamais entendu parler des Cormorans. Ils se donnent parfois, quand ils sont particulièrement satisfaits des vœux qu'ils viennent d'émettre, le titre de Sénateurs ou même d'Académiciens. Personne ne leur conteste ce droit puisqu'ils se le sont accordé de leur propre chef. Ils n'ont aucune existence légale. Aucun d'eux n'est conseiller municipal. Ils prétendent néanmoins représenter la plus haute autorité du pays : l'autorité morale. A les en croire, ils régentent l'opinion publique.

En fait, ils ne représentent rien et n'ont d'autre importance que celle qu'ils se donnent. Ils pensent inspirer la terreur. Personne ne songe à les contrarier. Ils ne font même plus sourire. La population les laisse jouer entre eux au jeu du pouvoir absolu. Il faut bien accorder quelques satisfactions aux vieillards.

Ils se réunissent tous les jours : à 18 heures à la belle saison, à 16 heures en hiver. Toujours au même endroit, sur le banc de pierre qui longe la façade ouest de l'église fortifiée.

C'est le cagnard le mieux abrité de tout le village et de toute la Plaine Molle. Le Vent Dur le contourne ou le survole. Quand la température descend au-dessous de zéro, ce qui est exceptionnel, la pierre demeure tiède. Parfois, les jours de pluie, la séance est levée à peine ouverte, juste le temps d'échanger poignées de main et perfidies.

Paradas les regarde avec l'impression de ne jamais les avoir vus. Immobiles, raides, hiératiques, on les croirait sculptés directement dans la muraille de l'église château fort. L'habitude de les voir toujours à la même place les a, peu à peu, effacés. Aujourd'hui, ils sont en relief. Ils lui sautent aux yeux et le contraignent à battre des paupières...

Le Vent Dur redouble de violence. Craintivement les Cormorans courbent l'échine, se tassent sur eux-mêmes. Entre deux rafales ils s'ébrouent et profitent du silence pour chevroter les derniers ragots avec des rires grinçants de cigale enrouée. On dirait un orphéon calamiteux qui tente de s'accorder. Il s'agit de la dernière séance d'échauffement qui précède le tournoi quotidien de médisance. Le moment savoureux des « il paraît que » invérifiables et cafards :

— ... Il paraît que, dit l'un, mais c'est sous toutes réserves, et Dieu garde que vous le répétiez à qui que ce soit, il paraît que la femme d'Aristide s'est fait la valise avec un Caraque tondeur de chiens au chômage...

— ... Il paraît, reprend un autre, mais il faudrait voir les choses d'un peu plus près, que le petit Jules du Grand-Badon se l'est fait mettre plusieurs fois d'affilée par le grand Jules du Petit-Cliouscat...

Désormais, les langues sont déliées. Les « il paraît que » se mettent à crépiter et leur ignominie déride les visages :

— ... Il paraît que Marcel aurait dit à Léon que Ferdinand saurait de source sûre que monsieur le marquis de Fiélouse aurait été surpris par Gunther, son garde-chasse alsacien, alors qu'il se faisait gracieusement brouter les amandons par un cabri nouveau-né...

— ... Il paraîtrait que Mélina la Moustachue serait rigoureusement hermaphrodite et que c'est elle qui aurait fait un petit à Rosalie la Boiteuse...

Auguste a rarement participé à ces récitals mais il doit s'avouer rétrospectivement qu'il lui est arrivé d'y trouver de l'agrément. En cet instant ces radoteurs l'épouvantent et le glacent.

Il n'a jamais vraiment cru à la prétendue sagesse des vieillards. Son expérience personnelle l'incite à penser qu'il y aurait beaucoup à dire sur la question. Comme sa nature est plus indulgente qu'il n'y paraît et qu'il ne le croit lui-même, il s'est accommodé de ce petit travers qui conduit les Sénateurs à limiter leur conversation aux histoires de cul. En ce venteux lundi de septembre, il ne peut plus supporter ces patriarches abominables.

Il serait audacieux de faire de lui un ardent féministe. Mais la théorie selon laquelle toutes les femmes sont des putes à part celle qui vous a donné le jour dont il s'est contenté jusqu'ici, lui paraît moins convaincante que d'habitude. Il se demande comment il a pu fréquenter si longtemps de tels monstres. Leur cruauté est sans défaut. Ils voient le mal partout, ne pardonnent jamais une faute et considèrent tout innocent comme un coupable qui ne s'est pas fait prendre.

L'envoûtement dans lequel ils l'ont fait vivre, avec hélas son accord, s'est subitement dissipé. Ses collègues lui sont devenus transparents. Il avait participé à leurs travaux sans en comprendre la signification. Ce Sénat de plein air fonctionnait déjà au Moyen Âge. En sommeil pendant des siècles il a été ressuscité en 1919 par des anciens combattants. Il est censé fonctionner comme un tribunal de justice. Il n'est en réalité qu'une compagnie d'assurances contre la mort.

Les moins vieux des Cormorans ont passé depuis longtemps l'âge de mourir jeune. Ceux-là, parfois, envisagent qu'ils devront éventuellement faire un jour leurs adieux définitifs. L'insouciance des centenaires les rassure. Plus l'heure approche moins ils s'en préoccupent et la disparition d'un octogénaire plein de vie, loin de les troubler, les exalte. Chaque fois qu'un de leurs collègues est rappelé prématurément dans le sein du Seigneur, ils éprouvent l'apaisante perspective d'être épargnés. Mourir n'arrive qu'aux autres.

Ceux-là sont partis. Eux sont encore là.

C'est une preuve, non ?

Cette façon d'envisager l'avenir peut en étonner plus d'un. Cela prouve uniquement qu'ils n'ont pas fait la guerre de 14-18. S'ils avaient vécu pendant des années dans un environnement de cadavres et qu'ils aient réchappé au massacre, ils auraient la certitude, illusoire mais tonique, d'avoir payé leur dette en une fois et d'être définitivement en règle avec la mort.

Elle ne peut plus rien contre ceux qui sont parvenus à lui filer entre les pattes au temps où elle faisait des heures supplémentaires.

*
* *

Quand un Cormoran passait de vie à trépas c'était donc sans raison valable. Sans excuse même. Il aurait pu éviter ce fâcheux avatar s'il avait été un peu plus attentif. Il ne méritait pas l'indulgence des survivants.

La clémence, on l'a vu, n'est pas leur spécialité. Ils ne se ménagent pas plus que les autres et s'assènent mutuellement des méchancetés massives dont ils ne ressentent que le plaisir de les infliger. L'insensibilité du grand âge leur confère une manière de toute-puissance. Celui qui ne ressent plus grand-chose peut se permettre de faire bénéficier son prochain des tourments les plus épouvantables sans en éprouver de choc en retour.

La résistance des vieillards aux souffrances d'autrui, surtout à celles qu'ils lui administrent, est pratiquement illimitée. Les enfants sont souvent cruels mais ils sont toujours victimes des tourments ingénieux qu'ils inventent. Les vieillards, les horribles vieillards s'en tirent sans une égratignure à l'âme...

En ont-ils encore une ?

On pourrait en douter, surtout les jours où ils conduisent l'un des leurs à sa dernière demeure.

Les enterrements sont les friandises des Cormorans et l'occasion pour eux de donner un exemple édifiant à la population tout entière. Ils lui offrent l'image parfaite de la douleur partagée. En outre, ils donnent l'occasion au Président Carpita, fondateur du club local des Chiffres et des Lettres et qui parvint aux quarts de finale du tournoi de Trinquetaille, de gratifier le disparu, à défaut d'un chagrin véritable, des consolations toujours appréciées en province de l'oraison funèbre.

Dans sa bouche, ce genre, qui est en train de tomber en désuétude, reprend toute sa splendeur. Disposant d'un vocabulaire illimité, Carpita fait ruisseler, sur la tombe de l'absent, les mots les plus harmonieux. Il les rassemble en bouquet, ce qui lui épargne l'achat d'une couronne :

— Nous sommes restés près de toi, s'écrie-t-il, jusqu'à la dernière seconde. Tu étais devenu maigre comme une bicyclette, transparent comme les ailes d'une libellule, léger comme une feuille de tilleul, triste comme l'âne corse de Guillaume le Bègue, sauvage comme le cochon noir de Prosper le Boiteux, mais nous ne t'avons jamais abandonné et tu continueras de vivre en notre cœur jusqu'à la fin des siècles...

A force d'entraînement, quelques-uns des Sénateurs parviennent à faire ruisseler dans le lit de leurs rides quelques larmes décoratives...

Cette liturgie de la parole est certainement plus élaborée que les « Qui aurait dit ça ? » ou les « Ce que c'est que de nous tout de même ! » qui accompagnent, en fond sonore, le dernier voyage du commun des mortels. Plus élaborée certes, mais moins sincère. Cette mélopée verbale n'exprime rien d'autre que le désir d'apprivoiser le langage, d'en faire une incantation magique à l'abri de laquelle on peut savourer paisiblement les délices de l'invulnérabilité.

***

« Pauvres couillons que ces pauvres couillons-là ! pense Auguste. Pauvre couillon que je suis moi ! Pourquoi suis-je revenu ? Que fais-je en ces lieux ?... »

Il voudrait se retirer discrètement mais le Président Carpita, pour montrer la satisfaction que lui causent leurs retrouvailles sur le Banc, a tenu à le faire asseoir à sa droite. Il a levé la main pour faire taire les conversations privées et a lancé de sa voix de chantre :

— La séance est ouverte.

Son assesseur Barbe d'Or, dit le Viking du Sambuc, a brandi le Grand Registre et le conclave a frémi de concupiscence.

***

Le Grand Registre c'est un carnet ordinaire aux feuillets quadrillés, à la couverture de moleskine noire. Vous pouvez trouver le même pour 3,95 F chez Roger Lecamus, Tabac Journaux Articles de pêche, au 5 bis de l'impasse des Poilus-d'Orient. Barbe d'Or en a la garde. Il ne s'en sépare jamais. Même pour dormir, dit-on.

Il est chargé d'y reporter le compte rendu des séances. Ses possibilités rédactionnelles étant minces, il se contente de marquer chaque jour un R.A.S. calligraphié.

— Avez-vous, a demandé Carpita, un nouveau nom à soumettre à notre examen ?

Les Cormorans s'entre-regardent.

Exceptionnellement, ils n'ont aucune victime à se mettre sous le dentier. Dans leur lutte forcenée contre la dégradation des forces morales traditionnelles ils ont imaginé d'inscrire le nom des Peluquois dans le ménage desquels ce sont les femmes qui gouvernent. La dégradation des mœurs contemporaines provient selon eux de l'intrusion du pouvoir féminin dans la vie tant domestique que sociale. On a permis aux porteuses de jupon de se mêler de ce qui ne les regardait pas. Il est temps de leur tenir les rênes courtes et de stigmatiser l'intolérable relâchement des mœurs.

Le vieillard est volontiers phallocrate et les Cormorans le sont encore plus que la moyenne. Sans l'insistance du Président Carpita, tous les mâles du village auraient figuré sur ce lexique de l'infamie. En vérité l'existence du Grand Registre n'intéressait que les Cormorans. La plupart des habitants du Grand-Peluque en ignoraient l'existence même.

Ceux qui en avaient vaguement entendu parler se contentaient d'en rire et ne s'en portaient pas plus mal. Au Bar des Rescapés d'ailleurs on n'appelait jamais les Cormorans, quand d'aventure on évoquait leur existence mythique, autrement que les Crabes fatigués.

Ils ne l'ignoraient pas et n'en éprouvaient aucune humiliation. Certes, la compagnie avait apparemment perdu de son pouvoir depuis sa fondation au XIVe siècle. En ce temps-là, le seigneur et le clergé lui-même tenaient compte de son avis. Son pouvoir était occulte mais réel. Ses membres ne se montraient en public que le visage caché sous une cagoule pourpre les jours de fêtes carillonnées. Ils faisaient régner la terreur par le mystère et il ne serait venu à personne l'idée de leur tenir tête. Ils se montrent aujourd'hui à visage découvert et on se moque d'eux. On les considère comme des gâteux inoffensifs. On a tort. Ils ne disposent que d'une seule arme : le temps. Mais c'est l'arme absolue...

*
* *

De mémoire d'homme, aucun habitant du Grand-Peluque n'est jamais mort en mer et c'est pour conjurer le mauvais sort qu'ils se considèrent comme des rescapés. Des « rescapés » avant l'heure de la noyade. Ils se battront plus tard pour trouver une place sur le radeau des Cormorans. Pour le moment ils feignent d'être heureux et vivent sans se douter de ce qui les attend. La laideur et la bêtise des Crabes fatigués alimentent leurs sarcasmes et entretiennent leur joie d'exister. Ils n'ont pas assez d'imagination pour penser que les vrais « rescapés », ce sont ces débris d'hommes qui, jadis, ont été eux aussi jeunes et beaux et pleins d'espoir. Il y a bien des moments où ils s'en doutent un peu. Dans ces moments, ils redoublent de gaieté. Ils s'étourdissent de paroles...

Sur leur Banc, les vieux attendent avec une sérénité goguenarde. Ils ne sont pas pressés. Eux ils savent et les autres ne savent rien. Ils se sont assis pour regarder passer le cadavre de leur jeunesse. De temps en temps ils harponnent l'un de ceux qui se noient et le mettent à sécher parmi eux. Ou, selon leur humeur, achèvent à coups de talon de les enfoncer dans les flots bourbeux où ils se débattent. Peu leur importe de constater que leurs décisions ne sont suivies d'aucun effet. Ils finiront obligatoirement par avoir le dernier mot. En attendant ils expédient les affaires courantes et maintiennent sans faiblesse le principe de leur légitimité. Personne ne peut leur échapper. Ils vont jusqu'à se réjouir de l'incrédulité qu'ils suscitent. Elle les rassure sur leur clairvoyance. Elle aiguise leur regard. Sous les traits lisses des hommes dans la force de l'âge ils voient se creuser leurs propres rides. Sous les propos chaleureux ils décèlent la venimeuse perfidie. Sous la plage dorée la vermine qui grouille. Sous le corps le squelette.

Tel est le bonheur des Cormorans.

Car ils sont heureux les bougres.
Heureux comme des merles...

*
* *

La pratique de l'excommunication majeure constituait jadis l'essentiel de leurs activités. Depuis une dizaine d'années ils n'avaient plus inscrit personne sur le Grand Registre. Non qu'ils aient été gagnés par la mansuétude mais les six anathèmes qu'ils avaient lancés en un demi-siècle avaient donné des résultats si déroutants qu'ils hésitaient à en lancer de nouveaux par crainte de perdre confiance en leur efficacité. Logiquement leurs excommuniés auraient dû périr de honte. Or, dans l'ensemble, ils ne paraissaient pas outre mesure affectés par la terrible sanction qui avait été prononcée contre eux.

Bien qu'il fût veuf depuis plus d'un demi-siècle, le premier à figurer sur la liste avait été, comme il fallait s'y attendre, Adolphe Meynadier. Sa toute-puissance et sa fortune avaient accumulé tant de haine sur ses épaules qu'il était surprenant qu'il ne fût pas devenu bossu. Sa disparition aurait été saluée avec soulagement non seulement par le Sénat mais, pour une fois, par l'ensemble de la population. Il s'obstinait méchamment à se porter comme la tour Eiffel bien qu'il fût de quelques années plus âgé qu'elle. Il ne se passait pas de jour qu'un Cormoran n'annonçât triomphalement que l'odieux personnage venait de mettre fin à ses jours et qu'il agonisait dans des souffrances atroces... Le lendemain il ressuscitait. Ce qui entretenait le suspens sans entamer la confiance du Sénat dans la victoire finale.

Le cas de Roger Lecamus était plus troublant encore.

Il n'avait été inscrit sur le Grand Registre qu'à une voix de majorité (bien qu'ils fussent de tempérament autoritaire, les Sénateurs avaient maintenu l'usage du vote démocratique). Personnellement Paradas, du temps où il siégeait, avait voté contre. Lecamus, en effet, disposait d'une épouse quasiment invisible qui ne sortait de sa cuisine que pour faire hâtivement ses courses d'un pas terrorisé. Il était difficile dans ces conditions d'accuser ce bon Roger d'avoir abandonné tout ou partie de son autorité maritale entre les mains d'une femme aussi effacée. C'est précisément parce qu'on ne savait rien d'elle et qu'on ne pouvait lui faire aucun reproche que le doute s'était installé dans les âmes.

Or, dans le doute, les Cormorans n'avaient pas l'habitude de s'abstenir. Ils réservaient toutefois à Lecamus un sort particulier et continuaient d'acheter chez lui leurs hameçons et leurs cannes à pêche.

Le numéro trois, en revanche, n'avait posé aucun cas de conscience à qui que ce soit. Il était belge. Ce qui, au Grand-Peluque, n'est pas vraiment considéré comme une tare mais c'est une localité où l'idée d'une Europe unifiée n'a pas encore cheminé profondément dans les esprits. Le lauréat avait été élu à l'unanimité et pratiquement sans enquête. Il ne sembla pas en être affecté et continua comme devant, à fréquenter le Bar des Rescapés, à offrir des tournées générales et à prendre un kilo par semaine. S'il mourut le cœur noyé dans la graisse on ne peut pas vraiment dire que les Cormorans y aient été pour quelque chose.

Aristide Roqueplan qui se trouvait en quatrième position sur la liste dut, à la suite de son inscription au Grand Registre, être transporté d'urgence à l'asile d'aliénés de Trinquetaille où il traînait une existence misérable passant ses nuits à pousser des hurlements de bête qui, par vent favorable, parvenaient jusqu'au Grand-Peluque, améliorant au passage le chiffre d'affaires de Melchior le pharmacien dont les somnifères et les boules « Quiès » se trouvèrent à plusieurs reprises en rupture de stock.

Là non plus la responsabilité des Cormorans ne se trouvait pas engagée. Il ne s'agissait que d'un simple concours de circonstances. Le brave Roqueplan avait déjà été interné à plusieurs reprises à cause de la fâcheuse tendance qu'il avait à envoyer les mains sous les jupettes des petites filles. Sans les étrangler tout à fait quand elles opposaient à ses investigations de légitimes réticences.

On n'entend plus guère parler de lui en ce moment.

Le bruit court qu'il se serait ouvert les veines avec les ongles dans sa cellule capitonnée. Les Cormorans n'ayant pas eu l'occasion de vérifier le bien-fondé de cette rumeur n'osent s'en réjouir ouvertement mais n'hésitent pas à voir, dans ce cas douloureux, la confirmation éclatante de leur pouvoir.

Le cas du cinquième proscrit demeure le plus troublant. Benoît V le facteur (on l'appelait ainsi car il avait quatre frères) avait démissionné de la fonction publique dès qu'il avait été informé de sa mise à l'index et s'était expatrié sans fournir la moindre explication. Toutefois, depuis que sa présence a été signalée à La Barbade où il aurait fait fortune dans le commerce des vins et spiritueux (et peut-être des drogues douces et des armes de petit calibre), on est en droit de se demander s'il n'avait pas profité de l'occasion pour mettre quelques océans entre son épouse et lui.

Cette mégère avait étouffé toute la créativité dont il était porteur. Elle ne tarda pas à s'épanouir sous les Tropiques. Il vient d'être décoré de la Légion d'honneur au titre du Commerce extérieur en récompense des devises fortes qu'il rapatriait scrupuleusement. Car il n'avait pas perdu tout espoir de finir ses jours dans son village.

C'est en inscrivant le nom de Claudius Sarrazin (dit le Turc) sur le Grand Registre que les Sénateurs avaient donné la mesure de leur audace et de leur ingénuité. Les Sarrazin étaient maires du Grand-Peluque de père en fils (quasiment) depuis la fondation de la République. Cette gaminerie eut pour seul résultat de faire réélire le Turc avec une majorité plus confortable que d'habitude.

Sans les faire douter absolument de leur toute-puissance, cette dernière mésaventure rendit les Sénateurs un peu plus circonspects dans la distribution de leurs brevets d'infamie. Ils n'ont depuis lors plus marqué un seul nom sur le registre dont Barbe d'Or a la garde et dont les feuillets commencent à jaunir de vieillesse.

*
* *

Leurs activités calomniatrices ont en revanche redoublé. La calomnie, à la condition d'être méthodiquement martelée, procure à ses pratiquants des satisfactions sans cesse renouvelées. Plus succulentes et plus durables qu'une condamnation sans appel. Rien n'est plus délectable que de torturer longuement sa victime avant de la mettre définitivement en bouillie.

Plaisirs de chat. Plaisirs de prince. Les griffes de la justice sénatoriale ne s'abattaient sur la victime désignée qu'après qu'elle avait suffisamment diverti ses bourreaux. Ils se montraient insatiables et retardaient le moment de l'exécution pour savourer plus longtemps le supplice dont ils se pourléchaient. Leurs accusations demeuraient floues. Ils excellaient dans l'allusif et le patelin. La formulation de leurs menaces demeurait volontairement obscure et s'assortissait toujours d'un frêle espoir de réhabilitation et d'une vigoureuse admonestation moralisatrice...

Paradas ne peut s'empêcher de pousser un soupir désolé. Il s'est complu pendant des années à ces amusements cruels. Cruels mais sans danger car ils jouaient entre eux sans se risquer à affronter leurs victimes. Ils mettaient au point ce qu'ils leur auraient dit s'ils leur avaient vraiment adressé la parole. Ils n'ont jamais dépassé le stade de la répétition privée et se sont bien gardés de convoquer qui que ce soit devant leur tribunal.

Il y a paraît-il dans la médecine chinoise un remède infaillible. Il consiste, quand on a attrapé une mauvaise maladie, à la refiler à quelqu'un d'autre. Ainsi faisaient les Cormorans. Ils se débarrassaient de leurs rancœurs et de leurs frustrations sur autrui. La vieillesse était un naufrage dans lequel ils essayaient d'entraîner le monde entier. Ils n'auraient accepté de mourir qu'à la condition qu'il n'y ait pas de survivants. Leur impuissance était leur seule arme.

« Pauvres types ! » pense Paradas.

Il n'y a aucun mépris dans son cœur. Il se sent même plein de compassion à l'égard de ces pauvres vieux. Et vis-à-vis de lui-même. Il ne s'est à aucun moment considéré tout à fait comme l'un des leurs mais il a été leur compagnon de jeux. Leur complice. L'angoisse l'étreint :

« Et si un jour je devenais pareil à eux. Pire qu'eux. Si je mettais ma propre décrépitude sur le compte de la décadence des mœurs. Si je me surprenais à tenir la jeunesse pour responsable de mon proche anéantissement !... »

Cette perspective le glace. Il est si absorbé dans son effroi qu'il n'a pas entendu le Président Carpita annoncer avec jubilation :

— Mes chers collègues, j'ai une surprise pour vous. Notre ami Paradas, dont l'éloignement nous peinait, est enfin de retour parmi nous. Je crois savoir qu'il a une importante révélation à nous faire...

Auguste sursaute quand Carpita lui met affectueusement la main sur l'épaule :

— Cher ami, vous avez la parole...

Paradas se ratatine sur lui-même et s'accable d'insultes. Il ne comprend plus les raisons qui l'ont amené à vouloir juger à nouveau sur le banc des Sénateurs.

***

L'accueil du Président Carpita avait été chaleureux. Celui de ses collègues sans être vraiment hostile lui parut nettement plus réservé. Toute vanité n'était pas morte en lui. Il résolut de frapper un grand coup à l'occasion de sa rentrée. Avec ce qu'il avait vu la veille au sommet de la dune il avait de quoi retenir l'attention des plus réticents. Il n'avait pas révélé à l'avance le contenu de sa communication. Il avait simplement confié au Président avec une fausse modestie radieuse :

— Je crois avoir un fait important à soumettre à l'appréciation de nos camarades...

Et maintenant il était perclus de honte. Il se demandait comment il avait pu envisager de faire partager à des êtres aussi grossiers un si charmant spectacle. Ils en étaient indignes. D'autant plus que le tableau qu'il avait pu admirer se présentait maintenant à ses yeux sous des couleurs nouvelles.

Le spectacle l'avait surtout requis par son robuste enjouement. Il y découvrait à l'instant une pureté, une noblesse, une grandeur qu'il n'avait pas perçues dans le feu de l'action. Ses collègues n'y auraient vu qu'une partie de jambes en l'air un peu plus animée que les autres. Il entendait à l'avance leurs gloussements et leurs ricanements. Il les voyait se trémousser d'aise et soudain se renfrogner au moment de condamner une aussi déplorable exhibition. Cela il ne voulait pas l'entendre.

Une évidence soudain fulgure en lui rétrospectivement :

— Mais ils s'aiment ces petits. Ils s'aiment pour de bon. Ils s'aiment pour la vie... Cela ne regarde pas ces monstres.

Il garde les lèvres obstinément closes.

— Nous t'écoutons, dit Carpita.

— Je n'ai rien à dire.

— Il m'avait pourtant semblé que...

— C'est exact. Mais j'avais oublié que vous étiez aussi moches...

— Je n'aurais jamais cru ça de vous, dit le Président Carpita blessé à la fois dans ses sentiments et dans son amour du beau langage...

— La séance est levée, ajouta-t-il...

Effectivement, il n'y avait rien d'autre à ajouter.

*
* *

Paradas est resté seul sur le banc de pierre tiède. Il ne cerne pas parfaitement les raisons qui l'ont poussé à se conduire de la sorte mais il se sent d'accord avec lui-même. Seule sa violence l'étonne. Au moment même où il excuse ses collègues, où il comprend leur détresse cachée, voilà-t-il pas qu'il les rudoie sans ménagement ?

— Mais qu'est-ce qui se passe ?

Il se sent incapable de répondre à la question qu'il se pose mais il est sûr que la réponse existe et qu'il va la trouver bientôt.

Étrange certitude qui ne repose sur aucune raison raisonnable. Il a l'impression que quelque part quelqu'un qui lui veut du bien va lui venir en aide. De cet envoyé providentiel il ne sait rien, excepté qu'il ne le connaît pas.

Une voix le tire de sa méditation : c'est celle d'Euloge Farifon. Il a du mal à croire que ce débile lui apporte la clef du mystère.

Euloge s'est laissé distancer par les Sénateurs. Aucun d'entre eux ne s'est aperçu qu'il avait rebroussé chemin. Ils attachent si peu d'importance à ses faits et gestes. Sans dire un mot il s'est installé sur son pliant en face de Paradas. Il lui sourit avec tendresse.

— Qu'est-ce que tu attends ? demande Auguste.

Il s'en veut aussitôt de lui avoir parlé avec rudesse. Le sourire d'Euloge n'a pas disparu. Il est devenu, au contraire, encore plus fraternel :

— Je voulais te dire merci...

Paradas le regarde avec ahurissement :

— Mais il n'y a pas de raison...

— Oh si... Tout à l'heure tu as essayé de les faire taire.

— Moi !... Ah oui c'est vrai.

Il vient de se souvenir de ce tonitruant « Vos gueules » qui lui a échappé il y a quelques minutes...

— Il n'y a pas de quoi me remercier. Je suis comme ça. J'aime pas qu'on s'en prenne à quelqu'un qui peut pas se défendre...

— Il ne faut pas leur en vouloir... Ils sont si malheureux...

« Évidemment toi tu t'en fous », pense Paradas.

— Complètement, répond Euloge comme s'il avait entendu la réflexion d'Auguste... Il ne fallait vraiment pas te déranger pour moi. Tant qu'ils me prendront pour un gâteux, ils me ficheront la paix. Ça les amuse et moi ça me permet de penser à autre chose... Pourvu qu'on me laisse tranquille, c'est tout ce que je demande à la vie...

Il est venu s'asseoir sur le Banc et a posé la main sur les genoux de son collègue :

— Auguste tu es le plus brave mais prends bien garde à toi. Si tu essaies de leur tenir tête ils te rendront la vie impossible... C'est trop tard pour les changer... Je sens venir pour toi de gros ennuis.

Il se lève et prend son pliant sous le bras. Paradas essaie de le retenir. Il n'aurait jamais cru avoir besoin un jour de sa présence. Euloge esquisse un geste d'impuissance :

— J'aimerais t'aider mais je ne suis plus bon à rien.

Il s'éloigne. S'immobilise. Fait demi-tour :

— De toute façon, dit-il, si tu as besoin d'un coup de main tu peux compter sur moi quand même. Je ferai ce que je pourrai. Dans la mesure de mes petits moyens.

Avant de disparaître, il se retourne une dernière fois :

— Tu as bien fait de ne pas leur parler d'Adrien.

— Comment tu sais ?

— J'étais de l'autre côté de la dune... Mais il vaut mieux que ça reste entre nous. Ils salissent tout...

Il a disparu.

Une bouffée d'allégresse emplit le cœur de Paradas. Il lève les yeux en signe d'action de grâces. Un nuage traverse le ciel. Il a la forme du pétard de Clémence et ce pétard céleste lui cligne de l'œil avec espièglerie.

C'est au pas de chasseur qu'il rentre à sa maison.

CHAPITRE 5

Qui démontre le pouvoir des mots sur les âmes faibles...

Au Grand-Peluque le Président Maxime Carpita était à la fois le gardien et le maître des mots...

Ce village est l'un des plus volubiles de la planète mais ses habitants font des mots un usage particulier. Ils les emploient surtout pour le plaisir de les entendre et, plus qu'à communiquer, ils leur servent à se mettre à l'abri.

Ils ne demandent au discours que de les aider à couillonner le monde. Cela pourrait s'appeler du mensonge si cette technique n'était pratiquée avec bonheur par la plupart des membres de la communauté. Seuls les imbéciles se laissent duper. Ce qui n'est pas choquant outre mesure. Ils l'auraient été de toute manière.

La parole est considérée ici comme un jeu de société. Sa pratique permanente développe la vivacité d'esprit naturelle de la population indigène. Ce qui rend la vérité plus difficile à trouver qu'ailleurs. Ce n'est pas dans les mots qu'il faut la rechercher. C'est à d'autres signes, imperceptibles aux gens de passage, qu'elle se reconnaît.

Les étrangers ne savent pas interpréter les silences où elle se niche et ne comprendront jamais qu'il y a ici des virtuoses capables de rougir quand exceptionnellement ils expriment le fond de leur pensée.

Le Président Carpita est le seul à porter aux mots le respect qu'on leur doit. Tout ce qu'on peut en savoir il l'a appris par ses propres moyens. Il connaît leurs origines, leur pedigree, leurs avatars, leurs mésalliances, leur sens propre ou figuré et comment ils arrivent à signifier plusieurs choses à la fois. Notamment leur contraire.

Redoutable pouvoir que le sien.

S'il y avait eu en lui la moindre perversité il eût pu conquérir la puissance, la gloire et l'argent. Sous ces latitudes la parole est un instrument de conquête.

Par bonheur, Carpita est un humaniste et un philanthrope qui n'a d'autre ambition que d'améliorer la qualité d'âme de ses concitoyens par l'enrichissement de leur capital sémantique.

— Le mot juste, a-t-il coutume de dire, est le seul fondement de la morale. L'appauvrissement du vocabulaire et son imprécision sont un désastre pour l'humanité. Dominons les mots si nous voulons nous maîtriser nous-mêmes...

Ce n'était pourtant qu'un humble chef de gare à la retraite. Il ne disposait pour tout diplôme que du brevet élémentaire. La ligne d'intérêt local ralliant Trinquetaille au Grand-Peluque ayant été supprimée pour manque de rentabilité, il avait été mis à la retraite d'office. Il n'en conçut aucune amertume et profitant de ce qu'il disposait encore de sa quasi-intégrité moléculaire, il utilisa ses loisirs imprévus à la pratique intensive des mots croisés et de tous les jeux d'esprit.

Il ne faut pas chercher ailleurs le caractère superbement encyclopédique de ses connaissances.

Ses efforts désintéressés ne tardèrent pas à être récompensés et valurent à son humble commune quelques jours de notoriété nationale. Qualifié pour les épreuves préliminaires du tournoi des Chiffres et des Lettres, Carpita, sans aucun appui politique, accéda aux quarts de finale et ne fut battu que d'extrême justesse par le major de l'École nationale d'alphabétisation. Qui bénéficiait, cela va sans dire, du soutien de l'Élysée.

Cet admirable chef de gare désaffectée ne demandait qu'à distribuer aux démunis les trésors inépuisables de son savoir. Il ne considérait personne comme définitivement inéducable et réservait aux moins doués son enseignement le plus attentif. Il ne se doutait pas que Paradas avait commencé, à titre personnel, d'entasser dans sa mémoire plus de mots qu'on n'a coutume d'en trouver chez les laveurs de carreaux même à tiers temps. Il s'attribuait ingénument le mérite de lui avoir communiqué sa passion pour les dictionnaires en plusieurs volumes. Elle existait déjà depuis des années mais, sous son influence, elle s'exaspéra.

Paradas dut intensifier le râtelage des tellines pour alimenter sa voracité culturelle, ce qui lui valut d'être traité de prédateur par différentes associations écologiques. Cela lui posa problème car il se considérait (à juste titre) comme un véritable ami de la nature. Son amour du beau langage fut le plus fort et s'il finit par envoyer paître ses accusateurs, ce fut avec véhémence mais en termes châtiés...

*
* *

Nous voici arrivés au troisième jour après l'apparition du pétrus de Clémence...

Paradas n'a toujours pas retrouvé le sommeil. Les siestes réparatrices dans lesquelles il puisait naguère son équanimité maintenant l'épuisent. Sa fierté naturelle l'incite à ne rien changer à ses habitudes. Il n'a révélé à personne à quel point le perturbe cette surprenante modification de ses biorythmes.

Si donc, ce soir, il a résolu de se rendre à la séance bihebdomadaire du club des Chiffres et des Lettres, c'est pour confronter celui qu'il est en train de devenir à ce qu'il était jadis. Cela fait dix ans qu'il n'a pas disputé un tournoi. C'est un jeu pourtant où il a connu quelques beaux succès. Mais quand il a rompu avec l'humanité entière il a renoncé, du même coup, à toute vie associative.

Il ira donc mais sans participer. Uniquement pour achever sa mise au net. Son bref séjour chez les Cormorans l'a fortifié dans sa volonté de renouvellement. Il attend un moindre choc de cet affrontement dérisoire où d'innocents retraités traquent le mot de neuf lettres pour lutter contre le ramollissement de leurs cellules nerveuses.

Il est décidé, avant de passer à l'attaque, à faire le ménage à fond. Il veut savoir pourquoi, pendant si longtemps (et même quand il ne fréquentait plus le club il a continué de s'entraîner), l'amélioration de son vocabulaire lui a tenu lieu de raison de vivre. D'autant que tous ces mots qu'il amassait avec une frénésie de philatéliste, il ne s'en est jamais servi pour se mieux connaître. Il ne les exhibait qu'au temps de ses compétitions glorieuses ; mais dans la conduite ordinaire de sa vie, il n'avait guère l'occasion (ou alors par inadvertance) d'en faire usage. Surtout depuis qu'il n'avait que le soleil pour lui donner la réplique.

Son entrée dans la salle des fêtes passa inaperçue. Il régnait en ce lieu une atmosphère de concours d'agrégation. La plupart des spectateurs fermaient les yeux pour que les lettres apparaissent lumineusement sur le tableau noir de leur nuit intérieure.

Paradas s'était glissé au fond de la salle, bien décidé à ne pas attirer l'attention. Il se sentit rougir comme un poivron trop mûr. Pas de la rougeur cramoisie de la confusion. La rougeur noire de la fureur...

Adolphe Meynadier trônait au premier rang.

***

Meynadier, au Grand-Peluque, on l'a surnommé Ramsès.

Si vous avez vu le vrai à la télévision le jour où on l'a sorti de sa boîte, vous serez frappé par la ressemblance mais vous n'êtes pas sûr de deviner, au premier coup d'œil, quel est le plus ancien.

Le Ramsès d'ici, on l'appelle aussi Mominette. Il faut être du Grand-Peluque pour trouver la finesse qui se cache dans ce surnom. Une mominette c'est un pastis de petit format que, dans ce cas, la goguenardise populaire avait métamorphosé en momie de petit calibre. Une momie qui marche et qui porte ses bandelettes à l'intérieur.

Sans elles on ne voit pas comment il pourrait encore tenir debout. Il a l'air fragile comme un paquet d'os déshydratés. Vous avez l'impression que, si juste vous lui soufflez dessus, il tombera en poussière. Vous auriez tort de vous fier aux apparences. Elle est en granit la mominette et tous ceux qui ont essayé de lui cogner dessus s'y sont brisé les métacarpes. Seul Paradas n'a pas renoncé à le détruire.

Ils se haïssent quasiment de naissance. Cela fera bientôt un siècle qu'ils jouent à qui fera mourir l'autre le premier. Le trépas prématuré de Jéromine a encore envenimé leurs rapports, mais les choses ne se sont véritablement gâtées entre eux qu'au moment où Ramsès s'est décidé à moderniser ses abattoirs de la Belle Gallinière.

Les commencements avaient été modestes. L'équipement technique se composait essentiellement d'une lessiveuse dans laquelle Paradas saignait avec son propre Opinel et plumait à la main ses cent poulets par jour. Avec l'apparition de la machine japonaise ils furent bientôt mille. Dix mille. Cinquante mille. Trois cent mille aujourd'hui.

Depuis longtemps Paradas ne tuait plus lui-même. Il eut jusqu'à cent vingt couteaux sous ses ordres. Sa virtuosité de nettoyeur de tranchées ne lui servait plus à rien. Son rôle consistait à maintenir la cadence à son plus haut niveau de rentabilité. Convenablement payé il n'avait pas, en ce temps-là, besoin de râteler des tellines pour arrondir ses fins de mois. Leur antipathie ne cessait cependant de s'affermir. Dans cet affrontement de tous les instants, chacun puisait des forces nouvelles.

A vrai dire ils se sont beaucoup amusés. La haine met du piment dans les rapports quotidiens. Paradas sut se montrer le plus ingénieux. Bien avant 1936, il organisa des grèves qui offrirent à Meynadier la joie de les briser impitoyablement. Et la joie plus cruelle encore de ne pas le mettre à la porte. Il s'offrit même le luxe pervers d'augmenter ses primes de fin d'année.

Paradas en fut humilié mais les encaissa. Ce qui l'humilia encore davantage.

Le silence s'était installé entre eux. En apparence Ramsès avait gagné. Il ne se doutait pas qu'Auguste méditait un retour en force. Son répertoire d'insultes était inépuisable mais son vocabulaire courant fort limité. C'est donc bien avant l'apparition du jeu des Chiffres et des Lettres qu'il se plongea dans l'étude des dictionnaires. Il faisait patiemment provision de mots pour pouvoir les déverser un jour, en tas, sur son ennemi et qu'il en crève de suffocation. Cela lui prit plus de temps qu'il ne croyait...

Étrange situation. Ils se voient tous les jours mais feignent de s'ignorer. Ce regard de l'autre perpétuellement fiché au creux de leurs épaules agit sur eux comme une banderille et réveille leur ardeur combative. Au coin de leurs yeux les pattes-d'oie de la vigilance se sont creusées et s'approfondissent d'année en année. Mais leur front demeure lisse et leur cœur de marbre.

On s'éternisait dans un statu quo hargneux mais solide. Paradas attendait son heure.

La Belle Gallinière s'étendait maintenant sur plusieurs hectares. Organisée comme un camp de concentration, elle fournissait ses trois cent mille cadavres quotidiens. D'un voyage d'études au Japon, Ramsès avait ramené dans ses bagages une machine grande comme plusieurs batteuses. C'était la première du genre. Elle lui avait coûté un paquet de milliards légers mais la concurrence se faisait rude et il fallait investir dans les technologies avancées si l'on voulait survivre. Les bestioles y entraient emplumées, pépiantes, guillerettes. Elles en sortaient toutes nues, toutes refroidies, empaquetées sous cellophane, un ruban rose autour du cou.

Une vraie merveille de mécanique. Elle récupérait les tripes des poulets, leurs pattes et leur sang. A une extrémité elle pondait de la volaille morte. A l'autre de superbes tourteaux rouge vif dont Ramsès alimentait son élevage de poussins. Le concours des égorgeurs devenait pratiquement inutile. Le maître de la Belle Gallinière ne conserva donc que quelques manutentionnaires et une mince équipe de tueurs figurants. Pour les jours où il recevait des clients musulmans. Ils n'étaient pas trop regardants sur les prix mais exigeaient par contrat que la poulaille soit exécutée rituellement au couteau.

Cela ne se produisait que deux ou trois fois par an et les choses s'arrangeaient à l'amiable. Moyennant une honnête propine, bien entendu.

Paradas ne servait donc plus à rien. Ramsès ne le congédia pas pour autant. Il fut même augmenté pour qu'il ressentît encore plus sa dépendance...

Alors l'indomptable Auguste qui attendait ce moment depuis des décennies rangea définitivement son Opinel et dit :

— Adolphe, il faut que je te dise ce que j'ai sur le cœur...

Le moment si longtemps espéré était enfin arrivé.

Ramsès, plus pharaonique que jamais, se contente d'avancer le menton pour signifier qu'il est disposé à écouter à condition qu'on sache se montrer bref...

Paradas a eu des années pour mettre son discours au point. Il le sait par cœur. Il prend une longue inspiration :

— Adolphe, dit-il, je t'emmerde...

Sa tête aussitôt se vide et aucun mot de plus n'arrive à sortir de ses lèvres. Adolphe émet un rire de cigale enrhumée :

— Non c'est moi, précise-t-il...

Puis il s'éloigne et jamais depuis lors ils ne se sont revus.

Paradas, le jour même, donnait sa démission et fondait son entreprise de laveurs de carreaux à tiers temps. Il y a dix ans de cela. Meynadier qui ne séjournait dans ses abattoirs que pour y narguer son ennemi a cessé, lui aussi, d'y mettre les pieds.

Il les contrôle de loin et son chiffre d'affaires ne cesse d'augmenter. Il reste enfermé dans sa villa du Petit Rigoustin en compagnie d'une gouvernante anglaise qui assure le train de sa maison et l'éducation de son arrière-petit-fils. Le bruit de son décès a couru à plusieurs reprises mais ce fut chaque fois pour Paradas une bien cruelle déception. Pour tous les habitants du Grand-Peluque aussi. Le bonhomme, disons-le tout net, n'était pas aimé. Il ne le souhaitait d'ailleurs pas...

Ce soir, il est là et le Président Carpita multiplie les courbettes :

— Nous sommes flattés que vous daigniez assister à notre modeste réunion.

— Mais, précise Ramsès, je n'ai pas seulement l'intention d'y assister. J'aimerais y participer. Si vous m'y autorisez toutefois...

Jamais il n'a parlé si poliment à qui que ce soit. Paradas est déjà sur ses gardes. Le fumier prépare un coup. Il a l'air pourtant d'un inoffensif petit vieux qui s'embête chez lui et qui vient chercher un peu de distraction et de chaleur humaine. Il a même essayé de sourire. Il continue de faire si peur que personne ne se sent l'audace de se mesurer à lui. Même le Président Carpita hésite :

— Si on veut de moi ? a proposé Paradas.

Tous se retournent. Seul Ramsès continue à regarder devant lui :

— Rien ne saurait m'être plus agréable, dit-il.

La salle s'emplit aussitôt d'un brouhaha comparable à celui qui précède un match de boxe.

La rencontre du siècle va pouvoir se dérouler.

Dès les premiers échanges Paradas comprend qu'il ne s'agira pas d'une simple promenade de santé. Cela n'est pas fait pour lui saper le moral. Il aime au contraire avoir affaire à forte partie. Cela lui fluidifie les vaisseaux. Condition première, pour l'homme d'âge, de l'alacrité des fonctions cérébrales.

Un soupçon l'effleure qui l'empêche de se concentrer. Le soupçon devient certitude.

« Nom de Dieu ! pense-t-il soudain. Mais c'est bien sûr !... »

Si Ramsès s'est retiré du monde des vivants c'est, lui aussi, pour des raisons sémantiques. Vraisemblablement informé par la rumeur publique du goût que son rival manifeste pour les mots rares et précieux, il a profité de son exil intérieur pour apprendre par cœur le Larousse et le Robert.

Si Auguste avait continué de fréquenter ses semblables, il aurait même pu apprendre que Mominette avait fait venir clandestinement et à prix d'or le champion du monde de Scrabble qui lui a donné pendant six mois jusqu'à neuf heures de leçon particulière par jour.

Auguste perd un tour. Le regagne miraculeusement. Ramsès n'a pas l'habitude de la compétition publique. Paradas l'a perdue. Le tirage les avantage à tour de rôle. Adolphe se détache. Auguste le rejoint presque sur le fil et termine la première manche à un point de son adversaire.

L'assistance retient son souffle. Une défaite de Ramsès la comblerait. La plupart de ceux qui sont là ont subi ses brimades. Certains ses bienfaits. Ce sont les plus désireux de le voir écrasé.

Ils doivent être une trentaine en tout. Trente personnes cependant, cela fait déjà une foule et la foule, par définition, ne peut être que versatile. Elle a une tendance certaine au reniement. Elle rallie volontiers le camp du vainqueur dès que se dessinent les prémices de sa victoire.

La défaite de Paradas ne paraît pas encore fatale mais il subit toute la pression du match. Il lui faudra des nerfs d'acier pour ne pas craquer.

Par bonheur il les a. Le harcèlement qu'il subit, loin de l'amoindrir aiguise sa lucidité. Ramsès ne commet aucune faute.

— Sept lettres, dit-il.

Paradas est sur le point de reconnaître qu'il n'a pas mieux.

— Huit lettres, lance-t-il à tout hasard.

Sur-le-champ, il invente un mot dont il ignore le sens. Miracle, il se trouve aussi bien dans le Robert que dans le Larousse...

C'est dans de tels moments de tension que se mesure la classe d'un concurrent. Ramsès non seulement n'est pas décontenancé mais s'offre le luxe d'applaudir son adversaire.

En revanche dès qu'il s'agit de chiffres, ils font jeu égal. Ils sont aussi doués l'un que l'autre pour le calcul mental rapide.

Ce qui prouve, soit dit en passant, que la richesse et la pauvreté ne sont pas le moins du monde liées à la bosse des mathématiques. Il faut pour faire fortune un certain nombre de défauts que Paradas (qui en a d'autres) ni ne possède, ni ne soupçonne...

Nous voici arrivés au dernier coup de cette partie inoubliable, du moins dans la mémoire collective du Grand-Peluque. Plusieurs spectateurs sont sur le point de se trouver mal. Les deux adversaires sont tendus mais ne laissent paraître aucune crispation. Ramsès a quatre points de retard : 108 à 112. Mais c'est à lui de jouer. Il paraît peu probable que la victoire lui échappe.

L'assistance retient son souffle. Carpita lui-même qui dispose par définition d'un sang-froid présidentiel donne des signes de nervosité. Sa main tremble. Les concurrents redoublent d'impassibilité. Le club du Grand-Peluque dispose depuis peu d'un équipement électronique sophistiqué que certains joueurs ne maîtrisent pas encore parfaitement. Ramsès pas plus que Paradas, qui l'ont découvert en même temps, n'ont commis jusqu'ici la moindre erreur de touche. Les neuf lettres fatidiques apparaissent sur l'écran électronique :

E.S.E.T.N.D.E.R.

Le chronomètre (électronique lui aussi) égrène les secondes dans un silence épais.

Alors Ramsès commet sa première erreur. A peine lui a-t-on donné la parole qu'au lieu d'énoncer le nombre de lettres qu'il a trouvé il lance d'un ton faussement modeste le mot qui doit assurer son triomphe.

— DÉTRESSE, dit-il...

Ce n'est pas un mot exaltant. Il comporte huit lettres néanmoins...

Paradas baisse la tête. Il semble foudroyé par ce coup du sort. Sa voix est devenue méconnaissable : un simple souffle à peine perceptible. Le Président Carpita le prie de bien vouloir répéter. Paradas se met debout et c'est d'une voix redevenue tonnante qu'il lance :

— Neuf lettres...

Alors il assène sur Ramsès un regard à faire vaciller un taureau de combat. Un regard alourdi par un siècle de haine.

— TENDRESSE, dit-il en souriant des dents seulement.

Ainsi s'achève dans le tumulte et les trépignements cette séance qui marque la première humiliation de Mominette. Il ne s'en relèvera jamais. Espère-t-on.

Pour le moment, il sait se montrer beau joueur.

Son visage n'a pas bronché et le réflexe de cet homme indomptable est celui d'un vieux lutteur.

— Champagne pour tout le monde, dit-il.

— Non, dit catégoriquement Paradas, c'est moi qui l'offre...

Les adversaires ne se sont pas serré la main.

Au Bar des Rescapés où la nouvelle s'est répandue dans la minute, on a célébré l'événement jusqu'à l'aube.

Il n'est pas impossible que le comité des fêtes organise l'an prochain un grand bal pour commémorer l'événement.

CHAPITRE 6

Dans lequel Paradas renonce (sans effort mais sans bien savoir pourquoi) aux plaisirs pervers du grand âge...

Paradas s'étonnait de ne pas être plus heureux. Il avait trop longtemps attendu ce moment. Ce qui dominait en lui c'était un sentiment de solitude. Dans son jeune temps il avait fait le coureur cycliste. Il avait remporté plusieurs épreuves. Il n'avait jamais oublié que le bouquet du vainqueur se fane plus vite que les autres et que l'insatisfaction suit le triomphe à la trace.

Il faisait pourtant un temps de Paradis terrestre. Jamais le ciel n'avait été aussi transparent et aussi clair le Golfe Clair. La déconfiture de Mominette illuminait les visages. Le Grand-Peluque était libéré pour la seconde fois. Cinquante ans d'humiliation avaient été effacés par un mot de neuf lettres prononcé au bon moment. Paradas en vingt-cinq minutes avait retrouvé sa popularité de jadis. On comprenait maintenant pourquoi il avait fait retraite : pour se préparer au combat.

Il avançait parmi les acclamations et les bourrades affectueuses :

— Tu es le plus fort...

— Tu es le plus beau...

Les plus enthousiastes voulurent le porter en triomphe. Il les écarta sans violence mais sans ménagement. Pour ne pas décevoir la ferveur populaire il ajouta :

— Je ne me sens pas très bien. Il faut que j'aille m'allonger un moment...

On le soutint jusqu'à sa porte. Les hommes s'éparpillèrent dans leurs chapelles respectives. Les chapelles ici ce sont les bistros et, dès la troisième tournée, le bruit courait que ce pauvre Auguste, épuisé par les efforts de tête qu'il avait fournis, s'était fait péter les anévrismes et qu'il ne passerait pas la nuit.

Les vieilles s'étaient rendues à l'église et priaient déjà pour le repos de son âme.

Paradas n'était pas mort mais il ne brillait guère. Il avait le mal de mer. Son lit tanguait et roulait. Il lui sembla que ses quelques meubles partaient à la dérive sur les flots déchaînés.

La tempête, soudain, s'apaisa. Les objets cessèrent de danser la sarabande. Le sol retrouva son immobilité. En revanche le tumulte intérieur qui l'agitait redoubla de violence. Désemparé comme un bateau démâté qui a perdu sa route, il essayait de retrouver son cap dans le fracas et l'obscurité.

— C'est pas possible ! s'écria-t-il.

Il avait peur de mourir. Ce sentiment ne l'avait jamais effleuré. Plus il avançait en âge moins la certitude de sa fin prochaine le préoccupait. Il vivait au jour le jour, si satisfait d'exister qu'il n'avait pas le temps de se soucier du problème des fins dernières. De toute façon il ne pouvait rien changer au cours des choses. Alors autant passer les jours qui lui restaient à fréquenter le soleil et à trouver des mots nouveaux pour insulter l'immonde Ramsès...

L'approche de la mort, même si elle est imaginaire, rend l'homme plus clairvoyant que d'habitude :

— Bon Dieu, mais c'est bien sûr ! s'écria-t-il.

Il n'avait jamais demandé à la vie d'avoir un sens. Ni surtout à la sienne. Il se contentait de la déguster à petites gorgées. Il était satisfait de son sort et même, dans l'ensemble, assez content de lui. Or voici qu'au seuil de son dernier jour il découvrait qu'il n'avait pas de quoi être fier. Sa haine envers Ramsès autour de laquelle il s'était affermi l'avait soudainement abandonné. Il se sentait vidé de toute sa force. D'autant plus décontenancé qu'il lui fallait admettre qu'il ne l'avait jamais réellement éprouvée, qu'elle était demeurée purement verbale.

— Carpita... Carpita, gémit-il.

Son désarroi le rendait injuste. Il désavouait son bon maître et, sans le renier tout à fait, lui faisait porter toute la responsabilité de sa déconfiture. Il oubliait que le Président n'avait agi que par philanthropie et que son disciple ne l'avait pas attendu pour s'aventurer dans l'univers des mots dont on ne ressort jamais intact.

Quand on est égorgeur de poules qualifié et qu'on finit ses jours comme laveur de carreaux à tiers temps, on peut se passer d'un vocabulaire étendu. On le doit même. Non seulement il vous complique la vie mais il vous éloigne de la réalité des choses et des gens. Il fait écran surtout quand on ne le maîtrise qu'approximativement. Les mots vous envahissent et vous dévorent. Mieux vaut les laisser dormir dans les livres là où ils ne font de tort à personne.

Des mots, Paradas en a plein la musette et il ne sait plus qu'en faire. Un seul a suffi pour anéantir son rival. Un des plus innocents, des moins dangereux en apparence : le mot « tendresse ». Tous les autres, les milliers d'autres qui se bousculent dans sa tête il n'en a plus l'usage. Faudra-t-il qu'il s'invente un nouvel adversaire pour s'en débarrasser sur lui s'il ne veut pas qu'ils l'étouffent ?

Il n'en ressent pas l'envie. Il n'en a pas le courage. Il est devenu un dictionnaire ambulant qu'il n'aura plus l'occasion de feuilleter. Paradas enrage et suffoque.

Il a fait d'énormes progrès dans la formulation de l'invective, du sarcasme, de la malédiction. Il n'a cessé de ruminer d'implacables réquisitoires. Il a fignolé des insultes, il les a mises en réserve pour le grand jour de l'affrontement décisif. Sa virtuosité verbale ne lui a fait jusqu'ici que mesurer son impuissance. L'image goguenarde de Ramsès n'en a pas été ébréchée. Elle est passée entre les rafales d'injures qu'il lui décochait en pensée. Les mots ne lui ont servi qu'à faire flamber sa haine. Sans eux il y a longtemps qu'elle se serait éteinte d'elle-même.

Ce soir elle a définitivement cessé de brûler. « Tendresse » seul surnage.

Les autres mots n'évoquent rien en lui : ni une image, ni un espoir, ni un souvenir. Ils ne sont que les pièces disparates d'un jeu de construction éparpillé, effondré sur lui-même.

« Tendresse » a survécu. « Tendresse » lui échappe. « Tendresse » prend le pouvoir et donne ses ordres. Paradas ne s'appartient plus. Il n'essaie pas de tenir tête et se laisse emporter où « tendresse » voudra.

Alors il se leva et sortit dans la nuit.

*
* *

Guillaume le Bègue dormait d'un sommeil de cantonnier. Comme la nuit était douce il avait laissé sa fenêtre ouverte :

— O Guillaume ! dit Auguste...

— Je d... d... dors, dit Guillaume.

— C'est Auguste, dit Auguste...

— J'a... j'a... j'arrive, dit Guillaume...

Le brave homme ne demande ni l'heure ni le motif de cette visite nocturne :

— Tu veu... veu... veux quoi ? demande-t-il avant même d'avoir fini d'enfiler ses brailles.

— Que tu me prêtes ton âne et ton charreton.

Sa hâte à rendre service à un héros incite Guillaume à ne plus bégayer :

— Tu sais où ils se trouvent, dit-il.

Il n'en dit pas davantage et reprend son sommeil là où il l'a laissé.

Célestin, l'âne de Guillaume, est corse et quasiment bègue des jambes. Mais Auguste sait parler aux ânes, même corses. L'animal se laisse atteler sans ruer ni mordre et emboîte le pas à Paradas sans qu'on ait eu besoin de lui en donner l'ordre.

*
* *

Paradas habite juste derrière la somptueuse villa de Ramsès. Elle plonge sa masure dans l'ombre mais ne lui porte pas ombrage. La jalousie n'habite pas son cœur. Le spectacle permanent que lui offre l'opulence de son voisin ne lui cause aucune amertume.

Même au plus fort de leur combat son humeur demeura toujours facétieuse. Il cherchait à lui faire des farces plus que des misères. Il manquait hélas d'imagination et devait se donner une peine de mulet pour inventer de nouvelles agaceries. L'une d'elles le ravissait particulièrement qui se situait au niveau de la plaisanterie rustique.

Depuis des années, par exemple, il déposait méthodiquement ses ordures ménagères devant la porte arrière de son voisin. Son cabanon branlant de petit retraité des abattoirs n'en était séparé que par une étroite venelle. Paradas trouvait un plaisir d'enfant à y déverser ses eaux grasses et quand Ramsès paraissait à sa fenêtre il n'hésitait pas à pisser directement dans la rue.

Les employés de la voirie, autant par solidarité de classe que par identité de conception en matière d'humour, avaient toujours respecté cette décharge privée. Les pêcheurs à la ligne s'y agglutinaient, le soir venu, pour renouveler leur stock d'asticots.

Ramsès n'aurait eu qu'un mot à dire pour faire évacuer ce terril d'immondices nauséabondes. Il n'a jamais voulu être maire de sa commune mais il dispose au Grand-Peluque du pouvoir absolu. Un simple coup de fil aurait mobilisé toutes les bennes à ordures nécessaires. Il aurait même pu s'il en avait exprimé le désir faire raser, pour son indéniable insalubrité, le cabanon de son tourmenteur.

Il n'était pas homme à se satisfaire d'une victoire sans mérite. Il n'aurait surtout pas admis qu'on pût le croire offensé par une provocation aussi dénuée de raffinement. Il feignit donc de ne s'apercevoir de rien. Peut-être d'ailleurs avait-il perdu l'odorat (ce qui est bien pratique quand on est dans les affaires) et se réjouissait-il d'empuantir son voisin sans avoir à en souffrir lui-même.

Cette hypothèse n'avait jamais effleuré Paradas. Pas plus dans le passé qu'aujourd'hui et si en cette nuit, il se décide à conduire à l'incinérateur le monceau de détritus qui atteint maintenant le premier étage, c'est pour d'autres motifs. Des motifs impérieux mais dont il ignore la nature.

Il lui fallut trente voyages. Il rentra chez lui à l'aube. Épuisé mais radieux.

Il n'arrive pourtant pas à trouver le sommeil bien qu'il se sente l'âme en repos. Il en cherche la raison et croit la trouver. Sa vieille armoire, dont les craquements ne l'ont jamais troublé, lui paraît plus bruyante que d'habitude.

C'est une armoire, très antique, qui lui vient de la grand-mère de sa grand-mère. Il n'a jamais prêté attention à son vacarme. Ce matin elle vrombit. On eût dit qu'un essaim de frelons y avait cherché refuge.

Il veut s'en assurer. Il ouvre cette assourdissante relique : elle lui décharge en plein visage une pétarade sèche comme une salve de mousqueterie. Il s'en trouve si abasourdi qu'il en tombe à la renverse, se demandant s'il est encore en vie. S'il n'avait pas fait la guerre de 14 il est probable qu'il aurait perdu connaissance. Il avait réchappé à Verdun. Il n'allait pas se laisser impressionner par une fusillade fantôme.

Il se remet debout. Il repousse les battants de l'armoire de la grand-mère de sa grand-mère avec une délicatesse de banquier refermant son coffre-fort. Les battants protestent et se mettent à miauler comme des chats sauvages. Il est maintenant aguerri et même l'explosion qui salue leur remise en place ne le fait pas sursauter.

« Comment ai-je fait, pensa-t-il, pour vivre dans un pareil vacarme ? »

Le Vent Dur, soudain, s'est levé. Rouillés par les embruns, les gonds de ses volets se lamentent au moindre souffle. Situé aux confins de la Plaine Molle, le Grand-Peluque est particulièrement venteux. Même les jours de bonace les gonds rouillés de ses volets émettent des soupirs déchirants. Au fur et à mesure que la brise prend force, ils laissent échapper des sons de plus en plus insupportables : grincements, grondements, piaillements, feulements, vagissements. Quand le Vent Dur s'en mêle cela devient positivement infernal. Aux lamentations des ferrures s'ajoutent les grandes claques des vantaux giflant de plein fouet la maigre façade de parpaings, la lézardant. La cabane tremble sur ses bases.

Paradas, au risque de périr enseveli sous les décombres, tirait de ce fracas une extrême jubilation. Surtout la nuit. Le plaisir d'empêcher Ramsès de dormir peuplait son propre sommeil de rêves paisibles et gracieux.

Il lui arrivait cependant de fermer ses volets pendant plusieurs jours de suite. Non pour savourer le silence mais pour donner à son voisin de faux espoirs. Il se plaisait à imaginer l'inquiétude dans laquelle devait le plonger ce calme inhabituel.

La lumière reste allumée dans la chambre de Mominette. Il se le représente allant et venant de son lit à la fenêtre, se demandant si le tintamarre de naguère a définitivement cessé. Il le devine plein de méfiance. Pourquoi son tortionnaire assidu aurait-il subitement renoncé à lui empoisonner l'existence ?

Paradas prend son temps. Une semaine passe. Un soir Ramsès éteint la lumière avant minuit. Il veut tester son adversaire. Aucune réaction. Paradas fait durer le plaisir. Il voit Mominette comme s'il était dans sa chambre. Il a mangé sa purée sans sel avec plus d'appétit que de coutume. Dès la dernière bouchée, avant même d'avoir trempé les lèvres dans son bol de tisane aux herbes apaisantes, il dodeline du chef. Ses yeux se ferment. Une béatitude oubliée l'envahit. Il se lève. Ses genoux le portent à peine. Il gagne son lit en titubant. Il se déshabille avec des gestes de somnambule. Le voici au creux de ses draps de lavande, heureux comme un poupon dans son berceau. Il lui reste tout juste assez de lucidité pour éteindre la lumière...

C'est le moment que Paradas choisit pour libérer ses volets. Ils se déchaînent aussitôt, ponctuant, au rythme des rafales, l'exaspérante mélodie grinçante de leurs gonds enrhumés de rouille.

Moments de bonheur parfait. Auguste savoure en gourmet la torture qu'il inflige. Claquements secs comme des coups de battoir sur du linge mouillé. Explosions sourdes. Roulements d'artillerie lourde. Solo aigre de fifres acérés.

Paradas se surprend à danser la gigue comme un ours ivre de miel et de vin cuit. Il s'ébroue sous la cataracte sonore qu'il a déchaînée comme un baigneur sous une cascade. L'exaspération supposée de son détestable voisin le parfume de satisfaction et de bienveillance. Il se couche alangui par l'irritation de sa victime. Son lit, qu'il n'a pas refait depuis des lustres, a pour ses reins la douceur d'un nuage. Il flotte dans l'éther parmi les galaxies...

Tels sont parfois les divertissements des vieillards. Paradas s'en est régalé pendant des années. En ce début de matinée, il en perçoit l'effarante vanité :

— Auguste, s'écrie-t-il, tu es le roi des couillons !...

Que de temps perdu ! Il se précipite vers la fenêtre et bloque définitivement ses volets. Il remercie le ciel de ne pas être mort. Il le supplie de lui accorder encore suffisamment d'années ou du moins de jours pour réparer ses erreurs. Il retrouve les mots du catéchisme de son enfance : le repentir, le remords, la contrition. Non seulement il croyait les avoir oubliés, mais il était persuadé de ne les avoir jamais entendus. Il n'a plus remis les pieds dans une église et si, à l'époque, il était l'un des catéchumènes les plus assidus, c'était uniquement par égard pour les gros nénés de la catéchiste. Ce qui prouve, soit dit en passant, que les voies du Seigneur sont encore plus secrètes et plus surprenantes qu'on ne croit...

A tant d'exaltation succède maintenant une immense lassitude. Il est à peine 8 heures du matin. Paradas décide de tenter une expérience décisive : déplacer l'heure de sa sieste. Il se doit de faire exploser ses routines s'il veut affronter correctement ses nouveaux états d'âme. Faire la sieste au lever du jour lui paraît être la technique la plus appropriée. S'il trouve le sommeil c'est que le ciel a entendu sa prière et qu'il lui donne l'occasion de se réhabiliter. « Réhabilitation », le mot s'applique aux immeubles qui risquent de mourir avant d'avoir vécu. Il doit convenir aux existences qui ont raté leur destin...

Il a vu juste car ses yeux se ferment aussitôt. De la brume du demi-sommeil un astre émerge : le pétard de Clémence qui rayonne comme un soleil...

CHAPITRE 7

Qui fait souffler sur cette histoire où s'entremêlent la farce et la gravité une apaisante brise de fraîcheur...

Il n'y a pas que les mathématiciens qui trouvent dans leurs songes la solution de leurs équations à plusieurs inconnues. La sieste matinale de Paradas, sans résoudre ses problèmes, lui avait clarifié la tête. Il en émergea intellectuellement et moralement réajusté.

Depuis l'apparition du pétard de Clémence, sa vie est devenue un puzzle. Il lui semble que ses morceaux éparpillés sont en train de prendre leur vraie place. Quelque chose se dessine dont il aperçoit confusément les contours.

La frénésie qui le secoua s'est calmée. Son enthousiasme demeure mais il ne se demande plus si la grâce l'a touché et le Seigneur élu pour porter témoignage. Il a tout bonnement l'intime conviction de s'être conduit jusqu'ici comme un navrant imbécile. Pour un être de fierté il n'y a rien de plus mobilisateur.

Il peut maintenant reconstituer son itinéraire spirituel. Les fesses de Clémence ont déclenché providentiellement le processus de sa reconversion. « Tendresse » a fait le reste. Le verbe en lui s'est réellement fait chair. Ce qu'il traduit, dans un langage que ses orgies lexicologiques n'ont pas réussi à polluer, par un simple soupir de soulagement :

« D'un peu plus, pense-t-il, je mourais fada !... »

Il ne s'en serait même pas aperçu.

La consternation rétrospective qu'il éprouve à cette découverte l'incite à précipiter le mouvement. Son optimisme naturel l'incline cependant à penser que le temps perdu se rattrape toujours. A la condition de s'engager dans la bonne direction et d'allonger le pas.

Il convient, avant tout, de renouer avec Adrien et de le serrer sur son cœur sans explication préalable. Il ne se doute pas, le brave garçon, qu'il est à l'origine de la métamorphose de son aïeul mais s'il n'avait pas payé si ouvertement de sa personne, jamais le miracle ne se serait produit. Transformer un vieillard égoïste en bienfaiteur de l'humanité, même si ce fut par inadvertance, cela mérite un mot de remerciement.

Cela vaut même qu'on remette en son honneur le costume des dimanches et qu'on se rase de près jusqu'à la troisième peau.

Ce qu'Auguste se hâte de faire. Avec la jubilation fiévreuse d'un jeune fiancé...

*
* *

Au pied du monument aux morts, sur la place des Marins-Perdus-en-Mer, devant le Bar des Rescapés, les équipes de « longue provençale » sont en train de se constituer. A l'apparition de Paradas, la palabre et les gesticulations s'interrompent. Le sourire de l'amitié fraternelle éclaire les visages déjà durcis par l'approche du combat.

— Tu veux entrer dans la partie ? s'enquiert affectueusement Amédée qui continue de se conduire en maître des cérémonies même quand il est hors des limites de son établissement...

Les champions du Grand-Peluque sont ici rassemblés. Rien que des ténors. Rien que des épées. Les voici qui, renonçant aux applaudissements qui les attendent, se disputent pour céder leur place à celui qui leur a rendu leur dignité d'homme libre en humiliant publiquement Ramsès. D'un accident de voiture ou même d'une tentative d'assassinat le tyran local se serait remis, tant il a le cuir épais, dans les plus brefs délais. Une blessure d'amour-propre, si grand est son orgueil, risque de le laisser infirme pour le restant de ses jours.

Paradas est flatté par la chaleur de l'accueil. La modestie de ses propos est encore renforcée par le manque de conviction avec lequel ils sont prononcés :

— Je ne suis plus ce que j'étais, fait-il remarquer. Ce que ma main voit, mes yeux ne le font plus toujours...

Sa déclaration est accueillie par des haussements d'épaules :

— C'est quand même toi le plus fort ! affirme Amédée avec une conviction parfaitement imitée.

Paradas est tenté. L'urgence de sa mission l'emporte :

— Vous êtes les plus braves... Une autre fois je dis pas non... Mais aujourd'hui il faut que je voie Adrien d'urgence...

L'éclat de rire qui salue ses paroles est si violent que les moineaux qui s'étaient rassemblés sous le feuillage des platanes pour suivre la partie à l'ombre s'envolent affolés.

Paradas se demande ce qu'il a bien pu dire de si drôle. Les rires aussitôt s'éteignent et Amédée se hâte de lui donner la raison de cette inexplicable hilarité :

— C'est dimanche ! dit-il... Tu n'as pas remarqué...

Non Auguste ne l'a pas remarqué. Pour lui c'est tous les jours dimanche. De toute façon cela n'explique rien. Amédée se hâte de préciser sa pensée :

— En semaine tu aurais des chances de le trouver à son école... Mais un dimanche !...

— Il est peut-être à sa maison...

Les rires repartent de plus belle que, malgré toute son autorité, Amédée a du mal à calmer :

— C'est vrai, reconnaît-il, que tu l'as un peu perdu de vue ces temps derniers. Alors tu es pas obligé de savoir qu'à sa maison il y passe juste pour changer de linge... Et encore pas tous les jours...

— Et où il est le reste du temps ?

Aimé Rastignac, le gendarme joli cœur, ne peut s'empêcher de répondre :

— Il est dans sa chemise et la tête lui sort...

Amédée lui fait le regard du reproche peiné. Ce n'est pas parce qu'il est fonctionnaire d'autorité que ce mal élevé a le droit de plaisanter avec quelqu'un qui vient de libérer le Grand-Peluque pour la deuxième fois. Et c'était bien plus difficile que la première. Parce que la première les Allemands sont partis de bon cœur, tandis que Mominette, si Paradas ne lui avait pas porté le coup fatal, il se serait accroché jusqu'à la fin des siècles.

— Pardonne-lui à ce grossier. C'est un jaloux. Parfaitement tu es un jaloux et un mesquin. Ton Adrien, des petites il en fait une vraie rafle. Il lui laisse que les restes à ce pauvre Aimé. C'est un infatigable. Il va. Il vient. Il tient pas en place. Il mange où il se trouve et il dort presque jamais chez lui. Il lui arrive même de dormir à la belle étoile...

— Mais il risque pas de prendre froid, tient à préciser Rastignac qui est décidément inéducable...

La compagnie de ces braves gens qui ne lui veulent que du bien agace soudain Paradas. S'il n'était pas en si hauts esprits il se laisserait aller à la déprime. Il sait pourtant bien qu'au Grand-Peluque la vie privée est une notion purement théorique. A part le montant de la somme inscrite sur votre livret de Caisse d'épargne, tout le monde sait tout sur tout le monde. Les gens connaissent même de vous des choses que vous ne soupçonnez pas. Ou que vous avez oubliées mais dont ils se souviennent à votre place.

C'est précisément pour ne pas se laisser envahir par leur curiosité, même si elle prend parfois la forme de la bienveillance, qu'il a choisi la solitude.

« Quelle sottise fut la mienne, pense Paradas, et que de temps perdu !... »

La noblesse de ses réflexions lui épargne l'amertume des regrets. Il admet honnêtement que cela ne valait pas la peine qu'il prenne ses distances avec le corps social, qu'il se retire dans sa tour d'ivoire de parpaings blanchis à la chaux. Pourquoi se hérisser de mots inutiles, ou se barder de silence ? Il y a un domaine où les malintentionnés n'auront jamais accès : celui des sentiments sans bassesse, sans calcul et sans malice. Ils passent inaperçus surtout quand ils se montrent au grand jour. Dans la plupart des cas d'ailleurs ils veillent pudiquement à ne pas se faire connaître.

Cette évidence, Paradas l'a découverte depuis peu. Depuis précisément le jour de la transfiguration de Clémence et Adrien au sommet de la dune inspirée. Cette mutation intérieure jamais les plus attentifs ne la découvriront. Ils ne la soupçonneront même pas, tellement elle est éloignée de l'idée qu'ils se font des rapports entre les êtres. Comment pourraient-ils découvrir un secret qu'il ne songe pas à cacher et qui ne se dissimule que derrière son évidence ?

Amédée a respecté le silence pensif du vieillard à problèmes et s'il se décide à le troubler c'est avec tact et par amitié pure.

— Si on le voit, Adrien, s'enquiert-il aimablement, tu veux qu'on lui fasse une commission ?

— C'est pas pressé, répond Paradas. J'ai tout mon temps... Il a presque envie de dire : j'ai l'éternité devant moi...

Étrange état d'esprit que le sien qui le pousse à ralentir au moment où il a le plus hâte de se hisser à la hauteur des sentiments qui l'habitent. Rien ne pourra ébranler la certitude qui est désormais la sienne :

où qu'il aille et de quelque pas qu'il s'y rende, il est sûr d'aller dans la bonne direction.

Pourquoi donc se hâter ?

***

Ce fut sans doute le coucher de soleil le plus réussi de toute sa collection. Sans rien en lui de théâtral ou de pathétique. Quelque chose d'apaisant comme la fin heureuse d'une vie réussie. Un engloutissement mais pas un naufrage.

La nature contemplative de Paradas s'exalte à ce spectacle. Une seule ombre à son ravissement :

« Comment l'univers peut-il être aussi beau sans que ses habitants essaient de lui ressembler ? »

La question demeure sans réponse et c'est pourtant la seule qui lui paraît mériter qu'on la pose. Il n'a même pas emporté son râteau à tellines. Il parcourt la Plaine Molle sans motif précis. Il est dans un état orphique. Son bonheur serait parfait s'il pouvait le faire partager à tous ses frères les hommes. Il est loin le temps où il estimait que la splendeur du monde lui était réservée. Milliardaire saisi par l'envie de distribuer sa fortune aux pauvres mais n'ayant personne sous la main pour le faire profiter de sa générosité...

Paradas, soudain, s'immobilise, les yeux ronds, la bouche ouverte et pendant quelques secondes il manque d'air : au centre d'un cratère creusé au sommet d'une dune de sable blond, une paire de fesses majestueuses (mais sans excès) envahit tout l'horizon.

L'histoire bégaie parfois. Pour le bonheur des professeurs de faculté, elle ne répète jamais exactement le même discours ni ne reproduit les mêmes images. Dès le premier coup d'œil (et dès la première surprise passée), Paradas s'est rendu compte qu'il ne s'agissait pas, pour harmonieuses qu'elles fussent, des fesses de Clémence. Décidé à les considérer comme un simple incident de parcours qui ne saurait le détourner de sa mission, il s'apprête donc à poursuivre son chemin quand, à la faveur d'un souple mouvement de rotation, ce pétard non souhaité s'escamote au profit de celui de son partenaire masculin. Paradas sent ses genoux se dérober sous lui. Il n'y a aucune erreur possible : Adrien, l'inconstant Adrien, a changé, une fois de plus, de monture.

Cette découverte le désoriente et le chagrine. La sereine exaltation qui le soutient se retire de lui. Ses certitudes l'abandonnent. Il se sent vide et vaguement grotesque. Il croyait avoir assisté, il y a trois jours à peine, à la naissance d'un grand amour. A-t-il été le témoin d'une banale partie de jambes en l'air ? Aurait-il tout inventé ? Il se refuse à l'admettre. Il veut en avoir le cœur net et, au risque de se faire péter les coronaires, il entreprend l'escalade de la dune maudite en s'enfonçant dans le sable jusqu'au ventre.

Son abattement a laissé la place à l'indignation. Il estime qu'Adrien, quelle que soit la nature de ses sentiments, a des comptes à lui rendre. Il veut bien admettre que le garnement ne s'est pas conduit délibérément comme un provocateur mais il n'avait quand même pas le droit de faire rêver un vieillard innocent (et membre de sa famille de surcroît) et de l'abandonner tout de suite après lui avoir fait entrevoir la Terre promise.

D'une claque de catcheur sur les miches il ramène l'impertinent au sens du devoir et le désarçonne au déplaisir exorbité de sa rugissante monture.

Adrien, lui, n'a pas l'air outre mesure perturbé par la soudaine intrusion de son aïeul au sein d'une réunion d'un caractère purement privé :

— Tiens tu es là ! dit-il simplement.

La réponse hardie de son impétueux ancêtre le déconcerte en revanche et l'amène à se mettre sur son séant pour affronter cette situation insolite :

— Tu n'as pas honte ! s'est exclamé Paradas.

— De quoi ?

— De ta conduite...

Adrien, pantois, remue les babines comme une carpe qui manque d'air. Il reprend souffle pour lancer d'un ton féroce :

— O mon collègue si tu n'aimes plus ça, ce n'est pas une raison pour en dégoûter les autres.

C'est une remarque pleine de bon sens. Auguste ne trouve rien à y répondre. Que pourrait-il dire de sensé ? La conduite d'Adrien il ne s'en est jamais préoccupé jusqu'ici et le voilà qui débarque en pleine séance récréative pour exiger des explications. Il doit convenir que ce n'est pas raisonnable. Il s'obstine cependant, au risque de manquer du tact le plus élémentaire :

— Qu'est-ce que tu as fait de Clémence ? demande-t-il d'un air sournois, en jetant autour de lui à tout hasard des regards soupçonneux.

Cette question indiscrète ne cause chez Adrien aucun embarras visible :

— Clémence, répond-il, tu vois bien qu'elle est pas là...

— Et où elle est ?

La réponse habituelle lui arrive en plein sur la tronche :

— Elle est dans sa chemise et la tête lui sort.

Auguste a froncé le sourcil et s'apprête à serrer les poings.

— Te fâche pas pépé. J'ai pas voulu te vexer. D'abord de chemise elle en porte pas... Tu la cherches ?

— Pas spécialement.

— Elle va pas tarder. En ce moment elle navigue quelque part du côté du Groenland...

— Qu'est-ce qu'elle fabrique là-bas ?

— Comme d'habitude... Elle se fait tirer le portrait de son cul. En reflet sur la glace ça lui donne des irisations sublimes... Dès qu'elle sera de retour je lui dirai que tu la cherches...

Paradas prononce souvent des paroles rugueuses mais il a prouvé dans son jeune temps (c'est-à-dire jusqu'à sa quatre-vingtième année) qu'il avait l'esprit large. Quelque chose pourtant le choque quelque part dans la désinvolture de son descendant. Ostensiblement il offre le dos à sa nouvelle « fiancée » et, sans se retourner, la désigne du coin de l'œil.

Jamais visage n'exprima tant d'innocence que celui d'Adrien :

— Eh bien quoi ! bougonne-t-il, il faut bien que je m'occupe... Sinon j'ai les idées qui se brouillent et les minots de mon école se foutent de moi parce que je me trompe dans les additions.

— Tu es quand même un beau sans-gêne ! soupire Paradas.

Il est choqué. Modérément. Il ne peut s'empêcher de se sentir complice. C'est de la bonne graine, ce petit ! Forcément, avec un arrière-grand-père comme le sien. Enfin bref sa colère est tombée et il n'a plus du tout envie de faire la morale. Il a fait le voyage pour rien.

La conclusion s'impose :

— C'est pas tout ça, dit-il, le devoir m'appelle.

— Tu es pas bien ici !... Pour une fois qu'on se rencontre, à peine tu arrives, tu es déjà parti.

Les bras croisés sur sa poitrine nue (non par pudeur mais pour donner à ses paroles tout leur poids de perfidie) la collaboratrice occasionnelle d'Adrien toussote et susurre :

— Je vous dérange pas au moins ?

Adrien ne voit aucune ironie dans la question.

— Tu es pas de trop... Il est de la famille...

Auguste a déjà fait demi-tour. Son arrière-petit-fils le retient par le bas du pantalon :

— Tu peux parler devant elle, c'est une amie...

Paradas est en miettes. Il n'arrive pas à se reconstituer. Trop de secousses en trop peu de temps. Deux électrochocs coup sur coup. Les fesses de Clémence qui lui ouvrent les yeux sur son néant. Les fesses anonymes qui l'y replongent. Il s'immobilise et se tait. Adrien s'impatiente.

— Alors tu accouches ?

Il n'aime pas les temps morts. Ce sont pourtant ceux où la parole mûrit, où les coups de théâtre se trament, où le destin s'amoncelle. Il a le crâne vide et c'est précisément de ce désert que surgit la question qui l'obsède et qu'il n'a pas osé formuler :

— Mais alors tu ne l'aimes pas !

— Qui ?

— Clémence pardi.

— Elle me plaît bien. Je serai content de la revoir mais elle peut pas toujours être là !... Je me demande quand même si, un jour, on finira pas par se mettre ensemble pour de bon. C'est vrai on s'entend bien tous les deux.

Rien ne saurait scandaliser Paradas. C'est un homme qui a vécu.

Son univers sentimental a compté des myriades de satellites mais il a toujours obéi à des règles immuables. Au centre du système, un astre immobile : l'épouse. Dans la périphérie une sarabande d'étoiles filantes qui ont, un instant, illuminé son existence avant de s'éteindre, leur mission accomplie.

La galaxie Adrien n'est pas structurée comme la sienne. Paradas s'en trouve désorbité. Ce qui le rend injuste. Il s'en prend à la mignonne dévêtue qui attend sagement (car c'est une bonne petite) la fin de cet ennuyeux intermède. Il lui fait porter la responsabilité de son propre embarras.

— Et toi pauvre santon, tu dis rien.

— Je dis rien parce que j'ai rien à dire...

— Tu trouves la situation normale...

Visiblement la véhémente interpellation du vieil homme ne trouble pas la sérénité de la gracieuse. Son sens même lui échappe. Adrien se fait un devoir de répondre à l'interrogation muette de son regard innocent :

— Le pépé veut savoir si ça te contrarie de pas être la seule.

La fraîcheur de son rire enlève tout cynisme à sa réponse :

— Clémence n'a qu'à être là quand on a besoin d'elle...

Auguste voit s'ouvrir devant lui un monde dont il n'a jamais soupçonné l'existence et qui l'effare d'autant plus que la ravissante a ajouté avec un rien de canaillerie dans la voix :

— Et même si elle était là on trouverait moyen de s'arranger. Pas vrai mon chéri ?

Adrien ne se donne pas la peine de répondre, tellement la chose lui paraît évidente. L'univers de Paradas achève de se désintégrer quand la pétulante ingénue, levant la main droite comme pour dire « Je le jure », proclame sans la moindre fanfaronnade :

— De toute façon ça n'a aucune importance puisque je suis fiancée moi aussi... Mais, le pauvre, il fait son service...

— Et il est au courant ?

— C'est mon meilleur ami, tient à préciser Adrien.

Auguste ne peut en supporter davantage.

— Salut, dit-il.

— Conserve-toi, dit Adrien, et tâche moyen de venir me voir plus souvent.

Paradas mobilise ses dernières réserves d'ironie pour répondre :

— Je voudrais pas te déranger.

— Mais tu me déranges pas. De temps en temps, même moi, j'ai besoin d'un peu de récréation...

Adrien n'attend pas que son aïeul se soit éloigné pour se laisser tomber de toute sa masse sur l'accueillante intérimaire.

— Il est plutôt beau mec ce vieux con ! déclare avec conviction la pétulante gamine.

— C'est de famille, conclut Adrien qui se remet, aussi sec, à l'ouvrage...

L'estime qu'on semble porter à son apparence physique, sinon à ses qualités d'esprit, ne suffit pas à réconforter Paradas. Ses genoux le trahissent définitivement. Il trébuche, s'affale et roule jusqu'au bas de la dune du libertinage de plein air.

Euloge Farifon le recueille à l'arrivée :

— J'espère que tu t'es pas fait mal, dit-il, en l'époussetant avec vigueur...

*
* *

Les deux vieillards se sont assis dos à dos et se taisent. La nuit les enveloppe avec des douceurs d'infirmière dans des linges soyeux. Au-dessus de leurs têtes la brise de mer charrie les soupirs et les clameurs de la volupté partagée.

Euloge profite d'une accalmie pour prendre la parole. Il tient à faire pardonner sa présence :

— Ne crois pas que je t'espionne, dit-il. C'est une fatalité. Je me trouve toujours où je dois pas me trouver...

— Je suis bien content que tu sois là, grommelle Paradas.

Le silence s'installe à nouveau.

C'est un silence fraternel. Un silence créateur. Le silence de l'amitié partagée. Un festin de silence. Des paroles en surgiront peut-être à leur heure. Des paroles essentielles car nées du silence et non des paroles elles-mêmes.

Auguste, pourtant, continue de se taire. Il pressent qu'une fois que les mots auront franchi ses lèvres, une fois lâchés, ils l'entraîneront à leur suite en des endroits d'où il ne pourra jamais revenir.

Il savoure ce rare moment où les êtres n'ont pas besoin de parler pour savoir qu'ils existent. Il sait que le bonheur s'enfuit dès qu'on tente de l'exprimer. S'il s'est cuirassé de mots c'est pour ne pas se trouver en présence de lui-même. Pour se fuir. Pour ne pas se faire horreur. Il a laissé les mots vivre à sa place pour maintenir en lui un espace parfaitement vide où la tendresse ne demande maintenant qu'à s'engouffrer.

Le Cormoran, en lui, a un dernier sursaut :

— La jeunesse d'aujourd'hui, ricane-t-il, ne vaut pas celle d'avant-guerre.

Jamais le sourire d'Euloge n'a été aussi angélique qu'au moment où il a dit, comme s'il se parlait à lui-même :

— Elle a raison cette gamine, tu es vraiment un vieux con.

— Toi aussi ! a riposté Paradas.

C'est tout ce qu'il a trouvé à répondre. Euloge n'a pas protesté. Il a même renchéri :

— Oh oui ! a-t-il dit, mais moi je le sais...

— Ça change quoi ?

— Tout...

Alors il s'est produit un coup de théâtre. Un vrai. Quelque chose de tellement inattendu que Paradas n'a pas réagi. Le doux, le tendre, l'évangélique Farifon s'est levé, a pris son collègue par le revers de sa veste des dimanches et l'a soulevé sans effort au-dessus de sa tête. Il le tenait à bout de bras et lui parlait dans les yeux :

— Laisse la jeunesse tranquille. Tu ne sais pas ce que c'est...

— J'ai été jeune moi aussi...

— Non. Jamais. Eux ils le sont. Ils essaient de l'être. N'y touche pas. Tu les abîmerais.

Sa colère, d'un coup, s'est apaisée. Il a reposé sur le sable avec délicatesse le quintal de viande qu'il brandissait sans effort...

— Et maintenant, il a dit, tu peux me frapper si tu veux.

Paradas n'a pas bronché.

— Ça changerait quoi ?

Ils se tiennent par les épaules comme deux vieux catcheurs qui reprennent souffle avant de tenter de nouvelles prises. Un rire tonitruant les fait sursauter.

— Alors les vieux à quoi on joue ? a dit Adrien au passage.

Il n'attend pas de réponse. La main sur le chignon de son intérimaire, il s'éloigne à contre-lune en sifflotant *la Marche des anges...*

Les deux vieillards s'observent. Le combat va-t-il reprendre ?

— Allez vide ton sac ! ordonne Paradas.

— Tu tiens vraiment à savoir qui tu es ?

— Puisque tu le sais mieux que moi...

— Tu es un gros envieux.

— Moi...

— Parfaitement. Tu es jaloux de ces petits. Tu es jaloux de tout le monde. Il y a même des moments où tu es jaloux d'un minable comme moi. Pourtant tu n'es pas un mauvais cheval. Mais tu es pas en règle...

— Avec qui ?

— Avec toi, con.

— Et qu'est-ce que je dois faire pour me mettre en règle ?

— Aller voir Ramsès...

Paradas retourne sa réplique avec une vigueur de joueur de tennis.

— Qu'il crève !

— C'est précisément ce qu'il est en train de faire... Tu es content ?

— Je m'en fous...

— Ça devrait te faire plaisir...

— Ça devrait ! reconnaît honnêtement Paradas. Mais j'ai attendu trop longtemps et de toute façon, j'y peux plus rien...

— Il voudrait juste te voir avant de nous quitter...

— Et c'est toi qu'il a chargé de la commission...

— Oui c'est moi...

Paradas connaît sa réponse. Mais il tient à la formuler en termes choisis :

— Eh bien tu iras dire à ton ami que je n'irai même pas à son enterrement et que s'il a vraiment l'intention de crever, qu'il crève seul...

Farifon, l'innocent Farifon, Farifon sans malice éprouve une détresse infinie. Un rayon de lune éclaire un instant son visage d'ordinaire rose et poupin. Il est devenu crayeux. Peu à peu les couleurs lui reviennent :

— Auguste tu déparles... Tu ne peux pas penser sérieusement ce que tu viens de dire...

— Seul, répète obstinément Paradas, seul comme tout le monde, seul...

— Seul comme toi, a murmuré Farifon avec un sourire timide. Seul, comme tous ceux qui vont mourir seuls...

Auguste, à son tour, a pris Euloge par le revers de sa veste et l'a hissé jusqu'à lui :

— Fous-moi le camp minable... et ne te trouve jamais plus sur mon chemin...

Et il le secouait sans ménagement. Et Farifon ne cessait de sourire car maintenant il savait qu'il ne s'était pas dérangé pour rien...

***

Un instant on put craindre le pire. Paradas a jeté son collègue sur le sol comme un paquet dont on se débarrasse. Il a serré les poings à s'en faire craquer les jointures. Ses doigts se sont ouverts...

— Et alors ? a demandé bravement Farifon...

Alors les deux vieillards sont tombés dans les bras l'un de l'autre et se sont étreints en pleurant.

On dira sans doute que le ramollissement du cerveau n'épargne personne et qu'il facilite l'émission lacrymale.

Cela ne prouve rien. Il y a toujours un peu de gâtisme dans les bons sentiments.

Et c'est tant mieux. Sinon, par où voulez-vous qu'ils puissent entrer ?

CHAPITRE 8

Dont Tin du Grand Pin est bien malgré lui la vedette...

Voici que se lève le onzième soleil après l'apparition du pétard de Clémence. Ramsès continue d'agoniser dans la solitude. Hector, son arrière-petit-fils, a regagné la pension suisse où on lui enseigne (il n'est jamais trop tôt) les succulents mystères des transferts de devises. On raconte, au Bar des Rescapés, que sa gouvernante anglaise est retournée dans son Devonshire natal en emportant l'argenterie. Ce qui, d'ailleurs, se révélera tristement exact. Mais réjouira le petit peuple.

Dans le village doré, sous les toits couleur d'abricot, la vie continue. Les langues de pute vont bon train. La médisance, au Grand-Peluque, est une spécialité locale. Pour les Cormorans c'est leur pain quotidien. Ils s'en nourrissent. Les autres s'en amusent simplement le palais et à peine l'ont-ils dégustée qu'ils l'oublient pour en inventer une autre. Sans le savoir ils se préparent à siéger plus tard sur le Banc.

Amédée a organisé une loterie : celui qui désignera le jour et l'heure du décès de Mominette, celui-là aura gagné un magnifique objet d'art.

Au fond c'est un village heureux...

***

Euloge, sa mission accomplie, a retrouvé le confort de son délire.

Paradas est le seul à qui vivre continue de poser problème. Il a regagné sa tanière en proie à des tourments renouvelés ; « tendresse » et « détresse » se livrent en lui un combat sans trêve ni merci :

« Auguste, se demande-t-il, n'aurais-tu pas pété plus haut que ton cul ?... Qu'est-ce qui t'a pris ?... Tu n'étais pas bien avant ? »

Oui il était « bien » : dans sa peau et dans ses brailles. Les reins au chaud dans sa ceinture de flanelle. Sans espoir donc sans angoisse. La brève embellie qu'il a connue l'a complètement désaccordé. Ce n'est pas la peine d'essayer de retourner en arrière : la béatitude qu'il a pressentie ne lui a laissé que de l'insatisfaction. Et du remords. Et de l'humiliation. Et de la colère.

C'est beaucoup pour une âme simple. Il tente de se délivrer de son désarroi sur Clémence. A tout hasard, il la traite de salope :

— Pourquoi l'as-tu abandonné, méchante fille ?

Il n'insiste pas. Il ne croit pas ce qu'il dit. Coincé entre un passé qu'il renie et un avenir auquel il ne croit plus, il ne sait ni ce qu'il pense ni ce qu'il est.

Il a voulu tuer le « vieil homme ». Mais le « vieil homme » se rebiffe. Le découragement le gagne. Il est comme un ivrogne qui se croyait guéri et qui va recommencer à boire. Après tout il n'est ni un surhomme ni un saint. Les saints eux-mêmes ont leurs moments de doute, leurs traversées du désert.

D'un seul coup, il craque. Il lui paraît impossible de se tenir à la hauteur où il s'est hissé pendant quelques heures. Il renonce. Il s'accepte. Il dégringole au plus bas de lui-même. Il retournera chez les Cormorans. Il n'a pas siégé chez eux d'une demi-fesse mais à derrière plein. Il n'a aucune raison de croire qu'il n'est pas de la même race qu'eux. S'il les a quittés c'est par orgueil et non pour les désavouer.

Il lui faut, toute honte bue, rentrer dans le rang.

« Et si, pense-t-il, ils m'avaient exclu en mon absence ? »

Comment pourraient-ils conserver en leur sein quelqu'un qui s'est permis de mettre publiquement leur autorité en question ? Ils l'ont peut-être déjà remplacé. Il s'humiliera devant eux, il demandera pardon, il prononcera son autocritique. Il suppliera s'il le faut.

Par précaution, il emporte son pliant. Pour le cas où on lui refuserait l'accès au banc de pierre. Il n'abandonnera pas la partie pour autant. Il s'installera devant ses juges et plaidera sa cause jusqu'au bout. Et s'ils veulent se débarrasser de lui, il faudra qu'ils le chassent à coups de pierres.

Qui oserait le juger ?

Vivre ne consiste-t-il pas, tout bien pesé, à gérer tant bien que mal ses contradictions ?

*
* *

Il est arrivé en avance. Farifon est déjà sur place, le cul calé sur son pliant, balayant du regard le banc de pierre vide.

Paradas a décidé de mettre les choses au point une fois pour toutes :

— Je ne suis pas allé voir Ramsès, déclare-t-il avant même de lui avoir souhaité le bonjour.

— Je le savais, dit Euloge.

— Tu continues de m'espionner !...

— Je ne t'ai jamais espionné. Mais je te connais par cœur. Tu n'aimes pas qu'on t'incite à faire ce dont tu as envie...

Le ricanement de Paradas a la sonorité d'un rire sincère :

— Je n'ai pas envie d'aller voir Mominette et je n'irai jamais lui rendre visite...

— Ça m'étonnerait, dit Euloge...

— Tu te crois capable de me faire changer d'avis !

— Moi, non... Mais eux sûrement...

Les Cormorans ne se sont pas concertés mais, pour une fois, ils se présentent en corps constitué. Ils s'installent en silence sur le banc de pierre sans le moindre coup d'œil en direction de Paradas et Farifon.

— Ils nous tiennent pour quantités négligeables, fait paisiblement remarquer Euloge.

Paradas, aussitôt, s'installe sur son pliant personnel. Hanche contre hanche, ils parlent à voix basse. Ce n'est pourtant pas le début d'une conspiration.

— Ce qu'ils pensent ou ce qu'ils disent, je m'en fous, a dit Paradas. Ils sont pour moi comme s'ils n'existaient pas.

— Regarde-les quand même, dit Farifon. Écoute-les... Écoute-les bien... Et tu verras si je suis aussi fou qu'ils le disent...

Paradas proteste avec sincérité :

— J'ai jamais dit que tu étais fou...

Sa conduite, toutefois, pourrait le laisser croire.

Il a donné sans préavis à son voisin une bourrade affectueuse dans les côtes. Si rude que Paradas manque tomber de son pliant :

— Toi aussi tu es fou... Encore plus que moi... Heureusement.

Paradas hausse les épaules. Jamais il ne s'est senti aussi raisonnable. Il regarde néanmoins ses collègues d'un œil nouveau et découvre qu'ils lui sont inconnus.

« Quel âge ont-ils donc ? » se demande-t-il.

Ils sont vieux. Vieux tous les jours. Vieux du matin au soir. Vieux quand ils se parlent ou quand ils se taisent. Vieux quand ils rêvent. Vieux...

Ils ont cessé de brandir le bouclier de leur silence et chuchotent entre eux en jetant dans la direction de Paradas des regards venimeux.

— Ils préparent un coup, annonce Farifon...

L'horloge de la mairie sonne quatre fois. Une escadrille d'hirondelles traverse le ciel à une allure supersonique. Maxime Carpita se lève, braque sur Paradas des yeux pleins d'une réprobation douloureuse.

On peut croire qu'il va prononcer contre Auguste un réquisitoire d'autant plus véhément qu'il fut longtemps son disciple bien-aimé. Il finira sans doute par lui donner l'absolution mais il exigera sinon des excuses publiques, du moins une repentance ostensible. Il a déjà arrondi la bouche et pris une profonde inspiration. On peut s'attendre à un beau morceau d'éloquence nuancée. Mais de ses lèvres ne sortent que ces mots inattendus :

— Messieurs la séance est levée...

Levée avant d'avoir été ouverte.

Il y a des craquements de jointures, des traînassements de semelle, quelques pets sournois. Les Cormorans vont s'envoler. Ils restent cloués au sol : Tin, dit l'Aimable, Tin du Grand Pin vient de faire une entrée remarquée : il a le visage en sang et la chemise en lambeaux...

***

De toute cette fichue bande, Tin était le moins malfaisant. Il avait fallu que Carpita mette toute son autorité dans la balance pour qu'il soit admis sur le Banc. On le jugeait trop indulgent mais le Président tenait à ce que son Académie soit diversifiée comme un orchestre. Chacun sa partition, chacun son instrument. Cette diversité donne seule, à l'œuvre commune, son relief et son unité.

Tin ne fait pas double emploi avec Euloge. A Farifon, Maxime a réservé les couacs. Quand il intervient, la formation cesse de jouer pour s'esclaffer : il fournit les pauses indispensables à la fermeté des reprises.

L'emploi de Tin demande plus de subtilité. Il apporte la dissonance sans laquelle la mélodie apparaît moins clairement. Ce rôle difficile, Tin le tient sans effort.

Il est la bonté même. Il a passé sa vie à rendre spontanément service à son prochain. Comme il n'attendait de sa conduite aucune reconnaissance, comme il n'a jamais songé à se faire payer de retour, il a réussi à conserver sinon l'affection de ses collègues, du moins le droit de ne pas cacher ses sentiments.

Pétri d'innocence et d'optimisme, il trouve toujours un bon côté aux choses et ne voit le mal nulle part.

Personne n'a jamais su, ni cherché à savoir si au complet il s'appelait Augustin, Baptistin, Clémentin ou Rintintin. Il était Tin du Grand Pin. Ce surnom lui venait d'un immense pin parasol qui étendait ses ramures fissurées de soleil sur sa cabane de pêcheur d'anguilles. Les jours de canicule ils étaient nombreux ceux qui venaient faire la sieste à son ombre tiède. Au réveil, Tin offrait l'eau fraîche de son puits à ses visiteurs pour qu'ils aient bonne bouche à leur retour sur la terre. Angélique, il était, ce brave garçon. Les Cormorans l'appréciaient dans la mesure où il leur permettait d'éprouver pleinement leur propre intransigeance.

Ils ne sont pourtant guère portés sur la compassion mais quand ils ont vu paraître leur collègue, tout graffigné et tout meurtri, ils n'ont éprouvé aucune satisfaction particulière. L'intrusion de la violence dans leur existence monotone n'était cependant pas faite pour leur déplaire. Les fonctions de Carpita et son urbanité naturelle l'incitent à se montrer le plus affectueux et le plus empressé :

— Mais qu'est-ce qui t'arrive, mon beau ?

— C'est trois fois rien, dit Tin.

Il a presque l'air de demander pardon. Lui qui veillait à passer inaperçu le plus possible il se sent honteux d'être devenu subitement centre d'intérêt.

Barbe d'Or (dit le Viking du Sambuc) est le premier à réagir. Il prend de sa propre autorité la direction des opérations. Il a servi, un temps, dans la Légion étrangère. Il en a été exclu pour brutalité excessive. Les rhumatismes, par bonheur, ont considérablement atténué sa force de frappe. Sans altérer son humeur combative. On croit savoir cependant qu'il n'a tué personne, du moins depuis qu'il a quitté l'habit militaire.

— Qui t'a fait ça ? hurle-t-il.

Tin a levé l'épaule droite pour se mettre à l'abri d'une tarte éventuelle :

— C'est sans importance, dit-il.

Sa résignation fait très mauvais effet sur les Sénateurs en qui la non-violence éveille des instincts meurtriers. En molestant ce pauvre Tin ses agresseurs ont offensé leur institution elle-même. Ils ne peuvent laisser cet affront impuni sans perdre leur prestige et leur raison d'être.

Ils s'apprêtent à coasser à l'unisson. Paradas leur cloue le bec en posant une question innocente qui amène sur le visage poupin d'Euloge une roseur de ravissement.

— Tu n'es pas tombé de bicyclette par hasard ? a-t-il demandé.

Son retour chez les Cormorans n'a rien résolu. N'a rien clarifié. Il comptait sur eux pour retrouver la paix dans l'abjection. Ils n'ont fait que réveiller le dégoût qu'ils lui inspirent et son irrésistible envie de changer de peau.

Le Président Carpita d'ailleurs l'a prié catégoriquement de se taire :

— Vous n'avez pas à intervenir dans nos débats tant que nous n'aurons pas statué sur votre sort.

C'était pourtant une hypothèse plausible que celle suggérée par Auguste. Mais si elle s'était révélée exacte, l'enquête policière dont les Cormorans se pourléchaient à l'avance aurait été close avant d'avoir été ouverte.

L'honnête Tin regarde Paradas avec une tristesse d'épagneul incompris :

— Auguste, dit-il, tu sais très bien que je tombe jamais de bicyclette. Ils me l'ont vraiment volée et ils sont partis avec.

Euloge et Paradas échangent un hochement de tête consterné. Ils savent par expérience que, de cet humble fait divers, les Cormorans vont faire surgir tous les éléments d'une somptueuse tragédie dont la cruauté les enchante à l'avance.

Désormais le destin s'est mis en route et rien ne pourra se mettre en travers.

*
* *

La bicyclette de Tin était presque aussi célèbre que l'église fortifiée du Grand-Peluque. Elle ne datait pas du XIIIe siècle mais de guère plus tard. Il y avait des Belges qui faisaient spécialement le voyage rien que pour vérifier qu'elle existait réellement et qu'elle était toujours en état de marche.

Tous les dimanches à la belle saison le syndicat d'initiative organisait à l'intention des touristes une manière de rodéo vélocipédique : celui qui restait le plus longtemps en selle encaissait la moitié des mises. L'autre moitié allait aux bonnes œuvres et le reste (car en matière d'organisation de spectacle il y a toujours un reste) à ce pauvre Tin. Cela ne faisait pas beaucoup de sous mais lui permettait de ne jamais manquer de glaces à la pistache, sa seule faiblesse.

Le champion toutes catégories — il était de Dallas (Texas) — avait réussi à tenir vingt-huit secondes. Barbe d'Or était donc fondé à dire :

— Ces bandits n'iront pas loin...

Euloge et Auguste sont les seuls à ne pas rire.

Le coup d'envoi est donné. La chasse est ouverte. Elle se poursuivra sans répit jusqu'à l'arrestation des coupables. Avant d'être livrés à la justice, ils passeront entre les mains du Viking. Malgré ses rhumatismes, il lui reste assez de vigueur pour infliger aux prévenus une telle correction que leur propre mère (s'il y en a une, car ces vauriens sont d'ordinaire des enfants trouvés) aura du mal à les reconnaître.

Le Président Carpita fait rasseoir tout son monde. Il installe Tin à sa droite.

La perspective d'un implacable interrogatoire se déroulant par beau temps a considérablement rajeuni les Sénateurs. On dirait une académie de gastronomes s'apprêtant à passer à table, dénouant leur serviette et salivant de plaisir à l'avance.

— Combien étaient-ils ? demande Carpita.

Ce n'est que l'humble chef à la retraite d'une gare désaffectée mais il y a en lui l'étoffe d'un grand juge d'instruction. La réponse de Tin devrait l'irriter tellement c'est celle d'un honnête homme :

— Ça s'est passé si vite que je n'ai pas eu le temps de les compter...

Le Président ne retient de cette réponse que ce qui peut servir la cause de la répression :

— Vous reconnaissez donc qu'ils étaient plusieurs...

Pour une fois, la réponse de Tin ne déçoit personne :

— O mon collègue, dit-il, s'il avait été tout seul, tu penses bien que je me serais pas laissé faire...

Les applaudissements crépitent. Le Président les apaise d'un geste qui a plus l'air d'une bénédiction que d'un rappel à l'ordre.

— Ils étaient deux ?... Ils étaient trois ?...

Barbe d'Or qui a réussi à se contenir jusqu'ici soudain explose :

— Nous perdons du temps, rugit-il... Des gens qui se mettent à deux, à trois, ou à cinquante pour attaquer un vieillard sans défense méritent qu'on leur coupe les couilles avec une scie à métaux...

Paradas ne parvient pas à se taire malgré l'ordre qu'il en a reçu :

— A condition, dit-il, qu'on sache de qui il s'agit...

Carpita consent à lui répondre :

— Nous le saurons bientôt, dit-il, avec un sourire flamboyant.

— C'est comme si c'était fait, surenchérit Barbe d'Or...

Tin est au supplice. Il n'aime pas « faire l'intéressant ». Dans ce pays on joue la comédie en permanence mais dès que l'affaire est sérieuse on s'éclipse. Demandez à ceux qui font des reportages pour la télévision. Ils trouvent toujours des frimants pour s'y montrer mais qui n'ont rien vu et qui n'ont rien à dire. Ceux qui savent ont disparu.

Tin n'est pas de force à tenir tête à la meute qui le harcèle. Il ne veut contrarier personne. Alors il abandonne la partie. Il reconnaît les faits.

Tous les faits qu'on voudra.

Oui, il est resté évanoui un moment après l'agression dont il a été la victime. Un moment dont il ne peut préciser la durée, ce qui permet au Président d'inscrire dans le procès-verbal qu'il dicte « un très long moment ». Par la même occasion l'évanouissement devient un « coma prolongé ».

Comment dans ces conditions ne pas approuver les conclusions de

Barbe d'Or qui établissent que Tin a été victime non seulement d'un vol et d'une agression mais d'une tentative d'assassinat. Avec préméditation bien entendu, et par une bande organisée, cela va sans dire.

Il faudrait que vous puissiez voir les Cormorans à ce stade de l'instruction. Leurs regards étincellent. Des dents de loup leur ont poussé, des crocs de vampire. Ce n'est pourtant qu'au moment où, au bout de sa résistance nerveuse, Tin avoue que les abominables truands ne se sont pas contentés de lui dérober sa monture mais ont exigé qu'il leur remette son porte-monnaie que les Cormorans deviennent de véritables bêtes fauves.

Dans la paix du soir les premiers « A mort ! » retentissent.

*
* *

Tin, cependant, continuait à ne pas se montrer outre mesure affligé par sa mésaventure. Il en riait presque :

— Ce n'est pas avec ce qu'ils m'ont pris qu'ils feront fortune...

Tant de désintéressement et d'indulgence inspire au Président un de ses plus beaux discours. Puisant aux sources mêmes de la sagesse antique il exalte les vertus oubliées. Celles dont l'abandon a précipité la chute de l'Empire romain.

— Celui qui vole un démuni, lance-t-il au moment de sa péroraison, doit être plus sévèrement châtié que celui qui prive les riches de leur superflu. Peut-être même ne mérite-t-il pas de vivre...

Après un tel réquisitoire, la porte donnant sur le pardon des offenses reste à peine entrebâillée. Barbe d'Or se hâte de la fermer définitivement :

— Si vous me laissez faire à mon idée, c'est comme si leurs têtes étaient déjà dans le panier de son.

— Les pauvres, soupire Tin du Grand Pin, ils avaient peut-être encore plus soif que moi...

Les Cormorans ne sont ni doux ni humbles de cœur. La générosité de Tin ne peut que les exaspérer. Ils ne sont riches ni les uns ni les autres, ce qui ne peut qu'aiguiser leur sens de la propriété. Comme ils n'ont jamais fait tort d'un sou à qui que ce soit, il leur est impossible (et comment ne pas se mettre à leur place) de se montrer compréhensifs à l'égard des larrons petits ou grands.

Si Paradas intervient à nouveau ce n'est pas pour braver ses anciens collègues mais par humanité pure :

— Vous ne croyez pas qu'on devrait d'abord mener Tin chez le pharmacien ?...

Cette proposition de simple bon sens se heurte à l'intransigeance de Tin lui-même :

— Au pharmacien, j'y suis jamais allé de ma vie, proteste-t-il, et c'est pas à mon âge que je vais commencer... J'en ai vu d'autres. Ça cicatrisera bien tout seul.

Le tribunal lui est reconnaissant de ne pas retarder la mise en route du châtiment. Tin paraît pourtant de plus en plus gêné de mobiliser l'attention.

Il a l'air d'un animal traqué cherchant désespérément une issue pour échapper à ses tourmenteurs. S'il n'avait tenu qu'à lui, il aurait demandé la permission de rentrer à sa maison pour oublier dans le sommeil une péripétie qu'il considérait comme sans importance. Mais pour une fois que les Cormorans ont un vrai crime, un crime « en chair et en os » à se mettre sous le bec, ils ne sont pas près de lâcher prise...

***

Le sort de la bicyclette préoccupe particulièrement ces messieurs. Son propriétaire a beau affirmer qu'elle ne vaut pas trois sous (ce qui est d'ailleurs exact), il se heurte à l'indignation du Président Carpita :

— Malheureux... Il s'agit d'une pièce de musée, d'un objet de collection ! Je peux même aller jusqu'à dire que tu n'en es même pas le véritable propriétaire...

Ce sont là propos que, quel que soit le respect que lui inspire Carpita, Tin ne saurait accepter sans protestation :

— Je la tiens de mon grand-père, dit-il avec une véhémence qui ne lui est pas habituelle. Il la tenait lui-même de son grand-oncle qui...

Carpita l'interrompt sèchement :

— Justement, elle appartient à l'histoire.

L'ami Tin a toujours respecté la volonté populaire. Puisqu'elle a décidé qu'il n'était que le dépositaire d'un instrument de locomotion qui faisait partie du patrimoine, il ne peut que lui donner raison.

Occasion inespérée pour Barbe d'Or de donner sa mesure et d'appliquer enfin ses méthodes. Elles sont rugueuses et ne s'égarent pas sur des chemins de traverse.

Son langage militaire lui est remonté aux lèvres :

— Nous allons quadriller le secteur, décrète-t-il.

Cette façon de parler enchante les Cormorans. Jamais ils n'ont autant ressemblé à ce qu'ils sont : de maigres oiseaux de proie vivant de la chair des autres, prêts à engloutir leur proie toute crue, l'estomac réjoui par ses soubresauts d'agonie.

Ils se sont remis debout : le cou rentré, les épaules voûtées, le nez en forme de bec, les mains croisées derrière le dos, les bras en ailerons, les voici déjà partis pour la pêche.

Barbe d'Or les fait se rasseoir d'un impérieux froncement de sourcil. Il juge inutile de donner de la voix. Il s'offre même le luxe de parler du ton doucereux d'un flic raffiné qui ne s'autorise les délices de la torture qu'après avoir obtenu des aveux complets. Il savoure son jour de gloire.

La guerre d'Algérie, pas plus que la guerre d'Indochine ne l'ont pleinement épanoui. D'abord il était trop vieux pour les faire. Mais si on lui avait permis de les conduire à sa façon, elles auraient connu une bien plus glorieuse issue. Il n'a pas eu l'occasion de donner sa mesure. Le jour de la revanche est arrivé !

Il n'est pas vraiment mégalomane. Dans ses délires les plus audacieux, il n'a jamais dépassé le grade de sous-lieutenant. Ce n'est pas tout à fait non plus un tueur. C'est un rêveur spécialisé dans les pelotons d'exécution. Les guerres se gagnent ainsi. Et pas autrement. A-t-il décidé sans avoir, jusqu'ici, l'occasion d'en faire la démonstration.

Voici que le destin, qui l'a fait longtemps attendre, se décide enfin à lui offrir sa première affaire importante : un vieillard vélocipédiste détroussé par de jeunes malfrats.

Car ils sont jeunes, cela ne fait aucun doute, ni pour lui ni pour personne. Jeunes et pas d'ici, bien entendu. Gitans de préférence.

— Reprenons les choses du début, dit-il. Ils étaient trois ou ils étaient quatre ?

Tin est maintenant bien décidé à ne plus contrarier personne :

— Ils étaient plusieurs, reconnaît-il.

Le Viking du Sambuc se pourlèche :

— L'association de malfaiteurs est établie. Nous dirons donc quatre... A la condition que la suite de l'enquête n'établisse pas qu'ils étaient plus nombreux...

Tin essaie héroïquement de maintenir son aventure dans les limites du plausible :

— Comment veux-tu que je sache ? soupire-t-il en épongeant le sang qui continue de couler de sa bouche.

Barbe d'Or reprend pour un instant sa voix de caporal-chef de la Légion étrangère. Elle est si menaçante que Tin se ratatine sur lui-même :

— Pourquoi tu nous caches l'essentiel ?

— Mais je vous ai tout dit.

— Tu ne nous as pas révélé la somme qu'il y avait dans ton porte-monnaie.

Malgré ses lèvres tuméfiées, Tin parvient à rire, d'un rire de vieille cigale :

— Cinq francs vingt-cinq... comme d'habitude...

C'est à ce chétif niveau qu'il a toujours situé son minimum vital quotidien, se contentant de restreindre sa consommation de glaces à la pistache au fil de la dégradation du franc. De sorte qu'il est passé, sans même s'en apercevoir, de la pauvreté à la misère. Il a toujours compté sur cette fameuse providence qui, donnant leur pâture aux petits oiseaux, ne pouvait manquer de lui assurer sa pitance. Il s'était laissé dire que si ses desseins sont impénétrables, ils sont parfois affectueux. Il avait eu bien raison puisqu'à ce jour, il n'est pas mort de faim. Il est vrai qu'il a toujours eu de petits besoins.

Barbe d'Or, soudain, l'a pris par les épaules et lui a fait craquer les os :

— Tu aurais quand même pu leur courir derrière... à quatre (ou à cinq) sur un vélo et surtout un vélo comme le tien, on ne va pas vite...

Tin a jeté un coup d'œil désespéré en direction du Président Carpita comme pour chercher du secours :

— Ils se sont enfuis en voiture, se décide-t-il à avouer en baissant le front.

Les Sénateurs ont craint un instant que Barbe d'Or n'étrangle ce pauvre Tin.

— A bord d'une voiture volée elle aussi... Et c'est maintenant que tu nous révèles ce fait capital !

On va tout droit vers l'incident de séance lorsque Euloge Farifon demande la parole et le tumulte, aussitôt, s'apaise. Le conclave a senti qu'un peu de détente lui permettra de reprendre ses travaux avec une alacrité nouvelle. Il s'attend à une de ses improvisations cavalcadantes qui les réjouissent d'autant plus qu'elles les rassurent.

Or la question que pose Farifon est tout à fait raisonnable.

— Ta bicyclette qu'est-ce qu'elle est devenue ?

Tin lance en direction de Carpita un appel au secours suppliant. Le Président ferme les yeux. On croit que Tin va s'enfermer dans un silence bougon. Il en émerge par un suprême effort de volonté :

— Ils l'ont emmenée avec eux...

— Qu'est-ce qu'ils voulaient en faire ? rugit Barbe d'Or.

Tin mobilise ses dernières énergies pour dire d'une voix mourante :

— La revendre... je suppose.

Une vague de rires a fait tressauter les Sénateurs sur leur banc. La vente du vélo de Tin, même en pièces détachées, n'aurait guère rapporté plus que le contenu de son porte-monnaie...

Moins peut-être...

***

Ce moment de bonne humeur est de courte durée. La vague retombe aussitôt, anéantie par le regard réprobateur de Barbe d'Or. On est en train de minimiser une affaire sur laquelle il compte établir sa réputation, et comment lui restituer d'urgence son caractère dramatique, avant qu'elle ne sombre dans la farce et la dérision ?

Le Président Carpita vient à son secours :

— Le Grand-Peluquc, dit-il, a été jusqu'ici miraculeusement épargné par la vague de violence qui déferle sur le monde. Par miracle et surtout grâce à notre vigilance de tous les instants. Si nous ne traitons pas ce crime, car c'en est un, avec le sérieux et la sévérité qu'il exige, je ne réponds plus de notre sécurité. Nous mettrions nous-mêmes nos vies en danger...

Un frisson parcourt l'assemblée et les Cormorans se serrent frileusement les uns contre les autres. Ils ne tremblent pas véritablement pour leur existence. Dans une certaine mesure même, l'agression dont leur collègue vient d'être victime les rassure sur leur avenir personnel. Ceux qui ont fait la guerre de 14 se sentent encore plus protégés que les autres. Ils savent par expérience que les obus ne tombent presque jamais dans le même trou. Le tonnerre s'est abattu sur Tin. Les voilà momentanément intouchables.

Confusément pourtant ils ressentent comme une vague menace qui plane sur leurs fronts et qui pourrait, s'ils n'y prennent garde, s'abattre un jour sur eux et les écraser.

C'est la première fois qu'ils se sentent concernés par cette fameuse violence dont on parle tant dans les journaux. Elle n'a été jusqu'à ce jour qu'un agréable sujet de conversation. Ils sont épris de faits divers, de catastrophes et de massacres. Le sang versé par les autres leur avive le teint et leur assouplit les artères. Sur leur banc, ils se sentent à l'abri de tous les dangers.

Or, voici que la violence, la vraie, la vérifiable, celle qui fait couler le sang des innocents vient de faire irruption dans leur zone préservée, violant les règles de l'extraterritorialité.

Elle n'est plus un inépuisable thème de lamentations, d'imprécations et de jubilation secrète. Elle a désormais un visage : celui d'un petit vieux sanguinolent et à demi massacré qui n'a même pas l'air de se rendre compte du danger qu'il fait courir à ses camarades.

Le rire que son aventure a déchaîné lui a fait plus de mal que les coups qu'il a reçus. Il proteste avec indignation :

— Mon clou ne valait peut-être pas cher, mais j'étais habitué à lui et il me rendait bien des services...

Personne ne l'écoute. On perçoit même de la réprobation à l'égard de ce personnage négligeable qui attache de l'importance à une bicyclette hors d'âge, alors que son mauvais exemple met en péril l'avenir de la communauté tout entière. Ils se demandent s'ils ont eu raison d'admettre parmi eux un tel égoïste. Ils se taisent mais on devine qu'une procédure d'exclusion se mijote. On ne peut continuer à fréquenter un tel porteur de scoumougne. Qu'avait-il besoin d'aller se promener si loin à son âge ! Après tout, ce qui lui arrive, il l'a bien cherché.

Le cerveau de Tin fonctionne à bas régime mais c'est un être qui ne manque pas de sensibilité. Il a compris qu'on lui tenait rigueur de sa mésaventure et qu'il se trouvait au centre d'une délibération qui dépassait son entendement. Alors, il s'est senti coupable, il a baissé la tête, et comme la journée avait été rude et que c'est une âme simple, dont le sang circule à l'économie, il s'est laissé peu à peu envahir par une somnolence bienheureuse à laquelle il prend le sage parti de s'abandonner. Sa tête dodeline. Il n'est plus là pour personne. Il est ailleurs. Dans un domaine où il n'existe plus mais où personne ne lui pose de questions.

Désormais, Barbe d'Or tient la situation bien en main et met aux voix, sans plus attendre, le rétablissement de la peine de mort. Il est voté par acclamations.

Farifon et Paradas échangent un regard désespéré. Euloge fait un dernier effort pour qu'éclate l'absurdité de la situation :

— Résumons-nous, dit-il... Si quelqu'un me tue, je le tue.

Le Viking approuve :

— C'est la moindre des choses, dit-il, en jetant en direction de Farifon le regard de l'homme surpris de trouver tant de bon sens chez un débile officiel.

Prenant l'assistance à témoin il ajoute :

— Vous voyez bien qu'il n'est pas aussi couillon qu'il en a l'air...

***

Paradas et Farifon sont restés tous les deux jusqu'à la fin de la séance, fascinés par le monceau de vertigineuses âneries qui s'entassait devant eux et croissait de seconde en seconde. Auraient-ils décidé de s'enfuir que leur départ aurait passé inaperçu tellement les Cormorans étaient requis par leurs propres trouvailles. Ils ignoraient qu'il y eût en eux tant d'imagination créatrice.

Chacun proposait sa motion. Elles se succédaient en bourrasque. La machine à décapiter s'était emballée. Le Président Carpita lui-même avait perdu toute retenue. Ce fut lui qui fit voter une proposition de défiance à l'égard de la police officielle :

— Si nous comptons sur elle, non seulement les assassins ne seront jamais pris mais ils seront relâchés le jour même...

La formule complétant harmonieusement le « si tu me tues, je te tue » de Farifon. Son ironie leur avait échappé. La frénésie les gagnait irrésistiblement.

Ce fut, toutefois, au moment de se prononcer sur la nature des sanctions qu'ils infligeraient aux coupables que leur surexcitation atteignit les sommets. Aucune peine ne leur paraissait susceptible d'empêcher la récidive. Un regain d'ingéniosité jaillissait de leur indignation.

— On leur enlèvera le cervelet, ce qui les fera peut-être réfléchir, disait l'un.

— On les saignera jusqu'à la dernière goutte, proposait un autre.

— On leur marquera le crâne au fer rouge après les avoir tondus.

— On les noiera dans la merde.

Il va sans dire qu'on leur avait arraché le chichi avec des tenailles dès le début de l'instruction, pour les empêcher de se reproduire.

Les plus taquins suggéraient simplement qu'on leur mît des bombes dans le cul. Des bombes à retardement pour faire durer le plaisir. La peine de mort qu'ils avaient rétablie ne suffisait pas à leur bonheur. D'aucuns parlaient de rétablir l'estrapade...

Ils éprouvent une énorme jubilation à déchiqueter leur prochain avec des mots, et s'ils font tant de bruit c'est pour ne pas entendre le chuintement léger de la mort qui s'avance en eux à pas de ver de terre.

Jamais toutefois les Cormorans n'avaient affiché une pareille forme.

Morale et physique. Oubliés les insupportables douleurs de reins, les irrésistibles envies de pisser, les tonitruants dérangements de tripes. La rage les embellissait. Ils pétaient le feu à l'unisson.

Euloge, héroïquement, fait un effort de diversion. Il se lance dans une de ses improvisations extravagantes qui d'ordinaire déchaînent l'hilarité et risquent de leur adoucir l'humeur.

Il remet la guillotine en marche, réinstalle le bagne à Cayenne, et suggère de créer dans l'étang du Salabre, à l'extrême sud de la Plaine Molle, un élevage de caïmans. Leur nourriture en viande fraîche fournie par les condamnés du jour, le budget de fonctionnement en sera réduit à l'extrême.

Rien n'y fait. La dérision de ses propositions ne touche personne. On trouve en Farifon plus de sagesse que d'habitude. On l'approuve. On l'acclame. On bat des mains.

— Tu vois, dit Barbe d'Or, nous t'avons mal jugé. Au fond tu es un homme de bon conseil.

Seul le Président Carpita fait grise mine. Il est d'accord sur la doctrine, mais se sent vexé de ne pouvoir faire profiter de l'étendue de son vocabulaire une assemblée délibérante qui ne s'exprime plus guère que par vociférations et onomatopées, à la façon des héros de bandes dessinées. Il lève donc définitivement la séance.

— Il n'y a plus rien à faire, soupire Euloge.

— Qui sait ? dit Paradas...

Cela ne signifie pas qu'il conserve l'espoir de changer le monde mais qu'il ignore ce que l'avenir tient en réserve.

CHAPITRE 9

Où la mort de l'un contribue à la joie de vivre de certains autres

Le lendemain, douzième jour après l'apparition du pétard de Clémence, deux événements troublèrent la sérénité du Grand-Peluque.

A l'aube on retrouvait la bicyclette de Tin enfouie dans la vase d'une roubine. Le guidon, seul, émergeait.

Au coucher du soleil, on découvrait Tin pendu à la plus haute branche de son grand pin.

***

On ne sut, on ne saura jamais, ce qui l'avait conduit à cette extrémité : le traitement infligé à sa monture ou la rudesse de la question que ses collègues lui avaient fait subir.

Son suicide frustra les Cormorans de bien agréables séances de rééducation. Barbe d'Or surtout qui avait déjà appréhendé un nombre considérable de suspects et qui dut, la rage aux poings, les relâcher. Non sans leur avoir distribué, en guise d'excuse, quelques mandales éducatives.

*
* *

Au Bar des Rescapés, quand la nouvelle fut connue, on observa plusieurs minutes de silence. Les glaçons fondaient sans bruit dans les verres. Sans leur tintement l'endroit paraissait lugubre comme une salle d'attente dans une gare de banlieue. Leur musique d'alpage servait de fond sonore au spectacle quotidien.

Ce soir nul n'a envie d'improviser la petite musique du bonheur quotidien. Chacun a réintégré ses problèmes et se trouve confronté à sa véritable image.

Cela n'est réjouissant pour personne.

La désolation d'Amédée, particulièrement, se remarque. Tout ce qui contrarie la vente de la limonade le conduit au seuil de la déprime. Il fermera tôt. Il est triste comme un organisateur de tournées théâtrales qui doit annuler une représentation. Ce n'est pas seulement le manque à gagner qui l'afflige mais la perspective de ne pas pouvoir animer la soirée.

Soudain son visage s'éclaire : Adrien vient de faire son entrée. Le spectacle aura lieu quand même.

Est-ce bien sûr ?

Adrien n'a salué personne, ce qui n'est pas dans ses habitudes. Il est allé s'asseoir tout seul au fond de la salle. Il est visible qu'il n'a envie de parler à qui que ce soit, mais s'il est venu dans un lieu public c'est qu'il n'a pas envie d'être seul.

Il y a donc très vite beaucoup de monde autour de lui mais on le voit si absorbé, si fermé, lui, d'ordinaire si accueillant, si bavard, si boute-en-train, que nul ne s'aventure à lui adresser la parole. On attend. Personne ne songe ni à faire renouveler sa consommation, ni même à finir son verre. Amédée, inquiet pour sa recette, se décide pour des motifs plus mercantiles qu'affectueux à rompre le silence au risque de se faire rabrouer :

— Mais qu'est-ce qui t'arrive mon beau ?... Tu as pas l'air dans ton assiette.

— M'en parlez pas ! soupire Adrien...

Ce qui est, malgré les apparences, une incitation à partager son tourment :

— Au contraire, si tu as quelque chose sur le cœur, il faut nous le dire. On pourra peut-être t'aider !

Aimé Rastignac, le gendarme, est de repos. Il ne s'est pas mis en uniforme. Il se croit donc autorisé à intervenir dans la conversation. Mais, même en civil, il ne fait pas preuve d'une excessive finesse :

— Si c'est un chagrin d'amour, dit-il, ça s'arrangera...

Remarque idiote pour qui connaît Adrien (et tous connaissent ici sa nature primesautière) mais qui a le mérite de le tirer de son abattement :

— Pauvre débile ! dit-il... Si tu crois que j'ai le temps de m'occuper de ça...

L'inquiétude se peint sur tous les visages. Il faut que la situation soit grave pour qu'un garçon aussi plein de santé ait renoncé à son passe-temps favori.

— Tu peux tout nous dire à nous, fait Amédée avec, cette fois, une compassion vraie. Nous sommes tes amis. Si tu as fait une bêtise nous sommes tous derrière toi.

Aimé Rastignac, lui-même, opine.

Alors Adrien libère son cœur. Et son douloureux secret déçoit le conclave.

Il dit la grande misère de l'enseignement républicain. On a supprimé une classe à son école. Il a maintenant quarante-deux élèves pour lui tout seul. Les parents sont furieux mais ils refusent d'occuper l'école pour faire revenir l'inspecteur de l'Académie de Trinquetaille sur sa décision.

Le problème, bien sûr, intéresse ses auditeurs mais ils ont renoncé depuis longtemps à le résoudre. D'ailleurs est-ce bien l'endroit pour en parler ? Le Bar des Rescapés c'est aussi le bar de l'oubli. On y vient pour penser à autre chose qu'à ses impôts, ses fins de mois, son emploi menacé. Pour ne plus se souvenir que les fils maintenant lèvent la main sur les pères, que les filles changent de petit ami tous les samedis soirs, que plus votre femme devient moche plus elle se fait exigeante, et que demain sera pareil à aujourd'hui.

Quand on rit ensemble, il n'y a ni pauvres ni cocus. Quand on se raconte des histoires on ne leur demande pas d'être vraies. Tout ce qu'on veut c'est qu'elles soient bien racontées. On ne vient pas ici pour revendiquer ou pour étaler ses misères. On ne vient pas non plus pour s'empéguer. On boit juste ce qu'il faut pour se délier la langue et décoller un peu de la réalité. Pour l'embellir ou du moins, pour la rendre supportable.

Adrien leur a donné à tous le bourdon en leur faisant honte de leur résignation. Chacun se retire en lui-même et n'y trouve aucune raison de se réjouir. Il y en a même qui vont jusqu'à se faire du souci pour la situation internationale. Elle n'est pas d'ordinaire au premier plan de leurs préoccupations, mais à cette occasion la guerre leur paraît inévitable et certains, parmi les plus désorientés, pensent qu'après tout ce serait la meilleure solution.

Le salut leur vient de celui dont ils n'attendent rien : d'Aimé Rastignac le beau gendarme bête. Le début de son intervention n'a pourtant rien de très engageant :

— Je suis bien content, dit-il, que les parents aient la sagesse de ne pas occuper l'école. J'aurais été obligé de leur taper dessus et ça m'aurait fait de la peine...

— Mais tu l'aurais fait quand même ! dit Adrien.
— Bien sûr... Mais doucement... Et cela n'aurait pas changé grand-chose...
— Alors nous allons nous le laisser mettre une fois de plus ! grogne Adrien.
— Il y a peut-être une solution...
— Ne me dis pas que tu as une idée !
Aimé ne relève pas l'ironie du propos :
— Tu as bien quelques éleveurs de taureaux parmi les parents d'élèves ?
— Je les ai tous et la plupart sont ici.
Ils sont effectivement là mais souhaiteraient qu'on les oublie. Rastignac, impitoyable, poursuit son exposé.
— La morte-saison va commencer, les courses de taureaux s'achèvent. Ces messieurs pourraient peut-être te prêter quelques-unes de leurs bêtes pour occuper l'école à leur place... Ton inspecteur d'Académie il changera peut-être d'avis si on lui met une paire de cornes au tafanard.
Les voici, à l'instant, figés sur place. Ils n'ont pas besoin de réfléchir longtemps. Aucun d'entre eux n'est assez déraisonnable pour imaginer que cette mesure puisse amener le moindre résultat. Mais ils l'adoptent avec enthousiasme. Ils croyaient que la fête était finie. Elle va pouvoir se poursuivre jusqu'à Noël. Plus longtemps s'il le faut. Entre eux. Sans touriste. Pour le plaisir.
Adrien ne peut s'empêcher de donner à Aimé une accolade fraternelle :
— Tu es le premier flic que j'embrasse, dit-il...
— Il le mérite, dit Amédée...
— C'est lui le meilleur ! renchérissent les spectateurs.
Ils se sentent une âme de conjurés. Ils brûlent de passer à l'action.
Rastignac, au sein du triomphe, est saisi par une étrange crise de modestie. Il tend vers ses amis des mains suppliantes :
— Surtout ne dites pas que l'idée vient de moi...
Ils le rassurent avec d'autant plus de sincérité qu'ils se hâteront de faire savoir à tout le village le coup de main donné par un représentant des forces de l'ordre à cet acte de rébellion.
— Alors on y va ? demande Adrien déjà sur le seuil.
— Une seconde, proteste Amédée qui voit s'envoler sa recette, buvons d'abord un coup... Une expédition de ce genre mérite qu'on l'organise à tête reposée...
Aussitôt les glaçons se remettent à gazouiller dans les verres d'anis...

***

L'état de Paradas s'est aggravé. Il ne trouve le sommeil pas plus le jour que la nuit. Même l'appétit est en train de le lâcher. Il a renoncé à râteler des tellines. Il a renoncé à tout, excepté à voir clair en lui. Pour le moment il est en plein cirage. Le pétard de Clémence ne l'a illuminé que quelques heures. Il lui avait apporté de bien exaltantes certitudes. Il doute maintenant de son pouvoir et même de son existence. Il maudit le jour où il l'a vu ou a cru le voir.

Il ne lui a valu que des tourments de conscience. Il a entrouvert une porte qu'aussitôt il lui a claquée au nez. Deux jours ont ainsi passé. Deux jours gélatineux. Il a l'impression de s'être aventuré sur des sables mouvants où il s'enfonce irrésistiblement. Il se laisse absorber par la succion de cette boue intérieure dans laquelle ses dernières forces s'engluent. Il se sent incapable d'amorcer la moindre tentative d'évasion. Il ne se débattra pas. La perspective de mourir avant Ramsès le laisse indifférent.

Sa tête, pourtant, émerge encore. Une bouillie nauséabonde clapote à hauteur de ses lèvres. Il ne serre même pas les dents, résigné à boire la coupe jusqu'à la lie.

Une coulée de lave tiède, fétide, verdâtre lui emplit la bouche et l'étouffe. La pestilence lui obstrue les narines. Il entend, un instant encore, son clapotis. Ses oreilles l'avalent. La pourriture dans laquelle il baigne est arrivée au ras de ses yeux. Un battement de cils. Ses paupières se joignent. Il parvient à les décoller...

Un dernier regard brouillé sur des formes floues.

« Enfin tranquille », pense-t-il, avant de se laisser couler...

*
* *

Euloge n'y va pas de main morte. Il gifle son ami et le regifle. Auguste est une bûche sur laquelle il se meurtrit les mains. Auguste demeure sans réaction.

— Tu ne veux pas me faire ça ! Tu ne vas pas me laisser seul ! gémit-il.

Cela suffit à réveiller Auguste. Il émerge de son anéantissement comme d'une sieste. La première réussie depuis deux semaines. Il en est tout ragaillardi, tout jovial :

— Je suis bien content que tu sois là, dit-il, qu'est-ce que tu prends ?

Farifon ne croit pas nécessaire d'annoncer la nouvelle avec ménagement :

— Tin s'est pendu !

Cette navrante information achève de ressusciter Paradas. Sa réaction est étrange. Il ne s'apitoie pas sur la disparition tragique du brave homme :

— Et Ramsès ?

— Il agonise toujours...

Son visage de forban retraité prend de la noblesse quand la réflexion burine ses traits plus profondément que d'habitude :

— Tin, on l'a pas encore enterré ?
— Non, le chanoine Philibert fait des manières... Les pendus, il est contre...
— Ça nous laisse du temps... Allons chez Ramsès d'abord.
— Tu veux que je vienne avec toi ?
— Évidemment.
— C'est pas possible. Il veut te parler à toi tout seul...
— Accompagne-moi quand même jusqu'à la porte.
Euloge le regarde avec tendresse :
— Tu vois Auguste, dit-il, je te connaissais mal.
— Et moi ! dit Paradas en riant, je me connaissais pas du tout.
Ils vont...

*
* *

Le Grand-Peluque s'est levé à l'aube. Le Grand-Peluque est en selle. Tous ceux et celles qui savent tenir sur un cheval ont voulu être de la fête. Ils sont allés trier les bêtes au repos sur le pré. Il y a eu des chutes, des bras cassés, des cris, des rires. Enfermés dans une triple enceinte de cavaliers au galop, les taureaux foncent sans se douter qu'ils vont à l'école et non dans les arènes. On croirait assister à l'abrivado du 15 août. Paradas s'étonne :
— En quel honneur ? demande-t-il.
Euloge lui explique la situation. Auguste se réjouit de ce grand moment d'unanimité villageoise. Les Cormorans eux-mêmes ont déserté le Banc. Ils se sont massés sur le trottoir. Leurs yeux mi-éteints brillent et, pour une fois, ce n'est pas de férocité.
— Viens avec nous ! crie à Paradas une cavalière au passage...
— Je voudrais bien, mais j'ai à faire...
Il a eu le temps de reconnaître Mathilde. Elle se retourne pour lui lancer :
— Tu viendras au bal ce soir ?
— J'essaierai, dit Paradas...
Ils sont arrivés devant la maison de Ramsès. Ils se dandinent l'un devant l'autre, ne sachant comment se séparer :
— A propos, dit Paradas, pendant que je suis occupé avec Ramsès, va voir le capelan et dis-lui que s'il continue à faire la mauvaise tête pour Tin, on lui lâchera les taureaux pendant la grand-messe.
— Tu crois que ça suffira ?
— Si tu lui dis de ma part... Oui.
— J'y vais tout de suite.
Paradas le retient brutalement :
— Euloge, dit-il avec une gravité soudaine, j'ai une chose importante à te dire... Je suis content, vraiment content de t'avoir connu.
— Qu'est-ce qui te prend ?
— Si jamais, poursuit Paradas, on se revoyait plus...

— Tu es fou !... On se reverra tout à l'heure... On se reverra quand tu voudras.

— Peut-être... J'aimerais quand même qu'on se serre la main.

Ils le font. Très vite. L'air gêné, en détournant la tête pour cacher leur émotion. Comme des fiancés à l'ancienne mode. Paradas le quitte brusquement. Il prend la fuite.

Farifon le regarde s'éloigner en hochant la tête. Il essaie de se persuader qu'ils sont arrivés au bout de leur malheur. Il n'y parvient pas.

CHAPITRE 10

Où Ramsès se délivre de son douloureux secret

Paradas n'avait jamais été admis au domicile privé de Ramsès. Il n'avait d'ailleurs jamais brigué cet honneur. Il s'attendait à des systèmes d'alarme inviolables, des verrous de sécurité d'une infinie sophistication, des vigiles monténégrins ou turcs, des molosses sanguinaires, des pièges à loup.

Il trouve la porte ouverte.

La maison semble à l'abandon. Le doute le gagne. Il se demande s'il a bien fait de se rendre à cette ultime convocation. Si Ramsès ne lui a pas tendu un nouveau piège. Le trac le prend. Il est sur le point de rebrousser chemin.

L'ascension d'un escalier lui a toujours causé de l'appréhension. C'est un homme du bord de mer qui n'a jamais vécu en étage. Ainsi tente-t-il de justifier la panique qui le gagne à l'approche de ce tête-à-tête si longtemps retardé. La curiosité qui l'a soutenu jusqu'ici l'abandonne. Le souvenir même de son héroïsme à Verdun, qui lui revient providentiellement, ne suffit pas à lui redonner assurance. Il a les jambes si molles qu'il doit tenir fermement la rampe pour parvenir au premier étage.

*
* *

— Une fois de plus je me le suis fait mettre par ce voyou...

Telle est la première pensée de Paradas au moment où il pénètre dans les appartements d'Adolphe. Il pensait le trouver au lit le corps hérissé de tuyaux. Il est debout au centre de son bureau, habillé comme pour présider un conseil d'administration. Droit comme un menhir.

La pièce est nue. Ni tableau, ni meubles. A part une longue table ovale et quelques fauteuils. Le seul objet qui retienne l'attention est un coffre-fort vaste comme une chambre froide. Le seul bibelot : un bambin aux cheveux bouclés posé le cul sur la moquette...

Ramsès est en compagnie d'Hector, son arrière-petit-fils. Il en a un, lui aussi, mais beaucoup plus jeune que celui de Paradas. Après avoir été éconduit par Jéromine, il a attendu d'être riche pour se marier, ce qui lui a permis d'épouser une femme encore plus riche que lui et qui a eu la délicatesse de se noyer au cours d'une croisière aux Bermudes, dès qu'elle eut assuré la descendance.

Paradas reste sur le seuil et se garde de signaler sa présence. Il voudrait voir comment la Mominette se conduit quand elle ne se sait pas observée. Il ne l'avait jamais vue qu'en représentation, composant à chaque fois un personnage conforme à ses intérêts du moment. Il peut même avoir du charme quand le marché qu'il négocie présente une marge bénéficiaire suffisante. Comment est-il au naturel ?

Pour le moment, c'est le minuscule Hector qui requiert toute son attention. Le gamin ne semble pas le moins du monde impressionné par le monument historique (certains disent préhistorique) qu'il est admis à contempler. Le regard qu'on lui assène est pourtant d'une lourdeur à assommer un cheval de labour.

Le ventre en avant, les poings sur les hanches, il explore son aïeul de bas en haut avec le sérieux d'un alpiniste qui s'apprête à tenter une escalade difficile par une face où les conquérants de l'inutile n'ont jamais mis les pieds.

Le pli du pantalon est acéré comme une arête de glace. Pas de poche aux genoux, pas de bosse à l'enfourchure. Le hardi varappeur s'insinue sous la veste entrouverte. Il progresse acrobatiquement dans la cheminée de satin qui s'ouvre devant lui, mais où les prises sont rares. Il s'incruste un instant, pour reprendre haleine, sur le glacis de la cravate de soie où il bivouaque. Le menhir n'a pas bronché. Il demeure parfaitement lisse.

Hector a repris sa progression mais il doit l'interrompre à hauteur de la pomme d'Adam tranchante et profilée comme un soc. Il ne pourra pas grimper plus haut : la barre carrée du menton lui interdit le sommet... Épuisé par sa vertigineuse grimpette, il se met à quatre pattes et, braquant son regard comme un télescope, il pose bravement la question qui le tourmente :

— Papapa ?... dit-il.

Ne croyez pas que son « Papapa » soit une câlinerie de langage. Son père est mort et du papa du papa de son papa, montagne inaccessible et glacée, il a fait un « pas... papa » désespéré. Il n'est pas bègue. Il n'est qu'orphelin. Il n'attend aucune réponse aux questions qu'il pose et s'il s'obstine à les poser, c'est pour rappeler qu'il existe :

— Papapa, reprend-il avec obstination, c'est vrai ce qu'on dit ?

Ramsès ne s'est jamais préoccupé de ce qu'on disait de lui ni même de ce qu'on en pensait sans oser le proférer à voix haute. Il laisse la question d'Hector sans réponse. Il est possible qu'elle n'ait pas atteint les hauteurs où il culmine.

— Il paraît, poursuit Hector, qu'un jour tu seras mort et que ça fera bien plaisir à beaucoup de gens...

Le toit du monde ne s'est pas écrasé sur cet insolent sherpa. La montagne n'a même pas tressailli. C'est Auguste qui a failli laisser chuinter un gloussement satisfait de poule pondeuse...

Le menhir un instant vacille sur ses bases et se penche dangereusement au-dessus de ce minuscule imprécateur.

Hector a pu apercevoir un instant la pointe du nez de Mominette : un nez en bec de pivert qui s'est dissimulé aussitôt derrière la mâchoire infranchissable. Le séisme espéré ne s'est pas produit.

L'aiguille Papapa demeure inébranlée, inviolée, inviolable.

Paradas pressent pourtant que la tempête est proche. Les quelques poils qui végètent sur le dôme du crâne de Ramsès sont secoués par ce souffle léger qui annonce les violentes bourrasques. Un coup de tonnerre fracassant éclate soudain sur les hauteurs et dégringole sur Hector à la vitesse de la foudre. Il n'en paraît ni meurtri ni pulvérisé :

— Qui t'a dit ça ? tonne Ramsès d'une voix d'ange exterminateur.

— Tout le monde, répond Hector avec un sourire innocent.

La montagne bascule sur elle-même et Ramsès se retrouve assis sur son fauteuil. Son visage demeure impassible mais il y a dans son regard d'ordinaire impénétrable une lueur d'amusement. Il se livre alors à une gymnastique dont Auguste ne l'aurait pas cru capable. Elle suppose une souplesse d'articulations inattendue chez un homme aussi raide... Il s'est mis à genoux devant son arrière-petit-fils. Ce doit être la première fois qu'il se trouve de plain-pied avec lui.

— Je ne te fais pas peur au moins ? demande-t-il.

Hector pouffe. Sans méchanceté mais sans retenue.

— Oh non, dit-il, pas du tout.

Ramsès cesse de tonner. Il prend avec Hector le même ton que celui qu'il emploie quand il accepte de recevoir son comité d'entreprise. Il sait être à la fois attentif et absent, chaleureux et lointain. Puisqu'il ne peut pas faire peur, il a décidé de séduire.

— Et ils sont contents de savoir qu'un jour je ne serai plus sur cette terre ?

— Oh oui ! s'écrie Hector en battant des mains, ils disent même que tu iras forcément en enfer...

La perspective de subir des tourments éternels ne paraît pas troubler le despote. Ce qui l'intéresse, c'est de savoir s'il fait sur son nom l'unanimité de la haine.

— Ils sont tous de cet avis ? s'enquiert-il poliment.

— Absolument tous, précise Hector catégorique.

La nouvelle n'a pas de quoi le surprendre. Il a eu le temps de s'habituer à être détesté. Il ne continue d'exister que par l'animosité qu'il inspire. S'il poursuit son enquête auprès de son arrière-petit-fils, c'est pour une raison qui échappe à son visiteur.

— Et toi, demande-t-il, tu seras content si je meurs ?

Y aurait-il quelque chose d'humain chez ce sale bonhomme ? Souhaiterait-il qu'il y ait sur la terre une personne au moins qui éprouve à son égard autre chose que de la haine ? On pourrait le croire.

Il y a eu dans sa voix d'airain une fêlure à peine perceptible mais si inattendue que Paradas a failli se demander s'il ne s'était pas complètement trompé sur le personnage. S'il n'avait pas conservé, à son insu, quelques traces d'humanité. S'il ne dissimulait pas farouchement une secrète blessure.

La réponse d'Hector, en tout cas, ne laisse place à aucun doute :

— Moi, tu sais, dit-il, je m'en fous complètement... Tu peux crever si tu en as envie.

Ramsès ne laisse rien paraître de ce qu'il ressent. Mais a-t-il ressenti quoi que ce soit ? Il cesse de poser des questions...

Auguste a le profil d'Hector dans son champ de vision. Il se découpe à contre-jour avec une netteté de médaille. Ses traits ne sont pas ceux d'un gamin de sept ou huit ans. Ils ont une fermeté de dessin surprenante chez un aussi petit garçon. La dureté de sa mâchoire étonne surtout. Elle a sous les tendres chairs de l'enfance une arrogance impériale...

Ramsès peut être fier de son arrière-petit-fils. Il n'avait engendré précédemment qu'une lignée de prétentieux débiles qui se tuaient en voiture ou mouraient de la vérole en rêvant d'héritage.

Hector, lui, c'était de la bonne graine. De la bonne graine de monstre. Il dévisage son aïeul. Cela ne manque pas d'allure. On dirait qu'il se regarde dans un miroir, un miroir où son futur est inscrit : il le déchiffre sans effroi.

Mominette a repris de l'altitude...

Paradas peut l'examiner à loisir, le voir enfin tel qu'il est : maigre comme un épouvantail qui s'habillerait sur mesure. Ses sourcils sont fournis comme des moustaches, son crâne piqueté de poils rares mais raides comme les éteules d'un champ moissonné. Il a des plaques roses aux pommettes. On dirait un squelette fardé.

Il n'y a de vie, mais pas tout le temps, qu'au creux de ses orbites où s'allume, à l'approche du danger, une inquiétante lueur intermittente. Pas une ride sur cette vieille peau collée directement sur les os. Sa mâchoire est plus large que son front.

Hector s'est mis debout à son tour. Il esquisse une moue vaguement dégoûtée :

— Tu es vieux, dit-il, tu es très vieux et très laid.

C'est en de pareilles conjonctures que Ramsès administre la preuve de sa parfaite étanchéité. L'insulte a glissé sur ses joues comme pluie de printemps sur feuille de laurier. Il semble même qu'elle lui ait rafraîchi le teint...

— Va jouer, dit-il avec un étroit sourire de lézard...

— J'en ai pas envie, a dit Hector.

Aussitôt Ramsès a fait mine de dénouer sa ceinture, ce qui est sa façon à lui de pratiquer l'art d'être arrière-grand-père.

Hector lui a lancé un regard de défi :

— Si tu me touches, il a dit, je te donne des coups de pied dans les tibias, et je te casse les deux jambes...

Le sourire de Ramsès s'est élargi. Une lueur de contentement s'est allumée dans son œil de saurien. Hector ne se doute pas qu'il vient d'être désigné comme héritier du trône. Il s'en doute d'autant moins qu'avec une vigueur insoupçonnée, le terrible nonagénaire l'a pris par le col de la chemise et l'a bouté sans ménagement hors de son bureau comme s'il se débarrassait d'un encombrant petit chat...

— Fous le camp, petit morpion, a-t-il dit d'une voix jupitérienne.

— Je t'emmerde, vieux con, a répliqué le farouche gamin.

Deux bien charmantes natures en vérité...

Hector s'est reçu avec une souplesse de judoka. Il atterrit aux pieds de Paradas et, sans s'étonner de sa présence, le prend à témoin de la cruauté du sort qui lui est fait. Il pousse des miaulements d'écorché que Ramsès fait taire à grands coups de pied au cul.

Ainsi s'achève cette touchante scène de famille. Adolphe s'est effondré sur son fauteuil. Il n'est plus qu'un tas de chiffons fripés. Aucune vie ne l'habite.

— Je suis là ! dit Auguste.

Adolphe aussitôt ressuscite. Il ouvre les bras :

— Enfin ! s'écrie-t-il avec allégresse.

***

Paradas ne sait que penser de ce mourant plein de vitalité. Il ne voit pas clair dans ses propres sentiments. Il se doute bien que ce n'est pas la compassion seule qui l'a conduit au chevet de son vieil ennemi. Il s'y est mêlé un calcul moins noble. Puisque Ramsès va le quitter, pourquoi continuer de le haïr ? Autant se réconcilier avec lui quand il en est encore temps.

Rien n'est plus agréable que de se pardonner les offenses qu'on a faites à autrui. Haïr quelqu'un qui n'est plus là ne procure aucune satisfaction palpable. C'est du temps perdu. Cela risque, à la longue, de vous abîmer le moral.

Mais Adolphe a-t-il vraiment l'intention de se retirer du monde des vivants ? Auguste l'a cru puisque Euloge le lui a dit et qu'Euloge est incapable de mentir. Il a maintenant la quasi-certitude qu'on est en train de lui jouer, une fois de plus, la comédie.

Le silence s'est installé. Paradas se décide à le rompre, à sa façon toujours aussi abrupte :

— On raconte que tu vas mourir.

— Pour une fois, ce qu'on raconte est vrai.

— Tu caches bien ton jeu...

— J'ai toujours été un gros hypocrite, tu le sais mieux que personne...

— Et c'est pour bientôt ?

— D'un peu plus tu arrivais trop tard !

La méfiance de Paradas redouble. Il y a une embrouille quelque part. Le ton de Ramsès, pourtant, le trouble. Ce qu'il dit sonne vrai. Mais c'est un si bon comédien.

— Tu as voulu me voir ?... Pourquoi ?

— Pour te parler.

— Tu as des révélations à me faire ?

— Eh oui, figure-toi...

— Y a pas de raison.

— Si... Je veux mourir tranquille.

Ramsès ne quitte pas son visiteur du regard. Il y a dans ses yeux une si surprenante innocence, et si nouvelle, que la perplexité de Paradas redouble. Cet homme est un diable. Il est capable de rougir quand il dit la vérité et de rayonner d'ingénuité quand il médite un coup tordu. Auguste serre sa garde :

— Des révélations sur quoi ?

— Sur quelqu'un que tu aimes beaucoup et qui ne le mérite pas... Un certain Paradas.

Les mots se précipitent soudain dans la bouche de Ramsès, s'emmêlent, se bousculent, s'entrechoquent. Il y a si longtemps qu'ils attendaient leur permission de sortie !

— Tu es un égoïste et un idiot. Tu n'as jamais rien compris à rien. Tu ne t'es jamais demandé pourquoi j'étais devenu subitement si dur. Tu as oublié que quand nous étions petits nous étions inséparables. Tu étais mon idole. J'étais ton fan. Ton esclave. Tu m'as fait faire toutes les bêtises de la terre. Je t'ai obéi en tremblant. Pour que tu sois fier de moi. J'ai pissé dans toutes les boîtes aux lettres debout sur tes épaules. Et quand nous étions pris tu me laissais me débrouiller tout seul...

Paradas se surprend à sourire. Ramsès, lui, ne sourit pas. Il est d'une gravité sacerdotale. On a l'impression qu'il dit la messe. La messe d'enterrement de l'enfance.

— Tu as toujours couru plus vite que moi et je m'essoufflais à te suivre. Tu as toujours été plus costaud que moi et je reconnais que tu t'es souvent battu à ma place. Uniquement pour me montrer que tu étais le plus fort. En plus tu me faisais payer cher les raclées que tu donnais en mon nom. Tu me laissais le pain et tu me mangeais le chocolat. Je te corrigeais tes fautes d'orthographe et je faisais exprès d'en laisser dans mes dictées à moi pour que tu aies de meilleures notes que les miennes...

Auguste s'amuse franchement.

— Tu devais me détester ! s'écrie-t-il avec jubilation.

Ramsès pousse un soupir résigné :

— Imbécile ! dit-il, je t'aimais. Plus tu me faisais des misères plus je t'aimais.

— Tu es drôle, toi... Comment voulais-tu que je m'en aperçoive. Tu avais qu'à me le dire... Mais enfin qu'est-ce que tu me reproches ?

— Rien.

— Alors de quoi tu parles ?

Adolphe, un instant, se demande s'il doit poursuivre. Il n'arrivera jamais à se faire comprendre. S'il poursuit le récital de ses lamentations, c'est uniquement pour le plaisir amer de revivre ses humiliations passées.

— Je ne te reproche rien. Tout est de ma faute. Je n'avais qu'à ne pas me laisser faire. Tu me fascinais. Oui... tu m'éblouissais... Tu m'aveuglais... Tu étais mon soleil et tu me pompais l'air. Tu prenais toute la place. Chaque fois qu'une fille me plaisait il te la fallait, même si tu n'en avais pas envie.

— Je le faisais pas exprès.

— Oh si ! Pour me faire bisquer. Mais moi, pauvre nifle, j'étais heureux pour toi. Heureux que tu te régales à ma place...

— Alors de quoi tu te plains ?

— Je ne me plains pas... Je t'explique...

Paradas bâille ouvertement.

— Et c'est pour me dire des couillonnades pareilles que tu as tenu à me déranger avant de mourir ?

— Ce sont peut-être des couillonnades mais c'est d'elles que je meurs...

— Tu meurs de vieillesse comme tout le monde...

— Non, Monsieur, je meurs de colère rentrée.

Auguste hausse les épaules.

— Si ça te soulage, te gêne pas pour moi... explose.

La litanie des rancunes rancies reprend. Paradas ne l'écoute plus. Soudain, il sursaute :

— Répète un peu ce que tu viens de dire.

— J'ai dit que j'aurais fini par te pardonner si tu n'avais pas fait la guerre.

— Et ça te contrarie ?

— Beaucoup... Parce que, moi, je ne l'ai pas faite. Et c'est pas juste !

L'ahurissement se peint sur le visage de Paradas :

— Oh, Adolphe, je comprends que tu aies plus toute ta tête mais il vaudrait mieux que tu dises pas des choses pareilles. Je voudrais pas te vexer mais la guerre si tu l'as pas faite c'est qu'ils ont pas voulu de toi. Et s'ils ont pas voulu de toi c'est que tu étais pas assez gaillard. Et ils ont bien fait de pas te prendre parce que s'ils t'avaient pris, la guerre on l'aurait perdue.

Ramsès ne bronche pas. Il tient cependant à apporter une précision :

— Ils m'auraient pris quand même si je m'étais pas arrangé pour me faire réformer par un cousin qui avait le bras long...

Paradas accuse le coup :

— J'aurais dû m'en douter, dit-il, vexé de ne pas y avoir pensé plus tôt.

Il contre-attaque aussitôt :

— Tu as dû te sentir soulagé, parce que si pour la démerde tu crains personne, question courage tu es un peu juste.

Adolphe l'interrompt :

— Du courage, je n'en ai jamais eu et je n'ai jamais prétendu en avoir. La seule fois, peut-être, où j'en ai montré c'est quand je me suis débrouillé pour ne pas partir.

— Tu trouves pas que tu envoies le bouchon un peu loin ! fait simplement remarquer Auguste sans acrimonie excessive.

— C'est l'unique occasion, poursuit Ramsès, que j'ai eue de ne pas t'emboîter le pas. De t'échapper. De vivre à titre personnel. De te prouver que j'existais.

— Et pendant que je me faisais trouer la peau, toi tu faisais fortune.

— Et encore plus que tu imagines. Mais ce n'est pas le plus important. Ce qui importe c'est qu'en ton absence, j'ai été enfin heureux. La guerre a été le seul beau moment de ma vie. Elle a passé trop vite. Tu n'étais pas là. J'étais libre. Et malheureusement, tu en es revenu...

Une boule de fureur emplit Paradas. Elle va exploser. La tentation de balancer Ramsès par la fenêtre le saisit. Mais soudain il éclate d'un rire inexplicable. Inextinguible. Il manque s'étouffer.

— Mais qu'est-ce qui t'arrive ? dit Ramsès en lui donnant des tapes dans le dos...

— Il m'arrive... Il m'arrive que j'ai enfin compris où tu voulais en venir... C'est pas de moi que tu voulais parler... C'est de Jéromine... Pas vrai que c'est de Jéromine ? Dis-le que c'est de Jéromine !

Ramsès ne répond pas.

Pour une raison péremptoire : il s'est effondré sur le tapis.

CHAPITRE 11

Qui prouve une fois de plus mais de façon péremptoire que la haine n'est qu'un effet pervers de l'amour...

A tout hasard Auguste distribue une volée de baffes à son collègue évanoui. C'est le seul remède qu'il connaisse. Il renonce très vite à ce traitement de choc... Si Adolphe n'est pas tout à fait mort ces coups de battoir risquent de l'achever.

Il est encore un peu vivant. Semble-t-il.

Il n'a pas retrouvé l'usage de la parole mais il a entrouvert les yeux. Du regard il désigne l'immense coffre-fort qui lui fait face. Cela fait plus de soixante ans qu'ils s'évaluent. Qu'ils se mesurent. A force de se contempler, ils sont devenus aussi métalliques l'un que l'autre. Aussi secrets. Aussi hermétiques.

Son coffre est pour Ramsès ce que le soleil est pour Paradas : son seul interlocuteur. Son seul conseiller.

— Tu veux que je l'ouvre ?

Mominette acquiesce d'un battement de paupières exténué. Auguste se précipite. Il a retrouvé ses réflexes de poilu. Il portera secours à cet « embusqué » de la guerre de 14 comme il le faisait jadis aux blessés, amis ou ennemis, du champ de bataille :

— T'en fais pas mon vieux. Je te tirerai de là ! grommelle-t-il.

Il fonce sur le blockhaus comme on monte à l'assaut. Il s'immobilise devant son blindage. Il n'a pas, comme au bon vieux temps, une grenade dans chaque main et une autre entre les dents. L'urgence a débloqué la langue du moribond :

— Il est ouvert, murmure-t-il, d'une voix à peine audible...

— Tant mieux pour lui...

Dans l'état de férocité où il se trouve, Paradas se sentait capable de forcer la porte avec les ongles. Le coffre se rend sans opposer la moindre résistance.

Ce qu'Auguste découvre à l'intérieur le déçoit. Il se sent désemparé comme jadis, quand il s'apercevait que la casemate qu'il venait d'investir avait été désertée par l'ennemi avant son irruption.

Il s'attendait à ce que le coffre soit bourré de lingots et de liasses et que le spectacle de sa fortune redonne vie et couleurs à Ramsès. Il est à peu près aussi vide que la pièce. Seule une seringue hypodermique y traîne et une boîte d'ampoules presque vide.

— Dépêche-toi ! gémit Ramsès d'une voix mourante...

L'embarras d'Auguste est aussi évident que sa bonne volonté. Il a éventré bien du monde, il a égorgé de sa main des milliers de poulets mais n'a jamais fait de piqûre à qui que ce soit. Enfin, à la guerre comme à la guerre !...

Un scrupule de temps de paix lui est pourtant venu :

— Avec quoi je désinfecte ?...

Adolphe ne trouve que la force de hausser les épaules pour indiquer que cela n'a aucune importance. Il pâlit de seconde en seconde. Auguste ne se décide toujours pas à se mettre au travail :

— Et où je te la fais ta piqûre ?

Il n'est pas tout à fait au bout du rouleau le vieil Adolphe. Il retrouve, pour un instant, sa voix de bronze :

— Dans le cul ! hurle-t-il...

L'effort l'a épuisé. Sa tête retombe brusquement sur sa poitrine comme s'il avait eu la nuque brisée. Paradas ne s'affole pas. Quand il est dans le feu de l'action, il retrouve tout son sang-froid. Un détail, pourtant, continue de le préoccuper :

« Il va falloir que je le déculotte ! » pense-t-il.

Cette perspective le choque et le rend pataud. Il se sent une âme de sœur de charité mais il n'a pas leur savoir-faire. Il répand sur son pantalon la moitié de l'ampoule en essayant d'emplir la seringue. Il s'est coupé jusqu'à l'os en la brisant. La blessure cicatrise instantanément tellement il a le sang épais.

— Adolphe, aide-moi, supplie Auguste, sinon nous n'y arriverons jamais.

Adolphe est hors d'état de l'entendre. Un homme qui se laisse déculotter par un autre abandonne ses dernières défenses. Mais celui-là est si raide qu'il lui complique la tâche. Auguste s'énerve et l'engueule :

— Tu y mets de la mauvaise volonté, bougonne-t-il...

Ses gestes, pourtant, essaient d'être aussi doux que possible. Il sent son malade si friable qu'il a peur de le casser en le manipulant. Les pauvres fesses de Ramsès apparaissent enfin à la lumière. Les vrais problèmes viennent seulement de se poser. Où planter une aiguille dans cette petite chose triste faite uniquement d'os pointus qui hérissent, à la percer, une peau mince comme du papier à cigarettes ? Paradas ferme les yeux. Son poing s'abat avec une puissance de marteau-piqueur. Et le miracle a lieu. L'aiguille s'est enfoncée sans se tordre...

Paradas est en nage. Vidé de toute sa force. Il cherche du regard dans cette pièce nue quelque chose à boire. Mais il n'y a pas, il n'y a jamais eu chez Ramsès le moindre flacon.

La résurrection soudaine d'Adolphe le ragaillardit. L'effet de la piqûre a été quasiment magique. Ramsès s'est rajusté sans aide. Il a les joues et l'œil étincelants :

— Eh bien, mon collègue, tu nous as fait une belle peur ! soupire Paradas avec soulagement...

Ramsès considère l'incident comme clos :

— De quoi parlions-nous ?

Paradas hésite à prononcer le nom de Jéromine. Si les mêmes causes produisent les mêmes effets, ce sera tragique. Malgré tout son désir de se rendre utile, il ne se sent pas le courage de déculotter Ramsès une deuxième fois :

— Je me souviens plus, dit-il, hypocritement.

La mémoire, en revanche, est revenue, à ce surprenant miraculé :

— Nous parlions de Jéromine... ça te gêne ?

Ce prénom qui, naguère, avait failli lui couper définitivement le souffle semble maintenant renforcer l'effet de la piqûre. Son visage est devenu celui d'un inquisiteur qui veut faire avouer à celui qu'il interroge un crime qu'il ignore :

— Je t'écoute... Parle-moi d'elle...

Auguste, dont la patience a été jusqu'ici angélique, sent que l'énervement le gagne. Il fait un dernier effort :

— Qu'est-ce que tu veux que je te dise ? Que c'était une brave personne...

— Si c'est le seul souvenir qu'elle t'a laissé...

Paradas, cette fois, éclate :

— Il y a quand même soixante ans qu'elle nous a quittés.

— Pour moi, c'était hier...

Paradas n'a jamais prétendu être un fin psychologue mais maintenant il voit clair dans cette ultime embrouille. Son ennemi d'enfance a voulu lui faire honte d'avoir si aisément oublié cette femme admirable. Adolphe d'ailleurs, se sentant deviné, n'insiste pas. Ils connaissent les cartes qu'ils ont dans les mains et, dans cette partie de poker, dont l'enjeu est une morte, Adolphe abat son jeu le premier et du ton de quelqu'un qui annonce une quinte royale il lance :

— Moi je l'aimais...

— Et moi pas !...

— Oh non... Tu n'as jamais aimé que toi !

— Alors pourquoi je l'ai épousée ?...

— Juste pour me montrer que tu étais le plus fort...

— Ça nous a pas empêchés d'être heureux ensemble...

— Toi sûrement... Mais elle ?

Spontanément Paradas a failli répondre « encore plus que moi ». Mais il est bien obligé de reconnaître qu'il ne s'est pas posé la question jusqu'à ce jour. Alors il se contente de dire :

— Je l'ai jamais entendue se plaindre...

Au sourire de Ramsès il comprend qu'il risque de perdre la partie, s'il ne trouve pas de riposte immédiate. Il en trouve une qui lui paraît décisive.

— Si j'étais pas revenu de la guerre, ricane-t-il, elle aurait fini par te dire oui... C'est bien ça ?

La réponse de Ramsès le désoriente.

— Tu as de la chance que je sois un lâche...

— Je vois pas le rapport.

— Si j'avais été courageux, j'aurais dû te supprimer à ton retour.

— Pourquoi tu l'as pas fait ?

— Pour ne pas la perdre...

Il s'est tassé sur lui-même. Il a fermé les yeux et parle d'une voix impersonnelle :

— Je me suis cru trop malin...

Sentant que la victoire est en train de changer de camp, Paradas se montre beau joueur :

— Tu as toujours été beaucoup plus intelligent que moi, reconnaît-il.

— Je sais. Mais ça m'a avancé à quoi ? J'ai préféré te faire crever à petit feu. J'ai voulu te détruire en t'humiliant. Tu ne t'en es même pas aperçu. Et c'est elle qui est morte et c'est moi qui ai gâché ma vie pour rien...

— Et ça t'emmerde que je sois toujours là...

— Énormément.

— Même maintenant qu'elle n'est plus de ce monde !

— Encore davantage.

Les deux ennemis n'ont plus la moindre chance de fraterniser. Ils se sont installés chacun dans leur tranchée. Ils tirent à vue sur tout ce qui bouge. Ils se déchireront à l'arme blanche s'il le faut. Paradas attaque le premier :

— Bon... Je crois qu'on s'est tout dit... C'est peut-être pas la peine que je reste jusqu'à la fin...

Ramsès ne donne aucun nouveau signe de lassitude. Auguste, pourtant, ne doute pas que le terme approche. Ce serait perdre la face que de ressusciter une fois de plus et Mominette a trop d'orgueil pour ne pas exécuter jusqu'au bout le programme qu'il s'est fixé. D'ailleurs il n'y a plus d'ampoule miracle dans le coffre-fort.

— Tu restes si tu veux, dit-il, mais tu seras déçu. La mort ne me fait pas peur. Tu risques de t'endormir avant.

Paradas ne sait quelle conduite tenir. Il s'essaie au cynisme. C'est un genre où, malgré ses efforts, il n'excelle pas.

— Tu penses que ce sera long ?

— La mort n'est pas une science exacte, répond Ramsès, mais, logiquement je ne devrais pas voir le prochain jour se lever.

— Je reste, décide Paradas... De toute façon j'ai perdu le sommeil alors autant te tenir compagnie...

Il sait bien que ce n'est pas cette raison qui l'incite à s'attarder au chevet du mourant. Il est sûr qu'il y en a une autre. Il la pressent mais n'arrive pas à la formuler. Elle lui apparaît soudain dans toute son évidence :

— Dis-moi, mon collègue, l'autre soir quand nous avons joué aux Chiffres et aux Lettres...

— Il n'y a rien à dire... Tu as gagné... à la régulière... C'est toi le plus fort...

— J'en suis pas sûr... Je me demande même si tu as pas fait exprès de perdre...

— Comment voulais-tu que je trouve « tendresse » ? C'est un mot qui ne fait pas partie de mon vocabulaire...

— Ni du mien... Tu es capable de m'en avoir fait cadeau...

Adolphe fait crisser son rire de cigale triste :

— Faire un cadeau, moi ! Je n'en ai jamais fait de ma vie. Et encore moins à toi qu'à quiconque...

— Un cadeau empoisonné, suggère Paradas en regardant son adversaire droit dans les yeux...

Adolphe n'a pu réprimer un battement de paupières à peine perceptible. Auguste est maintenant certain d'avoir vu juste. Ramsès proteste avec trop d'énergie pour être sincère :

— Je ne vois pas comment j'aurais pu te gâcher le plaisir en te laissant la victoire...

— C'est pas la victoire que tu m'as laissée. C'est la tendresse...

— Un mot comme les autres...

— Un mot dont je n'arrive plus à me débarrasser. Un mot qui m'enlève le sommeil... Un mot qui me dévarie de fond en comble. Tu as réussi ton coup en me léguant un mot dont je ne me suis jamais servi. Tu as voulu me démontrer avant de disparaître que, moi aussi, j'avais raté ma vie. Tu peux mourir tranquille. Tu as gagné...

— J'ai gagné quoi ? demande Adolphe.

La question qu'Adolphe venait de poser s'adresse plus à lui-même qu'à Paradas. Ils n'y répondent ni l'un ni l'autre mais, dans le silence qui suit, elle s'enfonce en eux comme une vrille. Une question qui les troue de part en part et, par la brèche ainsi ouverte, ce qui fut leur vie s'écoule en silence.

— A quoi on joue ? demande Paradas.

— C'est pas un jeu, dit Ramsès.

— Oh si, affirme Paradas... C'est même un vrai jeu de cons.

— Où il n'y a que des perdants, admet Ramsès...

Ils ont du ressort, nos deux vieillards increvables. Cette découverte qui aurait pu les désespérer les apaise au contraire. Une douceur inconnue s'insinue en eux. Les amollit. Un sursaut de dignité les empêche de se liquéfier entièrement.

— Attention, dit Paradas, nous allons tomber dans le gracieux...

— Tâchons d'éviter le ridicule, suggère Adolphe sans beaucoup de conviction.

— Au point où nous en sommes, qu'est-ce qu'on risque ? a dit Paradas en éclatant de rire...

Alors il s'est passé une chose extraordinaire. Adolphe est venu se blottir dans les bras d'Auguste et il disait :

— Je te demande pardon...

Et Auguste lui tapotait le dos en veillant à ne pas frapper trop fort pour ne pas l'abîmer. Et il disait :

— Mais non, tout est de ma faute...

Ils ont fini par reconnaître qu'ils avaient été aussi couillons l'un que l'autre. Et qu'ils avaient bien de la chance de s'en être aperçus avant qu'il soit trop tard.

— Attends une seconde, a dit Ramsès...

Il s'est précipité à son bureau et s'est mis à écrire à une vitesse d'ordinateur.

— Qu'est-ce que tu fais ?

— Mon testament...

— Tu en avais pas déjà fait un ? Tu m'étonnes !...

— Si... Plusieurs. Mais celui-là annule tous les autres.

— On peut savoir ce que tu mets dedans ?

— Ce sera une surprise...

— Une bonne ?

— Je crois...

Il n'en dit pas davantage mais lit à haute voix, tout en les écrivant, les dernières lignes : « Fait au Grand-Peluque, le 9 octobre, en présence de mon ami Paradas Auguste. En foi de quoi, sain de corps et d'esprit, je signe... »

Il signe avec une telle force qu'il troue le papier. Paradas hoche dubitativement la tête :

— Tout le monde dira que c'est un faux.

— Personne ne peut imiter ma signature, dit fièrement Ramsès.

— Peut-être mais personne ne voudra croire que je suis ton ami. Ils savent bien que nous sommes fâchés à mort...

Avant de répondre Adolphe met le testament sous enveloppe et le cachette soigneusement.

— Eh bien, déclare-t-il d'un ton guilleret, nous allons leur prouver le contraire... Allez viens...

— Où on va ?

— Tu verras bien...

Auguste, subjugué, se laisse prendre par la main.

CHAPITRE 12

Où Adolphe Meynadier dit Ramsès dit Mominette meurt une première fois

Il y a des jours mélancoliques. Même au Grand-Peluque. Même au Bar des Rescapés. Des jours où il ne se passe rien et où personne ne tente de créer l'événement. Des jours qui ne laissent aucune trace. Des jours presque silencieux.

Amédée lui-même a renoncé à mettre de l'ambiance et à ressortir de ses réserves quelques-unes de ses plaisanteries éprouvées qui amorcent les brillants échanges culturels et les tournées générales. Mathilde n'a pas quitté son mari depuis trois semaines. Les dernières Suédoises se sont envolées vers les neiges éternelles pour y promouvoir de nouveaux appareils photographiques qui rendent toutes les femmes, sans aucun réglage préalable, aussi désirables qu'elles. L'inspecteur d'Académie de Trinquetaille a cédé (sous la corne) aux légitimes exigences d'Adrien. En revanche le curé, qui n'a pourtant pas la vocation du martyre, n'a pas encore répondu à l'ultimatum de Farifon mais sa reddition ne fait de doute pour personne.

Le Grand-Peluque s'ennuie. En plus il n'arrête pas de pleuvoir. Car il pleut aussi au Grand-Peluque même si les bons auteurs n'en parlent jamais.

Roger Lecamus s'est isolé au fond de la salle et, les lunettes sur le front, il étudie son tiercé dominical. Indifférent au monde extérieur. Il se laisse bercer par un audacieux rêve de victoire. Le même rêve qui le berce depuis l'invention du tiercé : voir les trois toquards qu'il joue systématiquement gagner la course et arriver dans l'ordre. Il rajuste ses lunettes pour mieux imaginer son futur triomphe et calculer le montant de ses gains. Elles lui glissent du nez. Il les rattrape au vol, les remet en place :

— Voleur de sort ! s'écrie-t-il, vous avez vu ce que je vois...

Tous les regards se tournent dans la direction qu'il indique et la surprise en amène plus d'un à avaler son pastis de travers. Le spectacle qui s'offre à leurs yeux est, à vrai dire, insolite. Du sensationnel. Du jamais vu. Paradas et Ramsès, indifférents à la pluie, avancent à petits pas sous les platanes du cours Baptistine-Balestre (héroïne de la Résistance) en se tenant affectueusement par la taille. La stupéfaction rend les spectateurs complètement muets, ce qui ne leur est pas arrivé depuis le tremblement de terre de 1909.

*
* *

Le silence absolu ne s'installe jamais pour longtemps au Grand-Peluque. La première émotion calmée, les témoins de cette scène incroyable se précipitent sur les mots dont la morne conjoncture présente les a momentanément privés. Il se passe enfin un événement qui vaut qu'on lui fournisse l'accompagnement d'un commentaire. L'assistance, aussitôt, se divise en deux clans qui ne tardent pas à s'affronter avec une véhémence verbale qui amène le dernier Parisien en villégiature dans la région à chercher abri derrière le bar. Peu habitué aux usages locaux, il avait cru assister au début d'une émeute.

Il y a ceux qui affirment que les deux compères ont toujours fait semblant d'être fâchés pour couillonner le monde et faire leurs petits coups en douce. De quels « petits coups » s'agissait-il, aucun ne le précisait mais cela ne faisait à leurs yeux aucun doute. Il y a, d'autre part, ceux qui estiment qu'ils étaient encore plus fâchés qu'avant et qu'ils faisaient semblant de s'être réconciliés pour s'engarcer mutuellement encore plus profond que d'habitude.

Personne, en tout cas, n'imagine qu'ils puissent être sincères. Les gens d'ici sont d'un naturel plutôt sceptique mais d'un tempérament assez vif. Au bout de quelques minutes, ils sont sur le point d'en venir aux mains. Le Parisien a disparu sous une table et Amédée le patron doit offrir une tournée générale pour calmer les esprits. C'était d'ailleurs la raison pour laquelle ses clients avaient feint de se battre.

Sur ces entrefaites la pluie s'arrête de tomber et les deux vieux continuent d'aller et venir sur le cours, Paradas soutenant Ramsès d'une pogne fraternelle...

*
* *

Ils n'ont pas échangé un seul mot depuis qu'ils ont quitté le bureau de Ramsès. Ils avancent à petits pas de retraités en échangeant, de temps en temps, un sourire. Soudain Adolphe dit :

— Elle avait les yeux dorés...

Auguste ne l'a jamais remarqué. Pour avoir l'air au courant, il se sent obligé d'apporter quelques retouches :

— Selon les heures, précise-t-il, ils prenaient toutes les couleurs de l'arc-en-ciel.

Adolphe approuve :

— Tu as raison, dit-il... Mais le plus souvent ils étaient mauves.

Ils se taisent à nouveau et rêvent chacun de leur côté. Il serait vain de ne pas reconnaître que Paradas a conservé de sa défunte un souvenir assez flou mais il serait injuste de dire qu'au fur et à mesure que, sous la pression d'Adolphe, il est contraint d'évoquer sa défunte, son image ne se fait pas de plus en plus précise. On peut même aller jusqu'à dire que jamais il n'a perçu ses traits avec autant de netteté qu'aujourd'hui. En ce domaine Paradas a toujours été aussi catégorique que dans les autres. Selon sa doctrine, les laides ont le devoir de se cacher pour ne pas offenser le regard de l'honnête homme. Il n'a jamais admis dans sa couche que des produits de première qualité. La femme qu'il a épousée devait donc être, par définition, la plus belle de toutes. Elle ne pouvait pas faire autrement sinon il n'aurait pas tenu compte de son existence. Il en a été si persuadé qu'à l'époque où il vivait avec elle il ne s'est jamais préoccupé de le vérifier. La beauté de celle à qui il avait fait l'honneur de donner son nom ne pouvait qu'aller de soi.

Et voilà que Jéromine lui revient splendidement en mémoire et qu'il la voit dans sa gloire et dans sa majesté. Il n'a jamais été aveugle au point de ne pas s'apercevoir que c'était une belle petite mais il lui apparaît aujourd'hui qu'il a vécu avec une déesse et qu'il ne s'en est jamais douté. Il éprouve à cette découverte un remords qui ne manque pas de douceur. Il n'a pas su, en son temps, apprécier ce don du ciel mais il éprouve une extraordinaire jubilation à découvrir l'existence du trésor dont il a eu la garde. Son cœur déborde de générosité et comme il n'a personne d'autre que Ramsès qu'il puisse en faire profiter, il cherche les mots qui lui permettraient de se sentir enfin aimé par quelqu'un. Comment pourrait-il conserver la moindre animosité envers celui qu'il a dépossédé du bien le plus précieux ? Pour la première fois, il se sent l'âme partageuse. Ils ont aimé Jéromine tous deux. Chacun à leur façon. Aussi mal l'un que l'autre, ce qui les met enfin à égalité.

On ne peut pas recommencer sa vie mais quand on a la chance de reconnaître ses erreurs il ne faut surtout pas la laisser passer. Paradas saisit au passage l'occasion d'être sublime :

— J'aurais dû te la laisser, dit-il. Elle aurait été plus heureuse avec toi...

Évidemment il ne risque plus rien à faire une offre aussi généreuse mais son intention demeure noble et Ramsès la prend comme telle. Ce qui lui permet de gravir un échelon de plus dans les grands sentiments :

— Je l'ai cru longtemps, mais aujourd'hui j'en suis moins sûr. Ma mauvaise nature aurait fini par prendre le dessus...

— Tu es pas si mauvais que ça...

— Oh si ! Même si tu n'avais pas existé je crois bien que je serais devenu la canaille que je suis...

Sa propre grandeur d'âme éblouit un instant Paradas au moment où il s'entend dire avec conviction :

— Finalement c'était ni toi ni moi qu'il lui fallait !...

— La FA-TA-LI-TÉ, articule Ramsès en détachant les syllabes.

L'explosion du mot crépitant sous les dents de céramique de la Momie leur a fait courber l'échine sinon de terreur du moins d'angoisse. Ils se sont rapprochés l'un de l'autre. On dirait deux fiancés en plein colloque sentimental.

*
* *

Les feuilles des platanes tournent au mauve doré, celui-là même des yeux de Jéromine. Timidement le crépuscule s'insinue dans leur ombre lumineuse. Les deux vieux ont dit tout ce qu'ils avaient à se dire mais ils poursuivent en déambulant une conversation muette qu'ils sont les seuls à entendre. Ils ont cessé de se tenir par la taille pour laisser entre eux la place de Jéromine. Adolphe, soudain, s'arrête.

— Tu as vu ? Elle a mis sa robe au décolleté pointu...

Auguste qui a déjà deux pas d'avance s'immobilise à son tour et sans se retourner fait mine d'examiner le fantôme qui les a si longtemps séparés et qui, maintenant, les unit et marche devant eux comme une étoile pour Roi mage. Il a toujours veillé à ce que Jéromine ne se montre jamais en décolleté pointu, rond ou carré. Elle n'a jamais laissé voir aux autres que la naissance de son cou.

— Sa robe blanche, précise Ramsès le regard halluciné...

Jéromine n'a jamais porté que des robes noires. Même le jour de son mariage. Pourquoi rétablir la vérité ? Elle était blanche pour l'un, noire pour l'autre. Mais elle dormait nue et elle parlait en dormant. Et Paradas regrette amèrement de lui avoir donné de rudes bourrades pour la faire taire au lieu d'écouter ce qu'elle disait. Soudain il sursaute.

— Ils étaient tout petits, a murmuré Adolphe avec attendrissement.

C'est aux seins de Jéromine qu'il a pensé. Cela ne fait aucun doute pour Paradas mais il a beau avoir le cœur plein de mansuétude, il ne peut laisser passer, même pour être agréable à un mourant qui n'a plus toute sa tête, une telle contrevérité :

— Ils n'étaient pas si petits que ça, tient-il à préciser...

Alors, penaud comme un bambin et rougissant, Adolphe a avoué en baissant la tête :

— Je ne les ai jamais vus... Mais ils ne pouvaient pas être autrement puisque c'est toujours comme ça que je les ai désirés...

Tout amour-propre n'est pas entièrement éteint en Paradas malgré la hauteur de ses sentiments. Cela le soulage de savoir que l'amour d'Adolphe pour Jéromine n'a pas reçu le moindre commencement d'exécution. Il aurait été capable de se montrer jaloux à soixante ans de distance et les jalousies rétrospectives ne sont pas les moins violentes.

Ce soir, enfin, leur combat s'achève. Les voici égaux. Les voici frères. L'un a rêvé de Jéromine toute sa vie et, à force de l'imaginer, a fini par l'inventer complètement. L'autre, qui la caressa jadis et lui fit un enfant, l'a laissée se diluer dans l'oubli et ne la retrouve qu'au seuil de sa propre mort. Étrange partie de cache-cache que la vie où les destinées et les volontés jouent toujours à contretemps.

— Et maintenant, a dit Ramsès, allons prendre l'apéritif...

— Tu y tiens vraiment ?

— Ne discute pas... c'est un ordre.

— C'est toi le patron... Je t'aurai obéi jusqu'au bout...

Mais il sait bien que désormais il n'y a plus de patron. Ils ont une mission à remplir en commun mais il ne sait laquelle...

*
* *

Ramsès n'a jamais mis les pieds au Bar des Rescapés. A son entrée le silence se fait. Un silence plus surpris qu'hostile. On ne sait vraiment pas comment interpréter cette visite. Amédée lui-même hésite sur l'attitude à prendre. Il choisit la solution la plus commerciale :

— Bonsoir Messieurs, dit-il, qu'est-ce qui vous ferait plaisir ?

Il avait adopté une fois pour toutes cette formule courtoise mais ambiguë qui pouvait laisser entendre que les consommations étaient à son compte tout en laissant place à une interprétation plus avantageuse pour lui.

— Pour moi, dit Paradas, ce sera comme d'habitude...

— Et pour moi, dit Ramsès, ce ne sera rien du tout...

La réponse sonne comme une impolitesse volontaire et Paradas se demande où son collègue veut en venir. Il est certes, le maître du Grand-Peluque mais au Bar des Rescapés les clients se sentent libres et égaux en droit. Ici Ramsès est un citoyen comme les autres et s'il voulait jouer les fiers-à-bras il trouverait à qui parler. Roger Lecamus, le plus mauvais coucheur de la bande, grommelle déjà des propos indistincts mais qui ne laissent aucun doute sur la nature de ses sentiments.

— Je ne suis venu, poursuit Ramsès, que pour le plaisir de vous saluer...

Lecamus voit dans cette déclaration somme toute apaisante on ne sait quelle ironie :

— Et en plus, dit-il, à haute et intelligible voix, il se fout de notre gueule !

— Telle n'est pas mon intention, cher ami ! Bien au contraire...

— D'abord, réplique l'irascible Roger, je suis pas votre ami et, croyez-moi, je suis pas le seul...

Son audace, qui a terrorisé au début les plus vaillants, a rassuré maintenant les plus craintifs. Ils n'aiment pas la façon qu'a Ramsès de parler. Il avait cru faire preuve de politesse mais son langage était trop châtié pour ne pas irriter une compagnie habituée à des tournures moins affectées. Paradas se penche à l'oreille du maladroit :

— N'insiste pas, dit-il, sinon tu vas en entendre de belles...

— Aucune importance. Ils comprendront plus tard et alors ils me rendront justice.

Les témoins de la scène, quand ils la rapportèrent plus tard, furent unanimes : jamais on n'avait vu Ramsès dans un état pareil. Il frémissait de la tête aux pieds, ses yeux lançaient des éclairs, son visage crayeux semblait être devenu un masque de tragédie. Un masque derrière lequel il abritait son agonie. Sa voix, pourtant, n'avait jamais été si ferme. Elle s'était enrichie, pour la circonstance, de résonances caverneuses. Une voix de grand prêtre délivrant le message que lui dicte son Dieu. Les mots qu'elle prononçait ne paraissaient pourtant chargés d'aucun mystère :

— Qu'on aille me chercher d'urgence Monsieur le Maire !...

— Je suis là, dit Claudius qui s'apprêtait à disputer sa partie de belote quotidienne...

— Le ciel en soit loué ! s'écria Ramsès...

Ses gestes étaient devenus fébriles et saccadés comme ceux d'un automate déréglé.

Sa voix devenait de plus en plus rauque. De plus en plus lointaine :

— Arrive vite, bon sang, arrive... Le temps presse...

Claudius n'avait jamais aimé qu'on le bouscule. Surtout devant témoins. Il y allait de sa crédibilité politique :

— Y a pas le feu ! dit-il...

— Si, dit Ramsès...

Ses gestes devenaient de plus en plus désordonnés. Ils échappaient à son contrôle. On aurait dit une girouette rendue folle par le Vent Dur.

— Aide-moi Auguste...

— Qu'est-ce que tu veux que je fasse ?

— La lettre dans ma poche... Elle est pour toi Claudius.

Situation embarrassante pour un homme public. Des murmures commençaient à circuler de bouche à oreille : « C'était donc vrai ce qui se chuchotait dans le dos du maire. Il aurait avec Ramsès des rendez-vous secrets dans lesquels ils se mettaient d'accord pour se distribuer leurs rôles (et leurs bénéfices) respectifs dans la mise à sac du village. »

La réaction de Claudius est donc tranchante. Catégorique. Sans appel. Empreinte de la plus noble indignation.

Pour donner plus de poids à ses paroles il s'estime autorisé à tutoyer Ramsès et à l'appeler par son prénom :

— Écoute Adolphe, dit-il, si tu as une information à me communiquer elle intéresse également tous les citoyens ici présents...

— Après ma mort, parvient à articuler Ramsès, après ma mort...

Ce sont ses dernières paroles et si Paradas ne l'avait pas retenu au passage il se serait effondré sur le carrelage, dans la sciure, parmi les mégots.

« Il manquait plus que ça ! » pense Amédée qui tient, en toute circonstance, à ce que son établissement conserve sa bonne réputation. Un mort dans un bistro ça fait toujours mauvais effet et dans un bistro qui s'appelle le Bar des Rescapés ça risque de faire encore plus mauvais effet qu'ailleurs. Paradas lui rend sa sérénité en prenant le corps dans ses bras vigoureux.

— Tu as raison, dit Amédée, il vaut mieux qu'il fasse ça chez lui.

Et comme son optimisme naturel a instantanément repris le dessus, il se hâte d'ajouter :

— Va savoir, il est peut-être pas tout à fait mort...

— Il a voulu se rendre intéressant, dit Roger Lecamus dont la vigilance hargneuse demeure intacte.

Sa réflexion n'éveille aucun écho. Massés sur la terrasse les rescapés regardent l'ancêtre valide porter comme un nouveau-né l'ancêtre mort.

La nuit tombe. Amédée allume les lumières et la vie reprend son cours.

CHAPITRE 13

Où Ramsès meurt pour de bon mais dans les voluptés

Les volontés d'un mourant sont sacrées mais ça fait trois fois que Ramsès demande à Paradas de l'embrasser sur la bouche. Quel que soit son désir de lui être agréable et d'adoucir les derniers moments de son collègue, c'est un caprice auquel le vieil Auguste se refuse à céder. Il ne peut toutefois pas empêcher l'affectueux moribond de lui prendre la main et de la porter à ses lèvres. C'est une privauté qu'il ne lui aurait pas accordée en d'autres circonstances mais, à l'article de la mort, et puisqu'il n'y a pas de témoin pour rapporter la scène, on peut fermer les yeux sur cette ultime fantaisie.

Comment ne les rouvrirait-il pas (et les oreilles par la même occasion) en entendant Adolphe murmurer d'un ton extasié :

— Ah, Jéromine, je ne savais pas que tu avais la peau si douce...

Paradas frémit de toute sa carcasse et tente de retirer sa main. Ramsès s'accroche. Ses ongles s'enfoncent dans la peau calleuse de sa bien-aimée :

— Jéromine tu ne m'aimes plus...

Il y a des limites à l'indulgence. Auguste fait tonner sa voix péremptoire de contremaître qualifié :

— Je ne t'ai jamais aimé, aboie-t-il.

— Hélas tu fus toujours cruelle, reconnaît Adolphe secoué de sanglots.

Parada n'a jamais douté des sentiments de sa femme mais il ne lui déplaît pas de se les entendre confirmer. L'aveu d'Adolphe ne suffit pourtant pas à le rassurer complètement. Le voici, à soixante ans de distance, envahi rétrospectivement par l'incertitude. Puisque, dans son délire, Adolphe le prend pour Jéromine, autant passer sur la bouffonnerie de la situation, pour éclaircir définitivement la nature de leurs rapports :

— Tu as bien failli me sauter quand même...

La peau grise de Ramsès s'empourpre d'indignation.

— Je n'ai jamais eu un geste déplacé, proteste-t-il, tu ne peux pas dire le contraire...

Paradas lui en donne acte mais à contrecœur :

— Heureusement sinon tu aurais pris ma main sur la figure... Mais tu ne pensais qu'à ça. Rappelle-toi ce que tu me disais à l'époque...

— Je n'ai rien oublié... Je peux te redire tout ce que je t'ai dit mot pour mot...

— Tu as pas honte !

— Pourquoi j'aurais honte ? C'étaient des mots d'amour...

— Je ne les ai jamais écoutés ! affirme Paradas avec l'inquiet espoir de ne pas être contredit.

— Hélas ! gémit Adolphe, et c'est ce qui me tue. Tu as préféré croire les belles paroles de ce menteur de Paradas...

Auguste se sent obligé de prendre sa propre défense :

— Paradas ! Me faire la cour ! On voit bien que tu le connais mal... C'est pas son genre... Faire la cour à une femme... Pour qui tu le prends...

Le pauvre visage de Ramsès exprime une détresse de damné :

— Ne me dis pas qu'il s'y est pris avec toi comme avec les autres.

— Qu'est-ce que tu veux dire au juste ?

— Qu'il t'a mis la main au panier et que de fil en aiguille...

— Il en a même pas eu besoin. C'est moi qui ai pris les devants. Puisque je le voulais, j'ai fait le nécessaire et quand il m'a dit « Montre ton cul » j'avais pris la précaution de ne pas mettre de culotte.

— Et tu n'as jamais regretté ton geste ?

Une bouffée de colère secoue Paradas :

— Regarde-moi, dit-il audacieusement, et dis-moi si j'ai l'air d'une femme qui a raté sa vie ?

Adolphe continue de fixer obstinément le plafond et Paradas estime qu'il vaut mieux ne pas poursuivre l'entretien. Si la lucidité lui revenait, ne fût-ce qu'un instant, cela risquerait de les mettre tous les deux dans l'embarras. Il n'y a pour le moment aucun danger de ce genre. Adolphe s'enfonce au contraire dans ses divagations. Auguste lui abandonne définitivement la main et se la laisse caresser. Il a fermé les yeux. Il est parfaitement immobile. Aucun souffle, si léger soit-il, ne sort de sa poitrine :

— O Adolphe, tu es encore là ?

— Oui ma chérie, je suis toujours là. Je ne te quitterai jamais...

Auguste se sent soulagé. Il n'aurait pas aimé qu'on le quitte sans prévenir. Pour le reste il est bien décidé à ne plus jamais contrarier ce pauvre homme. Il n'a plus aucune raison d'abîmer les fantasmes les plus précieux de quelqu'un qui, en somme, ne lui a jamais fait aucun tort. Aussi réagit-il favorablement quand Adolphe lui dit d'une voix suppliante :

— Jéromine j'ai une dernière requête à te présenter...

— D'accord...

— J'espère ne pas te choquer...

— Puisque je te dis que c'est d'accord...

— Je ne me serais jamais permis de te le demander avant mais je voudrais emporter un dernier souvenir de toi...

— Tu ne vas pas me demander une mèche de mes cheveux !

— Je voudrais que tu me montres tes seins...

A cette occasion il ouvre tout grands les yeux. Partagé entre le rire et la colère, Auguste tente de raisonner son exigeant camarade :

— Et d'abord des seins j'en ai pas...

— Menteuse. Paradas disait à tout le monde que c'est toi qui avais les plus beaux de toute la région...

— Il n'a jamais pu dire ça !

— Lui ! J'ai jamais connu quelqu'un d'aussi indiscret. Il racontait tout à tout le monde pour se faire valoir... Tu veux que je te dise comment tu faisais l'amour ?

— Pas la peine... Je le sais...

Il n'a pas véritablement honte mais il se sent vexé. Il est obligé de reconnaître qu'il a toujours été un peu m'as-tu-vu de la quéquette et qu'il faisait jadis, au Bar des Rescapés, un récit détaillé de ses exploits. Il a dû, avant de l'épouser, raconter sa première nuit avec Jéromine. Il s'est tu quand elle est devenue sa femme. Trop tard...

En cette fin de nuit, au chevet de ce vieillard déboussolé par l'approche du trépas, il ne se sent pas fier du tout de sa conduite passée. Ce n'est heureusement qu'un bref moment de dégoût de soi. La main avide de Ramsès a déjà dégrafé le premier bouton de sa chemise. Il repousse brutalement le malotru :

— Tu n'y penses pas ! dit-il.

L'indignation lui a donné une voix de fausset.

— Tu as promis, insiste Adolphe...

— Enfin voyons, ce n'est pas raisonnable !

— Au point où nous en sommes.

C'est bien là le problème. Il ne sait plus du tout où ils en sont. Alors il prend le parti le plus sage : celui d'accorder ce qu'il demande à un moribond qui ne voit plus ce qu'il fait, s'il sait encore ce qu'il veut. L'effort qu'il doit faire sur lui-même lui a donné la chair de poule. Pour lutter contre l'écœurement qui le gagne, il essaie de penser à autre chose : au coucher du soleil sur les étangs du Scamandre, à la respiration calme de la mer, au pétard de Clémence, à toutes ces choses qui ont entouré sa vie d'un cocon soyeux. Ce sont au contraire des images abominables qui lui emplissent la tête : des poulets par milliers qu'il égorge de sa main et dont le sang l'éclabousse. Une odeur fade lui entre dans la bouche, des piaillements d'agonie lui vrillent le tympan. Un appel désespéré parvient à travers ce tintamarre.

— Donne-moi ta bouche, a hurlé Ramsès... Je t'en supplie Jéromine, donne-moi ta bouche...

Alors pour se délivrer de ce cauchemar Auguste s'est penché vers Adolphe. Au moment où leurs lèvres allaient se joindre un sursaut a secoué le corps de Ramsès. Une interminable houle l'a parcouru. Puis il s'est immobilisé. Et Paradas a compris qu'il ne bougerait jamais plus et qu'il n'aurait plus l'occasion de lui imposer ses dernières volontés.

Le tyran s'était battu jusqu'à l'extrême limite de ses forces. Leur guerre de cent ans vient de s'achever et qu'il en soit finalement sorti vainqueur procure à Paradas plus de soulagement que de satisfaction. D'ailleurs le mot « victoire » dont il avait déjà éprouvé la vanité lors de leur affrontement au jeu des Chiffres et des Lettres n'a plus guère de sens pour lui. A-t-il vraiment gagné ? Mominette, du moins, est resté jusqu'au bout fidèle à lui-même. Il n'a rien renié de ses principes. Il a vécu en enfer. Il continuera d'y vivre après sa mort.

Paradas, qui ne croit ni à Dieu ni à diable, se surprend à invoquer la Bonne Mère :

— Tâchez de faire quelque chose pour lui. S'il a été si méchant dans sa garce de vie c'est qu'il n'a pas été heureux...

Immédiatement après il pousse un juron épouvantable :

— Dieu bœuf ! dit-il, Dieu porc ! Cette Mominette de merde me l'aura mis jusqu'au bout...

Il ne faut pas se laisser prendre à la rudesse de ses paroles. Elles expriment la surprise et non la fureur d'avoir été couillonné une fois de plus. C'est avec bienveillance au contraire qu'il examine le jeune cadavre de son indomptable adversaire. « Tendresse » l'a définitivement emporté en son cœur. Ce n'est plus un mot qui n'a que le mérite d'avoir neuf lettres. C'est une coulée de miel qui ruisselle dans son sang. Il n'est plus qu'amitié. Il n'est plus qu'amour. Ses muscles d'acier se liquéfient. Il se sent fluide et paisible comme un fleuve. Un fleuve qui l'emporte là où il s'ignore. Il rayonne de jubilation. Il étincelle. Le flot qui l'emporte, soudain, se ternit. Des traînées d'angoisse l'obscurcissent :

« Je n'y arriverai jamais », pense-t-il avec désespoir.

Il vient de vivre un moment parfait. Il ne pourra jamais plus exister à une telle hauteur. Ramsès a réussi son coup en lui léguant le goût du sublime. Il ne lui en veut pas. Il lui est, au contraire, infiniment reconnaissant de lui avoir permis de connaître ces instants miraculeux où la création se dépasse, s'envole. Il lui faudra pourtant redescendre à son niveau ordinaire et cette perspective inévitable le consterne. Il doit renoncer au bonheur à peine l'a-t-il entrevu. Les futurs remords qu'il pressent l'étouffent à l'avance.

Alors il s'allonge près d'Adolphe, glisse son bras sous ses épaules et l'étreint. Aussitôt sa respiration redevient normale. Son cœur s'apaise et ceux qui vous diront qu'avant de mourir on revoit toute sa vie, ceux-là sont des menteurs qui ne sont jamais morts et qui parlent sans savoir pour se rendre intéressants. Paradas, lui, sait qu'il va mourir et aucun documentaire sur les épisodes les plus saillants de son existence ne lui encombre la mémoire. Il a rompu les amarres qui le retenaient encore à la terre. Il flotte dans un crépuscule doré. Le soleil lui emplit la tête. C'est une explosion douce qui l'éparpille. Il se raccroche à Ramsès pour prolonger la joie de son anéantissement. Comme un amant qui tente d'éterniser le plaisir qui le submerge.

Les deux hommes sont enlacés.

— Jéromine je te demande pardon... Jéromine je t'aime...

Il retombe sur le corps de son partenaire. Une dernière image se lève dans la nuit qui le gagne : le pétard de Clémence flambe un instant à l'horizon. Puis s'estompe. Puis disparaît laissant derrière lui une traînée phosphorescente.

Et c'est la fin...

Il y a des façons moins charmantes de quitter cette vallée de larmes...

CHAPITRE 14

Où chacun rentre en lui-même

Au troisième coup de corne dans le gras de la cuisse, le chanoine Philibert s'est décidé à réviser ses conceptions sur la damnation éternelle de ceux qui se sont donné volontairement la mort. On les a donc enterrés tous les trois le même jour : Tin, Adolphe et Auguste.

Une scission faillit se produire à cette occasion parmi les fidèles du Bar des Rescapés. Certains trouvaient inadmissible l'intrusion de Ramsès dans ce convoi d'honnêtes gens. Roger Lecamus se montrait le plus intransigeant. Si on l'eût écouté Ramsès aurait été directement conduit à la décharge publique dans la benne à ordures. Sans personne pour l'accompagner. Il insistait sur ce point.

— Nous n'allons pas, disait-il, accompagner jusqu'à sa dernière demeure un homme qui nous a toujours traités comme du bétail et qui, de toute sa vie, n'a pas daigné venir dans ma boutique acheter le moindre hameçon...

On avait beau lui faire remarquer qu'Adolphe ne pratiquait pas la pêche à la ligne, il n'en démordait pas :

— C'est une question de principe, disait-il...

L'embarras d'Amédée était extrême. Il savait par expérience que des controverses sur les sujets sans grande importance amènent les brouilles les plus durables. Certains de ses habitués cesseraient de fréquenter son établissement pour ne pas y rencontrer ceux auxquels ils avaient retiré le bonjour sans bien savoir pourquoi.

Ses efforts de conciliation seraient demeurés vains si Claudius Sarrazin n'avait pris l'initiative de décacheter la lettre qu'Adolphe lui avait confiée la veille de son décès. La suscription précisait qu'elle ne devait être ouverte qu'après son décès. Claudius, avec une délicatesse qui l'honore, avait jugé plus convenable de ne pas prendre connaissance de son contenu tant que son auteur n'aurait pas été mis en terre.

La curiosité l'emporta sur la délicatesse et ce fut heureux pour la communauté tout entière. Claudius à qui la vie politique avait donné une impassibilité de Sioux parut au Bar des Rescapés dans un état d'exaltation extrême :

— Ah mes amis ! s'écria-t-il...

Il manifestait une telle agitation qu'on crut qu'il allait annoncer une fois de plus la mobilisation générale :

— Ah mes amis, répéta-t-il d'un ton plus mesuré, si vous saviez ce qui nous arrive !...

— Si tu nous le dis pas on le saura jamais, fit remarquer Amédée avec le bon sens qui ne l'abandonnait qu'en de rares circonstances...

— Ramsès lègue au Grand-Peluque la totalité de ses biens. A charge pour la commune d'assurer l'éducation d'Hector son arrière-petit-fils.

Le Peluquois est volontiers circonspect. Surtout quand on lui fait un cadeau. La lettre de Ramsès passa de main en main et ceux qui ne savaient pas lire la gardèrent plus longtemps que les autres. L'émotion était si vive que les plus éloquents ne trouvaient pas les mots qui auraient dû saluer une nouvelle de ce calibre. Amédée, une fois de plus, sut exprimer le sentiment général :

— Nous avions mal jugé cet homme, dit-il...

Seul Roger Lecamus refusait de partager le sentiment général :

— C'est un piège, répétait-il... Un vrai piège à cons...

Il se tut, accablé par le mépris général. Amédée offrit une tournée générale à la mémoire du défunt.

Qu'il se fit d'ailleurs rembourser par les services comptables de la mairie. Ce qui ne l'empêcha pas de la déduire de ses impôts au titre des bonnes œuvres.

*
* *

Hector, ramené de Suisse par avion privé, marchait en tête du cortège. Il étrennait à cette occasion sa première paire de pantalons longs.

Adrien, qui avait été désigné à l'unanimité pour assurer son éducation, le tenait fermement par la main. Désormais on pouvait prévoir pour ce petit monstre un avenir aussi laïque que républicain.

Tout le village (Lecamus compris, qui s'était ravisé sous la pression populaire) suivait en tenant à voix relativement basse des propos élevés. Seul le Président Carpita boudait. Le testament de Ramsès précisait qu'il ne souhaitait ni fleur, ni couronne, ni discours. Carpita, le pauvre homme, souffrait donc d'une crise d'éloquence rentrée qui lui serrait la gorge. On prit sa mauvaise humeur pour du chagrin. Impressionnés par son attitude, les Cormorans crurent de leur devoir de verser de vraies larmes, ce qui les attrista et leur fit prendre conscience de la fragilité de la vie.

Certains d'entre eux se remirent mal de cette journée sans médisance et en virent le nombre de leurs jours considérablement abrégé. Leur remplacement ne posa aucun problème.

Toutes les femmes du village portaient le deuil et certaines, toutes n'étaient pas d'anciennes fiancées de Paradas (peu nombreuses il faut le dire), le gardèrent jusqu'au printemps.

Ce fut donc une bien belle et bien émouvante cérémonie en vérité. Pour quelques heures le Grand-Peluque offrit le visage réconfortant d'une communauté unie, sans arrière-pensée, dans la peine et l'amitié.

Elle eut son moment fort à la sortie de l'office funèbre et le chanoine Philibert lui-même avait l'air bouleversé. Sans s'être concertés les égorgeurs de poules, à qui la disparition de leur patron donnait un jour de congé supplémentaire, brandirent en même temps, sur le passage de son cercueil, le couteau sacrificateur dont ils ne se séparaient jamais bien qu'il ne leur servît plus qu'à trancher le pain en famille.

Le soleil qui, sans doute, portait lui aussi le deuil de son vieil ami, consentit à se montrer pour la circonstance et les lames acérées, un instant, étincelèrent. Ce fut bref et beau comme un éclair de chaleur au creux d'un après-midi d'orage.

Les querelles ne reprirent que le surlendemain et Mathilde attendit près d'une semaine avant de quitter, une fois de plus, son mari. Les discussions concernant l'utilisation du fabuleux héritage d'Adolphe donnèrent notamment lieu à des échanges de propos si vifs qu'ils se terminèrent parfois en bataille rangée. Claudius Sarrazin fit les frais de cette mésentente communale et perdit son siège de maire...

*
* *

Euloge Farifon avait été le seul à ne pas assister à ces admirables obsèques. Personne ne remarqua son absence. Le brouillard avait définitivement envahi sa pauvre tête malade. Perdu dans des pensées confuses, il marchait d'un pas d'automate le long de la grille électrifiée de la Belle Gallinière. Désemparés par ce sursis imprévu et s'attendant à pire, les poulets promis à l'holocauste à tout hasard se taisaient, en invoquant leurs dieux.

Une épaisse colonne de puanteur tournoyait en permanence au-dessus du « Dachau » des gallines, obscurcissant le ciel. Une puanteur gluante qui vous collait à la peau. Euloge n'y prit pas garde et continua d'avancer en grommelant des imprécations de portée générale.

Une cigale se gratta le ventre. Des gabians et des bécaruts crevaient les nuages en poussant des cris rauques. La mer était pourpre. Un poussin sans expérience se mit à caqueter allégrement. Des milliers d'autres l'imitèrent.

— Vive la liberté ! s'écria Farifon...

Les idées d'ordinaire ne faisaient que traverser fugitivement son esprit. Celle-ci s'installa.

Le portail du camp était resté ouvert. Le vigile armé, qui montait d'ordinaire la garde, assistait lui aussi aux obsèques de son chef. Euloge pénétra dans la cité interdite la tête haute et la démarche assurée.

L'importance de sa mission lui confère une dignité de chef d'État en voyage officiel. D'une main il salue cette foule emplumée qui l'acclame. De l'autre il libère les poulets entassés dans les camions rangés à la queue leu leu devant les chambres de torture. Il tape dans ses mains à coups redoublés. Cela fait un bruit de mitraillade. Un instant décontenancés les poulets s'éparpillent en piaillant et en agitant leurs courtes ailes. Euloge redouble d'efforts et pousse des glapissements aigus pour achever de disperser la volaille. Ahuris, hébétés, flageolant sur leurs pattes, les gallinacés désemparés envahissent la Plaine Molle en gloussant d'épouvante.

Ils finiront quand même (pour la plupart) à la casserole mais sans avoir été surgelés. Ce qui peut, à la rigueur, passer pour une consolation.

Les plus affolés ont péri noyés dans la mer ou les étangs. Les plus ingénieux ont investi la sansouire et sont rapidement retournés à l'état sauvage ; ils ont créé une race nouvelle. Les habitants du Grand-Peluque les ont baptisés Poulets Palustres et, le jour de l'ouverture, ils en font un grand massacre. Leur chair est plus ferme que celle des poulets d'élevage mais leur goût beaucoup plus corsé. On affirme que certains ont appris à voler par leurs propres moyens, qu'ils se mêlent aux oiseaux migrateurs et vont passer l'hiver en Mauritanie...

Farifon, déboussolé par la tristesse, a cessé de fréquenter les Cormorans. Il n'a plus envie de leur faire croire qu'il est fou. Il l'est réellement devenu.

Depuis la mort d'Auguste il n'est plus rentré chez lui.

L'amitié qu'il portait à Paradas l'avait, pour quelque temps, vaguement restructuré. Livré à sa seule inspiration, sans témoin ni contrôle, il n'a pas tardé à sombrer dans une confusion mentale absolue. Il ne distingue plus sa droite de sa gauche, ni le jour de la nuit.

Il lui restait cependant assez de lucidité pour s'apercevoir, de temps à autre, que sa présence sur la terre ne s'imposait plus. Il s'installa donc dans un des hangars de la Belle Gallinière et s'y laissa mourir paisiblement.

Personne n'a recueilli ses dernières paroles. Elles ont peut-être été consacrées à dénoncer le Pacte germano-soviétique qui a rendu la guerre scolaire inévitable et retardé la mise en application de la semaine de trente-cinq heures. Il n'y a pas de raison qu'il ait, au dernier moment, modifié sa vision de l'histoire.

On ne retrouva de lui, six mois plus tard, que son squelette et la machine japonaise qui n'avait plus de chair fraîche à se mettre sous les roues dentées, et on se hâta de le réduire en poussière. De toute façon, à quelques variantes près, c'est ainsi que s'achève la vie des hommes.

***

Les trois chevaux de Lecamus ne sont jamais plus arrivés dans l'ordre.

Adrien a épousé une grosse jalouse et s'est mis à la boisson.

Il prend du ventre et n'a plus qu'une quarantaine d'années à attendre pour siéger à son tour sur le Banc des Cormorans.

Le pétard de Clémence ne s'est jamais plus montré.

Fontvieille, le 25 août 84